防城港年鉴

FANGCHENGGANG NIANJIAN

2017

防 城 港 市 人 民 政 府 主办
防城港市地方志编纂委员会办公室 编

方志出版社
Publishing House of Local Records

图书在版编目（CIP）数据

防城港年鉴．2017 / 防城港市地方志编纂委员会办公室编．-- 北京 ：方志出版社，2018. 9
ISBN 978-7-5144-3311-1

Ⅰ．①防… Ⅱ．①防… Ⅲ．①防城港—2017—年鉴
Ⅳ．① Z526.73

中国版本图书馆 CIP 数据核字(2018)第 224340 号

防城港年鉴（2017）

编　　者：防城港市地方志编纂委员会办公室
责任编辑：顾　洁

出 版 人：冀祥德
出 版 者：方志出版社
地址　北京市朝阳区潘家园东里 9 号（国家方志馆 4 层）
邮编　100021
网址　http://www.fzph.org
发　　行：方志出版社发行中心
电话（010）67110500
经　　销：各地新华书店
装帧设计：南宁市佳彩广告设计有限公司
印　　刷：深圳市精一瑞兰印刷有限公司

开　　本：889 × 1194　1/16
印　　张：29
字　　数：1188 千字
版　　次：2018 年 9 月第 1 版　2018 年 9 月第 1 次印刷
印　　数：0001 ~ 2000 册

ISBN 978-7-5144-3311-1　定价：220.00 元

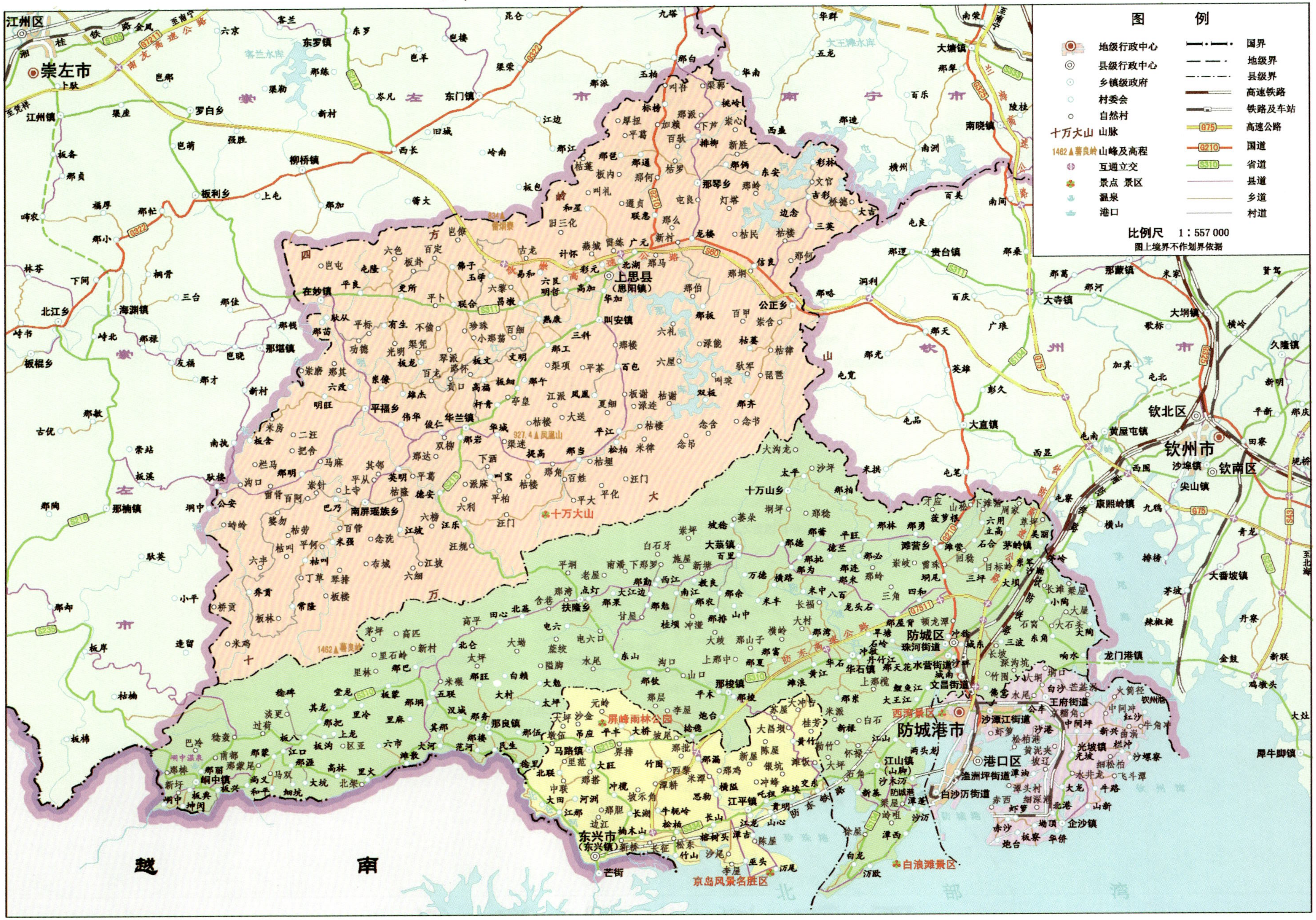

广西壮族自治区地图院　　审图号：桂S（2015）67号　　2015年12月

防城港市街道图

至钦州
城东派出所
防城区二职校
防城港市
第一人民医院
防城区政府
珠河街道办
科技局
市实验高中
司法局
市公安局
防城区分局
防城火车站
防城江大桥
附城派出所
中心市场
防城港市邮政局
防城区国土资源局
防城中学
火车站社区
伯南公园
木头滩社区
市三中
边防派出所
防城二桥
防城港市中医医院
水营街道办
防城区交警大队
防城糖厂
市第一公路
客运中心
江畔明珠
亚细亚花园
大西南建材城
（规划）
文昌街道办
福满地·世纪华庭
水坡水库
三波水库
防城港高铁客运站
市人力资源和社会保障局
皇城坳大街
兴
潭
市药监局
市中级人民法院
市交通指挥中心
市检察院
市中心血站
玉罗岭
立交桥
至企沙
沙潭江街道办
市高速公路管理大队
公车大街
小门街
乐天花园
市地税局
市政府
市公安局
市供电局
市科技
图书馆
北部湾
广场
红树林大厦
白鹭公园
市青少年
活动中心
倒水坳
大桥
（建设中）
金海湾商住区
市博物馆
市文化艺术中心
针鱼岭
榕木江大桥（规划）
榕木江大街

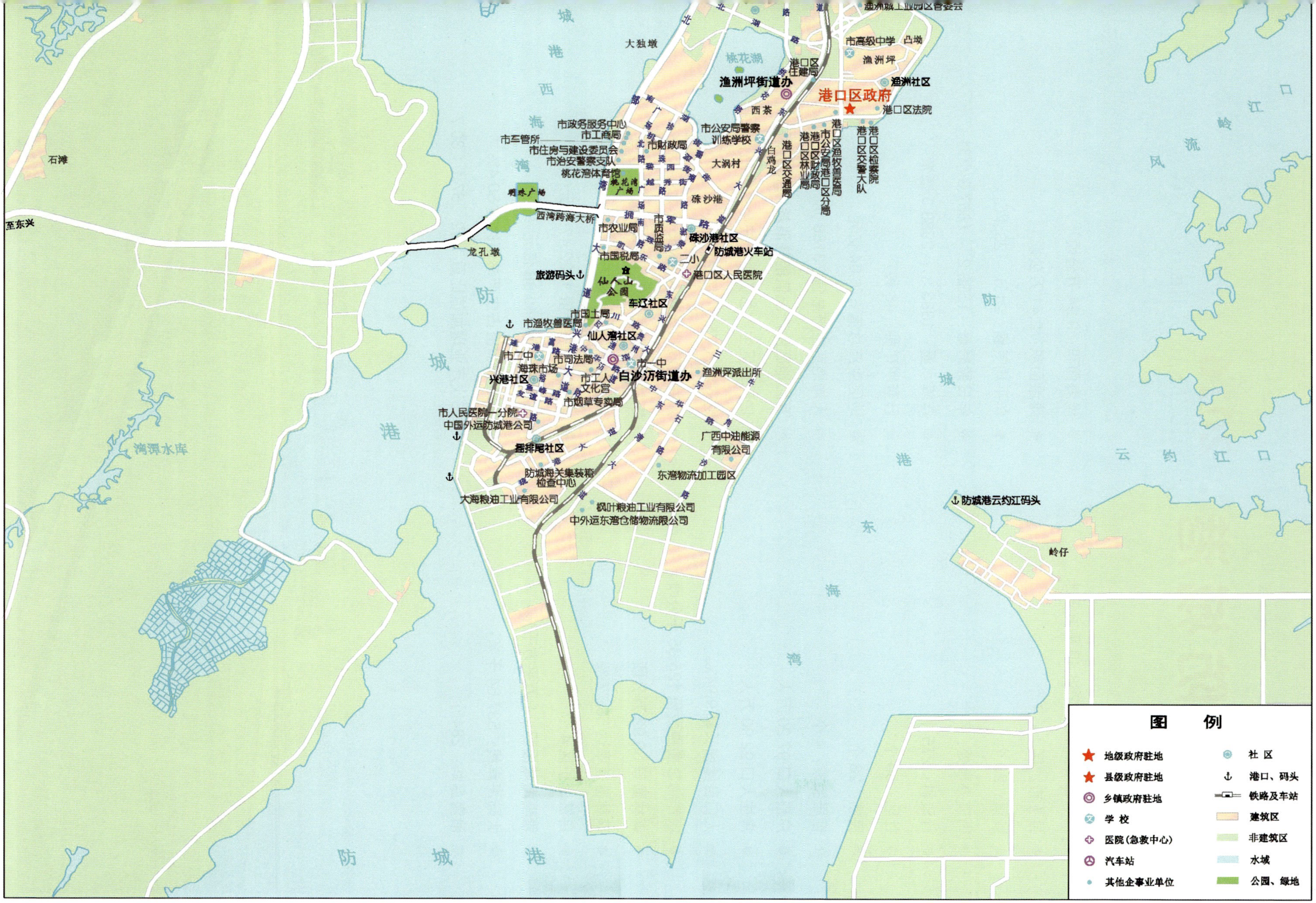
港口区政府
渔洲坪街道办
白沙沥街道办
渔洲社区
港口区法院
市高级中学
渔洲坪
凸坳
桃花湖
西茶
大独墩
市政务服务中心
市工商局
市三管所
市住房与建设委员会
市治安警察支队
桃花湾体育馆
市财政局
市公安局警察训练学校
大涧村
碌沙港
西湾跨海大桥
市农业局
市国税局
碌沙港社区
防城港火车站
港口区人民医院
旅游码头
仙人山公园
车辽社区
市国土局
市渔牧兽医局
仙人滘社区
市二中
海珠市场
市司法局
市一中
渔洲坪派出所
兴港社区
市工人文化宫
市烟草专卖局
市人民医院一分院
中国外运防城港公司
广西中油能源有限公司
番排尾社区
防城海关集装箱检查中心
东湾物流加工园区
大海粮油工业有限公司
枫叶粮油工业有限公司
中外运东湾仓储物流有限公司
防城港云约江码头
岭仔
云约江口
风流岭江口
防城港东湾
防城港西湾
防城港
龙孔墩
湾潭水库
石滩
至东兴
图例
地级政府驻地
县级政府驻地
乡镇政府驻地
学校
医院（急救中心）
汽车站
其他企事业单位
社区
港口、码头
铁路及车站
建筑区
非建筑区
水域
公园、绿地

数字防城港·2016

SHUZI FANGCHENGGANG

- 行政区划面积：6268.49 平方千米
- 县（市、区）：4 个
- 乡镇：23 个
- 街道办事处：7 个
- 行政村：275 个
- 社区：50 个
- 民族：28 个
- 世居民族：4 个
- 户籍人口 97.20 万人
- 常住人口 92.90 万人
- 人口自然增长率 9.94‰
- 农作物总播种面积 125.35 千公顷
- 森林面积 35.92 万公顷
- 森林覆盖率达 58.77 %
- 自然保护区 4 个
- 管辖海域面积：1 万平方千米
- 大陆海岸线：537.64 千米
- 沿海岛屿：284 个
- 浅海面积：9.94 万公顷
- 滩涂面积：2.41 万公顷
- 年平均气候：21.5 ~ 23.4℃
- 年日照时数：1536.2 ~ 1867.3 小时
- 年降水量：1383.3 ~ 2983.3 毫米
- 已查明矿种：48 种
- 地区生产总值 676.04 亿元
- 人均地区生产总值 73188 元
- 万元地区生产总值能耗消耗 –2.35%
- 亿元地区生产总值生产安全事故死亡人持平
- 财政收入 75.61 亿元
- 公共财政预算收入 55.65 亿元
- 农林牧渔业总产值 137.01 亿元
- 粮食总产量 20.28 万吨
- 全部工业总产值 1522.47 亿元
- 工业增加值 340.88 亿元
- 工业增加值占生产总值比重 50.4%
- 三次产业增加值比重 12.2：57.1：30.7

中电广西防城港电力有限公司

- 接待国内游客 1568.79 万人次
- 接待海外游客 16.86 万人次
- 国内旅游总收入 125.37 亿元
- 国际旅游外汇收入 5809 万美元
- 社会消费品零售总额 111.89 亿元
- 货物进出口总额 578.91 亿元
- 新引进外来投资项目 103 个
- 内资到位资金 483.22 亿元
- 外资到位资金 35.38 亿元
- 公路和水路客货运周转量 294.65 亿吨千米
- 货物运输总量 8519 万吨
- 旅客运输总量 988.35 万人
- 港口货物吞吐 10688 万吨
- 集装箱吞吐量完成 26.63 万标准箱
- 邮电业务总量（当年价）23.32 亿元
- 年末固定电话用户 12.31 万户
- 年末移动电话用户 81.99 万户
- 年末互联网用户 18.15 万

- 私人汽车保有量 9.13 万辆
- 民用轿车保有量 4.75 万辆
- 供水综合生产能力 29.6 万立方米 / 日
- 城市用水普及率 96.5%
- 城市燃气普及率 91.6%
- 城市生活垃圾处理率 99.7%
- 排水管道长度 901.36 公里
- 城市道路长度 564.55 公里
- 公园绿地面积 498.22 公顷
- 金融业增加值 24.90 亿元，增长 10.6%
- 年末金融机构本外币各项存款余额 567.87 亿元
- 全社会从业人员 65.17 万人
- 新增城镇就业人数 1.88 万人
- 年末城镇登记失业人数 2868 人
- 城镇登记失业率 2.7%
- 年末参加城乡基本养老保险人数 39.68 万人
- 参加城镇基本医疗保险人数 31.10 万人
- 参加失业保险 6.93 万人

数字防城港·2016
SHUZI FANGCHENGGANG

- 参加工伤保险 9.77 万人
- 参加生育保险 6.72 万人
- 参加农村合作医疗农民 62.11 万人
- 享受城镇最低生活保障的居民为 0.52 万人
- 享受农村最低生活保障的农民为 3.88 万人
- 普通高等教育在校生 3620 人
- 中等职业在校生 8602 人
- 普通高中在校生 16078 人
- 普通初中在校生 37675 人
- 普通小学在校生 92926 人
- 幼儿园在园儿童 41335 人
- 从事科技活动人员 1323 人
- 组织实施科技项目 53 项
- 剧场、影剧院 13 个
- 县级以上文化馆 5 个
- 博物馆（文物管理所）3 个
- 文物保护点 317 个
- 公共图书馆 4 个，藏书量 320.17 千册
- 电视发射台（一千瓦以上）1 座
- 电视转播台（一千瓦以上）3 座
- 年末有线数字电视用户 9.01 万户
- 年末电视综合人口覆盖率 98.3%
- 广播综合人口覆盖率 96.6%
- 全年报纸出版量 578.92 万份
- 年末共有卫生机构（不含卫生室）643 个
- 卫生技术人员 5593 人
- 医院、卫生院（含妇幼保健院）床位数 3928 张

港口货物吞吐量突破亿吨大关。2012 年 12 月 23 日，防城港市港口吞吐量超过 1 亿吨，迈入亿吨大港行列

编辑说明

一、《防城港年鉴》是防城港市人民政府主办的地方综合年鉴，是全面系统记述防城港市行政区域自然、政治、经济、文化、社会等方面情况的年度资料性文献。《防城港年鉴》的编纂坚持以马克思列宁主义、毛泽东思想、邓小平理论、“三个代表”重要思想、科学发展观和习近平新时代中国特色社会主义思想为指导，以《地方志工作条例》为依据，旨在为各级领导决策提供可靠的参考依据，为社会各界和海外人士了解和研究防城港市提供最新的信息资料，为编修地方志积累资料。

二、《防城港年鉴》于1999年创刊，自2002年卷后每年出版一卷。2017年卷着重记载2016年防城港市政治、经济、科学、文化、社会等方面的基本情况及大事、要事。

三、2017年卷的基本内容分为特载、大事记、综合情况（市情概览）、动态信息、附录及图片专辑六大部分。书前收录经济社会主要指标数据，市情概览概括反映防城港历史、地理等基本概貌及经济社会发展简要情况，动态信息分部类记载2016年度防城港市政治、经济、科学、文化、社会等方面情况。综合情况和动态信息各部类内容均作条目化处理。部类和条目之间设有分目层次，部分分目还设有次分目层次。内容层次的设置，完全为方便读者分类系统阅读和检索，并表示部类与条目之间的层次关系，但不反映严格的科学分类体系，机构、企事业单位等排序和层次一般亦不表示其地位、隶属关系和规模。

四、全书条目用宋体字加【 】号作题目标题，少数包含多方面资料的条目则在文内用仿宋体标题注明各段资料的主题。

五、《防城港年鉴(2017)》的统计数据均使用法定计量单位。价值指标的绝对数凡未加注明的，均按当年价格计算，增减百分比除注明外均按可比口径计算。个别指标数据在上年卷刊出后作了调整的，一般不予说明，以本年卷刊出的为准。

六、《防城港年鉴(2017)》采用的文稿均由各县（市、区）、市直及驻市各有关单位提供，并经单位领导审核。因统计口径不同等原因，各撰稿单位提供的数据可能与统计部门公布的数据有出入，引用时请加以区别。

七、《防城港年鉴(2017)》配备双重检索系统，书前刊有目录，书后备有索引。索引采用内容分析法，并按汉语拼音字母顺序排列。

八、《防城港年鉴(2017)》“图片专辑”的记述内容不受年度限制。

九、《防城港年鉴(2017)》配备光盘，光盘内含电子版年鉴，采用多媒体和全文检索技术，方便读者使用。

《防城港年鉴》编写组

（按文稿刊出先后排列）

市委办　梁宗勇　彭绍关　苏祖正　唐雄洲　全程成
　　　　黄政强　黄惠平　宋炜嘉
政府办　林春胜　尹晓洲　李政忠　刘　渊
方志办　黄有第　何泽灏　覃先荣　文远玉
国土局　苏维成　曹红梅　李小艳　张　敏
海洋局　余丽云　佟礼明
水利局　曾凡兴　陶志勇
环保局　黎慧娟　王　颖
气象局　周启明　胡建明　唐　璇　蒋　静　尹伟维
　　　　朱雯雯
林业局　陈汉波　刘　俊
旅发委　梁　云　符彩群
统计局　佟义东　刘　悦　潘启救　包居龙
民政局　江　明
民宗委　韦文正　苏明勇　黄永健　傅贤杰
发改委　廖　云　谭朝晖　杨子力　潘飞宏
东兴试验区　王靖武　莫六部
组织部　陆海滨　苏桂荣　谢世锦　陈建升　刘嘉豪
　　　　彭双喜　梁秦铭
统战部　闭永北　包玉国
总工会　陈雪山　翟文龙
宣传部　龚　毅　廖廷华　史忠治　邓祈燕
农　委　裴光艳　郑德剑
编　办　王　克　许其意　黄政卓　唐上景
政研室　戴兰华　盘名德　石秀娟
信访局　方庆书　彭艳华　马　凤　杨　怡
直属工委　陆萍萍　刘岳红　黄建健　刘贤吉
行政审批局　黄　伟　柳卫国　陈周洁　李皎玲
　　　　陈　静
人大办　卢　岩　陈耀龙　张一震　栾清晰
政协办　王　宇

纪　委　钟汝俊　吴国栋　莫　钊　张　翼
绩效办　农小孟　黄庆叁
民革市委　佟义东　黄海晔
民盟市委　王习龙　黄广华　黄忠武
民进市委　黄　富
致公党市委　庞章辉　覃兰花　佟义秋
民建市委　陈为民　黄越
工商联　覃　佐　成召国　佟礼婷　王志普
总工会　陈雪山　翟文龙
团市委　吴中立　黄　旭
妇　联　冯　慧　戴永兴　韦思羽
科　协　庞朝飞　张　宝　邓永喜　钟德旺
文　联　莫俊荣　阮纯武　陈炳英　戚慧慧
社科联　林世勇　苏世成　李梦云
侨　联　林威爵　许向进　张美娟
红十字会　邝丽丽　梁星作　陈扬眉　符　乔
人社局　陈　蕾　禤卓宇　彭福鑫
外侨办　禤　东　吴连彩　陈海丽　曹　霄　王　彦
法制办　莫汉贤　苏振文　黄慧萍　罗康华　张海蕾
　　　　谢　剑　卢振佳　赵群燕
中级法院　张柏信　何文强　林昱钢
检察院　林京仪　吴　奇　温绍政
公安局　莫运朝　张　波　何龙源
政法委　陈海源　潘吉斌　冯振国
打私办　梁家田　陈宪政　林清泉
军分区　熊伟元　刘　鹏
武警支队　闫　军　杨和奎　符先文
边防支队　杨有祥　廖启流　邓　凯　吴宗林
　　　　宁其志
消防支队　梁雄松　吴宏超　苏峰毅　许华伟
　　　　易　阳　练高霖

防城边防检查站 刘伟春

人防办 韦东思 李景祖 施善丹 肖守珍

边海防办 张培爱 裴幸来 文 婷

工商局 杨俊龙 陈 杰 吴 霞

商务局（口岸办） 袁学顺 陈成昫 廖培佐

扶贫办 吴善威 林成刚 吴 海 陈洪文

北部湾办 何凯军 何其学 罗慧军 赵艺玲 黄荣琛 丁爱传

投资促进局 陈源清 黎奕福 黎飞宏

江山管委 黄晓昫 刘 平 张国兴

大西南临港工业园管委

财政局 曾繁宁 黄熙敏 钟承发

国税局 何凤英 曾宜林 高 超

地税局 唐绍斌 蒋茵茵 黄 冰

工商银行 彭正强 易亿久 钟家耀

农业银行 李春儒 张敬礼 李立炀

国资委 莫江林 黄 生 伍玉荣

物价局 王习龙 李志政 许强雄

审计局 黄日忠 池权锋 邓英俊

国家统计局防城港调查队 卢建岁 裴成荣 刘 力

防城海关 邓颜劼 莫玮瑜

东兴海关 柯志强 陈树强 黄祖健 王登平

海事局 潘华远

质监局 覃德耀 林坤东 杨有凤

防城港检验检疫局 黄斌 温智 羽晋言

食药监局 庞承秀 张 宁

烟草局 钟红兰 陆俊杉 童 熊

安监局 黄洪海 黄雪峰 曹海成 吴春星

水产畜牧兽医局 纪东平 陈庆东 檀 宁 曹国敏 吴 洁 何 敏

供电局 黄应忠 钟丽华 林 娟

交通运输局 郑武珠 谭国强 黄 准 黄榆凯

防城港务集团 何永雷 黄成贤 王开乐 加 斌

邮政管理局 苏爱玲 黄图皓 李晶晶

邮政公司 胡春勇 毛其建 黄 准

供销社 苏 海 张晓晋 禤德勤

粮食局 沈铭周

中国电信 陈海务 陆洪光

中国移动 邓 垤 黄 薇

无线电管理处 覃锡冰 何森元

住建委 张常路 蒙发明 黄海如 葛久月

住房保障和房产管理局 廖明辉 高爱华 陈雪莹

住房公积金中心 吴海铭 梁东东

水库移民局 马崇辉 陈远荣 黄广就 莫媛秋 蒙韵冰

市政局 包家友 谢庆宇 余远章 佟义金

教育局

党 校 黄明诚 李华发 杨洁清

科技局 杨远艳 陈 著 林成明 陈福喜

地震局 罗词银 邓朝日 徐家毅 易聪聪

市文化委 许大俭 谢德渠 黄洪波 陈文智 张韶峰 王德森 欧 敏 黄前程

防城港日报社 吴炬才 张海旭

档案局 刘玲慧 黄海燕

卫计委 张传凯 唐凤禧 刘远文

港口区 莫玉梅 张守闽

防城区 杨明伟 冯瑞莲

上思县 林美晓 王 帅 黄秀祥 赵 吉

东兴市 陈春燕 陈增任 张冬莲 项载英

目　录

特　　载

Special Publication

大 事 记

Memorabilia

市情概览

City Overview

特　辑

Special Features

政　治

Politics

法　　治

Rule of Law

军　事

Military

经　济

Economy

产　业

Industry

国土资源 · 建设 · 环保

Land Resources, Construction & Environmental Protection

教育·科学·文化

Education, Science & Culture

医疗卫生·计划生育

Medical And Health & Family Planning

民族·宗教·社会生活

Nationality, Religion & Social Life

县乡概况

County &Township Survey

人物·名录

Character & Directory

附　录

Appendix

索　引

Index

政府工作报告

——2017 年 1 月 20 日在防城港市第六届人民代表大会第二次会议上

市长　何朝建

一、2016 年工作回顾

过去一年，面对复杂的发展环境，在自治区党委、政府和市委的坚强领导下，在市人大、市政协的监督支持下，我们紧紧依靠全市各族人民，牢固树立新发展理念，以边海经济带建设为主线，发挥东兴试验区等国家级开放平台作用，主动作为，克难攻坚，统筹稳增长和推进供给侧结构性改革，扎实推进产业转型升级、基础设施建设、农村全面脱贫、教育卫生四大攻坚战，经济呈现稳中向好的发展态势，社会保持和谐稳定，实现了“十三五”良好开局。

——主要经济指标均衡高速增长。预计全市生产总值 676.1 亿元，增长 9.1%，增速全区第二；固定资产投资 600.1 亿元，增长 14.1%；规上工业总产值 1501.2 亿元，增长 14.3%，增速全区第一；财政收入 75.6 亿元，增长 7%；招商引资内资项目到位资金 483.2 亿元，增长 10.4%，实际利用外资 5.1 亿美元，增长 11%；社会消费品零售总额 111.9 亿元，增长 10.8%；外贸进出口总额 587.8 亿元，增长 10%，总额和增速均排全区第二。

——一批重大项目取得新进展。十大龙头产业项目带动作用日益凸显，红沙核电二期工程 4 号机组开工，钢铁基地高端冷轧钢板顺利下线，中电二期全面建成，枫叶粮油、盛隆焦化二期投产，中海油 LNG 储运、科元新材料等重大项目加快推进。

——先行先试效应持续扩大。国家开放型经济新体制试点试验四大改革和六大探索取得实质性成效。东兴试验区跨境劳务合作试点扎实推进，东盟货币服务平台、跨境保险服务中心、跨境人民币贷款和个人本外币兑换特许业务等多项先行先试成果不断巩固和扩大。东兴—芒街跨境自驾游正式开通，东兴陆路进境水果口岸获批。上线运行西部首个沿海口岸国际贸易“单一窗口”。

——工业质量不断增强。全市规上工业增加值完成 332.8 亿元，增长 12.4%，增速全区第一。企业技术改造投资 225 亿元，增长 96.2%，增速全区第一。产值超亿元的规上工业企业 124 家，其中百亿元企业 3 家，十亿元企业 26 家。新增广西工业质量标杆企业 3 家。规上万元工业增加值能耗下降 4.4%。

——民生福祉稳步提升。全市民生支出 99.2 亿元，占财政支出的 78.1%，为民办实事十大工程项目基本完成。城市、农村低保月人均补助分别上升到 306 元、140 元。城镇居民人均可支配收入 29758 元，增长 7.9%，农村居民人均可支配收入 12113 元，增长 10.2%。城镇登记失业率 1.7%。居民生活用气每立方售价由 4.8 元下调至 3.21 元，为全区最低。注重环境生态保护，主要水源水质优良率 100%，城市空气质量优良率 99.5%，稳居全区第一。

过去一年，我们主要抓了十个方面工作：

（一）全力以赴稳增长

全面落实国务院和自治区一系列政策措施，确保经济稳定运行。坚持抓早抓好抓实，年初就将年度各项目标任务分解落实到各责任单位，细化分解任务，抓好工作落实。围绕自治区提出“六稳”要求，通过降低工业企业成本，增强企业盈利能力和发展活力；实施“边海经济带工程包”，启动海湾新区建设，稳定投资增速；抓好商贸物流、特色旅游、电商等服务业发展，提高消费档次和消费量；发展“特色、精致、高效、品牌”农业，提升农业效益；提高通关便利化水平，推动进出口贸易逆势上扬；落实营改增等减税政策，盘活存量资金，实现财政平稳运行。

（二）克难攻坚推项目

实施“边海经济带工程包”项目 709 项，其中全年新开工 249 项。强化项目保障，完成征地面积 1100 公顷，新增建设用地、用海指标 1186.67 公顷。筹措项目建设资金，成功申报中央预算内投资项目 108 个，策划 PPP 项目一批，发展后劲和动力不断增强。

（三）多措并举优供给

积极推动供给侧结构性改革，“三去一降一补”工作取得明显成效。落实自治区降成本 41 条措施，出台 46 条配套细则,清理涉企收费,为企业减负5亿多元。优化传统产业供给,实施产业转型升级,推进有色金属、磷化、制糖等产业"二次创业"。推动房地产去库存,出台《防城港市农民工等新市民购房补助细则》、棚户区改造货币化安置等措施,开展口岸联检大楼"房地产+港航服务"试点,全年销售商品房面积200多万平方米。稳妥去杠杆防风险,实施政府债务限额管理,申报置换债券23.97亿元,提前偿还高利率债务11.16亿元。加强产业投资基金运营管理,设立产业基础设施投资引导基金,建设沿边跨境金融服务中心。拓宽中小企业融资渠道,为23家工业企业发放"惠企贷",放款3.34亿元,帮助企业争取上级扶持资金1.28亿元。推进农村金改,促进农村金融服务便利化,农村互联网金融融资超过1.6亿元。

(四)做优平台促开放

充分利用东兴试验区、构建开放型经济新体制试点试验城市、跨境合作区、沿边金融综合改革试验区等国家级平台政策资源,统筹推进跨境劳务合作和居民登记管理制度、跨境旅游合作等改革试点工作,在全区率先启动"大部门制、大警种制"改革。抓好边民互市贸易转型升级发展,被国务院督查组推荐为全国典型经验做法。在全国率先启用边民互市"一指通"系统,边境贸易成交额287.9亿元,增长23.4%。成功举办首届中越跨境经济合作论坛暨东兴试验区推介会、中越东兴—芒街商贸·旅游博览会、中国广西—越南广宁青少年友好交流活动等商贸文化交流活动。跨境合作区建设取得突破性进展,中越北仑河二桥竣工,国门楼封顶,友好大道、沿河大道、跨越大道等道路贯通,标准厂房、罗浮西路等一批重点项目加快建设。中越峒中—横模口岸桥开工建设。广西首家出口监管仓落户我市,东兴口岸通关人次首破700万。

(五)狠抓创新增动能

实施发明专利倍增计划,全市每万人口发明专利拥有量2.57件,增长84.9%。抓好创新创业工作,高新区形成云朗科技园、IT小镇门户、桃花湖新业态孵化园三大特色园区,吸引高科技研发企业、科技型生产企业入驻,明华、榕华被认定为国家级众创空间。防城港保税物流中心获自治区批复,东湾物流园成为全国首批国家级示范物流园区。防城港至北京、上海、沈阳等主要城市铁路冷链专列实现常态化运行,大西南出海大通道多式联运工程列入国家重点培育项目。推动电子商务发展,新增电商企业385家,实现销售额35.1亿元,增长75.5%。发展跨境游等特色旅游,全年接待国内外游客1580多万人次,增长16.4%,接待边境游人数17.5万人次,增长16.9%。

(六)提质增效强三农

实现农业总产值136.1亿元,增长4%。启动21个现代农业示范区创建工作,港口红树林海洋渔业示范区被认定为自治区级示范区。开展特色产业"10+3"行动,新种特色水果666.67公顷,面积达1.15万公顷;发展牛大力、铁皮石斛等特色中药材1333.33公顷,优质谷、莲雾等富硒特色农产品133.33公顷;创建农业部水产健康养殖示范场2家、广西畜禽现代生态养殖场9家,珍珠湾国家级海洋牧场示范区成功获批。累计发展林下经济12.2万公顷。新增农民专业合作社236家、家庭农场56家,农业产业化龙头企业达33家。扎实推进生态乡村建设,投入7718万资金,完成村屯绿化3466个。

(七)建设新区拓空间

贯彻落实中央、自治区城市工作会议精神,全面启动海湾新区建设,着力打造我市未来政治文化中心、科技金融中心、现代服务集群中心及港航服务配套中心。投资150亿元,推进100个海湾新区基础设施项目。"五横五纵"主干路网建设加快,东湾大道、西湾大道、文昌大道竣工通车,海湾绿道一期工程投入使用。园博园、伏波大道、文昌大桥等项目前期工作基本完成。

(八)夯实基础增后劲

抓好防城至江山一级路、马路至峒中公路、江山环岛东路、滨海公路龙门大桥西引道等项目建设,开工扩建钦防高速公路。加快建设防城港北站"两站两场两路",增开动车组至5对,年客运量突破200万人次。企茅大道等十大基础设施项目前期工作取得新进展。渔万港区403~407号泊位竣工,40万吨级码头及航道、401~402、513~516号泊位、马鞍岭旅游码头等项目有序推进,渔万港区粮食输送改造工程投入运营。新建标准化海堤9.2千米、河堤及护岸5千米,除险加固中小型病险水库37座,大垌水库主体工程基本建成。防城港天然气专供管道建成通气。市垃圾焚烧发电厂投入使用。城镇污水处理率、生活垃圾无害化处理率均突破85%。

(九)精准施策抓脱贫

投入11.6亿元,实施脱贫攻坚"十五大"行动。强化挂钩帮扶、结对帮扶,全面完成精准识别建档立卡。出台19个脱贫配套政策,5125户18535人农村贫困人员纳入低保范围。产业扶持5996户贫困户,产业扶贫覆盖率达71.9%。加快异地扶贫搬迁,改造农村危旧房4093户,建成通村屯硬化道路417千米、便民候车亭20个。完成农村饮水安全工程237处,解决3688名贫困人口饮水问题。实现8706人脱贫、32个贫困村摘帽。

(十)千方百计惠民生

投入教育经费14.5亿元,加快教育攻坚。抓好132个项目建设,市理工学校、五中、六中、文昌小学、珍珠小学等一批学校基本竣工,北部湾高中开工建设,建成茅岭等4个乡镇中心幼儿园,基本实现乡镇学前教育全覆盖。推进一批农村义务教育学校增建扩容,港口区义务教育均衡发展通过国家验收。推进卫生攻坚,启动国家第四批城市公立医院综合改革试点,全市8家医院实现药品零差价。完善计划生育服务管理,落实全面二孩政策。创建国家公共文化服务体系示范区,成功举办国际海上龙舟节、东盟足球四国赛、中越沿边自行车赛、"春雨工程"走进防城港等一系列活动。启动国家社会保险标准化建设"先行城市"试点。新增城镇就业1.9万人,农村劳动力转移就业1.2万人。开工棚改项目7623套,基本建成2200套。民族团结进步模范市创建通过自治区验收。强化食品药品监管,食品安全形势稳定向好。落实安全生产监管责任,成功处置"4·16"东湾石油液化气泄漏事件。加强信访工作,成立市仲裁委员会,多元化纠纷解决机制不断完善。促进军民融合发展,摘取全国双拥模范城"四连冠"。推进平安防城港建设,强化边海防管控,严厉打击各类违法犯罪,人民群众安全感进一步增强。

此外,司法、侨务、人防、消防、保密、统计、税务、质监、供销、粮食、通信、海关、检验检疫、海事、气象、地震、水库移民、农机、宗教民族、社会科学、决策咨询、地方志、档案、法制、妇女儿童、老龄、残疾人、红十字、机关事务等工作取得新进步,工会、共青团、妇联等群团组织在经济社会发展中发挥了重要作用。全市边疆稳定,民族团结,社会和谐,人民安居乐业!

一年来,我们注重加强政府自身建设,扎实开展“两学一做”学习教育,狠抓全面从严治党和作风建设,认真履行“一岗双责”,严格落实中央“八项规定”和国务院“约法三章”,健全厉行节约机制,重点领域审计监督和行政监察取得新成效。深化“放管服”改革,全部取消非行政许可审批事项,在全区率先全面公布权力清单和责任清单。抓好全国商事制度改革试点,在全区率先实施企业名称自主选择登记和企业简易注销登记制度。市本级41%的审批事项在窗口办结,审批事项日结率达70.8%,每万人办件量稳居全区前列。严格依法行政,自觉接受人大和政协监督,人大代表建议和政协委员提案办复率100%。

二、2017年工作安排

今年是实施“十三五”规划的重要一年,是供给侧结构性改革的深化之年,做好今年的政府工作意义重大。根据中央、自治区和市委的部署要求,今年政府工作的总体要求是:全面贯彻中共十八大和十八届三中、四中、五中、六中全会以及中央和全区经济工作会议精神,深入贯彻习近平总书记系列重要讲话精神,紧紧围绕市第六次党代会部署,统筹推进“五位一体”总体布局,协调推进“四个全面”战略布局,坚持稳中求进工作总基调,牢固树立和贯彻落实新发展理念,适应把握引领经济发展新常态,以推进供给侧结构性改革为主线,加快构建边海开放型经济新体制,全力推进东兴试验区、跨境经济合作区、沿边金融综合改革试验区建设,深入实施“四大攻坚”,促进经济平稳健康发展和社会和谐稳定,为着力营造“三大生态”、率先实现“两个建成”打下坚实基础,以优异成绩迎接中共十九大胜利召开。

根据总体要求,今年经济社会发展的主要预期目标是:地区生产总值增长9%;财政收入增长6%;固定资产投资增长11%;规模以上工业总产值增长14%;港口货物吞吐量增长7.5%;社会消费品零售总额增长10%;外贸进出口额增长14%;城镇居民人均可支配收入增长9%;农村居民人均可支配收入增长10%;居民消费价格指数控制在3%以内;城镇登记失业率控制在4%以内;万元地区生产总值能耗等指标控制在自治区要求范围内。

要完成上述目标任务,重点抓好以下工作:

(一)扭住项目建设不放松,积极扩大有效投资

围绕“边海经济带工程包”项目计划,发挥投资的关键作用,夯实经济社会发展基础。

强化重大项目建设。深入推进“边海经济带工程包”建设,争取新开工项目300个,再谋划一批新项目。开工建设企沙至茅岭公路、国门大道扩建、园博园、高新区基础设施项目。加快建设核电二期、钢铁基地、海工装备产业园、科元新材料、中海油LNG储运等一批重大项目,抓好沿海铝工业基地、新能源汽车产业园、支线机场、国际邮轮母港等项目前期工作,完善“四个一批”项目滚动机制,再掀项目建设新高潮。

强化项目建设保障。加强项目用地保障,做好土地收储,推进连片征地,妥善做好被征地群众社会保障和安置就业。抓好“旱改水”和耕地表土剥离利用,推进工业用地供地政策试点,推行新增耕地指标有偿使用制度。创新项目投融资机制,改革完善专项资金安排,激活民间投资,再推出一批PPP项目。

强化项目引进。创新招商方式,采用大数据应用等新型招商手段,以商招商,以企引企,不断提高招商引资的效率和质量。开展项目策划包装,落实项目共享机制,努力引进一批产业关联度高、科技含量高、带动能力强的好项目。完善招商工作机制,抓好签约项目的跟踪服务,强力推动项目早落地、早投产、早见效,形成“大项目顶天立地、中小项目铺天盖地、创新型项目开天辟地”的良好格局。

(二)大力发展实体经济,推动产业转型升级

深入实施创新驱动战略,加快发展新产业、新技术、新业态,促进经济结构转型和实体经济升级。

做强临港工业。抓住钢铁、有色金属、粮油等大宗商品市场回暖机遇,推动临港产业扩大规模。依托龙头企业带动,壮大“六大支柱”产业。服务好钢铁项目全面开工建设。抓好红沙核电二期、盛隆技改等项目建设。加快推进易高油砂、神雾新材料、中储能钒钛新材料、智能化麦芽、金川下游配套等项目建设。整合提升企沙工业区和大西南临港工业园,加快形成千亿元产业园区,打造成为广西北部湾地区重要新材料产业基地,努力创建国家级经济技术开发区。

提升现代服务业。创新服务业供给方式,破解制约服务业发展的瓶颈。抓好防城港国际航运服务中心等7个自治区级现代服务业集聚区建设。争取增开防城港至成都、石家庄、郑州、济南等城市铁路冷链专列,打造中国—东盟冷链物流集散基地。加快保税物流中心和综合保税区申报。发展多式联运,加快建设防城港集装箱办理站,推动东湾物流园“散改集”。参与中国—东盟信息港建设,创建国家级跨境电商试验区。加快边民互市贸易转型升级,延长加工贸易产业链。深入实施“引金入港”战略,引进更多银行、保险、证券等金融机构进驻。抓好跨境旅游合作区和边境旅游试验区申建工作,建设边关风情旅游带。推进国家全域旅游示范区和广西特色旅游名县建设,抓好白沙湾旅游接待基地等旅游项目,发展休闲游、养生游、工业游等特色品牌旅游。加强冬季旅游宣传推介,改变我市旅游“夏热冬冷”窘局。

注重发展非公经济。落实中央、自治区各类帮扶、奖励政策,支持民营企业参与政府投资项目和重大基础设施项目,参与发展市政公用事业,支持民办学校、民办医院健康发展。对符合发展要求的企业加大规划和土地支持,保障民营企业用地需求,搭建政企交流平台,营造公开透明、平等竞争的市场环境,聚力推动民营企业大发展。

发展现代特色农业。推进农业供给侧结构性改革,提升农业竞争力。把增加绿色优质农产品供给放在突出位置,狠抓农产品标准化生产、品牌创建。继续实施“10+3”特色产业行动计划,抓好现代特色农业示范区创建,发展“五金五红”等一批特色农产品,推进“双高”糖料蔗基地建设。加快渔港建设,发展远洋渔业,抓好离岸深水抗风浪网箱养殖

及岸上工厂化养殖等现代设施渔业，加快推进珍珠湾国家级海洋牧场示范区建设。发展林下经济，优化林下种养结构。推进农业“六大工程”，高标准建设基本农田。实施农业龙头企业和农民专业合作社成长计划，加快土地有序流转，实现集约化规模化经营，抓好农产品加工和流通，培育发展休闲农业，推进农业“接二连三”融合发展。

发展壮大县域经济。实施大县城战略，坚持产业兴县、特色强县，引导县域错位发展、多元发展。上思县要打好生态旅游牌，深入推进脱贫攻坚战，提升制糖、水泥建材、木材加工三大传统产业，培育肉牛加工和制药两大新支柱产业，壮大生态休闲旅游优势产业，打造成为生态休闲旅游名县。东兴市要按照“前岸中区后城”发展模式，依托试验区等开放平台，发展贸易、加工、旅游、金融、电商、物流六大跨境产业，实现通道经济向产业经济转型升级，加快打造宜居国门城市。港口区要发挥边海经济带主战场、主力军作用，全力服务重大项目建设，壮大钢铁、能源、粮油加工、高新技术等产业，建设广西一流经济强区。防城区要加快促进临港工业配套产业的发展，统筹推进特色优势农业、现代服务业发展，建设现代服务业集聚区，加快建成国家生态文明示范区。

（三）推进基础设施攻坚，打造立体交通网络

围绕打造区域性国际枢纽门户城市目标，打好基础设施建设攻坚战，增强发展综合承载能力。

抓好港口建设。推进40万吨级码头及航道、东湾航道、企沙港区南作业区一期航道等重点港口项目前期工作，加快渔万港区501号和513~516号泊位、马鞍岭1号、2号旅游码头、钢铁基地专用码头、渔万港区第五作业区航道、船舶溢油应急设备库等续建项目建设。推进渔万港区401号泊位、企沙港区潭油作业区3号、4号泊位、榕木江西港点1~6号泊位、防城港4~7号锚地、渔万港区511号、512号泊位等新开工项目建设。

加快重大交通设施建设。开工建设防东铁路，抓好防城港经上思至崇左、皇城坳至茅岭、云约江和潭油作业区等铁路项目规划建设。加快上思至东兴高等级公路、国道219峒中至东兴沿边公路、东湾跨海大桥、通用机场等项目前期工作，全力推进钦防高速改扩建工程、长途汽车客运站和公交站等项目建设，防城至江山一级路、马路至峒中公路、江山半岛环岛公路要建成通车，打造“港铁公机”立体交通枢纽。

（四）深化供给侧结构性改革和关键性改革，增强发展活力动力

按照统筹推进、重点突破的要求加快改革步伐，更好发挥改革牵引作用。

加快“三去一降一补”。坚持问题导向，落实各项措施，推进去产能、去库存、去杠杆、降成本、补短板五大任务取得实质性进展。去产能方面，深化国有企业改革，引导“僵尸企业”平稳退出，推动低端低效产能转型提升，发展一批中高端产能。去库存方面，推进“以购代建”和保障性安居工程货币化安置相结合模式，推进农民工市民化，促进存量商品房销售，实现销售150万平方米以上。实施房地产品质提升和供给结构调整计划，发展商业办公、旅游休闲、健康养老地产，打造中高端地产综合体，新开工50万平方米以上。去杠杆方面，强化政府债务规模控制和限额管理，抓好民间融资动态监测和风险预警，积极应对和妥善处置各类金融风险。降成本方面，深入落实自治区“41条”降成本政策措施，抓好政府性融资担保公司运营，继续开展“惠企贷”融资服务，推进电力直接交易，打好降低企业交易、人工、社保、财务、物流成本“组合拳”，力争今年企业综合成本下降5%以上。补短板方面，加快脱贫攻坚，提升教育卫生等公共服务水平，增强科技创新能力，加强基础设施薄弱环节，缩小城乡、区域发展差距，补齐全面小康“短板”。

推进一批重点领域改革。推进大部制改革和执法体制改革，争取设立口岸管理委员会，筹建市场监督管理局，深入推进公安局“大部制”改革。开展相对集中行政许可权改革试点，组建市行政审批局，完善“前置改后审、串联改并联、零散改集中”行政审批模式，强化政府部门清单制度管理。抓好跨境劳务合作、边民互市贸易转型升级改革试点。推进农地“三权分置”改革，加快国有林场、集体林权、农村金融、供销社等改革。加强改革协同，把责任压实、要求提实、考核抓实，让广大人民群众获得更多的改革红利。

（五）主动融入“一带一路”，加快发展开放型经济

充分发挥开放平台作用，主动服务“一带一路”“三大定位”等国家战略，推动对外开放再上新水平。

加快开放平台建设。全面推进构建开放型经济新体制四大改革和六大探索工作，形成在全国可复制可推广的“防城港经验和模式”。加快东兴试验区开发开放，抓好财税金融、跨境贸易、跨境劳务、跨境旅游、跨境电商等领域创新，扩大先行先试成果。大力推进中越跨境经济合作区纳入国家“一带一路”重大标志性工程清单，建成东兴口岸二桥综合服务区国门楼、标准厂房、罗浮西路等一批基础设施和产业项目，规划建设“一区两园”，实施精准招商，推动产业加快集聚。推进沿边金融综合改革试验区建设，拓展人民币与越南盾可兑换业务，探索建立人民币回流机制，布局建设股权产权交易中心、商品交易所，打造中国—东盟跨境金融中心。

推动口岸开放升级。深化口岸通关便利化改革，拓展防城港口岸、云约江南作业区、中电码头、企沙口岸开放范围。申报禽畜、肉类产品、生猪活体进口等指定口岸，建设进口肉类无害化处理设施。推动峒中口岸升格，加快建设里火互市区、北仑河二桥开放通道，完善陆运电子口岸。建设防城港旅检新口岸，加快口岸联检大楼进驻工作。推行东兴口岸“两国一检”监管模式，建设“三个一”信息平台，完善国际贸易“单一窗口”。

加强对外合作。主动融入“一带一路”建设，构建我市参与国际合作的新格局。拓展与越南等东盟国家经贸往来和港口合作，参与中国—东盟信息港建设，谋划建设中·印尼经贸合作区。开展与欧美等国家先进产能合作。强化与西南中南腹地的互动发展，推进“无水港”建设，发展“飞地经济”。加强与广东、浙江等东部沿海城市合作，积极承接产业转移。深度参与中国—东盟博览会，升级打造中越东兴—芒街商贸·旅游博览会，形成与东盟经贸人文交流的防城港渠道。

（六）强力推进城市建设，打造生态宜居海湾城市

落实中央、自治区城市工作会议精神，加快城市新区建设，提升城市功能品质，构建城市发展新格局。

加快海湾新区建设。实施“强中心”战略，科学制订海湾新区发展规划。加快推进江山大道、文昌大道等城市道路

建设，开工建设园博园，确保完成2018年广西第十三届园林园艺博览会承办任务。规划建设文昌大桥、防城江三桥、新区配套路网等海湾新区十大工程，落实新区配水厂、10千米架空线路入地改造工程等基础项目，推行地下综合管廊建设，配套完善各类通讯管线。推进学校、医院、公园等公共服务设施建设，提升海湾新区公共服务能力。抓好伏波大道、百里黄金海岸、北部湾创业投资大厦等项目融资，采取土地招商、PPP项目运作、设立城市发展基金等多种方式筹措新区建设资金。推动产城深度融合，建设集生产、服务和消费于一体的经济综合体，努力打造富有特色、最具幸福感的美丽宜居新区。

提升城市品质。落实“九城同创”工作措施，打造城市核心品牌。加快推进西湾人文生态绿色廊道、边海大道绿化亮化提升工程等项目建设，完成北部湾大道、西湾大道等一批绿道建设，构建环西湾靓丽景观带。抓好西岸公园、金花茶公园、蜈蚣岭公园等一批市民休闲场所建设。推进海绵城市建设，提升绿地渗水蓄水功能。抓好城市污垃设施建设，促进城市环境和谐发展。推动城市管理综合执法体制改革，加强市容环境管理监察。建立城市监控指挥中心，打造智慧城市网格化综合服务管理平台。合理增设公交线路，淘汰更新公交设施，让市民出行更便捷更满意。

（七）强化创新驱动，不断培育发展新动能

全面实施创新驱动发展战略，以提高自主创新能力为重点，完善科技创新体系，促进科技创新能力整体提升。

建设创新平台。推进防城港高新区升级成为自治区级高新区。加快云朗科技园、沙潭江生态科技产业园建设，打造集多种功能于一体的产业新城。利用IT小镇门户等创新创业服务平台，引进一批高成长型科技企业和具有原创技术及商业模式的源头企业，扶持建设2个以上重点示范众创空间。构建“互联网＋”创业网络体系，打造中国—东盟离岸创业基地。支持有条件的企业开展新型学徒制试点，建立工程技术研究中心、重点实验室、院士专家工作站、博士后工作站、产业技术创新战略联盟等创新平台。

培育创新主体。实施高新技术企业倍增计划，建立科技企业、项目数据库，培育发展一批科技型中小企业，新增自治区级高新技术企业3家以上。突出企业主体地位，建设防城港产业研究院，设立中国—东盟技术转移中心防城港分中心，推动科技创新与支柱产业有机衔接。推进“产学研”结合，加强与高校、科研院所的战略合作。实施大学生创业引领计划、农村青年创业富民行动，吸引各类域外人才创新创业。

健全创新机制。加强科技计划设计，完善科技项目管理办法。出台一批具有突破性、带有导向性的扶持创新政策措施，促进科技成果转化和技术转移。设立种子基金、重大科技专项创业投资基金，建设科技股权众筹平台，吸引更多社会资金投入科技产业。落实知识产权战略行动和发明专利双倍增计划，提高专利申请总量和质量，培育发展一批拥有自主知识产权和知名品牌的企业。倡导创新创业文化，激发全社会创新创造创业的精气神。

（八）坚持以人民为中心，持续保障和改善民生

加快民生事业建设，破解民生难题、回应民生关切、满足民生需求，努力扩大共享发展成果。

抓好脱贫攻坚。深入实施脱贫攻坚“十五大行动”，抓好脱贫攻坚考核、退出、评估三项工作机制，对精准识别建档立卡管理系统动态管理，对脱贫工作进行过程跟踪、动态监测以及成效评估，实施脱贫“双认定”机制，抓好移民搬迁工程，完成移民搬迁5762人，确保28个贫困村、13611个贫困人口脱贫出列，完成上思县脱贫摘帽。

抓好教育攻坚。年内要新开工教育攻坚项目60个，北部湾高中争取年内建成使用，努力打造成全国知名普通高中。深入推进义务教育均衡发展，继续实施“全面改薄”工程，用好1.6亿元教育专项资金，补好农村义务教育短板，东兴要通过国家验收，上思、防城要通过自治区验收。抓好科教园区建设，力争再引进一家高等院校落户。抓好海湾新区等重点发展区域的教育基础建设，大力引入社会资本，优化配置教育资源，培养和引进一批优秀校长和骨干教师，努力办好人民满意的教育。

抓好卫生攻坚。深化医药卫生体制改革，加快城市公立医院改革，抓好市、县、乡、村四级卫生计生服务体系建设。推进市中医院和市妇幼保健院迁建，加快东兴医院综合楼、防城妇幼保健院和一批乡镇、社区卫生服务设施建设。坚持计划生育基本国策，完善计划生育服务管理。实施第二轮防治艾滋病攻坚工程，加强公共卫生服务体系规范化建设，全面提高市民健康水平。

促进和扩大就业。健全城乡就业服务机制，探索“互联网＋创业孵化基地”模式，加强创业孵化基地、农民工创业园和众创空间等创业服务平台项目建设，落实农民工创业担保贷款政策，改善创业环境，以创业带动就业，实现城镇新增就业1.2万人，农村劳动力转移就业1.2万人。

加强社会保障。实施好城乡养老、城镇低保、边民0~3千米补助、残疾人救助等社保惠民项目。推进“全民参保登记计划”试点。抓好城镇保障性住房建设和农村旧危房改造，提高城乡居民住房保障水平。加快建立统一的城乡居民基本医疗保险制度，发展补充医疗保险和商业健康保险，让城乡居民享有更加公平的医保权益。

发展文体事业。全面完成国家公共文化服务示范区创建任务。完善城乡社区公共设施，加快村级公共服务中心、“村村通”等广播电视覆盖工程项目建设。开展全民读书活动，加强国学教育，建设“书香港城”。强化历史文化名镇保护，推进企沙渔港、那良、江平、平福等古镇古村规划建设。抓好上思举重、东兴足球等训练基地建设，推动各类体育场馆向公众开放，促进游泳、乒乓球等传统体育发展。办好海上国际龙舟节、京族“哈节”、中国—东盟水上嘉年华等文旅节庆活动，争取举办国际马拉松、自行车、汽车拉力赛和全国帆船邀请赛。

营造山清水秀自然生态。实施生态经济重点工程，建立生态经济重大项目库。加强生态治理和保护，严格执行“水十条”“大气十条”“土十条”，落实“河长制”，抓好“蓝色海湾”整治工程，强化近岸海域、港口粉尘、建筑工地、河流湖库综合治理，抓好红树林及沿海生态环境修复。加强城市水生态文明建设，推进黑臭水体和城区污水直排口整治。加快江山、光坡、马路和叫安等10个乡镇污水处理厂建设，实现镇级污水处理厂全覆盖。完成农村垃圾治理两年攻坚任务，90%的村庄生活垃圾得到有效处理。调整树种结构，控制速生桉种植面积。落实中央环境保护督察反馈问题整改，加

强北仑河口等重点区域的生态保护，坚决守护好防城港的青山绿水、碧海蓝天！

推进"美丽家园"乡村建设。巩固提升清洁乡村、生态乡村建设成果，推进宜居乡村建设，抓好产业富民、服务惠民、基础便民三个专项活动。提高村落规划和民居设计水平，加快农村改厕、改厨、改圈、公共照明、村级垃圾处理终端等基础设施建设。推进"一村一镇"示范工程，抓好首批四个示范乡镇和27个示范村建设，抓好乡土特色示范村建设，重点打造上思平江村、东兴竹山村、港口沙螺寮村和防城冲敏村等8个"生态宜居示范村屯"。

营造团结和谐社会生态。深入实施幸福社区"三网四联五达标"工程，抓好农村社区建设试点，增强社区自治和服务功能。改进信访调解工作，依法调处化解各种矛盾纠纷。健全应急管理体制机制，提高综合防灾减灾救灾能力。加强重点行业领域、重点场所专项治理，坚决防范较大以上事故发生。完善市、县、镇三级食品药品安全监管网络，争取创建广西食品安全城市。提升气象科技和服务水平，率先在全区基本实现气象现代化。深化平安防城港建设，严厉打击走私贩毒和各类违法犯罪活动，不断提高人民群众安全感。开展民族团结进步"七进"活动，推进京族聚居区率先建成小康社会，抓好全国民族团结进步模范市创建。做好国防动员、"双拥"、优抚安置等工作，巩固发展军政军民团结，维护边疆和谐稳定。

三、加强政府自身建设

按照营造风清气正的政治生态要求，奋发有为、勤政务实，努力打造廉洁高效法治政府。

深入推进依法行政。完善政府立法体制机制，抓好市政府行使地方立法权工作。加快城市综合执法体制改革，推行跨部门、跨领域综合执法，推进行政执法权向乡镇延伸，建立行政执法信息平台。加强产权保护，依法保护公民产权权益和创新收益，营造公平公正的社会环境。自觉接受人大法律监督、工作监督和政协民主监督，认真办理人大代表议案、建议和政协委员提案。

着力优化政务服务。加大"放管服"力度，完善政府清单管理制度，强化事中事后监管，抓好"双随机、一公开"工作。推进网上审批，提升运行效率。整合乡镇"七站八所"政务服务资源，实现政务服务便捷化，打通群众办事"最后一千米"。克服形式主义、官僚主义，不断提高政府执行力。

健全行政决策机制。推行教育卫生、环境保护等重大民生决策事项民意调查制度。建立行政决策咨询论证专家库。健全重大行政决策社会稳定风险评估机制，加强重大决策第三方评估。发挥政府法律顾问作用，健全公共法律服务体系。强化行政监察、审计监督和社会舆论监督。

营造良好从政环境。巩固"两学一做"学习教育成果，认真履行"一岗双责"，严格执行"八项规定"。强化重点领域和关键岗位廉政风险防控，规范权力行使，严格落实政府采购、工程建设招投标程序，加强经济责任审计。推进预决算公开，让公共资金在阳光下运行。建立健全激励机制和容错纠错机制，激发干部干事创业积极性。倡导勇于担当负责精神，克服"庸懒散软"作风，真干、实干、加油干，树立风清气正的良好政府形象。

政协工作报告

——2017年1月19日在政协第六届防城港市委员会第二次会议上

政协主席　赵发旗

2016年工作回顾

过去一年，在中共防城港市委的坚强领导下，市政协坚持团结和民主两大主题，紧紧围绕中心，服务大局，聚焦改革助发展，遵规守纪抓换届，为我市实现"十三五"良好开局做出了积极贡献。

一、夯实基础，把牢履行职能的政治方向

统一思想，增进共识，不断夯实团结奋斗的共同思想政治基础是人民政协事业发展的必然要求和根本保证。一年来，市政协以开展"两学一做"学习教育为契机，深入学习习近平总书记系列重要讲话精神，切实把广大政协委员的思想和行动统一到中央精神上来，不断增强道路自信、理论自信、制度自信、文化自信，坚定不移走中国特色社会主义政治发展道路。换届之后，突出抓好十八届六中全会精神和自治区第十一次党代会、市第六次党代会精神的学习贯彻，不断深化对全面从严治党的认识，增强政治意识、大局意识、核心意识、看齐意识，始终坚持党的政治领导、思想领导和组织领导，确保人民政协事业沿着正确的方向前进。

以高度的政治责任感圆满完成换届工作。在市委的统一领导下，常委会切实把思想和行动统一到自治区党委和市委的决策部署上来，精心组织换届工作，严守换届纪律，严格工作程序，配合市委组织部、统战部做好新一届政协委员推荐考核工作。全面总结五届市政协履职成果和工作经验，探索新时期政协工作的特点和规律。成功召开市政协六届一次会议，选举产生了新一届市政协主席、副主席、秘书长和常务委员，顺利实现新老交替，为六届市政协履职奠定了坚实基础。

二、聚焦中心，助推实现"十三五"发展良好开局

2016年是"十三五"开局之年。常委会牢固树立创新、协调、绿色、开放、共享发展理念，坚持把助推"十三五"规划深入实施作为履职主线，围绕我市改革发展的重点、难点问题深入调研、协商议政。

围绕推进边海经济带建设，就“加快海湾新区建设，打造防城港城市名片”开展专题调研，召开专题议政性常委会议协商建言，提出以“一核四区”架构谋划海湾新区空间布局、高标准规划建设新区教育卫生设施、高水平规划建设园博园、打造海湾新区产业发展升级版等数十条意见建议，形成建议案报送市委，得到市委主要领导的批示并转有关部门研究落实。围绕加快实施加工贸易倍增计划，开展“发挥东兴试验区优势，大力发展加工贸易产业”专题调研，提出了加快加工贸易产业园区规划建设、加大招商引资力度、做好企业服务工作、以边境贸易带动加工贸易发展、提升金融服务水平等对策建议。围绕房地产去库存开展专题调研，召开对口协商会，提出了加大产城融合、积极培育房产租赁市场、加强房地产市场监管、发展健康养老产业等15条促进我市房地产市场持续健康发展的意见建议。围绕教育攻坚，开展“加强我市城区中小学校规划与建设”专题调研，召开界别协商会，提出了尽快完善城区中小学校规划、大力推进城区学校扩容提升工程、切实解决城区学校师资不足、扶持社会力量参与办学等16条意见建议，得到市政府和相关部门的积极回应，部分建议得到采纳。

关注重点园区重点项目建设，组织市政协常委和部分委员视察了西湾大道、东兴跨境经济合作区、高新技术产业开发区、IT小镇、园博园、北部湾高中、东湾物流园区等项目建设情况，就加快基础设施建设、培育战略性新兴产业、完善园区功能等提出了一系列意见建议。

关注北部湾经济区深化改革。利用自治区政协特邀常委视察团来我市视察的机会，主动反映北部湾港口建设管理体制改革中，因集装箱航线转移造成我市相关企业经营成本上升、港口竞争力下降等问题，得到视察团的积极回应。

支持政协各参加单位开展调研建言。民革市委完成了《发展壮大我市贫困村集体经济对策研究》，民盟市委完成了《促进中越（东兴—芒街）跨境经济合作区物流业发展研究》，民建市委完成了《推进企业入驻IT小镇的对策研究》，致公党市委完成了《关于加快防城港市蔬菜产业发展的对策研究》，民进市委完成了《我市边民自主创业对策研究》，市工商联完成了《关于发展电子商务，促进我市加工产业发展》，农公党市总支完成了《加快农业科技创新对策研究》等。这些调研报告，凝聚了政协相关参加单位的集体智慧，所提出的意见建议具有较高的参考价值，得到了市委、市政府的充分肯定。

三、积极探索，协商民主建设稳步推进

深入学习贯彻中共中央和自治区党委关于加强人民政协协商民主建设的有关文件精神，进一步规范和明确参政议政的基本原则、重点任务、主要形式、工作机制、成果转化和组织保障。贯彻落实全市政协工作会议精神，制订加强和改进调研工作的实施办法，进一步完善提案工作制度，扎实推进制度建设和工作创新。

加强政协协商与市委、市政府工作的有效衔接，确保协商规范有序开展。坚持和完善协商议题提出机制，探索建立履行政治协商、民主监督、参政议政三大职能的统筹协调机制，把调查研究作为协商议政的前提和基础，加强专委会与民主党派联合调研，着力提高调研质量和水平。不断完善全体会议协商、专题议政性常委会议协商、主席会议协商和提案办理协商的工作机制，选择一批党委政府关心、群众关注的议题开展协商议政，提高了政协协商民主实效，促进了协商议政成果转化。全年共开展全体会议协商、专题议政性常委会议协商、主席会议协商、提案办理协商及各类专题协商共27次。

坚持和完善市委、市政府主要领导签批重要提案、政协领导领衔督办重点提案和市委、市政府督查部门联合督办提案制度。全年共征集提案329件，经审查立案321件，立案率97.6%。确定《关于加强城市生态园林建设的建议》等10件提案为重点提案，由政协主席、副主席领衔督办，其中3件提案由市委、市政府主要领导阅批督办，一批热点难点问题得到解决落实。

四、凝心聚力，团结联谊不断深化和拓展

重视发挥团结统战功能，坚持团结各方，联系各界。加强同各党派团体的沟通联系和团结合作，认真听取他们对政协年度工作安排和政协机关建设的意见建议。在提案、大会发言上，民主党派的政协委员成为建言谋策的主要力量，提出的加快推进中国东兴—越南芒街跨境经济合作区建设、加快培育发展我市海洋科技产业、让中心区“新移民”安居乐业、打造我市“幸福社区”升级版等一批建议，得到有关部门的高度重视。一年来，各民主党派、工商联、无党派人士提交的大会发言材料、集体提案和社情民意信息，分别占所收到的材料、提案、信息的55.1%、12.5%和40.2%。

加强联谊交流。密切与港澳委员的联系，赴珠海走访住港澳地区的市政协委员，召开知情明政座谈会，通报我市经济社会发展情况，鼓励他们发挥双重作用，积极为我市改革发展作贡献。组团参加“23城市政协‘一带一路’建设协商合作联盟”第二次会议，与兄弟城市交流探讨新时期政协组织服务“一带一路”建设的新思路、新理念、新办法。组织政协委员赴广东、浙江等先进地区考察学习，接待全国各地政协来我市调研视察35批次、260多人。

发挥书画艺术的团结统战作用。与广东中山市政协合作，成功举办纪念孙中山先生诞辰150周年书画展，各党派团体、各届人士踊跃观展，缅怀孙中山先生的丰功伟绩，弘扬孙中山的革命精神和崇高品德。

五、持续发力，为精准脱贫攻坚建言践行

脱贫攻坚是2016年市委、市政府的重点工作，也是我市在全区率先实现全面建成小康社会的关键举措。市政协坚持把助推精准扶贫、精准脱贫作为履职的重要工作，主动作为，发挥作用。

积极围绕脱贫攻坚建言献策。委员们深入调研，提出了《大力发展乡村旅游，实现旅游精准扶贫》《推动防城区香茅产业发展，促进扶贫攻坚工作》等提案，促进了相关扶贫工作的开展和落实。如提案《关于加大对防城区十万山瑶族乡建设支持力度的建议》，得到市直相关部门和防城区委、区政府的高度重视，2016年各级财政对十万山瑶族乡投入2400多万元，建成或正在动工建设一批道路、桥梁、集镇、学校、卫生院等基础设施。

深入开展“情系贫困·委员善行”教育扶贫活动。引荐华东师范大学校友会华澳分会为防城区民族中学、那良中心小学、东兴市马路中心小学捐资30万元，建设学生饮水工程；

协调防城港市福建商会筹集60多万元，连续三年帮助上思中学贫困家庭学生完成高中学业；发动委员和委员企业积极参与结对帮扶，唐上春委员捐款18万元在防城中学设立“业嘉教育基金”；港澳委员曾晓松捐资5万元帮扶上思县叫安初中少数民族贫困学生。

扎实开展精准脱贫工作。市政协结对帮扶上思县思阳镇玉学村、防城区茅岭镇小陶村等9个行政村共107户贫困户。派一名科长担任驻村第一书记，班子成员和机关干部深入挂钩村户，协调挂钩帮扶单位建立帮扶工作机制，编制帮扶规划，落实扶贫资金，督促项目实施。围绕“八有一超”、“十一有一低于”等目标开展精准帮扶，协助基层组织贯彻落实强农惠农富农政策，精准扶贫脱贫工作取得实效。

六、开拓进取，不断加强履职能力建设

重视自身建设，探索强基固本的有效途径，不断提高履职能力和水平。

举办委员专题培训班、开展专题讲座，开辟网上学习专栏，邀请全国政协、自治区政协专家学者解读十八届六中全会精神、讲授政协知识，选派委员参加全国政协、自治区政协和市委举办的各类培训班、报告会，组织委员参观“红旗飘飘——中国共产党党旗诞生历程珍贵档案展”、“广西政协发展历程展”，到井冈山接受红色教育，增强了政协委员对党的历史、党的理论和政协知识的理解和掌握，强化了委员的政治意识、责任意识、履职意识。

在全市范围内开展以“更好发挥人民政协作为爱国统一战线组织作用”为主题的理论研讨，征集理论文章31篇并结集出版。选送10篇优秀论文参加自治区政协理论研讨征文评选，1篇获一等奖、1篇获三等奖，6篇入选广西人民政协理论与实践研讨会论文集，市政协荣获组织奖。

完成《广西北部湾经济区建设纪实·防城港卷》等史料征编工作，协助自治区政协做好《广西绿色经典》文稿征集工作，编辑出版《足迹》《言路》《重点提案及复文汇编》等书籍资料。

积极配合自治区政协开展“广西政协‘八桂行’新闻媒体集中采访活动”，《人民日报》《人民政协报》《广西日报》、广西电视台等国内主流媒体对五届市政协在跨境劳务、跨境电商、双联双助、精准扶贫等方面助推发展的履职成果进行了集中报道。办好防城港市政协网站，注重运用报刊、电视、广播、网络等媒体宣传政协工作，年内在《广西政协报》《广西政协网》等报刊网站刊发稿件270余篇，市政协获2016年度全区政协系统宣传工作二等奖。

扎实开展“两学一做”学习教育，全面加强政协机关的思想、组织、作风和制度建设，切实加强党员干部的宗旨意识和党性修养。严格落实中央八项规定精神，推进作风建设常态化长效化，机关建设进一步增强，参谋助手、综合协调、服务保障作用进一步发挥。

各位委员，过去一年我们取得的成绩和进步，是市委高度重视、加强领导的结果，是市人大、市政府大力支持的结果，是社会各界热情帮助的结果，是政协各参加单位、市县两级政协组织、广大委员和政协机关团结协作、共同努力的结果。在此，我代表市政协常委会表示衷心的感谢！

在总结成绩的同时，我们也清醒地认识到履职工作还有需要加强和改进的地方。比如，对重点课题的调查研究仍需更加深入，在加强民主监督方面需要进一步探索，委员管理和履职服务尚需加强，专委会基础性作用和委员的主体作用有待进一步发挥等。这些问题都需要认真研究，并在今后工作中不断加以改进。

2017年工作部署

2017年是实施“十三五”规划和推进供给侧结构性改革的重要一年，中国共产党将召开第十九次全国代表大会，做好今年的工作意义重大。市政协2017年工作的总体要求是：全面贯彻落实中共十八大和十八届三中、四中、五中、六中全会精神，深入学习贯彻习近平总书记系列重要讲话精神和治国理政新理念新思想新战略，贯彻落实自治区第十一次党代会和市第六次党代会精神，牢牢把握团结和民主两大主题，紧扣全市发展的奋斗目标和主要任务，认真履行职能，为助推营造“三大生态”、率先实现“两个建成”贡献智慧和力量。

一、深入学习贯彻中共十八届六中全会和自治区第十一次党代会、市第六次党代会精神，不断增强做好政协工作的责任感和使命感

坚持把学习贯彻中共十八届六中全会精神和自治区第十一次党代会、市第六次党代会精神作为当前和今后一个时期全市政协工作的重要政治任务来抓，通过中心组学习、专题培训、学术讲座等形式，引导委员深刻理解和把握中共十八届六中全会的精神实质，更加紧密地团结在以习近平同志为核心的中共中央周围，准确把握、主动践行习近平总书记治国理政新理念新思想新战略，毫不动摇地坚持中国共产党的领导，准确把握人民政协的性质定位，确保我市政协事业始终沿着正确方向前进。积极引导委员理解和把握自治区第十一次党代会和市第六次党代会提出的发展思路、奋斗目标、任务和举措，确保会议精神贯穿到政协履职全过程。中共十九大召开后，要按照中共中央和自治区党委、市委的部署和要求，及时组织学习贯彻大会精神，迅速在市县两级政协组织和广大政协委员中掀起学习贯彻热潮，切实把思想和行动统一到大会精神上来。

二、围绕营造“三大生态”、率先实现“两个建成”建言献策，为我市改革发展聚合力、添助力

坚持把助推发展作为履职的第一要务，为实现市第六次党代会提出的奋斗目标建诤言、谋良策。聚焦率先实现“两个建成”，围绕项目建设、发展实体经济、推进基础设施攻坚、深化供给侧结构性改革、主动融入“一带一路”、强力推进城市建设、强化创新驱动等事关全市发展大局的重点难点问题协商议政。要持续关注我市民营企业的发展，引导鼓励民营企业把资金投向实体经济，就舒缓中小民营企业融资难、项目落地难等问题开展专题调研，提管用可行之策。要继续聚焦精准脱贫，围绕“搬得出，稳得住，能致富”的目标要求，组织开展我市易地扶贫搬迁专题调研，提出切实可行的意见建议。坚持“建言践行”，深化“双联双助”活动，持续关注教育扶贫，进一步拓展扶贫帮困的方式方法。要继续助力教育卫生攻坚，对重点项目开展调研视察，提出意见建议。要围绕推进美丽广西乡村建设和宜居城市建设等工作开展调研，为建设美丽防城港献计出力。

三、加强政协协商民主建设，进一步完善协商民主工作机制

要认真组织实施经市委批准的政协年度协商工作计划，精心选择若干个视野宽、切口小、聚焦准、深入透彻的议题开展专题协商、对口协商、界别协商、提案办理协商等，努力形成一批有力度、有分量的协商议政成果。突出供给侧结构性改革这条主线，围绕做大做强县域经济、大力发展实体经济、降低企业成本、助推相关改革举措落到实处开展专题调研，提出意见建议。围绕我市经济社会发展的重大问题和人民群众普遍关注的热点、难点问题，组织委员和县（市、区）政协深入开展调研，积极建言献策。坚持和完善委员接待日制度，及时反映社情民意。要坚持问题导向，多接地气，深入基层，把问题找准、把原因理清、把建议提实，使我们的对策建议更加契合市委的中心工作，更加及时为的市委决策提供参考，更加体现人民心声。

四、探索完善民主监督的途径方法，努力提高监督实效

充分发挥人民政协民主监督作用，是我国民主政治建设和政协事业发展的必然要求。要认真学习贯彻十八届六中全会精神，依照政协章程履行民主监督职能，在推动营造“三大生态”，实现“两个建成”中发挥积极作用。要进一步完善民主监督的组织领导、权益保障、知情反馈、沟通协调机制，提高监督工作制度化水平，把确保我市经济社会健康发展和民生改善作为民主监督的出发点和落脚点，围绕贯彻落实中共十八届六中全会精神和中央八项规定，围绕市委重大改革举措、重要政策和“十三五”时期重要约束性指标落实情况开展监督，切实发挥政协民主监督在推进全面从严治党中的作用。要不断丰富监督形式，鼓励委员通过政协会议、提案、调研、视察、信息、大会发言等载体，务实灵活地开展民主监督，在继承和发展好传统好做法的基础上，进一步创新、拓展民主监督的形式。要切实发挥担任特约监督员的政协委员的作用。

五、加强大团结大联合，广泛凝聚加快发展的正能量

要进一步加强与民主党派、工商联、人民团体的合作共事，支持他们参加政协组织的各种协商议政、民主监督活动，认真听取吸收他们的意见和建议。要以发扬民主、协调关系、理顺情绪、化解矛盾为着力点，协助市委、市政府做好凝心聚力的工作，为促进政党关系、民族关系、宗教关系、阶层关系密切和谐发挥作用。紧密与市涉侨、涉台、涉外等工作部门的合作，不断加强与港澳台同胞及海外侨胞联系和交往，支持他们参与我市招商引资、招才引智和慈善活动。继续开展与越南北部边境省市祖国阵线的交流合作，助推我市对外开放，促进边境地区和睦稳定。加强与兄弟市政协的联谊交往，相互学习交流，共同提高。认真筹备并开好由我市承办的部分城市政协“一带一路”建设协商合作联盟第三次会议。全力配合有关部门办好在我市召开的第五届世界钦廉同乡会恳亲大会。

六、强化自身建设，不断提高政协工作科学化水平

要把深入调查研究作为履职的基础性工作，坚持“协以成事，商以求同”，理性开展协商讨论，做到建言建在需要时，议政议到点子上，监督监在关键处。要进一步加强专委会自身建设，探索建立专委会与委员沟通和联络机制，建立专委会与党群机关、政府部门的联系机制，充分发挥专委会的基础性作用。要加强界别建设，强化界别的民意通道功能，提高界别履职的组织化程度，推进界别间的沟通与交流，更好地发挥界别联系广泛的渠道作用。要不断加强委员队伍建设，制订委员履职工作规则，建立完善委员管理和考核办法，强化委员履职管理，加大委员培训力度，使委员懂政协、会协商、善议政，守纪律、讲规矩、重品行。要继续抓好文史资料、理论研究、宣传等方面工作。要深入推进党风廉政建设，巩固拓展“两学一做”学习教育成果，加强机关队伍建设，切实发挥政协机关的参谋助手、综合协调和服务保障作用。

大事记

1月

1日 防城港核电站1号机组正式投入商业运行。该机组是我国“十三五”开局之年首台投入商业运行的核电机组，每天发电量可达2400万千瓦时，可满足一座中等城市的电力需求。

6日—8日 深圳市公共服务人才学院考察组到防城港进行考察，了解防城港市经济社会发展情况，深入洽谈干部教育培训合作平台建设事宜。防城港市委书记、市人大常委会主任、东兴试验区工委书记金湘军，市委常委、组织部部长袁国华会见考察组一行。

7日 中国民主建国会防城港市第三次代表大会召开。大会选举产生民建防城港市委会第三届委员会委员、主委、副主委，陈为民再次当选为民建防城港市委会主任委员，林小丽、龙卫东、龙其生当选为副主任委员。中共防城港市委常委、统战部部长胡晶波，民建广西区委会主委钱学明应邀出席会议并分别代表中共防城港市委、民建广西区委会致贺词，向大会的召开表示热烈祝贺。应邀出席大会的还有防城港市政协副主席、民革防城港市委会主委凌军，各民主党派、工商联的有关领导。

同日 广州市副市长、市公安局局长谢晓丹率考察团一行20人到防城港市开展警务工作交流协作活动，并和玉石分别代表广州、防城港两地公安机关签订《警务协作框架协议书》，进一步明确情报信息共享、维稳管控、反恐怖、惩治犯罪、禁毒、网侦等工作领域的协作内容，以及建立两地警务协作联席会议制度和警务协作常态联络机制。

10日 中国致公党防城港市第五次代表大会召开。大会选举产生致公党防城港市第五届委员会委员、常委、主委、副主委。致公党中央副主席、自治区政协副主席、致公党广西区委会主委黄格胜出席大会并作讲话；中共防城港市委常委、统战部部长胡晶波，致公党广西区委会副主委卢保江及市各民主党派、工商联和“五侨”部门代表应邀出席会议并分别致词。

11日 中国国民党革命委员会防城港市第五次代表大会召开。大会选举产生民革防城港市第五届委员会委员、主委、副主委。中共防城港市委常委、统战部部长胡晶波，民革广西区委会副主委李拥军，市政协副主席、民进市委会主委杨佰凤应邀出席会议并分别代表中共防城港市委、民革广西区委会、市各民主党派及工商联致词，向大会的召开表示热烈祝贺。

同日上午 防城港市五届人大常委会第三十一次会议召开。会议审议主任会议关于提名许政为自治区第十二届人民代表大会代表候选人的议案；以无记名投票方式，补选许政为自治区第十二届人民代表大会代表。补选结果由市人大常委会上报自治区人大常委会代表资格审查委员会进行代表资格审查，确认代表资格。受市人大常委会主任金湘军委托，副主任黄荣明主持会议；副主任韦任智、朱海燕、禤德焕、李疆、廖汝奋，秘书长莫江林及其他常委会组成人员出席会议；副市长黄文龙、市人民检察院检察长农中校、市中级人民法院负责人、市人大各专门委员会、市人大常委会各办事机构有关人员列席会议。

12日 中国民主同盟防城港市第五次代表大会召开。大

1月7日，广州市公安局与防城港市公安局开展警务工作交流协作活动

（曾昭竣　摄）

会选举产生民盟防城港市第五届委员会委员、主委、副主委。民盟广西区委会主委刘慕仁，中共防城港市委常委、统战部部长胡晶波，市政协副主席、民进防城港市委会主委杨佰凤应邀出席会议，并分别代表民盟广西区委会、中共防城港市委、市各民主党派及工商联致辞，向大会的召开表示热烈祝贺。

13日 中国民主促进会防城港市第二次全体会员大会召开。大会选举产生民进防城港市第二届委员会委员、主委、副主委。全国政协常委、民进广西区委会主委陈自力，中共防城港市委常委、统战部部长胡晶波，民建防城港市委会主委陈为民应邀出席会议并分别代表民进广西区委会、中共防城港市委、市各民主党派及工商联致词，向大会的召开表示热烈祝贺。防城港市政协副主席庞章辉应邀出席大会。

同日下午 防城港市打击走私综合治理工作会议召开。会议总结上年全市惩治走私综合治理工作情况，部署2016年工作。市长何朝建出席会议并讲话，强调各部门要狠抓责任落实，形成工作合力，全力做好2016年反走私工作。市领导许政、玉石出席会议。

14日 防城港市市长何朝建率市商务局、住建委、交通局、扶贫办及口岸办等部门负责人深入防城区峒中口岸、里火互市点、滩散互市点及东兴市调研沿边开发开放工作，并就如何对接落实好国务院关于支持沿边重点地区开发开放若干政策措施进行座谈。

同日 防城港市各民主党派新一届领导班子座谈会召开，民革市委会主委佟义东，民盟市委会主委王习龙，民建市委会主委陈为民，民进市委会主委杨佰凤，致公党市委会主委庞章辉，农工党市总支部主委蒋为玉先后发言。一致表示，要以此次换届为新的起点，在中共防城港市委的领导下，认真履职尽责，积极服务大局，为推进边海经济带建设，打造广西"两个建成"先行区做出新的更大贡献。市委书记、市人大常委会主任金湘军出席座谈会并作讲话，市领导赵发旗、胡晶波、袁国华、梁宗勇参加会议。

14日—15日 自治区第四考核检查组对防城港市2015年消防工作进行检查，建议防城港市加强督办，加大投入力度，全面完成消防重点建设任务，强化冬春火灾防控能力。

15日 防城港市政协主席赵发旗率队到东兴市走访联系帮扶非公有制企业，围绕谋划制订市"十三五"规划、助推边海经济带建设、服务产业发展等内容，听取非公有制企业的意见、建议。

18日 中央扶贫开发工作会议精神宣讲调研组在南宁召开中央扶贫开发工作会议精神宣讲视频会，从习近平总书记扶贫开发战略思想、中共中央扶贫攻坚的决心、扶贫开发下一步工作等方面解读中央扶贫攻坚的决策部署，帮助各地把握中央扶贫开发工作会议精神；朱胜勇在防城港分会场参加会议。

同日 防城港市五届人民政府第67次常务会议召开。会议审议并原则通过《关于防城港市2015年国民经济和社会发展计划执行情况与2016年国民经济和社会发展计划草案的报告》及《关于防城港市国民经济和社会发展第十三个五年规划纲要的报告》（以下简称《报告》和《纲要》），会议还审议其他事项。会议由市长何朝建主持；副市长黄强余、黄文龙、玉石、朱胜勇，广西东兴国家重点开发开放试验区管委会副主任杨东星，市政府秘书长梁光参加会议。

21日 防城港市五届人民政府第68次常务会议召开。会议传达全国公安机关、全区公安机关视频会议精神，听取全市安全生产工作汇报，会议审议并原则通过《2016年防城港市城镇污水生活垃圾处理设施方案》及《关于港口、防城两城区实行居民生活用水阶梯价格的请示》，会议还研究其他事项。会议由市长何朝建主持；副市长班忠柏、黄文龙，东兴试验区管委会副主任初阳、杨东星及市政府党组成员王琛出席会议。

同日 防城港市五届人民政府第六次全体（扩大）会议召开，讨论修改《政府工作报告》等事项，安排部署近期各项工作。会议讨论并原则通过《政府工作报告》及《防城港市十三五规划纲要（草案）》，审议并原则通过《防城港市2015年国民经济和社会发展计划执行情况与2016年国民经济和社会发展计划草案的报告》及《防城港市全市与市本级2015年预算执行情况和2016年预算草案的报告》。会议由市长何朝建主持；副市长班忠柏、黄文龙，东兴试验区管委会副主任初阳、杨东星，市政府党组成员王琛以及市政府各有关部门负责人等出席会议。

22日 自治区第十届纪律检查委员会第七次全体会议在南宁开幕。自治区党委书记彭清华发表重要讲话。会议以视频会议形式召开。防城港市在家的市四家班子领导，市中级人民法院、市人民检察院的主要领导在市分会场出席会议。

25日 自治区绩效核验第五组到防城港市对防城港市2015年绩效工作进行为期一周的年终核验。下午，防城港市在会议中心召开核验工作对接会。市委常委、纪委书记奉明芳，市领导袁国华、李疆、朱胜勇、倪耀中，以及各县（市、区）各有关部门领导参加对接会。

26日 防城港市委书记、市人大常委会主任金湘军，市长何朝建，市政协主席赵发旗，市人大常委会副主任黄荣明等，率防城港市党政军代表团到广西军区汇报工作，共叙军民鱼水深情，共商军民融合发展。广西军区司令员肖运洪少将、副政治委员梁跃嘉大校、参谋长屈绍刚大校、后勤部部长任志恒大校、装备部部长马俊鹏大校等军区首长与防城港代表团进行座谈。市党政军领导许政、蔡高才、黄春林、玉石、梁宗勇等出席座谈会。

29日 防城港市五届人大常委会第三十四次主任会议召开。会议研究市人大常委会工作报告（草案）、市五届人大七次会议有关事项、《防城港市立法条例（草案）》以及有关人事事项，并决定提交市五届人大常委会第三十二次会议审议。会议还确定市五届人大常委会第三十二次会议召开的时间和建议议程。受市人大常委会主任金湘军、副主任黄荣明的委托，副主任韦任智主持会议；副主任朱海燕、裍德焕、李疆、廖汝奋及秘书长莫江林出席会议；市人大常委会副秘书长、市人大各专门委员会、市人大常委会各办事机构主要负责人列席会议。

同日上午 防城港市政协五届二十三次常委会议召开。会议传达自治区十二届人大五次会议和自治区政协十一届四次会议精神，审议并通过市政协五届六次会议有关事项、市政协2016年度协商工作计划和有关人事事项。会议由市政协副主席倪耀中主持，市政协主席赵发旗出席会议并讲话，市政协副主席林兴、凌军、黄团、杨佰凤、王正及秘书长申时荣参加会议。

31日 防城港市委书记、市人大常委会主任、东兴国家重点开发开放试验区工委书记金湘军会见到防城港市考察的中国十七冶集团有限公司董事长喻世功一行，双方就加强合作进行深入友好交流。市委常委、东兴国家重点开发开放试验区管委会常务副主任管理年，东兴国家重点开发开放试验区管委会副主任初阳、杨东星，中国十七冶集团有限公司总经理刘安义参加会见。

2月

1日 东兴国家重点开发开放试验区管理委员会与中国十七冶集团有限公司签订战略合作框架协议。防城港市市长、东兴试验区管委会主任何朝建出席签约仪式并致辞。在何朝建、中国十七冶集团有限公司董事长喻世功等双方领导的见证下，管理年代表东兴试验区管委会与中国十七冶集团有限公司签订战略合作框架协议。根据协议，双方将通过成立产业园区开发主体、工程招投标、PPP合作、设立区域产业基金等模式，在试验区基础设施、公共配套、征地拆迁、口岸服务、公租房、地下综合管廊等领域开展合作。

同日上午 防城港市委五届88次常委(扩大)会议召开。会议传达学习自治区十二届人大五次会议和自治区政协十一届四次会议精神，自治区党委书记彭清华在听取市委、市政府主要领导工作汇报时的重要指示精神，自治区十届纪委七次全会、全区组织部长会议、全区市县乡换届工作会议、全区宣传部长会议精神；研究其他事项。会议市委书记、市人大常委会主任金湘军主持，何朝建、赵发旗、黄荣明、蔡高才、班忠柏、管理年、奉明芳、黄强余、胡晶波、玉石、袁国华、梁宗勇等市领导参加会议。

同日下午 防城港市委常委会会议召开，专题听取市人大常委会、政府、政协、市中级人民法院、市人民检察院党组工作汇报。市委书记、市人大常委会主任金湘军主持会议并讲话。

2日 防城港市召开全市组织部长会议。会议由市委常委、组织部长袁国华主持，市委书记金湘军出席会议并作重要讲话，他要求各级各部门要加强重点人才服务管理，探索开展高端人才引进“一站式”服务，加快推进人才安居工程，使更多的人才发挥作用。

同日 中国共产党防城港市第五届纪律检查委员会第七次全体会议召开。会议由市委常委、纪委书记奉明芳主持；市委书记、市人大常委会主任金湘军出席会议并发表重要讲话，强调要深入学习十八届中央纪委六次全会、自治区十届纪委七次全会精神，坚定不移地推进全面从严治党，坚定不移地正风执纪，坚定不移地反腐肃贪，全面深化新形势下党风廉政建设和反腐败斗争；市委常委何朝建、班忠柏、管理年、黄强余、胡晶波、玉石、袁国华、梁宗勇出席会议并在主席台就座；赵发旗、黄荣明等四家班子党员领导，东兴试验区管委会党员领导、市中级人民法院院长、市检察院检察长和市五届纪委委员出席会议。

同日 防城港军分区党委三届四次全体(扩大)会议召开。会议学习传达贯彻广西军区党委扩大会议精神，回顾总结2015年工作，研究部署2016年度任务。市委书记、市人大常委会主任、军分区党委第一书记金湘军在会上作重要讲话，市委常委、军分区党委书记、政治委员蔡高才就新年度工作指导问题作讲话，军分区党委副书记、司令员黄春林代表军分区党委常委会作工作报告。

同日上午 防城港市五届人大常委会第三十二次会议召开。会议听取主任会议关于市五届人大七次会议筹备工作情况的报告、市第五届人民代表大会常务委员会代表资格审查委员会关于个别代表的代表资格审查情况的报告，有关人事事项的说明；审议并表决通过关于召开市五届人大七次会议的决定、关于市五届人大七次会议列席人员的决定；审议通过市五届人大七次会议有关事项、市第五届人民代表大会常务委员会代表资格审查委员会关于个别代表的代表资格审查情况的报告；审议《防城港市立法条例(草案)》(二审)，决定将《防城港市立法条例(草案)》提请市五届人大七次会议审议。会议还审议并表决通过有关人事任免事项，金湘军给被任命人员颁发任命书。市人大常委会主任金湘军、副主任黄荣明分别主持会议；副主任韦任智、朱海燕、裍德焕、李疆、廖汝奋，秘书长莫江林及其他常委会组成人员出席会议；副市长朱胜勇、市中级人民法院、市人民检察院负责人，市人大各专门委员会、市人大常委会各办事机构有关人员列席会议。

16日—18日 中国人民政治协商会议第五届防城港市委员会第六次会议在市人民会堂召开。大会应出席委员268人，实到249人，符合规定人数。大会审议并通过政协第五届防城港市委员会第六次会议关于常务委员会工作报告的决议；通过政协第五届防城港市委员会第六次会议提案审查情况的报告；通过政协第五届防城港市委员会第六次会议政治决议。开幕会由倪耀中主持；市政协主席赵发旗，副主席倪耀中、林兴、凌军、黄团、杨佰凤、王正、庞章辉、彭景东，秘书长申时荣在主席台前排就座；市委领导金湘军、何朝建、蔡高才、班忠柏、管理年、奉明芳、黄强余、胡晶波、玉石、袁国华、梁宗勇，市人大、市人民政府领导班子成员，防城港军分区负责人，东兴试验区管委会领导，市中级人民法院、市人民检察院主要负责人，市政协历届老领导代表等到会祝贺；住防城港市自治区政协委员、市直有关部门、各民主党派、工商联、人民团体、驻防城港市中直、区直单位和部分企业负责人及港澳台特邀贵宾应邀列席开幕大会。闭幕大会由赵发旗主持；金湘军、赵发旗、黄荣明、倪耀中、林兴、凌军、杨佰凤、王正、庞章辉、彭景东及秘书长申时荣在主席台前排就座；蔡高才、班忠柏、奉明芳、黄强余、胡晶波、玉石、袁国华、梁宗勇，以及市人大、政府领导班子成员，防城港军分区负责人，东兴试验区管委会领导，市中级人民法院、市人民检察院主要负责人以及老干部杨业兴等在主席台就座。

17日晚 政协第五届防城港市委员会第二十四次常委会召开。会议听取市政协五届六次会议各组召集人分组讨论审议的情况汇报，并审议通过《市政协五届六次会议关于常务委员会工作报告的决议》《市政协五届六次会议提案审查情况的报告》《市政协五届六次会议政治决议》。会议由市政协主席赵发旗主持，市政协副主席倪耀中、林兴、凌军、杨佰凤、王正、庞章辉、彭景东及秘书长申时荣出席会议。

17日—19日 防城港市第五届人民代表大会第七次会议在市人民会堂召开。会议实有代表264人，出席开幕大会的代表242人，符合法定人数。市长何朝建代表市人民政府向大会作政府工作报告，市中级人民法院院长杨智军作市中级人民法院工作报告，市人民检察院检察长农中校作市人民检察院工作报告，市人大常委会副主任李疆作关于《防城港市立法条例（草案）》的说明，大会还表决通过大会选举办法。开幕会由大会主席团常务主席、执行主席金湘军主持；大会主席团常务主席、执行主席黄荣明、许政、蔡高才、奉明芳、胡晶波、玉石、袁国华、梁宗勇、韦任智、朱海燕、禤德焕、李疆、廖汝奋在主席台执行主席席就座；市领导何朝建、赵发旗、黄春林、管理年、黄强余、汤植城、黄文龙、朱胜勇、王琛、张海、初阳、杨东星、倪耀中、林兴、凌军、黄团、杨佰凤、王正、庞章辉、彭景东、杨智军、农中校、陈团政、张绍明等在主席台就座；驻防城港市的全国人大代表、自治区十二届人大代表；出席市政协五届六次会议的委员；防城港军分区主要负责人；东兴国家重点开发开放试验区管理委员会及其内设机构负责人；市委副秘书长，办公室副主任及市委部、委、办、局各一位负责人；市人大常委会办公室、市人大各专门委员会有关人员；市人民政府副秘书长，办公室副主任及市人民政府派出机构、直属机构和其他机构各一位负责人；市中级人民法院副院长、市人民检察院副检察长；市人民团体各一位负责人；驻防城港市的中直、区直单位各一位负责人；部分企业负责人列席开幕大会。

18日 自治区北部湾办常务副主任李延强一行到东兴试验区就中越跨境经济合作区项目建设开展实地调研。自治区北部湾办副主任梁金荣、蓝永信，副巡视员杨斌，东兴试验区管委会副主任初阳、杨东星一同调研。

22日 市委统战工作会议在市人民会堂召开。会议深入学习贯彻中央、自治区统战工作会议精神，全面部署防城港市统一战线工作，要求着力深化开展“服务民企·助推发展”“情系港城，共建侨乡”“增进团结·共促发展”民族和谐边境行等三大活动，着力积极实现党外代表人士队伍建设、党外知识分子工作、基层统战工作等三大工作新突破，全面提高履职能力和水平，为加快“边海经济带”建设、广西“两个建成”先行区提供更加广泛的力量支持。会议由市委常委、统战部部长胡晶波主持，市委书记、市人大常委会主任金湘军出席会议并作重要讲话，东兴市、市教育局、市卫计委、渔洲坪街道、那良镇代表分别作经验交流发言，何朝建、蔡高才、班忠柏、管理年、奉明芳、玉石、袁国华、梁宗勇、廖汝奋、王琛、倪耀中、杨智军、农中校等市领导在主席台就座。

同日 应中共广西壮族自治区委员会书记彭清华邀请，越共广宁省委书记阮文读一行从东兴口岸入境前往南宁访问。中共防城港市委书记、市人大常委会主任金湘军陪同阮文读一行参观中国东兴—越南芒街跨境经济合作区（中方园区）的建设情况。23日，金湘军与阮文读会谈，就进一步加强合作开展深入友好交流。市领导管理年、梁宗勇、朱胜勇，越南广宁省委常委、芒街市委书记阮春记，广宁省委办公厅主任陶清两，广宁省外事厅厅长丁寿福，芒街市人民委员会主席杨文基共同参加上述活动。

23日上午 防城港市五届人民政府第七十一次常务会议召开。会议审议并原则通过《防城港市创建国家公共文化服务体系示范区实施方案》，审议通过《防城港市加快推进中心区建设五年行动计划（2016—2020）》，审议并原则通过《防城港市关于贯彻落实自治区坚决打赢“十三五”脱贫攻坚战重大决策部署的决定》，研究其他事项。会议由市长何朝建主持，副市长班忠柏、黄强余、王琛、张海和东兴试验区管委会副主任初阳、市政府秘书长梁光参加会议。

同日下午 防城港市全市宣传部长会议召开。会议深入贯彻中共十八大和十八届三中、四中、五中全会精神，全面贯彻学习习近平总书记在人民日报社、新华社、中央电视台调研和党的新闻舆论工作座谈会上的重要讲话精神；会议提出当前和今后一个时期全市宣传思想文化工作要抓好六个方面工作（一要抓好全国、全区宣传部长会议精神的贯彻落实。二要重点把学习贯彻习总书记系列重要讲话精神引向深入，全面加强理论武装工作。三要重点抓好理论宣传工作，按照习总书记提出的48个字的“党的新闻舆论工作的职责和使命”。增强的舆论引导能力，聚焦中心工作，提振全市人民的发展信心，为“十三五”的开局营造一个好的氛围。四要抓好互联网的宣传管理，牢牢把握网络工作的主导权。五要深入推进社会主义核心价值观的宣传和教育。六要抓好推进市第三批国家公共文化服务示范区的创建工作）；会议强调2016年要重点开展“清源2016”“净网2016”“护苗2016”“秋风2016”及“固边2016”等五个专项行动；市直宣传文化系统各单位递交落实党风廉政建设主体责任和意识形态领域主体责任责任书；各县（市、区）委宣传部，防城港日报社、市文化委等单位负责人作表态发言。当天上午，还召开全市文明办主任会议、全市外宣办主任会议、全市互联网宣传管理工作会议、全市扫黄打非工作会议。市委常委、宣传部部长、副市长黄强余出席会议并讲话。

同日下午 自治区副主席张秀隆率队到防城港市就农业和农村工作现场办公。市长何朝建汇报本市农业农村工作情况。自治区水利厅、农业厅、林业厅及自治区农垦局、粮食局、水产畜牧局、农机局、气象局等部门领导对防发城港市提出的请求事项给予一一答复，并对防城港市如何做好2016年农村农业工作提出许多很好的意见和建议。副市长朱胜勇参加现场办公会。

26日 防城港市副市长朱胜勇率外侨办、商务局、旅发委、文化委等部门主要负责人前往南宁，分别拜会马来西亚、越南、老挝、柬埔寨、缅甸五国驻南宁总领事。

同日下午 防城港市召开“边海经济带”项目建设动员大会，对2016年项目建设工作进行动员部署。市委书记金湘军作出重要批示。会议由班忠柏主持，市长何朝建出席会议并讲话，黄强余就推进项目工作作布置，与会人员就“边海经济带”项目建设工作进行讨论，市政府与相关责任单位签订责任状。

29日下午 防城港市五届市委91次常委会召开。会议传达学习习近平总书记在党的新闻舆论工作座谈会上的重要讲话精神，研究贯彻落实措施；传达学习自治区党委书记彭清华与越南广宁、谅山、高平、河江四省党委书记会谈精神；传达学习中共中央、国务院有关安全生产文件精神，听取全市安全生产工作汇报，对安全生产工作进行研究部署；研究并原则同意通过《防城港市关于贯彻落实自治区坚决打赢“十三五”脱贫攻坚战重大决策部署的决定》；研究其他事项。会议由市委书记、市人大常委会主任金湘军主持，何朝建、班忠柏、唐轶昂、管理年、奉明芳、黄强余、胡晶波、玉石、袁国华、梁宗勇等市委常委出席会议，市政协主席赵发旗、市人大常委会副主任许政列席会议。

3月

1日上午 《防城港市志》三级评稿会召开。会议由多位专家学者以及防城港市相关单位人员对《防城港市志（评议稿）》进行评议。市长何朝建出席开幕式并致辞，自治区方志办主任李秋洪到会指导。市领导黄强余、廖汝奋出席会议。

3日 防城港市委全面深化改革领导小组第七次全体会议召开。会议审议通过《防城港市委全面深化改革领导小组2016年工作要点》《防城港市委全面深化改革2016年度督查计划》《防城港市重要改革举措实施规划（2015—2020年）》《防城港市委全面深化改革领导小组重点改革事项工作流程》《防城港市公安局“大部制”改革工作方案》。会议由市委书记、市人大常委会主任、市委全面深化改革领导小组组长金湘军主持，市委全面深化改革领导小组成员、各专项小组负责人、市改革办及有关部门负责人参加会议。

4日上午 防城港市五届人大常委会第三十三次会议召开。会议听取市委常委、组织部部长袁国华关于人事事项的说明、主任会议关于市人大常委会2016年工作要点（草案）的说明；会议审议并表决通过市人大常委会2016年工作要点以及有关人事任免事项，金湘军给被任命人员颁发任命书。市人大常委会主任金湘军、副主任许政分别主持会议；副主任韦任智、朱海燕、禤德焕、李疆，秘书长莫江林及其他常委会组成人员出席会议；副市长张海，市中级人民法院、市人民检察院各一名负责人，市人大各专门委员会、市人大常委会各办事机构有关人员列席会议。

同日下午 防城港市市召开全市“三大纠纷”调处工作会议，总结2015年全市“三大纠纷”调处工作，研究部署2016年工作，要求按照新案调结率不低于90%、积案调结率不低于80%的“两个不低于”目标，做好全市“三大纠纷”调处工作。

3月1日，防城港市召开《防城港市志》三级审稿会　（市地方志办　供稿）

7日上午 防城港市五届人民政府第72次常务会议召开。会议审议并原则通过《防城港市关于加快文化创意和设计服务与相关产业融合发展的实施方案》《防城港市水污染防治2016年度工作计划》，审议《防城港市免费乘坐公共汽车补贴方案》，审议通过《关于深化小型水利工程管理体制改革实施方案》和《广西服务业发展（防城港市）重点项目实施方案（2015—2020年）》，审议其他事项。会议由市长何朝建主持，副市长唐轶昂、黄强余、田博、朱胜勇、张海，东兴试验区管委会副主任杨东星、市政府秘书长梁光出席会议。

7日—16日 市委书记、市人大常委会主任、东兴试验区工委书记金湘军率防城港市代表团，对法国、德国、波兰等三国进行为期10天的工作考察和友好访问。市部分县(市、区)及市直部门主要领导随团参加此次访问活动。

10日 由自治区高校工委原副书记、纪工委书记、巡视员孙海潮任组长的自治区换届风气巡回督查组第七组到防城港市督查指导换届工作。当日上午召开的换届风气座谈会，受市委书记金湘军的委托，市长何朝建向自治区督查组一行汇报市换届风气督查工作情况，市领导赵发旗、许政、班忠柏、黄强余、胡晶波、玉石、袁国华、梁宗勇、李疆、彭景东出席座谈会。

17日 防城港市召开全市传达贯彻全国"两会"精神大会，市委书记、市人大常委会主任金湘军作重要讲话，市长何朝建主持会议，赵发旗、许政、班忠柏、蔡高才、唐轶昂、管理年、黄强余、胡晶波、玉石、梁宗勇、田博等市领导参加会议。

22日 防城港市召开扶贫开发领导小组2016年第一次全体会议。会议由市长何朝建主持，市委书记、市人大常委会主任金湘军出席会议并作重要讲话，市领导班忠柏、袁国华、朱胜勇出席会议，四个县(市、区)及扶贫开发领导小组成员单位主要负责人签订脱贫攻坚责任书。

同日上午 防城港市五届市委93次常委会召开。会议传达学习中共中央政治局常委、国务院副总理张高丽参加十二届全国人大四次会议广西代表团审议时的重要讲话精神，研究贯彻落实措施；研究其他事项。会议由市委书记、市人大常委会主任金湘军主持；何朝建、班忠柏、蔡高才、管理年、奉明芳、黄强余、玉石、袁国华、梁宗勇、田博等市委常委出席会议；市政协主席赵发旗，市人大常委会副主任许政列席会议。

23日 贵港市委书记、市人大常委会主任李新元，市长农融率领贵港市党政代表团一行到防地港市考察。防城港市委书记、市人大常委会主任金湘军，市长何朝建陪同考察，贵港市领导宾能松、黄志光、宋震寰、黄卫平、徐育东、肖明贵、谭斌、韦朝晖等参加考察和座谈会，防城港市领导许政、班忠柏、黄强余、梁宗勇、田博、朱胜勇、张海、倪耀中等分别陪同考察并参加座谈会。

同日上午 防城港市政协五届二十五次常委会召开。会议传达贯彻全国政协十二届四次会议精神，审议并通过政协防城港市委员会常务委员会2016年工作要点。市政协主席赵发旗出席会议并讲话。市政协副主席倪耀中、林兴、凌军、杨佰凤、王正及秘书长申时荣出席会议以及考察活动。

同日上午 防城港市召开"美丽家园"乡村建设领导小组会议，部署2016年防城港市"美丽家园"乡村建设重点工作：一是巩固提升"清洁乡村"活动，全面建立"村收—镇运—县处理"的农村垃圾收集处理模式，并加快推进村镇一级污水处理设施建设，重点完成市示范村屯的村庄规划编制和审批；二是集中开展"生态乡村"村屯绿化、饮水净化和道路硬化等专项行动；三是创建自治区级"三化"综合示范村屯和"绿色村屯"各20个；四是开展农村有机垃圾沼气化处理和生态养殖推广专项行动，扎实推进农村厕所改造和乡村旅游厕所建设，扎实推进乡土特色建设和传统村落保护发展工作；五是提前启动"宜居乡村"建设活动。在全市重点打造8个生态宜居示范村屯。市委副书记班忠柏出席会议并作工作部署，副市长朱胜勇主持会议。

24日下午 防城港市"青苗"人才园区企业挂职锻炼座谈会召开。40多位"青苗"人才齐聚一堂，交流挂职一年来的工作情况和经验体会。市长何朝建出席座谈会并讲话，市委常委、组织部长袁国华出席会议。

26日—27日 由外交部前副部长、前驻香港公署特派员吉佩定任组长的外交部外交政策咨询委员会广西专题调研组一行11人到防城港市就广西如何落实习近平主席访越成果更好服务国家总体外交、外交部如何加强对广西外事工作特别是进一步扩大对外开放促进广西经济社会发展工作的支持等议题进行专题调研。市委常委、副市长田博会见调研组一行。

28日 防城港市全市产业扶贫春季大行动推进现场会在上思举行。会议要求四县(市、区)及各个部门要充分认识产业扶贫的重要意义，加快实施产业扶贫项目，明确产业扶贫是农民群众持续增收的根本保障，增强责任意识与忧患意识；朱胜勇出席会议。

同日上午 防城港市卫生计生委与广西医科大学第一附属医院签订医疗联合体框架协议。

30日 防城港市食品安全委员会2016年第一次会议召开，会议研究部署当前及今后一段时期的重点工作(一是推动"四有两责"落地生根；二是强化全过程监管；三是要加大风险防控力度；四是持续深入开展治理整顿；五是大力推进"两个试点"工作；六是落实生产经营主体责任；七是加强监管能力建设；八是推动食品产业发展水平提升；九是推动社会共治；十是加强食品安全办建设)和签订2016年度食品安全责任书。市领导唐轶昂、黄文龙、朱胜勇出席会议。

同日上午 防城港市政协五届六次会议提案交办会召开，研究部署2016年的提案办理工作。朱胜勇、倪耀中出席会议。

31日 防城港市委党的建设工作领导小组扩大会议召开。会议传达学习中央、自治区党委关于"两学一做"学习教育通知精神；听取并审议《市委党的建设工作领导小组2016年工作要点》《关于实施"先锋先行"工程，全面加强基层党建工作的意见》《关于2016—2018年全市党员教育培训工作的实施意见》；指出要进一步细化优化相关方案，突出重点，分类指导，全面加强基层党建工作，打造防城港市"边山海"特色党建品牌。会议由市委书记、市人大常委会主任、市委党的建设工作领导小组组长金湘军主持并讲话；市领导班忠柏、管理年、奉明芳、黄强余、袁国华，以及市委党的建设工作领导小组成员参加会议。

4月

1日上午 防城港市全市查处群众身边“四风”和腐败问题专项工作推进会召开。会议传达自治区纪委在北海市合浦县召开的全区查处发生在群众身边的“四风”和腐败问题专项工作推进会精神，部署下一步查处群众身边“四风”和腐败问题专项工作。奉明芳出席会议。

13日上午 防城港市全市非公有制企业座谈会召开。会议传达学习习近平总书记在全国政协民建、工商联界委员座谈会上的讲话精神，听取市非公企业代表的意见和建议。会议由胡晶波主持，市长何朝建出席会议并讲话，唐轶昂、林兴等市领导参加会议。

15日 2016年北部湾沿海三市（钦州、北海、防城港）应急联动联席会议在防城港市召开，旨在加强北部湾沿海三市的区域合作，提高预防和处置突发事件的能力。北海市应急办代表作北部湾沿海三市应急联动合作2015年度工作总结，防城港市应急办代表作2016年北部湾沿海三市应急联动工作计划说明，钦、北、防三市的参会代表在会上分别就北部湾沿海三市应急联动工作进行深入的讨论和交流，报告各自应急联动工作的具体情况，提出建议、计划及意见。自治区政府办公厅党组成员、应急办专职副主任周运逵在会上充分肯定三市的应急联动工作取得的成绩，并对2016年三市应急联动工作进行部署。市委常委、副市长田博出席会议。

同日下午 防城港市五届人大常委会第三十六次主任会议召开。会议听取市人大财经委关于贯彻实施《中华人民共和国统计法》情况的执法检查报告、市人大教科文卫委关于全市卫生攻坚计划实施情况的调查报告、市人大城建环保委关防城港市安全生产监督执法情况的调研报告，研究有关人事事项，决定将上述报告以及有关人事事项提交市五届人大常委会第三十四次会议审议；听取市人大常委会立法工作领导小组关于市人大常委会2016年立法计划有关情况的汇报；确定市五届人大常委会第三十四次会议召开的时间和建议议程。受市人大常委会主任金湘军的委托，副主任许政主持会议；副主任韦任智、朱海燕、禤德焕、李疆、廖汝奋及秘书长莫江林出席会议；市人大常委会副秘书长、市人大各专门委员会、市人大常委会各办事机构主要负责人，以及市人民政府有关部门负责人列席会议。

18日上午 防城港市五届市委95次常委会召开。会议传达学习习近平总书记关于“两学一做”学习教育的重要指示，以及中央和自治区“两学一做”学习教育工作座谈会精神，研究并原则通过市“两学一做”学习教育实施方案；听取市东湾工业园广西渝桂化工有限公司发生管道泄漏引发火灾的情况汇报，研究有关安全应对措施；研究其他事项。会议由市委书记、市人大常委会主任金湘军主持，何朝建、蔡高才、唐轶昂、管理年、黄强余、玉石、袁煌、袁国华、梁宗勇、田博、赵强等市委常委出席会议。市人大常委会副主任许政列席会议。

19日 防城港市全市学习贯彻十八届五中全会精神暨“两学一做”学习教育专题研讨班开班。市委书记、市人大常委会主任金湘军在研讨班上作专题辅导；市长何朝建主持开班报告会；赵发旗、许政、唐轶昂、管理年、黄强余、玉石、袁煌、袁国华、梁宗勇、田博、赵强等市领导，东兴试验区负责人，各县（市、区）主要负责人，两院以及市直各有关单位主要负责人参加研讨班并聆听报告。

21日 防城港市五届人大常委会第三十四次会议召开。会议听取市人民政府关于安全生产监督执法工作的报告、关于贯彻执行《中华人民共和国统计法》情况的报告、关于全市卫生攻坚计划执行情况的报告，市人大城建环保委关于安全生产监督执法工作的调查报告、财经委关于检查《中华人民共和国统计法》实施情况的报告、教科文卫委关于全市卫生攻坚计划实施情况的报告；听取有关人事事项的说明，拟任命人员作供职发言；审议并表决通过市人大常委会关于市人民政府安全生产监管执法工作报告的审议意见、关于市人民政府贯彻执行《中华人民共和国统计法》情况报告的审议意见、关于市人民政府卫生攻坚计划执行情况报告的审议意见；审议并表决通过有关人事任命事项，金湘军给被任命人员颁发任命书。市委书记、市人大常委会主任金湘军，副主任许政分别主持会议；副主任韦任智、朱海燕、禤德焕、廖汝奋，秘书长莫江林及其他常委会组成人员出席会议；市委常委、副市长田博，副市长黄文龙，市人民检察院检察长农中校、市中级人民法院一名负责人，市人大各专门委员会、市人大常委会各办事机构有关人员，市人民政府有关部门负责人，各县（市、区）人大常委会一名副主任、部分市五届人大代表、乡镇人大主席列席会议。

同日 班忠柏赴浙江省宁波市梅山岛暨宁波梅山保税港区考察。

同日上午 防城港市全市干部监督工作座谈会暨换届风气监督工作推进会在市会议中心召开。会上通报换届风气巡回督导工作情况，4个县（市、区）分别作交流发言。市委常委、组织部长袁国华出席会议并讲话。

21日—22日 自治区人大常委会副主任杨道喜率自治区铁建办、国土厅、海洋局等部门负责人到防城港市调研中越铁路防城港至东兴段项目进展和防城港市一季度经济运行情况。金湘军、何朝建、许政、黄强余、禤德焕参加座谈会或陪同调研。

22日 中共广西东兴国家重点开发开放试验区工作委员会2016年第五次（扩大）会议召开。会议研究并原则同意东兴试验区“两学一做”学习教育实施方案。会议由市委书记、东兴试验区工委书记金湘军主持;市长、东兴试验区工委副书记、管委会主任何朝建,市委常委、东兴试验区工委副书记、管委会常务副主任管理年,东兴试验区工委委员、东兴市委书记周世军出席会议;东兴试验区管委会副主任杨东星、主任助理彭志伟以及各处室(中心)、跨境合作区建设指挥部办公室负责人列席会议。

同日下午 防城港市五届人民政府第七十三次常务会议召开。会议分析研究当前防城港市工业发展形势与对策、2016年限期完成的24个政府投资项目,审议并原则通过市公务用车制度改革相关文件,审议并通过《关于2016年促进全市外边贸企业能力建设的工作措施(送审稿)》和《2016年防城港市边海经济带项目推进考评办法》,审议其他事项。会议由市长何朝建主持;副市长唐铁昂、黄强余、田博、赵强、黄文龙、张海,市政府秘书长梁光出席会议。

25日下午 防城港市五届人民政府第七十四次常务会议召开。会议审议并原则通过《关于加快推进防城港市公共法律服务体系建设工作的请示》《关于请求审定防城港市发明专利双倍增计划(2016—2020)的请示》《防城港市服务非公有制企业发展十条措施(送审稿)》和《2016年重点督查事项和项目计划表》,审议其他事项。会议由市长何朝建主持;副市长唐铁昂、田博、赵强、朱胜勇、王琛、张海,东兴试验区管委会副主任初阳、杨东星,市政府秘书长梁光出席会议。

25日—27日 由文化部政策法规司副司长蔡萍带队的调研组到防城港市开展为期3天的边境地区文化建设工作调研。26日,自治区文化厅在东兴市召开调研专题座谈会,向文化部调研组汇报广西边境地区文化建设方面的情况。防城港市委常委、宣传部部长、副市长黄强余,市委常委、副市长赵强陪同调研,副市长王琛出席座谈会。

27日上午 湖南省政协副主席张大方率考察组一行12人到东兴市就历史文化遗产和历史文化街区保护利用等方面进行考察调研。自治区政协文史和学习委员会副主任黄红光、防城港市政协副主席林兴陪同考察调研。

28日上午 防城港市组织召开全市劳动模范和先进工作者座谈会,集中表彰2016年获全国、全区各类五一劳动奖项的集体和个人,以及市级劳模创新工作室和劳模创业创新带头人。座谈会由政协副主席、市总工会主席黄团主持,市委副书记班忠柏出席座谈会并为获奖集体和个人代表颁奖,人大常委会副主任朱海燕出席座谈会。

29日 自治区消防安全工作专项督查反馈会召开,防城港市连续9年未发生较大以上火灾事故,得到大会的肯定。

5月

4日—6日 以自治区水产畜牧兽医局副局长王强为组长的自治区《中华人民共和国食品安全法》执法检查组于到防城港市开展检查,黄文龙向自治区检查组汇报执行食品安全法的工作情况。

6日 防城港市纪委召开市直单位专项工作攻坚会。市领导袁煌出席并讲话,市教育局、公安局、民政局、人社局、住建委、农委、水产畜牧局、水利局8个单位相关负责人围绕"两个责任"落实、专项工作开展、组织领导、宣传发动、排查线索、敦促违纪人员主动交代问题等方面作经验交流。

9日—13日 台湾台北市广西钦廉(防)同乡会理事长林小英率参访团一行32人到防城港市考察交流。市领导胡晶波会见参访团一行。

11日—12日 全国人大常委会副委员长陈昌智在自治区人大常委会副主任刘新文的陪同下,率领全国人大常委会调研组到防城港市,就自然保护区相关法规制度实施、自然保护区建设及开发利用等主题进行调研。市委书记、市人大常委会主任金湘军陪同调研,调研组成员王鸿举、王庆喜、顾逸东、刘华、孙书贤等参加调研,防城港市领导许政、唐铁昂、梁宗勇、禤德焕陪同调研或出席座谈会。

13日下午 防城港五届市委99次常委会召开。会议传达贯彻全国人大常委会副委员长陈昌智在防城港市考察调研时的重要讲话精神;学习贯彻《中共中央、国务院关于加快推进生态文明建设的意见》等文件精神;听取2016年1月—4月全市环境污染防治工作情况汇报,研究下一步环保工作;研究并原则通过《中共防城港市人大常委会党组关于2016年我市市、县、乡三级人大换届选举工作的意见的请示》;研究其他事项。会议由市委书记、市人大常委会主任金湘军主持;何朝建、班忠柏、唐铁昂、管理年、胡晶波、玉石、袁煌、袁国华、梁宗勇、田博、赵强等市委常委出席会议;市人大常委会副主任许政、禤德焕,副市长张海列席会议。

13日—14日 以台湾青年创业协会总会会长、台湾空运国际物流集团董事长许旭辉为团长,台湾各有关县市分会理事长为团员的台湾青年创业协会总会访桂团一行18人到防城港市参观考察。市领导胡晶波会见访桂团一行。(台湾青年创业协会总会成立于1972年,是台湾六大工商团体之一,也是台湾以辅导创业为宗旨,且成立时间最久、规模最大的社团法人)

17日上午 防城港市五届人民政府第七十五次常务会议召开。会议审议《2016年防城港市环境空气质量改善工作分工方案》,审议并原则通过《关于审定市本级公共租赁住房租金标准的请示》《防城港市住房公积金自住住房装修贷款实施办法(试行)》和《防城港市2016年市本级财政预算内新开工项目前期工作经费安排方案》等,审议其他事项。会议由市长何朝建主持,副市长唐铁昂、黄强余、田博、赵强、黄文龙、张海及市政府秘书长梁光出席会议。

18日—20日 自治区党委统战部副部长、广西社会主义学院党组书记卢能干率调研检查组到防城港市，就贯彻落实《中国共产党统一战线工作条例（试行）》及宗教工作进行调研检查。调研检查采取听取汇报和实地抽查调研相结合的方式开展。防城港市领导班忠柏、胡晶波参加上述部分或全部活动。

19日上午 防城港市召开市县乡三级人大换届选举工作会议，对全市市县乡三级人大换届选举工作进行动员部署。会议由市人大常委会副主任韦任智主持，市人大常委会副主任、党组副书记许政出席会议并讲话，各县（市、区）人大常委会作换届选举工作发言，市人大常委会副主任李疆就如何做好市三级人大换届工作作讲话，副主任朱海燕、禤德焕、廖汝奋以及秘书长莫江林出席会议。

20日 由自治区政法委、依法治桂办、高级法院、检察院、教育厅、团区委、妇联、未成年犯管教所及广西律师协会未成年人保护委等单位主办，防城港市政法委、依法治市办等相关单位承办的自治区“法律同行助力梦想”大型法治宣传进校园教育活动在防城港市举行，玉石、杨智军出席活动，来自市高级中学、市实验高中、防城区第五中学、市理工职业学校的近千名师生、全市法院系统的干部、家长代表等参加活动。

同日 自治区高级人民法院党组成员、副院长戴红兵，以及自治区政法委、自治区检察院等部门30余名领导到东兴法院考察，对该院家事巡回法庭采用“客厅家居式”布置，营造温馨调解氛围，达到缓解双方当事人矛盾的效果，予以充分的肯定。

21日—22日 全国人大常委会委员、全国人大民族委员会副主任委员王万宾和买买提明·牙生，率全国人大常委会民族区域自治法配套法规专题调研组到防城港市考察调研。全国人大常委会委员、全国人大民族委员会委员梁胜利、罗亮权参加调研；防城港市委书记、市人大常委会主任金湘军，市长何朝建，副市长赵强，市人大常委会副主任许政、韦任智陪同调研。

23日上午 防城港市人大常委会第三十五次会议召开。会议听取市委常委、组织部部长袁国华关于人事事项的说明，市第五届人民代表大会常务委员会代表资格审查委员会关于个别代表的代表资格审查情况的报告；审议并表决通过市第五届人民代表大会常务委员会代表资格审查委员会关于个别代表的代表资格审查情况的报告；表决通过有关人事任免事项，金湘军给被任命人员颁发任命书。市人大常委会主任金湘军、副主任许政分别主持会议；副主任韦任智、朱海燕、禤德焕、李疆、廖汝奋，秘书长莫江林及其他常委会组成人员出席会议；市委常委、副市长田博，市中级人民法院、市人民检察院各一名负责人，市人大各专门委员会、市人大常委会各办事机构有关人员列席会议。

23日—24日 自治区政协“助推医疗服务县乡一体化改革”研讨会在防城港市召开。自治区政协副主席高枫出席会议并讲话；防城港市委书记、市人大常委会主任金湘军出席会议并致辞，市政协主席赵发旗出席会议，市政协副主席彭景东参加会议和考察活动。

25日 中港高科金花茶企业上市战略投资与合作签约发布会在防城港市举行。战略合作签约仪式共签订三份协议，分别是广西日报传媒集团、中港高科战略投资协议；中石油集团广西销售公司、广西日报传媒集团、中港高科战略合作协议；东北证券、中港高科上市合作协议。防城港市委书记、市人大常委会主任、东兴试验区工委书记金湘军，广西日报社社长、广西日报传媒集团党委书记、董事长叶乐阳，中国石油广西非油销售分公司总经理李钢，东北证券股份有限公司广西分公司总经理郭威，防城港市委常委、副市长田博出席发布会并见证签约。

26日 启迪控股股份有限公司高级副总裁、启迪科技城副总裁孙旭东带队到防城港市就跨境科技城建设、产业基金、跨境孵化、跨境电商、众创空间、大健康等领域开展合作洽谈工作。防城港市委书记、市人大常委会主任金湘军会见公司代表团一行，并与代表团就具体合作事宜开展座谈交流；副市长张海参加座谈会。

6月

2日 防城港市纪委举办新任纪委书记（纪检组组长）学习培训班，新任纪检领导干部学习当前纪检监察信访举报、执纪审查、审理等业务以及专项工作业务知识等，并进行广泛交流、研讨。79名县（市、区）新任纪委书记、乡镇（街道）新任纪委（纪工委）书记和市直单位新任纪检组组长等参加学习培训。市委常委、市纪委书记袁煌出席开班仪式。

2日—3日 中共中央书记处书记、全国政协副主席杜青林在自治区政协主席陈际瓦、副主席沈北海的陪同下，到防城港市调研扶贫、新农村建设、边境贸易、边境旅游等情况。防城港市委书记、市人大常委会主任金湘军，市政协主席赵发旗，市委常委、秘书长梁宗勇陪同调研。

6日—7日 自治区副主席黄日波率自治区政府办公厅、自治区工商局、自治区食品药品监管局等部门有关负责人一行18人到防城港市，就商事制度改革、食品药品安全监管、“四局合一”工作进行专题调研。防城港市委常委、副市长唐铁昂参加调研。

7日 防城港市举行2016年“安全生产月”活动启动仪式暨“警钟长鸣”生产安全事故警示教育图片展，围绕“强化安全发展观念，提升全民安全素质”主题，在全市唱响安全发展主旋律，全面营造安全第一、预防为主、综合治理、科学发展、以人为本、安全为基的社会舆论氛围，为推动全市安全生产形势持续稳定好转，为全市经济又好又快发展和社会和谐稳定创造良好环境。市委书记、市人大常委会主任金湘军出席仪式并宣布活动启动，市长何朝建在启动仪式上讲话，市安委会成员单位负责人、部分市级重点企业负责人，港口区、防城区安委会成员单位负责人等参加启动仪式。

同日上午 防城港市第六次党代会代表选举工作会议召开。会议就市第六次党代会代表选举工作进行具体安排和动员，阐述第六次党代会代表选举工作的具体要求。会议由市委常委、组织部部长袁国华主持，市委副书记班忠柏出席会议。

同日下午 防城港市召开沿边金融综合改革工作座谈会，会议由初阳主持，田博在会上要求各级各部门要认真总结成功经验，把握重点，创新工作方式方法，推动沿边金融改革工作取得新的更大成绩。

8日 防城港市纪委组织市人大代表、政协委员以及民主党派和无党派人士共45名在全市开展查处发生在群众身边的“四风”和腐败问题专项工作巡查调研，充分发挥人大代表、政协委员及各民主党派的民主监督职能，进一步推动专项工作深入开展。

13日 由中纪委委员、中纪委驻水利部纪检组原组长董力任组长的国务院安委会安全生产第五巡查组到防城港市，开展为期4天的安全生产延伸巡查工作。13日上午，防城港市召开安全生产汇报会，会议由自治区安监局局长巫家世主持，防城港市领导唐铁昂汇报安全生产工作情况，张海出席汇报会并陪同检查。

16日上午 防城港市市长何朝建带队前往本市部分重点水库检查防汛工作。何朝建强调，各级各部门要高度重视水库防汛工作，严格执行安全度汛工作责任制，加强水库巡防巡查，及时发现并消除隐患，确保水库在汛期安全运行。同时，还要落实防汛物资储备、抗洪抢险救灾队伍，提高抗灾能力，保证一旦出现险情，能够及时调用，确保广大群众的生命财产安全。

17日下午 防城港市五届人民政府第七十六次常务会议召开。会议传达学习《彭清华书记在自治区防汛抗旱指挥部工作座谈会上的讲话》《自治区陈武主席在自治区十二届人民政府第73次常务会议关于防汛救灾工作的讲话》的精神，审议并原则通过《关于请求审定防城港市脱贫攻坚交通基础设施等实施方案的请示》《关于贯彻落实发展新理念加快推进农业现代化若干意见的分工方案》和《防城港市环境保护“党政同责、一岗双责”实施办法(试行)》，会议还审议其他事项。会议由市长何朝建主持，副市长唐铁昂、黄强余、田博、王琛、张海，东兴试验区管委会副主任初阳，市政府秘书长梁光出席会议。

20日下午 防城港市五届人大常委会第三十六次会议召开。会议听取有关人事事项的说明，拟任命人员作供职发言，表决通过有关人事任免事项，金湘军给被任命人员颁发任命书。市人大常委会主任金湘军、副主任许政分别主持会议；副主任韦任智、朱海燕、禤德焕、李疆、廖汝奋，秘书长莫江林及其他常委会组成人员出席会议；市委常委、副市长田博，市人民检察院检察长农中校、市中级人民法院一名负责人，市人大各专门委员会、市人大常委会各办事机构有关人员列席会议。

21日 河池市委书记、市人大常委会主任何辛幸，市长唐云舒率领河池市党政代表团一行到防城港市考察，重点了解防城港市工业发展、城市建设等方面情况，就进一步加强产业互补，共同推动城市经济建设交流看法。防城港市委书记、市人大常委会主任金湘军，市长何朝建，市委常委、秘书长梁宗勇，市政府秘书长梁光陪同考察。

同日 防城港市召开2016年重大项目推进协调会。市长何朝建要求各级各部门要继续把重大项目作为稳增长的重要抓手，千方百计加大工作力度、加快工作进度，以投资拉动发展，确保如期完成年初下达的各项目标任务。唐铁昂、黄强余、田博、蹇兴超、王琛、张海、罗真、杨东星等领导出席会议。

22日下午 防城港市召开关心下一代工作会议。会议由袁国华主持，班忠柏在会上指出，提高认识，把关心下一代工作摆在更加重要的位置；把握主线，始终保持关心下一代工作正确方向；求实创新，着力推动关心下一代工作更好发展；加强领导，凝聚关心下一代工作的社会合力。

23日 防城港市委全面深化改革领导小组第八次全体会议召开。会议审议并原则通过《防城港市推进房地产供给侧改革试点，加快港航服务业发展实施意见》和《东兴试验区境外边民入境务工试点有关证件办理暂行规定》，研究讨论《东兴试验区急需紧缺人才引进和培养模式改革的指导意见》。市委书记、市人大常委会主任、市委全面深化改革领导小组组长金湘军主持会议并在会上强调，要认真学习中央、自治区党委深化改革领导小组会议精神，进一步坚定改革信心和决心，狠抓改革落实，促进各项改革举措落地生根、开花结果，让广大人民群众共享改革红利。市委全面深化改革领导小组成员，各专项小组组长、副组长、联络员，市委改革办副主任，重点改革工作牵头单位主要领导和各县(市、区)有关人员参加会议。

同日上午 防城港市政协五届二十六次常委会召开。会议传达学习市委书记金湘军对市绩效考评工作的批示精神，审议并通过有关人事事项。会议要求，各级政协组织要在全面总结成绩经验的同时，逐条梳理2015年度绩效考评的各项扣分指标以及社会评价中各界群众提出的意见建议，认真对照成绩单，查找问题原因，加强问题整改，精准发力，补齐短板；要继续做好绩效考评工作，不断转变作风，提升执行力，自觉运用绩效管理来推动当前各项工作的落实，为党委、政府的决策部署建良言、献良策。会后，与会人员先后到在建的西湾环海大道及西湾步道项目现场进行视察。市政协主席赵发旗出席会议并讲话，市政协副主席倪耀中、林兴、凌军、黄团、杨佰凤、王正、庞章辉、彭景东出席会议并参加视察活动。

28日上午 防城港市五届人民政府第七十七次常务会议召

开。会议听取全市教育工作情况汇报并审议相关教育发展事项，会议审议并通过《关于审定市本级2015年度机关绩效考评结果的请示》，审议并原则通过《桂海国际农产品冷链物流中心项目战略合作协议》和《防城港市住宅专项维修资金管理暂行办法》，会议还审议其他事项。会议由市长何朝建主持，市领导唐轶昂、黄强余、田博、赵强、张海、罗真，市政府秘书长梁光出席会议。

29日 防城港市知识产权工作联席会议第一次会议召开。蹇兴超在会上要求，推进知识产权工作，提高知识产权创造水平，营造知识产权发展环境。

同日 防城港市全市政法队伍建设工作会议召开。会议要求，全市政法机关要主动适应新形势新要求，不断提高政法队伍正规化、专业化、职业化水平；要坚持党的绝对领导，为建设过硬政法队伍提供坚强有力保障；要坚持问题导向，着力破解当前政法队伍建设工作面临的短板；要坚持统筹兼顾，直面"五大风险"，全力以赴做好当前政法重点工作。市委常委、政法委书记玉石在会上讲话，王琛、莫澄真、农中校出席会议。

同日上午 防城港市五届市委103次常委会召开。会议传达学习总书记习近平、总理李克强、副总理刘延东在全国科技创新大会、"两院"院士大会、中国科协第九次全国代表大会上的讲话精神，全区开放发展大会暨招商引资工作会议精神；听取全市平安建设、法治建设和群众安全感提升工作情况汇报，研究并原则同意《关于加强社会治安综合治理维护社会稳定工作的意见》；会议还研究其他事项。会议由市委书记、市人大常委会主任金湘军主持，市委常委何朝建、班忠柏、唐轶昂、管理年、黄强余、玉石、袁煌、袁国华、梁宗勇、田博、赵强、林霖等出席会议，市政协主席赵发旗列席会议。

30日上午 防城港市召开庆祝中国共产党成立95周年大会。大会由市委副书记、市长何朝建主持；市委书记、市人大常委会主任金湘军出席会议并作重要讲话；赵发旗、班忠柏、蔡高才、黄春林、唐轶昂、管理年、玉石、袁煌、袁国华、梁宗勇、田博、林霖和市人大、政府、政协领导班子成员，东兴试验区工管委领导、市中级人民法院、市人民检察院、防城港军分区领导；市委党的建设工作领导小组成员，县、市直、驻市各单位主要领导，各民主党派、工商联和无党派人士代表，离退休党员老干部代表参加大会。

同日下午 防城港市五届人大常委会第三十七次会议召开。会议听取有关人事事项的说明，拟任命人员作供职发言，表决通过有关人事任免事项，金湘军给被任命人员颁发任命书。市人大常委会主任金湘军、副主任许政分别主持会议；副主任韦任智、朱海燕、禤德焕、李疆、廖汝奋及其他常委会组成人员出席会议；市委常委、副市长田博，市人民检察院检察长农中校、市中级人民法院一名负责人，市人大各专门委员会、市人大常委会各办事机构有关人员列席会议。

7月

1日上午 防城港市市委书记金湘军、市长何朝建、市政协主席赵发旗等市四家班子领导，视察西湾大道和东湾大道，现场听取项目建设情况汇报，检查了解项目进度，并指导解决存在问题。

5日 防城港市委召开2016年第一轮巡察工作动员部署会。市委常委、纪委书记、市委巡察工作领导小组组长袁煌出席会议并作动员讲话，市委常委、组织部部长、市委巡察工作领导小组副组长袁国华宣读第一轮巡察任务分工及巡察组组长、副组长授权任职的决定。第一轮巡察的对象是市发改委、市国土资源局、市环保局、市交通局4个单位，4个巡察组每组负责巡察1个单位，从7月上旬开始，时间为1个月。

同日上午 以自治区党委组织部副部长韦家宾为组长的自治区党委组织部换届督导组一行到防城港市就当天防城港市市县乡两级人大代表选举工作进行现场督导。市委常委、组织部部长袁国华，市人大常委会副主任李疆陪同。

5日—6日 自治区党委常委、宣传部部长黄道伟到防城港市调研基层公共文化建设，提出要传承和发扬防城港市特有的优秀传统文化，着力打造群众喜闻乐见文化精品项目，建设富有边海特色的基层公共文化体系，为广大人民群众提供更多优质的文化产品和服务。市委书记、市人大常委会主任金湘军，市委常委、宣传部部长、副市长黄强余，市委常委、秘书长梁宗勇陪同调研。

7日 全区司法行政计财装备工作座谈会在防城港市召开。自治区司法厅副厅长卢万兵等领导及全区14个市司法局的分管领导及工作人员参加会议。

同日上午 防城港市委书记、市人大常委会主任、广西东兴国家重点开发开放试验区工委书记金湘军率队赴东兴市调研构建开放型经济新体制综合试点试验工作开展情况。他强调要聚集重点，以改革举措实现重点突破，加快构建边海开放型经济新体制。梁宗勇、罗真、初阳等领导参加调研。

11日 防城港市召开扶贫开发领导小组（扩大）会议，学习贯彻自治区脱贫摘帽推进大会和全区扶贫班主任培训班主要精神，总结上半年扶贫开发工作，并结合防城港市实际对全市脱贫攻坚和脱贫摘帽工作进行再补课、再动员、再鼓劲。会议由副市长董凌主持，市委副书记班忠柏出席会议并作重要讲话。

同日上午 2016年"百名博士防城港行"活动正式启动。来自清华、北大、复旦等国内18所知名学府的222名专家教授和在读博士、硕士研究生齐聚防城港市，共扬发展之帆。启动仪式由市政府党组成员蹇兴超主持；市委书记、市人大常委会主任金湘军出席启动仪式，宣布活动启动并向博士团授旗;市委常委、市委组织部部长袁国华致辞。

同日下午 防城港市召开教育工作专题调研座谈会,研究全市学校布局规划及提高教学质量措施。市长何朝建出席会议并作讲话,黄强余、袁国华等领导出席座谈会。

11日—13日 防城港市四个县(市、区)党代会(上思第十三次、东兴第五次、港口区第六次、防城区第六次)同步召开,800名党员代表出席会议。各县(市、区)党代会全面系统总结本地区过去五年的工作,并有机衔接自治区和防城港市"十三五"规划,谋划部署今后五年的目标任务,提出务实创新、引领发展的举措,描绘出未来五年发展蓝图。会议严格按程序进行,经过充分酝酿讨论,民主选举,四个县(市、区)党代会分别产生新一届党委委员、候补委员、纪委委员和出席防城港市第六次党代会代表,顺利通过有关决议。随后,各县(市、区)新一届党委、纪委分别召开第一次全体会议,选举产生新一届党委书记、副书记、常委,纪委书记、副书记、常委。会议期间,自治区换届风气第七巡回督查组、自治区党委组织部第六督导组到防城港市巡回观摩指导,防城港市委领导、市换届风气督导组和换届工作指导组组成的联合督导组深入4个县(市、区)进行全程督导,确保大会顺利召开。

12日 由自治区工信委副巡视员王萍为组长的自治区督查组到防城港市,通过实地走访查看、召开座谈会,对防城港市关于全面落实民营企业参与扶贫优惠政策情况进行督查,林霖陪同督查并向督查组汇报相关工作情况。

同日 防城港市政协召开专题协商会,围绕加强城区中小学校规划与建设问题进行议政建言。市政协主席赵发旗主持会议并作总结发言;市委常委、宣传部部长、副市长黄强余代表市政府就相关问题作回应;市政协副主席林兴、王正、庞章辉、彭景东,秘书长郑东出席会议。

同日 崇左市委书记、市人大常委会主任刘有明率领崇左市党政代表团到防城港市考察,并与防城港市领导进行座谈交流。防城港市委书记、市人大常委会主任金湘军陪同考察并出席座谈会,崇左市领导梁旭辉、秦昆、赵丽、陆辉、邱明宏、罗彪等随团参加考察和座谈,防城港市领导唐轶昂、管理年、梁宗勇分别陪同参加考察和座谈会。

14日上午 全区保密违法案例警示教育巡展防城港专场在市会议中心人民会堂举行。金湘军、赵发旗、许政、班忠柏、蔡高才、唐轶昂、管理年、黄强余、玉石、袁煌、袁国华、梁宗勇、林霖等市四家班子领导、东兴试验区管委会领导以及各有关部门、单位共600多人观看警示教育展。

18日上午 自治区党委第四巡视组专项巡视防城港市换届纪律工作动员会召开。自治区党委第四巡视组组长黄远山就即将开展的换届纪律专项巡视工作作讲话;市委书记金湘军主持会议并作表态发言;自治区党委第四巡视组副组长孟民及巡视组全体成员,防城港市四家班子成员,市纪委、市委组织部领导班子成员及县(市、区)委书记、纪委书记、组织部长出席会议。

19日 防城港市绩效考评工作总结部署会召开,会议以电视电话形式召开,各县(市、区)设分会场。会议总结分析2015年绩效考评工作,研究部署2016年工作任务。会议由市长何朝建主持;市委书记、市人大常委会主任金湘军出席会议并作重要讲话;市委副书记班忠柏通报自治区绩效办反馈的2015年度防城港市绩效考评结果,并宣读表扬通报;东兴市、市食药监局、市工信委、市工商局、市水利局等单位分别作典型发言。赵发旗、蔡高才、唐轶昂、管理年、黄强余、玉石、袁煌、袁国华、梁宗勇、赵强、林霖等领导在主会场出席会议。

19日—20日 自治区党委第四巡视组深入港口区、东兴市开展换届纪律专项巡视工作,了解港口区、东兴市及所辖乡镇在换届过程中是否存在拉帮结派、拉票贿选、买官卖官、跑官要官、造假骗官、说情打招呼、违规用人、跑风漏气、干扰换届等九个方面的问题,确保正风肃纪,推动形成风清气正的整治生态。

21日 防城港市委、市政府召开全市年中工作会议。会议总结分析上半年工作,研究部署下半年工作。会议由市委副书记班忠柏主持;市委书记、市人大常委会主任金湘军,市长何朝建出席会议并作重要讲话;市委常委、常务副市长唐轶昂传达学习近期自治区召开的全区脱贫摘帽推进大会、中国—东盟信息港建设推进会、全区开放发展暨招商引资工作会议、广西科学技术奖励大会四个重要会议精神。四个县(市、区),以及市发改委、市工信委就做好下半年工作作交流发言。赵发旗、蔡高才、管理年、黄强余、玉石、袁煌、梁宗勇、赵强、林霖等市领导,东兴试验区工管委负责人、市中级人民法院院长、市人民检察院检察长,市直、驻市单位主要负责人,部分重点企业、金融机构主要负责人参加会议。

22日 防城港市政协五届常委会第二十七次会议召开。会议听取黄强余代表市政府作2016年上半年经济社会发展情况的通报、市中级人民法院关于上半年工作情况的通报、市人民检察院关于上半年工作情况的通报、市政协各专门委员会上半年工作情况的报告,围绕以上内容和本届政协工作的好经验、好做法以及如何做好下一届政协工作进行讨论。市政协主席赵发旗,副主席倪耀中、杨佰凤、王正、庞章辉、彭景东出席会议;市委常委、宣传部部长、副市长黄强余,市人民检察院检察长农中校和市中级人民法院一名负责人列席会议。

同日上午 防城港市五届人民政府第七十八次常务会议召开。会议审议并原则通过《防城港进境水果指定口岸工作措施》《防城港市冷链物流产业发展总体方案》,审议其他事项。会议由市长何朝建主持,副市长唐轶昂、赵强、蹇兴超、张海、罗真,东兴试验区管委会副主任杨东星,市政府秘书长梁光参加会议。

25 日 防城港市深化平安建设暨提升群众安全感和满意度再动员再部署工作会议召开。会议总结前一段时间提升安全感工作情况，分析群众安全感现状，找出存在问题，布置第三季度工作。玉石、王琛出席会议。

同日 中央环境保护督察组总协调人韩保新带领中央第六环境保护督察组第四小组到防城港市开展督察座谈。座谈会由防城港市市长何朝建主持，市委书记、市人大常委会主任金湘军出席座谈会，并向督察组汇报环境保护工作情况。中央第六环境保护督察组第四小组成员，自治区环保厅有关人员，市领导赵发旗、许政、班忠柏、蔡高才、唐轶昂、管理年、黄强余、玉石、袁煌、袁国华、梁宗勇、蹇兴超、张海、董凌等参加座谈会。

25 日—26 日 由自治区人大常委会办公厅巡视员冯恒率领的驻桂部分全国人大代表和自治区人大代表，到防城港市就工业转型升级开展年中专题调研。许政、李疆、初阳等领导参加座谈会或陪同调研。

26 日 防城港市召开查处发生在群众身边的“四风”和腐败问题专项工作总结暨扶贫领域监督执纪问责工作动员电视电话会议，对全市开展查处发生在群众身边的“四风”和腐败问题专项工作进行总结，对扶贫领域监督执纪问责工作作出动员部署。市委常委、纪委书记袁煌出席会议并作讲话。

同日 防城港市现代特色农业示范区建设现场推进会在东兴召开。会议总结全市现代特色农业(核心)示范区创建过程中的经验，分析当前形势和存在问题，进一步部署防城港市现代特色农业(核心)示范区创建工作。

27 日 “中国博士后西部服务团广西防城港行”回访活动之“百名博士防城港行——国企改革专题讲座”在防城港市会议中心开讲。讲座由北大纵横管理咨询集团副总裁、国企改革研究院执行院长、国家行政学院博士后孙连才和兴业证券固定收益部副总经理费超主讲，防城港市委常委、副市长田博出席专题讲座。

27 日—28 日 防城区华石镇、峒中镇、十万山瑶族乡等 10 个乡镇分别召开新一届人民代表大会第一次会议。会议听取和审议乡(镇)人民政府工作报告和人大主席团工作报告，依法选举产生乡镇新一届人大、政府领导班子。会议召开期间，自治区、市、区换届督导组分别深入各乡镇进行现场督导，确保换届风清气正。其中，由自治区人大常委会、自治区党委组织部组成的联合督导组一行 3 人全程观摩督导华石镇第十七届人民代表大会第一次会议的召开。

28 日上午 全自治区公安机关警务创新工作座谈会在防城港市公安局召开，自治区公安厅党委委员、政治部主任宾正迎出席会议并讲话。

29 日 防城港市召开非公有制经济代表人士综合评价工作部署会，林霖在会上要求，建立和完善综合评价人物信息库，及时更新、完善非公有制经济代表人士及企业信息，及时全面准确地分析情况，为选准人、选好人提供客观依据。

30 日 防城港市委常委(扩大)会议召开。会议简要介绍自治区城市工作会议暨年中工作会议基本情况；传达学习自治区彭清华书记、陈武主席的重要讲话精神，全国、自治区双拥模范城(县)命名暨双拥模范单位和个人表彰大会精神并研究贯彻落实措施；研究并原则通过市绩效办关于审定印发《自治区 2015 年绩效考评反馈防城港市存在问题的整改方案》的请示。会议由市委书记、市人大常委会主任金湘军主持，何朝建、许政、班忠柏、蔡高才、唐轶昂、黄强余、袁煌、袁国华、梁宗勇、田博、赵强、林霖等市领导参加会议。

8月

1 日 自治区绩效考评年中核验组到防城港市开展绩效考评年中察访核验工作，董凌在市 2016 年度自治区绩效考评年中察访核验工作对接会上要求，各级、各部门要认真负责地支持、配合自治区察访核验组的工作，确保此次察访核验工作圆满完成。

4 日 中共防城港市委党校东兴分校正式挂牌成立。市委副书记、党校校长班忠柏为分校揭牌。中共防城港市委党校东兴分校的成立，将有效整合市、县两级党校的教学资源，更好地满足新常态下基层党员干部教育培训和服务发展的需要，开创防城港市党员干部教育培训的新局面。

同日下午 防城港市人民政府与广西电网有限责任公司签订“十三五”电网发展战略合作框架协议。市长何朝建、广西电网有限责任公司总经理揣小勇出席签约仪式并代表双方签订合作协议，副市长张海出席签约仪式。

7 日 防城海关与防城港务集团有限公司签订项目备忘录，双方就共同推进防城港保税物流中心(B 型)项目工作达成共识。保税物流中心(B 型)是指经海关批准，由中国境内一家企业法人经营，多家企业进入并从事保税仓储物流业务的海关集中监管场所。同年年底，自治区人民政府同意防城港市立项建设保税物流中心(B 型)，并以防城港务集团有限公司为投资主体。

8 日 防城港市精准帮扶和精准脱贫工作会议召开。会议深入贯彻落实全区 2016 年脱贫摘帽工作推进大会精神和有关文件精神，传达贯彻落实自治区党委主要领导关于精准帮扶和精准脱贫的要求，全面部署脱贫摘帽认定工作和迎接第三方评估工作，进一步提高精准帮扶和精准脱贫质量，确保全面完成 2016 年全市 13275 贫困人口脱贫、38 个贫困村和上思县脱贫摘帽的工作任务。市委副书记班忠柏出席会议。

9 日 中共防城港市直属机关代表会议在市人民会堂召开。

8月7日，防城海关、防城港务集团有限公司就共同推进防城港保税物流中心(B型)项目签署合作备忘录　（防城海关　供稿）

会议采取无记名投票的方式选出91名中共防城港市第六次代表大会代表。

11日　交通运输部党组成员，国家邮政局党组书记、局长马军胜一行到防城港市调研。防城港市委书记、市人大常委会主任金湘军会见调研组一行，双方就加强交流合作，加快邮政、物流行业在边境地区的发展进行深入探讨。市领导蹇兴超一同参加会见。

12日上午　防城港市举办学习习近平总书记系列重要讲话精神报告会，邀请自治区党委党校许进品教授讲解习总书记系列重要讲话精神内涵以及如何学习精神。报告会以电视电话会议的形式进行，各县(市、区)设分会场。市委常委、组织部部长袁国华主持报告会，唐轶昂、管理年、黄强余、玉石、梁宗勇、田博、林霖等市领导，以及各县(市、区)主要负责人、市直各部门主要负责人共300多人在市主会场现场聆听报告。

15日　防城港市召开法治政府建设工作情况汇报会，田博向自治区人民政府法律顾问专项督查组汇报市法治政府建设工作情况。

16日上午　防城港市五届市委106次常委会召开。会议传达学习中共中央办公厅、国务院办公厅关于印发《脱贫攻坚督查巡查工作办法》《健全落实社会治安综合治理领导责任制规定》的通知精神并研究贯彻落实措施，听取2016年以来全市脱贫攻坚工作情况汇报，肯定全市脱贫攻坚工作成效，对当前脱贫攻坚的形势和存在问题进行分析，研究并原则同意市政府党组关于提请审议《关于加快推进公共法律服务体系建设的实施意见》的请示，还研究其他事项。会议由市委书记、市人大常委会主任金湘军主持，何朝建、蔡高才、唐轶昂、管理年、黄强余、玉石、袁煌、袁国华、梁宗勇、田博、林霖等市委常委出席会议，市人大常委会副主任许政列席会议。

17日　防城港市召开全市抓党建促脱贫攻坚工作座谈会，袁国华在会上要求，从抓好县乡领导班子队伍建设和村级干部队伍建设、加大对党员帮扶力度等方面入手，扎实推进抓党建促脱贫攻坚，确保取得工作实效。

同日　防城港市召开全市换届选举工作暨换届风气监督工作推进会。会议进一步部署市本级换届选举工作及各县(市、区)人代会、政协会组织选举工作。市委常委、组织部部长袁国华出席会议并作工作部署。

23日　防城港市五届人大常委会第四十次主任会议召开。会议听取市人民政府关于贯彻执行《广西壮族自治区实施〈残疾人就业条例〉办法》情况的报告，提出意见和建议；听取市人大农业和农村委关于贯彻执行《中华人民共和国农业技术推广法》情况的执法检查报告、市人大教科文卫委关于贯彻执行《中华人民共和国科技进步法》情况的执法检查报告、市人大民外侨宗委关于本市人口较少民族建设项目实施情况的调查报告；研究市人大常委会关于防城港市2016年上半年国民经济和社会发展计划执行情况报告的审议意见(草案)、关于全市2016年上半年预算执行情况报告的审议意见(草案)、关于批准2015年市本级决算的决议(草案)、关于市中级人民法院2016年上半年工作报告的审议意见(草案)、关于市人民检察院2016年上半年工作报告的审议意见(草案)；研究有关人事事项；决定将上述事项提交市五届人大常委会第三十八次会议审议；确定市五届人大常委会第三十八次会议召开的时间和建议议程。受市人大常委会主任金湘军委托，副主任许政主持会议；副主任韦任智、朱海燕、禤德焕、李疆、廖汝奋出席会议；市政府领导蹇兴超，市人大常委会副秘书长、市人大各专门委员会、市人大常委会各办事机构主要负责人以及市直有关单位负责人列席会议。

同日　中国共产党防城港市第五届纪律检查委员会第八次全体会议在港口举行。全会审议并通过《中国共产党防城港市第五届纪律检查委员会向中国共产党防城港市第六次代表大会的工作报告》(草案)，同意提请市第六次党代表大会审议。会议由中国共产党防城港市第五届纪律检查委员会常务委员会主持，出席会议的市纪委委员22人。

24日　防城港市五届人大常委会第三十八次会议召开。会议听取和审议市人民政府关于贯彻落实《广西扶持人口较少民族发展规划(2011—2015)实施意见》的报告、关于贯彻执行《中华人民共和国科技进步法》情况的报告、关于贯彻执行《中华人民共和国农业技术推广法》情况报告、关于防城港市 2016 年上半年国民经济和社会发展计划执行情况的报告、关于 2016 年上半年预算执行情况的报告、关于 2015 年防城港市市本级决算的报告、关于 2015 年度防城港市本级预算执行和其他财政收支的审计工作报告，市中级人民法院 2016 年上半年工作报告、市人民检察院 2016 年上半年工作报告；表决通过市人大常委会关于批准 2015 年市本级决算的决议、关于市人民政府贯彻落实《广西扶持人口较少民族发展规划(2011—2015)实施意见》情况报告的审议意见、关于市人民政府贯彻执行科技进步法情况报告的审议意见、关于市人民政府贯彻执行农业技术推广法情况报告的审议意见、关于防城港市 2016 年上半年国民经济和社会发展计划执行情况报告的审议意见、关于全市 2016 年上半年预算执行情况报告的审议意见、关于市中级人民法院 2016 年上半年工作报告的审议意见、关于市人民检察院 2016 年上半年工作报告的审议意见；审议并表决通过有关人事任免事项，许政给被任命人员颁发任命书。受市人大常委会主任金湘军委托，副主任许政主持会议；副主任韦任智、朱海燕、禤德焕、李疆、廖汝奋及其他常委会组成人员出席会议；市委常委、副市长赵强，副市长董凌，市中级人民法院代院长莫澄真、市人民检察院检察长农中校，市人大各专门委员会、市人大常委会各办事机构有关人员，市政府相关部门负责人，部分乡镇人大主席列席会议。

同日上午 防城港市创建国家公共文化服务体系示范区领导小组召开第三次会议。会议对前一阶段工作推进情况进行通报，研究和部署下一阶段的工作任务，并对即将到来的示范区中期督查工作作动员和安排。市委常委、宣传部部长、副市长黄强余出席当天的会议。

25 日 中国共产党防城港市第五届委员会第十次全体会议在市行政会议中心举行。全会听取市第六次党代表大会筹备工作情况汇报，研究确定第六届市委委员、候补委员和市纪委委员候选人预备人选建议名单，以及市第六次党代表大会有关事项及有关建议名单，决定于 2016 年 8 月 29 日在防城港召开中国共产党防城港市第六次代表大会，决定将市委工作报告和市纪委工作报告提请市第六次党代表大会审议。全会由市委常委会主持；市委书记金湘军在会上作讲话；出席会议的有市委委员 23 名、候补委员 3 名；市纪律检查委员会委员列席会议。

29 日—31 日 中国共产党防城港市第六次代表大会在市会议中心举行。大会应到代表 329 人，因事因病请假 10 人，实到代表 319 人，符合法定人数。大会的主题是：高举中国特色社会主义伟大旗帜，以邓小平理论、“三个代表”重要思想、科学发展观为指导，深入学习贯彻习近平总书记系列重要讲话精神，团结动员全市共产党员和各族人民，改革创新，开放发展，为实现广西“两个建成”先行区宏伟目标而努力奋斗。金湘军代表中共防城港市第五届委员会向大会作题为《改革创新　开放发展　为实现广西“两个建成”先行区宏伟目标而努力奋斗》的报告。大会以举手表决的方式，通过《中国共产党防城港市第六次代表大会关于中国共产党防城港市第五届委员会报告的决议》和《中国共产党防城港市第六次代表大会关于中国共产党防城港市第五届纪律检查委员会工作报告的决议》。大会由何朝建主持，大会执行主席金湘军、何朝建、赵发旗、许政、班忠柏、蔡高才、唐轶昂、黄强余、玉石、袁煌、袁国华、梁宗勇、林霖等在主席台前排就座，大会主席团其他成员和专程来防城港市指导这次会议的自治区党委督导组有关领导在主席台就座。

31 日 中国共产党防城港市第六届纪律检查委员会第一次全体会议在港口举行。全会选举中国共产党防城港市第六届纪律检查委员会书记、副书记和常务委员会委员。提请中国共产党防城港市第六届委员会第一次全体会议通过生效。会议由袁煌主持，中国共产党防城港市第六届纪律检查委员会委员 26 人参加会议。

同日上午 中国共产党防城港市第六次代表大会第二次全体会议举行。会议应到代表 329 名，实到代表 319 名，符合规定人数。会议通过以无记名投票方式，选举出中国共产党防城港市第六届委员会委员 37 名、中国共产党防城港市第六届纪律检查委员会委员 27 名、中国共产党防城港市第六届委员会候补委员 8 名。会议由班忠柏主持，大会执行主席金湘军、何朝建、班忠柏、唐轶昂、黄强余、玉石、袁煌、袁国华、梁宗勇、林霖等大会主席团常务委员会成员在主席台前排就座，大会主席团其他成员在主席台就座。

9 月

1 日 防城港市第六届市委常委会第一次会议召开。会议听取全市深化改革、创新驱动、生态环境和节能减排、组织建设等工作情况汇报，研究下一步工作安排。市委书记金湘军主持会议并讲话，要求市委常委会班子成员勤政廉政、奋发有为，鞠躬尽瘁、不辱使命，努力创造经得起实践、人民和历史检验的业绩。何朝建、班忠柏、唐轶昂、管理年、黄强余、玉石、袁国华、梁宗勇、田博、赵强、林霖等市委常委出席会议，市政协主席赵发旗、市人大常委会副主任许政列席会议。

2 日 防城港市政协召开党组(扩大)会议，传达学习市第六次党代会精神及精准扶贫有关会议精神。市政协主席赵发旗出席会议并讲话，市政协副主席倪耀中、林兴、凌军、杨佰凤、庞章辉、彭景东出席会议。

同日上午 防城港市五届人民政府第七十九次常务会议召开。会议审议通过市工信委《关于审定防城港市公共区域免费 Wi-Fi 建设方案》的请示、市发改委《关于请求审定防城港市推进“互联网 +”行动工作方案的请示》、市住房保障和房产管理局《关于审定 2016 年防城港市公共租赁住房供应对象家庭人均年收入标准和住房面积标准的请示》和《关于审定并公布 2016 年防城港市本级廉租住房保障标准和补贴标准的请示》，审议通过关于请求审定《防城港市大力推进大众创业万众创新工作方案的请示》，会议还审议其他事项。会议由市长何朝建主持,副市长唐铁昂、黄强余、田博、赵强、王琛、董凌、罗真和市政府党组成员蹇兴超、东兴试验区管委会副主任初阳出席会议。

5日 防城港市全市招商引资工作会议召开。会议由唐铁昂主持;市长何朝建在会上要求,全市各级各部门要站在全市发展大局高度,主动适应新常态,抓住关键环节,精准发力提高招商工作成效;市领导田博总结本市"十二五"以来招商引资工作,并对如何抓好今后招商工作做具体部署;四个县(市)区及市招商局的领导作表态发言;黄强余、赵强、蹇兴超、张海、董凌、罗真等市领导出席会议。

6日上午 防城港市委党的建设工作领导小组会议暨"两学一做"学习教育工作推进会召开。会议学习贯彻中央、自治区"两学一做"学习教育工作座谈会精神,总结交流学习教育情况,部署下一步工作,推动学习教育扎实深入开展;研究部署下一步党建工作,并对"先锋先行"党建工程、抓党建促脱贫等工作进行部署。会议由市委常委、组织部长袁国华主持,市委书记、市人大常委会主任金湘军出席会议并讲话,上思县、市直机关工委、防城区爱立方爱童敬老协会党支部、市国税局机关第五党支部代表作"两学一做"学习教育推进工作经验交流发言,市领导班忠柏、管理年、黄强余参加会议。

7日 防城港市构建开放型经济新体制综合试点试验工作会议召开。会议总结前一阶段构建开放型经济新体制综合试点试验工作推进成效,并对下一阶段工作进行安排部署。会议由罗真主持;市委书记、市人大常委会主任金湘军,市长何朝建出席会议并分别作重要讲话;市构建开放型经济新体制综合试点试验工作领导小组办公室有关负责人汇报前一阶段试点试验工作总体推进情况,各相关牵头单位有关负责人分别作汇报发言;黄强余、初阳等参加会议。

8日上午 中共防城港市委党校(行政学院)新校区建成启用,市委党校(行政学院)2016年秋季学期开学典礼在该校区教学楼举行。开学典礼由市委副书记、党校校长班忠柏主持;市委书记、市人大常委会主任金湘军出席开学典礼,并为参加培训的全体学员作题为《全面提升干部执行力,深入贯彻落实市第六次党代会精神》的开学动员讲话和党性教育专题辅导;袁国华、梁宗勇等市领导出席开学典礼。

9日 防城港市五届人大常委会第四十一次主任会议召开。会议听取市六届人大一次会议筹备工作进展情况的汇报、市六届人大代表资格审查情况的汇报;研究市人大常委会工作报告(草案)、市六届人大一次会议有关事项以及有关人事事项,决定将上述事项提交市五届人大常委会第三十九次会议审议;确定市五届人大常委会第三十九次会议召开的时间和建议议程。受市人大常委会主任金湘军委托,副主任许政主持会议;副主任韦任智、朱海燕、禤德焕、廖汝奋出席会议;市人大常委会党组成员梁光、卢岩以及市人大常委会副秘书长、市人大各专门委员会、市人大常委会各办事机构主要负责人列席会议。

11日 由市委书记金湘军、市长何朝建为团长的防城港市代表团参加在南宁国际会展中心举办的第十三届中国—东盟博览会和中国—东盟商务与投资峰会。防城港市代表团由市本级代表团、来桂挂职干部代表团、东兴试验区代表团以及县(市、区)代表团组成,共有成员81人,共参加26项活动,共有46家企业参加,邀请参会嘉宾达600多人,新闻媒体近30家;共有38个项目在本次博览会上签约,签约金额约806亿元人民币。

12日上午 防城港市举办首届中越跨境经济合作论坛暨东兴试验区专场推介会。

14日 防城港市五届人大常委会召开第三十九次会议。会议听取市人民检察院关于人事事项的说明,市五届人大常委会代表资格审查委员会关于市第六届人民代表大会代表的代表资格审查报告,市人民政府办公室和市人大常委会选举联络工委分别作的关于市五届人大七次会议代表建议、批评和意见办理工作情况的报告,主任会议关于市第六届人民代表大会第一次会议筹备工作情况的报告;表决通过市五届人大常委会代表资格审查委员会关于市第六届人民代表大会代表的代表资格审查报告,市人大常委会关于召开市第六届人民代表大会第一次会议的决定、关于市第六届人民代表大会第一次会议列席人员的决定,决定将市五届人大常委会工作报告提交市六届人大一次会议审议,将市六届人大一次会议议程(草案)、市六届人大一次会议议案办法(草案)、市六届人大一次会议主席团和秘书长名单(草案)、市六届人大一次会议议案审查委员会主任委员、委员名单(草案)提交市六届人大一次会议预备会议表决;会议还表决通过市六届人大一次会议其他有关事项以及有关人事事项。受市人大常委会主任金湘军的委托,副主任许政主持会议;副主任韦任智、朱海燕、禤德焕、李疆、廖汝奋及其他常委会组成人员出席会议;市委常委、副市长田博,市人民检察院检察长农中校、市中级人民法院一名负责人,市人大各专门委员会、市人大常委会各办事机构有关人员,市政府相关部门负责人列席会议。

19日 政协防城港市五届常委会第二十八次会议召开。会议听取市政协六届一次会议筹备工作情况报告、政协第六届防城港市委员会委员人选情况说明;审议通过市政协常委会工作报告、提案工作情况的报告和关于召开市政协六届一次会议的决定;通过政协第六届防城港市委员会委员人选名单以及其他有关事项;审议关于加快海湾新区建设,打造防城港城市名片的建议案。市政协主席赵发旗,副主席倪耀中、林兴、凌军、黄团、杨佰凤、王正、庞章辉、彭景东出席会议;市委常委、统战部部长林霖列席会议。

20日 自治区人大常委会古树名木立法调研组到防城港市调研防城港市古树名木保护情况及面临的主要问题,并就《广西壮族自治区古树名木保护条例(草案)》召开座谈会征求修订意见和建议;李疆主持座谈会。

同日 2015年度《广西经济》全区工作会议在防城港市召

开，田博出席会议并致辞，感谢《广西经济》长期以来对防城港市经济社会发展给予强大的舆论支持，希望《广西经济》杂志社今后能继续加大对防城港各项事业的宣传和推介力度。

同日 防城港市五届人民政府第七次全体（扩大）会议召开。会议审议并原则通过《政府工作报告（讨论稿）》，部署政府工作，对做好参加和列席全市“两会”工作提出要求。市长何朝建主持会议并讲话，市领导唐轶昂、蹇兴超、王琛、张海等出席会议。

26 日—28 日 政协防城港市第六届委员会第一次会议在市人民会堂召开。应出席委员 261 人，实到 246 人，符合法定人数。大会听取并审议通过政协第六届防城港市委员会第一次会议关于政协第五届防城港市委员会常务委员会工作报告的决议；政协第六届防城港市委员会第一次会议提案审查委员会关于政协六届一次会议提案审查情况的报告；政协第六届防城港市委员会第一次会议政治决议。开幕式与闭幕式分别由彭景东和赵发旗主持。新当选的第六届市政协主席赵发旗，副主席彭景东、林兴、杨佰凤、庞章辉、张祖广、雷璧翠、黄子洮、陈为民，秘书长郑东在主席台前排就座；市领导金湘军、何朝建、许政、班忠柏、黄春林、唐轶昂、管理年、黄强余、玉石、袁国华、梁宗勇、赵强、林霖、朱海燕、李疆、陈丹桂、廖汝奋、蹇兴超、王琛、张海、董凌、罗真，东兴试验区领导初阳、杨东星，市中级人民法院代院长莫澄真，市人民检察院检察长农中校，五届市政协领导倪耀中、凌军、黄团、王正，市政协历届老领导杨业兴、邓汝就、严守华等在主席台就座；自治区党委换届风气督导组组长、自治区党委组织部副部长韦家宾，督导组副组长、自治区人大常委会法工委副主任唐政在主席台就座，自治区督导组其他成员列席大会。

29 日下午 防城港市“两学一做”学习教育工作会议召开。会议由市长何朝建主持，市委书记、市人大常委会主任金湘军出席会议并讲话，赵发旗、许政、班忠柏、唐轶昂、管理年、黄强余、玉石、袁国华、梁宗勇、赵强等市领导出席会议。

30 日下午 防城港市六届人民政府第一次常务会议召开。会议审议并原则通过《防城港市关于加快推进农村低保制度与扶贫开发政策有效衔接的实施意见》和《关于请求提高我市城乡低保保障标准的请示》，传达学习自治区主席陈武在实施创新驱动发展战略专题座谈会上的讲话和《自治区关于实施创新驱动发展战略的决定》，会议还审议其他事项。会议由市长何朝建主持，副市长唐轶昂、黄强余、赵强、蹇兴超、王琛、张海、董凌、罗真、东兴试验区管委会副主任杨东星等领导出席会议。

10月

9 日上午 防城港市委六届 5 次常委（扩大）会议召开。会议传达学习全区创新驱动发展大会精神、全区市县党委巡察工作会议精神和《中国共产党问责条例》；研究防城港市开展巡察工作和贯彻落实《中国共产党问责条例》有关事项；通报防城港市今年前三季度经济运行情况；研究并原则同意出台市委、市人民政府《关于全力推进海湾新区建设的决定》；听取 2016 年以来全市党风廉政建设和反腐败工作情况汇报，肯定工作成效；会议还研究其他事项。会议由市委书记、市人大常委会主任金湘军主持，市委常委何朝建、班忠柏、唐轶昂、管理年、黄强余、玉石、袁煌、袁国华、梁宗勇、林霖出席会议，赵发旗、许政、蹇兴超、初阳、王琛、杨东星、董凌、莫澄真、农中校等领导列席会议。

11 日 陪同美国福建公所主席李华率领的福建侨商代表团到企沙工业区考察，市领导梁光陪同代表团听取企沙工管委负责人介绍园区发展和规划情况。

12 日 防城港市法治建设专项绩效考评工作会召开，玉石在上要求：要高度重视，精心组织实施；要逐条对照，强化督导，抓好整改提升；要形成合力，营造积极向上的法治建设氛围。

12 日—13 日 自治区侨办副主任陈洁率自治区党委统一战线工作领导小组第十三督查组到防城港市就贯彻落实中央和自治区党委关于统一战线一系列重大决策部署情况进行督查。12 日下午，防城港市委书记、市人大常委会主任、市委统一战线工作领导小组组长金湘军主持召开汇报会，向督查组介绍防城港市经济社会发展情况并作表态发言；市委常委、统战部部长林霖就全市贯彻落实中央和自治区党委关于统一战线一系列重大决策部署情况作汇报；副市长蹇兴超出席汇报会。

13 日 防城港市旅游市场整治和旅游创建工作会议召开。罗真在上要求，要增强做好旅游市场整治工作的责任感和紧迫感，突出重点，全面抓好旅游景区创建工作，强化措施，为整治工作和创建工作提供保障。

同日上午 防城港市落实基层党建重点任务推进会暨“两新”党建巩固提升百日攻坚大行动动员会召开。会议贯彻落实中央、自治区有关会议精神和要求，部署安排下一步工作，全面提升本市基层党建工作水平。市委书记、市人大常委会主任金湘军出席动员会并作重要讲话，市委常委、组织部部长袁国华主持动员会并就落实基层党建重点任务和“两新”党建巩固提升百日攻坚大行动工作作具体部署，上思县、东兴市、防城区、港口区光坡镇红沙网箱养殖协会党支部等在会上作交流发言。

14 日 防城港市创建广西食品安全城市推进会召开。蹇兴超在会上要求，各项推动创建工作要再加大力度，实行“时间倒排、任务倒逼、责任倒追”的工作机制，强化落实整改任务，坚决完成广西食品安全城市的创建任务，为全市人民创造更加安全放心的食品安全环境。

同日上午 政协防城港市六届一次主席会议召开。会议传达学习《中国人民政治协商会议章程》和自治区《关于加强人民政协协商民主建设的实施意见》，审议新一届市政协领导班子的工作分工，审议并通过市政协2016“扶贫日”活动工作方案和市政协六届一次常委会议有关事项。会议由市政协主席赵发旗主持，市政协副主席彭景东、林兴、杨佰凤、庞章辉、雷璧翠、黄子洮、陈为民出席会议。

17日—18日 自治区控编减编和综合行政执法改革专项督查组到防城港市开展控编减编方案执行情况和综合行政执法改革情况专项督查。市领导唐铁昂向自治区督察组汇报本市控编减编和综合行政执法改革情况，督察组先后到东兴市市场监督管理局、防城区华石镇进行实地调研。

21日上午 防城港市反腐倡廉宣传工作座谈会在市委五楼会议室召开。市纪委、监察局相关领导、各县（市、区）纪委分管领导和市直相关单位代表20多人参加座谈会。各县（市、区）纪委分管领导和市直相关单位代表分别汇报本县（市、区）本单位开展反腐倡廉宣传工作的成效和存在问题，并就下一步宣传工作提出意见和建议，市纪委针对市纪检监察网全新改版上线、市纪检监察微信公众号上线发布推广使用、投稿基本要求以及网络舆情信息管理等方面进行业务培训。

24日 自治区副主席张晓钦率自治区有关部门及口岸联检部门主要负责人和相关领导在东兴召开自治区口岸联席工作会议，重点研究协调沿边口岸开放合作及便利化问题，防城港市市长何朝建汇报本市口岸及跨境合作工作情况，市领导管理年、杨东星、罗真陪同调研和出席座谈会。

25日 防城港市脱贫攻坚工作推进会召开。会议从责任落实、异地搬迁、危房改造、贫困户家庭收入、扶贫小额贷款、财政资金使用管理、工作台账、扶贫村第一书记管理、脱贫攻坚绩效考评、做好“双认定”第三方评估工作等10个方面部署本市的扶贫攻坚工作，要求各相关部门加强领导、强化担当、压实脱贫攻坚工作责任，坚定脱贫信心、咬定脱贫目标、补齐脱贫短板、用好扶贫资源，加强督促检查、加强指标监测统计，集中力量攻坚重点难点工作，做好脱贫摘帽“双认定”工作以及2016年度脱贫攻坚专项绩效考评工作。市领导班忠柏、董凌出席会议，市直各相关单位和各县（市、区）负责人参加会议。

同日 防城港市全市城市工作会议召开。会议学习贯彻中央、自治区城市工作会议精神，总结分析本市城市发展面临的形势，明确全市今后一个时期城市工作的总体思路、重点任务。市委书记、市人大常委会主任金湘军主持会议并讲话；市长何朝建就做好全市城市建设工作进行部署；许政、班忠柏、唐铁昂、管理年、黄强余、袁煌、袁国华、田博、赵强、林霖等市领导，市直、驻市各单位主要负责人，各县（市、区）党委、政府主要领导及分管领导，金融部门、部分企业代表参加会议。

25日—26日 自治区政协主席陈际瓦率自治区政协特邀常委视察团到防城港市视察深化广西北部湾经济区改革进展情况。防城港市委书记、市人大常委会主任金湘军，市长何朝建，市政协主席赵发旗分别陪同视察；自治区政协特邀常委视察团成员，市领导唐铁昂、管理年、梁宗勇、陈为民，市直有关部门人员及钦州市、北海市相关部门人员参加会议或视察。

26日 2016年防城港市全市冬春火灾防控工作会议召开。王琛在会上要求，要提高认识，充分认清当前全市消防安全形势，加强领导，突出重点，全力推进火灾隐患排查整治工作，结合实际，抓好落实，推动全市社会化消防工作取得新成效。

同日 防城港市召开党外人士经济运行情况通报会。受市长何朝建的委托，市委常委、副市长赵强通报2016年本市经济社会发展情况和明年工作的基本思路；来自民革、民盟、民建、民进、致公党、农工党等的党外人士代表就城市建设、海湾新区建设、民生项目建设、扶贫攻坚、电企让利于民、生态环境保护等方面提出意见和建议。市领导林霖、庞章辉出席通报会。

同日 防城港市委召开2016年第二轮巡察工作动员部署会。市委常委、纪委书记、市委巡察工作领导小组组长袁煌出席会议并作动员讲话，市委常委、组织部部长、市委巡察工作领导小组副组长袁国华宣读第二轮巡察任务分工及巡察组组长、副组长授权任职的决定。

同日上午 防城港市扶贫领域监督执纪问责工作领导小组会议召开。会议贯彻落实全市开展扶贫领域监督执纪问责工作电视电话动员会议精神，总结前段时间的工作，分析当前扶贫领域监督执纪问责工作存在的问题，并研究部署下一阶段的工作重点；市审计局、市财政局、市扶贫办、市民政局、市住建委等8个单位就开展扶贫领域监督执纪问责工作情况作汇报。会议由市委常委、纪委书记袁煌主持，副市长董凌参加会议。

27日 防城港市召开全市宗教工作会议。防城区、市教育局、市公安局负责人作交流发言。会议由市长何朝建主持；市委书记金湘军出席会议并讲话；市四家班子领导，各县（市、区）党委、政府负责人和统战部部长、民宗局（宗教）局长，市直及驻市有关单位负责人参加会议。

同日 防城港市召开宗教工作形势报告会。自治区宗教事务局局长梁柳宁受邀到防城港市作宗教工作形势报告，通过分析解读宗教工作相关政策和宗教案例，从宗教工作的形势、正确认识宗教和宗教工作、如何做好宗教工作等方面，结合防城港市实际，对宗教工作形势作全面深刻的分析。市、县两级近700人参加会议。报告会由市委常委、统战部部长林霖主持；市委书记金湘军、市长何朝建等四家班子有关领导参加会议；会议以电视电话形式召开，各县（市、区）党委、政府负责人和统战部部长、民宗局（宗教）局长，市直及驻市各单位处级以上领导干部，市宗教工作联席会议成员单位联络员参加主会场会议，各县（市、区）设立分会场。

同日下午 防城港市全市党员领导干部廉洁从政警示教育大会召开。市委书记、市人大常委会主任金湘军作警示教育动员讲话并上廉洁从政专题党课。会议由市委常委、纪委书记袁煌主持；市长何朝建、市政协主席赵发旗出席会议；许政、班忠柏、唐铁昂、黄强余、袁国华、梁宗勇、林霖，市人大、政府、政协党员领导班子成员，市中级人民法院院长，市人民检察院检察长，全市副处级以上党员领导干部共600多人参加会议。

28日 防城港市委常委（扩大）会议召开。会议传达学习中共十八届六中全会精神、自治区党委全面深化改革领导小组第十三次全体会议精神；通报自治区政协特邀常委视察团到防城港市视察的有关情况，传达学习贯彻自治区政协主席陈际瓦在防城港市深化广西北部湾经济区改革情况反馈会上的重要讲话精神；听取全市文化体育事业工作情况汇报、全市禁毒工作情况汇报；会议还研究其他事项。会议由市委书记、市人大常委会主任金湘军主持；市委常委何朝建、班忠柏、唐铁昂、黄强余、玉石、袁煌、袁国华、梁宗勇、林霖出席会议，市政协主席赵发旗，市人大常委会副主任许政列席会议。

同日下午 防城港市召开第四季度经济工作推进会，传达贯彻自治区第四季度经济工作分析会议精神，总结分析前三季度我市经济运行情况，安排部署第四季度稳增长有关工作。会议由市领导唐铁昂主持，市长何朝建出席会议并讲话，黄强余、张海、罗真等市领导出席会议。

29日—11月6日 防城港市委书记、市人大常委会主任、东兴国家重点开发开放试验区工委书记金湘军率领防城港市代表团出访越南、柬埔寨、老挝三国。10月29日，金湘军拜会越南广宁省省委常务副书记杜氏凰，提出加强双方地方党建工作的建议。金湘军与越南芒街市市委书记吴皇银进行会谈，希望加快东兴与芒街的党建交流，成为广西与越南北方四省基层党建交流的示范；同时，建议双方加强司法合作，尽快建立东兴—芒街司法行政工作定期会晤机制、拓展双方跨境劳务合作协商机制、跨境民间矛盾纠纷机制，共同打击贩毒、拐卖妇女儿童、走私和恐怖活动等跨境犯罪，共同维护边境和谐稳定。金湘军与下龙市市委书记陈德林会见，建议建立两市领导层级的会晤机制，定时定地点轮流举行会晤，就旅游、经贸、文化等加强交流与磋商。10月31日，金湘军率团拜会越南直辖市岘港市委常务副书记武功智，双方表示愿在2015年防城港代表团访问岘港市时双方旅游部门签署的合作备忘录基础上，加快推进海上旅游务实合作。11月2日，金湘军与柬埔寨西哈努克自治港副总经理泰勒蹄会谈，表示防城港市将积极推动防城港明港邮轮公司与西哈努克港的合作。同日，柬埔寨西哈努克港省省长润明接待防城港市代表团一行，明确提出希望与防城港市建立友好关系，开展旅游、港口物流合作。11月3日，金湘军一行实地考察防城港在柬投资发展的企业，拜会柬埔寨王国国务秘书温善波。11月4日，金湘军一行拜访柬埔寨王国王家研究院孔子学院，与夏修龙院长进行座谈交流。11月5日，金湘军一行参加由广西海外交流协会和老挝广西同乡会专门为防城港代表团举办的广西—老挝经贸发展交流座谈会。广西同乡会会长邓良慧和老中合作委员会计划投资部主任西苏雷博士，以及万象中华理事会等侨团负责人和部分驻老中资企业负责人参加座谈会。在访问柬埔寨和老挝期间，金湘军还看望国务院侨办派出的在柬埔寨和老挝援教的防城港市教师代表。

31日下午 防城港市纪委召开常委（扩大）会议。会议由市委常委、纪委书记袁煌主持，传达学习中共十八届六中全会精神，研究贯彻意见。

11月

2日 自治区副主席张秀隆率自治区有关部门负责人到防城港市召开稳定农业增长和农村工作现场办公服务会，听取防城港市稳定农业增长和推进农村经济工作情况汇报，协调解决相关问题。防城港市市长何朝建出席会议，副市长董凌出席会议并汇报全市农村农业发展情况。

3日 防城港市召开2016年度自治区绩效考评进度缓慢指标汇报协调会。市绩效办主任通报第一次督查核验的相关情况，通报已批准土地的供地率、农村生活垃圾整治两年攻坚、城镇污水处理设施建设项目、政务服务基础设施建设、北部湾开放开发、中央预算执行情况等各项指标的进展情况及存在问题；有关单位就进展缓慢指标作说明分析。会议由市委副书记班忠柏主持，市国土局、市市政局、市政务办、市发改委等16个单位的主要负责人以及市绩效考评领导小组领导等参加会议。

同日 越南平辽县考察团应邀到防城区峒中镇、那良镇，参观考察边境旅游及口岸经济，就相关合作与防城区有关负责人进行座谈。

4日 防城港市政协六届一次会议提案交办会召开。市政协副主席雷璧翠通报市政协五届六次会议提案办理情况和市政协六届一次会议提案征集情况。市委常委、副市长赵强参加交办会。

同日上午 防城港全市扶贫领域监督执纪问责工作推进会召开。会议对全市扶贫领域监督执纪问责工作进行再部署再动员。市委常委、纪委书记袁煌出席会议。

8日 中央宣讲团中共十八届六中全会精神报告会在南宁举行，中央宣讲团成员、国务院国资委党委书记张毅作宣讲报告。报告围绕全会审议通过的《关于新形势下党内政治生活的若干准则》（以下简称《准则》）、《中国共产党党内监督条例》（以下简称《条例》）和习近平总书记在中共十八届六中全会上的重要讲话精神，从明确习近平总书记核心地位的重大深远意义，坚定不移推进全面从严治党的重要性、紧迫性，全面加强和规范党内政治生活，全面落实党内监督责任等几个方面，深刻阐释六中全会精神和重大意义，深刻分析党的建设面临的形势和任务，深入解读《准则》《条例》的精神实质和推动全面从严治党、增强“四个意识”、重点发力等关键问题。报告会由自治区党委书记、自治区人大常委会主任彭清华主持，采用电视电话会议形式召开。防城港市金湘军、何朝建、赵发旗、许政、班忠柏、玉石、袁煌、袁国华、梁宗勇、林霖等四家班子领导，“两院”负责人，东兴试验区工管委负责人，市直有关单位和中直、区直驻市单位负责人，群团组织、民主党派、工商联、部分学校和企业代表等近 500 人在防城港市分会场聆听宣讲报告。

同日 自治区商务厅、南宁海关和防城港市在东兴互市区举办边民互市“一指通”系统开通仪式，广西边民互市“一指通”系统全面正式启用。至此，广西成为全国首个成功开发并全面推广使用智能化边民互市管理系统的省区。

同日上午 2016 年“百名法学家百场报告会”防城港专场报告会在市会议中心举行，著名战略专家、空军大校、国防大学战略部军训室主任王洪福教授应邀作《我国周边安全与南海问题》的专题报告。报告会由防城港市委常委、政法委书记玉石主持，许政、班忠柏、蔡高才、袁煌、袁国华、赵强、林霖等在家的市四家班子领导，市直各单位副处级以上干部，第十期中青班全体学员和全市青苗人才共 500 多人到场聆听报告。

同日下午 2016 中越（东兴—芒街）国际商贸 · 旅游博览会投资环境推介及项目签约仪式在东兴市人民会堂和谐厅举行。防城港市代表团和越南广宁省芒街市代表团分别作投资环境和投资项目推介，并就边境经贸合作达成友好共识。共签约 20 个项目。防城港市签约项目 15 项，项目涉及医疗科技、建材、旅游、养殖、生物科技、汽车销售等众多领域，总投资 32 亿元；中越贸易企业签约合同项目 5 对，涵盖汽车进出口、瓷制品、跨境电商、跨境自驾游等内容，合同金额约 6404 万美元。越南广宁省人民委员会、芒街市党政和企业代表团、下龙市企业代表团及防城港市代表团和企业代表共 100 多人参加项目推介会，防城港市委常委、副市长田博出席推介会及项目签约仪式。

8 日—10 日 2016 年特色农业高层次专家在防城港开展交流指导活动，15 名专家通过专题报告、现场咨询、技术服务、合作研究、人才培养等多种形式，与相关单位、企业进行交流指导，为相关单位与特色农业专家搭建一个合作平台，充分利用特色农业专家的智力资源帮助相关单位解决项目技术难题、学习行业领域发展前沿知识，促进产业发展、促进学科建设。防城港市领导董凌参加活动启动仪式并讲话。

9 日 防城港市双拥工作领导小组全体会议召开。会议由市长、市双拥工作领导小组副组长何朝建主持；市委书记、市人大常委会主任、市双拥工作领导小组组长金湘军出席会议并讲话；市委副书记、市双拥工作领导小组副组长班忠柏作 2012 年以来双拥创建工作开展情况的报告；市委常委、军分区政委、市双拥工作领导小组副组长蔡高才宣读《全国双拥工作领导小组、中华人民共和国民政部、中央军委政治工作部关于命名全国双拥模范城（县）的决定》和《中共广西壮族自治区委员会、广西壮族自治区人民政府、中国人民解放军广西军区关于命名自治区双拥模范城（县）的决定》。市领导玉石、梁宗勇、董凌、张祖广，防城港军分区领导王立新，市双拥工作领导小组成员单位负责人，各县（市、区）军地主要负责人和双拥办主任等参加会议。

10 日 钦州市委书记、市人大常委会主任肖莺子，市长黄海昆率钦州市党政代表团到防城港市考察。防城港市委书记、市人大常委会主任金湘军，市长何朝建，市委秘书长梁宗勇陪同考察；钦州市领导黄若萍、陆明、李磊岩、李斌、叶莉梅、黄球等参加考察。

同日上午 防城港市六届人大常委会第一次主任会议召开。会议听取市人大法制委关于在全市公民中开展法治宣传教育第六个五年规划实施情况和第七个五年规划实施意见的报告、市人大财经委关于批准 2015 年政府债务限额审查情况的报告、市人大财经委关于市本级 2016 年度预算调整审查情况的报告、市人大常委会选举联络工委关于设立市六届人大常委会代表资格审查委员会决定（草案）的说明，研究相关决议决定（草案）和人事事项，决定将上述事项提交市六届人大常委会第一次会议审议。会议还研究通过防城港市人大常委会立法听证规则、基层立法联系点工作规定、立法专家顾问库工作规定，研究确定市六届人大常委会第一次会议召开的时间和建议议程。市人大常委会主任金湘军、副主任许政分别主持会议；副主任朱海燕、李疆、廖汝奋、梁光，秘书长卢岩出席会议；市人大常委会副秘书长、市人大各专门委员会、市人大常委会各办事机构主要负责人列席会议。

11 日 防城港市六届人民政府第二次常务会议召开。会议审议并原则通过《防城港市人民政府关于加快推进残疾人小康进程的实施方法》《关于请求审定防城港市高新技术产业开发区创新改革总体方案的请示》《关于请求审定〈防城港市深化医药卫生体制改革 2016 年重点工作任务〉的请示》，审议并通过《关于要求提高对全市农村危房改造资金补助的请示》《关于请求审定我市 2016 年节能降碳和污染减排市级财政奖励补助资金备选项目资金安排计划的请示》等，会议还审议其他事项，学习《中华人民共和国立法法》。会议由市长何朝建主持，副市长唐铁昂、田博、张海、董凌、罗真及东兴试验区管委会副主任初阳、杨东星等领导参加会议。

同日 2016 年市委党的建设工作领导小组第三次（现场）会议召开。会议总结交流全市“先锋先行”党建工程工作开展情况，并进一步动员全市上下把这项工作推向深入。市委书记、市人大常委会主任金湘军出席会议并讲话，市委常委、组织部部长袁国华报告全市“先锋先行”党建工程和“美丽广西 · 生态乡村”工作推进情况，市领导班忠柏、管理年、袁煌参加会议。

14日—15日 驻桂十二届全国人大代表到防城港市开展边境地区脱贫攻坚工作情况集中视察活动。自治区人大常委会副主任、自治区人大常委会党组书记危朝安在15日的视察活动中强调,要充分利用政策和边境建设优势,结合边境地区实际,促进扶贫对象脱贫致富。防城港市领导许政、李疆出席14日的工作汇报会并陪同15日的视察活动。

15日 自治区人民政府召开新闻发布会,介绍防城港市构建开放型经济新体制综合试点试验工作的申报和获批情况,以及《防城港市构建开放型经济新体制综合试点试验方案》主要内容和进展情况。5月,防城港市成功入围国家构建开放型经济新体制综合试点试验12个地区之一;8月,商务部网站正式公布《防城港市构建开放型经济新体制综合试点试验方案要点》,标志着防城港市构建开放型经济新体制综合试点试验工作进入全面实施阶段。自治区商务厅副厅长马继宪、自治区发改委副主任韩庆东、防城港市领导罗真出席新闻发布会并回答记者提问。

同日上午 自治区宣讲团深入学习贯彻中共十八届六中全会精神报告会在防城港市会议中心人民会堂举行,自治区宣讲团成员、自治区政府发展研究中心副主任张洪石作宣讲报告。报告围绕十八届六中全会审议通过的《关于新形势下党内政治生活的若干准则》《中国共产党党内监督条例》和习近平总书记在全会上的重要讲话精神,从充分认识全会重大意义、全面加强和规范党内政治生活、全面落实党内监督责任、突出抓好领导干部特别是高级干部四个方面,对全会精神进行系统阐述和深入解读。报告会由防城港市委书记、市人大常委会主任金湘军主持;何朝建、赵发旗、班忠柏、蔡高才、唐轶昂、管理年、黄强余、玉石、袁煌、袁国华、梁宗勇、田博、赵强、林霖等市四家班子领导,东兴试验区工管委领导、市中级法院、市检察院主要负责人,东兴试验区工管委办公室、市直驻市单位领导和部分干部职工代表,市学习贯彻中共十八届六中全会宣讲团成员等500多人聆听报告。

16日 防城港市六届人大常委会第一次会议召开。会议听取和审议市人民政府关于在全市公民中开展法治宣传教育第六个五年规划实施情况和第七个五年规划实施意见的报告;审议市人民政府关于提请审议批准市本级2015年政府债务限额公开相关事项的议案、关于提请审议2016年度市本级财政收支预算调整方案的议案,市人大常委会关于开展第七个五年法治宣传教育的决议(草案)、关于设立防城港市第六届人民代表大会常务委员会代表资格审查委员会的决定(草案);表决通过市人大常委会关于开展第七个五年法治宣传教育的决议、关于批准《防城港市人民政府关于提请审议批准市本级2015年政府债务限额公开相关事项的议案》的决议、关于批准2016年度市本级财政预算调整方案的决议、关于设立防城港市第六届人民代表大会常务委员会代表资格审查委员会的决定、关于接受王德林、姚喜心辞去自治区第十二届人民代表大会代表职务请求的决定;审议并表决通过有关人事任免事项,许政给被任命人员颁发任命书。会议期间,举行宪法宣誓仪式,新任的市六届人大常委会代表资格审查委员会组成人员进行宪法宣誓。受市人大常委会主任金湘军委托,副主任许政主持会议并作讲话;副主任朱海燕、李疆、陈丹桂、梁光,秘书长卢岩及其他常委会组成人员出席会议;市委常委、副市长赵强,市中级人民法院院长莫澄真、市人民检察院一名负责人,市人大各专门委员会、市人大常委会各办事机构有关人员,市人民政府相关部门负责人列席会议。

同日下午 防城港市委书记、市人大常委会主任金湘军主持召开2016年政党调研协商座谈会,就各民主党派、工商联、无党派人士2016年重大课题调研成果及建议进行协商。民革市委会、民盟市委会、民建市委会、民进市委会、农工党市总支部、致工党市委会、市工商联、无党派人士代表分别介绍《发展壮大我市贫困村集体经济对策研究》《关于促进中国东兴—越南芒街跨境经济合作区物流业发展的建议》《关于推进企业入驻IT小镇发展的建议》《关于推进我市边民自主创业的对策建议》《防城港市加快农业科技创新对策研究》《关于加快防城港市蔬菜产业发展的调研报告》《关于发展电子商务,促进我市加工产业的建议》《关于加快发展东兴进境景观树产业的建议》8个重点调研课题的调研成果。班忠柏、黄强余、梁宗勇、林霖、廖汝奋、初阳、彭景东、林兴、杨佰凤、庞章辉、张祖广、陈为民等市领导出席座谈会。

17日 防城港市委常委会会议召开,研究经济发展、政务优化、民生改善、统战工作和巡察工作等有关事项。会议听取全市结构调整和服务业发展工作情况汇报,全市行政效能、政务工作、规范管理情况汇报,全市民生改善工作情况汇报,全市统战工作情况汇报;研究并原则通过《防城港市2016—2020年巡察工作规划(送审稿)》;会议还研究其他事项。市委书记金湘军主持会议并讲话;市委常委何朝建、班忠柏、蔡高才、唐轶昂、管理年、黄强余、袁煌、袁国华、梁宗勇、田博、赵强、林霖出席会议,市政协主席赵发旗、市人大常委会副主任许政列席会议。

18日 防城港市绩效考评创新争优加分工作专题会召开。会议就本市绩效考评创新争优加分工作存在的问题寻找症结,精准发力,确保市委、市政府确定的绩效考评"保位争先"目标顺利实现。市领导班忠柏、李疆、彭景东出席会议。

同日 自治区政协副主席、农工党广西区委主委彭钊带领农工党广西区委调研组到防城港市,就《推进跨境劳务合作》这一课题开展调研。防城港市委常委、统战部部长林霖主持会议,东兴试验区管委会副主任初阳出席会议。

同日 防城港市六届人民政府第三次常务会议召开。会议审议并通过《防城港市关于加快构建现代公共文化服务体系的实施方案》《关于加快供给侧结构性改革实施意见》《防城港市城市市容和环境卫生管理条例(草案)》,听取2016年棚户区工作情况报告、2016年垃圾污水处理工作情况报告、2016年安全生产工作情况报告、2016年绩效考评工作情况报告,传达学习《广西壮族自治区人民政府关于在政务公开

11 月 18 日，在东兴互市区开展边民互市“一指通”系统开通仪式。图为边民演示一指通系统操作（东关海关　供稿）

工作中进一步做好政务舆情回应的通知》，审议其他事项，还学习《中华人民共和国仲裁法》。会议由市长何朝建主持，唐铁昂、黄强余、田博、赵强、蹇兴超、张海、罗真等市领导参加会议。

同日　防城港市全市乡镇（街道）党（工）委书记现场培训会在东兴召开。培训会旨在进一步提升全市乡镇（街道）党（工）委书记抓党建促工作能力，从讲党性强素质、抓班子带队伍、树立战略思维创造性推动工作、聚焦主业把握重点等四个方面深刻阐释如何做好新时期乡镇（街道）党（工）委书记。市委常委、组织部部长袁国华出席培训会并作培训授课。

22 日　防城港市全市政府部门绩效工作协调会召开，对市政府部门绩效考评工作进行协调部署。市委常委、常务副市长唐铁昂主持会议并作工作部署，副市长罗真参加会议。

24 日　在自治区核应急办指导下，防城港市核应急办联合有关部门在港口区红沙村举行 2016 年核应急公众撤离专项演习。演习由防城港市副市长蹇兴超担任总指挥，模拟核事故状态下组织核电厂周边公众开展撤离，隐蔽与撤离安置、安全保卫与消防、交通保障、医学救援等核应急行动组演练公众撤离、交通管控、秩序维护、医学救护、碘片发放、交通运输保障等内容。演习共出动车辆 20 余辆，人员 260 人。

28 日　防城港市全市稳增长工作会议召开。会议听取工信、发改、招商等部门关于工业发展、项目建设、招商引资等方面重点工作的汇报，逐一分析梳理稳增长各项工作存在的困难问题，研究部署有关推进措施。会议由市长何朝建主持，市领导唐铁昂、黄强余、田博、董凌、罗真、张祖广参加会议。

同日　防城港市召开会议传达学习自治区第十一次党代会精神，研究本市贯彻落实大会精神有关事项。会议由市长何朝建主持；市委书记、市人大常委会主任金湘军传达大会精神并讲话；赵发旗、许政、班忠柏、唐铁昂、黄强余、玉石、袁煌、袁国华、梁宗勇、田博、赵强、林霖等市四家班子领导，东兴试验区工管委领导、市中级人民法院院长、市人民检察院检察长，以及市直、驻市单位有关负责人等参加会议。

28 日—29 日　自治区人民政府第二调研组到防城港市调研卫生与健康工作。调研以听取汇报和实地调研相结合的方式开展。

28 日—29 日　自治区第四巡视组组长黄远山一行到防城港市调研巡察工作。调研通过听取汇报、座谈交流及查阅资料等方式进行。29 日上午，防城港市召开调研巡察工作汇报座谈会，市委书记、市人大常委会主任金湘军在会上汇报防城港市巡察工作开展情况并作表态发言，市长何朝建主持会议，市领导班忠柏、袁煌、袁国华参加会议。

29 日　防城港市六届市委常委会第 8 次会议召开。会议研究并原则同意《防城港市贯彻落实中央第六环境保护督察组督察报告反馈意见整改工作方案听取全市社会管理工作情况汇报、全市“三农”工作情况汇报，传达 2016 年全区扶贫对象脱贫摘帽核查验收工作培训班精神并听取本市当前脱贫攻坚工作汇报，研究市人大常委会党组关于审批《防城港市城市市容和环境卫生管理条例（草案）》的请示，听取全市党委信息、督查、保密工作情况汇报，会议还研究其他事项。会议由市委书记、市人大常委会主任金湘军主持，何朝建、班忠柏、蔡高才、唐铁昂、黄强余、袁煌、袁国华、梁宗勇、田博、赵强、林霖出席会议，市政协主席赵发旗，市人大常委会副主任许政列席会议。

30 日　防城港市政协在市会议中心召开“化解我市房地产库存”专题协商会。会上提出去库存，促进防城港市房地产持续稳定健康发展的 13 条建议（简称“防城港 13 条”）。会议强调，要加大防城港市城市基础功能设施建设，围绕海湾新区建设目标，努力提升房地产价值；要对物业管理进行引导，规范一、二级房地产市场。专题协商会由赵发旗主持，田博、彭景东、杨佰凤、黄子洮出席会议。（“防城港 13 条”即：精准政策和研究落实；完善棚户区改造货币化安置房源信息平台；支持农民工等新市民购房需求；鼓励机关、事业单位和大型国企等稳定就业的工作人员团购存量房；上项目聚人气，促进房地产刚需；加快完善城市配套设施，进一步改善宜居条件；加大金融税务部门支持力度；大力发展新产业新业态；积极培育房产租赁市场；严格控制新增供地；继续实行“生态移民”政策；加大宣传力度，组织企业抱团走出去；加强房地产市场监管）

同日上午 防城港市召开脱贫摘帽检查验收工作电视电话会议，安排部署迎接自治区2016年脱贫摘帽核验和中央的第三方评估验收工作。班忠柏、董凌、张祖广出席会议。

12月

1日上午 自治区政协副主席刘正东率队到防城港市宣传贯彻中共十八届六中全会精神，并与防城港市政协组织、政协委员就学习六中全会精神进行座谈。市政协主席赵发旗主持座谈会。市政协副主席彭景东、林兴、庞章辉、张祖广、黄子洮、陈为民参加座谈。

同日下午 防城港市加强"事中事后"监管工作暨商事制度改革部门联席会议召开，蹇兴超在会上指出，各级各部门既要主动服务企业，又要加强监管，加快构建社会共治格局，优化营商环境。

6日上午 市委书记、市人大常委会主任金湘军深入港口区光坡镇栏冲村、防城区文昌征地搬迁指挥部，调研脱贫攻坚、公共文化服务体系示范区创建等方面工作的推进情况，并与基层党员群众就学习贯彻中共十八届六中全会、自治区第十一次党代会精神进行交流座谈。市领导黄强余、梁宗勇参加调研。

同日下午 中共防城港市委先后召开常委议军、议警会议，分别听取防城港军分区和武警防城港市支队的工作情况汇报，研究解决和部署下一步驻市军警部队的建设工作。市委书记、市人大常委会主任金湘军主持会议并讲话，市长何朝建出席会议。市领导班忠柏、唐轶昂、黄强余、玉石、袁国华、梁宗勇、王琛，防城港军分区领导黄春林、陈团政、范江文、王立新，武警防城港市支队领导赵保付出席会议。

7日 防城港市六届人大常委会召开第二次会议。会议听取市委常委、组织部部长袁国华关于人事事项的说明，市城市管理综合执法局受市人民政府委托作的关于《防城港市城市市容和环境卫生管理条例(草案)》的说明，市人大城乡建设和环境保护委员会关于《防城港市城市市容和环境卫生管理条例(草案)》的审议报告；会议审议市人民政府关于提请审议《防城港市城市市容和环境卫生管理条例(草案)》的议案；审议并表决通过有关人事事项。副市长董凌，市人民检察院检察长农中校、市中级人民法院一名负责人，市人大各专门委员会、市人大常委会各办事机构有关人员，市人民政府有关部门负责人，部分市六届人大代表列席会议。市人大常委会主任金湘军、副主任许政分别主持会议，副主任李疆、陈丹桂、廖汝奋、梁光，秘书长卢岩及其他常委会组成人员出席会议。

同日上午 中共防城港市委召开全面深化改革领导小组第九次全体会议，传达学习自治区全面深化改革领导小组第十三次会议精神以及自治区第十一次党代会有关改革的内容，听取有关改革情况汇报，审议重点改革工作方案，研究部署下一步重点改革工作。市委书记、市委全面深化改革领导小组组长金湘军主持会议并讲话。市长、市委全面深化改革领导小组副组长何朝建出席会议。市委全面深化改革领导小组成员出席会议，市委全面深化改革领导小组各专项小组副组长、联络员，市委改革办副主任，重点改革工作牵头单位主要责任人，各县(市、区)主要负责人、改革办主任等参加会议。

13日 自治区北部湾办公室副巡视员杨宝忠率调研组到防城港市对当前航道建设、集装箱运营及集装箱穿梭巴士运营情况进行调研。

同日 全区安全生产综合督查第一督查组以实地调研和座谈会的方式，对防城港市安全生产工作情况进行综合督查。副市长张海出席会议。

同日上午 六届市委常委会第9次会议召开。会议传达学习自治区党委第二巡视组对防城港市及所辖县(市、区)巡视"回头看"情况反馈会议精神和自治区党委办公厅、自治区人民政府办公厅关于印发《广西壮族自治区贯彻落实〈党政领导干部生态环境损害责任追究办法(试行)〉的实施细则》的通知精神(桂办发〔2016〕55号)，并研究"回头看"整改措施；会议研究并原则通过《防城港市关于加快供给侧结构性改革的实施意见》和《防城港市关于加快构建现代公共文化服务体系的实施方案》。市委书记、市人大常委会主任金湘军主持会议，市委常委何朝建、班忠柏、蔡高才、唐轶昂、管理年、黄强余、玉石、袁煌、袁国华、梁宗勇、田博、赵强出席会议。

14日上午 自治区宣讲团宣讲自治区第十一次党代会精神报告会在市人民会堂举行。自治区宣讲团成员、自治区党委党建办主任彭东光作宣讲报告。市委书记、市人大常委会主任金湘军主持报告会。班忠柏、唐轶昂、黄强余、玉石、袁国华、梁宗勇、田博、赵强等市四家班子领导、东兴试验区工管委领导、市检察院检察长；东兴试验区工管委内设机构，市直、驻市单位处级干部；市学习贯彻自治区第十一次党代会精神宣讲团成员等500多人到场聆听报告。

14日—15日 由防城港市选举的自治区人大代表和部分市人大代表就防城港市经济社会发展和群众普遍关注的民生、城市建设等项目进行视察。14日，防城港市召开视察汇报会，市委常委、副市长赵强向代表们汇报防城港市"十三五"规划执行情况及扶贫攻坚工作进展情况。李疆、陈丹桂、彭景东等市领导分别参加座谈会或视察活动。

15日 防城港市召开新任处级领导干部集体廉政谈话会。市委常委、市纪委书记袁煌出席会议并对新任处级领导干部提出要求和期望。20名新任政府工作部门正职领导干部、59名2016年提拔处级领导干部(含专任实职)共79名新任处级领导干部参加谈话会。

同日 全区保障性安居工程政策宣贯会暨2017年棚户区改

造工作动员会在防城港市召开，来自全区14个地级市城乡住房建设领域的350人参加会议，自治区住建厅副厅长、党组副书记汪夏明出席会议并作动员讲话。

同日上午 自治区副主席黄伟京率检查组到防城港市检查督办中央环境保护督察反馈意见整改工作进展情况。市委常委、副市长唐铁昂在座谈会上就贯彻落实整改工作情况进行汇报。副市长张海，自治区工信委、环保厅、住建厅、林业厅、海洋局、北部湾办领导，以及防城港市相关部门领导陪同检查。

16日上午 自治区卫生计生委副主任麦家志率考核组到防城港市对2016年度人口和计划生育目标管理责任制执行情况等卫生计生领域的十大重点工作进行综合考核督查。市委副书记班忠柏在会上向考核组汇报2016年度卫生计生重点工作情况，市委常委、宣传部部长、副市长黄强余主持会议。市教育局、市公安局、市财政局、市人社局、市食品药品监督管理局、市统计局、市民政局等主要成员单位代表作补充发言，并详细回答考核组的询问。

同日下午 自治区纪委六室联系地区监督执纪问责工作座谈会在防城港市召开。防城港、北海、钦州三个市纪委，北海市银海区、防城港市上思县、钦州市灵山县纪委共6个单位分别作汇报发言，防城港市委常委、纪委书记袁煌出席会议并作汇报2016年监督执纪问责工作情况。自治区纪委副书记秦斌、何敏出席会议并讲话。

19日 防城港市六届人民政府第四次常务会议召开。会议审议通过《防城港市本级实行机关事业单位工作人员养老保险制度改革实施方案》《防城港市教育综合改革方案(2016—2020年)》《防城港城市公交车成品油价格补贴和新能源公交车运营补助办法》《防城港市城市总体规划(2015—2030年)》和《关于加快推进海湾新区建设的若干意见》等，会议还研究其他事项。会议由市长何朝建主持，副市长唐铁昂、黄强余、田博、赵强、蹇兴超、王琛、罗真和东兴试验区管委会副主任初阳及市政府秘书长林春胜参加会议。

19日—20日 以自治区食品药品监管局副局长文东旭为组长的自治区督查组到防城港市督查医改重点工作任务及绩效完成情况。市领导黄强余在19日召开的汇报会上汇报市医改重点工作开展情况。会后，督查组还先后深入市第一人民医院、东兴市人民医院、东兴市妇幼保健院、东兴市马路镇卫生院等卫生单位实地查看，详细了解防城港市推进医改重点工作的开展情况及存在问题。

20日 政协第六届防城港市委员会常务委员会召开第一次会议。会议听取市纪委关于2016年度反腐倡廉工作情况的通报，审议通过政协第六届防城港市委员会常务委员会关于设置专门委员会的决定，审议通过有关人事事项。市政协主席赵发旗，副主席彭景东、林兴、庞章辉、张祖广、黄子洮，秘书长郑东出席会议。

同日下午 防城港市物流协会成立大会暨口岸联检大楼招商推介会召开，标志着防城港市在全区继南宁、柳州、桂林、百色之后第五个成立物流行业协会的地级市。副市长罗真、市政协副主席张祖广出席会议，各相关企业及政府部门代表400多人参会，50多家企业成为首批会员。

21日 全国政协副主席、农工党中央常务副主席刘晓峰率调研组到防城港市就“界河沿岸生态保护与水土流失防护”工作进行专题调研。自治区政协副主席刘君、防城港市市长何朝建、政协主席赵发旗陪同调研。

同日 自治区党委领导班子2016年度民主生活会第二征求意见小组在防城港市召开征求意见建议座谈会，征求防城港市对自治区党委领导班子及其成员的意见和建议。防城港市领导许政、班忠柏、蔡高才、唐铁昂、管理年、玉石、袁煌、袁国华、梁宗勇、田博、林霖、蹇兴超、彭景东，各县(市、区)党政主要负责人、部分市直机关部门负责人先后发言，并结合自身实际工作，就自治区支持防城港市开放平台建设、边境民族地区调研指导、加大对防城港市项目建设支持力度、继续关注防城港市干部培养成长等方面提出意见和建议。

同日下午 防城港市六届市委常委会第10次会议召开。会议通报全国政协副主席刘晓峰到防城港市考察调研生态环境保护工作情况，传达自治区推荐广西出席中共十九大代表候选人部署工作会议精神，研究并原则通过防城港市《贯彻落实自治区党委第二巡视组“回头看”反馈意见整改方案》《中共防城港市委员会巡察工作实施办法(试行)》《防城港市党风廉政建设主体责任清单》《加强市直属企业党风廉政建设若干意见》，会议还研究其他事项。会议由市委书记、市人大常委会主任金湘军主持，市委常委何朝建、班忠柏、蔡高才、唐铁昂、管理年、玉石、袁煌、袁国华、梁宗勇、田博、林霖出席会议。市政协主席赵发旗、市人大常委会副主任许政列席会议。

21日—22日 中央国家机关工委副书记常大光带队到防城港市调研机关党建工作。调研期间，调研组在防城港市召开市直机关党建工作座谈会，听取市直机关党建工作情况汇报，并进行座谈交流。自治区直属机关工委常务副书记邓金玉在座谈会上作区直机关党建工作经验介绍。市委常委、秘书长梁宗勇陪同调研，市委常委、副市长赵强主持座谈会并陪同调研。

22日 广西领导干部“时代前沿知识”系列讲座第106讲在自治区党委礼堂举行，全国政协委员、政协经济委员会委员、财政部财政科学研究所原所长贾康应邀作题为《广西如何推进供给侧结构性改革》的报告。自治区党委常委，政法委书记黄世勇主持讲座。金湘军、何朝建、许政、班仲柏、唐铁昂、玉石、袁煌、袁国华、田博等防城港市四家班子领导，市中级人民法院院长、市人民检察院检察长，中直、区直驻市单位和市直部门单位负责人等在防城港市分会场聆听报告。

同日下午 防城港市2016年经济责任审计工作联席会暨干部监督工作联席会在市委会议室召开。会议总结全市2016年的经济责任审计工作，并对2017年经济责任审计工作提出意见。市委常委、组织部部长袁国华出席会议。

23日 防城港市委武委会第十八次会议暨国防动员委员会第十七次全体（扩大）会议召开。会议总结2015年党管武装和国防动员工作情况，部署今后一个时期国防动员建设任务，研究加强党管武装和国防动员建设的措施。市委书记、市国动委第一主任金湘军，市长、市国动委主任何朝建出席会议并讲话，防城港军分区司令员、市国动委常务副主任黄春林作国防动员工作报告，东兴市、港口区人武部党委第一书记分别作党管武装工作述职，市委常委、防城港军分区政委、市国防动员委员会副主任蔡高才就述职情况进行讲评。会议由蔡高才主持，市领导班忠柏、袁国华、梁宗勇，防城港军分区领导范江文出席会议；市委武委会和国防动员委员会全体成员单位负责人，各县（市、区）国防动员委员会第一主任、主任，人武部部长、政治委员，边防一团团长、政治委员参加会议。

同日 防城港市纪委召开全市县乡纪委监督执纪问责工作座谈会，学习贯彻中共十八届六中全会精神和自治区第十一次党代会精神，学习传达自治区纪委在防城港市召开的监督执纪问责工作座谈会精神，总结交流2016年监督执纪问责工作，谋划明年工作。市委常委、纪委书记袁煌出席座谈会并讲话。

同日上午 防城港市委召开2016年度市委领导班子民主生活会征求意见座谈会，征求部分党代表、人大代表、政协委员对市委领导班子及班子成员的意见建议。市委书记、市人大常委会主任金湘军出席会议并作讲话。市委常委、组织部部长袁国华主持会议。

26日 自治区反恐办督导检查组第七小组到防城港市，以听取汇报以及实地抽查的方式检查防城港市反恐维稳工作；王琛出席汇报会并汇报相关工作。

29日 防城港市筹建市反虚假信息诈骗中心工作会议召开。王琛在会上强调，建立市反虚假信息诈骗中心是形势所趋、势在必行，要求明确责任、落实分工、强化协作、务实高效，共同推进市反虚假信息诈骗中心建设。

同日 2016年度防城港市县（市、区）党委书记落实主体责任述职评议会议召开，各县（市、区）党委书记和部分市直单位党组（党委）书记分别就抓基层党建工作、履行党风廉政建设主体责任和落实意识形态工作责任制进行述职，市委书记、市人大常委会主任金湘军主持会议并讲话，自治区纪委党风政风监督室副主任，正处级纪检员、监察员冯以宜出席会议并讲话，自治区党委组织部组织一处副处长陈迈、主任科员郭海涛到会指导，市领导何朝建、班忠柏、唐轶昂、黄强余、袁煌、袁国华、梁宗勇、田博、林霖，市委党的建设工作领导小组成员，市纪委常委班子成员、市委组织部、宣传部部务会成员，各县（市、区）纪委书记、组织部部长、宣传部部长和市直机关工委、市“两新”党工委、部分市直单位党委书记，部分市党代表、人大代表、政协委员以及文化宣传系统代表参加会议并对述职进行民主评议。

市情概览

防城港概貌

【概述】 根据考古发现，5000多年前，今防城港市境即有人类生息繁衍，防城区茅岭乡小陶村杯较墩、江山乡新基村亚婆山，东兴市江平镇交东村社山至今遗存新石器时代晚期的贝丘及居民点遗址；上思县也出土了4000多年前的石铲、石斧。

先秦时期，防城港市境属于百越（粤）之地，荆州之南，尚处于刀耕火种的原始社会状态。秦朝时，秦始皇平定百越，统一岭南，防城港市地域始纳入中央王朝版图，属象郡所辖，开始接受中原文化。秦亡后，秦将赵佗于岭南建南越国，防城港市地域为南越国交趾郡属地。

西汉元鼎五年（前112年），伏波将军路博德平定南越，元鼎六年（前111年），在原南越地设苍梧、南海、郁林、合浦、交趾等九郡，并设交趾刺史部管辖，防城港市地域为合浦郡属地。东汉光武帝建武16年（40年），交趾郡征侧、征贰姐妹叛乱；建武18年（42年）伏波将军马援平定"二征"之乱，并留下部分军士、部卒（称"马留人"），与当地土著民族（主要是壮族先民雒越人）融合后成为新的土著壮族和汉族。建安八年（203年），交趾刺史部改为交州刺史部，今防城港市防城区、港口区、东兴市地域仍属合浦郡合浦县所辖，今上思地域则分属郁林、合浦二郡。东汉末年，中原大乱，交州成为相对和平安定的地区，许多中原人士移入交州，促进中原文化的传入。

三国时，防城港市地域为吴国辖地，所属郡治不变；永安五年（262年），今上思全境均属郁林郡。西晋时，交州分为交、广二州，上思属广州郁林郡，今防城区、港口区、东兴市一带仍属交州合浦郡合浦县。东晋分郁林郡，置晋兴郡，上思属晋兴郡直至南朝宋、齐、梁、陈间。南朝宋朝元嘉年间，置宋寿郡（即今钦州），防城区一带宋、齐朝间为宋寿郡宋寿县地，仍属交州，至梁朝置安州，梁、陈朝间为安州安京郡安京县地。梁朝大同元年（535年），今东兴属安平县，为宁海郡辖地，隶黄州，东兴镇是安平县县治所在地，同时是宁海郡、黄州驻地。

隋开皇十年（590年），罢安京郡为安京县；开皇十八年（598年），改安州为钦州，黄州改为玉山州，其时，大将刘芳开通交趾路，在上思境内设置镇守，但不久又撤销，上思仍属郁林郡；大业三年（607年），改钦州为宁越郡，安平县更名海安县，县治不变，改隶宁越郡。

唐朝时，武德四年（621年），宁越郡改为钦州总管府，置玉山州，治所位于今东兴附近；武德七年（624年），钦州总管府改为都督府，至贞观元年（627年）撤销。贞观二年（628年），海安县更名安海县，改隶钦州。贞观十二年（638年），清平公李弘节遣钦州镇守宁师京沿隋朝刘芳开至交趾的故道，开拓边疆少数民族地区，在今上思境内西南部设置瀼州，属岭南道。上元二年（675年），复置玉山州，后改名陆州，安海县（今东兴）为其辖地。天宝元年（742年），瀼州改为临潭郡，陆州改为玉山郡，钦州再改为宁越郡，其间，在今上思境内东北部设置羁縻上思州，属邕州都督府，此为上思得名之始。至德二年（757年），安京县改为保京县，防城区一带地域改属保京县；安海县更名宁海县，治所仍在今东兴镇。乾元元年（758年），玉山郡复改为陆州，宁越郡复改为钦州，直至五代十国时期；同年，临潭郡复为瀼州，仍属岭南道。

五代十国时期，防城港地域为南汉属地，建置沿袭唐制。

北宋建隆元年（960年）撤销瀼州，并入羁縻上思州，属邕州。宋朝之前，今防城区区治一带称"闬寨"，因当地土著居民为防外寇劫掠而以树木为栅，聚居栅内，故此称之；宋太祖开宝五年（972年），改为防城，为防城得名之始；同年，废宁海县，以其地并入保京县，今东兴市及防城区、港口区境同属一县，为钦州辖地。端拱元年（988年），设置广南西路，钦州隶属广南西路。宋太宗景德三年（1006年），保京县改为安远县，属钦州。宋仁宗皇佑年间，于羁縻上思州西部设置迁隆土州。

元朝时，置广西两江道宣慰司，钦州改钦州路，防城一带地域仍属安远县；羁縻上思州改为上思州，隶属两江道宣慰司左江思明路。

蒙古人入主中原后，中原汉人为逃避战乱纷纷南迁，致湖南、广东一带人口剧增，出于生计，部分汉人被迫向还处于蛮荒之地的防城港境迁徙，防城港地域开始出现大量客民移居现象。

明朝洪武元年（1368年），左江思明路改左江思明府。洪武二年（1369年），迁隆土州降为峒；上思土官黄英杰（又名黄龙冠）领导农民起义，将上思州改为高疆州；同年，设广东行中书省，钦州路改为钦州府，属广东行省。洪武八年（1375年），钦州府降为州，属廉州府，并撤消安远县并入州；洪武九年（1376年），再降为县（钦县），属廉州、隶广东承宣布政使司雷州府，洪武十四年（1381年）再升为州，隶廉州府。洪武二十一年（1388年），高疆州复称上思州。弘治十八年（1505年）上思改土归流，属南宁府，州治从明江南岸（今旧州屯）迁至明江北岸现址，迁隆峒归上思承审。武宗正德年间（1506—1521年），京族祖先开始在今东兴市江平镇的巫头、沥尾、山心三岛聚居。明末，瑶民南迁到达防城，部分分支继续向十万大山北麓迁移，成为继壮、汉、京之后防城港市境第四个世居民族。

清初，西南三藩平定后，社会恢复稳定，商业、手工业发展，防城港境与外埠及境内沿海地区与十万山区经贸往来增加，境内客民移居现象达到高峰，并随着跨越十万大山的千年古商道，向十万山区及上思一带移居。

清光绪十二年(1886年)，上思改属太平府。光绪十四年十二月二十四日(1889年1月25日)，钦州升直隶州，同时置防城县，为防城建县之始，今东兴市、港口区境均属防城县所辖。光绪十八年(1892年)上思州改为上思直隶厅，属太平思顺道。

清末，朝廷腐败，列强入侵，法国以侵占越南为跳板，不断骚扰东兴、峒中边境一线，防城、上思各族人民自发组织反帝反封建斗争，沉重打击了清王朝的封建统治和帝国主义侵略势力。刘永福、吴凤典率黑旗军赴越抗法，多次大败法军，光绪十一年(1885年)又大败进犯中国境内的法军，取得镇南关大捷；光绪二十四年(1898年)，防城县民众组织黑旗军卫属，把法军驱逐出县境。光绪三十三年、三十四年(1907、1908年)，王和顺、黄兴先后发动防城起义(丁未起义)和钦廉上思起义，成为孙中山在粤桂南部地区领导辛亥革命的前奏。

民国元年(1912年)3月1日，上思直隶厅改为上思府，民国2年(1913年)6月29日又改为上思县，属南宁道。民国9年(1920年)，防城县直隶广东省。民国16年(1927年)1月，中共防城港地区第一个支部—东兴支部建立；同年，迁隆峒土司改流并入上思县。民国17年(1928年)3月，在东兴成立中共防城县委。

民国19年(1930年)，上思县属南宁民团区；民国23年(1934年)3月属南宁行政监督区。民国25年(1936年)，防城县改属广东省第八行政督察区；民国27年(1938年)，改属广东省南路行署。民国29年(1940年)4月，上思属南宁行政督察区(第九区)，民国31年(1942年)属第四区，区治设南宁，一直延至1949年12月8日上思解放。

全面抗战爆发后，日机40多次轰炸、日军两次陆路入侵防城港市境，侵越日军也不断骚扰边境一线。民国27年(1938年)3月29日，日机轰炸白龙尾炮台，为轰炸防城港境之始。民国28年(1939年)11月15日，日军从防城县企沙疏榃海滩登陆，两天之内连陷防城、钦州两县，并往北推进，攻陷南宁。民国29年(1940年)2月25日，日军首次进陷上思县城；同年11月，日军撤出防城港境。民国34年(1945年)1月21日，日军再次入侵上思；5月，从南宁溃败的日军残部200多人取道防城、东兴，撤至越南。日本侵略者轰炸并先后两次入侵防城港境，造成直接伤亡1293人、间接伤亡1467人，财产损失534.23亿元(1945年币值)。1939年7月，中共防城县支部在东兴重建，领导和推动防城港抗日救亡运动深入发展。1941年5月，中共防城县特别支部在东兴成立，同年10月，中共上思特别支部建立。1945年6月14日，发动那良抗日武装起义。

抗战胜利后，国民党抢夺胜利果实，推行反共反人民的独裁统治，挑起内战。中共防城港地方组织分别于民国36年(1947年)5月14日、10月26日，发动“三光企”和上思武装起义，开展游击战争，沉重打击了国民党地方政权；民国38年(1949年)5月1日，防城县人民政府在今那梭那卜村成立；6月22日，上思县人民政府在今平福乡平岩村成立；8月1日，防城港地区武装编入中国人民解放军粤桂边纵队，正式列入中国人民解放军建制。

1949年12月10日，防城港全境解放。1950年1月，上思县划属南宁专区(1951年改称宾阳专区)管辖，同年9月，防城县由广东省南路专区划归钦廉专区管辖。1951年5月14日，钦廉专区委托广西省代管，防城县随之；同年8月11日，钦廉专区改称钦州专区，同月，上思县划属龙州专区，11月17日龙州专员公署迁至崇左，改称崇左专区，上思县随归管辖。

1950年2月，土匪暴乱，十万山区匪患猖獗，上思、防城武装土匪攻陷多个乡镇，抢劫乡镇粮库、杀害区乡干部；5月起，解放军进驻剿匪，至1951年4月，匪患基本肃清，社会秩序全面恢复。

1952年3月8日，防城县随同钦州专区正式划归广西省管辖。1952年7月，崇左、宾阳两专区合并，称邕宁专区，上思县随属邕宁专区，同月划归钦州专区。1953年3月，上思县从钦州专区划归桂西僮族自治区人民政府直属管辖，1953年12月又划归桂西僮族自治州的邕宁专区。

1954年1月，峒中口岸对越南开放，允许两国边民互市贸易；11月，滩散口岸开放；1955年8月，东兴口岸开放。

1955年7月1日起，钦州专区又划归广东，治所设合浦，并更名为合浦专区。1956年3月，桂西僮族自治区改称桂西僮族自治州，上思县随属桂西僮族自治州。1957年3月，经国务院批准，防城县分为防城县、十万山僮族瑶族自治县两个县，7月1日开始分县办公。1958年2月，桂西僮族自治州撤销，恢复邕宁专区，上思县隶属邕宁专区。1958年5月1日，十万山僮族瑶族自治县更名为东兴各族自治县；12月1日，防城县、东兴各族自治县两县合并为东兴各族自治县，县治东兴镇，同月，邕宁专区改称南宁专区，上思随属南宁专区。1959年3月20日，撤销合浦专区，并入湛江专区，东兴各族自治县随属湛江专区。1965年8月1日，东兴县再划入广西，隶属钦州专区，同时南宁专区的上思县也划给钦州专区管辖。1971年，撤销钦州专区，改置钦州地区。

1967年，为支援越南抗美，中越双方签订《关于战时使用中越两国海上隐蔽航线和越南船舶疏散到中国港口城市议定书》；1968年3月22日，党中央、国务院批准在东兴县辖区兴建防城港。1972年6月27日，中央批准防城港为起运港口的海上援越运输隐蔽航线正式交付使用；7月25日，中越双方签订《开辟中越海上隐蔽运输航线议定书》，至1973年4月5日签订《终止中越海上隐蔽运输航线议定书》为止，通过这条海上隐蔽运输航线，运送了大批援越物资，被誉为“海上胡志明小道”。

1977年12月1日，自治区批准建立防城港镇。1978年，越南排华，驱赶侨民出境，20万印支难民从东兴等口岸入境，分别由国家送往内地或国际难民署收容安置；11月26日，国务院批准把东兴各族自治县县治从东兴镇迁至防城镇，并改名为防城各族自治县。1980年9月6日，防城港镇正式成立。

1983年10月1日，防城港开港，2日，正式对外开放；1984年4月，国务院把防城港与北海市作为一个整体列为全国14个沿海开放城市之一，并于5月4日发出通知，防城港开发开放开始起步。1985年3月，在防城港镇地域设立地级建制的防城港区。1988年3月18日，国务院批准防城各族自治县为沿海开放县；当年，中越两国关系改善，许多越南边民到东兴、滩散、峒中等地进行互市贸易。1989年春节期间，1万多名越南边民涌入东兴等边境地区要求互市贸易、交换商品，拉开恢复边境贸易的序幕。经自治区人民政府批准，1989年4月分别开放东兴、峒中为对越民间小额贸易点，潭吉、企沙为对越批量贸易码头，1990年又陆续开放滩散、白龙等贸易点。1992年6月9日，国务院正式批准东兴镇为对外开放边境城镇；9月26日，批准建立东兴边境经济合作区。

1993年5月23日，国务院批准撤销防城港区和防城各族自治县，设立地级防城港市，辖港口区、防城区（含东兴边境经济合作区）、上思县；6月8日广西沿海边贸码头全部封关整顿；7月17日，东兴经济开发区成立，按处级建制管理，受防城港市领导；10月8日，防城港市委、市人大、市政府、市政协、市纪委召开建市挂牌仪式大会，正式挂牌成立。1994年4月17日，中越北仑河友谊大桥恢复通车，东兴口岸作为国家一类口岸重新开放；8月10日，白沙沥边贸码头正式开关；10月20日，江山港、企沙港、石头埠港经国务院批准为沿海边地贸口岸，并分别于1995年2月至3月通过自治区验收，正式对外开放，自此，防城港市共有防城港、东兴、企沙、江山4个国家一类口岸。

1996年4月29日，东兴经济开发区改设为县级东兴市，防城港市辖港口区、防城区、上思县、东兴市共两区一县一市。2008年2月，《广西北部湾经济区发展规划》获国务院批准实施，北部湾经济区发展上升为国家战略。2012年8月17日，国家重点开发开放试验区建设在广西东兴宣告启动，国务院正式批准广西东兴重点开发开放试验区建设实施方案。2014年3月3日，国家发改委正式批复《广西东兴重点开发开放试验区建设总体规划》，6月，自治区发展改革委员会印发《南宁北海钦州防城港玉林崇左百色市区域一体化发展规划》，推进七市一体化发展。

【地理】

位置与面积　防城港市地处广西壮族自治区南部、中国大陆海岸线最西南端，位于北纬20° 36′ ~22° 22′、东经107° 28′ ~108° 36′之间，居北回归线以南。北接南宁市的邕宁县和崇左市的扶绥县，东与钦州市毗邻，西与宁明县接壤，南濒北部湾，西南与越南民主共和国交界。市政府驻港口区公车镇行政中心区，距自治区首府南宁市173千米，距钦州市53千米，距崇左市170多千米，距越南芒街市76千米。陆路、水路皆可连通东南亚，有西部地区最大的海港—防城港，是中国大西南连接东盟最便捷的通道。南北最大纵距102千米，东西最大横距116.8千米，行政区域总面积6238.49平方千米。

地势　防城港市地势中间高，两边低，十万山山脉横贯其间，向东南和西北倾斜，东南多为低山、丘陵、平原和盆地；西北为中、低山和台地，至与扶绥交界处，东部高，西部低，多为丘陵和盆地。港口、防城、东兴三地的地势西北高、东南低；上思三面环山，地势由东南向西北倾斜。

地形与地貌　防城港市有山地、丘陵、沿海滩涂三种主要地形，此外还有河谷冲积小平原和滨海小平原。防城港市地质构造有大菉、彭祖岭、木马隘、防城、那狼5个断层，那垌、平旺2个背斜，峒中—扶隆断裂，防城褶断带，冲榄单斜，那梭向斜，那垌青斜，以及东兴盆地，共13个不同地层结构，纵横全市各乡镇，形成各具特色的地貌。境内地貌主要由山峰、隘口、台地、平原谷地、丘陵溶蚀谷地及河流组成。山地、台地、丘陵、沿海滩涂相间，其中丘陵面积占80%以上。北部及南部以低山丘陵地为主，中部为山地，东南部为沿海丘陵和海湾滩涂。全市有三个主要地貌类型分区：北部为上思盆地，海拔200~400米；中部为十万大山，海拔800~1300米；东南部为低山、丘陵和深渊、平原、台地，海拔多在50~500米间。

土壤　市境内土壤分属水稻土、砖红壤、赤红壤、黄壤、紫色土、冲积土、风沙土、沼泽土8个土类。西北山区以黄壤和红壤为主，主要种植旱地作物和经济林；南部丘陵沿海地带多分布冲积土、潮汐土、紫色土，为市内重要水稻耕作区。

山系　市境内山脉主要是十万大山及其支脉。十万大山横亘于防城港市中部，全长130多千米，海拔在800米以上的山峰有75座，主要山峰有18座，海拔皆在1000米以上，第一高峰薯良岭位于上思南屏瑶族乡境内，海拔1462米。十万大山之外，还有防城东山、上思四方岭和凤凰山脉，其中四方岭是上思县与扶绥县的分界线。

水系　市境内中小河流众多，水资源丰富。流域面积50平方千米以上河流共50条，100平方千米以上21条。由于十万大山主脉由东向西横贯防城港市中部，因而形成南北水系的分水岭，向南流的属桂南独流入海水系，主要河流有防城河、茅岭江、北仑河、江平江；向北流的属西江水系，主要河流为上思县的明江。防城河干流全长83.80千米，流域面积894.60平方千米，多年平均径流量18.30亿立方米；茅岭江干流全长123千米，流域面积2909平方千米（其中防城港市境556平方千米，钦州市2353平方千米），多年平均径流量32亿立方米；北仑河干流全长107千米，其中下游东支流为中越界河，总流域面积1187平方千米，多年平均径流量32亿立方米；江平江干流全长43.23千米，流域面积318.95平方千米，多年平均径流量4.90亿立方米。明江是西江水系左江的一级支流，干流全长308千米，流域面积6379平方千米，多年平均径流量54亿立方米，其中上思境内干流长142千米，流域面积2183平方千米，占上思总面积的77.52%。各主要河流上游落差大、水势急、水量大，不仅有利于发电，还有利于灌溉；河流中下游一般比较平坦、开阔，可用于航运。

海岸和岛屿　防城港市濒临北部湾，是中国大陆海岸线最西南端起点，管辖海域面积近1万平方千米。大陆海岸线537.64千米，占广西大陆海岸线的1/3，东起防城区的茅岭乡（中间隔钦州龙门岛），经港口区的企沙、光坡两镇，防城区的水营、文昌街道和江山乡，东兴市的江平镇，西至东兴市东兴镇北仑河口止；海岛284个，其中无居民岛282个，岛屿面积共18.05平方千米，岛屿海岸线166.1千米，主要分布在港口区的光坡、企沙两镇。距大陆最远的是夜鹰岛（雾水洲），处北纬20° 20′、东经107° 45′，面积约1平方千米。

浅海与滩涂　全市10米等深线以内的浅海滩涂面积约9.94万公顷，其中5米等深线以内滩涂2.41万公顷，5~10米等深线浅海水域面积7.53万公顷；20米等深线以内的浅海海域面积15.44万公顷，平均每千米海岸线占有浅海海域面积为287.1公顷。海水潮汐基本为规则的全日潮，沿海海水无污染，绝大部分海区的水质符合《海水水质标准》1类，适合养殖近江牡蛎、文蛤、泥蚶、对虾、珍珠、锯缘青蟹、中华乌塘鳢和其他海水经济鱼类。

【环境】

空气环境质量　2016年，防城港市二氧化硫(SO_2)、二氧化氮(NO_2)、可吸入颗粒物(PM10)和细颗粒物(PM2.5)浓度分别为0.009毫克/立方米、0.017毫克/立方米、0.045毫克/立方米和0.029毫克/立方米，达到《环境空气质量标准》(GB 3095-2012)二级标准。环境空气质量日报总天数为366天，环境空气质量达到优的天数为217天，占总天数的59.29%；达到良好的天数为147天，占总天数的40.16%；轻度污染1天，占总天数的0.27%；中度污染1天，占总天数的0.27%。年内，防城港市区降水pH值在4.81~7.34之间，均值为6.26，高于酸雨界限(5.60)，酸雨频率为3.7%。从统计的离子组分看，硫酸根离子浓度占阴离子总量的比例最大，说明防城港市降水酸性主要是受硫氧化物影响，酸雨污染属硫酸型污染。

水环境质量　2016年，防城港市地表水国控断面北仑河狗尾濑、北仑河民生、明江路怀、防城江木头滩、防城江三滩5个地表水断面水质均符合地表水水质保护目标(Ⅲ类)要求，北仑河边贸码头1个断面水质符合地表水水质保护目标(Ⅳ类)要求；集中式饮用水水源地：木头滩断面水质符合Ⅱ类标准，水质达标率为100%。水质功能区达标率为100%。防城港市饮用水水源地木头滩断面109项全分析中，所有监测项目测值均达到《地表水环境质量标准》(GB 3838-2002)标准。防城港市近岸海域海水环境监测12个监测断面，海水水质均达到或优于《海水水质标准》(GB 3097-1997)Ⅲ类标准，其中12个监测断面达到水质达到Ⅰ类水质，1个断面达到Ⅲ类水质，水质达标率为100%，符合近岸海域水环境功能区目标要求。

声环境质量　2016年，防城港市昼间区域环境噪声年均值为54.6分贝，符合《声环境质量标准》(GB 3096-2008)2类标准。对照《环境噪声监测技术规范城市声环境常规监测》(HJ 640-2012)标准，城市区域环境噪声总体水平等级为二级，处于良好水平。市区昼间平均交通噪声为66.4分贝，交通噪声总体达到《声环境质量标准》(GB 3096-2008)4类a标准。对照《环境噪声监测技术规范城市声环境常规监测》(HJ 640-2012)标准，道路交通噪声强度级别为一级，处于好水平。

辐射环境质量　2016年，防城港市尚未开展辐射环境质量监测。

【气候】 防城港市属南亚热带季风气候类型，冬半年(10月至次年3月)受北方冷气团影响，气候干燥少雨；夏半年(4月—9月)受南方海洋湿热气团影响，气候润湿多雨。冬短夏长，季风气候明显，气候温和湿润。年温差小，太阳辐射强、光照充足，热量丰富，雨量充沛，无霜期长。2016年，防城港市各地平均气温21.5℃~23.4℃，与常年相比，港口和防城分别偏高0.7℃和0.8℃，东兴偏高0.1℃，上思偏低0.1℃；年降水量1383.3~2983.3毫米，与常年相比，除港口略偏少外，其他地区大部偏多1~2成。年日照时数1536.2~1867.3小时，东兴略少，港口、防城和上思分别多9.7%、12.8%和2.3%。2016年，低温阴雨天数港口为3天，防城为5天，东兴为0天，上思为15天，港口偏少7天，防城少6天，东兴少4天，上思多3天。1月—3月部分地区出现强对流天气；4月部分地区出现冰雹。夏季有4个台风影响防城港市：1603号台风"银河"、1604号台风"彩虹"、1608号台风"电母"和1621号台风"莎莉嘉"。

【土地资源】 2016年，防城港市土地总面积623849.4公顷，其中耕地91556.74公顷，园地14890.68公顷，林地394228.29公顷，草地30957.27公顷，城镇村及工矿用地24412.83公顷，交通运输用地7889.3公顷，水域及水利设施用地54330.79公顷，其他用地5583.5公顷。

【矿产资源】 截至2016年年底，防城港市已查明矿产种类共48种，占广西的33%，主要有煤、锰、铁、锡、锌、石灰岩、砖瓦用页岩、建筑用砂岩、玻璃用石英砂、花岗岩、萤石、叶腊石等；已查明储量28种，占广西的29%；矿产地261处，其中大型矿床6处、中型矿床7处，小型矿床102处，矿(化)点146处；全市持证矿山98个，以砂石土矿山为主，均属小型矿山。

【海洋资源】 防城港市拥有大陆海岸线537.79千米，为全国大陆海岸线的最西南端起点，管辖海域面积近1万平方千米，全市共有海岛284个，其中有居民海岛2个，无居民海岛282个。防城港是交通运输部明确的国家25个沿海主要港口之一，全市宜建港口的岸线达110千米，具备建成年吞吐能力达10亿吨的国际枢纽大港潜力。特别是防城港湾，具有水域宽阔、航道短、潮差大、回淤少、避风等优点，截至2016年年底，建成万吨级泊位36个，新增年通过能力80万标准箱，港口吞吐能力达到1.5亿吨，并已与70多个国家和地区的220多个港口通航。全市海产富足，计有海洋鱼类500多种，虾类200多种，头足类近50种，蟹类近20种，还有种类众多的贝类和其他海产动物、藻类等。全市20米等深线以内的海域面积约19.26万公顷，0~15米等深线的面积15.07万公顷。15~20米等深线的浅海水域面积达到4.19万公顷。目前防城港市的海水质量好，自然饵料充足，是各种海洋生物养殖的理想场所。但目前浅海滩涂面积利用率还较低，还有大部分浅海

表1　**2016年防城港市各站点年降水量和年平均气温**

站名	年降水量(毫米)			年平均气温(℃)		
	实况	历年平均	距平(%)	实况	历年平均	距平(℃)
港口	2392.2	2442	−2.0	23.4	22.7	0.7
防城	2904.8	2507.6	15.8	22.8	22	0.8
东兴	2983.3	2657.8	12.2	23.0	22.9	0.1
上思	1383.3	1218.4	13.5	21.5	21.6	−0.1

滩涂面积未开发利用，特别是5~10米等深线的浅海水域利用不到15%，海水养殖业发展的潜力很大。境内阳光充足，雨量充沛，气候宜人，有江山半岛省级旅游度假区和国家级AAAA旅游景区——京岛风景名胜区等滨海旅游景区，发展滨海观光、休闲、度假旅游潜力巨大，具备打造滨海旅游胜地的资源禀赋。全市湿地资源独特，拥有北仑河口国家级自然保护区、全国连片最大的珍珠湾红树林和全国最大的城市红树林之一——东湾城市红树林。

【动物资源】 防城港市地处北回归线以南，属南亚热带湿热季风气候区，地形复杂，有山地、丘陵、台阶地、河谷冲积平原和滨海平原。复杂多变的地形地貌和沿海的地理区位使境内有森林、海洋、江河、湖泊和湿地等丰富繁多的生态系统，形成多种多样的物种栖息地，物种种类极为丰富。已发现的陆栖脊椎动物共有412种，共4纲、34目、92科、255属，其中两栖动物34种、爬行动物69种，鸟类230种、兽类79种。属国家一级保护的野生动物有6种：云豹、金钱豹、林麝、巨蜥、白肩雕和蟒蛇。属国家二级保护动物59种。已知昆虫有23目、169科、789种。

【植物资源】 防城港市日照充足，雨量充沛，良好的水热条件及多种多样的生态系统使境内有大量的植物栖息和分布。现已分类鉴定出的维管束植物共有230科、926属、2247种，其中蕨类植物31科、77属、151种，裸子植物8科、9属、16种，被子植物191科、840属、2080种，在被子植物中双子叶植物164科、661属、1726种，单子叶植物27科、179属、354种。共有国家级重点保护植物15种，其中属一级保护的2种，分别是狭叶坡垒、十万大山苏铁；属国家二级保护的野生植物有金毛狗脊、粗齿桫椤、黑桫椤、大桫椤、苏铁蕨、福建柏、樟、海南风吹楠、花榈木，半枫荷、华南锥、紫荆木、海南石梓等13种。全市拥有滩涂面积2.87万公顷，其中适宜红树林生长的面积为0.79万公顷，现有红树林面积0.22万公顷。全市红树林物种资源丰富，有木榄、秋茄、桐花树和白骨壤等17个种类，是全国红树林植物种类分布较多的地方。另外，在十万大山兰山支脉集中分布着被誉为植物界大熊猫和被称之为“茶族皇后”的金花茶，是世界金花茶组植物分布中心。

【人口】 截至2016年年底，防城港市全市常住人口92.90万人，比上年末增加1.06万人，其中城镇人口52.36万人。全年人口出生率14.66‰，人口死亡率4.72‰，人口自然增长率9.94‰。据公安部门统计，年末全市户籍人口97.20万人，比上年末增加1.59万人。

国民经济和社会发展概况

【经济发展概况】 2016年，防城港市全市实现生产总值676.12亿元，增长9.1%，比全区高1.8个百分点；人均生产总值达到7.3万元，比全区平均水平高3.5万元以上。实现财政收入75.61亿元，增长7%；固定资产投资600.14亿元，增长14.1%；规模以上工业总产值1501.24亿元，增长14.3%；港口货物吞吐量1.07亿吨；社会消费品零售总额111.89亿元，增长10.8%；外贸进出口总额578.91亿元(87.58亿美元)，增长8.5%；引进内资483.22亿元，增长10.4%；实际利用外资5.1亿美元，增长11%；城镇居民人均可支配收入29758元，增长7.9%；农村居民人均可支配收入12113元，增长10.2%；居民消费价格指数控制在1%以内。各项主要经济指标保持平稳较快增长的良好态势，较好完成市五届人大七次会议确定的目标。

【经济结构调整】 2016年，全市第一产业增加值80.88亿元，增长4.0%；第二产业增加值386.26亿元，增长11.6%；第三产业增加值208.98亿元，增长6.6%。三次产业比例由上年的12.1∶56.9∶31.0调整为12.0∶57.1∶30.9，第一产业比重下降0.2个百分点，第二产业比重上升0.2个百分点，第三产业比重下降0.1个百分比。

农业发展向特色高效转变。特色农业深入开发，建设“双高”糖料蔗基地1666.67公顷，全市农作物播种面积11.07万公顷，种植特色水果1.15万公顷，特色中药材1333.33公顷，富硒特色农产品133.33公顷。现代农业示范

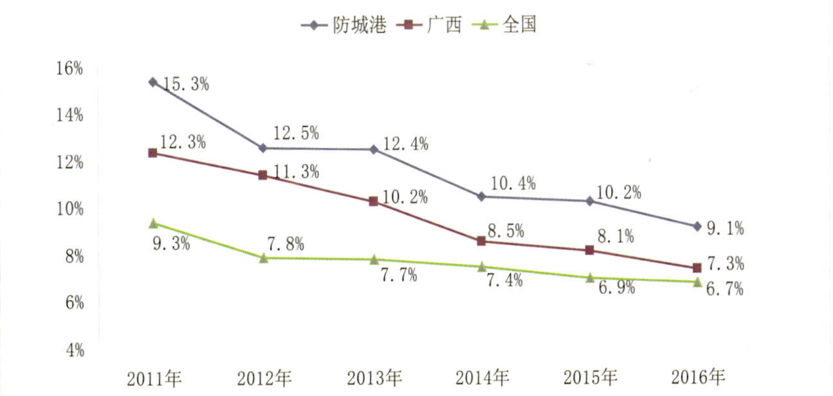

2011—2016年防城港市、全区及全国生产总值增速对比示意图

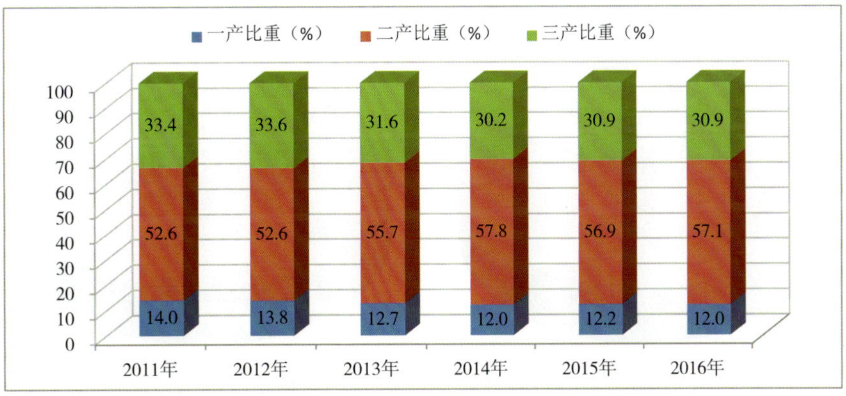

2011—2016年全市三次产业比重变化示意图

区建设加快，全市21个示范区创建工作全面启动，其中6个县级示范区完成验收。农村土地确权工作顺利开展，完成确权登记耕地面积2.25万公顷，可颁证农户8.6万户，全市农村土地经营权流转面积6186.67公顷，占承包地总面积的12.4%。林下经济迸发活力，累计发展林下经济面积12.22万公顷。渔牧业健康发展，全市水产养殖面积达1.95万公顷，发展水产健康养殖面积133.33公顷，新增深水抗风浪网箱68口、养殖水体约22万立方米，新增港湾传统养殖网箱380箱、面积约3800平方米，创建农业部水产健康养殖示范场6家，新建牛羊规模养殖场28家，白龙珍珠湾海洋牧场获得国家级海洋牧场示范区称号。

工业转型升级进一步加快。企业更新改造力度不断加大，工业完成技改投资225亿元，同比增长96.2%，全市规模以上万元工业增加值能耗同比下降3.8%。企业降费减负措施有力，出台防城港市降低实体经济企业成本"46条"，企业市场竞争力和盈利水平进一步提高，利润增长60.3%。强优企业不断发展壮大，全市产值超亿元的规模以上工业企业达124家，占规模以上工业企业总数的78.98%，其中十亿元以上企业21家，超百亿元企业3家，盛隆冶金跻身中国企业500强成为广西最大民营企业，金川铜缆、澳加粮油小包装、金川5万吨固废处理等一批产业链项目加快推进。重点行业生产保持稳定，全市七大重点行业增加值中除有色金属冶炼和压延加工业外均实现两位数增长，七大重点行业拉动规上工业增加值增长10.9个百分点。全市实现规模以上工业增加值332.81亿元，增长12.4%，占GDP比重49.2%，对GDP增长贡献率达到65.1%。

服务业发展活力不断增强。互联网产业助推零售业快速增长，全市零售业商品销售额达到122.08亿元，增长15%，其中电子商务零售实现销售额21.34亿元，同比增长65.2%，全市共有电商企业2570家，提供就业岗位1.45万个。交通物流发展取得新突破，防城港—北京大红门的海产品冷链特需铁路集装箱专列成为广西首列开通的海产品冷链专列，大西南出海大通道多式联运工程列入国家重点培育项目，保税物流中心(B型)项目完成选址、可研等前期工作并纳入自治区保税体系规划。旅游业加快布局，江山半岛创AAAAA开发建设、东兴国门景区创AAAA级工程推进加快，北仑河口景区获评国家AAA级旅游景区，七彩贝丘湾、长湖生态园等创建广西五星、四星级农家乐通过自治区验收。金融业快速发展，银行业金融机构人民币存款和贷款余额分别增长10.6%、20.3%，全市保险业金融机构达15家，小贷公司率先在全区实现市、县、区全覆盖。房地产去库存成效显著，全市商品房销售面积达到219.4万平方米，增长18.5%。

【改革开放】 改革创新进程加快。2016年，防城港市推进供给侧结构性改革，研究制订防城港市加快供给侧结构性改革的实施意见，围绕"三去一降一补"出台防城港市新市民购房补助细则等政策措施。行政审批制度改革继续深入，全面清理非行政许可审批事项351项，其中取消84项，调整267项为其他行政权力或转为政府内部审批事项。商事制度改革深化，创新实施"六证合一、一照一码"登记制度，电子营业执照和登记全程电子化管理方法全区推广。高新区创新创业取得新成效，中检广西、华银医疗等一批项目签约入驻云朗科技园标准厂房，IT小镇门户入驻企业和机构超过30家、意向入驻企业20余家。沿边金融改革加快推进，在境外个人人民币银行账户管理、边民信用互助社试点方面探索创新。医改、公车改革等各项改革工作扎实推进。

升级开放格局。2016年，防城港市开放战略地位进一步凸显，获批全国开放型经济新体制综合试点，成为国家开放开发体制机制创新试验田。中越跨境经济合作区建设快速推进，各专项规划已获商务部批复，中越北仑河二桥竣工，国门楼封顶，综合服务区、安置区、污水处理厂二期、标准厂房、园区道路等一批项目建设加快。跨境旅游开拓新高地，中越跨境旅游合作区规划加快编制，一批旅游重点项目建设积极推进，东兴—芒街跨境自驾游项目实现常态化运行，东兴口岸出入境客流量突破700万人次。跨境物流发展势头迅猛，东兴保税物流中心、东兴农副产品冷链物流园等一批跨境商贸物流项目建设进展顺利，跨境货运周转量、货运量分别增长23.1%、29.2%。边民互市贸易升级发展，在全国率先启用边民互市"一指通"系统，东兴创新边民互市贸易结算模式典型经验做法受到国务院通报表扬，全市边境贸易成交额287.9亿元，增长23.4%。沿边金融综合改革成果继续扩大，全市个人跨境贸易人民币结算量达68亿元，增长36%；中国(广西东兴试验区)东盟货币交易服务平台实现越南盾交易6854笔，金额169亿元。

【重大项目建设】 健全项目管理机制。2016年，防城港市重大项目推进责任有效落实，制订防城港市"边海经济带""项目推进考评办法、"边海经济带"项目推进考评细则等重大项目管理办法，按照滚动管理机制，优化调整"边海经济带"项目，设立市厅级领导联系重大项目责任制，建立一个项目、一个班子、一个方案的项目推进工作机制。规范项目规划管理，落实完成"十三五"规划纲要和35项专项规划编制，印发规划纲要实施工作方案，把重大项目建设作为实施规划的重要抓手，对规划提出的项目，落实建设责任，完善推进机制，增强发展的支撑能力。并联审批改革深入实施，296个并联审批项目全部分解到各部门，项目审批时

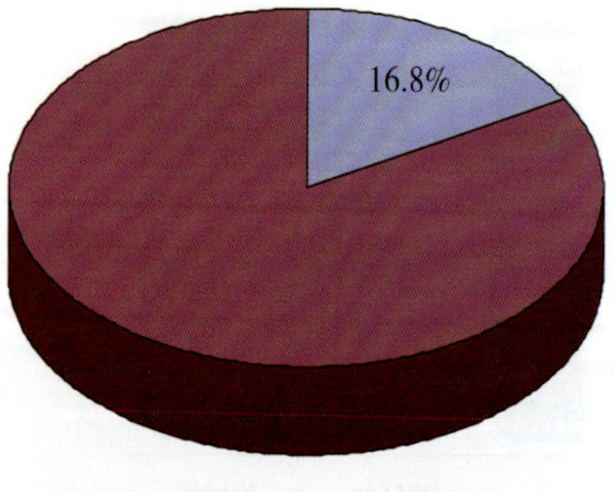

2015年外贸进出口总额占广西比重示意图

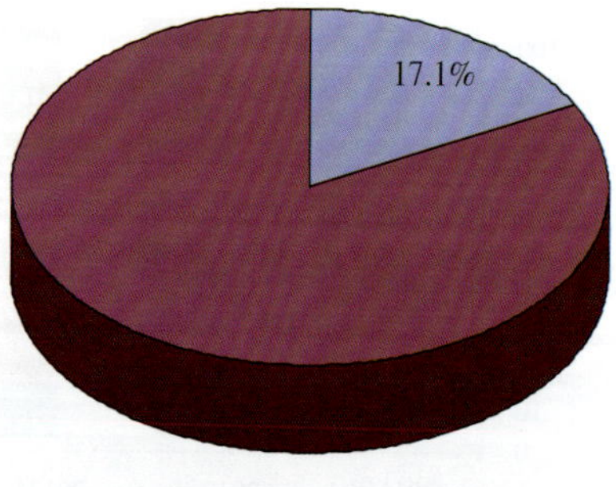

2016年外贸进出口总额占广西比重示意图

间进一步缩短。

项目建设工作卓有成效。“边海经济带”项目计划顺利实施，全年完成投资458.2亿元，超额完成年度投资计划任务；纳入自治区统筹推进的23个重大项目完成投资161亿元，完成年度投资计划的165.1%。一批重大项目顺利推进，防城港红沙核电项目一期工程2号机组正式商运，二期3、4号机组开工建设，钢铁基地冷轧产品顺利下线，防城港电厂二期、盛隆焦化二期、枫叶粮油二期项目投产；日加工500吨膨化大豆粉、20万吨精炼植物油等项目竣工试产；中海油广西LNG储运、科元化工等项目全面加快建设；通用机场、铁路公路、港口码头等一批重大项目前期工作加快开展。国家、自治区各领域专项补助资金申报工作扎实开展，获批国家专项建设基金项目25个，额度7.81亿元，成功申报中央预算内投资项目108个，获得上级支持资金4.6亿元。项目征地工作成效显著，全市完成征地面积1100公顷，新增建设用地、用海指标1186.67公顷。

【城乡建设】 城市建设全面提速。2016年，防城港市全面启动海湾新区建设，共投资150亿元，推进100个海湾新区基础设施项目，“五横五纵”城市主干路网建设提速，东湾大道、西湾大道、文昌大道竣工通车。交通基础设施建设步伐加快，钦防高速公路扩建、马路至峒中二级公路改扩建、防城至江山一级公路等一批项目加快推进，企沙至茅岭一级公路、防城峒中至东兴公路等一批项目前期工作加快开展。人居环境进一步提升，西湾绿道、北部湾海洋文化公园人行道改造两个“海绵城市”试点项目竣工投入使用，园博园项目前期工作积极推进；新建市中心区红树林街、浦鱼岭街和东湾大道等照明项目，城市道路亮灯率达到98%以上；临海工业区供水项目大垌水库主体工程基本完成，中心区配水厂、西湾环海大道、东湾大道供水管道等供水项目前期工作快速推进，供水普及率达96.5%；防城港市天然气专供管道建成通气，市城区配套燃气管网与市天然气专供管道连通，管道燃气户内安装量11.5万户，居民生活用气销售价格降至全区最低；城市污水处理率87.1%，城市生活垃圾处理率99.7%，机械化清运率100%。城建施工管理成效显著，获评市级优质工程奖城建项目12个，其中3个项目获得自治区优质工程奖，2个项目正在申报国家优质工程奖，全年无重大安全责任事故发生。

乡村建设日益完善。农村危房改造进程不断加快，全年落实自治区下达任务5140户的97%以上。城乡清洁工程不断深入，建成乡镇垃圾中转站13座，修建垃圾处理设施4530处，新建污水处理设施11处，配备垃圾箱6.4万个；全市各行政村、社区环卫保洁员人数达4745人，累计清运处理农村垃圾8.82万吨，清洁水源1914处，清捡田园8266.67公顷，清理回收农业生产废弃物430吨。乡村“三化”工作基本完成，共绿化村屯3478个，建设饮水净化示范点16个，完成渠道防渗73.27千米，渠道清淤318千米，新增、恢复和改善灌溉面积3306.67公顷，完成村级道路硬化56千米，通屯道路硬化361千米，建成便民候车亭20个，乡村基础设施配套日益完善。

【社会民生】 民生保障得到加强。2016年，防城港市加大社会保障体系建设力度，社保基金结余达19.84亿元，社会保险标准化建设“先行城市”全国试点启动，机关事业单位养老保险制度改革基本完成应参保单位资格确认。全民医保体系建设扎实推进，城乡居民基本医疗保险参保率99.8%。最低生活保障应保尽保，城市、农村低保月人均补助分别上升到306元、140元。加大住房保障力度，开工建设棚户区改造项目7623套，改造农村危旧房4093户。扶贫攻坚不断深入，实行“挂图作战，清单管理，滚动集成，精准摘帽”的管理模式，全年搬迁安置3855人，提前完成年度易地扶贫搬迁三大指标。助残救孤、完善社会福利体系，困难残疾人生活补贴、全面实施重度残疾人护理补贴制度，开展孤儿保障工作，城乡社会福利设施基本实现网络化。就业形势保持稳定，全市城镇新增就业1.88万人，城镇登记失业率2.7%。

完善公共服务体系。教育攻坚工程深入实施，市五中、市六中、文昌小学、珍珠小学等学校竣工，市高级中学二期投入使用，市理工职业学校一期工程基本建成。医疗卫生事业稳步发展，推进第四批国家城市公立医院综合改革试点工作，全市公立医院实行药品零差率销售、医疗服务价格和医保支付政策改革，市人民医院综合楼等项目建成，东兴市人民医院综合楼、港口区疾控中心等项目开工建设，健全基层医疗卫生服务体系。人口计生工作顺利开展，两孩政策全面实施。科技水平稳步提升，全市每万人口发明专利拥有量2.57件，增长84.9%。文化体育事业全面发展，《京族风吹饼制作技艺》《高跷捞虾》和《过山瑶服饰制作技艺》等项目列入第三批市级非物质文化遗产代表性项目名录，2016年中国东兴—越南芒街元宵足球赛、防城港市国际海上龙舟节、中国—东盟青少年足球邀请赛等国际体育交流赛事成功举办，全民健身计划基础设施建设加快。

生态环境进一步改善。城区“四乱”整治以及城市环境空气质量改善工作深入开展，市容市貌整洁有序，市民获得感进一步增强。生态乡村“三化”专项活动深入推进，清洁乡村“三清”活动成果不断巩固，“生态宜居示范村”建设步伐加快。生态经济工作

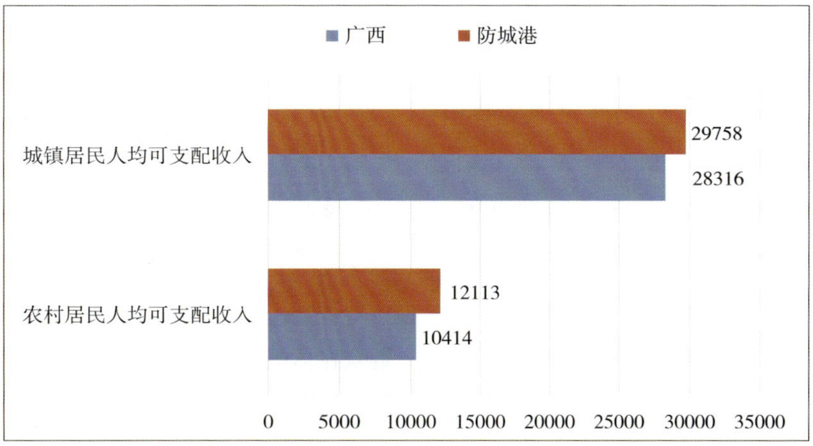

2016年防城港市与广西居民收入情况对比示意图(单位:元)

管理机制不断完善,碳排放进一步减少,全市森林覆盖率达58.77%,活立木蓄积量达2690万立方米,增长8.6%,主要河流水质和近岸海域海水水质总体保持良好,集中式饮用水源地水质达标率100%,环境空气质量优良率达99.5%,环境空气质量综合指数继续稳居全区第一。

政治文明建设

【民主法治建设】 2016年1月,防城港市人民政府行使政府规章制定权后,为保障法治机构在政府立法中的主导作用,在编制、机构等种种条件限制下,市里积极调配人员、编制充实政府立法力量,经市编委会研究同意,市法制办增设立法科,增加1个行政编制和1个事业编制;为保障政府立法工作顺利展开,由市法制办起草市人民政府制订出台《防城港市规章制定办法》,建立和完善政府规章制订程序,推进科学立法、民主立法。

【政治协商】 2016年,防城港市进一步巩固中国共产党领导的多党合作和政治协商制度,支持民主党派和无党派人士发挥作用,制订落实年度协商计划,规范开展政党协商。市委办印发《中共防城港市委员会2016年度政党会议协商计划》,明确召开4次专题协商座谈会、1次政党调研协商座谈会。年内按要求顺利完成协商计划。同时,做好协商意见的办理工作,确保政党协商落到实处。

【民主党派、工商联和无党派人士参政议政】 2016年,防城港市统战部门组织各民主党派、工商联、无党派就《发展壮大我市贫困村集体经济对策研究》等市委8个重点课题开展调研。开展"心系海丝路——我为边海发展献一策"活动,引导广大统一战线成员为防城港市"十三五"规划实施、实现"两个建成"先行区目标、海湾新区建设等献计出力。支持民主党派和无党派人士履行民主监督职责,协调组织民主党派和无党派人士参加自治区纪委和市纪委开展的整治群众身边"四风"巡查调研活动2次。支持民主党派、工商联、无党派人士广泛参与扶贫助困、义诊等活动,不断加强社会服务品牌建设。

【政府职能转变】 2016年,防城港市完成政府职能转变和机构改革工作,将工商行政和质量技术监督行政管理体制由自治区以下垂直管理调整为由地方政府分级管理。组建市文化委员会、市农业委员会、市卫生和计划生育委员会;突出地方特色,组建市海洋局。改革后,政府设置工作部门32个。注重加强政府自身建设,扎实开展"两学一做"学习教育,狠抓全面从严治党和作风建设,认真履行"一岗双责",严格落实中央"八项规定"和国务院"约法三章",健全厉行节约机制,重点领域审计监督和行政监察取得新成效。深化"放管服"改革,全部取消非行政许可审批事项,在全自治区率先全面公布权力清单和责任清单。抓好全国商事制度改革试点,在全自治区率先实施企业名称自主选择登记和企业简易注销登记制度。市本级41%的审批事项在窗口办结,审批事项日结率达70.8%,每万人办件量稳居全自治区前列。严格依法行政,自觉接受人大和政协监督,人大代表建议和政协委员提案办复率100%。

精神文明建设

【文明道德风尚倡导】 2016年,防城港市突出抓好以"爱国固边"为主题的爱国主义教育,在防城港电视台播放"弟子规"等公益宣传片,做好各类公益广告宣传,打造道德楷模黄永腾等一批全区先进典型,培育滩散小学护界碑小队,将护界碑行动由原来1所学校辐射到边境线上25所学校。通过媒体、网络、电子显示屏等多种方式,对"三个倡导"24字进行深入阐释、解读和传播。选取京族三岛基础较好的村屯,打造一批文明示范村。对北部湾海洋文化公园、伏波文化广场等进行提档升级,植入核心价值观主流元素,让干部群众在休闲娱乐生活中受到教育。推行"文明餐桌"行动,以宾馆、饭店、企业和学校食堂为重点,在宣传核心价值观的同时,倡导勤俭节约和文明用餐。组织开展"国旗工程点"建设,在边海一线建成216个,数量位居广西第2位。

【思想道德建设】 2016年,防城港市以党委(党组)中心组和领导干部为重点,引导带动广大党员干部全面系统学习领会习近平总书记系列重要讲话精神和治国理政新理念新思想新战略。党委中心组学习示范带头作用增强,市委中心组举办5次集中专题学习,各级党委(党组)中心组按年度学习要求开展学习。做好《习近平谈治国理政》《习近平总书记系列重要讲话读本(2016年版)》《党委中心组学习》《领导月读》等理论资料的学习使用工作。组建以领域专家、宣讲种子、道德模范、创业致富能手、乡土文艺骨干、驻村第一书记为主体的宣讲队伍,深入瑶寨、渔家、边境一线宣讲十八届六中全会、自治区第十一次党代会精神。2016年,全市共组织开展宣讲500多场次,受众人数10万多人次。报送的信息《防城港市学习贯彻十八届六中全会精神特色鲜明》获中宣部单条采用。

【未成年人思想道德建设】 强化未成年人思想道德建设,注重从娃娃抓起。2016年,防城港市持续开展"我爱海疆我爱家""童心爱海疆""童心向党"歌咏等主题活动,组织举办爱鸟护鹭、"护我界碑·爱我中华"演讲比赛和"童心向党·欢歌七一歌咏"活动。组织开展童谣创作,有6首童谣作品获奖,获奖总数居全自治区14个地级市的第三位。发挥未成年人思想道德建设示范基地以及乡村学校少年宫作用,加强未成年人心理健康辅导工作。继续组织为未成年人办好事实事活动,积极发动全国或自治区级的文明单位今年继续做好为未成年人做好事实事。

【文明单位创建】 2016年,防城港市组织开展自治区第十六批、防城港市第十三批文明村镇、文明单位、军(警)民共建精神文明先进单位评选表彰活动,同时对第一至十五批自治区文明村镇和文明单位进行复核。评选推荐出东兴市马路镇等19个单位(村镇)为自治区第十六批文明村镇、文明单位和军(警)民共建精神文明先进单位候选单位,评选推荐出上思县公正乡等44个单位为防城港市第十三批文明村镇、文明单位和军(警)民共建精神文明先进单位候选单位,审核通过东兴市东兴镇等 147 个现有自治区文明村镇、单位参加自治区第一至十五批文明村镇、文明单位复核。

【志愿者服务活动】 2016 年,防城港市学雷锋活动月宣传教育活动,组织全市各地各单位广泛开展学雷锋主题实践活动、社会志愿服务活动。持续抓好学雷锋"五送"一条街服务活动,健全学雷锋活动长效机制,形成市、县、乡(镇)、村四级联创联动的良好格局,每月五日,组织市直和驻港有关单位以及各县(市、区)到人流量较大的乡镇、城区街头,开展送岗位、送法律、送健康、送温暖、送科技等"五送"服务。充分用好各级文明单位志愿者队伍,指导他们根据本部门职能开展各类志愿服务活动,带头倡导奉献、友爱、互助、进步的志愿服务精神,激发志愿者奉献他人、奉献社会的责任感。持续开展网络文明传播志愿者工作,参与文明网跟帖、评论、微话题等重大传播活动,围绕"好人 365""学雷锋""春节回家九件事""文艺名家讲故事""我们的乡风民约"等主题活动扎实开展网络志愿传播服务,强化道德模范、中国好人、《好人 365》封面人物的网上宣传,广泛开展网上公益活动,截至 2016 年 10 月,志愿者共发博客 1840 条、发微博 15500 多条,有效地传播社会正能量。积极推荐"最美志愿者",防城港市"防港义工"陈致东荣获"全国最美志愿者"称号,广西仅有 2 个志愿者获此殊荣。市爱立方爱童敬老协会入选 2016 年全国"四个一百"学雷锋最佳志愿服务组织,韦忠艳荣获自治区优秀志愿者称号。

生态文明建设

【生态文明建设概况】 2016 年,防城港市生态环境进一步改善。城区"四乱"整治以及城市环境空气质量改善工作深入开展,市容市貌整洁有序,市民获得感进一步增强。生态乡村"三化"专项活动深入推进,清洁乡村"三清"活动成果不断巩固,"生态宜居示范村"建设步伐加快。生态经济工作管理机制不断完善,碳排放进一步减少,全市森林覆盖率达 63.5%,活立木蓄积量达 2690 万立方米,增长 8.6%,主要河流水质和近岸海域海水水质总体保持良好,集中式饮用水源地水质达标率 100%,环境空气质量优良率达 99.5%,环境空气质量综合指数继续稳居全区第一。

【生态环境宣传教育】 *环境宣传* 2016 年,防城港市环境保护局围绕环保中心工作筹划宣传教育。开展纪念"六五"世界环境日宣传活动,举办"人人参与改善环境质量共同努力建设美丽家园"为主题的环保专场文艺晚会,穿插环保知识竞赛抢答环节,发放环保宣传单、宣传册。在《防城港日报》上刊登《防城港市 2015 年度环境质量状况公报》,利用移动通信平台向全市 45 万移动用户发送环保宣传短信。开展节能减排宣传"五进"活动,宣传环境保护法律法规及相关知识,发放《环保手册》、宣传资料 4000 余份。开展环保公众评污活动,邀请防城港市人大代表、市政协委员、市民代表、企业代表等 50 多人到防城市污水处理厂、防城港市垃圾处理厂、垃圾焚烧发电厂(中科环保)等进行参观评污。拓宽渠道广发宣传,在防城港市人民政府、火车站周边围墙、学校围墙等制作环保围墙宣传标语 5 条。加强与旅游、交警、人防、科技局等拥有电子显示屏单位沟通协调,加大环保宣传力度,提高影响力。通过开展一系列环境宣传活动,有助于防城港市环境保护工作的顺利开展。

绿色系列创建活动 2016 年,防城港市上思县人民医院、东兴市马路镇卫生院 2 个医院获得市级"绿色环保医院"称号,华润水泥(上思)有限公司获市级"绿色环保企业"称号。

志鉴编纂 2016 年,完成《广西环境年鉴·2016》防城港市环境保护篇章和《防城港市志》环境保护部分编纂工作。

【生态示范区建设】 *试点示范创建* 2016 年,防城港市环境保护局开展"村屯绿化""饮水净化""道路硬化"工程和启动 8 个"生态宜居示范村屯"建设项目,改善人居环境的同时也带动地方经济发展。通过开展各项工作,建制村环境综合整治取得实效,2016 年荣获"自治区生态村"称号的东兴市马路镇马路村、东兴镇大四村、江平镇巫头村 3 个村生活污水处理率均达到 60% 以上、畜禽粪便综合利用率均达到 70% 以上,饮用水卫生合格率均达到 90% 以上。

自然保护区建设和管理 防城港市有 3 个自然保护区,全部是国家级自然保护区,分别为广西防城金花茶国家级自然保护区、广西北仑河口国家级自然保护区及广西十万大山国家级自然保护区,自然保护区面积为 703.75 平方千米。2016 年,防城港市环境保护局先后组织防城港市海洋、林业、水利、住建、旅游发展、国土资源、上思县人民政府、东兴市人民政府、防城区人民政府及各自然保护区管理部门开展国家级自然保护区违法违规活动清理排查整治工作,防止生态破坏事件发生。

农村环境综合整治 2016 年,防城港市港口区获得并实施 2015 年度农村环境综合整治项目 1 个,即光坡镇沙螺寮村,建设集中式污水处理设施 2 套,获得自治区级下达资金 200 万元、县级配套资金 50 万元,项目总投资 250 万元。项目建设内容是在沙螺寮村建设集中式污水处理设施 2 套,采用有动力好氧处理工艺,处理规模为高坡顶 65 吨 / 日、榄埠屯 65 吨 / 日,配套主管网 3.4 千米,支管网 2 千米;建设分散式污水处理设施 10 座,进行水塘沟渠清於,适当美化绿化,经治理后村屯生活污水处理率大于 80%。2016 年,上思县获得中央专项资金 2000 万元,实施农村环境连片整治项目,上思县农村环境连片整治项目涉及思阳、叫安、南屏、公正 4 个乡镇 16 个行政村,自然屯 30 个,计划建设集中式生活污水处理设施 30 座,分散式生活污水处理设施 14 座等。

【生态工业发展】 2016 年,防城港市扎实推进企业清洁生产工作。中电广西防城港电力有限公司、广西惠禹粮油工业有限公司获得自治区颁发的清洁生产企业证书。制订实施《防城港市水污染防治清洁生产技术改造实施计划》,重点推进广西盛隆冶金有限公司的干熄焦技术改造和防城港宏源浆纸有限公司的无元素氯漂白技术改造。大力推进燃煤小锅炉整治工作,完成

27台燃煤小锅炉整治工作，超额完成自治区下达的23台目标任务。组织实施电机能效提升工作，防城港市共有3家企业开展并完成电机能效提升改造，共改造电机功率总数9468.9千瓦。

【"美丽家园"乡村建设】 2016年，防城港市在上思县思阳镇明哲村、叫安镇平江村，东兴市江平镇交东村、东兴镇竹山村，港口区光坡镇沙螺寮村、光坡镇新兴村，防城区华石镇冲敏村、扶隆乡那果村等8个建设"生态宜居示范村"，对农户房屋统一进行立面改造。东兴七彩贝丘湾评为广西休闲农业与乡村旅游示范点。实施"村屯绿化"1895个，其中自治区级示范村屯240个。解决2180人贫困人口饮水问题。完成渠道防渗48.8千米，渠道清淤267千米，恢复灌溉面积2306.67公顷。完成村级道路硬化56千米；完成通屯道路硬化361千米，完成屯内道路硬化项目175个；完成便民候车亭20个，建制村通客运率达82.5%。

【水生态文明】 2016年，防城港市水生态文明建设成效显著，最严格水资源管理体制建设工作，最严格水资源管理制度"三条红线"指标全部分解到县级行政区。考核体系、制度体系、监控体系初步形成。严格水资源有偿使用制度，严格执行《取水许可和水资源费管理条例》，加大取水许可证年检力度，严格实施水资源论证制度。加强水资源管理和水土流失治理工作，全年审查生产建设项水土保持方案18项，征收水土保持补偿费82.03万元，治理水土流失面积30平方千米，生态修复面积12平方千米。

【海洋生态保护】 2016年，防城港市各级海洋主管部门坚持以海洋环境保护为工作重点，做到"在开发中保护，在保护中开发"，不断完善海洋工程环境影响评价、听证和报批工作制度，用海项目环境评价工作有效开展，全年组织完成12个用海项目的海洋环评听证、报批工作，其中9个项目获得自治区海洋环评核准。2016年，防城港市启动"蓝色海湾综合整治行动"，计划用三年半时间对西湾岸线、海域、海岛、海岸带、入海河流进行立体综合整治，打造"水清、岸绿、滩净、湾美、岛丽"的区域级最美海湾。"蓝色海湾综合整治行动"实施方案获得财政部、国家海洋局批复，获得资金支持3亿元，到位1.1亿元。此次获批是近年来防城港市获得中央海岛和海域使用金支持力度最大的一次，也是广西唯一获得中央资金支持的城市。有效应对5月、8月的两次红树林严重虫害，红树林生态得到有效恢复，得到国家海洋局和自治区海洋局的充分肯定，以防城港市防治经验为基础制订的《中国红树林主要虫害防治路线图及防止措施》已向全国推广。大力推动"美丽海洋"工程建设，组织西湾海岸保洁队开展西湾海域清洁工作，并在西湾海域沿岸重点区域安装17块海洋清洁警示牌，确保西湾重要岸段始终保持清洁状态。

组织机构及负责人

中共防城港市委员会

书　记：金湘军
副书记：何朝建
　　　　班忠柏（2月任职）
秘书长：梁宗勇
副秘书长：许国华（任至5月）
　　　　戴兰华
　　　　李善强（壮族）
　　　　邱祖猛（任至4月）
　　　　张　锋（壮族，5月任职）

市委办
主　任：梁宗勇
副主任：李善强（壮族）
　　　　邱祖猛（任至4月）
　　　　张　锋（壮族）
　　　　吴　俏（女、壮族，5月任职）

市委督查室
主　任：李善强（壮族）
副主任：朱晓玲（女）
　　　　杨远政（京族，任至11月）

信息办
主　任：李　季

接待办
主　任：蔡良雪（女，5月任职）

保密办（保密局）
主　任（局　长）：谢绍宏（壮族）
副主任（副局长）：黄世光（壮族）

绩效考评办
主　任：许国华（壮族，任至5月）
　　　　褚锡环（壮族，5月任职）
副主任：甘莉莉（女、任至6月）
　　　　农小孟（壮族，6月任职）

防城港市人大常委会

主　任：金湘军
副主任：黄荣明（壮族，任至2月）
　　　　许　政（苗族，2月任职）
　　　　韦任智（任至9月）
　　　　朱海燕（女）
　　　　禤德焕（壮族，任至9月）
　　　　李　疆
　　　　陈丹桂（京族，9月任职）
　　　　廖汝奋（瑶族）
　　　　梁　光（9月任职）
秘书长：莫江林（任至6月）
　　　　卢　岩（9月任职）
副秘书长：陈耀龙
　　　　唐　帆
　　　　李　健（壮族，5月任职）

人大常委会办公室
主　任：陈耀龙
副主任：唐　帆
　　　　张一震（壮族）

人大法制委
主任委员：胡　敏（侗族）
副主任委员：沈爱东（瑶族，任至5月）
　　　　黄政良（瑶族，9月任职）

人大财经委
主任委员：宋永华
副主任委员：黄　新（壮族）

人大农业和农村委
主任委员：黄苏阳（壮族）
副主任委员：林业龙

人大城建环保委
主任委员：林康华（任至9月）
　　　　颜训宣（9月任职）
副主任委员：刘寿洪

人大教科文卫委
主任委员：刘　强
副主任委员：蔡兆洁（女，壮族）

人大民族外事华侨宗教委
主任委员：奉仰崇（瑶族）
副主任委员：苏黎明（壮族）

人大常委会研究室
主　任：黄民韬（壮族）

人大常委会选举联络工委
主　任：蓝　天（瑶族）

人大常委会法工委
主　任：邱　鹏（瑶族，5月任职）

防城港市人民政府

市　长:何朝建(壮族)
副市长:班忠柏(壮族,任至2月)
　　黄文龙(任至6月)
　　朱胜勇(任至6月)
　　张　海(壮族,2月任职)
　　唐轶昂(3月任职)
　　王　琛(2月任职)
　　罗　真(6月任职)
　　王　德(壮族,任至1月)
　　玉　石(毛南族,任至2月)
　　赵　强(挂职,4月任职)
　　田　博(挂职,4月任职)
　　蹇兴超(6月任职)
　　董　凌(苗族,6月任职)
秘书长:梁　光(任至8月)
　　林春胜(8月任职)
副秘书长:张　健(任至2月)
　　张新畅(任至5月)
　　朱　靓(女,任至5月)
　　苏胜堂(壮族,1月任职)
　　张秀芳(女,壮族,1月任职)
　　陈　雷(回族,5月任职)
　　陈培伟(5月任职)
　　骆平原(5月任职)
　　林春胜(5月—8月)
　　杨远政(京族,11月任职)

政府办
主　任:林春胜(5月任职)
副主任:苏胜堂(壮族,1月任职)
　　张　健(任至2月)
　　张新畅(任至5月)
　　朱　靓(女,任至5月)
　　骆平原(5月任职)

政府督查室
主　任:梁家田(壮族,任至11月)
　　杨远政(京族,11月任职)

应急办
主　任:苏胜堂
副主任:黄永远

驻京办
主　任:李　新

发展研究中心
主　任:杨佰升
副主任:唐国海(任至5月)
　　尹晓洲(7月任职)

政务服务管理办
主　任:冯　慧(女)
副主任:许　宁

金融办
主　任:陈　雷(回族,5月任职)
副主任:黄忠东(壮族)

打私办
主　任:张礼荣(任至10月)
　　梁家田(11月任职)

法制办
主　任:莫汉贤
副主任:苏振文
　　黄慧萍(女,5月任职)

边海防办
主　任:黄景群
副主任:张培爱(壮族)张业军

机关事务局
局　长:
副局长:

政协防城港市委员会

主　席:赵发旗
副主席:彭景东(壮)
　　林　兴(京)
　　杨佰凤(女)
　　庞章辉
　　张祖广
　　雷璧翠(女)
　　黄子洮(女)
　　陈为民
秘书长:郑　东
副秘书长:邓朝和
　　苏若仲(任至12月)
　　佟义东(任至12月)
　　万里滔(12月任职)
　　李拥琴(女,12月任职)

政协办
主　任:邓朝和

政协提案法制委
主　任:苏传忠
副主任:张淑昆(女)

政协经济科技委
主　任:严正泽
副主任:陆天佩

政协文教体卫委
主　任:林　宁(任至11月)
　　苏若仲(12月任职)
副主任:韦丽英(女)

政协港澳台侨民族宗教联谊委
主　任:刘建玉(女)
副主任:黎　洁(女)

政协学习文史资料委
副主任:白和平

政协研究室
主　任:谭秋贤

政协委员联络办
主　任:林爱群(女)

东兴试验区工委
书　记:金湘军(兼)
副书记:何朝建(壮族,兼)
　　管理年(3月任职)

东兴试验区管委
主　任:何朝建(壮族,兼)
副主任:管理年
　　初　阳
　　杨东星(侗族)
主任助理:彭志伟

东兴试验区管委办
主　任:陈　雷(任至9月)
副主任:温而刚(女,6月任职)
　　王靖武(6月任职)

东兴试验区管委政策法制处
副处长:温而刚(女,6月任职)
　　王靖武(6月任职)

东兴试验区管委规划建设处
处　长:农桂军(壮族,任至6月)
　　易　纯(女,6月任职)
副处长:黄毓行(壮族,6月任职)

东兴试验区管委投资促进处
处　长:易　纯(女,任至6月)
　　农桂军(壮族,6月任职)
副处长:秦永芳(任至9月)
　　郭伦发(任至12月)

东兴试验区管委综合服务中心
主　任:苏英明(壮族,6月任职)
副主任:王靖武(任至6月)

纪律检查委员会

书　记:奉明芳(任至4月)
　　袁　煌(4月任职)
副书记:姚佩衡(任至12月)
　　韦东思(任至8月)
　　黄日忠(任至11月)
　　陈　熹(5月任职)

纪检监察局
局　长:姚佩衡
副局长:褚锡环(任至5月)
　　韦丽英(女,任至5月)
　　莫毅远
　　吴伟业(10月任职)
　　陈　芳(女)

党群团

市委组织部
部　长:袁国华

副部长:覃菊花(女,壮族)
李燕玲(女,壮族)
陆海滨(壮族,5月任职)
彭绍关(瑶族、9月任职)
徐　强

老干部局

局　长:李燕玲(女,壮族)

远程办

主　任:王中波

基层办

主　任:陆海滨

人才办

主　任:苏桂荣

非公经济组织和社会组织党工委

主　任:凌宗保(任至5月)
彭绍关

市委宣传部

部　长:黄强余(壮族)
副部长:龚　毅(壮族,5月任职)

文明办

主　任:许生文(任至5月)
谢绍炜(5月任职)

外宣办

主　任:

互联网宣传管理中心

主　任:

市委统战部

部　长:林　霖(女,壮族,5月任职)
副部长:梁　明(任至5月)

台办

主　任:陈　强

市委政法委

书　记:玉　石(毛南族,1月—12月)
第一副书记:王　琛(2月任职)

维稳办

主　任:黄永德

610办

主　任:陈海源

综治办

主　任:陈海源

法学会

会　长:玉　石

流动人口办

主　任:陈海源

市委政研室

主　任:戴兰华
副主任:关　文(京族)
盘名德(瑶族)
李　意(6月任职)
秦永芳

改革办

主　任:初　阳
副主任:戴兰华
关　文(兼,京族,12月任职)
秦永芳

编办

主　任:颜训宣(任至5月)
王　克(壮族,5月任职)
副主任:许其意
廖　玲(女,任至5月)
陈研识(6月任职)

事业单位登记管理局

局　长:李来兴

市直机关工委

书　记:张创玲(女,壮族,任至6月)
陆萍萍(女,壮族,6月任职)
副书记:刘岳红(女)

党史研究室

主　任:黄有第
副主任:何泽灏
调研员:覃先荣(壮族,8月任职)
副调研员:林成刚

党校

校　长:班忠柏(壮族,2月任职)
常务副校长:黄明诚(壮族)
副校长:唐光勇(壮族)
杨美红(女,侗族)
李京模
李华发

社会主义学院

院　长:庞章辉
党组书记:郑光萍(女,壮族)
常务副院长:黄明诚(壮族)

行政学院

院　长:唐轶昂
常务副院长:黄明诚(壮族)

总工会

主　席:黄　团
副主席:陈雪山(京族)
谢绍炜(壮族,任至6月)
朱丽红(女,壮族,6月任职)
纪检组长:宋德文

团市委

书　记:李泰霖
副书记:罗　敏(女)
黄　旭

妇联

主　席:江彦君(女,壮族)
副主席:戴永兴(女,壮族)
陈春燕(女,瑶族)
邱月琴(女)

科协

主　席:陆萍萍(女,壮族,任至7月)
庞朝飞(7月任职)
副主席:李志初

文联

主席(党组书记):
江　天(壮族,任至5月)
副主席:莫俊荣(侗族)
调研员:江　天(壮族,6月任职)

社科联

主　席:林世勇(壮族)
副主席:苏世成(京族)

残联

主席:
副主席:

红十字会

会　长:邝丽丽
副会长:刘建玉(女,任至5月)
林成坚

市中级人民法院

院　长:莫澄真(9月任职)
副院长:李洪波(5月任职)
张柏信(5月任职)
周　忠

市人民检察院

检察长(党组书记):农中校
副检察长:黄　中
邓　虹(女)

驻军武警

防城港军分区

第一书记:金湘军
司　令:黄春林
政委(党委书记):蔡高才
副司令:陈团政
副政委:张绍明
参谋长:范江文
政治部主任:王立新
后勤部部长:冯年勋(任至7月)

武警支队

支队长:赵保付
政　委:闫　军(5月任职)
副支队长:方佳胜
副政委:曹兴福(5月任职)

公安消防支队

支队长:梁雄松
政　委:黎　赟(任至9月)
周春旻(9月任职)
副支队长:朱小林(任至6月)
吴宏超(9月任职)

海警二支队
支队长:施士丰(1月任职)
政　委:鲁光辉(7月任职)
副支队长:谢　臣(7月任职)
　　许文武(7月任职)
副政委:何云志
公安边防支队
支队长:杨有祥
政　委:廖启流
副支队长:谭先斌
副政委:甘　华
防城边防检查站
站　长:林雪云(女)
政　委:黎基伍(任至6月)
　　覃　燕(壮族,6月任职)
副站长:谭　贵(任至6月)
　　周　关(壮族,任至6月)
　　黄李慧(壮族)
　　张　毅(布依族,6月任职)
　　周　雄(6月任职)
副政委:吴长军(任至3月)
　　贾　征(苗族,6月任职)
参谋长:李晓华(任至6月)
　　王华平(6月任职)

民主党派、工商联

民革市委会
主　委:佟义东(1月任职)
民盟市委
主　委:王刁龙
民建市委
主　委:陈为民
民进市委
主　委:杨佰凤(女)
致公党市委会
主　委:庞章辉
工商联
主　席:林　兴(京族)
党组书记:梁　明(任至5月)
　　闭永北(壮族,5月任职)
副主席:李拥琴(女,任至12月)
　　覃　佐(壮族,9月任职)
　　成召国

市政府各部门

市发改委(西部开发办)
主任(党组书记):张祖广(任至10月)
　　廖　云(12月任职)
副主任:严正泽(任至5月)
　　陈弘志(任至12月)
　　周　明(任至1月)
　　冯培聪(壮族,5月任职)
　　余　嘉
　　谭朝晖(7月任职)
　　张文清(5月任职)
物价局
局　长:王刁龙
副局长:李志政
粮食局
局　长:陈弘志(任至5月)
　　冯培聪(5月任职)
副局长:韦登营
市工信委
主　任:万里滔(侗族)
教育局
局　长:
副局长:
科技局
局　长:杨远艳(女,京族)
党组书记:庞朝飞
副局长:许炳杰
民宗委
主任(党组书记):韦文正
副主任:苏明勇
　　黄永健
　　彭艳华
民语委
主　任:陈增瑜
公安局
局长(党委书记):
　　玉　石(毛南族,任至2月)
　　王　琛(1月任职)
副书记:黄　勇
副局长:黄　勇
　　黄一武
　　彭志来
　　刘红升
　　王德明
　　桂宝东(壮族)
民政局
局长(党组书记):于德林
副局长:钟克文
司法局
局长(党组书记):郑武珠(任至5月)
　　申时荣(5月任职)
副局长:李炳华(9月任职)
　　黄　新(壮族,9月任职)
　　吴杰华(任至9月)
　　温程敏(女,壮族,任至5月)
财政局
局长(党组书记):
　　廖　云(女,1月—12月)
　　赵　蕾(女,12月任职)
副局长:梁　云(任至7月)
　　骆平原(任至5月)
　　傅　现(瑶族)
　　曾繁宁(7月任职)
国土局
局长(党组书记):苏维成(瑶族)
副局长:杨宗智
　　曹红梅(女)
　　吴定旺(3月任职)
　　凌　海(3月任职)
总工程师:陈卓德
纪检组长:洪　光
海洋局
局长(党组书记):刘　翔
副局长:林坤强
　　唐上平
环保局
局长(党组书记):甘炳洪(壮族)
副局长:郑大雄(瑶族)
　　李　季
纪检组长:沈世彬(瑶族,任至5月)
　　江朝萍(女,壮族,5月任职)
总工程师:廖起飞
住建委
主任(党组书记):张常路
副主任:刘学明(任至11月)
　　张红兵
　　颜良友(壮族)
　　潘江德
纪检组长:徐国胜
人防办
主任:韦东思(8月任职)
副主任:李景祖
　　施善丹
住房保障和房产管理局
局　长:詹冬发
副局长:潘　毅
　　廖明辉(5月任职)
市政管理局
局　长:包家友
副局长:黄建国
　　李拔群
　　陈　波(5月任职)
交通运输局
局长(党组书记):
　　吴永明(壮族,任至5月)
　　郑武珠(5月任职)
副局长:檀业永
　　谭国强(京族)
　　卢靖武
纪检组长:方瑞烈(壮族,5月任职)

总工程师:廖宇锋

县乡公路管理处

主　任:龙雪峰(5月任职)

副主任:周立生(瑶族)

运管处

副主任:刘永强(壮族)

　　　张竣珲

航务处

主　任:张云春(女,5月任职)

副主任:邓朝宗(壮族,任至11月)

农委

主任(党组书记):李兴辉

副主任:唐家文

　　　裴光艳

总农艺师:谢乃官

扶贫办

主　任:吴善威(6月任职)

副主任:韦　锷(壮族)

水产畜牧兽医局

局长(党组书记):陆海滨(1—6月)

　　　文德明(6—12月)

副局长:谢　电(壮族)

纪检组长:范郁川

水利局

局长(党组书记):曾凡兴

副局长:李存朗

　　　何伟平

　　　王建新

　　　张　武

水库移民局

局长(党组书记):马崇辉

林业局

局长(党组书记):李承棠(任至5月)

　　　吴永明(6月任职)

副局长:邓锡努

　　　彭云彪

　　　凌光振

森林公安局

局　长:李　伟

政　委:谢金赐

商务局(口岸办)

局长(党组书记):袁学顺(7月任职)

副局长:唐光新

　　　龙卫东(1月任职)

　　　钟　幸

　　　廖家旭

物流办

主　任:朱清华

副主任:黄洪友(壮族)

　　　许华樑(壮族,5月任职)

文化委

主　任:卢　岩(6月任职)

　　　许大俭(壮族,6月任职)

党组书记:卢　岩(任至5月)

　　　许大俭(壮族,5月任职)

副主任:谢德渠

　　　黄洪波(壮族)

　　　陈文智(壮族)

　　　许生文(壮族,6月任职)

　　　蓝春凯(任至6月)

纪检组长:黄华萍(女,瑶族)

市文化市场综合执法支队支队长:

　　　张韶峰

市广播电视台台长:

　　　王德森(壮族,6月任职)

　　　龚毅(壮族,任至6月)

卫计委

主任(党组书记):张传凯

副主任:庞卫国

　　　唐凤禧

　　　侯东升

　　　陈天群

纪检组组长:黄顺松

食品药品监督局

局　长:杨尚秋

副局长:庞承秀(女)

　　　黄耀学

　　　陈天群

　　　黄友军(瑶族,7月任职)

审计局

局　长:赵　蕾(女,任至12月)

　　　黄日忠(12月任职)

副局长:李毓森

　　　周铁军(任至5月)

　　　凌　荣

外侨办

主任(党组书记):禤　东(壮族,5月任职)

副主任:吴彩连(瑶族)

黄　伟(壮族,1月任职)

副调研员:郑业智

安监局

局长(党组书记):黄洪海

副局长:易富林

　　　黄雪峰(壮族)

　　　王洪波(任至5月)

旅发委

主任(党组书记):曾繁兴(任至5月)

　　　陆健文(女,5月任职)

副主任:严文章

　　　梁　云(6月任职)

　　　蓝京文(瑶族)

工商局

局　长:朱宇云

副局长:凌光炯(壮族,6月任职)

　　　陈世昌

　　　杨俊龙

　　　谭朝晖(任至6月)

纪检组长:廖　玲(女,5月任职)

质监局

局　长:吴　文(京族)

纪检组长:江朝萍(女,壮族)

副局长:覃德耀(壮族)

　　　莫明柏(黎族)

　　　戴大雄(壮族)

总工程师:苏运胜

副调研员:张晓红(瑶族)

国资委

主任(党委书记):莫江林(7月任职)

副主任:黄　生(壮族,1月任职)

　　　韦鹰和(壮族)

地震局

局　长:罗词银

副局长:邓朝日

投资促进局

局长(党组书记):陈源清(女)

副局长:邓永世(壮族,5月任职)

　　　黎奕福

江山半岛旅游度假区工管委

工委书记:韦汉烨(兼,壮族,6月任职)

管委主任:于德林(任至12月)

　　　黄晓昀(女,京族,12月任职)

管委副主任:邝丽丽(女,苗族)

　　　陈　旋

　　　程　刚

市人防办

主　任:林柱昌(任至8月)

　　　韦东思(壮族,8月任职)

副主任:李景祖

　　　施善丹(壮族)

商务局(口岸办)

局长(党组书记):袁学顺(7月任职)

副局长:唐光新

　　　龙卫东(1月任职)

　　　钟　幸

　　　廖家旭

市交通运输局

局　长:郑武珠(5月任职)

副局长:檀业永

　　　谭国强(京族)

　　　卢靖武

市侨联

主　席:林威爵(京族)

副主席:吴尚军

市统计局

局　长:覃　佐(任至12月)

佟义东(12月任职)
党组书记:苏兴文
副局长:刘　悦(女)
总统计师:赖愈强
市卫计委
主任(党组书记):黄子洮(女,任至6月)
张传凯(8月任职)
副主任:庞卫国
唐凤禧(女,壮族)
侯东升
市物流办
主　任:朱清华
副主任:黄洪友
许华樑(5月任职)
公积金管理中心
主任(党组书记):罗炳忠(壮族)
副主任:栗　瑛(女)
供销社
主任(党组书记):苏　海(壮族)
副主任:张晓晋(女,壮族,5月任职)
邓永世(壮族,任至5月)
监事会主任:邓锡源(壮族)
档案局
局　长:刘玲慧(女)
副局长:黄济强

县(市、区)

上思县
县委书记:张惠强(壮族,任至4月)
黎家迎(4月任职)
县委副书记:黄炳利(壮族,任至4月)
覃　森(4月任职)
杨洪波(任至4月)
黎世炳(壮族,4月任职)
人大主任:韦轮佳(壮族)
人大副主任:
黄桂英(女,壮族,任至5月)
陈天棠(京族,任至5月)
冯　海(瑶族,任至5月)
邓学语(壮族)
蒙小翠(女,壮族,8月任职)
农克产(女,壮族,8月任职)
侯卫军(8月任职)
县　长:黄炳利(壮族,任至5月)
覃　森(5月任职)
副县长:冯培聪(壮族,任至5月)
叶吉富(京族)
许文思(任至5月)
黄嘉宏(挂职,壮族,任至6月)
廖柏林(挂职,3月任职)
李　健(壮族,任至5月)
蒙小翠(女,壮族,任至5月)
马　瑞(任至5月)
郑里华(女,挂职,任至8月)
吴佳军(任职10月)
卢海清(女,壮族,5月任职)
王　伟(5月任职)
韦　任(壮族,8月任职)
东兴市
市委书记:周世军
市委副书记:陈建林(瑶族)
邓海桑(4月任职)
陆健文(任至4月)
人大主任:禤　东(壮族,任至8月)
罗湘洲(8月任职)
人大副主任:杜锦荣(京族)
黎春兰(女,壮族)
孔学斌(京族)
陈仁信(京族,8月任职)
市　长:陈建林(瑶族)
副市长:邓海桑
李　健
李文超(4月任职)
易　纯(女,6月任职)
谭业军(挂职,任至5月)
韩军林(女,2月任职)
乔　东
杨远艳(女,京族,任至1月)
邓立强(瑶族,任至1月)
何凯军(苗族,任至5月)
莫运朝(任至5月)
劳高进(5月任职)
温程敏(女,5月任职)
王洪波(5月任职)
陈　健(挂职,任至11月)
李　海(5月任职)
政协主席:黄春荣(壮族,8月任职)
黄伟常(壮族,任至8月)
政协副主席:李权春(壮族,任至1月)
龙智平(瑶族,任至8月)
潘湘云(女,壮族,任至5月)
吴　洁(女,京族,3月任职)
余文活
邓立强(瑶族,8月任职)
毛共钦(8月任职)
港口区
区委书记:黄炳利(壮族,4月任职)
区委副书记:朱　靓(女,4月任职)
邱祖猛(4月任职)
黎家迎(任至8月)
许大俭(壮族,任至4月)
人大主任:吴忠泰(任至8月)
张新畅(8月任职)
人大副主任:卢建玲(女,瑶族)
蔡　硕(8月任职)
宋京洲
沈爱东(瑶族,8月任职)
李树洪(任至8月)
陈树柏(任至8月)
区　长:朱　靓(女,8月任职)
副区长:陈　乐(5月任职)
钱天鹏(8月任职)
吴俊凯(3月任职)
王　华(8月任职)
刘晓红(女,8月任职)
钟恒栋(8月任职)
韦更望(壮族)
林春胜(任至4月)
骆国章(任至5月)
覃德耀(任至5月)
张　勇(女,任至11月)
韩　凯(任至10月)
吴保剑(任至5月)
政协主席:刘明奕(8月任职)
政协副主席:陆汉松(壮族,任至8月)
蔡　硕(任至8月)
刘晓红(女,任至8月)
王立强
张显超(壮族,8月任职)
林萍灼(女,8月任职)
林翠菊(女,瑶族,8月任职)
防城区
区委书记:莫小林(汉族,任至5月)
袁国华(代理至6月)
韦汉烨(壮族,5月任职)
区委副书记:王德林(壮族,任至5月)
荣毅宏(壮族,8月任职)
黄晓昀(女,京族,任至11月)
人大主任:黄　耿(壮族,9月任职)
人大副主任:阮国钦(京族,6月任职)
黄政良(瑶族,任至5月)
唐　北(瑶族,5月任职)
黄志凯(壮族,5月任职)
易景佳(汉族,9月任职)
张晓晋(女,壮族,任至5月)
岑　艳(女,京族,5月任职)
区　长:王德林(壮族,任至6月)
荣毅宏(壮族,8月任职)
副区长:黄晓昀(女,京族,任至5月)
陈培伟(5月任职)
姚　威(5月任职)
黄忠艺(任至5月)
廖　辉(挂职,任至6月)
朱　林(挂职,任至10月)
王洪波(任至8月)

刘文林(挂职,10月任职)
政协主席:廖熙仁(6月任职)
政协副主席:叶　准(9月任职)
岑　艳(京族,女,任至5月)
陈天棠(京族,5月任职)

新闻单位

防城港日报社
社　长:王　克(壮族,任至5月)
杨洪波(5月任职)
总编辑:覃先荣(壮族,任至7月)
副社长:姚卫东
副总编辑:吴炬才
文丽红
白和平(任至12月)
广西日报驻防城港记者站
站　长:黄兴忠

口岸单位

港务集团
党委书记:何永雷(瑶族,12月任职)
总经理:何永雷(瑶族,12月任职)
防城海关
关　长:吴适祥
副关长:陈柏民
许　军(壮族,任至9月)
黄海胜(9月任职)
周俊峰(9月任职)
东兴海关
关　长:柯志强
副关长:夏华云
黄　雄
韦献克(瑶族)
东兴海关缉私分局
局　长:彭江平
政　委:罗征荣
副局长:王敢宪(壮族)
胡远明
防城港检验检疫局
局　长:谢廷合
副局长:朱南光
黄　斌
纪检组长:韦彦强
海事局
局　长:
副局长:覃政勤(壮族)
陈忠明
谭钦玲

部分驻港单位

国税局
局　长:龙文权
副局长:李廷春(壮族)
黄　鸿(壮族)
陶　义
地税局
局　长:刘　辉
副局长:陈焯华
黄天宁(壮族)
张增华
气象局
局长(党组书记):陆志斌
纪检组长:卢峰本
副局长:朱敬海
周启强
供电局
局　长:黄应忠(壮族,12月任职)
党委书记:郑　剑(瑶族,9月任职)
副局长:米德浚
曹盛万
李青松
无线电管理处
主　任:覃锡冰
副主任:符　宇
邮政管理局
局长(党组书记):苏爱玲(女)
防城港调查队
队　长:陆贵远(壮族)
党组书记:陆贵远(壮族)
副队长:韦　昌(壮族)
林家豪(挂职,壮族,6月任职)

东兴国家重点开发开放试验区

【东兴试验区工作概况】 2016年，彭清华书记连续五次（包括两次听取试验区主要负责人的工作汇报、三次作出批示和电话指示）对试验区作出重要指示，明确指出广西东兴国家重点开发开放试验区是党中央国务院赋予广西的重要使命，也是广西的重要“金字招牌”，要求东兴试验区不等不靠，以东兴跨境合作区为工作突破口，努力把试验区打造成为全国沿边经济发展新增长极和改革创新排头兵，为全国沿边地区开发开放做出示范和样板。陈武主席两次对试验区作出重要指示，要求试验区着力聚焦东兴跨境合作区，尽快出物理形象、出成果成效。2016年，东兴试验区实现地区生产总值523.97亿元，增长9.1%；实现规模以上工业总产值1313.79亿元，增长14.7%；财政收入66.54亿元，增长7.6%；固定资产投资完成495.82亿元，增长17.4%；新签项目46个，外资到位资金4.89亿美元，增长20.4%，内资到位资金437.2亿元，增长9.3%；城镇居民人均可支配收入32802元，增长7.4%；农村居民人均可支配收入13589元，增长9.5%。

【东兴试验区和东兴跨境合作区规划布局】《东兴试验区开发开放三年行动计划(2016—2018年)》印发实施，从而形成总体规划、三年行动计划和年度工作计划三位一体的规划实施体系。组织研究制订《东兴试验区建设国家沿边改革创新排头兵总体方案》，将为试验区发展提供新动力。制订出台加快推进试验区和跨境合作区开发建设“十大行动”措施，编制完成主要规划。跨境合作区建设方案已经上报商务部，《跨境经济合作区控制性详细规划》已批复实施，跨境经济合作区控规修编和产业规划编制正进一步完善。科学规划跨境合作区开发时序和功能布局。按照“前店后厂”创新模式，确定跨境合作区“一个核心区”和“七个配套园区”84平方千米空间布局规划。10平方千米的核心区按照“一年打基础，两年出形象，三年大变样”的工作目标，和“成熟一片、开发一片”的开发原则，分3个片区用3~5年开发完成。高标准优化第一片区（起步区）功能定位和项目布局。围绕第一片区2.06平方千米的城市功能设计和修建性详规，邀请国内顶级设计研究院对第一片区功能布局和项目建设进行规划设计论证，研究布局“一桥一路一楼一场”，即中越北仑河二桥、友好大道、国门楼、查验场等项目，着力打造功能完备的口岸服务区。谋划国际商品展示交易中心、商贸旅游服务中心、跨境电子商务产业园、东兴国际金融中心、国际会展中心、东盟特色风情街、中越国际职业培训学院等一批公共配套设施项目，总投资额近50亿元。

【东兴跨境合作区产业发展】 2016年，东兴国家重点开发开放试验区与广西大学合作开展“东兴试验区加工产业选择研究”课题。该课题旨在调查掌握东兴试验区产业发展的实际情况基础上，分析适合东兴试验区发展的加工贸易产业，并为选择的加工贸易优势产业发展制订一套具有可操作的政策措施。主要就钢铁及有色金属、机电和电子产品、纺织、红木、海产品、咖啡、中草药、坚果、水果、粮食、橡胶11类产业进行研究分析，并提出产业发展定位。发挥东兴跨境合作区“以点带面”的作用，参与市政协组织开展的“发挥东兴试验区优势·大力发展加工贸易产业”课题研究，全面研究防城港市加工贸易产业发展现状、制约因素、发展优势和加快发展的建议，以东兴跨境合作区为枢纽，带动防城港市、东兴试验区在中国—东盟自贸区升级版和中越跨境合作中优化产业布局。加大招商推介力度。全年共接待来访客商约60批600余人次；组织赴福建、广东、安徽等地考察福建龙海市嘉昌水产公司、广东庆丰集团有限公司、安徽扬天汽车股份有限公司、中十七冶集团有限公司等企业；主动出击，2016年1月在越南海防市举办东兴试验区专场推介会，4月在广东东莞举行东兴试验区承接加工贸易产业转移投资推介会；组织参加2016桂台产业合作对接系列活动，7月13日—16日自治区政府组织的桂粤驻点招商大会、7月19日—24日自治区代表团赴浙苏沪开展项目对接洽谈活动，以及2016年跨国公司暨世界500强八桂行圆桌会议、2016桂台加工贸易产业合作论坛。成功举办首届中越跨境经济合作论坛暨东兴试验区专场推介会，防城港市政府、东兴试验区管委会及上思县、东兴市、防城区、港口区的签约代表与境内外客商共签约26个项目，签约总金额达734.15亿元人民币。

【试验区项目建设】 2016年，东兴试验区管委会在东兴跨境合作区实施征地拆迁、基础设施、公共配套、招商引资、项目融资“五大攻坚”工程，重点推进国门楼、标准厂房、沿河大道、友好大道、跨越大道等一批基础设施和公共配套等项目建设。跨境合作区全年重点推进的项目18项，总投资超36亿元。其中，续建项目9项，投资额12.51亿元；新建项目9项，投资额23.63亿元。截至12月31日，累计完成投资8.8亿元，年度完成投资3.2亿元。基础设施建设攻坚。重点推进中越北仑河二桥、沿河大道、跨越大道、友好大道项目建设。截至2016年年底，中越北仑河二桥已全面建成;友好大道项目建设基本完成,累计完成投资1.57亿元;沿河大道一期项目累计完成投资8400万元;跨越大道项目累计完成投资7546万元;跨合区起步区环形路网初步成型。公共配套设施建设攻坚。重点推进国门楼、标准厂房、国际商品展示交易中心、商贸旅游服务中心、创投大厦等项目。截至2016年年底,国门楼项目仅用半年时间完成地下1层、地面11层建设,完成投资7600多万元,实现主体封顶,创造新的"广西速度";标准厂房累计完成投资5100万元;国际商品展示交易中心、商贸旅游服务中心、创投大厦等项目已完成建设方案设计,即将开工建设。项目融资攻坚。重点推进成立跨境合作区投资开发平台,加强与大型央企、外企、民营资本对接和开展合作,积极开展PPP模式融资,拓宽投融资渠道,保障项目建设。向上争取资金支持,2016年共争取上级资金3.19亿元,同时探索创新PPP模式,开展社会融资,与大型央企、外企和民企开展战略合作,目前已与中冶十七集团、中青旅、中国中铁、香港利嘉集团签订投资额近100亿元的战略合作协议并已开展实质性投资合作。招商引资攻坚。东兴试验区尤其是东兴跨境合作区深受广大企业关注,50余家企业提出投资意向,涉及纺织服装、机械电子、生物、能源、物流、金融等产业。2016年9月12日,成功举办首届中越跨境经济合作论坛暨东兴试验区专场推介会,共签约项目26个,金额达734.15亿元。与香港利嘉集团成功签约5亿美金的"东盟自贸园"投资合作项目,已有50余家企业提出投资意向,涉及纺织服装、机械电子、生物、能源、物流、金融等产业。征地拆迁攻坚。重点推进跨境合作区国门楼、东郊安置区、东兴口岸二桥综合服务区、标准厂房4个项目和中央大道、沿河大道、跨越大道、和谐路、罗浮西路、友好大道6条道路征地搬迁工作。结合房地产"去库存",采取由政府从市场租赁住房解决群众安置的临时过渡问题。从2016年3月开始,集中力量组织开展征地拆迁"百日攻坚"活动。通过创新思路和实施攻坚,2016年跨境合作区内实现结算房屋5.45万平方米,第一片区累计完成征地370.8公顷,群众签订搬迁协议4411户10008人。

【加强对越开放合作工作机制】 东兴试验区工管委探索建立对越沟通良好机制。2月23日,市委书记、试验区工委书记金湘军在跨境合作区建设指挥部与越南广宁省委书记阮文读举行工作会谈。5月5日—6日,东兴试验区管委会邀请越南广宁省工作代表团到访并举行会谈,达成多项共识。5月底,东兴试验区工管还邀请越南广宁省经济区管委会、芒街市等代表参加国门楼项目开工仪式。9月12日,东兴试验区工管委在第十三届中国—东盟博览会上举办首届中越跨境经济合作论坛,邀请中越双方专家就推进跨境经济合作区建设作主题发言,提升中越跨境经济合作区知名度和影响力。11月28日至12月2日,应越南广宁省经济区管委会的邀请,东兴试验区工委副书记、管委会常务副主任管理年率代表团出访越南,与广宁省相关部门进一步加强沟通交流。2016年,东兴试验区已经形成国家层面、省级层面、广西东兴试验区管委会和广宁省口岸经济区管委会、东兴市和芒街市等四个层面的沟通工作机制。其中东兴试验区管委会和广宁省口岸经济区管委会共同约定每半年召开一次会议,由双方轮流主办,及时磋商解决双方合作发展中的有关问题,每三个月或不定期的随时进行磋商。通过健全这些机制,推动双方信息的及时沟通,问题的及时解决和意见的及时上报。

【试验区体制机制创新先行先试】 加快互市贸易转型升级。2016年6月,出台《防城港市边民信用互助社管理办法(试行)》,加强边民信用互助社行业管理。东兴边贸中心加快扩建,扩建后总面积约100公顷,年互市交易额将达到400亿元以上。深化商事制度改革。积极推进工商登记注册便利化,加快落实《防城港市实施企业名称自主选择试点工作方案》《防城港市企业简易注销程序规定(试行)》;9月23日,正式启动"六证合一、一照一码"登记制度改革,推进依托广西工商综合业务系统开发建设的企业名称自主选择登记系统上线运行,市场活力得到新的激发。深化沿边金融综合改革。个人跨境贸易人民币结算试点逐步提高,2016年1月至12月底个人跨境贸易人民币结算为137.26亿元,同比增长15.70%;东盟货币业务中心边贸结算量96.78亿元;东盟货币服务平台共实现越南盾交易14373笔,金额247.63亿元。从2014年5月23日至2016年12月底个人本外币兑换特许兑换金额累计约2.99亿元。提高口岸效能。试验区深化口岸"三个一"及通关一体化改革,切实落实国际贸易"单一窗口"业务,获得自治区政府主要领导的充分肯定;加快推进东兴边境经济合作区区域调整、防城边境经济合作区申报及峒中(里火)口岸升级和东兴口岸二桥通道扩大开放工作;拓展进口粮食、水果和景观树业务,扩大景观树种进口范围,加快进境水果口岸建设,提高口岸运营效益。推进跨境劳务试点。完善跨境劳务合作制度,出台《广西东兴国家重点开发开放试验区境外边民入境务工有关证件办理暂行规定》,规范办证流程,明确各部门职责,引导企业积极参与跨境劳务合作试点。截至2016年年底,东兴试验区已批准13家试点企业,其中生产加工类企业10家、劳务中介类企业3家,总批准用工人数1170人。跨境劳务试点的开展,促进试验区境外劳动红利的释放,推动中越互利共赢,密切中越跨境劳务合作交流,为边境地区管控"三非"现象提供新的有效办法,已取得良好的经济社会效益,初步形成跨境劳务"东兴试验区模式"。

【跨境经济合作区建设】 开展跨境合作区产业研究。与广西大学合作开展"东兴试验区加工产业选择研究"课题。该课题旨在调查掌握东兴试验区产业发展的实际情况基础上,分析适合东兴试验区发展的加工贸易产业,并为选择的加工贸易优势产业发展制订一套具有可操作的政策措施。主要就钢铁及有色金属、机电和电子产品、纺织、红木、海产品、咖啡、中草药、坚果、水果、粮食、橡胶11类产业进行研究分析,并提出产业发展定位。发挥东兴跨境合作区"以点带面"的作用,参与市政协组织开展的"发挥东兴试验区优势·大力发展加工贸易产业"课题研究,全面研究防城港市加工贸易产业发展现状、制约因素、发展优势和加快发展的建议,以东兴跨境合作区为枢纽,带动防城港市、东兴试验区在中国—东盟自贸区升级版和中越跨境合作中优化产业布局。招商推介力度。全年共接待来访客商约60批600余人次;组织赴福建、广东、安徽等地考察福建龙海市嘉昌水产公司、广东庆丰集团有限公司、安徽扬天汽车股份有限公司、中十七冶集团有限公司等企业;主动出击,2016年1月在越南海防市举办东兴试验区专场推介会,4月在广东东莞举行东兴试验区承接加工贸易产业转移投资推介会;组织参加2016桂台产业合作对接系列活动,7月13日—16日自治区政府组织的桂粤驻点招商大会、7月19日—24日自治区代表团赴浙苏沪开展项目对接洽谈活动,以及2016年跨国公司暨世界500强八桂行圆桌会议、2016桂台加工贸易产业合作论坛。成功举办首届中越跨境经济合作论坛暨东兴试验区专场推介会,防城港市政府、东兴试验区管委会及上思县、东兴市、防城区、港口区的签约代表与境内外客商共签约26个项目,签约总金额达734.15亿元人民币。

【工管委自身建设】 深入开展“两学一做”学习教育实践活动。按照中央、自治区和防城港市委的统一部署,制订《东兴试验区工委2016年党建工作要点》和《东兴试验区工委“两学一做”学习教育实施方案》,突出跨境合作区指挥部工作重点,建立完善党(工)委、党支部理论学习制度,严格执行“三会一课”制度,党员领导干部带头参加学习,带头讲党课;推进学习型党组织建设,全面开展党员“戴党徽、亮身份”活动。建立健全和完善党内情况通报制度、情况反映制度、征集党员意见制度、党员议事制度和党内听证会等制度。结合工作实际,研究制订各支部书记、处室(中心)领导落实党风廉政建设主体责任清单,按照党风廉政建设责任制要求,把责任分解到处室(中心)、细化到个人。将学习教育活动与做好自治区党委第二巡视组反馈意见整改落实以及着力解决群众身边的“四风”和腐败问题紧密结合,要求党总支、各支部书记要把责任意识树起来、主体责任扛起来,切实履行好主体责任,把“两学一做”落实到推动东兴试验区发展上,落实到打赢征地拆迁、基础设施、公共配套、项目融资和招商引资五大攻坚战上来,形成“心无旁骛谋发展、比学赶帮做贡献”的干事创业局面。加强党风廉政建设。按照自治区党委第二巡视组的巡视意见要求,坚持立行立改,推进落实42项具体整改措施,制订和完善17项规章制度和管理办法。同时,针对第二巡视组对防城港市巡视“回头看”反馈意见,推进落实10项整改措施。深入开展“两学一做”学习教育,针对市委“两学一做”学习教育暨基层党建重点任务督查中发现的问题,认真查漏补缺、边学边改,其中,在“两学一做”整改方面提出11大类、31项整改措施,在2016年基层党建整改方面提出3大类、17项性措施,在2016年意识形态工作整改方面提出2大类、9项整改措施,提高机关党建工作水平。充实基层组织。以自治区党委巡视整改为契机,狠抓党风廉政建设工作,设立试验区管委会机关党建办(加挂监察室牌子),增配专人专职负责强化机关党建和纪检监察工作,并对机关党总支的人员构成、各支部委员进行调整。调整后,机关设立4个支部和一个党建办,实现专人专职负责党务,机关党建进一步规范化、制度化。创新工作举措。创新审批方式,围绕国门楼项目建设,推进项目设计、项目审批、施工单位“招投标”、施工准备工作“四个同步”,仅用两个多月时间就顺利实现项目正式开工建设,比正常时间缩短近3个月时间。创新管理方式,专门成立“两楼四路”项目推进办公室,实施重点项目管理“五项制度”,即督察员进驻项目点制度,项目监管“红黄牌”制度,约谈制度,日例会、周例会和专题协调会制度,安全文明管理制度,项目办人员与施工单位点人头点设备查状态,优化人员配置、合力调配机械设备,科学组织,并行工序,立体施工,全力加快项目建设。国门楼项目5月31日开工,11月28日主体封顶,截至年底完成投资1.1亿多元,创造新的“广西速度”。

广西北部湾经济区(防城港)开放开发

【广西北部湾经济区(防城港)经济发展概况】 2016年,防城港市委、市政府紧紧依靠全市各族人民,牢固树立新发展理念,以边海经济带建设为主线,发挥东兴试验区等国家级开放平台作用,推进供给侧结构性改革,推进产业转型升级、基础设施建设、农村全面脱贫、教育卫生四大攻坚战。

全力以赴稳增长。全面落实国务院和自治区一系列政策措施,确保经济稳定运行。年初,将年度各项目标任务分解落实到各责任单位,细化分解任务,抓好工作落实。通过降低工业企业成本,增强企业盈利能力和发展活力;实施“边海经济带工程包”,启动海湾新区建设,稳定投资增速;抓好商贸物流、特色旅游、电商等服务业发展,提高消费档次和消费量;发展“特色、精致、高效、品牌”农业,提升农业效益;提高通关便利化水平,推动进出口贸易逆势上扬;落实营改增等减税政策,盘活存量资金,实现财政平稳运行。实施“边海经济带工程包”项目709项,其中全年新开工249项。强化项目保障,完成征地面积1100公顷,新增建设用地、用海指标1186.67公顷。筹措项目建设资金,成功申报中央预算内投资项目108个,策划PPP项目一批。

多措并举优供给推动。供给侧结构性改革,“三去一降一补”工作取得成效。落实自治区降成本41条措施,出台46条配套细则,清理涉企收费,为企业减负5亿多元。优化传统产业供给,实施产业转型升级,推进有色金属、磷化、制糖等产业“二次创业”。推动房地产去库存,出台《防城港市农民工等新市民购房补助细则》、棚户区改造货币化安置等措施,开展口岸联检大楼“房地产+港航服务”试点,全年销售商品房面积200多万平方米。稳妥去杠杆防风险,实施政府债务限额管理,申报置换债券23.97亿元,提前偿还高利率债务11.16亿元。加强产业投资基金运营管理,设立产业基础设施投资引导基金,建设沿边跨境金融服务中心。拓宽中小企业融资渠道,为23家工业企业发放“惠企贷”,放款3.34亿元,帮助企业争取上级扶持资金1.28亿元。推进农村金改,促进农村金融服务便利化,农村互联网金融融资超过1.6亿元。

做优平台促开放。利用东兴试验区、构建开放型经济新体制试点试验城市、跨境合作区、沿边金融综合改革试验区等国家级平台政策资源,统筹推进跨境劳务合作和居民登记管理制度、跨境旅游合作等改革试点工作,在全区率先启动“大部门制、大警种制”改革。抓好边民互市贸易转型升级发展,被国务院督查组推荐为全国典型经验做法。在全国率先启用边民互市“一指通”系统,边境贸易成交额287.9亿元,增长23.4%。成功举办首届中越跨境经济合作论坛暨东兴试验区推介会、中越东兴—芒街商贸·旅游博览会、中国广西—越南广宁青少年友好交流活动等商贸文化交流活动。跨境合作区建设取得突破性进展,中越北仑河二桥竣工,国门楼封顶,友好大道、沿河大道、跨越大道等道路贯通,标准厂房、罗浮西路等一批重点项目加快建设。中越峒中—横模口岸桥开工建设。广西首家出口监管仓落户防城港市,东兴口岸通关人次首破700万。

狠抓创新增动能。实施发明专利倍增计划,全市每万人口发明专利拥有量2.57件,增长84.9%。抓好创新创业工作,高新区形成云朗科技园、IT小镇门户、桃花湖新业态孵化园三大特色园区,吸引高科技研发企业、科技型生产企业入驻,明华、榕华被认定为国家级众创空间。防城港保税物流中心获自治区批复,东湾物流园成为全国首批国家级示范物流园区。防城港至北京、上海、沈阳等主要城市铁路冷链专列实现常态化运行,大西南出海大通道多式联运工程列入国家重点培育项目。推动电子商务发展,新增电商企业385家,实现销售额35.1亿元,增长75.5%。发展跨境游等特色旅游,全年接待国内外游客1580多万人次,增长16.4%,接待边境游人数17.5万人次,增长16.9%。

提质增效强三农。实现农业总产值136.1亿元,增长4%。启动21个现代农业示范区创建工作,港口红树林海洋渔业示范区被认定为自治区级示范区。开展特色产业"10+3"行动,新种特色水果666.67公顷,面积达1.15公顷;发展牛大力、铁皮石斛等特色中药材1333.33公顷,优质谷、莲雾等富硒特色农产品133.33公顷;创建农业部水产健康养殖示范场2家、广西畜禽现代生态养殖场9家,珍珠湾国家级海洋牧场示范区成功获批。累计发展林下经济12.2万公顷。新增农民专业合作社236家、家庭农场56家,农业产业化龙头企业达33家。扎实推进生态乡村建设,投入7718万资金,完成村屯绿化3466个。

建设新区拓空间。贯彻落实中央、自治区城市工作会议精神,全面启动海湾新区建设,着力打造未来政治文化中心、科技金融中心、现代服务集群中心及港航服务配套中心。投资150亿元,推进100个海湾新区基础设施项目。"五横五纵"主干路网建设加快,东湾大道、西湾大道、文昌大道竣工通车,海湾绿道一期工程投入使用。园博园、伏波大道、文昌大桥等项目前期工作基本完成。

夯实基础增后劲。抓好防城至江山一级路、马路至峒中公路、江山环岛东路、滨海公路龙门大桥西引道等项目建设,开工扩建钦防高速公路。加快建设防城港北站"两站两场两路",增开动车组至5对,年客运量突破200万人次。企茅大道等十大基础设施项目前期工作取得新进展。渔万港区403~407号泊位竣工,40万吨级码头及航道、401~402、513~516号泊位、马鞍岭旅游码头等项目有序推进,渔万港区粮食输送改造工程投入运营。新建标准化海堤9.2千米、河堤及护岸5千米,除险加固中小型病险水库37座,大垌水库主体工程基本建成。防城港天然气专供管道建成通气。市垃圾焚烧发电厂投入使用。城镇污水处理率、生活垃圾无害化处理率均突破85%。

精准施策抓脱贫。投入11.6亿元,实施脱贫攻坚"十五大"行动。强化挂钩帮扶、结对帮扶,全面完成精准识别建档立卡。出台19个脱贫配套政策,5125户、18535人农村贫困人员纳入低保范围。产业扶持5996户贫困户,产业扶贫覆盖率达71.9%。加快异地扶贫搬迁,改造农村危旧房4093户,建成通村屯硬化道路417千米、便民候车亭20个。完成农村饮水安全工程237处,解决3688名贫困人口饮水问题。实现8706人脱贫、32个贫困村摘帽。

千方百计惠民生。投入教育经费14.5亿元,加快教育攻坚。抓好132个项目建设,市理工学校、五中、六中、文昌小学、珍珠小学等一批学校基本竣工,北部湾高中开工建设,建成茅岭等4个乡镇中心幼儿园,基本实现乡镇学前教育全覆盖。推进一批农村义务教育学校增建扩容,港口区义务教育均衡发展通过国家验收。推进卫生攻坚,启动国家第四批城市公立医院综合改革试点,全市8家医院实现药品零差价。完善计划生育服务管理,落实全面二孩政策。创建国家公共文化服务体系示范区,成功举办国际海上龙舟节、东盟足球四国赛、中越沿边自行车赛、"春雨工程"走进防城港等一系列活动。启动国家社会保险标准化建设"先行城市"试点。新增城镇就业1.9万人,农村劳动力转移就业1.2万人。开工棚改项目7623套,基本建成2200套。民族团结进步模范市创建通过自治区验收。强化食品药品监管,食品安全形势稳定向好。落实安全生产监管责任,成功处置"4·16"东湾石油液化气泄漏事件。加强信访工作,成立市仲裁委员会,多元化纠纷解决机制完善。促进军民融合发展,摘取全国双拥模范城"四连冠"。推进平安防城港建设,强化边海防管控,严厉惩治各类违法犯罪。

【广西北部湾经济区深化改革】 2016年,防城港市委全面深化改革领导小组紧紧围绕经济体制、开放合作、农村和生态文明、民主法治和社会体制、文化教育和卫生体制、党的建设和纪律检查体制七个方面的改革工作扎实稳步推进。

经济体制改革领域。转变政府职能、简政放权及优化服务工作取得阶段性成果。深化行政审批"接放管服"工作,防城港市须取消的事项已全部取消,须调整的事项已调整。政务公开改革和创新扎实推进,编制网上办理事项62项,开通微信公众平台"防城港微政务"。清理规范市本级行政审批中介服务事项89项。市本级及四个县(市、区)政府部门权力清单和责任清单均向社会公布。全市乡镇"四所合一"改革全面完成。实施园区体制改革方案。深化国资国企改革。推进市港工公司参股广西钢铁集团。推进防城港市国有企业负责人薪酬分配制度改革、国有企业分类改革,完成划转市企沙盐场由市港工公司管理的工作。推进防城港市国有资本投资运营公司试点,将防城港市港工基础设施建设开发投资有限责任公司实施集团化升级改组为防城港发展控股集团有限公司。加快推进财税制度改革。营改增改革试点顺利推进。推进财政信息公开,市本级94个一级预算单位全部公开。统筹推进非税收入收缴电子化管理改革。落实资源税改革,首次在全市范围内明确地税部门、国税部门联合提供服务的准则,实现双方征税窗口"同步受理、统一定价、统一审核、共同办理",共同监控税收的异常情况。推进科技改革。落实自治区制订的广西科学技术奖励办法、企业购买科技成果交易补助办法,进行组织推荐申报科技奖励,通过网络申报进行初步评审。加快投融资体制改革。研究制订防城港市《关于进一步促进资本市场健康发展实施意见》,制订社会信用体系建设规划纲要实施方案。推进PPP项目试点,全市已有10个项目纳入PPP项目库管理，项目总投资187.89亿元。深化商事制度改革。全市工商登记机关实现在网上办理受理、审核和发照工作。建立健全规范的市场监管体系，推进政府职能转变。企业简易注销和名称登记管理改革试点顺利推进。稳妥推进公务用车制度改革。积极探索公车改革后公务用车保障机制，制订《防城港市公务用车制度改革实施方案》《防城港市应急机要通信车辆管理暂行办法》等配套制度，确保公务用车改革推进。

开放合作体制改革领域。扎实推进开放体制合作和通关便利化改革，推进通关一体化建设，实现泛珠四省区和南宁关区通关一体化改革的全覆盖。应用新型便捷通关模式进行报关报检，推进国际贸易“单一窗口”。扎实推进企业信用管理改革，落实“主动披露”试点工作有关便利政策。加快推进边民互市贸易转型升级。创新边民互市贸易模式，支持边民以互助合作组抱团经营互市贸易。开通边民互市“一指通”系统，率先在广西各互市区（点）实现海关互市贸易无纸化监管模式，建成使用互市区边检限定区域卡口管理系统，实现“三合一”通关，开发建设检验检疫互市贸易管理信息化系统。推进跨境电子商务发展。引导建设东兴北投电商创业（孵化）基地、防城港IT小镇（门户）等多个电商示范（孵化）基地。制订跨境电商从业人员培训规划，指导线下体验店建设。引导建设跨境电子商务物流园，引导申请设立海关特殊监管园和保税仓。深入推进跨境劳务试点。印发《东兴试验区境外边民入境务工试点有关证件办理暂行规定》，对用工企业、境外便民办理用工证、务工证、劳务服务经营证、出入境证所需资格、材料、办理程序进行规范，形成“三证一登记”管理，以及配套的商业保险、用工信息备案制度、证件代办和快捷审批措施，在跨境劳务试点方面取得初步经验。截至2016年11月，共批准10家试点企业，其中生产加工类企业8家、劳务中介类企业2家，总批准用工人数1020人。

农业（农村）改革领域。农村土地承包经营权确权登记颁证工作位居全区前列，全面完成2014年、2015年确权试点任务，2016年确权登记任务完成情况在全自治区设区市中排名第二。建成县（市、区）确权登记颁证管理信息系统平台，加快建设市级确权登记颁证管理信息系统平台。率先在全区挂牌成立农村产权交易中心。2016年5月率先在全区挂牌成立东兴市农村产权交易中心，建成3家“三农”金融服务中心，东兴信用社成功改制为东兴农村商业银行，筹建政策性农业金融担保公司。现代特色农业示范区建设成效凸显。全面启动自治区级和县乡两级示范区创建，引进经营主体入驻示范区企业39家，成立农民合作社48家，家庭农场8家。年内，完成申报验收自治区级示范区1个，县级示范区6个，乡级示范区6个。“美丽广西”乡村建设持续深入开展。形成农村生活垃圾“村收镇运县处理”“村收镇运片区处理”“村屯就近就地处理”等三种模式。“村屯绿化”“饮水净化”“道路硬化”等“三化”专项活动任务基本完成。深入开展“宜居乡村”示范试点工作，8个“生态宜居示范村”建设有序推进。国有林场改革和水利改革及供销合作社综合改革稳步推进。全区深化小型水利工程管理体制改革试点县（防城区）顺利通过自治区验收，改革经验和做法在全区、全市推广。全市累计成立农民用水协会达到240个。供销社“三位一体”组织架构顺利推进，已注册农民专业合作社联合社3家，建立乡镇综合服务社4家，探索开展土地托管服务。精准扶贫精准脱贫工作取得显著成效。开展脱贫攻坚特色产业培育行动，共确定19个特色产业，覆盖70.53%的贫困户。抓好扶贫小额贷款，全市获得贷款贫困户2808户，发放贷款1.32亿元。实现农村义务教育阶段家庭经济困难学生实施寄宿生生活费补助全覆盖、中职学生免学费全覆盖；将贫困人口重特大疾病全部纳入救助范围，基本实现全覆盖。提高低保标准，将城市低保保障标准从每人每月430元提高到480元、农村低保保障标准从每人每年2800元提高到3100元。加强涉农资金整合，全年共整合涉农资金5.15亿元用于基础设施、产业发展等项目建设。

民主法治和社会体制改革领域。稳妥推进司法体制改革，陪审员制度改革试点工作得到中国法学评估调研组的高度评价。抓好东兴市人民法院全区家事审判改革试点，构建与妇联、公安、司法、民政等职能部门的联动机制，实现对家事案件的综合治理。拓展和深化东兴市人民法院“中越商事纠纷特别巡回法庭”、港口区人民法院“工业巡回法庭”、防城区人民法院“那良边境巡回法庭”等改革创新举措，服务发展大局，构建多元化解纠纷机制。加强民主政治建设。公布实施《防城港市立法条例》，继续落实自治区关于改进审计查处突出问题整改情况向人大常委会报告机制。完善社区协商制度，实施社区协商“内容格式化、程序规范化、履职制度化”。落实统战工作条例，成立市委统一战线工作领导小组。推进依法行政。加快法治政府建设，审议通过《2016年全市法治政府建设工作要点》。落实行政执法公示制度，制订出台《防城港市建立行政执法公示制度和实施方案》。落实审计制度改革，突出抓好《关于完善审计制度若干重大问题的框架意见》及配套的3个文件落实。强化社会治理。强化环境综合治理，建立健全防城港市环境保护部门和司法机关环境执法联动机制。全面推进律师“点援制”、值班制，建立“涉外法援律师库”“涉外法律援助越南语翻译库”。制订防城港市关于推进行业性、专业性人民调解工作的实施意见。建立涉及旅游、交通事故、医疗纠纷、消费纠纷等领域的行业性专业性调解组织。

文化教育卫生体制改革领域。推进教育体制改革，探索学区化管理有效模式，努力解决城镇“超大班额”“择校热”问题，促进区域义务教育均衡发展。推进普通高中学生综合素质评价改革工作，成立初中毕业生综合素质评价工作领导小组。细化考试招生制度改革实施方案措施。在全市职业学校积极推行校企合作、工学结合、顶岗实习、订单教育等人才培养模式。文化体育体制改革稳步推进。创建公共文化服务体系示范区，完成文化市场综合执法改革工作，将文化市场管理审批权、执法权分离，公布文化市场管理权力清单和责任清单。推动文化部门从“办文化”向“管文化”转变。指导成立13个市级协会和体育俱乐部，建立30个社会体育指导站。探索文化市场公司化运行模式。采取政府购买和市场运作模式引进和打造群众喜闻乐见的文艺精品和演出活动。全力构建医疗卫生保障体系。获批为广西新增的第四批城市公立医院综合改革国家联系试点城市之一。组建广西医科大第一附属医院第二个跨三级的医疗联合体。开启老百姓在家门口接受优质诊疗服务的新时代，变“运送患者”为“运送专家”，减少本市的向上转诊量。筹资标准和参合率再创新高。人均筹资标准由2014年的390元提高到2016年的540元，2016年参加新农合农民61.853万人，参合率99.71%。城乡居民大病保险试点覆盖率100%，大病保险患者实际报销比例在基本医保报销的基础上提高10~15个百分点。“农村重大疾病+大病保险”新机制逐步建立。

党的建设制度改革领域。落实从严管党治党责任，制订出台《防城港市县乡党委书记抓基层党建工作述职评议考核办法（试行）》，细化考核内容、明确考核方式、完善考核制度，并创新建立“双重”联述联评联考机制、末位重述等机制，压实从严管党治党责任，切实推动基层党建工作。深化干部人事制度改革，贯彻落实《党政领导干部选拔任用工作条例》，探索研究市委管理干部选拔任用工作动议办法、实名推荐市委管理干部人选办法、市委管理干部任职考察办法3项工作制度。推进全市公安“大部门、大警种”制改革，重新设立警务指挥部、政治保卫部、治安管理部、刑事侦查部、交通巡控部、法治监管部、情报信息部、警务保障部、物证鉴定中心等“八部一中心”，基本完成结构性重组、体系性重塑。改进和完善基层党建工作制度机制，研究制订《防城港市村级工作规则》，进一步明确和规范村级党组织、自治组织和经济组织的功能定位、工作职责。印发实施《防城港市在职党员到社区报到为群众服务实施细则》，通过强化问题导向、强化责任落实、强化领导带头，推动在职党员到社区报到为群众服务取得明显成效。创新人才工作制度机制，制订完善《县域人才品牌创建工作方案》，并与清华大学联合举办“防城港市县域人才工作品牌研讨班”；制订《防城港市名师名医名家名匠培育工程实施方案》，着力打造各领域人才开展本领域学科创新性研究的发展平台和培养本学科后备人才的培训基地。推进东兴试验区“人才特区”人才引进和培养模式改革，按照中央《关于深化人才发展体制机制改革的意见》，抓紧制订防城港市实施办法。

纪律检查体制改革领域。推动落实“两个责任”向基层和乡镇延伸，通过约谈提醒等形式，督促各级各部门落实“两个责任”。准确运用监督执纪“四种形态”，出台《关于敦促违纪人员主动交代“四风”和腐败问题的通告》，通过敦促主动交代问题，实现由后一种形态向前一种形态转化。强化上级纪委对下级纪委的领导，4个县（市、区）纪委书记，市纪委派驻纪检组长、副组长和市直属企业纪委书记、副书记已全部配备到位。加强对下级纪委线索处置和案件审查工作领导，案件审查工作有新的突破。积极推进派驻机构全覆盖工作，起草防城港市关于全面落实市纪委向市一级党和国家机关派驻纪检机构的实施方案。稳步推进巡察工作全覆盖工作，成立市委巡察工作领导小组，共组织两轮巡察工作，发现违反“六大纪律”问题60个，发现涉及党员干部问题线索16条。

【北部湾经济区（防城港）2016年主要经济指标】 2016年，全年实现生产总值676.12亿元，增长9.1%（按可比价格计算，同比，下同）。按常住人口计算，人均生产总值73197元。第一产业实现增加值80.88亿元，增长4.0%；第二产业实现增加值386.26亿元，增长11.6%；第三产业实现增加值208.98亿元，增长6.6%。全年物价总水平同比上涨1.1%，涨幅与上年同期持平。全年新增城镇就业人数1.88万人。年末，城镇登记失业人数2868人，比上年减少674人。全年财政收入75.61亿元，增长7.0%。

农业。全年农作物总播种面积125.35千公顷，比上年增加2.21千公顷。全年粮食总产量20.28万吨，增长0.5%；甘蔗产量295.23万吨，增加2.06万吨，增长0.7%；油料产量0.68万吨，增长4.4%；水果产量8.22万吨，增长6.6%；蔬菜产量29.50万吨，增长4.3%。全年肉类总产量4.71万吨，下降0.7%。全年生猪出栏34.99万头，下降3.7%；出栏家禽998.62万只，增长1.8%。年末生猪存栏34.71万头，增长5.7%。全年水产品产量51.11万吨，增长4.4%。全年造林面积8567公顷，比上年减少2340公顷，下降21.5%；当年成林抚育面积16.73万公顷，增长9.7%。全年木材采伐量89.63万立方米，增长26.2%；松脂产量5.18万吨，增长2.5%；八角产量0.77万吨，增长2.7%；桂皮产量1.44万吨，增长6.8%。

工业和建筑业。全年工业总产值1522.47亿元，增长14.2%；实现工业增加值340.88亿元，增长12.2%。其中，规模以上工业产值1501.24亿元，增长14.3%；规模以上工业增加值332.81亿元，增长12.4%。年末，全市规模以上工业企业157家，其中产值超亿元企业124家，比上年减少2家。

固定资产投资。全年固定资产投资（不含农户）完成600.14亿元，增长14.1%，相较于广西高1.3个百分点、全国高6.0个百分点。

国内贸易。全年实现社会消费品零售总额111.89亿元，增长10.8%，扣除价格因素，实际增长8.9%。

对外贸易和招商引。据海关统计，全年货物进出口总额578.91亿元，增长8.5%，其中，进口总额467.12亿元，增长19.7%；出口总额111.79亿元，下降22.2%。外贸进出口规模居全区第2位。全年边境小额贸易（边民互市贸易除外）12.92亿美元，下降33.7%。据招商部门统计，全年新引进外来投资项目103个；新增招商引资到位资金（含续建项目）518.59亿元，其中，内资到位资金483.22亿元，外资到位资金5.10亿美元。

交通、邮电和旅游。全年交通运输、仓储及邮政业实现增加值52.87亿元，增长3.1%。全年公路和水路客货运周转量294.65亿吨千米，增长2.4%。全年港口货物吞吐10688万吨，下降7.1%，其中集装箱吞吐量完成26.63万标准箱，下降27.8%。年末，民用汽车（包括三轮汽车和低速货车）保有量达到10.31万辆，增长14.6%。全年完成邮电业务总量（当年价）23.32亿元，增长46.7%。年末固定及移动电话用户总数达到94.30万户。年末，国际互联网用户13.96万户。全年共接待国内外游客1585.65万人次，增长16.4%。其中，国内游客1568.79万人次，增长16.6%；海外游客16.86万人次，增长4.7%。全年旅游总收入达129.23亿元，增长28.4%。其中，国内旅游总收入125.37亿元，增长28.7%；国际旅游外汇收入5809万美元，增长9.9%。

金融和保险。年末，各类金融机构（含银行、证券、保险、融资担保、小额贷款，不含营业网点）71家，全年金融业增加值24.88亿元，增长10.5%。年末，金融机构本外币各项存款余额567.87亿元，同比增长8.5%，。全年保险公司原保险保费收入9.24亿元，增长21.4%。

防城港市北部湾经济区建设

【防城港市北部湾经济区概况】 防城港市北部湾(广西)经济区建设管理委员会办公室为防城港市人民政府派出机构,正处级单位。归口管理北部湾经济区(防城港)建设工作,设2个内设机构:综合科、项目规划科。

【产业发展专项资金投入】 2016年,防城港市获得广西北部湾经济区重大产业发展专项资金支持项目40项(其中重大产业补助7项,物流补助33项),自治区下达专项补助资金0.87亿元。其中重点园区、东兴试验区及其他基础设施项目补助资金0.73亿元、港口物流项目补助资金0.14亿元。基础设施项目建设成效显著。2016年,重点园区、东兴试验区及其他基础设施项目完成年度投资4.54亿元,专项资金补助0.73亿元。其中:企沙工业园区基础设施项目完成年度投资1.41亿元,获得专项资金补助0.17亿元,完成拨付率87%。大西南临港工业园区基础设施项目完成年度投资1.36亿元,获得专项资金补助0.15亿元,完成拨付率80%。东兴试验区基础设施项目完成年度投资1.17亿元,获得专项资金补助0.16亿元,完成拨付率100%。其他基础设施项目完成年度投资0.6亿元,获得专项资金补助0.25亿元,完成拨付率100%。专项资金扶持物流发展项目不断扩大。2016年,根据《广西北部湾经济区港口物流发展补助实施细则》调整实施,防城港市共有33个项目获得1386.45万元,占项目总数60个的55.00%,占自治区总补助资金4500万元的15.41%。补助项目涵盖外贸集装箱航线补助、海铁集装箱联运业务、生产性企业物流成本补助等三大方面。设立产业基础设施投资引导基金筹备工作有序开展。2015年,在防城港市主要领导的关注和支持下,组建基金设立筹备工作小组、拟定《基金设立方案》、基金名义出资人筛选报审、基金投向项目策划收集、项目还款资金来源测算等筹备工作有序开展。根据《关于印发广西政府投资引导基金产业类子基金操作指引》文件精神,港工公司于2016年12月23日向市政府上报《关于设立防城港边海产业发展基金的请示》,申请在引导基金的基础上设立第一支产业类子基金(防城港边海产业发展基金)。

【重点园区基础设施建设】 2016年,企沙工业园区、大西南临港工业园、高新区和冲榄工业园区基础设施建设取得新突破。

企沙工业区　2016年企沙工业区不断加大基础设施建设力度,努力打造园区一流投资环境。赤沙中路、上下游连接道路、工业南路、云约江南路等一批项目加快推进,企沙污水处理厂进场施工,企沙工业区公安分局、北港派出所投入使用,赤沙东路10千伏完善中压网络工程、220千伏电厂二期配套送出、潭油10千伏公共线路项目分别于1月、10月和12月完工验收。2016年年底,园区建成通车道路约40千米,在建道路约22千米,园区路网主框架基本形成;建成两座220千伏变电站及一批高压及中压线路网络,供电安全有保障;给排水、码头等设施正在加快建设,园区基础设施日臻完善,有力支撑园区发展。

大西南临港工业园　园区已基本形成"三横两纵"路网,三横为公车路、沙潭江大道、榕木江大道,两纵为小龙门路,玉石滩大道,"三横两纵"路网及其他配套道路已建成约30多千米。防城港供电局负责园区企业供电及配网建设,目前园区已建成220千伏、110千伏变电站各一座。广电网络、移动、联通、电信全覆盖园区。园区已通天燃气,由防城港市中燃城市燃气有限公司负责运营。园区生活用水供水及管网建设由防城港亿港自来水公司负责;工业用水供水及管网建设由防城港北投水务有限公司负责。工业用水水源为三波水库,可以满足园区需求。

高新区　现已逐步形成以云朗科技园、IT小镇门户、桃花湖新业态孵化园为主的三大特色园区,并按照各个分园的特色制订不同的管理办法,组成专门的服务团队,搭建招商渠道和招商平台。云朗科技园一期(厂房及综合业务楼)工程:作为高新区的重点项目自2016年5月全面开工建设以来,2016年10月29日首批4栋标准厂房的成功封顶,同时,研发中心、综合业务楼、职工宿舍楼及配套路网正式开工。IT小镇门户完成装修施工、硬件设备配套、内部软装设计装修等,并于2016年7月正式开馆运营。桃花湖新业态孵化园水电、网络、物业服务等设施正逐步完善。沙潭江生态科技产业园启动区(一期)。项目总投资8.68亿元,包含高新区研发中心和园区配套路网7条路网。其中高新区研发中心总建筑面积约为54997.18立方米,主要建设3栋研发中心和道路工程、给排水、电气、暖通、建筑智能化、绿化亮化工程等。

冲榄工业园　已确定规划选址企业5家,总用地6.68公顷,于11月陆续开工建设,总投资约3.2亿元,预计税收3881万元。正在洽谈意向入园企业4家,总投资约6.5亿元,总用地11.67公顷。园区重点谋划进口水果加工区、粮食加工区、木薯淀粉加工区三个项目,总投资约20亿元,总用地14公顷。

【重大产业项目配套设施完善】 企沙工业园区重大产业项目配套设施建设情况。2016年园区加大路网建设力度,其中赤沙中路、上下游连接道路、工业南路、云约江南路等一批项目加快推进,赤沙东路10千伏完善中压网络工程、220千伏电厂二期配套送出、潭油10千伏公共线路项目分别于1月、10月和12月完工验收。

大西南临港工业园区重大产业项目配套设施建设情况。园区基本形成"三横两纵"路网,其中榕木江大道西段完成800米路床调整,完成雨水管2800米,污水管1950米;小龙门路(原新兴路)南段完成竣工验收。锦和大道(1号路)北段完成路面铺设,并开放使用。锦湖路完成从一级路起440米右侧路段的清表工作,基本完成60米右侧土方工程,完成涵洞工程。兴化路完成企沙旧路起750米段水泥路面及排水工程。污水处理厂完成厂区建设、设备安装。

高新区重大产业项目配套设施建设情况。路网建设。高新区范围已建成的主干道有北部湾大道、沙企一级路,正在建设的主干道有文昌大道东延长线及玉石滩大道。其中,文昌大道东延长线道路总长5666米,红线宽55米,总投资54963万元,道路工程路基贯通3.8千米,占总长度5.67千米的68%。玉石滩大道道路总长3180米,红线宽70米,建设总投资44886万元,道路工程路基贯通3千米,占总量3.18千米的

94.3%。水网建设。完成园区重点建设云朗科技园一期的供水水网,主供水管道沿北部湾大道铺设。完成云朗科技园一期供水水网。污水处理厂。园区依托防城港市污水处理厂进行污水处理,未来拟计划建设一座日处理能力为6万立方米/天的污水处理厂,建设地点为皇城坳大街以北沙潭江以西,占地面积为3公顷,总投资约为9000万元。

【千百亿产业园区建设】

企沙工业园　2016年,园区各项经济指标快速增长。全年实现工业总产值222.33亿元,首次突破200亿元大关,同比增长25.25%;工业增加值48.61亿元,同比增长23.55%;固定资产投资171.61亿元,创企沙工业区建立以来最高值,同比增长28.65%。防城港钢铁基地项目。基地主场区配套的5万吨码头建成投入使用,20万吨码头水工完工,卸船机安装到位;主厂区吹填、平整、道路、排水、护厂河、地质勘探等基础工作基本完成;江山休养中心、指挥部大楼、厂区办公生活等设施已投入使用。2016年,自治区党委、政府经与国家有关部委及武钢集团沟通协调,决定由广西主导并加快防城港钢铁基地建设。红沙核电项目。红沙核电项目1#机组、2#机组分别于1月1日、10月1日正式商运;二期工程3#机组建设和相关设备采购工作按工期有序推进,进展顺利;4#机组于12月23日开工建设。金川项目。广西金川公司紧紧围绕"全面生产经营、止滑减亏增盈"总思路,稳生产、争效益,2016年全年各系统保持高负荷、高作业率,连续稳定生产。广西金川公司2016年累计生产阴极铜40.2万吨,副产硫酸161.77万吨,实现工业总产值约171亿元。中电防城港电厂。中电二期3#机组、4#机组分别于11月22日、12月30日实现商业运行,二期扩建工程全面投产。

大西南临港工业园千百亿产业园区　2016年大西南临港工业园投产企业62家,其中规上企业51家。规模以上工业总产值全年完成816.89亿元,比上年增长11.81%。工业增加值全年完成187.88亿元,比上年增长17.51%。税收全年完成4.19亿元,比上年增长10.26%。固定资产投资全年完成49.87亿元,比上年增长3.08%,其中产业项目投资完成42.67亿元。"十三五"期间,大西南园区将进一步加快产业升级换代,重点引进和发展机械制造、电器器械、电子仪表、不锈钢产品、新型材料、粮油食品等产业,进一步完善基础设施,加强园区环境保护,提高服务企业水平,为园区企业创造一个良好的发展环境,力争"十三五"期末园区工业总产值达到1000亿元以上,将大西南临港工业园建成西南地区最具活力和影响力的园区之一。

【沿边开发开放】　2016年,防城港市按照自治区的部署和要求,加强领导,细化方案,明确责任,狠抓落实,东兴重点开发开放试验区、东兴跨境合作区、沿边金融改革试验区、构建开放型经济新体制试点等工作取得多项创新成果,沿边开放合作进一步深化。

东兴重点开发开放试验区改革创新取得新突破。东兴跨境合作区开发建设取得突破性进展,顶层设计已经确定,跨境合作区"1"+"7"核心区和配套区84平方千米产业分工和功能布局规划、10平方千米核心区三个片区开发时序和功能布局规划以及第一片区城市修建性详细规划都已明确;完成"一区两园"(金融商贸区、香港纺织服装产业园、深圳电子科技产业园)的布局;重点项目进展顺利,12月25日,北仑河二桥(中方侧)通过交工验收;11月28日,国门楼主楼实现主体封顶,国门楼两座辅楼(商贸旅游服务中心、国际商品展示交易中心)、东兴口岸二桥综合服务区查验场、楠木山大道等即将开工建设;标准厂房、罗浮西路等一批重点项目加快建设;友好大道、沿河大道、跨越大道等道路基本贯通,起步区环形路网即将建成。越南方面也正加快推进越方园区建设,其园区规划已完成,主要道路加快延伸,口岸联检大楼即将开工建设。

深化沿边金融综合改革。个人跨境贸易人民币结算试点逐步提高,1—11月结算量为124.95亿元,比上年增长11.96%;个人本外币兑换特许业务试点成为东兴特色,截至11月底,4家个人本外币兑换特许机构开办人民币与越南盾项下特许兑换业务,共办理兑换业务10707笔,金额累计2.43亿元人民币,其中越南盾兑换业务9753笔,合计2.35亿元人民币;区域银行间交易平台取得新进展,中国东盟货币业务中心1—10月累积交易93.04亿(边贸结算量),中国(东兴试验区)东盟货币服务平台截至11月底共实现越南盾交易42788笔,金额645.99亿元。开阔思路,解决融资难题,积极向上争取资金支持,2016年争取到上级资金3.19亿元。探索创新PPP模式,开展社会融资,与大型央企、外企和民企开展战略合作,与中冶十七局集团、中青旅、中国中铁、香港利嘉集团等大型央企、民企签订投资额近100亿元的战略合作协议并已开展实质性投资合作。跨境劳务试点稳步推进。东兴试验区已批准13家试点企业,其中生产加工类企业10家、劳务中介类企业3家,总批准用工人数1170人。跨境劳务试点的开展,促进试验区境外劳动红利的释放,推动中越互利共赢,密切中越跨境劳务合作交流,为边境地区管控"三非"现象提供新的有效办法,已取得良好的经济社会效益,初步形成跨境劳务"东兴试验区模式"。

推进兴边富民经济建设,确保稳边安边兴边。推动贸易转型升级,对以边境小额贸易方式进口资源类产品、出口国内商品的企业实行财政补贴扶持;大力发展生产型贸易,改变通道式发展模式,研究设立边贸进口资源加工区和出口商品加工区,拓展边贸市场,扩大边境贸易量;充分利用开放的优势和特殊的优惠政策,引导打造一批具有带动作用的边贸龙头企业,东兴市出口超千万美元以上的外贸企业11家,比上年同期多4家。大力扶持跨境电子商务,创建国家级农村电商示范县,争取亚洲开发银行低息贷款1500万元;完成电商示范(孵化)基地二家,完成防城港IT小镇门户·南国优品特产等6家线下体验店,防城港·阿里巴巴进口货源平台正式上线。扶持特色优势产业发展。确定甘蔗种植、金花茶种植、养殖、中草药种植等19个特色产业,全市累计投入资金25486万元,发展"双高"生产基地3333.33公顷,甘蔗种植面积3.8万公顷,产量240万吨,肉牛存栏4.32万头,肉鸡存栏189万多羽;坚果种植总面积达1866.67公顷,火龙果、百香果、柑果等特优水果433.33公顷,中草药种植面积达840公顷,香糯种植面积800公顷,海水养殖面积达419.8公顷。同时,投入资金11446万元,向贫困农户免费发放金桑苗80万株、中草药苗50万株、花茶苗15万株、柑橘苗3.6万株、种子0.5吨、肥料农药51吨、疫苗0.3吨。确保防城港市革命老区、少数民族地区贫困人口增收脱贫有保障。支持企业参与"一带一路”沿线国家开发建设。指导帮助企业申报《西部地区鼓励类产业目录》,广西金川有色金属有限公司、广西盛鑫物流有限公司、广西晟宇通物流有限公司、防城港市汇金小额贷款有限公司、防城港胜港码头有限公司、东兴管道天然气有限公司等六家获准享受《西部地区鼓励类产业目录》有关优惠政策。支持企业走出去,帮助广西海世通食品股份有限公司到文莱进行渔业综合开发项目,完成第一批70万尾金鲳鱼苗及160尾亲鱼的进口、养殖;12口周长80米深海网箱的进口、安装;与文莱共建中文渔业发展研究中心的协议签订。为防城港市其他企业到“一带一路”沿线国家开发项目作出标杆榜样。发展特色文体事业。国家公共文化服务体系示范区创建工作扎实推进,市委、市政府先后印发《防城港市创建国家公共文化服务体系示范区创建规划》等5份文件部署实施创建工作,下达创建专项资金1298.9万元,争取自治区专项资金1200万元,推进实施33个创建项目和工作事项取得初步成效。同时,广泛开展文艺下乡、电影下乡等公益性文化活动,倡导推广“广场体育、街头体育、家庭体育”等全民健身活动;全面运营开放东兴市体育场,市体育馆、游泳馆主体工程基本完工;成功举办第二届中国—东盟国际青少年足球邀请赛等赛事,国门演绎剧场正式上演大型壮族魔幻杂技剧《百鸟衣》。

完善对外开放区域布局,提高边境开放合作发展。开放合作平台建设取得新进展,中越双方合力加快北仑河二桥、中国峒中—越南横模大桥项目建设,开通中越跨境自驾游、防城港—下龙湾海上航线,江山半岛景区与越南芒街茶古景区缔结为友好景区。依托中国农业银行中国(东兴试验区)东盟货币业务中心、东兴试验区东盟货币服务平台、中国平安财产保险中国东盟(东兴试验区)跨境保险服务中心等平台功能,发展与越南等东盟国家的金融合作,促进经济发展。不断建设和强化景观树、进境水果以及进口冰鲜水产品指定口岸功能,加快推进申报进口粮食、进口食用水生动物指定口岸的建设。提升口岸开放功能。推动港口水域扩大开放和口岸升格,防城港市各港口口岸扩大开放、东兴口岸二桥通道扩大开放和东兴边境经济合作区及峒中(里火)口岸升格已进入国家层面审理程序。《防城边境经济合作区规划研究(中期)》通过专家组评审。拓展口岸服务功能。研究探索在东兴试验区区域设立肉类无害化处理区,加快推动进境粮食指定口岸和进境种苗(景观树)业务的开展,拓展口岸经济产业链延伸。改革关检模式提升通关效率。区域通关一体化推进顺利,实施“区区联动”通关模式,实现“3+2”通关一体化区域之间舱单、放行信息、处置信息等互联互通,为进出口企业营造更加公平公正、高效便捷的外贸营商环境。国际贸易“单一窗口”建设卓有成效,与其他口岸部门在人员查验、口岸管控、信息共享等方面协调配合,稳步推进“单一窗口”一期项目的推广应用。通过整合,船舶申报项目由向原来海关、海事等联检单位分别报送共计194项数据整合至65项,实现一个平台、一次递交、一个标准。关检合作“三个一”取得重要成果。2016年,防城港口岸“一次申报”报关单23536票,一次申报率为98.84%;“一次查验”报关单52票,一次查验率为14.02%,企业申报录入项从原来分别申报的169项优化成92项,录入效率提高30%以上;企业办理查验等候、对货物查验时间均减少50%以上,单个标准集装箱可节省约300~400元的成本支出,口岸通关效率大幅提升。

实施沿边地区基础设施改造,提升民生安边工程水平。推进沿边农村基础设施建设。加快沿边地区交通基础设施建设。马路至垌中公路、滨海公路龙门大桥西引道、长途汽车客运站、公交站、文昌大道、农村公路改(扩)建等新(续)建建工程建设进展顺利;企沙至茅岭一级公路项目用地预审获自治区国土部门批准,工可也获自治区发改委批复,东兴至峒中公路改建项目工可及行业审查已完成;吴圩机场经上思至东兴高速公路正在开展规划环评报告编制工作;钦防高速公路改扩建工程工可已经报国家发改委审批;华石至黄竹公路、垌美至那垌公路等一批路网项目加快前期工作;防城至东兴高铁年内即将动工建设。新(改)建农村公路1400多千米,实现全市284个行政村,村村通水泥(沥青)路,在全区实现率先实现村村通水泥(沥青)路。推进兴边富民项目建设51个,其中村屯道路项目39个,饮水项目3个,小型水利项目4个,文化项目5个,项目覆盖到全市31个行政村并全部竣工投入使用。改扩建边境集镇道路18.81千米,硬化村、屯级道路187.8千米,解决东兴市、防城区将近40万人的出行难、上学难等问题,改善金花茶、石斛、红姑娘红薯、黄帝柑、兰花、水稻、玉桂、八角等特色农业种植基地生产运输道路,促进边境地区经济社会发展。鼓励边境地区群众到靠近边界地带发展,对距陆地边境0~3千米范围内行政村农村居民按照每人每月130元,每年补助12个月的标准发放生活补助。推进全民医保卫生体系建设。提高新农合筹资标准。2016年,新农合筹资标准由上年的年人均470元提高到年人均540元,财政补助水平由年人均380元提高到420元。2016年,全市农民参加新农合62.11万人,参合率99.71%,比上年增加0.07个百分点。边境0~20千米范围农民参加新型农村合作医疗个人缴费已由财政全额负担,并实行分级负担。2016年,共为参加新型农村合作医疗边民189055人缴费。提升沿边基本公共服务水平。加快推进市中医医院等项目建设。东兴市人民医院门诊综合楼于9月1日开工。进一步提升边境地区医疗卫生合作水平。深化中越边境地区艾滋病联防联控项目,筑起中越边境疾病联防联控“安全通道”;加强中越医疗合作,积极做好越南等东盟国家患者诊疗工作,完善中国东兴—越南芒街重危患者国际救助通道,共建“平安”通关,不断促进中国与越南等东盟国家间疾病防控和医疗资源共享的交流,积极开展边境疾病防控和境外人员诊疗工作,有效维护边境地区公民身体健康。加大对扶贫地区的扶贫投入力度,推进村屯道路建设。2016年,全市共投入资金3.05亿元,硬化村屯道路3条37千米;20户以上的自然屯通沙石路以上道路194条千米。完善住房保障。投入资金8718万元完成危房改造3260户,其中贫困户危改造963户。2016年,防城港市易地扶贫搬迁计划搬迁1117户、4468人,项目总投资2.88亿元,项目累计完成投资1.28亿元,完成总投资的44.4%。解决饮用水问题。投入资金1967万元解决农村贫困户安全饮用水2180人。进行农网改造。2016年,投资6400万元开展农网改造,包括64个新建、43个续建的农城网项目,项目辐射受益贫困26个贫困村、801贫困户、3427贫困人口。完善有公共服务设施:投入资金800万元完成全市287个行政村全部通宽带网络,投入资金220万元新建贫困村级服务中心5个，投入资金60万元新建贫困村体育场地10个。

推进政治安边、外交睦边、科技控边，提高边境综合管控能力。加强边境管理整治力度，严查各类边境违法犯罪活动。加强对陆地边境线进行24小时全线封控，同时各边防检查站严格对进出东兴的车辆和人员进行核查，卡住进出边境管理区的主要通道，防止人员和物品非法进出境。加强与越南芒街的警务合作，强化边境管控，严厉惩治偷越国（边）境违法犯罪活动，有效堵住涉恐人员取道防城港市进出和涉恐案件的发生。加强与境外合作力度，坚决惩治跨境犯罪活动。加强与越南芒街警方在惩治刑事犯罪、禁毒、反拐等方面进行全面合作，建立刑事犯罪情报信息交流、警务会晤、案件侦破协作、禁毒合作、惩治跨国拐卖妇女儿童等“五个”合作机制。共同惩治中越边境跨国违法犯罪活动，确保中越边境地区的社会治安稳定，2016年，防城港市向越南芒街市公安局发出协查通报44份，协助防城港市办案41起，越方协助防城港市抓获犯罪嫌疑人16人，移交16人。越南芒街市公安局向防城港市发送协查通报、公函77份，防城港市协助芒街市办案73起，防城港市协助越方抓获犯罪嫌疑人6人，解救被拐越南妇女16人，移交22人。加强科技防控力度，营造边境和谐环境。投入2000多万元，在边境一线安装500个高清探头、46个卡口、10个热成像夜视仪、30套制高点高倍率球机，全方位记录非法进出境的人员和物品，为惩治各类涉边违法犯罪活动提供有力的技术支撑；同时，自主研发边境管理系统和寄递业系统，严密边境查控和寄递物流业管控。此外，防城港市投入近1.3亿元，在边境线上建高4.5米，长13千米的国防拦，对边境沿线进行物理隔离，让企图非法进出境的人员和物品难以逾越。

推进沿边国土综合开发、防护和整治。土地开发。完成东兴镇松柏村和马路镇吊应村等5个村“旱改水”耕地质量提升改造项目，建设规模60.94公顷，通过“旱改水”提质改造工程建设，可将旱地改造为水田57.71公顷，总投资697.5万元。完成东兴市马路镇土地开垦项目建设任务。项目实施面积26.35公顷，新增耕地25公顷，总投资165万元。土地防护。以保护和利用耕地资源为目标，积极探索耕作层表土剥离利用工作，创新方法，把东兴市口岸二桥综合服务区一期工程建设占用耕地耕作层土壤剥离利用与东兴镇松柏村“旱改水”项目建设相结合，并入“旱改水”项目的土地平整工程建设内容，整合项目规划设计与预算，完成耕作层土壤剥离利用5公顷，工程投资107.91万元。土地整治。积极引导“小块并大块”耕地整治资金申报，并简化申报程序，鼓励和支持企业开展“小块并大块”耕地整治。完成江平镇潭吉村江源疏菜种植基地二期“小块并大块”耕地整治以奖代补项目验收工作。

【同城化建设】 2016年，防城港市在自治区北部湾办的统筹推动和自治区各有关部门的具体指导下，积极作为、通力配合，在进一步推进和完善通信、交通、金融、旅游等领域同城化工作的同时，加快推进户籍、口岸通关、人力资源和社会保障、教育资源、城镇体系以及产业一体化等领域的同城化工作。

推进北部湾经济区通信同城化。移动电话自2013年7月1日起，本地网固定电话自2013年10月1日起，实现经济区四市统一的资费和服务标准，取消经济区四市移动电话间的通话漫游费和长途费。

推进北部湾经济区交通同城化。形成“一小时”交通网络。南防高铁开通运营，防城港市至省会及周边城市“一小时交通网络”基本形成。防城港北至广州动车旅客列车，为北部湾实现交通同城化提供新通道。交通“一卡通”推进顺利。6月，完成《防城港市交通一卡通工作实施方案》，签订《防城港市交通一卡通项目合作框架协议》，于年底完成防城港市辖区范围内公交、出租车交通一卡通与自治区平台无缝衔接任务，实现广西北部湾经济区（南宁、北海、防城港、钦州）四市的交通一卡通互联互通。

推进北部湾经济区金融服务同城化。加快防城港市公共信用信息系统平台建设，构建沿边六市社会信用体系同城一体化平台。截至9月末，防城港市共有40家单位确认向平台提供数据，包括37家行政机关、2家司法机关、1家公用事业单位；涉及信息事项197项，可提供查询数据近120万条，其中：法人信用信息收录16.7万条，自然人信用信息收录95.3万条。

推进北部湾经济区旅游同城化。合力打造旅游形象品牌。配合完成旅游“三个一工程”（一个旅游联盟、一个旅游标识、一个主题形象口号），以及旅游同城化“六个一工程”（一部经济区旅游规划、一部旅游形象宣传片、一套旅游优惠套票、一张旅游示意图、一本导游词、一个旅游网站）。参与构建旅游合作联盟。加快与周边城市的旅游合作，夯实旅游同城化基础。2016年1月29日，自治区旅发委、越南广宁省旅游厅在防城港市召开“2016中国广西—越南广宁边境旅游合作会议”，并签订《2016中国广西—越南广宁边境旅游合作协议》。2016年10月，广东省的湛江市、阳江市、茂名市，海南省的海口市、儋州市和区内的北海市、钦州市、防城港市等9个成员城市旅游局（委）互签《北部湾城市旅游合作框架协议》，协议一致同意联合打造旅游品牌形象、联合开发旅游线路、发行北部湾景点套票、加强旅游信息共享、构建开放旅游市场和建立旅游联盟会议制度。开展旅游宣传推介。7月，由南宁、北海、防城港、钦州、崇左、玉林六市组成的北部湾（广西）旅游联盟，组织联盟各市旅游部门、旅游企业，赴湖南、江西、浙江三省主要旅游客源城市开展为期六天的旅游宣传促销活动。同时于12月在钦州市举办两广各市区域旅游合作工作会议，促进北部湾经济区旅游同城化的发展。

推进北部湾经济区口岸通关一体化。防城海关、东兴海关根据南宁海关统一部署，推进“关区通关一体化”改革。“物流平台”正式上线，运行平稳。实现安全智能锁（电子关封/电子关锁）、卡口前端设备、智能卡口管理系统、卫星定位装置等物联网设备、射频识别设备应用，对境内承运海关监管货物的运输工具实行跨关别途中全程电子化监管，实现跨关别流转货物电子施封、途中运转实时监控、电子解封管理。

创新户籍管理，户籍同城化工作有序推进。推进跨地市户口网上迁移及二代证换领，自2014年5月25日起，南宁、北海、防城港和钦州户政部门同步开展跨地市户口网上迁移及受理二代证工作。截至2016年11月10日，全市共受理跨市户口网上迁移办件4549件，跨市受理补领、换领二代身份证1544张。完善居住证制度。经济区外来人口在经济区连续居住时间可以跨市累积，达到规定条件的，可在居住地申领居住证。驾驶证、车辆年审等业务异地办理均已实现。

农村产权制度改革扎实推进。在学习借鉴玉林市和百色市田阳县当地农村产权交易平台建设经验的基础上，全市农村产权交易中心建设工作由东兴市先行试点探索经验，并制订《东兴市农村产权交易平台建设实施立案》并进入工商登记阶段，为进一步全市推动林权合法流转提供有利条件。

推进北部湾经济区人力资源和社会保障同城化。推进全民医疗保障体系建设，提高基本医疗保障水平。推进东兴实验区医保城乡统筹试点工作，修订完善《广西东兴国家重点开发开放试验区城乡居民基本医疗保险暂行办法》，全民医疗保险制度体系逐步健全。推进新农合大病保险工作，从2016年10月起，城乡居民大病保险“一站式”即时结报服务在全市二级以上定点医疗机构，新农合城乡居民大病保险实现“一站式”即时结报。全市“一卡通”信息系统安装完成。全市乡镇以上的定点医疗机构均实现就医即时结报。推进城乡医保“三合一”工作。2016年8月31日，正式印发《防城港市整合城乡居民基本医疗保险制度工作方案》，在全市范围内推进整合城镇居民医保和新农合制度工作，实现覆盖范围、筹资政策、保障待遇、医保目录、定点管理、基金管理的有机统一，建立由人力资源社会保障部门统一管理的统筹城乡、公平可及、管理规范、便民高效的城乡居民医保制度。2016年，全面完成市、县(市、区)以及乡(镇)城镇居民医保和新农合制度的整合工作，实现防城港市与经济区内城乡居民医保一体化、跨市就诊即时刷卡结算、医保关系顺畅转移和有效连接。推行综合管理便利化，加快实现计生服务、信息服务同城。防城港市按照自治区的统一部署和要求，抓好改革生育服务证制度工作落实。规范办证程序，实行一孩生育登记，简化再生育办理，推行承诺办法，统一生育证件管理。落实便民措施，加强窗口建设。开展网上办理。实行代理服务。探索实行婚育证明责任倒置制度。改进服务管理。强化信息采集。推进信息化建设。推进优质服务。实现卫生计生服务项目、流程和相关信息记录“一证式”管理，为群众享受卫生计生服务提供便利。推动实现公共就业服务一体化。在全区率先实现公共就业服务信息网络互联互通、资源共享。全市30个乡镇(街道)开通“广西公共就业服务信息”网络平台，率先在全区实现自治区、市、县(市、区)、街道(乡镇)、社区(村)五级联网，各基层公共就业服务信息网络平台实现网上办理求职登记、职业介绍、就业失业登记等业务，同时，依托全区统一信息系统，进一步拓展公共就业服务信息网络平台互联网服务功能，实现与“广西市场与就业网”联网，支持防城港市招聘信息在全区共享发布，全市4个县(市、区)、30个乡镇(街道)、10个社区基层公共就业服务平台可以通过广西公共就业服务信息平台自主发布招工用工信息，城乡劳动力通过就业服务平台可以不受时间、地点限制，自由地在全市基层就业服务网络平台上获取就业招聘信息。

推进北部湾经济区教育资源一体化。科学谋划，做好与广西北部湾经济区教育同城化接轨的准备。根据自治区教育厅有关文件的要求，2016年防城港市参与自治区教育厅《2017年北部湾经济区四市同城中考统一考试学科说明》征求意见建议及修订工作。防城港市根据教育厅《关于印发〈广西北部湾经济区四市同城中考统一考试工作方案〉的通知》要求研究制订《防城港市初中毕业升学考试与高中阶段招生改革的指导意见》。抓工作落实促进教育发展，改善办学条件，提高教学质量，为确保实施北部湾教育同城化做准备。开展改薄工作，推进义务教育均衡发展。重新开始农村义务教育学校布局规划，规划和建设农村学校。切实保障农业转移人口及其他常住人口随迁子女平等接受义务教育的权力。全市四个县(市、区)、市直义务教育学校均按要求制订相关工作方案，全市小学招生就近入学、小学升入初中免试就近入学各项工作推进有序、顺利。加紧研究制订《防城港市推进扩大教育交流改革工作方案》，探索建立北部湾四市教育研训合作机制。11月，市人民政府审定下发实施《防城港市推进扩大教育交流改革工作方案》。防城港市探索建立与四市共同开展中小学骨干教师、农村教师培训机制，引进民校名校教师，共同打造区域内学科名师队伍。整体提升北部湾经济区四市教育信息化水平。年内，全市接入宽带互联网的中小学校332所(不含教学点)，占学校总数的94.5%，配置多媒体教学设备1450套，普通教室远程多媒体设备的班级达41.02%，计算机教室94间，普及信息教育的中小学校达到28.3%，教师备课计算机3754台，师机比达到2.06 ∶ 1，拥有教学计算机8621台，计算机生机比达到14.85 ∶ 1。市直和东兴市以及港口区的中小学校已全部接入宽带网络，普通班级全部配置多媒体教学设备，基本实现宽带网络校校通，优质资源班班通。年底，防城区和上思县尚有18所边远的农村完全小学没有接入宽带网络。全市所有教学点都实施国家数字教育资源全覆盖项目建设，实现教学点数字教育资源全覆盖。

推进北部湾经济区城镇群规划及产业一体化，配合自治区工信委做好《广西北部湾经济区工业重点产业发展指导目录》等工作。

海湾新区建设

【海湾新区概况】 2016年，防城港市围绕“聚焦海湾新区，带动全域防城港”的发展理念进行建设和改造，建成区面积达55.49平方千米。城镇化率达55.1%，城镇化质量列自治区首位。中心区南半部基本成型，港口与防城两区实现连片发展。

【海湾新区规划编制】 2016年，防城港市推进海湾新区规划和城市设计，开展海湾新区策划运营研究和概念规划编制工作，制订《海湾新区城市设计导则》，开展城市色彩和风貌控制研究，不断优化城市空间布局，引领城市建设。

【海湾新区基础设施建设】 2016年，防城港市按照“海湾城市”的理念进行建设和改造，围绕“聚焦海湾新区，带动全域防城港”发展的理念，大力推进城市基础设施建设。重点推进防城港北站周边地区、中心地区基础设施项目建设，全力做好中心区40千米路网、高铁站广场、东湾大桥、西湾大桥、12千米海湾绿道、企茅大道、防东铁路、环岛东路、园博园、防江一级路等项目规划技术各项工作。完成高铁站广场周边地带300万立方米土地平整，新建2600米景观围墙，新增高铁站停车位400个、绿化面积40000平方米，进一步完善海湾新区基础设施。

广西东兴国家重点开发

4月27日，广西壮族自治区党委书记彭清华（左）在越南河内会见越共中央总书记阮富仲（右）

2013年以来，广西东兴国家重点开发开放试验区（以下简称东兴试验区）工管委在自治区党委政府和市委政府的正确领导下，在自治区发改委、商务厅和北部湾办等部门的大力支持下，深入贯彻落实党的十八大、十九大、十九届一中全会和习近平总书记系列重要讲话精神，认真落实汪洋副总理、彭清华书记和陈武主席等中央、自治区领导的系列重要指示及国发〔2015〕72号文要求，全力聚焦中国东兴—越南芒街跨境经济合作区中方园区（以下简称东兴跨境合作区），紧紧围绕打造全国沿边经济发展新增长极和改革创新排头兵目标，积极实施“一二三四”新工作思路，始终秉持“敢闯敢创、善做善成”精神，不断加快推进东兴试验区和跨境合作区开发建设，大力探索沿边改革创新，各项工作取得了显著成绩。

——主要经济指标均衡高速增长。至2016年，东兴试验区实现地区生产总值676.12亿元，增长9.1%，增速全区第一。东兴试验区实现地区生产总值381.49亿元，增长7.3%；1—10月实现工业总产值1125.40亿元，增长22.5%；1—10月财政收入58.13亿元，增长6.7%；1—10月固定资产投资完成440.16亿元，增长10.9%；1—10月新签项目88个，外资到位资金3.87亿美元，内资到位资金397.92亿元；1—10月外贸进出口总额76.98亿美元，增长54.6%；城镇居民人均可支配收入28980元，增长7.7%；农村居民人均可支配收入10881元，增长10%。各项主要经济指标增速有的高于全区同期平均水平，有的高于全市同期平均水平，充分发挥了试验区引领带动作用。

——跨境合作区建设取得突破性进展。至2017年，东兴跨境合作区重点推进30个项目建设，总投资约56亿元，年度计划投资约7亿元，截至2017年7月底完成投资6.15亿元。公共配套服务设施加快推进。北仑河二桥于12月25日全面建成；国门楼主楼11月28日实现主体封顶，树立起南疆“第一门”新形象；标准厂房、楠木山大道、

9月13日，广西壮族自治区政府主席陈武（前中）考察第十三届中国－东盟博览会东兴试验区特装展位

10月26日，广西壮族自治区政协主席陈际瓦（前左三）到跨境合作区考察指导工作

10月24日，广西壮族自治区政府席张晓钦（左三）到跨境合作区考察指

开放试验区

罗浮西路等一批重点项目正加快建设；友好大道、沿河大道、跨越大道等环形路网初步建成。

——招商引资成效显著。充分发挥东兴试验区、跨境合作区独特的大通道、大市场、大资源、大贸易、大加工优势以及政策优势、平台优势、区位优势，抓住东部地区产业转移、雄安新区规划建设等机遇，重点围绕“一区三园”千亿元产业，通过“走出去、请进来”，开展精准招商。2016 年在中国—东盟博览会上成功举办中越跨境经济合作区论坛，邀请中越双方国家部委、省市领导、知名专家、国内外商界企业界等一批代表、媒体参加，极大的提升试验区和东兴跨境经济合作区的知名度和影响力。两年总共 91 个签约项目，总投资达 1197.69 亿元，涉及新能源汽车、旅游文化、电子机械、金融商贸、现代物流等。

——先行先试效应持续扩大。敢闯敢试，善做善成，推动东兴试验区建设不断取得“广西领先、全国瞩目”的可喜成果。四年来，在先行先试改革创新方面，创造全国第一个人民币与越南盾兑换特许业务试点等五个“全国第一”，以及商事制度改革、金融改革等十五个“广西第一”；在开放合作方面，推进跨境劳务试点、东盟货币服务平台、互市贸易边民互助合作社、跨境汽车自驾游、游客互市免税购物、关检深化改革等；在体制机制方面，不断加快与防城港市、东兴市体制机制方面的整合，推动跨境合作区指挥部与东兴市“区市合一”工作机制，积极打造试验区、跨境合作区项目联合审批机制，晒出项目审批流程、责任清单等。

——对外开放合作亮点纷呈。形成国家层面、省级层面、广西东兴试验区管委会和广宁省口岸经济区管委会、东兴市和芒街市等四个层面的中越沟通工作机制；加快推动了中越北仑河二桥口岸批复、跨境经济合作区共同总体方案批复进程；成功举办首届中越跨境经济合作区论坛。

2 月 23 日，越南广宁省委书记阮文读（右四）到访，现场了解跨境经济合作区发展规划和开发建设情况

1 月 6 日，防城港市四家班子领导集体到跨境经济合作区调研

6 月 7 日，常务副主任管理年（中）到国门楼施工现场与施工单位负责人详细了解情况，协调解决施工过程中出现的问题

1 月 19 日，常务副主任管理年（右四）考察利嘉集团投资建设的福建自贸区保税交易中心

5 月 31 日，防城港市委书记、东兴试验区工委书记金湘军（前中）宣布国门大楼项目开工

广西东兴国家重点开发

11 月 29 日，东兴试验区管委会代表团在越南广宁省开展招商推介活动

12 月 22 日，东兴试验区管委会邀请有关专家就东兴试验区产业选择进行座谈

3 月 10 日，跨境经济合作区建设指挥部征地拆迁百日攻坚大会召开，指挥长管理年作动员讲话

9 月 12 日，东兴试验区管委会与中青旅控股有限公司签订战略合作协议

1 月 31 日，东兴试验区管委会与中国十七冶集团成功签约，签约金额 18 亿元

9 月 12 日，东兴试验区管委会与中央民族大学签订战略合作协议

3 月 23 日，全国政协委员、广西政协委员和防城港市政协常委就跨境经济合作区开发建设与东兴试验区管委会座谈

10 月 12 日，东兴试验区管委会与利嘉实业（香港）控股有限公司、闽商资产管理有限公司共同签订项目协议

5 月 5 日至 6 日，东兴试验区管委会与越南广宁省工作代表团举行中国东兴—越南芒街跨境经济合作区工作交流会议。双方在加快中越北仑河二桥建设、北仑河二桥口岸全功能定位、开展跨境劳务合作、举办中越跨境经济合作论坛等四个方面达成合作共识

开放试验区

东兴口岸二桥综合服务区国门大楼

中越北仑河第二公路大桥

国际商品展示交易中心

东兴国际金融城

创投大厦

中国东兴—越南芒街跨境经济合作区(中方园区)核心区效果图

标准厂房

中国东盟特色商业街

12 月 9 日,中越北仑河二桥航拍图

8 月 5 日,跨越大道航拍图

政治

中共防城港市委员会

【机构及工作概况】 2016年，中共防城港市委员会为第六届市委设书记1名，副书记2名，常委14名，2016年有工作部门10个，直属事业单位2个，书记金湘军，副书记何朝建、班忠柏。年内，市委先后学习传达贯彻中共十八届六中全会，全国、自治区“两会”精神，自治区第十一次党代会精神，习近平等党和国家领导人重要会议、讲话、指示精神。部署农村工作、脱贫攻坚精准帮扶、重大项目建设、海湾新区建设、“两学一做”学习教育、创新驱动发展工作、双拥工作、党的建设、廉政工作、宗教工作等工作，全力改革发展各项工作，加快建设广西“两个建成”先行区。

【重要会议】

中国共产党防城港市第五届委员会第八次全体会议　2016年5月9日在防城港市人民大会堂召开。出席全会的市委委员25名，市委候补委员4名。市纪律检查委员会委员列席会议。全会由市委常委会主持。市委书记金湘军作重要讲话。全会审议通过《中国共产党防城港市第五届委员会第八次全体会议关于召开中国共产党防城港市第六次代表大会的决议》，决定2016年8月在防城港召开中国共产党防城港市第六次代表大会。全会表决通过县（市、区）党政正职拟任人选。全会号召，全市各级党组织和全体共产党员一定要深入贯彻落实全会精神，团结带领全市各族人民，齐心协力，鼓足干劲，开拓创新，努力做好各方面的工作，着力打造广西“两个建成”先行区，以优异成绩迎接中国共产党防城港市第六次代表大会的胜利召开。

中国共产党防城港市第六次代表大会　2016年8月29日—30日，在防城港市人民大会堂举行。大会应到代表329人，因事因病请假10人，实到代表319人。以自治区党委组织部副部长韦家宾为组长的自治区督导组到会指导，市离退休部分厅级老干部，市人大常委会、市政府、市政协有关领导，东兴试验区工委管委有关领导和各民主党派负责人应邀参加大会。大会的主题是：高举中国特色社会主义伟大旗帜，以邓小平理论、“三个代表”重要思想、科学发展观为指导，深入学习贯彻习近平总书记系列重要讲话精神，团结动员全市共产党员和各族人民，改革创新，开放发展，为实现广西“两个建成”先行区宏伟目标而努力奋斗。大会由何朝建主持。金湘军代表中共防城港市第五届委员会向大会作题为《改革创新　开放发展　为实现广西“两个建成”先行区宏伟目标而努力奋斗》的报告，袁煌代表中国共产党防城港市第五届纪律检查委员会向大会作书面工作报告。

中国共产党防城港市第六届委员会第一次全体会议　2016年8月31日在防城港市人民大会堂举行。出席会议的有市委委员36人，候补委员8人。市纪律检查委员会委员列席会议。金湘军主持会议并作讲话。全会选举产生中国共产党防城港市第六届委员会书记、副书记、常务委员。全会批准中国共产党防城港市第六届纪律检查委员会第一次全体会议选举产生的中国共产党防城港市第六届纪律检查委员会书记、副书记、常务委员。

中国共产党防城港市第六届委员会第二次全体会议　2016年9月20日在防城港市人民大会堂召开。出席全会的市委委员34名，市委候补委员5名。市纪委委员列席会议。全会由市委常委会主持。市委书记金湘军作重要讲话。全会酝酿防城港市出席自治区第十一次党代会代表候选人预备人选，审议通过市党代表会议有关事项和《中国共产党防城港市第六届委员会第二次全体会议关于召开中国共产党防城港市代表会议的决议》，推荐自治区“两委”委员候选人。全会号召，全市各级党组织和广大共产党员，必须严格按照市委的决策部署，以奋发有为的精神、一抓到底的行动，奋力实现全年改革发展稳定各项目标任务，以更加优异的成绩，迎接自治区第十一次党代会的胜利召开。

【重要决策和工作部署】

部署脱贫攻坚精准帮扶工作　2月28日，市委召开全市脱贫攻坚精准帮扶工作会议，强调要把思想和行动统一到中央和自治区的决策部署上来，把脱贫攻坚精准帮扶工作作为防城港市新形势下的全局性、战略性工作，牢记习近平总书记的殷切嘱托，按照彭清华书记的讲话要求，切实把精准帮扶工作的责任扛在肩上、抓在手上，要聚焦关键、精准发力，全力抓好脱贫攻坚精准帮扶重点工程，要创新精准帮扶工作机制，抓好精准帮扶重点环节，整合各方力量形成帮扶合力，举全市之力坚决打赢“十三五”脱贫攻坚战。

部署农村工作　3月4日，市委召开全市农村工作会议，贯彻落实中央1号文件和中央、全区农村工作会议精神，总结“十二五”时期防城港市农业农村工作，分析当前农业农村发展形势，研究部署“十三五”时期和2016年全市农业农村工作。会议要求，要深入贯彻落实“创新、协调、绿色、开放、共享”五大发展理念，提升农业科技对农业发展的贡献率；着力构建现代城市与现代农村和谐相融的新型城乡形态;大力发展生态农业、生态旅游业,做好生态经济文章;充分发挥区位优势和政策优势,吸引外来资金、技术、人才支持防城港市农业发展;千方百计提高农民收入,坚决打赢脱贫攻坚战,提升农村公共服务质量,缩小城乡差距,推动防城港市"十三五"农村经济又好又快发展。

部署党的建设工作　3月31日,市委召开党的建设工作领导小组扩大会议,强调开展"学党章党规、学系列讲话,做合格党员"学习教育,是深化党内教育、严格党内生活的又一重要实践,是推动学习教育从"关键少数"向全体党员拓展、从集中性教育向经常性教育延伸的重要举措,也是防城港市今年党建工作的一项重要内容。各级党委(党组)要切实担负起责任,主动认领任务,扎实开展好"两学一做"学习教育,培养锻造有铁一般信仰、铁一般信念、铁一般纪律、铁一般担当的"四铁"党员干部队伍。要全力抓好市县乡集中换届工作,选优配强建设广西"两个建成"先行区的骨干力量,重点在严纪律、正风气,选干部、配班子,扩民主、选代表,精筹备、开好会,抓试点、作示范等几个方面下功夫抓落实。要深入实施"先锋先行"工程,推动基层党建全面提升、全面进步。坚持书记抓、抓书记,做好"一村一镇"示范工程;结合实际,发挥"边山海"优势,突出重点,做到显特色、出亮点;各级各部门要各司其职、各负其责形成合力,打好整体仗、协同仗。要持续深化东兴试验区人才特区建设,全面激发人才创新创业活力。要在政策机制上先行一步,认真梳理防城港市人才工作的滞后点、政策空白点、机制梗阻点,加快人才工作创新,使东兴试验区人才特区成为各类优秀人才聚集的洼地;要在人才短板上跨越一步,聚焦人才总量小、高层次人才缺乏这个瓶颈,多渠道、多举措引进人才;要在创新创业上快人一步,大力优化人才发展环境,助推创新创业。要驰而不息推进党风廉政建设和反腐败工作,切实增强党员干部纪律意识、规矩意识。引导全市党员干部牢固树立、自觉践行看齐意识;持续保持反腐败的高压态势,严肃查处群众身边的不正之风,推动全面从严治党向基层延伸,大力营造风清气正的政治生态,不断开创党建工作新局面。

部署"两学一做"学习教育工作　9月29日下午,市委召开全市"两学一做"学习教育工作会议,强调要以严的要求、严的标准、严的措施、严的纪律,抓好贯彻落实,推进学习教育扎实深入开展。各级党组织要对前阶段的学习教育情况进行一次全面的"回头看",重点开展"六看":看一看是否真正准确把握学习教育的总体要求、学习内容和工作方法;看一看是否真正认真开展集中学习讨论,特别是是否真正学深学透党章党规和习近平总书记系列重要讲话;看一看是否按学习方案要求上党课,党课内容是否联系实际、突出主题、聚焦问题;看一看党员是否以学促行、知行合一、立足岗位、履职尽责、发挥先锋模范作用;看一看主体责任是否深入落实到位,在抓好自身学习教育的同时,是否真正亲自组织指导本地区本部门的学习教育开展;看一看是否正确处理好工学矛盾,把学习教育与本地本部门的改革发展稳定任务有机结合起来,做到"两不误""两促进"。要严格按照中央、自治区党委和市委关于"两学一做"学习教育的部署要求,在抓好规定动作的同时,紧密结合防城港市实际,重点抓好强化培训、学习讨论、举行知识测试、开好专题组织生活会、做好民主评议党员工作、形成一批理论成果等工作。要进一步强化责任落实,突出抓好分类指导,建立督查问责奖惩制度,抓好宣传引导,从严从实推进学习教育深入开展。要坚持统筹兼顾,自觉把学习教育与贯彻落实中央、自治区党委和市委工作部署结合起来,与完成本部门本单位职能工作结合起来,统筹兼顾、科学谋划,使学习教育每个环节、每项措施都紧扣中心工作,真正做到两手抓、两不误、双促进。当前,要进一步强化责任意识,对照全年目标任务逐一盘点,全力抓好第四季度各项工作,奋力冲刺、迎难而上,确保顺利完成全年各项目标任务。

部署廉政工作　10月27日,市委召开全市党员领导干部廉洁从政警示教育大会,强调要充分认识开展党员干部廉洁从政警示教育活动的重要性和紧迫性,把思想和行动统一到中央、自治区党委和市委的决策部署上来,自觉筑牢拒腐防变思想道德防线。务必坚定理想信念,防止精神"缺钙";坚持慎始慎微,防止因小失大;自觉接受监督,防止权力失控。要通过警示教育,举一反三,以案明纪,自觉提高廉洁自律意识,做到清正廉洁,守土尽责,做一名好党员、好干部、好领导。要坚定理想信念,增强宗旨意识,加强道德修养,做到对党忠诚。要树立规矩意识,严守纪律规矩,严格要求自己,自觉接受监督,做到廉洁自律。要严格落实全面从严治党"两个责任",加强制度建设、监督检查和作风建设,全力推动党风廉政建设和反腐败工作深入开展。要认真贯彻落实中央、自治区党委和市委关于从严治党的各项决策部署,在市委的坚强领导下,忠诚履职、敢于担当,清正廉洁、奋发有为,为实现广西"两个建成"先行区宏伟目标提供坚强纪律保证。

部署宗教工作　10月27日,市委召开全市宗教工作会议,强调要深刻认识做好宗教工作的特殊重要性,坚持中国特色社会主义宗教理论,深入研究解决防城港市宗教工作面临的新问题,为全市各项事业发展营造良好环境。要深刻认识宗教关系的复杂性,把各项工作做细、做实,把和谐宗教关系落到实处。要深刻认识宗教工作的群众性,与信教群众多接触、多交流,以理服人,以情感人,通过解决实际困难吸引人、团结人,为全面建成小康社会提供广泛的力量支持。做好宗教工作,必须坚持党的宗教工作基本方针,全面贯彻党的宗教信仰自由政策,依法管理宗教事务,坚持独立自主自办原则,积极引导宗教与社会主义社会相适应。要更加注重在"导"上下功夫,团结引导广大信教群众积极投身防城港市社会经济建设。坚持我国宗教中国化方向,引导宗教界人士和信教群众热爱祖国,拥护社会主义制度,拥护中国共产党的领导,遵守国家法律法规和方针政策。以实现中华民族伟大复兴"中国梦""两个一百年"目标和广西"两个建成"奋斗目标为引领,最大限度地把广大信教群众和不信教群众团结起来,为推进防城港市"一带四市"建设,率先实现广西"两个建成"先行区目标而努力奋斗。

部署双拥工作　11月9日,市委召开双拥工作领导小组全体会议,要深刻把握习总书记关于做好双拥工作、加强军政军民团结的重要讲话精神,提高思想认识,进一步增强做好双拥工作的责任感和使命感,凝聚起富民强军兴市的强大合力。要聚焦大局突出重点，充分发挥双拥工作的服务保障功能，着眼加快实现广西“两个建成”先行区目标，把双拥工作作为实现富国和强军相统一的政治保障，不断拓展新思路、丰富新内涵、实现新发展。在提高部队能打仗打胜仗能力、完成战备训练和执行多样化任务的同时，聚焦促进驻地长远发展、保障改善民生、推进治理体系和治理能力现代化、弘扬先进文化和良好风尚，促进防城港繁荣发展、长治久安。要着眼军民融合深度发展，充分发挥双拥工作的桥梁纽带作用，按照经济建设和国防建设相统一、经济现代化进程和国防现代化进程相同步、经济建设资源和国防建设资源相匹配的总体要求，坚持“军地融合、平战结合、优势互补、相互促进”的总体思路，推动军民深度融合，提升双拥工作效能，促进经济建设和国防建设协调发展、平衡发展、兼容发展，使地方生产力和部队战斗力同步提升。要坚持问题导向，把双拥工作做细做实做到位，加快形成党政主导、社会支持、全民参与的双拥工作新格局，为促进国防现代化建设和驻防城港部队战斗力提升，确保防城港市社会大局稳定和边疆巩固安宁，加快实现广西“两个建成”先行区目标作出新的更大贡献。

部署创新驱动发展工作 12月29日，市委召开全市经济工作会议暨创新驱动发展大会，强调要全面贯彻中共十八大和十八届三中、四中、五中、六中全会以及中央和全区经济工作会议精神，深入贯彻习近平总书记系列重要讲话精神，紧紧围绕市第六次党代会部署，统筹推进“五位一体”总体布局，协调推进“四个全面”战略布局，坚持稳中求进工作总基调，牢固树立和贯彻落实新发展理念，适应把握引领经济发展新常态，坚持以提高发展质量和效益为中心，以推进供给侧结构性改革为主线，加快构建边海开放型经济新体制，全力稳增长、促改革、调结构、惠民生、防风险，促进经济平稳健康发展、社会和谐稳定，为着力营造“三大生态”、率先实现“两个建成”打下坚实基础，以优异成绩迎接中共十九大胜利召开。要全面深化改革开放，持续深化供给侧结构性改革，全面抓好开放型经济新体制、先行先试等各项重点任务，力争多出亮点、多出经验。要坚定不移推进重大项目建设，依托重点园区、重点企业打造重大产业集群。要大力发展县域经济，因地制宜发展特色产业，切切实实把县域经济的总量做大，争当广西县域经济发展的排头兵。要加快推进产城融合，以海湾新区为重点，推动新型城镇化和现代服务业融合发展，全面提高服务业发展的规模和效益。要开展精准招商，结合防城港市区位和环境优势、产业特点、现有要素、所需项目，力争签约一批龙头企业。要统筹抓好脱贫攻坚、教育卫生、社会稳定、全面从严治党等重点工作，为全市经济社会平稳健康发展营造良好的社会生态和政治生态。要明确重点任务，强化传统产业的科技攻关，加强新兴产业的科技支撑，加快科技创新成果转化，全面加强创新供给。要培育创新主体，重点突出企业主体地位，加快建设各类科技创新平台和载体，大力推进“双创”工作，形成创新体系。要深化改革开放，推进开放式创新，加强对外科技开放合作，深化科技体制改革，完善研发投入机制，激发创新活力。要坚持人才强市，把人才工作摆在更加突出的战略地位，注重需求引领，突出实绩导向，营造良好环境，壮大创新队伍。要弘扬创新精神，进一步解放思想，广泛调动社会积极性，加强科学宣传引导，打造创新文化。要强化支撑保障，加强组织领导，加大政策扶持力度，强化资金投入，努力营造有利于创新驱动发展的良好环境。

【重要活动】 1月21日下午，根据自治区党委的统一部署，市委书记、市人大常委会主任金湘军，市委副书记、市长何朝建，市政协主席赵发旗等四家班子领导，到广西民族博物馆集中参观“三反”警示教育展览。

2月4日上午，防城港市举行2016年迎春茶话会。市委书记、市人大常委会主任金湘军出席茶话会并致辞。市政协主席赵发旗、市人大常委会副主任黄荣明等四家班子领导及市党政军群各部门、各民主党派、工商联负责人和无党派人士代表，离退休老干部代表，社会各界、各行业先进典型、模范代表，中央、自治区驻防城港市单位代表参加茶话会。

3月25日上午，防城港市与广东海洋大学签署政产学研战略合作协议。市委书记、市人大常委会主任金湘军，广东海洋大学党委书记关志强出席活动并见证签约。市委副书记班忠柏，广东海洋大学党委副书记、纪委书记向献兵，代表合作双方签署协议。副市长黄文龙主持签约仪式。

4月14日—15日，市委书记、市人大常委会主任金湘军率队深入上思县贫困乡村调研脱贫攻坚工作。市委常委、秘书长梁宗勇一同参加活动。

4月15日，市委书记、市人大常委会主任金湘军深入上思县南屏乡常隆村，就查出发生在群众身边的“四风”和腐败问题专项工作开展公开接访活动。市领导袁煌、梁宗勇一同参加并公开接访活动。

5月21日—22日，全国人大常委会委员、全国人大民族事务委员会副主任委员王万宾和买买提明·牙生，率全国人大常委会民族区域自治法配套犯规专题调研组到防城港市考察调研。全国人大常委会委员、全国人大民族委员会委员梁胜利、罗亮权参加调研。市委书记、市人大常委会主任金湘军，何朝建、许政、赵强、韦任智等市领导陪同调研。

7月1日10时，庆祝中国共产党成立95周年大会在人民会堂举行。中共中央总书记、国家主席、中央军委主席习近平出席大会并发表重要讲话。金湘军、何朝建、班忠柏、黄强余、袁国华、梁宗勇等市领导和市直部门部分干部，在防城港市会议中心第一会议室收看会议实况。

7月11日上午，2016年“百名博士防城港行”活动正式启动。来自清华、北大、复旦等国内18所知名学府的222名专家教授和在读博士、硕士研究生齐聚防城港市。市委书记、市人大常委会主任金湘军，市委常委、组织部部长袁国华，副市长蹇兴超出席启动仪式。

8月12日上午，防城港市举办学习习近平总书记系列重要讲话精神报告会。唐轶昂、管理年、黄强余、玉石、袁国华、梁宗勇、田博、林霖等市领导，以及各县(市、区)主要负责通知、市直各部门主要负责人共300多人在防城港市主会场聆听报告。

8月29日上午，防城港市召开中国共产党防城港市第六次代表大会。金湘军、何朝建、赵发旗、许政、班忠柏、蔡高才、唐铁昂、黄强余、玉石、袁煌、袁国华、梁宗勇、林霖等市领导和319名代表参加会议。

9月8日,市委党校(行政学院)2016年秋季学期开学典礼在新落成的校区举行。市委书记、市人大常委会主任金湘军出席开学典礼并作开学动员讲话和党性教育专题辅导。市委副书记、党校校长班忠柏主持开学典礼,袁国华、梁宗勇等市领导出席开学典礼。

9月12日上午,首届中越跨境经济合作论坛暨广西东兴国家重点开发开放试验区专场推介会在南宁举行。市委书记、市人大常委会主任、东兴试验区工委书记金湘军出席活动。市长、东兴试验区管委会主任何朝建致欢迎辞并重点推介中国东兴—越南芒街跨境经济合作区。

9月30日上午,防城港市在"三光企"革命武装起义纪念碑前举行烈士纪念日公祭活动。市委书记、市人大常委会主任金湘军参加公祭活动,市长何朝建主持。赵发旗、许政、班忠柏、唐铁昂、黄强余、玉石、袁国华、梁宗勇、赵强、林霖等市领导、市直和驻港相关单位负责人一同参加公祭活动。

11月8日,2016中越(东兴—芒街)国际商贸·旅游博览会在东兴市边贸中心开幕。自治区政协副主席刘正东致辞并宣布博览会开幕,越南广宁省委委员、省祖国阵线委员会主席范文迭,防城港市委书记、市人大常委会主任金湘军出席开幕式并分别致辞。

12月6日上午,市委书记、市人大常委会主任金湘军深入港口区光坡镇栏冲村、防城区文昌征地搬迁指挥部,调研脱贫攻坚、公共文化服务体系示范区创建等方面工作的推进情况,并与基层党员群众就学习贯彻中共十八届六中全会、自治区第十一次党代会精神进行交流座谈。市领导黄强余、梁宗勇参加调研。

12月14日上午,自治区宣讲团宣讲自治区第十一次党代会精神报告会在市人民会堂举行。市委书记、市人大常委会主任金湘军主持报告会。班忠柏、唐铁昂、黄强余、玉石、袁国华、梁宗勇、田博、赵强等市领导,东兴试验区工管委领导,市人民检察院检察长,东兴试验区工管委内设机构,市直、驻市单位处级干部,市学习贯彻自治区第十一次党代会精神宣讲团成员等到场聆听报告。

市委办公室工作

【机构及工作概况】 2016年,市委办公室围绕市委中心工作和重大决策部署,以开展"两学一做"学习教育为契机,围绕加快推进边海经济带建设、实现广西"两个建成"先行区宏伟目标,充分发挥办公室"三服务"职能作用,努力确保中央、自治区党委和市委决策部署落地生根。办理上级文件700多份,完成综合文稿写作280多份;分别有17条、254条信息获中央办公厅、自治区党委办公厅采用,有20条信息获自治区领导批示;组织调研组赴基层和深圳、厦门、青岛等先进地区开展专题调查研究,形成多篇高质量的调研报告,为市委决策和指导工作提供参考。承办、督办各类会议116次,接待部级及以上领导、外国贵宾等来访21批次110多人;举办公文处理、综合文稿、机要保密等培训班培训人员1000多人次;协调处理294件各类突发事件,无突发事件迟报、漏报、瞒报或延误办理现象;选派科级干部担任第一书记,落实精准帮扶"一联一挂一帮",抓好挂钩联系村上思南屏乡常隆村脱贫攻坚工作;共开展决策督查活动70多次;协调处理294件各类突发事件,编报《值班要情》294期,没有出现突发事件迟报、漏报、瞒报或延误办理现象。

【重要活动统筹】 2016年,市委办公室在全市性重大活动中,及时召集市人大办、市政府办、市政协办和市直、驻港各部门、各县(市、区)的领导进行部署;从方案制订到具体部署和实施全程参与,把好方案关、现场关、接待关,圆满完成中国共产党防城港市第六次代表大会、第十三届中国—东盟博览会东兴试验区专场推介会暨中越跨境经济合作论坛、2016中越(东兴—芒街)国际商贸·旅游博览会等重大会议、活动的承办工作。

【会议组织与公务活动安排】 2016年,市委办公室主动与上级部门沟通请示,与市委常委各部门、市人大办、政府办、政协办加强工作协调对接,及早谋划,周密部署,实行每周一召开书记碰头会、每月召开一次秘书长办公会制度,统筹各项重大活动安排,精心安排市委主要领导公务活动,全年编制全市性重大活动安排表66期(份)。坚持用量化指标精简会议,实施计划管理市委、市人民政府名义召开的全市性会议办法,加大会议把关力度,严控全市性会议数量、规模,严肃整治会风,提高办会效率和会议质量,共召开市委常委会会议32次,主办或协办会议116次,确保防城港市第六次党代会、2016年经济工作会议、市委全会、市委常委会等重要会议的顺利进行,没有出现重大纰漏。接待部级及以上领导、外国贵宾等来访21批次、110多人,出色完成全国人大副委员长陈昌智、全国政协副主席杜青林、刘晓峰和自治区人民政府主席陈武等到我市视察接待任务,展现防城港市对外交往的良好形象,得到上级领导高度赞扬。

【办文工作】 2016年,市委办公室办理中央、自治区发送市委和市委办公室的各种文件(包括密件、密电、传真件等)1000多份,处理机要信件300多封,分发自治区以上文件398个、8000多份。办理县(市、区)和市直、驻港各单位向市委(市委办)报送的请示、方案、报告450份,确保政令畅通。以市委、市人民政府(含办公室,下同)名义发文的防发、防政发、防办发、防政办发等四种文种共发文184件,文件数量自2012年"八项规定"实施以来已控制在合理范围。向自治区报备15份符合条件的党内规范性文件,指导和审核各县(市、区)、市委各部门向市委报备36份党内规范性文件,备案33份,有效地提高全市各级各部门规范性文件的制订水平。完成坚决打赢"十三五"脱贫攻坚战的决定、市委工作规则、构建开放型经济新体制综合试点试验方案、参与建设"丝绸之路经济带"和"21世纪海上丝绸之路"实施方案等重要规范性文件制订工作。

【综合文稿起草】 2016年,市委办公室完成第六次党代会、"两会"、季度经济运行分析会、创新驱动、城市、农村、"两学一做"学习教育、绩效考评、脱贫攻坚、党的建设、重大项目建设、廉政、宗教、双拥等会议领导讲话,以及各类汇报材料、出访材料、采访材料、推介材料、致辞、工作总结等200多份，审核新闻稿件200多篇。

【督查督办】 2016年，市委办公室围绕全市工作大局，创新工作方法，整合督查力量，加强联合督查，对市委常委会议定事项、中央十八届六中全会、自治区党委十届六次全会、全市“两学一做”学习教育工作、精准扶贫工作、美丽家园工作、市委重要会议和重要文件精神、自治区党委和市委领导指示批示精神及舆论焦点问题等进行跟踪督办。全年共组织开展决策督查活动70多次，涉及中央、自治区党委和市委重大决策部署事项30多项，形成46份报告报市委领导，3份报告上报自治区党委督查室，起草以市委、市政府及办公室名义上报自治区的报告7份，向《广西督查》投稿20多篇。共办理自治区党委领导批示件3件，均被自治区党委督查室评为“优秀”办件，优秀率100%，到期全部办结，到期办结率100%，办理市委领导批示件86件，到期全部办结，到期办结率100%。

【信息工作】 2016年，市委办公室贯彻落实自治区党委、市委的决策部署，加强信息员队伍建设，完善信息网络，及时报送突发紧急信息，成为党和政府的“千里眼、顺风耳”。围绕政策热点、改革试点、民生重点进行调研，向自治区上报《广西沿海红树林保护工作遇到的新问题及对策建议》《防崇百三市发展中越跨境旅游遇到的困难及对策建议》《中越跨境电子商务发展存在的问题及对策建议》《我区和越南合作种植甘蔗存在的困难》等一批体现防城港沿边沿海特色的调研文章，为各级领导提供决策参考。全年共向自治区报送各类信息1875条，被自治区采用296条，被中办采用38条；获得自治区领导批示20条，其中获彭清华书记、陈武主席批示5条。全市上报信息综合得分为6529分，排在全区第2名。

组　　织

【概况】 截至2016年年底，防城港市全市共有党员41844人，其中女党员10239人，少数民族党员19034人；共有党的基层组织2654个，其中党委66个，党总支116个，党支部2472个。全市共有干部21099名，其中公务员5228名，参公管理人员1737名，事业单位人员12831名，国有企业人员1303名。

【干部人事制度改革】 2016年，防城港市深化干部人事制度改革，推进干部能上能下，健全干部“下”的机制、明确干部“下”的情形、畅通干部“下”的渠道。建立市管领导班子和领导干部日常综合分析研判制度，针对不同行业系统、不同部门岗位的职责分工，结合平时了解、年度考核、干部考察等情况，综合运用结构分析、数据分析、比较分析、德才纪实分析等方法，多维度对市管领导班子和领导干部进行分析研判。实施《关于在全市中心工作一线试行奖优惩劣的办法》，对在全市中心工作中勇于担当、敢做善成、积极创新、表现突出的优秀干部，予以提拔重用；对存在落实不力、责任心不强、造成明显失误等5种情形的干部，一经考察核实，采取通报批评、调离岗位、改任非领导职务等措施。年内，对工作推进不力、作用发挥不好的6名处级领导干部进行调整或改任非领导职务，在换届工作中对8名违法违纪或履职不力的干部进行免职或调整。

【领导班子和干部队伍建设】 2016年，防城港市以三级集中换届选举为抓手，全面激发干部干事创业精气神。以打造忠诚干净担当干部队伍为目标，全面从严加强干部教育培训和管理监督。全盘统筹抓好市县乡三级领导班子换届。贯彻落实自治区党委有关换届工作部署，按照全市换届工作“一盘棋”格局，周密安排部署，严格把握政策，精心组织实施，通过市县乡三级联动，以有限的岗位最大限度地调配使用干部，鲜明树立“凭实干展现能力、凭实绩重用干部”用人导向，让有为者有位、实干者有舞台，圆满完成市县乡三级领导班子换届工作。全市共调配干部274人，其中提拔重用61人、交流调整213人，从基层、重大项目建设和中心工作一线提拔重用28名，占提拔重用干部总数的45.9%。抓好干部培养锻炼。开展大规模培训干部工作，全市共举办各类培训班390多期，讲座110多场，培训干部5.3万人次，重点开展“理想信念与党性教育”“学习榜样城市”“行动学习”等6大专题示范培训，举办聚焦榜样城市（深圳）等各类主体班次55期，培训党政领导干部等“六类对象”1.34万人次，其中党政领导干部脱产培训5342人次，促使各级领导干部自觉加强学习、坚定理想信念、改进工作作风、提升履职能力。选派11名处科级干部到深圳等发达地区和国家级贫困县挂职锻炼，推动干部在多岗历练中增长才干、砥砺本领。从严抓好干部监督管理。开展严肃换届纪律专项督查，营造风清气正的换届环境，整个换届期间实现违反换届纪律问题受理和查处情况“零报告”。严格执行“凡提必核”规定，开展领导干部个人有关

2月召开的全市市县乡换届工作暨组织部长会议　（市委组织部　供稿）

事项报告相关工作，共抽查核实475人次，对不如实填报的人员按有关规定进行处理。加大提醒、函询、诫勉工作力度，对市管干部函询36人次。完善"12380"电话、信访、网络和短信"四位一体"综合举报受理平台，受理查核干部群众来电来信来访49件。完成超配处级领导职数整改消化工作，对9名市直单位、直属国有企业主要领导进行经济责任审计，对77人次因公、因私出国（境）进行审查。

【人才工作】 2016年，防城港市以东兴试验区人才特区为平台，全面推动人才强市战略落地生效。推进"百名博士防城港行"活动。吸引清华大学、北京大学等国内18所高校222名专家教授和在读博士、硕士生到防城港市开展科技服务活动和挂职锻炼。丰富活动形式，开设博士讲坛，建立教授工作站，提出建设性意见建议260多条，提出重大问题解决方案40多个，指导科技项目30多个。同时，建立实习基地4个，建立产学研合作平台6个，这项工作被评为"2016年全国基层人才工作创新案例"最佳案例奖，是广西唯一获此殊荣的设区市。参加自治区招聘团赴区外招聘急需紧缺人才，与61名博士、硕士达成工作意向。与东北大学、北京林业大学和海南大学等3所国内知名高校签署人才合作协议，双方就人才引进、资源共享、社会实践基地建设等方面达成全面合作的意向。开展重大人才项目建设。统筹抓好市中长期人才发展规划确定的13项重大人才工程，"聚才扬帆工程""科技孵化器培育工程"等推进顺利。继续推动"县域人才工作品牌"创建活动和跨境电子商务人才队伍建设，获得广西北部湾经济区重大人才项目专项资金260万元。开展"名师名医名家名匠工作室"创建活动，研究制订《防城港市"名师名医名家名匠工作室"建设实施方案》。创新人才培养培育方式，推荐9人参加2016年度访学研修，做好中组部2016年度"西部之光"访问学者遴选。大力开展"青苗"人才成长计划，选派18名优秀年轻干部到园区、企业挂职锻炼，推动各类人才在实践历练中增长才干。优化人才发展良好环境。完善市领导联系关护优秀人才（团队）制度。组织开展2014—2015年度产业人才奖励申报工作，兑现落实强优企业产业人才奖励600多万元。发放2016年度168名高层次人才安家费补贴和24名高层次人才生活补贴131.3万元。加快推进人才公寓建设，落实人才专项经费1200多万元，建成154套人才公寓，解决一批高层次人才住房问题。

【基层组织建设】 2016年，防城港市坚持大抓基层导向，以"先锋先行"党建工程为载体，推动各领域基层党建工作全面提升。深入推进"两学一做"学习教育。推行厅级党员领导干部"一参一联"制度，带动各级学习中心组进行集中学习讨论1500多次，各级党员领导带头上党课2300多次。推行"上下互动讲、现场体验讲、深入一线讲"等党课模式，以"六学"形式大力开展"七一"主题演讲、"佩戴党徽、亮明身份"以及撰写一批理论文章、举行一次网络测试等"六个一"活动。建立常态化巡回督导制度，开展每月一督查一通报，将督查结果纳入年度党建考评内容，对连续排名在后五位的单位，对单位党委（党组）主要负责人进行诫勉谈话，实行年度党建绩效考评一票否决，扎实推动学习教育深入开展。打造基层党建特色品牌。以"堡垒固边"党建长廊、"十万大山强基固本"党建示范带、"临海党建示范带"为主线，启动实施"一村一镇"示范工程，计划用3年时间，通过发挥资源的集约效应，带动基层党建工作全面巩固提升。推动口岸联检等部门与越方结对建立"友好党组织"、两地联合培养中青年干部、护碑爱国活动等"堡垒固边"党建长廊工作，初步形成东以港口区红沙村"海上党支部"、南以防城区白龙村"渔村党支部"、西以东兴市竹山村"渔家乐党支部"为主线的"临海党建示范带"建设。抓好"五化十有"规范化建设。在农村，整合投入1400多万元，继续抓好乡镇"五化十有"规范化建设，基本完成各乡镇"一站三中心"服务大厅等基础设施。在城市，投入财政资金2500万元，开展"幸福社区"创建工作，加快推进"三网四联五达标"工程，全面落实社区服务活动场所和服务群众专项工作经费。推进抓党建促脱贫攻坚工作，实施领导干部"一联一挂一帮"和"3321"帮扶活动，选派679名第一书记、工作队员驻村工作，全力以赴推动脱贫攻坚、乡村建设。发挥各领域党建引领作用。统筹推进机关、企事业单位、学校、医院等领域党建工作，全市发展新党员528名，1.78万名在职党员深入社区报到为群众服务，办好事实事2.32万件。开展两新组织党建巩固提升百日攻坚大行动，建立包片联企制度，实行领导干部"6个1"工作法，厅级领导干部带头下沉一线蹲点抓攻坚工作。全市组建两新组织党组织769个，覆盖1056家两新组织，覆盖率继续保持自治区前列。培训两新组织党组织书记及党务工作者3200多人次，基本实现党组织书记、党员和企业主培训全覆盖。实施"党旗领航·电商扶贫"等行动，推动电商、边贸、农业等企业到贫困镇村投资开发，帮助贫困户实现增产增收，推动两新组织党组织有效发挥作用。

【扩大党建宣传影响】 2016年，防城港市坚持发挥媒体的舆情引导作用，开发制作一批具有防城港市特色的电视片，共制作上传50多部700多分钟的电视片，其中《海上党支部》《羊倌创业梦》电教片分别荣获自治区特等奖和一等奖。积极发挥新媒体优势强化宣传，通过防城港手机报、党建网站、"先锋先行"微信等新媒体即时发布党建动态、经验做法等各类文章信息1916篇。

宣 传

【概况】 2016年，防城港市全市宣传思想文化战线认真贯彻落实习近平总书记系列重要讲话精神和全国、全区宣传部长会议精神，牢牢把握"两个巩固"的根本任务，扎实推进宣传思想文化工作，巩固壮大意识形态工作阵地，实现无重大政治事件，无重大宣传突发事件，无重大群体性事件，无重大邪教破坏事件，无重大到市赴邕进京上访滋事事件等"五无重大事件"的发生。防城港市具有边境特色的意识形态工作引起中宣部的高度关注，连续两次派出调研组到防城港市召开边境地区意识形态工作和基层社会心态现场调研座谈会。

【新闻宣传管理】 2016年，防城港市组织开展习近平总书记系列重要讲话精神和治国理政新理念新思想新战略重大主题宣传。做好学习贯彻中共十八届六中全会、自治区第十一次党代会和市第六次党代会精神的宣传报道。紧紧围绕市委、市政府中心工作，组织策划“十三五”开好局起好步、推进边海经济带建设、海湾新区建设、“两学一做”学习教育、践行社会主义核心价值观、创建国家公共文化服务体系示范区、美丽家园生态乡村、教育卫生扶贫“三大攻坚”工程等系列主题报道，全方位、多视角、深层次地宣传全市经济社会发展的新思路、新举措、新成就，唱响主旋律，传播正能量。据不完全统计，2016年在自治区级以上媒体上刊发(播)各类稿件3900多篇(条、幅)，同比增加4.6%。其中在《人民日报》上刊登重点新闻稿件2篇；在中央电视台播出49条，其中《新闻联播》4条，并连续两次对防城港市进行现场直播；在中央人民广播电台播出10条；在《光明日报》和《经济日报》上刊发3篇。在《广西日报》头版头条刊发6条，在广西卫视《广西新闻》栏目播出头条12条，为防城港市决胜全面小康社会营造良好的舆论氛围。

【网络舆情宣传与管理】 2016年，防城港市坚持依法管网治网，从舆情监测、研判、上报、处置等环节入手，建立一支运转高效的网络舆情工作队伍。科学处置自治区网信办各类网管工作提示1000多条，以及各类负面舆情及网络谣言110多条，并及时编报《舆情专报》145期报市四家班子有关领导，为各级领导决策提供有效参考。《防城港核电项目二期工程建设公众舆情沟通公众案例》入选中央网信办编辑的《网评案例汇总》一书，是广西唯一入选的网评案例。组织开展2016年国家网络安全宣传周防城港市活动。加强网上正面宣传，组织开展边海经济带、全域防城港、海湾新区建设等系列主题宣传。做好人民网、新华网、广西新闻网等主流网站上的防城港频道建设工作。截至2016年年底，共在各类主流网站上刊发信息3300多条。

【公共文化服务体系建设】 2016年，防城港市以创建第三批国家公共文化服务体系示范区为抓手，大力挖掘具有防城港特色的边海文化，积极打造边海文化名市，投入资金1300多万元创建示范区。截至2月中旬，有75项工作指标已达标，占全部94项指标的80%。建成223个村级公共服务中心，覆盖全市70%行政村，农家书屋建设实现100%覆盖。广播综合覆盖率达到97%，电视综合覆盖达到98%。深入实施边疆万里数字文化长廊建设，为全市23个乡镇文化站、174个行政村(社区)、40个边防警务室配备公共文化服务一体机、平板电脑等数字文化设备。组织开展2016年“春雨工程”——全国文化志愿者广西行暨第八届“魅力北部湾”(防城港)系列群众文化活动。全力推进文化惠民，组织“欢乐西湾”“明江之夜”等群众广场活动60多场次，惠及群众5万多人次。打造国门书店，每周开展周末读书汇活动，引领全民阅读，建设“书香防城港”。

【对外宣传和交流】 2016年，防城港市充分发挥区位优势，依托特色外宣品牌讲好防城港故事，防城港市在东盟国家影响力不断提升。成功举办国际海上龙舟节、中国—东盟青少年足球邀请赛等，打响国际海钓品牌。加强和东盟国家的经贸文化交流，在边境口岸电子显示屏利用双语不间断推介播出防城港市传统优秀文化，把防城港市优秀文化产品推向东盟，坚定边民的“四个自信”。设计制作2016中越国际商贸旅游博览会防城港市成果展展示馆，有效地展示防城港市城市形象。编辑出版防城港市优秀摄影作品选集画册——《点击美的驿站》，得到市委主要领导和来访嘉宾的高度赞誉。加强边境外宣文化平台建设，投入使用的里火口岸“外宣文化园”受到自治区党委宣传部和当地边民的肯定。制订出台《防城港市人民政府例行新闻发布制度》，组织召开19场新闻发布会，有效推动政府例行新闻发布制度建设。认真做好防城港市政务微博、微信管理和发布工作，由@人民日报微博联合@政务风云榜发布的《2016年第一季度政务指数微博影响力报告》中，防城港市官方微博@防城港发布荣获广西十大党政新闻发布微博第一名。

【宣传文化队伍建设】 2016年，防城港市宣传部门组织开展“两学一做”学习教育，创新实施每月一考，获得自治区党委组织部检查组的肯定。在中国传媒大学举办全市宣传文化系统业务骨干培训班，干部的学习能力、工作能力、执行能力进一步增强。按照项目精细化管理要求，强化宣传思想文化工作目标管理绩效考核。组织开展“宣传文化和体育名家”工作室创建，组建文艺志愿服务队，加大对民间文艺团体的扶持力度，深入开展“深入生活、扎根人民”主题实践活动和“三项学习教育”活动，回答广大干部群众普遍关注的理论和实践问题。组织领导干部深入挂钩联系点开展扶贫帮困，有效解决一批贫困户反映的问题和困难，切实提高服务群众的能力。参加“永远跟党走——纪念中国共产党成立95周年知识竞赛”并荣获一等奖。

统一战线

【概况】 统一战线是有各民主党派和各人民团体参加的，包括全体社会主义劳动者、社会主义事业的建设者、拥护社会主义的爱国者和拥护祖国统一的爱国者的最广泛的联盟。2016年，中共防城港市委统战部下设五科一室，即：办公室、党派科、经济科、民族宗教科、海外联络科、文化宣传科。年内，全市统一战线深入学习贯彻中共十八大、十八届三中、四中、五中、六中全会、习近平总书记系列重要讲话精神和中央统战工作会议、自治区党委和市委统战工作会议精神，坚决贯彻落实党中央关于统一战线一系列重大决策部署，为防城港市实现广西“两个建成”先行区宏伟目标提供力量支持。10月，自治区党委统一战线工作领导小组督查组到防城港市，对贯彻落实党中央关于统一战线一系列重大决策部署情况进行督查。

【党外代表人士队伍建设】 2016年，防城港市选派6名党外干部到建立在防城区的市级党外人士实践锻炼基地挂职锻炼。加强党外代表人士选拔任用力度，抓住2016年市县换届的契机,全面落实《中国共产党统一战线工作条例(试行)》(以下简称《条例》)和《自治区党委贯彻〈中国共产党统一战线工作条例(试行)〉实施办法》(以下简称《实施办法》)相关政策规定,党外干部选拔任用获得突破,市统计局、科技局等2个政府组成部门配备党外正职;领导班子中安排党外干部的市政府工作部门达到1/4;四个县(市、区)人大、政府、政协领导班子都各配备党外副职;东兴市法检两院班子均配备党外副职。

【新社会阶层统战工作】 2016年,防城港市充分运用大统战工作机制,对防城港市新的社会阶层人士进行摸底调查。将新媒体从业人员、网络意见人士纳入工作视野,并建立重点名单,加强联系引导。

【民主党派、无党派人士工作】 2016年,防城港市在全市深入开展坚持和发展中国特色社会主义学习实践活动,引导民主党派、无党派人士深化政治交接,增强多党合作共事能力。指导各民主党派市级组织扎实抓好换届工作。1月,5个民主党派市委会全部顺利完成换届,进一步选好配强领导班子。首次到区外浙江大学举办市新一届民主党派领导班子、无党派代表人士培训班,收到很好的学习效果。

【服务非公有经济发展】 2016年,防城港市学习贯彻习近平总书记重要讲话精神,构建"亲""清"新型政商关系。先后召开全市非公有制企业座谈会、市工商联五届五次执委(扩大)会等会议学习传达习近平总书记2016年3月在参加全国政协十二届四次会议民建、工商联界委员联组会时重要讲话精神。深化开展"服务民企·助推发展"活动,搭建党委、政府与企业、商会沟通协商的制度化平台,确保各项政策落地、落细、落实,推动防城港市民营企业转型升级和健康发展;深入开展非公有制经济人士理想信念教育实践活动,加强非公有制经济人士特别是年轻一代教育培养。开展高端培训,在浙江大学举办首期防城港市非公有制企业高级人才暨非公有制经济专题培训班;畅通非公有制经济人士有序政治参与渠道,规范非公有制经济人士政治安排。在非公有制经济人士政治安排中坚持"凡进必评",在2016年进行的市人大、政协换届中,由市委统战部牵头对推荐提名的非公有制经济人士开展综合评价,把好人选资格审查重要关口。各县(市、区)也按要求开展综合评价。

【港澳台海外统战工作】 2016年,防城港市强化平台打造,推动港澳台海外乡亲团体不断发展壮大。协助、指导香港防城港市同乡联谊会、澳门防城港市联谊会做好换届工作,年内,会员分别达到2200多人和300多人;拓展联谊活动,加强港澳台海外代表人士队伍建设。举办侨界清明联谊活动,邀请100多名海外华侨参加活动。协助海外9个乡亲团体、1500多人在防城港市举办联谊活动,邀请巴西统促会联合参访团、香港广西总商会访桂团等3个团组50多人到防城港市考察,为物色培养防城港市海外代表人士打下扎实基础;凝聚港澳台海外力量,努力推进防城港市边海经济带建设。推进海外创新创业人才引进工程,引导海外人才到防城港市创业。组织实施"边疆助学行"等慈善项目,引进港澳捐赠项目6个,资金达20万元。开展2016年桂台经贸文化合作交流活动,邀请台湾花莲县吉安乡青年代表团到防城港市考察,促进两地经贸合作交流。开展推动台资项目建设"六个一"活动,深入走访台资企业,协调解决困难及问题。协助市委、市政府与台商签订广西桂西肉牛养殖基地项目协议,总投资9000万元。

【大统战工作体制机制】 2016年,防城港市各级党委书记履行统一战线第一责任人责任,市委成立由金湘军书记担任组长,党委副书记和两部(组织部、统战部)党委常委担任副组长的市委统一战线工作领导小组,成员均由各单位主要领导担任。领导小组成立后,制订《防城港市委统一战线工作领导小组工作规则》《防城港市委统一战线工作领导小组2016年工作要点》。为加强统一战线各领域统战工作,又先后在领导小组下成立市宗教工作联席会议制度、市非公有制经济代表人士综合评价工作联席会议制度。在市委统一战线工作领导小组的示范带动下,各县(市、区),以及部分乡镇(街道),均已成立由党委书记担任组长的党委统一战线工作领导小组。各级党委高规格的领导小组成立,理顺"统一战线不统一"的工作关系,建立统战部牵头协调、各部门各司其职,"一级抓一级、层层抓落实"的高效运行的统战工作领导体制机制,推动认识统战、重视统战、研究统战、抓好统战的大统战工作格局的形成。

【创新基层统战工作】 2016年,防城港市统战部门紧密结合防城港市实际,探索创新基层统战工作,着力推进基层统战工作规范化建设,出台具体标准,落实工作经费,切实改善乡镇(街道)统战办公软硬件条件。着力推进统战工作试点,指导和推动上思县根据本地实际,整合统战系统工作机构,提升工作合力。着力解决宗教工作机构体制机制问题,按照"一个统一、三个有"标准,抓好统战工作标准化建设。11月22日,自治区党委常委、统战部部长李康对防城港市基层统战工作取得的成效作出批示肯定。

【维护宗教领域和谐稳定】 2016年,防城港市深入开展"增进团结·共促发展"民族和谐边境行活动,着力打造"边境民族和谐百里示范带";开展民族团结进步宣传暨"凝聚民族情·放歌边山海"摄影创作活动,营造民族团结的良好氛围。用好宗教工作联席会议机制,统战部与政法委、国安、公安等成员单位协调配合,防范和抵御外国势力利用宗教对中华人民共和国进行渗透。

【打造边山海特色统战工作】 2016年,防城港市统一战线服务社会民生形成一批工作亮点,培育品牌,增强效应,常年坚持"三下乡"活动。市、县(市、区)两级统战部和各民主党派、工商联参与美丽乡村、生态乡村建设,组织统战干部和统战成员开展科技教育文化卫生下乡活动;"三大活动"深入开展。全市统一战线立足边山海实际和特色,深入开展"服务民企·助推发展""情系港情·共建侨乡""增进团结·共促发展"等三大活动。

【统战干部队伍自身建设】 2016年,

防城港市开展大培训，对市、县、乡三级统战干部进行专题培训，基本达到对全市统战干部轮训一遍的目标。围绕贯彻落实党中央关于统一战线一系列重大决策部署开展大调研，市委统战部、市民宗委先后多次组织开展统战工作、宗教工作、迎检工作的“翻箱倒柜”式的调研检查，对发现的问题跟踪督办、盯着落实。同时，加强统战理论政策研究、统战工作实践创新工作，向自治区党委统战部报送研究和创新成果，其中市委统战部撰写的《发挥统战优势打造“边海民族和谐百里示范带”》一文获得2016年度全自治区统战工作实践创新成果奖（全区统战工作实践创新成果18项，防城港市排第三）；开展大宣传，编发《防城港统战》12期，刊发统战文稿100多篇，撰写大量统战宣传信息稿件报送自治区党委统战部，在《广西统战信息》《广西统一战线（季刊）》等统战信息刊物、网站上刊发。获得2016年全自治区统战信息工作先进单位二等奖（全区有9个市级党委统战部获奖，防城港市排名第四），1人获得全自治区统战系统优秀信息员。同时，加强与《防城港日报》、市电视台等新闻媒体的联系，加大对学习贯彻中共十八届六中全会精神、习近平总书记统一战线重要思想和开展统一战线凝心聚力“十三五”行动等的宣传报道力度，利用《防城港统战（内刊）》、“防城港统一战线”微信公众号等媒介平台将统战理论知识和政策措施普及到党政干部、统战干部和统战成员。

机构编制

【概况】 防城港市机构编制委员会办公室既是市委的工作部门，又是市人民政府的工作部门，列入市委机构序列，设置4个内设科室，即：秘书科、机构编制科、编制计划与统发工资管理科、监督检查科。下设2个事业单位，即：防城港市事业单位登记管理局、防城港市行政体制改革与机构编制管理研究中心。

【政府职能转变和机构改革】 2016年，防城港市编办突出抓好东兴市综合行政执法体制改革全国试点。结合东兴的沿边沿海地缘优势，在广西率先整合工商、质监、食药监、物价“四局”的职能，组建东兴市市场监督管理局的大市场大部门监管体制改革。通过改革，实现“生产—流通—消费”一体化市场监管体系。在推进公安警力下沉方面，在全广西区公安机关率先推进“大部门制、大警种制”改革，建立“八部一中心”机制模式。改革后，防城港市公安局市局机关69.2%的警力被充实到一线实战部门，机关与一线警力比从原来的5∶4调整为1∶10。据统计，2016年2月—9月，全市“两抢”（抢劫、抢夺）、盗窃、诈骗案件分别比2014年下降43%、7.1%、20.4%；破获“两抢”、盗窃、诈骗案件分别比2014年上升89.4%、41.2%和72.7%。

在经济园区改革方面，市编办立足济经园区建设和加快园区经济发展战略，加强对大西南临港工业区、高新技术开发区、防城港物流园区、江山旅游度假区、企沙工业区等园区管理体制的研究，重新调整理顺各类园区职责权限和管理体制机制。在深化口岸管理体制方面，结合推进构建开放型经济新体制综合试点，探索整合商务、口岸、物流和交通等部门相关职能设立口岸管理委员会，创新市口岸管理委员会联席会议协调机制，建立完善工作协调、联系沟通、重要事项督查、通关能力分析研究及重要信息报告等制度，进一步破解制约口岸经济发展的机制体制障碍，进一步加强口岸管理能力，提升口岸运转效率，为口岸经济提供体制机制保障。在深化乡镇机构改革方面，严格按照自治区党委部署要求，以及自治区编办的指导精神，以重心下移为目标，推进乡镇“四所合一”改革工作。截至2016年底，全市30个乡镇（街道办）全部按照自治区规定的改革目标任务，落实“六有”，即有机构、有班子、有队伍、有场所、有制度、有保障。全市各乡镇国土规建环保安监站工作正常运转，改革初显成效。

建立改革保障机制，确保顺利实现改革目标。为加快推进防城港市全面落实国务院、自治区“放管服”各项改革目标任务，结合防城港市实际，研究出台《防城港市人民政府推进职能转变协调小组工作规定》《防城港人民政府推进职能转变协调小组专题组工作细则》《防城港市人民政府推进职能转变协调小组功能组工作细则》，进一步明确协调小组和各专题组、功能组的职责分工，有力推进深化行政审批、职业资格、投资审批、收费管理、商事制度、教科文卫体等“放管服”重点领域改革目标任务落地生效；在推进政府职能转变改革中，市编办结合研究制订政府部门职能转变和机构改革方案，研究提出全市各级政府2016年的职能转变改革新途径新举措，明确改革总体思路、重点任务、主要目标及实施步骤；深入研究行政体制改革的内在逻辑关联，建立健全重大改革项目化管理机制、权责清单动态调整和长效管理机制、政府职能转变督查机制，集中力量统筹推进重大改革专项攻关，形成合力统筹推进各项改革。

【行政审批制度改革】 抓好深化行政审批制度改革，促进简政放权纵深发展。一是深入推进行政审批改革工作。组织力量对全市各级保留涉及投资、创业创新、服务基层的审批事项进行全面清理规范。对2016年以来国务院、自治区取消下放的中央指定地方实施的行政审批事项，督促各级各部门制订具体措施和办法，确保取消事项全部及时取消、下放事项及时承接到位。二是推进相对集中行政审批权改革工作。按照中央编办、国务院法制办《关于进一步做好相对集中行政许可权改革试点工作的通知》精神和自治区党委、政府的部署要求，研究起草《防城港市深化行政审批制度改革组建市行政审批局的改革方案》。该方案已经市委市政府研究审议，正在按程序报自治区党委、自治区人民政府审批。三是创新审批流程和审批方式。探索串联改并联、分散改集中和前置改后审“三改”审批模式，将原来30多个串联审批环节，整合为可研、规划报建和施工许可三大并联审批阶段，原先串联审批所需的平均450多天缩短为180天左右，提速率超过50%。同时，还对审批部门领导“坐班”制度进一步完善，市本级审批单位副职领导每周二、周四到政务服务中心开展现场审批工作；向窗口充分授权，备案类、审核类审批事项实行当日办结，审批类30%在政务服务中心办结。2016年，防城港市行政审批办理提速达86.11%，当月办结率为96.86%。

抓好市县乡权责清单制度建设，促进职能转变。按照中央和自治区的统一部署，在2015年建立公布市本级政府部门权力清单的基础上,推进县(市、区)政府部门和乡镇政府权力清单工作。主动深入县(市、区)和乡镇了解情况、解答政策、督促指导,推动县(市、区)、乡镇加快工作步伐,截至2016年12月10日,全市4个县(市、区)政府部门和30个乡镇(街道办事处)的权责清单已全部向社会公布。

抓好专项工作规范清理,促进市场公平有序。及时清理规范中介服务事项。及时对防城港市各级各部门行政审批中介服务事面进行严格清理规范。2016年,共清理各级各单位审批中介服务事项76项。同时,开展规范中介服务机构及其从业人员的执业行为的中介服务去行政化工作。全力规范行政事业性收费及政府性基金。共清理涉企行政事业性及政府性基金收费项目75项,年约减轻企业负担4000多万元;放开22项涉企经营服务性收费项目,暂停收取土地使用权、海域使用权的转让交易鉴证服务费等11项经营服务性收费,每年可减轻社会负担1027多万元。

抓好优化审批流程和审批方式,促进工作效能提升。一是全面深化商事制度改革。推进企业名称自主选择登记和企业简易注销登记试点,以及企业"五证合一"和个体工商户"两证合一"登记改革工作。办理注册登记业务从原来法定的15个工作日缩短到5个工作日,部分实现当天办结。二是再造审批流程。坚持"凡是没有法律法规及规章依据的办事条件、申请材料,要一律砍掉;凡是没有必要或者重复要求提交的证件证明等,要一律取消;凡是办事环节涉及的模糊条款、兜底条款、附加条款等,要一律消除"的原则,对审批环节和审批流程进行简化和优化。2016年,防城港市行政审批办理提速达86.11%,当月办结率为96.86%。三是探索串联改并联、分散改集中和前置改后审"三改"审批模式。在政府性投资重大项目的行政审批,市编办探索并联审批工作机制,将原来30多个串联审批环节,整合为可研、规划报建和招标施工许可三大并联审批阶段,原先串联审批所需的平均450多天缩短为180天左右,整体提速50%左右。四是向窗口充分授权,备案类、审核类事项实行当日办结,审批类30%在政务服务中心办结。

【事业单位分类改革】 抓机关、群团统一社会信用代码赋码,提高社会信用体系建设能力。2016年,防城港市编办抓紧启动机关、群众团体、事业单位统一社会信用代码制度改革工作。及时掌握全市机关和群团单位名单,提前准备统一社会信用代码赋码专用章和证书。编制《机关、群团等统一社会信用代码服务指南》,详细介绍申请材料和办理流程等相关事宜。利用电话、QQ等方式,解答问题、指导操作。审核过程中当日受理,当日办结,对提交资料不全或不符合要求的单位,采取一次性告知制度,避免办理者多次往返。

抓机关事业单位中文域名注册和挂标工作"全覆盖",提高机关事业单位网上名称管理水平。一是贯彻上级文件精神,切实加强组织领导,及时转发上级文件,督促各单位从加强政务公开、更好履职的角度,提高思想认识,切实抓好政务和公益域名注册和挂标工作的落实。二是明确一把手负总责,具体工作人员抓落实的工作机制,形成任务到人、责任到人、分工明确、层层落实的局面。三是各级编办积极主动向当地政府主要领导请示汇报,加强与财政部门沟通协调,认真落实中文域名注册、续费经费,确保全市各级机关、事业单位的域名注册管理顺利推进。至2016年年底,全市各级机关事业单位中文域名续费已纳入当地政府财政预算,中文域名注册和挂标覆盖率达到100%,续费率达100%。

【机构编制管理】 抓编制管理创新,提高机构管理的科学性。一是坚持机构编制议事制度。严格执行机构编制议事规则,坚持机构编制集中统一管理和机构编制"一支笔"审批制度,凡涉及职能调整、机构、编制和领导职数的增减等机构编制事项,统一由机构编制部门按程序办理。二是坚持机构编制实名制管理制度。以机构编制实名制信息管理系统为平台,健全完善区、市、县三级网络和编制实名管理,坚持严格执行人员出入编管理制度,切实发挥编办前置把关作用,全面落实机构编制实名制管理,及时对机构、编制和实有人员变动情况进行更新调整,强化对机构编制和实有人员信息的动态管理,加快机构编制管理的信息化进程。三是坚持机构编制调整事项跟踪评估制度。定期对各级各部门执行机构编制情况进行跟踪指导,与部门年度工作标准绩效考评相结合,建立健全机构编制动态管理。四是坚持部门联动齐抓共管工作制度。建立以编制部门为主导,组织、人社、财政等相关部门相互配合的联动制约机制,以机构编制部门的用编许可作为组织、人社部门办理人员调动手续的前提条件和财政部门核发人员工资的唯一依据。通过部门联动,切实把住人员编制管理的源头。

抓调查研究,提高服务的主动性。围绕政府职能转变、简政放权、事业单位分类改革、优化配置机构编制资源等中心工作,聚焦改革的最前沿和第一线,结合推进我市"建设边海经济带"建设、实现广西"两个建成"先行区宏伟目标提供体制机制保障,强化服务意识,主动与部门单位、服务对象交流沟通。单位领导亲自带领相关业务科室主动深入教育、卫生、扶贫等部门和单位,就涉及教育资源配置、医药卫生、扶贫等民生领域,特别是对防城港市事业单位法人治理结构试点单位进行专题调研,了解部门和单位的实际运行情况,提高发现问题、分析问题、解决问题的能力,深入研究体制机制方面存在的矛盾和问题,发挥机构编制部门的科学服务保障作用,不断为全市经济社会发展注入新动力。组织全市机构编制系统参加自治区2016年度机构编制调研课题研究,全市共向自治区编办报送15篇课题文章。

【事业单位法人登记管理】 抓事业单位登记精细化管理,提高事业单位法人登记管理水平。2016年2月,防城港市编办于开展事业单位法人统一社会信用代码赋码及2015年度事业单位法人年度报告公示工作。为简化办事流程,规范登记管理,事业单位登记管理事项的申请、受理、审核、核准工作全部实行网上办理,实现网上登记管理全覆盖。2016年,全市共完成2015年度事业单位法人年度报告1114家,提交率100%,完成年度报告公示1069家,公示率100%。并全部换发统一社会信用代码新版事业单位法人证书,完成上级机构编制部门的指标任务。同时全面启动事业单位登记管理实地核查。重点围绕事业单位在提交的年度报告中存在财务状况不良、业务开展情况不详等存在疑问情况进行实地核查，更好促进事业单位履行好职责，进一步激发事业单位活力。

【机关作风建设】 深入开展“两学一做”学习教育，着力加强机关作风建设。一是强化干部思想政治教育。及时成立“两学一做”学习教育协调小组，细化任务分工，同时制订“两学一做”学习教育实施方案与学习计划，确保活动顺利开展。同时强化理论学习，突出思想政治教育，先后组织12次集体活动，组织全体党员干部学习党章党规、习近平总书记系列重要讲话精神，学习李保国先进典型事迹。二是针对行政体制改革、政府职能转变和机构改革、行政审批制度改革等工作任务重的实际，把“两学一做”学习教育与抓好工作结合起来，以推进改革的有力举措促进学习教育活动开展，确保“两不误、两促进”。三是深入开展在职党员进社区活动。组织全体党员与防城区十万山乡和木头滩社区联系结对共建，开展春节、“七一”前走访慰问活动，走访困难群众20户，送去慰问金1万余元。结合“两学一做”学习教育，市编办党支部书记亲自为社区党员上专题党课。四是开展“一联一帮一挂”精准脱贫活动。紧紧围绕全市脱贫攻坚战，按照市委部署要求，加强与驻村第一书记的联系，配合推进贫困村集体经济建设，壮大村集体经济收入，实现贫困村的摘帽。按时落实科级以上（含副科级）领导干部进村入户，及时完善更新各类扶贫攻坚台账和帮助解决有关扶贫政策落实。

制订完善严格执行办内规章制度，着力加强和改进党的建设。修订完善办内规章制度。研究制订《市编办工作规则》《主任办公会议制度》等11项制度，重新修订完善“三会一课”、组织生活会、民主生活会、民主评议党员等制度。结合市编办党员工作特点，按照《中国共产党章程》有关规定，成立3个党小组，明确党小组的职责任务，落实好党员组织生活，引导好党员严格履行义务，保障党员充分行使权利，提高党建工作制度化、规范化水平。打造支部党员活动室。在办公环境较为拥挤下，腾出一间办公室作为专门的支部党员活动室。开展党员廉洁从政警示教育活动，制订印发《市编办开展党员廉洁从政警示教育活动实施方案》落实党风廉政建设责任制，认真履行“一岗双责”，层层签订党风廉政建设责任书，增强党员干部的廉政意识，筑牢拒腐防变的思想防线。加强“党建带三建”工作。强化本办工青妇组织规范化建设，拓宽其工作领域。为充分发挥工青妇组织的优势和作用，体现党群建设的“双赢”，充分发挥党员干部的先锋模范作用。

加强中心组和干部职工理论学习，制订印发《市编办中心组理论学习计划》《市编办干部职工理论学习计划》。围绕年度改革任务和重点工作，开展学习培训，先后选派业务骨干参加各类业务培训班20余人次。落实意识形态主体责任，以服务机构编制中心工作为重点，加大与中央编办、自治区编办和市党委、政府的工作信息交流，向中央编办、自治区编办和市委、政府报送各类工作信息50余篇，向各类新闻媒体投稿20多篇。与《防城港日报》、防城港新闻网等市级主流媒体沟通联系，加强对机构编制工作特别是简政放权、行政审批制度改革、事业单位分类改革的宣传报道。

政策研究

【概况】 中国共产党防城港市委员会政策研究室（以下简称“市委政研室”）为中国共产党防城港市委员会工作部门，是市委的调查研究机构。市委全面深化改革领导小组办公室（以下简称“市委改革办”）设在市委政研室，实行“一个机构、两块牌子”。根据2016年6月23日市委全面深化改革领导小组第八次全体会议精神，市委改革办与市委政研室合署办公（注：此前，市委改革办与东兴试验区管委会政策法规处合署办公）。市委政研室（改革办）内设秘书科、综合科、经济科、社会文化科、督察和协调科、开放合作科6个职能科室。戴兰华任市委副秘书长、政研室主任、改革办副主任，东兴试验区管委会副主任初阳兼任改革办主任。有在职在编干部职工11人，其中公务员10人，工勤人员1人；处级干部4人，科级及以下干部6人，工人1人。2016年，市委政研室（改革办）紧紧围绕全市发展大局，着力做好文稿起草、调查研究、深化改革、信息服务、队伍建设、脱贫攻坚等工作。

【决策调研成果】 2016年，市委政研室围绕全市经济社会发展的重大问题、中心工作，紧贴领导思路，紧跟热点问题，并结合“两学一做”学习教育，深入村（社区）、机关、企业和学校等基层单位开展系列专题调研，并赴外地考察取经，努力提高为市委决策服务能力。全年累计完成市2016年行动学习重点研究课题（海湾新区建设专题）的《防城港市海湾新区城市设计导则（指引）的制订》《防城港市海湾绿道的规划与建设》《防城港市海湾新区管理体制机制的创新》3个子课题，以及《敢做敢为善做善成　进一步加快东兴试验区开发建设》《防城港市推动产城深度融合发展初步研究》《加快提升防城港市教育质量的调查思考》《加快推进海湾新区建设　打造构建开放型经济新体制综合试点试验城市靓丽名片——关于加快推进我市海湾新区建设的调研报告》《关于加快我市产业转型升级的初步思考》《防城港市打造幸福社区升级版初步研究》《2016年全市经济社会发展情况调研报告》《防城港市实施糖业二次创业调研报告》等17篇调研报告，为市委提供全方位、高水平的决策服务。其中，《关于加快我市产业转型升级的初步思考》《加快提升防城港市教育质量的调查思考》《防城港市打造幸福社区升级版初步研究》分别获得市委书记金湘军、市长何朝建、组织部长袁国华的批示；由市委政研室牵头开展的海湾新区建设专题获自治区党委组织部列入2016—2017年度全自治区重点行动学习项目。着力构建“大政研”格局，结合党代会报告起草、行动学习专题等课题研究，组织有关单位工作人员赴天津、重庆、郑州、长沙、苏州、深圳、厦门、青岛、宁波、台州、福州、西安、成都、贵州等地考察学习并形成调查报告，提供市委、市政府决策参考；组织有关县（市、区）、市直部门开展课题调研，既培养储备一批政研人才，又推进资源整合、成果共享。

【重要文稿服务】 做好文稿服务，承担和参与市委及市委主要领导文稿的起草、修改和把关工作。2016年，市委政研室主要起草市委“十三五”规划建议、市第六次党代会报告等重要文件；

完成市委主要领导在全市经济工作会议、全市城市工作会议、全市学习贯彻十八届五中全会精神暨“两学一做”学习教育专题研讨班、庆祝建党95周年大会等重要讲话稿,以及会议发言、汇报材料等各类文稿200多篇,充分发挥以文辅政作用。

【改革推进】 2016年,市委改革办相关改革工作得到上级充分肯定。全年召开3次市委全面深化改革领导小组会议,向自治区党委改革办报送信息100多条。防城港市沿边金融综合改革、商事制度改革、城乡医保统筹、跨境劳务合作、公安大部制等改革工作得到自治区金融办、工商局、人社厅、公安厅等部门的支持和肯定。特色改革工作在全区乃至全国起到示范引领作用。沿边金融综合改革工作走在全国边境城市前列,创造可复制的人民币对越南盾“抱团定价”“轮值定价”的“东兴模式”,提高中方边贸结算银行的汇率定价权,形成人民币对越南盾汇率定价机制。商事制度改革为广西提供可借鉴可复制的经验,率先实行注册资本认缴登记制度、企业登记注册“先照后证”试点、电子营业执照及登记全程电子化试点、“三证合一,一照一码”登记制度改革等。跨境劳务合作试点得到自治区领导高度肯定,全市已有10家试点企业获得批准用工额度1000多人,出台有关境外边民务工的证件办理暂行规定,为下一步扩大试点区域、增加试点规模奠定基础。公安“大部门制、大警种”改革试点得到公安部的关注,按照“做精机关、做专警种、做强基层、做实基础”的原则,整合成“八部一中心”,形成可复制可推广的经验。房地产供给侧改革试点有序开展,出台《防城港市推进房地产供给侧改革试点 加快港航服务业发展实施意见》,相关工作正落地实施。边民互市贸易转型升级试点初见成效,边民交易形式由边民个体向互助组转型。东兴市制订相关政策促进边贸产品落地加工,相关加工产业初见端倪。注重抓改革终端见效,一些改革发挥积极作用,部分改革成果促进防城港市经济社会发展。例如,城乡医保统筹改革降低缴费标准,让人民群众得到真真正正的实惠;沿边金融改革,创新跨境人民币业务,个人本外币兑换额不断创新高,有效降低换汇成本,促进贸易发展;跨境劳务试点规范企业使用外籍劳工行为,有效解决企业用工贵、用工难的问题,为防城港市以劳动力红利招商引资创造有利条件;公安大部制改革提升警务效能,提高惩治破案能力,扩大治安防控腐败面。

【其他主要工作(活动),重大举措、成果】 一是狠抓廉政和作风建设。学习党风廉政建设和反腐败有关文件和会议精神,遵守党员干部廉洁自律有关规定。在换届年期间,严肃换届纪律,组织全体干部职工学习相关文件精神,确保全体干部职工讲政治、守纪律,做政治上的明白人。深入贯彻落实中央“八项规定”和“六项禁令”,弘扬老老实实做人、踏踏实实做事、兢兢业业工作精神,干部职工服务决策的积极性、主动性进一步增强。二是深入开展“两学一做”学习教育。紧密围绕党章党规、习近平总书记系列重要讲话精神等重点学习内容,每月开展一次集中学习,每季度开展一次专题研讨,全年开展集中学习10次,开展“讲政治、有信念”“讲规矩、有纪律”“讲道德、有品行”“讲奉献、有作为”专题研讨4次。在全市“两学一做”学习教育暨基层党建重点任务督查中被评为“好”。三是抓好党支部建设。创新开展党建工作,以“六个一”活动(“六个一”活动,即一次基层政策宣讲、一次红色教育活动、一次主题实践活动、一次送温暖活动、一次党的知识系列竞赛、一项党建课题研究)为载体,着力加强思想政治、机关作风、基层组织和党风廉政四项建设,切实提高机关基层党建工作科学化水平。到桃花湾社区为渔洲坪街道办和桃花湾社区全体党员干部宣讲中央、自治区和市委重大决策部署,引导基层党员干部深刻领会其精神实质和科学内涵;组织全体党员开展革命传统教育活动;慰问贫困学生、退休老党员;全年撰写8篇党建信息,有6篇分别被《防城港日报》、防城港纪检网、防城港党建网、防城港机关党建网采用。2016年,室党支部获评市直机关先进基层党组织,1名党员获评市直机关优秀共产党员,1名支委委员获评市直机关优秀党务工作者。四是深入开展挂村帮扶工作。按照全市精准扶贫工作要求,切实履行帮扶职责,处、科级党员干部参与,深入上思县叫安镇那荡村开展挂村帮扶工作,全年累计投入1万多元资金开展扶贫工作。五是着力加强队伍建设。组织单位领导干部参加全市各类培训学习、市委办公室系统集中学习和单位学习,深入学习中共十八大和十八届三中、四中、五中、六中全会精神以及中央、自治区、市领导的重要讲话精神。加大干部交流力度,选送干部到市委办综合科等科室跟班学习,选派干部参加市委党校中青班学习,推荐干部参与构建开放型经济体制综合试点试验城市筹备工作,不断提高干部队伍素质和决策参谋的服务能力。新提拔一名科长、两名副主任科员,有效激励干部工作积极性、主动性。六是认真做好意识形态、网络宣传、保密、档案管理等工作。全年共在广西红豆网防城港论坛发帖300多篇(条)。

老干部工作

【概况】 2016年,防城港市委老干部局(含老干部活动中心、市关心下一代工作委员会办公室)有干部职工10人,下设综合科、老干部活动中心和市关心下一代工作委员会办公室。截至2016年年底,市委老干部局服务管理的离休干部共有120人,其中,行政52人、事业25人、企业43人。2016年,全市老干部工作以学习贯彻落实中办、国办《关于进一步加强和改进离退休干部工作的意见》为主线,牢牢把握为党和人民的事业增添正能量的价值取向,加强离退休干部思想政治工作和党组织建设,改进和完善离退休干部服务管理工作,不断加强自身建设,围绕中心、服务大局,凝心聚力、扎实工作,组织引导全市离退休干部为实现广西“两个建成”先行区宏伟目标贡献智慧和力量。

【老干部思想政治建设】 2016年,防城港市干部工作重点是把学习贯彻中共十八届五中、六中全会和习近平总书记系列重要讲话精神作为重要政治任务,纳入到离退休干部思想政治建设之中,引导老干部进一步增强“四个意识”。依托老干部党校对离退休干部党员骨干进行培训,年内共培训党员骨干400多人次。其中,市委老干部党校举办十八届五中全会精神辅导班和“两学一做”学习教育暨十八届六中全会精神专题培训班，东兴市老干部党校、上思县老干部党校也分别举办1期“两学一做”学习教育专题及2期《正能量活动宣传提纲》的专题辅导。

【老干部文化建设】 2016年，防城港市深入开展丰富多彩的精神文化活动，不断满足离退休干部日益增长的精神文化需求。年内，组织开展老干部游园活动，举办7场老干部电影招待会；举办老年人消费教育暨反传销教育专题讲座和眼部保健知识讲座，联合爱心企业为全市900多名老干部赠送老花镜。组织老干部代表队参加自治区第四届“多彩金秋”文化活动月各项活动，办好防城港市第四届“多彩金秋”文化活动月。充分利用市老年大学这个平台，开设12类专业课程15个教学班，拥有学员380人，增强老年大学的吸引力和凝聚力。

【老干部政治待遇落实】 2016年，防城港市坚持邀请离退休干部代表列席和参加市委、市政府召开的重大会议和重大活动，让老干部了解全市改革发展稳定情况。组织5名离退休干部参加防城港市第六次党代会报告（征求意见稿）座谈会，并围绕报告提出意见建议。继续为市直离休干部和四家班子退休干部订阅《人民日报》《广西日报》《老年知音》等政治理论学习资料，并督促全市各级各部门为老干部征订各类书刊杂志。

【老干部生活待遇落实】 2016年，防城港市加大对各级老干部工作部门落实“三个机制”情况进行督查，确保老干部离休费、地方性津补贴按时足额发放，医药费按规定实报实销，没有拖欠医疗费现象，离休干部护理费全部按规定发放。牵头抓好防城港市新中国成立初期参加革命工作的部分退休干部名单的审核工作，第一批新中国成立初期参加革命工作的51名退休干部名单审核完毕（其中一类享受待遇人员47人，三类享受待遇人员4人），医疗补助和护理费的发放工作正在有序开展中。加强与卫生部门的协调，为离休干部开通住院报销绿色通道，组织全市离休干部开展体检活动，逐步建立老干部健康档案。加强离退休干部走访慰问工作，落实老干部生病、重大节日、老干部有特殊困难、家中发生重大变故等必访制度，春节、中秋等重大节假日走访慰问离休干部和老干部遗孀60多人次，发放慰问金、慰问品一批，给11名离休干部送去生日慰问。

【老干部作用发挥】 2016年，防城港市充分依托关工委、老科协、老体协、咨询委等涉老组织，开展各项主题活动，为老干部发挥作用、增添正能量创造条件。市咨询委、市关工委、市老体协、市老科协、市诗词学会等涉老组织在调查研究、建言献策、自我保健、诗词创作、关爱青少年等方面做大量卓有成效的工作，得到社会各界的充分肯定。结合全市脱贫攻坚工作，11月，召开全市离退休干部“助力脱贫攻坚　老干部在行动”活动动员会，并与市委组织部联合印发《关于在全市离退休干部中开展“助力脱贫攻坚　老干部在行动”活动的实施方案》，以抓好扶志行动、聚力行动、助力行动、关爱行动、强基行动为载体，推动离退休干部为打赢脱贫攻坚战贡献智慧和力量。

机关党建

【概况】 防城港市直属机关工委有内设机构3个，分别为办公室、组织部、宣传部。2016年，市直机关工委共有干部6人，设立党支部1个，党员11名（含3名退休党员、市直机关纪工委2人）。所辖基层党组织（党委、机关党委、党总支、党支部）137个（含34个“两新”党组织），党员4938名。2016年，市直机关工委深入学习贯彻落实中共十八大和十八届三中、四中、五中、六中全会、习近平总书记系列重要讲话、自治区第十一次党代会、市第六次党代会精神，落实《条例》，开展“两学一做”学习教育，推进机关党的思想建设、组织建设、制度建设、文化建设、党风廉政建设、群团建设，着力营造“三大生态”、率先实现“两个建成”提供坚强保障。

【机关思想建设】 2016年，防城港市市直机关工委严格按照市委部署要求，抓好集中学习和四个专题讨论，举办“两学一做”专题培训班和示范党课2期，组织3800名机关党员开展“两学一做”知识竞赛网络答题活动；把充分发挥党员先锋模范作用贯穿“两学一做”学习教育全过程，开展党员到社区报到为群众服务、党员助力扶贫攻坚、机关党员回乡助力“美丽广西”乡村建设活动，引领6000多人次到农村、社区、家乡开展法治宣传教育、清洁卫生、学雷锋送科技知识下乡、义诊等志愿服务活动，为群众办实事好事768件，下足合格党员“做”字功夫。工委“两学一做”学习教育工作被全市“两学一做”学习教育联合督查组评为“优秀”等次。突出载体建设，深入开展送书籍、讲党课、办讲座、强研究系列学习活动。年内，赠送机关党员党建书籍1200本，到基层党组织上党课7次，承办“广西领导干部时代前沿知识”讲座4期，培训党员干部2100人次；形成机关党建调研报告47篇，市委政研室党支部等14个单位选送的课题被评选为2016年度的优秀课题，一项课题被自治区机关党建研究会评为2016年度调研成果三等奖。加大机关党建工作宣传力度，在《广西机关党建》、广西机关党建网、《防城港日报》上发表工作文章18篇，被防城港电视台采用信息5次，在防城港党建网和“先锋先行”微信公众号等新媒体宣传党建工作6次；举办机关党建信息员培训班，充分发挥防城港机关党建网宣传交流作用，基层党组织上报信息和图片1400多条，采用130条，点击率达15.5万人次。

【机关组织建设】 2016年，防城港市及时召开机关党建工作会议暨党风廉政工作会议，下发《防城港市2016年机关党建工作要点》《防城港市2016年机关党建考评指标》，量化党建工作内容、进度时限，集中组织开展机关党建年度考评，实施党建考评结果通报制度，推进机关党建的规范化。年内，12次深入相关基层党组织调研指导，4次深入基层党组织开展“两新”组织党建、落实基层党建重点任务等工作督查。

全面强化队伍建设。深入推进“公推直选”和党务干部配备，推动实现机关专职党务干部配备纳入防城港市党的建设工作领导小组2016年工作要点，年内共调整党组织12个，换届或补选75个，调整充实支部班子233人；坚持“两个源头”，严格党员发展程序，推行党员发展预审制，贯彻落实《细则》，年内发展党员51名；创新培训模式，到福建古田、江西井冈山等革命教育基地举办党组织书记培训班、“两学一做”党务干部培训班、优秀中层党员干部培训班、发展对象培训班5期，共培训301人，提升机关党员党性修养和党建业务素质；精心组织，严格程序和条件，成功选举91名市直机关出席中国共产党防城港市第六次代表大会代表。

巩固提升“两新”组织党建。深入调查摸底，全面掌握工委代管的33个“两新”党组织情况；指导抓好嘉城物业公司等4个党支部成立与换届选举工作，提升党组织覆盖率；突出党内制度完善，指导完善党员活动室3个，培养发展党员7名，全面推进6个软弱涣散党组织晋位升级，强化有效覆盖；强化“两新”组织党组织党务干部培训，集中推进“两新”组织党建示范点建设，广西维冠律师事务所党支部成为全市“两新”组织党建示范点，中电党支部获评全区先进基层党组织，巩固提升“两新”组织党建工作。

重点任务落实有力。把落实基层党建重点任务贯彻“两学一做”学习教育全过程，推进党员组织关系集中排查，理顺53名党员组织关系；规范党组织关系接转工作，年内接转党组织关系729人；规范党费的收缴、管理和使用，推进党费公示制度和党费收缴专项检查，推动各基层党组织补缴党费117.45万元（截至2016年11月底），年内上缴党费80.92万元，实现党费使用公示全覆盖、规范化；开展春节、“七一”走访慰问老党员、生活困难党员活动，慰问148人慰问金达88800元；按党员数在20人以下的党支部每年每个活动经费2000元、党员数在20人以上（含20人）的党组织每年人均100元的标准，请示协调、推动党组织活动经费列入财政预算，年度下达支部活动经费68万元。

【机关作风建设】 2016年，防城港市市直机关工委严格执行八项规定、《党政机关厉行节约反对浪费条例》，严管严控三公经费使用，三公经费开支、能耗与上年同比均有不同程度下降；及时传达学习党风廉政建设新精神，开展党务政务公开、廉洁从政约谈活动，严格执行财务、出勤等制度，工委干部均未出现任何违法违纪现象；完善单位内部管理制度，实施每月工作清单制度和每周工作完成情况汇报办法，强化督促落实，以执行力提升推动各项工作圆满完成。

【机关文化建设】 2016年，防城港市举办市直机关干部职工男女混合气排球比赛，63个单位、756名党员干部参加比赛，崇尚运动、注重健康的氛围逐步形成。组织开展优秀共产党员和优秀党务工作者以及先进基层党组织、信息上报先进单位与先进个人、群团组织评先评优工作，137个党员和基层党组织获评自治区和市级优秀，14个团组织（团员）获自治区、市级优秀，24个单位（个人）获评信息工作先进称号，1户家庭获“广西最美家庭”称号。红色文化不断浓厚。以建党95周年和红军长征80周年为契机，结合“两学一做”学习教育，举行“永远跟党走”——纪念中国共产党成立95周年知识竞赛和纪念建党95周年摄影比赛，精心组织摄影作品展览，建设机关红色文化。

【机关党风廉政建设】 2016年，防城港市市直机关工委全面落实“一岗双责”，自觉履行“第一责任人”职责，大力推进纪工委“走转改”，带头落实班子成员“一岗双责”制度，完善班子成员工作、生活制度，引领、推动、督促协同班子成员严格遵守党章党纪、法律法规，持续推进机关党建与党风廉政同部署、同落实、同考核，全面落实“一岗双责”。突出入党积极分子、党员发展对象培训，抓紧抓实机关党员廉政源头教育；举办2016年市直机关科级干部廉洁从政培训班，深抓廉政党课与廉政考试以及警示教育，广泛组织职责范围单位认真学习习近平总书记反腐倡廉重要讲话以及中央、自治区党委、市委重大会议精神，共教育培训机关党员256人，推动廉政教育纵深发展。监督检查协同推进。加强对职责范围单位的监督检查，扎实做好机关党员廉政考察工作，配合做好节假日期间明察暗访、换届风气监督检查、市委第一和第二轮巡察工作，不断加大监管力度。年内，纪工委先后8次深入县（市、区）、市直机关单位开展监督检查，审核出具科级干部廉政证明112人。

【机关群团建设】 2016年，防城港市直改选换届群团组织14个，审批群团干部74人；举办2016年市直机关妇女和青年干部素质能力提升培训班，培训56名机关群团干部；开展清洁海滩行、“下基层　访妇情　办实事”、机关青年爱国主义教育等活动，群团志愿服务内容不断丰富。

【自身建设】 2016年，防城港市市直机关工委坚持每季度至少到扶贫挂钩点开展1~2次走访调研活动，全力协调解决巴乃村饮水工程项目、贫困户子女入学问题，着力推进关爱扶贫、产业扶贫，年内投入扶贫经费12万元，所有扶贫结对对象均能按市委要求时间节点脱贫；积极参加市第六次党代会、人大和政协换届会议、绩效工作督察、百日攻坚、干部考察、廉政明察暗访、“美丽家园　生态乡村”督查等中心工作，并带头到社区开展志愿服务活动，服务中心工作成效显著。干部履职能力提升快。坚持每周开展1次全体干部学习会议，认真学习中共十八大和十八届三中、四中、五中、六中全会以及习近平总书记系列讲话精神；组织委内干部参加自治区工委、市委组织部等部门举办的脱产学习培训10期，按时完成网络学习培训和普法考试，鼓励推进工委干部给基层党组织上党课，强力培育干部；召开市、县（市、区）两级工委系统座谈会，积极参加自治区机关工委各项会议，加大与基层党组织交流联系，以培训交流推动干部素质提升。

信　访

【概况】 2016年，防城港市有党政合设信访工作机构5个，其中市委、市政府信访局1个，县（市、区）党委、政府信访局4个，共有信访干部23人。中共防城港市委员会防城港市人民政府信访局（简称市信访局）为正处级财政全额拨款行政单位，是市委工作机构，内设办公室、接访办信科、督查调研科。年内，防城港市信访工作围绕市委、市政府的工作大局和全国信访局长会议、全区信访工作会议的部署要求，以维护群众合法权益为出发点，以维护边疆安全稳定为主要任务，以继续深化信访工作制度改革为主线，以开展“信访工作典型经验推广年”和“信访矛盾多元化解机制建设年”活动为抓手,以开展“两学一做”学习教育为契机,着力打造“阳光信访”“责任信访”和“法治信访”,深入推进信访工作制度化、信息化、规范化建设,全力维护群众合法权益和社会和谐稳定,取得一定的成效。

【群众来信来访】 2016年,防城港全市党政信访部门受理信访总量1055批(件)2186人次,与2015年同期881批(件)1572人次相比,批次上升19.7%,人次上升37.9%。市县领导高度重视信访工作,亲自接访下访信访群众,督查督办信访案件,解决信访突出问题。

【信访工作制度改革】 抓机制创新,深入推进信访工作制度改革。一是推进信访信息系统的深度应用。2016年,防城港在全国信访信息系统网上办理信访事项1312件,办结率达100%。二是认真抓好依法分类处理信访投诉请求措施落地。2016年,接待群众来访和处理群众来信反映涉法涉诉信访事项62件,及时引导或转送同级政法机关依法办理62件。三是深入推进联合接访工作机制运行。2016年,发出联合接访通知95份,综合协调部门、地方联合接90多次,妥善处置并化解集体上访事件40多起。

【信访矛盾纠纷排查化解】 2016年,防城港市开展矛盾纠纷精准排查和精细化解。一是坚持市、县(市、区)分别每月、乡镇(街道)每半月、村每周定期排查一次,敏感时期随时排查工作制度。全年共排查出容易引发赴邕进京上访的矛盾纠纷共48件,重点信访人员有40名,重点信访群体4个。二是加强分析研判工作。对排查出的矛盾纠纷等信访问题及时进行分析研判,特别是对各类扬言进京非正常上访、群体性聚集和个人极端行为突出信访问题信息,在坚持定期分析研判同时,还不定期的开展分析研判。

【信访积案化解】 2016年,防城港市信访系统抓标本兼治,加大事要解决力度。一是加大信访事项办理、督查督办等工作力度。全年受理上级交办信访事项15件,办理信访复查复核40件。二是建立信访案例分析制度。加强对信访疑难案件的会商研判。年内,通过会商,为群众解决合理诉求18件。三是扎实推进信访积案化解集中攻坚活动。2016年,全部化解自治区信访联席办、自治区信访局交办的55件防城港市信访积案,化解率100%。四是建立信访部门与行业性、专业性调解组织相衔接的工作机制。五是建立党的群团工作纳入信访工作机制。2016年,市信访局与市总工会建立市职工维权服务工作联席会议,充分发挥工会组织团结教育群众、化解调处矛盾、帮扶救助困难职工的作用,推动信访问题的解决。六是建立律师等专业人士参与信访工作机制。9月9日,市司法局和市信访局联合下发《关于成立防城港市信访局法律工作站的通知》;9月30日,防城港市法律援助中心信访局工作站揭牌。七是建立社会第三方力量参与信访工作机制。建立听证评议专家库,充分发挥人大代表、政协委员、社会各界人士等社会第三方力量的作用,推动复杂疑难问题案件的信访积案的化解。

【信访秩序规范】 2016年,防城港市信访系统抓普法宣传,大力推进信访法治化建设。2月23日至3月23日,在各县(市、区)组织开展为期一个月的“依法信访,理性维权”主题宣传系列活动和“以案说法”典型宣传教育活动,累计发放各种宣传资料10000份,增强广大群众法律意识,营造依法信访的良好氛围。3月19日,国家信访局党组副书记、副局长张恩玺到防城港市进行调研,对防城港市以信访活动中违法犯罪典型案例汇编成册开展信访法治化宣传的做法给予充分肯定。

防城港市人民代表大会

综　述

【概况】 2016年,是市县乡三级人大代表换届选举之年,防城港市选举产生市第六届人民代表大会代表270名。9月29日,防城港市第六届人民代表大会第一次会议于依法选出防城港市第六届人民代表大会常务委员会组成人员35名,其中主任1名、副主任6名、秘书长1名、委员27名。防城港市第六届人民代表大会设有法制委员会、财政经济委员会、农业和农村委员会、城乡建设环境保护委员会、教育科学文化卫生委员会、民族外事华侨宗教委员会共6个专门委员会。防城港市人大常委会设办公室、研究室、选举联络工作委员会、法制工作委员会共4个办事机构(工作机构)。

【人大会议】 市五届人大七次会议 2016年2月17日—19日,防城港市第五届人民代表大会第七次会议在市人民大会堂举行。会议听取和审议市人大常委会和“一府两院”工作报告并作出相应决议,审查和批准防城港市国民经济和社会发展第十三个五年规划纲要、防城港市2015年国民经济和社会发展计划执行情况与2016年国民经济和社会发展计划草案的报告、全市与市本级2015年预算执行情况和2016年预算草案的报告,批准2016年国民经济和社会发展计划、市本级2016年预算,审议通过《防城港市立法条例》。市第五届人大法制委员会、财政经济委员会、农业和农村委员会、城乡建设环境保护委员会、教育科学文化卫生委员会、民族外事华侨宗教委员会分别书面向会议作2015年工作报告。会议依法补选许政为市五届人大常委会副主任,接受黄荣明因到任职年龄限辞去市五届人大常委会副主任职务的请求。

市六届人大一次会议 2016年9月27日—29日,防城港市第六届人民代表大会第一次会议在市人民大会堂举行。会议听取和审议市人大常委会和“一府两院”工作报告并作出相应决议。会议依法选举金湘军为市六届人大常委会主任,许政(苗族)、朱海燕(女)、李疆、陈丹桂(京族)、廖汝奋(瑶族)、梁光为市六届人大常委会副主任,卢岩为市六届人大常委会秘书长及委员27名;何朝建(壮族)为市长,唐轶昂(女)、黄强余(壮族)、蹇兴超、王琛、张海(壮族)、董凌(苗族)、罗真为副市长,莫澄真(女,瑶族)为市中级人民法院院长,农中校(壮族)为市人民检察院检察长。会议表决通过市六届人大法制委员会、财政经济委员会、农业和农村委员会、城乡建设环境保护委员会、教育科学文化卫生委员会、民族外事华侨宗教委员会组成人员名单。

常委会工作

【市五届人大常委会会议】 2016年，防城港市五届人大常委会共举行9次会议，即市五届人大常委会第三十一至第三十九次会议。

第三十一次会议 1月11日举行。会议依法补选许政为自治区第十二届人民代表大会代表。

第三十二次会议 2月2日举行。会议审议通过市五届人大七次会议有关事项和个别代表的代表资格审查情况的报告，决定将《防城港市立法条例(草案)》提请市五届人大七次会议审议，表决通过关于接受王德、玉石、宾正迎辞职请求的决定及相关人事事项。

第三十三次会议 3月4日举行。会议审议通过市人大常委会2016年工作要点，表决通过关于接受班忠柏辞职请求的决定及相关人事事项。

第三十四次会议 4月21日举行。会议听取和审议市人民政府关于我市贯彻执行统计法、安全生产监管执法、卫生攻坚计划执行情况的报告，并通过相关审议意见。会议还表决通过相关人事事项。

第三十五次会议 5月23日举行。会议审议通过关于个别代表的代表资格审查情况的报告，表决通过相关人事事项。

第三十六次会议 6月20日举行。会议表决通过相关人事事项。

第三十七次会议 6月30日举行。会议表决通过相关人事事项。

第三十八次会议 8月24日举行。会议听取和审议市人民政府关于防城港市贯彻落实《广西扶持人口较少民族发展规划(2011—2015)实施意见》情况的报告、贯彻执行科技进步法和农业技术推广法情况的报告、2016年上半年计划和预算执行情况的报告、2015年市本级决算报告、2015年度市本级预算执行和其他财政收支的审计工作报告以及市中级人民法院、市人民检察院2016年上半年工作报告，通过关于批准2015年市本级决算的决议及相关审议意见，表决通过相关人事事项。

第三十九次会议 9月14日举行。会议听取市人民政府办公室、市人大常委会选举联络工委关于市五届人大七次会议代表建议、批评和意见办理工作情况的报告，审议通过市六届人大一次会议有关事项和市第六届人民代表大会代表的代表资格审查情况的报告，表决通过相关人事事项。

【市六届人大常委会会议】 2016年，防城港市六届人大常委会共举行2次会议，即市六届人大常委会第一至第二次会议。

第一次会议 11月16日举行。会议听取和审议市人民政府关于在全市公民中开展法治宣传教育第六个五年规划实施情况和第七个五年规划实施意见的报告，审议市人民政府关于提请审议市本级2015年政府债务限额公开相关事项议案、提请审议2016年度市本级财政收支预算调整方案的议案。会议表决通过关于设立防城港市第六届人民代表大会常务委员会代表资格审查委员会的决定，关于接受王德林、姚喜心辞去自治区第十二届人民代表大会代表职务请求的决定，关于开展第七个五年法治宣传教育的决议，关于批准市本级2015年政府债务限额公开相关事项和2016年市本级财政预算调整方案的决议。会议还表决通过相关人事事项。

第二次会议 12月7日举行。会议听取市人民政府《关于〈防城港市城市市容和环境卫生管理条例(草案)〉的说明》、市人大城乡建设环境保护委员会《关于〈防城港市城市市容和环境卫生管理条例(草案)〉的审议报告》，审议《防城港市城市市容和环境卫生管理条例(草案)》。会议审议并决定任命新一届市人民政府秘书长、局长、委员会主任。

【2016年度市人大常委会会议主要议题】 听取和审议市人民政府关于贯彻执行《中华人民共和国统计法》情况的报告，听取和审议市人民政府关于安全生产监管执法工作的报告，听取和审议市人民政府关于全市卫生攻坚计划执行情况的报告，听取和审议市人民政府关于我市贯彻落实《广西扶持人口较少民族发展规划(2011—2015)实施意见》的报告，听取和审议市人民政府关于我市贯彻执行《中华人民共和国科技进步法》情况的报告，听取和审议市人民政府关于我市贯彻执行《中华人民共和国农业技术推广法》情况的报告，听取和审议市人民政府关于防城港市2016年上半年国民经济和社会发展计划执行情况的报告，听取和审议市人民政府关于2016年上半年预算执行情况的报告，听取和审议市人民政府关于2015年防城港市市本级决算的报告，听取和审议市人民政府关于2015年度防城港市本级预算执行和其他财政收支的审计工作报告，听取和审议市中级人民法院2016年上半年工作报告、听取和审议市人民检察院2016年上半年工作报告，听取和审议市人民政府关于在全市公民中开展法治宣传教育第六个五年规划实施情况和第七个五年规划实施意见的报告，审议市人民政府关于审定市本级2015年政府债务限额公开相关事项的议案，审议市人民政府关于提请审议市本级2016年度预算调整方案的议案，审议市人民政府关于提请审议《防城港市城市市容和环境卫生管理条例(草案)》的议案。

【代表议案与建议办理】 2016年2月，在市五届人大七次会议上，代表们共提出建议47件(含议案转建议6件)。其中：城建环保类15件，占31.9%；财政经济类10件，占21.3%；教科文卫类7件，占11%；农业农村类9件，占19.1%；其他6件，占12.8%。重点督办《关于进一步改善上思县城区交通拥堵情况的建议》《关于加大对乡镇基础设施建设投入力度的建议》《关于产业发展是精准扶贫重要途径的建议》《关于解决我市农村耕地丢荒现象的建议》《关于加强我市农村公路管理与养护的建议》《关于打造南屏乡生态移民搬迁带建设带的建议》《关于成立十万山瑶族乡九年一贯制民族学校的建议》等7件建议。47件代表建议办理结果为：已经解决或基本解决的3件，占6.4%；正在解决或列入计划解决的40件，占85.1%；不符合相关法律法规的规定或因条件限制暂时不能解决的4件，占8.5%。9月，在市六届人大一次会议上，代表们共提出建议47件(含议案转建议6件)。其中：城建环保类8件，占建议总数的17%,财政经济类16件,占建议总数的34%,教科文卫类8件,占建议总数的17%,农业农村类10件,占建议总数的21.3%,法治类5件,占建议总数的10.6%。以上47件建议已办理并书面答复代表的有14件,正在办理的有33件。其中已经解决或基本解决的5件,占建议总数的10.6%;正在解决或列入规划解决的7件,占建议总数的14.9%。重点督办《关于林业改革的建议》《关于加大对乡镇基础设施建设投入力度的建议》《关于加强农村食品安全监管工作的建议》《关于打击防东高速公路私开道口的建议》《关于要求市政府价格主管部门对全市住宅小区物业收费进行监督检查的建议》《关于调整完善我市公共交通路线的建议》等5件建议。

表2　**2016年度市人大常委会决议、决定和审议意见一览表**

决议、决定和审议意见名称	通过时间
防城港市人民代表大会常务委员会关于召开市第五届人民代表大会第七次会议的决定	2016年2月2日防城港市第五届人民代表大会常务委员会第三十二次会议通过
防城港市人民代表大会常务委员会关于市第五届人民代表大会第七次会议列席人员的决定	2016年2月2日防城港市第五届人民代表大会常务委员会第三十二次会议通过
防城港市人民代表大会常务委员会关于接受王德辞去防城港市副市长职务请求的决定	2016年2月2日防城港市第五届人民代表大会常务委员会第三十二次会议通过
防城港市人民代表大会常务委员会关于接受玉石辞去防城港市副市长职务请求的决定	2016年2月2日防城港市第五届人民代表大会常务委员会第三十二次会议通过
防城港市人民代表大会常务委员会关于接受宾正迎辞去防城港市副市长职务请求的决定	2016年2月2日防城港市第五届人民代表大会常务委员会第三十二次会议通过
防城港市人民代表大会常务委员会关于接受班忠柏辞去防城港市副市长职务请求的决定	2016年3月4日防城港市第五届人民代表大会常务委员会第三十三次会议通过
防城港市人大常委会关于市人民政府贯彻执行《中华人民共和国统计法》情况报告的审议意见	2016年4月21日防城港市第五届人民代表大会常务委员会第三十四次会议通过
防城港市人大常委会关于市人民政府安全生产监管执法工作报告的审议意见	2016年4月21日防城港市第五届人民代表大会常务委员会第三十四次会议通过
防城港市人大常委会关于市人民政府卫生攻坚计划执行情况报告的审议意见	2016年4月21日防城港市第五届人民代表大会常务委员会第三十四次会议通过
防城港市人民代表大会常务委员会关于接受黄文龙辞去防城港市副市长职务请求的决定	2016年6月20日防城港市第五届人民代表大会常务委员会第三十六次会议通过
防城港市人民代表大会常务委员会关于接受朱胜勇辞去防城港市副市长职务请求的决定	2016年6月20日防城港市第五届人民代表大会常务委员会第三十六次会议通过
防城港市人民代表大会常务委员会关于接受杨智军辞去防城港市中级人民法院院长、审判委员会委员、审判员职务请求的决定	2016年6月20日防城港市第五届人民代表大会常务委员会第三十六次会议通过
防城港市人民代表大会常务委员会关于莫澄真代理防城港市中级人民法院院长职务的决定	2016年6月20日防城港市第五届人民代表大会常务委员会第三十六次会议通过
防城港市人民代表大会常务委员会关于接受莫江林辞去防城港市第五届人民代表大会常务委员会秘书长职务请求的决定	2016年6月30日防城港市第五届人民代表大会常务委员会第三十七次会议通过
防城港市人民代表大会常务委员会关于批准2015年市本级决算的决议	2016年8月24日防城港市第五届人民代表大会常务委员会第三十八次会议通过
防城港市人大常委会关于市人民政府贯彻落实《广西扶持人口较少民族发展规划2011—2015)实施意见》情况报告的审议意见	2016年8月24日防城港市第五届人民代表大会常务委员会第三十八次会议通过
防城港市人大常委会关于市人民政府贯彻执行《中华人民共和国科技进步法》情况报告的审议意见	2016年8月24日防城港市第五届人民代表大会常务委员会第三十八次会议通过
防城港市人大常委会关于市人民政府贯彻执行《中华人民共和国农业技术推广法》情况报告的审议意见	2016年8月24日防城港市第五届人民代表大会常务委员会第三十八次会议通过
防城港市人大常委会关于防城港市2016年上半年国民经济和社会发展计划执行情况报告的审议意见	2016年8月24日防城港市第五届人民代表大会常务委员会第三十八次会议通过

续表

决议、决定和审议意见名称	通过时间
防城港市人大常委会关于全市2016年上半年预算执行情况报告的审议意见	2016年8月24日防城港市第五届人民代表大会常务委员会第三十八次会议通过
防城港市人大常委会关于市中级人民法院2016年上半年工作报告的审议意见	2016年8月24日防城港市第五届人民代表大会常务委员会第三十八次会议通过
防城港市人大常委会关于市人民检察院2016年上半年工作报告的审议意见	2016年8月24日防城港市第五届人民代表大会常务委员会第三十八次会议通过
防城港市人民代表大会常务委员会关于召开市第六届人民代表大会第一次会议的决定	2016年9月14日防城港市第五届人民代表大会常务委员会第三十九次会议通过
防城港市人民代表大会常务委员会关于市第六届人民代表大会第一次会议列席人员的决定	2016年9月14日防城港市第五届人民代表大会常务委员会第三十九次会议通过
防城港市人民代表大会常务委员会关于开展第七个五年法治宣传教育的决议	2016年11月16日防城港市第六届人民代表大会常务委员会第一次会议通过
防城港市人民代表大会常务委员会关于批准《防城港市人民政府关于提请审议批准市本级2015年政府债务限额公开相关事项的议案》的决议	2016年11月16日防城港市第六届人民代表大会常务委员会第一次会议通过
防城港市人民代表大会常务委员会关于批准2016年市本级财政预算调整方案的决议	2016年11月16日防城港市第六届人民代表大会常务委员会第一次会议通过
防城港市人民代表大会常务委员会关于设立防城港市第六届人民代表大会常务委员会代表资格审查委员会的决定	2016年11月16日防城港市第六届人民代表大会常务委员会第一次会议通过
防城港市人民代表大会常务委员会关于接受王德林、姚喜心辞去自治区第十二届人民代表大会代表职务请求的决定	2016年11月16日防城港市第六届人民代表大会常务委员会第一次会议通过

【国家机关工作人员任免】 2016年，防城港市人大常委会依法任免地方国家机关工作人员105人次。其中，市人大常委会主任会议提请任免的人员4人次，市人民政府提请任免的人员65人次，市中级人民法院提请任免的人员16人次，市人民检察院提请任免的人员20人次。

表3　**2016年度市人大常委会任免国家机关工作人员名单一览表**

时间	会议	任免	姓　名	职务
2016年2月2日	市五届人大常委会第三十二次会议	决定任命	王　琛	防城港市人民政府副市长
		决定任命	张　海	防城港市人民政府副市长
		决定任命	王　琛	防城港市公安局局长
		决定免去	玉　石	防城港市公安局局长
		任命	孙继生	防城港市中级人民法院审判委员会委员、审判员
		免去	黄文德	防城港市中级人民法院审判委员会委员、审判员职务
		任命	黄文德	防城港市人民检察院检察委员会委员、检察员
		免去	苏兴文	防城港市人民检察院副检察长、检察委员会委员、检察员
		免去	孙继生	防城港市人民检察院检察委员会委员、检察员
		免去	叶玉兰	防城港市人民检察院检察员
2016年3月4日	市五届人大常委会第三十三次会议	决定任命	唐轶昂	防城港市人民政府副市长
		决定任命	田　博	防城港市人民政府副市长
2016年4月21日	市五届人大常委会第三十四次会议	决定任命	赵　强	防城港市人民政府副市长

续表 1

时间	会议	任免	姓　名	职务
2016 年 5 月 23 日	市五届人大常委会第三十五次会议	任命	李　健	防城港市人大常委会副秘书长
		任命	邱　鹏	防城港市人大常委会法制工作委员会主任
		免去	沈爱东	防城港市人大法制委员会副主任委员
		决定任命	毛善学	防城港市民政局局长
		决定任命	申时荣	防城港市司法局局长
		决定任命	郑武珠	防城港市交通运输局局长
		决定任命	曾凡兴	防城港市水利局局长
		决定任命	吴永明	防城港市林业局局长
		决定任命	禤　东	防城港市外事侨务办公室主任
		决定任命	陆健文	防城港市旅游发展委员会主任
		决定免去	韦汉烨	防城港市民政局局长
		决定免去	郑武珠	防城港市司法局局长
		决定免去	吴永明	防城港市交通运输局局长
		决定免去	郑　东	防城港市水利局局长
		决定免去	李承棠	防城港市林业局局长
		决定免去	李洪波	防城港市外事侨务办公室主任
		决定免去	曾凡兴	防城港市旅游发展委员会主任
		决定免去	覃　森	防城港市人民政府国有资产监督管理委员会主任
		任命	李洪波	防城港市中级人民法院副院长、审判委员会委员、审判员
		任命	张柏信	防城港市中级人民法院副院长
		免去	邱　鹏	防城港市中级人民法院副院长、审判委员会委员、审判员
		免去	李琴琴	防城港市中级人民法院副院长、审判委员会委员、审判员
		免去	兰云英	防城港市中级人民法院审判委员会委员、审判员
2016 年 6 月 20 日	市五届人大常委会第三十六次会议	任命	莫澄真	防城港市中级人民法院副院长、审判委员会委员、审判员
2016 年 6 月 30 日	市五届人大常委会第三十七次会议	决定任命	董　凌	防城港市人民政府副市长
		决定任命	罗　真	防城港市人民政府副市长
		免去	陈为民	防城港市人大常委会副秘书长
		决定任命	袁学顺	防城港市商务局局长
		决定任命	许大俭	防城港市文化委员会主任
		决定任命	莫江林	防城港市人民政府国有资产监督管理委员会主任
		决定免去	雷璧翠	防城港市商务局局长
		决定免去	卢　岩	防城港市文化委员会主任
		决定免去	黄子洮	防城港市卫生和计划生育委员会主任
2016 年 8 月 24 日	市五届人大常委会第三十八次会议	决定任命	林春胜	防城港市人民政府秘书长
		决定任命	张传凯	防城港市卫生和计划生育委员会主任
		决定免去	梁　光	防城港市人民政府秘书长
		任命	林京仪	防城港市人民检察院检察委员会委员、检察员
		任命	王小清	防城港市人民检察院检察委员会委员、检察员
		任命	杨宗春	防城港市人民检察院检察员

续表 2

时间	会议	任免	姓　名	职务
2016 年 8 月 24 日	市五届人大常委会第三十八次会议	任命	刘进平	防城港市人民检察院检察员
		任命	李玲玲	防城港市人民检察院检察员
		任命	柳荣媚	防城港市人民检察院检察员
		任命	罗　伟	防城港市人民检察院检察员
		任命	凌光满	防城港市人民检察院检察员
		免去	何永纯	防城港市人民检察院检察员
		免去	韦克智	防城港市人民检察院检察员
2016 年 9 月 14 日	市五届人大常委会第三十九次会议	批准任命	李庆章	上思县人民检察院检察长
		批准任命	黄建森	东兴市人民检察院检察长
		批准任命	钟志海	防城港市港口区人民检察院检察长
		批准任命	何永纯	防城港市防城区人民检察院检察长
2016 年 11 月 16 日	市六届人大常委会第一次会议	任命	韦　鹏	防城港市中级人民法院审判委员会委员、审判员
		任命	李云鹏	防城港市中级人民法院审判委员会委员、审判员
		免去	凌立前	防城港市中级人民法院审判员
		免去	刘兴发	防城港市中级人民法院审判委员会委员、审判员
		免去	黄道仕	防城港市中级人民法院立案庭庭长、审判委员会委员、审判员
		免去	钟　健	防城港市中级人民法院刑事审判第一庭庭长、审判委员会委员、审判员
		免去	罗治华	防城港市中级人民法院民事审判第三庭庭长、审判委员会委员、审判员
		免去	张小明	防城港市中级人民法院行政审判庭副庭长、审判员
		免去	罗艳林	防城港市人民检察院检察委员会委员、检察员
		免去	覃枢龙	防城港市人民检察院检察员
2016 年 12 月 7 日	市六届人大常委会第二次会议	决定任命	林春胜	防城港市人民政府秘书长
		决定任命	廖　云	防城港市发展和改革委员会主任
		决定任命	陈弘志	防城港市工业和信息化委员会主任
		决定任命	韩世军	防城港市教育局局长
		决定任命	杨远艳	防城港市科学技术局局长
		决定任命	韦文正	防城港市民族宗教事务委员会主任
		决定任命	王　琛	防城港市公安局局长
		决定任命	姚佩衡	防城港市监察局局长
		决定任命	于德林	防城港市民政局局长
		决定任命	申时荣	防城港市司法局局长
		决定任命	赵　蕾	防城港市财政局局长
		决定任命	覃菊花	防城港市人力资源和社会保障局局长
		决定任命	甘炳洪	防城港市环境保护局局长
		决定任命	张常路	防城港市住房和城乡建设委员会主任
		决定任命	包家友	防城港市市政管理局局长
		决定任命	郑武珠	防城港市交通运输局局长
		决定任命	李兴辉	防城港市农业委员会主任
		决定任命	曾凡兴	防城港市水利局局长
		决定任命	吴永明	防城港市林业局局长
		决定任命	袁学顺	防城港市商务局局长
		决定任命	许大俭	防城港市文化委员会主任

续表 3

时间	会议	任免	姓　名	职务
2016 年 12 月 7 日	市六届人大常委会第二次会议	决定任命	张传凯	防城港市卫生和计划生育委员会主任
		决定任命	杨尚秋	防城港市食品药品监督管理局局长
		决定任命	黄日忠	防城港市审计局局长
		决定任命	禤　东	防城港市外事侨务办公室主任
		决定任命	黄洪海	防城港市安全生产监督管理局局长
		决定任命	佟义东	防城港市统计局局长
		决定任命	陆健文	防城港市旅游发展委员会主任
		决定任命	朱宇云	防城港市工商行政管理局局长
		决定任命	吴　文	防城港市质量技术监督局局长
		决定任命	刘　翔	防城港市海洋局局长
		决定任命	莫江林	防城港市人民政府国有资产监督管理委员会主任

【加强规范性文件备案审查工作】 2016 年，防城港市备案审查市人民政府规范性文件 5 件:《防城港市城区集体土地征收拆迁补偿及安置办法》《防城港市城区集体土地征拆资金管理办法(试行)》《防城港市人民政府办公室关于印发〈防城港市企业简易注销程序规定(试行)〉的通知》《防城港市人民政府办公室关于印发〈防城港市畜禽规模养殖禁养区和限养区划定方案〉的通知》《防城港市培育扶持服务企业上规模奖励暂行办法》。

防城港市人民政府

重大举措和工作部署

【第十三个五年规划纲要】 经 2016 年 2 月 19 日市五届人大七次会议审议，市人民政府于 2016 年 3 月 17 日印发《防城港市国民经济和社会发展第十三个五年规划纲要》(以下简称《纲要》)。《纲要》主要阐明“十三五”期间防城港市经济社会发展指导思想、目标任务和重大举措，集中体现市委、市政府的施政方针和决策意图。《纲要》具有战略性、宏观性、政策性和约束性，是各级政府部门依法履行职责、编制规划、实施年度计划和制订各项政策措施的重要依据，是未来 5 年全市经济社会发展的宏伟蓝图，是全市各族人民共同奋斗的行动纲领。2016 年 12 月 5 日，防城港市人民政府办公室印发《防城港市国民经济和社会发展第十三个五年规划纲要实施方案》。

【加快推进中心区建设五年行动】 经 2016 年 2 月 23 日市五届人民政府第 71 次常务会议审议通过，印发《防城港市加快推进中心区建设五年行动计划(2016—2020 年)》。行动计划全面落实市委把防城港建设成为中国沿海最具幸福感城市的总体要求，以新型城市化为引领，以功能区块开发和基础设施建设为重点，突出中心区的城市核心地位，充分发挥其辐射引领作用。通过 5 年时间的努力，把中心区建设成规划科学、设施配套完善、城市形象鲜明、文化底蕴彰显、人居环境优美的宜居、宜游、宜业、宜学的现代化城市。到 2020 年，建成区更加完善靓丽，新区不断拓展优化，建成区面积达 30 平方千米以上。

【新型城镇化建设】 为推动全市城镇化水平和质量持续提升，城镇布局更加优化，城镇模式集约高效，城镇综合承载力明显提高，城镇公共服务均等化基本实现，城镇化体制机制更加健全。2016 年 12 月 20 日，防城港市人民政府办公室印发《防城港市深入推进新型城镇化建设实施方案》。方案提出，到 2020 年，全市常住人口城镇化率达到 65%，户籍人口城镇化率达到 50%。

【“边海经济带”项目建设】 为全面贯彻落实全市经济工作会议精神，全面启动基础设施建设、产业转型升级、脱贫、教育卫生“四大攻坚战”建设，统筹推进全市重大项目，防城港市人民政府办公室于 2016 年 3 月 8 日印发《防城港市 2016 年“边海经济带”项目建设计划(第一批)》。防城港市 2016 年“边海经济带”项目建设计划共 714 项，项目责任单位 41 个，总投资 4408 亿元，2016 年计划投资 423 亿元(不含钢铁项目)。

【为民办实事十大工程】 2016 年 6 月 16 日，防城港市人民政府办公室印发《2016 年市人民政府为民办实事十大工程分工方案》。2016 市人民政府为民办实事工程，包括公共配套、扶贫、交通、医卫、教育、安居、水利、生态、民政助残、食品安全等十大工程共 41 个项目，投资约 14.61 亿元，是《政府工作报告》重点推进的工作，各责任单位和协调管理部门要高度重视，认真履职，确保按时、按质、按量完成目标任务。

【限期完成 24 个政府投资项目】 为带动推进全市重大项目建设，为改善民生、教育和加速产业升级转型，全面实现防城港市“十三五”经济社会发展目标任务提供强有力支撑，须加快推进政府投资项目建设，确保项目如期竣工，经 2016 年 4 月 22 日市五届人民政府第七十三次常务会议审议，防城港市人民政府办公室印发《关于下达 2016 年限期完成 24 个政府投资项目的通知》。2016 年限期完成政府投资项目 24 个，总投资 64.14 亿元，2016

年计划投资11.87亿元，涉及8个责任单位。

【降低实体经济企业成本】 2016年5月30日，市人民政府印发《关于降低实体经济企业成本若干措施的意见》。意见出台旨在切实降低防城港市实体经济企业成本，进一步改善企业发展环境，增强企业盈利能力和发展活力，确保稳增长工作任务的完成。内容包括降低制度性交易成本、降低企业税赋负担、降低行政事业性等项目的收费、降低企业人工成本、降低企业融资和财务成本、降低电力成本、降低企业物流成本。

【推动招商引资项目落地】 2016年12月19日，市人民政府印发《关于采用倒逼机制推动招商引资项目落地的若干意见》，以目标倒逼执行，以时间倒逼进度，以通报倒逼提速，以督查倒逼提效，以问责倒逼落实，切实解决招商引资项目审批周期长、落地难等突出问题，强力推动招商引资项目早落地、早开工、早投产、早见效。

【全面推开营改增试点】 2016年9月23日，市人民政府印发《关于印发全面推开营改增试点后调整市本级与城区增值税收入划分过渡方案的通知》，方案与全面推开营改增试点同步实施，即自2016年5月1日起执行。过渡期暂定2~3年，届时根据中央与地方增值税收入划分过渡方案调整情况，研究是否适当调整。

【市城区集体土地征收拆迁补偿及安置办法】 为保障土地资源的合理利用和城乡规划的顺利实施，保护征收土地当事人的合法权益，根据《中华人民共和国土地管理法》《中华人民共和国土地管理法实施条例》《广西壮族自治区实施〈中华人民共和国土地管理法〉办法》等有关法律法规的规定，经2016年1月21日市五届人民政府第68次常务会议审议，出台《防城港市城区集体土地征收拆迁补偿及安置办法》。

【城区集体土地征拆资金管理】 为进一步规范防城港市本级项目征拆资金管理，确保资金使用快捷、高效、安全，促进征地拆迁工作顺利开展，经2016年1月21日市五届人民政府第68次常务会议审议，印发《防城港市城区集体土地征拆资金管理办法(试行)》。

【清理规范行政审批中介服务事项】 2016年4月7日和2016年8月23日，市人民政府分别印发《关于贯彻落实自治区人民政府关于第一批清理规范行政审批中介服务事项的决定的通知》和《防城港市人民政府关于第二批清理规范13项行政审批中介服务事项的通知》，共清理规范89项行政审批中介服务事项。被清理规范的行政审批中介服务事项不再作为行政审批的受理条件。

【培育扶持服务业企业上规模】 为全面贯彻落实国务院关于支持服务业发展的战略部署和自治区党委、政府《关于进一步加快服务业发展的若干意见》等文件精神，加快实施《防城港市贯彻落实自治区加快服务业发展若干意见工作方案》，积极培育扶持服务业企业上规模，促进防城港市现代服务业加快发展。经2016年11月11日市六届人民政府第2次常务会议审议，印发《防城港市培育扶持服务业企业上规模奖励暂行办法》。

【CEPA服务贸易协议行动计划】 为切实落实好CEPA服务贸易协议，加快推进防城港市现代服务业对外开放，2016年10月10日，防城港市人民政府办公室印发《防城港市落实内地与港澳建立更紧密经贸关系服务贸易协议行动计划工作方案》。

【冷链物流产业发展总体方案】 为充分发挥防城港市紧邻东南亚的沿海沿边区位、港口、边境口岸以及进境水果指定口岸、互市贸易、铁路冷链专列等优势，促进防城港市冷链物流产业跨越式发展，建设面向东南亚、辐射西南中南地区乃至全国的国际双向冷链物流组织中心，经2016年7月22日市五届人民政府第78次常务会议审议，印发《防城港市冷链物流产业发展总体方案》。到2020年，将冷链物流产业建设成防城港市对接服务“一带一路”和开放型经济新体制综合试点的示范性产业，基本建立以水果、水产品、肉类等为主的进出口贸易、冷藏配送、生鲜电商、展示交易、冷链加工、多温控仓储、品牌塑造、质量检测、质量追溯等为一体的冷链产业服务体系。力争成为西南地区年货物吞吐量达500万吨的冷链集散中心(水产品200万吨、水果200万吨、肉类100万吨)、全国最大铁路冷链物流中心和贯通中东欧(中国、东南亚、欧洲)海公铁联运冷链物流示范通道，初步建成连接东南亚与西南中南地区乃至全国的区域性国际双向冷链物流集散中心。

【推进国有企业发展混合所有制经济】 为全面深化全市国有企业改革，积极引入各类社会资本参与国有企业市场化、开放式重组改造，推动企业做专做优做强，真正成为市场主体，不断增强国有经济活力、影响力、控制力，经2016年12月19日市六届人民政府第4次常务会议审议，印发《防城港市推进国有企业发展混合所有制经济实施方案》。方案提出：2017年，完成市属国有企业分类改革，积极推进子公司层面建立混合所有制企业；2019年，大多数市属国有企业实现股权多元化，国有资产证券化实现重大突破；2020年，国有企业基本建成现代企业制度，混合所有制成为市场经济的主要微观主体，国有资产证券化比2019年提高10%以上。

【脱贫攻坚】 经2016年6月17日市五届人民政府第76次常务会议审议，防城港市人民政府办公室印发《脱贫攻坚交通基础设施实施方案》《脱贫攻坚水利基础设施建设实施方案》《脱贫攻坚农村危房改造实施方案》《脱贫攻坚移民搬迁实施方案》《脱贫攻坚特色产业培育实施方案》《鼓励企业参与工业扶贫开发实施方案》《脱贫攻坚农村电商发展工作实施方案》《脱贫攻坚旅游服务业发展实施方案》《脱贫攻坚教育帮扶实施方案》《脱贫攻坚劳动力培训就业创业实施方案》《脱贫攻坚卫生计生帮扶实施方案》《脱贫攻坚科技文化扶贫实施方案》《脱贫攻坚贫困人口最低生活保障实施方案》《脱贫攻坚农村“三留守”人员和残疾人关爱工作实施方案》《脱贫攻坚增加资产收益实施方案》《脱贫攻坚贫困户小额贷款实施方案》《深入动员社会力量参与脱贫攻坚实施方案》《精准识别脱贫摘帽实施方案》《金融精准扶贫创新工作实施方案》等19个实施方案。

【教育综合改革】 2016年12月22日,市人民政府印发《防城港市教育综合改革实施方案(2016—2020年)》。方案旨在大力推进重点领域和关键环节改革创新,构建系统完备、管理科学、多元参与、开放有序、高效公平的现代教育体制机制,推进教育改革发展进入法治化轨道。到2018年,4个县(市、区)通过国家义务教育均衡发展评估验收。到2020年,学前三年毛入园率达到85%,九年义务教育巩固率达到95.3%,高中阶段教育毛入学率达到90%。教育重点领域和关键环节的改革取得突破性进展,形成各级各类教育有机衔接,形成各类教育主体各司其责、协同推进改革发展的"管办评"制度新体系;形成促进内涵发展和教育公平、推动教育与经济社会发展合作共赢的开放联动的教育发展新局面;实现教育治理体系与治理能力现代化。

【创建国家公共文化服务体系示范区】 2016年3月18日,防城港市人民政府印发《防城港市创建国家公共文化服务体系示范区规划(2015—2017)》。规划的建设目标是以公共文化服务标准化、均等化、社会化、数字化、制度化建设为基础,以"文化有缘"为主题,以"地缘、海缘、文缘、人缘、城缘"为特色,通过实施公共文化服务七项工程和特色项目建设,2017年各项建设指标均达到国家公共文化服务体系示范区建设标准(西部)。通过以"五化"促"五缘"课题研究及制度设计,形成边境民族地区公共文化服务体系建设中一批可推广、可复制的有效工作经验和做法,发挥公共文化服务在"一带一路"战略中的先行示范效应,打造具有"城乡一体化"公共文化服务体系支撑的边海文化名城,建成西部和边疆民族地区展示现代公共文化服务体系建设成果的窗口城市。

【市级非物质文化遗产代表性项目名录】 2016年6月16日,市人民政府印发《关于公布第三批市级非物质文化遗产代表性项目名录的通知》,公布京族风吹饼制作技艺、高跷捞虾、过山瑶服饰制作技艺为市级第三批市级非物质文化遗产代表性项目。

【国有林场改革】 为建立职能定位明确、管理科学规范、政策保障有力的现代国有林场发展机制,全面提高森林资源总量和质量,实现生态得保护、林场得发展、职工生活得保障、资源得增长,确保国有林场社会和谐稳定的总体目标。在2016年防城区国有林场改革试点的基础上,将国有林场改革对象扩大为全市经过县级以上人民政府批准成立的国有林场,即上思县4个林场(平广林场、十万山林场、红旗林场、汤妈林场)。2016年12月30日,市人民政府印发《防城港市国有林场改革实施方案》。

【全民健身实施计划】 为贯彻落实全民健身国家战略,普及全民健身运动,进一步提高全市人民身体素质和健康水平,2016年12月28日,市人民政府印发《防城港市全民健身实施计划(2016—2020年)》。

【辐射事故应急预案】 为建立健全防城港市辐射事故应急机制,提高应对辐射事故的应急反应能力。加强对放射性物质及射线装置的安全监管,及时有效处理处置辐射事故,控制和减轻事故后果,保障从业人员、公众和辐射环境安全,保护环境,维护社会稳定,促进经济社会全面、协调、可持续发展。2016年2月24日,市人民政府办公室印发《防城港市辐射事故应急预案》。

【突发环境事件应急预案(修订)】 为建立健全防城港市突发环境事件应急机制,提高政府应对突发环境事件的能力,防范和有效处置各类突发环境事件,保护环境,维护社会稳定,保障公众生命健康和财产安全,促进防城港市社会全面、协调、可持续发展。2016年3月7日,防城港市人民政府办公室印发《防城港市突发环境事件应急预案(修订)》。

【重要会议决定事项办理落实督查办法】 为使市人民政府重要会议的决策部署及时得到贯彻执行,促进重要会议决定事项督查工作的制度化、规范化,提高工作效率和质量,确保政令畅通,经2016年4月25日市五届人民政府第74次常务会议审议,防城港市人民政府办公室印发《防城港市人民政府重要会议决定事项办理落实督查办法(试行)》。

【政府例行新闻发布制度】 为加强新常态下政府新闻发布工作,适时发布涉及市委、市政府重大决策部署、重要工作安排、重大发展政策、重大突发事件、人民群众关注的社会热点焦点问题等,确保政府新闻发布更加及时、公开、透明,2016年11月15日,防城港市人民政府办公室印发《防城港市人民政府例行新闻发布制度》。制度明确,自2016年起,以市人民政府名义召开的新闻发布会原则上每个季度至少举行1次,每年4次。如确有需要,可适当增加新闻发布的频次。

【医疗卫生服务体系建设规划】 促进防城港市医疗卫生资源进一步优化配置,提高服务能力和资源利用效率,指导各县(市、区)科学、合理地制订和实施区域卫生规划和医疗机构设置规划,2016年5月8日,防城港市人民政府办公室印发《防城港市医疗卫生服务体系建设规划(2016—2020年)》。

【发明专利双倍增计划】 为巩固"十二五"时期全市知识产权工作成绩,进一步促进科技创新成果专利化,推动发明专利申请量、授权量、每万人口发明专利拥有量在"十三五"期间双倍增长,经2016年4月25日市五届人民政府第74次常务会议审议,防城港市人民政府办公室印发《防城港市发明专利双倍增计划(2016—2020年)》。"十三五"期间,全市累计完成发明专利申请3230件,至2020年发明专利拥有量450件。发明专利结构明显优化,公共服务、管理能力明显提升,产业及企业核心竞争力明显增强,形成发明专利增量提质新局面,力争建成北部湾经济区知识产权试点示范城市。

【企业简易注销程序】 为简化企业注销登记流程,缩短退出周期,降低退出成本,根据《国务院关于促进市场公平竞争维护市场正常秩序的若干意见》和《工商总局关于进一步推动企业简易注销改革试点有关工作的通知》精神,经2016年7月22日防城港市五届人民政府第78次常务会审议,印发《防城港市企业简易注销程序规定(试行)》。

【"先照后证"事中事后监管】 为深化商事制度改革,转变市场监管理念,明确监管职责,创新监管方式,建立以信用监管为核心的监管制度,健全权责明确、透明高效的事中事后监管机制,推动形成"市场主体自治、行业自律、社会监督、政府监管"的社会共治局面,促进全市经济社会持续健康发展。2016年10月26日,防城港市人民政府办公室印发《防城港市实施"先照后证"改革后加强事中事后监管实施方案》。

【公共区域免费Wi-Fi建设】 为加快推进防城港市公共区域免费Wi-Fi建设,提升公共服务水平,优化投资环境,促进移动互联网信息消费,带动第三产业发展,经2016年9月2日市五届人民政府第79次常务会议审议,印发《防城港市公共区域免费Wi-Fi建设方案》。方案提出,力争2017年上半年完成防城港市城区200个公共区域免费Wi-Fi建设,2017年完成全市重点公共区域免费Wi-Fi建设。

【整合建立统一的公共资源交易平台】 2016年11月23日,防城港市人民政府办公室印发《整合建立统一的公共资源交易平台实施方案》。方案提出,在市本级已建立公共资源交易统一平台的基础上,2016年10月底前,基本完成全市公共资源交易平台整合工作。

【加快推进残疾人小康进程】 经2016年11月11日防城港市六届人民政府第2次常务会审议,印发《防城港市关于加快推进残疾人小康进程的实施方案》,方案提出,到2020年,实现残疾人家庭人均收入比2010年翻一番。全市残疾人权益保障制度基本健全、基本公共服务体系更加完善,残疾人事业与经济社会协调发展,残疾人社会保障和基本公共服务水平明显提高,帮助残疾人共享经济社会发展成果。

【乡村教师支持计划】 经2016年6月28日市五届人民政府第77次常务会议审议,印发《防城港市乡村教师支持计划实施方案(2015—2020年)》。方案提出,通过实施乡村教师支持计划,到2017年,力争使全市乡村学校优质教师来源得到多渠道扩充,乡村教师资源配置得到改善,教育教学能力水平稳步提升,各方面合理待遇依法得到较好保障,建立"越往基层、越是艰苦,地位待遇越高"的激励机制,逐步形成"下得去、留得住、教得好"的局面。到2020年,努力造就一支素质优良、甘于奉献、扎根乡村的教师队伍,为加快实现教育振兴、推进边海经济带建设,打造广西"两个建成"先行区目标提供人才保障。

【深化医药卫生体制改革】 为充分发挥政府职能和市场机制作用,推进医疗、医保、医药三医联动,强化改革整体性、系统性和协同性,进一步提高改革行动能力,为实施"十三五"医改规划确定的各项改革任务布好局、起好步,为建立覆盖城乡的基本医疗卫生制度和现代医院管理制度、实现人人享有基本医疗服务的目标打下基础。经2016年11月11日市六届人民政府第2次常务会议讨论,印发《防城港市深化医药卫生体制改革2016年重点工作任务》。

【推进义务教育均衡发展】 通过加大财政投入、开展学校标准化建设、合理配置教师资源等措施,努力缩小城乡间、区域间、学校间办学水平的差距,使县域内每一所义务教育学校均衡发展,进一步促进教育公平,进一步提高教育质量,为实现广西"两个建成"先行区提供人才支撑。经2016年6月28日市五届人民政府第77次常务会议审议,印发《防城港市推进义务教育均衡发展实施方案》。方案提出,2016年底,港口区接受国家评估验收;2017年东兴市接受自治区和国家评估验收;2018年,上思县和防城区接受自治区和国家评估验收。2018年前,各县(市、区)均通过国家县域义务教育均衡发展评估验收。

【政府购买服务】 2016年12月28日,防城港市人民政府办公室印发《防城港市政府购买服务指导目录》。指导目录确定6类、69款、520项可采取政府购买服务。

【政府性融资担保系建设】 为加快推进防城港市政府性融资担保体系建设,进一步发挥政府在融资性担保服务体系建设中的引导作用,建立和完善防城港市政府性融资担保机构资本金持续补充和代偿补偿机制,构建新型政银担合作关系,提升小微企业融资担保服务水平,2016年12月28日,防城港市人民政府办公室印发《加快全市政府性融资担保系建设的实施方案》。

【加快发展体育产业促进体育消费】 为加快推进体育产业促进体育消费工作,助力"边海文化名市"建设,进一步发挥体育产业对绿色发展、扩大内需、保障民生、提升文化竞争力、培育经济新动力,2016年12月28日,防城港市人民政府办公室印发《防城港市加快发展体育产业促进体育消费的实施方案》。

【食品安全抽检监测计划】 为进一步巩固食品安全抽检监测成果,及时掌握全市食品安全状况,发现和消除食品安全隐患,提高全市食品安全保障水平,2016年3月21日,防城港市人民政府办公室印发《防城港市食品安全抽检监测计划(2016—2018年)》。

表4　　2016年防城港市人民政府常务会议一览表

会议届次	会议时间	主持人	会议内容
第五届第六十七次	1月18日下午	何朝建	审议: 《政府工作报告(讨论稿)》 《关于防城港市2015年国民经济和社会发展计划执行情况与2016年国民经济和社会发展计划草案的报告》 《防城港市国民经济和社会发展第十三个五年规划纲要草案》 《关于防城港市全市与市本级2015年预算执行情况和2016年预算草案的报告》

续表 1

第五届 第六十八次	1 月 21 日上午	何朝建	同意： 市监察局《关于给予徐某某行政记过处分的请示》《关于给予郭李某撤销副总经理职务处分的请示》《关于给予李某开除公职处分的请示》，按有关规定办理
第五届 第六十九次	2 月 1 日上午	何朝建	原则同意： 市人社局、绩效办、财政局《关于预发 2015 年度市领导绩效奖的请示》《关于预发市直党政机关单位 2015 年度绩效奖的请示》《关于适当增加市直事业单位 2015 年度绩效工资总量的请示》 市人社局、财政局《关于发放 2015 年度离退休人员慰问金的请示》
第五届 第七十次	2 月 3 日上午	何朝建	研究白浪滩渭博五星海滩度假大酒店项目请求兑现政府奖励问题
第五届 第七十一次	2 月 23 日上午	何朝建	原则同意： 《防城港市创建国家公共文化服务体系示范区实施方案》 《关于公布实施防城港市新一轮征地统一年产值标准的请示》 《防城港市加快推进中心区建设五年行动计划(2016—2020)》 《防城港市园区建设及土储管理考核评价办法》 《关于先挂牌成立防城港市技工学校的请示》 《关于核定市精神病医院财政补助方案的请示》 《防城港市关于贯彻落实自治区坚决打赢“十三五”脱贫攻坚战重大决策部署的决定》 审议： 《防城港口岸服务中心企业改革职工安置方案》 《关于提前部分回购文昌大道东延长线等四个项目融资建设款项的请示》
第五届 第七十二次	3 月 7 日上午	何朝建	原则通过： 《防城港市加快文化创意和设计服务与相关产业融合发展的实施方案》 《防城港市水污染防治 2016 年度工作计划》 《关于深化小型水利工程管理体制改革实施方案》 《广西服务业发展(防城港市)重点项目实施方案(2015-2020 年)》 《防城港市本级行政事业单位国有资产处置管理暂行办法》 《关于拨付广西海事通食品股份有限公司申请“新三板”挂牌奖励资金的请示》 《防城港市关于深化国有企业负责人薪酬制度改革的实施方案》 《关于审定市妇幼保健院迁建工程项目推进工作方案的请示》 审议： 《防城港市免费乘坐公共汽车补贴方案》《防城港市本级行政事业单位国有资产处置管理暂行办法》
第五届 第七十三次	4 月 22 日下午	何朝建	原则通过： 《关于 2016 年促进全市外边贸企业能力建设的工作措施》 《防城港市中心区三都路、大平坡路和港安街工程合作建设实施方案》 《关于推进市高新区核心区域基础设施建设的工作方案》 《2016 年限期完成 24 个政府投资项目表》 《2016 年防城港市边海经济带项目推进考评办法》《防城港市应急机要通信车辆管理中心运行管理暂行方案》《防城港市应急机要通信车辆管理暂行办法》《防城港市本级党政机关公务租车管理暂行办法》《防城港市城市建设投资有限责任公司汽车租赁方案》
第五届 第七十四次	4 月 25 日下午	何朝建	原则通过： 《2016 年上半年全市主要经济指标分解任务》 《2016 年上半年各县(市、区)主要指标分解任务》 《2016 年重点督查事项和项目表》 《关于印发防城港市人民政府重要会议决定事项办理落实督查办法(试行)的通知》 《关于加快推进公共法律服务体系建设的实施意见》 《防城港市发明专利双倍增计划(2016-2020)》 听取： 《防城港市贯彻落实全区农村金融改革工作会议精神工作汇报》 审议： 《关于加快推进公共法律服务体系建设的实施意见》

续表2

第五届 第七十五次	5月17日上午	何朝建	原则通过： 《2016年防城港市环境空气质量改善工作分工方案》 《关于审定收储防城港市防城群星房产公司5宗国有建设用地使用权有关问题的请示》 《关于审定市本级公共租赁住房租金标准的请示》 《防城港市住房公积金自住住房装修贷款实施办法（试行）》 《防城港市2016年市本级财政预算内新开工项目前期工作经费安排方案》 决定： 以市人民政府办公室名义印发实施《防城港市环境保护自查自纠工作方案》
第五届 第七十六次	6月17日下午	何朝建	原则通过： 《防城港市环境保护"党政同责、一岗双责"实施办法（试行）》 《关于贯彻落实发展新理念加快推进农业现代化若干意见的分工方案》 《防城港市住房保障和房产管理局关于审定经济适用住房供应对象的家庭年人均收入标准和住房困难标准的请示》 《关于贯彻落实发展新理念加快推进农业现代化若干意见的分工方案》 《关于请求给予防城港市消防支队训练基地立项的请示》 《关于再次请求审批防城港市中心区江山大道以北纬二线西段工程合作建设实施方案的请示》 《关于请求审批防城港市赤港城市综合体配套道路工程长泰路合作建设实施方案的请示》 《防城港市脱贫攻坚交通基础设施建设实施方案》 《防城港市脱贫攻坚水利基础设施建设工作方案》 《防城港市脱贫攻坚农村危房改造实施方案》 《防城港市脱贫攻坚移民搬迁实施方案》 《防城港市脱贫攻坚特色产业培育实施方案》 《防城港市鼓励企业参与工业扶贫开发实施方案》 《防城港市脱贫攻坚农村电商发展工作实施方案》 《防城港市脱贫攻坚旅游服务业发展实施方案》 《防城港市脱贫攻坚教育帮扶实施方案》 《防城港市脱贫攻坚劳动力培训就业创业实施方案》 《防城港市脱贫攻坚卫生计生帮扶实施方案》 《防城港市脱贫攻坚科技文化扶贫实施方案》 《防城港市脱贫攻坚贫困人口最低生活保障实施方案》 《防城港市脱贫攻坚农村"三留守"人员和残疾人关爱工作实施方案》 《防城港市脱贫攻坚增加贫困户资产收益实施方案》 《防城港市脱贫攻坚贫困户小额信贷实施方案》 《防城港市深入动员社会力量参与脱贫攻坚实施方案》 《防城港市精准脱贫摘帽实施方案》 《防城港市金融精准扶贫创新工作实施方案》
第五届 第七十七次	6月28日上午	何朝建	原则通过： 《防城港市推进义务教育均衡发展实施方案》 《防城港海湾新区学校布局规划方案》 《防城港市乡村教师支持计划实施方案》 《防城港市优秀校长和骨干教师招聘方案》 《关于实施市职业教育中心教师周转房项目建设的请示》 《桂海国际农产品冷链物流中心项目战略合作协议》 《关于审定市本级2015年度机关绩效考评结果的请示》 《2016年全市法治政府建设工作要点的通知》 《关于印发防城港市建立行政执法公示制度实施方案的通知》 《防城港市住宅专项维修资金管理暂行办法》

续表 3

第五届 第七十八次	7 月 22 日上午	何朝建	原则通过： 《防城港市畜禽规模养殖禁养区和限养区划定方案》 《防城港市企业简易注销程序规定(试行)》 《防城港进境水果指定口岸工作措施》 审议： 《关于开展重特大疾病医疗救助工作的通知》
第五届 第七十九次	9 月 2 日上午	何朝建	原则通过： 《防城港市公共区域免费 Wi-Fi 建设方案》 《关于审定 2016 年防城港市公共租赁住房供应对象家庭人均年收入标准和住房面积标准的请示》 《关于审定并公布 2016 年防城港市本级廉租住房保障标准和补贴标准的请示》 《防城港市大力推进大众创业万众创新工作方案》 《防城港市推进“互联网 +”行动工作方案》 《防城港市高新技术产业开发区体制机制改革方案》 《防城港市市直机关办公用房统一管理实施细则》 审议： 《关于申请防城港核电项目人才奖励的函》
第五届 第八十次	9 月 8 日上午	何朝建	原则通过： 《政府工作报告(送审稿)》，经修改完善后报市委审定
第六届 第一次	9 月 30 日下午	何朝建	原则通过： 《防城港市关于加快推进农村低保制度与扶贫开发政策有效衔接的实施意见》 《防城港市民政局关于提高我市城乡低保保障标准的请示》 《防城港市农村垃圾专项治理两年攻坚垃圾焚烧发电项目任务分配计划表》 《防城港市乡村办关于拨给全市 8 个“生态宜居示范村”建设补助资金的请示》 审议： 《2016 年防城港市农村金融改革财政配套资金总体方案》
第六届 第二次	11 月 11 日	何朝建	原则通过： 《防城港市参与建设丝绸之路经济带和 21 世纪海上丝绸之路实施方案》 《防城港市重点货运源头监管制度》 《防城港市治理车辆超限超载运输黑名单制度》 《关于加快推进残疾人小康进程的实施办法》 《防城港市扶贫开发领导小组办公室关于要求提高对全市农村危房改造资金补助的请示》 《中国人民解放军广西防城港军分区关于联合出台士兵优待政策措施的请示》 《东兴市人民政府 广西东投集团有限公司关于广西东兴冲榄工业园开发投资有限公司股权划转的请示》 《防城港市高新技术产业开发区创新改革总体方案》 起草《防城港市 2016 年上半年预算执行情况报告的审议意见研究处理情况报告》 《关于提请审议 2016 年度市本级财政收支预算调整方案的议案》 《防城港市深化医药卫生体制改革 2016 年重点工作任务》 《防城港市培育扶持服务业企业上规模奖励暂行办法》 《2016 年节能降碳和污染减排市级财政奖励补助资金备选项目资金安排计划》 《防城港市工业和信息化委员会关于请求审定 < 防城港市中小企业发展基金暂行管理办法(送审稿)> 的请示》 《防城港市城市建设投资有限责任公司关于再次请求审批防城港市赤港城市综合体配套道路工程独墩路、市中心区纬二线一标(K0+460-K0+990)和市北站西路南段项目实施方案的请示》 《关于兑现 2015 年度市直机关单位绩效奖和事业单位适当增加绩效工资总量剩余部分的请示》 审议： 《中共防城港市委组织部 防城港市人力资源和社会保障局关于防城港市市直机关(参公单位)派驻城区(含县、市)科级以下机构实施公务员职务与职级并行制度的请示》

续表 4

第六届 第三次	11 月 18 日	何朝建	原则通过： 《关于加快构建现代公共文化服务体系的实施方案》 《防城港市博物馆陈列布展工程预算方案》 《关于加快供给侧结构性改革实施意见》 《防城港市城市市容和环境卫生管理条例(草案)》 审议： 《防城港市新能源汽车发展行动方案(2016—2020 年)》 《防城港城市公交车成品油价格补贴和新能源公交车运营补助方法》
第六届 第四次	12 月 19 日	何朝建	原则通过： 《关于劳有传与市直机关工委联营合同纠纷执行一案的请示》 《防城港市人民政府法律顾问经费管理办法》 《防城港市人民政府法律顾问服务管理规定》 《防城港市人民政府关于推进国有企业发展混合所有制经济的实施意见》 《防城港市企业职工基本养老保险各级政府责任分担暂行办法》 《防城港市本级实行机关事业单位工作人员养老保险制度改革实施方案》 《防城港市教育综合改革方案(2016—2020 年)》 《关于加快推进海湾新区建设的若干意见》 《防城港市防城区国有林场改革试点实施方案(方案一)》 《关于调整市直学校安全协管员工资的请示》 《关于防城港市沙潭江生态科技产业园启动区(一期)采用工程总承包模式建设的请示》 《防城港城市公交车成品油价格补贴和新能源公交车运营补助方法》 《关于请求市人民政府向自治区金融办报送广西澳加商品交易中心有限公司筹建申请的请示》
第六届 第四次	12 月 19 日	何朝建	原则同意： 《防城港市人民政府法律顾问经费管理办法》《防城港市规章制定办法》 《防城港市企业职工基本养老保险各级政府责任分担暂行办法》 《防城港市本级实行机关事业单位工作人员养老保险制度改革实施方案》 《防城港市突发事件应急体系建设“十三五”规划》 《防城港市防城区国有林场改革试点实施方案(方案一)》 《关于调整市直学校安全协管员工资的请示》 《关于防城港市沙潭江生态科技产业园启动区(一期)采用工程总承包模式建设的请示》

应急管理

【应急值守和信息报告】 2016 年，防城港市政府值班室共接收各县(市、区)及相关部门报来 271 起突发事件信息；编写并上报自治区人民政府总值班室的突发事件信息专报共 63 份；收转上级发文共 1225 份(其中特急件 173 份，急件 180 份)；收发防城港市委办信息专报共 34 份；收发防城港市机要局明电共 56 份；接收各类传真件 773 份；接听各类来电共 600 多通；协调安排市政府楼 4 个会议室使用共 596 次；编发值班快讯共 184 条；参加自治区总值班室召开的应急工作视频会议共 23 次，编写汇报材料 23 份。市、县、乡三级及市直各部门均没有发生迟报、瞒报、谎报、漏报紧急情况重大事件现象。

【应对处置突发事件】 2016 年，防城港市共接处各类突发公共事件 271 起。在处置各类突发事件中，及时启动相关应急预案，采取强有力的措施，全面、迅速、果断地开展各项防控工作，最大限度地减少突发事件造成的危害，切实保护人民群众生命财产安全，维护社会稳定。其中，较大的突发事件有：4 月 16 日 22 时 52 分，位于防城港市港口区牛角沙路东湾工业园的广西渝桂化工有限公司，在检修过程中工艺管道发生泄漏引起火灾。火灾发生后，启动突发事件处置工作预案，及时通知港口区政府，市安监局、公安局、消防支队、环保局、工信委、卫计委等二十多个市直部门有关人员到达现场开展救援工作；并将相关情况汇总上报自治区应急办；根据现场处置遇到的技术问题，及时请求自治区派出专家及向专家咨询有关处置技术，经各级各有关部门 14 个多小时救援后，4 月 17 日 13 时 35 分，管道燃气泄漏成功堵漏，并扑灭明火。广西渝桂化工有限公司“4·16”液化气泄漏火灾事故得到成功处置。

【应急网格化管理】 一是做好办文办会工作，做好网格化工作的面上铺开。根据自治区政府办公厅的相关文件精神，2016 年 3 月 20 日，防城港市政府召开推行基层应急网格化工作会议,对全市推行基层应急网格化进行动员部署。3月23日,市政府办公室发出《关于推行基层应急网格化管理的通知》,市及县(市、区)均建立推行基层应急网格化管理联席会议,明确各级各有关单位推行基层应急网格化工作计划及进度要求。二是做好帐号开通及统计工作。上半年,市本级开通电脑帐号110个,移动终端帐号139个;县(市、区)开通电脑帐号432个,移动终端帐号739个。

【专业应急救援队伍和应急志愿者队伍建设】 2016年,防城港市有市级综合救援支队1支,市级专业救援队伍54支;县级综合救援大队4支,县级专业救援队伍64支;乡级专业救援队伍29支,村级专业救援队伍32支。上半年,各级应急救援队伍参加所在地治安维护、灭火救援、自然灾害救援等工作上百次,在维护社会稳定及保障人民群众生命财产安全方面发挥重要作用。根据自治区政府办公厅的相关文件精神,3月20日,市政府召开应急志愿者队伍建设工作会议,对全市应急志愿者队伍建设工作进行动员部署。3月25日,市政府办公室印发《防城港市应急志愿者队伍建设计划》,明确年内市及县(市、区)建立基层、专业、企业、青年四支应急志愿者队伍。截至2016年年底,市及县(市、区)全部建立应急志愿者服务工作联席会议制度,各单位开展制订工作方案、成立队伍、确定招募条件等工作。

【应急预案演练】 2016年,防城港市应急办通过宣传发动、汇总统计、明确重点、现场观摩等形式,组织各级各有关部门开展突发事件预案演练216次,完成自治区明确为重点演练项目并纳入绩效考评的边境地区反恐演练和危化品处置演练。组织编制本市突发事件应急体系建设"十三五"规划并印发。年内,为加强北部湾沿海三市(钦州、北海、防城港)的区域合作,提高预防和处置突发事件的能力,2016年北部湾沿海三市应急联动联席会议于4月15日在防城港召开,自治区政府办公厅党组成员、应急办专职副主任周运逵,防城港市市委常委、副市长田博出席会议,钦、北、防三市政府应急办,市部分应急联动单位、防城港市县区应急办有关领导参加会议;11月2日—4日,结合"119"消防宣传日活动,在防城港市组织开展沿海三市应急管理干部培训班。

【应急平台建设】 2016年,防城港市按照自治区的统一部署,建立市本级与县(市、区)视频会商系统,实现自治区、市和各县(市、区)应急平台视频会商系统全部联通。市县有关部门实现广西电子政务外网线路的横纵向互联互通。市县应急平台及市县有关部门实现广西电子政务内网线路的横纵向互联互通。赴各单位对防城港市应急平台资源进行为期一个月的调研,牵头起草防城港市应急联动指挥中心建设方案,并报市政府审批。6月22日上午,组织防城港军分区、市公安局等部门领导召开市应急联动指挥中心建设工作推进协调会,加快推进市应急联动指挥中心建设。

【应急科普宣教】 2016年,防城港市编辑出版科普宣教读本《防城港市公众防灾应急避险手册》(以下简称《手册》)。通过邮政渠道向全市326个行政村委会免费寄送《手册》共计3万册,宣传应急防灾避险知识,提高公众的公共安全意识和自救、互救能力。6月17日上午,市人民政府在市中心区迎宾路德城横街举行以"强化安全发展观念,提升全民安全素质"为主题的安全生产宣传咨询日活动,市应急办组织相关人员参加此次咨询日活动。

人力资源管理

【概况】 2016年,防城港市人力资源管理部门坚持"民生为本、人才优先"工作主线和"稳增长、促改革、惠民生、保稳定"工作思路,参与北部湾区域合作,与北海、钦州、湛江、茂名、阳江、海口、儋州8市人社局签署《北部湾城市人力资源和社会保障合作协议》,推进一体化发展。强化人才智力支撑,组织赴区外招聘重点领域急需紧缺高层次人才、特色农业高层次专家行等活动,多渠道引进人才服务地方经济发展;依托企业打造技能大师工作室、名匠工作室、自治区现代学徒制技能人才培养试点;以防城港核电为载体建设我市首家广西博士后创新实践基地。规范人事管理。加强干部队伍建设,公务员初任培训、全员网络培训等培训工作有序开展,公务员招录等人事考试实现零事故。支持国防和军队改革,抓好军转干部管理服务,完成军转干部安置和随军家属安置任务,实现企业军转干部零上访。

【人事管理】 2016年,防城港市规范。加强干部队伍建设,公务员初任培训、全员网络培训等培训工作有序开展,公务员招录等人事考试实现零事故。支持国防和军队改革,抓好军转干部管理服务,完成军转干部安置和随军家属安置任务,实现企业军转干部零上访。

【工资制度改革】 2016年,防城港市加强工资制度改革,深入实施公务员职务与职级并行制度工作,基本形成日常管理机制。年内,按时完成全市机关事业单位工作人员和离休人员调标增资工作。

【人才服务】 2016年,防城港市强化人才智力支撑,组织赴区外招聘重点领域急需紧缺高层次人才、特色农业高层次专家行等活动,多渠道引进人才服务地方经济发展;

【人才小高地建设】 2016年,防城港市依托企业打造技能大师工作室、名匠工作室、自治区现代学徒制技能人才培养试点;以防城港核电为载体建设防城港市首家广西博士后创新实践基地。4家创业孵化基地建设效益初显,培育孵化76家企业。农民工创业园二期有序推进,众创空间认定运作,农民工创业担保贷款顺利实施,共发放贷款1544万元。

民政事务

【概况】 2016年,防城港市民政部门坚持"以人为本,为民解困、为民服务"的宗旨,贯彻落实保障民权、改善民生的各项要求,建立"一把手"负总责、班子成员共同抓、分管领导具体抓的党风廉政建设领导体制,进一步强化干部职工的服务意识、效率意识和窗口形象意识，推行社会服务承诺制、首问责任制、限时办结制、岗位责任制、责任追究制等机制，形成配套联动、整体推进的机关作风建设格局，加强政务公开，采取网络公开、公开栏公开、服务指南公开等形式，设立举报箱和电话，全方位接受监督，强化审批结果和资金发放公开。行政许可项目全部进入行政服务中心，由民政窗口直接受理、审核、审批、发证。

【救灾应急】 2016年，防城港市全市累计受灾人口3.03万人次，紧急转移安置9928人，直接经济损失2786.17万元。灾情发生后，全市共发放被子、夹克、衣服、鞋子、蚊帐、大米、食用油一批，维护灾区社会的稳定。2015—2016年冬春救助，共下拨资金619万元，发放现金补贴263万元，粮食100.5吨，衣被34536（床、件），救助生活困难群众4.03万人次。制订2016—2017年冬春救助工作方案，组织各县(市、区)、乡镇反复摸排核实。完成2015—2016年倒房重建任务33户98间；2016—2017年倒房重建任务为21户，完成3户重建；农户重建住房最高获得补助3.6万元。投入167.87万元为全市14.73万农户购买农房保险。民政、财政部门和人保财险公司定期召开联席会议，共理赔151户、67.52万元。形成市、县、乡三级灾害救助应急物资储备体系。开展减灾宣传活动，应急演练常态化，11月底，在红沙村开展防城港核应急撤离公众联合演练。

【双拥优抚安置】 防城港市双拥工作形成“五个纳入”“五个亲自”“五大体系”和“五个服务”体系，2016年，荣获全国双拥模范城“四连冠”和自治区双拥模范城“六连冠”的荣誉。元旦、春节、“八一”期间走访慰问驻军部队、军休所老干部、遗属、老复员军人、烈属、残疾军人等，并送上慰问金。全市各级各单位组织开展形式多样的双拥和爱国主义宣传教育活动。有优抚对象2925人，按标准、按时足额发放生活补助资金1381.4万元。清明节期间共接待祭扫烈士的人员超过3万人；9月30日“烈士纪念日”，举行盛大隆重的烈士公祭活动。投入20多万元的防城城北烈士陵园进园道路硬化完成，投入60多万元的烈士事迹陈列馆完工并投入使用。补助参战退役人员每人每年门诊160元，其他重点优抚对象240元。投入30万元，给优抚对象解决住房和生活困难问题10多人次。共接收安置退役士兵和转业士官190人，符合政策安置的19人全部通过政府安置，自主就业171人。发放退役士兵一次经济补助经费170.1万元；发放待安置期间生活补助费5.42万元。

【区划与地名管理】 2016年，防城港市完成港口—防城、上思—防城、东兴—防城等3条市内县级界线的联合检查工作。完成《防城港市行政区划图》和《防城港市城区图》编制工作。设置灯箱路名牌40块，单杆路名牌100块。

【社会组织管理】 2016年，防城港市新成立登记社会组织45个；全市登记在册社会组织累计834个，实际参加年检社会团体173个、民办非企业单位167个，参检合格率100%。协助市委组织部推动社会组织党建工作，建立社会组织党组织46家，党员173人；经组织部批准成立中国共产党防城港市社会组织委员会，加强党的组织覆盖和工作覆盖。

政务服务管理

【政务服务品质提升】 2016年，防城港市全市行政审批每万人办件量稳居全区前三位，办理提速达到76.81%，当月办结率为98.16%，满意率99.91%。进驻市政务服务中心行政审批事项279项，进驻单位41个，其中独立窗口24个，综合窗口1个（进驻单位17个），做到行政审批事项和行政审批部门“应进必进”。

【项目审批制度改革】 2016年，防城港市创新审批方式，渐进式推行“三证合一、一照一码”和“六证合一、一照一码”审批制度改革工作，全年共发出“三证合一，一照一码”营业执照2388张，“六证合一、一照一码”营业执照71张，办理时间由原来的15个工作日缩短为5个工作日。通过创新审批方式，极大地激发市场主体活力，年内全市新增企业1350家。

【推进公共资源交易项目进场交易】 2016年，防城港市完成房建市政工程施工电子招投标试标项目2个，指导市本级、县(市、区)开展公共资源交易平台整合工作，防城港市本级、防城、港口两城区的工程建设项目招标投标、工地使用和矿业出让权、医疗器械采购、政府采购等类别陆续进入市本级公共资源交易平台交易，共办理项目进场登记1021个，项目交易938个，总成交额239211.66万元。

【政务公开日活动】 2016年，防城港市编印《防城港市便民服务手册》15000册，发放到全市各级政务服务中心、车站、学校、医院、图书馆、体育场馆、大型宾馆等公共场所，极大地方便群众生活生产。

机关事务管理

【机关资产管理】

公务用车管理 2016年，防城港市机关事务管理局规范制度，严抓管理，切实保障公务用车出行。出台《防城港市应急机要通信车辆管理暂行办法》《车管中心出车票据审核处理流程图》《车管中心维修票据审核处理流程图》等相关规定，严格管理车辆。成立应急和机要通信车辆管理中心，配置管理人员并向市本级车改单位借调司勤人员，实行公务用车统一标识化管理，所有应急机要通信公务车辆实行统一停放，并按需统筹调度使用，保障市本级应急机要通信车辆的管理和使用。除委托管理的车辆外，2016年共派发车辆4453车次，日均用车22辆次，保障重大活动的公务出行和抢险救灾应急车辆预防保障任务，全年没有出现违反相关规定的派车行为。

“边海经济带”重点工程 市冲孔路二期工程累计完成投资额960万元，于12月底竣工验收；市滨海路冲孔段景观工程完成前期工作，于11月17日开工建设。

集团化办园 2016年，防城港市机关事务管理局推进集团化办学步伐，以龙头园带动分园，促进市直机关幼儿园和苗壮幼儿园管理水平和教育技能共同提高,科学利用学前教育奖补资金200多万元,完善幼儿园基础设施建设,改善整体环境,创建整洁温馨幼儿园。

【机关后勤保障】 2016年,防城港市机关事务管理局强化管理,保证机关办公区域正常有序运转。一是严格考核标准,强化物业公司考核管理工作。二是年内收文发文1623份,上传下达,综合协调顺畅。三是做好水电、空调、房产设施设备等管理工作。四是做好开水供应、园林绿化等后勤服务工作。五是严把食品安全关,成功开展首届食堂饮食文化交流活动,提升餐饮服务水平。六是年内圆满完成1528次会议及换届的有关服务工作。七是抓好办公秩序和安全保卫工作,强化综治管理,成效显著。以多种形式协助配合市政法委平安建设满意度宣传活动,开展安全隐患大排查,组织消防演练,年内接访112批次、2336人次,没有发生冲击政府机关办公场所行为,机关办公区域正常有序。

【公共机构节能】 2016年,防城港市机关事务管理局加强组织领导,完善保障机制。全市公共机构节能工作纳入市、县两级年度绩效考评。年内落实公共机构节能专项资金350万元,争取到自治区节能项目专项经费425万元。节能统计工作纳入正轨,基础扎实。有力推动各单位的能耗统计、能源资源计量器具配备及检验、资源回收利用等工作。

【新能源新技术推广】 2016年,防城港市机关事务管理局积极推动合同能源管理新模式,出台《合同能源管理实施方案(试行)》;引领新能源汽车的消费和应用,倡导绿色出行。采用财政资金投入和社会资本参与相结合的模式,逐步推进充电桩布点工作,全市购买或租用新能源汽车13辆。同时积极探索新能源汽车分时租赁经营模式。

【机关办公用房管理】 2016年,防城港市机关事务管理局出台实施《市直机关办公用房统一管理实施细则》,将办公用房统一管理纳入防城港市绩效考评,督促各部门、各单位严格按照相关标准进行整改落实,办公用房没有超标情况。至2016年年底,全市实现81个单位在红树林大厦、行政中心办公区统一集中办公,节约办公经费,规范管理,提升管理水平,整合资源盘活资产,对外出租房屋,年收入140多万元上缴国库。与市房产局合作,把港口区公共房屋改成市公租房,收取租金720万元上缴国库,并进一步规范公租房管理,开展核查登记,完善入住资料台账。

政协防城港市委员会

【概况】 2016年是“十三五”开局之年,防城港市政协坚持团结和民主两大主题,围绕中心,服务大局。以开展“两学一做”学习教育为契机,深入学习习近平总书记系列重要讲话精神,切实把广大政协委员的思想和行动统一到中央精神上来,始终坚持党的政治领导、思想领导和组织领导,确保人民政协事业沿着正确的方向前进;树立创新、协调、绿色、开放、共享发展理念,坚持把助推“十三五”规划深入实施作为履职主线,围绕改革发展的重点、难点问题深入调研、协商议政;积极探索,稳步推进协商民主建设;重视发挥团结统战功能,坚持团结各方,联系各界。年内,共召开两次政协全体会议1次委员议政大会7次常委会议10次主席会议,圆满完成换届工作,选举产生新一届市政协主席、副主席、秘书长和常务委员,顺利实现新老交替。各民主党派、工商联、无党派人士提交的大会发言材料、集体提案和社情民意信息,分别占所收到的材料、提案、信息的55.1%、12.5%和40.2%。全年共征集提案329件,经审查立案321件,立案率97.6%。

【重要会议】

市政协全体会议 2月16日—18日,中国人民政治协商会议第五届防城港市委员会第六次会议在市人民会堂召开。大会应出席委员268人,实到249人,符合规定人数。大会审议并通过政协第五届防城港市委员会第六次会议关于常务委员会工作报告的决议;通过政协第五届防城港市委员会第六次会议提案审查情况的报告;通过政协第五届防城港市委员会第六次会议政治决议。开幕会由倪耀中主持;市政协主席赵发旗,副主席倪耀中、林兴、凌军、黄团、杨佰凤、王正、庞章辉、彭景东,秘书长申时荣在主席台前排就座;市委领导金湘军、何朝建、蔡高才、班忠柏、管理年、奉明芳、黄强余、胡晶波、玉石、袁国华、梁宗勇,市人大、市人民政府领导班子成员,防城港军分区负责人,东兴试验区管委会领导,市中级人民法院、市人民检察院主要负责人,市政协历届老领导代表等到会祝贺;住防城港市自治区政协委员、市直有关部门、各民主党派、工商联、人民团体、驻防城港市中直、区直单位和部分企业负责人及港澳台特邀贵宾应邀列席开幕大会。闭幕大会由赵发旗主持;金湘军、赵发旗、黄荣明、倪耀中、林兴、凌军、杨佰凤、王正、庞章辉、彭景东及秘书长申时荣在主席台前排就座;蔡高才、班忠柏、奉明芳、黄强余、胡晶波、玉石、袁国华、梁宗勇,以及市人大、政府领导班子成员,防城港军分区负责人,东兴试验区管委会领导,市中级人民法院、市人民检察院主要负责人以及老干部杨业兴等在主席台就座。

9月26日—28日,中国人民政治协商会议第六届防城港市委员会第一次会议在市人民会堂召开。应出席委员261人,实到246人,符合法定人数。大会听取并审议通过政协第六届防城港市委员会第一次会议关于政协第五届防城港市委员会常务委员会工作报告的决议;政协第六届防城港市委员会第一次会议提案审查委员会关于政协六届一次会议提案审查情况的报告;政协第六届防城港市委员会第一次会议政治决议。开幕式与闭幕式分别由彭景东和赵发旗主持。新当选的第六届市政协主席赵发旗,副主席彭景东、林兴、杨佰凤、庞章辉、张祖广、雷璧翠、黄子洮、陈为民,秘书长郑东在主席台前排就座;市领导金湘军、何朝建、许政、班忠柏、黄春林、唐铁昂、管理年、黄强余、玉石、袁国华、梁宗勇、赵强、林霖、朱海燕、李疆、陈丹桂、廖汝奋、蹇兴超、王琛、张海、董凌、罗真,东兴试验区领导初阳、杨东星,市中级人民法院代院长莫澄真,市人民检察院检察长农中校,五届市政协领导倪耀中、凌军、黄团、王正,市政协历届老领导杨业兴、邓汝就、严守华等在主席台就座;自治区党委换届风气督导组组长、自治区党委组织部副部长韦家宾，督导组副组长、自治区人大常委会法工委副主任唐政在主席台就座，自治区督导组其他成员列席大会。

市政协常委会　1月29日上午，防城港市政协五届二十三次常委会议召开。会议传达自治区十二届人大五次会议和自治区政协十一届四次会议精神，审议并通过市政协五届六次会议有关事项、市政协2016年度协商工作计划和有关人事事项。会议由市政协副主席倪耀中主持，市政协主席赵发旗出席会议并讲话，市政协副主席林兴、凌军、黄团、杨佰凤、王正及秘书长申时荣参加会议。

2月17日晚，防城港市政协五届二十四次常委会召开。会议听取市政协五届六次会议各组召集人分组讨论审议的情况汇报，并审议通过《市政协五届六次会议关于常务委员会工作报告的决议》《市政协五届六次会议提案审查情况的报告》《市政协五届六次会议政治决议》。会议由市政协主席赵发旗主持，市政协副主席倪耀中、林兴、凌军、杨佰凤、王正、庞章辉、彭景东及秘书长申时荣出席会议。

3月23日上午，防城港市政协五届二十五次常委会召开。会议传达贯彻全国政协十二届四次会议精神，审议并通过政协防城港市委员会常务委员会2016年工作要点。市政协主席赵发旗出席会议并讲话。市政协副主席倪耀中、林兴、凌军、杨佰凤、王正及秘书长申时荣出席会议以及考察活动。

6月23日上午，防城港市政协五届二十六次常委会召开。会议传达学习市委书记金湘军对市绩效考评工作的批示精神，审议并通过有关人事事项。会议要求，各级政协组织要在全面总结成绩经验的同时，逐条梳理2015年度绩效考评的各项扣分指标以及社会评价中各界群众提出的意见建议，认真对照成绩单，查找问题原因，加强问题整改，精准发力，补齐短板；要继续做好绩效考评工作，不断转变作风，提升执行力，自觉运用绩效管理来推动当前各项工作的落实，为党委、政府的决策部署建良言、献良策。会后，与会人员先后到在建的西湾环海大道及西湾步道项目现场进行视察。市政协主席赵发旗出席会议并讲话，市政协副主席倪耀中、林兴、凌军、黄团、杨佰凤、王正、庞章辉、彭景东出席会议并参加视察活动。

7月22日，防城港市政协五届二十七次常委会召开。会议听取黄强余代表市政府作2016年上半年经济社会发展情况的通报、市中级人民法院关于上半年工作情况的通报、市人民检察院关于上半年工作情况的通报、市政协各专门委员会上半年工作情况的报告，围绕以上内容和本届政协工作的好经验、好做法以及如何做好下一届政协工作进行讨论。市政协主席赵发旗，副主席倪耀中、杨佰凤、王正、庞章辉、彭景东出席会议；市委常委、宣传部部长、副市长黄强余，市人民检察院检察长农中校和市中级人民法院一名负责人列席会议。

9月19日，防城港市政协五届二十八次常委会召开。会议听取市政协六届一次会议筹备工作情况报告、政协第六届防城港市委员会委员人选情况说明；审议通过市政协常委会工作报告、提案工作情况的报告和关于召开市政协六届一次会议的决定；通过政协第六届防城港市委员会委员人选名单以及其他有关事项；审议关于加快海湾新区建设，打造防城港城市名片的建议案。市政协主席赵发旗，副主席倪耀中、林兴、凌军、黄团、杨佰凤、王正、庞章辉、彭景东出席会议；市委常委、统战部部长林霖列席会议。

12月20日，防城港市政协第六届一次常委会召开。会议听取市纪委关于2016年度反腐倡廉工作情况的通报，审议通过政协第六届防城港市委员会常务委员会关于设置专门委员会的决定，审议通过有关人事事项。市政协主席赵发旗，副主席彭景东、林兴、庞章辉、张祖广、黄子洮，秘书长郑东出席会议。

【重大活动】

全国政协副主席杜青林到防城港市调研　2016年6月2日—3日，中共中央书记处书记、全国政协副主席杜青林在自治区政协主席陈际瓦、副主席沈北海的陪同下，到防城港市调研扶贫、新农村建设、边境贸易、边境旅游等情况。防城港市委书记、市人大常委会主任金湘军，市政协主席赵发旗，市委常委、秘书长梁宗勇陪同调研。

自治区政协“助推医疗服务县乡一体化改革”研讨会在防城港市召开　2016年6月23日—24日，为总结全区县乡医疗服务一体化管理工作试点工作经验，推动一体化改革进程，自治区政协在防城港市召开助推医疗服务一体化改革研讨会。会议由自治区政协科教文卫体主任于璪主持，自治区政协副主席高枫参加会议并讲话。会上，与会代表听取防城港经济社会发展情况介绍，围绕研讨主题进行交流发言。交流中，各地政协介绍各地市开展医疗服务一体化改革的经验作法；通过改革前后对比和量化分析等方式反映改革初步成效；重点查找和分析在改革过程中面临的困难和问题；就如何丰富和延伸一体化管理内涵，实现市、县、乡、村四级医疗机构集约发展和整体推进，加强对基层医疗机构基本公共卫生服务监管等问题，提出意见建议。高枫副主席和于璪主任主任对会议进行总结并就如何积极借鉴改革经验，进一步助推一体化改革发展提出要求。柳州市政协副主席刘向群参加会议并进行大会交流；文教委主任黄松涛参加会议。会议期间，与会代表还前往防城港核电站和中国东兴—越南芒街跨境经济合作区等地进行考察。

陈际瓦率团到防城港市视察深化广西北部湾经济区改革进展情况　2016年10月25日—26日，自治区政协主席陈际瓦率自治区政协特邀常委视察团到防城港市考察深化广西北部湾经济区改革进展情况。防城港市委书记、市人大常委会主任金湘军，市长何朝建，市政协主席赵发旗分别陪同视察；自治区政协特邀常委视察团成员，市领导唐轶昂、管理年、梁宗勇、陈为民，市直有关部门人员及钦州市、北海市相关部门人员参加会议或视察。

【协商议政】　2016年，防城港市政协深入学习贯彻中共中央和自治区党委关于加强人民政协协商民主建设的有关文件精神，进一步规范和明确参政议政的基本原则、重点任务、主要形式、工作机制、成果转化和组织保障。加强政协协商与市委、市政府工作的有效衔接，确保协商规范有序开展。坚持和完善协商议题提出机制，探索建立履行政治协商、民主监督、参政议政三大职能的统筹协调机制，把调查研究作为协商议政的前提和基础，加强专委会与民主党派联合调研，着力提高调研质量和水平。不断完善全体会议协商、专题议政性常委会议协商、主席会议协商和提案办理协商的工作机制，选择一批党委政府关心、群众关注的议题开展协商议政，提高政协协商民主实效，促进协商议政成果转化。全年共开展全体会议协商、专题议政性常委会议协商、主席会议协商、提案办理协商及各类专题协商共27次。坚持和完善市委、市政府主要领导签批重要提案、政协领导领衔督办重点提案和市委、市政府督查部门联合督办提案制度。全年共征集提案329件，经审查立案321件，立案率97.6%。确定《关于加强城市生态园林建设的建议》等10件提案为重点提案，由政协主席、副主席领衔督办，其中3件提案由市委、市政府主要领导阅批督办，一批热点难点问题得到解决落实。

【调研视察】 2016年，防城港市政协围绕中心工作开展调研视察，为中心工作建议献策。

“加快海湾新区建设，打造防城港城市名片”开展专题调研 2016年，防城港市政协围绕推进边海经济带建设，就“加快海湾新区建设，打造防城港城市名片”开展专题调研，召开专题议政性常委会议协商建言，提出以“一核四区”架构谋划海湾新区空间布局、高标准规划建设新区教育卫生设施、高水平规划建设园博园、打造海湾新区产业发展升级版等数十条意见建议，形成建议案报送市委，得到市委主要领导的批示并转有关部门研究落实。

“发挥东兴试验区优势，大力发展加工贸易产业”专题调研 2016年，防城港市政协围绕加快实施加工贸易倍增计划，开展“发挥东兴试验区优势，大力发展加工贸易产业”专题调研，提出加快加工贸易产业园区规划建设、加大招商引资力度、做好企业服务工作、以边境贸易带动加工贸易发展、提升金融服务水平等对策建议。

房地产去库存开展专题调研 2016年，防城港市政协围绕房地产去库存开展专题调研，召开对口协商会，提出加大产城融合、积极培育房产租赁市场、加强房地产市场监管、发展健康养老产业等15条促进防城港市房地产市场持续健康发展的意见建议。

“加强我市城区中小学校规划与建设”专题调研 2016年，防城港市政协围绕教育攻坚，开展“加强我市城区中小学校规划与建设”专题调研，召开界别协商会，提出尽快完善城区中小学校规划、大力推进城区学校扩容提升工程、切实解决城区学校师资不足、扶持社会力量参与办学等16条意见建议，得到市政府和相关部门的积极回应，部分建议得到采纳。

视察园区重点项目建设 2016年，防城港市政协关注重点园区重点项目建设，组织市政协常委和部分委员视察西湾大道、东兴跨境经济合作区、高新技术产业开发区、IT小镇、园博园、北部湾高中、东湾物流园区等项目建设情况，就加快基础设施建设、培育战略性新兴产业、完善园区功能等提出一系列意见建议。

关注北部湾经济区深化改革 2016年，防城港市政协利用自治区政协特邀常委视察团到防城港市视察的机会，主动反映北部湾港口建设管理体制改革中，因集装箱航线转移造成防城港市相关企业经营成本上升、港口竞争力下降等问题，得到视察团的积极回应。

【联谊交流】 2016年，防城港市政协加强与港澳委员、特邀委员和防城港籍市外知名人士的联系，赴珠海走访住港澳地区的市政协委员，向港澳委员通报防城港市经济社会发展情况，并组织委员视察中国(广东)自由贸易区横琴新区，为港澳委员知情明政、履行职责创造条件。加强与全国政协和自治区政协的联系，协调配合开展专项调研视察活动10多次。加强与各地政协的联系与交流，对县(市、区)政协的指导，就共同关注的问题开展联合调研，重要提案联合督办，委员培训活动共同组织开展，组团参加“23城市政协‘一带一路’建设协商合作联盟”第二次会议，与兄弟城市交流探讨新时期政协组织服务“一带一路”建设的新思路、新理念、新办法，组织政协委员赴广东、浙江等先进地区考察学习，接待全国各地政协到防城港市调研视察35批次、260多人。加强与民族宗教界代表人士和少数民族群众的联系，与“五侨”部门联合开展关于归侨安置的课题调研，深入上思昌菱集团、防城十万山瑶族乡等地调研走访，了解归侨的安置情况，并将情况形成书面材料向党委政府反映。主动与各党派、团体的沟通联系，向他们征求政协年度工作安排和政协机关建设意见，精心组织各党派、团体在市政协全体会议上作大会发言，主动邀请民主党派和工商联成员参加市政协组织的调研、视察、提案督办、民主评议等活动，为各民主党派和工商联知情明政、有效参政创造条件。发挥书画艺术的团结统战作用。与广东中山市政协合作，成功举办纪念孙中山先生诞辰150周年书画展，各党派团体、各届人士踊跃观展，缅怀孙中山先生的丰功伟绩，弘扬孙中山的革命精神和崇高品德。

【提案工作】 2016年，防城港市政协共征集提案329件，经审查立案321件，立案率97.6%。

五届六次会议期间，收到提案166件，经审查，立案166件；市政协六届一次会议期间，共提交提案154件，会后收到提案9件，经审查立案155件，转为“意见建议”8件。会后均及时编制提案目录，召开市政协提案交办工作会议和重点提案遴选协商会，将提案交由相关部门承办，遴选五届六次会议提案10件报主席会议审议通过，从中确定3件重要提案提请市委书记、市长阅批督办。民主党派的政协委员成为建言谋策的主要力量，提出的加快推进中国东兴—越南芒街跨境经济合作区建设、加快培育发展防城港市海洋科技产业、让中心区“新移民”安居乐业、打造防城港市“幸福社区”升级版等一批建议，得到有关部门的高度重视。

【为精准脱贫攻坚建言践行】 脱贫攻坚是2016年防城港市委、市政府的重点工作，也是防城港市在自治区率先实现全面建成小康社会的关键举措。市政协坚持把助推精准扶贫、精准脱贫作为履职的重要工作，主动作为，发挥作用，围绕脱贫攻坚建言献策。委员们深入调研，提出《大力发展乡村旅游，实现旅游精准扶贫》《推动防城区香茅产业发展，促进扶贫攻坚工作》等提案，促进相关扶贫工作的开展和落实。如提案《关于加大对防城区十万山瑶族乡建设支持力度的建议》，得到市直相关部门和防城区委、区政府的高度重视，2016年各级财政对十万山瑶族乡投入2400多万元，建成或正在动工建设一批道路、桥梁、集镇、学校、卫生院等基础设施。深入开展“情系贫困·委员善行”教育扶贫活动。引荐华东师范大学校友会华澳分会为防城区民族中学、那良中心小学、东兴市马路中心小学捐资30万元，建设学生饮水工程；协调防城港市福建商会筹集60多万元，连续三年帮助上思中学贫困家庭学生完成高中学业；发动委员和委员企业积极参与结对帮扶，唐上春委员捐款18万元在防城中学设立“业嘉教育基金”；港澳委员曾晓松捐资5万元帮扶上思县叫安初中少数民族贫困学生。市政协结对帮扶上思县思阳镇玉学村、防城区茅岭镇小陶村等9个行政村共107户贫困户。派一名科长担任驻村第一书记，班子成员和机关干部深入挂钩村户，协调挂钩帮扶单位建立帮扶工作机制，编制帮扶规划，落实扶贫资金，督促项目实施。围绕“八有一超”“十一有一低于”等目标开展精准帮扶，协助基层组织贯彻落实强农惠农富农政策，精准扶贫脱贫工作取得实效。

【履职能力建设】 防城港市政协重视自身建设，探索强基固本的有效途径，不断提高履职能力和水平。2016年，先后举办委员专题培训班、开展专题讲座，开辟网上学习专栏，邀请全国政协、自治区政协专家学者解读十八届六中全会精神、讲授政协知识，选派委员参加全国政协、自治区政协和市委举办的各类培训班、报告会，组织委员参观“红旗飘飘——中国共产党党旗诞生历程珍贵档案展”“广西政协发展历程展”，到井冈山接受红色教育，增强政协委员对党的历史、党的理论和政协知识的理解和掌握，强化委员的政治意识、责任意识、履职意识。扎实开展“两学一做”学习教育，全面加强政协机关的思想、组织、作风和制度建设，切实加强党员干部的宗旨意识和党性修养。严格落实中央八项规定精神，推进作风建设常态化长效化，机关建设进一步增强，参谋助手、综合协调、服务保障作用进一步发挥。

【其他工作】 2016年，防城港市政协在全市范围内开展以“更好发挥人民政协作为爱国统一战线组织作用”为主题的理论研讨，征集理论文章31篇并结集出版。选送10篇优秀论文参加自治区政协理论研讨征文评选，1篇获一等奖、1篇获三等奖，6篇入选广西人民政协理论与实践研讨会论文集，市政协荣获组织奖。

配合自治区政协开展“广西政协‘八桂行’新闻媒体集中采访活动”，《人民日报》《人民政协报》《广西日报》、广西电视台等国内主流媒体对五届市政协在跨境劳务、跨境电商、双联双助、精准扶贫等方面助推发展的履职成果进行集中报道。办好防城港市政协网站，注重运用报刊、电视、广播、网络等媒体宣传政协工作，年内在《广西政协报》《广西政协网》等报刊网站刊发稿件270余篇，市政协获2016年度全区政协系统宣传工作二等奖。

广泛征集广西北部湾经济区开发建设等回忆史料，编写《广西北部湾经济区建设纪实·防城港卷》，编辑出版《足迹——政协防城港市五届委员会工作回眸》《言路——政协第五届防城港市委员会课题调研成果汇编》《更好发挥人民政协作为爱国统一战线组织的作用理论研究论文集》等资料。完成自治区政协交办的《广西绿色经典》《广西政协志》相关资料、史料征集工作。

组织开展富有政协特色的界别活动，完成防城港市人民政协理论研究会换届工作并召开理论研讨会。围绕“更好发挥人民政协作为爱国主义统一战线组织的作用”开展人民政协理论与实践研究，提交理论文章31篇，获自治区政协理论研究会优秀论文一等奖1篇、三等奖1篇，入选论文集4篇，获自治区政协组织奖。成功主办“纪念孙中山先生诞辰150周年书画展”，协助自治区政协书画院征集书画作品100多幅，赴外地参加书画展，促进防城港市文化传承交流和繁荣发展。

纪律检查和行政监察

【概况】 2016年，防城港市各级纪检监察机关坚决贯彻落实中共十八届六中全会精神和自治区第十一次党代会精神，紧密团结在以习近平为核心的党中央周围，始终把全面从严治党摆在突出位置，强化责任担当，认真履行监督执纪问责职责，扎实推进党风廉政建设和反腐败工作，取得新的明显成效，为全市经济社会发展提供坚强有力的纪律保证。深入学习贯彻中共十八届六中全会和自治区第十一次党代会精神，确保各项决策部署落地生根；贯彻落实《问责条例》，倒逼“两个责任”落实，制订实施市委主体责任清单等制度；建立巡察工作领导小组，成立巡察办。制订巡察工作实施办法和五年巡察规划。开展巡察两轮；年内，全市纪检监察机关共受理信访举报件986件（次），处置反映领导干部问题线索406条；立案435件，比2015年增长147.16%，给予党纪政纪处分395人，其中涉及县处级干部12人。

【纪检会议】 2016年2月2日，中国共产党防城港市第五届纪律检查委员会第七次全体会议在港口举行。出席这次全会的市纪委委员26人，列席198人。

2016年5月5日，市纪委召开全市边境口岸执法部门人员违规收取“好处费”问题集中整治专项行动动员会。

2016年7月26日，防城港市召开全市查处发生在群众身边的“四风”和腐败问题专项工作总结暨扶贫领域监督执纪问责工作动员电视电话会议。

2016年8月23日，中国共产党防城港市第五届纪律检查委员会第八次全体会议在港口举行，出席会议的市纪委委员22人。

2016年8月31日，中国共产党防城港市第六届纪律检查委员会举行第一次全体会议。全会选举袁煌、姚佩衡、黄日忠、陈熹、莫毅远、周铁军、陈普、钟汝俊、吴伟业为中共防城港市第六届纪律检查委员会常务委员会委员，袁煌当选市纪委书记，姚佩衡、黄日忠、陈熹当选市纪委副书记，提请中国共产党防城港市第六届委员会第一次全体会议通过。

2016年12月16日下午，自治区纪委六室联系地区监督执纪问责工作座谈会在防城港市召开。北海、防城港、钦州三个市纪委以及北海市银海区、防城港市上思县、钦州市灵山县纪委共6

个单位分别作汇报发言。

【纪律审查】 2016年，防城港市全市纪检监察机关共受理信访举报件986件(次)，处置反映领导干部问题线索406条；立案435件，同比增长147.16%，给予党纪政纪处分395人，其中涉及县处级干部12人，严肃查处港口区原副区长吴保剑、市民政局原局长毛善学等党员领导干部严重违纪案件。研究制订《关于开展约谈函询，强化抓早抓小工作的实施意见》，探索运用"四种形态"特别是第一种形态。年内，共谈话提醒、函询、诫勉谈话1015人次，给予纪律轻处分和组织处理342人，占处分总人数的86.6%；纪律重处分和重大职务调整60人，占13.4%；移送司法机关处理5人，司法机关查处移送53人。同时，树立纪委"干部之家"理念，在执纪审查过程中切实保障党员干部合法权益，执纪审理保持十年"零申诉"。

【违纪违法案件查办】 2016年，防城港市全市纪检监察机关共受理信访举报件986件(次)，处置反映领导干部问题线索406条；立案435件，比上年增长147.16%，给予党纪政纪处分395人，其中涉及县处级干部12人。

【作风建设】 2016年，防城港市贯彻落实中央八项规定精神，严格执行自治区纪委"十个严禁"要求，印发配套文件，实施具体措施。在元旦、春节、端午、中秋、国庆节前均发出通知、通报、短信提醒，先后组织13个检查组，抓住重要时间节点开展明查暗访52次，监督落实中央八项规定精神。严格监督执纪问责，共查处违反中央八项规定精神和"四风"类案件128件，比2015年增长91%。其中违反中央八项规定精神的案件58件，比2015年增长132%。重点查处市粮食局原局长黄朝华违规使用公车、上思县房地产管理所公款吃喝等顶风违纪典型案件。

【巡视工作】 2016年，防城港市建立巡察工作领导小组，成立巡察办，落实编制5人。制订巡察工作实施办法和5年巡察规划。年内，市委和各县(市、区)党委分别开展两轮巡察。市委第一轮巡察4个单位，第二轮巡察8个单位。其中第一轮巡察发现违反"六大纪律"问题60个，涉及党员领导干部问题线索16条，其他问题线索15条，初核15件，转立案6件，诫勉谈话3人，约谈3人，形成有力震慑。配合自治区党委第二巡视组开展巡视"回头看"和第四巡视组开展换届纪律专项巡视，办理移交问题线索114件(重复件16件)，立案8件。

【反腐倡廉教育】 2016年，防城港市结合"两学一做"学习教育，开展《问责条例》《党内监督条例》等党规党纪宣传教育。注重网络舆情引导，充分发挥林伟中央纪委核心网评员优势。加强新媒体宣传，开设廉政微信公众号，全年注册用户达1.5万人，浏览量110多万人次。加大警示教育力度，在全市开展党员领导干部廉洁从政警示教育活动，市委书记金湘军给700多名副处级干部上廉政党课，全市各级各部门共上廉政党课430多场次，直接受教育党员3.85万人，占全市党员的92.5%。在主流媒体设立"正风肃纪"曝光台，通报典型案件27批、182人。同时，注重正面宣传教育，防城港市张荣获、刘爱玲等4名纪检干部先进事迹被《中国纪检监察报》《党风廉政教材》等刊物报道。推进31个廉政文化示范点，打造边海廉政文化长廊，营造风清气正舆论环境。

【纪律检查体制改革】 2016年，防城港市研究制订《关于开展约谈函询，强化抓早抓小工作的实施意见》，探索运用"四种形态"特别是第一种形态。年内，共谈话提醒、函询、诫勉谈话1015人次，给予纪律轻处分和组织处理342人，占处分总人数的86.6%；纪律重处分和重大职务调整60人，占13.4%；移送司法机关处理5人，司法机关查处移送53人。同时，树立纪委"干部之家"理念，在执纪审查过程中切实保障党员干部合法权益，执纪审理保持十年"零申诉"。

绩效考评

【概况】 防城港市绩效考评领导小组办公室成立于2009年4月，机构暂挂靠市纪委(监察局)。内设考评一科和考评二科，管辖二层机构市绩效评估中心。2016年，防城港市绩效管理与考评工作是围绕自治区党委、自治区人民政府和市委、市人民政府中心工作，完成自治区年度考评而开展的自评迎考工作和市本级绩效管理与考评工作。年内，防城港市被评为自治区2016年度绩效考评二等等次。

【市本级绩效考评工作】 2016年，防城港市继续以绩效管理和考评为抓手，促进各级各部门落实上级及市委、市人民政府重点工作任务和各级机关履行职能职责、鼓励创先争优，对4个县(市、区)和93个市直单位开展绩效考评工作。下发年度绩效考评工作方案，加强绩效管理和考评。同时，对照自治区年度考评指标和市委、市人民政府所明确的年度中心工作，按照可量化、可考评、可操作的原则，制订、印发各县(市、区)和市直单位绩效考评指标及其评分细则。年内，加强对市直属单位的分类考核，将93个市直单位分为党委群团类及法院、检察院、民主党派机关，经济管理类部门、政务与公共事务管理类部门、监管执法和专项事务管理类机构、参照公务员法管理事业单位共5类进行分类考评。另有只参加公众评议的单位10个，分别为市临时协调服务机构7个、市直企业3个。

【机关绩效社会评价】 2016年，防城港市制订、印发《2016年度防城港市绩效考评工作宣传方案》，10月开始在《防城港日报》和防城港电视台开设"抓绩效提升，促作风转变"专栏，集中介绍全市经济社会发展取得的成就；配合自治区绩效办发布社会评价公告，收集电话访问样本及撰写1400字绩效展示材料上报自治区绩效办；配合自治区绩效办抓好领导评价和民意调查工作。年内，防城港市社会评价综合得分199.55分，全区排名第五。

【公众评议整改】 2016年，自治区绩效办反馈防城港市2015年社会评价意见建议533条，经梳理分类，提出163条具体整改措施，分解给78个责任单位。为使公众评议提出的意见建议得到整改落实，防城港市制订、印发《关于自治区2015年度绩效考评反馈防城港市存在问题的整改方案》，按自治区绩效办要求,将整改工作纳入各有关责任单位2016年度绩效考评内容,重点围绕群众满意度和获得感的提升,做好涉及群众利益的问题整改工作。从9月开始,防城港市每个月定期开展一次联合督查,对于在督查中发现整改不到位的问题,列出问题清单,在全市进行通报。年内,开展督查3次,自治区反馈的533条意见建议,指向比较明确的意见建议基本得到有效整改;指向不是很明确的意见建议,积极向社会各界群众进行反馈和回应。

【绩效考评工作系列会议】 2016年6月上旬,防城港市绩效考评领导小组召开年度第一次会议,7月19日召开全市绩效考评工作总结部署会,提出"保位争先"目标,9月23日召开2016年度市绩效考评领导小组第二次会议;9月26日召开年中核验存在问题约谈会;10月18日召开2016年度防城港市绩效考评社会评价工作会议;11月3日召开2016年度自治区绩效考评进度缓慢指标汇报协调会;11月18日召开全市绩效考评创新争优加分工作专题协商会;11月22日召开2016年度政府部门绩效工作协调会。

民主党派和工商联

中国国民党革命委员会防城港市委员会

【概况】 中国国民党革命委员会(简称"民革"),是具有政治联盟性质的、致力于建设中国特色社会主义和祖国统一事业的政党,是中国共产党领导的多党合作和政治协商制度中的参政党。民革防城港市委机关内设办公室1个科室,专职干部职工5人。市委会下属总支部2个,支部9个,小组1个,党员195人。主任委员佟义东任防城港市统计局局长。

【思想建设】 2016年,民革防城港市委组织党员学习贯彻中共十八大、十八届三中、四中、五中、六中全会精神和习近平总书记系列重要讲话精神,学习中央统战工作会议、自治区党委统战工作会议、《中国共产党统一战线工作条例(试行)》精神,贯彻落实自治区第十一次党代会和市第六党代会精神。开展"观故居,走多党合作之路"主题教育活动和"学习民革党章,做合格民革党员"学习教育活动。联合市社会主义学院举办坚持和发展中国特色社会主义学习实践活动专题培训班,邀请市委宣讲团成员,为民革党员作十八届六中全会精神、自治区第十一次党代会精神宣讲辅导。组织党员赴广州市中山纪念堂等地参观学习和赴钦州港瞻仰孙中山铜像,举办"传承中山精神"为主题的纪念孙中山先生诞辰150周年演讲比赛,承办纪念孙中山先生诞辰150周年书画展。

【组织建设】 2016年1月11日,民革防城港市委召开民革防城港市第五次代表大会,选举产生民革防城港市第五届委员会,对所辖总支、支部进行换届,并成立市直总支部、市直三支部。发展民革党员11名,推荐3名党员到乡镇任职。加大对外宣传,共有20多篇稿件得到广西民革、防城港市政协网、市委统战信息等报刊网站采用,向全市190多名党员发送手机信息50多条1万多人次,编辑出版《防城港民革》简报。市委会荣获2015年度统战信息工作先进单位,是全市民主党派机关中唯一连续三年获此殊荣的单位。

【参政议政】 2016年,民革防城港市委完成调研课题《发展壮大我市贫困村集体经济对策研究》《加强城区中小学校规划与建设》的调研和撰写工作。在市政协五届六次和六届一次会议上,共提交提案42件,《关于健全防城港市120急救医疗体系的建议》被列为市政协主席重点督办提案。《加强我区农村学校图书室建设的建议》荣获2016年度民革全自治区参政议政工作三等奖。报送社情民意信息8篇,其中:自治区政协、自治区党委统战部采用1篇,民革自治区委会编辑采用3篇,1篇获采用为全国政协常委会发言。聘请专家成立参政议政咨询委员会,举办参政议政成果讲评会,通过"加强磨炼强队伍,完善机制实调研,善用外脑建智库",进一步找准参政议政的切入点,提高建言献策能力和水平。

【祖国统一、海外联谊工作】 2016年,民革防城港市委做好台资台属企业服务工作,牵线搭桥,帮助他们解决实际困难。联合市台办开展"送法律进台资企业"活动,走访市富味乡油脂食品有限公司、市高门荟金房地产开发有限公司等台资企业,将法律服务直接送到台资企业的家门口,切实解决台资企业遇到的一些法律问题,深受台资企业的欢迎。2016年,民革防城港市委会荣获民革全国祖统工作先进集体。

【社会服务】 2016年,民革防城港市委开展"博爱·牵手"贫困儿童活动,到十万山瑶族乡胜利小学、防城区那良镇那旺小学、港口区企沙镇山新村和兴企社区儿童家园、那良中学看望慰问40多名贫困学生。举办"博爱·圆梦"公益美术班,在市特殊教育学校挂牌成立市委会社会服务实践基地,组织党员为市特殊教育学校残疾儿童上美术课。发挥同心法律服务站工作优势,组织民革律师党员开展送法律进校园、进社区、进贫困村活动,开展法律服务工作,联合市检察院开展法律进校园工作。联合各支部到上思县开展"同心助力扶贫·三下乡"活动,慰问贫困户36户,发放慰问金、药品、生活用品等价值达15000多元,免费给贫困户义诊和提供涉农法律咨询服务100余人次。到港口区桃花湾社区、那良社区开展共建活动,先后举办"共圆中国梦"庆祝中国共产党成立九十五周年文艺演出、"迎国庆"社区群众气排球友谊比赛。组织党员看望黄胜修等抗战老兵,给他们送去温暖。

中国民主同盟防城港市委员会

【概况】 2016年,民盟防城港市委会辖基层组织共8个,其中总支部1个,支部6个,小组1个,主要分布在港口区、防城区、上思县、东兴市的文化教育、医疗卫生、工程科技、行政机关等部门。截至2016年12月,共有盟员191人。其中,女性盟员62人,占32.5%;男性盟员129人,占67.5%;少数民族盟员66人,占34.6%;退休盟

12月11日,民盟防城港市委会组织盟员医疗队在港口区王府街道白沙村开展义诊活动现场

（民盟防城港市委 供稿）

员49人,占25.7%;具有中、高级职称161人,占84.3%;大专及以上学历158人,占82.7%;处级干部10名;科级干部21名;担任各级人大代表、政协委员39人。

【参政议政】 2016年,民盟防城港市委会在防城港市两次“两会”上,提交民盟界别大会发言2篇,提案36件,其中集体提案8件。在市政协五届六次会议上的大会书面发言《缩小我市与周边城市中小学教学质量差距的策略研究》,得到中共防城港市委的重视和社会各界的关注,助推防城港市教育事业发展。在“十三五”规划意见征求会上,盟市委提出建设宜居城市、海绵城市的建议,得到市委、市政府的采纳。完成中共市委重大课题《关于促进中越(东兴—芒街)跨境经济合作区物流业发展的建议》课题报告。

【自身建设】 2016年1月,民盟防城港市委会召开第五次盟员代表大会,顺利完成换届选举。盟市委以此为契机,努力加强自身建设。遵循“人才兴盟”“人才强盟”的原则,努力吸收优秀人才,发展新盟员6名。推荐1名优秀盟员到市直党外人士实践锻炼防城区基地挂职副镇长。举办全市盟员培训班,邀请民盟广西区委宣传部副部长黄英林向盟员们讲述盟史;选派10多名骨干盟员参加中共防城港市委统战部举办的党外干部专题研讨班及“同心”讲坛;派出3名专干参加民盟广西区委5月底在陕西社会主义学院举办的培训班;分别派出3名专干参加自治区公务员培训。

【社会服务】 2016年,民盟防城港市委会结合精准扶贫,大力推进新农村建设。年内,为防城区山中村那天组筹措资金1.5万元,安装6盏LED路灯。为企沙镇山新村委会捐资1000元用于村委会办公室硬件设施改善。为港口区企沙镇山新村、王府街道白沙村贫困户捐赠电视4台,接收器2个,捐助慰问金、粮油、棉被等款物折约1万元。10月30日,联合民盟广西区委、民盟广西医科大基层委员会开展践行“同心思想”卫生服务上思行活动。12月11日,联合市物价局在白沙村开展“同心义诊·暖心扶贫”活动,为五保户、孤儿、贫困户送去慰问金共1.05万元、食用油21桶、大米21包,免费为当地群众诊疗并发放价值1000多元的家庭常备药品。组织基层支部盟员先后到防城区大菉镇米中村、十万山瑶族乡木排村等开展“关爱农民工”“关爱留守儿童”送医送药义诊3场次,为群众免费义诊发放药品,为留守儿童捐赠生活学习用品和体育器械等。医疗界骨干盟员到市理工职业学校、防城区扶隆中学等讲授“笑迎花季,让青春飞扬”青春期保健知识、女生卫生知识专题讲座2场次。

中国民主建国会防城港市委员会

【概况】 中国民主建国会(简称民建)是主要由经济界人士组成,具有政治联盟特点的、致力于社会主义事业的参政党。中国民主建国会防城港市委员会(简称民建防城港市委)是经民建中央和中共防城港市委批准成立的民建地市级委员会机关。至2016年年底,民建防城港市委辖市直企业支部、市直文卫支部、市直综合支部及防城区支部、港口区支部、东兴市支部共6个支部,共有会员114名,会员以非公有制经济人士为主,兼有工程技术、医疗卫生、教育和行政等系统人士。其中具有高级职称的5人,中级职称的31人,中高级职称占会员总数的31.6%;大专以上学历84人,占会员总数的73.7%,处级干部5名,科级干部14名。会员中有市级人大代表1名、县级人大代表2名;有省级政协委员1名、市级政协常委4名、市级政协委员8名、县级政协常委2名、县级政协委员7名。此外,还有一些会员担任市纪委特邀监察员、行风政风评议员和社会监督员。

【思想建设】 2016年,民建防城港市委以坚持和发展中国特色社会主义学习实践活动为主要平台,开展理论学习。组织会员开展习近平总书记2016年3月4日在全国政协民建工商联联组讨论会议、2016年7月1日中国共产党成立95周年大会上重要讲话、民建中央陈昌智主席2016年5月10日赴防城港市调研座谈会重要讲话精神,以及统一战线和政治协商方面政策理论的学习,提升会员的思想政治素质。

【组织建设】 2016年1月7日,民建防城港市委组织召开民建防城港市三届一次代表大会,换届选举出民建市委第三届领导班子,并于换届后对议政调研委员会、经济委员会、会员工作委员会三个专门委员会成员进行调整。在组织发展工作中,全年共发展新会员5人,预备会员4人。全年选送18人次的会员参加各级党委统战部、民建组织举办的培训,提升会员思想水平和工作能力。选派2名班子领导兼任市、县人大政协职务,1名机关专干参加党外干部挂职锻炼。首次整理编印全市《民建会员通讯录》,创刊《防城港民建》会刊,为宣传会务工作、增进会内交流搭建平台。

【参政议政】 2016年,民建防城港市委组织会员在政府工作报告征求意见、党外人士口岸经济专题协商会、市政协纪念中国共产党成立95周年座谈会、党风廉政建设等征求意见会前建言献策,提出"加强与越南等东盟国家的官方交流和信息互通""发挥民营企业在口岸经济建设和发展中的积极作用"等意见建议。年内,民建防城港市委组织会员在自治区、防城港市"两会"上提出提案、建议共42份,其中集体提案6份。《关于加快培育发展我市海洋科技产业的建议》等三份提案还在市政协大会上作发言。提案《关于在防城港市部分公共区域开放免费Wi-Fi的建议》被市政协定为重点督办提案。"发展互联网经济,加快'IT小镇'和电子商务跨境交易平台建设"等建议纳入防城港市政府工作报告。会员林志业、唐敏、王利强、朱发强等以党外代表人士的身份参加市、县两级纪委、法院、检察院等单位组织的纪检监察专项巡查调研活动、法院、检察院开放日活动等,为纪检监察、法检等工作提供意见建议。

【社会服务】 民建市委组织和发动会员参加5月份民建广西建华课堂系列讲座,以及2016'国家非公有制经济发展论坛、风险投资论坛等等,拓宽企业家视野;组织会员前往南宁市部分互联网企业,为本地电商企业发展出谋划策;关心和支持会员企业项目落户,积极协调市内外有关部门,帮助推进会员谢斌在百色的古城旅游项目,为陈礼钻的东林工业制造、东林服装织造两家工厂落户提供政策咨询服务;吸引南宁荷松草种植企业与防城区华石镇牵线搭桥,开展产业扶贫及招商推介活动;发动会员企业家和机关干部赴防城区茅岭镇、那良镇等地开展慰问及扶贫调研活动,谋划通过推动村级集体经济的发展,促进当地农民增收。民建市委还组织"姐妹手牵手幸福齐步走"妇女节活动、组织参加"孝立人生"国学讲座、"六一"亲子活动、港口区项目考察活动等等丰富的会内活动,得到会员的积极参与,丰富组织生活,获得会员的好评。

中国民主促进会防城港市委员会

【概况】 中国民主促进会防城港市委员会(简称"民进防城港市委会"),是以从事教育文化出版工作的高中级知识分子为主、具有政治联盟性质、致力于中国特色社会主义事业的参政党地方组织,是中国共产党领导的爱国统一战线的一个民主党派市级组织。2016年,民进防城港市委会有内设机构1个,有基层支部4个,会员67人,其中男33人,女34人,平均年龄45岁。具有高级职称13人、中级职称22人;有副厅级干部1人、处级5人、科级12人;有民进广西区委常委1人、委员1人,自治区政协委员人,市政协副主席1人、常委1人、委员11人,市人大代表1人。民进市委会机关驻会专职副主委1名,专干1名。

【思想建设】 2016年,民进防城港市委会围绕中央、自治区和全市"十三五"经济社会发展规划,以中共部署"两学一做"活动为契机,认真抓好委员和会员的政治理论学习。先后组织市委会委员、支部委员认真学习中共十八届五中、六中全会精神和习近平总书记系列重要讲话精神,学习自治区第十一次党代会精神,学习中央、自治区和本市"两会"精神,学习民进中央、民进广西有关换届工作通知精神。同时,组织会员12人次,参加市委统战战线"同心讲坛"专题学习讲座。通过系列学习活动进一步增进广大会员坚定不移地走中国特色社会主义道路的理论认同、道路认同、制度认同和文化认同。

【组织建设】 2016年1月13日,民进防城港市委会召开选举大会,会议顺利完成各项议程,选举产生新一届委员会,圆满完成市委会换届工作。抓好"创先争优"和"创星争旗"活动。在2016年度"创星争旗"活动评选中,四个支部均荣获区委会"十星级支部"称号,其中港口区支部、市直一支部、防城区支部还荣获"红旗支部"称号。做好会员发展工作。发展会员4名。加强干部队伍建设。选派会员参加各类培训学习和挂职的锻炼,努力提高理论政策水平和解决实际问题、合作共事能力。选送6批次共20名骨干会员参加参加民进中央、市委统战部举办的各种统战思想政治理论培训学习。推荐1名会员到防城区江山镇挂职锻炼。1名会员得到提拔为副处级领导。做好参政议政队伍建设工作。在区市两级政协人大换届中,民进防城港市委会共推选17名(次)会员任人大代表、政协委员,其中推选县级政协委员8名、市政协委员6名、市人大代表3名,主委杨佰凤当选政协副主席、副主委李林珍当选人大常委、副主委王洪波当选市政协常委。

【参政议政】 2016年是民进参政议政工作主题年,民进防城港市委会围绕市委、政府工作大局,以主题年的工作开展为契机,就防城港市的经济、教育、文化和民生等建言献策。5月,民进防城港市委会被民进中央评为参政议政工作先进集体称号。8月,组织市、县两级政协委会、人大代表会员16人到钦州市调研学习。年内,民进两级人大代表和政协委员,向"两会"提交提(议)案共42件,采纳和办理均达100%。其中李林珍委员撰写提案《关于及早做好港口、防城和上思公交车停车场的规划与建设的建议》被评为优秀提案,列为重点提案进行督办。开展专题课题调研活动。根据中共防城港市委下达2016年课题调研《关于推进我市边自主创业对策建议》,民进防城港市委会于3月成立课题调研组,11月完成调研任务,调研成果得到中共防城城港市委领导好评。围绕民进区委会"参政议政主题年"工作目标,开展"一支部一课题、一代表一议案和一委员一提案"活动。支部调研课题4个,其中提案《关于大力加强我市房地产市场管理的建议》和《关于开通渔洲坪、公车镇到防城公交线路的建议》被列为重点提案督办。

【社会服务】 2016年1月28日,民进防城港市委会领导到防城区峒中镇开展慰问孤儿活动,为两名孤儿(韦景军、韦景丽)送慰问金2000元和慰问品一批。1月29日,组织会内书法家会员到港口区渔洲坪社区开展“春联万家”迎新春、送春联活动,免费为基层群众、贫困户书写春联、送春联450多幅。春节前夕,组织慰问退休会员、贫困户共10人。4月和10月,分别开展定向助学活动,为助学对象(黄雅欢、黄雅乐)送慰问金共2000元和学习用品等。同时,配合民进区委会做好“两广民进上思瑶族女子高中班”助学工作。12月3日,组织会员在上思县思阳镇广元村开展践行社会主义核心价值观“三下乡”社会服务活动,为十名贫困学生赠助学金2000多元;免费为200多群众送医送药,还为群众提供农科服务和法律服务,受到当地群众欢迎。6年内,为扶贫挂钩点上思广元村贫困户送慰问金、慰问品共6000元,扶助5户贫困户鸡苗、饲料一批,扶助广元村2.5万作为莲藕种植项目经费。

致公党防城港市委员会

【概况】 2016年,致公党防城港市委会辖有2个总支部和8个支部,有党员146人,具有大专以上学历118人,占党员总数的80.8%,具有中高级职称以上87人,占党员总数的59.5%,有海外关系的116人,占党员总数79.4%,担任各级人大代表、政协委员32人。2016年1月召开致公党防城港市第五次代表大会,产生第五届委员会,委员15名,庞章辉任主任委员,覃兰花(女)、李达周、刘秋艳(女)任副主任委员。

【思想建设】 2016年,致公党防城港市委会通过召开会议、举办培训等多种形式组织本党党员学习中共十八届三中、四中、五中、六全会精神和习近平总书记系列重要讲话精神,全国统战工作会议精神,本党党章党史;组织本党党员开展坚持和发展中国特色社会主义学习实践活动;发动党员参加市政协、致公党广西区委会开展的理论研讨活动,认真撰写理论文章,共提交理论研究文章6篇;开展致公党党史教育,激励广大党员继承和弘扬老一辈致公党员与中国共产党肝胆相照、风雨同舟、荣辱与共的优良传统。

【组织建设】 2016年1月10日,中国致公党防城港市第五次代表大会在市行政中心区召开。致公党中央副主席、致公党广西区委会主委黄格胜,中共防城港市委常委、统战部部长胡晶波出席会议并作重要讲话。56名代表审议并通过庞章辉主委作的题为《发挥优势,致力为公,为助推边海经济带建设做贡献》的工作报告,大会选举产生致公党防城港市第五届委员会,委员15名,庞章辉再次当选为主任委员,覃兰花(女)、李达周、刘秋艳(女)当选为副主任委员。

【参政议政】 2016年,致公党防城港市委会就防城港市经济、建设、民生等方面的问题提交议案、提案62件,其中在市政协五届六次提交的《关于促进防城港市产城融合发展的建议》提案评为市政协重点督办提案。围绕防城港市经济社会发展中群众普遍关注的民生问题,把丰富人民群众物质生活,提高市民获得感作为调研工作落脚点,针对防城港市市民“菜篮子”急待丰富的广泛诉求,以加快防城港市蔬菜产业发展为主题,撰写《关于加快防城港市蔬菜产业发展的调研报告》,为防城港市在该产业的发展上提出具有较强的可行性和可操作性的对策和建议,供政府部门决策参考。共向致公党广西区委提交8篇社情民意信息;参加中共防城港市委、市政府等部门召开的协商、征求意见及工作通报会,在口岸经济、防城港市上半年经济运行等各类协商、通报会上提出合理的意见和建议,为促进社会、经济和谐稳定出谋划策,切实履行参政党职责。

【自身建设】 2016年,致公党防城港市委会抓好基层组织建设,加强支部班子建设。市委会根据《中国致公党章程》和《中国致公党支部工作条例》的有关规定,推选一批作风正、能力强、在群众中威信高、熟悉党务工作,具有敬业奉献、开拓创新精神的同志充实到各支部领导班子,为进一步开展基层组织各项工作奠定良好的基础。支持基层组织开展工作。市委会班子成员分别拜访各县(市、区)党委领导,为各支部解决办公经费、干部培养等难题。市委会继续延续往年给基层支部发放“同心”活动基金的做法,从有限的工作经费中拨给各基层支部支持开展“同心”主题社会服务活动。关爱党员,增强组织向心力。一是组织部分离退休老党员参观防城港市新面貌,不断丰富老党员组织生活。二是在重大节日里,市委会领导率领机关干部慰问70岁以上老党员。同时只要有党员生病住院,市委会领导都到医院或家中探望,给他们带去组织的温暖和关怀。加强后备干部队伍建设,2016年选送新一届领导班子成员分别参加致公党广西区委、市政协、市委统战部组织的各类培训学习;选派14名党员分别参加致公党广西区委组织的参政议政培训、骨干党员培训和市委统战部组织的党外干部培训;市委会组织开展2016年骨干党员培训班,共培训56名骨干党员及新党员。做好党员发展工作,重点物色、发展一些高素质、有代表性、有发展潜力的人员,2016年发展5名新党员。

【祖国统一、海外联谊工作】 2016年,致公党防城港市委会充分发挥海外联系广泛的优势,利用春节、清明等华侨回乡探亲的高峰期,走访回乡华侨,平时注意保持和加强与海外侨领的沟通和联系,大力宣传和推介防城港的政策和环境优势。拓展海外联谊的新途径、新方法,在凝聚侨心、汇聚侨智、发挥侨力、维护侨益、促进海外交流等方面发挥独特作用,广泛凝聚海内外侨胞支持、参与防城港市经济社会发展。

【社会服务】 2016年,致公党防城港市委会开展精准扶贫工作,市委会主委率机关干部多次深入挂钩扶贫点上思县那琴乡那琶村,开展入户走访及帮扶工作。共向7名对象户所在村及其本人提供12万元的帮扶资金,并帮助对象户解决小孩入学读书等困难。开展慈善、公益活动,相继组织开展慰问贫困户、为上思县广元村捐资修桥等慈善、公益活动,共捐赠资金1万元。坚持开展义诊活动,持续打造防城港致公“同心”社会服务品牌。充分发挥自身医疗人才众多的党派资源优势,开展义诊活动,使义诊活动常态化,逐渐成为防城港市致公党社会服务的一大“同心”品牌。年内,致公党防城港市委会相继在防城区大菉镇、上思县那琴乡、港口区企沙镇举办“同心·扶贫”义诊暨《侨法》宣传活动,为大菉镇、那琴乡、企沙镇的800多名贫困群众、归侨侨眷提供医学检查、病情诊断、健康咨询等医疗服务，免费发放价值9000多元的各类药品；同时开展《中华人民共和国归侨侨眷权益保护法》宣传咨询，共发放《侨法》宣传资料900多份。

防城港市工商业联合会

【概况】 2016年，防城港市有市级工商业联合会（以下简称工商联）组织1个，辖县级工商联组织4个和乡镇商会组织24个，行业商（协）会4个、异地商会7个，工商联会员1401名。市工商联共有编制数7个，后勤服务人员控制数1个，实有人员7名（其中干部6人，机关工人1人）。领导班子情况：主席1人，党组书记2人，驻会副主席3人，兼职副主席14人，常委38人，执委83人。

【非公有制组织思想建设】 2016年，防城港市工商联主要通过四个方面开展非公有制组织思想建设：一是加强思想教育，促进非公经济人士健康成长。举办以“诚信守法、增强企业发展信心”为重点的理想信念专题培训班4期，培训人员455名，举办法律讲堂2期，参训人员186人。二是注重年轻一代企业家的培养工作，共选派100多位年轻非公企业家赴香港大学、浙江大学等高校进修学习；三是加强服务，搭建“政企”沟通平台。4月，在全市非公有制企业座谈会上，市长何朝建与100位非公企业家面对面交流，听取企业家的意见建议，帮助企业解决问题。四是引导企业开展“走出去”活动。鼓励3家非公企业参加中央电视台发现之旅频道的《华商论见》栏目，录制《华商论见》高端访谈防城港专场节目。

【组织建设】 防城港市工商联注重吸收优势产业、新技术、新业态、新模式“四新”企业会员。2016年，全市新发展会员250人，新成立行业协会2个（防城港市龟鳖协会、防城港市绿色农产品发展协会）。抓好县级工商联“五好”创建工作，上思县工商联被评为广西“五好”县级工商联。

【参政议政】 2016年，防城港市工商联向市政协会议提交团体提案7件、个人提案9件，其中《关于规范管理，建立幸福社区的建议》被列为重点提案，在市政协大会上作的《如何让中心区“新移民”安居乐业》大会发言，得到市领导高度重视，反响强烈。开展市民营经济发展环境调研，完成《2015年度防城港市非公经济发展报告》；围绕市委重点课题，完成《关于发展电子商务，促进我市加工产业发展的建议》的调研报告。

【自身建设】 2016年，防城港市工商联抓好“两学一做”教育活动，通过上党课、开展专题学习研讨等方式，把专题教育和工商联工作结合起来，相互融合，相互促进。落实党风廉政建设责任制，积极抓好党风廉政建设和反腐倡廉工作。加强机关管理，严格执行中央“八项规定”，促进干部作风转变，不断提高工作效率。完善《市工商联机关管理制度》，进一步促进工商联机关管理规范化。改善商（协）会办公环境。11月，工商联机关搬迁到商会大厦办公，并以“免三减半”的优惠条件让7个直属商（协）进驻商会大厦办公，共享商会成果。

群众团体

防城港市总工会

【工会基层组织建设】 2016年，防城港市全市基层工会数4781家，职工总数186799人，发展工会会员185571人，入会率99.3%。开展“六个一批”示范点建设，在千里边海防线上打造基层工会一批边境口岸工会联合会，一批农民工集中区工会联合会，一批边海特色行业工会联合会，一批边海工会培训教学见习点，一批边海旅游景区（景点）工会，一批边海乡镇、社区、村小三级“会、站、家”一体化建设示范点，通过示范点建设带动全市基层工会组织规范化建设，发挥工会组织在经济社会建设和服务市委中心工作中的积极作用。

【工会工作法治化建设】 2016年，防城港市建立工资集体协商评估体系，对26家单位开展职工知晓率和满意度测评工作，发放调查问卷1047份，回收1039份，职工知晓率93.8%，满意度95.7%。与信访部门建立防城港市职工维权服务工作联席会议制度，共同推进涉及职工切身利益方面的法律、法规和政策的落实。工会派驻律师到信访接待中心，通过法律专业解答，疏导职工群众通过理性合法的方式表达自身的利益诉求，把劳动争议和群体性事件解决在基层和萌芽状态。

【困难职工帮扶】 2016年，防城港市筹集发放元旦、春节送温暖活动慰问款物179万元，慰问困难职工（农民工）、困难劳模3314人；阳光就业行动为困难职工家庭高校毕业生提供见习机会120人/次，提供就业岗位200个，实现就业106人；金秋助学活动筹集发放助学金102万元，资助学生445名。开展送爱心工程，发放专项帮扶资金191万元，建成8个服务功能齐全的“工会爱心驿站”，惠及职工（农民工）、户外劳动者800多人/次。开展送健康工程，组织27968名职工参加“广西职工医疗互助保障活动”，组织680名困难职工（农民工）开展“赠送上门体检服务”。开展送培创工程，为1913名就业困难人员、职工（农民工）提供技能、创业、家政等培训服务，培训合格率达98%，获得证书比率达95%。春节期间开展“暖流行动”，惠及农民工1810人/次；走访检查企业175家，为3339名在生产一线的农民工送去防暑降温清凉饮料，开展农民工高温防护检查14次，督促企业整改事故隐患10件；新建园区“职工之家”4个，依托园区“职工之家”免费放电影33场次，开展法律咨询服务11场，开展安全卫生、法律、创业等知识讲座26场，开展文化体育活动552场，涉及农民工44299人/次。

【劳动竞赛】 2016年，防城港市举办全市第三届农民工技能大赛，选拔优秀选手参加全自治区决赛，3名焊工选手分获决赛一、二、三等奖，4名选手获家政服务、钢筋工、精细木工三等奖，7名选手被授予“广西技术能手”称号，1名选手申报“广西五一劳动奖章”。弘扬劳模精神，“五一”期间召开劳模座

2016 年，市总工会给生产在一线的农民工送清凉慰问　（市总工会　供稿）

谈会，表彰获全国、广西五一劳动奖章、五一劳动奖状、工人先锋号的先进集体及个人，命名 9 个市级“劳模(技术能手)创新工作室”，表彰 4 名“劳模(农民工)创新创业带头人”，培育选树 10 名“广西工匠”。

【宣传教育】 2016 年，防城港市开展“中国梦·劳动美——永远跟党走”主题教育活动，全市参加此次主题活动的基层工会组织 800 多家，受教育职工人数 70000 多人次。开展“知行合一”读书活动，全市 90% 大、中型企业工会组织职工群众开展读书活动。大力弘扬劳模、劳动精神，“五一”期间，在各大媒体开辟专栏，系列报道全市各级先进工作者、劳动模范的先进事迹。开展全民健身活动，举办市直机关、企事业单位职工气排球比赛，46 支代表队 600 多名运动员参加比赛活动。开展职工业余文化活动，举办“中国梦·劳动美”主题广场文艺晚会等文化活动，全市共举办广场文艺晚会 40 多场(次)。

（翟文龙）

共青团防城港市委员会

【概况】 2016 年，防城港市有市级团委 1 个，县级团委 4 个，基层团组织 2526 个，共青团员 40175 人，其中新发展共青团员 5494 人，专兼职团干部 3450 人。团市委设书记 1 人，副书记 1 人，内设部室 4 个，编制 10 个，实有人数 8 人。年内，团市委紧扣“凝聚青年、服务大局、当好桥梁、从严治团”四维工作格局，紧抓“服务中心大局、服务青少年成长发展”两大工作重心，立足实际、开拓进取、虚功实做，全市共青团和青少年工作取得新发展。

【基层组织建设】 2016 年，防城港市建设市县乡三级“亲青空间”青少年综合服务平台，建成市级示范性平台 5 家，围绕青少年需求常态化开展“四点半课堂”、读书交流、趣味文体等活动。推进非公团建，探索在工业园区、产业园区、产业行业、社会组织建团等非公团建模式，新建非公企业团组织 228 个。继续开展“双联双树三创”活动，组织引导市直属团组织和乡镇、村(社区)团组织开展以联助联建、树形象树先进、创特色创品牌创经验为主要内容的团建活动，基层团组织活力大增。支持吸聚青年社会组织成为工作的“左膀右臂”，联系、凝聚、带动青年社会组织 23 家，围绕公益扶贫、生态环保、志愿服务等领域深入开展合作，有效延伸团的工作手臂。

【青少年思想政治工作】 2016 年，防城港市开展“奋斗的青春最美丽”“红领巾相约中国梦”等以坚定青少年理想信念为目的的主题活动 250 多场，覆盖青少年近 5 万人次；开展学习贯彻习近平总书记“七一”重要讲话暨“两学一做”学习教育主题演讲比赛，营造良好学习氛围。深入学习领会《共青团中央改革方案》精神，凝聚改革共识。强化榜样示范引领，开展“最美青春故事”“向上向善好青年”“两红两优”等评选表彰活动，选树、宣传东兴市跨境电商创业青年戚友生、“全国优秀共青团员”陆莹莹、“广西五四青年奖章”王晨宇等一批青少年典型，年内获国家、自治区级个人表彰 16 人，集体表彰 7 个。全力进军网络新媒体，加强团属微信、微博、“青年之声”互动社交平台等新媒体平台建设，推送各类正能量消息及青少年文化产品 372 篇，吸引粉丝 10 万余人，多次在《中国青年报》出品的每周全国基层团组织微信公号排行榜中位居全国及广西前列。成立广西共青团新媒体(防城港)中心，建成青年网络志愿者、网宣员、网评员队伍 1200 多人，常态化开展网络舆论引导工作。

【青年创业创新服务】 2016 年，防城港市以“建协会、搞培训、办大赛、建基地、筹基金”为抓手，动员广大青年投身电商创业发展。积极搭建青年创业创新展示平台，举办“2016 广西电子商务创业大赛暨广西青年创业创新大赛防城港分赛区选拔赛”，选送东兴市“八找网”中越跨境购物平台参加“广西青年创业创新大赛”和“2016 年‘海利杯’广西电子商务创业大赛”，分别获总决赛二等奖、“最具网络人气创业奖”和“最具投资价值奖”。搭建青年创业创新人才培育平台，举办“三个百场”创业创新沙龙活动、青年电商实训营、农村青年电商领头雁培育行动，共培训各类型创业青年近 5000 人次。上思创业青年黎朝学、东兴创业青年项建程被团中央、农业部评为“全国农村青年致富带头人”。积极搭建青年创业创新项目孵化平台，建成青年创业就业示范园区 3 个，示范基地 2 个，示范点 3 个，创业孵化企业(基地)5 家，为防城港市创业青年提供实践学习岗位；成立“共青团防城港市委员会电商综合服务中心”，为电商创业青年提供产业推进、电子商务培训、产品宣传、产业公共秘书等服务。开展“青年文明号”创建行动，提升行业服务标杆，展示青年风采。

【青少年合法权益维护】 2016 年，防城港市推进青少年法治宣传教育，维护和保障青少年的合法权益，广泛动员全社会参与，在广西维护青少年合法权益・预防青少年违法犯罪工作考评中获满分。共青团防城港市委联合市关工委、司法局、教育局、综治办等4家单位开展第三届“关爱明天，普法先行”青少年法律知识竞赛活动，成立青少年普法教育宣讲团，紧扣“6·26”国际禁毒日和“12·4”国家宪法日等主题活动日，走进市高级中学等五所学校开展普法宣讲活动。联合东兴市温馨之家健康促进会在“防城港市互通健教基地”举办在校青少年学生“防艾防毒”现场警示教育活动，通过戒毒人员的现身说法、以案说法及禁毒工作者的现场直观教育、互动教育，有效提高青少年学生防治艾滋病知识的知晓率和防护意识。举办2016年防城港市青少年事务社会工作专业人员培训班，强化社工基础知识培训，加强青少年事务社工人才队伍建设。防城港市公安局交通警察支队港口大队、上思县人民检察院、防城区人民法院、广西精一律师事务所、东兴市工商管理局城南工商所荣获2016年广西优秀青少年维权岗称号。

【青少年成长发展服务】 2016年，防城港市紧紧围绕创业就业、志愿服务、联谊交流、能力提升等青少年成长发展需求，开展五四青年歌手大赛、七人青年足球赛、致青春・阅人生、乐在青少中心、中小学校园歌手大赛等各类丰富多彩、形式多样的文化活动，受益人数达5万人次。开展“青春扶贫献爱心·聚力海湾新区发展”西湾绿道公益徒步夜行活动，向外界展示防城港市“中国海洋名城”的独特魅力与风采，让广大青年切身感受推动海湾新区发展带来的巨大变化。举办“团聚青春・缘满港城”青年联谊活11场，帮助800多名青年在活动中相识相知，促成牵手50对男女青年，为全市青年提供一个良好的交友平台。发挥市青少年活动中心少年儿童课外教育主阵地的作用，开展各类素质教育活动，服务青少年达4000多人次。承办“2016年中国广西与越南广宁青少年友好交流活动”，近200名中越青年在经济、文化、科技等领域展开深入交流。

【青联、学联和少先队工作】 2016年，防城港市发展青联作用，组织青联委员发挥优势，投身扶贫攻坚、青年对外交流、新的社会阶层人士统战工作等，累计捐赠物资超11万元，协助开展桂台经贸文化交流、中国广西与越南广宁青少年友好交流等青少年交流活动2场，协助市委统战部召开4次新的社会阶层人士统战调研工作座谈会。推进少先队工作，推出“红领巾护界碑”“红树林小卫士”“红旗归程队”“解烦恼活动”“梦想成真室”“三支队伍乡村学校”等一批极具边海特色的少先队活动品牌。联合市教育局举办建市以来首次集中的室外少先队鼓号队检阅大赛，充分展示新时期防城港市少年儿童朝气蓬勃、乐观向上的精神风貌。成立“防城港市少先队永腾名师工作室”，邀请黄永腾老师作为名师工作室带头人做好传帮带工作，搭建少先队专业化发展平台。加强阵地建设，深入开展防城港市“三星级队室”评比活动，11所学校获表彰。团市委荣获2016年广西少先队辅导员专业技能大赛团体二等奖，共有8人、4个集体获自治区以上荣誉，全市少先队事业呈现出蓬勃发展的良好局面。

【青春扶贫行动】 2016年，防城港市聚力生产扶贫，实施“创富励志”宣讲计划、“领头雁”培养计划、创业帮扶计划，提升青年创业的激情和技能。聚力教育扶贫，深入推进贫困青少年助学工程，实施“圆梦大学”“希望工程”，发动市青联、市青企协、青年社会组织及社会爱心企业、人士等开展扶贫助学行动，募集助学金80多万元；聚力公益扶贫，深入推进贫困青少年关爱工程，建立“贫困未成年人信息库”，将全市1万多名建档立卡贫困户家庭青少年入库建档；开展“圆梦微心愿”、西湾绿道公益徒步夜行、“启爱社区行”公益晚会、“手拉手”结对帮扶夏令营等活动，共募集各类善款、物资价值近110万元。

【青年志愿服务活动】 2016年，防城港市实施学雷锋集中服务月活动，成立“学雷锋青年服务队”30支，组织开展助残助学、敬老爱童、社区关爱等志愿服务活动300多场，服务群众2.3万人次；助力“生态乡村”建设，开展植树造绿、海滩清洁、村容整治等活动；开展“青春助梦关爱行动”，组织团干部和青年志愿者对贫困家庭青少年和留守儿童开展亲情陪伴、学业辅导、心理疏导和感受城市等，帮助他们健康成长。

防城港市妇女联合会

【概况】 防城港市下辖县（市、区）妇联4个，乡镇（街道）妇联30个，村（社区）妇代会331个。市妇联核定编制11个，现有主席1人、副主席2人、副调研员1人；内设办公室、权益部、发展部、宣传部等4个部（室）。下设市妇女儿童活动中心，编制6个。2016年，防城港市妇联组织贯彻落实党关于加强和改进党的群团工作的要求，围绕全市工作大局，在推进妇女创业就业服务、女性人才培养、妇女儿童权益维护、美丽家庭创建、妇女儿童关爱、妇联自身建设等方面取得明显成效。

【妇女儿童权益维护】 2016年，防城港市妇联广泛开展普法宣传活动。全市组织开展“建设法治防城港　巾帼在行动”法治宣传教育活动285场（次），发放宣传资料8.5万多份。深入推进联动维权工作。深化与法院、检察、公安部门的“妇女儿童维权岗”创建工作，5个妇女儿童维权岗获自治区级命名。联合多部门推动反家庭暴力工作取得新进展。建立市级反家暴联动工作机制，多部门联合开展《反家暴法》的宣传、培训，家庭暴力突出矛盾和问题得到及时有效化解。整合资源，依托市救助站设立市反家暴庇护中心。积极参与家事审判改革工作。在东兴市挂牌成立“惜缘婚姻家庭辅导室”，成功调解婚姻家庭矛盾纠纷9件。实事化维权强化。畅通妇女诉求渠道，加强妇联信访窗口建设。截至11月底，全市共接待各类妇女来信、来电、来访126件，办结率100%。

【女性人才培养】 开展妇女培训，提升妇女干部素质。2016年，防城港市争取上级资金10万元开展基层妇干大培训7期；联合市委组织部举办全市妇女干部培训班；选派基层女干部参加自治区妇联组织的培训。举办现代女性大讲堂，先后邀请区内外专家来防城港市为全市机关女干部作礼仪、家庭教育、廉政家风等方面的培训。结合各行各业特点，培树一批三八红旗手、三八红旗集体。指导帮助女企业家协会通过举办培训、产品展示、公益活动等，全面提升女企业家的综合素质及发展能力。选送京族服饰等特色作品参加在台湾花莲举办的“姐妹情一家亲—广西·花莲妇女民族手工艺品展”活动，组织妇女代表团赴越南开展交流活动，增进对外联谊。

【妇女创业就业服务】 2016年，防城港市妇联联合扶贫部门实施“产业到家　牵手妈妈”巾帼脱贫行动。成立励志脱贫宣讲队，开展宣传活动57多场次。挂牌市级妇女创业就业示范基地2个，帮助带动420多名妇女创业致富。联合开展实用技能等培训50多期，培训妇女2000多人。用好扶贫小额信贷，全市累计发放贷款9614万元，1991名妇女获贷。创建自治区级“巾帼科技示范基地”3个、市级“巾帼科技示范基地”12个，市级扶持资金达24万元；培育巾帼科技特派员12名，依托基地开展培训班30多期，培训妇女7000多人（次），示范基地辐射带动作用明显。依托广西巾帼家政示范基地——港诚职业培训学校举办家政培训班10期，培训学员826人（其中建档立卡贫困妇女69人），608人通过职业技能考核并取得职业资格，406人成功就业。开展牛大力种植、果蔬采摘等劳动竞赛4场，参赛妇女200多人（次）。

【“美丽家庭”创建】 寻找“最美家庭”活动深入开展。2016年，全市各级妇联共寻找出“最美家庭”750户，王益伟家庭被评为全国“最美家庭”；黄鸿多家庭、黄永腾家庭被评为全国五好文明家庭；陆兰军家庭等5户家庭被评为广西五好文明家庭（标兵户）；肖守珍等4户家庭被评为广西“最美家庭”；冯迪青家庭等20户被评为防城港市“最美家庭”。联合有关部门举办家庭风采才艺展演赛、启动“扬清廉家风　寻最美家庭”廉政家庭文化建设活动、举办文明家训家规征集、市直机关廉政家庭文化书画展。组织参加广西最美家庭（家园）女性摄影作品展。家庭教育指导服务扎实推进。防城港市妇联联合教育局挂牌成立市家庭教育指导中心，组建家教讲师团，提供家庭教育指导服务。全市举办家庭教育大讲堂活动100场（次），受益家长近1.5万人。举办家教“三支队伍”成果展示——“家圩”活动，由市妇女儿童活动中心精心打造的滩营中心校家庭教育“三支队伍”，成为防城港市家庭教育的品牌。关爱留守儿童活动案例“让梦从这里升起”在全国“双有”主题教育活动研讨会上进行经验交流。

【妇女儿童关爱】 加强关爱阵地建设，2016年投入130万元完成65所“儿童家园”创建。依托“儿童家园”开展农村留守儿童关爱活动。组织大学生志愿者服务“儿童家园”168场（次）；联合检察院、交警等部门到四个县（市、区）开展“爱心相伴　欢乐‘六一’”活动，受益儿童1万多人。妇女儿童公益项目有效实施。争取到上级项目支持，进一步扩大农村妇女“两癌”免费检查项目实施范围，实施贫困“两癌”妇女救助、“贝因美与爱同行”等公益慈善项目；设立“爱心衣+E”交换站；深入开展“下基层、访妇情、送温暖”主题关爱和“邻里守望·姐妹互助”巾帼志愿服务；联合民政部门开展农村留守妇女儿童摸底排查工作，为建立关爱长效机制奠定良好基础。

【妇联自身建设】 2016年，防城港市开设“防城港妇女”微信公众号和防城港市妇联交流群，开展线上线下互动及服务活动。完成昌墩村、七星社区、仙人湾社区、平木村妇代会改建妇联试点工作，新增兼职副主席6名、执委42名。在市国税局建立示范性机关“妇女之家”，创建自治区级“妇女之家”5个。推进联系服务妇女方式改革，建立执委、代表联系制度。开展妇女儿童发展课题研究，通过项目化运作公开招标《当前防城港市妇女维权困境及对策研究》等5个课题，为党委政府决策提供参考。

防城港市科学技术协会

【概况】 2016年，防城港市科学技术协会为第四届委员会，委员41人，常委15人，领导班子成员：主席、党组书记陆萍萍（任至2016年7月），党组成员、副主席李志初，兼职副主席周丽。下辖地方科协、市级学会（协会）组织20个，其中县级（县、市、区）科协4个，市级专业学会16个。2016年，全市共获全国“基层科普行动计划”先进单位3个、先进个人2名；获广西区“科普惠农兴村计划”先进单位2个、先进个人2人；青少年科技创新大赛工作成绩显著，全市共获国家级奖项3个，获省级奖项88个；市科协荣获广西区科技工作者状况调查站点AAA优秀区域责任部门荣誉称号；市科协党支部被评为“全市先进基层党组织”荣誉称号。

【科普活动】 2016年，深入实施全民科学素质纲要，切实履行市全民科学素质工作领导小组办公室职责，整合社会资源，组织开展一系列科普宣传活动，促进防城港市公民科学素质的提高。围绕“全国科普日”“广西十月科普大行动”、科技“三下乡”等主题，开展科普活动10多场次，发放资料1万多份，惠及群众达3万多人。10月22日晚，在西湾广场举办以“创新放飞梦想·科技引领未来”为主题的科普专场文艺晚会，吸引500多名群众到现场参观。推进科普信息化建设。实现科技馆场馆内免费Wi-Fi的全覆盖，“防城港市科技馆网站”和“防城港市科技馆微信公众号”投入运行使用，点击率每天超过200人次。加强“科普中国V视快递”的落地应用，传播百姓日常生活息息相关的科普信息。加强科普场馆及设施建设。加强常设展厅的免费对外开放工作，举办科普专题展览10多个专题40多场次。争取市科技馆获免费开放中央补助资金358万元，年内接待观众达27万人次。推进上思中学、东兴市实验学校，防城区那梭镇稔稔小学、防城港市第四中学等4个中小学的青少年科学工作室建设，实现防城港市所有县（市、区）的全覆盖。深入开展科普惠民活动。抓好全国“基层科普行动计划”和广西“科普惠农兴村计划”“科普富民兴边计划”项目的培育、推进工作，一批农技协、农村科普示范基地、科普带头人受到表彰。发挥获奖单位和个人的辐射带动作用，举办“五个一”农村适用技术培训班20次，参加培训农民4000多人，提高农民群众的致富技能。抓好科普示范县和示范社区建设。东兴市在全国科普示范县创建验收中考评分全区排名第一，被中国科协命名为“2016—2020年度全国科普示范县”。上思县被广西科协命名为广西科普示范县。防城区珠河街道珠河社区被广西科协评为广西科普示范社区。

【学术交流活动】　2016年，防城港市学会服务能力逐步提升。切实履行学会业务指导单位的职责，推动市属学会改革发展，支持学会开展专业技术人员培训和继续教育工作。3月4日，市科协与市医学会联合举办全市医疗卫生系统医学论文写作专题讲座，全市各级医疗卫生单位业务骨干350多人聆听讲座。开展建言献策活动，组织动员科技工作者围绕防城港市经济社会建设中的重点、难点、热点问题，开展调查研究，建言献策，年内收集到科技工作者意见和建议20多条。

【青少年科技教育工作】　青少年科技创新大赛成绩突出。在2016年广西青少年科技创新大赛中，防城港市获奖项目88个，其中一等奖12个，二等奖21个，三等奖55个，有3个作品被推荐参加全国青少年科技创新大赛；4个单位和1人分别荣获基层赛事优秀组织奖、优秀组织工作者荣誉称号。首次组队参加广西青少年机器人竞赛，防城港市第一中学、防城港市科技馆各有一支队伍分别获机器人基本技能项目初中组冠军和机器人WRO足球项目冠军。青少年科技教育活动深入开展。通过组织开展“快乐科普校园行”“广西青少年科学节”“青少年发明创造成果展览交易会”等活动，培养青少年的科学兴趣和创新能力。全市有6所学校被评为2016年广西青少年科学调查体验活动推广示范单位，20名学生获准参加2016年青少年高校科学营活动。青少年科技辅导员培训扎实开展。举办2016年全市青少年科技教育辅导员培训班，邀请全国创新教育名师覃宝学老师授课，全市200多名青少年科技辅导员参加培训。组织科技骨干教师参加上级举办的业务培训班60人次，提高科技辅导员的业务水平。

【科技创新活动】　密切与科技工作者的联系。举办2016年中国科协会员日系列活动，组织防城港市科技工作者参观科技馆和前往大海粮油工业有限公司参加“中国科协会员日”防城港活动，深入基层走访慰问科技工作者32人，进一步密切与科技工作者的联系。努力服务企业创新发展。加强“会企合作”工作，广西国茗金花茶科技有限公司与来宾市养蜂协会的会企合作得到巩固和深化，被广西科协命名为“自治区级会企合作示范基地”。开展科技信息企业推广应用服务工作，完成广西盛隆冶金有限公司申报使用专利信息数据库工作。

【科技人才培养和举荐】　举荐表彰优秀科技人才。举荐优秀科技人才参评上级组织的奖项，宣传和表彰在创新科学技术、普及科学技术、青少年科技创新大赛等方面做出突出贡献的优秀科技人才。做好调查站点工作。加强对调查站点工作的运行管理，制订《防城港科技工作者状况调查站点管理暂行办法》。2016年6月14日，全区科技工作者状况调查站点工作培训班在防城港市举办，市委副书记班忠柏出席会议并作重要讲话，参会领导和代表对防城港市的科技工作者状况调查站点工作给予高度评价。

【科协自身建设】　加强干部队伍建设。通过选派干部参加中国科协2016年度科普人员培训班和广西科协组织的各类培训班，组织外出学习考察，邀请专家授课等形式，提高科协系统干部的业务素质。加强基层组织建设。注重对各县（市、区）科协的指导和支持，及时帮助县级科协协调解决存在困难和问题，指导防城区科协完成换届工作。加强科协宣传工作，市科协被评为广西科协系统信息工作先进单位。落实定点帮扶贫困村工作职责，单位领导干部联系帮扶贫困户5户，走访慰问20多次，发放慰问物资折合人民币1万多元，向贫困户捐赠一批鸡苗和鱼苗，举办蜜蜂养殖实用技术培训班1期，培训蜜蜂养殖户50多人。

3月18日—20日，防城港市参赛队伍参加第31届广西青少年科技创新大赛
（市科协　供稿）

防城港市文学艺术界联合会

【概况】　2016年，防城港市文学艺术界联合会（简称“防城港市文联”）联系、协调、服务的各全市性文艺家协（学）会有：作家协会、书法家协会、美术家协会、摄影家协会、音乐家协会、戏剧曲艺舞蹈杂技家协会、民间文艺家协会、文艺理论家协会、楹联学会、诗词学会、书画院和文艺志愿者协会共12个文艺团体，共有会员1237人，其中省级文艺家协会会员294人，国家级文艺家协会会员65人。

【文艺精品创作】　2016年，防城港市文联加强文艺精品创作，鼓励和支持防城港市文艺家出版文艺专著，推出如苏炳桢《老石的婚恋史》等一批文艺专著。其中散文集《边海文化寻踪》是市文联响应市委、市政府提出的“打造边海文化名市”的号召，以防城港市边海文化为背景，广泛收集涉猎防城港市地理、历史、名人、民俗及其相关风土人情等与文化有缘的散文专集，共有53篇防城港市作家及文学爱好者撰写的精美纪实散文入选出版，该书的出版，促进防城港市建设边海文化名市建设。12月，防城港市文联专职副主席莫俊荣与广西人民出版社签约出版反映主旋律及弘扬工匠精神的长篇小说《掌墨师》。

【文艺理论研究】 2016年，防城港市文联举办江天散文集《安逸观澜》发行研讨会、《有人送我红玫瑰》——防城港市女作家禤佩娟作品研讨会、《中国文艺评论工作者自律公约》学习座谈会、散文集《边海文化寻踪》研讨会和《港城文艺》评刊会。通过广泛的文学交流活动，进一步丰富文艺家的知识结构和创作实践，有效地提高创作能力和水平，为防城港市文学事业的蓬勃发展起到积极的推动作用。11月12日上午，市文艺理论家协会在东兴市竹山榕树新村举办“学习《中国文艺评论工作者自律公约》座谈会”，各县（市、区）文联，各全市性文艺家协（学）会参加座谈会。

【文艺志愿服务体系构建】 2016年，防城港市文联为进一步丰富校园文化艺术生活，推动学校素质教育的健康发展，和市书法家协会组织书法家开展“书法进校园”活动，到校园近距离与师生进行书法创作指导和交流互动，先后到十万乡太平小学和市金湾小学进行现场指导习书创作。6月28日，在市文联莫俊荣副主席的带领下，到帮扶贫困村防城区扶隆乡电六村开展慰问。6月29日，市文联慰问组到防城区火车站社区了解该社区的建设情况和当前社区存在的困难，询问生活中存在困难的老党员。慰问组上门分别到老党员和困难党员郑通娟、黄子业家里，询问老党员的家庭生活情况、身体健康状况，积极向他们宣传党的路线、方针、政策，并送上慰问金、慰问品。12月，防城港市文联成立市级文艺志愿者协会，进一步组织动员广大文艺工作者深入基层一线、服务人民群众、奉献艺术才华。在2016年春节来临之际，市文联开展现场书写送春联送“福”字文艺惠民活动。组织书法家到东兴马路镇开展为群众义务写春联、写“福”字活动，500多幅充满祝福的春联和200多个洋溢喜庆的“福”字赠送到群众手上；组织书法家在港口区项目搬迁安置点龙兴社区、防城区十万乡沙坪村、防城港军分区送出春联1000多副，“福”字300多个，书法作品数十副。此项义务书写赠春联、送“福”字成“三下乡”活动最受群众欢迎的活动亮点，得到广大群众的喜爱和高度评价。

【文学艺术活动开展】 2016年，防城港市文艺系统开展形式多样的文学艺术活动。一是举办文艺作品展出活动。1月16日，举办“一个承载梦想的地方”摄影作品巡回展。1月29日，在市文化艺术中心举办“花样港城”迎春美术书法作品展，共展出防城港市各行各业书画家、书画爱好者的书法美术作品100余件。参展作品立意高远，形式多样，特色鲜明，积极向上，是港城书画艺术的又一次集中展示，凸显出富有特色的边海文化，体现防城港久远的历史渊源，展示港城人崇文厚德的精神风貌。3月26日，举办“海丝路”摄影作品展。7月初，市文联为讴歌中国共产党的光辉历程和丰功伟绩、弘扬伟大抗战精神而开展的征稿活动所征集的摄影作品在市直机关工委举办的庆祝中国共产党建党95周年摄影比赛中展出。同时，在《港城文艺》上开设“纪念中国共产党成立95周年”及“纪念红军长征胜利80周年”专栏，发表征稿作品。7月5日，与市妇联、在市妇女儿童活动中心一楼展厅共同举办“扬清廉家风　寻最美家庭”防城港市机关廉政家庭文化书画作品展，展出书法作品、美术作品各30幅，进一步在机关干部家庭中唱响“勤政廉政、夫妻和睦、尊老爱幼、科学教子、邻里互助、清洁生态”的“最美家庭”旋律。国庆期间，举办防城港市第二届临帖书法作品展。11月，协助市政协举办“纪念孙中山先生诞辰150周年书画展”。二是组织文艺家会员举办各类文艺采风、创作等活动。全年共举办各类文艺采风、创作活动20多次，主要有开展“深入生活　扎根人民”采风活动活动，组织文艺家到那良古镇那楼村采风写生活动和开展“走进江山半岛”大型文艺采风活动等。三是举办防城港市诗词文化节和研讨会。10月23日，在东兴市青少年活动中心举行2016年防城港市诗词文化节，活动期间，成功举办国门诗风研讨会，组织诗词行家50多人对业已形成的“国门诗风”进行研讨；在东兴市政府办公楼前设立展板，展示东兴市10位诗人的简介、诗作、活动照片等。2016年，据不完全统计，防城港市全年发表的文学作品有600多篇（首）。

【文艺普及】 2016年，防城港市文联

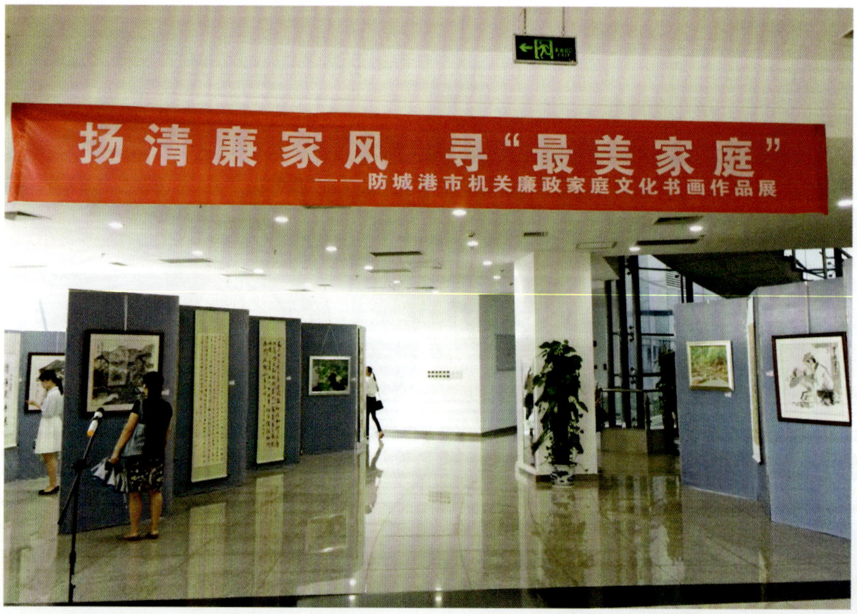

7月5日，市文联与市妇联联合主办的“扬清廉家风　寻最美家庭”书画作品展
（市文联　供稿）

根据广西文联下发的《关于开展评选广西特色文艺之乡工作的通知》，结合地方的特色文艺，按照县（市、区）上报的申报材料进行汇总审核，并做好初审、推荐和集中申报的工作。经过广西文联评审工作小组的审定，防城港市上思县以诗词文化特色、东兴市以独弦琴和诗词文化特色、防城区以采茶戏文化特色均荣获广西特色文艺之乡的命名。9月底，东兴市文联作为全区仅有的两个县（市、区）文联代表之一在广西基层文联工作会上作经验交流发言。

防城港市
社会科学界联合会

【概况】 至2016年年底，防城港市有社科学术团体会员29个，其中市社科联1个，市属学会、协会、研究会28个，个人会员近700人。市社科联内设机构2个（办公室，学会部）。在职在编工作人员5人，现任领导机构是第四届委员会，有委员45人，其中常务委员15人。

【社会科学普及】 2016年，防城港市组织全市社科力量到乡镇、村屯、企业等地开展社科知识讲座、报告会、广场科普等活动36场（次），组织各学会、协会、研究会开展各种培训、公益讲座（论坛）10多场（次），社会活动5次，向市民提供哲学社会科学、妇女维权、计划生育、法律维权、食品安全、生态健康、禁毒知识、汽车文化、集邮知识、乡村旅游、家庭理财、钱币知识、经济金融等专题义务咨询，发放社科普及知识书籍2000多本，宣传资料5000多份。主要活动有：组织市金融学会和钱币学会等参与全市五月科技周首场活动。在防城港市一中现场展示社科知识展板、摄影图片等40多幅，现场向师生发放真假钱币辨别和储蓄国债基本知识等内容的宣传小册子500多份，解答各种咨询50多人次。在江平镇举办《贯彻中央城市工作会议精神 推动防城港市产城深度融合发展》讲座和京族高脚罾传统捕捞技艺传承培训班。举办东兴市中小学音乐教师独弦琴培训班，以更好地研究、保护、传承国家非物质文化遗产——京族独弦琴文化。组织以“罾·琴·韵”为主题的“中国京族高脚罾暨广西防城港民族文化展演”走进北京活动，获得社会各界充分肯定。

【社会科学研究及学术活动】 2016年11月11日，与钦州学院共同举办“京族文化传承与防城港市旅游发展”研讨会，收到论文20多篇，50多位与会专家、学者对弘扬传承京族文化与防城港市旅游发展建设关系作深入探讨与交流，对弘扬京族文化，推进防城港市文化旅游业发展，经济社会发展提出新的思路，为地方各级党委和政府及有关部门的决策提供参考。继续做好《中国少数民族大辞典.京族卷》编撰工作。主要是修改，补充资料，特别是补充大量的图片。继续打造好社科普及的宣传平台。全年编辑出版四期《防城港社会科学》。此刊物刊登各类论文、调研文章60多篇，成为防城港市社科普及的一个重要平台。出版《防城港市社科优秀成果文集（2013—2014）》和《京族文化传承和发展论文集》，宣传防城港市社科成果。

【课题研究】 2016年，防城港市社科联围绕市委、市政府的中心工作，注重加强全局性、战略性、前瞻性重大理论与实际问题探讨，努力发挥服务地方党委、政府工作的职能，带领全市社科工作者开展《防城港市精准扶贫进程中农村产业融合发展对策研究》等16项课题研究。组织社科专家，写作论文参加北部湾城市论坛。全年编印《防城港社会科学》期刊4期、《社科专家建言》2期。

防城港市
残疾人联合会

【残疾人基础设施建设】 2016年，总投资1719万元的市残疾人康复服务中心项目实现开工建设并顺利推进；实施国家康复救助项目和贫困成人残障者康复工程，发放残疾人假肢辅助器具116件，低视力辅助器具150件；推进“七彩梦行动计划”“顺风耳”行动项目，为7名残疾儿童申请人工耳蜗植入手术；年内，完成贫困成人助听器安装12人、聋儿语训13人、智力残疾儿童康复训练16人、自闭症儿童康复训练23人。

【残疾人社会保障工作】 2016年，实施《广西困难残疾人生活补贴和重度残疾人护理补贴实施办法》，推动“两项补贴”制度落实，发放困难残疾人生活补贴资金2368750元，发放重度残疾人护理补贴资金3173980元；对农村非特困、低收入、低保户重度残疾人参加新农合按其个人实际缴费金额的60%给予补助；东兴市继续落实政府补贴资助残疾人参保政策，实现城乡医疗、养老和意外人身保险的100%覆盖；年内，为800户精神、智力、重度肢体残疾人家庭发放居家托养服务补贴资金120万元；投入资金40万元，为100户残疾人家庭进行无障碍改造；为788名下肢残疾人发放机动轮椅车燃油补20.488万元等。

【帮助残疾人就业创业】 2016年，对152名残疾人进行初级盲人按摩、初级电脑等职业培训；投入资金20万元，对200名残疾人进行实用技术培训；投入资金共计18万元，扶持残疾人就业创业37人；加大残疾人就业保障金征收力度，通过报纸、电视台发布征收公告，征收总额近800万元。

【营造扶残助残良好社会氛围】 2016年，充分利用“国际助残日”“爱耳日”以及春节等重大节日，开展形式多样的扶残助残活动。5月下旬，在南宁市举办的全区青少年残疾人田径、游泳、乒乓球、羽毛球锦标赛中，防城港市获得6个第一名、8个第二名、3个第三名的好成绩；10月，在浙江省举行的全国聋人游泳锦标赛上，防城港市参赛残疾人运动员邓明东获得4个第一名，3个第二名，1个第三名。东兴市残工委被国务院残疾人工作委员会评为“全国先进残疾人工作先进单位”。

防城港市
归国华侨联合会

【服务经济建设】 2016年6月28日—29日，承办2016年口岸城市侨联“一带一路”门户建设工作协作会议，接待沈阳、哈尔滨、青岛、丹东、延边等17个城市的侨联主席、侨商会会长、侨商侨资企业负责人等100多位参会人员，与与会人员就如何进一步发挥侨联优势、挖掘侨资源，融入国家"一带一路"战略、服务经济上有新作为等多个方面提出对策和思路。配合市商贸旅游活动做好接侨工作，接待来自美国、加拿大、丹麦、泰国和越南等国家的7个侨社团共48人。全年共接待来自美国、加拿大、英、法、德等海外侨胞及中国港澳台同胞以及国内辽宁、大连、济南、深圳、茂名等华侨华人、归侨侨眷20多批近千人次。

【参政议政】 2016年，防城港市侨联按要求参加市委统战部党支部"两学一做"学习教育活动，在学习会上结合实际认真作中心发言和参与讨论。市侨联班子领导撰写的《充分发挥桂籍海外侨胞和港澳台同胞在"一带一路"建设中的作用》提案，被指定在自治区侨联召集的侨界人大代表、政协委员会议中作典型发言；在市政协五届六次会议上作《创先争优，开拓海外联谊新局面》的专题发言，受到与会委员的好评。组织课题组开展议政调研，形成《关于新形势下侨联参政议政工作的几点探讨》论文，被市政协收入《加强人民政治协商民主建设理论研究》文集。

【维护侨益服务侨胞】 2016年，防城港市侨联为参加自卫还击战的越南归侨争取到合理的补助款，为港口区渔洲坪街道白鸡笼组村民林培光等29位归侨侨眷得到补偿。慰问困难归侨侨眷和侨界老同志和挂钩扶贫村困难群众等110户，送去慰问金60000元以及大米、食用油、棉被等生活用品一批。为防城港市归侨学生子弟发放14万元营养午餐补助2万元人民币支持防城港市困难大、中学生就读，累计帮扶归侨6人次，扶助资金8000多元。争取到广西华侨爱心基金会等捐资兴建东兴市华侨学校科技读书长廊，发动海内外侨界爱心人士捐资18万元人民币，科技读书长廊破土动工。11月，举办全市侨联干部法治培训班；在十万山华侨林场开展《中华人民共和国归侨侨眷权益保护法》和《实施办法》宣传活动，请侨界法学人才当面解答侨胞的有关法律问题。

【文化交流】 2016年，防城港市侨联发动侨界群众参加中国侨联、自治区侨联、及防城港市举办的书法美术摄影展活动。发动全市中小学生参加中国侨联举办的世界华文大赛获得奖励。年内向中新网、广西侨联网、《防城港日报》《防城港统战》、市委信息办、市广播电视台等报送新闻报道、工作信息35条，超额完成全年的报送任务。

防城港市红十字会

【概况】 2016年，防城港市红十字会有在职干部职工7人，专(兼)职正副会长5人，常务理事13人，理事单位65个，个人会员338人，团体会员28个。冠名红十字医院5个，红十字学校18所，红十字基层组织44个，红十字志愿者服务队4个。2016年，市红十字会以"两学一做"常态化、制度化为契机，以提升公信力为重点，以服务和改善民生为宗旨，大力加强机关作风建设，扎实组织开展救灾、救助、救护和无偿献血、造血干细胞捐献、人体器官捐献等核心业务工作。

【社会救助】 2016年，防城港市红十字会开展多渠道的募捐活动，共募集定向捐款2万元，帮助援建防城区十万山乡垌平村生态乡村群众文体活动中心；组织爱心企业为企沙镇赤沙村募集救助物资总价值10万元；在"圆梦助学"和"精准扶贫"募捐活动中为贫困优秀学生和特困户募捐8万余元和价值2万元的助学物资。全年募集到的各种物资，折合人民币22余万元，全部用于人道救助、贫困村建设、"圆梦助学"和"精准扶贫"等活动。

【应急救护培训】 2016年，自治区红十字会对防城港市红十字会培训工作给予大力支持，下拨5万元作为应急救护培训经费。至10月底，防城港市红十字会共举办应急救护培训班8期，接受培训师生和干部群众近千人，发放宣传资料2万多册(份)。5月12日，联合市地震局、市教育局、市人防办对防城中学近3000师生开展防灾减灾应急救护演练，并对该校部分师生进行现场应急救护培训，进一步提高师生自救互救和市民安全意识，为推动平安防城港建设作出努力；9月12日，防城港市红十字会在港口区第四小学启动主题为"儿童学急救、急救为儿童"的红十字应急救护培训进校园系列活动，随后组织系列培训培训活动。此外，为组队参加广西首届全区农村(社区)红十字救护技能大赛，于9月下旬组织进行预赛，从优选拔8名师资组队代表防城港市参加比赛，取得第8名，荣获"优秀奖"。

9月12日，市红十字会在港口区第四小学开展"儿童学急救、急救为儿童"的红十字应急救护培训进校园系列活动

（市红十字会　供稿）

【红十字青少年工作】 2016年5月，防城港市红十字组织全市12所学校3630名学生参加中国红十字会举办的全国红十字青少年自救互救知识竞赛活动，使自救互救知识在青少年中得到较大的普及。"六一"节期间，与爱心企业在防城区那蕾、六市小学开展红十字关爱少年活动，共慰问贫困学生42人，送去价值2.1万元的慰问品。与此同时，继续推进红十字基层组织建设，发展2所学校成立红十字会。

【红十字博爱家园】 2016年，市红十字会积极向上级红十字会争取项目，在自治区红十字会的支持下，实施"红十字博爱家园"项目1个，资金14万元，严格按照红十字会项目建设的要求，于5月在港口区企沙镇赤沙村实施，6月下旬完工并交付使用。

外　　事

【因公临时出国(境)管理】 2016年，防城港市加强因公临时出国(境)管理。全年共为市党政干部33批、78人次办理公务护照或通行证到境外进行公务活动，13批、33人次到港、澳参加联谊、走访、培训、宣传推介等活动；共为市企业7批、29人次办理公务护照或通行证、为4批、20人次申办APEC商务旅行卡到境外开展业务；共审核外国人员来华申请4批、4人次。

【对外宣传交流】 2016年，防城港市在高层互访、经贸合作、文化交流、青少年交往等领域取得显著成效。加强与外国驻华使领馆往来，年内由分管外事的副市长率相关部门分别拜会东盟五国驻南宁总领事馆，多次派人参加外国驻华使领馆节庆活动。年内，与柬埔寨西哈努克省就建立友好关系达成共识，东兴市与柬埔寨吴哥通县缔结友城关系。全市(含县市区)共有党政干部20批183人次出访友城及意向友城开展交流活动，友城及意向友城共17批219人次到访防城港市。

【外事接待与服务】 2016年，防城港市外事部门主要做好第十三届中国—东盟博览会及中国—东盟商务与投资峰会、东兴试验区专场推介会、第二届中国—东盟市长论坛、中越(东兴—芒街)国际商贸·旅游博览会、中国广西与越南广宁青少年友好交流活动等外事活动的协调、礼宾礼仪、翻译等工作。年内，全市(含县市区)共接待来自世界外宾团组共54批574人次。

【对越交往】 2016年，防城港市全力贯彻落实中越联工委第七次会晤精神、自治区　党委书记彭清华与越南边境四省省委书记会谈成果及防城港市委书记金湘军访越成果。年内，北仑河二桥完成主桥拱合龙，东兴边民互市区临时浮桥中方桥基及中国峒中—越南横模口岸桥临时通道桥开工建设；1000多名越南边民取得跨境用工资格证，10家企业被确定为跨境劳务试点企业；中越(东兴—芒街)跨境自驾游常态化开通。

侨　　务

【侨爱工程】 2016年，防城港市侨务部门加大力度开展慰问，继续开展慰问安置点、侨务社区、侨资企业、困难归侨、贫困大学生等一系列活动，慰问经费累计达16万余元。深入基层做好侨务扶贫。深入开展侨界困难群体摸底调查工作，为进一步开展侨务扶贫工作摸清底数。成功举办8期印支难民职业技能培训班，共投入经费近10万元。

【以侨帮侨】 2016年，防城港市侨务部门打造侨务品牌活动搭建平台，举办2016年侨界清明联谊活动，邀请来自美、加、德、越等国家的海外侨胞、港澳台同胞及本市归侨代表近百人参加。主动参与侨团联谊活动调动侨力，为东兴市越南河桧联谊会等10个侨团的清明联谊活动给予人力、物力支持。参与承办侨资企业西部行活动，推介防城港市发展优势。架设语言文化桥梁涵养侨力资源，选派及续派教师6名分批赴老挝、柬埔寨援教。

【侨法宣传】 2016年，防城港市侨务部门共举办侨法宣传活动5次，复核86名"三侨考生"享受国家高考加分政策开展社区侨务工作，经申报争创全国全区侨务工作示范社区2个，争创"侨之家"1个，开展涉侨矛盾纠纷排查化解工作，切实推动十万山华侨林场改革发展，协调林业部门将十万山华侨林场纳入国有林场改革范围。

涉台事务

【对台经贸合作】 2016年4月23日至29日，防城港市赴台小组一行12人，在市委常委、统战部部长胡晶波为组长的带领下，赴台湾开展2016年桂台经贸文化合作交流活动。此次赴台活动重点是青年企业协会、商会交流、科技文化交流、姐妹乡镇交流和对台工作交流。赴台期间，先后开展系列活动：在屏东县，考察屏东农业生物科技园区，与园区内的全球华人移动互联网多元产业协会、枫荷生物科技有限公司、台湾企通宝科技股份有限公司进行交流，洽谈下一步产业对接的意向；在花莲县，与花莲县青年商会进行互动交流，在吉安乡公所的协助下举办系列交流活动，参访吉安乡南昌村文物馆，在馆内舞台上举办隆重互动文艺交流活动，考察台开洄澜湾园区，进行骑自行车体育活动交流，此外还与乡代表会进行交流。在台北市，与台湾优良商品协进会、国民党黄复兴、黄国梁党部、中华领袖菁英交流协会、台北市钦廉(防)同乡会进行交流。各项交流活动均取得预期的效果，产生良好的效应。积极推进防台两地经贸合作交流，增添新内容，为"一带一路"建设和防城港市边海经济带建设助力。协助市委、市政府组团到南宁参加第十二届桂台经贸文化合作论坛。市政府领导率队参会，在论坛项目签约仪式上签订台商投资项目协议一个，即广西桂西肉牛养殖基地项目，总投资9000万元。组织台商代表参加中国—东盟博览会和东兴试验区推介会。配合市农委组织台商参加广西农业洽谈暨科技成果展示对接会，积极推进防台两地农业合作交流，推动防城港胜华投资策划有限公司签订"北部湾海洋产业园"项目协议。赴梧州市参加桂台茶产业创新发展研讨会暨茶叶交易会。配合国家推进“一带一路”建设和防城港市推进边海经济带建设,加强与招商、商务、农业和旅游等部门合作,加大对台招商引资力度,做好投资考察接待工作,为招商引资牵线搭桥。先后接待台湾中华两岸贸易协会总会考察团一行21人、参加第十二届桂台经贸文化合作论坛的台湾中华两岸企业发展联合总会林国栋理事长一行10人到防城港市进行投资考察,尤其是接待林国栋理事长一行,市委副书记、市长何朝建、市委常委、副市长田博、市委常委、统战部部长林霖等市领导出面接见,体现市领导的高度重视。据统计,截至2016年11月,防城港市新增台资企业3家,新增台资项目3个,合同台资1451万美元,实际到位541万美元。

【对台交流】 2016年,防城港市推动防台两地互动交流,重点推进姐妹乡镇交流,增强台湾民众特别是青年一代对防城港市的了解和认识,实现两地民众心灵契合。5月5日至9日,邀请台湾花莲县吉安乡黄晨霖率青年代表一行3人到防城港市进行交流和洽谈,考察防城港市青企协会长企业华业集团和南宁台资企业广西华胜集团,商议两地交流事项。年内,先后接待台北市广西钦廉(防)同乡会理事长林小英一行32人、台湾青年创业协会总会访桂团一行18人、台北市国民党黄复兴黄国梁党部顾问欧阳材一行4人、台湾花莲市国威社区参访团一行21人、台湾港务股份有限公司考察团一行8人到防城港市参访交流。

【台商合法权益维护】 2016年,防城港市开展联系台商、服务台企、落实惠台政策、推动台资项目建设的“六个一”活动,下发的实施方案,细化分工,明确责任,按照“属地管理、分级负责”和“谁主管、谁负责”的总体要求,认真梳理排查涉台问题,抓住问题的关键,提出实际有效的解决方案,分解落实到具体单位和责任人重点解决台商反映的突出问题。年内,市委、市政府主要领导对防城港市继续深入开展“六个一”活动做出批示,市委统战部、市台办按照要求制订实施方案分发到相关单位和各县(市、区),推动实施。时任市委常委、统战部部长胡晶波深入台资企业开展走访慰问活动,与台资企业代表进行座谈,认真听取台商的意见和建议,对富味乡油脂食品有限公司反映厂区大门落差大严重影响货车进出问题,协调相关部门认真进行研究处理。防城港市自治区台办唐玉霞副主任亲率工作组到防城港市就开展“六个一”活动进行走访和检查督促;市台办就防城港市重点跟 踪推进的台资项目、需要解决的涉台问题进行梳理,向市委、市政府汇报,并按照实施方案加强与相关部门联系,形成部门联动的工作合力;相关部门从自身职能出发,进行对照排查,主动为台胞、台企做好服务。开展筹备成立市台协会工作,筹建对台经贸文化合作交流新平台,召开筹备酝酿会议,就成立台协会具体事项进行商议。加强对台企台商政策法律知识宣传教育,增强依法经营和维权意识,促进企业健康发展。4月下旬,港口区召开专题协调会,现场解决台资企业富味乡油脂食品有限公司厂区大门高差过大问题。经会议协商,参加会议的各单位就厂区大门高差过大问题提出解决方案,相关责任单位制订对应施工方案报批,尽快解决台企遇到的困难。据统计,全年受理涉台信访问题8件,办结8件。7月,组织10名台商赴钦州参加全区法律法规知识宣讲活动;11月,与民革市委一起组织律师、技术骨干到台资企业进行政策法律知识宣传。为台商参与社团工作提供平台,推荐1名台商加入广西海外联谊会。

共青团防城港市委员会

12 月 8 日，市委副书记班忠柏（中）到市青少年活动中心开展调研

5 月 4 日，市政府副市长朱胜勇（左二）出席由团市委和多部门联合举办的“青年助力脱贫攻坚暨防城港市青年电商领头雁培育行动启动仪式”，并为“乐村淘”100 个村级电商服务站揭牌

3 月 5 日，广西少工委、团市委、市委宣传部等部门举行“携手微公益，圆梦微心愿”学雷锋志愿服务活动启动仪式，实现贫困青少年微心愿

6 月 25 日，团市委在北部湾海洋文化公园举办“青春扶贫献爱心，助力海湾新区发展”晟宇通杯西湾绿道徒步夜行活动

11 月 29 日，中越两国青年开展交流活动，图为中越青年共同书写两国友谊

2016 年以来，团市委紧扣党政中心工作，主动谋划、积极创新，扎实开展各项工作。

一、发挥优势，更主动服务大局。一是深入开展“青春扶贫行动”，举办电商创业实训营，为近 700 名青年提供实操培训，帮助 30 多个创业青年开网店；引导市青年企业家协会与上思县扶贫办签订了《扶贫框架合作协议》，年内青企协累计捐资捐物约 11 万元；开展微公益帮扶系列活动，建立“防城港市贫困未成年人信息库”，筹集善款 8.9 万元，爱心物资 3.5 万元，为近 150 名贫困青少年实现微心愿；开展定点扶贫工作，年内向贫困户捐赠助学金 2.6 万元，捐赠物资 1.54 万元。二是引领青年创业创新创优，选送创业青年戚友生参加广西电子商务创业大赛荣获“最具投资价值奖”；举办“防城港市农村青年电商领头雁培育行动”等各类创业培训活动 22 期，累计培训创业青年 4300 余人次；建立青年创业就业示范园、孵化基地、服务中心共 11 个；推动农村电商发展，联合上思县乐村淘电子商务有限公司设立 86 家村镇体验店，累计交易额达 101.5 万元；推动“青年文明号”创建活动，年内共复核认定自治区级“青年文明号”集体 15 家、市级 52 家。三是成功举办 2016 年中国广西与越南广宁青少年友好交流活动，拓宽中越两国青年多层面合作平台。

二、多措并举，更有效凝聚青年。一是加强思想引导，培育“全国优秀共青团员”陆莹莹、“广西五四青年奖章”王晨宇、“中国青年志愿者优秀个人”李文强等典型，引导广大青少年学典型、争先进；加强微信新媒体建设，推送微信 113 期 372 篇图文消息，总阅读量达 30 余万，最高单篇阅读量达 12 万，防城港共青团官方微信多次位居全国基层团组织微信公号排行前列。二是深化预防青少年违法犯罪工作，实现青少年犯罪重要数据指标逐年下降。三是强化少先队建设，举办 2016 年防城港市少先队鼓号队检阅大赛，成立“少先队名师工作室”。四是服务青年需求，开展公益徒步夜行活动，举办 11 场“团聚青春·缘满港城”青年联谊活动，为全市青年提供良好的交友平台。五是发挥市青少年活动中心少年儿童课外教育主阵地的作用，开展各类素质教育活动，服务青少年达 4000 多人次。

三、务实重干，推动形成全面从严治团新常态。一是加强基层团组织建设，建成 5 个市级青年之家示范性平台，投入建设经费 12 万元；新建非公企业团组织 228 个；继续开展“双联双树三创”活动，全面激发基层团组织活力。二是加强团干部作风建设，组织全市 253 名团干部直接联系、服务青年 25670 人，开展线上互动 2381 场、线下互动 1431 场。

10 月 13 日，团市委、市教育局、少工委联合举办庆祝中国少年先锋队建队 67 周年暨 2016 年防城港市少先队鼓号队检阅大赛

防城港市民政局

2017 年 10 月 17 日，局领导走访慰问帮扶对象，与防城区茅岭镇小陶村驻村第一书记、村两委干部共同研讨脱贫攻坚、村集体经济发展等问题（下基层、访群众、办实事）

防城港市民政局是市政府主管行政事务和提供社会公共服务的职能部门，担负着“上为政府分忧，下为群众解愁”的重要职能。市民政局内设 7 个科室：办公室（法制科），民间组织和社会事务管理科（市民政局婚姻登记处、行政审批办公室）、优抚科、救灾科、社会救助科、基层政权和社区建设科、规划财务科；管辖 8 个直属单位：市退伍军人和军队离退休干部安置办公室、市区划地名办、市城乡居民最低生活保障办公室（低收入居民家庭经济状况核对中心）、市军队离退休干部休养所、市救助管理站（市流浪未成年人保护中心）、市社会福利院、市殡葬管理处、市社会福利有奖募捐办公室。市拥军优属拥政爱民工作领导小组、市减灾委员会、市老龄工作委员会等 3 个领导小组办公室设在民政局。

2017 年 11 月 14 日，举办 2017 年全市民政系统公文处理及政务信息写作培训班

2017 年 2 月 21 日，市人民政府董凌副市长主持召开全市第二次全国地名普查验收专项工作推进会议

2017 年 3 月 10 月，市民政局召开巡查组反馈问题整改落实暨贯彻落实中央八项规定精神“回头看”动员大会，于德林局长、韦国华副局长、吴永祥副局长和钟克文副局长分别作了动员讲话

2017 年 9 月 8 日，在这个值得纪念的日子里，市民政局乔迁新办公楼。乔迁仪式在新办公大楼前举行，局党组成员及全体机关人员参加乔迁仪式（右图为旧办公楼）

2017 年 3 月 23 日，2017 年全市民政工作会议在防城港市委党校召开。市民政局机关、直属单位全体在职干部职工，各县（市、区）民政局班子成员、老龄委办主任、办公室、救助、低保、救灾等股室负责人，各乡镇（街道办）民政助理约 140 人参加了会议

2017 年 5 月 16 日，召开全体干部大会。观看专题片《向群众身边的“四风”和腐败亮剑——防城港市查处群众身边的“四风”和腐败问题专项工作纪实》和开展专题学习讨论。局机关全体干部职工直属事业单位全体干部职工共 59 人参加了会议

防城港市妇女联合会

2016年，防城港市妇联围绕中心、服务大局，立足基层、服务妇女，切实引领妇女听党话、跟党走，在推动全市营造“三大生态”、率先实现“两个建成”目标中建功立业。

一是贯彻落实中央、自治区关于加强和改进党的群团工作重要部署，增强各级妇联组织和妇联干部的政治性、先进性和群众性。

二是开展“产业到家　牵手妈妈”巾帼脱贫行动，通过实施家政培训、巾帼示范基地、小额信贷等方式帮助贫困妇女脱贫。

三是维护妇女儿童合法权益，加大源头维权和联动维权，深化与法院、检察和公安系统的“妇女儿童维权岗”创建工作，建立市反家暴联动工作机制，推动多部门共同贯彻实施《中华人民共和国反家暴法》。

四是创建家庭文明建设，开展寻找“最美家庭”活动，弘扬“夫妻和睦、尊老爱幼、科学教子、邻里互助、清洁生态”的传统家庭美德正能量。持续深入开展“家庭教育大讲堂”六进活动，普及先进的家庭教育理念。

五是夯实基层基础，扎实推进机关、村（社区）“妇女之家”建设和村（社区）“会改联”试点工作，昌墩村、平木村、七星社、仙人湾社区等四个村（社区）完成妇代会改建妇联试点工作，基层妇联组织活力得到增强。

六是扎实推进“儿童家园”民生项目实施，完成65个“儿童家园”建设任务，抓好“建、管、用”三个重点，发挥“儿童家园”平台作用，着力构建农村儿童关爱服务长效机制。

七是深入开展“两学一做”学习教育，抓好机关党建和党风廉政建设。

5月19日，时任自治区妇联主席王革冰（左三）、市政协副主席彭景东（右三）与市人社局局长覃菊花（左二）、市妇联主席江彦君（右一）为市妇女创业就业示范基地揭牌

4月22日上午，市妇联联合市委组织部、市直机关工委在市国税局举行“扬清廉家风　寻最美家庭”廉政家庭文化建设活动启动仪式。市纪委、市委组织部、市直机关工委以及市国税局有关领导出席会议。图为：与会人员参观市国税局“妇女之家”廉政家庭文化建设活动展示

3月9日，防城港市妇联联合市中级人民法院、市司法局、上思县妇联在上思举办主题为“反对家庭暴力　共建和谐社会”2016年防城港市《反家庭暴力法》宣传暨“三八”妇女维权活动，活动受到当地群众的普遍欢迎

6月29日，防城区那梭镇平木村妇女第一次代表大会胜利召开，大会选出了平木村第一届妇联领导班子

防城港市信访局

2017年，防城港市信访局认真学习宣传贯彻落实党的十九大精神和习近平总书记视察广西重要讲话精神，紧紧围绕为党的十九大胜利召开营造和谐稳定的社会环境这一重大政治任务，认真贯彻落实信访工作责任制，按照习总书记“三到位一处理”的总体要求，解决好群众合理合法诉求，维护群众合法权益；认真贯彻落实中央“八项规定”，改进工作作风，牢固树立人民信访为人民的思想；认真贯彻落实党建和党风廉政建设责任制，全面从严治党，努力打造一支对党忠诚可靠、恪守为民之责、善做群众工作的高素质信访队伍。2017年全市信访形势总体向好，群众进京赴邕到市上访呈现走访总量下降、信访明显下行、传统信访向网上信访转变、秩序总体平衡的良好态势。特别是胜利完成了党的十九大、全国“两会”、“一带一路”高峰论坛等重大活动信访维稳任务，实现了“零”非访目标；网上信访应用和办信规范化经验分别在全区信访系统现场经验交流会上交流推广；在全区首次运用信访视频系统开展“三跨三分离”案件异地接访；原港口区信访局长钟恒清被评为“全国优秀信访局长”；党的十九大期间驻京信访维稳工作得到国家公安部的表扬。

2017年4月23日，国家信访局网上信访司司长到防城港市调研

2017年6月14日，自治区信访局局长卢万兵到防城港市调研

2017年6月22日，市委书记金湘军（右二）到上思县粮食局开展接访信访群众活动

2017年11月1日，市信访局召开全市信访系统贯彻十九大精神暨十九大期间信访维稳工作总结会议

2017年11月2日，市长何朝建到市群众来访接待中心接访信访群众

2017年12月14日，代市长班忠柏到市群众来访接待中心接访信访群众

防城港市归国华侨联合会

2017 年 3 月 16 日，防城港市侨联、防城港市投资促进局和香港名歌知钦慈善基金有限公司、香港（海外）华人贸易促进会一起，在那良镇那五村小学举办了“两港同心护幼苗”慈善捐赠活动

2017 年 6 月 21 日，中国侨联精准扶贫调研考察组到防城港市十万山华侨林场考察，图为：中国侨联副主席邵旭军为十万山群众用电做出显著成绩的、获得全国“五一劳动奖章”的归侨侨眷、“南网兄弟”黄春强、黄春宁发放慰问金

市委常委、市委统战部林霖部长在侨界招商推介活动讲话）2017 年 4 月 6 日，防城港市举行“情系防城港·共建侨乡”清明联谊暨侨界招商推介活动。在举行的侨界招商推介会项目签约仪式上，防城港市与侨资企业代表进行了 3 个项目的签约，总投资 6.1 亿元

防城港市侨联是中国共产党领导下的人民团体。2003 年 6 月 24 日，防城港市第一次归侨侨眷代表大会在港口区召开，防城港市归国华侨联合会正式成立。

防城港市侨联当前正在运行的是第三届委员会，领导班子成员有主席 1 名、副主席（兼秘书长）1 名，内设机构有办公室和联络部，本会领导干部 6 名，聘请工作人员 1 名，本会于 2016 年 5 月本会成立了党组，2017 年 2 月成立了党支部，办公地址在防城港市行政中心区红树林大厦东塔 10 楼 1001 室。

防城港市侨联是党和政府联系广大归侨侨眷和海外侨胞的桥梁和纽带，是团结服务归侨侨眷和海外侨胞的侨胞之家，海外所有的防城港籍的华侨华人、市内的所有归侨侨眷都是我们联谊和服务的对象。

防城港市是广西第二大侨乡，市内有归难侨安置点 7 个，归侨侨眷 30 多万人，国外有华人华侨 40 多万，分布在世界 40 多个国家和地区。防城港市侨联自成立以来，一直努力发展与世界各国防城港籍的侨胞的联谊关系，目前为止，已经分别与世界 40 多个侨社团组织建立了友好关系，并一直保持良好的联谊交往。

防城港市侨联成立十多年来，始终高举爱国主义和社会主义伟大旗帜，坚决贯彻执行党的方针政策，始终肩负着统一战线的特殊使命，始终认真履行侨联职责，在服务经济建设、参政议政、维护侨益、海外联谊、文化交流、公益慈善等方面的工作中，充分发挥侨联作为特殊人民团体的独特作用，紧紧依靠归侨侨眷、海外侨胞的支持，竭心尽力为党的工作大局服务，为海外侨胞、为归侨侨眷服务，为防城港市的经济社会发展做出了应有的贡献。

十多年来，防城港市侨联先后被评为中国侨联和广西壮族自治区侨联先进集体，一批归侨侨眷分别被评为全国和广西区归侨侨眷先进分子。

防城港市侨联所取得优异成绩，得到了党委政府和各级侨联组织的肯定和褒扬，也赢得了广大归侨侨眷、海外侨胞的信赖和赞誉。

2017 年 3 月 17 日，自治区侨联、防城港市侨联组织干部职工到企沙镇华侨小学开展“种好树惠民生”主题活动，共种下了 32 棵树

2017 年植树活动之前，自治区侨联、防城港市侨联一同捐赠给华侨村委会办公设备打印机、复印机各一台，赠送华侨小学教具及科技书籍一批

2017 年 9 月 10–12 日，防城港市侨联组团，由市侨联主席林威爵（图左三）带队一行 16 人参加粤港澳越柬老侨团会员第八届联谊大会

2016 年 1 月 13 日，市侨联有关领导和市致公党领导及澳州钦廉同乡会到十万山瑶族乡给 220 元困难侨生发放营养早餐（左四为市侨联主席林威爵、左五为市致公党主委庞章辉、右四为澳州钦廉同乡会副会长马山河）

2017 年 1 月 6 日下午，防城港市侨联在东兴市召开 2017 年“献爱心、送温暖”迎春茶话会，茶话会上市侨联领导给本市侨联顾问、知名老侨领发放春节慰问金及赠书画作品

2016 年 11 月 24 日，中国侨联常委、自治区政协常委、自治区侨联原主席韦干出席开班仪式并授课

防城港市残疾人联合会

5月13日上午，时任市委副书记班忠柏（右三），市人民政府副市长黄文龙（右二）看望慰问市残联聋儿语训部在训听障儿童，并送上慰问金

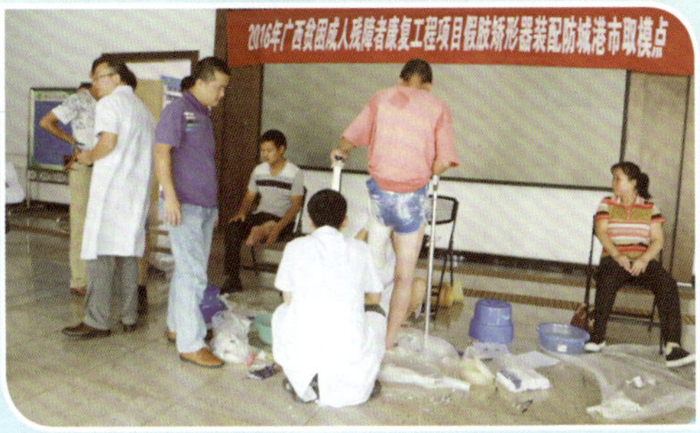

7月21日—22日，防城港市开展广西贫困成人残联障者康复工程项目假肢、矫型器取模现场之一

5月27日，市科技馆牵手市残疾人康复服务中心在训儿童共庆“六一”

一、不断提高残疾人康复水平

总投资1719万元的市残疾人康复服务中心项目实现开工建设并顺利推进；实施国家康复救助项目和贫困成人残障者康复工程，发放残疾人假肢辅助器具116件，低视力辅助器具150件；推进“七彩梦行动计划”、“顺风耳”行动项目，为7名残疾儿童申请人工耳蜗植入手术；年内完成贫困成人助听器安装12人、聋儿语训13人、智障儿童康复训练16人、自闭症儿童康复训练23人。

二、切实加强残疾人社会保障工作

实施《广西困难残疾人生活补贴和重度残疾人护理补贴实施办法》，推动“两项补贴”制度落实，发放困难残疾人生活补贴资金2368750元，发放重度残疾人护理补贴资金3173980元；对农村非特困、低收入、低保户重度残疾人参加新农合按其个人实际缴费金额的60%给予补助；东兴市继续落实政府补贴资助残疾人参保政策，实现了城乡医疗、养老和意外人身保险的100%覆盖；年内，为800户精神、智力、重度肢体残疾人家庭发放了居家托养服务补贴资金120万元；投入资金40万元，为100户残疾人家庭进行了无障碍改造；为788名下肢残疾人发放机动轮椅车燃油补20.488万元等。

三、帮助残疾人就业创业

年内，对152名残疾人进行了初级盲人按摩、初级电脑等职业培训；投入资金20万元，对200名残疾人进行了实用技术培训；扶持残疾人就业创业37人，投入资金共计18万元；加大残疾人就业保障金征收力度，通过报纸、电视台发布了征收公告，征收总额进800万元。

四、积极营造扶残助残良好社会氛围

充分利用“国际助残日”“爱耳日”以及春节等重大节日，开展形式多样的扶残助残活动。5月下旬，在南宁市举办的全区青少年残疾人田径、游泳、乒乓球、羽毛球锦标赛中，防城港市获得了6个第一名、8个第二名、3个第三名的好成绩；10月，在浙江省举行的全国聋人游泳锦标赛上，防城港市参赛残疾人运动员邓明东获得了4个第一名，3个第二名，1个第三名，为广西、防城港市赢得了荣誉。东兴市残工委被国务院残疾人工作委员会评为“全国先进残疾人工作先进单位”。

5月26日—27日，全区青少年残疾人田径游泳乒乓球羽毛球锦标赛在南宁举行，防城港市残疾人运动员共斩获6枚金牌、8枚银牌、5枚铜牌和2个第四名，并荣获体育道德风尚奖

5月21日晚，为庆祝第26次全国助残日，由市残联协办的“共筑梦想 共享阳光”大型残疾人文艺演出在市文化艺术中心举行

法　治

政法委及综治

【概况】 2016年，防城港市设有市、县两级党委政法委机关5个，其中地级市委政法委机关1个；有市级社会治安综合治理委员会办公室1个，市级社会治安综合治理委员会共有64个成员单位，县（市、区）社会治安综合治理委员会办公室4个，乡镇（街道）社会治安综合治理办公室30个；有县级以上人民法院5个，人民法庭6个，其中中级人民法院1个；有人民检察院5个，其中地级市人民检察院1个；有市、县两级公安机关7个，派出所42个（含边防派出所15个），其中地级市公安局1个；有市、县两级司法行政机关5个，司法所29个，其中地级市司法局1个。全市4个县（市、区）、30个乡镇（街道）、329个村（社区）全部建立社会治安综合治理工作中心，共配备专兼职综治干部及工作人员435人。全市政法系统在职在编人员2197人。

【社会稳定维护】 2016年，防城港市精准排查"三敏感"〔敏感人员、敏感案（事）件、敏感群体〕问题145项，逐一建立工作台账和制订调处方案，落实包案领导，明确化解时限，逐一化解稳控，排查各类矛盾纠纷1316件，成功调结1294件，调结率为98.3%。完善和落实社会稳定风险评估机制，对43项与群众密切相关的重大项目、重大决策进行风险评估，全市没有因评估不到位引发影响社会稳定的重大案事件，实现新政策零矛盾、新项目零纠纷、新办活动零风险目标。强化维稳信息的收集研判，收集到各类情报信息700多条，通过研判和分析，化解一批影响社会稳定的问题。加强排查整治，消除社会稳定隐患，检查涉爆、危化企业301家次，收缴枪支877支，子弹、雷管6840发以及炸药、管制刀具、鱼雷、手榴弹、手雷等危爆物品一大批，守住"不打响、不炸响"的底线。开展党政领导接访下访活动，领导干部参加接访下访256次，接待来访群众773人次，受理信访事项315件，办结287件，办结率91%。强化应急处置预案工作机制，提升处突工作能力和水平，全市无因应急处置不当引起的较大、重大、特大群体性事件发生。严密反恐防暴防"回流"，深入实施《防城港市反恐工作三年（2014—2016）执行计划及实施方案》，严格执行案件指定管辖、案件补助、厅级快速反应、市县级快速反应、境外情报打击5大新机制，守住不发生暴力恐怖事件的底线，破获的9起危害国家安全违法犯罪案件被安全部评为甲级案件，连续18个月保持涉恐案件零发案。

【违法犯罪打击】 2016年，防城港市深入开展"神剑"系列行动、禁毒人民战争等社会治安大整治活动，依法惩处一批违法犯罪分子，维护社会治安大局的持续稳定。立刑事案件4619起，比上年下降13.8%，案件高发势头得到遏制；破1535起，破案数比上年上升9.7%；抓获犯罪嫌疑人2187人（抓获网上逃犯280人），比上年上升1.25%，命案发17起，破17起，破案率100%；打掉各种违法犯罪等团伙91个、涉案人员512人；查处各类治安行政案件8487起，比上年下降5.3%；累计抓获和处理各类违法犯罪人员7120人。检察机关共批准逮捕各类刑事犯罪嫌疑人1038人、提起公诉1345人。审判机关受理各类案件13911件，比2015年上升10.02%，审限内结案率为99.81%。

【司法体制改革】 2016年，防城港市注重统筹落实，坚持督导推动，深化民主法治和社会体制改革。启动公安机关"大部门、大警种"制改革，整合设立警务指挥部、政治保卫部、物证鉴定中心等"八部一中心"，完成结构性重组、体系性重塑。妥善推进司法体制改革，抓好上思县人民法院人民陪审员改革试点和东兴市人民法院家事审判改革试点，拓展和深化"中越商事纠纷特别巡回法庭""工业巡回法庭"等特色举措，构建多元化解纠纷机制，稳步推进法官、检察官遴选工作，组织开展入额考试、考核等工作。加强民主立法和人大监督，公布施行《防城港市立法条例》，充实和完善市人大立法机构和人员，落实审计查处突出问题整改情况向人大常委会报告机制，强化人大监督。完善社区协商，实施社区协商内容格式化、程序规范化、履职制度化，全市各村（社区）都建立自治章程、议事规则、村规民约。落实行政执法公示和监督制度，稳步推进东兴综合行政执法体制改革试点工作，研究制订具体工作方案和评价考核体系。建立和执行法官、检察官、行政执法人员、律师等以案释法制度，切实服务经济社会发展。制订关于推进行业性、专业性人民调解工作的实施意见，建立涉及旅游、交通事故、医疗纠纷、消费纠纷等领域的行业性专业性调解组织。推进"法律六进"，把法治教育纳入精神文明创建内容，实现领导干部、公务员学法经常化、制度化，共创建4个全国民主法治示范村、78个自治区级民主法治示范村、10个市级民主法治示范村、10所"平安校园"，"零犯罪学校"实现全覆盖。落实完善法律援助制度，推进律师"点援制"、值班制，建立"涉外法援律师库""涉外法律援助越南语翻译库"，实施听庭、回访、意见反馈等制度。深化律师制度改革，加强律师党建工作，健全完善执业保障、惩戒和诚信执业机制，实现司法行政工作提升,5 名律师担任市政府法律顾问,14 名律师担任县(市、区)政府法律顾问,3 名律师担任乡镇政府法律顾问,250 个乡村(社区)聘请律师、法律服务工作者担任法律顾问;律师担任企事业单位法律顾问 152 家。

【服务经济社会发展大局】 2016 年,防城港市各政法部门适应经济发展新常态,找准职能定位,运用法治思维和法治方式调节经济社会关系,优化投资环境,服务对外开放。审判机关出台《商品房买卖合同纠纷审理情况报告》《建设工程合同纠纷审理情况报告》等,深入开展院长走访重点企业、项目,法官带案说法等活动,主动服务企业发展和项目推进,审结各类民商事案件 7415 件,比上年上升 0.68%,加大对失信被执行人强制执行力度,公布执行"黑名单"440 人、拘留罚款 53 人、判处拒执罪 3 人,促使 92 名"老赖"自动履行标的额 440 多万元。检察机关坚持把检察工作融入全市经济社会发展大局中谋划和推进,主动服务重点企业及重大项目建设,维护边海经济带建设,提供行贿犯罪档案查询 5212 次,办结侵犯企业合法权益案件 6 件,立查国有公司企业工作人员职务犯罪 5 人,办理侵犯知识产权和制售假冒伪劣商品犯罪案件 6 件 7 人,办理传销、电信诈骗、金融诈骗等涉众型经济犯罪 17 件、19 人,办理破坏环境资源犯罪案件 23 件、31 人,批准逮捕走私、非法经营等犯罪嫌疑人 97 人,起诉 125 人。公安机关破获各类经济犯罪案件 96 起,涉案总金额 196 亿元,抓获犯罪嫌疑人 155 人,移送起诉 81 人,挽回经济损失 5104 万元。11 月 7 日,破获建市以来涉案金额最大(往来金额超 280 亿元人民币)的"2015·9·5"特大跨国地下钱庄案,一举捣毁 4 个长期盘踞在中越边境经营地下钱庄的犯罪团伙,抓获犯罪嫌疑人 9 人,冻结涉案银行账户 920 个,冻结涉案资金 1 亿多元人民币,公安部经侦局发出贺电表示热烈祝贺。司法行政机关发挥律师职能作用,为经济社会发展提供法律服务,全市律师办理经济案 1266 件,挽回经济损失 1570 多万元,实行律师值班制和推进律师"点援制",扩大法律援助范围,办理法律援助案 408 件,办结 408 件,受援人 452 人次。深入开展边境反走私综合治理,查破涉嫌走私案件 3500 多起,案值约 2.5 亿元,抓获涉案人员 2800 多人。开展惩治传销专项行动 28 次,端掉 28 个传销窝点,惩治处理 127 人。

【法治建设工作】 2016 年,防城港市加强法治宣传,出台《关于在全市公民中开展法治宣传教育的第七个五年规划(2016—2020 年)》。举办法治讲座 69 场次,建设 4 个法治文化长廊,落实法治宣传志愿者 326 名,深入开展"国门课堂"、边境"红旗村""中越双语"法治宣传等活动。全面推行政府法律服务工作,全市律师担任市县两级政府法律顾问工作、律师签约社区担任法律服务顾问均实现全覆盖,巩固和发展一批特色司法服务品牌,市中级人民法院发布《"三大纠纷"行政案件专项司法审查报告》白皮书,在行政审判工作上助推法治政府建设。推进法律援助及司法救助,将"12348"法律服务热线建设成覆盖全市公共法律服务平台,全年实施司法救助案件 118 件,救助 218 人,发放司法救助金 65.44 万元,依法减免缓诉讼费案件 1041 件,减缓免诉讼费 1088 万多元。支持司法机关依法独立公正行使审判权和检察权,确保侦查、审查起诉的案件事实证据经得起法律的检验,检察机关办理立案监督案件 43 件,比上年上升 207%,书面提出纠正违法 23 件次,比上年上升 64.3%;审判机关共受理一审行政案件 212 件,比上年上升 58.73%,全市没有发生执法过错问题,没有发生因行政问题引发影响社会稳定的案事件。完善和落实惩防体系建设,对边境口岸执法部门、执法人员收取"好处费"等问题开展专项治理,共查办职务犯罪 28 人。

【社会治理工作】 2016 年,防城港市夯实内部治安防控网,落实治安保卫重点单位专职保卫人员 2542 人,印发《防城港市社会视频监控资源建设联网工作实施方案》,社会单位共有 2122 个视频监控探头新增接入公安平台。加强食品药品综合治理,排查食品药品安全隐患 93 个,对 56 家食品重点企业进行告诫约谈,对 181 家违法违规食品药品生产经营企业责令整改,整改复查率达 100%,年内未发现有问题疫苗。加强安全生产综合治理,出台《防城港市安全生产"党政同责、一岗双责"暂行规定》,落实安全生产监管措施,共发生各类生产安全事故 38 起,死亡 17 人,受伤 40 人,直接经济损失 15 万元,分别比上年下降 17.5%、6.25%、23.08% 和 90.37%。加强特种行业综合治理,有效预防、遏制和惩治行业中的不法行为,成功处置"4·16"渝桂化工泄露火灾事故。加强寄递物流安全管理,完成 20 家寄递企业 X 射线安检机 166 万元资金的补助申报,推进实名登记、开箱验视、X 光机安检等制度的落实。加强特殊人群服务管理,将"以奖代补"监护补贴纳入年度财政预算予以保障,推进重性精神疾病患者救治管理工作,全市有精神病患者 869 人,年内无精神障碍患者肇事肇祸案事件的情况。加强社区矫正工作,累计接收社区服刑人员 1360 人,解除 931 人。加强安置帮教帮扶工作,接收刑满释放人员 700 人,落实帮教 684 人,帮教率 97.7%,安置 693 人,安置率为 99%。加强社区戒毒工作,建立社区戒毒(康复)指导中心 1 个,端掉制毒工厂 2 个,查处吸毒人员 1577 人次,强制隔离戒毒 359 人,接收社区戒毒人员 71 人,建立 13 个社区戒毒(康复)工作站,茅岭、大菉两个戒毒康复工作站被确定为广西区社区戒毒康复工作示范点。加强管边控海,深化中越反偷渡等警务联勤联动、快速反应协作机制,物建"路长"376 名,落实治安联防队员 839 名,在北仑河 6 千米河段沿岸修建物理国防护栏,封堵非法便道 60 条,查获非法入境越南人 2036 人,查破偷越国(边)境案件 84 起。

【平安建设工作】 2016 年,防城港市加强四级综治中心建设,市本级、4 个县(市、区)、30 个乡镇(街道)、329 个村(社区)全部成立综治中心,社会矛盾联调、社会治安联防、重点工作联动、突出问题联治、服务管理联抓、基层平安联创机制得到巩固和发展。推进综治信息化、网格化服务管理,共划分 338 个网格,落实专兼职网格员 350 个,配备信息采集移动终端 350 个,实现中心城区网格化管理的全覆盖,录入网格数据近 80 万个,累计上报参与纠纷调解、平安宣传、服务群众等各类案事件达 9123 件,案事件录入数在全区排名第 3 位。深化基层平安创建,综治委成员单位认真执行《平安建设挂钩联系乡镇(街道)制度》,积极参与平安乡镇(街道)创建活动;在全市组织开展沿边信访"三无"乡镇创建,沿海沿边乡镇信访积案化解率达100%,无赴邕进京非正常上访行为;深入开展"无传销城市"创建工作,创建"无传销社区(村)"320个,创建率达98%;在边境地区新增创建7个"爱民固边民族团结进步示范村",筑牢边境防线,营造党政军警民共建平安的良好局面。加强综治平安宣传,深入开展"深化平安防城港建设提升群众安全感"集中宣传活动,建设一批永久性综治平安宣传阵地,开通《平安在线防城港》《防城港政法》等微信公众号,政法综治干部经常进村入户对群众开展"防火、防盗、防骗、防抢"等主题的宣传活动,有效提升平安建设的群众参与率。

政府法治建设

【政府法治机构及工作概况】 2016年,防城港市法制办增设立法科,增加1个行政编制和1个事业编制。年内为市政府即政府部门提供法律意见274份,承办33件行政复议案件,并经常在政府及部门各类专题、协调会议中提供法律支持。

【行政立法】 2016年,防城港市政府出台《防城港市规章制定办法》,为防城港市第一份政府规章。年内,出台《防城港市培育扶持服务业企业上规模奖励暂行办法》《防城港市人民政府关于降低实体经济企业成本若干措施的意见》《防城港市培养扶持服务业企业规模奖励暂行办法》等规范性文件17件。

【规范性文件管理】 2016年,防城港市以市政府或市政府办名义出台规范性文件17件,均向自治区法制办进行报备并通过审查予以备案。二是加强规范性文件备案审查工作,严格督促各县级政府、市直各部门将其出台的17件规范性文件上报备案,并就其中存在疑问的2件规范性文件要求制订单位作说明和提供相关依据,通过备案审查的规范性文件均在政府门户网站上公布。

【行政复议和行政诉讼】 2016年,防城港市共收到行政复议申请26件,并有上年结转行政复议案件7件。年内已办结29件,其中维持17件,维持率58.6%,撤销6件,驳回申请2件,不予受理2件,终止2件。另外,积极办理历年来(含2016年)因作出行政复议决定后当事人提起的行政诉讼案件44件。

【法治政府建设】 2016年,防城港市法治政府建设工作成效显著,自治区充分认可防城港市部分领域改革试点工作领先全区并可作为全区其他地市的可借鉴经验,在立法机制体制建设、行政执法公示、行政机关负责人出庭应诉等方面呈现亮点。

【行政执法协调与监督】 2016年,防城港市分别于5月和10月对市住房管理和工商行政管理领域的行政执法行为组织开展专项监督检查。按照自治区法制办《关于开展全区行政执法人员专项清理工作的通知》要求,于8月起组织开展行政执法人员清理工作,清理取消执法资格的人员735人。因自治区公安厅协调安排,此次清理不包括公安系统执法人员。为支持司法机关的依法监督,起草《防城港市行政机关落实人民法院、人民检察院司法建议工作规定》,并与市人民检察院联合印发《关于加强检查监督与行政执法监督配合协作的若干意见》,有效加强与司法机关在行政执法监督的沟通衔接。

【政府法律顾问工作】 2016年,防城港市法制办为市人民政府和市人民政府各部门、各直属机构的各类合同、行政执法、规范性文件、历史遗留问题、国有企业改革等事项出具书面法律意见274件次。审查港口区王府街道办诉自治区人民政府和市人民政府土地划拨纠纷一案时,全面认真审查案件所有事实和法律关系,发现属于市政府所有的约133.33公顷土地处于失管状态,及时向市主要领导做汇报,并积极全面收集相关证据,争取尽快将失管的133.33公顷土地收回,维护政府和国有资产的合法权益。此外,在市城投公司北部湾大道质量问题、三顺世纪大都会房地产项目纠纷、金海湾小区项目遗留问题等重大案件中提供法律支持,推动案件解决。

公　安

【概况】 2016年,防城港市公安局下辖港口、防城、企沙工业区、海港4个城

2月17日,市公安局党委成员给获得2016年度全区个人二等功、全区优秀公安基层单位、全区优秀人民警察、全市优秀公安基层单位、全市优秀人民警察、全市集体及个人三等功的单位和个人颁发荣誉证书　（市公安局　供稿）

区(风景旅游名胜区、经济开发区)公安分局以及上思、东兴2个县公安局。全市共有派出所41个。市公安局有民警(不含分局、县级局的民警人数)584人、职工31人、协(辅)警61人、文职106人。全市共有公安民警(含市局、分局、县级局的民警总数,但不含行业公安机关民警人数)1341人;民警人数占全市常住人口的万分之13.41(注:保留小数点后两位数)、职工36人、协(辅)警554人、文职257人。2016年,防城港市公安局率先在全广西开展公安"大部门、大警种制"改革,全面推动传统警务向现代警务转型升级,完成全自治区公安机关警务创新工作座谈会和全自治区公安局局长座谈会在防城港市胜利召开;同时防城港市公安改革得到国务委员、公安部部长郭声琨,自治区副主席、公安厅厅长胡焯,市委书记金湘军、市长何朝建等领导的批示肯定和高度评价。年内,全市社会治安状况稳步好转,打击破案呈现"六降六升"的良好态势,立总刑事案件、故意伤害、故意杀人、"两抢"、盗窃、偷越国边(境)案件分别比上年下降13.9%、17.8%、22.2%、31.7%、15.2%、73.3%;破获总刑事案件、"两抢"、盗窃、涉枪案分别比2015年上升9%、60%、42%、55%,抓获各类逃犯比2015年上升28.4%,缴毒量比上年上升191%。群众对公安机关满意度年度排名全自治区第5名。

【刑事侦查】 2016年,防城港全市共立刑事案件4619起,比上年下降13.9%,案件高发势头得到遏制;破案1535起,破案数上升9%;抓获犯罪嫌疑人2187人(抓获网上逃犯280人),比上年上升1.25%,其中刑拘1425人、逮捕973人、取保候审596人、移送起诉1618人,破获犯罪团伙91个、成员512人。全市全年共发命案现案17起,破17起,保持命案现案破案率100%,另侦破历年命案积案1起,协助外省市、外国抓获及移交命案逃犯4名;破获黑恶犯罪团伙23个,侦破刑事案件40起,抓获犯罪嫌疑人65人;立拐卖妇女、儿童案件4起,侦破4起,抓获犯罪嫌疑人8人,破获犯罪团伙2个、成员8人,解救被拐卖妇女2人、儿童1人;立"两抢一盗"(抢劫、抢夺、盗窃)等侵财犯罪案件2823起,侦破836起,抓获犯罪嫌疑人419名,缴获被盗抢汽车、摩托车及其他赃款赃物一批。

【经济犯罪侦查】 2016年,防城港市公安机关共立各类经济犯罪案件168起,破获96起(其中立重特大案件24起破17起),涉案总金额19528人民币;共抓获各类经济犯罪嫌疑人155人(网上通缉在逃犯罪嫌疑人24人),刑事拘留142人、取保候审65人、逮捕65人、移送起诉81人,挽回经济损失5105万元。5月3日,防城港市公安局经侦支队与贺州经侦联合成功破获一起非法持有假币案,抓获犯罪嫌疑人1名,缴获假美元18.56万元,折合人民币120.3万元。11月7日,经侦专案组成功破获一起防城港建市以来涉案金额最大(超280亿元人民币)的特大跨国地下钱庄案(2015年"9·5"地下钱庄案),一举捣毁4个长期盘踞在中越边境经营地下钱庄的犯罪团伙,抓获犯罪嫌疑人9人,冻结涉案银行账户920个,冻结涉案资金1亿多元人民币。公安部经侦局于5月24日、12月1日先后发出贺电表示热烈祝贺。

【禁毒工作】 2016年,防城港市公安机关禁毒部门(指全市公安机关禁毒系统,而不是仅指市公安局禁毒支队,下同)侦破毒品刑事案件261起(其中新型毒品案件208起),其中特大案件34起、重大案件23起、一般案件204起;查处毒品治安案件1709起;缴获各类毒品455.13千克(其中海洛因12.34千克、摇头丸3.56千克、冰毒376千克、鸦片0千克、氯胺酮(K粉)63.5千克);缴获枪支2支;缴获易制毒化学品1585千克;抓获毒品违法犯罪嫌疑人12人,逮捕5人;抓获吸毒人员2303人,强制隔离戒毒633人,社区戒毒194人,社区康复175人,药物维持治疗110人,吸毒人员管控率99%。2016年年末,防城港市有禁毒帮教队伍4支58人;有美沙酮治疗门诊4个;共建有社区戒毒、社区康复人员安置就业基地和安置点4个;集中安置、分散安置、公益性岗位安置社区戒毒、社区康复人员就业159人,自主创业250人。

【治安管理】 2016年,防城港市公安局圆满完成全市"两会"、全区"两会"、全国"两会""清明节""三月三""中秋节""国庆节""G20峰会""东盟博览会"、十八届六中全会等时期的系列安保维稳工作。全年共完成各级警卫任务42次,其中,二级警卫任务3次,三级警卫任务2次,重大活动安全保卫4次,外事警卫任务4次,一般性警卫任务27次,安检住地、现场、参观点68个(次)。全市共检查涉爆企业102家次,爆破作业点75处次,民爆仓库86家次,危险化学品从业单位38家次,排查涉爆从业人员811人次,签订承诺书568份;共收缴各类枪支856支,子弹6237发,雷管440发,炸药20千克,空猎枪弹壳6发,子弹底座51发,空包弹106发,仿真枪22支,管制刀具180把,弩14把,鱼雷3.33万个,自制炸炮272个,黑火药4.59千克,军用手榴弹15枚,手雷弹4枚,钢砂2380粒,导火索9.32米、100毫米迫击炮弹1枚(已引爆)、枪管89根、弹夹2个、大地雷公7056个、钢珠1485克、钢珠弹2355个、射钉弹748发、玻璃弹珠100发、水管31根,烟花爆竹约260饼,推进弹55颗,铅弹121粒,TNT9块,拉火管1盒,导火线5米,一批疑似枪支部件。

【户籍人口管理】 2016年,防城港市公安机关推动户籍制度改革和居住证制度改革,全面放开城镇落户条件和城乡居民自由迁徙限制条件,降低农民入城门槛,鼓励农民工进城落户,提升户籍人口城镇化率。全年从农村迁入城区共1610人,共登记户籍人口97.33万人,比2015年增加17151人;开展户口登记管理专项清理整顿工作,共清理重复户口信息13条,累计清理应销未销户口1006个,其中死亡注销户口329个,服现役未注销户口20个,出国定居或入籍未注销户口6个,其他335个,累计清理纠正项目差错44个,其中姓名5个,出生日期3个,相片14个;全面解决辖区内无户口人员登记户口问题,全市共摸排出无户口人员2487人,解决无户口人员落户665人;全面实施流动人口居住证制度,摸索建立"以证管人、以房管人、以业管人"多元化的实有人口管理模式。全市登记在册房屋出租户4218户、流动人口67226人,其中2016年登记流动人口19338人,办理居住证3485张;8月1日,全面启动跨省异地补领换领居民身份证工作,把受理范围扩大至全国(除双语版地区),同时新增跨省身份证受理点,共受理全国跨省异地办证618张。

【出入境管理】 2016年,防城港市出入境管理部门共受理签发各类出入境证件(含签注)23.15万本(次)。其中签发中国公民因私出国(境)证件(含签注)18.63万人次(护照签发2.64万人次,双程赴港澳台2.71万人次,边贸证3526人次,边境旅游17.26万人次,边境旅游服务191人次,中国公民赴台申请1616人次);签发外国人证件(签证)2830人次。在全国率先建成边境旅游网上预约办证系统,自7月12日试运行至年底,通过网上预约签发边境旅游证件7.34万人次,占总办证人数的92.7%。

【交通安全管理】 2016年,防城港市在人员流动性大、人员密度高及治安状况比较复杂的防城、港口两城区分别建设桃花湾智能警务站、港城智能警务站和城东智能警务站,强化重点区域、路段和车型管控。年内,全市发生道路交通事故177起、造成32人死亡、193人受伤、直接财产损失60.1万元;与上年同期相比,事故次数下降16.11%、死亡人数下降15.79%、受伤人数下降22.8%、直接财产损失下降22.08%。没有发生剧毒化学品公路运输交通事故和未发生一次死亡4人以上较大道路交通事故,重要节庆活动以及重点节假日未发生长时间、大面积的交通拥堵。全市查处各类违法行为19万余起,其中查处超速行驶5.6万余起、涉牌涉证5385起、无牌无证2857起、酒驾425起、醉驾17起、客车超员27起、货车超载212起、摩托车、电动车违法3.4万余起、面包车违法1.6万余起;扣留各类机动车7261辆、扣留机动车驾驶证507本、吊销机动车驾驶证30本、行政拘留120人次;办理治安行政案件160余起,刑事案件48起。

【车驾管业务】 2016年,防城港市公安车管部门以新车管所搬迁为契机,打造"互联网+指尖上的车管所",在车管大厅增设13个业务受理窗口,推进互联网交通安全综合服务管理平台建设应用,建成车驾管业务监管中心,改扩建10.2公顷驾驶人考试中心,实现驾驶人考试、车辆年审、补证换证等业务网上预约,实现全方位、立体式全程监管,解决考试积压等问题。全市办理机动车业务总量为16.98万起;办理驾驶人业务总量为7.41万起,与上年同期(办理机动车业务总量16.92万起)相比增长0.4%;注销黄标车330辆。

【和谐警民关系构建】 2016年,防城港市公安局党委强力推进"双核驱动,四做一推"战略构想,全市各级公安机关结合社区(农村)警务工作实际,开展社区警务转型升级,不断强化辖区治安防范能力,推动警务模式转型升级深入开展,社区民警在辖区充分发挥"人熟、地熟、情况熟"的优势,把强化矛盾化解、理顺社会情绪作为工作重点,及时处置社区因房屋拆迁、土地征用、环境污染、非法集资、劳动就业、医患纠纷等引发的不稳定因素和不安全隐患,把案件苗头消弥于发生之前,把大量群体性事件解决在当地、化解在源头,通过访民问事,促成矛盾化解,实现基层基础工作进一步加强、公安机关驾驭社会治安及管理服务水平进一步提升的良好工作格局。

【基层警务建设】 2016年,防城港市在街面巡防方面,强化公安武警联勤武装巡逻,建立三级预警和布警的常态巡防机制,实现社会治安防控的精细化、集约化、规范化。在城区案件多发区、城乡结合部、交通要道交汇处、重点繁华地段、党政要害部门附近以及人员聚集疏散等重点部位建立3个警务工作站。城区警务站和派出所巡防管控职能进一步整合,一线警务效能得到提升。市本级组建250人的应急处突队伍,各县(区、市)公安局(分局)分别组建50人以上的应急处突队伍,随时处置暴恐犯罪、个人极端暴力犯罪、大规模非法聚集、打砸抢烧等各类重大突发案事件。全市建成各行业、领域视频监控摄像头2518个,联网视频卡口和电子警察1498个,实现大部分重点区域、部位、行业、领域视频监控的全覆盖。在公共安全监管方面,创新危爆物品管理工作措施,落实责任、强化惩治力度;旅馆业治安管理信息系统上传率达到99.43%;全市安装寄递物流实名登记信息系统202家,完成100%;重点人分类标准、积分预警、信息推送机制和肇事肇祸精神病人"有奖监护""以奖代补"政策正在抓紧推进落实。强化派出所基础工作,推进社区警务转型升级工作和派出所综合指挥调度室建设工作,完成11个城区派出所综合指挥调度室建设,全市310个社区、村共有专职社区民警51人,驻挂村民警265人,完成警务助理的社区(村)301个警务助理325人。

【公安队伍建设】 2016年2月,防城港市公安局在全自治区公安机关率先启动公安"大部门制、大警种制"改革,在保留纪委、政治部、督察支队和特警支队基础上,探索"警务指挥部、政治

9月13日,在押人员与家属进行远程视频会见　(市公安局　供稿)

保卫部、治安管理部、刑事侦查部、交通巡控部、法治监管部、情报信息部、警务保障部、物证鉴定中心”的“八部一中心”新警务模式，同时机关各部门内设机构按照“1+4”的勤务模式设置，机关内设机构由31个整合为15个，减少51.6%；三层机构由118个整合为96个，减少18.6%；机关与一线实战部门警力比从原来的5∶4调整成1∶10，进一步优化整合警力资源配置。

【重大典型案件】 3月23日，通过启动中越警务协作机制，市公安局成功抓获公安部督办、历时三年的“1·7”“9·28”“8·1”非法经营卷烟案的主犯裴铁胜，此三个专案共抓获涉案人员63人，逮捕51人，起诉51人，直接涉案金额达2.09亿元，案值数十亿元人民币。

查获走私香烟案。4月，东兴市公安局联合烟草专卖局开展惩治烟草走私收网行动，成功破获一起涉嫌销售假冒国内外品牌卷烟案，当场抓获彭某典、晏某小、袁某3名犯罪嫌疑人，查获涉案卷烟1.1522万条。据统计，彭某典等人共销售涉假卷烟3万多条，总价值达1100多万元人民币。

联合开展惩治街面违法犯罪行为专项行动。4月1日—30日，针对道路交通秩序乱象突出和街面违法犯罪案件高发势头，公安交警部门联合特警、辖区公安局、武警、边防等部门，在全市开展为期一个月的严厉惩治街面违法犯罪行为专项行动。行动中，通过市局“大情报”平台的“集成＋共享”功能以及两级指挥中心、三个智能警务站的可视化指挥调度功能，实现从“小数据”到“大数据”，从分散应对到综合预警、从单元作战到系统作战的转变，克服过去依靠“人海战术”低效作战模式，提升联合统一作战效能，全市交通违法、交通事故、街面治安和刑事案件同比、环比明显下降。专项行动期间，共查处各类交通违法行为1.75万余起，其中酒驾毒驾114起、涉牌涉证1001起、摩托车违法10121起、电动车（非机动车）违法4566起；处置治安刑事案件80起，行政拘留46人次，移交其他案件38起。

9月22日，通过多警种联动合成作战，一天连破3起特大毒品案，其中破获防城港市建市以来最大制贩毒案件，端掉制毒工厂两个，抓获犯罪嫌疑人12名，缴获冰毒65千克、半成品1.58吨和制毒器械一批，为第三届中越边境联合扫毒行动再添战果。

12月24日，在公安局大院举行2016防城港市公安机关警营开放日主题活动（曾昭竣　摄）

破获防城港“‘9·5’地下钱庄案”。11月7日，市公安局专案组经过长期深挖经营，在东兴市集中开展防城港“‘9·5’地下钱庄案”收网行动，一举捣毁4个长期盘踞在中越边境经营地下钱庄的犯罪团伙，抓获犯罪嫌疑人9人，冻结涉案银行账户920个，冻结涉案资金1亿多元人民币，扣押作案用的银行卡、电脑、手机一批，成功侦破该起公安部督办的防城港建设市以来涉案金额最大（超280亿元人民币）的特大跨国地下钱庄案，亦是广西公安机关在2016年度侦破的唯一一起地下钱庄案件。

【公安工作亮点】 2016年2月15日，防城港市率先在全自治区公安机关开展“大部门、大警种制”改革，全面推动传统警务向现代警务转型升级，6月6日，公安部《全面深化改革工作简报》第58期以《广西防城港市公安局探索“大部门”制改革优化警务运行机制》为题，刊发防城港市公安局全面深化公安改革的经验做法。这是全面深化公安改革工作正式启动以来，广西地市级公安机关改革经验做法首次纳入公安部视线并得到认可，并得到国务委员、公安部部长郭声琨，自治区副主席、公安厅厅长胡焯，市委书记金湘军、市长何朝建等领导的批示肯定和高度评价。

表5　**防城港市各辖区2016年道路交通事故情况表**

项目	事故次数（次）	死亡事故（次）	死亡人数（人）	其中：生产经营性事故死亡人数（人）	受伤人数（人）	直接损失（元）
全市	295	41	44	8	328	818930
港口	54	9	9	4	64	168000
防城	95	12	14	1	100	125600
东兴	70	10	11	3	73	133300
上思	75	9	9	0	90	382030
钦东高管大队	1	1	1	0	1	10000
上思高管大队	0	0		0	0	0

正式启动国内首个边境旅游网上办证预约系统，办证率提速50%，网上预约发放量达到95%，边境游人员同比上升30%。率先在全自治区运行开通监管场所互联网远程视频会见系统，创新监管场所远程视频会见形式，为在押人员及其家属打造一个“近在咫尺、身临其境”的会见平台。

2016年4月16日23时许，港口区东湾工业园广西渝桂化工有限公司石油液化气管道发生泄漏，引起燃烧导致火灾。副市长、市公安局党委书记、局长王琛赶赴火灾现场指挥灭火救援工作。多部门警力共同合作，各司其职，灭火救援、现场封控、转移工业园区内的群众、维护秩序并调查事故责任。17日6：40，市长何朝建在指挥部布置救灾工作，成立专家组，研讨救灾工作方案，通过关阀断料、插入盲板、消灭明火等方式，12：40现场明火被扑灭，14：00泄漏管道全部被成功堵漏。由于救援及时，措施得当，火灾得到成功处置，未造成人员伤亡。

检　察

【概况】 防城港市人民检察院下辖港口区、防城区、上思县、东兴市等4个基层检察院，2016年，全市共有在职在编检察人员231人，其中市院机关80人，内设机构18个。2016年，全市检察机关切实履行法律监督职责，维护社会和谐稳定，促进社会公平正义，保障人民安居乐业，各项工作取得新成效。在自治区人民检察院通报的58项检察业务核心数据中，防城港市检察工作排名居前三位的有14项，案件监督、反恐维稳、检务保障等工作在全区相关工作会议上介绍经验，获评“2011—2015年度全国法治宣传教育先进个人”1人，被评为全区检察机关业务标兵和业务能手5人，16个案件、项目获评全区检察机关精品、优秀案件、项目，集体27次、个人107次获上级表彰。市人民检察院群众满意度连续三年排名全市政法机关第一位，绩效考评连续多年获评市直机关优秀等次。

【职务犯罪查办】 落实中央反腐败斗争决策部署，查办各类职务犯罪。2016年立查贪污贿赂案件45件、45人，其中处级干部7件、7人，海关缉私警察、边防武警、检验检疫等边境口岸执法人员贿赂犯罪案件23件、23人，100万元以上大案11件，追缴涉案赃款1207万余元。立查渎职侵权案件14件、14人，其中渔政系统、交警系统等人员滥用职权、受贿窝案8件、8人，动植物检验检疫人员徇私舞弊案1件、1人，防城区人民检察院反渎局获评全区检察机关查办和预防发生在群众身边、损害群众利益职务犯罪专项工作先进集体。

【职务犯罪预防】 开展职务犯罪预防工作，促进风清气正的政务环境。2016年，防城港市检察系统向党委、人大、政府报送惩治和预防职务犯罪年度报告、专题报告5份，获市、县主要领导批示6次，市人民检察院撰写的综合报告被评为全自治区检察机关“精品惩治和预防职务犯罪年度综合报告”，1篇职务犯罪案件调查报告综合信息先后被自治区人民检察院、最高人民检察院和中央办公厅采用；结合办案向有关部门提出完善相关工作制度等预防调查和检察建议96份，市人民检察院1篇案件分析、1篇预防调查分别被评为全区检察机关“精品案例分析”和“精品预防调查”，港口区人民检察院扶贫预防项目获全区检察机关预防职务犯罪工作“优质项目”称号。

【案件管理】 全方位建立业务活动内部监督制约机制，促进规范执法。2016年，防城港市检察系统组织开展为期一年的规范化建设年活动，构建部门之间诉讼监督、检务督察和纪律约束、案件管理部门的专门监督等相结合的全方位监管体系，围绕执法办案重点部门、重点环节、重点岗位，对办案程序、强制措施、权利保障、文书使用、案件质量进行多角度的监督和质量评查，全年组织案件质量评查6次，评查案件248件。对案件流程进行全程监控，制发流程监管报告20篇，流程监控总数及密度均居全区第一，涉案财物监管数居全区第一，2016年第二季度《流程监管报告》被自治区人民检察院案管办采用并向全区检察机关推广。

【刑事案件办理】 发挥批捕、起诉职能对边境安全、社会公共安全的保障作用，2016年全年批准逮捕各类犯罪嫌疑人1038人，提起公诉1345人，批捕、起诉工作多项核心业务指标在全区名列前茅。与公安、边防、法院等机关就涉恐案件移送管辖、事实认定、证据收集、法律适用和程序规范等达成共识并建立常态化协作机制，合力遏制借道防城港出入境参加暴恐活动案件高发势头，反恐维稳工作在全区检察机关公诉会议上作经验发言。依法办理一批重特大案件，成功办理犯罪嫌疑人宋某某、张某某抢劫、杀害东兴市女出租车司机案，起诉王某某等11人贩卖、运输30千克海洛因案及“A级通缉犯”郑某某等13人持枪武装贩卖、运输毒品案。通过办案，切实维护防城港社会和谐稳定，保障人民安居乐业。

【刑事诉讼监督】 2016年，防城港市检察系统进一步加强侦查活动和刑事审判活动监督。全面加强侦查监督，着力推行向公安派出所派出侦查监督专员试点工作，积极提前介入公安、海关等侦查部门侦查的重大复杂案件，引导侦查取证，办理立案监督案件46件，比上年上升187.5%，书面提出纠正违法意见25件次，比上年上升78.6%，纠正漏捕犯罪嫌疑人36人，比上年增长9.1%，追诉漏犯11人，比上年上升266%，追诉遗漏罪行40人，比上年上升122%。加强刑事审判监督，注重维护诉讼参与人的合法权益，注重纠正量刑畸轻畸重、程序违法等问题，依法向法院提出抗诉6件、6人。

【刑事执行监督】 2016年，防城港市检察系统加强监管活动监督，向有关执法部门发出纠正违法通知25份，检察建议33份；提出释放或变更强制措施建议62件，均被采纳，比上年上升342.86%。探索羁押必要性审查公开听证机制，上思县人民检察院采用听证会方式对犯罪嫌疑人是否应当继续羁押进行综合考量，切实维护诉讼参与人的合法权益。加强刑罚执行监督，组织开展集中清理判处实刑罪犯未执行刑罚专项活动及财产刑执行专项检察活动，监督执行机关对判处实刑未执行刑罚的9名罪犯执行刑罚。针对社区矫正执法活动存在问题，提出书面纠正意见或建议，纠正脱漏管6人。东兴市人民检察院在乡镇司法所成立社区矫正检察官办公室，实现社区矫正信息无缝对接，有效防止社区服刑人员脱管、漏管。

【民事行政检察】 2016年，防城港市检察系统组织开展“基层民事行政检察工作推进年”、执行监督百日会战等专项活动，受理审查申请监督案件46件，审结47件(包括2015年受理未结)，向自治区人民检察院提请抗诉7件，比上年上升40%。提出民事行政审判活动违法、执行监督检察建议9件，被采纳8件，比上年上升125%。防城区人民检察院1件审判程序违法检察建议获评自治区检察机关“民行优秀案件”。建立与法制办监督配合机制，与法院、律师事务所及仲裁委等沟通联系机制，与环保、人社等部门工作联系机制，对相关行政机关发放边境0~3千米农村边民生活补助息于履职行为进行监督，挽回国家惠民资金损失6万余元。

【控告申诉检察】 坚持检察长接待日制度，完善涉检信访工作机制和被害人救助工作机制。2016年，防城港市检察系统处理群众来信来访926件(次)，对31名生活确有困难的被害人家属提供司法救助金12.5万元。首次开展两级检察院联合救助新模式，对一起故意伤害致死案件的被害人家属救助2.7万元。依托派驻乡镇检察室深入开展下访巡访、法治宣传、化解矛盾纠纷等工作，就地解决群众涉法涉检诉求。积极推动市、县两级检察院远程视频接访，上思、东兴、港口三个基层检察院继续保持全区检察机关“文明接待室”荣誉称号。

【检察体制改革】 2016年，防城港市检察系统深入开展司法体制改革调研工作，全面摸清人财物底数，认真分析改革过程中可能遇到的具体问题，动员、引导全市检察干警全面、准确了解司法体制改革方向和具体措施，在全面论证的基础上制订全市两级检察院司法体制改革方案，成立司法体制改革领导小组，有序推进司法体制改革工作。完成首批员额内检察官遴选工作。在全市两级检察院开展员额内检察官遴选，通过组织报名、遴选考试、民主测评、司法素能和业绩考核、党组票决等程序，确定83名员额内检察官推荐人选报自治区检察官遴选委员会，推荐人选基本上得到自治区检察官遴选委员会的认可。根据检察官员额制改革推进情况及其对业务工作的影响，充分论证基层检察院权力运行模式面临的新形势、新问题，按照扁平化管理与专业化建设相结合的原则，形成基层检察院机构改革方案，并获得自治区人民检察院批准。

【综合检务服务】 为防城港市重大项目建设提供法治保障，2016年，防城港市检察系统为各类工程和政府采购招投标提供行贿犯罪档案查询5212次。坚持检察长接待日制度，完善涉检信访工作机制和被害人救助工作机制，妥善处理群众来信来访926件(次)。

【检察监督改革】 2016年，防城港市检察系统全力推进“以指控质量为中心”审前一体化工作机制，与公安、海关等侦查机关共同研究制约业务质量、效率的关键因素，通过建立健全信息通报、联席会议、提前介入引导侦查、邀请侦查人员列席检察委员会会议等方式，共同研究应对以审判为中心诉讼机制改革、司法体制改革带来的新挑战的具体措施和有效办法，努力以更完善的工作机制，更科学的执法理念推动检察事业持续健康发展。

【检务公开】 2016年，防城港市两级检察院同步开展“检察开放日”活动11次，广泛邀请各级人大代表、政协委员及民主党派、无党派人士视察检察机关并征求对检察工作的意见建议，不断改进和完善检察工作。邀请人民监督员参加检察机关重要业务会议5次、评议案件7件，畅通人民监督员监督检察工作“绿色通道”。运用信息化手段，积极推进以案件信息公开为核心的检务公开改革，大力推进全市检察机关“两微一端”公众平台建设，全力营造以公开促公正、促规范的执法环境。全年发布案件程序性信息1668件，重要案件信息107件，公开法律文书764件，公开率达百分之百。发布微信178期、原创作品282篇，市人民检察院新闻客户端阅读量达35万余次，门户网站访问量超过15万余次。原创新媒体作品《一个案件的愉快旅行》和《小红帽遇到大灰狼时该怎么办》被《检察日报》评为“‘检·爱’未检30周年新媒体作品优秀奖”，4篇作品被评为“广西检察优秀新媒体作品”，检务公开相关工作集体和个人获全国、全自治区表彰6次。

【妇女儿童权益保障】 2016年，防城港市检察系统参与“校园欺凌”专项治理工作，深入全市中小学、社区、乡镇开展预防宣传教育15次，防城区人民检察院公诉科被确定为“自治区妇女儿童维权岗”。

【典型案件办理】 2016年，防城港市检察部门依法办结百色市德保县原县委书记谢某某、广西新华书店集团原总经理李某某等重大要案，提起公诉的李某某受贿案获评全区检察机关“优秀公诉庭”。依法监督的“韦某某合同诈骗案”被评为全自治区检察机关“精品刑事立案监督案件”。抗诉的“张某某等3人贩卖、运输毒品案”获评全区检察机关“精品刑事抗诉案件”。依法监督的“罪犯戴某某交付执行法律监督案”获评全区检察机关“刑罚交付执行监督精品案件”。

【其他重要工作(活动)】 3月9日，在防城港市人民检察院召开“人大代表评选惠农扶贫领域预防职务犯罪精品和优秀项目评议会”，会议邀请工作在基层或惠农扶贫一线的六位市级人大代表参加评选。

3月4日，第三批全国检察教育培训精品课程评选结果揭晓，广西防城港市人民检察院副检察长何文凯授课的《毒品案件证据的审查与采信》荣获“检察综合实务类精品课程”，并在入选的同类课程中排序第一。

5月27日，防城港市人民检察院与市法制办联合出台《关于加强检察监督与政府行政执法监督协作配合的若干意见》，加强检察监督与政府行政执法监督协作配合。

6月13日，“5·3”团伙持枪贩毒案在防城港市中级人民法院公开开庭审理。防城港市人民检察院以涉嫌贩卖、运输毒品罪和非法持有枪支罪、绑架罪、盗窃罪、脱逃罪对A级通缉犯郑有斌提起公诉，分别以涉嫌贩卖、运输毒品罪，非法持有枪支罪，窝藏罪等罪名对阮某某、何某某等多名被告人提起公诉。

6月17日,受自治区人民检察院的邀请,全区14个地市的部分人大代表到防城港视察检察机关服务经济社会发展工作。

10月13日上午,防城港市人民检察院举行检察史馆开馆仪式。检察史馆位于该院办公大楼7楼,占地面积300平方米,展览面积800平方米。史馆浓缩人民检察院成立80多年来的发展历程和杰出成就,分为旗帜、足迹、砥砺、为民、风华5个板块。史馆以丰富的文字、照片、实物资料,全方位、多角度展示人民检察走过的85年光辉历程,以及各级检察机关在各个时期履行职责、服务大局、保障民生、惩治各类刑事犯罪、队伍建设等方面所做出的突出贡献和取得的辉煌成就。

截至2016年年底,防城港市检察系统均保持反贪办案无安全事故状态,而且也没有任何一名干警在反贪办案过程中出现违法违纪行为被党纪国法处理过。

法　院

【概况】 2016年,防城港市全市法院共受理各类案件13911件,比上年增长10.02%,审限内结案率为99.81%。有8个集体和个人被评为国家级先进,32个集体和个人被评为自治区级先进。其中,东兴市人民法院被评为全国优秀法院,市中级人民法院被评为全国法院网络宣传先进单位,市中级人民法院何文强被评为全国法院先进个人。

【刑事审判】 2016年,防城港市落实证据裁判原则和罪责刑相适应原则,全市法院审结各类刑事案件1143件、1552人。审结抢劫、抢夺、盗窃等多发性犯罪218件、285人;故意杀人、故意伤害等暴力犯罪82件、102人;走私、贩卖、运输毒品、非法持有毒品犯罪256件、309人;国家工作人员贪污、受贿等职务犯罪53件、62人。审理的莫进友贩毒案被最高法院评为惩治毒品犯罪十大典型案例之一。加强未成年人犯罪审判教育工作,成功承办“5·20”广西大型法治宣传教育活动,审结一审未成年人犯罪案件49件,比上年下降47.87%。

【民(商)事审判】 2016年,防城港市出台《商品房买卖合同纠纷审理情况》《建设工程合同纠纷审理情况》等报告,主动服务社会经济发展。全市法院共审结各类民商事案件7678件,同比上升2.84%。其中审结婚姻家庭、损害赔偿、借贷纠纷等案件3251件,化解民间矛盾;审结房地产、金融等经济纠纷案件1385件,维护市场经济秩序;审结劳动争议纠纷案件214件,保障劳动者合法权益;审结涉外、涉港澳台民商事案件32件,优化投资环境,服务对外开放。

【行政审判】 2016年,防城港市切实保护行政相对人合法权益,支持和促进依法行政。全市法院共审结各类行政案件279件,同比上升50%。加强与政府等有关部门联动,构建联动机制。就5年来审理的“三大纠纷”案件进行专题分析,发布《“三大纠纷”行政案件专项司法审查报告》白皮书。

【审判执行】 2016年,防城港市集中推进“基本解决执行难”工作,推行审执分离工作新机制,并率先实现执行网络查控系统接入全区法院网络并上线使用。实行执行案件繁简分流,“简案”速执、“繁案”精办,创新举措得到区高院肯定。组织开展执行案件清理月、涉党政机关及涉民生案件专项清理活动。加大对失信被执行人曝光、拘留、判刑等强制执行力度,公布执行“黑名单”440人、拘留罚款53人、判处拒执罪3人,促使92名“老赖”自动履行标的额440多万元。年内,全市法院共收执行案件3049件,执结2811件,执结率为92.19%,执结标的额7.94亿元。

【司法改革】 2016年,防城港市集中开展“司法体制改革推进年”活动,完成全市法院114名首批法官入额遴选工作。落实人民陪审员倍增计划,上思县人民法院陪审员全国试点工作得到中国法学会评估调研组的充分肯定。深化家事审判改革,东兴市人民法院被列为全区家事审判改革试点。推进案件繁简分流改革,港口区法院被列为全区民商事诉讼案件繁简分流改革试点,东兴市人民法院被列为全区刑事案件繁简分流试点。

【司法服务】 2016年,防城港市打好边境、沿海、民族、开放“四张牌”。东兴市人民法院成立“中越商事纠纷特别巡回法庭”,以调解方式化解边境贸易纠纷;港口区人民法院成立“工业巡回法庭”,服务保障重点工业企业发展;防城区法院成立“那良边境巡回法庭”,打造“无讼边境、法治边境、和谐边境”;上思县人民法院成立“瑶乡巡回法庭”,为十万山区扶贫攻坚工作提供法治保障。

【司法为民】 2016年,防城港市打造诉讼服务中心“升级版”,完善网上立案系统、触摸屏查询系统、远程接访系统等服务平台。网上预约立案成功率达93%。强化民生案件审执工作,港口区人民法院设立速裁庭,专门审理简易涉民生案件。防城区人民法院拓宽农民工维权绿色通道,切实保障弱势群体合法权益。全市法院执结涉民生案件272件,执行到位金额960万元。加大司法救助和扶贫攻坚力度,依法减、缓、免收诉讼费983.05万元,发放司法救助金65.49万元。

【司法公开】 2016年,防城港市提升信息化建设和应用水平,市中级法院建成司法综合集控中心与数字化审委会系统。全市法院新增科技化法庭5个,并利用科技法庭对1933件案件进行同步录音录像。中院完成建院以来所有纸质档案的数字化加工。创新司法公开方式,完善审判流程、裁判文书、执行信息“三大平台”信息公开制度,年内全市法院裁判文书上网6965份,上网率100%。运用微博、微信平台对195起社会关注案件进行庭审视频直播,置审判权于阳光下运行。强化司法宣传工作,市中级人民法院微博、微信平台长期位居全国中院双微排行榜前列。

【队伍建设】 2016年,防城港市审判系统开展“两学一做”教育,引导干警坚定理想信念,自觉维护中央权威,确保法院工作正确的政治方向。提升队伍司法能力,年内有4个案件被评为全区法院精品案件，3个庭审被评为全区法院优秀示范庭审；首次出版《防城港市法院指导性案例选编》。狠抓党风廉政建设，随案发放廉政督查卡3600多份，对近年来信访举报、司法巡查及审务督查中发现的问题开展清理查处，谈话函询4人次，批评教育16人次，立案查处1人。

司法行政

【概况】 2016年，防城港市司法局人员编制32名，全局实有人数29名，其中处级领导干部6人；研究生学历8人，大学本科学历18人，大学专科学历3人；在职中共党员24人。市司法局内设9个机构，即：办公室、政治部、计划财务装备科、法制宣传科、公证律师管理科、基层工作科、社区矫正工作科、法律援助科（防城港市法律援助中心）、调处科（防城港市调解处理土地山林水利纠纷办公室）。

【普法宣传教育】 2016年，防城港市强力推进“七五”普法工作，编制完成《“七五”普法规划》并按要求呈报市政府。印发《2016年普法依法治理工作要点》，完成自治区人大专题调研普法工作，市六届人大第一次会议专题听取“七五”普法工作，稳步推进法治宣传教育工作。不断拓展“法律六进”活动。突出领导干部和公务员、青少年、农民工、企业经营管理人员等重点对象学法用法工作。年内，全市共举办法治讲座50多场、出动法治宣传车110多台次、发送普法短信15000多条、发放各类宣传资料28000余份，在全市营造尊法、学法、守法、用法的浓厚氛围。创新法治宣传载体。开通“边海法务”普法微信号，通过手机信息、LED电子宣传屏、微博，发放毛巾、围裙、购物袋、T恤衫，设立户外广告牌、法治宣传长廊，扩大法治宣传面。积极拓展沿边普法工作阵地，建成桃花湾广场法治文化长廊、防城区茅岭法治文化一条街、上思县明江公园法治长廊、东兴中越文法治宣传长廊等一批边海法治文化特色品牌。突出基层法治建设。通过抓点带面和典型引路，推动法治县（市、区）、“民主法治示范村”创建活动的全面开展。截至2016年年底，全市有4个全国级、78个自治区级、10个市级“民主法治示范村”，上思县获得2011—2015年全国法治宣传教育先进县（市、区）荣誉称号。

【律师事务】 2016年，防城港市全市共有律师事务所16所（下半年新增1所），135名执业律师。年内，防城港市推进律师行业“两学一做”学习教育，持续开展“五个一”活动，组织律师志愿者到社区、农村、企业开展公益服务。推进律师“点援制”、值班制。做好年度考核工作，对15家律师事务所和112名律师进行年度检查考核。督促律师参加各种学习培训，召开法院立案工作征求律师意见建议座谈会，举办两期新任律师实习人员面试考核。全市律师共办理各类案件1840件，其中，刑事辩护案件520件，民事经济案件1173件，行政案件51件，非诉案件96件。

【公证事务管理】 2016年，防城港市推动公证服务积极介入民生服务、民生工程建设，共办理公证案件3499件，其中，国内1848件，涉外1540件，涉港澳台证111件，收费74.6万元。

【基层法律服务】 2016年，防城港市全市共有基层法律服务机构30个，其中6个基层法律服务所符合注册条件，准予注册；其余24个基层法律服务所由于无人执业，2015年4月至2016年4月暂停执业，暂缓注册；共有43名基层法律服务工作者，其中31名符合执业条件，准予办理执业证年度注册；新申请的6名符合执业条件，准予办理执业登记并进行年度注册，5名法律服务工作者暂缓执业登记，1名法律服务工作者注销登记。

【法律援助】 2016年，防城港市进一步落实法律援助政府责任，四级工作网络不断完善，行政村级法律援助联络员实现全覆盖。推进律师“点援制”、值班制，建立“涉外法援律师库”“涉外法律援助越南语翻译库”。全年共办理法律援助案件402件，其中刑事案件166件（含涉外刑事案件28件），民事案件233件，行政案件3件，接待来电来访1431人次，其中通过“12348”热线咨询493人次，为受援人挽回经济损失1570万元，受援对象有老年人、未成年人、农民工、农民、残疾人、妇女和外国人等人群。

【人民调解】 2016年，防城港市充分发挥人民调解“第一道防线”作用。贯彻落实《关于开展全区旅游纠纷人民调解工作试点的方案》，有序推进旅游人民调解组织试点建设。医患纠纷工作扎实推进，全市各级医调委共受理医患纠纷案件9件，调解成功6件，达成协议金额48.1万元。进一步推进村（社区）法律顾问工作，新增法律顾问示范点150个。开展评比工作，表彰13个人民调解委员会26名人民调解员。在强化每月拉网式排查调处的基础上，围绕敏感时期集中开展矛盾纠纷大排查专项活动，坚持重大矛盾纠纷报告制度，防止各类矛盾纠纷蔓延升级。全市共立案受理民间纠纷案件1600件，调解成功1590件，成功率为99.4%；防止民间纠纷转化为刑事案件2件、16人，制止群体性械斗2件、16人，防止群体性上访事件1件、20人。

【社区矫正】 2016年，防城港市扎实推进社区矫正工作，深入开展“社区矫正基层基础建设加强年”活动，依法加强监督管理，强化教育矫治，切实做好社会适应性帮扶工作，提高社区矫正工作制度化、规范化水平。市司法局联合市检察院印发《关于设置社区矫正检察官办公室的通知》，决定检察机关在各司法行政机关办公区域内设置社区矫正检察官办公室，走在全自治区前列。投入经费30万元，建好上思县社区矫正中心，升级手机GPS定位系统，实现对社矫服刑人员定位管理的“精细化”。全市累计接收社区服刑人员1406人，累计解除1000人，年内接收217人，解除矫正286人，有社区服刑人员406人，没有出现严重的重新违法犯罪现象。

【安置帮教】 2016年，防城港市安置帮教工作有效衔接，特赦人员必接必送率100%。建立刑满释放人员管理平台，对刑满释放人员信息的收集、帮教、安置、分析、查询实现信息化管理。推动由政府投资、社会参与的过渡性安置培训基地建设,全市建立各类安置基地5个。全市共接收刑满释放人员919人,帮教909人,帮教率为98.9%;安置912人,安置率为99.2%。

【国家司法考试】 2016年,防城港市全市共有434人报名参加国家司法考试,成绩合格40人,其中A证9人、C证31人。

惩治走私

【概况】 2016年,防城港市共查获各类走私、贩私、非法经营案件3500多起,案值约2.5亿元,查获走私冻品、烟酒、大米、白糖等走私物品一批,查扣走私运输工具3400辆(艘),抓获走私嫌疑人2800人。共刑事立案66起,刑拘86人,逮捕63人,法院判决62人,端除走私窝点、私货过驳点55个,破获走私团伙12个。

【打击走私联合行动】 2016年,防城港市开展"国门利剑2016"惩治走私联合行动和大米、生猪、烟草等专项整治和联合行动。其中从3月至12月,组织开展"国门利剑2016"打私联合行动,重点惩治冻品、大米、食糖等农产品走私和烟酒走私。

【打击走私综合治理】 一是开展私开道口整治。2016年,防城港市全年共封堵边境一线非法私开道口52条,拆除走私木梯200多架,开展封堵高速公路私开道口31个,查扣铲车、钩机4台,抓获涉案人员14人,二是开展违法车辆整治。共查扣非法改装车辆、涉牌涉证车辆7200辆。三是开展非法无线电通讯整治。拆除非法无线电设施51套。四是开展市场整治。与相关企业签订责任状、承诺书。开展反走私宣传教育活动。共组织法治宣传活动4次,宣传走访群众3万人次,印发宣传资料2万份。制作"远离走私,从我做起"的宣传片,在电视台播放。

【惩治走私基础建设】 2016年,防城港市在上年完成5.1千米的国防栏建设的基础上,向上争取1亿元,继续开展二期建设。开工建设动物冻品无害化处理厂和公务仓库项目,规划用地4.67公顷以解决制约打私工作深入开展的冻品、生猪无害化处理难题。

防城港市港口区人民法院

防城港市港口区人民法院（简称港口区法院）是国家审判机关，依法独立行使审判权，接受上级法院的指导和监督，对港口区人民代表大会及其委员会负责并报告工作。有内设机构12个：办公室、政工科、立案庭、刑事审判庭、民事审判庭、行政审判庭、执行工作局、法警大队、监察室、企沙法庭、审判管理办公室、审判监督庭。2017年有编制59名（行政编制53名，事业编制6名），实有工作人员102人，其中政法编制49人，事业编制6人，其他47人。有党员34人，入额法官14人，法官助理26人。有硕士研究生7人，大学本科45人，大学专科3人。

2017年3月23日，港口法院成功调解一起涉部队纠纷案件，双方当事人在法官调解下握手言和

2017年12月4日，院长张建民带领全院干警举行宪法宣誓活动

2017年5月24日，港口法院企沙法庭负责人郑家勇法官来到企沙中学开展抵制校园暴力讲座

2017年12月20日，港口法院驻防城港保险协会保险合同纠纷调解工作室成立

2017年12月11日，港口法院新审判综合楼揭牌启用

2017年12月5日，港口法院公开审理一起行政纠纷案件，副市长赵强出庭应诉并签字确认庭审笔录

2017年8月3日，港口法院完成首例网拍土地清退交接工作，双方各自在执行笔录上签字确认

广西南港律师事务所

团结奋进、朝气蓬勃的律师团队

1月4日，所主任岑铮到市委党校给学员讲课

9月25日，参加全市律师协会组织的运动会

广西南港律师事务所的前身是防城港区（市）律师事务所，成立于1986年，原是防城港市直属国有律师事务所，2016年12月改制为合伙制律师事务所。现有专职律师18名，实习律师3名，行政人员4名，是当前防城港市执业律师人数最多的律师事务所，现任主任岑铮。

自创所31年来，该所秉承服务至上、勤勉尽职、追求公正的服务宗旨，开拓创新，积极进取，在法律服务各个领域，如金融、房地产、民事诉讼、刑事诉讼、行政诉讼等都取得了良好的业绩，积累了丰富的经验。汇聚了一批工作责任心强、职业素养好的中青年律师，拥有一支理论功底深厚、实务经验丰富、办事优质高效的法律服务团队。

近几年来，该所每年都承办了数百件各类诉讼和非诉讼业务，取得了良好的社会效益，在防城港市享有较高的声誉。当前该所是防城港市人民政府、东兴市人民政府、上思县人民政府、防城港市住建委、广西东投集团有限公司等40多家行政机关、企事业单位的法律顾问。良好的工作成效得到服务对象和社会各界的肯定和好评，近年来多次被评为防城港市优秀律师事务所，2016年6月，被广西律师协会评为2011-2014年度广西优秀律师事务所。

6月16日，律师到顾问单位与服务对象座谈

2月7日，律师们到防城区扶隆敬老院慰问老人

12月12日，所名誉主任、防城港市律师协会会长韦良钢（中）为全市律师学习十九大精神演讲比赛获奖者颁奖

军　事

防城港军分区

【概况】 2016年，防城港军分区在广西军区党委和防城港市委的正确领导下，以强军目标为引领，按照“适应形势、聚焦使命、夯实基础、稳步发展”的思路，扭住“防控边海防，稳住家门口”核心使命持续注力，圆满完成年度各项工作任务，全面建设保持良好发展势头。

【部队思想政治建设】 2016年，防城港军分区突出抓好习主席系列重要讲话精神和中共十八届六中全会精神的学习贯彻，组织团以上党委中心组带机关理论学习，广泛开展基本理论进营连、进班排、进训练场活动。开展“两学一做”学习教育和改革强军主题教育，持续深入彻底肃清郭徐流毒影响，坚定官兵维护核心、看齐追随的政治自觉，立起正风肃纪、纯正生态的良好风气。针对军分区部队地处边境一线特殊复杂环境，坚持不懈地抓好边境政策纪律教育和“四反”工作，广大官兵经受住特殊复杂环境的考验，军分区部队连续19年没有发生政治性问题。抓好市、县(市、区)两级武装工作绩效考评，有力促进党管武装工作落实。扎实开展双拥工作，防城港市本级连续第四次、东兴市首次荣获全国双拥模范城(县)称号。积极参加防城港市打赢“十三五”脱贫攻坚战工作，军分区部队各级投入资金40余万元、协调地方投入资金170余万元用于扶持养殖产业发展、基础设施建设、改善办学条件、结对助学等，军政军民关系进一步密切。

【部队军事工作】 2016年，防城港军分区围绕“防控边海防，稳住家门口”核心使命任务，绷紧真备之弦，大兴实训之风，确保备战打仗各项工作落地见效。定期召开议战议训会议，组织战备方案修订与对接，以及海上民兵常态化维权备勤和强化集训，进一步提高海上民兵遂行任务能力。持续推进军警民联合边境封控暨国防动员应对海上突发事件实战化试点，推动试点理论成果转化和“军警民联管联控平台”常态化运行，有效提升边海防管控能力。发挥边界代表机构统领边界事务职能作用，持续深化与越军事外交，组织边界代表机构人员进行业务培训并完成与越第六次工作会谈，妥善处置边情39起，有效维护边海防安宁稳定。召开军事训练形势分析会，及时研究训练形势，研究制订对策措施。注重抓好干部骨干培训，开展“创纪录、挂奖牌”“尖子兵、尖子班、尖子连”活动，推进岗位能力素质考核，提高军分区部队军事训练质量。推进训勤结合试点，经验做法被军区推广。贯彻军区特战化建设要求，坚持应战与应急并重、防卫与处突并重加强部队特战化建设，集中开展特战化训练，打造应急应战拳头力量，提高分队遂行任务能力。75475部队被军区评为军事训练一级单位，军分区教导队在军区检查考核中名列教导训练机构成绩第一名。

【部队后勤和装备保障】 2016年，防城港军分区扎实推进后勤战备工作，常态做好各类后勤保障准备。加强基础设施建设，先后完成分区办公楼、招待所装修和东大门道路修建等工程建设；深入开展工程建设、医德医风、经济适用住房、对外有偿服务、财经管理、物资采购6项行业风气清查整治，促进后勤规范化管理；严格经费管理和物资集中采购，大幅压减行政消耗性支出。组织开展“爱国卫生月”、官兵健康体检、新兵体格复查、伤残等级评定和义务献血活动。着眼实战狠抓装备训练，75475部队组织分队指挥员新装备组织运用集训的经验做法被军区转发。抓好部队通用装备管理，先后开展3次装备清理清查，4次专项安全检查，7项专项整治，每季度开展“一巡三促”活动，装备配套率、完好率达到95%以上。

【国防动员和后备力量建设】 2016年，防城港军分区积极适应当前国防动员面临的新形势新任务新要求，常态落实国防动员各项准备。加强党管武装，着力推动党管武装系列法规制度的贯彻落实。探索军民深度融合的方法路子，防城港市军民融合事迹在《解放军报》专版刊载，受到军区主要领导的充分肯定，经验做法被自治区国动委转发经验做法。根据海上维权斗争需要，组织开展重点动员潜力调查统计，及时更新核准数据信息，完成动员潜力调查任务；贯彻落实军区“柳州会议”精神，大力推动各县(市、区)落实营区常驻应急力量，组织专武干部集训和各县(市、区)应急分队军事训练检查考核，应急应战能力得到加强；及时核查更新海上民兵、民船动员潜力数据，及时调整修订各种方案，完善补充和预储相关物资、器材，较好地保持常态化海上维权备勤状态；始终坚持廉洁征兵，高标准完成新兵征集任务，大学生新兵比例达到45.3%，初中生比例控制在4%以内，连续22年无责任退兵。

【部队安全管理】 2016年，防城港军分区持续开展“遵法学法守法用法”和“条令月”活动，学习贯彻军委国防动员部“六个规范性”文件，官兵法治信仰和法治素养进一步增强，部队法治化水平逐步提升。坚持依法从严管理，调整健全安全、政法、保密委员会组织建设，修订分区《安全委员会成员单位职责规范》，巩固安全、政法、保密三大委员会合力抓安全格局,常态落实形势分析、预测预报、明察暗访、问题曝光等措施,部队“两个经常性”工作落实有力。扎实开展“百日安全”活动,对照“17个防范重点”,组织“八个一遍”清理整治,结合上级要求精神,研究制订《从严管控部队十五条特别措施》《加强私家车管理措施》和《安全问责实施细则》,压实安全责任,筑牢安全底线。严格执行改革政策规定,严密组织兵员清理、保密清查、士官选晋和退老补新,确保部队高度安全稳定。

【基层全面建设】 2016年,防城港军分区始终坚持把工作重心放在抓基层打基础上,落实常委分工联系、机关科(股)挂钩基层单位制度,每个团级单位有一名分区常委挂钩联系,机关每个业务科(股)挂钩帮建一个基层单位,明确帮建目标、内容、措施、责任。全面分析基层建设形势,确定75475部队为重点帮建团级单位、5个基层党支部为重点帮助整顿对象。落实蹲连住班制度,由分区常委带工作组下基层蹲连住班,重点围绕年度工作展开、干部转业和部队安全稳定,面对面指导帮带,确保各项工作在基层有序推进、有效落实。重视抓好基础设施建设,协调地方党委政府抓紧推进75475部队、分区教导队、东兴市和港口区人武部训练场地建设。为官兵排忧解难,分区拿出近300万元用于解决基层实际困难。

中国人民武装警察部队防城港市支队

【思想政治建设】 2016年,武警防城港市支队着眼依法从严治党,把建设过硬“四铁”班子,确保听党指挥、看齐对正作为头等大事。一是确立“把住稳中求进、着力治短补弱,在狠抓工作末端落实中走好关键跨越之路”的工作思路。在全部队深入开展“三严”警示教育和干部作风纪律教育整顿活动,学习贯彻总队“十条铁规”“八条硬性规定”,支队领导带头进行授课辅导,带头纠治问题,带头承诺表态,解决党委机关急功近利、心浮气躁问题和基层官兵“三力”不足、事业心责任感弱化问题。二是强化集体领导,提高团结质量。深入学习毛泽东《党委会的工作方法》,修订完善《党委议事规则》,规范党委议事程序,坚持“五不纪律”(不节外生枝搞临时动议,不私下商量开小会,不发表模棱两可的意见,不居高临下强加于人,不泄漏会议机密犯自由主义)和“五不决策”(没有经过充分调查论证的问题不决策;没有进行充分酝酿的问题不决策;没有按规定程序提交的问题不决策;没有经过集体讨论的重大问题不决策;没有形成多数意见的问题不决策)。党委正副书记做到“三个带好头”(在坚持原则上带好头、在发扬民主上带好头,在维护团结上带好头),确保班子说话一个音、上下一条心、拧成一股劲、办事讲规矩。三是坚持把党纪条规挺在前面。以“两学一做”专题教育和基层风气专项整治为牵引,组织学习贯彻党内“三条一规一准则”,观看《永远在路上》警示片,教育引导党员干部立起思想高线、守住行为底线、恪守“七条规矩”,广大党员通过戴党徽、抄党章、听党课、站党哨、晒承诺、做表率,党性意识、规矩意识和模范意识明显增强。严格落实军队党员领导干部参加党的组织生活有关规定,支队党委成员每个星期五主动过双重组织生活,每个月主动交纳党费,自觉接受群众监督。同时,结合学习习近平主席“七一”讲话、十八届六中全会精神,组织开展优秀共产党员事迹报告会和党的理论宣讲解读,让广大党员明确党中央从严治党的坚定决心,做到不忘初心、继续前进。用好“一网两栏三箱”,实行“两公布”,畅通民主渠道,始终保持正风肃纪的高压态势,构建良好的政治生态。四是围绕“三个绝对”和培育“四有”革命军人目标,以学习贯彻习主席系列重要讲话精神和改革强军主题教育为主线,采取党委机关先学、个人自学、现场提问、录像辅导等形式,深刻领会习主席政治建军、改革强军、依法治军的战略思想,把握精神要义、掌握立场观点、强固理想信念、铸牢军魂意识。持续开展“寻找爱的理由”群众性实践活动,通过开展“爱的辩论、爱的交谈、爱的故事、爱的展示”“四个一”活动,推动教育由被动灌输向主动疏导的积极转变,引导官兵在改革考验中保持思想定力和工作动力。五是深入开展“四反斗争前沿不变色,国门卫士显忠诚”和“严守五条高压线,坚决抵制不良诱惑”教育活动,高高树起“偷越国境、走私护私、吸毒贩毒、贩卖武器、泄密通敌”五条高压线,切实筑牢四反“防火墙”,官兵“边境无小事、事事连政治”的阵地意识更加牢固。制订下发《支队进一步密切内部关系措施》,深入开展密切内部关系教育,落实“三帮一带”“三盯一到位”制度,及时消除各类安全隐患。2016年,防城港支队被武警部队评为“连续12年无事故案件先进单位”。

【执勤与训练】 2016年,武警防城港市支队牢记“干好维稳这件大事”的政治嘱托,着眼“稳定属地、执勤处突”,树正实战指向,苦练打仗本领,努力提升遂行多样化任务的能力。一是向实战聚焦抓训练。严格落实武警部队千人教练员和新大纲集训精神,鲜明提出“宁要贴近实战的及格,不要脱离实战的优秀”的练兵要求,从难从严摔打部队。探索“六种组训”模式,紧紧扭住“一句话命令加补充指示”指挥方式,开展首长机关训练、基础体能训练、专业技能训练、反恐特战训练和冬季野营拉练,机关严格落实每周两次3000米跑、每周四晚参谋业务学习和每月实兵实装拉动等制度,着力解决首长机关“五个不会、一个不知道”问题。严密组织季度“魔鬼周”极限训练,采取挑战体能极限、技能顶点、心理底线的训练形式,完成体能、技能、心理、战术、射击等30余个训练内容,最大限度使训练背景、环境、条件与实战相接轨,突出针对性、对抗性、实战性,官兵反恐技能得到有效提高。围绕“多能一体、有效维稳”的战略要求和打好“五仗”基本样式,大力加强反袭击、反爆炸和防端窝训练,重点加强对东兴、上思两个重点方向的反恐训练指导,确保反恐维稳主阵地坚固可靠。针对基层组训能力弱的情况,组织2批教练员集训和1次教练员比武,担负教学任务的教练员100%达到“四会”。在此基础上,严格抓好重难点科目训练,基层刚性落实每周两个5千米跑和完成单双杠1至5练习、木马3练习训练,严格落实月考士官、季考干部、年考“两官”的训练考核制度,建立完善军事训练档案、枪支使用履历、车辆行驶卡片,客观反映个人训练和装备使用情况,营造“聚焦打仗”的浓厚氛围。年内,10名训练突出的官兵受到嘉奖。投入120多万元完善教导队训练场和部分中队训练场地，训保支撑得到加强年内实现100%达标。二是向任务聚焦抓中心。构建“一核两翼多点”（一中队为核心，东兴市中队和上思县中队为两翼，各中队应急力量为支撑点）的战斗力量体系，采取网络不间断查和实地突击查相结合的办法加大查勤力度，机关坚持每天网络检查应急班和三人应急小组紧急出动情况，每周按照“三圈”要求组织方案演练，每月抽组部分兵力到陌生地域开展实投实射训练，每季进行网上勤务训练科目会操。定期分析研究执勤形势，集中解决执勤工作中的重大问题并表彰奖励10名红旗哨兵，有2名战士被总队评为执勤标兵。强力推进执勤“五防一体化”建设，高标准完成4个看守中队AB门建设和上勤工作，防城区看守所巡逻通道已经建成。积极推进犬防建设，所有中队均购置1至2条德国牧羊犬并建有固定(移动)犬舍并定期组织训导员培训，犬防能力得到进一步提高。强力推进老旧看守所搬迁立项动工建设，防城区看守所、上思县看守所新址实现土地平整。利用上级援建和自筹资金700多万元，用于教导队、作战指挥中心和特勤排、应急班装备建设，投入800多万元抓好核电中队执勤信息化和看守中队哨位集成箱建设，支队所有目标哨位均安装哨位信息化执勤终端。积极借鉴广东大亚湾核电站守卫勤务的做法，优化核电中队组勤、管勤和执勤模式，确保核电目标的绝对安全。圆满完成重大敏感时期高铁北站(汽车站)武装巡逻、中国东盟国际青少年足球友谊赛安保、广西高考印卷场地外围武装警戒和武装押解等46起临时勤务。三是向常态聚焦抓战备。着眼“两个不经、一个保持”战备要求，修订支队、中队两级7类、10种预案，精细搞好编携配装用，科学分配调度力量，明确“三线”兵力梯次抽组投放。搞好形势任务教育，让官兵认清新职责，履行新使命，切实强化“带兵打仗，当兵打仗，随时打仗”的战备意识，确保“三场维稳战役”圆满收官。

【基层队伍建设】 2016年，武警防城港市支队坚持“四个扭住”的要求，严格按纲抓建、实施精准帮建、搞好基层自建，确保部队基础牢固，实现安全发展。一是强化法治抓基层。开展“学法规、用法规、守法规”活动，全体官兵学习《军队基层建设纲要》(以下简称《纲要》)《军队基层建设工作手册》和《关于进一步规范基层工作指导和管理秩序的措施》等5个法规性文件，形成“三个转变”的鲜明导向。抓好防城区中队从严治警试点的推开工作，切实正规“四个秩序”，做到“四个样子”。同时，严格执纪问责，树好总队“十条铁规”“八项硬规定”和支队“四个一律”3条高压线(即有职务的一律先撤职(或调离岗位)后处理，是士官的一律先留用察看，是义务兵的一律取消所有奖励和进步的可能，所有违纪人员一律强制条令学习)，切实使铁律生威带电。年内，公开处理一起车辆发生刮蹭事故的责任领导和驾驶员，先后处理违规违纪战士4名，对3名干部进行诫勉谈话，帮教转化3名重点关注对象，协调帮助5名官兵处理涉法纠纷问题，支队被总队评为百日安全竞赛先进单位。二是注重按纲抓基层。通过开展岗位大练兵和《纲要》培训活动，组织学习贯彻新修订的《纲要》《加强党员领导干部政治能力训练三十条(试行)》《关于做好抓建基层工作的意见》等法规制度，推动武警党委1号文件在基层的全面落地。结合支队实际修订细化“六跟五帮”措施，制订精准帮建基层实施方案，落实党委成员每月下基层蹲点帮建不少于7天的要求，党委机关沉到一线理思路、查问题和解难题。支队党委成员带机关干部沉到一线开展“六跟五帮”，注重跟全程、帮全面、思全局，努力做到“五个好”:用好一个载体(六跟五帮)、抓好一项工作(经常性基础性工作)、立好一个导向(打假治虚)、树好一个形象(真抓实干)、写好一份报告(部队建设调研报告)，切实解决基层“三弱”问题(管思想抓教育弱、管大事抓落实弱、管党员抓干部弱)问题。特别是精准帮建连续4年和22年未跨入先进的防城港市中队、勤务中队，推动部队全面换挡升级。同时，支队党委机关蹲点、检查、考核、帮扶，坚持问题导向，建立问题反馈账单，明确整改时限和责任人，及时回应解决基层困难，层层传导工作压力，努力形成闭合回路。年内，党委成员下基层蹲点帮建9批次，人均达80天，解决基层按纲建队计划结合实际不紧、经常性基础性工作不扎实、登记统计填写不规范、落实勤务制度不正规等10大类问题，提高基层建队质量。三是守牢底线抓基层。以落实安全工作“八个规范”为抓手，扎实开展安全教育和百日安全竞赛活动，让“我的安全我负责、战友安全我有责、部队安全我尽责”成为官兵理念。紧盯六个重点问题治理，建立安全责任制，层层签订安全责任书，把“一岗双责”落到具体人、具体事；编写《军人安全防范52条手册》，让官兵学习掌握安全常识，主动防范规避风险。深入抓好以执勤、枪弹、手机、用电用气为重点的安全教育管理专项整治和“六个彻查、七个摸清楚”安全隐患排查，突出治理违规喝酒、违规使用手机、对外乱交往以及规章制度落实不到位等23个问题，制订下发《支队官兵购置和驾驶私家车管理措施》和《手机使用管理措施》，纠治官兵私家车管控不严和违规使用手机等问题。开展官兵思想大调查、大谈心活动，摸清掌握基层官兵电话联系人、QQ空间、微信朋友圈、浏览手机网站、短信接收等情况，并对不良信息进行检查整治，防止因手机使用管理不当而引发问题。加大对重点人员、重点部位的管控力度，机关单身干部统一集中居住管理，值班首长坚持双休日、节假日对机关单身、两地分居干部进行点名，值班室每天视频抽查基层干部在位和车辆管控情况，定期跟踪在外培训、休假人员，织密安全防范网络。此外，党委成员每月对基层进行全覆盖的督查检查，做到“六查六看”(查勤上岗楼，看哨兵有无麻痹大意；查铺点人数，看官兵有无不假外出；查车对手续，看有无违规出车；查枪点数量，看账目有无差错；查酒观神态，看有无违喝酒；查手机看个数，看有无违规使用)，确保部队管控不留死角。支队在各营区周界安装高清摄像头、更换营区老化线路，对营房走廊实施封闭，加装安防设施，安全硬隐患得到全部解决。四是扭住源头抓基层。抓住新兵、士官和生长干部“三个源头”，新兵训练坚持把时间训够、把内容训足、把标准训到，防止基础不牢。士官队伍坚持按编配备、严爱相济的管理使用原则，制订完善《士官管理实施细则》，坚持每季度考评士官，评选10%的优秀士官和5%的不称职士官，对优秀士官给予通报表扬，对不称职士官且经教育仍不悔改的，视情给予1~6个月不等的留用察看处理，切实激发士官履职尽责。坚持把干部队伍摁在岗位锻炼，运用“三帮一带”“三会一线”和当兵蹲连等载体，努力提高干部队伍管思想、懂指挥和抓落实能力。年内，共调整提拔使用干部28人，发展党员52名，选送预提骨干集训45人和技术学兵30人，选改士官80人。

【后勤保障】 2016年，武警防城港市支队围绕后勤变前勤的要求，全力打造“六型”后勤，提高军事服务保障能力。一是提升核心军事保障能力。根据形势发展需要，投入300万元完成东兴市中队战备基础试点任务并为中队前置储备战备物资，确保遇有情况，能够就近取用、以近求快。科学修订完善各类应急保障预案，建立配套应急保障机制，扎实开展野炊、救护、车辆故障排除等应急保障训练，切实提高后勤“一队五组”能力。二是大力推进基础设施建设。升级完成基层中队军械库的联管联控系统，强化技防力度。年内，完成一中队排点、勤务中队食堂和教导队营区相关配套设施建设，强力推动一中队队部点营房配套、士官公寓楼和支队“两室两库”建设。三是加强规范化管理。严格落实《加强和改进部队财经管理25条措施》，加大基层地方保障性经费管控力度，基层地方预算经费统一上交支队管理，按照计划、审批、拨付、开支的程序依法理财，确保基层经费用在战斗力建设的刀刃上。支队机关严格落实每月办公用品集中采购、统一转账制度，堵塞经费管理漏洞。深入开展“伙食管理精细年”活动，基层部队副食品统一采购配送，提升伙食保障质量，官兵伙食满意率达到100%。此外，支队机关大门安装车辆出入智能管理系统，所有车辆安装行车记录仪并购买保险，进一步规范车辆运行秩序。严格落实《枪弹安全管理规定》，认真抓好枪弹动静态管理，确保枪弹绝对安全。

广西海警第二支队

【概况】 2016年，广西海警二支队党委团结带领全体干警官兵，以习总书记系列重要讲话精神和十八届五中、六中全会精神为指导，根据海警局和总队年初工作部署要求，以实现海上辖区和队伍内部“两个稳定”为目标，以“六大工程”建设为抓手，求真务实、扎实工作，圆满完成年度各项工作任务。

【执法执勤】 2016年，海警二支队按照上级部署，惩治违法犯罪活动。强化海上治安整治。开展辖区治安基础信息采集工作，建立渔船民信息库，加强管控工作力度，完成全国“两会”、国际龙舟赛、G20杭州峰会、自治区“两会一节”等重大海上安保任务。年内，开展海上巡逻1231艘次，航程41032.2海里，航时9104小时，检查船舶453艘次、检查渔船民1017人次；实施海上救助55起，成功救助遇险船员10人、船舶15艘。开展海上综合执法行动。开展“海豹”“国门利剑2016”“蓝疆利剑”和“断流”等专项行动，年内，查获涉私案件322起，查获冻品1382吨、香烟1524件、酒309件、海蜇84吨及杂货物一批，查扣嫌疑车辆504辆，船(排)235艘，抓获涉案人员142人，总案值约3000万元。年内，立刑事案件10起、破10起，破案率100%，办理非法入境案5起，行政处罚18人，集中拆解“三无”船舶60艘，成功侦破全国海警首起活体珊瑚走私案，严力惩治违法犯罪活动，维护辖区治安秩序。防城港市副市长、公安局局长王琛先后两次对“断流”行动批示表扬，总队编发简报介绍支队成功经验做法。加强联防联控工作。加强中越警务合作，年内与越南广宁省第二海队、越南广宁省茶古边防屯举行会晤2次，设立热线电话，增进双方信任，推进海上执法合作。加强与地方各级执法合作。与广西烟草打私总队签订执法协作备忘录、与南宁海关缉私局侦查二处执法合作，与市公安局、检察院、防城和东兴海关、渔政支队召开海上执法工作联席会议，开通当地公安网作为执法办案专线，建立案件移送制度和渔业案件立案移送机制，联合开展专项行动，严厉惩治防东地区走私违法活动。

【海域管控】 2016年，海警二支队按照上级部署，开展南海维权工作，派出45102舰参加为期两个月的西沙常态化巡逻管控，总航程5910.4海里，航时602小时，驱赶越南船只11艘次，有效维护中国海洋权益。加强边界海域巡逻监管。加强对中越海上边界线常态化巡逻，圆满完成辖区海域全线巡逻、南海伏季休渔期北部湾联合巡航执法等行动，驱赶非法越界作业越南船舶259艘次，维护中国海上正常生产作业秩序。

【思想政治建设】 2016年，海警二支队党委班子成员进行大幅度调整，新的党委班子成员到位后，为尽快统一思想，凝聚共识，支队党委突出强化班子自身建设，提升驾驭部队全面建设的能力。讲学习，班子领导能力提升明显。支队党委着力打造坚强领导核心，通过集中学习、专家授课、座谈讨论等方式，用党的创新理论武装头脑、指导实践、推动工作，提升党委班子解决实际问题和驾驭全局的能力。年内，支队党委召开中心组学习14次，党委成员为官兵授课11次，撰写理论文章16篇，

全线巡逻　　（海警二支队　供稿）

召开党委会 24 次，议事 124 件，科学决策能力进一步提升，会议决定事项落实到位，没有出现议而不决、决而不行和违规议事、决策失误现象。树形象，班子模范表率作用明显。党委班子成员大事讲原则、小事讲风格，思想统一、团结一致，谋事创业；模范落实党委委员过双重组织生活制度，带头落实汇报工作等 6 个基本动作 22 个基本环节；带头加强党风廉政建设，打牢廉洁从政防线，树立“为民、务实、清廉”的表率。抓规范，对下帮建指导作用明显。落实党委委员联系点制度，通过定期到基层调研、谈心交流、出席下级党组织民主生活会等方式，帮助基层发现和解决实际问题，提升各级班子把关定向、议抓中心、创新发展和管控队伍的能力。在重大节日、敏感节点、重大勤务等时机，党委成员主动深入一线，靠前指挥，确保队伍安全和任务顺利完成。

8 月，“神剑 –2016” 反恐演习正式演练　（海警二支队　供稿）

【军事训练】 2016 年，海警二支队强化部队正规化建设，完善管理规章制度，制订《临时营区管理五项措施》《机关内宿干部管理暂行规定》和《零散人员管理教育规定》等 6 项制度，进一步规范部队“四个秩序”。加强督察检查工作。定期开展安全形势分析和安全工作讲评，重大活动、节假日前开展安全大检查，及时发现和消除苗头隐患。年内，开展督察 99 次，发现和整改问题 32 个，排除安全隐患 68 处，确保队伍的安全稳定。严格队伍管理教育。深刻吸取罗融鑫交通亡人事故的教训，开展为期一个月的安全整顿教育活动，绷紧部队安全这根弦；推进党员关系大排查，加强党员队伍管理；组织海缉民警到现役队舰船参观学习，逐步规范海缉队伍工作秩序。加强实战练兵。加强舰艇业务训练。成立落实新训大纲专班，狠抓舰艇专业岗位练兵，在总队舰艇业务竞赛中，45042 艇和 45105 舰分别获得团体第二、第三名的好成绩；圆满完成“神剑 –2016”反恐演习和“北部 –2016”联合防卫作战演练，在自治区边海防军警民联防演练中，支队作为主要参演单位，队伍过硬的军事业务素质得到自治区政府副主席胡焯、自治区边海防办主任黄小宁及现场领导的高度赞誉。加强警务技能训练。以“条令学习月”为契机，开展队列、擒敌训练及会操，在重大节点举行反恐处突演练，检验队伍训练成效和应急处置能力。邀请边防警务实战教员指导支队警务实战化训练，提升队伍实战技能。三是加强政后技能训练。举办各类政工和后勤培训班 12 期，50 多人参加上级各种培训班，10 人到地方医院跟班学习；2 名干部代表总队参加“双争”比武。在总队后勤系列竞赛中，支队荣获烹饪技能竞赛团体第二名、比赛银勺铜勺奖、自选菜品一等奖；在舰船装备管理黄旗活动中 45051 艇、45102 舰分别获得第一、第二名的好成绩。夯实执法基础。提高执法能力水平。筹集 100 万元建设支队执法办案系统，实现与地方公安资源共享；定期派出 4 名执法干部到港口刑侦大队跟班轮训；组织 310 人次开展现场取证技能培训，420 人到法院旁听庭审 15 次；做好 10 起刑事案件的移送审查起诉工作。每季度开展执法专项检查，提升基层单位执法水平。二是建立执法协作机制。加强与市公安局、市人民检察院等 7 个单位的沟通协调，推动建立执法协作机制，年内与上述单位开展座谈交流 16 次，签订《办理边海防地区刑事案件协作配合办法》等协议 2 份，为联合开展执法行动奠定基础。三是发挥情报尖刀作用。加强重点区域涉私、涉恐、涉爆等情报信息搜集工作，及时掌握辖区治安动态；与军分区作战科，公安局反恐、情报等部门建立“每月定期互通”“重要情况随时互通”的协作机制；开展涉外课题研究，为上级科学决策提供信息支持。

【基础建设】 2016 年，海警二支队加强基层基础建设，加强请示汇报，赢得各级大力支持，部队综合保障能力显著增强。重点工程建设稳步推进。新营区征地方面：支队积极主动请示汇报，赢得大力支持，目前市政府原则同意新营区用地面积由原来 1.67 公顷增加到 2.67 公顷，破解制约部队长远发展的难题。临时营区建设方面：支队投入 250 万元，完成指挥中心、机要室、军械库、办案区等重点场所改造。公寓房项目进入装修阶段，总投资 371 万元的一大队办公楼项目、70 万元码头二期配电工程相继动工，港池疏浚工程、油库项目建设按计划推进。完善财务制度。完善差旅费管理规定、公务卡使用管理暂行规定、采购管理办法、经费资产审批管理实施细则等四项制度，下放部分资金审批权限，提高工作效率。抓好预算执行管理。2016 年全支队共实现业务经费收入 7235.56 万元，比 2015 年(1924.16 万元）增长 276%，争取防城港市专项经费资金 202 万元。预算支出 5869.99 万元，目前预算执行率为 75.41%。装备设备服务保障到位。车船检修保养方面。投入 450 万元，完成 45102、45105 舰主机检修、等级保养及各舰船年度坞修、各种摩托艇日常检修保养，确保舰船在航率。严格落实车辆管理制度，完成 32 辆装备车辆维护保养。油料枪弹管理方面。落实 IC

加油卡管理规定,2016年下拨柴油、汽油共计900吨,目前使用700吨,执行率78%;严格落实枪弹检查保养制度,投入12万元完成支队兵器室改造,规范枪弹管理。装备管理方面。做好船艇通导设备维修和更新工作,投入100多万元在临时营区和竹山执勤点安装防雷系统,投入150多万元购置夜视仪、防弹衣、望远镜等执法执勤装备配发一线。在通信保障方面,为海缉舰船修复雷达、导航,安装卫星电话、超短波电台,实现全部舰船与支队通信联络互通,此项工作走在全国海警前列。

【后勤保障】 2016年,海警二支队针对临时营区办公楼简陋的特点,投入经费300多万元为食堂、办公室、宿舍安装空调,建成警营网吧、图书室、购买篮球架,为码头片部队和新训营建设标准灯光篮球场;投入180万元建成竹山临时执勤点营区,改善干警官兵工作生活条件。出台干警官兵近亲属重大疾病救助抚恤机制,年内共慰问困难干警官兵15名,为8名亲属患重病的官兵发放救助金10多万元;解决1名随军未就业家属工作安置;妥善办理罗融鑫后事和阳廷畅退役移交相关工作。投入32万元为全体干警官兵(包括新训营)进行健康体检;筹集90.2万元为海缉民警发放航补、探亲路费等。

【拥政爱民】 2016年,海警二支队以"两学一做"、改革强警主题教育和廉政教育等政治教育为抓手,夯实队伍思想根基,激发队伍活力,形成创优争先的良好氛围。开展"三项重大教育"。通过开展"两学一做"学习教育活动,强化党性修养。党委委员带头学党章党规、学系列讲话,带头查摆问题,教育引导党员讲规矩、守规矩、用规矩,有效解决党员"四个意识"弱化的问题。丰富"两学一做"活动形式,邀请财经学院、市人民银行、市国安局、市综合执法局、市检察院等单位到部队开展主题党日学习交流活动,密切警地关系,深化活动效果。通过开展改革强警主题教育,坚定理想信念。在完成规定教育动作的同时,进一步创新形式,举办第三届书画摄影比赛、警营读书节、人物访谈、演讲比赛、文艺会演等活动,寓教于乐,激发官兵工作热情,为保障中心任务完成提供思想政治保证。严格落实队伍思想分析制度,查找体改期间人员思想动态,采取措施释疑解惑,引导干警官兵积极拥护改革、投身改革。通过开展专项整治活动,增强廉洁意识。开展违规收取好处费专项整治行动,深刻吸取黄一飞案件教训,通过开展警示教育、邀请检察院、法院专家来队授课等方式,打牢队伍遵章守纪的意识。严格落实监督制度,纪检部门全程监督运送补给油料440多吨、大宗物资采购、招投标工作5次,对310起涉案货物移交保管全程监督,未发现违规现象。推进警营文化建设。丰富部队文化生活。组建威风锣鼓队、篮球队、舞蹈队,活跃警营文化生活。联合市图书馆开展读书文化沙龙活动,举行书画摄影比赛,举办拔河比赛、人物访谈、主题教育汇报会等活动。10月26日晚,支队成功举办"永远的长征"汇报会,激发正能量,提升队伍士气。警民关系深度融合。支持地方国防教育工作,为市综合执法局、市高中、市一中和实验小学开展军训3000人次。在春节、六一儿童节、教师节等时机,开展慰问献爱心活动,资助困难学生13人,无偿献血20000毫升,参与全市精准扶贫工作,指导45102舰、45105舰分别与东兴华侨小学、市图书馆开展共建联建活动,巩固和发展和谐警民关系。

防城港市公安边防支队

【组织思想建设】 2016年,武警边防支队召开第三次党代会,选举产生支队新一届"两委"班子,其他任期届满的党组织也按时完成换届选举。通过每周召开常委工作汇报会、每月召开党委中心组学习会、每季度召开党委务虚会,着力解决阻碍部队发展的瓶颈问题,做到议事决策围绕中心,党内生活突出中心,组织制度保障中心。年内,支队党委共议抓各类中心工作36项,出台刚性制度措施12项,解决突出矛盾问题40余个。出台《支队党委常委基层联系点工作制度》,明确联系点常委职责权限,推动联系点常委工作落实,支队党委班子成员以身作则,严格落实领导重大事项报告、双重组织生活、下基层当兵等制度,每月至少2次下基层调研队伍管理、边境封控、营房建设等热点难点问题,带头为基层办实事解难事。年初制订的为基层办实事项目全部完成;重点抓好东兴大队党委权力公开透明运行试点工作,建立各类权力清单20项、风险清单36项,制作公开流程图11个、公开目录43项,打造可借鉴的样板经验;严格落实基层党支部书记任职资格准入制,组织29名官兵开展培训并全部通过考核,为书记队伍积蓄后备力量。在思想建设方面,推出"六个创新。一是创新"两防"工作举措,建立问题隐患及应对措施数据库,出台《支队营以上非领导职务干部管理规定》《支队违法违纪案件责任"捆绑"追究办法》《支队士兵请休假规定(试行)》等制度规定,建立起"网格化、网络化"纪检管理监察模式。开展"大排查、大清理、大整改"专项整治、"净化'圈子'净化心灵"教育整顿、违规收取"好处费"问题专项教育整顿等活动,支队常委及基层主官走访驻地纪委、党委、检察院等职能部门19次,组织集体廉政约谈9次。同时,严格执纪问责,坚持"一案双查",既追究当事人责任,也追究有监督义务的身边人责任,使违纪隐患苗头无处遁形。二是创新干部考评培养办法。在总队率先试行大队级单位及主官绩效考评工作,采取"日常考核、部门考核、常委考核、组织测评"四个步骤,重点对大队级单位自身建设、任务完成情况以及主官工作实绩进行考核,驱动大队级单位提升履职能力,带动提升一线部队执行力。同时,创新人才培养模式,开展"师傅带徒弟"活动,通过举行拜师仪式确定73对师徒关系,并采取跟班实训、案例教学、师徒比武、奖惩捆绑等形式,倒逼师徒强化责任担当,促进干部队伍素质双向提升。三是创新"数字政工"理念。加快"港城慕课"大数据政工平台建设,推动部队教育由"经验型"向"科学型"转变,从"传统化"向"数字化"跃升。优化升级"港城慕课"至3.0版,新增"个性笔记""学习圈""港城百科"等功能,开发运行手机APP版,让"人人可学、时时可学、处处可学"的教育模式成为常态。平台拥有各类专业学习课程110门,涵盖军事业务、政治教育、后勤建设、综合应用等视频知识点2500多个,微阅版块资源量达到2100余篇,平台服务官兵功能体现明显。四是创新政治工作阵地。创立边防部队首个网络电视台，利用新兴媒介，抢占宣传、教育、文化新阵地。期间，网络电视台筹划推出一批感染力强、传播面广、点赞率高的新媒体精品稿件，组织拍摄微电影、微视频 10 余部，制作微信初页作品 30 余部，较好地展示支队各项建设成果。官兵自编、自导、自演的微电影《隐匿者》获评公安部第二届公安民警“三微”大赛微电影类二等奖，是全国公安边防部队微电影类参赛作品中获得的最高奖项。阵地网络电视台开播《阵地视角》及《边防会客室》两档节目，引起广大官兵的强烈反响，受关注度持续升温。五是创新对外政治工作交流。开创中越政治工作合作交流先河，推进中越边防部队政治工作合作交流试点工作，支队与越方芒街边防屯多次开展交流，7 月，在中越边防部队三级领导的见证下，与越南芒街国际口岸边防屯签署政治工作合作交流会谈纪要，掀开双方交流合作的新篇章。六是创新“联教协作”品牌。拓宽教育协作外延，将“政治工作协作区”和“联教协作单位”两个教育圈资源有机融合，全面实现警地教育资源共享和优势互补，带有边海防特色的教育协作品牌得到进一步巩固。清明前，联教协作单位及协作区单位联合开展祭扫活动，官兵与师生良性互动，反响热烈。2016 年度，支队被自治区党委政府评为“拥政爱民模范单位”，是总队三个获奖单位之一，支队团委被团市委评为“五四”红旗团委；东兴所、横江站均通过自治区级“青年文明号”复核，茅岭、江山、马路所 3 个单位荣获市级“青年文明号”称号。支队王益伟家庭和黄鸿多家庭分别获评全国“最美家庭”和全国五好文明家庭，是总队三户获奖家庭中的两个家庭；叶吴克荣获全市公安机关首届“十佳青年卫士”荣誉称号。支队官兵立功受奖人数也呈逐年递增趋势。全年共在各级媒体发表稿件 2062 篇，得分 14800 分，同比上年翻一番，排名再次跃居总队第一。其中在央视播发新闻 78 条，占全总队同类新闻的 40%，总数多于其他一类单位央视发稿总和，居总队第一；在省市级媒体播发新闻 1228 条，占全总队同类新闻的 30%。

【边境管控】 2016 年，武警边防支队构建“三防滤网”筑牢安全屏障。一是完善物防。推进固边系列行动，在企沙所建立船舶及渔船民管理站试点，规范出海船舶边防证件审批和办理，触发港口大队有辖区的基层单位全部建立船管站；协调职能部门解决钢筋混泥土块、钢管、车辆等用于封堵非法便道，形成全面设防的良好格局。年内，查获涉嫌走私案件 1399 起，案值 6254 万元，案件数同比 2015 年减少 26%，涉私货物的种类大幅减少，辖区规模性走私问题已基本消停。二是升级技防。增配手持身份证识别仪、全景照相机，添置多功能无人机、通信卫星车等流动设施，建强支队、大队、所站三级指挥调度室，与公安、交警、运管等友邻部门建成立体化防控网络。年内，共查获网上在逃人员 117 名。三是强化人防。优化边境封控执勤模式，由支队统一指挥，东兴大队统筹所属 3 个派出所具体落实封控工作，对东兴北仑河重点边境线实施 24 小时封控；与驻地解放军、海关、海警等部门以及辖区车站、码头、厂企等单位签署联动合作协议，定期召开联席会议互通管控信息，开展联合处突演练强化联动，织密边境安全防护网。从 2015 年 10 月起，辖区内“伊吉拉特”涉恐人员偷渡外逃通道已全部阻断，再未发生一起涉恐涉暴案件。

【治安维护】 2016 年，武警边防支队共查获“三非”外国人 446 批、2336 人，同比上年上升 76%；破获毒品案件 98 起，查获各类毒品 67.47 千克，缴毒量同比上年上升 62%；破获涉枪案件 21 起，缴获各类枪支 32 支，其中军用枪支 7 支，同比上年上升 43%，支队缉枪、缉毒、惩治“三非”等多项业务指标完成率稳居总队前列。8 月 31 日，破获一起特大运输毒品案，缴获毒品“K 粉”20 千克，获部局贺电表扬。

【爱民固边】 2016 年，武警边防支队严把规范准绳，狠抓执法办案质量，在严厉惩治违法犯罪的同时，注重提升群众满意度。硬件建设方面，指导所属边防派出所完成办案区升级改造，统筹专项经费为基层派出所购置同步录音录像一体机，缓解东西线部队硬件建设发展不平衡问题。软件建设方面，依托东兴、防城所两大执法实践培训基地，组织新入警学员开展“一对一”业务轮训；与公安局签订协议，将支队民警纳入地方公安机关培训范畴，先后安排 30 余名业务骨干到刑侦大队跟班学习；组织办案人员开展常态化业务学习，并为官兵购置执法资格考试辅导用书，民警 100% 通过执法资格考试。监督管理方面，强化涉案财物管理，重点对“三无船舶”等大型涉案财物进行专项整治，推进涉案财物处理流程标准化；严格审核把关，每季度对支队所有案件进行集中评审，实现案件评审率 100%；落实三级网上巡查机制，每月通过警综系统进行个案抽查，每周对执法办案区进行视频巡查，实现对执法办案工作的动态化监督。年内，东兴所被公安部命名为“全国公安机关执法示范单位”，江山所被命名为“全区公安机关执法示范单位”。夯实国内外合作基础。对内：推进军民融合试点工作，通过军地联创共建、资源共享、优势互补，巩固发展军政军民关系。在江山乡江山村、那良镇高林村、峒中镇峒中村等挂牌创建 7 个“爱民固边民族团结进步示范村（屯）”，有 125 名民警兼任辖区 137 个行政村（社区）的党支部副书记，民警“村官”覆盖率保持 100%；支队携手市民委、团市委等部门打造省级青年文明号 2 个，市级青年文明号 3 个，市级文明单位 4 个，市军（警）民共建精神文明先进单位 6 个。对外：巩固深化中越友好队屯建设，设立 24 小时热线电话，常设防城、东兴、峒中三处对越外事联络点，与越南芒街等 7 个边防屯开展执法务实合作，联合侦破跨境犯罪案件 4 起，抓获犯罪嫌疑人 17 名。4 月 28 日，双方联合破获一起特大跨国贩卖毒品案，查获毒品“冰毒”2717.8 克。9 月 5 日，支队通过中越执法合作渠道，破获一起特大枪毒同流案件，查获 54 式军用手枪 1 支、子弹 11 发，缴获毒品“神仙水”25.62 克。

【队伍建设】 2016 年，武警边防支队围绕实战需求，根据警力布防结构划分动态防控网格，建立三级层递指挥和跨层级“点对点”指挥相结合的运行体系，打破传统“防区”格局，提高部队应急处置能力；继续开阔思路，以那良所为农村警务工作试点，建立各职能部门和广大群众共同参与的全新边境村屯群防管控格局，农村警务改革经验获总队领导多次肯定，并获市公安局简报推广；坚持以上率下，以机关为牵引，建立每周实训，每月考核，每季度会操制度，全面检验训练成果，同时组织多名基层军事骨干开展实战教练员培训，选拔9名优秀教员组成实战教官团开展“送教上门”活动，提升官兵实战养成和军事素质；针对辖区环境形势，设置各类假想情况，组织部队开展应急拉动演练，强化区域协作、部门联动、警种配合，部队快速反应和处突能力得到明显提升。

【后勤保障】 2016年，武警边防支队统一规划文化建设格局，以各沿边单位为点，滨海边境通道为线，潜心打造“千里边海文化长廊”。完成机关健身馆、3D影院、楼道文化等建设；那梭站、星光所投入约30万元完成警营足球场建设，防城所、企沙所、那良所等单位建成警史馆、文化长廊等设施，横江站、马路所、水上所等单位相继开工建设廉政教育基地、综合文化楼等项目。支队机关、东兴所、松柏所、横江站、企沙所等警营文化建设名片相继推出，部队浓厚的文化氛围前所未有。争取地方经费1720万元，推进有编无营单位的征地工作，机动大队新营区建设项目10公顷用地指标获市政府批准，并减免征地费用500余万元，重点建设项目征地取得实质性进展。年内，申报立项建设项目49个，建设面积6万多平方米，总投资超过亿元大关。

防城边防检查站

【概况】 防城边防检查站主要担负所辖防城港口岸和企沙边地贸口岸的出入境边防检查任务。2016年，防城边防检查站在广西公安边防总队党委和防城港市地方党委的领导下，凝聚全站官兵力量，围绕年初工作部署，主动应对新形势、破解新难题、打开新局面，圆满完成以出入境边防检查为中心的各项工作任务。

【思想政治建设】 2016年，防城边防检查站以中共十八届六中全会精神为指导，深入学习贯彻习近平总书记系列重要讲话，坚持问题导向，抓班子带队伍，从党内政治生活管起、从党内政治生活严起，落实“四个表率”，统筹推进“讲党性、迎考验”主题教育、“改革强警”主题教育和忠诚教育，以“两学一做”学习教育活动为引领，突出政治工作生命线作用，有力保证边检执勤执法、重大安保任务等中心工作的圆满完成。坚决执行党风廉政建设有关规定，坚持整顿纪律，强化严规矩守戒律的法纪底线，按照职责分工，围绕干部人事、组织建设、财务管理、部队风气、执法办案等方面，分系统分领域进行专项清理整治。全年累计讨论议题93项，组织官兵到看守所开展警示教育1次，观看警示教育视频5次，邀请市人民检察院和交警支队领导给队里授课2次，刊印2期廉政教育板报，重大节日和敏感节点及时为官兵推送廉政信息，1人被评为公安现役部队优秀党务工作者，1人被评为公安部优秀政治干部、公安边防部队优秀共产党员，3人被选拔为第五支赴利比里亚维和警察防暴队队员，防城边防检查站“基层党支部书记双向述职评议工作法”被总队评为创建活动优秀品牌。

【边检业务建设】 2016年，防城边防检查站打造集船舶手续办理、证件签发、港区巡查、快速处警、情报调研、执法办案等功能于一体的3个综合性执勤科队，按照“1+1+1”模式开展勤务工作，即1个执勤科负责船检，1个执勤科与监护中队协作配合负责口岸巡查监护工作，1个执勤科负责旅客检查勤务，口岸通关效率和用警效能进一步提升。全面提供“全时制、全天候、零等待”通关的优质服务，认真履行每周7天工作制和报检窗口24小时出入境服务承诺，入出境船舶随到随检，证件申请随到随办，每艘船舶办理手续时间缩短至30分钟，可为单航次船舶节约费用约10000美元。全面服务保障防城港至越南下龙湾海上旅游航线，助推驻地跨国游行业发展。

【口岸管控】 2016年，防城边防检查站全面开展反恐隐患排查整治、固边系列、神剑1号等专项行动，深入开展情报分析研判，加强对出入境记录、口岸监控录像和公安基础数据信息的整理分类，提高口岸预警能力；推进口岸限定区域管理工作，对口岸限定区域的界定、范围、主管单位和职责进行明确，在口岸限定区域范围内树立标识标志牌和公告牌40余块。加强对来自重点国家船舶、航行港澳船舶和越南籍边贸船舶的监管，落实登轮检查和人证对照，防止人员漏控、偷渡等案件事故的发生。同时，与防城港海港分局签订港区联合巡查合作机制，与防城港国安签订反恐协作机制，进一步推动口岸维稳工作。密切中越警务合作机制，年内共组织对越会晤3场、24人次，检查出入境船舶2379艘次、人员51169人次，办理边检行政案件9起，处理违法违规人员9人次，为3名病重危难船员开通绿色通道，服务满意度始终保持在99%以上，圆满完成G20峰会、自治区东盟博览会等重大活动边防安保工作。

【后勤保障】 2016年，防城边防检查站聚焦基层基础，把后勤工作放到部队中心工作的全局中来谋划，紧跟任务、紧贴中心，提前介入、全程参与，保障跟着任务走、服务随着官兵上，把精力向中心聚集、财力向中心倾斜、物力向中心投放，确保部队有效履行职责使命。2016年共争取地方经费支持260万元，在推动解决部队营区营貌、口岸基础设施建设和执勤业务经费保障等方面实现新的突破。围绕提升官兵幸福感，进一步推进从优待警工程，先后开展团体心理辅导活动2次，组织150人次进行健康体检，集中采购药品4次，营区防蚊、防蛇、卫生消毒6次，官兵健康和工作幸福指数不断提升。

【爱民固边】 2016年，防城边防检查站通过“8·19”边检品牌推介活动靠前服务，答疑解难，主动回应辖区群众期待，出实招办实事，全年共走访口岸企业20多家，召开群众座谈会4次，举办警营开放日2次，开展国防教育6次，官兵义务献血10000多毫升，捐款2万多元，定点帮扶困难群众4人，赢得口岸企事业单位和广大群众的高度赞誉。

防城港市公安消防支队

【概况】 2016年，防城港市公安消防支队成功处置“4·16”广西渝桂化工有限公司液化气工艺管道泄露火灾，获得总队先进党委、先进支队、消防监督执法先进单位三个先进称号。年内，共召开常委会 23 次，研究议题 177 项。在抓基层党组织建设上，完善大、中队班子量化考核，配齐配强大、中队领导班子，严格落实党委常委挂点联系、党委巡视帮建、常委指导基层“三包”（包思想、包工作、包安全）等制度，基层党组织的战斗堡垒作用不断增强。

【思想政治建设】 坚持把政治建警放在队伍建设的灵魂位置，部署开展“改革强警”主题教育和“两学一做”学习教育等活动，丰富教育形式和方法，进一步打牢官兵思想根基。坚持用“桥兄弟”和李有嗣等先进典型激励队伍，部队上下呈现“学英雄、比奉献、争先进”的良好局面。2016 年，防城港市政府专题下文号召全市各部门各单位学习市公安消防支队勇扑“4·16”火灾先进事迹，特勤中队被公安部记集体一等功，渔沥岛中队被公安厅记集体二等功，4 人荣立个人二等功，11 人次荣立三等功，1 人被总队评为优秀主官、2 人被评为优秀领导干部、4 人次被评为五个“十佳”，消防工作满意度排名全自治区第五。严格落实干部任用相关规定，全年共推荐 10 人晋升团、营、连职领导职务，均无不良反应。严格落实“两个责任”，扎实开展“四风”问题、执法领域腐败问题专项整治和学习宣贯《准则》和《条例》等活动，核查干部和家属涉消事项，严格落实基本建设和物资采购预结算审计。

【社会消防监督管理】 2016 年，防城港市推动落实政府主导责任，建立领导带队检查、定期研究、督导考评等工作机制，市委市政府、市公安局主要领导多次专题研究消防工作。推动安监、民政、教育、卫计、文广新局等职能部门落实行业部门工作责任。部署开展 5 个专项整治活动，检查单位数、发现火灾隐患数、整改火灾隐患数、行政处罚数比上年大幅度上升。推动被公安部曝光的、隐患时间跨度长达 18 年的防城港市第一人民医院重大火灾隐患整改销案。消防行政审批 100% 按时办结，提前办结率达 96%，是全自治区唯一一个没有超期办理项目的支队，受到政府和民众的广泛好评。督促单位落实主体责任，建成消防安全区域联防组织 15 个；全部县（市、区）将“网格化”管理纳入综治服务管理平台，60% 乡镇、街道实现“网格化”规范管理。推动市公安局组织开展公安派出所消防监督检查专项督导，全部城区派出所开展“三定四捆绑”警务机制试点。全市共新建、维护市政消火栓 194 具，消防水源覆盖率由不足 80% 提升到 91.9%。购置 3 辆消防宣传车和建成 3 个科普教育基地，组建各种形式消防宣传志愿队 20 余支，全市消防微博微信各项指数位列全自治区政法系统（消防）前三。全年在中央级媒体发表稿件 150 余篇（条），省市级媒体 500 多篇稿件，比上年上升 30%，全面完成全年任务。

【消防执勤备战】 2016 年，防城港市公安消防支队全面实施“实战化”训练，突出“一高一低一大一化”等专业培训，强化六熟悉与实地演练，修订完善数字化预案，重点单位预案和辖区危险化工普查率均为 100%。完善应急救援联动机制，协调市政府召开灭火救援专家组联席会议，组织开展支队级核电、高层、人员密集、船岸等综合大型应急演练 15 次。全年新招专职消防队员 35 名、文员 11 名，所有乡镇完成专职消防队建设，建队率达到 100%。全市建成微型消防站 213 个，微型站消防队员 600 余名，并每半月开展接处警指挥调度测试。投入 160 多万购置配备一批高、精、尖信通装备，指挥中心接处警系统与城市交通监控、灾情备份等系统实现信息共享，形成“可视化”指挥调度体系。全年共接处警 1017 起，抢救疏散被困人员 238 人，抢救保护财产价值 2187 万元，灭火救援成功率 100%。

【消防后勤保障】 2016 年，防城港市全市各级争取消防经费 6326.76 万元，比上年增长 36%。防城港市公安消防支队所属 5 个基层大队地方业务经费全部纳入同级财政独立保障，基本支出经费保障标准及政府专职消防员保障标准 100% 达标。协调政府利用法贷解决北部湾沿海城市石化产业灭火救援能力建设涉及的队站和装备建设经费 2.0557 亿元。渔沥岛消防站、战勤保障消防站竣工并投入使用，企沙特勤消防站大中业务用房主体竣工，冲仑消防站、训练基地开工建设，水陆消防站完成立项选址等前期工作，港口、东兴消防站完成改造升级，实现大中队分离办公。12 个可托底有偿服务项目已全部停止，一个敏感项目已走完法律程序，基本完成收回。继续推行“4+X”的灭火救援车辆装备体系配备，新购美国大力等高端消防车 17 辆和消防机器人、进口遥控消防水炮等一批高科技器材装备，消防车、消防员基本防护装备配备率达 100%，进口消防车（含进口底盘）比重由零提升到 15.6%，位居全自治区前列。

边海防管理

【概况】 防城港市负责处理全市边海防重大事务，组织全市边海防基础设施规划、建设和维护的工作部门是防城港市边海防委员会办公室（简称边海防办）。2016 年，市边海防办在市委、市政府的领导下，有序推进各项工作落实，抓好干部队伍管理，严格规范机关建设，扎实边海防管理，维持边海防地区稳定。根据边海防综合管控需要，市边海防办每季度召开一次边海防交流分析会，对防城港市边海防形势进行分析研判，为上级领导对边海防工作决策提供参考。

【边海防综合管控】 2016 年，防城港市边海防办按照上级规定要求，探索军警民联防演练模式。市边海防办以自治区边海防办在防城港市开展的联防演练现场观摩活动为契机，推进防城港市“军警民演练”活动的深入开展，在自治区办的指导下，协调组织防城港市军警民 10 多家单位在港口区有关海域开展以反恐为主题的 2016 年度军警民联防演练，邀请国家、战区、自治区和部分省的边海防办领导 70 多人参加现场观摩，得到上级领导的充分肯定。通过演练进一步增强边海防联合管控能力，同时提升防城港市的应急处突水平。为提高边境干部群众的执法守法意识，市边海防办深入边境一线开展法律法规宣传教育活动。年内，组织培训镇（村）干部、边境护路员等 60 多人，发放宣传资料 3000 多份，进一步增强边境一线干部群众的边海防法律法规意识和学法守法的自觉性。

【边海防基础设施建设】 2016年，防城港市实施边海防基础项目总投资1374万元，其中升级乘车巡逻路6段27.87千米，投资1059万元；新建铁栅栏4段7千米，投资315万元，均于同年9月竣工。推进边境拦阻设施的建设工作，组织市（县）边海防办到现场进行勘察，征求各相关单位意见建议，上报国防栏建设32.25千米，项目总投资9785万元。推进东兴国防拦阻设施项目建设工作，年底建成8.615千米。10月，黑龙江省边防办受国家边海防办委托对防城港市"十二五"时期的巡逻路、执勤路、码头、国防栏等边海防基础设施建设管理情况进行检查并听取汇报，防城港市"十二五"时期的边海防基础设施建设工作取得的成效得到检查组充分的肯定。

人民防空

【概况】 防城港市人民防空办公室（发下简称人防办）内设综合科、指挥通信科和工程防护科3个科室，下设人防指挥信息保障中心和人民防空监察所两个二层机构。2016年，防城港市人防办认真履行"战时防空、平时服务、应急救援"使命，较好地完成年度各项工作任务。荣立自治区人民防空工作集体二等功，在全区年度人防目标管理考评中评为"达标先进单位"。

【人防指挥通信建设】 2016年，防城港市进一步健全应急指挥体系，年内先后投入经费84.7万元，完成城区人防警报器及统控中心改频升级改造和市人防北斗卫星导航定位与时统系统建设；人防试训工作初显成效，在全自治区人防系统第二批的12个单位共30个科目试训科目进行评审中评为"先进单位"，3个科目获优秀科目。在自治区首届人防系统通信装备操作比武竞赛所有的4个项目中，两个项目分获第三名和第五名；人防演练工作完成出色，圆满完成钦北防"2016南片区跨区域联合通信保障演练"的承办、防城港市2016年核应急公众撤离专项演习保障和全市"9·18"防空警报试鸣任务。

【人防工程建设】 2016年，防城港市加快推进人防基本指挥所建设，根据自治区人防办的批复意见，重新开展人防基本指挥所选址等前期工作。保持高效人防行政审批工作，一年来共审批人防工程建设事项的240余件，均实现1个工作日办结。城区人均掩蔽面积比上年增长近5%。建成人防工程指引标识系统和微信平台，使人防工程指引标识进一步电子化、自动化。

【人防法治建设】 2016年，防城港市进一步加强人防法治建设。一是聘请法律顾问。为单位重大决策和重大工程项目等提供法律依据；二是规范人防执法行为，把依法行政同人防实际工作相结合，先后制订行政执法责任制、行政许可告知制度、承诺制度以及行政执法主体及行政执法依据、行政执法行为及其依据等，确保行政执法做到有章可循、有据可依；三是严格审批，依法行政，通过制作和发放"防城港市政务服务中心党员履职承诺卡"，增强人防审批的透明度和服务人员的责任意识，并根据自治区的下放方案重新编制下放审批事项的办事指南、审批流程图等，并进一步简化审批环节，优化审批流程。

【人防自身建设】 2016年，防城港市人防办党支部被市委评为"先进基层党组织"，在市直机关工委组织开展的纪念建党95周年知识竞赛中，市人防办代表队获得三等奖的好成绩；在全国第七次人民防空会议上，一名科长被国家人防办评为"全国人民防空先进个人"；一个家庭被评为2016年"广西最美家庭"。

防城港市边海防委员会办公室

2月11日，防城港市边海防办组织成员单位开展管控调研，深入探讨当前边海防形势，听取收集各方面意见建议

2月6日，市边海防办到边境一线开展边海防政策法律法规宣传教育活动

防城港市边海防委员会办公室(以下简称办公室)成立于1993年10月,2011年1月,市人民政府办公室增挂防城港市边海防委员会办公室牌子,主要负责处理全市边海防重大事务,组织全市边海防基础设施规划、建设和维护。

加强边境综合管控,确保边海防地区稳定。市边海防办在市委、市政府的正确领导下有序推进各项工作落实,抓好干部队伍管理，严格规范机关建设，扎实边海防管理，维持边海防地区稳定。根据边海防综合管控需要,办公室每季度召开一次边海防交流分析会,对全市边海防形势进行分析研判，为上级领导对边海防工作决策提供参考。按照上级规定要求，办公室积极探索军警民联防演练模式,2016年，办公室以自治区边海防办在全市开展的联防演练现场观摩活动为契机，有效推进全市“军警民演练”活动的深入开展，在自治区办的指导下，办公室协调组织防城港市军警民10多家单位在港口区有关海域开展以反恐为主题的2016年度军警民联防演练,邀请国家、战区、自治区和部分省的边海防办领导70多人参加了现场观摩，此次演练上级领导给予了充分的肯定，认为通过演练进一步增强了边海防联合管控能力，同时提升全市的应急处突水平。为提高边境干部群众的执法守法意识，办公室还注重深入边境一线开展法律法规宣传教育活动,组织培训镇(村)干部、边境护路员等60多人,并发放了3000多份宣传资料,通过多种形式进行普法,进一步增强了边境一线干部群众的边海防法律法规意识和学法守法的自觉性。

6月7日，市边海防办到东兴市检查验收水毁工程

12月30日，市边海防办组织相关成员单位开展巡边活动

11月24日，市边海防办组织人员到那良镇1339~1342号界碑验收边境巡逻桥工程

抓好边海防基础设施建设,不断完善管控平台。

2016年度防城港市实施边海防基础项目总投资1374万元，其中升级乘车巡逻路6段27.87千米，投资1059万元;新建铁栅栏4段7千米，投资315万元,均于2016年9月竣工。同时大力推进边境拦阻设施的建设工作,组织市(县)办到现场进行勘察,征求各相关单位意见建议,已上报国防栏建设32.25千米，项目总投资9785万元。同时，大力推进东兴国防拦阻设施项目建设工作,2015年年底国家下达东兴国防拦阻设施项目建设资金1亿元,2016年年底已经建成8.615千米。同年10月，黑龙江省边防办受国家边海防办委托，对防城港市“十二五”时期的巡逻路、执勤路、码头、国防栏等边海防基础设施建设管理情况进行检查,并听取相关部门的汇报,防城港市“十二五”时期的边海防基础设施建设工作取得的成效得到了检查组充分的肯定。

防城港军分区

6月21日，广西军区政治委员姜英宇少将（前排中），在军分区司令员黄春林大校（前排左一）、政治委员蔡高才大校（前排右一）陪同下，视察防城港军分区部队

8月25日，广西军区司令员肖运洪少将到防城区人武部检查征兵工作

1月12日，军分区政治委员蔡高才大校（左一），副政治委员张绍明大校（右一）到挂钩贫困户家中慰问

8月1日，防城港市四家班子领导到军分区机关慰问，共叙军民鱼水情

12月23日，防城港市委武委会第十八次暨市国防动员委员会十七次全体（扩大）会议在防城港市会议中心召开

5月27日，防城港军分区组织召开防城港市边海防形势研判暨实战化试点推进会

12 月 6 日，召开防城港市委议军会，研究解决部队建设重大问题

9 月 29 日，在越南建国 67 周年之际，防城港军分区与越南广宁省边防部队举行国庆会晤

1 月 20 日，75475 部队举行“南疆卫士”颁奖晚会，表彰先进，激发官兵投身改革强军动力

9 月 11 日，防城港市 2016 年度入伍新兵欢送仪式在防城港北站举行

防城港军分区坚持从实战需要出发，从难从严训练部队，大抓实战化军事训练

7 月 2 日，防城港市防城区中间山村长岐主干渠发生坍塌，军分区第一时间组织部队进行抢险救灾，确保了人民群众生命财产安全

武警防城港支队

2月21日，防城港支队派出官兵担负东盟足球赛安保

9月30日，防城港支队参加67周年烈士纪念日活动

11月12日，广西总队文工队莅临防城港支队演出

12月19日，防城港支队隆重举行野营拉练出征仪式

2016年，是防城港支队建设发展史上成绩特别凸显、印记特别深刻的一年，也是支队官兵砥砺奋进、续写辉煌的一年。一年来，支队党委紧跟习主席强军战略步伐，紧紧围绕总队党委决策部署和防城港市政府指示要求，着眼实现向第一方阵迈进的关键跨越，举旗铸魂抓看齐、练兵备战提能力、抓基固本厚底蕴、从严治警除积弊、戮力同心开新局，圆满完成了以执勤处突为中心的各项任务，顺利实现了再创先进支队的奋斗目标，全面建设呈现稳中有进、提质增速、向上向好的良好态势。支队连续19年无执勤事故，被武警部队评为“连续12年无事故案件先进单位”。一是举旗铸魂抓看齐，政治引领更加有力。始终把维护核心、对正看齐作为部队建设的首要任务。注重思想引领和精神灌注，大力弘扬“三如精神”，用好党委中心组理论学习、周四学习讲堂和网络集中培训等载体，引导各级深入学习十八届六中全会、习近平主席改革强军重要论述和“七一”重要讲话精神，立起精神旗帜、引领建设发展。2名同志被总队评为新闻工作先进个人，支队政治处被总队评为先进政治处。二是聚焦中心强备战，打仗能力更加积聚。坚持中心居中，狠抓战备训练、提高打仗本领。强力推动“五防一体化”建设，狠抓哨位执勤信息化终端常态规范运行，养犬助勤得到有效落实。4名官兵被总队评为“强军精武百名小老虎”，圆满完成中国东盟国际青少年足球友谊赛安保、广西高考印卷场地外围武装警戒和武装押解等68起临时勤务，受到地方党委政府的高度肯定。三是军民融洽鱼水情，拥政爱民更加牢固。组织官兵为驻地群众捐资助学、植树造林、清扫街道。每年新兵下队、老兵退伍离队以及在元旦、“八一”,“十一”等重大节日，官兵们都积极主动义务献血，全面累计达到60000毫升。官兵把驻地当故乡，牢记为人民服务的宗旨，积极开展参与民心工程，在人民群众中树立了良好的形象。多年来，没有发生过警民纠纷事件，警政警民关系融洽密切。

4月22日，防城港支队参加广西总队战备工作集训演练

防城港市公安消防支队

9月3日，自治区领导与增援南宁国际会展中心灭火救援综合演练官兵亲切握手

5月20日，总队政委黄绍明（右一）与防城港市市长何朝建（左一）共商消防发展大计

5月20日，市长何朝建（左三）送锦旗感谢消防总队大力支援“4·16”渝桂化工火灾扑救

防城港市消防支队第十五届党委班子

12月23日，自治区人民政府副秘书长周长青（左四）、总队长李伟民（左五）率队到防城港市开展冬春火灾防控工作暨重大火灾隐患专项督查

2016年是“十三五”的开局之年，是支队党委锐意进取、全体官兵凝心聚力的奋发之年，更是硕果累累的丰收之年，我们成功打赢了一场胜仗（成功处置“4·16”广西渝桂化工有限公司液化气工艺管道泄露火灾）、保持了两个稳定（火灾形势和队伍管理）、获得了三个先进（总队先进党委、先进支队、消防监督执法先进单位），实现了历史性丰收，得到了总队、市委、市政府、市公安局等各级领导和广大人民群众的一致赞扬。

始终坚持抓党建促队建，全面提升了班子统率能力。继续巩固三级党组织规范化建设成效，各级党组织的核心领导作用不断加强。在抓支队党委班子自身建设上，始终把创建学习型创新型班子作为第一需要，用党的创新理论武装党委常委思想，自觉增强“四个意识”，彻底肃清周、郭、徐流毒影响，始终做到头脑清醒、政治坚定。党委常委一班人始终坚决贯彻民主集中制和党委统一集体领导下的首长分工负责制，落实军政主官“三不一末”制度，充分发扬民主，实行正确集中，在涉及“四重一大”等敏感问题坚持集体研究、科学决策、阳光操作。年内，共召开常委会23次，研究议题177项，会议决议全部落地见效。在抓基层党组织建设上，我们不断完善大、中队班子量化考核，配齐配强大、中队领导班子，严格落实党委常委挂点联系、党委巡视帮建、常委指导基层“三包”（包思想、包工作、包安全）等制度，基层党组织的战斗堡垒作用不断增强。

始终坚持抓教育铸警魂，全面提升了队伍作风形象。坚持把政治建警放在队伍建设的灵魂位置，部署开展“改革强警”主题教育和“两学一做”学习教育等活动，丰富教育形式和方法，进一步打牢了官兵思想根基。坚持用“桥兄弟”和李有嗣等先进典型激励队伍，部队上下呈现“学英雄、比奉献、争先进”的良好局面。年内，市政府专题下文号召全市各部门各单位向支队学习勇扑“4·16”火灾先进事迹，特勤中队被公安部记集体一等功，渔澫岛中队被公安厅记集体二等功，4人荣立个人二等功，11人次荣立三等功，1人被总队评为优秀主官，2人被评为优秀领导干部，4人次被评为五个“十佳”，消防工作满意度排名全区第五。严格落实干部任用相关规定，进一步匡正了用人导向，推荐10名同志晋升团、营、连职领导职务，均无不良反应。严格落实“两个责任”，扎实开展了“四风”问题、执法领域腐败问题专项整治和学习宣贯《准则》和《条例》等活动，核查干部和家属涉消事项，严格落实基本建设和物资采购预结算审计，营造了风清气正的政治生态。

始终坚持抓责任求实效，全面提升了消防管理能力。积极推动落实政府主导责任，建立了领导带队检查、定期研究、督导考评等工作机制，市委市政府、市公安局主要领导多次专题研究消防工作。推动安监、民政、教育、卫计、文广新局等职能部门落实行业部门工作责任。督促单位落实主体责任，建成消防安全区域联防组织15个；全部县（市、区）将“网格化”管理纳入综治服务管理平台，60%乡镇、街道实现“网格化”规范管理。推动市局组织开展公安派出所消防监督检查专项督导，全部城区派出所开展“三定四捆绑”警务机制试点。全市共新建、维护市政消火栓194具，消防水源覆盖率由不足80%提升到91.9%。

始终坚持抓服务保稳定，全面提升了火灾防控能力。部署开展了5个专项整治活动，检查单位数、发现火灾隐患数、整改火灾隐患数、行政处罚数比2015年大幅度上升。推动被公安部曝光的、隐患时间跨度长达18年的防城港市第一人民医院重大火灾隐患整改销案。消防行政审批100%按时办结，提前办结率达96%，是全区唯一一个没有超期办理项目的支队。推行并联审批、先照后证、简政放权等措施，将备案项目调整便民服务项目受到了政府和民众的广泛好评。购置3辆消防宣传车和建成3个科普教育基地，组建各种形式消防宣传志愿队20余支，全市消防微博微信各项指数位列全区政法系统（消防）前三。全年在中央级媒体发表稿件150余篇（条），省市级媒体500多篇稿件，同比2015年上升30%，全面完成全年任务。

始终坚持抓练兵谋打赢，全面提升了灭火救援能力。全面实施“实战化”训练，突出“一高一低一大一化”等专业培训，强化六熟悉与实地演练，修订完善数字化预案，重点单位预案和辖区危险化工普查率均为100%。完善应急救援联动机制，协调市政府召开灭火救援专家组联席会议，组织开展支队级核电、高层、人员密集、船岸等综合大型应急演练15次。全年新招专职消防队员35名、文员11名，所有乡镇完成了专职消防队建设，建队率达到100%。全市建成微型消防站213个，微型站消防队员600余名，并每半月开展接处警指挥调度测试。投入160多万购置配备一批高、精、尖信通装备，指挥中心接处警系统与城市交通监控、灾情备份等系统实现信息共享，形成“可视化”指挥调度体系。2016年，共接处警1017起，抢救疏散被困人员238人，抢救保护财产价值2187万元，灭火救援成功率100%。

始终坚持抓基层打基础，全面提升了综合保障能力。全市各级争取消防经费6326.76万元，同比2015年增长36%，再创历史新高。支队所属5个基层大队地方业务经费全部纳入同级财政独立保障，基本支出经费保障标准及政府专职消防员保障标准100%达标。协调政府利用法贷解决北部湾沿海城市石化产业灭火救援能力建设涉及的队站和装备建设经费2.0557亿元。渔澫岛消防站、战勤保障消防站竣工并投入使用，企沙特勤消防站大中业务用房主体竣工，冲仑消防站、训练基地开工建设，水陆消防站完成立项选址等前期工作，港口、东兴消防站完成改造升级，实现大中队分离办公。12个可托底有偿服务项目已全部停止，一个敏感项目已走完法律程序，基本完成收回。继续推行“4+X”的灭火救援车辆装备体系配备，新购美国大力等高端消防车17辆和消防机器人、进口遥控消防水炮等一批高科技器材装备，消防车、消防员基本防护装备配备率达100%，进口消防车（含进口底盘）比重由零提升到15.6%，位居全区前列。

4月1日，消防支队组织官兵清明缅怀革命先烈凝聚兴军动力

防城港市人民防空办公室

12 月 11 日，市人防办在 2016 年全区人防工作会议上荣获集体二等功，图为市人防办主任韦东思（右三）上台领取奖牌

7 月 29 日，市人防办圆满完成广西全区“桂南 2016 人防通信协同保障演练”任务

市人防办在 2016 年度全区人防工作目标管理考评中获“达标先进单位”

2016 年，防城港市人防办以“两学一做”学习教育为契机，认真贯彻落实全国第七次人民防空会议精神，按照“战时防空、平时服务、应急支援”的要求，着眼使命任务，突出创新引领，谱写人防建设新篇章，为防城港市边海经济带和海湾新区建设做出应有的贡献。

一、机关党建工作

严格执行党的组织生活制度，以学习型、服务型、创新型党组织建设为抓手，坚持建一流队伍、创一流业绩，着力发挥支部战斗堡垒和党员先锋模范作用。积极抓好机关党支部的思想建设、组织建设和作风建设，组织党员认真学习党的基本理论、基本路线、基本纲领，增强党员的宗旨意识、服务意识、大局意识和责任意识，注重抓好党员的廉政建设，结合“两学一做”学习教育扎实做好党员教育工作，促进党的建设，不断保持和发扬党员队伍的先进性和纯洁性。

二、人防宣传工作

以人防宣传教育“五进”（进机关、学校、社区、企业、网络）工作为载体，通过建立人防宣传长廊，人防宣传“进影院”，邀请人大代表、政协委员和市民代表等召开座谈会等形式广泛宣传人防工程建设的重要意义，组织人防工作服务队主动深入防城港核电站，就如何加强消除市民“恐核”心理的宣传与核电站进行共同研究探讨，逐渐消除市民“恐核”“恐战”的心理，并深入研究人防工程与房地产营销的相互关系，带着购房者对人防工程建设的呼声，深入房地产开发企业宣讲法律法规，利用有无人防地下室楼盘的销量对比，帮助房地产开发商提高认识，在房地产业形成了“建人防利卖房”的共识，引导开发商观念实现了从“要我建”到“我要建”的大转变，有效地破解了全市人防设施人均面积过低的局面。

三、人防工程建设

认真开展人防规划工作。在编制完成《防城港市人防工程建设规划（修编）》的基础上，配合有关部门开展我市“海湾新区”建设规划，致力打造海湾城市的综合防空防灾体系，形成集人防、交通、商业、休闲等功能于一体的“地下城”，提高城市品质，增强城市的总体防

11 月 12 日，市人防办在 2016 全区首届人防系统通信装备操作比武竞赛中，防城港市两个项目分获第三名和第五名，并获“优秀组织奖”

6 月，市人防办在市直机关纪念建党 95 周年知识竞赛中荣获三等奖

护能力。抓好人防行政审批工作，保持高效审批效率，加强事中事后监督管理，有效地强化了监理单位履职尽责的责任。抓好人防配套工程建设情况，把人防工程指引标识系统和微信平台有机的结合在一起，使人防工程指引标识系统进一步电子化、自动化，使人防服务社会的功能更加贴近群众，进一步增强了市民的安全感。

四、组织指挥和信息化建设

按照国家人防办《人民防空训练与考核大纲》要求，扎实抓好人防指挥和信息化建设。人防试训工作初显成效，在 2016 年上半年自治区人防办组织对全区人防系统第二批的 12 个单位共 30 个科目试训科目进行评审中获“先进单位”，3 个科目获优秀科目。抓好人防通信装备操作比武竞赛工作，在广西全区首届人防系统通信装备操作比武竞赛所有的 4 个项目中，市人防办两个项目分获第三名和第五名。圆满完成钦北防“2016 南片区跨区域联合通信保障演练”的承办和防城港市 2016 年核应急公众撤离专项演习保障任务，受到了有关领导的高度赞扬。

2016 年，市人防办在全区人民防空工作会议上荣立集体二等功，在全区年度人防目标管理考评中获“先进单位”；办党支部被市委评为“先进基层党组织”，在市直机关工委组织开展的纪念建党 95 周年知识竞赛中，该办代表队获得三等奖的好成绩；在全国第七次人民防空会议上，一名科长被国家人防办评为“全国人民防空先进个人”。一个家庭被评为 2016 年“广西最美家庭”。

市人防办党支部被评为“全市先进基层党组织”

来源： 发表时间：2016-07-06

近日，在中共防城港市委员会下发的关于表扬先进基层党组织通报中，市人防办党支部榜上有名，被评为“全市先进基层党组织”。

近年来，市人防办坚决贯彻执行党的路线方针政策，严格执行党的组织生活制度，以学习型、服务型、创新型党组织建设为抓手，坚持建一流队伍、创一流业绩，着力发挥支部战斗堡垒和党员先锋模范作用。在抓好业务工作的同时，积极抓好机关党支部的思想建设、组织建设和作风建设，组织党员认真学习党的基本理论、基本路线、基本纲领，增强党员的宗旨意识、服务意识、大局意识和责任意识，组织单位广大党员各级参与结对帮扶活动，并注重抓好党员的廉政建设，结合“群众路线教育实践活动”、“三严三实”、“两学一做”等扎实做好党员教育培训工作，促进党的建设，不断保持和发扬党员队伍的先进性和纯洁性，切实做到“一个支部就是一个战斗堡垒，一个党员就是一面创先争优的旗帜”，为促进全市房地产发展和人防事业作出积极的贡献。

12 月 11 日，市人防办党支部 2016 年被市委评为“全市先进基层党组织”

12 月 11 日，市人防办综合科科长肖守珍家庭 2016 年被评为“广西最美家庭”

6 月 7 日，市人防办综合科科长肖守珍荣获“全国人民防空先进个人”后在《防城港日报》进行专题报道

经　济

投资开发和经济合作

固定资产投资

【概况】2016年,防城港市全市固定资产投资(不含农户)完成600.14亿元,增长14.1%,相较于广西高1.3个百分点、全国高6.0个百分点。在固定资产投资中,基础设施投资263.08亿元,增长35.9%,占固定资产投资的比重为43.8%。民间固定资产投资252.47亿元,增长6.2%,占固定资产投资的比重为42.1%。高技术产业投资10.34亿元,增长86.0%,占固定资产投资的比重为1.7%。分产业看,第一产业完成投资26.25亿元,增长12.7%;第二产业完成投资261.49亿元,增长11.8%,其中工业投资261.20亿元,增长11.8%;第三产业完成投资312.40亿元,增长16.1%。三次产业投资比重由上年同期的4.4∶44.5∶51.1调整为4.4∶43.6∶52.0,第一产业比重保持不变,第二产业比重下降0.9个百分点,第三产业比重上升0.9个百分点。

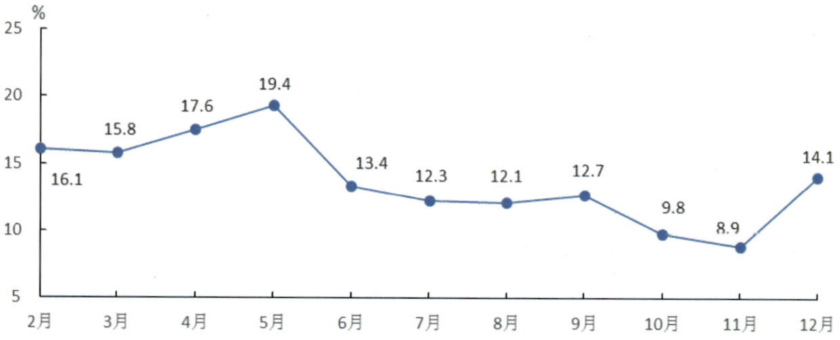

2016年固定资产投资各月累计增长速度示意图

表6

2016年防城港市分行业固定资产投资情况一览表

单位:亿元

行(产)业	投资额	比上年增长(%)
总计	600.14	14.1
第一产业(含农、林、牧、渔服务业)	26.25	12.7
第二产业	261.49	11.8
#工业	261.20	11.8
#采矿业	2.93	−23.3
非金属矿采选业	2.31	20.2
制造业	99.39	−26.4
农副食品加工业	23.88	55.1
酒、饮料和精制茶制造业	4.76	−38.6
木材加工及木、竹、藤、棕、草制品业	3.73	19.6
家具制造业	1.66	−59.9
石油加工、炼焦及核燃料加工业	0.25	−97.3
化学原料及化学制品制造业	5.14	−56.8
橡胶和塑料制品业	1.87	103.4
非金属矿物制品业	9.51	−9.7
黑色金属冶炼及压延加工业	6.82	−81.5
有色金属冶炼及压延加工业	15.22	−19.4

续表

行(产)业	投资额	比上年增长(%)
金属制品业	19.66	185.8
汽车制造业	0.85	8.3
电力、热力、燃气及水的生产和供应业	158.89	67.7
电力、热力生产和供应业	151.43	84.5
水的生产和供应业	4.80	−25.2
建筑业	0.29	25.9
第三产业	312.40	16.1
批发和零售业	25.04	−14.2
交通运输、仓储和邮政业	55.75	−13.8
住宿和餐饮业	14.87	−27.3
信息传输、软件和信息技术服务业	6.35	279.1
房地产业	124.60	34.0
租赁和商务服务业	2.04	510.6
科学研究和技术服务业	1.90	804.3
水利、环境和公共设施管理业	66.46	43.3
居民服务、修理和其他服务业	0.33	107.8
教育	7.69	122.9
卫生和社会工作	2.03	131.9
文化、体育和娱乐业	2.57	−49.5
公共管理、社会保障和社会组织	2.77	−22.1

【房地产开发投资】 2016年,防城港市房地产开发投资中,商品住宅投资64.50亿元,增长10.3%;办公楼投资6.42亿元,增长63.7%;商业营业用房投资13.30亿元,增长1.9%;其他用房投资3.57亿元,下降24.7%。

表7　**2016年房地产开发和销售主要指标完成情况一览表**

指　标	单位	绝对数	比上年增长(%)
投资完成额	亿元	87.80	9.5
其中:商品住宅	亿元	64.50	10.3
其中:90平方米以下住宅	亿元	22.39	31.7
房屋施工面积	万平方米	965.39	22.2
其中:住宅	万平方米	696.00	20.6
房屋新开工面积	万平方米	206.13	58.5
其中:住宅	万平方米	141.37	39.1
房屋竣工面积	万平方米	84.89	81.3
其中:住宅	万平方米	78.66	88.6
商品房销售面积	万平方米	219.37	18.5
其中:住宅	万平方米	193.95	13.7
本年资金来源	亿元	90.98	−3.3
其中:国内贷款	亿元	3.45	−77.2
其中:个人按揭贷款	亿元	9.96	31.5
本年购置土地面积	万平方米	6.07	132.4
本年土地成交价款	亿元	1.40	83.5
待开发土地面积	万平方米	58.15	−67.4

扶贫开发

【概况】 2016年,防城港市加大整合各种资金和资源的力度,多渠道筹措资金,全市共筹措各项财政扶贫资金11.60亿元,其中:中央自治区资金9.56亿元,市县本级预算安排2.04亿元。加大扶贫资金投入。年内,实现32个贫困村脱贫摘帽,8706人贫困人口脱贫。其中上思县脱贫5386人,6个贫困村摘帽;东兴市脱贫493人,4个贫困村摘帽;港口区脱贫719人,3个贫困村摘帽;防城区脱贫2108人,19个贫困村摘帽。

【精准扶贫】 2016年,防城港市制订《防城港市厅级干部"一联一挂一帮"帮扶方案》《防城港市处级、科级干部挂钩帮扶贫困户工作方案》,全市共安排38名厅级领导和市直单位分别负责联系挂钩38个贫困村,精准选派81名驻村第一书记、598名扶贫工作队员挂钩帮扶贫困村,实现帮扶贫困村的全覆盖。落实"3321"结对帮扶模式,38名厅级领导及市直机关事业单位762名处级领导、1298名科级干部共联系帮扶3162户贫困户,各县(市、区)安排干部实行帮扶全覆盖。同时,全市还开展市内帮扶工作,安排东兴市、港口区部分领导分别对口帮扶防城区、上思县的部分贫困户。

【贫困村基础设施建设】 2016年,防城港市共投入资金30545.09万元进行贫困村基础设施建设。有路通村屯:行政村通硬化路3条37千米、投入资金1560万元;20户以上的自然屯通沙石路以上道路194条千米,投入资金10820.09万元。有住房保障:完成危房改造3260户,其中贫困户危改造963户,投入资金8718万元。有饮用水:解决农村贫困户安全饮用水2180人,投入资金1967万元。有电用:2016年投资6400万元开展农网改造,包括64个新建、43个续建的农城网项目,项目辐射受益贫困26个贫困村、801贫困户、3427贫困人口。有公共服务设施:完成全市287个行政村全部通宽带网络,投入资金800万元;新建贫困村级服务中心5个,投入资金220万元;新建贫困村体育场地10个,投入资金60万元。

【产业扶贫】 2016年,防城港市确定甘蔗种植、金花茶种植、养殖、中草药种植等19个特色产业,全市累计投入资金25486万元,发展"双高"生产基地3333.33公顷,甘蔗种植面积3.8万公顷,产量240万吨,肉牛存栏4.32万头,肉鸡存栏189万多羽;坚果种植总面积达1866.67公顷,火龙果、百香果、柑果等特优水果433.33公顷,中草药种植面积达840公顷,香糯种植面积800公顷;海水养殖面积达419.8公顷,其中贫困户养殖面积36.4公顷。产业覆盖全市8335户贫困户中的5771户,产业覆盖率为69.24%,比自治区下达的指标高出9.24个百分点。同时,投入资金11446万元,向贫困农户免费发放金桑苗80万株、中草药苗50万株、花茶苗15万株、柑橘苗3.6万株、种子0.5吨、肥料农药51吨、疫苗0.3吨。

【智力扶贫】 2016年,防城港市投入雨露计划扶贫培训资金共237万元,补助679名建档立卡贫困学生,其中上思县162万元、补助438名,东兴市18万元、补助39名,港口区20万元、补助58名,防城区37万元、补助144名。实行应补尽补、精准补助。

【扶贫移民搬迁】 2016年,自治区下达防城港市易地扶贫搬迁计划任务729户3070人,项目总投资19416万元,项目累计完成投资19416万元,完成总投资的100%。主要工程进展情况如下:上思县计划投入资金15360万元,计划搬迁2394人(建档立卡贫困人口2155人,同步搬迁239人),实现搬迁入住2394人,完成100%;防城区计划投入资金4056万元,计划搬迁676人,全部是建档立卡搬迁对象,实现搬迁入住676,完成100%。

江山半岛旅游度假区

【概况】 2016年,江山半岛旅游度假区管理委员会紧紧围绕市委、市政府的决策部署,攻坚克难、主动作为,度假区实现持续平稳发展,较好地完成年度目标任务,在重点领域项目建设、景区提档升级、历史遗留问题处置,旅游影响力提升等方面取得新成效。全年接待游客570.43万人次,增长3.9%,旅游收入约30.5亿元,增长3.7%;招商引资到位资金9.499亿元,完成市委、市政府下达目标任务9.45亿元的100.42%;完成固定资产投资2.8346亿元,占江山半岛旅游度假区管理委员会既定目标任务2.56亿元的110.73%,占市委、市政府下达目标任务5亿元的56.69%;纳入自治区领导联系推进重大旅游项目共4项,总投资13.5亿元,计划投资5000万元,已完成投资3.4亿元,完成率680%。

【度假区景区建设】 2016年,江山半岛旅游度假区继续按照国家级AAAAA旅游景区标准要求,推进核心景区白浪滩提档升级,尤其是下半年投入近30万元开展的国家A级旅游景区专项整治工作,景区面貌焕然一新。全面加强安全管理,新增一批安全救生设备,增加海上救生员,聘请市急救中心等专家开展救援培训,提升景区安全服务能力。全年共开展各类安全检查近20余次。提升服务质量,健全管理制度并上墙,统一游客服务中心、收费亭等"窗口部门"人员着装。建成白浪滩LED电子显示屏工程,升级改造广场宣传栏,更新和健全景区旅游标识系统。完善旅游基础设施,按照旅游厕所新标,完成改造景区一号、二号浴室及配套公厕,实施西海岸公共浴室工程建设。启动白浪滩景二路人行道提升改造工程,正开展施工招标等工作。同时,加大景区绿化美化力度,实行垃圾分类处理,全年清理各类垃圾5300吨。

【度假区旅游宣传及交流合作】 2016年,江山半岛旅游度假区先后举办山海放歌——2016防城港白浪滩"三月三"歌节、第二届"兴达杯"北部湾国际海钓邀请赛等大型活动,组团参加2016年北京国际旅游博览会等有影响力的展会,取得良好的社会效益,旅游人气持续高涨,旅游旺季景区经常出现游客爆满和一房难求景象。度假区荣获"第二届广西壮族自治区服务业品牌""全国十佳生态文化景区"称号。

【度假区招商引资】 2016年,江山半岛旅游度假区管理委员会努力克服经济下行、土地等不利因素的影响,大力推进边海经济带项目和自治区领导联系推进的重大旅游项目建设、扩大招商引资成果，引进拟投资15亿元的江山半岛温泉度假村项目。成功引导海上世界项目转型升级、服务金花茶珍稀植物示范基地项目变更业主；积极跟踪、督促广西职工劳模疗休养基地项目完成选址，奋力推进百里黄金海岸白浪滩示范段工程完成施工图设计等前期工作；与防城区通力协作，解决万鸥古渔港改造、白浪滩污水处理厂提升泵站用地涉及的群众问题。协调相关职能部门，推动中国—东盟（防城港江山）旅游接待基地、防城港海之源滨海旅游综合开发等项目逐步破解瓶颈难题。

市高新技术产业开发区

【概况】 防城港市高新技术产业开发区管理委员会成立于2014年11月13日，原名防城港市沙潭江科技工业区管理委员会，2015年11月20日正式更名为防城港市高新技术产业开发区管理委员会，为市委、市人民政府的派出机构。高新区位于防城港市港口区与防城区交界处，东接疏港铁路专线，沿沙潭江南接湿地公园，西至南方铁路，临三波水库，规划面积26平方千米。园区以建设国家级高新区为目标，以打造面向东盟地区的科技产品加工贸易基地、区域性高新技术产业集聚点、产城融合发展的标杆、深化边境合作和对外开放的展示区为定位，按照产城融合、一区多园的理念统一规划、多点开发，聚焦发展新材料、生物健康、装备制造、电子制造四大战略性新兴产业，培育发展检验检测、冷链物流、软件与信息技术服务三大生产性服务业，构筑“4+3”产业格局。园区以建设国家级高新区为目标，力争将园区打造成为企业孵化摇篮、研发转化基地、人才集聚高地、东盟合作门户和城市发展引擎。2016年高新区“一区多园”格局初步形成。

【云朗科技园】 云朗科技园是防城港市高新技术产业开发区的启动区，规划占地面积67.53公顷。园区重点引入和培育节能环保、信息技术、新能源、新材料等战略性新兴产业，力争形成以高新技术为主导、技术研发为支撑、加工贸易为基础，综合配套功能完善的特色产业园。云朗科技园项目（一期）总用地面积14.48公顷，总建筑面积15万平方米，建设内容包括9栋标准厂房、1栋研发中心、2栋综合业务楼、3栋职工宿舍楼。项目2016年累计完成投资71490万元，完成4栋标准厂房封顶。2016年签约入驻的企业有中国检验认证集团广西有限公司、广西华科银康医疗科技有限公司，洽谈意向入驻企业10余家。

【IT小镇门户】 IT小镇门户是是防城港市重点规划的高新技术企业综合创业平台，也是防城港市高新技术产业开发区重要的组成部分，是具有产业特色的孵化园。IT小镇门户围绕信息技术与“互联网+”产业，重点孵化电子信息技术、软件与信息服务、电子商务、互联网金融、网络职业教育、大数据、云计算等专业领域的创新创业项目。IT小镇门户于2015年7月启动建设，一期项目总建筑面积8700平方米。2016年7月完成装修施工、硬件设备配套、内部软装设计装修等项目，并于7月19日正式开馆运营。IT小镇门户内部通过整体环境美化、空间美学布局、陈述艺术构造、意境体验装饰等方面多种元素的创造性融合，使IT小镇门户更具浓厚的“互联网+”氛围及创新创业氛围。2016年，IT小镇门户入驻企业近30家。

【桃花湖新业态孵化园】 桃花湖新业态孵化园位于桃花湖风景区内，由14栋风格别致的临湖建筑组成，总建筑面积8000平方米。桃花湖新业态孵化园与IT小镇门户相结合，依托桃花湖现有别墅群，建设集科技研发、互联网+、创业创客、跨境电商、文化创意、健康产业、智慧旅游、跨境金融、东盟风情街等为一体的新业态孵化园。2016年7月，创业书吧正常对外向公众开放。书吧可为入驻企业以及创业团队提供开展项目路演、创投对接、宣传推介等活动的场地，也可向广大市民提供免费阅读、休闲的场所。书吧内有涉及经济类、国学类、文学类、少儿读物等类型的图书近6000册，可满足不同人群的不同需求。2016年，入驻桃花湖新业态孵化园企业3家。

投资促进

【概况】 2016年，防城港市招商促进局设综合协调部、内资促进一部、内资促进二部、外资促进部、东盟合作促进部、招商政策调研部6个部。主要工作概况：贯彻落实国家、自治区、市有关投资促进工作的方针、政策、法规并结合实际组织实施；负责对全市投资促进工作进行指导、协调；负责制订全市年度投资促进工作计划和目标，负责全市投资促进统计工作；负责督查、指导、考核县（市、区）、工业园区以及市直相关部门的投资促进工作；负责收集、整理、筛选、发布重大对外招商项目和信息；建立和管理全市招商项目数据库、储备库和重点客商名录库；主持或参与重要招商引资项目论证或评估工作，主持或会同市有关部门开展招商引资项目策划包装等工作；承办全市促进民间投资、开展招商引资和区域经济合作有关具体事宜；组织全市性重大投资促进活动，指导和协调县（市、区）及园区开展国（境）内外投资促进工作；牵头负责合作项目的洽谈、签约和跟踪、协调、服务工作；调查、研究全市招商引资、投资软环境工作情况，向市人民政府提出相关政策建议和工作措施；负责对国（境）内外重要投资考察团（组）以及外来投资者来访的接洽、接待工作；负责组织全市工业园区的重大招商活动，会同有关部门开展工业园区重大项目的招商推介活动；负责工业园区重点招商项目库、重点客商名录库的建立工作；研究提出吸引外来投资参与园区开发建设的优惠政策；负责县域投资促进工作；组织开展县域投资促进活动；负责研究提出全市县域投资促进工作政策措施和承接产业转移招商引资工作措施；负责国内区域和友好城市间经济技术合作、对口交流工作；负责做好投资企业（者）协调工作，并根据市政府授权，受理、协调和处理投资者非涉及党政机关公务人员的投诉事项；组织开展、承担或委托相关投资领域调研和课题研究工作；负责全市招商引资相关政策制订、发布等市级归口业务及相关业务培训工作；负责全市投资环境的宣传推介工作；负责全市投资促进干部队伍建设工作和业务指导工作。

【营商环境优化】 2016年，防城港市从项目洽谈、引进落地到建设推进各个环节，全力为投资商提供高效便捷服务，坚决做到项目有人跟、问题有人管、服务有成果，全程跟踪服务项目推进的每个环节，切实解决项目推进过程中遇到的各种困难和难题。全年共对接服务项目85批386人次，实地走访项目90多次，累计为广西动物及其制品无害化处理等33个项目代办79个事项。企业对防城港市投资环境的总体满意度由上年的第4位上升到第2位，连续4年高于全自治区平均水平。

【精准招商】 2016年，防城港市委、市政府主要领导分别带队赴杭州、上海举办“十三五”经济社会发展项目介绍会、桂港务实合作恳谈会，“面对面”解答企业的投资疑虑，与香港宝声集团、荷兰合作银行、香港伟翔集团等知名企业的合作交流；市政府分管领导率团到广东中山开展桂粤合作驻点招商活动，先后对接拜访278家企业、商协会，向客商重点推介233个招商项目，达成初步合作意向项目25个，投资总额初步估算约35亿元，签订合作协议书项目1个——东盟民俗文化村国际旅游项目，总投资60亿元；市领导还带队参加在杭州市、宁波市和上海市举办的投资合作项目对接座谈会，与杭州金鱼集团、宁波科元塑胶有限公司、上海申通物流公司等知名企业商洽投资合作事宜。通过招商活动，广泛搜集国内外知名企业的投资信息，建立完善企业库、客商库，深入研究分析投资特点，掌握投资动态，从中甄选潜在投资企业，制订专题招商方案，开展小规模、精准式招商。年内，成功引进新联合有机化肥、聚馨农业、奢忆食品等投资合作项目，全年共签约引进项目50个，意向投资804.1亿元。全市新落户开工外来投资项目103个，投资总额为155.35亿元。其中，内资项目97个，项目总投资143.82亿元；外资项目6个，总投资16610万美元。

【项目服务】 2016年，防城港市建立市投资促进委员会协调领导机构，招商、发改、工信、环保、财政、国税、地税、住建、国土、招商等多部门联动，建立招商引资党政联席会议制度、招商引资重点项目协调推进会议工作制度、重点项目清单管理制度、项目服务制度，建立项目信息报送制度、建立健全督查督办制度，及时组织各成员单位会同市政府督查室、市绩效办对各项目责任单位完成项目协调推进会议定事项的情况进行督查督办，形成科学有序高效推进的全市投资促进工作的强大合力；同时，制订《关于采用倒逼机制推动招商引资项目落地的若干意见》，通过九条实施意见，协调全市招商引资项目规划、管理、初审、推进、督查等工作，确保投资促进工作高位推进，全面铺展，落到实处。

【签约项目推进】 2016年，防城港市通过完善机制、提升服务等措施，全力抓好项目落地和建设的协调服务工作，促成签约项目落地并快速推进。围绕全年签约项目，市政府主要领导和分管领导多次召开项目协调会，解决推进问题；通过专人、专责等“专员负责制”，确保项目推进过程“不换镜头不换人”，一竿子插到底。如动物无害化处理项目，从项目签约、立项、选址、用地、报建、开工等各环节事项，市局专员从市长到辖区政府、街道办、村委、社区和群众，多协调常联系，多次向市政府汇报，多次组织项目协调会，多次到一线协调解决推进困难，以钉钉子的精神促成项目快速落地和开工建设。协调联动，合力推进，确保签约项目快速落地、如期投资和开工建设，政务服务通过整合20个部门34项审批事项，采取“一窗受理、内部流转、同步审核、信息互认、多证合一”的模式，实现“一照通行”，新设立企业只用跑一个窗口，可以迅速办理20多个部门共34项行政审批事项，高效便捷的绿色通道，确保项目快速落地；对签约项目推进事项、存在问题、进展情况、责任单位、责任人等实行一览表上墙，对各事项采用倒逼机制加快推进，以责任倒逼各部门强化执行力，提升工作效率，要求各级各部门专人负责，限时办结，讲求时效。在第13届中国—东盟博览会上，防城港市参加自治区集中签约项目7项，项目投资总额22.95亿元，项目履约开工率100%，项目进资顺利，外资项目进资3300万美元，占外商投资58.93%。其中广西动物制品无害化处理项目完成投资62.5%，一期项目进入试产和设备调试阶段；东兴京街旅游商业综合体已经竣工，到位资金完成140%；中国—东盟（东兴跨境）十八方农产品进出口交易中心项目完成投资54.2%；两国e城”跨境电商项目与八找网项目均完成30%以上进资；华夏北斗导航定位、卫星通讯项目和年产30万吨高技术智能化麦芽生产线项目已经完成前期工作，顺利开工建设，签约项目建设推进效果得到自治区投促局嘉奖。

【其他主要工作(活动)，重大举措、成果】 一是坚决响应市委市政府的号召，派出一名正科级干部担任挂钩联系贫困村的第一支书，局班子对贫困村脱贫工作给予全力关注和支持。二是抓好村“两委”班子建设，组织挂钩村党员开展“两学一做”活动。三是深入基层调研，了解村情民意，摸清基本情况，找准贫困根源。2016年，成功实现精准脱贫17户、77人，贫困发生率由13.8%下降至9.87%。四是成功争取到资金312.8万元，开工建设道路项目6个，全长7.28千米。

对外经济贸易与合作

【对外贸易】 2016年，防城港市贯彻落实中央、自治区稳增长政策，精准出台强有力的工作措施，推动全市外贸进出口呈现逆势上扬、持续稳定增长势头强劲的良好态势。边民互市贸易高速增长，推动边民脱贫增收，扩大沿边开放，推动边境加工产业发展。截至2016年年底，外贸进出口578.91亿元，增长8.4%，其中：出口111.79亿元，下降22.2%，进口467.12亿元，增长19.7%（按美元计算：87.58亿美元，增长2.7%，其中：出口16.93亿美元，下降25.7%，进口70.64亿美元，增长13%）。外贸进出口总额和增速均在全广西排名第二位，全年前8个月增速位列全区第一，增速超过20%，超额完成全年目标任务，是广西唯一一个连续实现正增长的地级市。加工贸易进出口总额24亿元，同比增长124.8%，提前两个月超额完成全年目标任务。国务院办公厅对东兴市推动跨境劳务发展、大力发展跨境贸易的外贸典型予以通报表扬。

表 8

2016 年防城港市外贸进出口数值一览表

单位:万美元

单位名称	进出口总额			出口		进口	
	当月数	1—12 月累计	累计增长(%)	1—12 月累计	累计增长(%)	1—12 月累计	累计增长(%)
全市	93176	875734	2.65	169314	−25.74	706420	13.01
港口区	35787	396642	−13.19	22159	4.24	374484	−14
防城区	15065	169840	39.31	6208	−67.72	163632	59.37
东兴市	42053	308951	9.45	140647	−26.38	168304	85.05
上思县	271	300	344.22	300	344.22	0	

表 9

2016 年防城港市全市出口企业前十五名排位一览表

单位:美元

排位	公司名称	12 月出口	12 月同比增长(%)	累计出口	累计同比增长(%)
1	东兴市鑫泉贸易有限责任公司	43265182	−9.72	257023930	21.73
2	东兴市和瀛贸易有限责任公司	23278835	−75.61	254581830	−55.77
3	东兴市春联进出口贸易有限公司	26077625	−45.88	214525327	−2.16
4	广西容锦进出口贸易有限公司	11940142	30.80	122814404	1245.43
5	广西和润发进出口贸易有限公司	24271198	−21.85	92444310	−49.42
6	大海粮油工业(防城港)有限公司	0	−100.00	90564342	43.85
7	东兴市华昊贸易有限公司	0	−100.00	51733108	−46.30
8	东兴市华业贸易有限责任公司	13998663	2031.86	46268990	5640.70
9	防城港市防城区达辉贸易有限公司	0	−100.00	41676707	118.48
10	东兴市兆亿贸易有限公司	0	−100.00	41256058	−78.70
11	防城港博森化工有限公司	3009056	81.33	35252750	81.30
12	东兴市恒裕贸易有限公司	0	−100.00	33834469	474.93
13	东兴市联友进出口有限公司	3390990	−82.98	33310072	−73.83
14	博拉暨广顺化工(防城港)有限公司	3257021	−48.40	32950591	−16.74
15	东兴市保通冷冻食品有限公司	1408000	−19.92	14767930	5.34

表 10

2016 年防城港市全市进口企业前十五名排位一览表

单位:美元

排位	公司名称	12 月进口	12 月同比增长(%)	累计进口	累计同比增长(%)
1	广西金川有色金属有限公司	126457699	−31.82	1643266074	−12.92
2	大海粮油工业(防城港)有限公司	99572659	−43.46	779632430	−16.16
3	广西惠禹粮油工业有限公司	54525543	−31.91	729722191	−6.86
4	防城港枫叶粮油工业有限公司	29595573		209184758	47.82
5	防城港澳加粮油工业有限公司	12996756		141748487	69.00
6	广西佳和国际贸易有限公司	6473052	−64.50	69716279	−54.27
7	中电广西防城港市电力有限公司	3572868	−44.96	44061157	−33.45

续表

排位	公 司 名 称	12月进口	12月同比增长(%)	累计进口	累计同比增长(%)
8	广西农垦糖业集团防城精制糖有限公司	14428751	227.61	30779299	−29.29
9	防城港市港口区源汇贸易有限公司	2874236	428.11	25363393	67.76
10	防城港捷诚贸易有限公司	0	−100.00	23239791	−54.35
11	广西防城港中外运东湾仓储物流有限公司	0	−100.00	16505000	−69.23
12	广西防城港核电有限公司	3225437	1088.47	12784415	40.90
13	广西山海贸易有限公司	0	−100.00	9467363	−79.09
14	防城港富味乡油脂食品有限公司	104291	−70.62	8762168	−37.02
15	东兴市雅美实业有限公司	958103	−2.84	5510813	−44.85

表 11 **2016 年防城港市全市大宗出口商品前十名排位一览表**

金额单位:美元

排位	商品名称	数量单位	12月数量	12月金额	累计数量	累计数量同比增长(%)	累计金额	累计金额同比增长(%)
1	机电产品	—	—	69337024	—	—	443417586	−26.5
2	纺织纱线织物及制品	—	—	36218345	—	—	386275983	−36.1
3	鞋类	—	—	15472139	—	—	172408123	10.6
4	农产品	—	—	6302684	—	—	148700048	46.5
5	陶瓷产品	吨	11142	22056878	38343	−9.1	124137982	−72.6
6	灯具、照明装置及零件	—	—	19081260	—	—	97639444	−13.9
7	塑料制品	吨	462	3874638	2899	29.0	36516265	−5.2
8	水海产品	吨	621	3953485	4249	39.9	34884129	48.8
9	汽车	辆	78	3340697	653	−53.3	27343780	−65.8
10	不锈钢厨具、餐具等家用器具	吨	242	4034680	1141	−37.5	21249967	−37.1

表 12 **2016 年防城港市全市大宗进口商品前十名排位一览表**

金额单位:美元

排位	商品名称	计量单位	12月数量	12月金额	累计数量	累计数量同比增长(%)	累计金额	累计金额同比增长(%)
1	农产品	—	—	216562977	—	—	1951586694	−4.8
2	铜矿砂及其精矿	吨	129419	132946676	1465524	6.8	1664281668	−14.8
3	粮食	吨	395317	170568401	3930820	8.8	1621515482	6.1
4	煤及褐煤	吨	89270	4173436	1537056	−50.7	66984172	−57.1
5	食糖	吨	29750	14428751	77541	−40.3	30779299	−29.3
6	肥料	吨	0	0	68233	—	16505000	—
7	机电产品	—	—	2936498	—	—	15496529	25.0
8	计量检测分析自控仪器及器具	—	—	860332	—	—	3536167	8.8
9	锰矿砂及其精矿	吨	17864	1997360	39288	294.2	3393848	216.5
10	纺织纱线织物及制品	—	—	600869	—	—	2832145	2285.3

【利用外资】 2016年，防城港市实际利用外资8981万美元，完成自治区下达任务指标的3146万美元的285.47%，同比增加214.02%。

【对外投资】 2016年，防城港市对外投资额达11858.02万美元，完成自治区下达的对外投资任务700万美元的1694%。二项外资工作指标均呈我市历史以来最高水平。

【国际投资合作交流】 2016年，防城港市借助展会平台，开展国际投资合作交流。一是利用好一带一路、加强与东盟国家在投资领域的合作交流。联合市投促部门组织参加赴泰国、越南、老挝等国投资促进活动，深入开展跨境物流、电子商务、旅游、现代农业等领域的招商宣传推介、项目对接洽谈，与印尼的印中中小企业商会签订合作备忘录，就“印度尼西亚防城港产业园项目”达成合作事项。二是参会参展，利用展会平台积极宣传推介防城港市区位、政策和产业等方面的优势，提升防城港市的城市知名度和影响力，推动区域合作。组团参加多个全国性大型展会，在第13届中国—东盟博览会期间，签约外资合作项目5项，投资额70.79亿美元，内资项目28项，投资额283.51亿元人民币。三是主动邀请国外大型企业和商会到防城港市考察投资，进一步提高开放招商水平。全年共接洽来自国内外客商100多批、500多人次，洽谈的项目主要有新兴产业、新能源、高科技产业园，来访客商的数量与上年同期相比明显增多。跟进与俄罗斯NIK航空器研发与工程公司签订中俄防城港通用航空产业园暨航空小镇战略合作框架协议工作。

【国际投资和产能合作】 2016年，防城港市有20多家企业在越南、老挝、马来西亚等设立工厂、销售中心、批发中心等，在东盟各国设立办事机构和投资办厂企业数量居广西第一。海世通渔业（文莱）有限公司、十九冶公司、防城港中一重工、防城港德诚实业公司、东兴联友进出口有限公司、东兴安得房地产公司等一批企业实现“走出去”发展。盛隆冶金公司与港务集团共同出资建设现代化钢铁厂项目，成为进驻马来西亚关丹产业园的第一个入园项目，通过国际产能合作填补当地市场空白。十九冶公司承建的马来西亚马中关丹产业园350万吨钢铁项目轧钢工程破土动工，标志着产能合作发展走向国际市场。广西北部湾国际港务集团与泰国万浦集团签订战略合作协议，在防城港合作建设配煤基地，将北部湾港发展成为万浦集团在中国的煤炭销售中心，共同开拓服务“一带一路”建设的国际经济合作新领域。

【桂港澳合作】 2016年，防城港市推进CEPA先行先试政策落地，组织开展推动CEPA项目落地相关对接工作。一是协调推动广西利嘉闽商实业投资有限公司到防城港市进行外资投资企业备案并入驻东兴—芒街跨境经济合作区（中方园区）及落实项目用地工作。二是协调引进香港广利通集团有限公司与东兴试验区管委会签订高新科技园和电子商城项目投资入园协议。三是建设防城港市CEPA项目绿色通道，形成《防城港市CEPA项目“绿色通道”建设工作方案（送审稿）》。

财政·税务

财　政

【概况】 防城港市主管财政收支、财税工作、会计工作、国有资本金基础工作和实施财政监督、参与对全市经济调控的具有综合经济管理职能的行政机关是防城港市财政局，正处级单位，成立于1993年，座落于西湾广场北侧。2016年，防城港市财政局在职在编干部职工86人，内设17个职能科室，8个局属事业单位。年内，全市财政总收入147.44亿元，财政总支出142.68亿元，收入和支出相抵，年终滚存结余4.76亿元。

【财政收支】 2016年，全市组织财政收入76.27亿元，增长8%，完成年初的预期目标。一般公共预算收入55.64亿元，增长6.9%。一般公共预算支出完成127.06亿元，完成进度97%。社会保险基金收支大幅增加，收入28.04亿元，增长69.3%；支出25.62亿元，增长73%，当年收支结余2.43亿元，累计结余21.64亿元。其中，企业职工养老保险基金年末结余9.27亿元，可支撑能力排全区第1位。

【财政预算执行管理】 2016年，防城港市抓好收入组织管理。强化收入运行监测和分析，把握好组织收入的强度和节奏，在坚持依法征收、应征尽收的前提下，提高征管效能，挖掘增收潜力。注重提高财政收入质量。依法加强税收收入征管，规范非税收入预算管理，优化财政收入结构。狠抓支出预算执行。开展月度支出预测，每月将支出任务分解、下达到县（市区）和本局各部门，强化对部门财政支出通报考核，督促各县（市区）和各部门加快财政支出，合力共同做好支出管理工作。

【财政预决算公开及“三公”经费管理】 2016年，防城港市完善政府预算体系，开展预算绩效目标管理，健全预算标准。全面推进预决算公开。除涉密部门外，所有使用财政拨款的部门和单位公开部门预决算和“三公”经费预决算。市本级在规定时间、在人大会议审议批准后20日内由向社会公开全市与市本级2015年预算执行情况和2016年预算草案。强化“三公”经费管理。严格控制一般性经费支出，全市“三公”经费支出7671万元，下降25.2%，其中：因公出国（境）经费支出283万元；公务接待费支出3125万元，下降16.5%；公务用车运行维护费支出4148万元，下降33.2%。

【税制改革】 2016年，防城港市全面推进“营改增”改革。5月1日零时，全市新增4个行业试点纳税人自开增值税普通发票、专用发票和税务部门代开增值税普通发票、专用发票全部成功。全年累计为企业减少税赋2.5亿元。

【政府采购和政府购买服务改革】 2016年，防城港市政府采购预算10.46亿元，实际采购金额9.69亿元，采购节约金额0.77亿元，节约率为7.4%。投入1600多万元，推动实施政府购买服务项目21项。

【产业转型财政扶持】 2016年，防城

港市对产业转型进行财政扶持，主要做以下五个方面的工作：一是保障重大项目建设。主动向上争取转移支付资金37.62亿元，多渠道筹措、落实统征统拆资金约13亿元，保障实施709个"边海经济带工程包"项目，推进100个海湾新区基础设施项目顺利启动。支持企业提质增效。设立规模15亿元的产业基础设施投资引导基金。二是推进"惠企贷"工作，累计发放"惠企贷"贷款3.44亿元。安排工业、服务业、边贸企业能力建设、"IT小镇门户"、城市精细化管理等企业扶持资金1.39亿元，促进全市企业效益总体向好。三是推进"三农"健康发展。农业投入16.5亿元，增长9.5%，支持高标准农田、"双高"基地、现代农业示范区、小型农田水利建设和特色优势产业发展，推进村级公益事业、生态乡村建设、村集体经济发展。四是全面清理涉企收费。调整、停征、减免、归并一批涉企行政事业性收费和政府性基金收费，全年减免2350多万元。五是全面支持社会就业。降低社会保险缴费率减轻企业负担，全市企业职工少缴社会保险费4267万元。发放"稳岗补贴"，提供担保和财政贴息，推动农民工创业贷款，解决农民工创业资金困难。

【民生实事财政扶持】 2016年，防城港市全市扶贫投入11.6亿元，比年初计划7.98亿元增加3.62亿元，重点支持甘蔗、金花茶、中草药种植，特色养殖等19个扶贫产业发展；推进易地扶贫搬迁；抓好金融扶贫；推进贫困地区基础设施建设；保障教育、就业创业、低保、养老、残疾人等扶贫工作。大幅提高市本级农村危房改造补助标准，对各县（市、区）建档立卡贫困户补助标准提高至3000~5000元/户，农村危房改造工作走在全区前列。兑现新市民购房补助资金1000万元，改善无房户、低收入家庭居住条件，消化商品房存量。企业退休职工及机关事业单位退休人员基础养老金、城乡低保、重度残疾人护理补贴、优抚对象补助标准等进一步提高。医疗卫生投入9.15亿元，稳步推进市级公立医院改革，加快市级医疗卫生项目建设。财政对医疗保险补助提高到每人每年420元，人均基本公共卫生投入提高到每人每年45元。教育经费投入14.7亿元，重点支持市高级中学、市实验高中、防城中学、市理工职业学校新建扩建工程，提高公办幼儿园生均公用经费拨款标准，落实城乡义务教育保障机制各项经费及农村义务教育薄弱学校改造资金。

【其他主要工作(活动)，重大举措、成果】 完善财政管理体制　2016年，防城港市通过资金调度和专项补助等方式，逐步加大对城区财政的支持力度，重新争取到自治区将防城区列入均衡性转移支付补助范围，获得首批补助资金4261万元。

加快推进PPP项目落地　2016年，防城港市储备60个PPP项目，其中企茅大道PPP项目已完成物有所值评价及财政承受能力论证评审。"堤路园"、国门大道等PPP项目实施方案、物有所值评价、财政可承受能力论证等，已完成初稿编制。

公务用车改革稳步推进　2016年，防城港市取消党政机关及参公事业单位一般公务用车，全市拍卖公车700辆，合理确定公务交通补贴标准，顺利完成公务用车改革年度工作任务。

提升财政投资评审效能。通过加强考核、增加中介评审机构、实行周对接制度等措施，全年共完成818个项目的评审，净核减1.8亿元，实现质量、效率"双提升"。

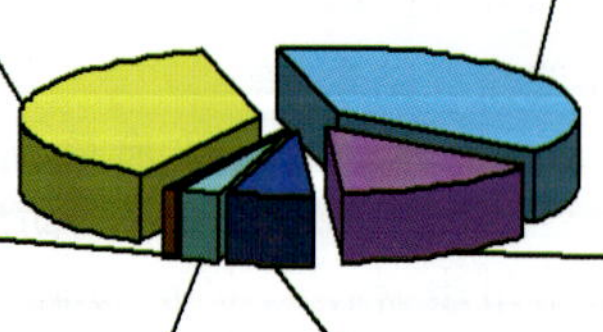

财政收入示意图

国家税务

【概况】 2016年，防城港市国家税务局下辖港口区、防城区、东兴市、上思县国家税务局，内设15个行政科室，2个直属机构，3个事业单位。主要税源有电力、钢铁、粮油、建材、边贸、机糖等。在册纳税业户41515户，其中国有企业394户，集体企业305户，私营企业4325户，个体工商户24411户，联营、股份合作、有限公司、股份有限企业7879户，外资企业80户，其他纳税人117户。一般纳税人3253户，小规模纳税人5012户，其他33250户。

【税收收入】 2016年，防城港市国家税务局面临异常严峻的税收收入形势，聚焦"收好税"这一主业，在稳增长上聚焦发力，既坚决依法收好税，又坚决落实减免税，确保高质量完成组织税收收入任务。2016年，全市国税系统组织完成总局考核口径税收收入20.94亿元，比上年增长26.3%，税收收入突破20亿元大关；组织完成市政府考核口径税收收入19.7亿元，比上年增长23.9%。其中：增值税13.72亿元，同比增长44.2%（"营改增"行业入库增值税5.82亿元，同比增长2.11倍）；消费税11232万元，同比增长28.7%；企业所得税4.98亿元，同比增长0.4%；车辆购置税1.11亿元，同比下降9%。

【税收征管】 2016年，防城港市国家税务局着力夯实征管基础，稳步推进实名办税制、增值税发票系统升级版和电子发票等工作，全年完成3019户纳税人实名信息采集工作，申请领用电子发票27.79万份。深化风险管理挖潜增收，建立风险专业管理团队，依托金税三期工程决策2包和涉税信息共享机制，扎实开展千户企业堵漏增收专项行动，全年推送和处置风险企业162户次，风险分析识别命中率100%，查补税款1.23亿元，调减亏损额3.25亿元，核减留抵税额1.21亿元。其中加大涉税违法行为查处力度，全年查补收入4932万元，比2015年增长28.66%。加强企业所得税优惠政策后续管理，发现6户企业存在风险疑点，查补税款3685万元。加强与公安、住建、工商、海关等部门协作，逐步完善第三方涉税信息共享机制，2016年通过共享第三方数据信息组织收入增收4971.85多万元。

【税收改革】 2016年，防城港市国家税务局重点推进全面推开营改增试点和征管体制改革双落地。凝心聚力推进营改增试点工作。营改增工作启动以来，市国税局迅速响应，争分夺秒，以“五加二、白加黑”的精神，认真做好各项准备工作，顺利接管4大行业10148户营改增纳税人，顺利开出全区首张自开专票和代开专票，营改增试点改革实现平稳过渡，效应初显，先后得到市委市政府领导肯定性批示9次。2016年，新扩围营改增纳税人9948户，累计入库增值税4.44亿元，减税2.5亿元，减税比例为98.84%。同心协力推进征管体制改革。以推进国地税合作作为深化征管体制改革的先手棋，全面落实征管体制改革方案，成立《实施方案》督促落实领导小组，建立联席会议、改革督办落实工作等机制，已落实合作事项150余项。推出防钦国地税跨区域大企业税收风险管理的新模式，探索建立钦北防三市国地税稽查部门跨区域联合检查机制和随机抽查机制，市公安局派驻防城港市国税局联络机制办公室挂牌成立。

【优惠政策落实】 2016年，防城港市国家税务局依法依规主动落实各项减税降费政策，着力降低实体经济成本，以税收减法赢得企业发展和经济结构转型的加法。全年累计落实各项减税降费3.75亿元，其中，落实微小企业政策8075万元，落实科技创新政策2954万元，落实西部大开发政策2700万元，减免退车辆购置税3788万元，办理出口退税1.49亿元，免征有关政府性基金1269万元。

【纳税服务】 2016年，防城港市国家税务局全面深化简政放权，狠抓纳服、征管、退税和国地税合作四个规范的贯彻落实，联合地税部门推动行政处罚裁量权适用规则及裁量基准落地，让纳税人获得更规范优质的服务。全面推进便民办税春风行动，深化“实体办税厅、网上办税厅、流动办税厅”建设，落实简并征期、取消专票认证、“二维码”一次性告知等系列便民措施，全年增设办税窗口14个、自助办税终端31台，全市自助办税终端发票领用率高达99.7%，排名位居全区第1，网上申报率保持在96%以上，让纳税人获得更便利的服务。加强税收信用体系建设，落实激励惩戒措施，联合地税局评定出A级信用等级纳税人81户，让纳税人获得更暖心的服务。

【税收宣传】 2016年，防城港市国家税务局围绕纳税服务和税收征管等方面的难点和痛点，探索具有小切口、低成本、易推广特点的自主创新动作。创新推出“互联网+文书送达”，突破地域界限和人员有限的瓶颈，大幅降低税务文书传递成本，项目作为广西国税“互联网+税务”可复制可推广项目报送至总局。探索推出国地税跨区域大企业税收风险管理的新模式，有效整合钦防两市税收管理资源，打破地域管理壁垒，被自治区国税局、地税局确定为深化大企业税收服务与管理改革试点单位。探索推进跨区域重点税源企业随机抽查机制，建立钦北防三市国地税稽查部门联合检查机制，共同对重点税源企业联合开展抽查，提高稽查质效。2016年查补收入合计483.5万元，冲减增值税留抵税金1.64亿元。

【队伍建设】 2016年，防城港市国家税务局深入开展“两学一做”学习教育，市局机关第五支部在全市“两学一做”学习教育推进会上介绍经验，得到市委书记金湘军的高度评价。深化思想政治工作，传递身边正能量，系统先后涌出一批先进典型人物和组织，全年获得县处级以上荣誉表彰47项。抓练兵强素质。全年3人通过“三师”资格考试，4名干部纳入首批广西国税“115工程”专业骨干30人名单，1名干部代表自治区国税局参加国家税务总局练兵比武。抓绩效激活力。稳步推进绩效考核工作，在各项工作任务十分繁重、绩效考核竞争十分激烈的形势面前，全市国税系统干部职工齐心协力，迎难而上，最终以1234.29分的总成绩，取得全区国税系统第6名的好成绩，获得优秀等次。

地方税务

【概况】 2016年，防城港市地税局内设13个科室：办公室、人事科、离退休人员工作科、监察室、财务管理科、收入规划核算科、征管和科技发展科、政策法规科、劳务和财产行为税科、所得税科、机关党委（基层工作科）、纳税服务科、重点税源管理科；管辖1个直属机构：直属税务分局；下设防城区地方税务局、港口区地方税务局、上思县地方税务局、东兴市地方税务局4个县级局及20个税务分局。2016年年底，全市地税系统在职在编干部职工262人，其中公务员229人，事业编制人员19人，后勤控制数人员14人。

【地方税收收入】 2016年，防城港市地税系统共组织收入37.67亿元，比2015年减收5561万元，下降1.45%。其中：组织自治区地税局考核口径收入36.76亿元，比2015年减收6618万元，下降1.77%（剔除“营改增”因素，同口径增收4.06亿元，增长12.41%），完成年度预期目标36.4亿元的100.98%；组织防城港市政府考核口径收入36.69亿元，比2015年增收2081万元，增长0.57%（剔除“营改增”因素，同口径增收4.93亿元，增长15.51%），完成年度预期目标36.3亿元的101.08%。

【遏制税收收入下滑】 2016年，防城港市地税局全力挖潜堵漏，遏制收入下滑势头。以保持税收稳定增长为目标，面对“营改增”带来的税源缺口，及时调整征管力量，开展“营改增”行业税收、契税、个人所得税、房产税、欠税清理和大企业风险管理等有针对性的挖潜堵漏措施，年内，通过挖潜堵漏措施增加税款5.34亿元，为保持地税收入平稳提供有力支撑。在营业税净减收3.7亿元、大企业所得税下滑严重的情况下，取得自治区地税局考核口径收入小幅负增长(-1.77%)、防城港市政府考核口径收入小幅正增长(0.57%)。从全自治区来看，全自治区负增长10.8%，所有征收单位均出现不同程度负增长，防城港市地税局-1.77%的幅度排在第三位;组织收入规模排名全区第九,比2015年前移一位。

【税收结构失衡】 2016年,防城港市税收结构失衡,耕地占用税比重过高。耕地占用税16.17亿元,同比增收1.07亿元,增长7.09%,占当期总体收入36.76亿元的44.01%,占比全自治区最高。防城港市地税局各征收单位耕地占用税占比分别为:直属税务分局22.77%、港口区地税局8.4%、防城区地税局60.58%、东兴市地税局73.85%、上思县地税局73.54%,有3个县级征收单位占比超过60%。

【优惠政策落实】 2016年,防城港市地税系统落实自治区降成本政策措施和各项结构性减税政策,深入开展优惠政策落实情况核查,防城港务集团有限公司补缴企业所得税超亿元。经对该公司享受税收优惠情况核查,确认其2014年度的投资收益调增收入后该年度主营业务占收入总额比例不足70%,不符合西部大开发税收优惠政策规定,补缴入库2014年度企业所得税1.1亿元。落实好支持供给侧结构性改革、扶持小微企业发展、促进再就业等税收优惠政策,促进房地产去库存政策举措。据统计,2016年,全市地税系统共减免税款4.7亿元,占全部地税收入的12.81%,比重比2015年同期提高9.2个百分点,支持经济发展的力度继续加大。聚集供给侧结构性改革,充分释放税收政策红利,帮助企业减负增效。积极落实自治区"降成本"41条,通过灵活征收方式,调底存量房交易基准价格、下调企业所得税预缴率和土地增值税预征率等方式,减轻房地产企业税收负担,促进房地产市场健康发展。不折不扣落实税收优惠政策,落实好促进"三去一降一补"、小微企业发展、创业就业等一系列税收优惠政策,全年累计减免地方各税4.3亿元,惠及纳税人32680户次。积极推动"银税互动"合作,为纳税信用良好的2家A级纳税人发放扶持贷款2.6亿元,将企业的纳税信用与银行授信结合,实现税务信用体系和银行信用体系的有效对接。落实资源税新政,共组织资源税1567万元,下降18.85%,减税政策成效明显。

【依法治税】 2016年,防城港市地税局按照自治区地税局的统一部署,开展对房地产业、金融业、建筑业和生活服务业的营业税进行清理。据统计,全市地税系统累计核实上述4个行业、760户(其中重点企业544户),追缴营业税入库5553.24万元,其他税费入库1330万元。加强个人所得税管理,个人所得税收入增幅大。个人所得税全年收入2.4亿元,同比增收5550万元,增长30.12%。一方面,2016年,全市地税系统在全市范围内开展对行政机关、事业单位的工资薪金所得个人所得税清理工作,1—12月工资薪金所得项目税收收入1.6亿元,同比增收4096万元,增长34.63%。另一方面,强化年所得12万元以上纳税人汇算清缴工作,全市有2618户年所得12万元以上纳税人自行申报,申报年应税所得额4.45亿元,应缴个税7299万元,已扣缴个税7261万元,入库税款同比增长97.5%。

【地方税收执法】

促进税收法治建设 一是强化税收规范性文件管理,落实《税收规范性文件制定管理办法》《税收规范性文件合法性评估办法》,抓好税收规范性文件后续管理。2016年,防城港市地税局全面梳理2010—2015年以防地税发、防地税函下发的1396份文件,对其进行合法性审核;对2016年制订发布的2份税收规范性文件进行合法性审核及合规性评估,出具审核及评估意见,并贯彻执行文件制订政策解读制度及备案报告制度。开展税收规范性文件集中清理、与CEPA协议相冲突的规范性文件清理等规范性文件后续管理工作,及时清理失效、废止文件,公告清理结果。二是做好政府法治服务,为节能减排、非公经济、小微企业发展等工作提供数据信息、执行报告、工作总结、政策建议等,切实做好政府税收法治服务。2016年,累计办理政府及有关部门转办、交办的各类涉税事项90余件。

推进税收执法规范 一是建立权利清单和责任清单。按照"清权、建权、制权、晒权"的流程,厘清地税部门权力类别,梳理市、县两级地税部门行政许可、行政处罚、行政征收、行政检查、行政强制、行政奖励和其他行政权力7大类、74项权力,整理权力实施依据,摸清权力运行环节,明确权力运行责任,推进"行政权利进清单,清单之外无权力"。二是全面落实执法公示制度。以公开为原则、不公开为例外,全面落实执法公示制度,维护纳税人的知情权。2016年,按照防城港市政府和自治区地税局的工作部署,制订执法公示制度落实方案,收集整理公示内容,全面清理执法主体及执法人员资格,于10月份在防城港市地方税务局外网上对行政许可、行政处罚、行政征收、行政强制、行政奖励等近80个权利事项的执法主体、执法依据、执法权限、执法程序以及不涉及国家、纳税人秘密的执法结果进行全面公示。三是落实法律顾问制度。积极发挥法律顾问在依法决策中的作用,依靠其专业优势,在合同审查、法律咨询以及重大事项决策论证等方面提供法律参谋和支持。2016年,外聘法律顾问为防城港市地税局在税收行政强制措施程序及风险环节分析、资源税改革相关管理政策、香港居民赠予内地房产征税问题、超政策期限申请税收优惠等涉税事项进行法律分析、提供法律理论支持。

开展税收政策落实检查 一是组织税收政策落实情况自查。按照上级税务机关要求开展降成本、去库存、供给侧改革、大众创业万众创新等税收政策落实情况的自查,制订报送模板,统一数据口径,进行报送数据的逻辑审核及合理性分析,力保自查工作质量。二是组织减免税清理。对2016年的减免税情况进行全面清理,牢固树立"不落实税收优惠政策也是收过头税"的理念,全面落实推动大众创业万众创新、"三去一降一补"、供给侧结构性改革等各项税收优惠政策,努力做到应免尽免。2016年,全市地税系统为491户(次)纳税人备案减免税共计10967.11万元。三是开展行政处罚裁量基准落实检查。联合防城港市国税局对港口区、防城区国地税的裁量基准执行情况进行检查,在促进政策落实的同时,了解借鉴彼此在行政处罚中的执法流程、文书使用、裁量尺度把握、争议判断标准等具体事项的处理方式及处理思维,共同朝征管一个流程、执法一把尺子的方向努力。四是健全公安、税务部门间综合治理发票违法信息部门协作联络机制,持续推进打击发票违法犯罪专项行动,查处违法企业138户、违法违规发票312份。

【税收宣传】 2016年，防城港市地税局围绕“聚集营改增试点 助力供给侧改革”的宣传主题，在税收宣传月期间，与防城港市国税局联合开展全国第25个税收宣传月活动，将传统宣传项目与“微话税收”等新媒体宣传方式相结合，累计发放《纳税服务承诺书》《地方税收热点100问》《现行地方税收优惠政策读本》《实用税收知识读本》等税收宣传资料700多份，接受纳税人咨询300多人次，现场解答纳税人和社会群众提出的问题50多项，征求到意见建议10多条。坚持税收宣传月集中宣传和日常宣传相结合，围绕推广“营改增”、国地税合作、深化征管体制改革、社会综合治税、落实税收优惠政策促进经济发展、加强纳税服务等方面内容开展主题宣传，在报纸、网络、电视台、电台上刊播，广泛宣传，宣传依法治税新常态，提高税务机关、税务人员和广大纳税人对新形势下依法治税的认识、遵从和参与。开展纳税信用等级评定，纳入纳税信用管理12403户，参评户数3011户，国地税联合评价A级纳税人66户。

【纳税服务】 2016年，防城港市地税局推行税务登记、纳税申报、发票管理等办税事项“全区通办”；推进“互联网+税务”，推行“微平台”办税，推出“e预约”，落实“双代二维码”一次性告知制度，优化完善72项常用的涉税事项一次性告知材料；推进“便民办税春风行动”，开展星级办税厅、星级办税员创建活动，开辟“一窗通办”“绿色通道”“特事特办”“微信预约”等通道；公开纳税服务承诺，全面落实简政放权、先批后审，审批事项取消99%，审批时限缩短75%以上；优化办税流程，推进免填单、一窗式服务、二手房交易税收当场办结等服务项目；推动“银税互动”合作，为纳税信用良好的两家A级纳税人发放扶持贷款2.6亿元，将企业的纳税信用与银行授信结合，实现税务信用体系和银行信用体系的有效对接。

【深化征管体制改革工作】 2016年，防城港市地税局按照国家税务总局、自治区地税局的工作部署，按照“标准化、规范化、精细化”的要求落实《深化国税、地税征管体制改革方案》，与防城港市国税局、钦州稽查局联合成立征管体制改革督促落实领导小组和工作团队，印发联席会议等7项制度，形成联合督查、信息互通、联合评价3项工作机制，先后召开8次联席会议，将《方案》提出的6大类、37项、77个具体改革工作任务列出时间表和路线图，取得“八个协同”的阶段性成效：一是协同委托代征。做好地税部门增值税“双代”工作，通过落地版方案明确在年内由国税部门代征随增值税征收的地方附征税种(即钦州试点模式，待自治区国税局在金税三期软件修改完善后可实现)，继续推进国地税联合委托邮政部门代开发票、代征税款，委托邮政代征实现全市市区范围内全覆盖。二是协同联合办税。深度整合国税、地税办税服务厅资源，下发《防城港市联合办税服务管理办法(试行)》，全市建成国地税联合自助办税服务厅3个，在上思县全面建成国地税驻政务中心联合办税服务厅；在防城区峒中边贸点、里火边贸点建成国地税边贸税收联合办税厅，为边贸税收提供一站式办税服务。在未建立联合办税服务厅的县区，国地税互设窗口16个。三是协调跨区域税收风险管理。实施《钦州市、防城港市跨区域税收风险管理合作框架协议》，核实排查取得阶段性成效，初步确认涉及防城港市地税局2户成员企业的4个地税涉税风险点，应补税款1170多万元，排除5个税收风险点。四是协同开展大企业个性化服务。国地税共同对大企业实施政策直通、办税直通、信息直通、交流直通、网络直通“五通”等个性化服务工作，共与8家大企业签订税收遵从合作协议。五是协同开展欠税清理。联合防城港市国税局实施53户欠税管理共清理欠税339万元，统一税务行政处罚裁量权基准处罚579户。六是协同开展税源管理。实现双方征税窗口“同步受理、统一定价、统一审核、共同办理”，共联合受理24件土地使用权转让业务申请，涉及土地转让价格6912.56万元，入库587.75万元，解决“营改增”后与防城港市国税部门在受理土地使用权转让税源管理工作中存在的矛盾。七是协同培养人才。全市2016年国地税互派10名干部交流挂职锻炼，实现市、县、分局三级国地税机构干部挂职全覆盖。八是协同选树典型。按照国家税务总局要求开展“树典型、创示范、带全面”活动，与防城港市国税局选定上思县作为国地税合作示范县，共同建设国地税联合办税厅、自助办税厅，实施大企业协同管理、个性化服务，开展联合宣传、联合培训等十个方面的37项合作事项。

【营改增推广工作】 2016年，防城港市地税局做好营改增各项工作，按期、按质完成营改增的顺利过渡。该局扎实开展“三清”工作：“清户”做到信息完整，数据准确，对四大行业的纳税人信息进行准确核实，并向防城港市国税系统移交营改增纳税户9982户，涉及税款10.64亿元；“清税”做到应收尽收，催缴有力，重点核查房地产、建筑安装企业和重大工程项目的营业税欠税情况，查出应补税费2.45亿元，已入库6883万元；“清票”做到领销规范、用量可控，清查盘点发票库存量，深入排查纳税人发票领用情况，充分运用网开发票明细数据，及时发异常，防范和应对可能出现的营改增发票违法行为，全市完成地税系统的发票清理工作；加强与国税部门在政策、信息、征管方面的沟通衔接，同时，应对“营改增”后地税面临的新情况新问题，在全系统开展后“营改增”时代地税管理问题大调研，为“营改增”后精准施策、严征细管打下基础。

【地方税务内部管理】 2016年，防城港市地税局加强地方税务干部队伍建设，年内提拔4名正科级干部、5名副科级干部，交流6名科级干部，享受职级并行待遇17人，累计调动25人，着力解决干部“两地分居”和工作生活等实际问题。强化素质工程及教育培训，突出抓好92名“百”“千”层次人才培养，鼓励7名干部报读在职研究生班，并以问题为导向调研摸清不同岗位的业务需求和技能短板，分门别类实施培训，学教结合提高针对性。在全自治区地税系统“岗位大练兵”“业务大比武”中，市地税局行政管理岗比武总成绩排名全自治区第4名，2人获得全自治区地税系统岗位能手称号。按照分级分类培训管理模式，突出抓好领导干部、业务骨干和一线干部三支队伍的培训。全年共参加上级培训47期、352人次，自主举办培训31期、761人次。抓好

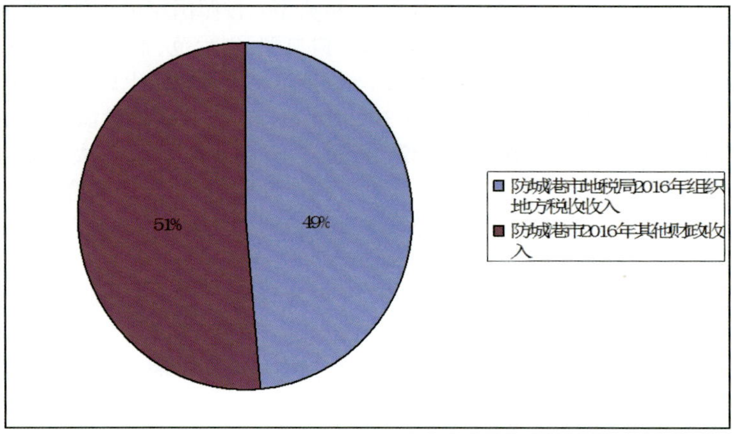

税收收入示意图

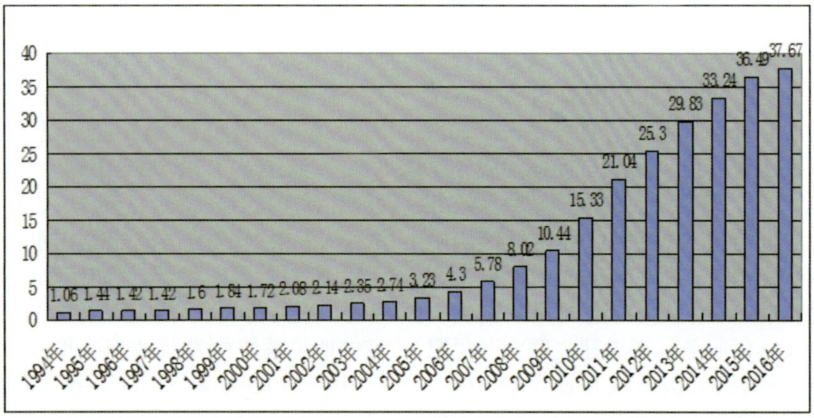

1994 年—2016 年地税收入情况(亿元)

综合培训。通过开展在职研究生教育、“三师”资格学习考试、“六五”普法学法考试、公务员网络全员培训、广西地税网络学院在线学习等方式开展培训学习,提升队伍综合素质。

金　　融

综　　述

【**金融概况**】 2016 年,防城港市全市金融系统紧紧围绕全市经济社会发展总体目标,科学应对国家宏观金融调控政策,创新工作思路,积极争取扩大信贷投放,多渠道增加融资总量,全力推进金融改革,全市金融发展保持良好的运行态势。

【**银行信贷**】 信贷投放节奏加快,存贷增速持续攀升。2016 年,防城港市银行业金融机构人民币各项存款余额为 562.31 亿元人民币,比上年增长 10.63%;人民币各项贷款余额 511.47 亿元,比上年增长 20.25%。强化银行信贷政策支持经济建设力度。一是通过强化信贷政策定向结构性调整功能,引导国有商业银行更好地用好增量、盘活存量,将更多信贷资金配置到重点领域和薄弱环节,大力支持稳增长、调结构、惠民生。落实差别准备金动态调整功能,引导地方法人金融机构加大对实体经济的支持力度,支持各银行业金融机构向上级行争取政策空间和专项信贷规模,在产业推动、产品创新等方面出政策、搞试点、求创新,引导金融机构优化贷款利率定价,努力降低企业融资成本。年内,银行机构直接为企业减费让利 23000 多万元。二是加强再贷款管理,引导涉农银行机构加大支农再贷款助推扶贫攻坚。扎实推进金融扶贫攻坚工作,建立政银企对接平台,梳理精准扶贫项目与银行信贷需求清单,提高贫困户和扶贫龙头企业的信贷获得率。2016 年,发放支农再贷款 3.46 亿元,支农再贷款限额使用效率达 78%。推进金融机构对接建档立卡户,以易地搬迁扶贫、小额信贷等形式开展金融精准扶贫工作。推进市县财政建立 900 万元风险补偿基金给予相关金融机构风险补偿,切实减轻扶持对象的贷款负担,调动其积极性。

【**企业上市**】 2016 年,防城港市通过政策引导,跟踪服务,企业上市(挂牌)实现质和量的突破。全市有 1 家企业完成“新三板”挂牌股份制改造工作,2 家企业挂牌“新三板”,优选 14 家企业再次进入自治区企业上市辅导后备库。

【**保险业务**】 2016 年,防城港市新引进北部湾财产保险股份有限公司,全市保险业金融机构达 16 家。截至 12 月底,全市 16 家保险业金融机构累计保费收入 9.33 亿元,累计理赔支出 2.64 亿元,保险业有力的支持实体经济发展。

【**担保业务**】 2016 年,防城港市共有 22 家小贷公司,贷款余额共计 7.12 亿元,面向小微企业、三农信贷支持功能不断强化。截至 12 月底,全市 5 家融资性担保公司担保责任余额担保责任余额 3.34 亿元,在保户数 15 户。融资性担保公司充分发挥担保增信功能,大大缓解小微企业贷款难题。防城港市批准成立一家民间资本投融资服务公司,为中小企业撮合融资项目 101 笔,累计融资金额 650 万元,在构建民间投融资渠道上起到示范作用。

【**融资工作**】 2016 年,防城港市加快推进产业基金运转。广西北部湾(防城港)产业投资基金正式运行,投资项目 3 个,投资金额共计 0.9 亿元;设立防城港产业基础设施投资引导基金。推介 PPP 融资模式并积极开展项目对接;召开政银企融资座谈会,进一步畅通企业与金融机构的沟通渠道。

【**社会信用体系建设**】 2016 年,防城港市全面启动信息采集工作,成功搭建防城港市公共信用信息系统,市级信息采集工作有序推进,完成全市基础数据采集的入库工作,北部湾经济区社会信用体系同城一体化建设工作防城港市走在北部湾地市前列。引导社会成员将信用信息应用于日常经济社会交往中,推动建立守信激励和失信惩戒机制,推动信用城市、信用社区、信用企业创建。

【海洋经济发展的服务机制】 2016年,防城港市加大配套金融产品与金融服务支持力度,不断提升金融支持海洋经济发展的信贷效率和服务水平。通过设立贷款、担保风险补偿金等方式,探索发挥财政资金在推动信贷产品创新方面的风险补偿作用,提升金融服务海洋经济的能力。紧密结合防城港市海洋产业发展规划,积极引导金融机构加大对建设大港口、发展大航运、做强临港优势产业的信贷支持;引导金融机构加快金融产品和服务创新,支持有实力的海洋企业"走出去"。

【农村金融改革】 2016年,防城港市推动农村产权抵押贷款试点,全市农村承包土地经营权确权登记颁证试点工作中,共49个村完成承包关系调查,占计划的100%,48个村整村完成地块调查,占计划的98%,完成地块调查9846.67公顷,占计划的121.1%。推进东兴市农村土地承包经营权抵押贷款试点工作,实现土地承包经营权抵押贷款扩面、扩容、扩量和小额贷款保证保险零的突破。加快推进农村社会信用体系建设,推进全市建设信用乡镇共10个,覆盖率为43.48%,完成全市贫困户信用评级及授信,授信总金额29545.8万元。加快农村普惠金融进程,2016年在全市实现行政村助农取款点全覆盖,推动实现"乡镇级金融网点跨行资金汇划乡乡通",农村地区金融机构已全部接入人民银行大小额支付系统,涉农补贴已基本实现通过银行转账和银行卡发放,达到每万人拥有POS机具123.5台、每万人拥有ATM机4.3台,极大方便群众办理小额存取款业务,节约存取款成本。不断推进互联网金融服务"三农",推动"三农"和互联网金融、征信体系、保险担保体系、政府支持政策相结合的"四位一体"服务模式,加快"债权众筹+实物抵息"融资覆盖面。2016年,互联网金融支持防城港市"三农"、中小微企业融资超过1.6亿元,为光坡鸡、红香薯、防城区香茅厂"酷茜精油"等防城港市特色农产品在区外创造口碑、打开销路。

银　行

【银行业概况】 截至2016年12月末,防城港银行业金融机构资产余额655.61亿元,比上年增长10.51%;各项存款余额560.45亿元,比2015年增长9.53%;各项贷款余额517.65亿元,比2015年增长17.57%,增速排名全区第4位,在北部湾经济区4市中排第一位;不良贷款率1.62%,比年初下降0.33个百分点;银行业全年实现净利润5.71亿元,继续保持稳发展的态势。

【科学监管】 2016年,中国银行业监督管理委员会防城港监管分局(以下简称"防城港银监分局")坚决贯彻落实经济金融工作的决策部署,坚持稳中求进的工作总基调,积极践行新发展理念,以推进供给侧结构性改革为主线,引导和督促防城港银行业服务实体经济、加快改革转型、有效防范金融风险,实现银行业改革发展"十三五"的良好开局。年内,防城港银监分局强化规制监管、行为监管,通过现场检查、非现场监管和市场准入等手段,重拳整治银行业金融机构违法乱办业务、乱设机构的行为。强化消费者权益保护工作水平,督促银行落实金融消费者保护的第一责任,指导银行设立55个消费者权益保护区,有序推进销售专区"双录"工作,实现消费者保护权益关口前移。建立常态化的"送金融知识下乡(进社区)"活动机制,努力提升社会公众的金融素质。强化联动监管,加强与人民银行、金融办、发改委、财政局等部门的信息共享和监管协调,提升金融监管工作合力。

【重点领域风险防控】 2016年,防城港银监分局督促引导银行业金融机构落实风险防控的主体责任,坚守属地监管的监管责任,守住不发生系统性风险底线。加强监测预警、防控和处置,银行业不良贷款率低于全区平均水平。严盯流动性风险,加强流动性风险识别、计量、监测和控制,提高预警能力,流动性风险管理基础工作进一步强化。做实并表监管,及时采取相应的风险管控措施,防止监管套利,银行内控管理进一步夯实。严治社会金融风险,开展打击治理电信网络诈骗专项治理和P2P网络借贷风险专项整治,严防外部风险向银行蔓延。严防声誉风险,督促银行业建立健全新闻发言人制度,强化与新闻媒体的沟通联系,主动做好正面宣传,组织做好舆情监测值班的,推动辖区各银行筑牢声誉风险防线。

【支持实体经济增长】 2016年,防城港银监分局充分发挥监管引领作用,指导银行业金融机构认真落实防城港市"46条"稳增长措施,紧跟"一带一路"建设,围绕"边海经济带"布局,全力支持地方重点项目和重点工程发展,全力推动产业转型升级,为地方经济稳增长提供有力的金融支持。落实债权人委员会制度,有序推动银行成立2家债权人委员会,稳定信贷帮助困难企业渡难关。深耕普惠金融服务,采取监测通报、约见谈话、风险提示等多项措施,督促银行改进和完善薄弱环节的金融服务,小微企业贷款实现"三个不低于"工作目标,涉农贷款持续增长,金融服务精准脱贫成效明显。推进降本增效,督促银行业机构落实续贷政策,累计办理无还本续贷、降息让利贷款和减费让利贷款533笔金额29.68亿元。

【银行业改革】 2016年,防城港银监分局以沿边金融改革为契机,深化银行业改革开放。深入推进公司治理改革,加快推进绩效考评改革,督促银行围绕专注主业、回归服务实体本源设置绩效考核指标。着力推进农村金融改革,推进上思县联社改制为农商行的工作顺利进行。持续深化普惠金融,继续引导和支持商业银行设立普惠金融事业部,加快推进防城港市农业信贷担保体系建设。扩大银行业对内对外开放,进一步推动民间资本进入银行业,继续推进跨境金融合作,鼓励银行探索量身定制边民互市卡、市场贷,进一步拓宽互市贸易的资金渠道,兴边富民和跨境金融服务取得新成效。

【建设银行防城港分行】 2016年,建行防城港分行共有人员229人,男员工101人,女员工128人。内设机构为7部1室:前台部门3个,公司业务部(下设小企业经营中心)、个人金融部、住房金融业务部;中后台部门5个。所辖对外营业机构13个,其中:分行营业部1

个，网点型支行8个（港口区、防城、桃花湾广场、防港路、东兴大道、迎宾路、企沙支行、群星大道），上思支行、东兴支行为县支行，东兴支行下辖3个网点。2016年，建行防城港分行紧紧围绕建总行“转型、发展、风险”三大主题和建行区分行“强基础，抓创新，促转型，在风险可控的前提下稳健发展”的工作主基调，确立“夯实管理基础，加快推进转型，在稳健发展前提下提升市场领先地位”的工作思路。以创新为驱动、以管控风险为保障、以转型为抓手，强化责任、夯实基础，抢抓新机遇，奋发有为、攻坚克难，持续提升市场份额和系统排位，保持市场领先的地位。年内，为广西金川有色金属有限公司办理黄金租借业务及配套业务，联动建信租赁公司营销广西盛隆冶金有限公司开立期货账户；开拓政府购买服务贷款产品新领域，为港口区、防城区、东兴市的3个政府背景公司申报并获批复大额政府购买服务贷款信用额度；为广西惠禹成功办理首例跨境受托代付业务。机关事业养老金和职业年金账户的全面开立，社保存款市场新增占比达到40%以上。响应政府“去库存、稳增长”的房地产楼盘销售盘活号召，分别在港口和上思举办4场房展活动，累计举办四次大型车展团购会和2场团购会，与保险公司等合作举办3场大型VIP客户回馈活动。全行智慧柜员机设备新增30台，总量达40台，全年共完成东兴新华路支行网点的装修搬迁开业及9个离行式自助银行建设并投入使用，渠道转型取得阶段性成果；移动金融柜面替代率69.28%，离柜账户性交易达到95%。开展银监会界定的17项银行业金融机构员工异常行为排查；定期召开案件风险联席会，有序开展“一加强、两遏制”“回头看”自查活动；强化合规经营，多措并举，成立团队，制订“一户一策”处置不良资产；严格贷前审查，规范服务收费，强化贷后管理；加强业务主管的培训和督导，加强员工职业道德教育，规范前台的操作和服务；加大对审计和监管机构发现问题的问责和处罚力度，加强对轻微违规积分的管理。全行没有发生案件和重大责任事故。年内，公开竞聘提拔2名优秀青年员工为网点负责人，聘任综合客户经理2人，安排4名优秀青年员工到基层历练，员工岗位交流、跟班学习80多人次。群星大道支行荣获总行信用卡营销示范网点称号、上思支行荣获自治区总工会授予的“广西工人先锋号”称号和总行2015—2016年度“平安建行”创建活动基层营业机构先进集体。截至2016年年末，全口径存款余额79.08亿元，四行排名第二；实现中间业务收入8020万元（未含四季度分成），同比减少28万元，中间业务收入四行份额占比为40.08%，连续保持四行排名第一；各项贷款余额95.51亿元，占比提升2.82个百分点，余额和新增均居四行第一；实现账面利润2.97亿元，增幅22.73%；不良贷款率1.02%，贷款质量位居全市前列。

【农业银行防城港分行】 2016年，农业银行防城港分行全行从业人员361人。年内，农业银行防城港分行出台完善系列考评办法和计价激励政策，及时兑现穿透式考核资源，营造全行争先进位的营销氛围。强化片区督导、进点传导、微信辅导、培训宣讲、案例分享，适时下发营销提示函，及时跟进考核办法的落地实施。开展“春天行动”“激情仲夏”“赢在金秋”和“春暖”“孵化”和“触网”等系列主题营销活动，提高产品交叉销售率。强化贵宾客户营管合一，提高系统(CCRM)使用率，提升客户管理水平。截至2016年年末，农业银行防城港分行全行人民币各项存款余额112.6亿元，比年初增加13.77亿元（含同业），增量市场份额跃居四大行首位。其中，对公存款和个人存款分别比年初增加10.25亿元和4.55亿元。人民币日均核心存款增量10.59亿元。各项贷款余额79.04亿元，比年初增加4.51亿元，增量市场份额排四大行第2位。围绕信贷有效投放，早部署、早投放，充分发挥公司业务部直营直管大平台及小微企业金融服务中心“一平台一中心”优势。2016年度全行共计投放法人贷款41笔，贷款金额合计16.9亿元。其中，“三大”客户（大行业、大项目、大客户）投放笔数18笔，投放金额累计14.5亿元。严把按揭合作四道关，平稳推进个人住房贷款营销。为确保信贷的安全有序投放，全行继续执行“限价核贷、提高保证金比例、延长担保期限、签订回购协议”四项基本准入措施，把住房贷款作为个贷投放重点，深耕细作个人住房贷款市场。全年累计批复按揭楼盘合作项目15个，合作金额21.8亿元，全年累计投放个人住房贷款5.5亿元。实现中间业务收入（不含委托处置资产收入）6770万元，拨备前利润2.35亿元，拨备后利润1.38亿元。拓展中间业务收入渠道，在做好传统中间业务的基础上，在黄金租赁、代理保险等业务中寻求突破。其中，办理800千克“贵金属租赁+黄金远期”产品组合业务，为全行业务发展奠定强有力的支撑，综合效益显著；与农银人寿联动业务新突破，实现与农银人寿行司联动业务2笔团意险共35.3万元，完成率实现代理保险手续费收入17.16万元。实现对公国际业务收入857万元，国际结算量23.21亿美元，结售汇量6.25亿美元，贸易融资量2.54亿美元，同时，国际结算量首次突破20亿美元大关，人民币与外汇期权产品交易突破1亿美元。适应国际经济形势，主动了解国际上先进的结算方法和国家外汇管理局最新政策以及柜面实际操作流程，采取联动效应的营销策略，通过灵活运用传统产品，创新产品以及产品组合全方位满足客户资金管理需求。全年累计发放5笔进口押汇，6笔进口保理，3笔国内福费廷二级市场买入业务，金额累计达2.53亿美元。

【中国银行防城港分行】 2016年，中行防城港分行制订并实施业务发展与文化建设同行的发展决策。制订和实施文化建设方案，坚持以人为本，持续推进员工队伍建设。开展员工座谈会、职工硬笔书法比赛、公益宣传活动、走访慰问活动、大型文艺汇演、集体户外活动、职工趣味运动会等形式多样的集体文化生活，很好地缓解员工身心，丰富员工八小时以外的生活，员工凝聚力和归属感不断增强，队伍保持稳定，形成干事业的浓厚氛围。中行防城港分行践行“担当社会责任、做最好的商业银行”的立行宗旨。组织号召员工参与国家“扶贫日”的捐款活动，为挂钩扶贫点送去温暖的关爱之心；行领导班子成员积极参与“走基层”“冬季送温暖”“走进福利院”“帮助农户销售花生米”捐赠电视、油、米、棉被、衣服若干等生活日常用品。年内，中行防城港分行各项业务稳步发展，存款、贷款等资产业务得到有效新增，不良率持续降低，客户基础扎实，中高端客户数明显增多，外汇业务领先同业，稳占当地外汇大行地位。截至2016年11月末，存款业务方面比上年减少6284万元，其中公司存款时点余额34亿元，比上年减少20052万元；储蓄存款时点余额28.79亿元，比上年新增1.38亿元，完成比例57.37%；负债业务中人民币存款时点余额62.74亿元。贷款业务方面，资产业务中人民币贷款时点余额56.10亿元，其中公司贷款时点余额35.12亿元，比上年减少1.75亿元，零售贷款时点余额20.98亿元，比上年新增1.44亿元，完成比例70.7%；全辖本外币不良贷款余额1556万元，不良贷款率为0.27%，比上年上升0.14个百分点，其中公司不良贷款新增0万元，不良率为0%。

【防城国民村镇银行】 防城国民村镇银行是一家经中国银行业监督管理委员会批准，由浙江宁波鄞州农村合作银行作为发起行，联合广西新三民投资有限公司、广西中小企业创业投资有限公司、广西华业建筑工程有限公司等企业共同出资设立的新型农村金融机构，于2012年10月24日正式开业。截至2016年年底，设有总行营业部、防钦路支行、群星路支行、江山支行、企沙支行、那良支行、公车支行7个营业网点，总行设有综合管理部、计划财务部、信贷管理部、风险管理部4个部室；开设有存款、贷款、结算汇兑、银行卡等业务；在职员工80名。2016年，防城国民村镇银行按照“根在农村，命在农业，情系农民”的理念，针对区域经济发展特点，在创新产品、培育优质客户群体上下功夫，大力支持小微企业和“三农”经济发展。年内，通过对原有信贷产品的梳理，整合，结合防城港市的经济特点，陆续推出“信用贷”“汽车贷”“渔船贷”“农户贷”“商户贷”“业主贷”六大贷款品种，将信贷产品细化创新，助力解决客户无抵押担保贷款难问题：除发放广西第一笔“政银担”模式的乡村旅游贷款外，在“渔家乐”贷款业务实际操作中大胆创新，为需要大笔流动资金、但苦于没法提供抵押物的某金鲳鱼海水养殖大户量身定做“海鲜冷库仓单质押贷款”，为客户解决无抵押物贷款的难题。进一步拓宽信贷渠道。截至2016年年末，贷款较年初新增16800.74万元。

经济管理与监督

国有资产监督管理

【概况】 2016年，防城港市国资委紧紧围绕防城港市“十三五”规划中心工作，按照市委、市政府有关国资国企改革的工作部署和《防城港市深化国资国企改革的实施方案》的要求，持续全面推进市国资国企改革各项工作，重点做好优化调整国有资本布局、深化国有企业改革、完善国资监管体制、加强从严治党等工作。2016年，监管企业资产总额为352.23亿元，比上年同期增长20.48%。进一步提升防城港市国有企业市场竞争力，为防城港市“边海经济带”“海湾新区”的建设目标作出贡献。

【国企改革】 2016年，防城港市先后获准审批出台《防城港市党政机关、事业单位和群团组织与所属企业脱钩工作方案》《防城港市关于深化国有企业负责人薪酬制度改革的意见》等7项配套政策文件，为防城港市进一步深化国资国企改革提供政策依据和制度保障。完成对市直95家行政机关事业单位和群团组织的所属出资企业（含国有、控股和参股）的调查摸底工作，上报所需脱钩企业19家，资产总额1.243亿元，负债0.66亿元，所有者权益0.58亿元，涉及职工人数324人。探索市兴港资产经营公司转型升级路径，草拟《市兴港公司国有资本运营功能升级方案》；推进企业集团化改组，制订《市港工公司集团化改组工作方案》，将市港工公司升级改组为防城港发展控股集团有限公司；根据国务院、自治区人民政府关于加快政府性融资担保体系建设的部署要求，市国资委配合市金融办筹建防城港市小微企业融资性担保公司，促进融资担保行业加快发展发挥重要作用。推进资产重组，提升企业竞争力。完成将市市企沙盐场划转市港工公司管理，将市企沙盐场总资产约1.1亿元划转给市港工公司，并注入253.33公顷土地资产，使得市港工公司资产总额达到129亿元，大大增强市港工公司市场竞争力。

【国有资产监管】 2016年，防城港市国资委按照市直重点企业和市直商业1类国有企业经营业绩考核试行办法，分别对市直重点企业和市直商业1类国有企业2016年度绩效下达考核指标，并签订业绩考核责任书。完成对市港工公司资金管理使用情况的专项审计，形成专项报告上报市政府。指导6家国有企业将党建工作总体目标纳入公司章程。着力推进企业债权回购工作，授权市兴港公司代为行使债权回购优先购买权，仅用351万元就成功回购市房地产开发总公司等8家国有企业债权本息共约1.3亿元。妥善处理企业历史债务纠纷，减轻企业负担，有效化解财政风险，防止国有资产流失。

【国企民生工程建设】 2016年，防城港市国资委党委对所属的45个企业党组织，共959名党员逐一开展基层党建重点任务专项清查。撤销因企业停产后组织活动已无法正常开展的市盛达厂等30个党支部，党员的组织关系由市兴港资产经营公司党总支部管理；查找失联党员，在187名失联党员中和53名失联长达1年以上时间的党员取得联系；慰问困难企业的困难老党员、老干部120名，共发放慰问金5.55万元。围绕市委、市政府提出的“边海经济带”“海湾新区”建设目标，市直3大重点企业创新融资方式，拓宽融资渠道，全年完成地方政府债券置换22亿元，完成项目融资13.8亿元，为重要城市基础设施建设项目和产业项目建设提供有力的资金保障。市港工公司利用发行小微债募集的资金积极参与投资广西科元公司、广西金滩管业公司、广西凯玺公司的项目建设，通过授权银行委贷，扶持非公企业资金1.65亿元。设立防城港市边海产业投资有限公司，承接市产业基础设施投资引导基金的运作，注册资本1亿元，并设立海湾新城城市发展和创新产业投资等子资金。充分发挥产业引导资金的杠杆作用，大力推进全市各项产业投资，促进产业园区的建设发展。

【监事会工作推进】 2016年，防城港

市国有企业监事会严格按照《中华人民共和国公司法》和《国有企业监事会暂行条例》的规定，对广西东投集团有限公司、市城投公司和市港工公司的财务及企业负责人的经营活动进行监督，确保国有资产及其权益不受侵犯。一是开展企业审计，掌握企业财务状况，查找管理漏洞，督促企业落实整改。二是报送监督检查报告，推动工作成果运用。完成对广西东投集团有限公司、市城投公司和市港工公司三家企业2015年的年度监督检查报告，并报市政府和市委组织部，为市委、政府在决策和选人用人方面提供有价值的参考依据。三是做好日常监督，提高监督效果。参加三大企业的重要会议，通过列席三大企业的董事会、班子会等与企业经营管理活动有关的重要会议，分析企业财务状况等方式，督促企业依法依规开展生产经营活动。

【企业稳定维护】 2016年，防城港市国资委做好信访调解工作。全年收到信访件共8件，其中纪检举报3件，普通信访5件，均及时回复；接待来访群众共20余人次。做好企业军转干部的稳定工作。认真落实国有企业军转干部困难补助发放工作，2016年共发放国有企业军转干部生活困难补助22.7万元。

物价管理

【概况】 2016年，防城港市物价局作为市人民政府的职能机构，对外保留牌子和印章，独立行使政府职权。局内设价格综合科、价格管理科、领导职数2名。下辖三个事业单位即市价格监督检查分局、价格成本调查监审分局和市价格认证中心。全局行政事业实有在编人数19人，其中市物价局机关编制4名，价格监督检查分局参照公务员管理人员7名，市价格成本调查监审分局参照公务员管理人员3人，市价格认证中心人员5名。业务上对本市港口区、防城区、上思县和东兴市物价局进行指导。2016年，市物价局严格按照全区物价工作会议要求及全市经济工作会议的具体部署，以加快完善主要由市场决定价格的机制为主线，推进重点领域价格改革，提升价格公共服务水平，为实现防城港市“十三五”良好开局和全市经济平稳健康发展与社会和谐稳定营造良好的价格环境。

【价格宏观调控】 2016年，防城港市实行物价调控目标管理责任制，按照自治区下达的居民消费价格指数控制在3%左右的目标任务，遏制物价过快上升势头。落实“菜篮子”工程行政首长负责制，发展生产保障供给。综合采取财政、信贷等多种措施，扶持农业生产发展，抓好粮食生产，重点抓好肉、禽、蛋、奶、果、蔬等主要“菜篮子”品种的生产。对拉动居民消费价格上涨影响权重大的粮食、食用植物油、蔬菜、水产品等商品，农业、粮食、商务等相关行业主管部门引导生产者和经营者，特别是规模以上生产者和经营者加大市场投放力度。执行粮食最低收购价政策，继续实行鲜活农产品运输绿色通道政策，对整车合法装载鲜活农产品的车辆继续免收通行费。加强市场监管，维护正常的市场价格秩序。开展节日市场价格检查。紧紧围绕“菜篮子”“米袋子”“油瓶子”等民生重点领域和商品，开展价格监测工作，2016年共上报价格监测数据16624条，其中：城市居民食品零售价格8680条；城市居民日用工业品零售价格6324条；城市居民服务价格类360条；成品粮价零售价格1240条；进出口商品价格22条，同时每月按时完成市场价格分析报告一篇，为市委、市政府科学决策提供详实价格分析材料。据国家统计局防城港调查队调查统计，1—12月防城港市居民消费价格呈小幅上涨态势，居民消费价格指数比2015年累计涨幅为1.1%，比自治区下达的调控目标3%低1.9个百分点，居民消费价格指数比2015年累计涨幅位居全区第14位。

【价格管理与改革】 2016年，防城港市制订出台实施西气东输长输管道燃气价格，大幅度降低居民用气户和实体经济企业的经济负担。经反复测算，多次修改后提出燃气价格方案，经市人民政府同意后，上报自治区物价局批准，于8月16日开始实行长输管道燃气价格。居民生活用气实行阶梯价格，第一阶梯由原来的4.80元/立方米降低为3.21元/立方米，降幅达33%。非居民用气由原来的5.20元/立方米降低为最高限价4.17元/立方米，降幅达28.10%，以上气价均为全广西最低价格。同时制订容量气价和小区工程安装费合计新定标准为2300元/户。此后新建楼盘新签定合同购房户由开发商支付给燃气经营企业，免除用气居民长期以来不合理的费用负担；加强城市供水价格管理，全面实行居民用水阶梯价格。一是建立健全居民用水阶梯水价制度。港口、防城两城区于2016年1月1日起实行居民生活用水阶梯价格；上思县和东兴市做好前期各项准备工作，于2016年11月下旬召开居民用水阶梯价格听证会，2016年年底前出台阶梯水价实施方案，按时完成国务院实行最严水资源管理的工作任务。二是化解供水价格矛盾。取消东兴市自来水价格中的价格调节基金，对工业用原水价格积极开展调查研究，尤其是个别重点工业企业如金川公司、宏源纸厂的用水价格纠纷，及时进行协调处理。做好糖料蔗收购价格监管工作，保证蔗糖生产的正常秩序，及时贯彻落实自治区制订的糖料蔗收购价格政策，在广泛征求意见的基础上认真确定良种加价品种和劣质淘汰品种，积极配合有关部门督促检查制糖企业按时兑付蔗款，切实保障蔗农的切身利益；在深入调查研究的基础上，广泛征求各方面意见，向市人民政府提出新榨季糖料蔗收购价格建议，经批准后上报自治区物价局批准执行。深化电力体制改革，进一步完善防城港市小水电上网电价形成机制，根据小水电上网电价实行标杆电价制度的规定，重新审批板江、山口、牛轭滩等电站技术改造后的加权平均上网电价，并清理停征小水电上网电价中的价格调节基金，保障发电企业的合理收入。

【收费管理与收费改革】

对污水处理费的收费标准进行调整 2016年，防城港市根据自治区文件精神，将非居民污水处理费从现行的1元/立方米提高到1.4元/立方米，于2016年10月1日起执行，市本级两城区和各县（市、区）及重点建制镇污水处理费均调整达到国家规定的最低标准。

降低行政事业性收费 2016年5月5日，防城港市物价局与财政局联合下发《关于做好降费工作进一步降

格的人才队伍；抓好单位和农户清查摸底工作，为普查正式入户登记明确目标方向和提供参考；抓好宣传动员工作，为普查营造良好的社会舆论氛围。市农普办根据工作需要制订相应的工作规划，建立有关工作制度，下发有关的工作文件通知，召开多次普查办主任会议部署工作，根据工作需要对县区进行多次的工作督查和检查，确保普查各项工作按期推进。

【统计规范化建设】 2016年，防城港市基层统计工作得到明显加强，统计工作规范化进一步提升，防城区统计局荣获“2016年广西县级统计工作规范示范单位”，港口区光坡镇人民政府、防城区珠河街道办事处、防城区十万山瑶族乡人民政府、上思县平福乡人民政府、东兴市东兴镇人民政府5个单位荣获“2016年广西乡级统计工作规范优秀单位”。

【统计信息化建设】 2016年，防城港市统计局结合统计工作需要，加强网络安全保障工作，完善健全网络安全和信息化系统安全组织领导机制，部署防入侵、防攻击、防篡改等相关安全设备对接入统计业务网的终端计算机进行统一管理和集中监控。对办公系统进行完善升级并延伸至县一级，在统计系统内实现电子化和无纸化办公。继续完善“一套表”软件平台运行维护管理，实现全市统计系统内部网站的统一部署、统一管理和分级维护，提升网站内容管理和安全保障水平。

【统计方法制度改革】 2016年，防城港市统计局主动跟进改革新要求，做好重点领域统计改革。开展“三新”专项统计调查，严格按照上级统一部署安排，推进“三新”统计工作，及时、全面、动态监测和反映防城港市“三新”发展状况和趋势。推进能源统计改革，拓展地区能源平衡表编制资料渠道，开展环境领域综合资料的收集和整理。推进“一套表”调查单位管理改革，确保“一套表”调查单位数据上报及时准确。拓展企业“一套表”联网直报范围。完善基本单位名录库建设，利用第三次全国经济成果全面更新基本单位名录库数据，名录库维护工作实现五级在线维护。

【统计优质服务】 2016年，防城港市围绕全市经济社会发展工作目标，加大经济运行分析力度，加强统计监测和预警判断。全市统计系统撰写的统计信息，获国办采用2篇，国家统计局信息网采用1篇，自治区政府办采用8篇、自治区统计局采用121篇、市政府办采用15篇。《防城港市一季度经济运行情况存在问题及下步措施》和《防城港市民间投资情况存在问题及建议》2篇获国办采用，《浅谈2015年全国1%人口抽样调查存在问题及建议》获国家统计信息网采用。针对第三季度第三产业持续放缓，撰写的《当前全市经济运行情况及前三季度经济运行走势预判》报送市政府。第四季度针对工业运行和全年GDP核算指标完成情况和存在问题，及时梳理分析，就如何完成全年工作目标提出针对性较强的对策建议，得到市领导的高度肯定。在提供数据预警、信息分析的同时，加强统计教育培训工作，全年分别分期举办全市统计工作业务培训班和全市企业统计人员统计业务培训班。

【统计质量提升】 2016年，防城港市贯彻落实中央、自治区和市领导关于统计工作的重要指示批示精神，以及中央深改组《关于深化统计管理体制改革 提高统计数据真实性的意见》，将统计数据质量作为统计工作的重中之重。贯彻《自治区统计局关于贯彻落实国家统计局关于开展“数据造假以数谋私”专项治理工作的通知》精神，扎实开展重点核查工作，3月上旬，由市统计局领导带队组成核查小组深入到各县（市、区）及有关企业进行重点核查。加大统计执法和统计数据质量检查力度，由局领导带队组成检查小组到四个县（市、区）统计局进行现场核查。严格执行国家各项统计调查制度，组织实施GDP核算、综合、农业、工业、能源、投资、贸易、房地产、人口、劳动工资、城市、住户、建筑业、服务业等多项业务统计。

经济社会调查与监督

【概况】 2016年，国家统计局防城港调查队在市委市政府和广西调查总队的正确领导下，认真贯彻落实习近平总书记等中央领导人对统计工作的重要批示指示精神，深入开展“两学一做”学习教育，以数据质量为中心，以优质服务为主线，以规范化建设为抓手突出重点，狠抓工作落实，各项工作取得新的成绩。

【经济社会调查与监测】 2016年，国家统计局防城港调查队组织实施城乡住户调查、工业生产者价格、采购经理、农民工监测调查等17项常规调查业务。8月，正式启动全市住户调查电子记账试点工作。在广西调查系统2016年单项工作考评中，专项调查、全区党风廉政建设民意调查获得二等奖，规模以下服务业抽样调查、农民工市民化监测调查、劳动力调查、信息化建设工作获得三等奖。

【统计信息化建设】 2016年，国家统计局防城港调查队有序推进住户调查电子记账试点工作，积极探索新手段在调查工作上的应用。住户调查电子记账试点工作得到各方面的帮助和支持。一是得到总队的悉心指导，总队收支处年内2次到队进行业务指导，提升国家统计局防城港调查队业务人员水平。二是得到南宁调查队鼎力相助，国家统计局防城港调查队3次到南宁市学习交流电子记账业务工作，并免费租用南宁市住户调查电子记账平台。三是得到地方政府的大力支持，市政府秘书长林春胜参加电子记账启动仪式并作工作动员，市财政局、市农委、市统计局、市人社局等住调办成员单位派有领导参加启动仪式。8月，电子记账试点工作在三个住户调查网点正式启动。

【统计法治建设】 2016年，国家统计局防城港调查队通过邀请专家现场授课、开展全员培训考试、设计印发彩色宣传手册、短信平台、以会代训、微电影等方式和途径向近2000人次宣传统计法规相关知识，并向调查对象发放《统计调查事务告知书》超过700份；全年开展4次统计执法检查，对工业生产者价格调查、规模以下服务业抽样调查、采购经理调查和规模以下工业抽样调查等12家企业进行执法检查，有效维护统计法尊严，保障数据质量。

【调查信息服务】 2016年，国家统计

局防城港调查队累计向防城港市委、市政府、市领导、市“两办”及有关部门编印报送《调查信息》25期、《调查报告》10期、《防城港CPI专报》11期，均比2015年同比有所提高，其中，《总体满意度全区第二位投资环境优化成效显著——2016年防城港市投资环境监测调查报告》受到重视，被市委书记金湘军在全市绩效考评工作总结部署会上引用。此外，在确保完满完成国家和总队调查任务前提下，承接多项地方委托调查，接受市政法委、绩效办等部门的委托，开展群众安全感、绩效考核群众满意度等专项调查。

质量技术监督

【概况】 2016年，防城港市质监系统贯彻落实市委市政府和自治区质监局的决策部署，坚持以服务地方经济发展为宗旨，以改革创新为主调，以质量工作为主线，围绕市委市政府中心工作，主动贴紧企业和人民群众的实际需要，全面履行综合管理、行政执法、安全监察职能，为促进全市经济发展，推动边海经济带建设做出积极贡献。全年办理行政审批事项6893件(台)，全部在承诺时限内办结，行政审批工作及时率为100%，行政服务工作差错率为0，案件结案率为100%，顾客满意率为100%，行政执法及时率为100%，行政执法差错率为0，无引起行政复议或行政诉讼的案件。

【质量兴市战略实施】 2016年，防城港市质监局充分发挥市质兴办组织、协调、服务的作用，牵头做好2016年度质量兴桂考评各项工作；根据机构改革和人事调整，及时做好质量兴市领导小组成员调整工作，确保质量兴市工作落到实处。组织市重点企业向自治区质监局报送一至四季度工业企业产品质量指标，促进企业质量信息更好地为各级政府和有关部门宏观管理和决策提供依据。不断开展“市长质量奖”的宣传和推广工作，引导企业追求卓越绩效，提高质量管理水平。

【质监体制改革】 2016年，防城港市质监局结合实际牵头起草制订具体改革工作实施方案，并两次发函向各县(市、区)人民政府、市直各有关单位征求修改意见，配合市政府组织相关部门召开协调会，对整合检验检测机构实施方案进行研究讨论。12月20日，《关于深化质量安全监管和检测体制改革工作的实施意见(送审稿)》呈报市人民政府审批。

【质量安全监管】 特种设备安全监察 2016年，防城港市组织召开全市特种设备安全监察工作会议，全面部署特种设备安全工作。制订印发《防城港市2016年度特种设备日常监督检查计划及重点监督检查使用单位目录》，明确全年的特种设备安全监察具体工作和重点单位。建立特种设备安全警示约谈工作制度，开展约谈工作成效显著。根据特检机构或其他线索反馈的特种设备隐患情况，对93家特种设备使用单位开展特种设备安全警示约谈工作，通过警示约谈，进一步督促特种设备使用单位加强安全管理。配合完成“4·16”广西渝桂化工生产安全事故应急救援处置、调查及后处理相关工作。扎实做好全市特种设备安全专项整治和安全大检查，对重点项目、重点场所特种设备使用单位监督检查367家次、检查特种设备1547台，下达安全监察指令书83份，有效消除安全隐患665处。

消费品安全监管 2016年，防城港市认真开展消费品质量提升活动，进一步加大产品质量监督检查，落实企业主体责任，产品质量明显提升。年内，自治区质监局开展全区红木家具产品质量监督抽查，防城港市共抽样34个，合格率达100%，较上年提高66.7个百分点。开展获证企业后续监管工作，制订工业产品和食品相关产品获证企业后续监管计划，落实分类监管措施，加强日常巡查。开展危险化学品生产企业专项整治，共检查危险化学品生产企业21家。

商品包装监管 2016年，防城港市开展商品计量定量包装、商品过度包装监管工作，切实维护春节、中秋、国庆等重要节假日期间市场的良好计量秩序。加强农产品收购用汽车衡和医用计量仪器检定计量监督管理，有效维护公平交易及确保医用计量器具准确有效。结合“5·20”世界计量日活动，开展市区群众家庭水电表、煤气表免费检测服务活动，举办实验室开放日活动，并邀请企业、群众代表就民生计量工作开展座谈，提高民众对计量工作的知晓率。免费检定全市各县(市、区)11个集贸市场和乡镇卫生院的计量器具共4000多台件，减免费用20多万元，同时为我工业企业做好检验检测工作，检定/校准计量器具16478台件，检验样品188批次。

【标准化监督管理】 2016年，防城港市政府出台《防城港市深化标准化工作改革方案》和《防城港市标准化协调推进局际联席会议制度》，充分发挥市标准化协调推进局际联席会议办公室的统筹协调作用，加强部门协同，合力推动标准化建设。积极开展标准制订和“标准化良好行为”创建工作，鼓励、引导企业积极参与相关标准的制(修)定工作，增强企业创新经营意识。深化标准化工作改革，为企业减负。借鉴上海经验，探索开展企业产品和服务标准自我声明公开工作。全市共有42家企业84项执行标准在国标委网站企业产品标准信息公共服务平台进行自我声明公开。加强标准化组织机构和队伍建设，举办全市建立和完善标准体系工作培训班，有效提升相关行政主管部门和生产经营企业标准化意识和能力。年内，发布首个市地方标准《十万山牛大力技术规范》及《红火蚁毒饵法防控技术规程》等5项广西地方标准。指导企业制订的市首个国家标准《改善耐蚀性能热轧型钢》获国家质检总局批准发布，将于2017年7月1日正式实施。获批创建国家级标准化试点(东兴镇竹山村美丽乡村建设项目)1个、自治区级社会管理和公共服务标准化试点(甘蔗气象社会管理和公共服务标准化)1个、自治区服务业标准化试点(百果香山庄乡村旅游标准化试点)1个。在全区率先开展事业单位(市社保局)“标准化良好行为机构”试点工作。

【认证认可监督管理】 2016年，防城港市做好认证认可监督管理工作，共监督检查机动车安全检测机构7家，食品、建材、环境等行业检验检测机构22家。开展食品、农产品有机认证专项检查，为推进防城港市高科技服务业健康发展保驾护航。牵头做好十万山牛大力地理标志产品保护申报的各项工作，推动市政府成立申报领导机构并印发申报方案以及组织召开申报动员会。组织市文化委、电视台和文联等相关部门多次深入十万山区挖掘十万山牛大力历史渊源和佐证材料，协调市农委制订防城港市第一个地方标准《十万山牛大力生产技术规程》，动员种植户积极参加各类产品展销会，并专门制作十万山牛大力电视专辑。

【行政执法】 2016年，防城港市制订印发法治质监建设要点，明确全年法治质监建设工作任务和措施。开展行政执法公示工作，制订印发行政执法公示制度和实施方案，成立行政执法公示领导小组，确保行政执法公示工作有序开展。落实“双随机、一公开”监管措施。开展执法主体清理工作。开展农资、重点消费品、婴幼儿及儿童纺织产品、特种设备、危化品、计量器具等专项执法打假行动，共出动执法人员680多人次，检查生产、销售企业410多家次，处理行政处罚案件8起，罚没款5.94万元，查获涉案产品货值2.67万元，挽回经济损失20多万元。

【品牌创建活动】 2016年，防城港市围绕《中国制造2025》，以提升市场有效供给为目标，结合市支柱和名优特色产业，制订品牌发展规划，进一步加大对制造业、农产品、服务业等行业领域的品牌培育、扶持工作，鼓励优势企业积极参与品牌创建活动。通过品牌创建活动，提高企业质量管理水平，促进经济结构转型升级。扎实开展2016年名牌产品效益调查和品牌跟踪服务工作，引导企业建立健全品牌管理制度，建设企业品牌文化，加强品牌宣传，提升市品牌形象和品牌效益。同时，会同工商、商务等部门开展打假治劣活动，为名优企业、名牌产品保驾护航，有力地保护名优企业、名牌产品的合法权益，维护名优企业正常的生产经营秩序，促进品牌经济的健康发展。年内，防城港市市华润水泥（上思）有限公司等7家企业的8个产品荣获2015年度广西名牌产品称号，名牌数量再创本市历史新高；防城港江山景区管理有限公司等3家企业荣获第二届广西服务业品牌称号，实现防城港市服务业品牌零的突破，并在全自治区质量大会上获得表彰。防城港市十万山牛大力国家地理标志产品申报材料已顺利通过国家质检总局预审和自治区质监局初审，将有望成为防城港市继“防城金花茶”之后第2个获国家质检总局批准的国家地理标志保护产品。

【质监宣传】 2016年，防城港市质监局主办防城港市“质量月”活动启动仪式暨卓越绩效模式专题培训班活动，并组织开展“阳光纤检进校园”“实验室公众开放日”等一系列活动进行质量宣传。全年共撰写各类质监工作宣传信息166篇次，在广西金质网、防城港日报、防城港新闻网等媒体发表26篇次，在市政府门户网站质监局子网站、政府信息公开平台发布125篇次，同时还完成市政府下达的2016年政务信息任务，为质监工作服务地方经济发展营造良好的舆论氛围。

【质监队伍建设】 2016年，防城港市质监局制订印发深入开展“两学一做”学习教育实施方案，召开动员部署会议，成立协调工作小组，结合质监系统特点，通过开展理想信念教育、党性党风教育和纪念长征胜利80周年专题教育，使全体党员进一步打牢践行“两学一做”的思想基础，提升党性修养和道德修养。组织开展党员组织关系集中排查、基层党组织按期换届情况专项检查、党组织规范化建设和党费收缴工作检查等7项重点工作，进一步加强基层党组织建设。狠抓党风廉政建设责任制落实，局党组与机关各科室、直属机构、技术机构签订《党风廉政建设责任状》，做到党风廉政建设和反腐败工作与质监业务工作同部署、同推进、同考核、同评价。坚持把纪律和规矩挺在前面，把严明政治纪律和政治规矩摆在首位，进一步落实党风廉政建设责任制，严格责任追究制度。年内，全系统共有6人分别当选防城港市党代表、人大代表、政协委员；其中市局1人在第三届全区“人民满意的公务员”和“人民满意的公务员集体”表彰中获记全区一等功公务员（全自治区质监系统唯一一名）。

食品药品监督管理

【概况】 2016年，防城港市食品药品监管系统落实“四个最严”工作要求，深入开展日常监管与专项整治工作，实行全过程监管，全市食品药品安全总体态势继续稳定向好，年内，辖区内未发生特别重大、重大级别食品药品安全事件。

【食品药品监管体制机制建设】 2016年，防城港市市、县、乡各级政府层层签订年度食品安全责任书。解决县乡基层执法机构参公管理问题，县乡两级执法机构招考52名公务员，乡镇监管机构执法人员到位率88.5%，比自治区平均水平高1.8%。各县（市、区）建设一批标准化乡镇监督所，完善内部管理制度，推行执法工作标准化。乡镇街道建立监管对象基础数据库，统筹监管执法人员，实行驻点和跨乡镇区域执法，消除监管盲区。年内，各基层食药监所共开展日常巡查4200家次，办理行政审批现场核查、许可1252件。社区、行政村配备食品安全协管员993名，建立起纵到底、横到边的监管网络体系。

【深化食品药品安全综合治理】 2016年，防城港市着力整治食品药品安全薄弱环节，对56家食品添加剂磷酸、饮用水、电商等重点企业进行告诫约谈，对181家违法违规食品药品生产经营企业责令整改，排查食品药品安全隐患93个。深入开展肉制品、食用植物油、水产品、学校及校园周边食品安全、保健食品和美容美发等专项整治行动。出台食品小作坊、食品摊贩、小餐饮店综合治理工作方案，逐步推动食品摊贩的集中化管理，对食品安全保障条件不达标的单位实施重点跟踪整改，责令整改小摊贩小餐饮35家，取缔10家，备案登记食品加工小作坊45家。

【药品监管】 2016年，防城港市落实全局联合办案机制，推进行政执法与刑事司法相衔接机制，使严惩重处食品安全犯罪行为成为食品安全治理新常态。全年检查“四品一械”企业7304家，查处食品药品违法案件107起，罚没款总计75万元，将4起涉嫌违法经营案件移交司法机关处理，有力地震慑违法分子。

【食品生产环节监管】 2016年，防城港市全市有107家食品生产企业实施食品质量安全授权人和企业信息公示制度，基本涵盖高中风险企业，实现对食品生产加工质量安全的可监控、可查询和可追溯。加强食品生产日常监管，运用现场检查仪、快速检测等装备，采取飞行检查、督查等监管方式，提高监管效能，全年使用现场监督检验系统检查获证生产企业145家，检查覆盖率达100%，立案查处12起违法食品生产企业。

【食品流通环节监管】 2016年，防城港市严格市场准入关口，在15家农贸市场、大型超市建立食品快速检测室，在醒目位置公示检测情况。开展元旦春节等节假日食品流通、制贩假盐、水产品质量、乳制品、冷冻肉等专项检查工作，检查食品经营户2925家次。与20多家网络交易第三方平台提供者及网络食品经营者签订《网络食品安全承诺书》，规范网络经营食品经营行为，严厉打击网络经营食品违法行为，查处3起网络经营食品案件，其中查处网络销售“覃公本草茶”违法添加药物案件，涉及销售金额达200多万。

【餐饮食品监管】 2016年，防城港市继续推行餐饮环节分类分级评估管理和“明厨亮灶”，完成餐饮单位分类分级综合评估2344家，其中评定为优秀41家，良好1184家，一般1119家，良好优秀率比2015年提高11%，完成“明厨亮灶”350家。开展网络订餐、旅游景区餐饮整治活动，继续做好农村集体聚餐报告工作，收到农村聚餐报告450起。履行重大活动重要接待餐饮食品安全保障职责，先后完成“乐游广西”等81次食品安全保障任务。

【药品生产(GMP)、经营(GSP)质量管理规范】 2016年，防城港市在药品生产环节开展特殊药品原料使用、药品生产企业委托检验等专项检查，对药品生产企业30种原辅料进行抽检及核查，完成品种检查覆盖率100%。在药品经营使用环节，开展药品零售企业GSP跟踪检查、含特殊药品复方制剂、冷藏药品等专项检查，开展药品领域“双打”工作，检查零售企业404家，责令整改32家，整改督查率100%。

【医疗器械监管】 2016年，防城港市抓实医疗器械生产、经营、使用环节日常监管工作，检查医疗器械生产、经营、使用单位316家，限期整改68家。加强医疗器械流通领域经营行为整治工作，建立经营企业分类分级监管管理档案，查处案件2起，查扣医疗器械45个品种。

【规范保健食品化妆品经营行为】 2016年，防城港市开展为期8个月的保健食品“蓝健行动”，对40家重点单位落实企业主体责任、经营行为等情况开展监督检查，对灵芝、鱼油等为原料的10批保健食品进行专项抽检，抽检合格率100%。与工商部门联合开展美容美发场所化妆品专项整治工作，检查美容美发场所135家，抽检化妆品216批次，查扣(封)涉嫌违法违规化妆品42瓶，实施行政处罚2起。

【开展非法经营疫苗案件查处工作】 2016年，防城港市按照国家局、自治区局查处山东非法经营疫苗工作要求全面开展排查工作，检查药品批发零售企业329家，疾控中心5家，医疗机构465家，发出协查函2份，授受外市委托协查4家次，未发现有问题疫苗。

【学校、幼儿园、午托班食堂专项治理】 2016年，防城港市在春季、秋季开学后对全市555家中小学校食堂进行检查，全市中小学校食堂持证率达97.7%。联合教育、住建、工商、安监等部门联合整治幼儿园、午托班食堂，下发监督意见230份，责令整改67份。

【加快食品药品检验检测体系建设】 2016年，防城港市基本完成市食品药品检验检测中心项目前期工作。市食品药品检验所顺利通过重金属、农药残留等200多项的扩项资质认定，具备辖区食品检验检测能力，开展月饼、消毒餐具、海产品等品种的监督抽检和企业委托检验，出具检验报告48份。扎实推进县级食品检验资源整合，上思县基本完成食品检验检测实验室改造工作。加强乡镇(街道)食品药品监督所快速检测能力建设，承担辖区重点食品品种的快检工作，全年开展食品快检4101份。

【食品药品监督抽验工作】 2016年，防城港市对全市食品生产、经营和餐饮等环节重点品种、重点场所和全市获证食品生产企业进行全覆盖抽样。全市食品专项抽检任务255批次，完成271批次，完成全年任务106.3%，合格率94%；食用农产品抽检任务960份，完成980批次，完成全年任务的102.1%，合格率98%；药品医疗器械监督抽检任务155批次，合格率97%。开展餐饮环节抽检67批次、保健食品抽检50批次、化妆品抽检40批次。加强风险监测工作，收到国家抽检报告书37份，不合格报告5份，在规定时间内处置5份，风险监测收到报告书14份，问题样品1份。对强化不合格样品处置，确保不合格品后处理率达100%。全市食品抽检工作被自治区局评为食品抽检工作突出单位。

【食品药品行政审批工作】 2016年，防城港市继续推进食品药品行政审批一体化改革。市本级减少审批层级，由原来7个审批环节减少到3个，简政放权，下放与群众关系密切的食品经营许可等6项行政审批事项。23个乡镇监督所接受县局授权开展政务服务工作，占全市乡镇数的80%。全市办理行政许可4419件。

【推进自治区食品安全城市创建活动】 2016年，防城港市市委、市政府将创建食品安全城市试点工作列入全市年度重点工作，食品安全城市建设取得阶段性成效。组织开展农资打假、打击食品非法添加等检查，取缔一批“黑窝点”“黑作坊”，查处一批食品违法违规案件。落实食用农产品质量安全管理制度，推进“三品一标”认证工作，认证产品26个，通过“三品一标”认证的水产品面积占养殖总面积的比率达到65%，规模养殖场获得无公害认证的比率达到80%。社会共治格局初步形成，成立食品安全专家库和食品安全应急队伍，充分发挥“12331”食品药品投诉举报服务热线惩治食品药品违法行为，“12331”投诉举报中心受理投诉举报213起，立案21起。

【不良反应监测工作】 2016年，防城港市继续加强药品医疗器械不良反应和事件监测绩效工作的管理力度，全年上报药品不良反应监测报告任务

1272 份，完成自治区下达任务 505 份的 251.8%，其中新的严重病例 972，占 52.8%；医疗器械不良事件报告任务 101 例，完成 923 份；化妆品不良反应监测报告任务 23 例，已完成 284 份。药品不良反应新重占比、医疗器械不良事件和化妆品不良反应监测每百万人口完成率均排名全自治区第一名。

【边境地区食品药品专项整治工作】 2016 年，防城港市创新边境地区食品药品安全长廊建设，加强对进口食品代理商日常监管，85 家进口食品经营者向食品药品监管部门提交进口食品经营安全承诺书。突出抓好食品药品安全专项整治活动，集中整治、重拳打击各种来源不明、未经检验检疫的重点食品。在边境地区查获未经检验检疫的问题猪肉 335 千克，依法扣押无中文标示越南酸奶 9814 盒（瓶），不符合标签标识规定预包装进口食品 88 件。

烟草专卖管理

【卷烟打私工作】 2016 年，防城港市烟草局运用行业支持政策，把卷烟打私工作推向深入。根据国家局、区局打私工作要求，始终把卷烟打私列为全局工作的重中之重，遵循“清市场、守国门、堵通道”方针，全面细化落实一靠机制、二靠奖励、三靠管理的措施，协同区局打私总队，在边境封堵、稽查现货、经办大案、市场监督、综合治理五个层面深入开展打私斗争。一是将行业打私要求与防城港市打私工作对接，烟草打私得到市政府的高度重视和支持，由市长担任组长的市打击走私综合治理工作领导小组把卷烟列入反走私的重点商品，在组织架构、专项行动、综合治理等方面加强市政府对烟草打私工作的领导。二是在防城港市反走私工作责任制的基础上，利用行业支持政策，与海关缉私、公安、海警、边防等执法部门建立或者更新、完善打私联合机制，强化信息交换、行动配合、案件流转、后勤保障等方面的协作，进一步提高打私协作的效率。三是加强烟草专卖队伍建设，在机构设置、人员配置、劳动组织与考核竞赛等方面适应斗争的需要。四是全局上下一心支持打私工作，各部门、各序列干部员工识大体、顾大局，全方位为打私工作服务。经过“百日行动”和“国门利剑 2016· 防城港”专项行动的深入开展，全市共查处涉烟走私违法案件 770 起，其中案值在 5 万元以上的案件 434 起，符合国家局、公安部标准的网络案件 4 起；查扣走私卷烟 30189 万支，比上年增加 22976 万支，增幅 319%，占全区比重达 68%；刑拘 66 人，逮捕 21 人，判刑 26 人。成功破获“8·1”“11·9”“1·23”“3·17”“4·21”“5·10”等多起有重大影响的涉烟国标网络案件，“8·1”“3·17”“5·10”三起案件被列为部督案件。其中“3·17 案”涉及全国 10 余个省份，涉案金额上亿元；“5·10 案”现场查获各类假冒伪劣卷烟 88 万支，货值 160 多万元。烟草打私工作得到国家局、区局和市政府的肯定。

【卷烟销售】 2016 年，防城港市烟草局细化营销服务措施，努力稳销量上结构。防城港卷烟市场长期处于饱和状态，销量走势仍处于触顶回落通道上，税利增长继续面临困难和压力。对此，市局（公司）把完成年度卷烟经营目标任务作为硬指标，全力以赴开展营销活动。一是加强计划实施管理。将全年销售目标任务分解到每个县级营销部，同时配套做好每月销售计划和货源投放安排，并将计划细化到每一周每一天，每日跟踪订单情况，查漏补缺，全市共销售卷烟 39107 箱，全面完成年度任务。二是深挖市场消费潜力。以开展“消费者在哪里，我们就到哪里”营销活动为契机，深入市场末梢，加强对流动人口的跟踪，摸查工程项目开工消费人口增量和外地看房团流动人口增量带来的需求变化，及时布局新的零售点，及时提供营销配送服务，一点一滴地捕捉市场机会。三是有序提升结构。一、二类烟占比 34.26%，比上年提升 0.13 个百分点；三类烟占比 47.29%，比上年提升 2.12 个百分点；四类烟占比 11.34%，比上年减少 1.45 个百分点；五类烟占比 7.06%，比上年减少 0.83 个百分点，有力拉动结构提升。全市实现单箱销售额 27666 元，比上年增加 641 元，增长 2.4%；实现税利 25044 万元，比上年增加 122 万元，增幅 0.49%，其中利润 7354 万元，降幅 22.97%。四是加强货源组织和品牌培育。客户订单满足率和订单成功率分别达到 93.1% 和 99.8%，在全区保持较高水平；10 元以上“真龙”品牌占比和结构在全区继续领先。引入黄金叶乐途等 31 个新品，退出 17 个非适销品牌规格，品牌培育成效明显。五是继续推进终端建设。按“边建设边巩固、边巩固边提升”原则打造完成现代终端户 712 户，占全市客户的 15%，完成区局下达的任务。上思局（营销部）在品牌上柜宣传、终端维护、客户银行卡逾期还款风险提示等方面预先策划、细致实施、落实结果，客户服务工作明显进步。东兴营销部实施客户评价，将评价结果应用于货源分配，做出有益的探索。六是开展物流现场改善，加强卷烟配送工作，卷烟配送从“配送到户”向“配送到柜”延伸，从“赶时配送”向“沟通式配送”转型，送货到户率 100%，送货及时率 100%，送货准确率 100%。

【卷烟市场监督】 实施规范经营综合治理，市场状态明显好转。2016 年初，防城港市部署开展改善零售点布局、改善货源供应、改善自律小组建设和营销服务，加大无证批发和无证零售的检查频度、检查力度、处罚力度的规范经营综合治理，市场状态逐步好转。卷烟货源供应严格控制大户，12 月在全市平均购进量 5 倍以上的客户数 60 户，占全市总客户数的 1.26%，其中千条户 8 户，占全市总客户数的 0.17%。学习南宁、百色市局等单位“三位一体”终端建设先进经验，转变观念，改善执法环境和营销服务。市管员启动 APCD“精准分析、科学计划、独立巡访、集中检查”工作模式，提高分析和检查的有效性。全年共查处无证经营案件 447 起，比上年同期增加 124 起、比 2015 年增幅 38%。集中力量开展元旦、春节、清明、五一、中秋、国庆市场清理整顿专项行动和“雷霆”专项行动，全市共查处市场案件 541 起，查扣违法卷烟 501 万支，其中“4·21”案符合国标案件标准。持证户守法经营率、持证经营率、条价吻合率明显提高。特别是城区局二所辖区的市场“三率”明显上升，查办市场案件数量明显上升，专卖员工作状态明显上升，规范经营综合治理取得明显效果，市场监管工作进步明显。从 7 月起，全市所有的新办许可办结时间均在 16 个工作日之内，其中在 10 个工作日内的占新办准予许可总数的85%以上，平均时限为9个工作日，最短办结时间为2个工作日。强化内管监督，实地核查重点客户464户/次，一年来未发生5万元以上真烟外流案件。

【烟草企业管理】 2016年，防城港市烟草局开展标准化工作，建立企业目标指标体系，发布综合基础性标准、管理标准、功能归口标准共100个企业标准，初步搭建起防城港烟草企业标准体系架构。持续推进精益改善研究和员工创新性活动，激发员工的主动意识，培养员工的创新能力。完成有一定质量的QC课题3项，一点课34件，77名员工提出138项合理化建议。城区局(营销部)组织有力，在一线员工中推广BPD-PDCA过程方法，初步体验到目标导向、问题导向、持续改进、可视化等工具方法对提高工作质量和效率的帮助，QC小组活动取得明显进步，其完成的《缩短城区局市场案件查处时间》课题将代表市局(公司)参加区局(公司)的成果发布会。启动定额预算体系建设，严格重点费用控制，有效降低可控费用开支。发挥审计和整顿规范的过程监督作用，强化采购、招标及合同监管，深入推进办事公开民主管理，完善“三个保障机制”和“六禁一控”制度24项，公开事项287条，开展监督事项45项，实现公招率100%，提出风险提示9项，排除风险18项。案卷评查工作的加强和案审岗位法律专业能力的加强，结合绩效考核和劳动竞赛，促进专卖案卷质量明显提高，全区排名大幅提升，在案件数量大幅增长的情况下，比上年行政处罚卷从第10位提升到第6位，许可卷从第14位提升到第4位。城区局案卷质量明显进步；东兴局处罚黄某发销售走私的烟草专卖品一案从证据调查、案件审理、作出决定到申请法院强制执行，定性准确、事实证据和程序证据确实充分、程序合法、裁量适当、处罚有力度、组织有效率，具有典型的指导意义。专卖序列的绩效考核和劳动竞赛有声有色，特别是东兴局敢于拉开绩效工资差距，扩大奖勤罚懒的效果。绩效考核、劳动竞赛有效调动员工工作积极性，同时进一步增强员工对用工分配制度改革的心理承受力，为深化改革提供思想准备和经验积累。法律宣传和监督，开具113次经营管理事项合法性审查，有效防范法律风险。落实安全责任，开展隐患及风险排查和消防疏散应急演练，全年无安全事故发生。工会组织以职代会为主要形式积极参与企业民主管理与监督，在反映员工意见、维护员工合法权益和宣传贯彻行业和本单位重大决策方面，发挥桥梁纽带作用。

安全生产监督管理

【概况】 2016年，防城港市共发生各类生产安全责任事故42起(不含火灾)，死亡17人，受伤42人，直接经济损失18.11万元，事故起数、死亡人数、受伤人数和直接经济损失四项指标分别下降6.67%、10.53%、2.33%和87.37%。非煤矿山、危险化学品、烟花爆竹、农机、水上交通、生产经营性火灾、铁路路外等8个行业领域“零死亡”。全市没有发生较大以上生产安全责任事故。

【安全生产责任体系建设】 2016年，防城港市分别于2月29日、4月18日和6月1日先后召开的五届市委常委会第91次会议、第95次会议和第100次会议。市委书记金湘军在会议传达学习中共中央、国务院有关安全生产文件精神，听取广西渝桂化工“4·16”事故情况汇报和全市安全生产责任体系建设情况汇报，并对当前安全生产应对措施和贯彻落实自治区安委会《关于进一步贯彻落实“党政同责、一岗双责”强化安全生产责任的通知》作出部署、提出要求。在4月21日召开五届市人大常委会第34次会议上，市委书记、市人大主任金湘军听取全市安全生产监管执法工作情况汇报，并对强化安全生产监管执法作出指示。年内，何朝建市长先后多次主持召开政府常务会议，研究部署全市安全生产工作，就加强全市安全生产工作作出30多次批示，推进安全生产各项工作落实到位。严格落实安全生产“党政同责、一岗双责、失职追责”制度，4个县(市、区)、30个乡镇(街道)党委、政府、329个行政村均相继出台相应的党政同责文件，覆盖率达到100%。全市各级各部门各生产经营单位层层签订责任书，形成市、县、乡(镇)、村纵向到底、横向到边的责任体系，确保安全生产在每个层级、每个行业领域、每个环节都有人一抓到底。各行业管理部门、各生产经营单位严格落实安全生产“一岗双责”，印发本单位、本企业安全生产“一岗双责”文件，在责任清单中将安全生产责任制细化到各岗位人员，明确责任范围和职责内容，确保全覆盖、无遗漏。市安监部门坚持将每季度对各县(市、区)及市安委会成员单位履行安全生产监管工作情况分别抄报市委组织部、市监察局和市绩效办，有效推动安全生产责任落实。全市156家规模以上企业实现《安全生产责任体系五落实五到位规定》要求，进一步促进企业安全生产责任体系的健全与完善。

【标本兼治遏制重特大事故】 2016年6月27日，防城港市市长何朝建、副市长张海分别就开展全市标本兼治遏制重特大事故工作作出指示，要求市安委办牵头，商各级各部门按照自治区方案要求，结合防城港市实际情况，拟出实施方案，报市政府审定后以市安委会名义印发。6月29日，市安委按照市政府领导批示，转发《全区标本兼治遏制重特大事故工作实施方案的通知》，要求各县(市、区)安委会、市直安委会成员单位结合本辖区、本行业领域安全生产工作实际，制订工作方案并报市安委办备案。7月11日，市安委办印发《全市标本兼治遏制重特大事故工作实施方案(征求意见稿)》征求各级各部门意见。

【安全预防控制体系建设】 防城港市市委市政府高度重视安全风险预防控制体系建设。2016年2月29日，市委书记金湘军主持召开五届市委91次常委会，会议传达学习中共中央、国务院有关安全生产文件精神，听取全市安全生产工作汇报，对安全生产工作进行研究部署。会议强调，各级各部门要吸取去年天津港特别重大火灾爆炸事故血的教训，举一反三，切实把安全生产各项措施落到实处。要主动适应经济发展新常态，牢固树立安全发展理念。要严格落实安全生产责任制，强化“党政同责、一岗双责、失职追责”。要扎实推进依法治理，着力解决安全生产工作中存在的有法不依、执法不严、监管不力等问题。要加快构建安全生产风险防控体系,突出对危险化学品、水上交通、核安全等重点行业和重点领域、重点部位的安全监管,真正做到防患于未然。要创新安全监管方法,积极打造"互联网+安全生产"模式,提高应急救援指挥平台建设和信息化水平,促进防城港市安全生产良性发展。为贯彻落实市委、市政府关于要加快构建安全生产风险防控体系的部署,市安监局在参观考察学习南宁、柳州建立分行业领域事故隐患分级管控标准和机制成功做法上,5月13日将《防城港市安全隐患排查治理及重大危险源监管信息管理系统建设方案》上报市人民政府,该项工作已进入招投标阶段,待通过招投标后,利用1年半时间,制订、完善防城港市分行业领域事故隐患分级管控标准和机制,对重点行业领域实行差异化、动态化、精准化监管。市长何朝建专题听取市安监局关于安全生产风险防控体系平台建设情况汇报,于5月31日作出批示,从市本级财政中投入200万元作为隐患排查治理平台建设经费。

【安全专项整治】 2016年,防城港市着力整合行业监管、综合监管、属地管理的力量,突出抓好重点行业领域专项整治。

非煤矿山方面:以全面推进企业安全达标升级,强制推行先进适用的技术装备为重点,在露天矿山全面推广中深孔爆破技术、机械铲装设备、机械二次破碎技术。共组织非煤矿山专项整治督促检查8次,出动执法人员和矿山方面专家32人次,抽查非煤矿山39座,责令停产整顿15座,整顿关闭矿山29座;排查安全事故隐患157处,整改155处,整改率98.7%。

危险化学品方面:加强对生产、经营、储存、运输危化企业的安全检查。共检查危险化学品企业152家,其中危险化学品生产企业49家,查出隐患184项;危险化学品经营企业108家,查出隐患202项;共检查烟花爆竹企业17家,批发企业8家,零售单位9家,发现安全隐患45项。

烟花爆竹方面:依法整顿关闭烟花爆竹生产企业,突击检查停产关闭效果。对3家关停企业原厂址进行突击检查,未发现非法生产现象。重点加强高温雨季及重点节假日对烟花爆竹批发企业的安全检查,加大对非法经营户的查处力度。由市安委会牵头,安监、公安、工商、质监、交通运输、城管、当地政府等单位和部门联合行动,开展烟花爆竹安全大检查。累计检查烟花爆竹批发、零售企业423家次,发现隐患153条,惩治非法储存烟花爆竹行为1起,取缔无证经营烟花爆竹零售点45处,收缴非法烟花爆竹产品490件并依法销毁。

职业卫生方面:强化企业作业场所职业危害申报。全市木制家具、矿山、冶炼、建材、机械、轻工、化工等职业危害严重的重点行业、领域的130余家企业,均已完成作业场所职业病危害申报工作。严格建设项目职业卫生"三同时"审查。全市8家企业开展建设项目职业卫生"三同时"工作、25家企业开展职业卫生危害控制效果评价工作。开展职业卫生执法检查。累计检查110家涉及职业卫生危害严重或较严重的企业,查处职业卫生隐患问题348项,均已责令企业限期整改。

水上交通方面:组织内容丰富的安全生产培训,进一步提高防城港市航运企业管理人员安全生产管理水平;开展形式多样的宣传活动,进一步提高人民群众的水上安全知识和事故防范意识;做好防汛抗台工作。重点开展水运企业、货运船舶、砂石船舶、客圩渡船的专项整治工作,进一步规范全市水运行业的经营行为,促进全市水运行业健康有序发展。上半年航务系统共出动检查组15个、人员171人次、开展执法检查21次,检查船舶260艘次,口头警告9次,发放整改通知书24份,使15艘砂石船舶进入办证流程,整治成效明显。

建筑施工方面:共检查在建项目280个。下发整改通知书274份,发出行政处罚通报1份,暂停投标业务2家,约谈企业8家。发现的11起违法建设行为已移交市综合执法局处理。上半年,立案查"三包一靠"违法行为1起,涉及企业1家,罚款103.97万元。挂牌督办"三包一靠"违法行为2起,罚款6.39万元。确保建筑施工领域安全稳定。

消防方面:全面推广消防安全"网格化"管理,在全市集中开展消防隐患大排查、消防产品专项整治、消防宣传教育等活动,对人员密集场所的娱乐设施,安全设施及消防设备进行检查,严防发生群死群伤事故发生。

城市风险排查方面:市政部门加强对城市广场、公园等场所以及儿童娱乐设施进行重点排查,消除存在的安全隐患,确保群众在公园广场内游乐时的安全。对全市范围内的8家燃气企业安全生产进行检查,重点抽检部分液化石油气供应网点及餐饮行业。检查中共发现28个存在问题,并下发限期整改通知书,要求各燃气企业采取有效措施,及时消除隐患,确保安全生产。

港口码头方面:加强日常监管,督促企业做好隐患自查自纠工作,共查出安全隐患453处,现场下达整改通知8份,现已全部完成整改。加强与海事、消防、安监等部门的联合执法,通过联合检查,有效排除安全事故隐患,防范安全事故发生。

旅游方面:旅游行业管理部门对9个景区(点)和1家星级饭店进行突出抽查,重点对一季度检查发现安全隐患的整改情况进行核查。

【汛期安全生产防范】 防城港市委、市政府对防汛抗旱工作十分重视,多次召开会议部署防汛工作,并对防汛抗旱工作作出重要指示。2016年3月31日,副市长、市防汛抗旱指挥部指挥长朱胜勇召集防汛成员单位的主要领导,对防汛形势进行会商,并研究部署防汛工作。各县(市、区)随后也召开防汛工作会议。6月2日,那板水库召开2016年防汛工作会议;6月6日,市委常委、副市长赵强组织参加全区防汛抗旱工作视频会;6月8日,小峰水库和白石牙水库联合召开防汛工作会议;6月14日,市委常委、常务副市长唐铁昂主持召开防御强降雨视频会议。6月15日,金湘军书记结合防城港市实际对如何进一步做好防城港市防御强降雨工作提出明确要求。金书记提出,全市各级党委、政府和防汛办等相关部门要认真贯彻落实自治区党委书记彭清华、自治区人民政府主席陈武、副主席张秀隆重要批示,密切关注天气变化,加强值班值守和重点区域巡查,严阵以待防大汛,落实各项防御措施，确保人民群众生命财产安全。6月17日，市政府76次常务会议传达学习彭清华书记在自治区防汛抗旱指挥部工作座谈会上的讲话和陈武主席在自治区十二届人民政府73次常务会议关于防汛救灾工作的讲话，何朝建市长也对做好全市防汛工作提出具体要求。进入汛期，市委、市政府主要领导、分管领导深入水库、山塘、水电站进行防汛检查。4月14日，市委书记、市人大常委会主任金湘军在相关部门负责人的陪同下深入那板水库实地检查指导防汛工作；5月17日，市委常委、副市长班忠柏先后到小峰水库、榕树头海堤检查防汛工作。5月31日，市长何朝建先后到小峰水库、白石牙水库、检查防汛工作；6月16日，再次到小峰水库、大垌水库、三波水库检查防汛工作。全市各级水利行业迅速组织开展汛期安全隐患排查和整治工作。重点对水库、山塘、电站等蓄水工程、地质灾害隐患点、预警设备运行情况和乡镇、水利水电工程管理及施工单位的防汛责任、防汛预案、防汛抢险队伍等落实情况进行"拉网式"大检查，进一步落实防汛各项责任和措施。年内，检查合格可正常发电的水电站37座，停产整改的水电站4座，完成病险水库除险加固及维修35座。

【强化安全生产执法】 2016年，防城港市安全生产执法监察支队围绕《防城港市安全生产监督管理局2016年度安全生产执法工作计划》《防城港市安全生产执法监察支队2016年度安全生产执法监察工作计划》开展工作，全年下达责令整改10份、整改复查意见书32份，督促企业完成隐患整改158条。分别参与上海阳达"9·30"生产安全事故、盛隆"9·4"煤气生产安全事故，广西豪运物流有限公司"5·12"生产安全事故，渝桂化工"4·16"生产安全事故，盛隆冶金"6·4"生产安全事故，东兴市新海鲜市场"8·27"中毒事故等事故的调查工作，广西惠禹粮油工业有限公司2016年"10·19"安全事故。全年共行政处罚立案11起，其中：事故罚5起，行政罚款242.5895万元，已执行罚款113.4385万元；监管罚6起，行政罚款17.7万元，已执行罚款17.7万元。

口　岸

口岸管理

【口岸开放管理】 2016年，防城港市落实自治区口岸联席会议精神，完善口岸联席会议制度，深入开展口岸"通关便利化"改革，积极推进"三个一"通关改革、通关一体化改革、"单一窗口"建设工作。协调口岸联检部门采取临时方式保障中电、金川等临港大企业正常生产；做好进境水果指定口岸推进优化通关服务工作，抓好口岸、边贸互市点乱收费治理情况。深入开展自查自纠、防微杜渐工作，敦促违纪人员主动交代问题。制订完善一批口岸、互市点管理规定和边贸所各项管理制度，同时将各项税收征管制度上墙，做到公开透明，主动接受社会和群众监督，规范边贸收费"收支"两条线，规范口岸、互市点的管理和收费，促进口岸经济快速发展。1月，广西国际贸易"单一窗口"率先在防城港正式上线运行。自治区领导、市委、市政府领导多次到防城港口岸视察调研，并观摩"单一窗口"操作流程展示，对防城港市推进口岸通关一体化和"单一窗口"运行等工作给予充分肯定。2月，根据国家相关部委的意见，修改完善防城港口岸扩大开放、东兴口岸二桥通道扩大开放、里火边民互市贸易点升格为双边性口岸等有关材料报至国家口岸办，推进口岸扩大开放及升格工作。防城港口岸联检大楼项目主体提前3个月封顶，至年底，完成投资约1.3亿元。

【口岸改革】 2016年，防城港市推动口岸管理体制改革。为更进一步统筹、协调和管理防城港口岸工作事务，进一步理顺口岸管理体制，9月，防城港市商务局牵头草拟《设立防城港口岸管理委员会工作方案》报市委、市政府。

防城海关

【概况】 防城海关（缉私分局）共设有21个科级机构。在编干部职工共194人。业务监管辖区为港口区、防城区（部分）和上思县，辖区共有一类口岸1个、边地贸口岸2个，海关监管场所3个，外驻点监管机构2个。2016年，防城海关（缉私分局）主要业务特点：一是业务量关区最大，监管货运量和税收征管量占南宁关区一半左右。二是监管进出口商品相对集中。以一般贸易大宗散货为主，为广西最大的煤炭、大豆、硫磺、铁矿石进口口岸。三是打私任务繁重，执法环境复杂。

【通关监管】 2016年，防城海关关监管进出口货运量5223.1万吨，位列关区隶属单位首位；监管集装箱11.2万标准箱、进出境运输工具3098辆（艘）次。提升效能严密实际监管：一是深化运输工具、舱单、监管场所、查验"四位一体"物流监控体系，推进边贸规范执法专项整治，加大虚假贸易打击力度。二是强化监控指挥中心实体运作，落实优化监管查验机制要求，研究部署"两简"改革推进；深刻吸取天津港"8·12"事故教训，开展监管场所、保税仓库隐患排查和全面整顿，坚守安全监管底线。三是加强虚假贸易管控工作，及时启动价格质疑程序，定期开展统计监督和异常数据分析。四是提高查验工作效能，落实布控查验"双随机"工作机制，加强预定式布控，全年防城海关查验率为2.3%，查获率15.8%。

【关税征收】 2016年，防城海关税收征管量质并举，1—12月，防城海关关入库税款83.39亿元，占南宁关区税收总额的48.1%。做好基础性治税工作。建立税收监测机制，密切关注国际市场变化情况，强化审价归类与最终发票审核，全年通过审价、归类等共计补税5745万元。优化口岸通关服务，主动应对日益严峻的税收形势，密切关注重点税源商品和重点企业变化动态，及时调整税收工作重点加强税源涵养。三是强化后续管理，全年办结企业主动披露补税作业7起，追补征税款808万元。四是推进加工贸易倍增计划和保税业务开展，保税货物内销征税7.09亿元，比2015年增长18.56%；加工贸易内销征税1.04亿元，比上年增长1.45倍。

【查缉走私】 2016年，防城海关坚持

"两个战场"同步发力，围绕重点商品开展专项惩治行动，加强关警风险联合研判和协同作战，采取"关警联合编队"方式开展专案侦办，在货运渠道连续自主查获并移送缉私侦办"GN1607"走私固体废物案、"GN1613"走私硅铁案和"GN1619"走私大米案等3起大要案。全年共行政立案货运渠道案件80起，案值1.845亿元，补税115.5万元，比2015年分别增长9.9%、8.2倍和2.5倍；开展查缉行动94次，捣毁各类走私窝点30个，查获各类非设关地案件82起，案值约3800万元，查扣大米1200吨、香烟1490.2件、酒7134.4升、冻品225.4吨、汽车3辆、白糖和电脑主板等货物一批。同时，强化反走私综合治理，保持辖区反走私态势总体稳定向好。

【海关业务改革】 2016年，防城海关深化改革取得新成效。主要包括：一是全面实施关检合作"三个一"。2016年，防城口岸"一次申报"报关单23536票，一次申报率为98.8%，企业申报录入项从原来分别申报的169项优化成92项，企业办理查验等候、对货物查验时间均减少50%以上。二是有力推进国际贸易"单一窗口"。加强与其他口岸部门协调配合，进出境船舶申报数据项由原来向海关、海事等联检单位分别报送的194项整合至65项，实现一个平台、一次递交、一个标准。三是持续推进布控查验"双随机"、行政审批"一个窗口""主动披露"等改革工作，以集装箱航线归集为契机，继续推动关区通关一体化，推进企业自报自缴税款改革，做好对接"两个中心、三项制度"改革相关准备工作。

【海关服务地方经济发展】 2016年防城海关主动融入地方边海经济带建设的主基调，创新工作思路和方法，为实现防城港率先打造广西"两个建成"先行区总目标努力奋斗。1—12月，防城港（含东兴）2016年的进出口总值为578.9亿元人民币，比上年上升8.4%，实现逆势高速增长。

持续开展"百千万"走访调研活动 围绕地方、港口和临港工业的发展规划开展调研，对外贸发展症结深入分析并提出对策建议；积极参与地方口岸联席会议，加强在口岸管理、实际监管等方面的交流合作，共同为企业提供优质高效服务；提高海关统计预警监测频率，为地方领导科学决策提供及时准确的信息支持。年内，防城海关主要负责人带头就加强危化品监管、扶持保税物流发展等专题开展走访调研50余次，解决业务疑难问题近百例。

深挖临港工业潜能 继续按照"一船一批"监管模式允许金川项目船舶临时移泊云约江码头卸货，每年为企业节省短程转运成本约7000多万元，帮助该公司争取落实铜精矿结算退税约9200万元，并为其争取铜精矿加工贸易业务获批（全国当时仅批两家），解决阳极泥外发加工问题，为下一步开展铜精矿加工贸易业务打好基础；指导盛隆、金源设立备料保税仓，每年为企业减少物流、货损和税款融资成本等均超过8000万元；推动惠禹、澳加等可延续性、高增值性的粮油产业集群成型；推动防城港渔澫港区402#、500#等新建码头作为涉外码头开展外贸业务。

持续推进加工贸易倍增计划 推动保税监管场所内开展配矿类简单加工业务在关区率先试点实施，以"保税+"解决临港生产型企业供料难题，推动广西首家出口监管仓在防城港获准设立；积极为防城港保税物流中心（B型）项目申报建言献策，自治区人民政府已批准同意申报设立防城港保税物流中心（B型）。全年辖区保税物流进出口货物1671.9万吨、货值102亿元，分别增长1.9倍、31%；备案进口料件价值5.5亿美元，增长6.8倍；

培育新兴贸易增长点 积极推动地方构建开放型经济新体制综合试点试验，抓好进境水果和粮食两个指定口岸发展，提供便捷通关服务措施，同步支持防城港打造冷链物流产业、跨境电商等新兴业态，全力保障防城港至下龙湾旅游航线。

东兴海关

【概况】 东兴海关隶属于南宁海关，正处级。东兴海关缉私分局隶属于南宁海关缉私局，正处级。两单位为南宁关区唯一实行"大党组"的隶属海关及分局，办公地址均在市城区兴东路283号。辖区含防城港市东兴市和防城区峒中镇、那良镇，辖区内国界陆地线长150千米，海岸线长50千米，监管有国家一类口岸1个（东兴口岸）、二类口岸1个（峒中口岸）、边民互市点3个（东兴边民互市贸易区、防城区峒中、里火、互市点）。目前东兴海关内设办公室、通关管理科、物流监控科、查验科、边境贸易监管科2个（一科、二科）、旅检科、稽查科、风险管理科、峒中监管科、技术科、财务科、关务保障科、人事政工科、监察审计室15个，事业单位1个（东兴海关服务分中心，于2016年11月更名为东兴海关后勤管理分中心），2016年末共有干部职工122人。东兴海关缉私分局内设办公室、政工科、法制科、情报科、侦查科、查私科、水上缉私大队7个部门，2016年有干部职工96人。年内，东兴海关及缉私分局在海关总署党组和南宁海关的正确领导下，在地方政府的关心支持下，贯彻落实中共十八届五中、六中全会和全国海关关长会议精神，用科学发展观统领全局工作，严格按照海关"四好"（"把好国门、做好服务、防好风险、带好队伍"）总体要求，针对辖区经济发展实际，推进各项业务改革，全关各项工作取得明显成效，呈现出良好发展态势。东兴海关在2016年1月被南宁海关评为"四好"综合考评达标先进基层单位，东兴海关旅检党支部被海关总署党组授予"全国海关先进基层党组织"称号，被区直机关工委、南宁海关党组授予"进基层党组织"称号等荣誉称号。

【关税征收】 2016年，东兴海关不断深挖税源，强化虚假贸易打击力度，多措并举打好税收"攻坚战"，累计净入库税款5.41亿元，比2015年增长50.6%。东兴口岸进出境人员达716.97万人次，比2015年增长17.5%；口岸监管进出口货物57.6万吨，比2015年增加9.4%，进出口货物总值316.7亿元，比2015年下降11.16%；监管车辆39812辆次，比2015年增加13.1%。互市贸易进出口货运量244万吨、总值210亿元，分别比2015年增长20%、60%。全年向海关申报互市贸易边民284万人次，比2015年增长60%。全年东兴海关在监管区内查获涉嫌走私案件66起，案值1537万元，其中在旅检渠道查获走私冰毒出境案2起共1.88千克，同时对超8万件货物开展知识产权保护措施，净化口岸通关环境。

【查缉走私】 2016年，东兴海关缉私分局结合海关工作实际，积极采取一系列有效措施推动各项工作深入开展，始终保持打私高压态势，辖区走私势头得到进一步有效遏制。全年共查获各类涉嫌走私案件605起，案值约1.05亿元，端掉走私货物过驳囤积窝点53个，查获香烟7707件、酒类3607件、冻品1820吨、生猪1760头、白糖701吨、粮食456吨、高档轿车14辆、毒品1877.88克、乌龟823只、貂皮508条、活体穿山甲87只、食蟹猴10只、疑似枪管2支及其他走私货物一大批，查扣涉案运输工具395辆(艘)，抓获涉案人员243人。东兴海关缉私分局始终坚持将破大案、打团伙作为有效遏制非设关地走私的强效手段，聚焦辖区冻品、粮食、烟酒等重点走私商品，加大刑事执法力度，明确工作重点和任务要求，下达破获案件量化指标，加大情报搜集和经营力度，运用刑事执法手段，深挖走私团伙和幕后老板，坚决对重点地区、重点渠道、重点商品走私实施纵深打击，取得明显成效。2016年，共侦办刑事案件69起，案值13.96亿元，涉税1.79亿元，分别比2015年增长1.5%、73.2%和13.1倍；刑拘104人，执行逮捕82人，取保候审109人，分别比2015年增长20.2%、64%和16%；移诉45案86人，分别比2015年下降19.6%和17.3%；判决60案123人，分别比2015年增长25%和17.1%；侦办“GN”系列走私大要案8起。同时，加强与海关业务部门、缉私办案部门间的信息互通和协作配合，着力构建风险、情报、查私等部门的联系配合机制，加强海关监管区域进出口动态的掌控，强化风险分析布控与情报经营，重点加强对互市渠道、货运渠道、旅检行邮渠道等案件规律、特点的研究，突出对毒品、枪支、濒危物种、固体废物等重点敏感商品以及假借边民互市走私农副产品等违法犯罪的打击，有效提升监管区域主动查发案件的能力。年内，东兴海关缉私分局共立案办理海关监管区内各类走私、违规案件66起，比2015年增长1.5倍，案值1537万元。

【服务地方】 2016年，东兴海关在服务地方经济、促进外贸发展上积极思考，主动作为。年内就互市监管、通关便利化、自驾游开通、缉私等工作向地方政府提供政策研究支持，共向地方政府提交政研建议38条次。以促进互市商品落地加工为抓手推动互市转型升级，提供政策支持和通关便利。年末辖区开展互市商品收购加工企业16家，互市商品保值增值、互市贸易带动加工产业作用初步显现。在口岸推广“天虹模式”。通过提前申报、预约通关、节假日加班验放等方式提供“365天”全天候通关，为企业开展个性化服务显成效，如天虹等集团棉纱进口量大幅增长，进口总货值达4.6亿美元，比2015年增长53%。启动跨境自驾游业务。在东兴国家开发开放试验区框架内，创新形成中越(东兴—芒街)跨境自驾游监管新模式，11月9日正式在东兴口岸启动跨境自驾游业务。五是积极开展扶贫及雷锋志愿活动。组织“爱兴家”志愿服务队及各党支部共开展支教、扶贫、乡村清洁等志愿服务活动24次。

海事管理

【概况】 2016年，防城港海事局以“三化”建设为统领，围绕水上交通安全监管中心工作，按照“11126”的总体工作部署，全面履行海事职责，圆满完成各项目标任务。在航运形势持续低迷、涉水活动更加频繁的不利条件下，水上交通安全形势保持持续稳定，为地方经济社会发展做出积极贡献，实现“十三五”良好开局。全年辖区发生一般等级以上事故0起，死亡人数0人，沉船0艘，组织搜救17起，遇险人数74人，成功救助72人，搜救成功率97.3%。完成PSC检查72艘次，FSC检查102艘次，滞留船舶3艘次。实施海事行政处罚案件共计34件，罚款总额8.66万元，比2015年下降68.4%。港口建设费征收2.6亿元，比2015年下降4.18%。

【海事安全管理】 2016年，防城港海事局以“平安船舶创建”活动为主线，强化现场监督检查，深入查改安全隐患，紧抓源头管理，深化交流合作，确保辖区水上交通安全形势持续稳定，全年未发生一般等级及以上水上交通安全事故，四项指标均为零。全面加强现场监管。扎实开展西湾海上非法载客整治、船舶配员和船员履职检查、危化品水上运输安全整治等专项监管活动，强化对渡口渡船、跨国高速客船、超大型船舶等重点船舶的现场监管，为期三年的内河采砂运砂船专项整治顺利通过广西海事局验收，全年组织开展PSC和FSC检查197次，实施重点船舶监控489艘次，累计巡航里程25000余海里。深入查改安全隐患。以茅岭江铁路桥上游水域为重点，联合钦州海事局对锚泊不规范的砂石船进行排查、清理，在汛期到来前彻底消除此类船舶对桥梁造成的安全隐患。紧抓源头管理。组织检查航运公司61家次，对体系运行中存在重大问题及审核发现重大问题的2家航运公司实施跟踪和附加审核，辖区2艘船舶成功脱黑。加强危防类风险源梳理核查，完善船舶污染类风险源资料，落实企业主体责任和船舶污染风险责任。规范水工项目申报、许可，限制非法水工项目施工，紧抓施工船舶AIS安装工作，指导施工单位联系院校培训施工船舶船员，根据不同施工区域制订有针对性的施工安全维护措施。

【渡口渡船监管】 2016年，防城港海事局开展隐患排查治理专项整治，共排查出各类隐患85项，对公正乡彩林村私渡等19项重大隐患进行挂牌督办，多次向地方政府提出安全管理建议，促使上思县公正乡彩林村传统渡口码头建设完工，辖区渡口已连续十九年未发生水上交通安全事故。

【海事搜救应急处置】 2016年，防城港海事局牵头组织开展水上各种应急搜救行动，成功防抗“银河”“电母”“莎莉嘉”3个台风，确保台风过境期间水上交通零事故、零死亡。积极采取措施，缓解恶劣天气后大型船舶压港，高效处置多起渔排渔船遇险重特大险情。全年组织开展搜救行动19起，成功救助76人，救助成功率97.4%。组织开展核电站水域防污染应急处置和海上搜救志愿者人命救助等演习，参加自治区2016年风暴潮应急演练和军警民边海防应急演练，协助广西海事局开展广西规模最大的海上搜救综合演习。应急机制更加完善。跟踪落实海上搜救奖励与补偿资金发放，进一步激发社会力量参与海上搜救的积极性。充分发挥海事专业优势，主动走访各搜救成员单位，沟通研究未来海上联合搜救工作的方向和举措。联合高校举办市海上搜救中心成员单位海上搜救基础知识和急救技能培训班。

【海事调查与处理】 2016年，防城港海事局推动成立海事事故处理委员会，组织海事调查官及从事事故调查人员开展海事调查官知识更新培训，培训着眼于新生效的法律法规和规章以及海事调查事权调整等实际培训需要，详细讲解海事调查程序，结合典型案例讲解海事调查工作技巧和应注意的事项，并就海事调查工作的新要求进行集中学习。2016年，防城港共发生水上交通事故3起(均为小事故)，水上交通安全形势较上年持续好转，但上半年度辖区江山双墩码头发生一起操作性溢油事故，这是辖区内首次发生溢油事故。为此，防城港海事局从各派出机构抽调海事调查官，展开事故调查，并多次集中开展事故分析会。一方面锻炼调查人员对污染事故的调查处理水平，另一方面积累污染事故调查经验，以便应对各类突发事故。

【海事交流与合作】 2016年，防城港海事局参与中越北仑河管理工作磋商，与越南有关方面初步商定建立“四联合一热线”。强化与钦州海事局、北海船检局等单位的密切合作，采取部门联动、现场执法、时段攻坚等形式，突破共管水域砂石船整治工作中的种种障碍，取得显著的成效。多次与渔政、交通、边防、港口管理等部门开展联合巡航执法活动，辖区水域通航秩序得到有效改善。协助北海、宁波等海事法院实施多起船舶扣押案件。

【海事服务地方经济社会发展】 2016年，防城港海事局主动融入地方经济社会发展大局，全力支持、主动服务核电、中电二期、钢铁基地等项目，组织开展通航安全论证、评估和安全核查活动7次，召开施工前水上安全施工协调会9次，为重大件水上运输维护60余航次，水上安全施工天数已达2700多天。入驻防城港口岸联检中心，推动口岸通关一体化进程，支持指导防城港口岸扩大开放和申报工作。及时落实国家一系列关于取消、免征以及降低收费标准的行政事业性收费项目政策，切实减轻港航企业负担。为17000多艘次船舶提供进出港信息服务，有效监管港口货物吞吐量7382万吨。保障民生安全。首次为防城港国际龙舟赛开展通航安全评估，同时做好中越青年大联欢等其他重大活动水上安全保障工作，圆满完成节假日等重点时段水上安全监管，安全发送旅客52000余人次。积极向地方政府谏言，督促加大对渡口渡船管理投入，妥善解决防城区美丽渡渡工老龄化等问题，深入推进水上交通安全知识进校园活动，始终关注“学生渡”等社会热点问题，展示海事负责任的新形象。出台便企利民措施。针对辖区实际，及时有效回应行政相对人服务需求，协调各部门及上下关系，先后组织召开政务服务协调会议3次、政务服务接待日活动5次，及时解决政务服务热点、难点问题共40余项，同时推出13项“立等可取”项目，联合北海、钦州海事局推行海事业务受理材料互认，做好航运公司、高速客船审核发证权下放后的过渡衔接工作，大力推广航运公司信息化系统，推进审核发证等业务“无纸化”工作，简化办事流程，缩短办事时限，提高政务服务效率。

防城港出入境检验检疫

【概况】 2016年，防城港检验检疫局按照广西局“一四六”工作部署和防城港市委、市政府工作安排，转变思想观念，创新工作方式，积极推动工作上新台阶，为防城港市扩大对外开放和口岸经济建设做出新贡献。全年受理进出口货物报检1.09万批，货值98.5亿美元，比2015年分别减少39%、5%。签发各类证单1.63万份，比2015年减少29%；签发各类原产地证1040份，金额1.24亿美元，比2015年分别增长10.52%、10.08%，企业享受国外关税减免约372万美元。

【进出口产品质量监管】 2016年，防城港检验检疫局加强进口大宗资源性商品煤炭、铁矿等的检验监管，并以金川、盛隆等临港工业的进口商品为试点，完善到货检验、入厂监管制度，探索构建事中事后监管体系，全年检出655批次、1909万吨不合格化工矿产品，涉案货值达30.3亿美元，其中监督退运2批环保元素不合格的矿产品，对222批检出不符合项的进出口危化品整改合格后放行，指导7批货证不符的化工品整改合格后出境。

【口岸疫情疫病防控】 2016年，防城港检验检疫局落实“3+4”口岸防病工作模式，做好寨卡病毒病、黄热病、中东呼吸综合征等疫情的防控工作，全年检疫查验出入境船舶2539艘次，人员4.28万人次，检出有传染病症状人员44人次，确诊10人次；强化口岸卫生处理监管，年内监督消毒入境船舶1135艘次、集装箱3.03万标箱；做好口岸核生化反恐相关工作，成功承办2016年广西口岸核生化反恐技术培训暨应急处置演练。提高有害生物检出率。加强口岸国门生物安全查验机制建设，突出进境大豆、油菜籽、水果等敏感产品的检验检疫，检出进境不合格动植物产品139批、18.69亿美元，截获有害生物243种3053次，其中检疫性有害生物23种350次，首次在全国截获一般性有害生物橙带蓝尺蛾，有害生物检出次数与上年同期相比提高33.6%。促进发挥指定口岸作用。落实新《进出境粮食检验检疫监督管理办法》要求，规范企业生产经营，支持和帮助防城港进境粮食、进口水果指定口岸做大做强，年内进口粮食监管工作顺利通过总局专家组的飞行检查并得到充分肯定，进口油菜籽检验检疫及监管工作得到总局和广西局的充分肯定，全年完成进口粮食检验检疫572.29万吨，防城港作为我国粮食进口重要集散地地位得到巩固；推动防城港市政府出台《防城港进境水果指定口岸工作措施》，完成进口水果检验检疫991.5吨，发展潜力可期。

【检验检疫科技进步】 2016年，防城港检验检疫局对实验室质量体系进行改版，补充检测短板，通过CNAS换证评审及扩项评审，能力认证扩项40项，具备31类进出口商品319个检测项目检测能力。抓好仪器设备申购及管理。做好2016年17台套价值225万元仪器设备的技术参数编制、招标、采购工作；严格按照规定使用仪器设备，提高使用率，全年完成1.51万个样品的检测。加大科研制标力度。独立完成首批国家标准物质“氧化铁皮成分分析标准物质”并通过审定，获2个国家标准物质定级证书；建成国内首个“入境固体废物鉴别查询数据库”并在防城港检验检疫局网站正式上线使用；首次作为工作组成员参与一项国际标准制订工作；1项国家标准和1项行业标准获批立项，有7个地市级以上项目通过验收，1项行业标准通过审定，年内已发表论文9篇；获得广西检验检疫系统科研成果一级奖励2项、二级奖励2项、三级奖励1项，获得广西检验检疫系统发表论文二级奖励5篇、三级奖励2篇。

【检验检疫基础设施建设】 2016年，防城港检验检疫局规范两个指定口岸现场设施和标识标牌，指导完成检疫处理区搬迁改造，完成进境粮食指定口岸现场办公用房改造，助推防城港口岸动植物检验检疫规范化建设顺利通过广西局专家组的预验收，被广西局推荐为国家质检总局的海港示范口岸。完善口岸基础检验检疫设施。更新制样房破碎机、磨样机、烘箱等取制样设备；继续推进自动取制样设备建设，与港务部门协调落实暂存废样存放场所；指导港务部门在现有磅房增加4组视频监控系统。落实动植物标本展示室建设。在广西局支持下完成动植物标本展示室的建设。努力改善职工工作生活条件。抓好新职工食堂管理，饭菜质量不断得到改善；在一区大院建设羽毛球场和乒乓球室，为职工增加运动场所；切实抓好事业编制人员绩效考核管理，解决其工资福利待遇偏低问题；按规定完成行政编制人员车改工作；积极争取将防城港检验检疫局纳入防城港市绩效考核管理体系。

【检验检疫改革创新】 2016年，防城港检验检疫局全力提升通检速度。10月8日率先在广西上线e-CIQ系统，实现与全国检验检疫通关一体化，为全自治区顺利上线e-CIQ探索和提供宝贵经验，年内，通过新系统受理报检1457批；配合地方政府推进“单一窗口”建设，防城港国际贸易“单一窗口”率先在广西上线运行；实现无纸化报检覆盖率100%，无纸化签证率100%；“三通”“两直”通关放行在泛珠区域基础上扩大到西南、中南地区，全年“出口直放”货物452批3118万美元，“进口直通”货物98批2628万美元。创新监管模式。推行金川公司进口铜精矿“一船一议”、盛隆公司进口煤炭“监管后移，直提到厂”、出口饲料企业“一厂一品一案”、支持云约江码头临时开放等创新监管措施，每年为企业节约成本近亿元人民币。全年金川进口铜矿、盛隆进口煤炭、防城港出口饲料逆市上升，比2015年分别增长10.3%、22.8%和46.8%；推行进出口食品抽检制度，在监督抽检后不再批批抽样检验，实现大部分进出口食品通检时间缩短2/3。探索试行“一商品一方案”业务管理模式。按照“一商品一方案”的思路，完成进口铁矿、煤炭、铜精矿及进口粮食、原糖等防城港大宗商品检验监管方案的编制及试行。

【检验检疫服务地方经济社会发展】 2016年，防城港检验检疫局配合防城港市做好全国开放型经济综合试点区各项改革探索；指导帮助防城港渔澫港区4个码头通过验收获自治区批准启用；争取总局同意，国际航行船舶临时进靠防城港电厂码头获得延期。

东兴出入境检验检疫

【概况】 中华人民共和国东兴出入境检验检疫局(简称东兴检验检疫局)正处级建制，隶属中华人民共和国广西出入境检验检疫局(简称广西检验检疫局)，是广西检验检疫局派驻东兴的检验检疫分支机构；主要职责是依法对东兴市、防城区峒中镇、那良镇、江山乡辖区内出入国境的人员、货物、交通工具等实施检验检疫监督管理。2016年，东兴检验检疫局内设9个科室，下辖3个办事处和1个事业单位，管辖3个口岸、2个边民互市点，分别是东兴陆路口岸(一类)、峒中陆路口岸(二类)、江山港边地贸口岸、东兴边民互市区、里火边民互市点。干部职工80人，其中公务员58人，事业编制人员22人；中共党员43人。2016年，东兴检验检疫局共检验检疫出入境人员超过715万人次；货物1071批次、货值5087万美元，比上年分别增长69%和17%；检验检疫边民互市贸易货物6.73万批/次、货值23.70亿美元，比2015年分别增长4.82%和72.84%；共检出不合格商品180批次、货值1249万元；截获有害生物133种473次，比上年分别增长13.68%和17.96%，其中2种为全国首次检出；检出HIV阳性1例，疟疾1例，其中疟疾为东兴口岸首次检出。

【检验检疫质量提升行动】 2016年，东兴检验检疫局通过开展专项整治、探索创新监管模式、搭建质检科普平台等方式提升检验检疫质量。一是开展“3·15”消费者权益日、“6·9”世界认可日、“生物安全进校园”“科技周”“食品安全周”“质量月”等系列活动，科普质量安全知识，搭建质检科普平台，大力宣传质检卫生检疫技术支撑科技创新成果。加强对进出口企业诚信管理，促进质量共治上新水平。共采集诚信信息214条，其中企业守法信息3条、产品质量信息40条、检验检疫监管信息164条。二是开展专项整治，制订年度检验检疫专项业务督察计划，配合开展好寨卡、黄热病等重点传染病口岸防控和卫生处理工作质量专项督查工作，抓好发现问题的整改落实。开展全局工作质量自查及一线行政执法专项工作督查，全面深入查找检验检疫工作中存在的薄弱环节和问题，严格检验检疫人员执法行为，提升依法行政、依法施检水平。三是探索创新监管模式，建立完善放、管、治“三位一体”的质量工作机制，对各类商品进行分类监管，强化安全风险监控，严把产品质量关。认真抓好2016年度东兴出口食品安全监督抽样与检测、进口木薯淀粉和进境食用水生动物安全风险监控工作落实。扎实推进口岸检验检疫集中查验工作，对边民互市区进口商品实施分类管理，实行入库集中查验与现场查验相结合，对木薯淀粉、花生、芝麻、干坚果等以单一边民申报批的商品，改革传统的申报方法，减少边民填写申报单环节，减轻现场工作人员工作量，有效提高通关效率。积极探索实施互市贸易“三个一”监管模式，在风险可控、监管有效的前提下，进一步简化检验检疫流程，逐步实现检验检疫申报无纸化、放行无纸化的目标，促进通关提速增效。

【进出口产品质量监管】 2016年，东

兴检验检疫局切实提升检疫查验有效性。严格做好互市入境大宗食用农产品检验监管,加强进口预包装小食品检验监管,对236个进口预包装小食品的标签进行备案。抽送样检测1125批次,对167批检出不合格产品实行全程监督退运处理。严格入境海产品检验检疫监管。加强入境水生动物检验检疫监管,检出29批螺类氯霉素超标,均作退运处理。加强入境动植物及产品检疫监管。检疫查验进境景观树43批、1020株,截获60多种、110多次一般性有害生物,其中粗角平行长角象甲、雪尾尺蛾、台湾大吹粉金龟、台湾唇瓢虫、优美苔蛾经鉴定为中国口岸首次截获。在入境干桂皮、八角、黄藤、中药材、海菜等检出有害生物10种、13批次。

【口岸疫情疫病防控】 2016年,东兴检验检疫局突出做好口岸疫病疫情防控。持续推进口岸核心能力建设工作,健全完善口岸公共卫生防控体系,执行"3+4"传染病防控模式。加强常规能力建设,探索建立边境陆路口岸传染病疫情防控工作模式,不断充实检验检疫专业人员,完善口岸设备配置。安装出入境通道隔离栏,启用通道式行人放射性监测系统,大大缩减出入境人员排查时间。加强传染病疫情口岸防控,采取有效措施切实防控中东呼吸综合征、寨卡、黄热病等重点传染病经口岸传入。加强与边检、海关以及地方卫生部门联系,做好联防联控。6月初与广西区卫计委等部门成功举办寨卡疫情防控演练。做好入境旅客携带物检疫查验工作,查获禁止携带进境的动植物及其产品851批。积极开展紧急医学救助工作,与口岸联检部门及地方医疗机构建立完善旅检口岸现场紧急救助工作机制,开展医学救助34例。完成东兴口岸鼠类、蝇类、成蚊、伊蚊等媒介生物的专项监测。7月底,广西区党委常委、副书记李克到东兴口岸视察工作时,对东兴局加强联防联控,切实做好口岸疫情疫病防控工作,保障东兴口岸安全稳定给予充分肯定。扎实推进动植检规范化建设。制订《东兴检验检疫局口岸动植物检验检疫规范化建设工作方案》,加强组织领导,明确目标任务,扎实推进落实。目前已完善部分查验设施、工作用房建设,规范设置部分标识标牌,合理调配现有资源,正在抓紧完善工作规范、实验室建设、专业队伍建设等。

【检验检疫科技进步】 2016年,东兴检验检疫局实验室检测技术能力持续提升。8月,实验室以由于优异成绩通过认监委定期监督现场评审。完成广西局科研项目1项,发表论文2篇。食品实验室改造项目正在抓紧推进落实。

【检验检疫服务地方经济社会发展】 2016年,东兴检验检疫局充分发挥检验检疫部门的职能优势,拉动口岸货物的进出,尤其是拉动一些特色货种的进出口,以提高口岸的竞争力,进而提升地方在一带一路建设中的竞争力,带动相关产业的发展。一是提前介入,主动对接,积极宣传并推动地方开展"中国—东盟边境贸易国检试验区"、东兴—芒街跨境经济合作区(二桥口岸)检验检疫设施的规划建设。二是积极推进指定口岸建设。支持帮助东兴市进境种苗(景观树)指定口岸发展,全面服务东南亚优良树种资源的安全引进,促进东兴景观树产业健康快速发展。积极推进东兴进境水果指定口岸、进境粮食指定口岸、进境食用水生动物指定口岸建设,东兴进口冰鲜水产品指定口岸通过质检总局专家组现场考核。配合做好东兴市做好互市区二期扩建和峒中、里火口岸升格改造建设和滩散、杨屋互市点开通工作。三是进一步优化口岸现场查验程序,简化办证手续,支持和配合防城港市边境旅游试验区和防城港市跨境旅游合作区建设,促进防城港市旅游业发展提档升级。加强与越南芒街检疫部门的合作,建立传染病监测和通报机制,支持东兴口岸开展跨境劳务合作。推进通关便利化建设。5月,举办无纸化报检企业培训会,有7家企业开通使用无纸化系统,目前已全部实现无纸化报检、无纸化通关和无纸化申领原产地证。辖区出口企业办理区域直通放行出口货物91批次。积极推广应用E-CIQ系统,完成基础业务数据录入。10月20日,东兴局E-CIQ主干系统试运行成功,实现100%进出口货物在新系统运行。帮扶企业扩大出口。积极开展自贸区原产地优惠政策宣贯和帮扶活动,加强对企业申领人员培训,减少申报差错率和退证率。向企业开通产地证预约签证服务模式,帮助企业及时申领原产地证书,促进出口货物及时通关、及时享受优惠政策。主动上门一对一指导企业解决原产地证申报的困难和问题,提高企业签证速度和签证质量。共签发各类原产地证书4094份,签证金额约1.07亿美元,为企业减免进口国关税532万美元。帮扶1家水产品加工企业首次获得中国—韩国原产地证书,指导1家金花茶加工企业、2家水生动物养殖企业建立完善质量安全管理体系,获得出口备案资质。

防城港经济技术开发区管理委员会

防城港经济技术开发区(以下简称经开区)位于防城港市东部，由企沙工业区、大西南临港工业园、东湾物流加工园区整合而成，拥有90千米深水岸线，港口设计通过能力8亿吨，园区有2个国家一类口岸，东湾物流园区是广西唯一的国家级示范物流园区。钢铁、有色金属、能源、新材料、装备制造、粮油是经开区的主导产业。

目前，经开区入驻工业企业106家，其中竣工投产企业71家，规上工业企业52家；在建产业项目22个，签约待开工产业项目13个，在建和意向落户的项目总投资近1800亿元。防城港核电、金川有色、盛隆冶金、金源镍业、中一重工、中冶实久、大海粮油等一批企业已正式投产，建成中国最大植物油籽加工基地和磷酸出口加工基地，正在推进防城港钢铁基地、生态铝工业基地、中储能新材料新能源产业基地、中核恒通核电装备制造基地、景昇隆硬质合金等项目建设。

经开区发展势头迅猛。2016年，实现规上工业总产值1039亿元，完成固定资产投资221亿元。

2017年2月18日，防城港经济技术开发区工委、管委揭牌

2017年12月6日，自治区人民政府副主席陈刚到钢铁基地调研

2017年4月21日，储能产业园、钒钛新材料产业园签约仪式

2017年4月，经开区工管委干部职工开展拓展训练

2017 年 6 月 1 日，广西华昇公司氧气化铝及配套项目奠基仪式

2017 年 6 月 29 日上午，“七一” 期间慰问结对的那旺慰问

2017 年 10 月 22 日，鼎业粮油开业庆典

2017 年 12 月 18 日，柳钢防城港钢铁基地项目开工现场会

经济开发区夜景一角

防城港市扶贫开发办公室

防城港市扶贫开发办公室办公地址位于市行政中心区红树林大厦东塔16楼，全办现有在职人员17人(其中在职在编10人),单位现有主任、副主任各1名,内设有综合科、项目科、扶贫信息管理中心三个科室，下辖有上思县扶贫办、东兴市扶贫办、港口区扶贫办、防城区扶贫办。在市委、市政府的正确领导以及自治区扶贫办的指导下，全市2017年脱贫攻坚工作再创佳绩。全市投入财政扶贫资金投入41875.92万元，其中产业扶贫方面：发展产业190万亩，产值约26亿元，受益38万人;贫困村集体经济收入方面:在自治区启动资金基础上，市本级安排每个贫困村增加启动资金10万元,2017年市本级用于贫困村集体经济发展项目补助经费达到470万元，壮大集体经济;基础设施方面：计划投入资金16538.12万元，建设屯级硬化道路249条、374.8公里,危房改造1926户,解决848户贫困户饮水问题,进行91户贫困户用电农网改造,建设32个公共服务项目,解决贫困户收看电视100户，进一步改善贫困地区基础设施建设。易地扶贫搬迁方面:累计完成投资3.8242亿元，解决1678户、7296人贫困人口住房。智力扶贫方面:全市投入“雨露计划”扶贫培训补助资金328.8万元，补助3604人次,其中学历教育补助312.65万元,补助1851人次,短期技能培训以奖代补投入0.64万元,补助8人,农民实用技能培训8.91万元,补助1721人次,中期就业技能培训6.6万元,补助24人;金融扶贫方面:2016年以来,累计完成发放贷款4439户、20784.1万元。精准扶贫工作方面:经县级自查、市级核验，全市11310人贫困人口、19个贫困村和上思县达到脱贫摘帽标准,目前尚有30个贫困村、14777人贫困人口。

2017年2月7日，市委书记金湘军(左一)到上思县上南屏乡常隆村入户开展扶贫政策宣传活动

2017年6月27日,市政府副秘书长、扶贫办主任吴善威(中)到上思县明哲村宣讲习近平总书记视察广西讲话精神

2017年7月19日，市人民政府副市长董凌(中)主持召开全市贫困人口动态调整工作会议

2017年5月17日，市政府副市长董凌(右二)深入贫困户家中了解收入情况

2017年8月2日，市政府副秘书、扶贫办主任吴善威(左二)到防城区滩营乡检查指导贫困村村集体经济产业项目情况

2017年2月10日,市长何朝建(中)到防城区十万山瑶族乡开展迎春精准帮扶连心日活动

2017年5月4日,市委副书记班忠柏(左二)在上思县召开的脱贫攻坚现场会上参观易地扶贫搬迁工程的进展情况

防城港市防城区工业园区管理委员会

2017年6月29日，副市长张海（右二）等领导到防城区工业园区调研设立防城港市经济技术开发区“园中园”

2016年5月16日，区委书记和区长到园区视察工作

2016年6月，市物流办主任朱自清带队到园区调研

2017年5月14日，区委书记韦汉烨（右二）到华业汽车文化产业园调研

2016年11月15日，区长、常务到园区路网调研

2017年4月7日，防城港日报社记者李映武到工业园区管理委员会开展冲仑产业园建设情况采访，胡开武主任接受采访并详细介绍情况

兴旺大豆渣厂

华业汽车城

华业汽车城

冲仑产业园区全景

防城港市招商投资促进局

2017 年 3 月 2 日，在防城港市港宸国际大酒店举办现代农业项目招商推介会

2017 年 3 月 29 日，中俄防城港航空产业园签约仪式

2017 年 5 月 22 日，在市会议中心人民会堂召开全市投资促进和项目建设工作暨“招商季”活动总结大会

2017 年 9 月 14 日，第二届中国东盟商会领袖高峰论坛防城港分论坛暨物流业合作发展主题论坛

2017 年以来，防城港市委、市政府高度重视投资促进工作，坚持高位推进、创新引领，紧紧围绕重点园区、重点产业、重点企业、重点项目开展精准招商，投资促进工作不断取得新突破。

组织举办一系列宣传推介活动，城市知名度美誉度不断提升。我市先后组织举办“第二届中国－东盟商会领袖高峰论坛防城港分论坛”“侨商广西行·走进美丽防城港”“海峡两岸产业合作区防城港产业园恳谈会”等重大推介活动，积极组织开展现代农业、海洋渔业、健康养生、冷链物流、跨境产业等产业专题招商活动，还组织开展与俄罗斯、越南、泰国、马来西亚、印尼等国家的多场招商活动，热情对接邀请广大客商到防城港市考察洽谈，仅市投促局全年接待客商人数就达 1966 人次，广大客商对防城港市的投资优势、营商环境、发展前景有了更直观、更深入的了解，防城港市的知名度和美誉度不断提升。

努力提高投资促进工作水平及实效，成功引进一批投资规模大、带动效应强的重大招商引资项目。市委、市政府组织开展“招商季”活动，组建 6 个工作组，9 个产业招商小分队和 4 个县（市、区）招商分团，组织动员全市各级各部门集中力量全力以赴开展招商引资工作。我市投资促进部门认真开展“学文件懂业务用政策”活动，认真学习借鉴外地投资促进工作成功经验，努力提升自身业务水平，以专业化的队伍、专业化的水平高效推进投资促进工作。2017 年，防城港市共签约招商引资项目 123 个，项目总投资 1306 亿元，签约项目涉及现代农业、健康养生、航空制造、港口物流、能源化工、旅游休闲、电子信息、装备制造、食品加工等众多领域。其中，中铝集团防城港生态铝项目总投资达 337 亿元，一个项目可带出一条产业链；中储能公司防城港储能产业园、钒钛新材料产业园两个项目总投资达 322 亿元，建成后将成为国内最大的钒钛新材料生产基地；上思县壮传食品加工基地项目总投资 6 亿元，竣工后创造就业岗位 8000 个以上，带动农户种植香糯 10 万亩，有望成为我市产业扶贫的龙头项目；海洋微藻利用电厂烟气和贫瘠土地大规模养殖之绿色防城港项目则是我市发展绿色环保产业方面取得的重大突破。

全面加强和改进项目工作，促进招商引资项目快速落地推进。我市积极推进商事改革，企业注册登记实现 34 证合一，研究出台《关于进一步加强和改进项目工作的若干意见》，启动“1+6”工作机制，推行“六个一线工作法”，制定实施厅级领导干部联系推进重大项目制度，项目推进效率大幅提高，招商引资项目到位资金持续增长。根据自治区统计口径，全市 2017 年招商引资项目到位资金 473.57 亿元，同比增长 19.93%，完成自治区下达任务（410 亿元）的 115.51%。其中，实际利用外资 5.72 亿美元，同比增长 12.12%，完成自治区下达任务（4.6 亿美元）的 124.26%。战略性新兴产业项目到位资金合计 158.80 亿元，同比增长 72.59%。新签招商引资项目区外投资项目合同投资额和外资项目合同外资投资额均实现同比增长。根据防城港市统计口径，全市 2017 年招商引资项目到位资金 573.64 亿元，同比增长 10.62%。其中内资项目到位资金 536.29 亿元，同比增长 10.98%，完成市预期目标任务（536 亿元）的 100.05%；实际利用外资 5.72 亿美元，同比增长 12.12%，完成市预期目标外资任务（5.66 亿美元）的 100.99%。

防城港市防城区商务局

12 月 27 日召开峒中口岸(含里火通道)新闻发布会

峒中口岸

里火互市点

里火互市点

防城区商务局于 2014 年 12 月正式挂牌成立，是防城区政府机构改革中新成立的部门，承担全区贸易管理、口岸管理、边境贸易管理等职能。局机关现设综合股、内贸股、外贸股、口岸股 4 个职能股室，下辖防城区市场开发服务中心及 5 个边贸管理所。

自成立以来，防城区商务局认真贯彻落实中央、自治区、市和区有关商务工作的决策部署，聚焦构建开放型经济新体制综合试点、商贸物流转型升级、口岸和边合区建设，凝心聚力、务实苦干，全区商务工作呈现良好的发展态势。

商贸流通业发展迅速。近年来，防城区商务局紧紧围绕打造全市商贸物流中心目标，聚力现代商贸业集聚区建设，推进全区商贸服务业持续繁荣发展。目前全区共有大型商品交易市场(含超市)8 个，一般交易市场 46 个，超市 60 多家，商业网点 15487 个。近年来年，以建设现代服务业集聚区为契机，加快推进专业市场升级改造，大力培育限上企业，2017 年新增限上企业 7 家，目前限上企业达到 34 家。2017 年全区社会消费品零售总额 49.47 亿元，增长 10.78%。

全力推进口岸升格和边合区的设立。经过多年的努力，2017 年 6 月国务院正式批复峒中公路口岸(含里火通道)升格为国家双边性一类口岸，这标志着防城区对外开放开发建设翻开新的篇章。目前完成了防城边境经济合作区(滩散、里火、峒中)互市贸易片区地形测绘工作，启动了边合区总规和控制性详细规划编制以及峒中口岸(含里火通道)口岸综合区修建性详细规划工作。防城边合区正在待国家审批之中，滩散互市点已达到全面恢复运营条件，即可恢复开通。

积极完善口岸基础设施。一是口岸建设及配套设施逐步完善，边民互市贸易的繁荣发展，推动中越口岸建设的发展步伐。目前峒中—横模口岸桥便道桥工程已验收竣工，主桥于 2018 年开工建设，同步推进里火互市点、滩散互市点过货漫水桥的拓宽改造工程；滩散互市点基础设施已初步建成并通过了相关的部门的预验收，近期将正式恢复。二是推进口岸通关便利化、信息化建设。目前我区通过发改、财政等部门向自治区财政厅申报口岸升格配套基础设施项目资金共计 3.34 亿元，用于口岸基础设施建设，改善口岸服务环境，推进口岸信息化，峒中口岸和里火互市点都建设了无纸化申报系统，提高了通关服务水平，进一步提高了通关效率。

电子商务保持良好发展势头。完成农村淘宝区级服务中心和菜鸟物流中心的建设，完成华石、扶隆、那梭等乡镇 23 个“乐村淘”村级服务点的建设，惠及群众 9 万多人。

里火互市点

滩散联检大楼及货场全景图

东兴市财政局

2017 年 6 月 7 日，东兴市财政局陪同市长陈建林到挂钩村开展扶贫项目启动仪式

东兴市财政局荣获 2017 年全区财政工作成绩突出二等功

2017 年 4 月 14 日，自治区财政厅到东兴市中越北仑河二桥项目考察

2017 年 4 月 19 日，东兴市财政局局长陈源泉(右一)下村调研一镇一村项目

2017 年 7 月 1 日，东兴市财政局局长陈源泉(中)慰问生活困难老党员

2017 年 8 月 1 日，慰问高英部队

2017 年 10 月 31 日，副局长何定幸(右五)开展扶贫工作

2017 年 10 月 31 日，副局长甲小燕(右一)开展扶贫工作

防城区财政局

防城区财政局位于防城区防城镇财源路78号，是防城区人民政府的综合经济管理部门之一。局行政编制人员23人，局二层事业单位编制人员36人，现有干部职工72人。设职位正局1人，副局3人，内设人秘股、预算股、国库股、社保股、教科文股、经建股、债务股、农村财政财务管理股、农业股、会企股、综合股、国资股、财监股和二层事业单位财政投资评审中心、民族资金发展管理所、政府采购办、函授站、财政资金支付管理核算中心、财政信息中心。下辖13个乡镇（街道）财政所。

党组书记、局长　谢宗团

在区委、区政府的领导和上级主管部门的指导下，在区人大、区政协以及各级各部门的监督支持下，全局干部职工内强素质，外树形象，锐意改革，扎实工作，谱写财政新篇章。2017年，全区组织财政收入（包括上划中央收入，上划自治区“四税”收入，不含基金收入）完成88055万元，完成市下达任务86000万元的102.39%。公共财政预算支出完成233011万元，完成年初调整预算234078万元的99.54%，其中八项非营利性服务业支出204728万元，比上年同期179577万元增支25151万元，增长14.01%。

党组副书记、副局长胡祖玉（前）带领党员重温入党誓词

副局长黄伟（左一）指导编制年度部门预算

副局长韦华（左一）慰问贫困户

召开扶贫工作会议

干部职工观看反腐专题片

防城港市国家税务局

2016年在自治区国税局党组和市委、市政府的正确领导下，防城港市国税局领导班子团结带领全体干部职工，全面落实自治区国税局党组关于“紧扣主题、突出主业、依靠主体、贯穿主线”和“三步走”工作要求，全面落实市委、市政府安排部署的各项工作任务，强根基、补短板、求发展，群策群力，克难攻坚，主动作为，圆满完成年初预定的各项工作任务，组织绩效考核成绩名列全区国税系统第6，连续3年获优秀等次，在“十三五”开局之年交出了一份满意的答卷。

这一年，全市国税系统紧扣主题，齐心协力，昼夜兼程，攻坚克难，稳步实现全面推开“营改增”试点和征管体制改革双落地，打赢了开好票、报好税、分析好三大战役。

这一年，全市国税系统聚焦主业，征管服务两手抓，双轮驱动促增收，厚植了税户获得感，提高了税收贡献率，顺利完成各口径税收收入考核任务，税收收入突破20亿元大关。

这一年，全市国税系统激活主体，抓教育强信念，抓练兵强素质，抓纪律强监督，干部队伍呈现劲足心齐、风清气顺的良好风貌，在全区国税系统练兵比武活动中绽放夺目光彩。

这一年，全市国税系统贯穿主线，积极改革创新，破解发展难题，“互联网＋文书送达”入围总局“互联网＋税务”候选项目，推出防钦国地税跨区域税收风险管理模式，被确定为全区深化大企业税收服务与管理改革唯一试点单位。

8月4日，自治区国税局党组书记、局长汤志水深入我局开展税情调研

5月1日24时，防城港市委常委、常务副市长唐铁昂（中）、市财政局局长廖云（右二）、市国税局局长龙文权（左二）、市地税局局长刘辉（左一）及市、区财税部门相关工作人员共同见证“营改增”试点全面推开这一历史时刻

5月12日，税务局召开“两学一做”学习教育动员大会

6月29日，税务局承办市直机关示范党课教育活动

防城港市防城区国家税务局

党组书记、局长唐勇上廉政首课

防城港市防城区国家税务局成立于1994年,现有在职干部67人,内设办公室、纳税服务股、收入核算股、政策法规股、征收管理股、信息中心、监察室、人事教育股、财务管理股、机关党办、税源管理一、二、三股等13个职能股室,下设那良税务分局,峒中、茅岭、江山、大菉等4个税务所。防城区国税局管辖的纳税人共8962户,其中一般纳税人企业有605户,小规模纳税人2109户,个体工商户6248户。2016年5月1日全面推开营改增试点工作,截至2016年12月31日,辖区新增营改增试点纳税人2300户,外来报验户300户;其中一般纳税人102户,小规模纳税人412户,个体工商户1786户。

近年来,随着县域经济快速发展,防城区国税局收入实现持续稳定增长,收入规模(总局口径,以下的数据均为总局口径)从“十一五”期末2010年的1.3亿元跃升至2015年的2.25亿元,年均增幅达14.62%。全面辅开营改增后,2016年收入3.75亿元,增速达66.85%。2017年,防城区国税局深入学习贯彻党的十九大精神,真抓实干促进税收改革发展,全年累计组织税务总局口径税收收入3.814亿元,同比增收593万元,增长1.58%,圆满完成了税收收入目标。

2017年11月8日,防城港市防城区国家税务局学习传达中共十九大精神大会

2017年1月24日,防城区国税局“三下乡”宣传活动

2017年10月20日,防城区国税局“迎接十九大 做合格党员”道德讲堂活动

2017年4月25日,防城区国税局贯彻落实中央八项规定“回头看”动员大会

2017年7月19日,防城区国税局不忘初心跟党走“七一”专题党课

2017年10月17日,税法宣传进企业(华业公司)

防城港市

2015 年以来，防城港市地税系统落实国家税务总局、自治区地税局党组和防城港市委关于加强基层工作的决策部署，迅速制定了以“六基”建设为主要内容的加强基层建设三年规划，履行党建工作第一责任和党风廉政“两个责任”，抓班子，带队伍，促改革，强基础，采取“立目标，创示范，树典型，带全面”的系统方法，以打造“六大品牌”带动各项工作全面提升。

防城港市地税局顺应深化“放管服”改革的需要，直面纳税需求和社会监督，通过打造“五星级办税服务厅”“五星级办税员”的双星服务品牌，将星级管理模式引入办税服务厅和服务人员，全面优化纳税服务。目前，全市地税系统 4 个县(市、区)级办税服务厅全部建成四星级以上办税服务厅，其中五星级 2 个，四星级 2 个，评定表彰五星级纳税服务人员 9 名，占全部窗口人员 25%。

近年来，防城港市地税局党组落实“一岗双责”，努力打造“内化于心、外化于形、固化于制、实化与效、同化于果”的“五位俱全”的地税，“廉行”廉政建设品牌，使廉政建设如春风化雨，融入地税人的思想、工作和生活，促进地税的发展。

地方税务局

打造“恒立”品牌
凝聚绩效共识
4 “知责”
要科学设置明晰的绩效管理指标体系，使每一位地税人都清楚地知道各自的绩效工作职责，压实绩效管理的工作责任。通过层层传导绩效管理责任，全面落实全面从严治党的政治责任和干好税务、带好队伍的工作责任。
5 “尽责”
要建立高效便捷的绩效考核机制，激发税务人员干事创业的价值追求，使每一位地税人都发挥主观能动性，全力以赴地履行岗位职责。通过抓绩效责任的落实，全面贯彻执行上级的各项决策部署，确保完成各项税收管理工作任务。
1 “恒立”
取自《周易·恒》的“君子以立不易方”。意思是君子要效法自然规律，树立自身形象，坚守长久不变的客观规律。
2 “恒”
强调对绩效工作要坚持持之以恒，在内心里做到始终如一，在行动上做到表里如一。寓意要发扬广西地税人“忠诚敬业、服务大局”的精神，牢记使命，注重责任担当，奋发有为。
3 “立”
强调对绩效工作要坚持知行合一，做到始终注重执行力，敏行高效。寓意是鞭策地税人不忘初心，继续前行，团结互助，创新争先。
6 “团结”
要秉承广西地税人“团结互助”的优良传统，通过抓绩效促干部队伍管理，完善激励和约束机制，严管厚爱，不断增强队伍的向心力和归属感，提高全系统干部职工的凝聚力和战斗力。
7 “争先”
要秉承广西地税人“创新争先”的优良传统，通过践行“五大发展理念”，把握税收事业发展的规律性，开拓进取，攻坚克难，创先争优，推动地税事业不断向前发展。

打造“双星”品牌
优化纳税服务
防城港市地税局顺应深化“放管服”改革的需要，直面纳税需求和社会监督，通过打造“五星级办税服务厅”“五星级办税员”的“双星”服务品牌，将星级管理模式引入办税服务厅和服务人员，全面优化纳税服务。
目前，全市地税局系系统4个县(市、区)级办税服务厅全部建成四星级以上办税服务厅，其中五星级2个，四星级2个，评定表彰五星级纳税服务人员9名，占全部窗口人员的25%。

打造“创标”品牌 夯实管理基础
2017年，防城港市地税局紧紧围绕总局加强基层工作和自治区地税局加强基础管理工作的总体要求，找准加强基础管理与地税改革发展的联系点、结合点、切入点，以创建基础管理“树标达标”品牌为契机，全面提升基础管理水平。我局加强基础管理工作的经验在2017年全区地税系统年终工作座谈会上进行发言交流，得到了自治区地税局的肯定。
绩效推动“达标”
补齐短板“对标”
完善措施“学标”
提升站位“树标”

不忘初心 砥砺奋进
锻造防城港地税人的精神特质
“六大品牌”的打造只有进行时。展望未来，防城港地税人将全面学习贯彻党的十九大会议精神，不忘初心，砥砺奋进，努力锻造防城港市地税人的四种精神特质，为服务地方经济社会发展做出新的更大贡献：
突出政治 做忠诚可靠的地税人
不忘初心 做勇于担当的地税人
明理知耻 做崇德向善的地税人
恪尽职守 做知责尽责的地税人
APJ JAI
PANAMA

做好六大品牌 讲好地税故事
四四动建
党建品牌
地廉税行
党风廉政品牌
班六子好
队伍建设品牌
创双建星
纳税服务品牌
创树标标
基础管理品牌
恒立
绩效管理品牌
概述
Overview

防城港市防城区地方税务局

防城港市防城区地方税务局，位于防城港市防城区防钦路39号，成立于1994年9月。目前，局机关有内设机构7个:办公室、监察室、人事股、法规税政股、征收服务股、征管和科技发展股、收入核算和财务管理股。派出机构9个:分别为第一税务所、第二税务所、峒中税务分局、那良税务分局、大菉税务分局(管辖大菉镇、扶隆乡)、那梭税务分局(管辖那梭镇、华石镇)、滩营税务分局、茅岭税务分局、江山税务分局。社团组织3个:工会、妇委会、团支部。辖区现设有防城区办税服务厅、那良办税服务厅、峒中办税服务厅，负责辖区内22家重点企业、3705家企业以及9006户个体纳税人的征管工作，年组织各项税费收入逾3.7亿元，政策优惠减免税额达6000余万元。该局的各项工作多次获得地税系统及党委政府的肯定及表扬，目前防城区地税局共有1个全国税务系统先进集体，1个自治区文明单位，1个自治区巾帼文明示范岗，1个广西“三八”红旗集体，1个广西工人先锋号；多次荣获“先进单位”“优秀基层党组织”等荣誉称号。同时也涌现了不少爱岗敬业的干部职工：2人荣获“广西五一劳动奖章”，1人被授予首届“广西青年文明号百佳号长”称号，1人荣获“防城港市五一巾帼标兵”称号，2人获记全区地税系统二等功，1人见义勇为荣获自治区地税系统三等功，多人获评市级“先进工作者”“优秀党员”等等。

12月5日，局长谭一峰(左二)带队到广西农垦糖业集团防城精制糖有限公司、广西欣诺日化有限公司等企业调研，为企业送政策、送服务

2017年1月24日，局长谭一峰(左二)带队慰问退休干部职工

2017年12月5日，防城区地税局参加国家宪法日暨全国法治宣传日法制宣传“一条街”活动

2017年12月22日，防城区地税局党支部与防城港市地税局机关第五支部开展“践行十九大　结对促双赢”党建主题党日活动

2017年5月23日，团防城区委联合防城区地税局团支部开展“青春同行　阳光送暖”助学慰问活动

2017年10月25日，防城区那良税务分局党支部基层党建点揭牌

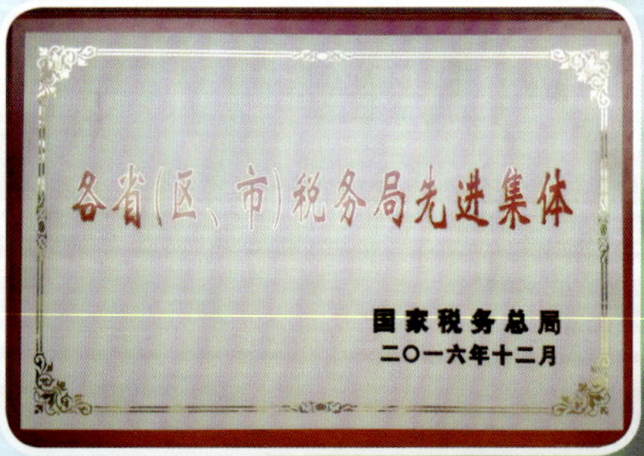

防城区地方税务局那良税务分局被评为“全国税务系统先进集体”

中国银行股份有限公司防城港分行

7月29日，中行防城港分行与越南西贡商业信贷银行广宁省分行强强合作，联合举办中越反假货币合作联席会议

9月27日，中国银行广西区分行行长袁龙（中）到广西金川有色金属冶炼有限公司进行工作调研

2016年，中国银行防城港分行始终秉承追求卓越的理念，以改革创新作为强行之路，以诚信经营作为立行之本，以人为本作为兴行之基，一直以来得到业界和客户的广泛认可和一致好评。面对新的历史机遇，中行防城港分行致力于“当担社会责任、做最好的银行”，力争服务实体经济，提供全面的金融服务。

——外汇业务稳步提升，国际结算大幅增长。紧紧围绕全球的汇率波动变化形势，把汇率保值业务与国际结算业务配套运用，为客户量体裁衣，制订综合服务方案，提升中行外汇专业银行的品牌形象。

——经营规模快速增长。本外币存款余额为66.34亿元，贷款余额为58.21亿元，人民币存款市场份额11.10%，贷款市场份额10.99%。持续跟进和推动一批进驻新企业项目落地，全力支持地方经济建设。

——企业文化得到有力诠释。健全管理制度，规范员工自觉性和执行力，“两学一做”主要思想落地生根，服务水平不断提升，口碑家喻户晓。

——进乡村、助脱贫，中行扶贫新气象。以“担当社会责任，做最好的银行”的战略目标，念兹在兹，身体力行，到挂钩扶贫点送知识、送志气、送信心，用自己的行动和誓言全力以赴助力地方政府打赢脱贫攻坚战，传播中行好声音。

7月17日，中行防城港分行举办“坚定信念、不忘初心、继续前进”主题党日活动

6月29日，中行防城港分行担当社会责任，走近挂钩扶贫村支教助学，送温暖、送爱心

中国银行防城港分行“扬帆起航，暖心筑梦”升旗仪式

中国建设银行股份有限公司防城港分行

2017年，建行防城港分行隶属建行广西区分行直接管辖，独立经营，主要开办的业务有存贷款业务、资金结算业务、卡类业务等。

一、人员情况

防城港分行现有员工219人，全行平均年龄36岁。其中男员工95人，占比43%；女员工124人，占比57%。

二、内设机构、网点情况

领导班子配备5人：行长1人，副行长3人，纪委书记1人。

（二）分行本部共设置7部1室。前台部门3个，公司业务部、个人金融部、住房与个人信贷部；中后台部门5个：办公室（组织部、安全保卫部）、财务会计部、风险管理部、纪检监察部、营运管理部。

（三）对外营业机构13个，分行营业部1个，网点型支行8个，上思支行（上思支行营业部）、东兴支行（东营、新华分、北仑大道）2个县支行。

三、主要工作业绩

2017年，建行防城港分行以党的十九大精神为指引，紧紧围绕“强基础，抓创新，促转型，在风险可控的前提下稳健发展”工作主基调，全行上下逆势扬帆，团结一心，攻坚克难，开拓创新，不断强化党建、力推转型、改进经营、加强管理、严把内控，各项业务实现又好又快发展。

2017年9月14日，建行总行副行长余静波在广西防城港核电有限公司总经理陈健的陪同下参观核电公关中心

2017年12月23日，建行防城港分行作为防城港市公安局战略合作伙伴，以及“警营开放日”唯一受邀参加的非公安系统单位参加警营开放日活动。张学鹏行长在防城港市副市长、公安局党委书记、局长王琛的陪同下进行了参观

2017年9月15日，建行防城港分行成功牵头召开防城港核电一期工程银团成员领导会议

2017年11月29日，建行防城港分行与防城港市城投公司成功签订住房租赁业务战略合作协议，为下步落实住房租赁房源打下坚实基础

2017年11月3日，建行防城港分行成功举办了上思县“党费云”平台启动仪式。上思县委书记黎家迎、上思县委组织部部长张帆、建行广西区分行县推办副主任李进军、网络金融部副总经理韦建洲、防城港分行行长张学鹏等出席了启动仪式

2017年12月12日，建行防城港分行成功举办防城港市财政国库集中支付系统电子化管理上线仪式

中国农业银行股份有限公司防城港分行

2016年，农行防城港分行在市委、市政府的领导和监管部门的指导下，围绕“重塑基础、着眼长远”主基调，认真落实“三个宣战”，以“两学一做”专题教育为动力，狠抓经营管理和风险防控，深入开展“比学赶超、争先进位”，积极应对各种问题和挑战，在举步维艰的严峻形势下各项工作得到有效推进。

全行从业人员361人。行党委书记、行长李春儒，党委副书记、副行长梁乾观，党委委员、副行长、纪委书记刘汉益，党委委员、副行长陈增熙、魏磊。

10月31日，农行防城港分行与电信防城港分公司签订全面战略合作框架协议

存款业务

2016年年末，全行人民币各项存款余额112.6亿元，比年初增加13.77亿元(含同业)，增量市场份额跃居四大行首位。其中，对公存款和个人存款分别比年初增加10.25亿元和4.55亿元。人民币日均核心存款增量10.59亿元。

一是出台完善系列考评办法和计价激励政策，及时兑现穿透式考核资源，营造全行争先进位的营销氛围。二是强化片区督导、进点传导、微信辅导、培训宣讲、案例分享，适时下发营销提示函，及时跟进考核办法的落地实施。三是开展“春天行动”“激情仲夏”“赢在金秋”和“春暖”“孵化”和“触网”等系列主题营销活动，提高产品交叉销售率。四是强化贵宾客户营管合一，提高系统(CCRM)使用率，提升客户管理水平。

2月2日，农行防城港港城支行开业

3月17日，农行防城港分行强化基层行党建工作

贷款业务

2016年年末，全行人民币各项贷款余额79.04亿元，比年初增加4.51亿元，增量市场份额排四大行第二位。

一是围绕信贷有效投放，早部署、早投放，充分发挥公司业务部直营直管大平台及小微企业金融服务中心“一平台一中心”优势。2016年度全行共计投放法人贷款41笔，贷款金额合计16.9亿元。其中，“三大”客户(大行业、大项目、大客户)投放笔数18笔，投放金额累计14.5亿元。二是严把按揭合作四道关，平稳推进个人住房贷款营销。为确保信贷的安全有序投放，全行继续执行“限价核贷、提高保证金比例、延长担保期限、签订回购协议”四项基本准入措施，把住房贷款作为个贷投放重点，深耕细作个人住房贷款市场。全年累计批复按揭楼盘合作项目15个，合作金额21.8亿元，全年累计投放个人住房贷款5.5亿元。

6月1日，农行防城港分行举办“小小银行家——银行实践日沙龙”活动

中间业务

实现中间业务收入(不含委托处置资产收入)6770万元，拨备前利润2.35亿元，拨备后利润1.38亿元。

大力拓展中间业务收入渠道，在做好传统中间业务的基础上，在黄金租赁、代理保险等业务中寻求突破。其中，办理800公斤“贵金属租赁+黄金远期”产品组合业务，为全行业务发展奠定强有力的支撑，综合效益显著；与农银人寿联动业务新突破，实现与农银人寿行司联动业务2笔团意险共35.3万元，完成率实现代理保险手续费收入17.16万元。

5月29日，农行防城港分行举办“送金融知识下乡”活动

国际业务

2016年年末，实现对公国际业务收入857万元，国际结算量23.21亿美元，结售汇量6.25亿美元，贸易融资量2.54亿美元，同时，国际结算量首次突破20亿美元大关，人民币与外汇期权产品交易突破1亿美元。

积极适应国际经济形势，主动了解国际上先进的结算方法和国家外汇管理局最新政策以及柜面实际操作流程，采取联动效应的营销策略，通过灵活运用传统产品，创新产品以及产品组合全方位满足客户资金管理需求。全年累计发放5笔进口押汇，6笔进口保理，3笔国内福费廷二级市场买入业务，金额累计达2.53亿美元。

5月18日，农业银行防城港分行到挂点帮扶贫困村上思县公正乡彩林村调研

中国工商银行股份有限公司防城港分行

2016 年，中国工商银行防城港分行在适应经济新常态中加速结构优化、创新转型和提质增效，实现拨备前利润 14089.51 万元，净利润 5984.49 万元，中间业务收入 3489.39 万元。不良贷款余额和不良贷款率分别为 9871 万元和 1.19%，居全区优秀行列；存款余额 50.66 亿元；贷款余额 83.21 亿元，比年初增 5.76 亿元，市场占比 26.33%。特色业务和重点产品率先突破，转型发展态势良好。成功办理 15 笔人民币对外汇零成本购汇期权组合业务，合计 2.58 亿美元，在全区系统内率先实现了期权组合业务的新突破；二维码推广营销任务完成率超过 158%，全区系统内排名第一；大吉年红包营销完成率全区排名第一，b2b 电商平台非金融交易额达 4.38 亿元，任务完成率 1096%；销售私人银行重点产品 900 万元，率先完成区分行下达的任务指标。党建及队伍建设、安保、内控、服务工作扎实有效，经营环境和谐稳定。

2017 年 1 月 5 日，工行防城港分行举办“荣耀同行　因为有您”私人银行客户新春答谢会，行长彭正强在会上致辞

2017 年 12 月 4 日，工行防城港分行副行长孔德生参加由广西金融青年联谊会主办的“一带一路”“两廊一圈”中国—越南青年边境商贸与金融合作对话会议

2017 年 11 月 4 日，工行防城港分行行长彭正强主持召开全员大会，学习贯彻十九大精神和广西分行行长会议精神

2017 年 11 月 19 日，工行防城港分行组队参加中国－东盟国际马拉松比赛

2017 年 10 月 25 日，工行广西区分行行长彭正江拜访防城港市人民政府市长何朝建，双方就加强银政合作事宜进行友好洽谈

2017 年 12 月 1 日，工行广西区分行副行长杨永率队到防城港分行开展工作调研

中国邮政储蓄银行股份有限公司防城港市分行

邮储银行总行副行长曲家文到防城港市分行慰问一线员工

8月29日，邮储银行防城港市分行金融事业部成立

5月27日，邮储银行防城港市分行利用每日晨会开展业务培训

【邮储银行工作概况】2017年，邮储银行防城港市分行认真贯彻落实科学发展观，积极践行“普惠金融”责任，紧紧围绕“加快转型、提质增效、严控风险”的经营管理思路，坚持服务“三农”、服务中小企业、服务社区的市场定位，聚全行之力、汇全员之智，攻坚克难、改革创新，综合实力及各项业务均有较大提升。截至年末，资产总额为45亿元，各项存款40亿元，各类贷款结余65亿元。

防城港市与邮储银行广西区分行签署战略合作协议

【邮储银行业务发展】2017年，邮储银行防城港市分行以服务实体经济为己任，业务发展节节攀升。结合“一带一路”建设要求，主动融入防城港市经济经济建设，先后与防城港市政府、防城港市农委、防城港市林业局签订“十三五”战略合作协议，加大对防城港市工业经济、县域经济、海洋经济、项目投资等重要领域的支持力度。另外，不断加强与广西中小企业信用担保有限公司、广西农业信贷担保有限公司、防城港市人力资源和社会保障局、广西防城港核电有限公司、防城港务集团有限公司等单位的合作，认真纵观和分析经济发展态势，多渠道助力各行业发展。

9月13日，邮储银行防城港市分行员工深入基层为客户讲解反假币知识

【邮储银行普惠金融服务】自成立以来，该行始终坚持“用心服务，普惠千家”的金融服务理念。通过不断完善基础设施建设、提高从业人员的业务操作技能与服务水平以及不断创新新产品、新业务等方式，不断搭建覆盖广、规模大的金融服务网络平台，为广大金融消费者提供多样化的普惠金融服务。

【邮储银行企业文化】2017年，该行以“提气势、凝力量、促发展”为活跃员工业余生活要求，为振奋士气、凝聚人心、促进经营和管理协调发展，先后组织开展“元宵节游园活动、“走进春天，亲近自然”春游活动、台球精英赛、气排球比赛、十九大微党课微电影制作以及户外拓展等活动，丰富了员工的业余生活。

11月5日，邮储银行防城港市分行开展“共同净滩，呵护蔚蓝”主题活动

广西北部湾银行股份有限公司防城港支行

广西北部湾银行股份有限公司防城港支行是广西北部湾银行管辖的一级支行，下辖东兴支行、防城支行、紫荆街社区支行。成立8年来，广西北部湾银行股份有限公司防城港支行坚持“立足广西、立足中小、立足社区”的战略定位和“因您而升，富桂相伴”的服务理念，以党建引领发展，全心全意为客户服务；全力支持支柱产业发展，为防城港市经济建设注入“血液”；用心服务小微企业发展，实践服务小微的定位；支持房地产市场发展，为防城港市建设添砖加瓦；支持民生领域发展，提升民生服务信息化水平；立足社区服务，以服务赢得信任；积极参与防城港市文化建设，帮扶困难群众生活。通过深耕细作本地市场，培养本地核心客户，累计投放各类贷款41亿元以上，为支持防城港市经济社会发展做出了应有的贡献。

3月24日，防城港支行银医合作签字仪式

11月19日，广西北部湾银行防城港支行宣传马拉松比赛

9月6日，工作人员送金融知识进校园

广西东兴农村商业银行

广西东兴农村商业银行，全称：广西东兴农村商业银行股份有限公司，位于广西东兴市兴东路326号，是经中国银行业监督管理委员会广西监管局批准成立，具有法人资格，隶属广西壮族自治区人民政府、广西壮族自治区农村信用社联合社管理的股份制地方性金融机构。目前，广西东兴农村商业银行有从业人员131人，下设一个营业部、三个支行、七个分理处，布设三个离行式自助银行、29个村级金融综合服务站，形成了覆盖市、乡（镇）、村三级的金融服务网络。

广西东兴农村商业银行不忘初心，注重提升金融服务质量，积极转变营销理念和营销模式，有效推进零售银行战略转型，勇于担当，以地方经济发展为己任，坚持服务实体经济，持续推进国际结算业务，有效支持沿边金融改革，以高度的政治责任，全面落实精准扶贫贷款政策。截至2017年12月末，各项存款余额30.15亿元，占东兴市全社会金融机构市场份额的20.60%，居同业第二位；2017年累计投放贷款18.45亿元，各项贷款余额26.78亿元，占东兴市全社会金融机构市场份额的28.30%，居同业第一位，实现涉农贷款增速、小微企业贷款增速“两个不低于”目标；与越南军队银行、越南投资与发展银行、越南工商银行签订边贸结算业务合作协议，跨境人民币结算量8亿元；承担东兴市精准扶贫贷款投放工作，完成经东兴市政府精准识别、符合精准扶贫贷款626户贫困户的评级授信，授信率100%，发放扶贫贷款471户、2347万元。

11月17日，广西壮族自治区自治区信用社联合社党委书记、理事长韦家干（左二）到该行开展视察调研工作

3月17日，“惠企贷”合作签约仪式

6月30日，“永远跟党走”——庆祝建党96周年主题活动

11月30日，防城港市银行业“十佳文明优秀网点”揭牌仪式

11月21日，践行十九大精神，开展助学捐款活动

4月19日，边贸结算业务合作签约仪式

防城港市区农村信用合作联社

3 月 10 日，金融服务进企业

5 月 18 日，金融知识进校园活动

2 月 14 日，开展反假货币宣传活动

2 月 14 日，社保卡现场讲解

2 月 17 日，使用“e 挎包”为农户办理社保卡激活业务

3 月 11 日，王府分社开业

5 月 31 日，走进企沙板寮小学开展慰问活动

防城港市有防城港市区联社、防城区联社、东兴农商行、上思联社 4 家统一法人的农合机构。据统计，到 2017 年末，防城港市农合机构资产总额 162.32 亿元，共有营业网点 60 个，在职员工 747 人，三农金融服务室 19 个、助农服务点 221 个，自动存取款机 157 台，是防城港市网点数、从业人员最多的金融机构，也是唯一一家实现了营业网点遍布城乡、打通农村金融服务最后一公里的金融机构。到 2017 年 12 月末，各项存款余额 147.4 亿元，各项贷款余额 113.4 亿元，其中涉农贷款余额 100.6 亿元，小微企业贷款余额 90.2 亿元，扶贫贷款 2.0 亿元，存贷款余额全社会市场占有率分别为 23.83% 和 18.00%，存款市场占有率在防城港市金融机构中排名第一。防城港市农合机构是对“三农”和地方经济支持最大、向地方政府纳税最多的一家银行业金融机构，2017 年共向当地税务部门缴税 5757 万元。

防城港市区农村信用合作联社是由广西农村信用社联合社直接管理，代表全区农村合作金融机构承接防城港市级有关金融业务，服务地方经济社会发展的独立法人机构。

2017 年，防城港市区农村信用合作联社在市委、市政府和监管部门的大力支持和帮助下，认真贯彻执行中央宏观经济金融调控政策，以五大发展理念为引领，在坚持深化农村金融改革，立足“三农”、服务城乡、支持中小企业的基础上，优化资产结构，降低风险，进一步解放思想、求真务实、开拓创新，积极对接自治区级、市级重点项目及民生项目，实现各项工作有效推进，业务发展稳中有进。

截至 2017 年 12 月，防城港市区农村信用合作联社对外营业网点 11 个，全辖员工 221 人，离行式自助银行 3 个，金融服务点 14 个，自助设备共 40 台。各项存款余额 38.24 亿元，各项贷款余额 32.21 亿元，其中涉农贷款余额 28.84 亿元，小微企业贷款余额 26.23 亿元。

2017 年以来防城港市区联社全力支持自治区级、市级民生项目“防城港市北部湾高中”、重点项目“桂海跨境电商快递物流园”、“文昌大桥”等多个项目建设，同时与财政局、人民银行、银监局等部门合作推出“惠企贷”、“4321”等融资产品，切实解决企业融资难的问题，全力助推实体经济的持续发展。2017 年 4 月与防城港市高级中学联合打造“校园一卡通”平台，将移动支付、学习、生活服务完美结合，为全校师生带来了便利，实现了信息化、智慧型校园的建设。积极配合政府做好精准扶贫工作，主动与扶贫办等政府部门对接，对扶贫型企业、旅游、民族文化等特色产业进行金融支持带动贫困户实现脱贫致富，扎实推进金融精准扶贫工作。通过升级光坡镇大龙和栏冲两个金融服务站，全面打通乡村金融服务“最后一公里”的难题，切实做到把金融服务送到家，充分满足了金融消费者的需求。

防城港市防城区农村信用合作联社

防城港市防城区农村信用合作联社成立于1986年9月24日，于2008年成功进行改制，是一家具有独立企业法人地位的地方性金融机构，现辖内共设置24个网点，一直以来，秉承着“服务三农”的经营理念，着力支农支小支微，服务实体经济，致力于防城港市县域经济发展。截至2016年12月末，防城区联社各项存款余额47亿元，贷款余额31.3亿元，分别占防城区市场份额的38.4%、49%，保持存贷款当地金融业第一的地位不动摇。

——积极开展党建工作，以党建促进业务发展，党建、队伍和企业文化建设呈现新气象。防城区联社严格按照上级党委要求开展工作，深入开展“两学一做”学习教育，多次组织员工参加各项文体活动，成绩喜人。

——扎牢服务“三农”根基，着力支农支小支微，落实金融扶贫，支持当地经济建设发展。大力支持农民专业合作社、积极支持热带水果、金花茶、香茅、松香、边境贸易等本地特色产业。2016年以来，防城区联社累放涉农贷款12亿元；累放小微企业贷款余额11.1亿元；共完成3145个贫困户及其成员户的信用评级暨授信工作，授信总额6773.18万元，发放扶贫小额贷款706户，金额3262万元。此外，认真落实“三降一去一补”，去库存成效显著，从一定程度上解决了楼市库存大的问题，截至12月末，个人购房贷款余额1.3亿元。

——履行社会责任，积极开展公益活动。一直以来，防城区联社保持业务稳健经营的同时，积极投身社会公益事业，注重培养员工践行“奉献、友爱、互助、进步”的志愿服务精神及“文明、和谐”的社会主义核心价值观。2016年开展了十万山瑶族乡大沟龙爱心帮扶活动，为山区孩子送去学习用品；积极参加“爱心拾螺·圆梦大学”扶贫助学爱心公益活动，为寒门学子募集助学资金。同时，注重消保和金融知识的宣传普及，为提高广大城乡居民的金融意识而努力。

12月12日，积极履行社会责任，防城区联社到大菉镇大沟龙小学看望慰问山区儿童

4月19日，与市中医医院签署“银医通”合作框架协议

9月28日，防城区联社营业部荣获2016年“防城港市十佳文明优质网点”，图为营业部组织开展晨会

4月13日，参加”农信·税法“杯篮球邀请赛

3月10日，组织青年志愿者参加青年植树暨助力青春扶贫捐赠活动

9月27日，“企业牵手贫困户”扶贫小额贷款托管签约

中国大地财产保险股份有限公司

中国大地财产保险股份有限公司是经国务院同意，中国保监会批准成立的全国性财产保险公司，是中国再保险集团公司旗下唯一的直保财险公司。公司成立于2003年10月20日，总部设在上海。注册资本金151亿元人民币。

中国大地财产保险股份有限公司防城港中心支公司于2006年4月18日成立，辖港口营业部、防城支公司、上思营销服务部、东兴营销服务部。业务经营范围涵盖非寿险业务的各个领域，包括企业财产保险类、机动车辆保险类、工程险类、责任险类、信用保险类、保证保险类、家庭财产保险类、货物运输保险类、船舶险类、农业保险类以及短期健康保险和意外伤害保险类等。

在全国统一客户服务专线"95590"平台基础上，拓展了车险电话销售，成为第二家具备车险电话销售专营产品经营资格的财险公司，网电一体的4009666666.com更是为客户提供了便捷、实惠的服务；2007年在车险全国通赔的基础上，率先推出了"赔案网上查询"特色服务，成为业界的标杆；开发运用了技术领先的RAS快速定损系统，极大地提高客户服务速度，推广了全国免费非事故道路救援、车险理赔零单证及上门收单证等特色增值服务，为客户提供全天候服务保障；运营中心建设不断完善，客户服务水平和品质不断提升，为公司业务发展和市场开拓提供持续支持。

公司坚持以人为本，重视队伍建设和人才培养，已拥有一批专业的管理队伍和业务精英，总公司具有博士学位、博士后经历的人员占总人数的3%以上，研究生以上学历占比超过50%。公司热心公益，承担企业社会责任，履行企业公民职责，努力"用社会给予的关心积极回馈社会"，创立11年来，公司为企业和客户提供保险保障56.6万亿元，支付保险赔款355.5亿元，捐款捐物超过2500万元。公司还成立"中国大地保险·希望工程快乐体育基金"，与中国青少年发展基金会合作，在全国捐建300个"大地保险快乐体育园地"，捐款600万元。

2017年"中国大地保险·希望工程快乐体育"公益活动

2017年大地悦跑健康生活

2017年"中国大地保险·希望工程快乐体育"公益活动－总经理李智富捐赠

查勘员照片

防城国民村镇银行有限责任公司

防城国民村镇银行是一家经中国银行业监督管理委员会批准，由浙江宁波鄞州农村合作银行作为发起行，联合广西中小企业创业投资有限公司、广西华业建筑工程有限公司等企业共同出资设立的新型农村金融机构，于 2012 年 10 月 24 日正式开业。现有总行营业部、防钦路支行、群星路支行、江山支行、企沙支行、那良支行、公车支行等 7 个营业网点，总行设有综合管理部、计划财务部、信贷管理部、风险管理部 4 个部室，目前已开设有存款、贷款、结算汇兑、银行卡等业务。在职员工 80 名。

作为新型的农村金融机构，银行坚持“根在农村，命在农业，情系农民”的理念，针对区域经济发展特点，在创新产品、培育优质客户群体上下功夫，大力支持小微企业和“三农”经济发展。2016 年，银行经营班子通过对原有信贷产品的梳理，整合，结合防城港市的经济特点，陆续推出了“信用贷”“汽车贷”“渔船贷”“农户贷”“商户贷”“业主贷”六大贷款品种。还接地气的将信贷产品细化创新，助力解决客户无抵押担保贷款难问题：除发放了广西第一笔“政银担”模式的乡村旅游贷款外，银行在“渔家乐”贷款业务实际操作中还大胆创新，某金鲳鱼海水养殖大户规模养殖需要大笔流动资金，但苦于没法提供抵押物，难以取得银行贷款支持。银行了解情况后急客户所急，为其量身订做了“海鲜冷库仓单质押贷款”，为客户解决无抵押物贷款的难题。新产品进一步拓宽了信贷渠道，至 2016 年年末，贷款较年初新增 16800.74 万元。

在积极支持地方经济建设的同时，还积极履行社会责任和义务。多次在当地各主要乡镇开展银行金融知识普及活动，历年来共为地方慈善机构和当地中心小学贫困学生捐资总计近 12 万元，受到社会各界的好评。

11 月 8 日，营业部十佳网点挂牌仪式

10 月 17 日，那梭农场签约及考察，观摩那梭农场新型小城镇建设沙盘

11 月 13 日，旅游发展促进会成立大会和签约

11 月 3 日，江山支行获青年文明号

11 月 13 日，健步走活动

10 月 16 日，快乐小蜜蜂　健康登南山活动

广西金融投资集团有限公司防城港市分公司

图为防城港市分公司党总支部以“党的十九大会议对党章的重大修改”为课题集中学习新版《中国共产党章程》

广西金融投资集团成立于2008年7月28日，是由自治区人民政府直接管理的国有独资金融控股集团。金投集团目前已发展成为拥有北部湾财产保险公司、北部湾金融租赁公司、广西工业投资发展公司、广西金控资产管理公司、北部湾股权基金以及信用担保、再担保、小额贷款、互联网金融、创业投资、金融大数据、普惠商务咨询等近20家直属公司的综合金融服务控股集团，在全区设立14个市级分公司和114个区县综合金融服务中心。

金投集团防城港市分公司下辖防城、东兴、上思三个区县金融中心，共有员工70人。在集团公司和市委、市政府的正确领导下，防城港分公司积极开展中小企业融资担保、互联网金融、应急信用贷款、金融租赁、保险等综合金融服务，有力促进了地方经济发展。自成立以来，已累计为全市经济发展投资和撬动资金达90多亿元，先后为全市317家民营中小微企业累计提供担保贷款62.56亿元、提供应急信用贷款27.22亿元、互联网贷款2.56亿元，保险9000多万元，对市县城建投资5.2亿元；促进市、县财税增收，带动社会就业，拉动固定资产投资等方面起到了积极的作用。

金投集团防城港市分公司坚决贯彻落实党的十九大和全国国有企业党的建设工作会议中关于全面从严治党、从严治企的要求，通过加强党的全面领导、深化党的纪律和作风建设、提升基层党组织力等途径将党建工作贯穿业务发展始终，通过党建引领，实现全面有效发展。

图为防城港市分公司党总支部组织集体收看党的十九大开幕会

防城港市物价局

2016年，防城港市物价局认真贯彻落实《中共中央国务院关于推进价格机制改革的若干意见》精神。坚持以创新精神推动价格改革，不断加大简政放权、杠杆调节、试验探索，着力构建主要由市场决定价格的新格局，建立反映资源稀缺程度、环境损害成本和生态修复效益的价格形成机制。制定出台实施西气东输长输管道燃气价格，实施广西最低的供气价格，大幅度降低了居民用气户和实体经济企业的经济负担。加强城市供水价格管理，全面实行居民用水阶梯价格，并把居民用气价格控制在全区最低水平。深化电力体制改革，进一步完善防城港市小水电上网电价形成机制，保障了发电企业的合理收入，认真落实生猪养殖和蔬菜生产用电与农业生产用电同价，农产品批发市场、农贸市场、农产品冷链物流的冷库用电与工业用电同价政策；配合国家发改委加强市场价格监管体系建设，提供公开透明的价格信息，维护公众价格权益，切实保障公众知情权、参与权、监督权，保持价格水平基本稳定，促进经济社会发展。

严格执行价格监测报告制度，严密监视市场价格动态。2016年春节期间市物价局在各大超市开展节前检查，重点监测粮、油和肉等群众生活必需品，以及汽油、药品等98种重要商品价格，切实维护市场价格稳定。图为市物价局到超市进行节假日期间食品价格检查 （韦云凤　摄）

2016年春节期间，市物价局针对车站、码头价格收费进行检查，严肃查处票外加价、收钱不给票、上车后加价、强制保险、改变线路变相加价等价格违法行为。同时加强价格投诉举报的受理和处置工作，“12358”价格举报电话24小时值班，及时受理群众的投诉举报（韦云凤　摄）

5月26日，市物价局设立了政务公开日宣传点和政策咨询点，向群众印发便民服务手册，解答群众的政策咨询问题，切实为群众解难题、办实事。图为市物价局王习龙同志在政务公开现场给群众解读物价政策 （韦云凤　摄）

6月中旬，市物价局领导到东兴视察边境收费情况 （韦云凤　摄）

3月，市物价局领导深入养殖场，调查研究生猪养殖成本，为政府决策提供科学依据。图为市物价局王习龙到防城区龙翔养殖场调研 （韦云凤　摄）

防城港市国有资产监督管理委员会

5月12日，防城港市国资委党委专题学习习近平总书记视察广西重要讲话精神

3月1日，市国资委党委书记、主任莫江林（左二）等到市城投公司承建的市海湾新区相关项目一线进行实地调研

6月29日，市国资委党委书记、主任莫江林带队到定点扶贫村开展“七一”主题党日活动，并以“学习习近平总书记考察广西时的讲话精神”为主题给大江边村的党员同志们上了一堂生动活泼的党课

2017年，市国资委认真贯彻中央、自治区和市委、市人民政府各项工作部署，紧紧围绕我市“十三五”规划和全面深化国资国企改革工作任务，着力突破优化结构布局、推进国资国企改革、改进国资监管、加强党建工作，取得了一定成效。据统计，截至12月底，市国资委监管企业累计资产总额397.62亿元，同比增长11.76%；所有者权益总额184.74亿元，同比增长6.40%。累计实现营业收入4.05亿元，同比增长62.37%；完成固定资产投资22.73亿元，同比增长73.98%；国有资产保值增值率106.96%。

进一步完善配套文件，为国企国资改革提供政策依据。2017年共出台配套政策文件4项，上报市政府待审定4项，自2015年《防城港市深化国资国企改革的实施方案》出台以来，总共编制“1+16”项国资国企改革配套政策文件。

着力调整国有经济布局结构，优化资产配置。研究起草《防城港市直国有企业优化布局调整方案》，将市直国企整合为不同功能、主业突出、运营效益高、市场竞争力强、区域性明显、分工明确的6大类型集团公司，逐步实现集团化运营和管理。推进市港工公司集团化升级改组为港发控股集团有限公司。新组建了市小微企业融资担保公司。

深化国资国企改革，促进企业提质增效。大力推进市党政机关事业单位和群团组织与所属18家企业脱钩，逐步实现经营性国有资产集中统一监管。指导市城投公司、市小微企业融资担保公司完成了股权多元化改革。积极引入社会民间各类资本，着力推进发展混合所有制经济。推进国有企业职工家属区“三供一业”分离移交。加快我市国有“僵尸企业”出清工作。

强化企业监管，加强风险防控。把党的领导融入公司治理各环节，理顺企业的组织架构和董事会、监事会、经理层在经营决策、监督、管理中的权责关系。进一步完善市直重点国有企业负责人经营业绩考核办法。进一步推进法务工作建设。将监事会监督工作纳入“两个融入”，强化了监督结果的运用。指导企业通过债权回购方式有效化解金融债务。抓好安全生产和维稳工作。

从严从实加强党建，强化组织保障。多形式、全覆盖组织国资系统广大党员干部深入学习宣传贯彻党的十九

10 月 31 日，市国资委召开传达学习党的十九大精神会议，市委常委、副市长赵强出席会议并给市国资系统党员干部作学习辅导

4 月 13 日，市国资委党委委员、纪委书记吕武平（正面中）带队到市市场服务中心调研

11 月 6 日，市国资委党委委员、副主任韦鹰和（右一）带队到市兴港公司下属企业兴冠菜篮子公司蔬菜基地进行调研

大精神。进一步推进“两学一做”学习教育常态化制度化。着力夯实基层党建，强化党的阵地建设。把加强党的领导和完善公司治理结构统一起来，加强和改进企业领导人员管理。以开展“争当八桂先锋、争做合格党员”行动为契机，不断探索困难国有企业党组织和党员管理新模式，着力打造我市国企党建新品牌，强化战斗堡垒作用。不折不扣贯彻落实中央八项规定精神，加强党风廉政建设。积极开展抓党建促脱贫攻坚工作。

1 月 17 日，市国资委党委书记、主任莫江林（中）等看望慰问国有企业困难老党员

9 月 21 日，市国资委党委委员、副主任黄生（中排左一）带工作组到市兴港资产有限责任公司就企业如何转型升级，提质增效开展调研

8 月 12 日，市国资委党委委员、监事会主席李建辉（前排右二）率各监事及中介机构到市港工公司进行专项审计动员

10 月 17 日，市国资委举办市直国有企业管理人员能力提升专题研讨暨基层党组织书记培训班

防城港市工商行政管理局

2017年，防城港市工商局以商事制度改革、事中事后监管、消费维权、队伍建设“四个推进”为重点，在工作勇于担当、开拓创新、敢做善成，成为全自治区改革创新的排头兵，多次得到各级党委政府主要领导的批示表扬和上级部门的充分肯定。

1月23日，市工商局党组书记、局长朱宇云(左三)陪同市委书记金湘军(前右二)到防城检查春节节日市场

一、以“三十四证合一”为重点，深化商事制度改革。 在先后实施企业注册资本登记、“先证后照”、“三证合一”等商事制度改革的基础上。2017年4月底，在工商局的牵头努力下，防城港市实施“多证合一”改革，发出全国首张三十四证合一的“一照通”营业执照，整合20个部门34个审批事项，实行“一窗受理、内部流转、同步审核、信息互认、多证合一”的登记模式。5月26日，在国务院召开的全国推进“多证合一”改革电视电话会议上，作为全国4个发言代表之一，防城港市市长何朝建作经验发言。自治区人民政府主席陈武也充分肯定防城港市的改革成效并作出重要批示。防城港市企业登记全程电子化还被商务部等十三部委列为探索开放型经济运行管理新模式经验之一向全国推广。年内，全国共有40多个省内外考察组先后到防城港市考察学习改革经验。为充分利用东兴国家重点开发开放试验区的政策优势，推动市政府在东兴试点开展外国籍自然人经营户登记，发出广西首张外国籍自然人经营户营业执照。

二、以涉企信息归集为推动，推进事中事后监管。 工商局起草并推动出台《防城港市政府部门涉企信息统一归集公示工作实施方案》等系列方案措施，推动市直37个部门建立“双随机一公开”工作机制，编制随机抽查事项清单310项。年内，全市工商系统对2291户市场主体进行“双随机、一公开”抽查，实行对抽查事项的全覆盖。2017年涉企信息归集政府部门的总体覆盖率达到97%，信息归集企业数量占企业总量的比例居全自治区前列。同时，积极开展全国年报试点工作，全市2016年度企业、个体工商户、农民专业合作社年报率分别为80%、76%、89%，顺利完成试点工作任务。

2017年5月26日，市人民政府市长何朝建代表防城港市在国务院召开的全面推进“多证合一”改革工作会议上作经验发言

2017年11月1日，市人民政府蹇兴超副市长到市工商局宣讲十九大精神

三、以“诚信经营、放心消费”创建为抓手，提升消费维权成效。围绕“6点3线1面”创建任务，工商局在电商、快递、旅游、农资等多行业继续深化创建，在消费热点领域选取23个单位开展试点，积极推行无理由退换货、先行赔付制度，不断提高创建活动影响力和覆盖面。率先在全自治区开发使用“防城港市放心消费微信公众号暨消费维权协同服务平台”。同时，推动市政府将创建活动纳入到各级政府绩效考评体系。开展创建活动以来，参创单位逐年增加，至年底共有参创单位1331户，消费纠纷处理在门店、解决在基层的比例达90%，较创建前提高了两倍。4月27日，全区“放心消费 诚信经营”现场会在防城港市召开。

四、以党建和廉政工作为引领，强化工商干部队伍建设。2017年，工商局完成机关党委的换届和各党支部的整合，并以此为契机，全面规范开展各类党建活动，强化廉政教育和干部培训。年内，结合八项规定精神“回头看”活动，开展以“遵规守纪强作风 真抓实干竞风采”的主题教育活动。通过唱红歌、诗朗诵、知识问答、与贫困村支部同上党课、赴革命旧址体验等丰富多彩的形式，较好地引导同志们主动参加支部党员日活动。12月，工商局局长朱宇云的党课入选全市精品党课并在防城港市电视台进行录播。为进一步坚定理想信念，工商局采取专家辅导、开展警示教育、集中上党课，以及到高等院校集中培训等多种形式，加强对党规党章以及业务工作的学习。十九大召开后，工商局召开党组会、学习会、干部大会、进行知识测试等，将十九大精神层层传达学习，迅速在系统内掀起学习十九大精神的新热潮。

2017年10月18日，市工商局组织党员干部集中收看党的十九大开幕会。图为市工商局党组副书记、副局长凌光炯在现场接受防城港电视台采访

2017年8月25日，市工商局党组成员、副局长杨俊龙参加党支部“我喜爱的诗歌朗诵”活动

“3·15”期间举行“新消费、我做主”主题网友问政座谈会

2017年4月24日，在市工商局的牵头组织下，防城港市在全国率先实施三十四证合一的“一照通”企业登记制度改革

2017年4月27日，全区工商系统“诚信经营、放心消费”创建工作现场会防城港召开

2017年9月25日，市工商局承办召开2017年防城港市商标品牌推进工作大会，对相关品牌企业进行奖励

2017年9月27日，市工商局联合公安等部门开展打击传销专项行动

防城港市审计局

10月10日，市审计局领导深入审计现场检查指导工作

11月16日，市审计局与城投公司开展"两学一做"共学共建助推政府投资规范建设座谈会

3月1日，在市会议中心召开全市财政审计工作会议，市委副书记班忠柏（左三）作重要讲话。（会议动态）

概况：2016年年末防城港市审计局局长：赵蕾；副局长：李毓森、周铁军、凌荣；纪检组长：黄慧萍；经济责任审计分局局长（副处长级）：李忆文。设办公室、法规科、财政和社保审计科、行政事业审计科、农业环保和企业审计科、固定资产投资审计科、经济责任审计分局，经济责任审计中心、政府投资审计中心。

2016年以来，市审计机关在市委、市政府和自治区审计厅的领导下，紧紧围绕市委、市政府加快推进边海经济带建设，打造广西"两个建成"先行区的目标任务，着力在推动市政策措施贯彻落实到位、规范权力运行、提高扶贫资金效益，强化权力运行制约监督，促进党风廉政建设和反腐败工作等方面下功夫，不断加大审计监督力度，为市经济社会健康发展做出新的贡献。

2016年，市审计机关共完成审计项目446个，查出主要问题金额135183万元；促进增收节支、挽回损失和核减投资额12401万元。

（一）扎实推进预算执行审计，完善预算执行监督。

（二）继续深化经济责任审计，强化权力运行约束力。

（三）拓宽专项资金审计面，关注民生资金使用效益。

（四）注重政府投资审计，规范政府投资管理行为。

（五）加大违法违纪违规问题查处力度，发挥反腐败利剑作用

深入开展"两学一做"学习教育。4月以来，认真组织全体党员开展"四讲四有"四个专题讨论；深入基层审计局、帮扶社区、挂钩村讲党课、开展共学共建助推政府投资审计规范主题实践活动；坚持经常性教育与集中培训相结合。

强化党组班子建设。一是加强党组中心组的学习。全年开展了10次党组中心组理论学习。二是坚持民主集中制。根据"三重一大"制度，局党组召开党组扩大会对重大问题决策、干部任免、大额资金使用等事项进行研究决定，充分发挥集体决策智慧。

抓好机关党建工作。定期召开支部党员学习会，由局党组书记或支部书记为党员上专题党课。采取"走出去"的办法，组织全市70多名干部职工到井冈山开展党性教育和作风教育。创新党建活动载体。深入开展与结对村和社区党组织组织同建、活动同行、先锋同创等活动，进一步增强党组织的凝聚力。三是围绕审计实际抓党建，增强党建工作的针对性和实效性。

严抓党风廉政建设。以落实"两个责任"为抓手，将廉政教育、制度、监督有效地结合起来，积极提高廉政风险防范能力。严格执行"八项规定"。

3月28日，举办审计质量控制培训班（教育培训）

4月29日，举办演讲比赛（精神文明）

8月25日，市审计局领导到上思县审计局指导工作

国家统计局防城港调查队

5月，广西调查总队纪检组组长吴多明(正面左一)到防城港队指导党建、党风廉政建设工作

8月，防城港市住户调查电子试记账试点工作启动暨业务培训会，市政府秘书长林春胜、农口部门负责人出席该会议

6月，队长陆贵远(右一)到扶贫点上思县叫安镇平江村调研

2016年，防城港调查队在市委市政府、广西调查总队的正确领导下，认真贯彻落实习近平总书记等中央领导同志对统计工作的重要批示指示精神，以“规范化建设强化年”主题活动为契机，深入开展“两学一做”学习教育，提出了“严明纪律、深化规范、勇创一流”的工作思路，加强领导，突出重点，狠抓落实，有力地促进了各项工作的顺利开展。现将工作亮点汇报如下：

亮点一：学习贯彻落实习近平总书记等中央领导同志对统计工作的重要批示指示精神，筑牢防范统计造假弄虚作假的防线。2016年以来，在东兴市和上思县2次召开有市住调办成员单位和各区县住调办主任参加的住户调查工作会议，传达学习习总书记等中央领导同志的重要指示批示精神。

亮点二：有序推进住户调查电子记账试点工作，积极探索新手段在调查工作上的应用。住户调查电子记账试点工作得到了各方面的帮助和支持。一是得到了总队的悉心指导，总队收支处年内2次到队进行业务指导，提升了我队业务人员水平。二是得到了南宁调查队鼎力相助，我队3次到南宁市学习交流电子记账业务工作，并免费租用南宁市住户调查电子记账平台。三是得到了地方政府的大力支持，市政府秘书长林春胜参加电子记账启动仪式并作工作动员，市财政局、市农委、市统计局、市人社局等住调办成员单位派有领导参加启动仪式。2016年8月，电子记账试点工作在三个住户调查网点正式启动。

亮点三：服务地方工作获得肯定，调查软硬环境有新的改善。服务地方职能能力增强。累计向防城港市委、市政府、市领导、市“两办”及有关部门编印报送《调查信息》25期、《调查报告》10期、《防城港CPI专报》11期，均比去年同比有所提高，其中，《总体满意度全区第二位投资环境优化成效显著——2016年防城港市投资环境监测调查报告》受到重视，被市委书记金湘军在全市绩效考评工作总结部署会上引用。进一步拓宽了服务领域。在确保完满完成国家和总队调查任务前提下，承接了多项地方委托调查，接受了市政法委、绩效办等部门的委托，开展群众安全感、绩效考核群众满意度等专项调查，增强了调查队系统在地方的影响力。

7月，队长陆贵远(右一)率队到上思县叫安镇平江村扶贫户家中宣讲扶贫政策

7月，纪检组长韦昌(右一)到住户调查网点核实数据质量

6月，市统计局、调查队支党共建开展革命传统教育

防城港市安全生产监督管理局

2016年2月2日，市长何朝建（中）出席防城港市人民政府2016年第一季度防范较大以上生产安全事故工作会议并讲话

8月10日，副市长张海（右二）在市安监局党组书记、局长黄洪海（右三）陪同下深入盛隆公司周边调研道路交通安全隐患综合整治工作

2016年，在市委、市人民政府的正确领导下，全市各级各部门认真贯彻落实习近平总书记、李克强总理和自治区党委、政府主要领导关于安全生产一系列重要指示批示精神，强化安全责任落实，深化安全生产风险管控和安全隐患排查治理，狠抓打非治违专项行动和安全生产专项整治活动，有效地促进了全市安全生产形势的持续稳定好转，四项主要控制指标全面下降。

一是领导高度重视，安全生产责任体系更加完善；二是不折不扣落实安全生产工作制度；三是实施六位一体工作法，安全生产齐抓共管的局面形成常态化；四是注重源头治理，风险分级管控及隐患排查治理双重预防机制有序推进；五是采取政府购买服务方式聘请专家参与高危行业领域安全生产重点检查；六是全力以赴抓好重大安全隐患的挂牌督办整改工作；七是扎实推进安全生产标准化建设；八是严格把好安全生产准入关；九是加强安全生产教育培训；十是加强安全生产应急救援队伍建设；十一是依法严肃查处生产安全事故和违法行为；十二是强化警示教育约谈，较大以上生产安全事故得到有效遏制。

2016年1—12月，全市共发生各类生产安全责任事故42起（不含火灾），死亡17人，受伤42人，直接经济损失18.11万元，事故起数、死亡人数、受伤人数和直接经济损失四项指标分别下降6.67%、10.53%、2.33%和87.37%。非煤矿山、危险化学品、烟花爆竹、农机、水上交通、生产经营性火灾、铁路路外等8个行业领域“零死亡”。全市没有发生较大以上生产安全责任事故。

至此，防城港市连续十一年没有发生重大以上生产安全责任事故；连续十一年在自治区安全生产年度履职考核中被评为优秀单位。

6月28日，全市安全生产月警示教育会议，市安监局党组书记、局长黄洪海（主席台中），市安监局党组成员、副局长易富林（主席台左）在会上讲话

6月23日，安全生产月专场晚会在桃花湾广场举行，市安监局党组书记、局长黄洪海，纪检组长黄建仁（二排中）参加并与演出人员合影

2月6日，市安监局党组书记、局长黄洪海（右四），副局长王洪波（右三）参加在防城区组织的销毁非法经营烟花爆竹行动

防城港市食品药品监督管理局

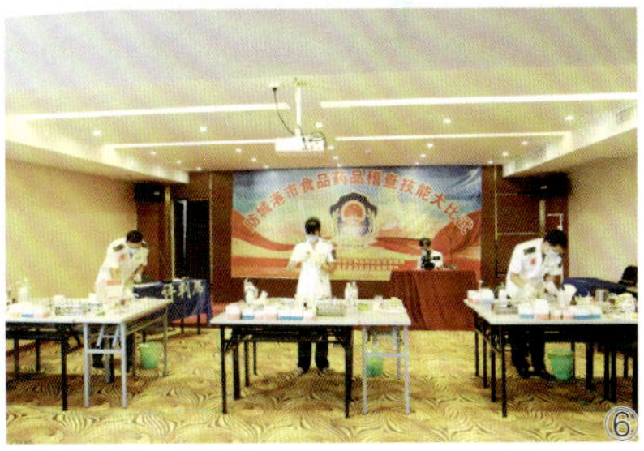

①2017 年 1 月 23 日，市委书记金湘军检查春节食品安全
②2017 年 1 月 12 日，市食药监局局长杨尚秋检查春节食品安全
③2 月 18 日，局长杨尚秋一行到上思县食药监局开展调研
④8 月 16 日，副局长黄友军检查药品经营企业
⑤1 月 25 日，市食药监局韦启波副局长检查学校周边“三无”食品
⑥7 月 26 日，市食药监局全市稽查技能大比武活动活动
⑦9 月 5 日，市食药监局庞承秀副局长检查餐饮安全
⑧3 月 14 日，市食药监局召开全市稽查抽检工作培训班
⑨“6•13”食品安全宣传周启动仪式召开

防城港市烟草专卖局

防城港市烟草专卖局(公司)成立于1988年8月27日，主要负责防城港市的烟草专卖管理和卷烟销售工作，受广西区烟草专卖局(公司)和防城港市人民政府双重领导，以广西区烟草专卖局(公司)领导为主，下辖城区、上思、东兴3个县级烟草专卖局(营销部)。

2016年，防城港市烟草专卖局(公司)在广西区烟草专卖局(公司)和防城港市委市政府的正确领导下，通过全体员工的努力拼搏，全年共销量卷烟39107箱，实现税利总额25044万元，同比增长0.49%；税收入库17690万元，同比增长3.2%。进一步完善联合打私打假和清理整顿市场工作机制，积极与有关执法部门开展各类专项行动。全年查处涉烟案件770起，其中案值在5万元以上的案件434起，符合国家局、公安部标准的网络案件4起；成功破获了“8·1”“11·9”“1·23”“3·17”“4·21”“5·10”等多起有重大影响的涉烟国标网络案件，“8·1”“3·17”“5·10”三起案件被列为部督案件。其中“3·17”案涉及全国10余个省份，涉案金额上亿元；“5·10”案现场查获各类假冒伪劣卷烟88万支，货值160多万元。烟草打私工作得到国家局、区局和市政府的肯定。防城港市烟草专卖局(公司)积极开展挂点精准扶贫活动，全年共支出扶贫捐赠款331466元。

3月23日，越南警方在东兴市中越友谊大桥零公里处将2015年防城港市“8·1”特大非法经营卷烟案(涉案金额过亿元)在逃犯罪嫌疑人(主犯)裴某移交防城港警方广西壮族自治区防城港市烟草专卖局　　高利　摄

2017年5月4日至5日，国家烟草专卖局副局长赵洪顺在广西防城港市调研。图为赵洪顺与防城港市政府打私综治成员单位进行座谈

2017年5月4日至5日，国家烟草专卖局副局长赵洪顺在广西防城港市调研。图为赵洪顺在东兴海关缉私二号哨塔查看监控画面

2017年6月13日，在“1·17”特大案的不法分子家中查获的卷烟

2017年6月13日，国家局、区公安厅及自治区烟草专卖局相关领导现场了解1·17案件查获卷烟情况

2017年6月13日，在“1·17”特大案中抓捕的犯罪嫌疑人

中华人民共和国东兴海关

10 月 24 日，东兴海关继续深化边民互市贸易转型升级，提升通关效能。图为自治区副主席张晓钦到东兴互市区观看边民在商铺交易申报

11 月 18 日，在东兴互市区开展边民互市“一指通”系统开通仪式。图为边民演示一指通系统操作

2 月 1 日，东兴海关积极发挥团支部作用，广泛开展雷锋志愿活动。图为东兴海关志愿者到到敬老院开展志愿服务，为老人写春联

6 月 20 日，积极开展“两学一做”专题教育，夯实党建基础，开展党史党章规知识竞赛

5 月 4 日，东兴海关积极强化对侵犯知识产权货物、物品的查发力度。在东兴互市区查扣涉嫌侵权音响一批

12 月 26 日，东兴海关对近年来查扣的“三无”船舶开展集中销毁

3 月 15 日，东兴海关旅检科查获疑似象牙

3 月 19 日，入境人流高峰期通关景象图

产　业

农　业

【概况】 2016年,防城港市各级涉农部门贯彻落实中央1号文件和全区农村工作会议精神,按照“落实五大理念,突出绿色发展,全力补齐短板,助推两个建成”的总体要求,紧紧围绕提高农业现代化水平和新农村建设水平,突出“特色、精致、高效、品牌”农业,深入推进农业结构性改革,加快转变农业发展方式,“三农”工作扎实有效。

【现代农业示范区创建】 2016年,防城港市县乡两级现代农业示范区创建全面启动,全面启动21个示范区创建工作,累计完成投入12.56亿元。累计完成道路102.6千米,完成水利建设48千米,完成电力建设39.6千米,引进新品种29个,引进新技术20项,引进新成果5项,引进农产品加工设备64台(套),引进经营主体入驻示范区企业39家,成立农民合作社48家。港口区红树林海洋渔业核心示范区已经完成核验。防城区农潮田心火龙果种植示范区等6个县级和东兴市不老峰铁皮石斛产业示范区等6个乡级现代特色农业示范区通过自治区认定。

【优质高产高糖料蔗基地建设】 2016年,防城港市全部完成2014、2015年1666.67公顷“双高”糖料蔗基地建设任务,成为全自治区第一个通过自治区、市、县三级验收的市。9月28日,防城港市2014年项目土地整治、良种良法、机械化、水利化全部通过自治区终验,全部完成2014年“双高”基地建设任务666.67公顷。“双高”基地“四化”项目均通过市、县级验收,资金拨付率90.3%,全部完成2015年“双高”基地建设任务1000公顷。2016年,“双高”基地建设任务为1666.67公顷,落实地块面积1673.33公顷,占任务的100.4%;完成测绘面积1693.33公顷,占任务的101.6%。

【农村土地确权登记】 2016年,防城港市除扫尾完成东兴市整市推进任务外,在上思县思阳镇等10个乡镇(街道)行政村开展确权登记工作。完成可确权颁证农户8.6万户,面积达2.25万公顷,占全市应确权登记农户数的65%,农村土地确权工作进度排全自治区前列,其中东兴市先后2次代表防城港市在自治区人民政府召开的大会上作典型经验介绍。

【特色产业“10+3”行动】 2016年,防城港市全市农作物播种面积11.06万公顷,同比增长0.1%,其中粮食作物5.05万公顷,增长1.6%,占全年任务的103.77%;蔬菜播种面积1.82万公顷(其中常年性蔬菜基地面积433.33公顷)。新种水果面积666.67公顷,特色水果种植面积达1.15万公顷、同比增长3.61%;水果产量8万吨、同比增长3.9%。甘蔗种植面积4.45万公顷、同比增长0.3%。发展牛大力、铁皮石斛等特色中药材1333.33公顷,优质谷、莲雾等富硒特色农产品133.33公顷;完成上思1800公顷坚果示范基地建设。

【“边海经济带”项目建设】 2016年,防城港市稳步推进承担实施的3个“边海经济带”项目,共完成固定资产投资1.6亿元,占计划133%。其中,农产品质量安全检测中心项目完成主体工程进入装修,完成投资1000万元;“双高”糖料蔗基地项目完成1666.67公顷,完成投资1亿元。火龙果基地提升改造与产业化项目改造果带66.67公顷,完成投资5000万元。

【农产品质量安全监管】 2016年,防城港市大力推进农业标准化工作,新获得“三品一标”产品6个,全市“三品一标”农产品生产基地累计达3.24万公顷。加强农资市场整顿,检查各类农资生产经营企业和摊点650个(次),立案查处各类违法案件22起。加强果蔬产品例行检测。全市主要蔬菜生产基地100%纳入监管范围。完成例行监测抽检样品842个,合格率97.39%。没有出现农产品质量安全事件。

【新型农业经营主体发展】 2016年,防城港市评审认定市级农业产业化龙头企业2家,全市农业产业化龙头企业达33家,其中自治区级龙头企业7家、市级龙头企业23家。累计成立各类农民专业合作组织994家,其中年内新增243家,认定市级示范合作社24家;各类家庭农场244家,其中年内新增56家。各类新型农业经营组织带动农户9万多户。

【产业脱贫攻坚】 2016年,防城港市在81个贫困村中发展甘蔗种植、中草药种植等19个特色产业,特色产业覆盖了全市8335户贫困户中的5771户,产业覆盖率为69.24%,比自治区下达的指标高出9.24个百分点。全市81个贫困村中有1家以上农民专业合作社的有69个村,占85.19%;确定全市81个贫困村和4个县(市、区)19个非贫困村作为百村创收的主体,年收入万元以上的村有36个,占比36%。培育引进龙头企业共49家,带动帮扶贫困户3617户。

【农业科技推广】 2016年,防城港市深入组织开展粮糖高产创建活动,在防城区、上思县等地建立水稻高产示范区。开展耕地质量监测工作,设立耕地质量监测点15个,为指导农业生产提供依据。实施化肥、农药零增长行动。推广测土配方施肥技术达9.87万公顷(次),秸秆综合利用率达82%以上。推广赤眼蜂防治甘蔗螟虫、捕食螨防治红蜘蛛等新型生物防治技术4933.33公顷。化肥使用量6.3万吨,同比增长1.2%,农药使用量1.5万吨,同比增长1%。

【农机化服务】 2016年,防城港市共使用农机购置补贴资金521.04万元,完成任务109.69%,补贴各类农机具2926台(套)。全年水稻耕种收综合机械化率达到69.82%。甘蔗机耕面积1.2万公顷,机种面积2666.67公顷,机收面积133.33公顷。加强农机安全执法监管,完成签订农机安全生产责任状4810份。全市开展农机安全生产大检查296次,查处、纠正违法违章行为281台次,检查生产经营单位41家,排查覆盖率达100%,排查一般事故隐患312项,隐患整改率达100%,有效防范和减少农机安全事故的发生。

林 业

【概况】 防城港市林业局是市政府的组成部门之一,主要职责是负责全市林业生态建设、造林绿化、森林资源保护发展、林业改革、陆生野生动植物资源的保护和合理开发利用等工作。全局内设6个科室(办公室、计划财务科、营林科技科、林政资源管理科、林业改革和产业发展科、野生动植物保护和自然保护区管理科),8个二层事业单位,干部职工76人。2016年,全市林业系统认真贯彻落实"五大"发展理念,坚持"民生林业,生态林业"双轮驱动,紧紧围绕边海经济带建设,全面深化林业改革,着力发展林业经济,突出强化资源保护,各项工作扎实推进,全市林业继续保持良好发展态势。2016年,森林覆盖率达58.74%,比上年增长0.24个百分点;活立木蓄积量达2690万立方米,比上年增长8.57%。完成营造林8373.33公顷,占年度计划任务数的140%。村屯绿化工程共投入资金3537.47万元,完成自治区级示范村屯218个、一般村屯1655个,任务完成率100%。林业行业固定资产投资完成4亿元,比上年增长33.3%;全市林业产业总产值达198.5亿元,比上年增长9.61%。

【造林绿化】 2016年,防城港市全市累计完成造林8373.33公顷,占计划任务9000公顷的140%,其中:荒山荒地造林893.33公顷、低产低效林改造140公顷、人工更新740公顷,萌芽更新6600公顷;完成义务植树250万株,占计划任务250万株的100%;完成森林抚育1万公顷,占计划任务1万公顷的100%。其中重点工程项目:油茶造林完成66.67公顷,完成率100%;中央财政森林抚育补贴完成1186.67公顷,完成率100%;中央财政补贴造林完成100公顷,占计划任务733.33公顷的13.6%。

【集体林权制度改革】 2016年,防城港市继续在全市开展林权登记发证的查缺补漏工作,进一步深化集体林权制度改革,但由于林权勘界确权准确率偏低,已经打印的林权证无法发放到群众手中,严重制约林权流转和林权抵押贷款等配套改革工作的开展。

【林下经济与经济林生产】 2016年,防城港市完成林下经济发展面积12.22万公顷,比上年实际完成数增长22.12%;完成年度目标任务100.16%。完成林下产值312000万元,比上年实际完成数增长24.21%;完成年度目标任务104%。完成惠及林农人数402200人,比上年实际完成数增长0.09%;完成年度目标任务100.55%。林下种植方面重点推进金花茶、益智、砂仁等种植,林下养殖项目选择林畜、林禽、林蜂等;林下采集加工重点推进传统的玉桂、八角等香料和松脂采集加工项目;并结合防城港市边、海、山的旅游特色,大力推进森林休闲生态旅游。以上项目在发展面积、产值、惠及林农人数三大指标中分别占整个林下经济指标的完成数的77.15%、77.06%和76.67%。分别造就千万元村14个,惠及林农人数5620人;百万屯29个,惠及林农人数5423人;十万元户80户,惠及林农人数513人。

【村屯绿化】 2016年,自治区、市、县三级在防城港投入村屯绿化资金3537.47万元,完成村屯绿化1873个(其中:完成自治区级示范村屯218个、完成一般村屯1655个),完工率100%。种植绿化大苗5.26万株,种植果树22.19万株,新增绿化面积128.44公顷。

【林业产业】 2016年,防城港市全市有木材加工企业269家,松脂加工企业5家,花卉种植和加工企业51家,涉林养殖场34个。林业产业完成总产值203亿元,完成年度目标任务102.53%,比2015年同期增加12.15%。其中第一产业40亿元,第二产业137亿元,第三产业26亿元。人造板产量72万立米,完成年度任务86.42%;木材加工和造纸产值70亿元,完成年度任务205.88%。花卉总产值3.22亿元,完成年度任务107.33%。森林旅游完成12亿元,完成年度任务200%。

【森林防火】 2016年,防城港市有森林面积355489.7公顷,全市共发生森林火灾22起。其中:东兴市发生6起,港口区7起,防城区6起,上思县3起;一般森林火灾14起,较大森林火灾8起。火场总面积229.32公顷,受害森林面积41.16公顷,森林火灾受害率为0.115‰,损失林木983立方米。与上年同期相比,火灾起数减小4起,过火面积增加167.68公顷,受害森林面积增加18.71公顷,森林火灾受害率上升了1.09‰,木材损失增加611立方米,没有人员伤亡。年内,完成修改充实防城港市森林防火应急预案和编写"十三五"防城港市森林防火规划,有计划、有步骤组织开展森林防火演练。2016年,全市有专业森林消防队伍4支,人员152人;应急队伍16支,人员370人,对专业森林消防队伍建设经费的财政投入达1200多万元。获得上级安排边境生物防火林带建设资金393.1万元,其中:新建林带15千米,投入资金232.5万元,林带抚育64.2千米,投入资金160.5万元。

【野生动植物保护】 2016年,防城港市规范野生动物养殖场管理,实行野生动物驯养繁殖登记备查制度、经营利用配额制度。全市野生动物养殖场29家,经营利用6家,年产值8000万元。开展野生动物疫源疫病监测防控,特别是对禽流感防控,全市没有野生动物疫源疫病发生。推进湿地项目的实施,Ⅰ、Ⅱ、Ⅲ、Ⅵ标段已基本完成造林任务,Ⅳ

和Ⅴ标段落实造林地26.67公顷，生态保护项目珍珠港项目继续推进。

【自然保护区建设】 2016年，防城港市在广西十万大山国家级自然保护区保护区建设方面投资114.9万元，完善大龙山站、松柏站、汪乐站和渠坤分站的房屋修缮与水电安装。至2016年年底各站点房屋修缮与水电安装基本完成。平龙山生态定位监测站与气象观测站建设项目进入到招投标建设阶段。维护保护区原有5.83万公顷面积范围、性质、级别的不改变，发放生态公益林补偿资金739.45万元。推进十万大山保护区科研与监测，保护生物多样性，吸引了大批专家、教授、学者进入开展科学考察，2016年，有香港嘉道理、中央民族大学、广西大学、中林科院林业研究所、广西植物研究所、广西自然博物馆、广西森林资源监测中心等单位到广西十万大山国家级自然保护区考察。委托广西林业勘测设计院完成开展保护区季雨林生态系统本底调查、沟谷雨林生态系统调查与监测、关键物种调查与监测，采集植物标本1500多份。委托中科院成都生物研究所开展了保护区兽类调查与监测、鸟类调查与监测、两栖和爬行类动物调查与监测，采集动物标本20多份。推进十万大山保护区的宣传，挖掘保护区相关的图形、文字、符号元素，完成“广西十万大山国家级自然保护区标识(LOGO)”设计制作。在保护区、水源区设立物理标志，制作界碑、界桩和标牌，在主要交通路口或村旁设立边界示意图和宣传牌。利用保护区的中央财政林业补助资金投入24万元购买60万株松树苗发给保护区周边群众，逐步减少保护区社区群众对自然保护区森林资源的依赖。

【林业有害生物疫情防控】 2016年，防城港市林业有害生物防控目标是：全市森林病虫害成灾率要在0.067‰以下，控制在自治区下达4.2‰以下的指标内。因环境变化和气候异常的影响，森林病虫害呈高发频发态势，全市林业有害生物发生面积615.07公顷，成灾面积41公顷，成灾率0.067‰。其中肉桂虫害(油桐尺蛾)发生面积256.67公顷；红树林虫害(柚木驼蛾、广州小斑螟)发生面积264.4公顷，成灾面积35.33公顷；松毒蛾发生面积64公顷，不成灾；薇甘菊发生面积30公顷，成灾5.67公顷。年内，全市发生两次灾害较大的森林虫害，其中防城区和东兴市共发生256.67万公顷油桐尺蛾食叶害虫，主要危害玉桂经济林；沿海一带红树林发生264.4公顷柚木驼蛾和广州小斑螟虫害。经过采取强有力的措施，投入大量的人力、物力，使所发生的两次虫害能在较短的时间内得到除治，取得较大成效。从2015年8月到2016年12月底，全市开展全国性林业有害生物普查工作，完成6次以上重复的外业普查工作，外业工作全部完成。

【破坏野生动植物资源违法犯罪行为打击】 2016年，防城港市林业、工商、公安、海关、边防、打私办等部门联合执法，有效惩治破坏野生动植物资源违法犯罪行为。共查处破坏野生动植物和保护区资源案件9起，刑12人，逮捕10人。没收、收容、救护国家保护动物及其制品象牙制品29.5千克，食蟹猴101只，短尾猴5只，蜂猴21只，蟒蛇2条，巨蜥1只，鳄鱼皮255张，鳄鱼0.5吨，冰冻鳄鱼肉0.4吨，犀鸟7只，绯胸鹦鹉54只，穿山甲100只，蛤蚧944只，凹甲陆龟25只，虎纹蛙21只，以及广西重点保护野生动物、三有动物一批。开展“清网行动”，清除捕鸟网700余米，解救野生鸟类31只。

畜牧业

【畜牧业标准化建设】 2016年，防城港市畜禽标准化养殖稳步发展。一是全市新建牛羊规模养殖场28家。二是组织申报生态规模养殖场14个，创建自治区畜禽养殖标准化示范场8个；创建农业部畜禽渔业标准化养殖项目3个。三是获广西地方标准畜牧兽医技术规程2项，获国家发明专利授权养猪场污水处理系统1项。这些技术规程和专利的获得有力助推了防城港市畜禽标准化、规模化、产业化养殖的发展。

【畜牧产业扶贫攻坚】 2016年，防城港市畜牧产业扶贫工作成效明显。市局领导多次带队深入扶贫挂钩点开展走访调研，全面掌握村情民意，组织制订帮扶方案，开展精准扶贫，基本完成帮扶对象的脱贫任务。同时，充分发挥部门优势，认真做好特色优势产业、扶贫龙头企业、贫困农户三者之间的对接，通过推广“龙头企业+基地(合作社)+农户”产业化扶贫模式，使得水产畜牧业成为全市带动精准脱贫致富的好帮手。全年筹集600多万元产业帮扶资金，发展养殖猪、牛、羊等5400多头、养殖鸡鸭等6万多羽。

【动物检疫】 2016年，防城港市动物疫病防控扎实推进。各乡镇都建成规范化的检疫申报点，全面完成春秋季重大防控工作目标任务，没有发生重大动物疫情。无害化处理体系建设试点工作有序推进，首个病死畜禽无害化处理厂投入试运行。

【畜牧产品质量安全监管】 2016年，防城港市畜牧产品质量安全监管深入推进。通过强化水畜产品质量安全监管监测体系建设，严把投入品的生产、经营、使用和产地检疫、宰前检疫检验关，坚持深入开展“瘦肉精”专项整治、兽用抗菌药专项整治等6大专项整治行动，有效确保全市水产畜禽产品质量安全。据全区监测结果通报，全年水产畜牧产品抽样检测合格率100%，没有发生重大食品安全事件。

渔　业

【渔业基础设施建设】 2016年，防城港市现代设施渔业加快发展。新增深水抗风浪网箱68口、养殖水体约22万立方米，新增港湾传统养殖网箱380箱、面积约3800平方米。全市深水抗风浪网箱达278口、养殖水体约71万立方米，收获养殖海水经济鱼类1.35万吨、产值4.1亿元，分别增长6.66%和7.5%。2家工厂化养殖项目稳步推进，建设完成投资1200万元。

【海洋牧场建设】 2016年，防城港市渔业重点项目建设顺利推进。12个水产畜牧业“边海经济带”项目涵盖了水产畜牧养殖、水产品加工、生态休闲渔业等。其中，白龙珍珠湾海洋牧场示范区建设项目完成鱼礁体投放654个、约3.7万空立方米,增殖放流各类苗种约1亿尾,并入选国家级海洋牧场示范区,有效促进了防城港市水域水生生物资源的恢复。

【水产标准化建设】 2016年,防城港市优势水产养殖健康发展。全市水产养殖面积达1.95万公顷,增长1.19%,海水养殖产量33.2万吨,增长4.37%;淡水养殖产量5.25万吨,增长4.17%。全市改造对虾、罗非鱼养殖池塘378.67公顷,发展虾鱼混养、微生物水处理等健康养殖面积2133.33公顷,创建农业部水产健康养殖示范场6家,省级水产原(良)种场1家,水产健康养殖产量达1.45万吨、产值约1.66亿元。

工 业

综 述

【概况】 防城港市工业和信息化委员会是防城港市人民政府负责全市工业和信息产业相关行业管理工作的职能部门,内设8个科室,下设防城港市节能监察中心、防城港市散装水泥办公室。2016年,防城港市工信委认真贯彻落实自治区和市委市政府各项稳增长决策部署,以推动边海经济带建设为主线,全力推进供给侧结构性改革,降低实体经济成本,提高工业经济发展质量和效益,全市工业经济运行稳定,并呈现出稳中有进,稳中向好的态势。一是工业增长保持高速。2016年,全市规模以上工业完成现价总产值1501.24亿元,同比增长14.3%,增速排名全区第二;规模以上工业增加值同比增长12.4%,增速排名全区第一。二是工业投资稳步推进。2016年,全市累计完成工业投资261.20亿元,同比增长11.80%。全市完成技改投资226.15亿元,同比增长92.55%,增速排名全区第一。三是企业综合实力不断增强。2016年,年产值超亿元工业企业124家,其中产值超百亿元企业3家,超值超10亿元企业26家。四是工业节能降耗成效显著。全市规模以上万元工业增加值能耗同比下降4.4%。

【工业经济发展】 2016年,防城港市共有规模以上工业157家,全年新增上规企业7家,全市全部工业完成现价总产值1522.47亿元,比上年增长14.2%,全部工业增加值比上年增长12.2%。其中,规模以上工业完成现价总产值1501.24亿元,比上年增长14.3%,规模以上工业增加值比上年增长12.4%。2016年,全市规模以上工业总产值突破1500亿元,达到1501.24亿元,比上年增长14.33%,增速排名全自治区各市第二,高于全自治区平均增速5.47个百分点。规模以上工业增加值比上年增长12.4%,增速排名全自治区各市第一,高于全自治区平均水平4.9个百分点。全市产值超亿元的规模以上工业企业共有124家,占全市规模以上工业企业数量的79.0%,累计实现工业产值1488.22亿元,其中百亿元企业有3家,分别是盛隆、金川和惠禹公司,三家公司共实现产值556.75亿元,比上年增加56.37亿元,占全市规模以上工业总产值的37.09%;十亿元工业企业共有23家,比上年增加3家,累计实现工业产值535.26亿元,比上年增加107.03亿元,占全市规模以上工业总产值的35.66%,十亿元企业仍是拉动全市规模以上工业产值快速增长的中坚力量。2016年,全市食品、冶金、有色、石化、电力、机械制造、建材、造纸与木材加工及医药制造等9个行业累计实现工业总产值1471.5亿元,比上年增长13.6%,占全市规模以上工业总产值的98%。9个工业行业中,食品、冶金、石化、电力、建材和医药制造等六个行业实现不同程度增长,其中电力行业增长最快。有色、机械制造和造纸与木材加工等三个行业生产出现下降。

【产业规划及结构调整】 2016年,防城港市钢铁产业以防城港精品钢铁基地、盛隆冶金公司为龙头,加快上下游产业链配套;有色金属产业以金川有色公司、金源镍业公司为龙头,配套铜镍产品深加工,加快推进防城港钒钛新材料产业园;能源产业以红沙核电、中华电力防城港电厂、防城港储能产业园等项目为引领,加快新能源产业的布局;石化产业以广西科元新材料、中海油LNG项目、中油能源以及磷硫化工等项目为起点集聚发展;粮油食品产业以大海粮油、惠禹粮油、澳加粮油、枫叶粮油,昌菱糖厂、上上糖厂、防城精制糖厂以及海产品加工、农副产品加工等为基础不断发展壮大;装备制造产业以海森特海工装备、中一重工、中十九冶钢构等企业为先导,加快发展海工装备、修造船、港口机械、大型钢结构和现代装备制造。这些龙头项目选取的工艺技术成熟先进,实现信息化、自动化、智能化生产,大都属于先进制造业,各项技术经济指标在全国同行业处于先进水平。软件和信息服务业加快发展。

【工业创新体系建设】 2016年,防城港市加快指导企业技术中心、研发中心建设,搭建创新平台。盛隆冶金、桂人堂、国茗、上上糖、海世通、防城农垦精制糖、晖龙科技、金滩管业等8家企业通过自治区级企业技术中心的认定;盛隆冶金、桂人堂、中一重工、农垦防城精制糖、金滩管业、怡诚食品6家企业成功申报自治区级研发中心;盛隆冶金、国茗2家企业通过自治区技术创新示范企业的认定。鼓励企业与高校开展产学研合作项目,提升产业发展水平。晖龙科技与广西大学合作开展新型墙体材料的研发;农垦防城精制糖与广西大学合作开展制糖工艺低硫低磷技术的研发;桂人堂与广西医科大学合作开展金花茶护肝冲剂产品的研发等。组织一批企业申报自治区产学研用一体化企业认定,桂人堂、农垦防城精制糖、国茗、海世通、晖龙科技、上上糖6家企业通过认定。加强品牌和质量标杆的培育工作,提升企业产品质量。2016年,广西盛隆冶金、上上糖、上思华润水泥3家企业通过自治区级工业企业质量管理标杆的认定。中国移动通信防城港分公司、中一重工、中海油LNG等单位获得全区优秀质量管理小组荣誉称号,其中中国移动通信防城港分公司被评为全国优秀质量管理小组。加强创新机制建设,加强科技计划设计,完善科技项目管理办法,出台一批具有突破性、带有导向性的扶持创新政策措施。其中,《防城港市扩大铝产品应用推动产业创新发展的实施办法(2016—2025)》的编制实施,促进科技成果转化和技术转移。建设科技股权众筹平台,吸引更多社会资金投入科技产业。落实知识产权战略行动,提高专利申请总量和质量,培育发展一批拥有自主知识产权和知名品牌的企业。

【工业“两化融合”】 2016年,防城港市提升两化融合建设,加快改造提升传统产业步伐、提高企业的竞争力、提升工业经济发展的质量和效益。年内,大海粮油工业(防城港)有限公司、广西防城港核电有限公司等被工信部列入两化融合管理体系贯标试点企业,大西南临港工业园成为自治区两化融合试点园区,中电防城港电力有限公司、大海粮油工业(防城港)有限公司、防城港澳加粮油工业有限公司、广西上上糖有限公司等成为自治区两化融合标杆企业。

【循环经济发展】 2016年,防城港市通过财政资金的引导作用,大力支持废气废水固体废弃物三废综合利用项目的建设。帮助广西金川有色金属有限公司废水综合利用示范项目申报工信部工业转型升级资金,2月,该企业获得国家奖励资金420万元。加快推进广西凯玺有色金属有限公司的5万吨/年固废综合利用项目、广西菡海冶金建材有限公司的年处理120万吨铜渣项目等固废利用循环经济项目的落实,正式印发实施防城港市企沙工业区循环化改造实施方案,推动防城港电厂蒸汽使用,充分利用余热,减少燃煤锅炉的使用,年内正式向防城港钢铁冷轧项目供气。

【工业节能降耗】 2016年,防城港市在工业节能工作中采取总量控制措施,根据企业的生产情况和能耗水平,确定企业的能源消费量,企业采取措施控制全年能源消费,确保节能目标任务的完成。全市全年规模以上工业综合能源消费量558.48万吨标准煤,比上年增长7.50%;规模以上万元工业增加值能耗比上年下降4.36%,完成自治区下达防城港市的工业节能任务。推进燃煤小锅炉整治工作,共改造完成27台燃煤小锅炉整治工作,超额完成自治区下达的23台目标任务。组织实施电机能效提升计划,防城港市共有3家企业开展并完成电机能效提升改造,共改造电机功率总数9468.9千瓦。

【工业园区基础设施建设】 2016年,防城港全市工业园区累计完成基础设施投资11.75亿元,比上年下降13.48%,完成年度目标任务的126.76%。重点加快云约江工业南路、防城区冲仑物流园园路网二期工程等。

【工业园区经济发展】 2016年,防城港市全市工业园区完成规模以上工业总产值1352.27亿元,比上年增长14.36%;工业项目投资完成227.16亿元,比上年增长20.55%;基础设施投资完成11.75亿元。

【工业重大项目建设】 2016年,防城港市围绕“以工贸强市”战略,全力推进“边海经济带”工业产业项目建设,继续加快推进钢铁、有色金属、能源、石化、食品、装备制造6大支柱产业的发展,发挥重大项目的带动引领,不断完善配套产业项目,促进工业经济的稳步增长。防城港核电一期2号机组于10月1日实现商业运行,标志着西部首座核电站一期工程已全面建成;二期工程项目进入全面建设阶段;防城港电厂二期项目3号、4号机组实现并网发电;防城港钢铁基地项目完成投资6.18亿元;建成中海油广西LNG储运项目厂区主体储运设施,并进行相关管道和仪器的安装;枫叶粮油二期项目于3月15日进行生产设备调试,4月初进行试产。澳加粮油日加工500吨膨化大豆粉项目于2月底实现竣工试产;年加工20万吨精炼植物油项目于5月中旬进行试产;防城港海森特海工装备项目开展围墙的修建和港池抽水工作;盛隆冶金产业技术升级改造项目开展项目可研报告的编制。

【服务企业发展】 2016年,防城港市加大企业培育力度,服务企业健康持续发展。一是搭建融资平台,做好融资服务。全市利用工业信贷引导资金累计为22家工业企业发放“惠企贷”贷款3.34亿元,企业获得的贷款数额达到信贷引导资金的近8倍,财政资金撬动银行资金效果明显。二是积极开展非公企业培育及“千名干部入千企”服务活动工作。全市工信系统建立对口联系企业30家,领导干部主动深入企业围绕生产、项目建设、融资、担保、用工等方面解决实际困难和问题。三是深入贯彻落实“降成本政策措施”。

食品工业

【概况】 防城港市食品工业产品主要有金花茶系列产品、粮油产品、海产品等,除销往国内各大中型城市,还出口到欧盟和东南亚等国家。知名品牌主要有桂人堂、喜茗、金龙鱼、香满园、津乐、怡诚等,其中,国茗金花茶公司获得2016年自治区级技术创新示范企业荣誉称号。2016年,全市食品行业完成规模以上现价总产值529.3亿元,比上年增长19.3%,占全市规上工业总产值35.3%。

【农副食品加工】 2016年,防城港市累计帮助10多家中小企业争取上级资金支持项目建设,扶持资金1000多万元,直接或间接提供就业岗位1000多个,带动农民、渔民增收超千万元。截至2016年年底,防城港市规上农产品加工企业达71家,较2013年增加7家;实现产值632.96亿元,较2013年增长6.08%。

【大海粮油工业(防城港)有限公司】 2016年,大海粮油工业(防城港)有限公司形成日榨大豆11500吨、日压榨菜籽2300吨,日精炼油脂1900吨、日分提棕榈油1400吨、日处理皂角200吨的酸化油厂的生产能力。全年累计实现规上工业总产值93.99亿元,比上年增长9.6%。位列2016年广西制造业企业50强第14名、广西企业100强第32名。

【广西惠禹粮油工业有限公司】 2016年,广西惠禹粮油工业有限公司拥有两条日处理大豆5000吨生产线,两条日精炼毛油1000吨生产线,年可加工大豆300万吨,产豆粕约240万吨,食用油约60万吨。全年累计实现规上工业总产值104.97亿元,比上年增长19.3%。

制糖工业

【概况】 2016年,防城港市有规上制糖企业3家:广西上上糖业有限公司、广西农垦糖业集团昌菱制糖有限公司、广西农垦糖业集团防城精制糖有限公司，其中，上上糖业获2016年广西工业企业质量管理标杆称号。全市总日榨原料蔗能力3万吨，年生产精制糖能力30万吨；2016/2017榨季全市进厂原料184.8万吨，生产混合产糖24.08万吨，精制糖17.00万吨，混合产糖率13.03%；直接带动蔗农增收9.28亿元。2016年，实现工业产值74.90亿元，比上年增长11.72%。

【广西农垦糖业集团昌菱制糖有限公司】 2016年，广西农垦糖业集团昌菱制糖有限公司以甘蔗农产品加工为主，年榨蔗120万吨，日榨蔗能力10000吨，年产混合糖15万吨，食用酒精2万吨。2016/2017年榨季进场原料蔗79.5万吨，生产原糖10.13万吨。

【广西农垦糖业集团防城精制糖有限公司】 2016年，广西农垦糖业集团防城精制糖有限公司是国内精制糖生产能力和生产总量最大的制糖企业之一。日榨甘蔗能力3000吨，年产机制糖能力达45万吨。2016/2017年榨季进场原料蔗8.4万吨，生产原糖1.05万吨，分别比上榨季增长35.48%和35%。

冶金·有色金属·石油化学工业

【冶金工业】 防城港市钢铁产业主要布局在企沙工业区和大西南临港工业园2个工业园区，其中，大西南临港工业园则以广西盛隆冶金有限公司为龙头企业，具备年产含镍铬耐腐蚀钢筋建材600万吨的能力；防城港精品钢铁基地项目落户企沙工业区，2016年3月中旬，2030冷轧连退第一卷高端成品卷顺利下线。2016年，全市钢铁产业实现产值320.6亿元，占全市规模以上工业总产值的21.35%，同比增长14.2%。

【有色金属工业】 防城港市有色金属产业主要布局在企沙工业区和大西南临港工业园2个工业园区，其中，企沙工业区以广西金川有色金属有限公司为龙头，建成年产40万吨铜冶炼项目，产生160万吨副产硫酸以及120万吨的尾渣；广西金源镍业有限公司落户大西南临港工业园，建成2条3.6万吨的镍合金生产线。2016年，全市有色金属产业实现产值193.8亿元，占全市规模以上工业总产值的12.91%。

【石油化学工业】 防城港市化工产业主要布局在大西南临港工业园和企沙工业区，以信润石化、广西科元新材料、中海油LNG项目和中油能源、磷硫酸加工等企业为代表。至2016年年底，已落户化工企业35家，形成了集聚发展。2016年，全市化工产业实现产值115.8亿元，占全市规模以上工业总产值的7.71%，比上年增长13.5%。

电力工业

【概况】 2016年，防城港全市总装机容量约488万千瓦，其中：水电7.6万千瓦，火电258万千瓦，核电217.2万千瓦，光伏5.5万千瓦。全市总发电量136亿千瓦时，同比增长240%。全市全社会用电量61.50亿千瓦时，同比增长11.03%。10月底，由广西防城港西江能源有限公司投资建设的防城港市首个80兆瓦渔光互补光伏发电项目开工建设。该项目位于港口区光坡镇栏冲村，占地面积约106.67公顷；规划装机容量80兆瓦，其中一期装机容量为60兆瓦，投资约45000万元，预计年平均上网发电量为6844.5万千瓦时。

【中电广西防城港电力有限公司】 中电广西防城港电力有限公司成立于2005年5月29日，是广西区内最大的中外合资电力企业，有两期共4台机组，总装机容量2580兆瓦：一期工程2×630兆瓦超临界燃煤机组，两台机组分部于2007年9月和2008年1月投产；二期2×660兆瓦超超临界燃煤机组工程，于2016年年底实现一年内两台机组双投，并达到超低排放环保水平。截至2016年年底，中电广西防城港电力有限公司累计发电超过522亿千瓦时，累计进煤超过2490万吨。

【广西防城港核电有限公司】 防城港核电是广西首座核电站，规划建设6台百万千瓦级核电机组。其中一期工程建设两台单机容量为108万千瓦的CPR1000压水堆核电机组，分别于1月1日和10月1日投入商业运行。防城港核电一期工程建成后每年可为北部湾经济区提供150亿千瓦时安全、清洁、经济的电力。与同等规模的燃煤电站相比，每年可减少标准煤消耗482万吨，减少二氧化碳排放量约1186万吨，减少二氧化硫和氮氧化物排放量约19万吨，环保效益相当于新增了3.25万公顷森林。防城港核电二期工程采用具有中国自主知识产权的三代核电技术——华龙一号，其中3号机组已于上年12月24日正式开工建设。

防城港供电局

【概况】 广西电网有限责任公司防城港供电局（以下简称防城港供电局）属全民所有制中二型供电企业，隶属于广西电网有限责任公司，承担着防城港市港口区、防城区、东兴市、上思县以及钦州市龙门港镇的供用电业务。2016年，全局职工总数为842人。素质结构为硕士研究生13人、本科生314人，高级技术职称13人、中级职称101人、高级技师3人、中级技师95人。全局按组织架构一体化设置14个职能部室（包括工会），8个专业管理所（中心），并直管网区内的东兴供电公司和防城供电公司。主要指标完成情况：没有发生打破局安全目标的事故事件，发生四级事件2起，发生五级事件5起。完成售电量35.72亿千瓦时，比上年下降18.9%。主营业务收入16.58亿元。电费回收率保持100%。综合线损率4.13%，比2015年持平。有损线损6.24%，比上年下降1.67%。综合电压合格率99.45%；客户平均停电时间27.69小时/户，完成年度目标。完成固定资产投资2.58亿元，完成年度计划的102%。

【电网规划与建设】 一是继续深化政企合作。与防城港市政府签订“十三五”战略合作框架协议。加强向地方政府沟通汇报，将“十三五”规划的线路走廊及土地利用统筹纳入防城港市总体规划，并将中心城区部分道路配套管沟工程纳入2016年市政建设规划。推动政府主导电网建设机制落实，将2016年电网建设任务纳入防城港市“边海经济”重大项目年度计划，完成情况纳入政府部门绩效考核。由政府相关部门协调推进。与各工业园区管委会建立常态化的沟通机制,积极主动解决各工业园区用电问题。二是物资保障能力不断提高,电网重点项目建设顺利推进。仓库管理规范化水平不断提高,各项指标大幅度提升,物资七天准时供货率达到100%,储备物资周转率达到218.8%。面对繁重的电网建设任务,各部门强化横向协同、通力配合,圆满完成新兴站、潭松站扩建母线分段工程,化解了广西电网重大风险,提高防城港电网可靠性,得到广西电网公司领导的充分肯定。完成黄桥站、江山站扩建,水营送变电、黄互Ⅱ线、石彩线工程等一批强电网、降风险电网建设项目。全力保障能源送出,支持新能源有序发展,核电2号机组、防城港电厂3号、4号机组、垃圾发电项目及旭日升55兆瓦光伏发电项目顺利并网。三是推进农配网项目规划建设。做好总投资0.7亿元的38个中心村电网改造和农村机井通电规划。完成"十三五"配电自动化、配电网通信等二次系统规划编制,统筹配电网一、二次逐步协调发展。建成江山半岛及白浪滩风景区供电等一批重点配网工程。推进农村电网改造升级,完成2015年农网改造升级工程1894万元,完成率105.5%。中央预算内投资2016年农网改造升级工程投资5746万元已全部实现开工。

【电力服务】 加强客户沟通,满足客户"用好电"需求。规范落实客户经理设置和工作要求,及时了解企业用电负荷变化原因,做好用电市场调研分析工作。2016年,结合党员"先锋行"活动,组织13个党支部168名党员走访客户,完成全部224个低压台区整改任务,稳步提升网区客户用电质量。持续推进客户满意度提升工作。抓好营业厅、"95598"热线人员知识水平提升和服务行为规范,落实客户全方位服务20项全流程和各项客户满意度提升措施。对客户重复反映的、敏感的用电诉求问题提级督办,全年提级督办问题处理率100%。强化客户停电时间管控。全网区实施停电时间自动统计,客观、准确反映停电时间管控状况。严格执行计划停电"先算后停"规定,加大停电、复电超时问责力度,严控重复停电、超时复电。加强配网抢修快速复电管理,修编73条线路快速复电"一线一案"。深化业扩报装规范化管理。持续开展业扩报装月度检查整改,累计查阅客户档案456份,结合开展电话回访工作,实现业扩报装"零违规"。推进客户信息核查工作。及时更新客户信息,畅通服务信息传递渠道。累计核查客户信息13.49万户,占客户总数的56.22%,更新信息3.13万条,客户信息准确率居公司前列。推广南网统一服务平台应用。推广进度名列公司系统第一,服务平台的应用使服务渠道更宽、范围更广,服务更便捷、高效及人性化。

【电网安全生产】 一是高举依法治安旗帜,坚守安全底线。开展治理违法违规、确保人身安全专项行动。完善各级人员安全生产责任制,加强安全生产责任制考核。2016年,开展县级供电企业领导人员履职评价。加强安全法律法规和南网公司《安全生产禁令》的宣贯学习,确保安全生产底线,严禁触碰红线,提升员工安全生产意识。加大安全生产奖惩力度,通过安全生产贡献奖、小指标奖等形式激励员工自觉遵守安全规程,主动报告和消除安全隐患。落实绩效考核、评优评先安全生产一票否决制,用严厉问责引导员工痛定思痛。安全生产上升到法律层面进行管控。二是多管齐下,联动管控,保证全局安全生产局面平稳。做好隐患排查治理工作。2016年,完成输配电线路交叉跨越等隐患整改123处,整改完成率100%。狠抓外包工程安全治理工作,对87个外包工程项目,累计开展249次现场安全监督,共查处违章130起,累计扣分364分。电网、设备、作业三大风险联动管控措施落实成效明显,组织开展63次Ⅴ级及以上电网风险联动管控工作,各项管控措施得到有效落实,历经多次电网风险考验,设备保持安全可靠运行。特别在220千伏新兴站、潭松站扩建母线分段工程中,联动管控发挥了重要作用,确保工程顺利投产。三是做好安全生产常态工作。落实防城港电网52项风险管控措施,持续推进17项防范电网风险重点项目。建立贯穿设备全生命周期的技术监督机制,做好设备差异化运维,2016年共落实17条输电线路、290台设备差异化运维策略,开展特维特巡工作1870人次。全面推广设备主人制度,落实主体责任,提升设备管理水平和运维质量。结合实际做好应急准备,全年3次台风期间无重要用户及重点关注用户受影响。应急保供电能力不断加强,完成各级保供电任务65次,切实履行政治责任和社会责任。四是提升生产运维装备、技术水平。配电专业首次独立开展移动绝缘平台脚手架带电作业。全年开展变电站输电带电作业105次,位列广西第一。

【经营管理】 一是直面增供扩销压力,开展电能替代业务。2016年,联合防城港务集团推进广西首个港口岸电项目建成投产,完成防城港务集团泊位输送系统电气化改造,实现非电转电4000千瓦,拉动港务集团用电量同比增长7%。二是坚持电费回收制度的刚性执行,把电费回收风险降到最低。刚性执行划小周期缴费制度,对满足条件的用户执行预购电制度,全年未发生10万元及以上客户欠费情况。加强电费回收工作全过程考核,开展非现金缴费渠道推广宣传,非现金缴费金额同比提升5%,达到99.91%。推广普及费控装置,逐步投入远程停送电功能,利用技术手段减轻居民欠费的人工催收压力。三是推进营销精益化管理。落实自治区各项稳增长措施,直接降低企业生产成本共3818万元,提高企业用电积极性。加强营销稽查发现问题的整改力度。全年用电营业普查共处理问题72起,追补电费135.07万元,收取违约金33.87万元。超额完成客户资产接收工作。全年接收19个小区共计7143.8万元,完成年度目标的128%。加强线损管理,运用10千伏线路平均功率因数统计分析等多种手段,做实做细降损工作。全面核查所有74条线损异常10千伏线路,共发现问题220个,全部完成整改。四是深入推进提质增效,确保全面完成年度各项经营目标。进一步做大固定资产,完成102个项目转固工作,转固资产达2.42亿元。全面完成清仓利库,报废物资处理、闲置物资利用力度显著提高。五是深化审计成果应用,防范企业经营风险。将审计关口前移,印发《防城港网区2013年以来内外部审计、巡视发现问题库》,指导业务部门更好地开展自查自纠,抓好审计意见落实,全年完成审计整改任务153条,整改金额95.33万元。六是打造优服务、严管理的法律业务模式。

积极开展法企联建工作,改善企业外部司法环境。综合运用法律手段,加强法律纠纷案件管控,在追收电费、劳资管理、涉电纠纷等方面提供法律服务。从严规范合同全过程管理,降低企业经营法律风险。

信息产业

【信息产业发展】 2016年,防城港市加快大数据产业发展,与曙光星云信息技术(北京)有限公司签订战略合作协议,发挥各自优势,深化多边合作,大力推进防城港市信息化建设,将共同建设完成防城港城市云计算、大数据中心,实现数据资源的整合与共享,更好地促进大数据产业发展。加快推动防城港市公共区域免费Wi-Fi热点建设。按照市政府《防城港市公共区域免费Wi-Fi建设方案》,市工信委牵头负责在广场、医院、车站等城区公共区域建设200个无线城市免费Wi-Fi热点,截至2016年年底,完成30多个公共场所宽带线路接入防城港市公共区域免费Wi-Fi平台。推进中国—东盟信息港建设,起草形成《防城港市推进中国—东盟信息港建设工作方案》,策划形成一批防城港市东盟信息港建设的支撑项目,大宗商品交易服务平台(防城港)、亚洲联合商品交易所、中国.东盟(防城港)进出口商品交易中心、东通科技O2O跨境电商项目、华夏北斗高新技术科技产业示范基地等重点项目正在加快推进中。

【工业化与信息化融合推进】 2016年,防城港市推进国家两化融合管理体系贯标试点工作,广西防城港核电有限公司、大海粮油工业有限公司被工信部评为两化融合管理体系贯标企业。

【无线电管理行政许可】 2016年,防城港市无线电管理部门共受理无线电频率(呼号)、台站行政许可申请15件,行政审批许可15件,核发和换发无线电台执照482张。

【无线电监测】 一是超短波频谱监测工作。2016年全年利用固定站实施固定监测累计9600多个小时,开展各类移动监测1100多个小时,累计行程3300多千米,收集频谱图3700多组,每月按时向防城港市政府报送月监测报告。二是依托监测网硬件设备和大数据平台,对全市重点区域公安、铁路、交通、广电等重点单位重要业务频率进行全时段的保护性监测和统计分析,主动发现并排除多起干扰。三是为中电、武钢、核电等大型企业做好服务,高效地完成频率预指配监测。

【无线电波秩序维护】 2016年,开展防城港中电、武钢项目、高铁调度频率电磁环境保护干扰测试及排查工作。全年开展电磁环境保护测试12次,受理干扰投诉3起,排除干扰3起。先后出动监测车32车/次,出动监测人员64人/次、成功查处"伪基站"案件4起,黑广播案件1起,出具鉴定报告5份,查扣非法设置使用对讲机中转台20套。

【无线电安全保障】 2016年,完成防城港海上国际龙舟赛、京族哈节等重大活动,春运、两会等各类重要活动,高考、公务员等各类考试,"五一"、国庆等节假日的无线电安全保障50余次,为维护经济社会安全稳定贡献了力量。

【中国电信股份有限公司防城港分公司】 中国电信股份有限公司防城港分公司(简称中国电信防城港分公司)管理上思分公司、东兴分公司、防城区分公司、桃花湾分公司、港城分公司、中心分公司、那梭支局、大菉支局、茅岭支局、企沙支局,截至2016年年底,共有员工241人。2016年,中国电信防城港分公司推动"互联网+"在各行各业的普及应用,以建设中国—东盟信息港为抓手,全面启动"智慧城市"建设,加快政务、教育、卫生、旅游、工业等行业信息化建设,建设"百兆乡村"示范网络,打通"信息孤岛"。筹集资金加快防城港市4G无线网络和光纤宽带网络覆盖能力建设。以"整片整村推进"建设模式开展城市社区及农村区域的光纤宽带网络建设,实现所有城市社区和农村行政村级以上的光纤宽带覆盖率达到100%,自然村屯级的光纤宽带覆盖率也达到65%以上,均具备提供户均100兆以上带宽的光纤线路接入能力;市区和农村3G、4G网络覆盖率达100%,率先把防城港市建设成为广西第一个实现"村村通4G、村村通光网、村村通宽带电视"的地级市。推行"五个一"(一张账单,明白消费;一点查询,信息准确;一键接入,便捷服务;一站服务,首问负责;一声提醒,温馨关怀)服务承诺,分公司以宽带故障率、营业厅投诉率和工信部越级投诉率压降排名全自治区第一名夺得中国电信广西公司2016年客户服务劳动竞赛一等奖,并获得中国电信广西公司2016年劳动技能竞赛装维团队第五名。员工参与基层岗位创新由上年的8个单位,到2016年的15个单位参与,创新成果获奖数量由上年的35个项目提高到2016年的48个项目,有6个项目被评为优秀成果奖。市场部荣获"大数据分析竞赛"团体第一名,那良支局荣获集团"最佳小CEO"称号。

交通运输业

综　述

【概况】 2016年,防城港市交通运输局认真落实全区交通运输促投资促消费稳增长精神,以"边海经济带"项目为中心,围绕打造防城港市为广西"两个建成"先行区为目标,重点打造面向东盟国际交通枢纽,保持交通运输又好又快发展的良好态势,全市交通运输工作运行平稳有序、进展良好,确保"十三五"全市交通运输工作开好局,起好步。全市有24个乡镇,281个行政村。年内,全市公路里程共3042.559千米;全市24个乡镇全部通等级沥青(水泥)路;100%的行政村通公路、100%的行政村通沥青(水泥)路。全市共有营运货车16857辆,其中集装箱车辆387辆;共有营运客车648辆,出租车575辆,公交车421辆,公交班线49条,公交运营里程3932万千米。全市完成公路客运量860万人、旅客周转量103736万人千米、比2015年分别减少4.3%和5.1%、货运量3717万吨、货物周转量580569万吨千米,比2015年分别增长7.6%、5.9%;全市拥有海运船舶144艘,431745载重吨,完成水路货运量1374万吨,货物周转量235.5亿吨千米,客运量21.82万人,旅客周转量118.16万人千米,比2015年分别增长5.52%、1.6%、0.74%、1.29%。全市港口货物吞吐量完成10688.41万吨,比2015年减少7%。2016年10月2日上午,广西东兴市雄风交通运输集团正式挂牌成立。

防城港市交通运输主要指标一览表

指标名称	2016年
公路管养里程	3042.559千米
营运载货汽车	16857辆
营运载客汽车	648辆
民用运输船舶	431745载货吨
公路货运量	3713万吨
公路客运量	860万人
水路货运量	1374万吨
水路客运量	21.82万人

【城市公共交通提升工程】 2016年,防城港市开展提升出租汽车管理水平和公交车管理水平活动:开展修编“十三五”城市公共交通规划前期准备工作。配合广西交通一卡通股份有限公司推进全市的“一卡通”平台建设,11月15日,防城港市与北海和钦州实现交通一卡通,已陆续发卡,钦北防三市38条公交线路可以凭卡乘车。完成全市主城区公交线路运营现状调研报告并上报防城港市政府,争取早日启动市级公共交通改革;协调公交公司完成6路公交线、16辆公交车回购工作,进一步理清管理职责;开展公交市场整治,服务质量提升工作成效显著,投诉率下降明显。研究起草全市深化出租汽车行业改革发展实施方案、网络预约出租汽车经营服务管理实施细则、私人小客车合乘管理工作意见等出租汽车行业改革相关文件;开展出租汽车行业服务质量提升活动,召开出租汽车管理工作专题会议、出租汽车企业负责人及业务主管人员座谈会,开展出租汽车市场整治,完成全市出租汽车质量信誉考核。配合交警、环保部门淘汰黄标车1024辆,完成比例94.38%,严格按道路客货运输许可的条件实施行政许可,禁止年检不合格的车辆进入道路运输市场;配合环保、发改委等部门做好迎接中央环境保护督察台账准备、2016年节能宣传周和低碳日活动等工作;推广应用新能源汽车,全市投放46辆新能源公交车,建成使用LNG汽车加气站3个,纯电动汽车充电站2个,充电端口62个。

【交通安全生产管理】 2016年,防城港市共发生道路运输安全生产事故3起、死亡3人、受伤2人。全市没有发生一次死亡3人以上的较大行车事故,较大道路运输行车事故得到有效的遏制。全年无水上安全责任事故发生。年内,市交通运输局抓好春运和重大节假日期间的运输安全保障工作,2016年春节、清明节、“三月三”、“五一”、端午节、“两会”、中秋节、国庆节等节假日期间,市交通运输局制订下发相关工作方案,强化细化安全管理和保障措施,落实安全生产监管责任,排查治理安全隐患和薄弱环节,确保节假日期间的道路水路运输安全。强化长途客运安全监管,采取定期与暗访相结合的方式,多次深入客运公司走访检查落实安全主体责任、履行动态监控职责、驾驶员学习教育等情况;抓好道路危险品运输安全专项整治工作,2016年8月23日—31日,组织开展安全专项大检查,对全市道路运输企业,特别是对危货运输企业进行全覆盖的检查。对检查中不认真履行安全生产主体责任的企业下达限期整改。同时,联合公安、安监部门依法严厉惩治和查处道路危险货物运输违法违规行为。8月30日—31日,市交通运输局联合市公安交警、安监部门在港口区、防城区开展道路危险货物运输专项行动。组织运输企业开展安全生产演练。分别组织防城港超大公司及其防城分公司、港口分公司、上思分公司、旅游分公司、通顺等公司开展消防培训和灭火演练;超大东兴分公司组织在东兴参加天然气泄漏事故演练;防港物流公司组织开展危险品运输紧急状态应急演练;市烨达公司在南宁组织开展消防灭火演练;广西宏达物流公司在铁山港组织开展消防灭火演练。通过开展安全生产演练,提升企业的安全生产应急处置能力。开展“平安渡口”活动。市航务部门与各县(市、区)航务部门加强与海事部门的联合执法,建立渡口渡船联合检查长效机制,利用节假日前后、渡运安全月、安全生产月、汛期等重点时段,对各乡(镇)渡口渡船进行安全检查。加强对农村公路和收费公路的巡查力度。2016年,共筹措资金1300多万元用于农村公路护大中修、水毁修复等工作,共修复损毁路面9万多平方米,修砌边坡挡土墙4700多立方米,整治路肩水沟900多千米,确保公路的安全畅通。开展公路安全生命防护工程安全隐患治理。全市完成了县乡道公路安全生命防护工程项目调查入库工作。2016年4月,防城港市出台《防城港市公路安全生命防护工程建设实施方案》。加强在建工程项目督检力度。2016年,共监督公路项目5个、水运工程项目2个,全年开展综合检查7次、安全专项检查32次、排查出安全隐患162处、下发安全隐患整改通知书和质量安全整改通知书18份。

交通基础设施建设

【交通运输固定资产投资】 2016年,自治区交通运输厅下达防城港市的交通运输投资任务13.98亿元,完成27.67亿元,完成下达计划的197.93%,防城港市委、市政府下达市交通运输局交通项目投资计划是30.22亿元,完成30.37亿元,完成下达计划的100.5%,超额完成固定资产投资任务。

【交通重点项目建设】 2016年,防城港市交通运输重点推进项目共35个,其中续建项目10个,竣工投产项目2个,新开工项目9个,前期工作项目14个。一是防城港渔澫港区第五作业区513~516号泊位工程、防城港渔澫港区第五作业区501号泊位工程、防城港马鞍岭1、2号旅游码头工程(港务集团)等顺利推进。二是建成文昌大道东段。三是推进市城市交通综合枢纽沙潭江客运站(含长途客运站及公交客运站)建设,长途客运站及公交客运站主站房三层主体已封顶,企沙客运站一期建成,主站楼已通过竣工验收投入使用。四是协调推进续建项目广西滨海公路龙门大桥西引道、马路至峒中公路工程项目的建设。五是2016年新建农村公路项目和新建的12个农村便民候车亭已全部建成投入使用。六是2016年便民码头建设任务已全部完成,3艘标准化客圩渡船在建造中。七是钦防高速公路改扩建工程可行性研究报告已获批,正开展初步设计和施工图报批工作。八是G219防城峒中至东兴公路工程可行性研究报告已获自治区发改委批复,已完成初步设计工作。九是11个港口项目的前期工作也在抓紧开展。十是积极推进公路安全生命防护工程项目建设工作,争取到交通运输部已下达防城港市安全生命防护工程项目10个,总投资434万元,计划处置隐患里程26.8千米,各项目施工建设工作已基本完成。

【农村公路建设】 2016年,防城港市在实现行政村村村通畅的基础上,力求全市农村公路达到"安全、通畅、整洁、美丽"总体要求,推进农村公路建设、养护和管理工作力度,努力使农村公路建设养护管理方面达到质的提升。完成农村公路项目投资1.2亿元,建成四级水泥路项目26个103千米,桥梁3座270延长米。防城港交通运输局2016年农村公路建设工作开展较好,在自治区公路管理局组织的年终检查评比中获得第一名。全年共争取到上级下达防城港市农村公路建设计划项目28个,项目总投资21121万元,其中上级补助11360万元,建设四级以上农村公路132千米,桥梁1座62延长米。

【中国峒中—越南横模口岸桥维修改造项目】 2016年5月30日,中国峒中—越南横模口岸桥维修改造项目开工建设,峒中—横模口岸桥维修改造项目计划投资人民币684.9万元,其中中方投资466.5万元,越方投资218.4万元。分K、B线建设,其中,K线连接中国峒中口岸大楼与越南横模口岸大楼,全长137.5米,其中桥长78米;B线连接中国峒中口岸货场与越南横模口岸货场,全长205.75米,其中桥长27米。

公路运输业

【概况】 2016年,防城港市全市共完成公路客运量和旅客周转量分别为860万人和103736万人千米,完成公路货运量和货物周转量分别为3717万吨和580569万吨千米。造成公路运输生产增速下降的主要原因是高铁开通后分流客源,油价高、货源比上年减少,车距缩短,周转量减少。

【公路运输管理】 防城港市道路运输部门年内有5项工作。一是推进防城港市城市交通综合枢纽沙潭江客运站建设,长途客运站及公交客运站主站房三层主体已封顶,正进行室内墙体砌筑施工;企沙客运站一期建成,主站楼已通过竣工验收投入使用;华石客运站已通过竣工验收投入使用;建成12个便民候车亭。二是抓好安全生产及应急管理工作。2016年以来全市"两客一危"、货运、公交、出租车、机动车维修、驾驶员培训领域无重大安全事故,发生死亡1人以上的道路运输行车事故3起,3人死亡,受伤2人,比2015年分别下降25%、40%、100%,多年来形势总体平稳,被自治区向交通运输部推荐申报安全生产先进集体。三是组织全市客运企业做好重大节日期间道路运输工作,做好运输组织和应急方案,及时调配运力,安排专人负责重大节日期间运输信息的收集、统计、上报,重大节假日期间运输组织有序开展和顺利完成,无重大服务质量及突发事件发生。四是开展公共汽车客运管理和服务水平提升活动,重点整治公交车不按规定站点停靠等行为,公交投诉率明显下降。上思县运管所根据"五定四统一"的标准,即:"定线路、定班次、定时间、定站点、定票价,统一管理、统一调度、统一排班、统一营运标识",完成3条客运班线的城乡公交一体化改造,投入公交车20辆;东兴市运管所制订《东兴市公共交通质量提升工作方案》,从公共汽车亭规划、智能化公交系统建设、新能源公交车投入、公交线网优化等方面进行行业规划,开展车容车貌整洁,均取得不错成效。五是组织开展建制村通客车工作。2016年,全市新增建制村通客车15个,完成年度工作目标任务的125%,全市具备条件的建制村通客车率达85%;做好全市货运发展工作,新审批道路危险货物运输企业7家,新增危险货物运输车辆68辆;组织货运企业开展多式联运示范工程的申报工作及甩挂运输试点工作。

【公路养护管理】 2016年,防城港市公路总里程3042.559千米,其中市交通运输局管养2352.425千米(其中,全市农村公路水泥和沥青路面1703.404千米,占管养公路里程的56%);自治区沿海公路局管养543.134千米,自治区高速公路管理局管养147千米。按技术等级分为:高速公路147千米、一级公路101.005千米、二级公路267.201千米、三级公路303.305千米、四级公路1689.726千米,等外公路534.322千米。2016年,防城港强化公路的养护管理,坚持"建养并重"的发展理理念,狠抓养护管理工作的规范化建设,全市公路养护工作逐步实现规范化、标准化。一是推进公路安全生命防护工程项目建设工作。做好安全生命防护工程项目前期工作,争取到交通运输部下达防城港市安全生命防护工程项目10个,总投资434万元,计划处置隐患里程26.8千米。二是加强推进危桥改造项目实施工作。下达防城港市危桥改造项目共2座,分别为防城区的扶隆二桥和大坝桥。扶隆二桥于年底前完工;大坝桥完成下构施工。三是加强路面大中修和水毁项目实施工作。2016年,自治区公路局下达防城港市路面大中修项目共9个,总投资470万元,市级下达各县(市、区)养护维修类项目共22个,下达资金386万元,年底前全部完工。四是加强汛期农村公路安全生产监督检查工作。防城港市交通运输部门强化制度管理,明确领导机构,严格检查监督,多次组织到各县(市、区)开展农村公路安全生产大检查和安全隐患大排查大治理工作,安全生产势态良好,防城港市农村公路建设养护均无重大安全生产责任事故发生。

【东兴口岸出入境运输】 2016年,东兴口岸出入境运输车辆总数为1.7万辆,比上年增长28.64%。其中,中国出境车辆数为10283辆,比上年增长56.22%,越南入境车辆数为6938辆,比上年增长0.71%。中国出境车辆迅猛增多,主要由于越南芒街天虹棉纱纺织厂大量生产棉纱纺织品,使用中国大型集装箱车辆能装载更多的货物,一定程度上促进中国出境车辆不断增多。2016年,东兴口岸国际道路货运总量为37.62万吨,比上年增长40.43%,货运周转量为649.54万吨千米,比上年增长203.07%。其中,中国出境货运量为16.52万吨,比上年增长24.96%;越南入境货运量为21.1万吨,比上年增长55.49%,中越出入境货运量不断增长。2016年,东兴口岸国际道路运输管理处与越南越中公路过境运输管理站共举行工作会谈2次,交换行车许可证B证500份,C证9000份,自驾游行车许可证3000份。中越双方通力配合,加强对出入境运输车辆的查验工作力度,确保做到"一车一查",全年查验出入境运输车辆总数为17221辆,其中,中国出境车辆数为10283辆,越南入境车辆数为6938辆,查验率高达100%。10月29日,在中国广西东兴及越南广宁芒街等各级地方政府部门及口岸联检部门的通力配合和共同努力下,中越双方各自成功试行东兴—芒街跨境自驾游车辆各5辆;11月9日,以中国东兴—越南芒街商贸·旅游博览会为契机,正式开通跨境自驾游车辆各20辆,成为中越边境线上首个开通跨境自驾游的口岸。中国北海—越南下龙国际客运班线正式试行开通,越南下龙—中国北海、南宁不定期客运班线也在筹备中。11月9日,北海新畅游旅游有限公司正式试运行中国北海—越南下龙国际客运班线,使停运已久的客运市场重现生机,通过先前的准备、协调与沟通,此次试运行工作顺利通畅,通关时间短、通关费用低,通关手续简单快速,并于12月份形成常态化跨境客运直达景象,从12月9日至12月31日共出境13辆,全年出境客运直达14辆,越南下龙—中国北海、南宁不定期客运班线实现中越双方交通主管部门信息报备及相互通报。新增东兴市旅游集散中心自驾游办证窗口,提高便民服务水平。10月,东兴口岸国际道路运输管理处在东兴北投旅游集散中心办证大厅开设自驾游办证窗口,实行"上门式"服务,直接面对各旅行社服务,缩短旅行社往返办证距离,提高办证速度和便民工作力度。

水路运输业

【概况】 2016年,防城港市全市共拥有国内水路运输企业39家,192艘船舶,554157载重吨,368客位;完成货物运输量1302.1万吨,货物周转量232亿吨千米,分别为上年同期的105.52%、101.6%;完成旅客运输量21.66万人,完成旅客周转量117万吨千米,分别为上年同期的100.74%、101.29%。造成水路运输生产增速放缓的原因主要是国际水运市场不景气,国内经济增速放缓、油价高、货源比上年减少等因素。

【港口生产】 2016年,防城港市全市港口货物吞吐量完成10688.41万吨,比上年减少7%,集装箱吞吐量完成26.64万标箱,比上年减少28%。一是全面规范港口经营管理。切实做好港口经营许可工作,严把审批关口,对辖区内港口经营企业进行核发经营许可证,发证率达100%。年内,共有港口经营企业46家。二是抓港口生产监管。切实加强辖区港口安全生产监督管理,年内全市港口企业无安全事故发生,港口安全形势持续稳定。三是引航生产平稳增长。全年共引领2964艘次,其中万吨级以上船舶2362艘次,为上年同期的77%;10万吨级以上船舶633艘次,为上年同期的107%;集装箱船舶166艘次,为上年同期的19%。全年实现引航收入3300万元,超额完成防城港引航站引航费收征收目标。

【水路运输管理】 2016年,防城港市在水路运输管理方面主要开展以下工作,一是抓好行业安全管理工作,实现14年水路运输安全生产责任事故"零记录",狠抓水运行业的安全监管工作,深入开展水运企业安全生产标准化达标建设,引导企业加大调整运力结构的力度,落实渡口渡船更新改造任务,确保水路运输安全生产无事故发生。二是开展对水运企业、货运船舶、砂石船舶、客圩渡船经营行为和安全生产的专项整治。整治活动共出动检查组15个、171人次,开展执法检查21次,检查船舶260艘次,发放整改通知书24份。同时,加强与海警等部门的联合执法工作,惩治非法营运,处理违法运输船舶案件179宗,处罚金额41.75万元;累计办理行政许可案件共41件,非行政许可10件,所有案件按有关要求整理归档。三是开展东兴北仑河界河(友谊桥至竹山)10千米航段12航标的修复建设工程的沟通协调及跟踪工作;对砂石船舶采沙而破坏航道行为进行整治,确保内河航道的安全畅通,全市52艘砂石船舶已有15艘办好船检及海事部门的合法证件,其中有6艘已办理营运证,在沿海砂石船舶整治中处于领先。四是做好《中华人民共和国航道法》宣传贯彻工作。组织各航务所执法人员在辖区内做好宣贯工作。全市共出动21人次,张贴宣传标语13份,悬挂横幅6条,发放宣传资料1000多份。

【水运基础设施建设】 2016年,自治区北港局下达防城港市便民码头建设项目4个,总投资77万元,自治区补助资金29万元;下达乡镇客圩渡船标准化建设3艘,总投资16.5万元,自治区补助资金6.24万元。计划下达后,防城港市航务管理部门及时组织有关部门做好项目开工各项准备工作。4个便民码头和3艘标准化客圩渡船都在建造中。

航务管理

【概况】 负责管理防城港市水路运输行业的机构是防城港市航务管理处,成立于1994年。2016年,防城港市水路运输生产平稳发展。全市共有国内水路运输企业24家,144艘船舶,431715载重吨,368客位。完成货物运输量1302.1万吨,货物周转量232亿吨千米,分别为2015年同期的105.52%、101.6%;完成旅客运输量21.66万人,完成旅客周转量117万吨千米,分别为2015年同期的100.74%、101.29%。年内,新建便民码头建设项目4个,总投资77万元。

【水运安全管理】 2016年,防城港市航务管理处继续把水上安全放在工作的首位,围绕"事故为零"的目标,做好水上运输的安全生产工作。年内开展执法检查21次,171人次,检查船舶260艘次,处理违法运输船舶案件179宗。通过对水运企业、货运船舶、砂石船舶、客圩渡船经营行为和安全生产的专项整治,最大限度地消除水上运输中的安全隐患,确保我市水运行业连续14年无安全责任事故发生。

港口管理

【港口项目建设】 2016年,防城港市全市港口建设项目累计完成投资122231万元,完成年度目标任务的

138.98%；全市港口货物吞吐量完成10688.41万吨，比上年减少7%。防城港域货物港务费征收完8458万元，港口设施保安费完成228万元。一是渔澫港区第五作业区进港航道、渔澫港区第五作业区501号泊位和航标工作船码头均已正式开工；二是渔澫港区第四作业区401号泊位进入设计阶段，项目开工倒计时；三是防城港钢铁基地专用码头新开工的2个1万吨级泊位（水工为5万吨级）已正式开工；四是防城港电厂二期配套码头水工部分已建成并交工。

防 城 港

【防城港概况】 2016年，防城港港区总面积近17平方千米，码头岸线10.2千米，仓储面积约680万平方米，一次性仓储能力超过1600万吨。拥有泊位54个（在建泊位7个），其中万吨级以上深水泊位39个，10万吨级以上泊位8个（20万吨级泊位两个）。拥有铁矿石、煤炭、粮食、硫磷、液体化工等十个专业化码头和5个集装箱泊位。年吞吐能力1.5亿吨以上，其中集装箱通过能力超过200万标准箱，铁路运输能力3500万吨。已建成一批大型的铁矿石、煤炭、硫磺、粮食、化肥、液体化工等货种的专用仓储和装卸船系统，是国家重要的建材进出口基地、粮油加工基地、煤炭储备配送中心。与100多个国家和地区的250多个港口有业务往来。全年完成货物吞吐量7408.9万吨，完成集装箱吞吐量26.63万TEU。其中，外贸货物5828.8万吨，占总量78.7%，比上年减少3.5%；内贸货物1580.1万吨，比上年增长16.3%，比上年外贸货物所占比重减少2.9%。进口货物6066.9万吨，占总量81.9%，比2015年增长6.2%，出口1342万吨，比2015年减少20.6%，进口货物比重比2015年同期增长4.7%。集装箱26.6万TEU，其中外贸5.9万TEU，内贸20.7万TEU。火车装卸54.5万车次，装卸货物3373.5万吨，占吞吐量45.5%。到港船舶3662艘次，其中外贸1439艘次，内贸2223艘次，10万吨级以上船舶247艘次，20万吨级以上船舶40艘次。

【工程建设】 2016年，防城港企沙南港区30万吨级泊位工程完成码头选址方案报告和工可报告编制。第四作业区401#泊位码头工程获自治区发改委批复核准。第五作业区513#–516#泊位工程年内完成投资2亿元，累计完成投资4.7亿元，占计划总投资的36.8%。。马鞍岭1、2号旅游码头工程年内完成投资4501万元，累计完成投资2.9亿元，占计划总投资的43.2%。东湾501#泊位工程年内完成14个沉箱预制及出运安装，累计完成投资1.36亿元。云约江3#泊位工程开展项目工可、项目选址、用海预审、海洋环评等前期专项报告编制工作。东湾保税物流中心工程累计完成投资2.1亿元，占计划总投资的26.6%，填海造地约40.87公顷，项目设计完成施工图设计。西湾海域环境整治工程年内完成投资149万元，累计完成投资4.3亿元，占计划总投资的20.01%；累计完成吹填698.11万立方米，占总量（2835万立方米）24.6%；外抛区累计完成256.47万立方米，占总量（259万立方米）的99.02%。粮食输送改造工程累计完成投资3.2亿元，一期进入重载试运营阶段，二期工程进入设备试运行阶段。进境水果指定口岸项目通过国家质检总局现场考核验收和批复，于6月正式投入运营。中国·东盟（防城港）进出口商品采购中心项目完成投资1亿元，完成摘牌约24.33公顷土地。防城港粮食输送改造工程筒仓及火车发放站项目主体工程进入竣工验收阶段；铁路装卸线项目完成初步验收。11#、12#泊位通过竣工验收。13#~17#泊位码头工可评估报告报发改委批复；18#~22#泊位工程通过竣工验收。防台工程全部完成，1101#仓库工程完工，1102#仓库开工建设，11#~22#泊位前沿停泊地、调头地清淤工程完成工程合同量的95%，铁路整体道床工程完成进度的77%，老旧码头竣工验收已在平台立项。

【铁路交通网】 防城港铁路运输有南防铁路，铁路经南防线、黎钦线与全国铁路相联。2016年，有线路里程86.5千米（其中专用线里程为11千米），2个调车场，35股道，调车场线路长32.57千米，装卸货位线路长37.258千米，管辖专用线14户20条库场线。现有机车7台；配备有3座装车楼，全港日均装车能力达2600车以上，日均卸车能力达400车以上。

【集装箱航运】 防城港国际集装箱码头有5个专用泊位，即9#、10#（简称：老港区）、404~406泊位（简称：新港区），码头岸线长1279米，其中老港区580米；新港区699米。9#泊位码头前沿水深–13.50米，于2008年5月改建完成运营，可以靠泊和处理最大达5600TEU船型的集装箱船舶；10#泊位码头前沿水深–11.65米，可以靠泊和处理第三代全集装箱船舶。老港区码头年通过能力55万TEU；新港区水深分别达15.2米和13.7米，可直靠10万吨级10000TEU船舶。2016年，完成吞吐量26.63万TEU。

【进出口货物】 2016年，防城港进出口货物比例8：2，进口占80%，出口占20%。适箱货源有金属矿石、粮食、豆粕、白糖、钢材等货种。年内，煤炭共进口1390万吨，出口136万吨；铁矿共进口2763万吨，出口297万吨；石油焦共进口58万吨，铜精矿共进口254万吨，铅精矿锌精矿等共36万吨，硫磺共进口273万吨，化肥出口233万吨，重晶石出口95万吨。进出口货物比例8:2，进口占80%，出口占20%。

邮 政 业

综　　述

【概况】 防城港市邮政管理局成立于2012年11月12日，是中央和地方双重管理、以中央垂直管理为主的行政机构，是国家邮政体制改革、实行政企分开后组建的防城港市邮政业管理部门。下设办公室和行业管理科，核定行政编制8人，聘用人员4人。2016年，防城港市邮政行业保持较好的平稳发展势头，邮政普遍服务总体运行稳定，快递业务持续增长。全市邮政行业业务总量累计完成2.05亿元，业务收入累计完成1.57亿元（不含邮政储蓄银行直接营业收入）；全市快递服务企业业务量累计完成802.26万件，业务收入累计完成9548.55万元。

【邮政普遍服务】 2016年,防城港市全市邮政企业共有从业人员443人;拥有邮政支局所33处,其中邮政支局7处,自办邮政所25处、代办邮政所1处;拥有集邮品销售点3处,机要服务点3处,邮政报刊亭63处,信筒信箱46个;拥有邮政汽车143辆,总邮路9条,邮路总长度(单程)724千米,其中农村邮路659千米。邮政服务覆盖全市所有社区、街道、村庄,实现村村通邮;城市投递段道长度(单程)930.30千米、农村投递路线长度(单程)1558.50千米,城区每日平均投递次数2次,农村每周投递次数4次。年内,邮政函件业务累计完成54.30万件;包裹业务累计完成2.30万件;报纸业务累计完成1514.00万份;杂志业务累计完成62.39万份;汇兑业务累计完成1.06万笔。

【快递网络建设及业务发展】 2016年,防城港市全市共有快递从业人员851人;拥有快递服务企业157家(包括许可企业20家、分支机构137家),其中包括EMS、顺丰速运、宅急送、申通、圆通、韵达、中通、天天、汇通、国通、全峰、快捷、优速、德邦、腾达融联、日益通、广通、京东、远成、唯品会共20个品牌。其中,防城区51家,港口区51家,东兴市42家,上思县13家,乡镇覆盖率达70.83%。年内,全市快递服务企业业务量累计完成802.26万件,业务收入累计完成9548.55万元。其中,同城快递业务收入累计完成645.48万元;异地快递业务收入累计完成6956.30万元;国际及港澳台快递业务收入累计完成67万元;其他收入累计1879.77万元。

邮政管理

【邮政行业服务监督】 2016年,根据国家局和自治区局的要求,防城港市邮政管理局开展邮政普遍服务法定业务检查、机要通信专项检查、信报箱建设检查、纪特邮票发行检查、建制村通邮现状检查、农村邮政营业场所覆盖和服务情况检查工作,全面督促邮政公司及有关单位做好邮政普遍服务和邮政基础服务设施建设,切实保障人民群众用邮权利。做好邮政业消费者申诉工作,保持良好的行业消费环境。"12305"邮政业消费者申诉中心全年共受理申诉143件,申诉中涉及邮政服务问题的8件,涉及快递业务问题的135件;明确企业责任的有效申诉81件,占总申诉量的56.6%。经调解,消费者申诉全部妥善处理,为消费者挽回经济损失8406.2元人民币,消费者对邮政管理部门申诉处理工作满意率为100%,对企业申诉处理结果满意率为96%。

【邮政行业市场秩序规范和安全监管】 2016年,防城港市邮政管理局积极开展邮政快递市场监督检查工作,并联合防城港市公安局、国安局、工商局等部门开展联合检查,规范市场秩序,保障寄递渠道安全畅通。全年远程监控查看快递企业及分支机构累计1211家,实地检查快递企业及分支机构累计168家,出动检查人员累计449人次,约谈2次,下达责令改正通知书11份,立案查处3家违法经营企业,共处罚金1.7万元。通过检查,规范邮政快递市场的经营行为,用制度和法律法规监管好邮政行业的各项安全工作,保障全市邮政行业的健康、持续和科学发展。

【行政审批】 2016年,防城港市邮政管理局顺利承接国家局、自治区局下放的邮政普遍服务两项行政审批、快递分支机构名录核定发放、年度报告审核、分支机构备案和许可注销初审等多项职权。优化快递业务经营许可证的变更审批流程,实现全流程网上办理,设立绿色通道,切实提高审批服务的速度和质量。全年依法审核快递业务经营许可申请7家,快递业务经营许可证变更申请64项,受理企业年度报告19份,自治区邮政管理局委托核查快递业务经营许可7家。

【其他主要工作(活动),重大举措、成果】 2016年,防城港市邮政管理局优化顶层设计,完善行业"十三五"规划,成为全自治区首个将邮政业发展内容纳入地级市"十三五"规划纲要的市局。桂海跨境电商快递物流园区项目建设被纳入自治区服务业百项重点工程项目和防城港市2016年"边海经济带"项目并获自治区180万元扶持资金。推进行业诚信文化建设,防城港中通等四家快递企业荣获"诚信经营,放心消费"示范店称号。市政府出台《防城港市邮政业突发事件应急预案》,实现政府、监管部门、企业三级应急响应无缝衔接,为全区首个将邮政业应急管理纳入全市应急管理体系的地市。8月,国家邮政局局长马军胜到防城港东兴调研跨境电商配送体系建设情况。12月,国家邮政局副局长赵晓光到防城港东兴调研邮政普遍服务与电子商务协同发展情况。年底,获批设立东兴市邮政业服务中心,为全自治区首个县级邮政管理机构。

防城港邮政分公司

【概况】 2016年,防城港邮政分公司以十二五规划为基准,积极应对复杂多变的经济环境,深化改革,拓展市场,强化管理,提质增效,实现平稳较快发展。全市邮政全年累计完成业务总收入6068.65万元,比上年增长7.60%。

【邮政业务】 2016年,防城港邮政类业务通过融合线上线下渠道,结合地方经济社会热点,全力实施项目营销,全年实现业务收入2162.83万元,完成年度预算的109.51%;包裹快递业务通过转型创新和项目拉动,全年共实现收入447.02万元,比上年增长44%。代理金融业务通过网点深化转型、增强渠道能力、提升风险管控能力,全年完成业务收入3538.21万元,比上年增长7.18%。

【固定资产投资】 2016年,防城港邮政全年新增普服空白乡镇网点1处,装修改造网点6处;积极响应国家农村电商建设,建设村邮乐购店185个。新增助农取款点31个,ATM机2台,CRS存取款一体机8台,进一步塑造邮政"服务一流、形象一流、素质一流"的社会形象,不断满足城市扩容、农村用邮、市场竞争、商贸发展的需求。

【队伍建设】 2016年,防城港邮政创新用工方式,探索推进业务外包,通过推进流程优化和工时精细化管理,进一步优化了人员配置结构;推进职业技能鉴定工作,全年参加邮政通信特有职业技能鉴定88人。截至2016年年底,持有邮政通信特有职业资格证书的员工为285人,持证率达到63.19%。防城港市邮政分公司党委严格落实管党治党和党风廉政建设“主体责任”，深入开展“三严三实”专题教育活动和“桂邮党旗红”主题实践活动，通过党委书记上党课、组织中心组学习、版报宣传等形式教育引导领导干部加强党性修养，改进工作作风。

【邮政改革】 2016年，防城港邮政按照区分公司统一部署，积极做好邮政改革的各项工作，扎实有序地推进邮政改革进程。2016年，市邮政分公司和市速递物流分公司扩大两网融合成果；深化运营模式改革，数个乡镇网点外包运营；深度强化投递体制改革，完善投递员按件计酬、按劳分配的考核方式，实现城市投递覆盖面达100%。

商贸物流业

综　　述

【概况】 防城港市物流规划建设管理办公室(简称“市物流办”)成立于2010年10月，为正科级全额拨款事业单位，人员编制为3名，负责统筹推进全市物流业发展工作。2011市物流办升格为正处级事业单位，编制增加到12个，业务科室为三个，并增挂防城港市物流园区管理委员会，实行“一套人马、两块牌子”合署办公，对东湾园区统一领导、统一规划、统一管理。2015年，市物流办再次升格为市政府直属部门之一，主任为正处长级，配备两名副处级副主任，编制增加到14个、控制编制4个，设4个科室：综合科、物流管理和项目服务科、园区规划建设管理科、物流运行分析科。2016年，市编委再次给予市物流办核准新增2个事业编制。

【商品市场建设】 2016年，防城港市各类大型商品交易市场(含超市)共107个，其中，农产品集贸市场63个，建材家装、水果等专业市场17个，从业人员约1.5万。年成交额超过亿元的交易市场有19个，摊位数约1.06万个，营业面积约51.59万平方米，年市场交易额约51.5亿元。建成225个农家店和3个乡镇商贸物流配送中心，覆盖24个乡镇和213个行政村。共有加油站65座及1家成品油批发企业，成品油流通市场格局趋于完善。

【电子商务发展】 2016年1月—12月，防城港市电子商务实现销售额35.1亿元，同比上年增长75.5%，全市电商企业(网店)2370家，新增385家；提供就业岗位15677个，新增就业人员2750人。根据阿里研究院发布的《2016年中国城市电子商务发展指数报告》，防城港市在“电商百佳城市”排行榜中排行75名，在广西排名第二，仅次于南宁。一是已建设东兴北投电商创业(孵化)基地，入孵电商企业39家；广西创才海电商示范(孵化)基地、创才海电商创业基地场地面积3500平方米，入孵电商企业18家；防城港IT小镇(门户)电商示范(孵化)基地，电商孵化场地面积2500平方米，入孵电商企业20家。二是加强电商从业人员培训，邀请电商专家重点培育电商龙头企业为主体的电商扶贫人才、从业人员，年内共培训人员1200人次。三是组织线下体验店建设工作，重点建设完成防城港IT小镇门户、乐村淘、防城区农村淘宝等线下体验店6500平方米。四是推进本土跨境电商第三方全网销售平台建设，八找网、百岸网等一批B2C、O2O平台上线运营。五是推进脱贫攻坚电商精准扶贫工作，指导推动农村电商发展，草拟《关于脱贫攻坚防城港市农村电商发展实施方案》《防城港市促进电子商务发展若干意见》报请市人民政府批准印发实施。六是做好2016广西电子商务创业大赛防城港分赛的各项工作，全市共有17支团队报名参赛，经过防城港市初赛角逐后，防城港市10支团队进入自治区决赛，决赛阶段，防城港市八爪网团队荣获了自治区决赛一等奖。

物资流通业

【概况】 2016年，防城港市初具规模物流企业总数约为400多家，其中水运企业23家，道路货物运输企业及相关企业201家，快递企业及分支机构54家，国内代理企业45家，国际代理企业10家，港口经营企业25家。全市物流企业仓库面积约为50万平方米，堆场面积约为500万平方米。全年交通运输、仓储及邮政业实现增加值52.87亿元，增长3.1%。全年公路和水路客货运周转量294.65亿吨千米，增长2.4%。占三产比重为25%。实现货物运输总量5087万吨，增长7.0%；旅客运输总量881.82万人，下降4.2%。

【物流基础设施建设】 2016年，东湾物流园区基础设施累计投入超过30亿元，基础设施日臻完善，水、电、路网布局完备，全面开发建设的条件已经成熟。道路方面，建成面积超过50万平方米，其中，东湾大道作为防城港的疏港主通道，贯穿园区，道路全长13.06千米，道路宽度50米，道路等级为城市主干道Ⅱ级，双向八车道，全线建成通车。铁路方面，建成铁路专用线69条，作业长度达92298米，第三调车场铁路线10股道和进港线2股道、作业长度约15000米正在加快建设中。航道方面，配套东湾第四作业区、第五作业区的进港航道在加快推进中。高新区物流板块、冲仓物流园、茅岭物流园等重要物流园区道路、铁路等基础设施项目稳步推进。

【相关物流体系发展】

冷链物流　2016年，防城港市初步形成以东兴北部湾国际海产品市场、江平工业园和企沙中心渔港为主的冷链加工物流基地，全市规模以上的水产品冷链加工企业约20家。冷库设施以冷链加工企业自建为主，水产品冷库容量约3.5万立方米，水果冷库容量约1000立方米，肉类冷库容量约1000立方米；冷链运输车辆以外地车辆和挂靠南宁、北海等地为主，本地登记入户车辆少，初步统计全市登记入户冷链运输车约20辆(其中LNG冷链车2辆)。防城港至北京、沈阳铁路冷链专列实现常态化运营，防城港至上海铁路冷链专列开通运营。主要运输货物为：罗非鱼、巴沙鱼、南美白对虾、越南在虾米(青龙)、澳洲龙虾(红龙)、青蟹、膏蟹等海产品和淡水产品，产地是越南及泰国、南非、柬埔寨、南美等经越南互市贸易进入中国的第三国。年内，正式成立防城港市冷链物流产业协会，协会会员50多家，涵盖农产品贸易、冷链运输、冷链加工等企业。冷链物流政策环境持续利好。防城港市成功入选国家首批农产品冷链流通标准化示范试点城市。2月，中国铁路总公司印发《铁路冷链物流网络布局“十三五”发展规划》中将防城港列为全国铁路冷链物流基地重要载体城市。3月6日，自治区商务厅专题到防城港调研冷链物流发展，并明确表示自治区层面年内将出台冷链物流发展规划和专项扶持政策，防城港将作为全区核心冷链物流阵地来打造。12月，自治区政府同意防城港进境水果指定口岸开展中越边小贸易。同月，防城港市通过商务部、国家标准化管理委员会“农产品冷链流通标准化试点城市”评估，成为全国31家农产品冷链流通试点城市之一。产品冷链专列服务规范、智慧物流园区信息平台服务规范等一批标准编制项目获得自治区批复立项。12月底，中国铁路总公司在济南召开铁路系统工作会议上将防城港铁路冷链物流列为典型在全铁路系统进行推广。防城港成为国内冷链物流企业抢滩投资热土，有桂海国际农产品冷链物流中心、东兴十八方农产品进出口交易中心、企沙冷链物流中心、防城港公铁联运冷链物流中心等一批重点冷链物流项目。同时，通过“走出去，引进来”方式，防城港市与北京新发地、成都银犁冷链物流中心、沈阳水产市场、武汉白沙洲、青岛城阳农产品市场、河南万邦等10多个一级冷链市场建立合作关系。防城港市成功入围国家首批农产品冷链流通标准化试点城市。

保税物流　据海关部门统计，2016年防城港市开展保税物流业务企业共有15家。1—12月，防城海关共监管进出库保税货物1671.97万吨，比上年增长185%；价值15.35亿美元，比上年增长31%；内销征税7.09亿元，进出仓货物主要有铁矿、煤炭、有色金属矿产、燃油燃气、化肥及炼油类植物产品，仍是以大宗散货为主。2016年，防城港市统筹加快保税物流中心(B型)和综合保税区规划建设，保税物流中心(B)型项目完成项目选址、可研等前期工作，并纳入自治区保税体系规划，在全自治区各地市保税物流体系规划中位列第一，12月获自治区政府批复同意。同时，加快推进防城港综合保税区申报建设，将保税物流中心(B型)纳入综合保税区总体规划，同步开展选址规划、可行性研究报告、环境评估、控制性详规、总体规划方案的编制工作，落实100万元综合保税区前期工作经费和100万元的规划经费，启动规划前期工作。

多式联运　国务院印发的《物流业发展中长期规划(2014—2020年)》中多式联运工程被列为十大重大物流工程之首，防城港市响应政策要求，着力推动全市多式联运体系规划建设，在东湾、茅岭、企沙、东兴等交通优势突出、产业基础较好的区域各推动布局建设一个多式联运项目，2016年，加快建设广西沿海铁路、锦龙物流集团合作建设的东湾海公铁多式联运平台项目和茅岭新港海公铁联运项目，同时谋划推动盛鑫物流与沿海铁路公司合作建设企沙多式联运平台项目。

“散改集”　2016年8月5日，铁路总公司下文批复同意防城港新货场开办集装箱办理站业务。防城港探索组织适箱货物入箱，将粮食、化肥、硫磺、白糖、贵重金属、铁矿石、煤炭、淀粉等适箱货源采用集装箱装运模式，“散改集”业务迅猛发展。年内，经铁路集装箱运输的粮食货物累计达25万吨，散装粮食入箱业务呈快速发展态势。成功组织集装箱化液袋糖蜜、食用油及淀粉、有色金属矿等货源入箱，2016年防城港集装箱办理站运量发运共10万吨，计4000TEU。

互联网+物流　2016年，防城港利用互联网思维和技术改造升级传统物流市场和企业，加快线下线上物流市场协同发展。4月，开工建设东湾智慧物流园区信息平台项目，总投资2167万元，项目一期于12月份上线运行，注册会员企业有85家。该平台利用云计算、物联网、大数据等现代信息技术，为园区提供全方位的运营管理服务，进一步改善和提升企业的发展生态环境，促进园区转型升级和创新发展。同时，在此基础上，构建了物流公共信息平台，接入东湾物流园区天网工程、防城港市社会物流直报系统，推动防城港市物流业、大型制造业、批发零售业、商贸业和交通、港口、口岸等各行业物流要素集聚，全面提升物流信息化水平和跨区域能力。防城港—北京大红门冷链专列，实现冷链集装箱温度全程监控和调节。

【物流园区建设】　园区平台集聚作用初显。物流园区成为防城港市经济新的增长区域和第三产业发展的重要平台。重点推进东湾物流园区、公车物流园区、冲仑物流园区等物流园区规划建设，在各大园区形成生产性物流、仓储物流、跨境贸易物流、商贸物流、保税物流等板块。2016年，东湾物流园区在成为全国优秀物流园区、自治区示范性物流园区后再获殊荣，成为全国首批国家示范物流园区(广西唯一)；园区依托防城港口岸以及粮食、水果等指定口岸特色平台优势和贸易通关一体化政策，已成为大西南地区外向型经济和临港工业发展的重要窗口、港口和边境贸易的重要连接枢纽，并发展成为全国最大的粮油加工基地和区域性水果冷链物流中心，口岸经济产业链得到不断拓展和延伸；截至2016年年底，入园企业达76家，实现产值(营业收入)约350亿元、税收近4亿元。防城港市综合物流园区(东湾物流园区、公车物流园区、企沙临港物流园区)和北部湾(防城港)航运服务中心(东湾物流园区)列入自治区现代物流集聚区一级节点，冲仑物流园区列入自治区现代物流集聚区三级节点，防城港市现代物流集聚区跻身广西前列。

供销合作社

【概况】　2016年，防城港市供销社按照市委、市人民政府和自治区供销社的决策部署，深入贯彻落实《中共中央国务院关于深化供销合作社综合改革的决定》《中共广西壮族自治区委员会广西壮族自治区人民政府关于深化供销合作社综合改革的实施意见》精神，扎实开展全系统综合改革，推进组织体系、经营体系、服务体系、体制机制等方面的创新，各项工作取得新成效。1月—12月，全系统商品购进总额78593万元，比上年增长14.07%，其中，农副产品购进5680万元，比上年增长18.33%；商品销售总额88491万元，比上年增长13.45%，其中，农业生产资料销售总额35318万元，比上年增长11.77%；实现利润228万元，比上年增长12.87%。2016年，市供销社荣获全自治区供销社系统综合业绩考核优胜单位一等奖，获全市绩效考评优秀等次。

【供销合作社综合改革】 2016年，防城港市全市供销系统继续推进综合改革，并取得阶段性成效。一是引领农民组建合作经济组织。全系统新组建农民专业合作社15个、农民专业合作社联合社（农合联）8个。二是努力构建"三位一体"组织架构。基层供销社实现供销社、"农合联"、乡镇综合服务站合署办公，融合发展，形成"三位一体"组织架构，提高为农服务能力。全系统共有8个基层社实现这种管理模式。三是发展农村电子商务。市海源电子商务公司、上思县众淘电子商务公司与全国总社"供销e家"平台对接，设立"防城港市特色馆"，打造"网上供销社"，提高防城港市农产品知名度，促进防城港市农产品销售，助力农民增收致富。电商公司主要经营玉桂、八角、海鸭蛋、香糯、香菇、中草药材等防城港市土特产品，产品往销全国各地。四是开展农村合作金融服务。市供销社与建设银行防城港市分行签订《助农金融合作框架协议》，探索在供销合作社综合服务平台建立"三农"金融服务室，开展金融知识宣传和金融产品代理等服务。分别在防城区那良镇和港口区企沙镇设点运营。

【农业生产资料供应】 2016年，防城港市供销社继续抓好农业生产资料供应服务工作。全系统各农资供应网点充分发挥供销社农资供应主渠道作用，做到早计划、早安排、早行动，积极筹措资金，加大农资商品采购力度，备足货源，确保农资产品质优价稳。全系统化肥销售量22.45万吨，比2015年增长6.93%；农药销售量2602吨，比2015年增长6.20%。

【供销合作社项目建设】 2016年，防城港市供销社继续实施"项目兴社"战略。全系统实施建设项目16个，共投入建设资金6520万元，完成区联社下达的全年项目投资任务。企沙供销社冷链物流项目新增营业面积1200平方米，年生产冰块12000余吨，占全渔港所需冰块的30%，为地方的渔业生产发展发挥重要作用；华石万盛良种猪养殖基地改造扩建项目，新增养殖面积1800平方米，建设高架养殖栏1000平方米，是全市第一个实施高架养殖的猪场。

粮食商业

【概况】 2016年，防城港市主动适应经济发展新常态，贯彻落实粮食安全责任制，加强"粮安工程"建设，切实保障粮食安全，促进全市经济社会平稳发展。自治区下达防城港市（上思县）粮食直补订单粮食收购全年任务4500吨。截至9月30日，直补订单粮食收购数量4500吨，完成全年任务的100%；全市全社会粮食销售责任指标为8.10万吨，全市全社会粮食销售实绩9.74万吨，完成自治区下达责任指标的120.2%。

【粮食流通与调控】 2016年，防城港市完成储备粮轮换任务100%。市县储备粮平均库存完成责任指标的124.2%；应急成品粮储备完成下达责任指标的100%。继续推进绿色科学储粮。6月，举办全市粮食系统粮油仓储管理培训班，提高管理人员管理能力和水平。市本级粮食储备库全部使用充氮气调绿色储粮技术，市粮食储备库是全区14个市全部推广使用充氮气调绿色储粮技术的粮库。抓好市粮食储备库安全生产管理。投入资金，完善视频监控系统、安装粮库大门电子识别门等安全防范设施，配备值班人员，开展安全生产和核泄漏事故应急演练，加强粮库安全管理，杜绝各类事故的发生，确保粮库安全。全市库存粮食质量合格、宜存率达标，各类指标符合质量和卫生标准，符合安全储存要求，库存粮食粮情稳定、质量良好。按照《防城港市人民政府关于进一步加强我市粮食仓储基础设施建设的通知》要求，在原有工作的基础上加大协调、指导与服务工作力度，推进中心粮库建设。重点抓好上思县中心粮库二期项目建设，已完成6000吨仓容主体工程，总投资506万元。自治区下达全市国有粮食企业完好仓容责任指标为达到4万吨以上，至年末，全市国有粮食企业完好粮食仓容达到4万吨，占责任目标4万吨的100%。

【粮食流通监督检查】 2016年，防城港市按照自治区发改委、财政厅、粮食局、农发行广西分行的通知要求，于4月下旬至5月中旬组织开展全市粮食库存检查工作，同时将安全生产纳入检查范围。经检查鉴定，全市粮食库存真实、账实相符、账账吻合、补帖到位，质量良好，储存安全，无安全生产责任事故，粮油仓储管理工作和安全生产工作得到加强。全市没有发生不符合食品安全标准的粮食进入口粮市场事件，产生较大社会影响，被责成召回的情况，全市粮食市场价格稳定、粮食供求平衡、粮食质量安全。抓好粮食系统联防粮食走私工作。及时召开会议全面动员部署，认真贯彻落实国家、自治区和市打击粮食走私的工作部署要求，高度重视并切实采取措施抓好联防粮食走私工作。广泛宣传。督促粮食企业严格执行国家粮食进出口政策，不以任何形式参与粮食走私，坚决防止走私粮食流入国家粮食储备体系。加强对粮食企业的监管。签订《联防粮食走私承诺书》，认真排查粮食企业的自律情况，杜绝粮食企业参与粮食走私和为走私粮食提供仓储条件的情况出现。加强与有关部门沟通，配合相关部门做好打击粮食走私工作。抓好粮食市场监测、预测、分析和报告工作，随时掌握粮食市场价格和供求变化情况，加强与县（市、区）粮食局的联系，反馈相关信息，做好上通下达。做好全社会粮食产需平衡情况调查等工作，为做好粮食调控、维护粮食安全提供基本依据。争取中央和自治区资金支持，抓好防城港市粮食安全体系建设。全年全市粮食系统争取中央和自治区资金支持572万元，其中粮食仓库建设补助资金合计100万元，粮食仓库维修补助资金合计40万元，政策性应急供应粮食仓储设施维修改造补助资金合计322万元，"粮安工程"仓储设施智能升级改造补助资金合计100万元，粮食直补订单工作经费补助资金合计10万元。抓好沟通协调，落实承接自治区粮食安全行政首长责任制考核指标。2016年，防城港市承接粮食安全行政首长责任制考核承接指标共有61项，分值107分。涉及的部门14个，其中牵头部门有7个，配合部门7个。考核工作组办公室设在市粮食局为总牵头单位。为落实好粮食安全行政首长责任制考核指标，层层落实责任领导和责任人，明确时间任务，强化协调指导，抓好重点、难点工作，并主动与自治区主管部门对接,确保完成市粮食局负责的23项考核任务。另一方面,抓好专项考核组办公室工作,加强与各牵头单位的对接和沟通,开好联席会议,协调做好有关工作,确保各项考评指标如期完成。

个体商业

【个体批发和零售业】 2016年,防城港市全市共有个体批发和零售业个体工商户28876户,从业人员46694人,注册资金22.37亿元。

【个体住宿和餐饮业】 2016年,防城港市全市共有个体住宿和餐饮业个体工商户5780户,从业人员17968人,注册资金6.32亿元。

【个体居民服务、修理与其他服务业】 2016年,防城港市全市共有个体居民服务、修理与其他服务业个体工商户4884户,从业人员10902人,注册资金2.79亿元。

旅游业

综述

【概况】 2016年,防城港市旅游行业紧紧围绕全国、全区旅游工作会议的安排和部署以及市委、市政府提出的"建设边海经济带"的重大决策部署,积极推进旅游各项工作,促进旅游业健康有序快速发展。年内,全市接待国内游客1568.7万人次,比上年增长16.5%,完成自治区下达任务102%;国内旅游收入125.37亿元,比上年增长28.7%,完成自治区下达任务101%。接待入境旅游者16.85万人次,比上年增长4.72%,完成自治区下达任务101%;外汇收入5808.7万美元,比上年增长9.91%,完成自治区下达任务102%。

【旅游重大项目建设】 2016年,防城港市做好自治区领导联系推进旅游重大项目江山半岛创国家级AAAAA旅游景区开发建设工作,全年完成投资34500万元,占年度计划的690%;做好自治区旅游重大项目协调机制的重大项目东兴国门景区创国家级AAAA旅游景区工程建设工作,全年完成投资5000万元,占年度计划的100%;做好防城港市"边海经济带"旅游项目建设工作;推进海鲜文化美食城项目,完成规划设计方案,落实项目用地指标;做好海南一二三旅游公司在防城港市投资开发江山半岛、南山等项目的前期工作;推动防城港高铁旅游集散中心建设工作。

【旅游基础设施和公共服务设施建设】 2016年,防城港市推进上思至扶隆等一批旅游公路建设,加大通往景区旅游道路建设,切实解决"最后一千米"问题。建设防城港高铁旅游集散中心,开通高铁站至主要景区景点的旅游公交线路。继续开展旅游厕所新建、改建工作,力争使防城港市旅游厕所建设水平再上一个新台阶,为游客提供更加舒适的旅游环境。

【跨境旅游发展】 2016年1月29日,自治区旅发委、越南广宁省旅游厅在防城港市召开"2016中国广西—越南广宁边境旅游合作会议",签订《2016中国广西—越南广宁边境旅游合作协议》并就双方共同加快推进跨境旅游合作区建设和实施跨国自驾车项目签订了补充合作协议。市委主要领导率旅游、商务、外事等部门负责人赴越南、柬埔寨和老挝访问,进一步宣传推介跨境旅游工作,取得了丰硕成果。10月,国家旅游局副局长杜江到防城港市调研跨境旅游合作区和边境旅游试验区的建设工作,充分肯定防城港市开展"两区"建设的前期工作。按照要求做好跨境旅游合作区和边境旅游试验区方案申报工作。11月9日,实现跨境自驾游常态化开通运行。全国首创开通边境游网上预约办证服务平台,进一步为游客办证提供便利。协调做好海上航线工作。协助海丝明港国际海运股份公司开拓由防城港至越南下龙、岘港、富国岛、柬埔寨西哈努克港等东盟段的邮轮航线,把跨境旅游作为防城港服务贸易发展新的增长点。

【乡村旅游品质提升】 2016年,防城港市开展休闲农业与乡村旅游示范点、乡村旅游区、名镇名村、星级农家乐等工作。开发多品位的休闲渔业、生态农业、森林旅游等乡村旅游产品,促进县乡村旅游产品的特色化、品牌化。结合实施城乡风貌改造工程,建成一批具有鲜明特色的生态旅游名镇名村。

旅游规划建设

【旅游景区开发建设】 2016年,防城港市做好江山半岛创建国家级旅游度假区、北仑河口景区创国家级AAA旅游景区工作。北仑河口景区获评国家级AAA旅游景区。七彩贝丘湾获得广西五星级农家乐,长湖生态园、墩浪滨秀山庄和芙蓉沟山庄等获得广西四星级农家乐。做好"旅游厕所革命"工作。新建旅游厕所20座和改建旅游厕所10座已全部完成。增加改建厕所3座已完成,作为加分项目。做好百业东兴景区被国家旅游局评定为综合秩序最差景区和金滩景区违章搭建管理混乱等问题的整改工作。开展旅游景区整治行动,提升全市旅游景区旅游形象。做好东兴市创建国家全域旅游示范区工作。协助自治区旅发委做好广西边关风情带建设的调研、规划等工作。

【旅游脱贫攻坚工作】 2016年,防城港市财政安排300万元旅游扶贫资金,用于贫困村旅游基础设施建设,为防城港市的旅游脱贫攻坚工作提供了资金保障。按时完成2016年自治区旅发委下达的全市通过旅游脱贫人数672人和启动港口区山新村等4个村建设工作。4个村累计投资590万元旅游厕所、旅游停车场等设施建设。多途径带动贫困户脱贫。市百鸟乐园、百果香山庄、七彩贝丘湾等一批旅游企业通过招聘就业、收购农家乐农产品等模式,实现贫困村脱贫和旅游企业致富双赢。承办自治区旅游扶贫村(屯)致富带头人业务技能培训(钦州、北海、防城港)班、举办2016年秋冬季乡村旅游产业扶贫培训班等,通过培训和就业指导带动贫困户脱贫致富。东兴市做好边贸旅游扶贫,对参与边贸的贫困户提供政策支持,对吸纳贫困户的边民互助合作经营,在贷款贴息等方面给予支持。

旅游推广与合作

【旅游宣传推广】 2016年,防城港市通过多渠道宣传防城港市旅游形象。做好旅游宣传片在广西卫视投放工作。完成旅游宣传折页在南宁机场、南宁三星级以上酒店的旅游信息屏资料布放工作。成功组织承办2016年"中国旅游日"广西分会场暨乐游广西(防城港)夏季推广活动。组织参加海峡旅博会、莫斯科国际休闲旅游展、环北部湾自行车赛、中国—东盟博览会旅游展等展会和活动,进一步提升防城港市旅游产品的知名度。做好区域旅游合作工作。参加北部湾(广西)旅游联盟组织的在长沙、杭州等地的宣传推介活动。加快防城港市旅游官网、微博和微信等网络平台建设,进一步健全旅游信息化网络。

旅游服务与市场监管

【旅游市场监督管理】 2016年,防城港市做好旅游应急指挥监控系统建设,在全市的国家级AAA旅游景区、东兴出入境口岸、边境旅游办证大厅等重点景区和重点区域共设置16点监控点。节假日期间,联合安监、消防等部门组成督查组进行安全生产联合大督查,严防旅游安全事故发生。举办导游人员年审培训班暨全市领队人员业务技能提升班、防城港市全国导游考试培训班、旅游扶贫培训班等共11期,约2000人次参加培训,进一步提升旅游从业人员素质。

【边境旅游市场规范】 2016年,防城港市集中开展边境旅游市场整顿和出境旅游市场文明旅游检查工作,共受理各类旅游投诉14件,为游客挽回经济损失6000多元,共检查全市20家旅行社和7家星级饭店,现场取缔4家无证经营的旅行社门市部。

房地产业

【概况】 2016年,防城港市房产局深化住房保障和房产管理工作创新力和执行力建设,狠抓保障性住房安居工程工作,强化房地产市场监管,圆满完成自治区住建厅以及市委、市政府下达的各项工作任务。年内,防城港市在册的房地产开发企业累计共231家,其中二级开发资质的有6家,三级资质27家,四级资质25家,暂定资质173家。全市共有房地产开发项目190个,其中34家企业有在建项目并办理有商品房预售许可证;9家企业有在建项目,但尚未办理商品房预售许可证;22家企业的项目已封顶;119家企业的项目已完工交付使用;6家企业项目已停工。

【房地产市场监管】 2016年,防城港市房产局加强房地产开发资质和项目的审批和监管,强化商品住房预售方案审核,加强新建商品住房销售价格监督指导,严格商品房明码标价行为监管,将房价控制纳入预售申报环节管理,严厉打击随意定价、哄抬房价等扰乱房地产市场价格的行为。科学合理引导项目和资金投向,释放住房需求,侧重支持刚性和改善性需求,规范优化房地产投资环境。开展源头治理。年内,市房产局以整治"一日游看房团"为切入口,牵头组织两次大规模的拉网式排查,对50多家投诉问题较为严重的企业进行检查整顿,有效遏制违规销售商品房现象的蔓延,问题企业减少到15家。加强宣传,引导消费者理性购房。加大信息公开,在"看房团"集中的北部湾海洋文化公园安放4块固定的公示牌,在跨海大桥、桃花湾广场等人流量大的场所悬挂宣传横幅和播放相关宣传标语共70条次,发放宣传资料共2500余份。为确保群众及时掌握房地产公司资质审核情况、商品房预售管理情况、商品房价格变动情况等,市房产局每月更新完善信息公布在政府门户网站、自治区统一平台等网站;同时充分利用《防城港日报》、防城港电视台等渠道警惕群众购房需要谨慎了解的重点信息,帮助群众购买放心房。

【商品房推介】 2016年,防城港市房产局充分发挥房地产业协会的作用,通过房协搭建平台,采取灵活多样的宣传方式推介防城港市的城市宜居宜游宜业的城市形象,加快消化防城港市商品房存量。年初,市房产局牵头组织房协制订《2016防城港品牌地产东北暨北京驻点巡展活动方案》,并于2016年6月初联合房协到哈尔滨、沈阳、长春、大庆、北京等城市进行踩点,为赴北方进行商品房促销奠定基础。

【房地产纠纷调处】 2016年1月,防城港市房地产纠纷调处工作小组办公室正式挂牌成立。全年共受理处置案件250余件,帮助老百姓挽回经济损失约1500万元。

【房地产开发投资】 2016年,防城港市新批准商品房预售许可面积为175.22万平方米。防城港市房地产开发投资完成87.8亿元,比2015年增长9.50%。

【商品房销售】 2016年,防城港市全年商品房销售227.53万平方米(其中市直商品房销售191.13万平方米,东兴24.614万平方米,上思11.786万平方米),商品住房均价3819.13元/平方米,比上年增长7.9%。

【房屋产权管理】 2016年,防城港市房屋交易管理中心完成档案整理:房屋初始交易与产权管理档案86宗,房屋交易转移管理档案6179宗,预购商品房预告交易与产权管理档案6854宗;预购商品房预告抵押交易与产权管理档案6854宗,现房、在建工程抵押交易与产权管理档案2000宗,建立数字档案16173宗;协助公检法部门办理查、解封房屋353处。办理档案查询53776次。

【2016广西·防城港房地产交易展示会】 2016年6月8日—10日,2016广西·防城港房地产交易博览会在市中心区科技馆与青少年活动中心举办。房博会围绕"城在海中·海在城中——美丽防城港"主题,以服务于企业和百姓为宗旨,致力搭建"政府、企业、民众"三方沟通和交流的桥梁,宣传推介参展楼盘,服务市民观展选房。房博会共汇集36家房地产开发企业、5家金融企业,吸引近2万名市内外民众前来观展,现场成交和意向成交达385套,金额近1.8亿元,为群众提供政策解读、房产交易和金融服务咨询约1.1万人次,广西卫视新闻频道对防城港市房博会进行专题报道。

防城港市农业委员会

机械化收割水稻

柑橘产业

蔬菜基地

不老峰铁皮石斛

2016年，市农委认真贯彻落实中央1号文件和全区农村工作会议精神，按照“落实五大理念，突出绿色发展，全力补齐短板，助推两个建成”的总体要求，紧紧围绕提高农业现代化水平和新农村建设水平，突出“特色、精致、高效、品牌”农业，深入推进农业结构性改革，加快转变农业发展方式，“三农”工作扎实有效。全市农林牧渔业总产值136.2亿元，增长4.1%，一产产值81.7亿元，增长4%，农民人均可支配收入12113元，增长10.2%。全面启动了50多个示范区创建工作，已获认定自治区示范区3个、县级示范区6个、乡级示范区6个。建成“双高”糖料蔗基地5万亩。农村土地确权工作完成93%，特色产业覆盖率达68.94%。大力推进特色产业“10+3”（即选定糖料蔗、水果等十大支柱产业，结合推进富硒农业、生态农业、休闲农业）行动。粮食作物75万亩、蔬菜播种面积30万亩、特色水果种植面积17.2万亩、甘蔗种植面积60多万亩、发展特色中药材2万亩，富硒特色农产品2000多亩。新型农业经营主体发展。在“新三板”挂牌2家农业龙头企业，全市农业产业化龙头企业达33家，其中自治区级龙头企业7家、市级龙头企业23家。累计成立各类农民专业合作组织1050家；各类家庭农场279家。各类新型农业经营组织带动农户9万多户。

牛大力产业基地

防城港市林业局

防城港市地处中国大陆海岸线的最西南端，位于广西南部，面向东南亚，背靠大西南，东邻粤港澳，南濒北部湾，西南与越南山水相连，是中国唯一一个与东盟陆海相通的城市，下辖地区港口区、防城区、东兴市、上思县4个行政区域，海岸线584千米，陆地边界100.895千米，全市土地面积620666.7公顷，其中耕地45308.7公顷，占7.3%；山地、丘陵485361.4公顷，占78.2%；水域面积49032.7公顷，占7.9%；其他40964公顷，占6.6%。现有国家级自然保护区3个，陆地自然保护区面积占陆地总面12.85%，其中，广西十万大山国家级自然保护区面积达5.83万公顷，是广西境内唯一一个大型森林生态系统类型的自然保护区。城市绿化覆盖面积723公顷，公共绿地面积达118公顷。全市拥有2390.2公顷红树林，被联合国环境规划署批准列入全球三大GEF红树林国际示范区。

2017年3月10日，防城港市委书记金湘军（右一）和市林业局局长吴永明（左一），在倒水坳大桥北侧植树

2017年6月11日，国家林业局宣传办公室管理处副处长刘宏明召开防城港市国家森林城市建设总体规划评审会议

2017年6月4日，国家林业局调研组到不要城港市调研林业科技推广，左二巡视员厉建祝；左一副厅长邓建华

2017年8月25日，广西大学教授蒋永甫一行14人受自治区林业厅委托，到防城港市开展广西红树林立法前评估的调研工作

防城港市林业局是市政府的组成部门之一，主要职责是负责全市林业生态建设、造林绿化、森林资源保护发展、林业改革、陆生野生动植物资源的保护和合理开发利用等工作。全局内设6个科室（办公室、计划财务科、营林科技科、林政资源管理科、林业改革和产业发展科、野生动植物保护和自然保护区管理科），9个二层事业单位，干部职工86人。

2017年，全市林业系统以推动林业科学发展为主题，紧紧围绕市委、市政府"着力营造'三大生态'、率先实现'两个建成'"目标，以创建"国家森林城市"为抓手，全面深化林业改革，着力发展林业经济，突出强化资源保护，全市林业保持平稳较快发展，各项工作扎实推进。

2017年森林覆盖率达59.14%，比2016年增长0.4个百分点；活立木蓄积量达2700万立方米。完成营造林14.61万亩，占年度计划任务数的116.88%。其中，完成海防林造林1.6万亩，中央补贴造林0.34万亩，中央森林抚育补贴项目0.6亩。林业行业固定资产投资完成1.6亿元，同比增长128%；全市林业产业总产值达218亿元，同比增长9.61%。

2017年，上思县公正乡给困难户送树苗助力扶贫

2017年，局长凌光振（右一）慰问帮扶贫困，携手脱贫攻坚，共建幸福家园

2017年，市森林消防党员先锋队成立，党组书记、局长吴永明授旗

防城港市水产畜牧兽医局

9月7日，市委书记金湘军（后排右五）参加防城港渔业论坛项目签约仪式

1月25日，市水产畜牧兽医局局长文德明（左一）深入基层慰问联系贫困户

1月5日，副市长董凌（前排右二）深入港口区开展安全生产检查，市水产畜牧兽医局局长裴光艳（右三）陪同

1月25日，紧紧围绕打造现代畜牧业，积极推进肉牛特色养殖。图为10月9日副市长董凌（左二）深入防城区大河肉牛养殖基地指导工作

7月29日，防城港市水产畜牧兽医局组织工作人员深入港口区开展海水贝类产品卫生监测和生产区域划型工作

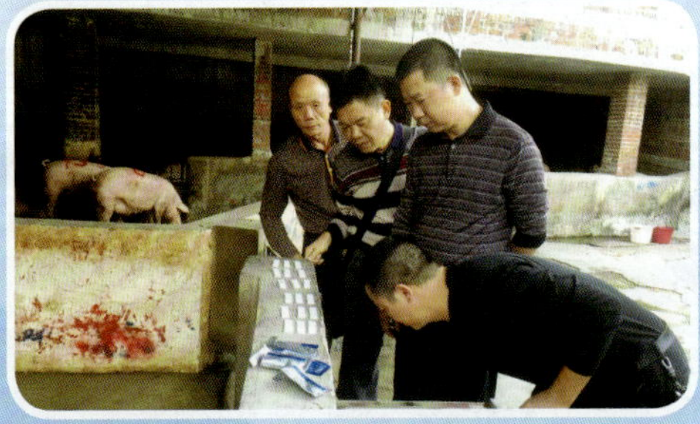

10月18日，防城港市水产畜牧兽医局组织工作人员深入东兴市开展畜禽屠宰执法检查

防城港市水产畜牧兽医局，是主管渔业、畜牧业、饲料工业和兽医工作的政府工作部门。现由防城港市农业委员会管理的副处级单位。其前身为防城港市水产局；2001年12月更名为防城港市水产畜牧局；2006年12月更名为防城港市渔牧兽医局。局内设科室5个（综合科、渔业科、畜牧科、兽医科、法制科）；局下属二层机构6个，包括防城港市渔政支队（副处级单位）、防城港市渔业技术推广站、防城港市渔业电台、防城港市动物卫生监督所、防城港市动物疫病预防控制中心和防城港市畜牧站。

2016年，全市渔牧业总产值76.51亿元，增长5.85%，其中：渔业总产值63.12亿元，同比增长6.76%；畜牧业总产值13.39亿元，同比增长1.71%。全市水产品总产量50.4万吨，同比增长3.27%；肉类总产量4.82万吨，同比增长1.67%。

防城港市海洋局

2016 年 3 月 18 日，全市海洋工作暨党风廉政建设会议

7 月 2 日，共青团防城港市海洋局召开第一届总支部委员会选举大会

7 月 7 日，第一届妇联选举

7 月 7 日，第一届工会选举

9 月 9 日，党建活动

12 月 5 日，海洋防灾减灾知识进校园

5 月 3 日，开展社区服务活动

12 月 5 日，与市二中开展党组织结对共建活动

11 月 18 日，应急演练

广西金川有色金属有限公司

公司东大门

广西金川有色金属有限公司（简称广西金川公司）成立于2010年5月1日，公司注册资本30亿元，是由金川集团股份有限公司控股的中外合资企业。

广西金川公司是金川集团股份有限公司实施国际化经营，向海外拓展的出海口和桥头堡，是与国家“一带一路”倡议高度契合的甘肃省海上丝绸之路的重要支点，也是甘肃省临海飞地经济的核心园区。

广西金川公司共规划三期建设，一期为40万吨矿产铜项目及配套的园区供水、供电、供气、水处理、生活设施等。二期工程为镍红土矿冶炼项目，三期工程为镍、铜深加工项目。目前一期工程已全部建成投入运营。

一期工程主要由40万吨铜冶炼项目、40万吨铜电解项目、160万吨硫酸项目、120万吨渣选矿项目和园区总体规划五大系统组成。项目采用国内外单系列产能最大、技术最先进的闪速熔炼、闪速吹炼工艺。项目于2009年立项启动，2012年2月开工建设，2013年10月18日点火投产，2014年9月实现达产达标。

文艺演出

电铜出槽

选矿磨浮

铜产品

国庆升旗仪式

原料仓上料

渣包车运渣

冶炼厂

航拍全景

防城港市工业和信息化委员会

2016 年 1 月，市工信委主任万里滔带队到上思县昌菱糖厂调研

2016 年 7 月，市工信委副主任黄如光主持召开防城港市企业上市（挂牌）融资专题知识培训班

防城港市工业和信息化委员会是防城港市人民政府负责全市工业和信息产业相关行业管理工作的职能部门，负责拟订并组织实施全市工业化、信息化的发展规划，推进产业结构战略性调整和优化升级，推进信息化和工业化融合发展。监测、分析全市工业和信息化相关产业运行，协调解决新型工业化进程中的重大问题等相关工作。内设 8 个科室，下设防城港市节能监察中心、防城港市散装水泥办公室。2016 年，市工信委认真贯彻落实自治区和市委市政府各项稳增长决策部署，以推动边海经济带建设为主线，全力推进供给侧结构性改革，降低实体经济成本，提高工业经济发展质量和效益，全市工业经济运行稳定，并呈现稳中有进，稳中向好的态势。一是工业增长保持高速。2016 年，全市规模以上工业完成现价总产值 1501.24 亿元，同比增长 14.3%，增速排名全区第二；规模以上工业增加值同比增长 12.4%，增速排名全区第一。二是工业投资稳步推进。2016 年，全市累计完成工业投资 261.20 亿元，同比增长 11.80%。全市完成技改投资 226.15 亿元，同比增长 92.55%，增速排名全区第一。三是企业综合实力不断增强。2016 年，年产值超亿元工业企业 124 家，其中产值超百亿元企业 3 家，超值超 10 亿元企业 26 家。四是工业节能降耗成效显著。全市规模以上万元工业增加值能耗同比下降 4.4%。

2016 年 12 月，邀请党校老师到工信委讲解全面从严治党制度

2016 年 8 月，市工信委副主任庞贺桂主持召开固定资产投资项目对接会

2016 年 6 月，市工信委副主任廖铭主持召开“惠企贷”合作签约仪式

2016 年 6 月，市工信委联合盐务局进行制贩假盐宣传工作活动

广西防城港华晨矿业有限公司

广西防城港华晨矿业有限公司大门

公司领导班子召开会议

厂区一角

广西防城港华晨矿业有限公司成立于2005年5月，是茂名粤桥集团有限公司的下属企业。公司位于港口区大西南临港工业园A区，占地面积约70亩。公司的主要产品为电焊条辅料——还原钛，年产值达3亿元。产品注册商标为“粤桥”牌，“粤桥”牌产品质量稳定可靠，畅销于全国各大焊接材料企业，公司及公司产品在行业中具有很高的知名度，产品目前国内市场占有率在25%以上。公司具有进出口经营权，产品远销日本、泰国等国家，是电焊条用还原钛全国唯一出口企业。公司连续几年被当地政府评为年度“强优工业”企业、“纳税红旗单位”和“优秀创业”企业称号。

为适应市场发展的需要，广西防城港华晨矿业有限公司拟在广西防城港大西南临港工业园B区进行二期技改扩建项目。

还原钛产品

二期项目鸟瞰图

中国移动广西公司防城港分公司

2016 年 5 月 18 日，防城港市公司总经理唐国弋带领网运中心测试专项小组，在海事局领导的陪同下，对北部湾海域开展海面覆盖测试

2016 年 9 月 7 日，防城港市公司和中共防城港市纪律检查委员会合作，共同启动了美丽广西・爱在移动——中国移动爱心捐助之平福村地堂屯教学点扶贫项目

中国移动通信集团广西有限公司防城港分公司（以下简称防城港移动公司）设有 14 个部门，下辖东兴、上思 2 个分公司，共有员工 400 多人。公司主要经营移动话音、数据、宽带、IP 电话和多媒体业务。

公司坚持深入开展党风廉政建设，以加快 4G 规模发展、深化流量经营、突破集客市场和家庭市场发展为主线，不断提升市场竞争力，实现整体平稳向好发展；打造了“港务集团智慧码头”等信息化精品项目，并完成中越边境（东兴—芒街）国际商贸旅游博览会等应急保障工作。2016 年，通过积极发挥自身优势，以多样信息化精准扶贫举措“授人以渔”，助力广西脱贫攻坚。通过持续完善员工培训、发展、激励机制，帮助员工平衡工作与生活，与员工共享新成长。通过持续开展“中国移动爱‘心’行动”、“梦想课堂”、员工志愿行动等公益慈善活动，助力社区新发展。作为区域领先的通信运营商，公司将以“大连接”作为贡献广西地区可持续发展的核心点。2016 年，公司获得“中国移动广西班组建设示范基地”等荣誉。

业务发展 以加快 4G 规模发展、深化流量经营、突破集客市场和家庭市场发展为主线，不断提升公司竞争力，公司实现健康、可持续发展。一是严格执行实名经营。全面落实电话用户实名制工作，实名率完成 100% 目标。二是有效推动 4G 规模发展。4G 客户渗透率排全区第 6 位；4G 客户人均手机上网流量达到 850 兆以上，较 2015 年提

2016 年 5 月 25 日，2016 年中国移动广东大区核电事故应急通信保障演练在防城港成功举行，防城港市公司副总经理覃兵一行到演练现场观摩区

2016 年 10 月 28 日，防城港市公司联合防城港市委宣传部、防城港市文明办和防城港市妇女儿童活动中心开展以“立道德模范，学先进精神”为主题的“道德讲堂”活动

2016 年 8 月 26 日，防城港市公司组织员工参与“爱心拾螺·圆梦大学”爱心公益活动，为贫困学子贡献力量

升 240 兆以上。三是全力推进家庭宽带加速发展。从聚焦覆盖建设、渠道拓展、社区营销和宣传造势四大方面着手，拉动宽带业务发展，提升家庭市场的竞争力。四是加快资费结构调整，进一步释放收入风险。五是优化渠道布局建设，促进渠道转型发展。北部湾 O2O 营业厅正式运营，完成 5 个城区自营厅 4G+ 形象打造工作；开展 15 个乡镇营业厅形象提升打造工作，进一步树立 4G 业务“领先、优质”的形象，有效支撑 4G 发展。六是加强信息化增收拓展，促进集团 4G 转型发展。

网络建设 进一步夯实网络支撑能力。一是开展 4G 精品网络质量提升工作，4G 分流比、驻留比指标提升显著。二是加强家宽装维服务，家宽客户投诉管控较好，保持全区前三。三是开展传输网络整治，改善网络短板。组建北钦防波分渔洲坪至沙埠、教育路至永福 OLP 保护系统，增强其系统的安全及稳定性。组建上思至扶隆 OLP 保护系统，加强上思进出局路由的稳定性。

2016 年 3 月 12 日，防城港市公司 4G+ 高清语音正式商用，客户现场体验

2016 年 10 月 28 日，防城港市公司参加由防城港市工信委主办的防城港市 2016 年通信保障应急演练现场，抢修队伍正在熔纤

2016 年 7 月 14 日，防城港市公司组织开展“和你一起，幸福前行”之防城港公司“幸福 1+1”咪咕善跑活动

中国电信股份有限公司防城港分公司

2016 年 5 月 1 日，中国电信防城港分公司总经理卢文向优秀员工发放慰问金

2016 年 9 月 11 日，中国电信防城港分公司总经理卢文（左二）向上级领导汇报渠道运营工作

2016 年 5 月 17 日，时任中国电信防城港分公司副总经理梁晋永（右四）到营销一线慰问员工

中国电信防城港分公司一直致力于基础信息建设，为防城港的城市建设添砖加瓦。为共同推进防城港信息服务业加快发展，防城港市人民政府、中国电信广西公司全力打造“智慧防城港·和谐防城港”。根据双方战略合作协议，中国电信广西公司将进一步加大在防城港的通信基础设施投资力度，构建全业务综合信息服务网络架构。

中国电信防城港分公司根据智慧城市建设战略合作框架协议，中国电信防城港分公司积极推动“互联网 +”在各行各业的普及应用，促进防城港市信息化发展。以建设中国—东盟信息港为抓手，全面启动“智慧城市”建设，加快政务、教育、卫生、旅游、工业等行业信息化建设，建设“百兆乡村”示范网络，打通“信息孤岛”。分公司积极筹集资金加快防城港市 4G 无线网络和光纤宽带网络覆盖能力建设。以“整片整村推进”建设模式开展城市社区及农村区域的光纤宽带网络建设，实现了所有城市社区和农村行政村级以上的光纤宽带覆盖率达到了 100%，自然村屯级的光纤宽带覆盖率也达到 65% 以上，均具备提供户均 100 兆以上带宽的光纤线路接入能力；市区和农村 3G、4G 网络覆盖率达 100%，率先把防城港市建设成为广西第一个实现“村村通 4G、村村通光网、村村通宽带电视”的地级市，为市民的生活和娱乐提供强有力的信息化保障，为防城港市跨越式发展和精准扶贫奔小康打下了坚实的基础。

中国电信防城港分公司创先争优，全心全意为人民服务。通过优惠方式让利于民，让防城港市老百姓全面享受信息化新生活。积极筹措资金加快营业网点建设与改造，便民利民，着力推进全业务服务管理体系建设，提升服务水平。推行“五个一”服务承诺，夯实服务基础，宽带、固话装移修机及时率显著提升，得到用户的称赞。

12 月 17 日，时任中国电信防城港分公司副总经理梁晋永（右二）为防城港市工信委副主任黄如光和防城港军分区领导讲解 1000 兆光宽带上市、200 兆大提速相关新业务

4 月 22 日，中国电信防城港分公司大力开展文体活动（图为分公司足球队队员比赛前合影）

10 月 20 日，中国电信防城港分公司积极履行社会责任。图为分公司与防城港市商务局共同推进电商扶贫启动仪式

中国电信防城港分公司举行 2016 年踏青步行活动

中国电信防城港分公司举行“三八”妇女节女职工插花比赛

广西电网有限责任公司防城港供电局

广西电网有限责任公司防城港供电局成立于1987年，隶属中国南方电网广西电网有限责任公司。担负着防城港市二区一市一县(港口区、防城区、东兴市、上思县)及钦州市龙门港镇的电力供应工作。管辖东兴和防城2个县级供电企业,与上思县电业公司为趸售关系。

截止2017年12月，拥有500千伏变电站1座,220千伏变电站5座,110千伏变电站16座,35千伏变电站15座。35千伏及以上输电线路1695.689公里,配电线路2762公里,主变、配电变压器总容量分别为445.52万千伏安和90.97万千伏安。2017年12月份完成售电量36.01亿千瓦时。

多年来共荣获全国文明单位、全国“工人先锋号”、全国“模范职工之家”、自治区先进基层党组织、南方电网公司迎峰度夏暨防风防汛工作先进集体等荣誉百余项。

2017年11月14日,防城港供电局党委书记向党员突击队授旗,并要求全力做好首届中国－东盟国际马拉松保供电任务

2017年5月26日，防城港供电局积极开展精准扶贫，给山区小学孩子们讲解用电知识

2017年10月24日，防城港市电力行业纠纷人民调解委员会在港口区兴港大道6号举行揭牌仪式，自治区司法厅副厅长王惠琴(左四)、基层工作处处长梁和民(左二)，防城港市司法局局长申时荣(左三)、副局长杨大洪(左一)，广西电网公司法律部副主任郑永放(右五)，防城港供电局党委书记郑剑(右四)、副局长曹盛万(右三)为防城港市电力行业纠纷人民调解委员会揭牌

2017年10月18日，“南网兄弟”在瑶胞邓永林家里检查线路，告诉邓家人如何使用微信查询用电情况

防城港市交通运输局

2016 年 12 月 2 日，交通运输部部长李小鹏（左三）率调研组到防城港市调研

2017 年 3 月 12 日，防城港市交通运输局局长郑武珠（右一）参加全市植树活动

防城港市交通运输局是防城港市人民政府的重要工作部门。主要负责防城港市综合运输体系的规划协调工作，指导交通运输枢纽规划和管理，道路、水路运输（含城市公共交通）行业监管，公路、水路建设市场监管，公路、水路行业安全生产和应急管理，公路、水路运输执法，公路工程质量监督，交通战备管理等工作。内设办公室、政策法规科、规划科、综合科、财审科、人教科、交通战备办公室，直属市县乡公路管理处、市道路运输管理处、市航务管理处、市交通工程质量监督站等4个单位。“十二五”以来，防城港市交通运输局积极推进出海出边国际大通道及综合交通运输体系建设，在建钦州至崇左（上思段）高速公路、防城至东兴高速公路、沿海铁路扩能改造工程防城港段、道路运输信息指挥中心等项目，交通运输工作实现又好又快发展，圆满完成确定的各项目标任务。2016 年，防城港市交通运输局认真落实自治区交通运输促投资促消费稳增长精神，以“边海经济带”项目为中心，围绕打造防城港市为广西“两个建成”先行区为目标，扎实推进防城港市交通运输工作，确保“十三五”全市交通运输工作开好局，起好步。

2016 年 12 月 27 日，自治区北部湾港口管理局常务副局长杜敬民一行，在防城港市交通运输局副局长檀业永和防城港市航务处主任张云春的陪同下，对北仑界河的航道、航标进行实地调研

2016 年 6 月 27 日，参加市直属机关“七一”气排球比赛

2017 年 11 月 14 日防城港市运管处召集全体党员干部职工，认真研讨落实 2017 中国－东盟国际马拉松赛事公交保障工作方案

2016 年 5 月 25 日，防城港市航务管理处在全市范围内开展水运行业整治，图为在茅岭江对涉砂船舶进行整治

防城港务集团有限公司

2016年12月2日，交通运输部部长李小鹏（左三）率调研组在防城港区考察，自治区副主席陈刚陪同，董事长周小溪陪同讲解

2016年12月2日，交通运输部部长李小鹏（中）率调研组在防城港区考察，自治区副主席陈刚（右）陪同，北部湾国际港务集团董事长周小溪（左）陪同讲解

防城港务集团有限公司是广西北部湾国际港务集团旗下的全资子公司，国有大型二类企业，其前身为1970年成立的防城港务局，2004年按《中华人民共和国公司法》整体改制，主要业务为：货物装卸、仓储服务；码头及其他港口设施服务；水电安装；信息服务；物资供应；成套机械设备技术开发，金属钢结构和构件制作安装，机械设备及装卸工属具的设计，机械维修；对市场的投资及经营管理；对旅游和酒店的投资及经营管理等。

公司是广西沿海港口上市公司——北部湾港股份有限公司的控股股东（持股占比62%）。是防城港北部湾港务有限公司的全资股东。

防城港位于广西南部北部湾北岸西端，是中国沿海24个主要港口之一。防城港北靠云、贵、川，东邻粤、琼、港、澳，西接越南，南濒北部湾，地处泛珠三角经济圈、西南经济圈与东盟经济圈的结合部，是中国内陆腹地进入中南半岛东盟国家最便捷的出海门户，也是中国通往西亚、欧洲、非洲、大洋洲海上运距最短的港口。防城港港湾水深浪静，三面环山犹如内陆湖泊，航道短且不淤积，水域、陆域宽阔，可利用岸线长。

港口始建于1968年3月22日，1983年7月国务院批准对外开放，1986年完成一期工程建设，1987年全面投入营运。

防城港现拥有泊位54个，万吨级以上深水泊位39个，泊位最大靠泊能力为20万吨级。码头库场面积超680万平方米，其中库存能力高达2000万吨，年实际通过能力超过1.5亿吨，其中集装箱通过能力55万TEU。拥有4个15万吨级深水泊位和2个20万吨级深水泊位，是目前华南沿海惟一可同时接卸6艘满载的好望角型船舶的港口。建成一批大型的铁矿石、硫磺、煤炭、化肥、木片、液体化工、水泥、植物油等货种的专用仓储和装卸船系统，具备了装卸各种杂货、散货、集装箱、液体化工产品能力和仓储中转联运等功能，是国家重要的金属矿石进出口基地、煤炭储备配送中心、粮油加工基地。港口交通便利，陆路交通有高速公路和铁路与全国干线连网，海路与100多个国家和地区的250多个港口通航。

2016年，防城港完成货物吞吐量7408.9万吨，其中完成集装箱吞吐量26.63万TEU。

防城港口全景

3 月 20 日，防城港区在 9# 集装箱码头举行广西中远海运、深圳大生农业“胡志明—防城港”东盟水果班轮首航仪式，标志着防城港区又增加一条跨境水果班轮直航航线

3 月 7 日，各方客商在防城港共同研讨开通锦州港—北部湾港散粮班轮航线

卸船机安装完毕

6 月 7 日，防城港—靖西 35 吨敞顶箱海铁联运迎来了首发

4 月 26 日，追寻习总书记足印，重温激励话语，防城港区 20 多名中层以上管理人员与北海、钦州兄弟港口的管理人中一起到铁山港区现场学习近平总书记考察广西北部湾港时重要讲话精神

4 月 26 日，追寻习总书记足印，重温激励话语，防城港区 20 多名中层以上管理人员与北海、钦州兄弟港口的管理人中一起到铁山港区现场学习近平总书记考察广西北部湾港时重要讲话精神

防城港区 14# 泊位硫磺堆场

截至 2017 年 1 月底，防城港区煤矿部完成货物吞吐量 390.45 万吨，完成指标任务 102.8%，实现首月开门红

北部湾拖船公司（系北部湾国际港务集团二级公司）参与海上援救活动

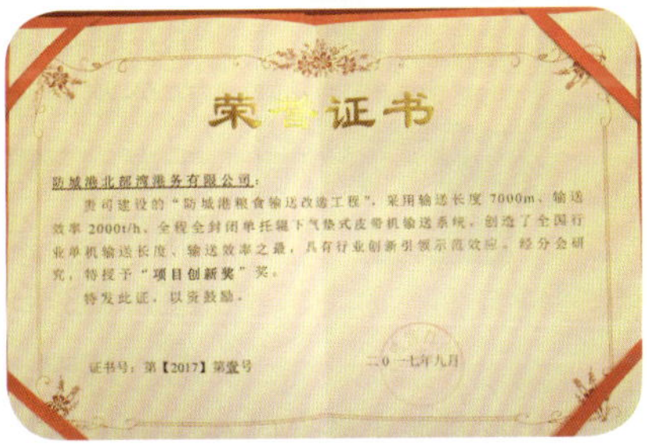

荣誉证书

防城港北部湾港务有限公司：

贵司建设的“防城港粮食输送改造工程”，采用输送长度 7000m、输送效率 2000t/h、全程全封闭单托辊下气垫式皮带机输送系统，创造了全国行业单机输送长度、输送效率之最，具有行业创新引领示范效应。经分会研究，特授予“项目创新奖”奖。

特发此证，以资鼓励。

证书号：第【2017】第壹号

二〇一七年九月

公司建设的“防城港粮食输送改造工程”获“项目创新奖”

防城港区启动二级巡逻勤务，海港分局联合防城边检站“两会”期间开展联勤巡逻

拖船引航货船靠泊

防城港 20 万吨级码头

防城港区一季度货物吞吐量实现两位数增长，20 万吨码头

防城港粮油码头

广西壮族自治区防城公路管理局

领导班子成员

上级领导检查精神文明建设工作

广西壮族自治区防城公路管理局是2009年1月经广西壮族自治区机构编制委员会(桂编〔2009〕4号文件)批复同意而更名成立的，前身是防城港城区公路局，更名后的广西壮族自治区防城公路管理局是广西壮族自治区沿海公路管理局直辖管理的基层事业单位，为正科级事业单位。主要职责是负责防城区、港口区、东兴市境内国省干线、县乡公路和专用道路的专业养护管理工作。

截至2018年4月止，共有职工417人(其中在职人数为101人，退休职工为307人，聘用人员9人)。局党总支部下辖5个党支部，共125名党员。局机关设有办公室、财务科、养护与工程管理科、安全与国有资产管理科、政工科5个职能部门，下辖防城路政执法大队、防港路政执法大队、东兴路政执法大队和9个养护站、1个作业点及1个沥青油站。

管养路线共5条，公路总里程340.530千米。其中，国道3条143.523千米，省道2条197.007千米。在公路总里程中，一级路23.652千米，二级路76.286千米，三级路135.824千米，四级路104.768千米。按路面类型分，水泥混泥土路161.992千米，沥青混泥土路6.403千米，沥青路154.490千米，砂石路17.645千米。其中，国道水泥混泥土路44.310千米，沥青混泥土路6.403千米，沥青路92.810千米；省道水泥混泥土路117.682千米，沥青路61.680千米，砂石路17.645千米。

管养桥梁128座5362.990米，大桥9座1708.46米，中桥31座1871.990米，小桥88座1782.54米。其中，国道大桥5座1381.36米，中桥16座909.72米，小桥32座665.04米；省道大桥4座327.1米，中桥15座962.27米，小桥56座1117.50米。

廉政警示教育

沿海支队及沿海局安监科检查工程建设工作

小修保养路面

广西沿海铁路股份有限公司防城港车站

南宁局集团公司领导和广西沿海铁路股份有限公司领导在防城港北站开展调研工作情景

防城港市市委书记金湘军(右二)带领市委市政府相关部委办负责人及相关城区领导一行共20余人到防城港北站进行调研,防城港车站站长蒋小斌(右一)、党委书记包国锋(左一)全程陪同、讲解

防城港北站倾力打造"刘三姐·金花茶"服务品牌,展示防城港"高铁品质、文明窗口"崭新形象。图为车站客运工作人员立足岗位,致力创建"刘三姐·金花茶"服务品牌

防城港车站位于防城港市港口区东兴大道360号,是链接中国-东盟、服务西部的物流平台,西南腹地出海的主要港口站。车站按特等站设置,隶属中国铁路南宁局集团公司控股的广西沿海铁路股份有限公司,管辖防城港市境内的防城港站、防城港北站、防城站、茅岭站、皇城坳站及钦州境内的康熙岭站6个火车站的客、货运及涉铁多种经营业务,现有职工391人。

2017年,车站严格按照中国铁路总公司、中国铁路南宁局集团公司、广西沿海铁路有限公司的要求,认真学习领会习近平总书记系列讲话精神,全力融入到"一带一路"建设中,大力开展客运"文明乘动车、服务上水平",货运"提质创效增运量"等工作,不断提升服务地方经济社会的水平和质量。其中,在客运工作方面通过对防城港北站进站通道加宽、加长改造,解决旅客室外等待安检时日晒雨淋的问题;通过联合市政府相关部门开展防城港北站前广场整治,使停车混乱等问题得到有效改善;通过倾力打造"刘三姐·金花茶"服务品牌,展示"高铁品质、文明窗口"新形象,进一步提升旅客乘坐高铁的出行体验,不断扩大高铁温馨便捷的社会辐射效应,并且年内始发动车列数增加到7对,其中开往广州南2对、桂林北1对、兴安北1对、南宁东3对,开往北海的特快列车3对,不断让防城港市市民的出行往来更加便捷,全年实现旅客发送121.76万人,同比增长14.0%。在货运工作方面,车站重力构建营销科、客货科、货运车间、经贸防城港分公司"四位一体"货运经营模式和"货装一体化"装卸管理模式,实现"前店后厂"有机衔接,使货运装卸业务高度融合、统一指挥,促进服务质量与工作效率不断提升。并通过路企联合营销、优化货场功能、拓展多元运营、突出特色运输,促进车站经营渠道不断拓宽,推进"煤炭入箱""铁矿入箱""散粮入箱"等散货入箱项目,常态化开行北京大红门、沈阳东、上海北郊3条铁路海产品冷链专线,成功组织开行白糖海铁联运、水果冷链、铜精矿、北粮南运等集装箱专列。全年完成货物发送3382.2万吨,同比增长15.3%,占南宁局集团公司货物发送总量的33.8%、沿海铁路公司的74%。为推动北部湾经济快速发展做出积极的贡献。

防城港车站积极服务企业发展,大力开行海铁联运班列。图为开行广西首列铜矿集装箱海铁联运班列

自防城港车站开行广西冷链特需专列以来,冷链运输取得了新突破。图为运往上海的首趟海产品冷链专列

防城港车站开出的首列"北粮南运"集装箱专列,此专列的成功开行标志着"北粮南运"物流通道打通了在北部湾运输的"最后一公里"

防城港市邮政管理局

2012 年 11 月 12 日，防城港市邮政管理局揭牌成立，标志着防城港市邮政监管体制工作取得重要阶段性成果，翻开防城港市邮政管理工作的崭新一页。防城港市邮政管理局是中央和地方双重管理、以中央垂直管理为主的行政机构，是国家邮政体制改革、实行政企分开后组建的防城港市邮政业管理部门。下设办公室和行业管理科，核定行政编制 8 人，聘用人员 4 人。主要负责贯彻执行国家邮政业法律法规、方针政策和服务标准，研究拟订本地区邮政业发展规划，监督管理本地区邮政市场(包括快递市场、邮政用品用具市场、集邮市场等)以及邮政普遍服务和机要通信等特殊服务的实施，负责行业安全生产监管、统计等工作，保障邮政通信与信息安全，承办广西壮族自治区邮政管理局和地方人民政府交办的其他事项。

2016 年，防城港市邮政行业保持较好的平稳发展势头，邮政普遍服务总体运行稳定，快递业务持续增长。全市邮政行业业务总量累计完成 2.05 亿元，业务收入累计完成 1.57 亿元(不含邮政储蓄银行直接营业收入)；全市快递服务企业业务量累计完成 802.26 万件，业务收入累计完成 9548.55 万元。

2016 年 8 月 11 日，国家邮政局局长马军胜(左四)到防城港东兴调研跨境电商配送体系建设情况

2016 年 8 月 12 日，国家邮政局局长马军胜(后左三)莅临防城港市邮政管理局指导工作

2016 年 12 月 4 日，国家邮政局副局长赵晓光(右三)到防城港东兴调研邮政普遍服务与电子商务协同发展情况

2016 年 5 月 18 日，召开迎接国务院开展安全生产巡查暨快递物流园区项目推介会

2016 年 6 月 17 日，开展邮政业“安全生产月”咨询活动，宣传安全寄递三项制度

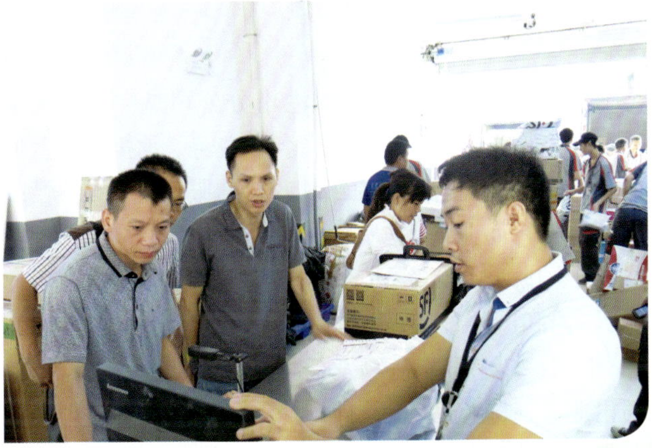

2016 年 8 月 30，防城港市邮政管理局联合防城港市国安局开展 G20 峰会期间寄递渠道安全专项检查

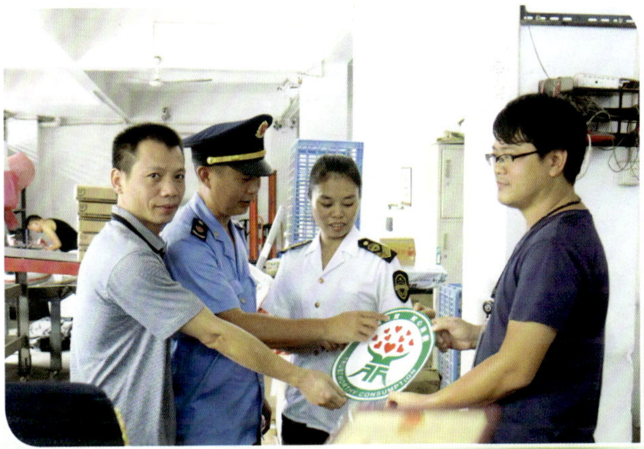

2016 年 9 月 9 日，联合防城港市工商局颁发全市“诚信经营　放心消费”

2016 年 12 月 13 日，防城港局召开防城港市邮政业发展“十三五”规划评审会

中国邮政集团公司防城港市分公司

领导班子交接〔左起依次为吴盛德、王剑涛(区公司)、胡春勇、庞明(区公司)、李家军、招中华〕

12月12日，公司党委书记、总经理胡春勇为党员干部上党课

12月8日，总经理胡春勇(右一)和副总经理招中华(右三)慰问困难群众

中国邮政集团公司防城港市分公司是中国邮政集团公司下属子公司，依法经营各项业务，承担邮政普遍服务义务，受政府委托提供邮政特殊服务，对竞争性邮政业务实行商业化运营。

中国邮政集团公司防城港市分公司经营的主要业务：国内和国际信函寄递业务；国内和国际包裹快递业务；报刊、图书等出版物发行业务；邮票发行业务；机要通讯业务；邮政金融业务；邮政物流业务；电子商务业务；各类邮政代理业务；国家规定开办的其他业务。

中国邮政集团公司防城港市分公司在政府依法监督和企业独立自主经营的体制下，按照建立现代企业制度的要求，坚持全面深化改革，加快转型升级，正逐步发展成为治理规范、管理科学、运营高效、服务优良、拥有知名品牌和显著竞争实力的大型现代服务型企业。

10月23日，总经理胡春勇(左一)、副总经理招中华(左二)为"双十一"冲锋队员作先锋表率

11月10日，总经理胡春勇(右二)和副总经理吴盛德(右一)指导"双十一"网运工作

防城港市旅游发展委员会

2016年，全市接待国内游客1568.7万人次，同比增长16.5%，完成自治区下达任务102%；国内旅游收入125.37亿元，同比增长28.7%，完成自治区下达任务101%。接待入境旅游者16.85万人次，同比增长4.72%，完成自治区下达任务101%；外汇收入5808.7万美元，同比增长9.91%，完成自治区下达任务102%。修订完善《防城港市产业类"十三五"专项规划》、编制《东兴国门景区创国家级AAAA旅游景区总体规划》、《大王江乡村旅游区规划》和《防城港天堂滩旅游区开发项目可行性研究报告》等。成功创建北仑河口国家级AAA旅游景区、七彩贝丘湾五星级农家乐、长湖生态园、墩浪滨秀山庄和芙蓉沟山庄四星级农家乐。做好我市"边海经济带"旅游项目建设工作，签订《2016中国广西—越南广宁边境旅游合作协议》、11月9日实现跨境自驾游常态化开通运行、全国首创开通边境游网上预约办证服务平台。集中开展边境旅游市场整顿和出境旅游市场文明旅游检查工作，共受理各类旅游投诉14件，为游客挽回经济损失6000多元。举办全市领队人员业务技能提升班等培训班11期。按时完成2016年自治区旅发委下达防城港市的全市通过旅游脱贫人数672人和启动港口区山新村等4个村建设工作。多渠道宣传防城港市旅游形象，加快全市旅游官网、微博和微信等网络平台建设，进一步健全旅游信息化网络。

2016年3月24日，由防城港市旅发委主办的2016年防城港市旅游扶贫(上思专场)招聘会在上思县街心公园举办

2016年5月13日—15日，2016年"中国旅游日"广西分会场暨乐游广西(防城港)夏季推广活动在防城港市举行。自治区旅游发展委员会副主任甘霖和防城港市市长何朝建参加活动的开幕仪式

2016年3月20—21日，自治区旅发委与吉林省旅游局联合在防城港市考察跨境旅游合作区选址并召开广西·吉林设立跨境旅游合作区工作座谈会

2016年1月19日，中越签订中国广西越南广宁边境旅游合作协议》

2016年10月20日，"中国—东盟博览会旅游展"在桂林举行。市旅发委组织多家旅游企业以边关风情旅游带为内容参展。主要突出跨境旅游的边关风情，主推边关旅游风情带的主打产品——海上和陆上两条航线的边境游

2016年11月9日，中国东兴—越南芒街跨境自驾游常态化开通

国土资源·建设·环保

国土资源

国土资源管理

【概况】 2016年,防城港市落实新增建设用地指标1012公顷,保障146个项目建设。新增储备土地167公顷,盘活存量土地1187公顷,清理闲置土地364公顷,有力推动了海湾新区、中心区核心区域的开发建设。全年供应国有建设用地67宗,土地面积1246公顷,实现土地供应价款14.43亿元。获批新增建设用地涉及占用耕地面积168公顷,其中占用水田113公顷,以耕地提质改造和新开垦耕地进行双挂实现占用耕地的"占优补优"和"占一补一",连续17年实现耕地占补平衡。大力开展土地整治工程:竣工验收3个兴边富民土地整治项目,实施规模2000余公顷;竣工验收3个"小块并大块"土地整治项目,实施面积111.5公顷;开工建设土地开垦项目6个,确认补充新增耕地361公顷;批复并实施"旱改水"项目17个,开工建设面积接近700公顷,竣工验收项目3个,确认新增水田面积127公顷,是自治区下达任务的1.8倍。年度卫片违法比例为4.4%,顺利通过自治区的检查验收,连续6年实现零问责、零约谈的预期目标,成为全广西区唯一一个所辖县(市、区)未被约谈和问责的地市。

【国土资源规划】 2016年,防城港市推进市、县、乡三级土地利用总体规划调整完善工作,组织开展市级及公车镇、企沙镇、光坡镇、防城镇四个市辖区重点乡镇土地利用总体规划修订成果,通过市人民政府组织的听证论证程序并上报自治区,并开展调整完善土地利用调整规划工作。积极争取增量指标,统筹做好"边海经济带"项目用地保障工作,全年共获上级下达、调剂追加新增用地指标743.39公顷,其中自治区层面统筹推进重大项目用地均得到保障、"边海经济带"项目个数保障率为84%。年内,完成广西滨海公路企沙至茅岭段、东兴马路至峒中口岸公路项目建设用地在内的17个项目建设用地规划数据库变更,完成防城港市2016年第二批次城市建设用地、防城港市2016年第四批次城市建设用地在内的共10个批次项目用地局部调整工作,完成完成防城区易地扶贫搬迁工程项目规划调整工作,完成广西动物及其制品无害化处理及仓储建造项目规划修改工作。

【土地利用计划】 2016年,防城港市共获上级下达、调剂、奖励新增建设用地指743.39公顷。全年落户防城港市的自治区层面统筹推进重大项目共34个,需要新增建设用地指标项目25个,涉及新增建设用地1340.26公顷。其中,由国家保障指标项目6个,涉及新增建设用地756.46公顷;由自治区保障指标项目14个,涉及新增建设用地515.56公顷;由市县保障指标项目5个,涉及新增建设用地68.24公顷。年内,共盘活存量土地1187公顷,完成自治区国土资源厅下达的的任务。低丘缓坡试点。低丘缓坡试点已经进入第五年,2016年,自治区国土资源厅累计下达防城港市低丘缓坡试点专项用地计划指标1374.67公顷。共计报批新增建设用地面积1374.67公顷,报批率达100%;获批复用地面积1209.01公顷,其中新增建设用地面积1167.01公顷,获批率93.98%;征收土地面积820.70公顷,其中已批准征收面积785.83公顷,未批面积34.87公顷,征地率65%;供应土地549.64公顷,供地率45.46%;土地建成面积49.40公顷,建成率4.09%。试点实施以来,已引进建设项目128个,完成投资54.97亿元。

【建设用地保障】 2016年,防城港市获用地报批52个批次或单选,涉及新增建设用地面积904.7665公顷。全年供应土地1246公顷,全部为存量土地,超额完成自治区国土资源厅下达盘活土地700公顷的任务;2011—2015年期间,防城港市获批建设用地指标共4891.03公顷,至2016年年底,完成供地3289.83公顷,供地率达到67.26%。土地储备。全年共完成收储土地167公顷,完成收储土地166.67公顷年度考核任务的100%。

【耕地保护与土地开发整理】 基本农田保护。2016年防城港市在保发展保红线压力有增无减的严峻形势下,积极主动保重点,严格规范管理保红线,在与自治区政府签订耕地保护目标责任书的基础上,及时按分解下达耕地和基本农田保护任务,指导各县(市)、区人民政府做到市、县、乡、村逐级签订保护责任状,实现了耕地保护层层监管,层层落实,层层明确保护责任人、保护范围、保护措施和保护责任的良好局面,全面完成2016年防城港市耕地保有量面积不少于88400公顷,基本农田保护面积不少于72600公顷的工作任务指标。耕地占补平衡。年内新增建设占用耕地168公顷,全部落实或承诺落实"占一补一",连续17年实现辖区内建设用地占用耕地的占补平衡。土地开发整理。实现自治区2013年批复的3个"兴边富民"土地整理项目工程完工并验收;开工建设上思县和东兴市的6个土地开垦项目,新增耕地361公顷;先后实施23个耕地提质改造(旱改水)项目并逐步进行竣工验收,预计新增水田1111.4公顷;实现2015—2016年耕地“小块并大块”工程完工184公顷;审查批复涉及采矿或建设用地项目地质环境恢复治理与土地复垦方案9个,涉及损毁面积2.3公顷,拟复垦土地2.24公顷;协助市“双高”办完成自治区下达“双高”基地试点建设任务2015年1000公顷和2016年453.3公顷。

【土地变更调查】 2016年,防城港市根据自治区国土资源厅的部署,指导各县(市、区)开展2015年度土地变更调查,对全市1069个遥感监测图斑(面积947.02公顷)进行逐一外业核查,并进行集中会审。1月20日,全市变更成果上报自治区国土资源厅审查,根据调查初步成果数据,2015年土地变更总量为1478.28公顷,占土地总面积的0.2%。其中2015年新增建设用地总量为1447.17公顷。成果于4月通过国土资源部外业实地抽查,数据成果已经国土资源部确认,2015年度土地变更调查全部完成。

【矿产资源开发管理】 落实规划编制。2016年,防城港市按时按要求完成《防城港市矿产资源总体规划(2016—2020年)》和《防城港市辖城区砂石资源开发专项规划(2016—2020)》的编制,经组织专家评审通过,由市人民政府上报区国土厅审批。矿业权审批管理。统筹规划,加强采矿权管理工作,有效整合2个采矿权、注销2宗采矿权,出让1宗采矿权,收缴采矿权出让价款370.14万元;延续采矿权6宗,收缴采矿权价款217.08万元,总共收缴587.22万元。

【地质灾害防治】 2016年,防城港市开展建设用地地质灾害评估和压覆重要矿床审查工作,审查建设项目地质灾害危险性评估报告46份、出具49宗未压覆重要矿床证明,为土地的报批及时提供必要的材料。开展地质灾害项目治理工作,由自治区国土厅拨付经费的4个地质灾害治理项目,均已基本完成,并通过专家初验收。创建地质灾害防治微信平台,有效促进地质灾害防治信息共享;由于预防得当,汛期期间防城港市地质灾害0事故发生,同比2015年地质灾害防治工作取得较大成效。

【国土资源执法监察】

卫片执法检查　2016年,防城港市充分发挥“手机执法”平台的作用,实行日常动态巡查常态化,每月定期巡查和排名通报,引起地方政府重视并形成有力的震慑。年度卫片违法比例为4.4%,顺利通过自治区的检查验收,连续6年实现零问责、零约谈的预期目标,成为全区唯一一个所辖县(市、区)未被约谈和问责的地市。

闲置土地清理　按照自治区国土厅《2016全区闲置土地清理处置工作方案》要求,对土地市场动态监测与监管系统进行集中清查,并对系统误判为闲置状态的土地,及时完成数据补录和更新工作,消除因数据录入和更新不及时、不准确导致系统误判开竣工率和闲置土地数量问题。全市共在系统内消除闲置土地状态480宗、2447.13公顷。

【国土资源信息化建设】 2016年,防城港市基本完成数字城市地理空间框架建设工作。数字防城港将全市地理、资源、环境、农业、人口、经济、旅游、市情、社会服务等各复杂系统进行数字化、网络化、可视化。通过多媒体信息网络、地理信息系统,整合全市的信息资源,构建基础信息平台,为防城港各部门提供全面的信息数据,实现全市国民经济信息化和社会公众服务信息化,提高各行业管理效率和服务质量。

【不动产登记管理】 2016年,防城港市启动不动产统一登记业务。3月31日,市本级启动不动产统一登记业务;6月底,上思县、东兴市分别启动不动产统一登记业务。防城港市成为全区首批、沿海第一个全面实现不动产“新开旧停”(新开展不动产统一登记,停止原土地、房产等部门的登记工作)的地级市。截至2016年年底,市本级办理不动产登记业务21614宗,其中核发不动产权证书5000本,核发不动产登记证明12031份,注销抵押登记1100宗,查封登记350宗,查档3133宗;与上年同期相比,业务量增长3000%,在档案资料未移交到位、人员不足等情况下,防城港市不动产登记中心办理速度由承诺提速66%提高到80%多。

海洋管理

【概况】 防城港市海洋局是主管全市海洋管理工作的行政主管部门,负责全市海洋管理日常业务工作,于2014年12月被列为市人民政府工作部门。2016年,防城港市海洋局局机关设有综合科、海域与海岛管理科、海洋环境保护和预报减灾科3个业务科室,辖中国海监防城港市支队、广西北仑河口国家级自然保护区管理处、防城港市海洋环境监测预报中心、防城港市海域使用动态监管中心4个直属事业单位,现拥有海洋管理人员90余人。

【海洋规划区划推进】 2016年,《防城港海洋功能区划(2015—2020年)》完成修编并上报自治区,《北仑河口国家级自然保护区总体规划》上报国家海洋局待批,《防城港市海洋经济发展“十三五”规划》《防城港市海洋环境保护规划(2016—2025)》《防城港市海洋生态红线划定方案》完成编制工作。

【海洋保护区管理】 防城港市不断加强全市唯一国家级海洋自然保护区——广西北仑河口国家级自然保护区日常管理。2016年,加强保护区巡逻执法,巡查覆盖率100%,共形成巡查报告11份,发现并有效制止非法占用海域行为共6起,收缴并销毁非法鸟棚屋12处,销毁非法捕鸟网11000多米,救出候鸟38只,保护区的生态资源得到有效保护。保护区野生动植物监测体系初步形成,石角退化项目红树林区系统修复试验工程项目、珍珠湾创建红树林国家级AAAA旅游景区工程等加快推进,保护区基础设施进一步完善,公众参与保护管理氛围浓厚。建立保护区视频动态监控系统和指挥平台,通过在保护区主要区域安装数据同步传输于一体的监控系统,实现保护区远程异地24小时实时监控,使保护区生态环境得到更有效、更准确的监督。应对5月、8月的两次红树林严重虫害,红树林生态得到有效恢复,保护区对红树林病虫害的防治经验形成防城港模式,以防城港市防治经验为基础制订的《中国红树林主要虫害防治路线图及防止措施》向全国进行推广。

【海域海岛使用管理】 2016年,防城港市获批准用海面积215公顷,出让海域215公顷,共收取海域使用金5360万元,比上年增长62.4%,为自治区及防城港市重大项目的用海需求提供有力保障。完成防城港市2016年第一期国有海域使用权的挂牌出让工作,开创防城港市国有海域使用权出让市场化的历史。

【海域动态监管】 2016年,防城港市全市海域动态监视监测管理系统运行进一步科学化、规范化。在国家海洋局检查组对全国海域动态监视监测管理系统的运行检查考评中,防城港市荣获2014—2015年国家海域动态监视监测管理系统运行情况考评优秀单位。全年共对16个用海项目进行动态监视监测,重点加强对海岸线、滩涂、海岛和疑点疑区等监测,并做好围填海竣工验收工作,有效提高防城港市海域管理水平和能力;加快推进市县级海域动态监管能力建设,完成投资841万元,国家—自治区—市—县四级国家海域使用动态监视监测管理系统初步成型。

【海洋灾害应急能力建设】 2016年,防城港市组织承办2016年度广西风暴潮海浪应急演练(防城港市片区)并取得预期效果,建立和完善海洋灾害预警和信息发布平台,海洋灾害应急会商机制不断完善,有效应对“银河”“莎莉嘉”等强台风影响,组织开展“防灾减灾日”、“海洋宣传日”、海洋知识进校园等系列活动,加强海洋防灾减灾科普知识宣传和培训,增强市民防灾意识。

【海洋环境监测】 2016年,防城港市顺利完成年度海洋环境监测任务,共完成金滩海水浴场等10个指令性海洋环境监测任务,监测项目全部监测站位95个,监测站位已覆盖防城港市所辖海域。组织开展核辐射海洋监测演练,及时发布海洋生态污染应急监测报告和季度海洋环境质量报告,编制《2015年度防城港市海洋环境质量状况公报》并面向社会发布。实施环境监测项目,大力推进防城港市西湾海域环境承载力评价与环境监控可视化示范平台建设项目、企沙半岛邻近海域本底数据调查和动态监测项目。

【海洋维权执法】 2016年,防城港市海洋执法工作者全面推进依法治海建设,在实践中不断探索,创新执法手段,高标准、高质量地完成全年执法工作计划。重点开展“碧海2016”“海盾2016”专项整治行动,“碧海”案件零发生,“海盾”案件与上年持平,只有1起,罚没款787万元,比上年增长368.99%;组织开展“无居民海岛”“海砂开采”“非法养殖清理整治”等专项执法行动,全年派出执法人员1600多人次,开展各类型用海执法巡查384次,发现并处理违法用海行为30宗。

【海洋项目建设】 2016年,防城港市编制的“蓝色海湾”项目整治方案获得广西第一名,被财政部、国家海洋局列入支持的全国18个城市之一,获得中央资金补助3亿元,到位1.1亿元。同时,加快防城港市海洋维权执法码头项目、防城港市县级海域动态监管能力建设项目等17个海洋重大项目的申报和建设实施工作,项目总投资9000多万元,全年完成投资超过3000万元,夯实海洋管理基础。

建　设

城市规划

【概况】 2016年,防城港市围绕“十三五”规划布局和海湾新区建设目标,以城市总体规划为指导,进一步完善城乡规划体系,相关专项规划、各项控制性详细规划陆续推进修编;城市规划管理工作进一步提升,各项行政审批工作有序进行;强化城市规划技术服务工作,推动城乡建设成绩斐然。

【规划的编制与研究】 2016年,根据城市建设发展需要,防城港市修改完善《防城港市城市总体规划(2015—2030年)》成果方案并通过市政府审查。城市综合交通专项规划、抗震防灾专项规划也在与城市总规同步报批。进一步修改完善企沙工业区、沙潭江开发区、江山半岛旅游度假区、中心区南(北)半部、河西片区、桃花湾片区等控制性详细规划。加快推进中心城地下管线综合规划等规划编制工作,不断健全市市政基础设施规划体系。高起点、高标准完成园博园工程规划设计方案。推进海湾新区规划和城市设计,开展海湾新区策划运营研究和概念规划编制工作,制订《海湾新区城市设计导则》,开展城市色彩和风貌控制研究,不断优化城市空间布局,引领城市建设。

【规划的实施与管理】 2016年,防城港市做好重大产业项目、民生项目、社会项目的规划服务工作。完成防城港市园博园、市中医院、市妇幼保健院等一批重大项目的规划选址工作。重点推进防城港北站周边地区、中心地区基础设施项目建设,全力做好中心区40千米路网、高铁站广场、东湾大桥、西湾大桥、12千米海湾绿道、企茅大道、防东铁路、环岛东路、园博园、防江一级路等项目规划技术服务工作。年内,防城港市完成三维空间信息平台、规划一张图系统以及总评、单体方案审查阶段电子报批系统建设,加快推进城市规划信息化管理。全市核发城市建设用地规划许可374件,共计约540.56公顷,其中上思县179件共206公顷,东兴市60件共94.66公顷;全市核发建设工程规划许可609件,共计约317.62万平方米,其中上思县135件共约23万平方米,东兴市256件共约42.42万平方米;全市核发市政工程规划许可共计约82.16千米,其中上思县7.9千米,东兴市50.27千米。全市核发项目选址意见书34件,其中上思县9件,东兴市10件。

市政建设与管理

【概况】 防城港市市政管理局设立于2010年,管理市本级的市政建设管理工作;上思县住建局、东兴市城市管理和综合执法局、港口区住建局、防城区市政局分别按行政区域和管理权限划分管理本辖区的市政建设管理工作。

【市政基础设施建设】 2016年,防城港市先后投入186亿元实施172项城市建设项目。36条道路全部开工,完成园博园初步设计工作,建成首条彩色绿道海湾绿道(倒水坳桥至针鱼岭大桥段)。24项公共服务配套项目开工23项,15项景观工程开工14项,水、电、气等9项基础设施配套项目开工6项,垃圾焚烧发电厂建成试运行,大西南污水处理厂等一批重点项目加快推进。11项棚改项目全部开工。年内,30多项市政设施相继竣工投入使用,总投资达130274.3万元。

上思县旧路改造工程项目　2016年3月2日开工,11月25日竣工。完成道路建设长度3.0千米,宽度8米,面积2.4万平方米,完成投资1000万元。

上思县污水(排水)管网改造工程项目　2016年3月2日开工,11月25日竣工。完成排污管道2.5千米,管径DN600毫米,完成投资500万元。

上思县明江公园垃圾中转站项目　2016年5月10开工,12月10日竣工。明江公园垃圾中转站占地面积160平方米,日转运量60吨,采用水平压缩工艺,主要建设内容为土建工程、设备采购安装、水电安装以及道路、绿化等配套设施,完成投资约250万元。

上思县街心公园公厕工程项目　2016年6月20日开工,10月20日竣工。完成公厕1座,占地面积96平方米,总建筑面积209.8平方米,共2层,完成投资70万元。

中国东兴—越南芒街跨境经济合作区(东兴区域)纬三路工程　完成道路全长1012.583米,宽20米,水泥混凝土路面,城市支路,包括道路工程以及交通、排水、照明、绿化等配套工程,完成投资1193.22万元。

中国东兴—越南芒街跨境经济合作区(东兴区域)福海路工程　项目共两段,全长750.66米,宽15~35米。其中西段301.867米,宽15~20米,城市支路;石子岭—友谊路段长448.792米,宽35米,城市主干道,主要建设内容包括道路、交通、排水、照明、绿化等配套工程,完成投资340.49万元。

北仑河国际商贸城配套市政工程项目沿边南路工程项目　建设道路长616.861米,红线宽度40米;主要建设内容包括土石方工程、道路工程、排水工程、照明工程、交通工程、绿化工程等,完成投资120万元。

东兴市天然气综合利用开发项目　2016年11月竣工。建成气化储气站1座,气化能力为3.33×104标准立方米/天;L-CNG,加气站1座,加气能力为LNG加气2.0×104标准立方米/天,L-CNG加气2.0×104标准立方米/天,管网敷设约106.71千米;完成5个社区、50个小区管道,居民用户8500户,年供气量140.21万立方米,完成投资13650万元。

东兴市东郊片区垃圾中转站项目　2016年12月竣工。建设日处理垃圾50~100吨垃圾中转站一座,项目总用地面积2269平方米,站房建筑面积380.9平方米,完成投资370万元。

防东高速公路东兴市进城大道工程项目　2014年11月开工,2016年3月竣工。建设规模为将原有的滨海一级公路东兴红石沟桥至防东高速公路出口立交桥段改建为城市Ⅰ级主干道,道路全长3650米,红线宽度62米,设计行车速度50千米/小时,主要建设内容包括:道路工程、排水工程、桥涵工程、交通安全设施工程等,完成投资17200万元。

防城港市西湾环海大道项目　2011年1月开工,2016年12月竣工。建设规模为城市次干道长9.437千米,道路路基宽15/33m,双向二/四车道,设计时速30~40千米/天,建设内容包括道路工程、排水工程、桥涵工程、绿化工程、照明工程、交通安全设施工程、污水处理泵房等,完成投资51800万元。

防城港市文昌大道东段项目　2013年7月开工,2016年5月竣工。完成道路长度1835.143米,宽度55米,面积100932.865平方米;完成排水渠道:3米×2米,长度861米,完成雨水管道长度3052米,管径1.2米,完成污水管道长度3230米,管径0.8米;完成路灯杆数及配套设施共计108盏;完成园林绿化苗木数量4924株,绿化面积11200平方米;完成顶管200米,交通标线4296平方米,防撞护栏3300米,完成投资10596万元。

防城港市西湾绿道工程(倒水坳桥至针鱼岭大桥)项目　2016年4月开工,5月竣工。绿道全长4.2千米,分A、B两段建设,其中A段从针鱼岭大桥至马正开路口,设计绿道长度2152米,路幅宽度8米;B段从马正开路口至倒水坳大桥,设计绿道长度2048米,路幅宽度6米。绿道铺设面积为29504平方米,完成排水管道铺设2.6千米,管径200毫米,完成投资1500万元。

防城港市防城区文钱渡桥工程项目　2016年1月开工,8月竣工。完成文钱渡桥拆除重建,桥梁长度30.92米,宽度10米,面积约336平方米,完成投资215.71万元。

防城港市中心区纬二线道路项目一标1期工程项目　2013年5月开工,2016年4月竣工。道路全长399米,宽40米,水泥混凝土路面9106平方米,树池石324米,路沿石1953米,路侧石794米,人行道3909平方米,排水工程:铺设钢筋混凝土管DN300管222米,DN600管74米,DN800管440米,DN400管177米,DN1200管184米,铺设HDPE双壁波纹管DN400管58米,DN600管496米,检查井55座,雨水口17座,完成交通标线1053.12米,标志牌36块,路灯线缆保护管358米,照明穿线井12个,总投资696.01万元。

防城港市垃圾焚烧发电项目　2015年4月开工,2016年11月竣工。建成1条500吨/天的垃圾焚烧生产线、1×9兆瓦凝汽式汽轮机发电组、烟气净化系统、飞灰固化系统、渗滤液处理站、循环冷却系统等,建设规模为日处理生活垃圾500吨,年发电量为5980万千瓦时,完成投资21446.75万元。

防城区团结大道人行道改造工程项目　2016年3月开工,6月竣工。道路总长393.6米,人行道面积4800平方米。路面维修面积约1241平方米,完成投资231万元。

防城区金狮街改造工程项目　2015年12月开工,2016年2月竣工。建设道路总长约558米,宽度为17米,D800排水管长326米,D600排水管长96米,D300排水管长174米,D200排水管长35米,完成投资283万元。

防城区慈爱路道路及排水工程项目　2015年11月开工,2016年2月竣工。完成道路总长276米,宽6米,机动车道面积1656平方米,DN600排水管长262米,DN200排水管长46米,DN400排水管长276米,完成投资95.48万元。

防城区社山边六巷道路及排水工程项目　2015年11月开工,2016年2月竣工。完成道路总长253米,宽15米,道路面积3795平方米,DN800排水管长279米,DN500排水管长59米,DN400排水管长292米,完成投资134万元。

东湾大道工程路灯安装工程项目 2014年12月开工,2016年11月竣工。累计完成555杆路灯安装,6台路灯专用箱变的安装,17千米电缆敷设,路灯基础浇筑等项目内容,完成投资1500万元。

东兴大道路面维修工程项目 2015年11月开工,2016年2月竣工。对东兴大道北环路口至至出海通道Ⅰ标段路段进行连锁块维修,维修面积10020平方米,完成投资312万元。

防城港市污泥处理处置一期工程项目 2014年11月开工建设,2016年12月竣工验收。完成设计规模为10吨/日脱水污泥处理设施一套,内容包括备料车间、腐熟车间、综合楼等及相关生产设备,厂区道路、给排水、电气及绿化工程等附属设施,完成投资425万元。

2016年度防城港市天然气利用工程项目 2016年1月开工,12月竣工。完成市政中压8.42千米;庭院管线25.90千米;户内安装13568户;商业用户114户,完成投资1801.5万元。

企沙管道燃气配套工程项目 2014年开工建设,2016年1月份竣工。建成2×150平方米储罐、6个气化器、1套高压装置、1座站房,配套管线9.2千米,完成投资3010万元。

防城港市中心区"三横两纵"路网1号路东段绿化提升工程项目 2016年3月2日开工,6月完工。种植扁桃、盆架子等乔木290株,种植串钱柳、四季桂花等花灌木510株,种植龙船花、鹅掌柴等片植地被5500平方米;草皮铺设20000平方米,种植绿篱6000株;绿化面积共计25500平方米;完成投资380万元。

防城港市中心区红树林街景观绿化工程项目 2016年4月19日开工,6月完工。种植花叶榕、小叶榕、大王椰等乔木686株;散尾葵、四季桂花等花灌木5200株;小叶龙船花、花叶假连翘等片植地被5000平方米;草皮铺设3000平方米;绿化面积共计8000平方米;完成投资196.1万元。

东湾大道(k5+276.5−k13+091.891)绿化工程项目 2016年7月开工,10月完工。栽植乔木1310株(大叶榕1226株,凤凰木84株),灌木红绒球722株,绿化面积约43600平方米,完成投资645万元。

"三横二纵"路网4号路2标段绿化工程(茶山路)项目 2016年8月开工,10月完工。栽植乔木862株(桃花心木472株,垂榕柱390株),灌木1416株(黄金榕856株、红绒球562株),绿化面积约9820平方米,完成投资168万元。

北部湾海洋文化公园周边人行道改造工程项目 2016年9月开工,11月完工。完成6154.7平方米彩色沥青混凝土人行道;栽植乔木507株(矮化黄槐210株、黄金香柳187株、单瓣吊钟花110株),绿化面积约1427平方米,完成投资145万元。

【市政重点工程建设】 2016年,防城港市共实施投资在5000万元以上的重点项目73项,总投资170亿元。其中竣工投产项目如下:

东兴市天然气综合利用开发项目 2016年11月竣工。建成气化储气站1座,气化能力为3.33×104准立方米/天;L−CNG,加气站1座,加气能力为LNG加气2.0×104准立方米/天,L−CNG加气2.0×104标准立方米/天,管网敷设约106.71千米;完成5个社区、50个小区管道,居民用户8500户,年供气量140.21万立方米,完成投资13650万元。

防东高速公路东兴市进城大道工程项目 2014年11月开工,2016年3月竣工。建设规模为将原有的滨海一级公路东兴红石沟桥至防东高速公路出口立交桥段改建为城市Ⅰ级主干道,道路全长3650米,红线宽度62米,设计行车速度50千米/小时,主要建设内容包括:道路工程、排水工程、桥涵工程、交通安全设施工程等,完成投资17200万元。

防城港市西湾环海大道项目 2011年1月开工,2016年12月竣工。建设规模为城市次干道长9.437千米,道路路基宽15/33米,双向二/四车道,设计时速30~40千米/小时,建设内容包括道路工程、排水工程、桥涵工程、绿化工程、照明工程、交通安全设施工程、污水处理泵房等,完成投资51800万元。

防城港市文昌大道东段项目 2013年7月开工,2016年5月竣工。完成道路长度1835.143米,宽度55米,面积100932.865平方米;完成排水渠道:3米×2米,长度861米,完成雨水管道长度3052米,管径1.2米,完成污水管道长度3230米,管径0.8米;完成路灯杆数及配套设施共计108盏;完成园林绿化苗木数量4924株,绿化面积11200平方米;完成顶管200米,交通标线4296平方米,防撞护栏3300米,完成投资10596万元。

防城港市垃圾焚烧发电项目 2015年4月开工,2016年11月竣工。建成1条500吨/天的垃圾焚烧生产线、1×9兆瓦凝汽式汽轮机发电组、烟气净化系统、飞灰固化系统、渗滤液处理站、循环冷却系统等,建设规模为日处理生活垃圾500吨,年发电量为5980万千瓦时,完成投资21446.75万元。

【园林绿化】 2016年,防城港市绿化覆盖面积1903.53公顷,建成区绿化覆盖面积1783.46公顷,园林绿地面积1704.23公顷,建成区绿化覆盖率30.40%。上思县城区绿化覆盖面积296公顷,建成区绿化覆盖面积213公顷,园林绿地面积189公顷,建成区绿化覆盖率34.34%。东兴市建成区绿化覆盖面积387.52公顷,园林绿地面积345.07公顷,建成区绿化覆盖率35.23%。全市各县(市、区)在编园林绿化工作人员116人,聘用560人,拥有园林绿化专用车辆23辆,各种园林机械设备276台。管理公园8个,广场7个,管理园林绿地面积372.4公顷。其中市本级在编园林绿化工作人员42人,聘用353人,拥有园林绿化专用车辆14辆,各种园林机械设备162台,管理公园5个,广场2个,管理园林绿地面积250公顷;按规范进行园林绿化维护,专项防治椰子织蛾和椰心叶甲1600棵次;冬季树干涂白27300棵,苗木共计片植灌木455860袋,乔木102株;通过公开招投标,分别仙人山公园、桃花湾广场实行绿化安保卫生服务外包,伏波文化园安保卫生服务外包;3月9日,在白鹭公园开展市政系统"义务植树建绿色和谐家园,植绿护绿创生态宜居城市"义务植树活动,共种马占相思、黄花梨3000余株。港口区在编园林绿化工作人员13人,聘用91人,拥有园林绿化专用车辆1辆,各种园林机械设备38台,管理园林绿地面积9.32公顷;按规范进行园林绿化维护,修建树池100个,并回填种植土,铺设人行道砖1193平方米，维修护栏250米；开展桃花湾广场片区珍珠路、越秀街、金桂路、小康路、碧园街、吉祥路、EF路、渔洲坪片区龙山南路、中心区和谐街、城区其他街道道路的绿化补种改造工作，共补种乔木264棵。防城区在编园林绿化工作人员32人，聘用7人，拥有园林绿化专用车辆1辆，各种园林机械设备24台，管理广场1个，管理园林绿地面积1.5公顷；按规范进行园林绿化维护，定员定岗定责，做好保洁、除杂草、整形修剪，病虫害防治，施肥，抗旱淋水，防台风，补植工作；对城区育才路、河西片区防北路、人民路、防东路缺死树木进行补植，共补植行道树30株。上思县在编园林绿化工作人员4人，聘用13人，拥有园林绿化专用车辆2辆，各种园林机械设备15台，管理公园2个，广场1个，管理园林绿地面积42公顷；按照市园林绿化精细化管理要求，划分21个责任区，实行定量、定标准、定范围、定时间、定任务，责任人的承包责任制取得了一定的成效；全年补种灌木880平方米，165棵扁桃；组织义务植树1500棵。东兴市在编园林绿化工作人员25人，聘用96人，拥有园林绿化专用车辆5辆，各种园林机械设备37台，管理公园1个，广场3个，管埋园林绿地面积69.58公顷；按规范进行园林绿化维护，主要对东兴市建成区的绿化带，街旁小绿地和公园广场进行绿化维护管理；全年共投资30.6万元用于东兴市建成区绿化补种补植，主要补植乔木100株，灌木600株，绿蓠、草皮3200平方米。2016年，圆满完成第八届广西（玉林）园博园防城港展园建设，获城市展园建筑工程艺术奖、插花艺术展团体银奖；第九届广西（钦州）园博园防城港展园获城市展园造园艺术奖、插花艺术展团体金奖；创建国家园林城市，以“海湾新区重点项目”“三个一批”项目建设为契机，建成北部湾大道、西湾大道、东湾大道、红树林街、茶山路、西湾环海大道、北部湾大道铁路桥段新增道路绿化等城市主要干道的绿化建设，改造提升金花茶大道北段、站前路绿化，做到绿色与道路同步延伸；开展防城港市绿地普查工作，掌握全市建成区范围绿地基本情况。广西（防城港）园博园建设开展项目前期工作，完成项目可研批复；召开堤路园环评专家评审会；与市城投公司对接移交堤路园项目立项，选址意见书、项目用地预审、可研、环评等前期工作成果；完善堤路园项目PPP工作方案。

【绿道建设】

西湾绿道　是防城港市建设的首条海湾绿道。2016年2月，正式启动项目前期工作，于5月1日项目建成，项目起点倒水坳大桥，终点针鱼岭大桥，全长4.2千米。具体建设内容为：步道、景观照明、绿化种植、排水等。

北部湾海洋文化公园绿道　是防城港市建设的第二条绿道。于2016年6月启动前期工作，同年9月20日前完成项目建设工作，全线长约2.2千米。绿道建设遵循海绵城市理念建设，采取自然渗透的排水方式。建设内容含透水沥青铺设、排水设施改造、下沉绿地及植草沟改造等海绵设施建设，达到路面达到小雨不湿鞋、中雨不积水、大雨不内涝的效果。西湾绿道、北部湾海洋文化公园绿道项目建成投入使用，为市民提高健身休闲的好去处，成为防城港市一大亮点工程，得到市民的普遍赞扬。

【城市环境卫生维护】 2016年，防城港市各县（市、区）在编环卫工作人员213人，聘用1343人，拥有环卫专用车辆120辆，公共厕所25座，垃圾中转站26座，垃圾（果皮）箱4701个，道路清扫保洁面积为1208.89万平方米，使用机械化清扫保洁面积为839.1万平方米，完成垃圾清运量197367.68吨。其中市环卫处在编环卫工作人员37人，聘用人员61人，拥有环卫专用车辆24辆，管辖运行中的垃圾中转站13座、公共厕所11座（其中3座为市场化运作的公厕），新启用垃圾中转站2座，全年累计转运生活垃圾94567.68吨；为全市城乡81家医疗卫生机构提供收集处置服务，累计处置医疗废物365.69吨，处理排放污水2988吨。港口区环卫站共有在编环卫工作人员16人，聘用395人，拥有环卫专用车辆281辆（道路清扫车6辆、洒水车3辆、压缩车3辆、喷雾车1辆，垃圾清运车18辆、三轮车250辆），管理公共厕所3座、垃圾（果皮）箱1470个，道路清扫保洁面积为427万平方米，使用机械化清扫保洁面积为156.8万平方米，清运垃圾37732吨，其中2016年新增人员21人，新增加绿化喷洒车1辆，车厢可卸式垃圾车1辆，新增保洁面积96万平方米；定期开展市容环境专项整治活动，集中力量对老城区卫生死角及建筑垃圾进行集中清理，加大主次干道、小街小巷的清扫保洁力度，投入61.419万元对北部湾大道、渔洲坪片区、东兴大道、中心区片区、桃花湾片区等区域进行卫生整治，共清理建筑垃圾近1000吨，杂草160吨，杂物500吨；通过招投标清扫保洁工作实行服务外包，4家保洁公司承接79条道路的日常保洁工作。防城区环卫站共有在编环卫工作人员98人，聘用251人，拥有环卫专用车辆170辆（其中小型吊厢车15辆、垃圾压缩车1辆、垃圾吊桶车1辆、方向盘拖拉机2辆、高压清洗车2辆、中型扫路车1辆、大型扫路车2辆、大型道路扫路车2辆电动四轮扫地机4辆、电动四轮车5辆、电动三轮车135辆），公共厕所5座，垃圾中转站5座，垃圾（果皮）箱30个，道路清扫保洁面积为420万平方米，使用机械化清扫保洁面积为243.6万平方米，其中2016年新增人员43人，新增方向盘拖拉机1台；全年共出动车辆、机械设备4380台次，确保城区每天150多吨的生活垃圾及时清运，做到日产日清；积极配合城区降尘治理工作，抓好城区道路清扫和冲洗工作；开展对运输沙石泄漏的车辆和工地车辆轮胎带泥上路污染街道治理；加强与各街道办的协作，及时清理小街小巷城中村、城乡结合部等卫生死角的垃圾；实现道路清扫保洁全覆盖，完成垃圾清运量54000吨。上思县在编环卫工作人员35人，聘用195人，拥有环卫专用车辆15辆，各种环卫机械设备4台，公共厕所3座，垃圾无害化处理厂1座，垃圾中转站2座，垃圾（果皮）箱800个，道路清扫保洁面积为131.89万平方米，使用机械化清扫保洁面积为26.1万平方米，其中2016年新增人员5人、机械设备3台、中转站1座；全年共出动车辆、机械设备3000台次，实现道路清扫保洁全覆盖，清理垃圾死角、陈年垃圾1500吨，全年完成垃圾清运量29500吨。东兴市在编环卫工作人员27人，聘用441人，拥有环卫专用车辆20辆，各种环卫机械设备4台，公共厕所3座，垃圾无害化处理厂1座，垃圾中转站4座，垃圾（果皮）箱2401个，道路清扫保洁面积为230万平方米，使用机械化清扫保洁面积为142.6万平方米；全年共出动车辆、机械设备 11265（机械清扫、洒水降尘）台次，实现道路清扫保洁全覆盖，完成垃圾清运量73300吨；组织环卫工作人员、车辆几发动当地群众对城中村、城乡结合部等区域清理卫生死角12936处，清理陈旧垃圾、建筑垃圾、杂物、旧家具2460车，约7380吨。清理小广告（牛皮癣）227060处，对“五乱”现象教育处罚1322起；通过对外招标，把东兴城区民族路以东89.24万平方米的部分街道清扫保洁、垃圾清运承包给东莞家宝园林清洁服务有限公司，现试点承包工作进展顺利。

【市容环境管理】 2016年，防城港市各县（市、区）共有城管执法工作人员129人，聘用79人，其中上思县有城管执法工作人员25人，聘用56人；东兴市有城管执法工作人员38人，聘用14人；港口区有城管执法工作人员19人，聘用9人；防城区有城管执法工作人员47人。年内，推行“门前三包”制度，强力整治道路交通、摊点占道经营、城区粉尘整治、垃圾乱丢放、户外广告，取得较好效果。

市城市管理监控指挥中心 2016年，市城市管理监控指挥中心履行精细化巡查职责，针对城区存在的车辆乱停乱放、占道摆摊经营、垃圾乱堆放等较为突出的城市“五乱”现象加大巡查和督促整改力度，做好重大会议及节庆日期间的市容环境各项整治工作，并督促各职能部门认真开展精细化管理工作，市容市貌整治效果显著。全年共查处违法停车6252起，工程运输车载物抛撒遗漏879起、闯禁行105起，货车超载140起；查处流动摊贩2864起，跨门槛经营546起，其中立案查处23起，缴没罚款5520元；督促两城区加强对城市道路进行清扫保洁、洒水降尘，重点对中心区、港口区桃花湾广场、渔澫片区及防城区主干道区域进行道路清扫保洁、洒水降尘，争取财政专项补助资金用于采购机械化清扫设备，逐步提高保洁机械化水平，加强城区粉尘污染整治，切实改善城市环境空气质量；责令业主清理乱丢建筑及生活垃圾290处；清理城市“牛皮癣”小广告3.86万余处，拆除各类破损、违规广告牌、横幅、牌匾共828块。

上思县 2016年，上思县强化城管大队内部管理，建立和完善适应工作需要的激励机制，明确督查、考评、队伍组成、督查内容、考评标准、奖惩措施，充分调动全体队员的工作积极性和主动性，提高工作效率，确保各项工作任务的完成。年内，组织800户商家签订“门前三包”责任书；整治规范城区内的各种乱停乱放车辆1000余辆（次）；整治人行道占道经营行为100户、800余平方米；清理流动摊点400余人次；整治“滴、洒、漏”等现象严重的施工运输车辆100余辆（次），有效的抑制城区扬尘；整治垃圾乱丢现象80处；对大型户外广告牌进行拉网式安全检查，督促更新广告牌70块，清理破损、违章大小广告牌、店招60块，补办审批手续30户，消除安全隐患50处；清理破损、到期、影响市容的横幅28条，面积600多平方米；下达停工责令限期拆除违章建筑通知35份，处理建筑材料占道堆放60余起。

东兴市 2016年，东兴市共发放履行“门前三包”责任宣传通知22160份，对不履行“门前三包”的行为处罚651起；加大市容监察力度，严禁车辆带泥上路，规范建筑垃圾的堆放处理和密闭化运输管理，做到发现一起，整治一起，对车辆带泥污染街道现象实行严管重罚；开展农贸市场综合整治、夜市摊点整治、重点街道整治行动，出动执法人员2640人次，车辆315台次，发放整改通知书1500余份，口头教育985人次，清理乱搭乱建摊点1020个，规范摊点563个，整治撤销夜市摊点56个，规范跨门槛经营350户，拆除违章建筑7225平方米；对城区主干道和重要街道每天不少于5次的洒水降尘，清扫保洁方式从过去单一的人工作业提升为“人工清扫保洁、机械化清扫、洒水降尘、高压冲洗”四位一体的作业机制；发放规范垃圾放置时间和地点等内容的宣传通知1860份，让居民了解和掌握市容环境综合整治的意义和重要性，同时制作环境卫生整治的宣传录音和环境卫生整治标语，渲染环境卫生整治的氛围，使环境卫生整治工作家喻户晓，对乱丢乱扔现象教育处罚671起；对违规拉挂的广告横幅进行清理，着重清理临街店铺存在破损、脱落的广告、招牌灯箱，共拆除违法违规横幅广告415条，清理、整顿、规范道路临街店铺设置的招牌灯箱、气拱门、条幅、彩旗486起。

港口区 2016年，港口区整治流动摊3000多起，处罚152人，发放整改通知书120多份。6月，购置喷雾抑尘车一辆，对扬尘污染严重的路段特别是大海花园空气质量监测点和沙万空气质量监测点周边路段每天进行喷雾降尘，安排工人加强路面清扫保洁，提高机械冲洗、清扫力度。加强对城区建设工地的监控检查，及时处理违法违章行为并报工地管理主管部门，督促工地施工方及业主加强对本工地运输车辆的管理，自觉做好车辆清洁及覆盖措施，减少车辆污染城区道路，全年市容监察查处各种违法违章行为302宗，其中查处工地泥头车、物流车抛撒漏等违章违法行为150宗。加大公共设施投入力度，共投入102.8625万元，购置车厢可卸式垃圾车1辆，不锈钢果皮箱100个、冲孔分类果皮箱100个、玻璃钢四方桶200个、塑料垃圾桶105个，切实改善人居环境。依照有关规定，对户外广告牌进行管理，同时对城区内的落地广告牌、灯箱进行专项治理，采取先告知、后检查、最后再暂扣的方法进行治理，共暂扣广告牌60余个，拆除违规道路指示牌20个。

防城区 2016年，防城区规范摩托车、电动车和自行车车辆摆放10600多辆/次，查处沙石泄漏车辆77台（次）；依法纠正跨门槛经营行为16800多个、纠正乱摆摊点经营行为19400多起；组织综合执法人员晚上重点对防北路、防东路、防钦路、防邕路等对城区道路的露天烧烤摊点进行整治，下发整改通知书84份，处理露天烧烤摊点76摊，搬至室内经营的有24摊，迁移到河堤美食一条街集中经营的18摊，采取证据登记保存炉具等物品48宗（次）；规范建筑工地占道堆放建筑材料35宗，门店装修22个；组织人员清理清运乱堆放建筑垃圾、杂物63处，26车；组织执法人员清理乱张贴小广告200000多张，覆盖小广告面积15220平方米；采取证据登记保存物品308宗，实施行政处罚简易程序案件125宗，一般程序案件9宗。

城市管理综合执法

【概况】 防城港市城市管理综合执法局是由防城港市人民政府管理，行使相对集中行政处罚权的行政机关,中心工作是违法建设查处和市容环境整治工作。防城港市城市管理综合执法局组建成立于2013年9月,内设机构有办公室、人事教育科、政策法规科、财务装备科,执法监督科,下属事业单位防城港市城市管理综合执法支队。至2016年,有人员96人,其中行政编制8人,事业编制46人,协助执法人员42人。2016年,防城港市城市管理综合执法局着力于严控违法建设,服务海湾新区建设,加强市容环境整治工作,提升城市形象和品位。8月,牵头开展防城港市城市建成区违法建设五年专项治理工作;同时,作为全市城市管理执法体制改革的牵头单位,筹备成立防城港市城市管理综合执法改革领导小组,推动建立防城港市城市管理综合执法联动机制和防城港市城市管理综合执法改革联席会议制度。

【城市管理法律法规实施监督检查】2016年,防城港城市管理综合执法局围绕中心工作,落实城市管理法律法规实施监督检查。在信访处理工作方面,共对50多项投诉举报进行督促办理,及时查处群众举报的新增违法建设。在日常监督检查方面,对重大执法活动和综合整治行动进行现场监督,及时发现和纠正问题。在案卷审查方面,组织开展案件评查工作,将评查情况在全局通报并报送市法制办。

【城市管理专项整治】2016年,防城港市城市管理综合执法局对全市建成区历年以来的违法建设进行调查摸底,共确认全市城市建成区存量违建面积为14.97万平方米,市本级存量违建面积为11.65万平方米,拆除2.02万平方米,完成13.49%的拆违任务,拆除新增违建0.9万平方米。年内,开展露天烧烤整治行动4次:分别于3月9日、3月23日、7月15日、9月26日开展占道经营露天烧烤摊点整治行动,共整治露天烧烤摊59摊次;开展流动摊点整治行动3次:分别于2016年4月18日、5月24日、9月22日开展流动摊点整治行动,共整治流动摊点2904起;开展占道经营整治行动3次:分别于6月3日、9月23日、10月14日开展占道经营行为整治行动,共整治占道经营行为3466起;开展市政设施大排查行动2次:分别于5月6日、9月9日开展市政设施安全隐患大排查行动,共协调督办市政、自来水等单位维修更换井盖76个。

【城市管理行政处罚】2016年,在防城港市城市总体规划区范围内,防城港市城市管理综合执法局共依法立案查处违法建设293宗,认定违法建设18.43万平方米;联合城区政府组织拆违行动115次,拆除违法建设7万平方米及围墙2759米,收缴罚款34.72万元。推进对公建和房地产违法建设的查处,全年共检查在建公建项目132个,其中55个未取得建筑工程施工许可证,5个未按照建设工程规划许可证规定内容进行建设,余72个项目已取得相关规划许可手续。对未按照或未取得相关规划审批手续的60个项目进行立案查处,其中对15个项目下发《行政处罚决定书》,对43个项目下发《责令整改通知书》,其余2个项目在查处过程中取得相关手续。推进海湾新区、园博园等重点项目的施工建设,配合城区政府开展项目维护施工18次,出动人员1000多人次。办理涉及破坏市容环境的行政处罚案件37件,缴没罚款共38520元,其中占道经营缴没罚款5520元(处罚23摊次),擅自开挖道路缴没罚款7200元(处罚4次),污染城市道路缴没罚款24800元(处罚9次),设置户外广告缴没罚款1000元(处罚1次)。

【城市管理相关法规建设】2016年,防城港市城市管理综合执法局承担起草防城港市首部实体地方法规《防城港市城市市容和环境卫生管理条例》。同时,继续牵头实施《防城港市查处违法用地和违法建设暂行办法》,并对相关单位贯彻落实"两违"查处办法工作情况进行检查考核。7月8日,防城港市城市管理综合执法局召开公职律师办公室揭牌暨城市管理法治化座谈会,标志着防城港市首家政府公职律师办公室正式揭牌成立。

村镇规划和建设

【百镇建设】2016年,防城港市港口区企沙镇百镇建设示范工程建设项目有:德城大道改造工程,企沙镇凤凰公园(更名为企沙镇车坡岭绿化及附属设施配套工程),企沙镇卫东路、北港大道绿化改造工程,兴企路配套工程,企沙镇道路照明工程,企沙镇路灯维修工程,垃圾中转站,公厕改造工程,卫东路、新港路、朝阳路排水排污改造工程,港口区农民渔民转产转业综合服务中心及配套设施项目——环境配套工程共10项基础设施配套建设。总投资2265万元,资金来源为自治区城镇化专项资金1000万元、港口区财政配套资金1265万元,截至2016年12月底,共完成投资2252.7万元。截至11月底,上思县在妙镇百镇项目完成投资1232万元。

【乡土特色示范村建设】根据《自治区住房城乡建设厅关于征求对广西乡土特色示范村建设有关文件意见的函》和后续《防城港市乡土特色示范村指标调整说明》要求,防城港市2016年乡土特色申报指标共21个,其中防城区8个,东兴市8个,上思县5个,21个指标均已批复。

【自治区少数民族乡建设项目】根据《广西新型城镇化规划(2014—2020年)》和广西城镇化工作会议精神,为加快推进少数民族地区经济社会发展,全面提升少数民族乡基础设施和公共服务设施水平,促进少数民族地区和谐发展,自治区通过竞争性评选的办法确定27个少数民族乡建设示范名单,并下达项目建设资金和计划。2016年,防城港市少数民族乡项目为防城区十万山瑶族乡,建设项目为集镇人行道改造项目、集镇道路硬化项目、集镇街道房屋民族特色风貌改造项目、集镇农贸市场改造建设项目共4个,计划投资1300万元。截至11月底,开工2个项目,完成投资100万元。

【农村危房改造】2016年,防城港市农村危房改造任务为5140户,其中上思县1880户、东兴市460户、防城区2630户、港口区170户,截至12月31日,落实到户5140户,落实率100%;开工5140户,开工率100%;竣工4093户,竣工率78.6%;竣工面积约31.6万平方米,完成投资约1.81亿元。改造补助对象全部为居住在一级危房中的分散供养五保户、低保户、贫困残疾人家庭和其他农村贫困户。年内，防城港市危房改造建档立卡贫困户任务数1049户，其中上思县884户、东兴市53户、港口区21户、防城区91户，截至12月31日，落实到户1501户，落实率为143%；开工1471户；开工率140%，竣工1448户；竣工率138%。

【屯内道路硬化】 2016年，防城港市屯内道路硬化示范项目共27个，其中港口1个，防城9个，东兴2个，上思15个，截至12月底全部完工。

建筑施工

【建筑市场监管】 2016年，防城港市房屋新受监项目85项，面积151.28万平方米，造价34.68亿元，市政工程新受监项目16项，造价12.99亿元，房屋竣工项目53项、面积121.7万平方米；市政竣工项目3项。共办理施工许可证46件，竣工验收备案14件。检查在建项目664个次，下发整改通知书355份，停工整改109份，发出行政处罚通报1份，暂停投标业务2家，约谈企业8家。发现14起违法建设行为移交市综合执法局处理。2016年，防城港市住建委高度重视安全生产工作，成立安全生产领导小组，建立统一、高效的安全生产管理体系，严格落实“党政同责、一岗双责”制度，与各县（市、区）住建局、二层机构及各施工企业签订《安全生产责任书》86份，将安全控制指标层层分解，落实防范措施，确保完成年度安全生产工作目标。年内，无受监工程发生安全生产事故。

【建筑工程安全生产】 2016年，防城港市住建委通过及时有效部署安全生产工作、开展安全生产专项整治、进行安全生产宣传教育等方式加强建筑工作管理，确保安全生产。

及时有效部署安全生产工作，强化内务管理　一是定期召开季度安全生产工作会议，分析研究当前安全生产工作形势，传达上级安全生产会议相关精神指示，研究部署下一阶段的安全生产工作，把安全生产监督管理方式由被动的“事后追究”向超前的“事前预防”转变。全年共召开全市安全生产形势分析会议四次，参加人数约900余人。二是建立约谈警示制度。对施工现场质量安全管理混乱又整改不到位的项目，约谈施工负责人和监理公司负责人。年内共约谈企业16家。三是加强安全预警工作。针对重大节庆日、重大事故和特殊季节，及时印发安全预警和管理文件通知，制订措施严格实施过程监管，加强建设行业安全生产监督管理，严格执行《动态扣分管理办法》，对实施监管过程中发现较多存在的一些安全生产违规行为，采取有力措施予以制止和消除，依法依规处理责任单位和相关责任人，严防建筑施工生产安全事故发生。全年共发出安全生产动态扣分通知书558份，其中施工企业92份、监理企业87份、项目经理103份、专职安全员178份、总监理工程师98份；共有2个总监理工程师被扣分数达到100分以上，暂停执业资格。

安全生产专项整治　一是有目的性开展安全生产检查、汛期建筑工地起重机械专项检查及一、二全市季度安全生产大检查等各类安全生产专项整治活动，并邀请社会媒体对检查情况跟踪报道。二是采取各监督小组对责任项目自查、监督组交换互查和领导督查的办法，加强检查工作的力度和深度。三是开展“严管重罚　惩罚并举”专项行动，确定一批“严管”对象，落实“严管”措施，“重罚”一批责任企业和人员，结合质量安全生产大检查工作和动态扣分管理制度，增强企业、项目部和一线作业人员做好安全生产的主动性和自觉性。2016年，全市共有63个次项目列入严管重罚名单，其中20个确定为严管重罚项目工程。四是开展建筑施工安全生产百日攻坚专项行动。从10月至2017年春节，全面开展防城港市建筑施工安全生产百日攻坚专项行动，加强安全隐患排查，严格安全执法检查，抓好源头管理，确保不发生较大以上安全事故，确保“零死亡”目标。

安全生产宣传教育　2016年，防城港市住建委在全市范围内组织开展建筑施工领域“安全生产月”活动，成立“安全生产月”活动领导小组，由委领导任组长，安排足够的人力，落实所需经费，结合“安全生产年”活动，以宣传贯彻安全生产方针政策、普及安全生产法律法规、落实安全生产责任、加强隐患排查治理、严厉惩治非法违法施工行为和推进建筑安全生产状况持续稳定好转为目标，组织开展一系列宣传教育活动，主要组织开展安全生产咨询活动1场、安全生产警示教育会1场、组织全市在建工地高处坠落应急演练观摩会1场，发放宣传资料1500余册。

【建筑工程质量安全监管】 2016年，防城港市住建委以落实工程质量安全治理两年行动为抓手，强化工程质量安全的监管。推行开工前质量安全承诺和竣工后永久性标牌制度，对不按规定提交质量安全责任承诺书的，主管部门不予办理施工许可；未设置工程竣工永久性标牌的，不予办理竣工验收备案。截至2016年年底，全市共补签授权书、承诺书的工程61项，新办理质量安全监督的在建工程项目均签署授权书、承诺书。全面开展针对建筑市场违法行为的检查，严厉惩治违反基本建设程序及建筑施工转包、违法分包等违法行为。年内，立案查“三包一靠”违法行为1起，涉及企业1家，罚款103.97万元。挂牌督办“三包一靠”违法行为2起，罚款6.39万元。继续推动建筑施工安全质量标准化工作，提高文明工地创建水平。根据《广西壮族自治区建筑施工安全生产标准化考评达标实施方案》及市人民政府关于大气污染防治相关文件要求，继续加强防城港市建筑工地乱象整治，以扬尘治理为突破口，联合市综合执法、环保、交通等部门开展联合执法，严厉惩治大气污染违法行为。为进一步防城港市建筑施工安全生产标准化建设工作，先后组织本地企业到先进地区参观学习、取经，并于6月30日在防城港市环球广场项目组织一场全市建筑施工质量安全生产标准化现场观摩会。树立一批典型示范工程，严格文明工地创建推荐评审标准，规范文明工地推荐评审程序，引导全市建筑施工行业开展安全生产标准化创建活动。上半年，创建市级安全生产标准化工地14个，其中县（市、区）10个，市本级4个；5个项目申报自治区安全生产标准化工地；创建市级优质工程13个，其中4个项目获得自治区优质工程奖。11月中旬至12月下旬，采取明查与暗访相结合的方式巡查各县（市、区）住建局及全市各级建设工程质量安全监督机构履职情况，采取“四不两直”方式暗访各在建房屋市政工程。(“四不两直”:即不发通知、不打招呼、不听汇报、不用陪同和接待,直奔基层、直插现场,开展突击检查,随机抽查)

【建设工程类招投标管理】 2016年,防城港市抽取招标代理机构备案41份,到市公共资源交易中心监督抽取代理41个,监督开评标项目68个,对招标监督起到积极作用。备案并发布招标公告、招标文件72份,到交易中心进场开标项目68个(含流标6个),中标金额合计35464.55万元。经备案发布中标候选人公示68份、中标公告58份、中标通知书58份。施工、监理招标项目锁卡37次,其中锁定项目经理诚信卡32次,安全员诚信卡32次,总监诚信卡添加在建项目5次,严格执行“开标刷卡、中标锁卡”制度。招标事项投诉处理情况:2016年处理招标投诉事项4个,合计书面答复9份,做到“公平、公正、公开”处理投诉。处理来文来函,向市政府或有关部门提意见19份,向上级部门打报告10份,发出招标相关业务通知10份。协助配合区厅2016广西公共资源(建设工程类)招标投标评标专家考务工作。其中,防城港市通过现场资格审核的有20人,通过考试的有13人,进一步扩充防城港市评标专家库。规范企业从业行为,开展招标代理执业情况检查。为进一步加强防城港市建设工程招标代理、造价咨询企业的行业监督管理,规范企业行为,6月8日—12日,对全市范围内的33家从业的招标代理机构、造价咨询机构及其分支机构进行执业情况检查。检查采取现场核查和成果文件核查两种方式。检查的主要内容包括:企业的机构设置、专职人员的到位、制度的健全、法律法规及标准文本和上级文件的执行、业务的承揽、违法违规等情况。检查结果在全市范围内进行通报,并责令存在问题的单位限期改正。完成防城港市房屋建筑和市政工程施工项目电子化招投标3个项目测试工作,准备进入试运行阶段。

水利建设

【概况】 2016年,防城港市水利部门围绕市委、市政府工作部署和自治区水利厅的工作安排,求真务实、攻坚克难,各项工作稳步推进,全市累计完成水利建设投资30109.9万元,占市政府下达任务的100.36%。其中:病险水库除险加固完成投资2502.6万元,海堤工程完成投资5708.1万元、中小河流治理完成投资4911万元、水源工程完成投资8313万元、农村人饮和乡镇饮水安全完成投资5066.7万元、节水灌溉工程完成投资2083.4万元、水土保持综合治理完成投资958.6万元、城市防洪完成投资555.5万元,其他防洪工程完成投资11万元。新建成一批水利基础设施,有力地促进防城港市经济和社会又好又快发展。

【防汛抢险】 2016年,防城港市全市经历3次强降雨和4次台风的袭击。7月初,全市出现大范围、长时间的强降雨过程,部分江河出现超警戒水位。面对险情,全市上下科学组织、超前及时应对,落实防汛责任制,特别是行政首长负责制。市水利局重点抓好在建病险水库除险加固工程度汛措施的落实,重点加强水库科学调度,重点加强海河堤防安全,坚持汛期前在《防城港日报》上公布全市148座大中小型水库防汛行政责任人和技术负责人及管理责任人名单,把各项防范措施制订到位、落实到位。在汛前、汛中、汛后及时开展水利工程安全大检查,排查存在的安全隐患,并采取切实有效安全度汛措施。提前修订完善防汛抗旱各项预案,使各级领导和有关部门做到心中有数;落实防汛储备物资、落实抢险队伍,有灾无灾按有灾准备,大灾小灾按大灾准备,做到有备无患。全年共争取到中央、自治区防汛抗旱经费620万元,重点对存在安全隐患水利工程进行维修加固和抗旱水源建设。落实全天候24小时值班制,确保汛情指令畅通,确保安全度汛。快速反应做好抢险修复工作。7月2日16时许,位于防城区三波村那挖组的长歧左干渠24+380段出现外边坡渠道崩塌。接到险情报告后防城港市立即启动应急预案,市防汛抗旱指挥部指挥长、市政府副市长董凌及防城区党政领导第一时间赶赴现场组织抢险,驻防城港军分区官兵、公安、武警、卫生(医院)、供电、防城港北投水务有限公司以及当地村民等400多人参与抢险,4个小时内控制险情,整个抢险过程中无伤亡事故发生。

【病险水库除险加固】 2016年,防城港市完成病险水库除险加固及维修35座,完成投资2502.6万元;争取三波水库和黄淡水库除险加固工程投资分别为2537.37万元、6501.48万元;新增3座小型病险水库除险加固工程初步设计批复。

【海河堤防工程】 2016年,防城港市海河堤防工程建设取得新进展,中小河流新建河堤及护岸工程5千米,完成投资4911万元;新建设海堤8处,新建标准海堤9.21千米,完成投资5708.1万元。

【民生水利建设】 2016年,防城港市完成上思县叫安镇应急供水工程、南屏瑶族乡渠坤村饮水安全巩固提升工程以及东兴市长湖村成项目投资1967万元;完成长歧水利干渠道防渗配套建设50千米,新增恢复改善灌溉面积2000公顷;新增地方小水电装机1500千瓦,完成投资3673万元,全市小水电站2016年累计完成发电量14874万千瓦时。

【水利供水项目】 2016年,防城港市经过两年奋战,完成临海工业区供水项目大垌水库主体工程,贯通导流发电隧洞,累计完成投资2.1亿元,其中2016年完成投资8313万元。工程建成后和小峰水库、白石牙水库、长歧引水渠道、木头滩拦河坝等联合调度,供水规模达101万立方米/天,可满足市市区及企沙工业区供水需求。

【水利安全生产】 2016年,防城港市全面抓好水利安全生产工作,加大事故隐患整改排查力度。积极组织开展清理整治违规小水电站。对经检查存在工程安全隐患严重等违规问题的,责令其停产整改。经检查合格可以正常发电的水电站有37座,停产整改的水电站4座,有效制止小水电站的违规行为,杜绝安全生产事故的发生。在开展安全生产大检查的基础上,全面落实农村水电安全监管主体责任和安全生产主体责任,确保小水电站安全运行。

环境保护

【概况】 2016年,防城港市环境保护局以"专业查污年""环保宣传年"为主题,以改善环境质量为核心,全力推进污染减排、污染防治、监管执法工作,落实减排目标责任制,强化主要污染物减排和治理,严格污染物排放标准和环境影响评价制度,强化多部门联合环境执法监督,加强水环境综合治理,加强重金属、土壤、固体废物污染防治,环境质量总体保持稳定,城市环境质量进一步改善。2016年,防城港市环境空气质量达到优的天数为217天,达到良好的天数为147天,轻度污染1天,中度污染1天,酸雨污染有所减轻;辖区内集中式饮用水水源地水质达到或优于Ⅲ类标准,主要河流监测断面水质达标率100%;城镇区域声环境质量符合国家2类标准,交通环境噪声符合国家4A类标准,达标率100%。

【环保资金监管】 2016年,防城港市环境保护局(包括直属单位)部门预算1854.53万元,比上年净增11.75万元,增长0.64%。加强资金管理,严格控制"三公"经费支出,提高资金使用效益,其中公务接待费比上年减少2.2万元,下降19.87%。2016年,防城港市积极推进各专项资金项目,继续推进大气污染防治项目,自治区投入资金156万元,落实机动车大气污染防治工作资金10万元,推进大气污染防治项目建设。加强生态广西引导资金项目指导及检查,对往年实施的生态广西建设引导资金项目的实施情况进行检查,就发现的问题提出整改措施,要求各项目业主严格按项目管理办法和资金管理办法实施项目,按《生态广西建设引导资金补助项目验收管理办法(试行)》对已实施完成的项目进行验收并核拨生态引导资金项目补助资金。推进重金属污染防治项目,实施重金属监察能力建设项目与环境应急与事故调查能力建设项目,完成防城港辖区监察移动执法与应急调查相关仪器设备的配置。继续组织开展污染源自动监控设施社会化运行考核工作,按时发放相关补助资金,至2016年12月,补助资金已发放2016年第2季度。加强环境监测与监察执法基础能力建设,继续推进防城港市环保监测执法业务用房建设项目。市环境保护局组织申报中央及自治区环保专项补助资金,全年共获得各类环保补助资金944.6万元,其中自治区本级污染防治项目补助资金728.6万元,土壤污染防治专项资金106万元,污染源自动监控设施社会化运行补助资金110万元。

【环境政策】

法治建设　2016年,防城港市环境保护局根据市委、市人民政府的要求,起草《防城港市环境保护工作责任制暂行办法》。经酝酿、调研、起草、征求意见、修改完善等工作后,《防城港市环境保护工作责任制暂行办法》通过防城港市人民政府召开五届76次常务会议审议,于6月30日印发并开始实施防办发〔2016〕20号文件。

行政处罚　2016年,防城港市共出动环境执法人员3000多人次,检查企业1300多家次,行政处罚环境违法行为41起,处罚款金额共138.19418万元,查封(扣押)案件3件,涉及暗管偷排移送公安机处理3件。防城港市环境保护局共出动环境执法人员1500多人次,检查企业700多家次,行政处罚环境违法行为14起,处罚款金额共82.76918万元,查封(扣押)案件3件,涉及暗管偷排移送公安机处理3件。

【环境影响评价】 建设项目环评　2016年,防城港市环境保护局提前介入和主动服务建设项目环评工作,推进项目环评,积极与企业联系,进一步解企业存在的问题,深入实地勘察项目选址,对选址不符合环保要求的项目提出调整意见并积极协助业主重新选址,防止因选址不当给企业造成损失和环境污染事件的发生,同时做好环保服务,协调解决企业存在的环保难题。2016年,防城港市本级审批的建设项目共20个,其中环境影响报告书项目11个、报告表项目9个;县(市、区)级环保审批的建设项目共219个,其中环境影响报告表96个,环境影响登记表123个。

重大项目环评　2016年,防城港市有9个被列为自治区层面重大项目的企业。防城港市环境保护局定期跟踪项目,做好重大项目环评推进工作。完成环评审批6项,其中属防城港市环境保护局审批权限的重大项目全部完成环评审批。

建设项目竣工环保验收　2016年,防城港市涉及自治区级的3个"未验先投"环保违法违规项目全部按要求完成整改。年内,对54个项目进行环保竣工验收工作,涉及项目总投资664254万元,其中环保投资26146万元,完成环保验收项目的"三同时"执行率为100%,无限期改正验收合格项目。按照自治区人民政府《关于第一批清理规范行政审批中介服务事项的决定》及防城港市人民政府《关于第一批清理规范行政审批中介服务事项的决定的通知》的要求,防城港市环境保护局印发《关于委托编制竣工环境保护验收调查报告和验收监测报告有关事项的通知》,自10月24日起,不再要求申请人提供建设项目竣工环境保护验收监测或调查报告,且所需经费由财政负责承担。

政务服务窗口管理　2016年,防城港市环境保护局加强"窗口"建设、优化政务环境,把服务"窗口"建设作为加强环境建设、推行和落实政务公开的重要内容来抓,执行服务承诺制、首问责任制、限时服务制度和一次性告知制,严格按照行政许可的有关程序、制度和规定办理,集中接件、受理、办结、取件。续派责任心强、工作态度好、审批业务更熟悉的一名干部常驻防城港市行政审批中心,实现行政审批窗口人员常驻化。

环评技术评估　2016年,防城港市环境保护技术评估中心承担全市建设项目环境影响报告书技术评估工作,并受防城港市环境保护局的委托对审批权限内的建设项目环境影响报告书进行评估,完成后根据专家组的意见修改进入报批程序。全年完成报告书评估12个。

环评机构监督管理　2016年,防城港市环境保护局根据《建设项目环境影响评价资质管理办法》《关于进一步加强环境影响评价机构监督管理的通知》的有关规定及广西壮族自治区环境保护厅办公室《关于印发2015年度市县级环保部门审批建设项目环评文件编制质量抽查工作方案的通知》的文件要求，制订《2015年度县级环保部门审批建设项目环评文件编制质量抽查工作方案》。2016年，深圳市银台环保工程技术有限公司、中煤科工集团重庆设计研究院有限公司、国家宏博(北京)节能环保科技有限责任公司、东方环宇环保科技发展有限公司、青岛洁瑞环保技术服务有限公司等12个环评机构在防城港市开展环评业务，防城港市环境保护局对这些环评单位进行逐一资质检查，并对其环评文件进行日常考核。

【环境应急与事故调查】

突发环境事件　2016年，防城港市没有发生突发环境事件。

环境风险防范与应急管理　2016年，根据环境应急工作的需要，防城港市环境监察支队共有2人专职负责环境应急工作。为确保环境应急管理工作的顺利开展，制订应急值班工作制度，支队全体工作人员夜间和节假日24小时轮流值班，负责接听热线电话并及时处理相关应急投诉工作。

【环境监测】　环境空气监测　2016年，防城港市城区环境空气质量采用环境空气自动监测系统进行连续监测，分别设沙万、防城港市档案局和大海花园3个环境空气自动监测系统子站点。监测项目为二氧化硫(SO_2)、二氧化氮(NO_2)、可吸入颗粒物(PM10)、细颗粒物(PM2.5)、一氧化碳(CO)和臭氧(O_3)六项。防城港市档案局二氧化硫(SO_2)、二氧化氮(NO_2)、可吸入颗粒物(PM10)和细颗粒物(PM2.5)浓度分别为0.010毫克/立方米、0.016毫克/立方米、0.047毫克/立方米和0.030毫克/立方米，达到《环境空气质量标准》(GB 3095-2012)二级标准。环境空气质量日报总天数为349天，环境空气质量达到优的天数为192天，占总天数的55.01%；达到良好的天数为149天，占总天数的42.69%；轻度污染7天，占总天数的2.01%；中度污染1天，占总天数的0.29%。防城港市大海花园二氧化硫(SO_2)、二氧化氮(NO_2)、可吸入颗粒物(PM10)和细颗粒物(PM2.5)浓度分别为0.08毫克/立方米、0.016毫克/立方米、0.040毫克/立方米和0.026毫克/立方米，达到《环境空气质量标准》(GB 3095-2012)二级标准。环境空气质量日报总天数为349天，环境空气质量达到优的天数为220天，占总天数的63.04%；达到良好的天数为126天，占总天数的36.10%；轻度污染3天，占总天数的0.86%。

降水监测　2016年，防城港市区降水监测设3个点位，分别位于沙万、防城档案局和三曲水库，监测项目有pH值、电导率和离子组分。

地表水环境监测　2016年，防城港市环境监测站对北仑河边贸码头、北仑河狗尾濑、明江路怀、北仑河民生、防城江木头滩、防城江三滩6个地表水国控断面水质进行监测。

饮用水水源环境监测　2016年，防城港市集中式饮用水水源地断面位于防城区木头滩，每月开展1次例行监测，7月开展1次109项全分析监测。

声环境监测　2016年，防城港市区内共设102个区域环境噪声监测点，在第三季度昼间监测1次；市区内交通干线噪声监测14条道路监测21个点位，在第三季度昼间监测1次。全市监测路段总长度为34100米。

入海河流环境监测　2016年，防城港市环境监测站对北仑河边贸码头和防城江三滩2个入海河流断面水质进行监测。

重点污染源监督性监测　2016年，防城港市辖区内有4家废水、6家废气、3家污水处理厂、3家重金属和2家危险废物排污企业被列入国家重点监控企业名单。国控源监测项目按照行业或地方排放标准以及该企业环评报告书的规定确定监测项目，主要排放污染物为化学需氧量、氨氮、二氧化硫和氮氧化物，常年生产企业监测频次为每季度监测1次；季节性生产企业生产期间每月监督性监测1次；涉重金属企业每年监测2次；涉危险废物企业每季度监测1次。

重点监控企业自行监测　2016年，防城港市环境保护局对2014年以来被列入重点监控的企业进行自行监测，包括废水、废气、污水处理厂、重金属、危险废物等监测项目。每月开展1次废水企业自行监测，每季度开展1次废气企业自行监测，每季度开展1次噪声企业自行监测。2016年，防城港市企业自行在全广西14个设区市中成绩为“良好”。

【环境监察】

配合中央环境保护督察　2016年，防城港市环境保护局受理中央环境保护督察组交办的群众反映环境信访问题43件，收集、整理材料并汇总各项问题处理情况及完成进度，截至2016年，处理交办问题38件。

环境监察稽查　按照环境保护厅部署，防城港市环境保护局制订《防城港市2016年环境监察稽查工作方案》，于2016年9月下旬对上思县与防城区开展环境监察专项稽查，完成覆盖辖区达50%的县(市、区)稽查工作。通过行政处罚案件及现场稽查记录，及时发现并纠正现场执法中存在的问题，不断完善现场执法程序和制度，切实提高现场执法质量和水平。

环保专项行动　2016年，防城港市环境保护局按照环境保护厅的统一部署，以钢铁行业、水泥制造行业及城镇污水处理厂为重点，逐个进行检查，排查涉及钢铁行业1家，水泥熟料制造行业2家(含粉磨站1家)，城镇污水处理厂3家，依法查处企业环境违法行为，强化环境监管，及时公开有关执法检查情况。同年，根据环境保护厅和公安厅的部署，与公安两部门联合制订《开展联合打击涉危险废物环境违法犯罪行为专项行动工作方案》，深入开展打击涉危险废物环境违法犯罪行为专项行动，组织各县(市、区)开展涉危险废物执法检查。各县(市、区)排查危险废物经营单位(船舶油污收集)1家，产生危险废物单位19家，其中医药卫生行业10家、化学原料和化学制造制品制造业企业8家、有色金属冶炼业企业1家，经排查未发现存在非法转移、处置和倾倒危险废物的环境违法犯罪行为。10月25日—26日，防城港市组织环保和公安两部门开展联合工作，经对港口、防城、东兴三个区县专项执法检查情况进行抽查和督查，发现部分涉危险废物企业存在一些环境问题，并及时纠正和整改，督查中未发现环境违法犯罪线索。

环境执法　2016年，防城港市环境保护局以环境执法大练兵活动为契机，加大环境执法力度，对违法排污企业和建设项目进行严肃查处，开展涉危险废物、重点行业专项执法工作，与公安部门联合开展惩治涉危险废物环境违法犯罪行为专项行动。全年，出动环境执法人员3000人次;检查企业1300多家次;行政处罚环境违法行为41起,处罚款金138.19418万元;查封(扣押)案件3件;涉及暗管偷排移送公安机处理3件。切实开展环境监察网格化和污染源随机抽查,提升环境管理。上半年,对所管辖的国控或重点企业按环境监察网格化和精细化管理要求,明确网格管理人员,每月1~2次不定期到企业开展监督检查,督促企业正常运行环保设施,对存在环保设施不正常运行、超标排污的环境违法企业,依法进行查处,确保企业稳定达标排放。下半年,根据《防城港市污染源日常环境监管随机抽查制度实施方案》,建立污染源日常监管动态信息库,确定排污单位及特殊监管排污单位名录和建设项目环境监管名录,组织开展第三、四季度随机抽查工作,督促企业整改检查中发现的环境问题。开展飞行抽检,强化自动监控设施管理。年内,对27家企业46个已联网的废水及烟气监测点位实施抽检,抽检企业49家次,抽检点位62个次,对比对监测不合格的企业下达限期改正通知书限期完成二次比对工作,对监测超标企业依法立案处罚,确保企业污染物排放稳定达标。

排污申报与收费 2016年,防城港市环境保护局加强对排污申报和排污收费管理,排污收费严格依法、全面、足额征收,排污申报、核定、下达排污核定通知书、缴费通知书等各项程序规范运行。全年总共征收排污费约2200万元。

污染源自动监控 2016年,防城港市25家(含电厂)企业安装在线监控设施76套(24套水,52套气),已验收72套(22套水,50套气)。列入2016年国控重点监控的企业14家,安装在线监控设施20套(9套水,11套气)。根据国发软件系统平台统计,2016年防城港市国控重点污染源在线监控数据传输有效率为99.94%(其中:传输率为99.94%,有效率为100%)。

监察队伍管理 2016年,防城港市环境保护局有5个独立的环境监察机构,其中市级1个,县级4个,防城港市环境监察支队在编人员14人,实际在岗人员16人,比上年增加4人。环境监察系统在编人员33人,实际在岗人员46人。1月22日,举办防城港市第一期环境监察业务培训班,参加环境保护部、环境保护厅举办的各类环境监察业务培训50多人次。

监察能力建设 2016年,防城港市环境保护局加快推进县级环境监察标准化建设及达标验收工作,根据《环境保护厅办公室关于加快推进县级环境监察标准化建设达标验收工作的通知》文件要求,继续推进港口区、防城区及东兴市环境监察标准化建设,完成上思县、防城港和港口区环境监察标准化建设达标验收,全面提升环境现场执法的整体水平。

【污染防治】

重点流域水污染防治 2016年,防城港市环境保护局按照国务院《水污染防治行动计划》的相关要求,大力推进重点流域水污染防治工作:严格控制高耗能、高污染行业新增产能;强化督查,规范企业排污行为;多措并举,监督企业依法排污;积极开展生活污水直排口截污,减少污水直排;大力推进城镇污水处理厂建设,年内完成2座城镇污水处理设施建设;加大城镇生活污水管网建设力度,提高污水收集率;推进农村连片整治,改善农村环境;推进规模化畜禽养殖污染治理,减少污染物向水体排放;落实最严格水资源管理制度;严格执行取水许可审批制度和入河排污口审查制度;开展全市县级以上集中式饮用水水源环境状况年度评估工作;开展乡镇、农村集中式饮用水水源保护区划定工作;严格按照国家和自治区的要求对国控企业开展监督性监测及河流断面水质监测。

重金属污染防治工作 2016年,防城港市环境保护局继续推进全市重金属污染综合防治工作,通过分解任务抓落实的方式,逐层推进重金属污染防治工作。按月对辖区内的木头滩、湾潭水库等4个城镇集中式饮用水水源开展水环境质量监测,监测显示各水源监测断面水质优良,其中重金属污染因子未超标。开展国控重点企业的监督性监测、清洁生产审核以及环境监察等工作,完成2家重金属国家重点监控企业4次监督性监测;推进完成重金属污染综合防治专项资金项目2个。

大气污染防治 2016年,防城港市环境保护局按照国家和自治区的相关要求,集中力量解决突出的扬尘、燃煤小锅炉、机动车尾气等污染问题,推进大气污染防治工作,改善辖区环境空气质量:加强产业结构调整优化。严控高耗能、高污染行业新增产能,坚决遏制产能过剩行业盲目扩张,并加大力度开展产能严重过剩行业违规在建项目清理、落后产能淘汰、重污染企业搬迁等工作;加强煤炭消费总量控制。加大天然气供应,推进电热联产项目;加强燃煤小锅炉整治。加强城市建成区燃煤小锅炉淘汰工作,并严控新建燃煤锅炉准入;加强工业大气污染治理。开展工业烟粉尘治理、工业挥发性有机物治理工作;城市扬尘污染控制。加强建筑工地扬尘污染控制、港口码头及煤码头粉尘治理、露天烧烤油烟污染治理,并推行道路机械化清扫等低尘作业方式;加强机动车污染防治。按照自治区要求加快淘汰黄标车工作;开展清洁生产审核工作;加强重污染天气监测预警应急体系建设。将重污染天气应急响应纳入市、县(市、区)人民政府突发事件应急管理体系,推进重污染天气监测预警系统建设。2016年,防城港市二氧化硫(SO_2)、二氧化氮(NO_2)、可吸入颗粒物(PM10)和细颗粒物(PM2.5)浓度分别为0.009毫克/立方米、0.017毫克/立方米、0.045毫克/立方米和0.029毫克/立方米,达到《环境空气质量标准》(GB 3095-2012)二级标准。环境空气质量日报总天数为366天,环境空气质量达到优的天数为217天,占总天数的59.29%;达到良好的天数为147天,占总天数的40.16%;轻度污染1天,占总天数的0.27%;中度污染1天,占总天数的0.27%。

噪声污染防治 2016年,防城港市环境保护局采取一系列噪声污染防治措施,全力打造宜居环境:严格声环境准入;强化工业企业噪声污染防治;推进社会生活噪声污染防治;强化建筑施工噪声污染防治;加强交通噪声污染防治;开展环境噪声监测工作。

饮用水水源地保护 2016年,防城港市环境保护局按照环境保护厅的规定分级划定饮用水水源地保护区,完成辖区内市、县级饮用水水源地保护区划定工作,建立重点集中式饮用水水源地目录,对重要饮用水水源地进行安全评估。制订《防城港市饮用水水源地突发环境事件应急预案》《防城港市突发水污染事件水利系统应急预案》等一系列应急处置机制,开展年度环境状况评估，集中式饮用水水源保护专项行动，在各饮用水水源地设立警示标志，完成各饮用水水源地保护工程建设。

固体废物管理　2016 年，防城港市固体废物污染防治工作以“减量化、资源化、无害化”为总体目标，做好各类固体废物污染防治工作。防城港市主要固体废物主要包括冶炼废渣以及制糖企业产生的甘蔗渣等，大部分冶炼废渣返回原生产系统进行二次利用，部分外售给建材公司作为建材原料回收利用；制糖甘蔗渣回用作糠醛生产原料，形成良性生态循环产业链，实现固体废物资源化、减量化利用，减少环境污染。

危险废物管理　2016 年，防城港市环境保护局严格贯彻落实《关于进一步加强危险废物和医疗废物监管工作的意见》等文件要求，不断加强对涉危单位的日常监管。组织完成 2016 年全市危险废物产生企业进行申报登记、备案及危险废物经营单位 / 企业完成危险废物经营情况报表等材料报送工作；实施一般工业固体废物申报登记制度，规范工业废物环境管理；严格执行危险废物转移联单制度，强化辖区范围内涉危废企业的危险废物转移监管。全年累计审批 26 份企业转移处置危险废物申请材料，执行转移联单 495 份；加强对危险废物规范化管理的督查工作。制订 2016 年督查考核方案，完成危险废物规范化管理督查考核，自治区抽查达标率为 95.7%；加强对涉危企业存在问题的整改监督力度，督促辖区内被考核企业对考核中主要存在问题进行整改；按照自治区的统一部署，完成 2016 年全市危险废物调查工作，查明全市有 30 家涉危企业，包括正常生产企业 20 家，在建企业 5 家，停产企业 5 家，涉及铜冶炼、黑色金属冶炼和压延加工业、火力发电及基础化学原料制造、无机酸制造等行业，为全市危险废物规范化管理提供依据；按照自治区要求，完成固体废物污染环境防治信息发布工作，于 6 月 3 日在防城港市环境保护局官网发布防城港市固体废物污染环境防治信息，接受社会监督。

【核事故应急管理】

核技术应用和电磁辐射设施　2016 年，防城港市开展放射源专项清查，共有密封放射源 160 枚，涉及企业单位 14 家，其中Ⅱ类密封放射源 5 枚、Ⅲ类密封放射源 5 枚、Ⅳ类密封放射源 40 枚、Ⅴ类密封放射源 90 枚，非密封液态放射源 5 枚、非密封放射性同位素 15 枚。根据新的管理要求，Ⅳ、Ⅴ类密封放射源的使用由防城港市进行监管，包括Ⅳ类密封放射源 32 枚、Ⅴ类密封放射源 50 枚。

辐射安全管理和监督检查　2016 年，防城港市环境保护局通过多种方式开展核技术辐射安全检查，开展放射源专项清查；在开展年度安全检查中，及时排查辐射环境安全隐患。年内，清理久拖未验核技术应用项目 10 余家，解决大部分医疗机构核技术利用建设项目环境保护手续问题，进一步规范核技术利用项目环境保护工作。

辐射环境执法　2016 年，防城港市环境保护局开展年度辐射环境安全年度监督检查及放射源专项清查工作。

辐射安全培训与核安全文化宣贯　2016 年 10 月，防城港市核应急办开展“2016 年防城港市核应急培训班”，组织防城港市核应急委成员单位及参加核应急公众撤离专项演习的人员近 170 人进行培训。

核与辐射事故应急管理　2016 年 11 月 24 日，防城港市核应急办首次组织开展 2016 年核应急公众撤离专项演习，演习设置 2 个演习现场，分别是市指挥中心和红沙村，防城港市副市长、市核应急委副主任蹇兴超担任演习总指挥，核应急办、隐蔽与撤离安置、医疗卫生救援、安全保卫与消防、交通运输保障、公众信息 5 个行动组参与核应急公众撤离专项演习，组织参加撤离群众约 178 名，动用各型车辆 20 余台。

防城港市国土资源局

2016 年 9 月 19 日—20 日，自治区国土资源厅厅长陈建军（左图右五，右图右四）到防城港市开展国土资源综合调研工作

2016 年，全市国土资源系统紧紧围绕厅党组和市委、政府的决策部署，以“一条主线、两条红线、三个突破、四个重点、五个要求”为抓手，努力提升国土资源服务保障水平，有力保障了全市经济社会持续健康发展，实现了“十三五”的良好开局。

年内，落实新增建设用地指标 1012 公顷，保障 146 个项目建设。新增储备土地 167 公顷，盘活存量土地 1187 公顷，清理闲置土地 364 公顷，有力推动了海湾新区、中心区核心区域的开发建设。全市供应国有建设用地 67 宗，土地面积 1246 公顷，实现土地供应价款 14.43 亿元。获批新增建设用地涉及占用耕地面积 168 公顷，其中占用水田 113 公顷，以耕地提质改造和新开垦耕地进行双挂实现占用耕地的“占优补优”和“占一补一”，连续 17 年实现耕地占补平衡。大力开展土地整治工程：竣工验收 3 个兴边富民土地整治项目，实施规模 2000 余公顷；竣工验收 3 个“小块并大块”土地整治项目，实施面积 111.5 公顷；开工建设土地开垦项目 6 个，确认补充新增耕地 361 公顷；批复并实施“旱改水”项目 17 个，开工建设面积接近 700 公顷，竣工验收项目 3 个，确认新增水田面积 127 公顷，是自治区下达任务的 1.8 倍。年度卫片违法比例为 4.4%，顺利通过自治区的检查验收，连续六年实现零问责、零约谈的预期目标，成为全区唯一一个所辖县（市、区）未被约谈和问责的地市。

2016 年 3 月 31 日，防城港市不动产登记局举行挂牌仪式，市委常委、常务副市长唐轶昂（左）和局长苏维成（右）共同揭牌

2016 年 3 月 31 日，市委常委、常务副市长唐轶昂（前右一）颁发防城港市第一本不动产登记证书

2016 年 3 月 31 日，市委常委、常务副市长唐轶昂（前左一）到防城港市国土资源局考察工作

2016 年 4 月 28 日，防城港市国土资源局领导干部到上思县玉学村开展帮扶贫困户活动

2016 年 6 月 24 日，防城港市国土资源局举办纪念第 26 个全国土地日暨欢乐西湾群众广场文艺演出

2016 年防城港市国土资源局领导班子

2016 年 9 月 12 日，局长苏维成（左三）检查上思土地平整工作

2016 年 3 月 7 日，防城港市国土资源局向全市重点产业园区、平台公司派驻国土“特派员”

2016 年 6 月 29 日，防城港市国土资源局荣获 2016 年市直机关气排球比赛冠军

防城港市住房和城乡建设委员会

2016年8月2日，住建部原部长姜传新、防城港市市长何朝建、市住建委主任张常路一行到仙人山调研

4月26日下午，市住建委主任张常路(右一)带队到勘察高铁站前路勘察沿线建设项目围墙拆除工作进展情况。图为研究项目推进过程中存在的问题

10月26日，市住建委主任带队到工地开展安全生产检查工作

5月26日，市住建委积极参与防城港市第四届“政务公开日”活动

6 月 8 日下午，市住建委组织市住建委及各县（市、区）住建局安全生产监管人员、全市建筑业企业负责人、全市在建项目经理、安全员、项目总监参加防城港市 2016 年安全生产月“警钟长鸣”生产安全事故警示教育图片展活动

8 月 31 日上午，市住建委召开防城港市 2016 年“严管工程”建筑生产安全约谈会。图为市住建委副主任颜良友（右）与严管项目建设单位负责人签订《安全生产责任明白书》

10 月 28 日—29 日，住建厅第二督查组对防城港市上思县和防城区承接自治区层面的村镇建设工作进行了督查．图为督查组正在查看屯内道路硬化建设情况

7 月 2 日，全市年中工作汇报

南屏乡少数民族乡建设项目

11 月 2 日，上思县南屏乡米强村土特产展销中心已全部竣工交付使用

11 月 21 日，图为住建委帮扶的米强村土特产展销中心

防城港市市政管理局

4 月 18 日，市委书记金湘军（右三）现场指导西湾绿道建设

9 月 20 日，市长何朝建（右一）指导北部湾海洋文化公园绿道建设

强力推进“边海经济带”项目建设。全年完成固定资产投资 30285 万元，完成了海湾绿道等 6 个项目；开工建设西湾城市沙滩二期工程等 6 个项目；推进海湾绿道（北码头至倒水坳大桥段）工程、防城港市城区电力架空线入地改造二期工程等 9 个项目前期工作。

海绵城市建设取得初步成效。编制了《防城港市排洪防涝综合规划》《防城港市海绵城市专项规划》，建立海绵城市建设项目储备库，制订 2016 年度海绵城市建设计划。投入资金 2200 万元建设绿道项目，完成绿道 5.8 公里，开工建设绿道 6.6 千米。

创建国家园林城市取得新进展。投入 4000 万元建设园林绿化工程项目，完成 4 条新建道路的绿化，改造提升一批主干道、公园广场的绿化，打造路畅景美的城市绿化走廊。完成了防城港园博园的立项、可研、用地预审和“一方案两报告”编制工作。完成防城港市绿地普查工作，大力推进创建国家园林城市的各项工作。2016 年防城港市绿化覆盖面积 1903.53 公顷，建成区绿化覆盖面积 1783.46 公顷，园林绿地面积 1704.23 公顷，建成区绿化覆盖率 30.40%。上思县城区绿化覆盖面积 296 公顷，建成区绿化覆盖面积 213 公顷，园林绿地面积 189 公顷，建成区绿化覆盖率 34.34%。东兴市建成区绿化覆盖面积 387.52 公顷，园林绿地面积 345.07 公顷，建成区绿化覆盖率 35.23%。

城市公用设施日趋完善。城区供水综合生产能力 29.6 万立方米 / 日，公共供水普及率达到了 100%。液化石油气总储存能力达 9 万立方米，天然气储存能力 36 万立方米，液化石油气供气普及率 97.89%，管道天然气供气普及率 66%。

3 月 31 日，副市长唐轶昂（左一）到市政局调研

防城港行政中心区夜景

4 月 1 日，市市政局党组书记、局长包家友（正面右二）部署 2016 年工作

10 月 21 日，市市政局党组书记、局长包家友主持“两学一做”学习教育专题培训

5 月 4 日，市市政局党组书记、局长包家友（右侧中）到上思县那琴乡那琶村开展精准扶贫

城市污染减排能力进一步增强。完成四个重点镇的污水厂建设；开工建设 10 个乡镇污水处理厂；开展农村垃圾两年攻坚工作，开工建设 7 个片区处理中心，18 个村级终端处理设施投资；投资 2.5 亿元的防城港市垃圾焚烧发电项目建成投运。生活垃圾机械化清运率达 100%，无害化处理率达 100%；医疗废物处置中心实现全市镇级以上公立医院医疗废物收集集中无害化处理。城区污水处理能力达到 4 万立方米 / 日，污水处理率达到 90.6%。

7 月 25 日，市市政局党组书记、局长包家友（前左一）向市人大代表、政协委员汇报西湾绿道建设情况

实施城市精细化管理营造良好的城市环境。成立城市管理监控指挥中心，建立市容市貌网格管理巡查制度，构建完善城管信息指挥调度反馈处理机制，全年共处理 3300 余件市容市貌整治事项。开展市政管理百日提升行动，对城市“五乱”现象、城市保洁、建（构）筑物立面空间、户外经营等 10 项重点工作开展综合整治，强化综合管理，市容市貌进一步改善。

2016 年投资 2 亿元的防城港市垃圾焚烧发电项目建成投产

2016 年建成的防城港市第一条绿道——西湾绿道

建成投入使用的东湾大道

建成投入使用的东湾大道路灯工程

防城港市港口区城市建设

3月2日，市委书记金湘军（前右二）考察棚户区改造项目

防城港市港口区城市建设投资有限责任公司成立于2006年11月，是隶属于防城港市港口区人民政府的具有独立法人资格的国有独资企业，旗下包括防城港市港口区行健旅游基础设施投资有限公司、防城港市地坤房地产有限公司两个子公司，公司以打造城市综合运营为特色的国有资本投资运营公司为目标，以建设、经营、服务城市为职能，实现城市建设任务与企业经营的两元互动。公司的主要经营范围为：城乡土地开发、城乡道路及市政基础设施建设的投资；建筑材料、五金交电；房屋租赁等。公司现有员工57人，设有“三室五部”办公室、监察室、档案室、财务部、资产管理部、计划部、预结算部、工程部，前任总经理苏铪辉，现任总经理赖胜东。

公司主要职能：

1. 融资职能。依托政府有效资产，按市场化运作方式，招商引资、银行贷款等多渠道筹措资金，满足城市建设和基础设施项目投资建设的资金需求。

2. 投资职能。投资重点是城市基础设施项目和市政公共设施，主要以政府性投资项目为主，侧重在基础设施领域。同时选择具有全局带动性和有较高收益的项目进行投资，增加收益，壮大公司实力。

3. 项目建设。公司主要负责建设安置项目和基础设施项目的建设。其中安置项目共12个棚户区改造项目，基础设施项目为亚行贷款项目。2016年新建、续建项目共31个，其中新建项目8个，续建项目23个，竣工项目5个。开展并完成的前期工作项目共有29项，为本年度项目的实施提供保障。

3月2日，副市长唐轶昂（前右二）、市政府副秘书长副陈培伟（前左二）检查棚户区改造项目

5月16日，副区长钟恒栋（左二）、总经理苏铪辉（右五）陪同自治区发改委领导检查亚行贷款项目建设情况

投资有限责任公司

2月6日，总经理苏铪辉（左二）深入扶贫点开展走访慰问贫困户

10月18日，城投公司全体员工组织学习贯彻十九大精神

公司员工集体照（一排左八为前总经理苏铪辉、一排右七为现任总经理赖胜东）

防城港市城市建设投资有限责任公司

2016 年 7 月 20 日，年中经济会现场检查高铁片区路网工程

2016 年 10 月 24 日，市城投公司总经理兰宏向全市城市工作会考察团介绍园博园项目

2016 年 7 月 28 日召开市城投公司 2016 年年中工作会

暗埠江大桥

2016 年，市城投公司在市委、市政府的坚强领导下，紧紧围绕边海经济带和海湾新区建设目标，以“四起步、四强化、四提升”为工作重点，真抓实干，各项工作有序开展，圆满完成全年各项工作任务，公司发展保持良好势头。

——党建工作扎实开展。2016 年 11 月成立公司党总支部。在“两学一做”暨基层党建工作督查中，公司党建工作获得市委组织部及上级党委的高度肯定，排名位列三大公司首位，在 14 个检查单位中，名列前茅。

——固定资产投资任务超额完成。截至 2016 年年底，完成固定资产投资 12.77 亿元(其中“边海经济带”项目 8.6 亿元全部顺利完成)，超额完成市委、市政府下达的年度任务 12 亿元，较 2015 年增长 92%。

——百日攻坚效果显著。自治区级重点项目东湾大道顺利通车。按照市委“百日攻坚”目标任务，于 2016 年 6 月 28 日顺利实现东湾大道主干道贯通，9 月 14 日正式通车，进一步完善防城港市城市交通路网，提升投资环境。首条彩色步道顺利完工。仅用 15 天的时间，保质保量完成西湾绿道红树林街段全长约 1.6 千米彩色步道建设，于 6 月 1 日向市民开放，进一步提升全市海滨城市环境和品位，并对创建“海绵城市”具有重要示范意义。高铁片区综合整治工作顺利完成。仅用 15 天的时间便完成高铁片区两个停车场及配套道路主体建设，完成土方平整 18 万立方米，完成围墙建设、美化 300 米，进一步优化高铁站交通组织、解决市民及出租车停车难等问题的同时，提升了防城港形象。

——经营管理取得新突破。一是率先创新在全市实施项目航拍管理模式。运用航拍技术按时段进行项目管理，做到一目了然，有的放矢，并将航拍图像应用在全市年中经济工作会、城市工作会等重大会议的项目展示上，获得了考察领导们的一致肯定。二是业务版块不断拓展。新成立的红树林汽车投资公司作为全市公务用车服务平台投入运营，通过“互联网 +”、微信平台等全面保障全市公务用车需求，并已成为全市最大的网约租车平台。三是过渡安置成效显著。通过购置 190 套临时过渡性安置房(其中 80 套已交付)，安置江山大道西段等项目沿线搬迁群众，实现征拆工作的较大突破，确保项目建设加快推进。

红树林街

上思县住房和城乡建设局

2017年11月8日，上思县举行城管执法人员换装仪式暨业务培训会，县分管领导韦任副县长作重要讲话、住建局黄有琼局长作重要工作指示、城管大队梁鹏洋大队长作业务培训，全县100多名城管系统执法人员全部换装完毕，这是上思城管人27年来首次换装，这次换装即是形象，更是责任，以换装为契机，建设一支管理精细化、执法规范化、服务人性化的城管队伍，推动城管执法工作再上新台阶

加强对城区市容市貌综合整治。一是通过组织军事训练、换装仪式暨业务培训会、新录用24名综合执法队员充实城管队伍、成立城管监督室等一系列工作，提高城市管理队伍的精神面貌和执法能力；二是通过开展城市管理联合“百日整治”、加大“两违”行为惩治力度、深入开展城乡“三乱”和“扬尘”等专项整治活动和实施县城区道路机动车临时停车场点收费管理，以及引进长沙中联重科环境产业有限公司推行环卫保洁服务外包等，城区市容市貌得到显著改善。

加强市政基础配套设施建设。投资600万元实施老城区等5个小区的15条旧路改造；完成以旧住宅房屋立面改造和基础配套设施为主要内容的团结路、中华路城中村综合连片整治；完成县城区出现内涝比较突出3个内涝点整治；做好县城区路灯常规维护，还完成城区部分路段钠灯更换节能灯或新安装LED节能路灯，以及在公园和新区沿江绿地等群众休闲活动聚集地安装树灯。

“美丽广西·宜居乡村”——上思县公正乡公正村天堂屯乡土特色建设项目

实施一批县城和乡镇污垃项目建设。完成5处垃圾片区处理中心和10个村级垃圾处理设施项目、上思县龙楼垃圾堆放场整治工程并恢复植被工程、叫安镇和华兰镇2座乡镇污水处理设施项目建设及配套管网工程、上思县污水处理厂提标改造工程、龙江新村直排口和冲锋屯直排口改造及配套管网工程。

乡镇村屯项目建设有序推进。结合“一村一镇”示范村建设，完成自治区少数民族乡上思县南屏瑶族民族乡的濑木漳河景观带道路、民族特产及土特产交易市场及配套道路、非物质文化遗产展示馆（博物馆）建设；实施华兰镇、叫安镇自治区乡改镇基础设施建设项目前期工作；建设期限为2017年—2018年的5个乡土特色建设项目已完成3个；完成18个村屯公共照明试点项目的建设；完成改厨改厕共17800户，比17000户任务数超完成800户；完成农村危房改造任务1660户，在自治区“四合一”及住建部、财政部组织的省际交叉核验均给予高度好评。

自治区少数民族乡——上思县南屏瑶族民族乡生态移民安置点

防城港市水库移民工作管理局

2017 年 3 月 16 日，自治区移民工作管理局局长沈永明到防城港市调研水库移民工作

防城港市水库移民工作管理局于 2009 年 4 月经批准成立，机构级别相当于副处级，机构性质为参照公务员法管理的全额拨款事业单位，由市人民政府直属管理，履行全市水库移民安置工作的管理、协调、监督、检查、指导职能。设置办公室和综合业务科 2 个内设机构，现有在编干部共 5 人。

全市建设有大中型水库（水电站）11 座，其中大型水库 3 座，中型水库（水电站）8 座。2016 年，全市纳入大中型水库移民后期扶持政策范围的人口 31443 人，其中核定登记到人 23574 人，登记到村民小组 7869 人。大中型水库移民主要分布在全市 3 个县（市、区）、17 个乡镇、87 个村民委员会、439 个村民小组。

2017 年 9 月 4 日，市水库移民工作管理局领导到防城区检查后扶项目实施工作

2017 年 9 月 19 日，市水库移民工作管理局领导陪同市政府领导到上思县公正乡东安村开展精准帮扶工作

2017 年 6 月 26 日，防城港市组织水库移民到广西水产畜牧学校参加养殖技能培训

2017 年 11 月 29 日，防城港市召开大垌水库工程下闸蓄水阶段移民安置（自）验收会议

2017 年 12 月 10 日，市交通运输局纪检组到移民局检查脱贫攻坚项目实施情况

防城港市港工基础设施建设开发投资有限公司

云约江南路

工业南路

防城港市港工基础设施建设开发投资有限责任公司(以下简称“港工公司”)成立于2007年,有7家全资和1家控股子公司,1家托管公司。自2013年以来,在市委、市人民政府及有关部门的正确领导、支持和帮助下,公司通过并购、资产运营增值等方式,总资产从2012年末的11.6亿元增加到145亿元,增长12.2倍;净资产从2012年末的3000万元增加到66亿元,增长219倍;资产负债率从97%下降到53%,下降了44个百分点。公司发起、设立自治区地级市第一支产业基金,全市第一家公开发行企业债券和非公开发行金融债务融资工具(PPN),全市第一个推行PPP模式建设项目,发行防城港市第一支企业债券募集资金16亿元,2015年发行防城港市第一支小微企业增信集合债券募集资金8亿元,累计筹融资到位资金超过56亿元,融资能力迅速增强。

公司经营范围为:城市基础设施、港口码头基础设施及产业园区基础设施的建设和运营管理,金融业、文化旅游业、交通运输业、房地产业的投资及管理,股权投资、管理及相关咨询服务。项目建设:自2013年5年以来,公司开工建设项目33个,竣工项目15个,其中道路竣工项目9个,完成道路建设23公里,累计完成固定资产投资70亿元。先后建成钢铁配套产业区主干路、金川冶炼项目进场东西路、榕木江大街东段等一批园区路网,建成北港希望小学、金湾小学和桃源小学,北部湾高中部分已投入使用。对外投资:与云南嘉明科技公司合作建设硫酸蛇纹石综合利用项目,并以此为依托,成立全市第一个院士工作站;参股中铝公司防城港生态铝项目,开启与大型国企的合作。通过我司发起、设立的北部湾(防城港)产业投资基金,先后投资了中广核电力、越洋科技、防城港联检大楼、润建通信等项目,其中,中广核电力项目于2014年在香港上市,润健通信公司于2018年3月1日在深圳交易所上市,越洋科技项目于2016年1月在新三板挂牌,已划分至新三板精选层。扶持困难企业:公司利用小微债募集资金解决企业融资难问题,通过建行向东兴市园区开发公司、广西科元、广西金滩管业、广西凯玺等多家企业发放委托贷款合计6.3亿元。广西凯玺有色金属公司厂房及设备基本完成并投产;广西金源镍业全面恢复正常生产,生产经营良好;广西科元ABS项目启动并投产。

工业南路

北高

云朗科技园

广西东投集团有限公司

2017 年 3 月 13 日，党委牌揭牌仪式

2017 年 2 月 16 日，副总李朋带队各党支部书记到市工信委交流学习

2017 年 3 月 10 日，开展基层党建工作督查（对各党（总）支部专项督查）

2017 年 1 月 12 日，两学一做专题民主生活会照片东投集团 2016 “两学一做” 专题民主生活会照片

2017 年 3 月 20 日，深入学习领会以习近平同志为核心的党中央治国理政新理念新思想新战略和 “四个全面” 战略布局

2017 年 4 月 20 日，反腐败工作会

2017 年 6 月 16 日，参观市委党校党史馆 “主题当日活动”

2017 年 12 月 21 日，志愿者服务站启动仪式

东兴市开发投资有限责任公司

东兴市开发投资有限责任公司(以下简称开投公司)成立于2013年9月，是东兴市人民政府批准成立的具有法人资格代表的国有独资企业，是东兴市人民政府授权的国有资产经营管理和基础设施投资管理机构。

公司在市委、市政府的正确领导下，扎实推进各项工作。其中：公园社区三街成功开街、东兴市体育中心体育馆、边境综合管控项目9标段已经竣工验收，6、8、10标段已完成形象进度、东兴口岸二桥综合服务区一期工程(国门楼)推进顺利、友好大道、纬三路、石子岭路、南京路在进行竣工移交手续。

员工集体照

联检大楼

东盟红木产业园加工贸易鸟瞰图

教育·科学·文化

教　育

教育综述

【概况】 2016年，防城港市教育基本情况：学校数和学生数。有各级各类中小学、幼儿园608所，在校生187427人。其中：幼儿园353所，在园幼儿40962人；小学237所（教学点281个），在校生92926人；初中41所，在校生37675人；普通高中6所，在校生16078人；中等职业学校3所，在校生0.86万人；特殊教育学校1所，在校生23人。教师数和师生比。全市有专任教师8925人，其中，幼儿园教师2473人，师生比为1∶17；小学专任教师4570人，师生比为1∶21；初中专任教师2123人，师生比为1∶18；普通高中专任教师783人，师生比为1∶21；中等职业学校教师118人，师生比为1∶41；特殊教育学校专任教师13人，师生比为1∶5。每万人口在校生。幼儿园每万人口在校生428人，小学每万人口在校生972人，初中每万人口在校生394人，普通高中每万人口在校生169人，中等职业学校每万人口在校生52.5人。基础教育普及程度。学前教育三年毛入园率76.6%，九年义务教育巩固率92.3%，高中阶段教育毛入学率88.3%。基本办学条件。占地面积及生均情况：小学215.26万平方米、23.16平方米，普通初中119.39万平方米、31.69平方米，普通高中41.22万平方米、27.3平方米，中等职业学校27.5万平方米、31.97平方米。校舍面积及生均情况：小学68.8万平方米、7.4平方米，普通初中47.18万平方米、12.52平方米，普通高中19.31万平方米、12平方米，中等职业学校5.06万平方米、10.5平方米。

【教育经费投入】 2016年，防城港市教育经费总收入191699万元，比上年多1.17亿元，增长6.52%。其中国家财政性教育经费17.93亿元，比上年多1.15亿元，增长6.86%；预算外资金收入1.24亿元，比上年多231万元，增长1.9%。教育经费总支出18.43亿元，比上年多3567万元，增长1.97%。其中财政补助支出17.29亿元，比上年多3650万元，增长2.16%。总支出中，人员经费支出114336万元，公用经费支出6.7亿元，其他支出2939万元。

【教育教学】 2016年，防城港市进一步加强市教研建设，为高中学科配备完善专职教研员；全市高考一本上线人数342人，本科以上上线人数2277人，大专以上上线人数4202人，录取的层次和质量较往年有明显提升，全市本、专科录取人数达到3882人，录取率达90.89%，本科院校共录取防城港市考生1961人，录取率为50.52%，比上年提高5.1个百分点；组织参加广西青少年科技创新大赛、广西电脑制作大赛、广西信息技术与学科融合优秀课例展示、自制教具展评等比赛活动，获得一等奖16项，二等奖45项，三等奖136项。

【教师队伍建设】 2016年，防城港市制订出台《防城港市乡村教师支持计划实施方案》，全年发放农村教师补助经费58.002万元，兑现204名教学点教师的岗位补贴；组织举办名校长、名师专项培训班，组织3000多人次教师参加培训和教学观摩交流活动；组织实施2016年中小学教师信息技术应用能力提升工程“国培”“区培”项目培训，参培教师达3061人次；组织开展教师业务技能比赛，15个学科1000多名教师代表参加，获得全国全区一、二等奖2个；全市共招录教师164人。

【学校安全稳定工作】 2016年，防城港市教育部门共组织安全专项检查6批次，检查各类学校107所，整改隐患128起；开展平安校园创建活动，组织安全应急演练1400场次，演练学生14.7万人，全市教育系统实现校园安全责任零事故。

【招生考试】 2016年，防城港市规范组织各类国家教育考试，其中，参加高考统考为4886人；参加自学考试参考人数1603人，3952科次；参加普通高中学业水平考试20201人，共53983科次；参加中考九年级10103人；参加成人高考2306人；参加广西中小学教师公开招聘考试1297人。

基础教育

【学前教育】 2016年，防城港市开展非法办园专项整治，规范全市学前教育管理，停办幼儿园11所，整改156所，认定31所普惠性幼儿园；投入2535万元建设东兴镇等7个乡镇中心幼儿园，基本实现全市乡镇中心幼儿园全覆盖；引进社会力量和资本，推进市中心区3所幼儿园建设，着力改善海湾新区幼儿园布局。全市学前三年毛入园率达到76.6%，超过三年行动计划目标1.6个百分点。

【义务教育入学政策完善】 2016年，防城港市贯彻落实《防城港市加快推进义务教育均衡发展实施方案》，制订全市义务教育均衡发展的时间表和路线图，港口区高标准通过国家级义务教育均衡发展评估验收。组织实施续建、新建农村义务教育“全面改薄”工程项目共240个。

【精准资助】 2016年，防城港市对全市81个贫困村学校实施精准帮扶，维修薄弱学校校舍项目73个，配备电教设备1371台(套)，为学校招聘充实教师95名；精准突破学生资助工作薄弱环节，实现建档立卡贫困户子女从学前教育到高中阶段教育的15年免费教育。全市落实各项学生资助资金1亿元，受益学生21.82万人次，其中建档立卡贫困户在读子女受益1.06万人。

【普通高中教育】 2016年，投资8000万元的防城港市高级中学二期如期建设投入使用，防城港市防城中学、东兴中学、上思中学改扩建工程全部建成，投资5.3亿元的防城港市北部湾高中项目进场施工建设。年内，全市普通高中完成招生5777人，完成率为103%；初中毕业生升入高中阶段学校就读学生9857人，高中阶段升学率达91.95%。

【特殊教育】 2016年，防城港市特殊教育学校办学规模进一步扩大，新招聘教师9名，增设启聪、启智4个教学班共43名学生，招收听障、智力残疾、自闭症和肢体障碍等特殊学生入校学习与康复。

【中小学校外教育】 2016年，防城港市组织开展全市中小学生弘扬和培育社会主义核心价值观诵读演讲比赛活动，参加活动师生达13万多人；选送“防城港市校园中华经典诵读”22个节目参加自治区评比；举办全市性文艺展演2场，参演人员达800多人次；举办全市性中小学生球类运动会和中小学生足球联赛，参加运动员达到1000多名，选派运动员参加全区第十一届学生运动会，获得金牌2枚，奖杯5座，全区体育道德风尚奖一项；选派青少年科技创新大赛代表参加第31届广西青少年科技创新大赛，成绩优异；“一师一优课，一课一名师”“一校一品”活动成果突出，市高级中学、市第二中学等7所学校被命名为全国足球示范特色学校，防城区第一小学等3所学校被命名为广西足球示范特色学校。

职业教育

【概况】 2016年，防城港市高起点高标准建设职业学校，实施防城港市理工职业学校新校区建设“百日攻坚”，建立项目推进倒排工期表，实行挂图作战，12月，市理工职业学校新校区项目基本建成。年内，全市中等职业学校完成市内全日制招生2020人、非全日制招生1173人；完成全口径送生4758人；东兴职校、上思职校获得自治区县级中专综合改革进步奖等荣誉，并获得奖补资金570万元。

干部教育

【概况】 2016年，防城港市共投入干部教育培训经费727万元，累计举办各类培训班390期，讲座110多场，培训干部53100多人次(厅级353人次，县处级5436人次，科级及以下47311人次)，网络培训9472人次(厅级35人次，县处级711人次，科级及以下8726人次)，境外培训8人，配合自治区党委组织部选派139名干部到中央、自治区党校和其他培训机构培训，较好地完成全年工作任务。

【领导干部教育培训】 2016年，防城港市强化理论武装，抓好学习贯彻中共十八届五中全会和习近平总书记系列重要讲话精神专题轮训，以全市县处级干部、乡镇(街道)党政正职和部分中青年干部为重点，邀请中央党校、国家行政学院的专家学者和市领导作专题辅导，举办35期专题研讨班。联合深圳市公共服务人才学院举办系列培训班，派出12批政府部门干部和企业经营管理人员共400人赴深圳学习培训。培训结束以后，学员共提政策建议400余条，为所在单位干部职工上一堂课，扩大受训5000多人次，并由市委组织部牵头组织编印《对标学习深圳成果转化案例选编》。

【少数民族干部女干部党外干部教育培训】 2016年，防城港市有计划、分层次遴选少数民族干部、女干部、党外干部到党校、行政学院、干部学院、民族干部院校进行培训，重点加强理论教育、党性教育、知识教育和领导能力教育。举办全市少数民族干部培训班，培训少数民族干部54人；举办全市妇女干部培训班，培训女干部45人；举办全市党外干部培训班，培训非中共党员干部38人。

【基层干部教育培训】 2016年，防城港市突出抓好非公务员基层干部的教育培养。坚持面向基层，以加强村级班子和干部队伍建设为主要抓手，以村级党组织书记队伍建设为重点，选准切入点，加大培训力度，大力提升基层干部素质，举办4期专题培训班，将全市285名村级党组织书记派往浙江、江苏、桂林等地轮训一遍。同时，统筹开展县域企业、非公经济组织、社会组织等主要负责人轮训工作，市本级举办2期“关注党员成长·激发组织活力”培训班，培训非公有制经济组织和社会组织党建工作人员160人。

【重要教育培训活动】 2016年，防城港市持续开展行动学习，围绕全市中心工作与改革发展大局，在市本级精选4大重点研究课题，通过甄选核心学员、制订学习计划、专题培训、组织研讨、外出调研等形式，推动课题研究向纵深发展，各县(市、区)、市直各单位参照全市重点课题，围绕本地本单位急需推进的关键任务和急需解决的关键问题，确定研究课题，形成行动学习“横向到边、纵向到底”的推广格局。同时，各级党校将行动学习理念方法纳入主体班教学内容，专题研讨中全程导入行动学习，引导学员综合运用各种研讨方法进行交流学习。深化“七项改革”，助推干部教育培训创新发展。继续推进教育培训体制改革。统筹协调推进市委党校新校园建设，督促指导上思县、东兴市等县级党校做好设置调整。探索完善教育培训运行机制。通过改进完善干部教育培训定期会商制度，于年初召开领导小组联络员会议，对本年度干部培训计划、内容进行讨论商榷，协调解决培训中存在的问题。创新拓展教育培训方式方法。围绕加强党性教育、信念教育和作风教育，引入理想信念“体验式”培训教学。从严整治教育培训“三风”乱象。通过从严监督办学，把干部教育培训纳入党建工作目标考评体系，把干部参加脱产培训纳入年度考核内容一并考评。优化提升教育培训师资队伍。加快构建教育培训信息平台。通过发挥广西公务员网络在线学习、广西七五普法在线考试和广西干部网络学院三大平台作用，组织全市各类干部参与全员培训。

党校教育

【教学业务开展】 2016年，中共防城港市委党校认真贯彻中共中央关于在干部教育培训中加强理论教育和党性教育、加强理想信念教育和道德品行教育、加强学员管理等精神和要求，严格管理，务实创新，协调推进各类培训。截至12月19日，共举办培训班35期，培训领导干部2112人次(其中主体班17期，培训干部1079人次，承接部门办班18期，培训干部1033人次)，邀请自治区党校教师70人次，各级领导上讲坛80人次(其中市领导班子成员4人次)，全面完成干部教育培训任务，新校园启用后的3个月培训量是上年全年培训的总和。继续配合市委组织部举办中青九班、中青十班等特色主体班，共培训干部60人。通过不断发展和完善“党校授课+重大项目一线实践锻炼+回校研讨+异地教学+课题成果”相结合的培训模式，增加学员理论教育和党性教育比重，推广行动学习法，进一步增强学员在一线破解重大项目征地拆迁难题的水平，做到“学中干，干中学”，得到市委领导的充分肯定。年内，共接待中央党校半年制西藏班、越南广宁省领导干部“现代产业发展”培训班和越南广宁省管理干部“党建工作”培训班等5期学员到防城港市开展“蓝色教育”现场教学活动，接待学员共计233人次。其中越南广宁省领导干部“现代产业发展”培训班是防城港市委党校建校25年来接待的首个国际班，“蓝色教育”基地成为自治区内外及中国—东盟干部交流学习的重要平台和防城港市外宣的重要窗口。此外，党校设立“流动课堂”，开展“送教到基层”活动，向市直、驻港和基层单位宣讲中共十八届五中、六中全会精神、“两学一做”学习教育内容和自治区第十一次党代会精神。年内，先后到市人大、市政协、市水利局、市林业局、市物价局、防城港火车站等单位开展“流动课堂”30余场次，“送教到基层”5场次，2人参加市宣讲团，下乡宣讲3场次，培训党员干部500多人次。

【教学科研工作】 2016年，中共防城港市委党校以课题带动为抓手，推进科研转型，科研工作取得显著成绩。一是集中力量加强课题研究。组织参加广西党校系统、广西社院以及市内有关单位年度课题招标活动，推出一批有思想、有份量、有参考价值的科研精品。完成自治区内重点科研课题研究2个，校级课题验收结项6个，获2016—2017年度重点调研课题立项3个。二是积极组织参加学术会议。先后组织领导教师参加“2016年海洋文化与广西北部湾发展论坛”、第五届“桂海论坛”暨“习近平党校工作思想”研讨会、“大石山区精准扶贫精准脱贫理论研讨会”等，并在研讨会上发言。三是推出一批理论研究成果。组织专职教师撰写理论文章，在各级报刊、网络和理论研讨会发表有较高质量的科研论文24篇。四是创新思路开展市情研究。整合资源，开展市情研究，不断加大科研咨询工作力度，充分发挥党校主体班学员的优势，借助校园网搭建的《学·理·思》平台，调动教职工和广大学员紧紧围绕市委、市政府重大决策部署，开展调查研究，拓宽咨政的信息和渠道，不断丰富科研咨询的内容，形成一批有深度、有温度、操作性强的咨政报告。此外，于11月举办一期“现代服务业教研咨一体化专题研讨班”，以及组织教师学员撰写咨政报告。

【新校园建设】 中共防城港市委党校新校园是市“三个一批”重点项目之一，于2013年6月正式动工，2016年9月8日，占地面积8公顷总投资约1.2亿元的新校园一期工程正式落成启用，并举行2016年秋季学期开学典礼。市领导金湘军、班忠柏、袁国华、梁宗勇出席开学典礼。市委书记金湘军发表讲话并为秋季学期160多名学员上党性教育专题辅导课。新校园一期工程配套有办公楼、教学楼、报告厅、学员宿舍及餐厅等，总建筑面积约3.6万平方米，能同时满足近300名学员培训需要。

【基层党校建设】 2016年，防城港市强化“大党校、大队伍、大教育”理念，着力提升全市党校系统整体工作水平。一是完成县级党校设置调整工作。9月，防城港市委党校东兴分校在东兴党校正式挂牌成立。二是加强对县级党校改革工作的指导力度。2016年，市委党校领导2次深入东兴市和上思县两所县级党校进行调研，督导全力做好自治区县级党校办学水平达标评估迎检的准备工作。三是强力推进乡镇党校和示范基地的规范化建设。在完成第一批乡镇党校及教学培训基地规范化建设示范点建设指导及验收后，通过督导验收，完成6个乡镇党校及6个教学培训基地规范化的建设工作。四是开展农村党员大培训。年内，通过专家讲授、现场指导等教学方式，全市各乡镇、示范点共举办各类培训班1200多期，培训农村干部、党员和其他群众15万多人次。

【人才队伍建设】 2016年，中共防城港市委党校按照《党政领导干部选拔任用工作条例》的程序和要求，提拔任用一名年轻干部任副科长；选派1名教师参加全市中青年干部实践培训班，选派20余名教师参加广西区委党校、广西社会主义学院及北京、河南等地开展的业务培训等，促进师资队伍更新教学理念，转变教学方法、提高业务素质和教学水平。

科　学　科　技

【概况】 2016年，防城港市科技工作围绕边海经济带建设，主动适应经济发展新常态，深入实施创新驱动发展战略，以科技创新支撑引领经济转型升级为主线，进一步推动经济转型升级、提质增效。年内，市政府印发《防城港市科技成果转化大行动实施方案》《防城港市发明专利双倍增计划方案》，市科技局与市农委联合印发《防城港市农业科技创新体系实施方案》等文件，为全市科技创新提供良好的政策环境。年内，完成申报自治区级科技计划项目

49个，其中获自治区科技项目立项15项，科技经费支持700万元；国家、自治区和市级共有25个科技项目通过验收结题；立项实施市本级项目23个，安排科技经费290万元。

【创新研发平台建设】 2016年，防城港市组织防城港中一重工有限公司、防城港海世通食品有限公司等两家企业申报2016年自治区工程技术研究中心，2家企业研发平台认定为广西工程技术研究中心。指导广西雅美好绿色资源股份有限公司、广西德骏门窗幕墙有限公司等8家企业申报高新技术企业。1月—10月，列入市政府重大项目的科技企业孵化器完成投资802万元，占年度计划的100.25%。优先安排年度财政补助经费，在市本级科技经费中，安排给科技企业孵化器30万元。指导明华科技企业孵化器、榕华企业孵化基地不断完善各项基础设施、制度和孵化能力建设，并指导明华科技企业孵化基地申报国家级认定。

【创业平台建设】 2016年，防城港市科技部门加快搭建众创空间等创新创业平台，营造良好的创新创业生态环境，打造经济发展新引擎。深入"IT"小镇门户、北部湾明华创业梦工厂、榕华创业之家等众创空间调研，指导开展有关工作。承办广西北部湾第三届"高新杯"科技创新创业大赛，组织12家企业、5个团队参加全国创新创业大赛，两家企业入围全国总决赛。明华、榕华2家众创空间被认定为国家级众创空间。

【发明创造】 2016年，防城港市与各县(市、区)签订发明专利责任状，把2016目标任务分解下达。深入开展全民发明创造活动和专利增长倍增计划，开展知识产权保护宣传教育及专利执法维权活动，共检查100多件专利产品，查处12件假冒专利产品。做好专利申请服务工作，定期或不定期深入企业开展专利调研、指导工作，举力专利培训班3次。引进专利代理机构，全市拥有专利代理公司5家。截至2016年年底，全市有效发明专利拥有量224件，每万人口发明专利拥有量2.47件，同比增长77.7%；发明专利受理量1691件，超额完成比例275.8%；每万人口发明专利拥有量增长率和发明专利受理量超额完成率均居全自治区第一名。

【科技交流与合作】 2016年，防城港市充分利用广西科技活动周、重庆高交会、北京科博会、杨凌农高会等国内国际科技交流交易大平台，采取"走出去，请进来"等方式，组织企事业单位广泛开展科技"一招三引"活动，加大与中国农业大学、广西林科院、广东海洋大学等科研院所的科技合作，建立一批"产学研"合作基地。市政府与广西林科院签订合作框架协议，合力推进香茅草、岗松等产业发展，助推市扶贫工作。在防城区那梭镇建设香茅草种植示范基地13.33公顷、在港口区公车镇建设岗松种植示范基地6.67公顷。设立"东盟香料香精工程研究中心"及中国农业大学港口区教授工作站、中国林业大学上思教授工作站等产学研创新平台。

【科技扶贫推进】 2016年，防城港市科技与扶贫实现深度融合。在上思县、防城区实施多个科技扶贫专项，安排精准扶贫科技项目资金占全年科研资金50%以上，组织开展送科技下乡活动5次，举办技术培训班12期，受训党员群众800多人，发放《新农村技术》杂志1000多册，技术资料5000多份，接受群众咨询3000多人次，在防城港电视台播放《农村科技新视界》节目120期，建成农村科技书屋45个。全市共选派30多名农村科技特派员，进驻包括扶贫村开展科技帮扶工作，创建和巩固发展利益共同体7个，帮助农民群众引进新品种5个、新技术9项，转化科技成果13项。

气象事业

【概况】 2016年，防城港市气象局内设机构4个：办公室、人事教育科、业务科和政策法规科；直属事业单位5个：财务服务中心、气象台、大气探测中心、气象科技服务中心(防雷中心)、气象信息与技术保障中心；地方机构4个：防城港市气象灾害防御管理办公室、防城区气象灾害防御管理办公室、上思县气象灾害防御管理办公室、东兴市气象灾害防御管理办公室；下辖防城、上思、东兴3个县级气象局和独立的县级机构防城港天气雷达站。市局领导班子：党组书记、局长陆志斌，纪检组组长卢峰本，副局长朱敬海、周启强。

【气象灾害】 2016年，防城港市主要气象灾害事件：低温冷冻、强对流、暴雨洪涝、台风。

低温冷冻 1月21日，防城港市出现2016年入冬最寒冷的天气。24日港口、防城、东兴、上思最低气温分别为2.3℃、1.8℃、3.4℃、0.6℃，山区出现零下3.7℃低温，东兴、防城日平均气温破历史最低记录，防城港最低气温破建站以来最低记录，防城最低气温破1月历史最低记录。24日，防城港市四个国家级气象站均观测到出现雨夹雪，较为明显的区域为上思县大部、防城区山区、东兴市山区；同时上思县大部、防城区山区、东兴市山区出现结冰现象。25日凌晨，上思县大部、防城区部分山区出现霜冻；22—24日连续3天，北部湾海面出现阵风为9到10级的偏北大风。据不完全统计，截至27日，全市农作物受冻面积已达1.84万公顷，初步估算经济损失超过1000万元。

强对流 2016年1月23日、2月14日和3月10日受南支槽、冷空气和切变线共同影响，防城港市大部地区出现强雷暴天气，部分地区出现7级以上雷雨大风。4月10日—11日受冷空气和切变线影响，防城港市上思和东兴部分地区出现冰雹。

暴雨洪涝 2016年，防城港市全年2次强降水过程：6月14日—16日、6月29日—7月6日。其中6月29日—7月6日强降雨过程具有范围广、强度强、持续时间超长、累计雨量特大等特点，过程雨量最大出现在华石火龙果基地，达到955.2毫米。据统计，6月30日20时至7月6日8时，全市受灾人口为25221人，农作物受灾面积为1200公顷，转移人口520人，倒塌房屋12间，公路中断32条次，无人员伤亡，直接经济总损失3803.92万元。

台风 2016年，防城港市共有4个台风：1603号台风"银河"、1604号台风"彩虹"、1608号台风"电母"和1621号台风"莎莉嘉"。其中台风"莎莉嘉"10月19日登陆东兴市，海面风力强、局地雨量大。①"银河"影响：7月26日08时到7月29日08时，过程雨量最大出现在防城区垌中镇板八街,达到208.7毫米,最大极大风出现在白龙,风力达到26.4米/秒(10级)。②“妮妲”影响:8月1日20时到8月3日20时,过程雨量最大出现在上思那琴乡,达到84.7毫米,最大极大风出现在防城区三曲水库,风力达到22.4米/秒(9级)。③“电母”影响:2016年8月18日08时到20日08时,过程雨量最大出现在防城的天马岭,雨量为256.8毫米,近海白须公礁出现了12级的大风(32.9米/秒)。据统计,全市受灾人口为25858人,农作物受灾面积为3425公顷,转移人口7505人,倒塌房屋9间,没有人员伤亡。直接经济总损失3179万元。④“莎莉嘉”影响:10月18日08时到20日08时,过程最大降雨出现在上思县十万山公园,雨量为422.2毫米,风力最大出现在白须公礁,风力为27.5米/秒(10级)。据统计,全市受灾人口16.7451万人,倒塌房屋2间,转移安置人口1.3574万人,无人员因灾死亡,直接经济总损失14458万元。

【气象服务】 2016年,防城港市召开与气象相关的新闻发布会4次,发布《重大气象服务专报》11期、《气象服务信息》68期、《气象服务参考》44期,预警信号403次,短信540多条,近3000多万人(次)接收到手机短信预警信息。官方微信“防城港市气象”正式上线运行。将全市220多种养殖大户纳入直通式气象服务平台,并联合农业和水产养殖部门商议生产建议,结合天气形势,为直通式服务对象提供种植养殖服务和建议。市局参与城市规划等应用服务,协助防城港市市政管理局开展中心城排水防涝综合规划编制工作;在防城港市春运、“三月三”、高考、国际龙舟节、海上搜救、“4·16”泄漏燃烧事故应急救援等重大活动及事件保障工作中服务准确及时。市人民政府与各县(市、区)人民政府签订人影安全责任协议,签订率100%。年内,开展人工影响天气作业2次,完成防城区垌美农场第十三队及上思县在妙镇有生村两个人影标准作业站点建设。开展智慧气象+水产养殖项目和江平防灾减灾标准化示范乡镇建设。上思县甘蔗气象服务标准化试点项目获自治区质量技术监督局立项。东兴市获中国气象局“三农”支持经费30万。全市各级气象部门严格执行重大信息报告制度,年内未有人员因气象灾害出现伤亡。

【气象现代化建设】 2016年,防城港市完成气象现代化评分体系具体任务的分解。年内,落实地方经费340万元支持气象现代化工作,落实大喇叭、自动站维护政府购买服务42万元,上思县落实地方绩效奖。“智慧气象+水产养殖”项目成功获得自治区气象局科研立项和市财政40万元专项经费支持。防城港国家气象观测站搬迁项目可研通过审批并开展迁站工作。上思县在妙镇、防城区华石镇获中国气象局标准化气象灾害防御乡(镇)认定。新一代天气雷达信息处理楼和东兴市、防城区气象预警中心正在抓紧建设中。

气象基本业务与建设　广西天气预报服务集约化业务系统、广西农业气象服务集约化系统和县级综合气象服务平台运行正常。

公共气象服务系统建设　微信公众号上线运行。全市新建成68套农村气象预警大喇叭,实现乡村基本能通过大喇叭收到气象预报预警信息。

预报预测系统建设　精细化预报已开展到所有乡镇。中小河流域及山洪地质灾害平台正常运行,在市气象台设立有micaps和山洪共享服务器供各县局使用。“两系统一平台”(广西天气预报服务集约化业务系统,广西农业气象业务集约化系统,广西县级综合气象条目及服务平台)以及MICAPS、PUP、国家突发事件预警信息发布系统等预报预测和预警服务业务系统运行正常,开发的本地雨量监控报警系统在全市气象台站推广使用。广西海洋气象预报业务平台、广西精细化气象格点预报系统投入业务使用并运行正常,开展基于格点预报的全市乡镇精细化天气预报业务。

综合观测系统建设　装备动态管理系统、ASOM2.0系统投入业务运行,基于CIMISS数据环境的气象资料业务系统升级和业务运行调整工作mdos2.0投入业务使用;上思回南天观测站投入业务;全市4个国家站完成降水天气现象仪安装、观测场通讯改为光纤通讯、建设风塔工作;配合区局装备保障中心开展负离子选址工作。10月12日,完成新一代天气雷达现场验收和业务验收。

信息网络通信系统建设:全市均完成高清视频会商系统建设。市局购买360天擎终端安全管理系统,对全局计算机进行集中管理。

【气象依法管理】 2016年,防城港市制订《防城港市防雷减灾体制改革实施方案》并得到自治区气象局批准;依法组织全市中小学校防雷安全排查,共检查326所学校1434栋建筑物,发现有861栋存在未安装防雷装置或安装的防雷装置不合格,占所检查学校建筑物的60%;开展危险化学品和易燃易爆物品大排查大整治活动,共检查危化品场所48个,查出隐患2处;开展防城港国家气象观测站搬迁工作;实施安全隐患巡查31次,制止5起违法行为。

【气象科技和人才培养】 2016年,防城港市在气象科技方面上报自治区科研储备项目3项,立项课题2项,组织验收课题2项。其中,上报自治区的科研储备项目《防城港市海水养殖智慧气象服务系统研究》成功申报自治区气象局重点科研计划项目,承担的市科技局厅局级项目《防城港市城市热岛效应研究》成功验收。有3项科技成果在中国气象局进行科技成果登记。在人才培养方面:选派县局副局长2人参加综合素质培训、县局参公人员10人参加综合素质远程培训、2人参加全国气象基础知识培训,全市气象部门参加业务、技能培训共189人次。上思县气象局获全国远程培训示范点授牌荣誉称号。出台《防城港市气象局创新团队建设与管理办法(试行)》,组建台风、暴雨创新团队共2个。考核调任2名年轻优秀干部进入机关参公队伍;选派一名干部参加全市驻村精准扶贫工作。年内,1人获副研级高级工程师、5人获工程师任职资格,2人通过中级经济师全国统考,4人获助工任职资格。

防震减灾

【概况】 防城港市防震减灾的管理机构为防城港市地震局,其前身为防城港市防震工作办公室,成立于2003年,为市政府直属工作部门。内设综合科、观测科、抗震设防科、地震应急救援科等

4个科室，共有事业编制10个，领导职数2个。2016年，在职人数10人。

【地震监测预测】 2016年，防城港市抓好震情监测与跟踪工作。印发节假日和特殊时段的震情跟踪保障方案，进一步加强震情值班，严格执行宏观监测异常零报告制度；保障数字地震观测指挥中心的正常运转。2016年，防城港市获自治区地震应急指挥中心质量考核三等奖，地震应急基础数字库评比二等奖。抓好观测预报基础工作。完成地震宏观监测基地项目围墙、鱼塘建设，完成土地平整和道路硬化工作。做好地震监测虚拟台、流动台的维护。完成广西地震烈度速报与预警系统（防城港）项目11个台站建设工作。抓好震情会商工作。每一季度都召开地震会商会，通报自治区最新震情会商结果，根据本市实际情况进行分析研判，提出地震预报会商意见，并对下一阶段的防震减灾工作进行安排。抓好宏观测报网建设。进一步充实地震宏观监测点和宏观监测员，明确防震减灾助理员及其职责；对宏观监测员开展走访慰问与业务检查活动。对全体地震宏观观测员进行培训。

【震灾防御】 2016年，防城港市细化抗震设防监管。在项目报建的审核工作中，准确提供抗震设防要求及具体参数给项目业主及设计、施工单位，要求其按照抗震设防要求进行抗震设计与施工，并积极做好跟踪服务和指导，努力将监管工作落到实处。强化抗震设防基础。在不断完善防城港市行政中心区的地震小区划成果的基础上，对需要进行地震安全性评价才能确定抗震设防参数的重大工程、特殊工程，要求业主与国家地震局联系，及时进行安全性评价，以实际行动夯实抗震设防基础。参与行政审批改革。按照国家和自治区的要求，推进抗震设防行政审批改革，根据新的操作规范，修改一次性告知。所有抗震设防行政审批不再收费，减轻业主的负担，提高其做好震害防御的积极性。

【地震应急救援】 2016年，防城港市地震局拟定2016年广西桂东南区地震应急区域协作联动演练实施工作方案、演练活动方案、演练脚本、培训方案，在自治区地震局地震局领导的指导下圆满完成了演练任务。开展地震应急演练活动。会同市教育局印发文件，要求中小学校每年开展1次以上的地震应急疏散演练。年内，所有中小学已完成演练任务。在“5·12”期间，市地震局与市教育局、市红十字会等单位到防城中学、市苗壮幼儿园指导开展地震应急疏散和自救互救演练活动，取得很好的效果。10月，防城港市地震局组织全市地震系统干部职工在仙人山开展一次地震现场工作演练。11月，参加玉林市人民政府组织的1300多人参与的防震减灾综合演练，提高市地震局干部的应对地震能力。抓好地震现场应急救援队的组建工作。做好“防城港市地震现场应急救援队”筹建工作。在此基础上，召开市地震局、市教育局、人防办、红十字会、消防队领导参加的协调会，达成每年联合开展演练活动三次以上，加强部门应急队伍间的培训交流。加强地震应急装备配备和完善应急基础设施。2016年，检查应急避难场所设施，投入10多万元进行维修和完善，确保出现紧急情况能够投入使用。投入3万多元，充实防城港市地震应急现场工作队应急工具和应急生活装备。防城港市地震局被评为2016年度全区地震应急工作先进单位。

【防震减灾宣传】 2016年，防城港市地震局组织学校开展演练并发放资料宣传。与市教育局联合发文，要求全市中小学积极开展防震减灾宣传工作，开展演练活动，发放《学校防震避险知识宣传画》、防震减灾宣传购物袋及宣传资料。利用地震公共服务（微信）系统宣传。通过地震微信公众号，向公众实时速递全球震情消息，提供应对方法；向公众提供来自全球地震台网中心权威可信的地震信息，发挥科普识谣功能。在城区主要街道设点开展宣传咨询活动。5月12日，组织市、县两级地震部门在港口区兴港大道等主要街道设立宣传咨询点，面向公众开展防震减灾法律法规及知识的宣传活动。组织人员参观防震减灾科普教育基地。投入10万元经费完善防震减灾科普教育基地，组织防震减灾工作领导小组成员单位领导、防震减灾助理员、中小学生参观科普教育基地，普及防震减灾科普知识。参加全市科普知识进校园活动进行宣传。在5月科普活动周期间，参加市科技局组织的科普知识进校园活动，制作防震减灾知识宣传版报到市一中、市五中、企沙中学等学校摆放并发放宣传资料进行宣传。在防城港市新闻网上开设专栏开展宣传。与防城港日报社合作在防城港新闻网上开设防震减灾宣传专栏，利用防城港新闻网、《防城港日报》的微信公共服务号受众多的优势，报道防震减灾工作动态，开展防震减灾科普知识和法律法规宣传。

文　化

公共文化

【概况】 负责防城港市公共文化工作的部门是防城港市文化委员会，成立于2014年10月底，是由原防城港市文化体育新闻出版局和原防城港市广播电视电影局合并而成。市文化委机关设12个科室，管理6个直属单位，全委共有在岗干部职工近200人（含聘用）。2016年，防城港市致力打造边海文化名市，在全力推进公共文化服务体系建设，推进创建国家公共文化服务体系示范区工作的同时，举办多场在国内外有影响力的文体活动，积极开展对外文化交流活动。

【公共文化服务体系建设】 2016年，防城港全力推进公共文化服务体系建设。市委、市政府先后印发《防城港市创建国家公共文化服务体系示范区创建规划》等5份文件部署实施创建工作，加速推进制度设计课题研究，打造一批工作亮点特点，完善公共文化机制体制建设。分两次下达市、县（市、区）各工作单位创建专项资金1298.9万元，推进实施33个创建项目和工作事项，取得初步成效。自治区下达的1200万元资金全部到位；第三批国家公共文化服务体系示范区创建标准（西部）有7个方面32个项目94项具体指标，由市级层面推进完成的具体指标为10项，市及县（市、区）推进完成的具体指标为84项，推进完成创建指标任务75项，占80%。年内，举办“周末读书汇”活动8期，举办读书讲座2期、举办展览2期；完成全市地方戏曲普查信息采集；完成自治区下达100家农家书屋出版物补充更新配送工作；成立防城港市画院。总投资400万元，完成村级公共服务中心建设项目共10个；投资355万元，开展“欢乐西湾”“明江之夜”等群众广场文艺演出活动20余场，以及各级群艺馆、图书馆、文化馆(站)开展各项免费开放服务活动；向自治区争取到220个“边疆万里数字文化长廊”建设点，每个建设点获国家配送2.5万元数字文化设备；向文化部争取到50个“阳光服务”文化志愿者名额，每人每月可获得国家补助资金500元；防城港宝兴工艺品有限公司实施岗松工艺创意产品拓展项目获得50万元自治区级文化专项资金；文化委资助扶贫联系村—东兴市江平镇横隘村5万多元建设文化长廊、一套健身路径；资助“美丽乡村”联系点——东兴市江平镇吒祖村1万元购买的150个垃圾桶。

【艺术创作与演出】 2016年，防城港市坚持以“中国梦”为时代主题，加强艺术创作，讲好“防城港故事”。据不完全统计，全市全年创作各类艺术作品共1063个，其中音乐作品3个，舞蹈作品11个，戏曲作品7个，微电影作品2个，美术作品230件(幅)，书法作品350件(幅)，摄影作品460件(幅)。其中以防城区茅岭采茶剧团为故事原型，反映防城港市基层民间剧团传承发展戏曲艺术的微电影《唱采茶》和反映留守儿童的微电影《老师的孩子在班上》，获“中国梦·美丽南方”第二届广西微电影大赛故事类入围优秀影片。《唱采茶》参加文化广西”微视频征集评选活动获最佳作品奖。2016年，开展全市迎春文艺晚会暨2015年防城港市优秀获奖节目汇报演出、2016年防城港市迎春美术书法作品展、组织61场春节送戏下乡演出活动；承办2016年“春雨工程”——全国文化志愿者广西行暨第八届“魅力北部湾”(防城港)系列群众文化活动，广受好评；于2月初和9月初分别在东兴市马路镇和防城区那良镇板蒙村组织开展文化科技卫生三下乡演出活动；组织开展2016年防城港市“欢乐西湾”群众广场文化活动，全年共开展18场活动；以“深入生活、扎根人民”为主题，广西演艺集团和广西杂技团深入防城港市基层开展2016年“唱响八桂中国梦　艺术精品到基层”惠民演出共14场。引进新编历史壮剧《冯子才》、交响乐组曲《海上丝路》和音乐剧《山歌好比春江水》等多场优秀剧目，城乡群众尽享文化大餐。

【文物博物】

文物博物保护　2016年，防城港市文化委员会根据国家和自治区文物管理局加强抓好建筑类文物保护单位消防安全工作的文件精神，在将国家文物局、公安部联合印发《文物建筑消防安全管理十项规定》和广西壮族自治区文物局《文物建筑消防安全标准化管理办法(试行)》印发相关单位部门的同时，结合实际贯彻落实，认真抓好辖区内文物建筑消防安全管理工作。2016年5月起，组织开展文物建筑消防安全标准化管理各项工作，明确文物消防安全职责，每季度组织一次消防安全“四个能力”建设自我评估，指导各级博物馆(纪念馆)和文物保护单位加强消防基础工作，按照文物消防安全标准配备消防器材，确定消防安全责任人，签订消防安全责任状，制订灭火应急预案，加大看护力度和日常巡查，开展消防演练，提升文物安全突发事件的应急处置能力。2016年，防城港市县两级文化部门对包括15家建筑类文物保护单位在内的全市百余处文物点进行30次日常巡查，发现火灾安全隐患15处，督查整改15处。2016年8月，印发《防城港市文化委员会开展文物法人违法案件专项整治行动(2016—2018年)的通知》，根据国家文物局《关于开展文物法人违法案件专项整治行动的通知》要求，在全市组织开展集中整治行动。重点查处六类案件：一是破坏、损毁不可移动文物本体的案件；二是擅自迁移、拆除、修缮、原址重建不可移动文物的案件；三是文物保护单位保护范围、建设控制地带内违法建设案件；四是擅自改变国有文物保护单位用途的案件；五是开发建设活动造成不可移动文物大规模消失的案件；六是涉及革命历史类纪念设施、遗址和全国爱国主义教育示范基地的案件。

重点文物保护　2016年，防城港市投入国家重点文物保护专项资金260万元开展白龙炮台、企沙石龟头炮台等文物保护单位的修缮工程。3月，投入15万元开展皇城坳遗址试掘。

文物博物场馆建设　2016年，防城港市全力推进市博物馆陈列布展工作，多次组织人员赴上思、防城峒中等地征集壮族、瑶族、客家民俗用品，征集到民族服饰、纺织缝纫工具、建筑构件、日用陶瓷器等500余件，征集到东山文化铜釜、铜凿，明清时期青花瓷盘、粉彩瓷碗等200余件，博物馆文物数量从最初的34件上升为的4100件，三级以上珍贵文物达100余件，实现涵盖历史文物、民族民俗文物、建港建市文物以及海洋生物标本等多种藏品类型。3月23日，开通防城港市博物馆微信公众号；5月18日，正式开通防城港市博物馆网站。网站主要展示防城港市文博工作动态以及有关法律法规，微信公众号则主要展示工作动态。

【非物质文化遗产保护】 2016年广西“壮族三月三”期间，防城港市组织开展“三月三“山歌对唱交流会、渔歌唱响中国梦“三月三”渔家歌会等9场丰富多彩的文化活动；围绕“加强文化遗产保护　振兴传统工艺”的主题，组织开展防城港市2016年非物质文化遗产专场展演、东兴市“文化遗产日”文艺展演、东兴市非物质文化遗产项目展示、京族体验活动和上思县非物质文化遗产成果展等活动，通过主题标语宣传，印发非物质文化遗产相关知识文字材料，在文化有缘公众平台设置专栏，宣传全市非物质文化遗产国家级和自治区级项目，传播文化遗产保护理念。组织开展第六批自治区级非物质文化遗产代表性项目名录申报工作和第三批市级非物质文化遗产代表性项目名录工作，经评审和科学认定后提出推荐名单，将项目向社会进行公示无异议，并由市人民政府下文公布后，确定《京族风吹饼制作技艺》《高跷捞虾》和《过山瑶服饰制作技艺》3个项目为第三批市级非物质文化遗产代表性项目名录。

【文化名镇名村申报】 2016年，防城港市组织开展历史文化名镇名村申报工作，12月，《广西壮族自治区人民政府办公厅关于公布第三批自治区历史文化名镇名村的通知》公布防城港市防城区那良镇为第三批广西历史文化名镇。

【对外文化交流】 2016年,防城港市成功举办2016年中国东兴-越南芒街元宵足球赛、防城港市国际海上龙舟节、中国—东盟青少年足球邀请赛等对外交流赛事。6月22日—27日,赴波兰热舒夫市参加东欧文化节活动,参加主音乐会、户外飞行表演、飞机展示会等活动,参观艺术展览馆等文化场馆。

广播电视

【广播电视建设】 2016年,防城港市继续推进卫星电视广播地面接收设施专项整治工作,扎实推进广播电视节目乡镇无线覆盖工程建设,截至8月13日,完成3个台站土地租用协议,落实配套资金24万元。10月27日,完成市广播电视台迁建工作,市广播电视台整体搬迁到红树林大厦办公。

【广播电视宣传和舆论引导】 2016年,防城港市牢牢把握正确舆论导向,做好管理和引导全市广播电视宣传报道工作。编写《广播电视节目监听监看简报》,按照正面宣传为主、导向正确、提高正能量的要求加强对辖区内广播电视媒体的管理,全市文体广新系统未发生安全生产责任事故。市广播电视台《防城港新闻》《今晚新播报》等栏目紧紧围绕市委市政府推进边海经济带建设、建设海湾新区等中心工作,开设《服务一带一路战略 推进边海经济带建设》《"两学一做"学习教育》等专栏。全年在中央电视台播出新闻42条,其中《新闻联播》播出2条;广西电视台播出新闻426条,其中《广西新闻》播出66条,《广西新闻》头条5条。完成全年播出任务。

体育事业

【体育投资】 2016年,防城港市完成7000多万元的体育彩票销售额。在体育固定资产投资方面,上思县风雨棚综合训练馆项目完成总投资150万元,长龙水上乐园投资600万元;港口区完成投资200万,占总投资额的13.3%。防城区全部完成投资任务。

【全民健身】 2016年,防城港市制订《防城港市全民健身实施计划(2016—2020)》,继续指导各类体育协会等开展群众体育活动,推进2016年广西国民体质监测筹备工作。年内,开展三期社会体育指导员培训,共培训二级社会体育指导员105人;抓好"雪炭工程"项目——上思县全民健身中心建设的前期工作,完成2016年全民健身路径项目的建设工作;成功举办2016年第八届广西体育节防城港市10项群众体育健身活动等赛事,活动情况在央视5套《体育世界》栏目播出。

【群众体育】 2016年,防城港市成立足球、篮球、海钓等13个市级协会和体育俱乐部,市本级体育社会组织达23个。建立30个社会体育指导站,社会体育指导员达260多人。继续发挥华业体育园全国全民健身活动中心的带头作用,推进广西业嘉投资集团东盟边海足球训练基地开发,培育广西兴达海上文化体育发展有限公司在体育赛事、体育培训、"体育+旅游"的创新产业路子。年内,成功举办2016年中国东兴—越南芒街元宵足球赛、防城港市国际海上龙舟节、中国—东盟青少年足球邀请赛等对外交流赛事。

【竞技体育】 2016年,防城港市成功举办"众神健身杯"首届北部湾健身健美公开赛、广西大众跆拳道锦标赛及中国东盟四国足球赛等高等级的国际比赛。

文化市场和新闻出版管理

【文化市场专项整治】 2016年,防城港市抓好元旦、春节、"五一"、国庆节等特殊时期文化市场专项检查行动,确保节假日全市文化市场平安稳定、健康发展。年内,共出动执法人员4480人次,文化市场经营场所2340家次,督查各县(市、区)文化市场165家次,指导区县执法机构26次,立案查处3例,办结案件3例,其中办结1例网络案件,得到自治区文化稽查总队的好评。

【"扫黄打非"专项整治】 2016年,防城港市"扫黄打非"专项整治行动取得成效,全年共开展2次集中行动,收缴非法音像制品1200张,盗版图书200册。在"4·26"全国侵权盗版现场销毁活动防城港分会现场上,销毁盗版图书、音像出版物1万张(册)。

【出版物市场、印刷复制业监管】 2016年,防城港市对出版物市场、印刷复制业开展集中专项整治行动,一是开展2016年春季学期中小学进校教辅材料专项检查,二是对企业印刷复制发行有关规章制度、盗版盗印工作情况进行了专项检查。同时,通过举办政府机关使用正版软件工作培训班、组织核查,规范使用等方式推进软件正版化工作。年内,在封堵和查缴政治性非法出版物、扫除淫秽色情文化垃圾、惩治侵权盗版行为、"扫黄打非"进基层等方面得到自治区好评。

《防城港日报》

【概况】 2016年,防城港日报社设有13个内部机构,分别为:办公室、编务室、要闻部、政文部、副刊部、记者部、通联部、财务部、广告经营部、发行部、特刊部、出版部、新媒体中心。有正式在编人员49人,具有正高级职称1人、副高级职称7人、中级职称14人、初级职称14人。

【重大新闻采编】 2016年,防城港日报社报网融合发展,主要完成推进边海经济带建设、海湾新区建设、"两学一做"学习教育、精准扶贫、抓绩效提升,促作风转变、创建国家公共文化服务体系示范区、"十三五"开好局起好步、全面深化改革、查处群众身边的"四风"和腐败问题、我们的价值观、纪念中国共产党成立95周年、纪念红军长征胜利80周年、学习贯彻中共十八届六中全会精神、盘点2015、民生报道、"百名博士"防城港行以及市党代会、"两会"等50多个重大活动报道。其中边海经济带建设累计刊发稿件160多篇(幅),海湾新区建设自4月中旬以来一直保持每周2篇以上的发稿量。对市第六次党代会、市"两会"的宣传报道,防城港日报社专门制订了报道方案,成立报道小组,把任务进行细致周密的分解,组织20多名采编人员投入到党代会、"两会"报道工作之中,采写见报的消息、通讯、专访、侧记、图片等稿件210多篇幅，仅党代会专版就有9个、“两会”专版达18个。年内，防城港日报社在《防城港日报》刊登我们的价值观公益广告50多个版面，刊登党委、政府各类公示、公告等10多个版面。全年转载新华社、人民日报社重要新闻和时政新闻500多篇幅。

【专题报道】 2016年，防城港日报社不断加强报网专题策划的力度，推出不一样的2016、春运、学雷锋、我们的节日以及建国前防城港市优秀共产党员先进事迹、图说东盟博览会、防城港经济腾飞的翅膀、关注海洋健康，守护蔚蓝星球等30多个特别策划专版、专栏、专题。通过策划，围绕一个主题开展宣传报道，把主题新闻做大做强，进一步拓展了新闻报道的深度和影响力，收到很好的宣传效果。新媒体围绕社会民生热点，采访报道一大批网民关心关注的热点新闻，如《东兴：科学种植让紫玉淮山“躺”着长大》《防城港农民的橘子卖不出去怎么办？爱心人士来帮你》《港口区冲孔村：“渡槽”桥梁存隐患，村民出行好揪心》等，获得广大网民的一致好评，传播正能量。年内，防城港日报社在《防城港日报》、防城港新闻网上开设“十三五”开好局起好步、抓绩效提升，促作风转变、践行“两学一做”，建设海湾新区、创建国家公共文化服务体系示范区、代表委员谈“我市十三五规划”、“扬帆破浪，推进边海经济带建设”、精准扶贫进行时、全面深化改革进行时、学《准则》《条例》，守纪律规矩、我们的价值观、正风肃纪，抓好换届、查处群众身边“四风”和腐败问题专项工作媒体行、加快边海经济带建设，奋力实现“两个建成”先行区目标、扶贫济困，你我同行、深入学习贯彻中共十八届六中全会精神等38多个宣传专栏，刊发相关新闻1600多篇幅。

【新闻参评】 2016年7月，2015年度广西新闻奖评选结果揭晓，防城港日报社选送参评的作品有13件获奖，其中，一等奖2件，二等奖4件，三等奖7件，部分年轻记者走进获奖殿堂。13件获奖作品分别是：侯东光、张若衡、宋浩源采写的消息《650辆板车一年从越南拉回46亿元》（编辑：刘云南）荣获消息类一等奖，覃丽园采写的通讯《一个村“装”58家的公司》（编辑：刘云南）荣获通讯类一等奖；李映武、张海旭、胡斌采写的消息《32个DNA鉴定结果送进瑶寨老冯坪》（编辑：谭楚翎）荣获消息类二等奖，朱新华、骆振华采写的通讯《一场10个小时的国际海上大营救》（编辑：刘云南）荣获通讯类二等奖，韦佐撰写的评论《政治生态要山清水秀》（编辑：谭楚翎）荣获评论类二等奖，张世文编辑制作的标题《真奇怪，交通事故也“复制”听提醒，安全意识多“粘贴”》荣获标题类二等奖；李映武、谭海东采写的消息《防城港核电公司跨境融资19亿年省成本650万》（编辑：黄沛强）和曾译萱采写的消息《“2硕士+3本科”从湖南来港城开米粉店》（编辑：张世文）荣获消息类三等奖，张若衡、唐柏威采写的通讯《利息可以用车螺还》（编辑：张世文）和李映武、冯强采写的通讯《弃商“上岸”接过女儿手中抢》（编辑：谭楚翎）荣获通讯类三等奖，廖凌撰写的论文《坚守主流价值，融入新媒体时代》（编辑：武艳珍）荣获论文类三等奖，罗盛拍摄的图片《白鹭归来》（编辑：刘云南）荣获图片类三等奖，廖凌创作的散文《烟雨木棉花开》（编辑：林宝）荣获副刊类三等奖。

新媒体

【概况】 2010年6月28日，开通由市委宣传部主办的防城港市新闻网，2011年8月2日，网站正式移交防城港日报社主办。2012年11月1日，防城港手机报正式开通。2013年10月28日，防城港日报社开通《防城港日报》和防城港市新闻网新浪微博。2014年，防城港日报社有了自己的新闻网、手机报、新浪微博、微信等新媒体平台。2015年，防城港日报社与广西新闻网合办《广西手机报（防城港版）》。2015年年底，防城港日报社启动全媒体新闻采编项目建设，2016年3月29日，全媒体新闻采编系统建成投入使用，标志着防城港日报社媒体融合发展迈出新的步伐。8月22日，防城港市新闻网全面改版后，面貌焕然一新，点击率不断攀升。

【新媒体、全媒体建设】 2016年8月22日，防城港日报社对防城港市新闻网进行全面改版后，面貌焕然一新，点击率不断攀升。据统计，2016年8月22日—9月30日，防城港市新闻网点击量与2015年同一时段相比增长13.18%。2016年，防城港日报社通过多种形式做好防城港市新闻网及微信公众号推广工作，在市政府和红树林大厦机关饭堂、图书馆会议厅、网络直播现场等公共场所放置二维码方便网友扫码关注。6月9日，利用2016年防城港市海上龙舟赛人流聚集的机会，在龙舟赛现场，邀请女学生演奏京族特有的民族乐器独弦琴，举办扫二维码关注防城港市新闻网微信送礼，即“号码上有礼”抽奖活动，并面对面与关注防城港市新闻网微信的粉丝们亲切互动，深受广大粉丝的欢迎。当天公众号就有300百多名粉丝关注。6月18日—19日，防城港日报社组织参加广西互联网+文化博览会，现场推介新闻网及微信公众号。防城港市新闻网微信粉丝已突破4万，《防城港日报》和防城港市新闻网新浪微博粉丝也分别突破了2万。

【全媒体新闻采编投入使用】 防城港日报社于2015年年底启动里全媒体新闻采编项目建设，至2016年年初，全媒体软、硬件陆续到位，于3月安装调试完成后开展全员培训。3月29日，防城港日报社全媒体新闻采编系统正式启用，标志着防城港日报社媒体融合发展迈出了新的步伐。全媒体新闻采编系统全面启用，为新闻采编提供功能更强、更易用、安全、高效的技术工作平台，在统一的平台上可实现平面媒体、网络媒体、移动媒体、户外媒体、社交媒体等多渠道发布。防城港日报社全媒体项目投入使用，有效地解决了原新闻采编系统存在的用户不足、无法进行远程操作、重稿等问题。《防城港日报》也成为广西为数不多的用上全媒体系统的报社之一。

地方史志编纂

【史志资料征集与研究】 2016年年1月初，防城港市史志部门完成《防城港市志》评议稿的整改、统稿和刊印工作。2月29日至3月1日，召开《防城港市志》三级评稿会，自治区地方志办公室学术委员会专家、市、县(市、区)各界以及各市修志同仁共200多人参加会议。部分章节对防城港市的发展变迁记述有地方特色,获得与会专家的肯定。三级评稿会后,防城港市史志部门根据与会专家评审提出的修改意见,多次召开各责任编辑会议研究落实编辑工作,有序推进志稿的修改完善工作,至12月,初步形成《防城港市志》终审稿。

【地方党史编纂】 2016年,防城港市史志部门在党史资料编纂方面取得较好成果。一是完成《新民主主义革命时期防城港市党史资料抢救征集工程第一次工作会议材料汇编》共计328页,年内,共采访离退休老干部及其家属27人,收集影音口述资料21份,将38份口述资料转换成文字资料。二是提前完成中共防城港市党史馆的布馆工作。党史馆以1927年—2015年中国共产党在防城港的历史为主要内容,共分为10个版块的内容,其中包含275张图片,约2万字。10月30日,完成布馆工作。三是编纂出版《中共防城港市委执政纪事》。2016年2月,出版《中共防城港市委执政纪事(2014)》,并于11月底完成《中共防城港市委执政纪事(2015)》初稿的编印工作。四是圆满完成《中共防城港历史简明读本》编撰工作。为配合组织部、宣传部等部门进行党史教育和党史宣传,防城港市只志部门在《中共防城港历史(第一卷)》的基础上,编写《中共防城港历史简明读本》,于12月初编撰完成并送出版社编审,该书计划用于全市党员领导干部教育培训教材。

【史志队伍建设】 2016年,防城港市史志部门将党风廉政建设列入重要工作日程,成立党风廉政建设领导小组,严格落实领导干部"一岗双责",深入开展廉政主题教育活动,制订完善党风廉政监督管理机制,认真排查廉政风险。建立完善规章制度,规范党员干部的工作行为。全面加强人、财、物的管理,严格抓好关键环节的监管,规范党员干部廉洁从政行为,筑牢党员干部拒腐防变的思想防线,从源头上扼制腐败问题的发生。严格执行《党政领导干部任用工作条例》。在人才培养方面,推荐一名领导干部到自治区党校进行短期培训,同时,组织46人次的业务骨干参加全国、自治区党史地方志部门的业务培训,切实提高全市党史地方志系统人员的业务素养和实际操作能力,多渠道、全方位培养人才、储备人才。在选人用人方面,年内选拔一名副主任科员转为副科级领导职务、选拔一名科员为副主任科员。室班子牢固树立注重品行、科学发展、崇尚实干、鼓励创新、群众公认的良好用人导向,严格按照《干部选拔任用条例》的规定和要求来选拔任用干部,打造形成一支精诚团结、能干肯干、具有极强战斗力的干部队伍。

档　案

【概况】 防城港市各级档案局、馆属当地政府直接管理的参照公务员法管理事业单位,赋予行政管理职能,一套人员、两块牌子。全市(含各县、市、区)共有5个档案行政管理部门,5家国家综合档案馆,1家专门档案馆。2016年,全市档案工作重点是加强档案馆建设、档案基础业务建设、档案信息化建设、档案法治建设等,档案事业发展取得突破性进展。

【重大项目建设档案工作】 2016年,按照《国家重大建设项目文件归档要求与档案整理规范》《科学技术档案案卷构成的一般要求》等标准,防城港市档案局采取项目档案登记、深入项目建设单位业务指导服务、组织项目竣工档案验收或参加项目竣工档案验收等方式,先后深入防城港务集团公司、中电广西防城港电力有限公司、广西东投集团公司、防城港核电公司、防城港北投水务有限公司、防城港中储粮仓储有限公司、防城港市港工公司、防城港市城投公司等十多个单位进行业务指导。组织竣工档案验收项目1个:防城港东湾液体化工码头结构加固改造工程;参加自治区档案局组织验收的项目2个:防城港18#~22#泊位码头工程和防城港13#~17#泊位码头工程。6月,组织钦州市档案局、北海市档案局到防城港市召开北部湾经济区重大建设项目档案工作学习交流会议。通过这些举措,切实履行监督、指导、服务、研讨职责,做好项目档案全程监督管理,确保重大项目档案规范整理和安全保管,提高防城港市重大建设项目档案管理水平。

【民生档案工作】 2016年,防城港市通过四项举措开展民生档案工作。一是监督指导市社保局巩固提高2014年已通过自治区社保局、自治区档案局联合达标验收所取得的成绩,做好市本级社保业务档案工作;同时,会同市社保局深入各县(市、区)社保局督促五大社保业务档案工作,指导业务资料归档整理、建立健全档案规章制度和档案库房安排布置等,规范完善全市各县(市、区)社保业务档案。二是深入市住房公积金管理中心开展业务指导,使公积金业务档案得到及时规范归档整理和科学保管,满足广大利用者的需要。三是监督指导市征地拆迁办开展征地拆迁补偿资料的归档整理及安全保管;同时,协助防城港核电公司收集核电项目的征地拆迁补偿档案。四是继续监督指导各县(市、区)档案局做好辖区的婚姻登记档案、收养登记档案、户籍档案、山界林权档案等民生档案工作。

【农村土地承包地经营确权登记归档工作】 2016年,防城港市监督指导各县(市、区)档案局做好农村土地承包经营确权登记颁证档案及村级的文书、照片、基建档案的归档整理和保管等农业农村档案工作,主要通过以下两个方面开展工作:一是深入开展调研工作。2016年2月24日—25日,市档案局会同防城港市农委组成调研组一行4人,前往各县(市、区)开展农村土地承包经营确权登记颁证档案工作调研,深入到各县(市、区)确权办及东兴市马路镇、港口区光坡镇、上思县华兰镇、防城区华石镇等确权办,基本解掌握全市当时承包地确权档案的收集积累、分类整理、存放保管等情况。二是监督指导及开展业务培训。为提高档案系统业务指导能力,做好承包确权档案工作,防城港市档案局先后多次深入防城区农业局确权办,现场指导有关人员对华石镇承包地确权档案如何进行分类、装订、编号、建立目录等归档整理。2016年4月29日,组织各县(市、区)档案局分管业务的局领导和业务股长到市行政中心区集中,学习自治区农业厅、自治区档案局联合印发的《农村土地承包经营权确权登记颁证归档整理规程》,研讨承包地确权档案整理方法步骤。截至12月底,基本整理完毕两百余户权证类、1盒25件综合类、1盒20张照片档案。

【档案馆建设】

档案收集征集工作　2016年,防城港市档案馆接收档案入库435卷、17118件。征集到国界碑(大清国钦州界)1座;建国60周年大阅兵典藏一册、珍稀邮票70枚、银质纪念章10枚、24K金币纪念章1枚,纪念怀表1个、国家领导画一幅,中国大阅兵系列光盘3张、毛泽东主席像章67枚;征购到来自海外的防城地区民国时期电子地图33幅,送至自治区档案局已仿真完毕;到中国第二历史档案馆征集与防城有关的民国档案资料25件;征集到反映防城中学百年变迁的电子文档资料(光盘)33张;从2位援越抗美老战士征集到与防城港有关的历史档案360多件;接收市委办、市政府办移交100多件公务礼品档案和资料。

档案利用服务工作　防城港市档案局推行便民措施,简化工作流程,完善服务平台,拓展服务领域,为各级领导和各单位决策提供信息参考。2016年,共接待查阅档案人员查阅利用469件(次),为防城港市落实政策、机关查考、调解纠纷、核实工龄、核实党组织关系、享受待遇等方面提供大量的详实资料,发挥档案工作服务经济、服务社会、服务民生、服务群众的作用。

档案数字化工作　2016年,防城港市全面铺开档案数字化工作,完成档案数字化加工513128页,数据容量138.3GB,如期实现馆藏档案数字化的目标任务。其中馆藏档案数字化143974页,数据容量58.3GB;市直单位移交加工档案数字化369154页,数据容量80GB。防城区、港口区档案局、东兴市档案局相继启动档案数字化工作,实现县(市、区)数字化工作的“零突破”。

档案划控工作　根据档案开放管理规定,防城港市档案局对馆藏1986年前保管期限为永久和长期的文书档案进行划控鉴定,市档案局成立档案划控鉴定工作领导小组,制订《市档案馆档案划控开放工作细则》,严格按程序对市档案馆需要划控开放的档案进行初审、复审和终审鉴定。2016年,防城港市档案局馆藏到期开放鉴定的档案共666件,经过审核已开放374件,控制使用292件。

【档案安全工作】 2016年,防城港市档案局局采取措施加强档案安全体系建设。一是建章立制。建立健全应急预案、严格档案馆安全管理、档案保管利用、档案保密、档案鉴定销毁、档案登记统计、档案人员岗位责任制等规章制度,切实做到用制度管人管事。二是加强学习。开展档案安全知识学习,邀请防城港市消防支队在档案新馆给档案系统干部职工及物业管理人员进行一次消防培训及演习,提高干部职工的安全意识、责任意识和消防安全技能,增强对突发事件的应变能力,确保馆藏档案安全。三是加强管理。设定专人管理库房,定期检查更换安全设施,及时排除馆库安全隐患。

【机关企事业单位档案建设】 2016年是防城港市换届年,为确保换届档案资料收集齐全完整、安全保管,市档案局提前谋划,主动介入,与换届办对接,指导编制归档文件材料收集范围,使档案工作与换届工作同步进行。一是组织各县(市、区)档案局分管业务的领导和业务股长召开市县乡三级领导班子换届档案的业务研讨会。二是主动服务大局,制订《市县乡换届档案整理规范》,指导防城港市第六次代表大会、防城港市第六届人民代表大会、政治协商会议第六届防城港市委员会档案资料的收集、归档整理,并于9月将三个会议的声像档案和党代会的文书档案全部收集进馆。

防城港市教育局

2016年以来，全市教育系统扎实推进教育攻坚，以努力办好人民满意的教育为目标，克难攻坚，着力改善办学条件，教育事业发展取得了较好成效。一是学前教育发展显著提高。投入2535万元建设东兴镇等7个乡镇中心幼儿园，基本实现全市乡镇中心幼儿园全覆盖，2016年全市学前三年毛入园率达到76.6%。二是义务教育均衡发展扎实推进。贯彻落实市人民政府《防城港市加快推进义务教育均衡发展实施方案》，制定全市义务教育均衡发展的时间表和路线图，港口区高标准通过义务教育均衡发展国家级评估验收。三是普通高中办学规模逐步壮大。市高级中学二期如期建设投入使用，市防城中学、东兴中学、上思中学改扩建工程全部建成，投资4.7亿元的市北部湾高中项目已进场施工建设；普通高中完成招生5777人，初中毕业生升入高中阶段学校就读学生9857人，高中阶段升学率达91.95%。四是职业教育发展取得新突破。高起点高标准建设职业学校，加快市理工职业学校新校区建设，2017年春季学期将投入办学；全市中等职业学校完成市内全日制招生2020人、非全日制招生1173人；完成全口径送生4758人。东兴职校、上思职校获得自治区县级中专综合改革进步奖。五是教育质量实现新提升。2016年，全市高考一本上线人数342人，二本以上上线人数2335人，大专以上上线人数为4203人，录取的层次和质量较往年有明显提升，全市本、专科录取人数达到3882人，总录取率首次突破80%。

9月14日，自治区高校工委副书记满昌学（前中）一行四人到广西财经学院防城港学院检查指导工作

2月7日，时任防城港市政府市长何朝建（右三）率队检查市理工职业学校新校区建设推进情况

1月6日，市教育局局长、党组书记韩世军（左四）实地检查学校项目建设情况

7月29日，市委常委、宣传部部长、副市长黄强余（左二）实地检查学校项目建设

1月1日，防城港市教育局主办"快乐成长·追梦起航"2016年防城港市中小学生艺术大赛

防城港市高级中学

学校新大门

开学典礼

举行全市中小学生运动会

校园建设

学习贯彻落实党的十九大精神

广西示范高中——防城港市高级中学，创办于2000年，校园占地227亩，现有学生4398人，教职工371人，高级教师60人。

学校坚持“人的现代化教育”办学理念，以“让每一位学生在原有的基础上获得最优发展”为育人目标，课堂教学施行“导学法”，德育工作推行“导师制”。学校注重营造具有开放性与包容性的海洋文化特色的育人环境。在上级领导、社会各界的大力支持和师生的共同努力下，学校实施素质教育，坚持立德树人教育，大幅度提高学生综合素质。以帮助学生学习进步幅度最大、效果最佳、打造能力全市最强，连续十三年蝉联防城港市2005—2017年教学效果第一名，“教育增长值”明显体现。

学校近年先后荣获“国家级重点课题科研单位”“全国全民健身先进单位”“全国和谐校园先进学校”“全国青少年道德培养实验基地”“全国消防安全教育示范学校”“广西卫生优秀学校”“自治区餐饮服务食品安全示范单位”“广西校园文化建设先进学校”“广西德育工作先进集体”“广西基础教育科研基地”“高中新课改综合实践课样本学校”“广西先进教职工之家”“广西关心下一代工作先进集体”等国家级、省部级荣誉称号，是防城港市“美丽校园五星级示范学校”。

新教学楼

报告厅

中国共产党防城港市委员会党校

9月8日，市委书记、市人大常委会主任金湘军（右三），市委副书记、党校校长班忠柏（右二）等市领导到党校新校园检查指导工作

中共防城港市委党校是中共防城港市委直接领导下培训轮训各级党员领导干部及后备干部，培训公务员、统战干部及党外人士，以及培养理论干部的学校，是市委的重要部门。党校实行“一校两院”（防城港市行政学院、防城港市社会主义学院）体制，对内一套工作班子，对外三块牌子的管理模式。

市委党校前身是中共防城港区工委党校，成立于1991年2月。1993年10月，地级防城港市成立，更名为中共防城港市委党校。2016年9月8日，市委党校新校园落成启用。新校园位于美丽的江山半岛，拥有沿海沿边的区位优势，面临北部湾城市群建设、东兴国家重点开发开放试验区建设、中国—东盟自贸区建成等难得机遇，是与东盟国家开展干部培训交流合作的重要窗口。学校占地面积120亩，第一期总投资约1.2亿元，建筑面积约3.6万平方米，环境优美、交通便利，是干部学习培训的理想之地。

目前，全校共有在职在编教职工38人，其中专职教师10人（副教授5人）。学校历来高度重视教师的能力提升工作。近年来，通过外派培训学习、传帮带等方式，使一批年轻教师脱颖而出，先后有7人获得了专业技术资格，其中2人获评高级职称、5人获评中级职称，迅速成长为学校的教学科研骨干。在课程开发方面，始终聚焦党的理论教育和党性教育主业主课。2016年，以《中共防城港市委党校党的理论教育、党性教育教学专题开发目录》为统领，以12个模块教育为导向，紧扣研究专长，狠抓专题质量，全年共开发党的理论教育、党性教育专题31个，并成功打造了红色教学基地、蓝色教学基地、国门教学基地三大特色品牌。同年，首次接待了越南广宁省“现代产业发展”培训班和越南广宁省管理干部“党建工作”培训班等涉外班次，积极发挥了与东盟国家开展干部培训合作交流的窗口作用。

2016年12月16日，市委党校常务副校长、校党支部书记黄明诚（右二）带领校扶贫办工作人员，前往防城区华石镇那湾村看望我校驻村干部，走访慰问老党员、困难群众

雄关漫道真如铁，而今迈步从头越。防城港市委党校将以新校园启用为契机，全面贯彻落实《中共中央关于加强和改进新形势下党校工作的意见》和全国、全区党校工作会议精神，以“建设全区有特色、上水平的一流地市级党校（行政学院）”为目标，始终高举党校姓党旗帜，始终围绕中心、服务大局，坚持以教学为中心，不断深化教学改革，增强管理服务能力，全面提升干部教育培训水平，努力建成面向全市的“干部教育培训的主阵地”、面向广西区内外的“蓝色教学的重要基地”、面向东盟国家的“中国－东盟干部交流的重要平台”，为地方社会经济发展提供强有力的智力支撑。

2016年11月30日，市委党校工会组织会员到东兴市江平镇参观“红树林科普展厅”

10月20日，越南广宁省领导干部现代产业发展培训班到防城港市开展现场教学，该班是市委党校首次接待的涉外培训班

9月8日，市委党校举行2016年秋季学期开学典礼，市委书记、市人大常委会主任金湘军（右三）讲话，市委副书记、党校校长班忠柏（右二）主持

防城港市理工职业学校

防城港市理工职业学校是经防城港市人民政府批准成立、并报自治区教育厅备案的一所市直公办自治区级示范性中等职业学校，同时也是一所文、工科兼容并突出工科特色的综合性职业学校。学校位于防城港市江山半岛科教园区内，东望西海湾、西邻财经学院，学校根据地形依山就势而建，依级而上、逐步攀升，层次感强。整个学校采用绿色建筑、环境育人手法和引入现代职业教育理实一体化教学理念，按在校生5000人规模进行一次规划设计、分期建设。学校总占地面积为16.5公顷，总建筑面积93600平方米，概算投资3.16亿元。其中：一期工程建筑面积57929.4平方米，投资2.0亿元（含室内外配套设施设备等）；二期工程建筑面积35670.6平方米，概算投资1.16亿元。

防城港市理工职业学校教学楼一角

目前一期工程基本竣工，2016年3月市理工学校整体搬入新校区招生办学。目前，理工学校共开设有计算机应用、会计、电子信息技术、汽车运用与维修、学前教育、港口机械运行与维护、电子商务、机电维修、旅游、物流管理10个专业；拥有教职工135人，全日制学生达2500人。

为了把理工学校建设成为面向东盟、广西一流，国内知名的精品中职院校，学校根据国家提出“一带一路”战略部署市委市政府要求，制定出学校总体建设规划，围绕北部湾经济区和防城港市产业发展科学设置专业，将重点建设一批品牌专业（汽车运用与维修、计算机、电子、学前教育）和打造特色专业（电子商务、旅游、物流），进行专业建设，为企业培养和输送高规格、多层次技能人才；大量引进高校毕业生和行业企业专家、高级工程师高级技术与管理人员或生产一线的能工巧匠，充实教师团队，提高技能教学水平，建设一支专兼结合、结构合理、素质优良、适应需要的双师队伍；成立国际交流部，将与柳州城市职业学院合作开展职业教育，招收东南亚国家职业教育留学生，或开展跨境劳务职业技能培训，探索国际劳务合作新模式，引进合法东南亚国家（越南）劳动力到本地加工企业工作。为推动中国－东盟国际职业技术学院（筹）建设打下基础。

计算机实训课

汽车运用与维修实训课

4月25日保护母亲河，争当"河小青"植树活动

3月5日，学习雷锋社会实践活动

5月15日，职业教育开放周

5月17日，多姿多彩的文艺晚会

5月17日，成人礼百人朗诵

6月20日，教师优质课比赛

会计专业点钞课

港机专业叉车实训

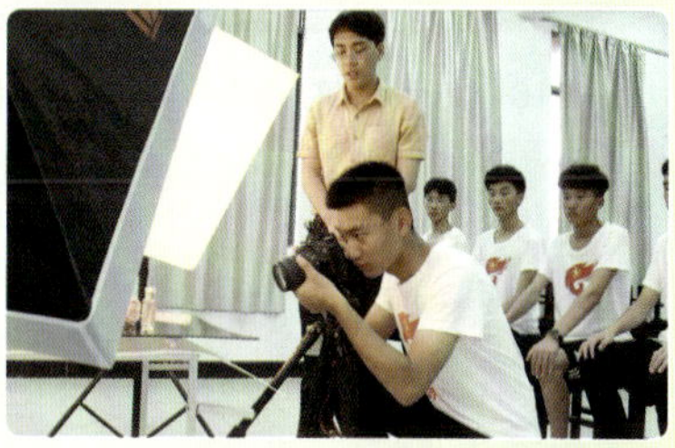

电商专业摄影课

学前教育舞蹈课

5月15日，旅游专业茶艺展示

防城港市科学技术局

2016年以来，市科技局在市委、市政府的正确领导下，在自治区科技厅的指导下，认真贯彻落实中共十八大和十八届三中、四中、五中、六中全会精神，以及全区创新驱动发展大会精神，紧紧围绕边海经济带建设要求，主动适应经济发展新常态，深入实施创新驱动发展战略，以科技创新支撑引领经济转型升级为主线，进一步推动经济转型升级、提质增效，为我市经济和社会发展提供有力的科技支撑。

制定防城港市《防城港市创新驱动发展重点工作计划(2016—2020)》《防城港市科学研究与技术开发计划项目管理暂行办法》等一批科技创新政策，全市科技创新能力显著增强，知识产权工作提质增效。全年有效发明专利拥有量达224件，每万人口发明专利拥有量2.47件，同比增长77.7%；发明专利受理量1691件，超额完成275.8%。每万人口发明专利拥有量增长率和发明专利受理量超额完成率均居全区第一名。新增2家国家级众创空间、2家自治区级工程技术研究中心、8家高新技术企业获得认定和重新认定。设立“东盟香料香精工程研究中心”及中国农业大学港口区教授工作站、中国林业大学上思教授工作站等产学研创新平台。成功举办广西北部湾第三届“高新杯”科技创新创业大赛，两家企业首创入围全国创新大赛总决赛。

2016年11月7日，自治区科技厅党组书记、厅长曹坤华(左二)一行，在市长何朝建(左三)的陪同下，到市高新区调研创新驱动发展工作

2016年5月4日，市委常委、副市长田博(左二)为获科学技术奖代表颁奖

2016年10月28日，市委常委、副市长赵强(中)出席第六届广西发明创造成果展览交易会，并与市参展企业深入交流科技创新工作

2016年10月17日，传达贯彻全区创新驱动发展大会精神

2016年1月20日，开展科技精准扶贫

防城港市文化委员会

防城港市文化委员会成立于 2014 年 10 月底，是由原防城港市文化体育新闻出版局和原防城港市广播电视电影局合并而成。市文化委机关设 12 个科室，管理 6 个直属单位，截止到 2016 年年底，全委共有在岗干部职工近 200 人（含聘用）。

2016 年市文化委的主要工作完成如下：

1. 国家公共文化服务体系示范区创建工作扎实推进。一是市委、市政府先后印发《防城港市创建国家公共文化服务体系示范区创建规划》等 5 份文件部署实施创建工作。二是分两次下达市、县（市、区）各工作单位创建专项资金 1298.9 万元，推进实施 33 个创建项目和工作事项，取得初步成效。自治区 1200 万元资金也已经到位。三是 94 项任务指标已经完成 75 项，占 80%。四是制度设计课题研究加速推进，打造一批工作亮点特点，完善公共文化机制体制建设。

2. 市广播电视台迁建工作完成。2016 年 10 月 27 日市广播电视台已经整体搬迁到红树林大厦办公。

3. 成立防城港市画院。

4. 文化市场经营场所超时经营等违法违规现象得到有效遏制。

5. 电视外宣工作成效显著。全年在中央电视台播出新闻 42 条，其中《新闻联播》播出 2 条；广西电视台播出新闻 426 条，其中《广西新闻》播出 66 条，《广西新闻》头条 5 条。完成全年播出任务。

6. “扫黄打非”专项整治行动取得成效。2016 年共开展两次集中行动，收缴非法音像制品 1200 张，盗版图书 200 册。在 2016 年“4·26”全国侵权盗版现场销毁活动防城港分会现场上，销毁了 1 万张（册）盗版图书、音像出版物。

7. 成功举办了 2016 年中国东兴—越南芒街元宵足球赛、防城港市国际海上龙舟节、中国－东盟青少年足球邀请赛等对外交流赛事。

8. “周末读书汇”继续激发读者的读书热情，知名度不断提升。全年共举办“周末读书汇”活动 8 期，举办读书讲座 2 期、举办展览 2 期。

9. 扎实推进广播电视节目乡镇无线覆盖工程建设。截至 8 月 13 日，已基本完成 3 个台站土地租用协议。落实配套资金 24 万元。

10. 新征集到 700 余件文物。多次组织人员赴上思、防城垌中等地征集壮族、瑶族、客家民俗用品，征集到民族服饰、纺织缝纫工具、建筑构件、日用陶瓷器等 500 余件。征集到东山文化铜釜、铜凿，明清时期青花瓷盘、粉彩瓷碗等 200 余件。

10 月 13 日，市文化委领导调研文化产业 b

2016 年 6 月，主任许大俭（右二）带领部分班子成员深入东兴市江平镇横隘村进行精准扶贫调研

11 月 24 日，防城港市创建国家公共文化服务体系示范区工作动员会

群众体育节开幕式

海钓比赛

海上国际龙舟赛

环北部湾自行车赛

防城港市档案局

2016年，全市(含各县、市、区)共有5个档案行政管理部门，5家国家综合档案馆，1家专门档案馆。全市各级档案局、馆属当地政府直接管理的参照公务员法管理事业单位，赋予行政管理职能，一套人员、两块牌子。全市广大档案工作者在市委、市政府的正确领导下，全面落实科学发展观，紧紧围绕党委、政府的中心工作，突出服务主题，拓展服务领域，重点加强档案馆建设、档案基础业务建设、档案信息化建设、档案法制建设等，档案事业发展取得了突破性进展。

加强党风廉政建设，保持清正廉洁本色。一是扎实开展“两学一做”学习教育。档案局根据市委部署要求，精心组织，周密部署，成立市档案局“两学一做”学习教育领导小组，制订《关于在全局党员中开展“两学一做”学习教育实施方案》。召开“两学一做”学习教育动员部署会，传达学习金湘军书记在全市学习贯彻十八届五中全会精神暨“两学一做”学习教育专题研讨班上的讲话精神，党组书记、局长刘玲慧对市档案局“两学一做”学习教育进行动员部署。在学习教育中，组织党员干部系统深入学习党章党规、学系列讲话的重大理论，深刻领会其现实意义，坚持以学促做、以做带学，确保规定动作不走样，自选动作有特色。档案局严格按要求和时间节点完成4个专题学习研讨，每个专题学习都安排1名领导作学习辅导，每次集中学习都开展热烈讨论，每位党员撰写4篇以上心得体会。2016年11月，市委督查组对档案局进行督查通报中，档案局在“两学一做”学习教育工作中评定等次为“好”。二是抓好廉政教育，落实“一岗双责”。一是抓好党风廉政学习教育。组织学习《中国共产党纪律处分条例》《中国共产党廉洁自律准则》，组织观看《领导干部从政道德启示录》等专题片和反腐倡廉展览，及时传达学习市纪检监察部门每次下文关于违法违纪案例通报原文。筑牢拒腐防变的思想道德防线。二是局领导班子高度重视惩防体系建设、落实党风廉政建设责任制等工作，认真履行一岗双责，把反腐倡廉工作与本单位的业务工作紧密结合起来，抓好职责范围内的党风廉政建设各项工作和惩防体系建设工作任务的落实。召开全市档案工作暨档案系统党风廉政建设工作会议。会议明确全市档案工作主要任务，对防城港市各级档案部门深入推进党风廉政建设工作进行全面部署，坚持“高线”、守住“底线”、不触“红线”，保持档案部门党员干部“身处故纸堆，心中有宗旨”的优良传统和作风。会上，局长作为第一责任人与班子成员签订《党风廉政建设责任状》，各副职领导与分管科室负责人签订《党风廉政建设责任状》，把查处发生在群众身边的“四风”和腐败问题专项工作层层落实，把党风廉政建设责任层层压实。全年没有党员违规违纪违法的情况发生。

2016年3月15日，防城港市档案局召开全市档案暨党风廉政工作会议

2016年6月15日，在防城港市召开“北钦防”三市档案联席会议

2016年11月18日，防城港市档案馆揭牌

医疗卫生·计划生育

医疗卫生

综　　述

【概况】 2016年，防城港市卫生计生行政机构共7个，其中市级1个，县级6个；共有卫生计生机构643个，其中：医院13个（二级及二级以上医院7个，民营医院6个），社区卫生服务中心2个，卫生院28个，村卫生室283个，门诊部4个，诊所（卫生所、医务室）265个，疾病预防控制中心5个，专科疾病防治院1个，妇幼保健院4个，采供血机构1个，卫生监督所4个，计划生育技术服务机构33个；共有卫生人员7513人，其中：卫生技术人员5593人。在卫生技术人员中，执业医师1571人，执业助理医师365人，注册护士2214人，药师（士）404人，技师（士）297人，其他卫生技术人员742人；共有病床3928张，其中：医院2625张，卫生院1046张；共有283个村卫生室，乡村医生和卫生员552人。年内，全市卫生系统基建投资完成11559万元，医疗卫生机构房屋建筑面积411662平方米，医疗卫生机构总资产15.84亿元。截至2016年年末，全市每千人口医疗机构床位数4.23张，每千人口执业（助理）医师数2.08人，每千人口注册护士2.38人，每万人口全科医生数1.07人（全科医生99人），拥有至少1名全科医生的乡镇卫生院占比100%，执业（助理）医师学历：研究生5.08%；本科41.28%；大专32.85%；中专及以下20.78%。

【公立医院改革】 2016年，防城港市卫生系统围绕“保基本、强基层、建机制”目标要求，全面深化医药卫生体制改革。

公立医院综合改革　2016年，防城港市卫生系统加快推进公立医院综合改革，推动建立运行新机制。一是加强分类指导和示范引领，全面深入推进县级公立医院综合改革。全市4家县级公立医院深入推进综合改革，进一步建立通过调整医疗技术服务价格补偿80%、财政资金补偿20%的医院补偿机制。上思县实施“卫生振兴年”（2015—2016年），计划投入5315万元建设县级公立医院；东兴市实施名医培育工程（2015—2017年），每年划拨1000万元作为市人民医院发展和创新等专项资金，无偿划拨0.73公顷地用于建设总投资1.4亿元的东兴市人民医院新门诊综合楼项目。东兴市列入自治区级、市级两级县级公立医院综合改革示范县，开展县级公立医院综合改革示范工作，带动面上改革完善。全市县级公立医院基药配备使用率和基药占药品收入比例达到65%、80%，分别高出全区平均水平1个、30个百分点。县级公立医院药占比下降到39.21%，医疗收入同比增加2.30%，医院门诊人次同比增加5.12%。基本药物收入占药品收入80.78%。县级公立医院人均月收入4200元，比医改前增长15.17%。县级公立医院医疗服务质量、服务态度和医务工作人员的积极性得到明显提高。县域医疗服务体系能力明显提高，县域内就诊率达到80%以上，人民群众充分感受到改革带来的实惠。二是推进城市公立医院综合改革，促进城市公立医院健康发展。根据《国务院办公厅关于印发深化医药卫生体制改革2016年重点工作任务的通知》精神，防城港市积极申报第四批城市公立医院综合改革国家联系试点城市，并于2016年5月获得国家卫生计生委等部委的批准；成为自治区新增的3个联系试点城市之一。各项工作按照自治区要求及时间节点有序推进。7月20日，市人民政府印发《防城港市城市公立医院改革实施方案》，年底前全面启动公立医院（含专科医院）综合改革试点工作，12月1日起，实行药品零差率销售、医疗服务价格和医保支付政策调整改革工作，着力破除“以药补医”旧机制，通过零加成、挤“水分”、调价格等综合措施，建立公立医院运行新机制。三是着力推进分级诊疗试点工作。9月，印发《防城港市开展分级诊疗工作实施方案》，以开展县乡医疗服务一体化管理试点和组建医疗联合体为抓手，推动分级诊疗制度建设。进一步建立科学有序的就医格局，提高医疗服务体系的整体效益和医疗资源利用效率，解决广大群众的看病就医问题。开展县乡医疗服务一体化管理试点工作。在2015年县乡医疗服务一体化管理试点的基础上，进一步加大试点的力度，由防城港市防城区人民医院托管该区10个乡镇卫生院（含分院），防城区妇幼保健院托管该区2个乡镇卫生院的妇幼保健业务，有效提升乡镇卫生院的医疗保健服务能力。组建跨区市医疗联合体。根据《广西壮族自治区区域医疗联合体建设指导意见》精神，积极寻求与区内大型医院的合作。3月，防城港市卫生计生委、防城港市第一人民医院、防城区人民医院、防城区那良镇中心卫生院和广西医科大第一附属医院签订跨区域医联体建设协议，组建广西医科大第一附属医院第二个跨三级的医疗联合体；6月，防城港市中医医院与广西中医药大学第一附属医院组建第二个广西中医药大学第一附属医院区域医院联合体。通过此合作平台，开启老百姓在家门口接受优质诊疗服务的新时代，转诊、会诊的渠道更加畅通和有序。以防城港市第一人民医院为例，全年共转送100多名患者到广西医科大第一附属医院进一步诊治;邀请广西医科大第一附属医院专家30多人次进行临床技术会诊指导,变"运送患者"为"运送专家",减少防城港市的向上转诊量,进一步推动分级诊疗制度建设。

"22441"项目建设 2016年,防城港市卫生系统着力抓好"22441"项目建设,进一步健全卫生计生服务体系。认真编报项目,争取项目资金9882.9万元,加快推进防城港市中医医院等2个项目前期工作,抓好上思县、防城区妇幼保健院2个新开工项目建设,抓好防城港市第一人民医院儿科楼等4个续建项目和防城区4个乡镇卫生院完工项目建设,规划一批新项目。2016年,完成项目投资4068.75多万元。

全民医保体系建设 2016年,防城港市卫生系统扎实推进全民医保体系建设,筑牢群众看病就医保障网。筹资标准和参合率再创新高。人均筹资标准由2014年的390元提高到2016年的540元,全市筹集资金3.34亿元,2016年参加新农合农民61.853万人,参合率99.71%。推进实施城乡居民大病保险。2016年,新农合大病保险赔付3364人,共赔付1522.34万元。推进市级统筹,进一步增强医疗保障水平和基金抗风险能力提供强有力的保障。患者就医负担进一步减轻,新农合保障效应进一步放大,有效解决群众"因病致贫、因病返贫"的问题,"农村重大疾病+大病保险"新机制逐步建立。

基层医疗卫生机构综合改革 2016年,防城港市卫生系统巩固完善基本药物制度和基层运行新机制,深化基层医疗卫生机构综合改革。推动建立按需设岗、竞聘上岗、按岗聘用、合同管理的灵活用人机制,建立符合行业特点的薪酬制度。根据《自治区卫生计生委办公室关于开展2016—2017年度建设群众满意的乡镇卫生院和2017年优质服务示范社区卫生服务中心推荐遴选活动的通知》精神,进一步加强乡全市乡镇卫生院机构内涵建设、提升服务能力,更好地向广大人民群众提供安全、质优、可及的基本医疗和基本公共卫生服务,市、县两级严格对照国家"群众满意的乡镇卫生院"标准、《"群众满意的乡镇卫生院"评价参考指标(2014年版)》和自治区《"群众满意的乡镇卫生院"测评标准》开展自评和初筛工作,按照先易后难、试点先行、以点带面、稳步铺开的原则择优遴选乡镇卫生院参加创建活动。港口区企沙镇中心卫生院、防城区峒中镇中心卫生院、防城区滩营乡卫生院、上思县思阳镇卫生院4所乡镇卫生院荣获国家2015—2016年度群众满意的乡镇卫生院称号。加强乡村医生队伍建设取得实质性进展,完善乡村医生养老政策,提高乡村医生待遇,巩固农村医疗卫生服务网"网底"。发放60岁以上441名乡村医生养老生活补助57万元,县乡村三级卫生网络和服务体系进一步健全。家庭医生签约服务稳步推进。农村居民签约覆盖率15.93%,其中贫困人口签约率84.21%;家庭医生签约率19.85%,其中重点人群41.21%。

特色医改 2016年,防城港市第二轮防治艾滋病攻坚工程取得积极成效,报告艾滋病感染者和病人同比下降2.05%,艾滋病病死率同比下降7.44%。全市艾滋病疫情得到平稳控制,市民间防艾组织"温馨之家"创成全国精品案例,东兴市"温馨之家"健康促进会志愿者李文强荣获"全国第十一届青年志愿者优秀个人奖"。深入推进母婴健康"一免二补"幸福工程和地中海贫血防治计划,婚前检查率97.91%。市级妇幼健康服务信息质量排名全区前列。中医药民族医药工作取得新成效,基层中医药民族医药服务能力进一步提升,100%的社区卫生服务中心、乡镇卫生院和70%的村卫生室能够提供中医药民族医药服务。

【国家基本药物制度完善】 2016年,防城港市深化基层医疗卫生机构综合改革,巩固完善基本药物制度和基层运行新机制。基层医疗卫生机构、县级公立医院、城市公立医院全部配备使用基本药物,参加自治区级药品集中采购平台进行网上集中采购。启动新一轮医疗卫生机构药品集中分类采购工作,全面开展防城港市第一批常用低价药品联合议价工作,进一步完善药品集中采购工作机制,保证药品质量,规范药品购销行为,保障患者基本用药、安全用药,满足患者对常用低价药品的临床用药需求。基本药物两天配送到位率90%以上。广西医科大学、广西脑科医院分别牵头联合防城港市12家医疗机构开展跨区域联合议价采购。招标药品价格总体降幅16.7%。药品供应保障体系进一步健全。

【中医药民族医药事业发展】 2016年,防城港市扎实推进中医药民族医药发展,推进全市中医药卫生事业科学发展。深入推进基层医疗卫生机构中医馆服务能力建设。全市遴选港口区企沙镇中心卫生院、渔洲坪社区卫生服务中心和防城区防城卫生院、江山镇卫生院、那良镇中心卫生院2个县(区)5所乡镇卫生院和社区卫生服务中心开展基层医疗卫生机构中医诊疗区(中医馆)服务能力建设,通过在乡镇卫生院将中医药临床科室集中独立设置、营造浓郁的中医药文化氛围、综合使用多种中医药技术方法服务城乡居民,切实加强在基层防治常见病多发病中中医药适宜技术的推广与应用,进一步提升基层中医药服务能力,促进中医药特色优势的发挥。培养高层次中医护理人才骨干。贯彻落实《医药卫生中长期人才发展规划(2011—2020年)》,积极参加全国中医护理骨干人才培训项目,培养高层次中医护理骨干人才,选派市中医医院护理长张丽君参加,依托中医药优势特色教育培训基地开展中医护理骨干人才培训,切实提高中医护理骨干人员的专业素质和服务水平。增强中医药基层服务能力水平。开展名医名家走基层行动计划,为全市政府举办村卫生室的村医传授运用中医药"十方五技"(能掌握30~50种中成药或10条常用经验方的使用,掌握应用针灸、拔罐、刮痧、推拿、敷贴等5种以上技法)开展诊疗活动。全市共举办11期培训班,参培人员共计302人,派出培训专家55人,参与行动计划人员120人,发放中医药类书籍共计1530册,发放针灸耳穴模型330套,中医技术指导光碟330张等,基层中医药服务能力大幅提升,中医药民族医药工作取得新成效,基层中医药民族医药服务能力进一步提升,100%的社区卫生服务中心、乡镇卫生院和77%的村卫生室能够提供中医药民族医药服务,为全市中医药科学发展打下良好的基础。

疾病预防控制

【概况】 2016年,防城港市进一步加大疾病防控力度,重大疾病防控、卫生应急能力进一步增强。建立防治重大疾病工作局际联席会议制度。强化传染病联防联控,传染病疫情总体平稳,无寨卡病毒等春夏季重点传染疾病疫情发生。截至2016年年底,防城港市实现连续15年无甲类传染病报告。疾病预防控制和应急处理能力明显提高。严格按照《预防接种工作规范》和《疫苗流通和预防接种工作条例》的要求,积极开展好免疫规划管理工作,加强信息化建设、疫苗管理、规范建卡、接种、疑似副反应监测和疫苗针对性疾病监测,逐级开展培训、业务督导,完成上级下达的任务和指标,免疫规划报告接种率维持在95%以上。全市无免疫规划黄牌警告县。切实抓好流感和人禽流感、手足口病、登革热、疟疾、麻风病、乙脑、流脑、菌痢、肝炎、钩体病、人感染猪链球菌病、流腮、水痘、感染性腹泻、流行性结膜炎、埃博拉出血热等其他传染病的防治工作。结核病防治以乡为单位DOTS覆盖率为100%,各项指标均超过国家标准。同时,组织开展全市疾病预防控制的各种风险评估工作,为上级做好参谋。协助自治区疾控中心放射防护所对防城港核电站周围环境进行放射性监测。在核电站周围的港口区、防城区有关村屯设置20个监测点,监测周期3个月。完成流行病及传染病类共33540份样品的检验工作。防城港市疾病预防控制中心荣获"十二五"期间农村饮用水卫生监测工作先进集体和"十二五"期间广西地方病防治工作先进集体。防城港市疾病预防控制中心2人获得"十二五"期间农村饮用水卫生监测工作先进个人、2人"十二五"期间广西地方病防治工作先进个人。防城港市疾病预防控制中心立项自筹科研项目《多重PCR在食源性微生物中的应用与评价》。

【卫生计生公共服务体系建设】 2016年,防城港市深入实施基本公共卫生服务项目,推进基本公共卫生服务均等化,人均基本公共卫生服务经费标准提高到45元。城乡居民健康电子健康档案建档率提高到82.05%,高血压患者规范化管理率76.20%,糖尿病患者规范化管理率76.66%。加强全民健康生活方式行动宣传工作,通过采用展板、咨询、义诊、发放资料的形式,向广大市民宣传全民健康生活方式知识。推进流动人口卫生计生基本公共卫生服务均等化新模式,开展流动人口接受免费健康检查服务,对落实相应节育措施的流动人口育龄群众,提供免费住站观察和营养补充,开展回访帮扶活动,及时解受术群众术后恢复情况,确保群众术后身体健康。用爱心、亲情关爱流动人口育龄妇女。

【艾滋病防治】 2016年,防城港市深入实施防治艾滋病攻坚工程。围绕减少艾滋病新发感染数和降低病死率的"两降"目标,加强县、乡、村三级防艾网络规范化建设,促进防艾工作关口前移、重心下沉,加强治疗体系建设,提升救治能力。全市艾滋病疫情得到平稳控制,艾滋病防治知识知晓率达到82.5%以上,实现防治艾滋病攻坚工程"降两率"的总目标。推荐志愿服务项目化运作、社会化动员和制度化发展,防城港市民间防艾组织"温馨之家"创成全国精品案例,东兴市"温馨之家"健康促进会志愿者李文强荣获"全国第十一届青年志愿者优秀个人奖"。

【卫生应急】 2016年,防城港市卫生应急工作扎实有效。开展医疗机构和疾控机构卫生应急工作规范化建设,加强卫生应急队伍建设,圆满完成各项重大活动保障任务。防城港市卫生计生委承办广西寨卡病毒病输入疫情模拟应急演练、广西核应急医疗救援培训演练等,进一步提高卫生应急处置能力。加强突发公共卫生事件应急处理。积极建立和完善突发公共卫生事件应急处理机制,建立健全突发公共卫生事件应急处理预案,采取扎实有效措施切实提高全系统突发公共卫生事件预警和应急处理能力,各种突发公共卫生事件得到有效应对,保障人民群众身体健康和生命安全。提高医疗卫生突发事件应急处置能力。加强卫生监督应急工作领导,提高应急处理指挥能力,修订和完善卫生监督应急预案。加强卫生监督应急能力培训,年内进行两次进行专题的卫生监督应急工作培训。抓好卫生监督应急演练,组织传染病爆发应急桌面演练和医疗废物流失应急桌面演练及医用放射事件应急桌面演练,科学处理应急事件。

卫生执法监督

【食品安全风险监测评估】 2016年,防城港市加强理化检验危险化学品的安全管理工作及微生物检验的生物安全管理工作,完成各项目所需检测检验任务。做好日常巡回卫生监督和专项卫生监督执法工作,规范被监督单位卫生管理。强化食品安全风险监测和食物中毒事件检验,完成国家级指标306份、自治区级指标963份、食源性疾病监测840份,完成率均为100%。环境卫生类监测:主要完成城市供水水样检测200份,合格196份,合格率98.00%;农村饮用水水样检测84份,合格62份,合格率73.81%。流行病及传染病类共32594份样品的检验工作。强化公共场所卫生监督。对公共场所用品、微小气候、水质等开展检测工作,共抽检8家人工游泳场所、住宿场所32家、沐浴场所10家、美容美发场所31家,抽检合格率为81%,对监督抽检不合格的经营单位,均下达卫生监督意见书责令限期改正并督促整改落实。规范了公共场所的卫生管理,改善公共场所的卫生环境,使公共场所的用品用具消毒、微小气候的卫生质量得到很大的提高。强化生活饮用水卫生监督。重点加强对二次供水单位及水厂的监督检查力度,协同各县(市、区)卫生计生局开展对辖区内的二次供水设施监督检查,检查二次供水单位数69家,现场对水样进行快速检测,对不符合卫生要求的单位责令限期整改,下达卫生监督意见书40份。同时,在丰水期和枯水期各进行一次对出厂水和末稍水的抽检工作。强化集中式餐饮具消毒单位监管。加强对集中式消毒餐具、饮具消毒服务单位的督查,督促各县(市、区)卫生计生局加强对各集中式消毒餐具、饮具消毒服务单位的监管及抽检工作。针对管理相对人每季度进行一次抽检,并委托各辖区疾病预防控制中心进行检测,检测的各项指标均符合国家卫生标准,并将抽检结果通过政府门户网向社会公示。分别在6月和9月开展两次对餐具、饮具集中消毒服务单位的出厂餐具、饮具进行抽检,共抽检250份,全部合格。强化学校卫生监督工作。重点督促检查学校饮用水卫生管理措施的落实情况、供水设施卫生状况及饮用水水质情况,加强辖区内学校特别是农村学校饮用水卫生工作的监督检查。共抽查48家中小学,其中城区中小学8家,镇区中小学16家,乡村中小学24家,综合监督结果合格数36家。2016年9月,开展针对学校卫生监督及信息报告联合督查,随机抽查各县(市、区)辖区内2所学校卫生进行监督检查。强化消毒产品卫生监督。对全市1家取得卫生许可证的纸品生产企业进行卫生监督检查2次,检查结果均合格。强化医疗机构监督。开展医疗机构依法执业、惩治非法医疗美容和非法行医等工作,严厉查处聘用非卫生技术人员、超出登记范围开展诊疗活动、非法开展医疗美容等违法违规行为。共检查医疗卫生机构19家,其中三级医院2家,二级医院8家,一级医院1家,其他医疗机构8家,出动执法人员90人次;立案查处案件2起,罚款7000元。开展《中华人民共和国职业病防治法》《中华人民共和国人口与计划生育法》等卫生计生法律法规落实情况的监督检查。开展公共卫生、医疗服务和计划生育等重点领域的监督抽查和专项检查。推行"双随机、一公开",强化事中事后监管,推进执法全过程记录制度建设。加强食品安全风险监测,完成食品安全风险监测、食物中毒事件和农村、城市生活饮用水检验1172份样品,共8766多项指标的检验检测。

【卫生法治建设】 2016年,防城港市全面加强卫生计生法治建设,推进依法行政。根据《防城港市法治政府建设实施方案(2016—2020年)》制订工作计划,加强对各县(市、区)推进依法行政工作的督促检查,为确保行政权力的正确执行,依照管理制度采取日常稽查、案件评查等方式对依法行政工作进行督促检查。建立健全科学民主决策机制。严格执行重大行政决策程序,建立重大行政决策风险评估机制。建立健全规范性文件监督管理制度。制订规范性文件符合法定权限,严格执行规范性文件制订程序。规范公正文明执法。制订公开权力清单和责任清单。行政执法信息公开。规范行政执法行为。加强行政人员依法行政能力建设。落实"谁执法谁普法"的普法责任制,严格执行领导干部学法制度,制订防城港市卫生计生系统每年年度依法行政学习培训计划。举办部门领导干部依法行政专题研讨班、专题法治讲座和举办全市卫生监督机构分管领导、卫生监督员培训班。积极推进部门权力清单和责任清单"两单融合"工作。进一步调整完善行政权力事项,以"一表两单"的形式实现权力清单和责任清单的"两单融合"。市卫生计生委行政权力事项73项,责任事项473项,追责情形588项。做好法治建设的考核评估工作。按照防城港市法制办和防城港市依法治市办的部署和要求,接受依法行政考核和普法工作考核。对市卫生计生委员会行政许可等10类行政权力运行流程进行编制和优化工作,进一步减少办事环节,简化办事程序,缩短办事时间,压缩裁量空间,降低行政成本,提高行政效率,方便群众办事。进一步做好行政审批事项的清理规范和"接、放、管"工作。同时做好对各县(市、区)的指导工作,确保下放的许可项目规范实施。防城港市卫生计生委窗口荣获市政务服务中心2016年10月"优秀窗口",窗口负责人吴如海荣获防城港市政务服务中心2016年度第一、二季度"服务之星"。

妇幼卫生

【概况】 2016年,防城港市加强妇幼保健体系建设,全面推进妇幼紧密型医联体,巩固妇幼健康优质服务示范县,提高妇幼健康服务能力。抓好"母婴安康工程"和"地中海贫血防治项目"的落实,以降低"五率"(孕产妇死亡率、婴儿死亡率、新生儿死亡率、5岁以下儿童死亡率、出生缺陷发生率)为考核目标,加强妇幼健康服务技术质量管理,切实提高"六率"(住院分娩率、婚检率、孕前优检率、产筛产诊率、母乳喂养率、新生儿疾病筛查率),预防控制出生缺陷;强化高危孕产妇管理救治,为全面两孩政策顺利实施提供切实保障;推进"两癌""三病"防治进程,开展贫困地区儿童营养项目,强化妇幼健康信息管理。

【孕产妇与儿童保健】 2016年,防城港市全面提升各级妇幼保健人员的管理水平和服务技能,规范孕产妇及儿童保健工作,保障母婴安全。全面落实《孕产妇健康管理规范》《0~6岁儿童健康管理规范》,为妇女儿童免费提供5次的孕期保健和10次儿童保健服务。住院分娩率99.99%,孕产妇死亡率7.20/10万,5岁以下儿童死亡率5.26‰,婴儿死亡率3.89‰,新生儿死亡率2.66‰,产后访视率88.78%,0~6个月婴儿纯母乳喂养率77.49%,均达"两纲"目标要求。

【母婴健康幸福工程实施】 2016年,防城港市加强地中海贫血防治能力建设。继续推进母婴健康"一免二补"幸福工程和地中海防治计划,加大地贫基因诊断和产前诊断补助力度,减少重症地贫儿发生。实施地中海贫血防治计划和母婴健康"一免二补"幸福工程,全年免费婚前检查率97.96%,超过96%的指标要求;出生缺陷率下降至75.94/万,重症地贫干预17人,干预率100%,有效地控制了出生缺陷源头。乳腺癌、宫颈癌"两癌"筛查惠及万名妇女群众,极大地减轻家庭和社会的负担。投入资金400万余元,为9939名育龄群众施行免费孕前优生健康检查,目标人群检测率为100%,高出自治区责任指标10个百分点。

医政管理

【概况】 2016年,防城港市实施进一步改善医疗服务行动计划,畅通急诊绿色通道,规范诊疗行为。狠抓医疗质量安全和服务,依托临床药学、重症医学、护理等专科质量控制中心开展各项督导、评审、培训工作,初步形成功能较完善的医疗质量控制体系。进一步加强无偿献血工作,深入开展创建"平安医院"活动,医疗纠纷人民调解和医疗责任保险制度建设迈出重大步伐。医疗服务质量不断提高,群众医疗需求得到更好满足。

【医疗服务质量及安全管理】 2016年,防城港市加强医疗服务管理,提高医疗服务水平,改善人民群众看病就医感受,构建和谐医患关系,开展医疗责任保险统保工作,推进医患纠纷第三方调解与医疗责任保险,建立和完善医疗风险社会分担机制，创新医疗责任保险工作模式，建立健全医疗风险防范体系、完善医患纠纷预防调处机制，有利于构建和谐的医患关系，维护医患双方合法权，促进卫生计生事业健康发展。深入实施进一步改善医疗服务行动计划，强化医疗服务管理，提高医疗服务水平，努力做到让人民群众便捷就医、安全就医、有效就医、明白就医，医疗服务水平明显提升，人民群众看病就医感受明显改善，社会满意度明显提高，努力构建和谐医患关系。召开全市医政医管工作会议暨推进落实“进一步改善医疗服务行动计划”启动会，印发《防城港市医疗卫生系统进一步改善医疗服务行动计划实施方案》《防城港市医疗卫生系统进一步改善医疗服务行动计划实施方案时间表(2015 年—2017 年)》及《防城港市医疗卫生系统进一步改善医疗服务行动计划实施方案路线图》，明确“进一步改善医疗服务行动计划”各项内容完成的时间节点。认真贯彻落实医疗卫生行风建设“九不准”规定，巩固党的群众路线教育实践活动成果，进一步加强医疗服务质量管理，提高服务效率，优化就医环境。优化诊区设施布局，营造温馨就诊环境。合理调配资源，方便患者看病就医。改善住院服务流程，实现住院全程优质服务，进一步提升“以病人为中心”的人文化服务质量，构建和谐的医患关系。多措并举，全面提升县级医院综合能力。以县级医院能力建设项目、县级医院急需人才临床专科培训项目和城乡医疗机构“对口支援”及推进远程医疗工作为抓手，加强县级医院综合能力建设，显著提升县域内常见病、多发病、部分危急重症和疑难复杂疾病的诊疗能力，努力打造县域医疗中心，力争使县域内就诊率提高到 90% 左右，基本实现大病不出县。加强对科室实施临床路径管理病种的质量管理与控制。将临床路径管理作为医改重要工作来抓落实，有序展开临床路径工作。县级医疗机构开展临床路径试点专业数 20 个，试点病种数 35 个，进入路径病例数 3602 例，变异数 663 例，退出路径病例数 663 例。深入推进“平安医院”建设，构建和谐卫生计生。组织医疗机构深入开展创建“平安医院”活动。从维护稳定、促进发展的认识出发，从创造良好的医疗环境的认识出发，把“平安医院”的创建工作摆到更加重要的位置上。将创建工作列为加强医院管理的重要内容。惩治非法行医，依法履行医疗服务活动监管职责，进一步规范医疗服务市场秩序，全市医疗单位医疗执业环境明显改善，医院及周边安全状况明显好转，医疗服务质量明显提高。全市医疗机构没有发生重大刑事案件及治安案件、重大安全生产事故、重大医疗事故、重大群体性事件、重大职务犯罪等，安全隐患明显减少，医疗机构治安防控能力明显增强，医患关系更加和谐，医患纠纷调处机制逐步完善，并初步形成平安医院建设的长效机制，为人民群众创造安全有序的诊疗环境，促进了全市卫生计生事业持续健康发展。进一步加强医疗纠纷人民调解工作，依托创建“平安医院”等平台，建立医疗纠纷人民调解机制，积极主动、系统推进医患纠纷人民调解工作，加强医疗纠纷处理。根据相关文件要求，上思县、东兴市、港口区，防城区筹建医患纠纷人民调解委员会。2016 年，实现医疗责任保险二级及以上公立医院全覆盖，有利于构建和谐的医患关系，维护医患双方合法权益，保障防城港医疗机构及医务人员正常工作。

【医疗机构管理】 2016 年，防城港市强化医疗服务要素的准入管理，规范执业行为。逐步形成防城港市规范化、标准化、制度化的质量控制体系。为进一步做好医院感染控制管理工作，提高医院感染管理水平和医疗质量，降低医院感染率，保障医疗安全。进一步加强护理质量管理，确保护理质量和护理安全。认真落实国家卫生计生委即将印发的《医疗质量管理办法》，完善专科质量控制中心建设，成立了防城港市血液净化治疗质量控制中心、临床输血质量控制中心、药事质量控制中心、病案管理质量控制中心。狠抓医院感染管理工作，不断提高县医院和基层医疗卫生机构医院感染管理水平，组织对 24 家县级医院和基层医疗卫生机构等医疗机构进行医院感染管理专项督导，保证医疗卫生机构医疗安全和提高医疗质量。积极做医疗机构的年度校验工作，加强医疗机构监督管理，规范医疗机构执业行为，保障医疗服务质量和医疗安全，依据《中华人民共和国执业医师法》《医疗机构管理条例》《医疗事故处理条例》《医疗机构管理条例实施细则》等有关法律、法规和规章，完成医疗机构的校验工作，校验结果为合格。规范医师准入管理。在认真做好医师资格考试和医师执业注册管理的同时，切实做好医师定期考核管理，贯彻落实国家卫生和计划生育委员会办公厅《关于规范医师定期考核电子化认证工作的通知》精神，继续开展医师定期考核的电子化认证工作。2016 年 6 月 18 日，组织本周期内 503 名医师的定期考核的一般程序考试工作。

【卫生应急医疗保障】 2016 年，防城港市调整完善突发事件及重大传染病应急医疗救治专家组和医疗队伍，做好突发事件及重大传染病应急医疗救治的组织工作。4 月 16 日，港口区东湾工业园广西渝桂化有限公司工艺管道发生泄漏，引起燃烧导致火灾，防城港市卫生计生委主任黄子洮、副主任张传凯到现场进行指导救护工作，组织、协调做好受伤人员现场救治，组织防城港市第一人民医院、防城港市中医医院成立救护小组，确保被救人员得到及时医治。并制订 2016 年“4·16”事故后期系统退料医疗卫生保障工作卫生保障应急预案。根据工作安排，为进一步加强部门间协调配合，提升突发公共卫生事件的应急处置能力。6 月 6 日—8 日，参加自治区卫生计生委与广西检验检疫局在东兴市联合开展寨卡病毒病输入疫情应急处置演练，加强应急医疗救治技术的培训及演练，抓好突发事件应急医疗现场救治的组织协调。加强和规范院前医疗急救工作，加强二级以上医疗机构急诊重症监护室(EICU)建设，提升急救服务能力，实现院前、院内医疗急救的无缝对接。立足当前，着眼未来，重点加强感染性疾病门诊和定点医院建设，加强呼吸道、肠道传染病等救治能力建设，做到早发现、早诊断、早报告、早隔离、早治疗，提高季节性传染病和重大传染病医疗救治水平。组织做好了公务员考试、面试；高考及全国、全区、全市性的重要会议和重大活动的医疗保健任务 50 余次，2016 年防城港市“三月三”歌节，2016 年“中国旅游日”广西分会场暨乐游广西(防城港)夏季推广活动，2016 年防城港市国际海上龙舟赛；参加广西盛隆冶金有限公司举行煤气泄漏事故应急救援综合演练,派出车辆50余次。完满完成各项工作任务。

【采供血管理】 完善血液安全预警和应急保障机制,推进临床用血考核评价制度。创新无偿献血宣传形式,促进献血工作持续发展。利用春节、情人节、“6·14”、“世界献血者日”、学校成人仪式等各种节庆及纪念日开展无偿献血宣传活动,推动全市无偿献血工作。加大献血服务投入,加强与新闻媒体单位联系与沟通,发挥媒体宣传作用,营造无偿献血氛围。加强市中心血站能力建设,全面推进中心血站核酸检测工作。强化血液安全督查,保障血液质量安全。截至2016年年末,防城港市连续11年医疗临床用血100%来源于自愿无偿献血。临床用血需求紧张状况得到明显改善。全年没有发生因输血感染传染病引起医疗纠纷和安全质量事故,既满足临床用血需要,又确保血液质量安全。

【卫生项目建设】 2016年,防城港市深入实施五大卫生攻坚计划、“边海经济带”项目建设,打造防城港卫生升级版,保障和改善民生,促进社会和谐发展。加大市、县、乡、村医疗卫生服务网络建设。为统筹加快发展好卫生计生等社会事业、补好短板,实现防城港市经济社会的健康快速可持续发展,全面实施以基层医疗卫生服务体系建设、城区医院提质扩容、公共卫生服务体系建设、卫生人才队伍建设、医药卫生体制改革为主的三年(2014—2017)五大卫生攻坚计划和“边海经济带”项目建设,加快防城港市中医医院迁建工程项目等一批市、县、乡、村4级医疗卫生项目建设步伐。切实解决好卫生资源配置不均、优质公共卫生资源相对不足等问题,建成较为完备的覆盖城乡居民的基本医疗卫生制度,卫生重点领域和关键环节的改革取得突破性进展,实现卫生计生事业发展的大跨越、人民群众幸福指数的大提升。2016年,12个卫生攻坚重点项目完成投资6824.09万元。东兴市人民医院门诊综合楼建设、港口区疾病预防控制中心重大疾病防治设施建设、东兴市东兴镇卫生院、防城区华石镇卫生院、茅岭镇卫生院、大菉镇中心卫生院等一批项目开工建设。全市卫生计生服务体系进一步健全,市、县、乡、村各级医疗卫生计生诊疗环境改善,初步实现“小病不出村、中病不出乡、大病不出县”的目标。

【卫生队伍建设】 2016年,防城港市积极实施“人才强医”“科教兴医”战略,建立适应行业特点的医学人才培养制度和用人新机制。认真实施《防城港市医药卫生人才中长期发展规划(2013—2020年)》,加强卫生计生技术人员培养,提高服务能力。年内,住院医师在培学员达到720人。继续实施基层医学人才培养本土化战略,2016年招录农村订单定向医学22名,累计招收培养农村订单定向医学生到达42名。拟定《防城港市儿科人才培养规划(2016—2020年)》《防城港市关于加强儿童医疗卫生服务改革与发展的实施方案》,解决儿科人才紧缺问题。

爱国卫生运动

【爱国卫生月活动】 2016年,防城港市认真组织开展爱国卫生月活动,强化健康教育宣传活动,在全市范围内开展第28个爱国卫生月活动。发放各类卫生防治资料10万余份、《广西壮族自治区爱国卫生管理办法》宣传小册子1万余多份,出版宣传专栏50余期。

【卫生城市创建】 2016年,防城港市积极推进城乡环境卫生整洁行动,进一步开展健康教育和健康促进工作,大力开展爱国卫生月活动、城乡清洁工程”、治理“五乱”工作和灭鼠、灭蟑、灭蚊、灭蝇除“四害”活动。着力推进卫生创建、病媒生物防治、健康教育和烟草控制工作,2016年启动创建国家卫生城市“七城同创”工作。重点抓责任落实、抓培训督导、抓典型示范、抓质量考核、抓队伍建设,努力营造良好的市容市貌和工作生活环境,改善人居环境。

【农村改水改厕】 2016年,防城港市以巩固防城港市“广西壮族自治区卫生城市”成果为抓手,推进国家卫生城市“七城同创”。切实加强农村改厕和烟草控制等工作,推进新时期爱国卫生工作。农村人口自来水累计受益48.0564万人,累计受益率69.57。累计卫生厕所户数13.6561万户,卫生厕所普及率91.7%,无害化卫生厕所普及率79.37%。

【健康教育】 2016年,防城港市广泛开展健康促进活动,加强防城港市健康教育与促进项目工作,保证常规经费支持,确保健康教育工作的正常开展,将项目分配给的各执行单位,并要求各执行单位专款专用,确保项目实施如期完成。结合基本公共卫生服务项目,组织县(市、区)爱卫办、疾控中心和医疗卫生机构,针对“世界高血压”“世界无烟日”“防治碘缺乏病日”等宣传主题开展健康教育宣传、举办健康知识讲座、开设宣传专栏,向群众输送健康卫生知识。结合慢性病,戒烟日及其他各项宣传活动日,积极开展全民健康生活方式行动宣传工作,通过展板、横幅、咨询、义诊、发放资料等形式,向广大市民宣传全民健康生活方式和慢性病防治知识。创建健康主题公园和健康步道等健康支持性环境建设,有计划、有步骤地开展健康单元的创建。群众卫生知识知晓率达85%以上,健康行为形成率达80%以上。

农村卫生

【基层医疗卫生队伍建设】 2016年,防城港市进一步完善基层医疗卫生机构队伍建设,健全乡村医生准入和退出机制,优化乡村医生队伍,全面推进乡村卫生服务一体化管理,筑牢农村三级医疗卫生服务网底。认真贯彻落实《广西壮族自治区人力资源和社会保障厅 编办 发改委 财政厅 卫生计生委关于进一步完善我区基础医疗卫生机构用人新机制管理工作的指导意见》和《国务院办公厅关于进一步加强乡村医生队伍建设的实施意见》精神,把基层卫生事业发展当作卫生计生工作的重中之重来抓,坚持“保基本、强基层、建机制”的原则要求,不断加大基层卫生队伍建设力度。上思县和防城区设置基层卫生人才招聘特殊渠道,具有医学及医学相关专业全日制本科及以上学历毕业生、取得执业助理医师(含乡镇执业助理医师)和护士执业资格人员,以及通过国家卫生和会计专业技术资格考试,取得初级职称及以上的人员，可不参加笔试直接进入面试；取得执业医师资格的人员，在报考乡镇卫生院时，可不受招聘岗位人数与报考人数1：3比例的限制，由用人单位、区卫生计生、人力资源社会保障部门以直接考核的方式进行招聘，极大充实基层卫生医疗机构人才队伍。全市形成了设施和功能相对齐全的县乡村三级卫生网络和服务体系，进一步提高全市基层卫生服务能力，解决群众看病难、看病贵问题，有力地保障全市农村人民群众的身心健康和公共卫生安全。防城港市共有282个行政村，村卫生室283个，均为政府举办，100%的村卫生室统一挂牌，全部纳入城乡居民医保定点医疗机构范围。全市共有乡村医生526人，每个村卫生室基本做到配备1名以上有资质的具有乡村医生证的乡村医生，并严格落实乡村医生基本公共卫生服务补助资金，认真落实乡村医生养老生活补助政策，进一步提高乡村医生养老待遇，解决乡村医生养老保障问题。

【健康扶贫】 2016年，防城港市扎实推进健康精准扶贫，脱贫攻坚卫生帮扶精准施策。大力开展健康扶贫工作，脱贫攻坚卫生帮扶精准施策，建立农村贫困人口健康卡，开展签约服务。将贫困人口重特大疾病全部纳入救助范围，将重大疾病病种扩大到27种，将进口体内置入材料纳入新农合报销范围。上思县实行县域内先诊疗后付费试点工作。2016年，精准识别、建档立卡的贫困计划生育家庭共1130户。全市达到“八有一超”标准的家庭721户，贫困计划生育家庭脱贫率达到63.81%，高于责任指标(35%以上)28.81个百分点。

计划生育

【全面两孩政策落实】 2016年，防城港市全面领会精神，确保政策执行到位。加强宣传倡导，确保政策家喻户晓。优化证件办理，落实便民措施。完善工作机制，加强行业作风建设。规范窗口建设，展示部门新形象。2016年，全市二孩出生首次超过一孩，全面两孩政策成效初步显现。

【凝聚转型发展合力】 2016年，防城港市坚持计划生育基本国策不变，强化思想认识，增强平稳实施全面两孩政策的使命感、责任感。完善服务管理，统筹做好严格规范文明执法、优化妇幼健康资源、强化正面宣传引导、加强人口监测预测、合理配置公共资源、加强计划生育办证窗口建设等各项组织实施工作。严格控制政策外多孩生育，保持适度生育水平。

【巩固基层网络队伍】 2016年，防城港市遵循“市县合、乡增强、村共享”的原则，年内整合优化市县乡村四级计划生育技术服务体系与同级医疗卫生服务体系。全市325个村(社区)全部落实计生专干，工资待遇纳入财政预算由政府财政统发。抓好人口网底防线，配齐人口管理员。

【孕前优生项目实施】 2016年，防城港市推进“两癌”“三病”防治进程，开展贫困地区儿童营养项目，强化妇幼健康信息管理；加强国家免费孕前优生健康检查项目的落实，完成全年目标人群检测任务；加强国家免费避孕药具管理，提高计划生育技术服务能力。投入资金400万余元，为9939名计划怀孕夫妇施行免费孕前优生健康检查，目标人群检测率为100%，高出自治区责任指标10个百分点。

【计划生育优质服务】 2016年，防城港市创新争优，统筹政策措施，合理配置公共服务资源，积极应对全面两孩政策带来的人口压力；精准帮扶和精准脱贫，政策兜底，提高贫困计生家庭脱贫率；依法规范管理，创新载体，推行诚信计生管理新模式。国家卫生计生委授予东兴市“2014—2016年全国计划生育优质服务先进单位”荣誉称号。自治区人民政府分别授予防城港市卫生计生委、防城区卫生计生局“2016年广西人口计生工作先进单位”荣誉称号。

【流动人口综合服务管理】 2016年，防城港市紧紧围绕“统筹管理，服务均等，信息共享，区域协作，双项考核”的流动人口服务管理机制的要求，坚持“公平对待、服务至上、合理引导、完善管理”工作原则，以抓流动人口卫生计生基本公共服务为突破口，做到统筹协调有力，流动人口服务管理组织保障到位；打造优质服务品牌，构建服务管理体系，全市形成组织保障有力、信息化建设到位、服务载体创新、优质服务提升的流动人口计划生育服务管理的工作格局，流动人口管理服务水平明显提升。全市流动人口计划生育免费技术服务率、免费避孕药具获取率均达到95%以上。

【计划生育惠民政策实施】 2016年，防城港市生育关怀项目取得新成就，计划生育特殊家庭扶助全国领先。2010年以来，免费计划生育基本技术服务覆盖率100%；2013年以来，国家免费孕前优生健康检查项目实现全覆盖。计划生育优质服务县(市、区)比例100%，流动人口计划生育服务覆盖率100%。农村计划生育家庭奖励扶助政策落实及时率100%。防城港市级财政给予计划生育特殊家庭夫妻每人每月1000元的扶助金，加上自治区扶助，每人每月可享受的扶助金为1860元，该标准在全国领先。

【计划生育行政执法】 2016年，防城港市加大综合治理出生人口性别比工作力度，查处“两非”专项活动实现零突破。在全市范围内集中开展以惩治查处“两非”违法犯罪行为为重点的专项行动，卫生计生、食药监、公安等多个部门联合组成专项督查组，依法联合惩治“两非”行为，专项行动力度大，目标高，措施实。防城港市卫生和计划生育委员会拨付5万元给市卫生监督所用于“两非”案件查处专项经费，建立一套行之有效的工作制度。综合治理出生人口性别比，全年共查处“两非”案件6件，出生人口性别比为112.58，低于自治区责任指标(115)2.42个点。

【计划生育协会服务】 2016年，防城港市计生部门深化基层群众服务，以真情温暖群众。积极开展下基层送温暖活动。“5·29”计生协会活动日、春节等期间对计生协会困难会员、计划生育特殊家庭、计生困难家庭、留守儿童、老人等进行走访慰问活动。加强同基层群众工作交流经验，组织各县(市、区)协会工作人员进行交流、研讨。深化生育关怀行动，做强做大惠民项目品牌。

拓展计生家庭爱心保险覆盖面。全市为计生家庭购买爱心保险、小额贴息贷款都超额完成了任务，真正做到为计生家庭抵御风险提供绿色通道。开展青春健康教育进高校活动，组织邀请市中医医院预防保健科罗向群主任一同到广西财经学院防城港分校区开展青春健康教育讲坛会，正确地引导和调适青少年健康心理，受到在校师生的一致好评。以“微笑行动”传递温暖，做好计生家庭唇腭裂患儿调查工作，2016 年全市有 10 名患儿做了唇腭裂免费修补手术。营造良好社会舆论氛围，提升协会的社会影响力。组织人员参加自治区深入贯彻中国计生协八代会精神·促进人中均衡发展与家庭和谐幸福文艺汇演。多部门联合联合会演，开展以“生育关怀，真情服务”为主题的纪念活动。通过举办独具特色的文艺演出，丰富群众的文化生活，提高计生协会会员的服务水平，普及广大育龄群众的婚育知识，对促进广大育龄群众转变婚育观念，推进计划生育政策的发展起到积极的促进作用。（刘远文）

防城港市卫生和计划生育委员会

2016年，防城港市卫生计生委全面贯彻落实中共十八届五中、六中全会和习近平总书记系列重要讲话精神，牢固树立“五大”发展理念，深化计划生育服务管理改革和医药卫生体制改革，全市卫生计生事业迈上新台阶。

全面深入推进县级公立医院综合改革。积极推进城市公立医院综合改革。扎实推进全民医保体系建设，筑牢群众看病就医保障网。新农合人均筹资标准540元，参合率99.71%。港口区企沙镇中心卫生院等4所乡镇卫生院荣获国家2015—2016年度群众满意的乡镇卫生院。重大公共卫生服务项目深入实施，东兴市“温馨之家”健康促进会志愿者李文强荣获“全国第十一届青年志愿者优秀个人奖”。100%的社区卫生服务中心、乡镇卫生院和77%的村卫生室能够提供中医药民族医药服务。市卫生计生委承办广西寨卡病毒病输入疫情模拟应急演练、广西核应急医疗救援培训演练，疾病防控能力明显提升，无禽流感等疫情发生，连续15年无甲类传染病发生。全面推进卫生计生法治建设，一卫生监督执法案例荣获自治区优秀案例。市卫生计生委窗口荣获市政务服务中心10月份“优秀窗口”，窗口负责人荣获市政务服务中心第一、二季度“服务之星”。着力抓好卫生“22441”项目建设，服务体系进一步健全。扎实推进健康精准扶贫，保障发展更加有力。

实施“人才强医”、“科教兴医”战略，实施进一步改善医疗服务行动计划，推进医疗纠纷人民调解和医疗责任保险制度建设，创建“平安医院”，医疗服务水平进一步提升。

2016年12月20日，自治区督查防城港市医改工作

2016年9月9日，防城港市卫生计生委主任、党组书记张传凯(左一)率队到挂钩村南屏瑶族乡江坡村开展扶贫攻坚工作

全面两孩政策稳妥有序实施，改革完善计划生育服务管理。出生人口性别比同比下降1.11个点。特殊计划生育家庭扶助全国领先。东兴市荣获2014—2016年全国计划生育优质服务先进单位。防城港市卫生计生委、防城区卫生计生局荣获2016年度广西人口计生工作先进单位。

党风廉政和行业作风建设持续加强，深化“两学一做”学习教育活动，党风政风行风新提升。荣获防城港市第十三批文明单位。市中医医院黄永光荣获自治区优秀党务工作者。改革信息工作全市排名第二，市卫生计生委等4单位荣获自治区卫生计生委网站宣传通联工作先进单位。

2016年7月8日晚上，防城港市“卫生计生 情系民生”“欢乐西湾”群众广场文化活动卫生计生系统专场晚会在西湾广场举办

2016年7月22日，防城港市卫生计生委与广西医科大学一附院交流洽谈医联体建设工作

2016年9月1日，举办杜丽群先进典型事迹巡回报告团防城港报告会

港口区卫生和计划生育局

局长钟伟年(左一)陪同自治区领导到企沙中心卫生院调研

2017 年 12 月 5 日，自治区卫生计生委到我区开展 2017 年第四季度重点工作综合督查

“健康中国，职业健康先行”义诊宣传活动

11 月 15 日，港口区卫计局党支部开展“党员活动日”

义务讲解规范接种疫苗活动

港口区卫生和计划生育局是港口区人民政府主管全区卫生计生工作的职能部门。2015 年 5 月，按照港口区委、港口区政府的改革部署，原港口区卫生局与原港口区人口和计划生育局整合，组建成立港口区卫生和计划生育局。目前，港口区卫生和计划生育局主要承担全区临床医疗、疾病预防、卫生监督、妇幼保健、农村社区卫生、医学科研、艾滋病防治、爱国卫生和计划生育服务管理、流动人口计划生育服务管理等职责，协助处理重大突发性事件和自然灾害，组织全区卫生技术力量抢救伤病员，防治和控制疾病的发生和蔓延等工作。机关行政编制 4 名，下设 6 个股室，即:办公室、医政医管股(医改办)、疾病预防控制股(卫生应急办)、法制与综合监督股、计生管理股、基层卫生和妇幼健康服务股。下属事业单位 15 个，其中参照公务员管理的事业单位 1 个(港口区计划生育协会),事业单位 14 个(港口区防治艾滋病工作办公室、港口区爱国卫生运动委员会办公室、港口区卫生监督所、港口区计划生育服务站、港口疾病预防控制中心、港口区人民医院、企沙中心卫生院、光坡镇中心卫生院、公车卫生院、渔洲坪社区卫生服务中心、金海社区卫生服务中心、桃花湾社区卫生服务中心、防钢生活社区卫生服务中心)。

截至 2017 年年底，全区核定编制数 261 个，其中在编 234 人，自聘 250 人。全区有公立医疗卫生计生机构 10 所。其中，区级 3 所(港口区人民医院、港口区计划生育服务站、港口区疾病预防控制中心);基层医疗卫生机构 7 所(企沙中心卫生院、光坡镇中心卫生院、公车卫生院、渔洲坪社区卫生服务中心、金海社区卫生服务中心、桃花湾社区卫生服务中心、防钢生活社区卫生服务中心),其他机构 100 所。

港口区辖区(全社会)共有床位 462 张，卫生技术人员 947 人，其中执业(助理)医师 281 人，注册护士 281 人。按常住人口数 135600 人计算，每千人口床位数 3.40 张(自治区 5.53),每千人口执业(助理)医师 1.66 人(自治区 2.1),每千人口护士数 2.07 名(自治区 3.14)。

港口区管辖的医疗机构共有床位数 306 张，卫生技术人员 334 人，其中执业(助理)医师 91 人，注册护士 130 人。每千人口床位数 1.8 张，每千人口卫生技术人员 1.8 人，每千人口执业(助理)医师 0.5 人，每千人口护士数 0.8 人。

高级技术职称 14 人，占卫生技术人员 3.6%;中级技术职称以上 53 人，占卫生技术人员 16.40%;研究生学历 2 人，本科学历 62 人，大专学历 131 人，大专以上学历占总卫技人员的 42.95%。

民族·宗教·社会生活

民族事务

【民族团结进步创建】 2016年是自治区建设民族团结进步模范区、防城港市建设民族团结进步模范城市的收官之年，为促进建设民族团结模范区（市）各项工作任务的完成，防城港市民宗委加大对该项工作的督促和指导，年初及时研究印发2016年建设民族团结进步模范区（市）工作计划，明确收官之年的工作目标任务；为进一步加强民族团结进步创建活动的开展，市民工委印发《关于深入开展民族团结进步创建活动进机关、企业、社区、乡镇、学校、宗教活动场所的通知》，以“六进”为载体，进一步促进防城港市民族团结进步创建工作的广泛深入开展。10月，自治区检查组到防城港市开展对民族团结进步模范区（市）建设工作的考核验收，防城港市关于2012年以来开展民族团结进步模范区（市）工作情况的总结及工作资料台账得到检查组的一致好评。

【民族法治宣传教育】 2016年，防城港市各县（市、区）宗教工作人员在开展“宗教政策法规学习月”活动期间，除赴各堂点通过现场咨询、座谈交流、学习研讨等形式，向宗教界人士和信教群众宣传法律法规外，还充分利用政务公开日向群众发放宗教政策法规宣传资料，同时深入乡（镇）开展专项宣传工作。如上思县开展“送法进教堂”，邀请县司法局退休法律工作者陆华在县基督教福音堂和县思阳天主堂开展法律知识讲座、解读《宗教事务条例》等活动，参与人数达450余人；开展“送法进乡村”，由县委统战部牵头，民宗局干部担当政策法规咨询员，在在妙镇开展了宗教政策法规咨询活动，向前来赶圩的群众宣传有关宗教方面的政策法规，发放《宗教政策法规汇编》《民族理论政策知识》《宗教工作知识150问》等宣传资料3500余份，现场接受普通群众咨询约60余人次。

【少数民族干部培养】 2016年9月，防城港市民委与市委组织部、市委党校联合举办少数民族干部培训班，对全市各县（市、区）和市直有关单位的54名处科级少数民族干部进行培训。10月27日，召开全市宗教工作会议和宗教工作形势报告会，邀请自治区宗教事务局局长梁柳宁到防城港市作宗教工作形势报告，市四家班子有关领导，各县（市、区）党委政府负责人和统战部部长、民宗局（宗教）局长，市直及驻港各单位处级以上领导干部，市宗教工作联席会议成员单位联络员参加主会场会议或报告会，各县（市、区）设立分会场，市、县两级近700人参加。报告会通过分析解读宗教工作相关政策和工作案例，从宗教工作的形势、正确认识宗教和宗教工作、如何做好宗教工作等方面，对宗教工作形势作全面深刻的分析，使全市各级领导干部进一步认识到当前宗教工作面临的复杂性、严峻性和特殊性以及做好宗教工作的重要性，为防城港市宗教工作提供指导。

【民族宗教事务建设】 2016年，制订《防城港市民族宗教事务委员会保密工作制度》《防城港市民族宗教事务委员会领导班子重大事项集体决策制度》等一系列制度、措施，使单位内部各项工作运行更加规范化、合理化。国家《中国公民民族成份登记管理办法》出台后，共收到各县（市、区）上报的民族成份更改申请材料21份，经审核，附合条件准予更改17人，不符合条件的4份。年内，全市各级民宗部门工作干部18人参加国家、自治区级的宗教工作相关培训7次；10月下旬，共组织全市各级民宗部门10人参加自治区行政执法资格考试。加强教职人员自身建设，礼请江西省佛协会常务理事、南昌市佛协会常务副会长、南昌护国寺主持密法法师作为防城港海福禅寺建设筹备小组组长；选送2名基督教传道员参加牧师培训，并获得牧师资格。新一届政协委员中，有8名宗教界人士为市、县两级政协代表。加强宗教活动场所基础设施建设。指导防城区做好七星顶圆通寺重建项目的申报协调工作，防城区基督教堂筹建工作。

民族经济发展

【民族乡扶贫攻坚】 2016年，防城港市整合少数民族发展资金，在全市贫困村投入1748万元，建设项目37个，占计划投资总额的58.6%，其中东兴市贫困村投入527万元，建设项目13个；防城区贫困村屯投入1033万元，建设项目21个；上思县贫困村屯投入123万元，建设项目1个；港口区贫困村投入65.21万元，建设项目2个，全部为屯级道路建设，项目已全部开工建设。

【民族贸易与民品贷款贴息】 2016年，防城港市加强对企业贷款贴息工作的指导、培训以及加强与信贷企业的沟通联系，截至第三季度，防城港市有6家民品民贸企业共获得贷款贴息667万元。年内，按照自治区民委“十三五”期间民贸企业认定的有关要求，指导和督促上思县民宗局做好本县民贸企业的初审工作，深入相关企业进行核实，严格筛选并上报13家企业，最终有8家被自治区确定为“十三五”期间自治区民族贸易企业。

少数民族文化

【少数民族教育】 加强民族教育调研，督查各县（市、区）民宗（族）局配合做好民族高中招生工作，做好特困少数民族优秀学生入学专项补助工作资金争取和名额分配，2016年，防城港市共获得自治区民委特困少数民族优秀学生入学专项补助经费7.2万元和高中、大学各18个名额指标。

【壮族“三月三”活动】 根据自治区人民政府及市人民政府的部署和要求，起草防城港市2016年壮族“三月三”活动实施方案报市政府审核印发实施。由市委宣传部牵头举办壮族“三月三”宣传活动，壮族“三月三”进校园活动，由民宗委牵头的“民族团结进步宣传月”活动，由文化委牵头的壮族“三月三”民族文化活动，由旅发委牵头组织的壮族“三月三”民族文化旅游活动。壮族“三月三”活动广泛宣传“三个离不开”思想，进一步激发民族文化认同和民族自信，促进民族团结与社会和谐，创建防城港市民俗文化旅游品牌。活动期间，节目精彩纷呈，节日氛围浓厚，大大提高了壮族“三月三”的知晓度和影响力。

宗教事务

【概况】 2016年，防城港市根据自治区党委统战部、自治区宗教局部署，结合工作实际，深入各县（市、区）宗教工作部门及各宗教活动场所，开展全市信教群众数量统计、基督教工作、伊斯兰教工作、民间信仰工作等宗教工作调研7次，赴南宁市、南昌市学习考察2次，撰写专项调研报告及专项工作汇报10篇。进一步分析防城港市宗教各项工作的进展情况以及存在的问题和困难，提出解决办法和建议，也为全市宗教工作会议提供相关材料及参考。

【“宗教慈善周”活动】 2016年，防城港市宗教界开展扶贫、济困、助残、救灾、养老、助学等公益慈善活动，资助贫困生189人，慰问孤寡老人223人次慰问贫困户39户，受益人数达450多人。共支出善款15.7万元，其中，佛教支出善款数12.8万元，天主教支出善款数1.35万元，基督教支出善款数1.55万元。

【打击非法宗教活动】 2016年，防城港市定期排查分析涉及宗教的各种不稳定因素，加强隐患排查，做好重要时间节点宗教活动场所的安全稳定工作。充分利用好宗教工作联席会议机制，加强与国安、公安等成员单位的协调配合，做好情报信息资源及时共享，防范境外敌对势力的入侵和渗透。注重加强上下联动及横向沟通，与周边城市形成联系常态化，抵御境外渗透能力进一步提升。年内，共召开防范、部署宗教相关工作专项联席会议4次，依法查处非法宗教活动8起。

社会生活

婚姻·家庭·社区

【婚姻登记】 2016年，防城港市办理结婚登记7201对（其中涉外96对）、离婚登记1485对（其中涉外4对），婚姻登记合格率100%，提高婚姻登记服务水平和质量。

【社区服务体系建设】 2016年，防城港市通过市财政拨付1140万元社区服务活动场所建设资金，建设不达标的29社区活动场所。落实村务公开民主管理制度，规范村务档案的使用管理，推动村（居）民主监督工作。下拨村、社区工作经费和干部待遇经费1651.46万元，提高社区书记（居委会主任）待遇3600元/月，一肩挑3800元/月，副职和委员3000元/月，半额干部减半；提高城市社区工作经费3万~5万元/年。开展农村社区试点建设，在东兴市10个村开展农村社区建设。

劳动就业

【就业促进】 2016年，防城港市助力户籍同城化和新型城镇化建设，印发《防城港市农村居民进程落户就业保障暂行办法》。就业社保“减负扩容”助推企业转型升级，实施新增就业岗位社保补贴刺激就业岗位“扩容”3300个；社保打出“四降一补”组合拳，实施降低社保费率和失业保险稳岗补贴，为企业“减负”9400多万元。推进乡镇（街道）就业社保服务中心规范化建设，成为全区4个验收合格率100%的地市之一；在各重点乡镇（街道）和村（社区）建成66个包括一站式就业社保信息服务平台，打造广度覆盖全市、纵向深入到村的公共服务新格局。平稳开展境外边民入境务工试点，累计批准10家试点企业用工资格，批准用工1170人，试点起到良好效益。

【就业创业帮扶】 2016年，防城港市实施脱贫攻坚劳动力培训就业创业帮扶政策，组织多场精准扶贫专场招聘会，协调一批本地企业安置贫困人员就业，帮助1372名贫困劳动力实现就业。实行“企业订单、贫困户选单、培训机构列单、政府买单”的“四单”模式开展各类技能培训，培训贫困劳动力1546人次，实施技工学校结对帮扶贫困家庭“两后生”职业技能培训专项计划。

【劳动保障监察执法】 2016年，防城港市致力构建和谐劳动关系新格局。加强劳动保障监察执法，抓好重大欠薪案件和突发事件的联合处置，开展农民工工资支付情况等系列专项检查，全年为4535名劳动者追讨工资约1.1亿元。强化农民工工资支付保障，将企业拖欠工资情况纳入人民银行企业征信系统，在建筑、水利水电、交通行业、电网工程等行业全面建立农民工工资保证金制度。提高劳动人事争议处理效能，共处理案件147件，结案率达到90%以上，涉及劳动者296人，涉案金额1278.18万元。

生活消费

【2016 年居民消费价格变化情况】

图 1：2016 年防城港市、广西 CPI 同比指数示意图

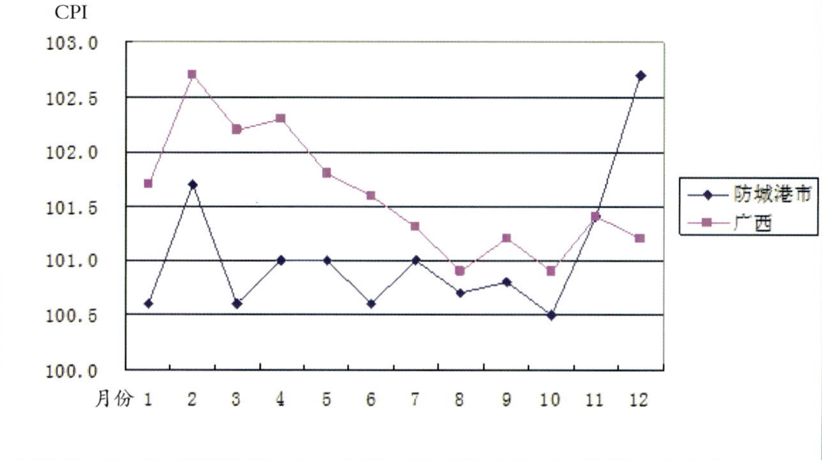

图 2：2016 年防城港市、广西 CPI 环比指数示意图

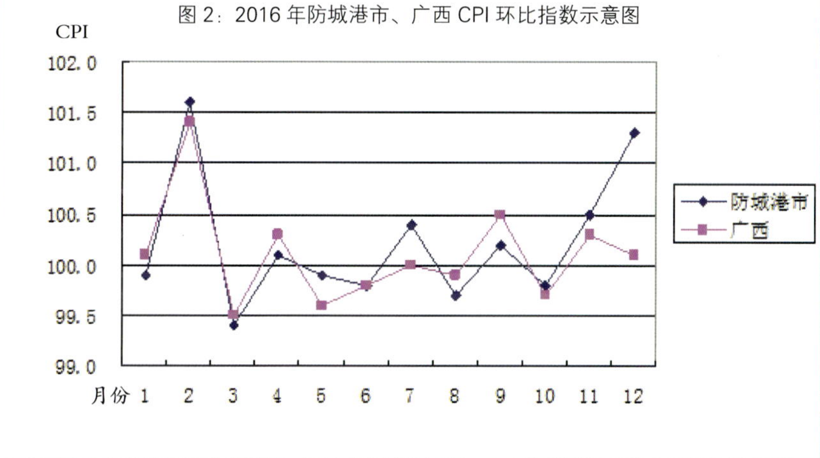

【2016 年居民消费价格指数】

图 3：2016 年防城港市生猪价格示意图

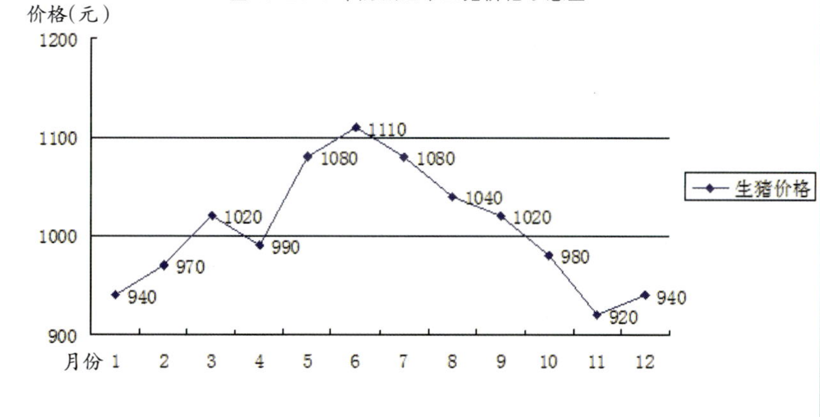

表 14　2016 年防城港市、全区 CPI 指数列表

指　标	防城港市	全区
居民消费价格总指数	101.1	101.6
一、食品烟酒	102.4	103.4
二、衣着	102.4	101.3
三、居住	99.4	100.3
四、生活用品及服务	102.1	99.9
五、交通和通信	98.8	98.8
六、教育文化和娱乐	99.2	101.6
七、医疗保健	103.7	103.7
八、其他用品和服务	102.6	101.9

【2016 年各月防城港市、全区 CPI 指数对比表】

表 15　2016 年各月防城港市、全区 CPI 指数对比表

月份	指数类型	全区	防城港市	全区排名
1 月	同比指数	101.7	100.6	12
	环比指数	100.1	99.9	13
2 月	同比指数	102.7	101.7	14
	环比指数	101.4	101.6	6
3 月	同比指数	102.2	100.6	14
	环比指数	99.5	99.4	4
4 月	同比指数	102.3	101.0	13
	环比指数	100.3	100.1	11
5 月	同比指数	101.8	101.0	13
	环比指数	99.6	99.9	13
6 月	同比指数	101.6	100.6	11
	环比指数	99.8	99.8	8
7 月	同比指数	101.3	101.0	10
	环比指数	100.0	100.4	2
8 月	同比指数	100.9	100.7	7
	环比指数	99.9	99.7	3
9 月	同比指数	101.2	100.8	10
	环比指数	100.5	100.2	14
10 月	同比指数	100.9	100.5	11
	环比指数	99.7	99.8	11
11 月	同比指数	101.4	101.4	7
	环比指数	100.3	100.5	2
12 月	同比指数	101.2	102.7	1
	环比指数	100.1	101.3	1
	累计指数	101.6	101.1	11

【消费维权】 受理处理投诉。2016年，全年共接待消费者来电、来访3610人次，受理投诉423件，处置率100%，为消费者挽回经济损失350万元。"12315"消费争议企业直通车企业9家，"12315"直接转到企业直通车处理投诉117件，挽回经济损失10184元。诉调对接1件。受理"诉转案"案件23件，处罚11500元。加强对违法案件的查处工作。全市消保系统共办理侵害消费者权益、制售假冒伪劣商品等违法案件52件，案值32.98万元，罚没金额22.30万元。开展流通领域商品抽检工作。全年共抽检商品130批次，不合格27批次。其中：民用三表9批次，不合格4批次；小家电10批次，不合格0批次；眼镜10批次，不合格4批次；建材装饰类23批次，不合格14批次；大型家电6批次，不合格3批次；汽车配件22批次，不合格2批次；红木制品50批次，不合格0批次。

住房保障

【住房保障与棚户区改造工作】 2016年，防城港市高度重视住房保障及棚户区改造工作，将其作为改善民生的重要内容，扩大保障性住房覆盖面。通过层层分解责任目标任务，强化项目用地保障，多渠道筹措资金，交叉推进项目前期审批，严格工程质量安全监督管理，完善配套设施，加大督查指导力度，如期完成年度各项目标任务，新增开工棚户区改造项目2628户，建成后将解决约0.92万城镇困难居民的住房问题。廉租住房与公共租赁住房实现并轨运行。

【保障性住房建设】 2016年，防城港市新开工建设保障性住房2628套（户），完成年度责任目标任务2628套（户）的100%（其中，国家目标任务开工1576套，占国家目标任务1576套的100%；自治区新增目标任务开工1052套，占自治区新增目标任务1052套的100%）；基本建成2440套，占目标任务2200套的110.9%；分配入住2378套，占目标任务2000套的118.9%。截至2016年12月底，全市累计基本建成公共租赁住房9829套，累计分配入住7572套，占总套数10213套的74.1%。

【保障性安居工程管理】 2016年，防城港市贯彻落实《国务院关于进一步做好城镇棚户区和城乡危房改造及配套基础设施建设有关工作的意见》《住建部国家开发银行关于进一步推进棚改货币化安置的通知》《住建部财政部关于棚改货币化安置统计口径及有关事项的通知》以及《自治区保障性安居工程领导小组关于印发2016年广西住房保障工作实施方案的通知》《自治区住房城乡建设厅自治区财政厅关于规范城镇保障性安居工程项目申报和调整的通知》《关于下达2016年国家和自治区城市棚户区改造项目建设计划的通知》等相关文件精神，抓住棚户区改造重大契机，将符合棚户区改造政策的征拆安置纳入棚户区改造范畴进行统一安置，既解决重大项目征地拆迁历史遗留问题，又有效扩大受益面。严格按照棚户区有关政策规定，免征城市基础设施配套费等各种行政事业性收费和政府性基金。把棚户区改造等保障性住房项目列为重点支出保障项目，除按照国家政策足额配套地方资金外，还加强与上级主管部门和国家开发银行沟通联系，积极争取资金扶持。贯彻执行《广西壮族自治区人民政府关于印发广西壮族自治区经济适用住房管理办法的通知》《关于严明危旧房改住房改造工作纪律的通知》《关于印发广西壮族自治区危旧房改住房改造价格管理指导意见的通知》《关于做好危旧房改住房改造非还建住房供应管理工作的通知》《防城港市人民政府办公室关于印发〈防城港市经济适用住房管理办法的通知〉》、《防城港市住房制度改革委员会办公室关于印发防城港市经济适用住房以及危旧房改住房改造、棚户区改造新建住房分配"三审两公示"操作程序的通知》等配套法规，严格申请资格的审批程序，及时向社会公布，监察、审计部门对保障性住房房源分配进行监管，实行阳光操作，公开透明，确保租售分配合理。向社会公布《关于公布2016经济适用住房供应对象家庭年人均收入标准和住房困难标准的通知》，严格贯彻执行保障性住房政策，监督检查棚户区改造等建设和分配管理，2016年全市共发放危旧房改住房改造非还建住房准购证520份。根据《防城港市人民政府办公室关于印发防城港市城镇廉租住房管理办法的通知》《防城港市人民政府办公室关于印发〈防城港市公共租赁住房管理暂行办法（试行）的通知〉》《防城港市住房和城乡建设委员会关于印发〈防城港市廉租住房、公共租赁住房分配"三审两公示"操作程序的通知〉》、《关于做好公共租赁住房和廉租住房并轨运行的通知》文件精神，防城港市公共租赁住房，是面向社会符合规定条件的城镇中低收入住房困难家庭、新就业无房职工、在本市稳定就业的外来务工人员等出租的保障性住房。申请公共租赁住房的人员在提交申请材料后，严格按照"三审两公示"流程进行审批，审批通过后，根据保障性住房房源情况，制订分配方案并向社会公布，分配方案包括房源的位置、数量、户型、面积等内容，下一步进行现场抽取房号进行配租，签订租赁合同，并做好租后管理工作。

【危旧公房改造】 2016年，防城港市危旧房改住房改造新开工项目2个，拆除危旧房47套，新建住房210套，建设面积23984平方米，项目计划总投资额5600万元。截至2016年12月30日，基本建成626套，完成投资1.93亿元（含续建项目）。其中，2个新开工项目210套全部开工建设。

房产管理

【产权产籍管理】 2016年，防城港市房屋交易管理中心完成房屋交易与产权管理：初始交易与产权管理51宗，比上年同期减少71宗，面积96.8万平方米，比上年同期减少4.45万平方米。转移交易与产权管理8265宗，比上年同期增加2460宗，成交面积73.3万平方米，比上年增加11.5万平方米，交易金额21.6亿元，比上年同期增加5000万元。抵押交易与产权管理6408宗，比上年同期增加159宗，面积119.1万平方米，比上年同期减少43.3万平方米，抵押价值67.1亿元，比上年同期增加28.1亿元。预告交易与产权管理5471宗；其他交易与产权管理180宗；抵押注销交易与管理1368宗。

【物业管理】

概况　2016年，防城港市物业服务对象从住宅小区发展到写字楼、工业园区、商业广场等；服务内容从房屋本身维护扩展到绿化养护、治安保洁、社区活动、环境秩序等，形成多层次，全方位服务局面。初步确立企业化、市场化、专业化的物业管理新体制。截至2016年12月，在防城港市实施物业服务管理项目的企业有143家（本土企业109家，外来企业34家），已实施物业管理的总建筑面积约1713.44万平方米。其中位于防城区的企业有23家，位于港口区的企业有84家，位于东兴市的企业有30家，位于上思县的企业有6家；物业资质等级为三级（包括暂定三级）的企业有124家，二级的企业有8家，一级的企业有11家。已成立业委会的小区有17个，未成立业委会的小区有143个。全市住宅小区建有电动自行车车棚的共103个，充电装置共3419个，简易喷淋1103个，独立式感烟探测器663个。

出台物业管理相关文件　为做好防城港市划分物业管理区域的工作，加强对物业管理招标投标评标以及物业服务企业的监督管理、规范防城港市物业服务企业资质的管理、推进物业服务行业信用体系建设、加强对住宅专项维修资金的管理，防城港市于1月28日印发《关于做好防城港市划分物业管理区域工作的通知》，3月3日印发《关于建立防城港市物业管理招投标评标专家库的通知》，3月9日印发《关于规范我市物业服务企业资质管理的通知》，6月12日制订并印发《防城港市物业服务企业诚信档案管理制度（试行）》，8月11日印发《防城港市住宅专项维修资金管理暂行办法》，于同年10月8日起正式实施，12月23日印发《关于贯彻落实〈前期物业管理招标投标管理暂行办法〉的通知》。

物业管理优秀住宅小区评选　2016年，防城港市成功培育万基中央公馆、阳光海岸二期、桂海东盟·新城、CBD明珠园小区成为“全区城市优秀住宅小区”。

物业从业人员培训　全市物业管理工作会议召开。2016年2月23日，市房产局在市行政中心区红树林大厦东楼市房产局会议室召开全市物业管理工作会议。会议指出随着防城港市物业服务行业的迅速发展，要尽快成立防城港市物业服务行业协会，加强物业行业自律，规范行业行为，搭建一个与政府、企业双向服务平台，促进物业管理整体水平的提高。2016年11月8日，市房产局在防城港市妇女儿童活动中心召开物业管理工作会议，会议指出，要建立物业管理新机制，推行物业管理招投标加速推进全行业市场化进程，并做好2017年上半年工作计划。会议上，南宁梓珊法律信息咨询有限公司南瑞芳律师作《物业服务纠纷常见问题与解决方案》课题讲座，进一步提高物业服务企业自我保护意识及管理知识，降低物业纠纷，将物业矛盾冲突遏制在萌芽状态。举办“安全生产月”知识讲座及现场演练活动。2016年6月27日，市房产局在防城港市妇女儿童活动中心开展住宅小区等物业服务项目“安全生产月”知识讲座及现场演练活动，预防各类安全事故发生，为防城港市经济发展、社会稳定和人民群众安居乐业创造良好的安全环境。

物业服务市场秩序整顿与检查　物业服务市场专项检查。根据相关文件要求，市房产局每年对全市物业服务市场进行两次物业专项检查。2016年，市房产局协同各县（市、区）物管部门主要负责人和工作人员对被抽检企业进行现场检查和现场考核工作，共检查32家物业服务企业，对考核不及格的企业进行现场批评、指导并及时下发整改通知，且对不合格的企业进行网上通报，有效整顿物业服务市场，提高物业服务水平。配合市安委办专项督查组检查。11月29日，市房产局派员配合市安委办专项督查组做好电动车管理防范火灾事故的各项督查工作，认真听取督查组意见和建议，并安排专人负责收集电动车防范火灾相关文件和照片，督促各物业在管项目做好电动自行车防范火灾事故等物业安全工作。

【房产交易中心管理】　2016年，防城港市办理商品房合同备案20797套（不含东兴市及上思县），比上年同期增加2291套。

住房制度改革

【房改政策落实】　2016年，防城港市贯彻执行《广西壮族自治区危旧房改住房改造暂行办法》《广西壮族自治区人民政府办公厅关于加快实施全区大板结构住房改造工作的意见》《关于严明危旧房改住房改造工作纪律的通知》和自治区房委会桂房改〔2009〕6号、〔2011〕44号、〔2012〕62号等各项危旧房改住房政策对危旧房改住房改造项目的规定。

【公有住房上市交易】　2016年，防城港市严格按照《自治区人民政府关于印发〈广西壮族自治区已购公有住房上市交易暂行办法〉的通知》《自治区人民政府关于对我区住房补贴方案进行部分调整的通知》《防城港市人民政府办公室关于印发〈防城港市公有住房售后维修交易管理办法的通知〉》（防政办发〔2011〕129号）和《防城港市人民政府办公室关于印发防城港市出售公有住房办法的通知》等相关政策开展公有住房上市交易管理、出售审批、住房补贴等工作。年内，全市审批公有住房上市交易共252套（含出售、抵押、析产、继承、赠与）；审批5个单位资金回拨共18.7万元，审核3个单位住房补贴共45.88万元，审批公有住房和集资建房出售132套。

【住房档案管理】　2016年，防城港市严格按《关于加快信息采集录入广西危旧房改住房改造管理信息系统的通知》的规定正常使用广西危旧房改住房改造管理信息系统，及时有效地将相关房改房信息录入系统并加强管理；并按照《关于加快建设全区干部职工政策性住房档案信息管理系统的通知》的要求对防城港市的干部职工政策性住房档案信息实行动态监控和管理，将采集到的档案信息数据及时录入系统，确保信息真实、准确，不断完善信息系统，同时做好档案信息的安全工作，防止出现信息泄露的责任事故。

住房公积金管理

【概况】　2016年，防城港市住房公积金管理中心认真落实中央八项规定，同时结合工作实际，按照全面、合规、操作简便的要求，制订党群管理、岗位职责等管理制度87项，并编印《防城港市住房公积金管理中心内部制度汇编》，形成完整、适用、操作简便的内部管理制度体系，真正实现制度管人、制度管事，进一步规范内部管理。同时，通过防城港电视台、《防城港日报》、政务公开日活动、房博会以及深入社区、乡镇等多种途径进行公积金新政策宣传，联合受托银行深入乡镇、企业、学校等开展住房公积金业务上门服务，接受住房公积金提取、贷款业务的咨询、宣传和办理，全年发放宣传资料1万多份，接待人数约1500多人次。年内，全市新增缴存单位79个，新增缴存人数8470人。截至2016年12月底，全市缴存人数6.02万人；全市住房公积金业务收入4974.16万元，同比下降5.48%；业务支出1496.27万元，同比下降44.38%；住房公积金增值收益3477.89万元，同比增长35.20%。

【住房公积金归集】2016年，防城港市住房公积金管理中心持续加大住房公积金归集扩面的力度，重点推进聘用人员缴存、非公单位建制，通过多种方式在各行业广泛宣传住房公积金政策，逐步完善行政执法方式，并增强服务意识和提高服务水平，促进全市住房公积金制度覆盖面的持续扩大，公积金缴存单位、职工数及归集额持续增长。年内，全市归集公积金7.97亿元，同比增长28.47%。截至2016年12月底，全市累计归集额45.57亿元，同比增长21.21%，归集余额16.74亿元，同比增长12.74%。

【住房公积金提取和贷款发放】2016年，防城港市住房公积金管理中心贯彻落实国家和自治区有关加大住房公积金使用力度的决策和部署，增强住房公积金支持缴存职工住房消费的力度。通过放宽提取政策，使政策红利惠及更多的缴存职工。研究出台个人住房商业贷款转住房公积金贷款、住房公积金自住住房装修贷款等新政策，结合全面推行异地贷款等一系列政策的实施，使符合条件的购房缴存职工，享受到了住房公积金政策给带来的优惠、实惠，对扩大住房公积金的用途起到积极的推进作用。2016年，全市住房公积金提取6.08亿元，同比增长12.80%，占当年归集额的76.26%。全市发放住房公积金贷款3.46亿元，同比增长77.33%；全年发放异地贷款132笔共3799万元。截至12月底，全市累计发放个人住房公积金贷款17.83亿元，全市个贷率为73.12%，同比提高6.77个百分点；个贷逾期金额为2645.85万元，逾期率为2.16%。

【住房公积金监管】2016年，防城港市住房公积金管理中心根据中心风险防控制度，强化对归集提取、公积金贷款发放、财务管理等制度政策落实情况的稽核和督促检查，全年共稽查市本级及各办事处、管理部住房公积金提取26笔、贷款308笔，并督促相关科室、办事处、管理部整改落实。强化贷款逾期风险防控，根据自治区住建厅《关于印发2015年度住房公积金管理情况监督检查意见书的通知》要求对照自查，提出整改方案，针对部分归集系统信息不正确、部分提取档案资料不完整、长期挂账未清理等问题，按要求进行整改，重点进行监督检查，规范业务管理，加强风险防范。全年共发放贷款逾期催收通知812份，委托银行起诉可疑类71户，其中立案46户，针对全市贷款逾期情况，进一步强化贷款逾期管理，采取电话、信件、上门、律师等途径进行催收。做好催缴催建工作，对不办理缴存登记的单位发送责令限期办理通知书22份，对逾期不缴或者少缴住房公积金的单位发送责令限期缴存通知书20份。

【公积金业务调整与改革】2016年，防城港市住房公积金管理中心对各项业务审批流程重新梳理和优化，成立市个人住房贷款大厅，形成公积金管理部门、受托银行一站式服务模式。同时，通过创新管理方式，统一实行“中心内部授权，承担法人责任”管理模式，对政务服务中心服务窗口和各办事处、管理部进行充分授权，进一步简化贷款流程，如取消贷款楼盘备案程序，取消申请住房公积金贷款时需单位出具工资收入证明等材料。5月，正式启用住房公积金管理信息系统，系统上线后，公积金提取时间由原来3个工作日转账到单位，升级为实时到账。同时实现公积金贷款的自主化管理，并推出“公积金冲还贷”新业务，切实提高服务效率。全年共办理提取、信贷业务2.90万件，业务量同比增长49.3%。根据自治区“降成本41条政策措施”有关工作要求，住房公积金管理中心从企业经营实际出发，让经营困难企业可以在一定的缴存比例内自主选择，从而减轻企业的负担和成本。年内，对1家企业进行缴存基数调整，企业月均少缴约101.5万元；受理1家缴存困难企业申请缓缴。

社会保障

【低保保障】2016年，防城港市开展精准低保工作。城市低保停保7142户16973人、农村低保停保6301户15292人。城市低保对象3597户6448人，累计发放低保金3844万元，月人均补差288元；农村低保对象13675户38574人，发放低保金7013万元，月人均补差129元。自10月1日起，全市城市低保从每人每月430元提高到480元，农村低保从每人每年2800元提高到3100元。

【助力脱贫攻坚】2016年，防城港市做好扶贫对象中符合条件的人员纳入农村低保的工作，农村低保中建档立卡贫困人数为25699人，超额完成自治区下达18726人的任务。

【社会救助】2016年，防城港市享受边民生活补助政策的对象累计补助137.92万人次、发放补助资金17929.8万元。临时救助1051户，发放救助金318万元。医疗救助11851人次，发放救助金1718.54万元。“五保”供养5486人，发放供养金1792万元。接待和劝导救助人员762人次，对符合救助条件的692人次给予救助。出动救助车辆243车次、工作人员868人次实施上街主动救助，救助流浪乞讨人员547人次，发放食品、矿泉水、衣服（被子、鞋子）一批。

【城乡居民养老保险】2016年，防城港市开展城乡居民养老保险摸底排查，5.88万特殊困难群体参保率和待遇发放率均实现100%。企业退休人员月人均养老金提高到1980.77元，城镇居民医保补助标准提高到420元/人，占人均征缴标准的77.8%。

【社保体制改革】 2016年,防城港市巩固运用全民参保登记改革成果,推动社保基金实现持续增长和安全运行,全市社保基金滚存结余约20.5亿元,其中职工养老保险基金结余9.7亿元,可连续支撑16个月以上,城镇基本医疗保险基金结余3.35亿元。深化社保体制改革,城乡居民医保制度整合、机关事业单位养老保险制度、城乡居民大病保险和医保付费总额控制等改革稳步推进。创新社保经办能力建设,成为全国首批社保标准化建设"先行城市",在全区首创"标准化良好行为"公共服务机构;社保卡应用覆盖全市"两定"机构,实现全区异地就医购药即时结算。

社会福利

【完善福利设施建设】 2016年,防城港市基本实现城乡社会福利设施网络化,收养性养老福利机构床位数达2074张,开展民政福利机构消防安全检查活动。在养育制度、监护制度、医疗救助及康复制度、教育保障制度、住房制度、就业制度等6个方面保障孤儿的权益。

【老年人福利】 2016年,防城港市民政部门根据《防城港市加快国际滨海健康养老服务业发展的实施方案》,对养老服务业规划、用地、人才培养、税费优惠等方面做出部署。鼓励社会参与发展养老服务业,实行养老机构运营补贴;对取得养老护理员资格证书的从业人员奖励补助。推进上思县老年养护楼、上思县在妙镇农村养老服务中心项目建设,筹建金湾家苑(养老院)项目、规划建设防城港市广桦养生城、规划选址防城港半岛·九久(国际)和防城港金岛·九久(国际)养生城项目。配合开展老年人活动93场次和第四届"多彩金秋"文化活动月暨老年人体育健身大会。防城港市共有80~89岁以上高龄老人13985人,90~99岁以上高龄老人2515人,百岁老人107人,累计发放高龄补贴1036万元。免费发放老年人优待证,共办理老龄人优待卡1838张。

【残疾人福利】 2016年,防城港市实施困难残疾人生活补贴、重度残疾人护理补贴制度。累计发放困难残疾人生活补贴50945人次,资金254.73万元;重度残疾人护理补贴71300人次,资金356.5万元。

【社会福利彩票发行】 2016年,防城港市完成即开型福利彩票销售4099.32万元,筹集到彩票公益金802万元。

【社会公益活动】 2016年,防城港市民政部门与金龙鱼慈善公益基金会、防城区人民医院合作,在2015—2016年实施200例"金龙鱼复明工程"之后,继续为全市100例贫困白内障患者免费手术。

灾害事故

【地质灾害】 2016年,防城港市开展建设用地地质灾害评估和压覆重要矿床审查工作,审查建设项目地质灾害危险性评估报告46份、出具49宗未压覆重要矿床证明,为土地的报批及时提供必要的材料。开展地质灾害项目治理工作,基本完成由自治区国土厅拨付经费的4个地质灾害治理项目并通过专家初验收。创建地质灾害防治微信平台,有效促进地质灾害防治信息共享;由于预防得当,汛期期间防城港市地质灾害0事故发生,同比上年地质灾害防治工作取得较大成效。

【救灾应急能力】 2016年,防城港市全市累计受灾人口3.03万人次,紧急转移安置9928人,直接经济损失2786.17万元。灾情发生后,全市共发放被子、夹克、衣服、鞋子、蚊帐、大米、食用油一批,维护灾区社会的稳定。2015—2016年冬春救助,共下拨资金619万元,发放现金补贴263万元,粮食100.5吨,衣被34536(床、件),救助生活困难群众4.03万人次。制订2016—2017年冬春救助工作方案,组织各县(市、区)、乡镇反复摸排核实。完成2015—2016年防城港市倒房重建任务33户98间;2016—2017年防城港市倒房重建任务为21户,已完成3户重建;农户重建住房最高获得补助3.6万元。投入167.87万元为全市14.73万农户购买农房保险。民政、财政部门和人保财险公司定期召开联席会议,共理赔151户67.52万元。形成市、县、乡三级灾害救助应急物资储备体系。开展减灾宣传活动,应急演练常态化,11月底,市民政局牵头在红沙村开展防城港核应急撤离公众联合演练。

殡葬事业

【殡葬管理与服务】 2016年,防城港市推行惠民殡葬服务,受益家庭574户,发放免补金额76.4万元。共火化遗体757具,火化率为27.1%,比上年增长26.8%。开展殡葬改革宣传,加强对殡葬服务单位的业务指导和监督。

【殡葬改革】 2016年,防城港市华祖园公墓列入防城港市"边海经济带"项目和全市规模以上服务业项目,建设投资任务1000万元,全年投资1217万元,超额完成217万元。

防城港市民族宗教事务委员会

2017年，在市委、市政府的正确领导下，在自治区民宗委具体指导下，防城港市民宗委党组坚持以中共十八届五中、六中全会和十九大精神和习近平新时期中国特色社会主义思想为指导，按照建设民族团结进步模范市的目标，围绕全面实施“边海经济带建设”战略，以“民族边海示范带”建设为抓手，发展民族经济，维护民族团结，依法管理民族宗教事务，促进宗教和睦与社会稳定，有力地促进了我市民族团结进步事业的发展。

深入上思县东安村向村“两委”干部宣读十九大精神

深入港口区桃花湾社区检查指导民族团结进步创建工作，开展民族团结进社区活动

积极组织法治宣传活动，向过往群众宣传民族宗教政策法规和诚实守信理念

深入上思东安村，慰问结对帮扶贫困户

举办2017年防城港市宗教系统学习培训班，学习宣传十九大精神

积极组织干部参与中国东盟马拉松活动

防城港市人力资源和社会保障局

市人社局局长覃菊花（右二）赴湛江市参加北部湾经济合作组织第九次成员大会

2016年，防城港市人力资源管理部门坚持“民生为本、人才优先”工作主线和“稳增长、促改革、惠民生、保稳定”工作思路，积极参与北部湾区域合作，与北海、钦州、湛江、茂名、阳江、海口、儋州等8市人社局签署《北部湾城市人力资源和社会保障合作协议》，推进一体化发展。强化人才智力支撑，组织赴区外招聘重点领域急需紧缺高层次人才、特色农业高层次专家行等活动，多渠道引进人才服务地方经济发展；依托企业打造技能大师工作室、名匠工作室、自治区现代学徒制技能人才培养试点；以防城港核电为载体建设我市首家广西博士后创新实践基地。规范人事管理。加强干部队伍建设，公务员初任培训、全员网络培训等培训工作有序开展，公务员招录等人事考试实现零事故。支持国防和军队改革，抓好军转干部管理服务，完成军转干部安置和随军家属安置任务，实现企业军转干部零上访。

2016年11月16日，市人社局局长覃菊花（右三）、副局长陈蕾（右二）在中国十九冶集团（防城港）设备结构有限公司为“庄学宇技能大师工作室”揭牌

2016年6月8日，防城港市农民工担保贷款合作协议签约仪式在防城港市人社局举行

2016年2月，防城港市“春风行动”专场招聘会在防城港市各县（市、区）乡镇举办，图为防城区专场

2016年7月27日，广西第三届农民工技能大赛防城港复赛顺利举行

防城港市住房保障和房产管理局

2016年工作情况

一是棚户区改造工作有力支撑了海湾新区建设。2016年，防城港市开工建设保障性住房及棚户区改造项目2628套，基本建成2440套，分配入住2378套，提前完成目标任务。二是深入实施房地产市场去库存计划，加快房地产行业转型升级。2016年，全市房地产开发完成投资87.8亿元，同比增长9.48%；据商品房备案系统显示，2016年完成商品房销售面积227.53万平方米，同比增长13.2%。成功举办2016年房博会，现场成交和意向成交达385套，金额近1.8亿元。联合防城港市财政局制定《防城港市农民工等新市民购房补助细则》，同时，防城港市房产局建立棚户区改造房源信息平台，共10770套房纳入该平台，面积为94万平方米，共受理审批298948平方米的购房补助申请，3248万元的购房补贴已全部发放完毕。三是不断提高物业管理水平。成立物业服务行业协会；印发实施《防城港市住宅专项维修资金管理暂行办法》和多项行业管理制度；开展了“安全生产月”知识讲座及现场演练活动，组织170人参加“全市物业管理监管工作会议暨法律法规知识讲座”活动并进行现场观摩。四是有力推进住房制度改革工作。2016年以来，审批公有住房上市交易共158套；审核住房补贴共45.88万元，审批公有住房出售8套。五是不断提升房产交易服务水平。共办理各类房产登记6700宗，办理档案查询5.14万次，配合办理产权确认3615宗。向防城港市不动产登记中心划转6名业务骨干，并取消房地产网络信息服务费及房地产权属档案查询服务费的收取。六是持续加强白蚁防治工作。承接新建房屋白蚁预防工程项目面积147.62万平方米。完成施工面积201.6万平方米，开展白蚁灭治及回访复查面积305.5万平方米。

12月2日，防城港市委书记金湘军（左侧左起第三）、时任防城港市长何朝建（左侧左起第四）带领防城港市房产局詹冬发局长（左侧左起第一）等部门领导拜会自治区住建厅领导（右侧），沟通协调防城港市住房保障和房地产等城乡建设领域工作

6月8日，防城港市房产局成功举办2016年房博会，防城港市委常委、常务副市长唐轶昂、住建厅和其他地市房产部门领导出席房博会开幕式

11月23日，防城港市房产局潘毅副局长（左二）带队检查房地产销售情况和物业管理企业发展情况

1月11日，防城港市房产局廖明辉副局长（右二）陪同自治区保障性安居工程检查组领导检查防城港市企沙棚户区改造项目施工现场

11月30日，防城港市委常委、常务副市长唐轶昂（左四）、防城港市人民政府秘书长林春胜（右三）带领防城港市房产局詹冬发局长（左三）等领导检查东兴楠木山棚户区改造项目

6月22日，防城港市房产局詹冬发局长（左三）检查上排、云朗棚户区改造项目施工现场

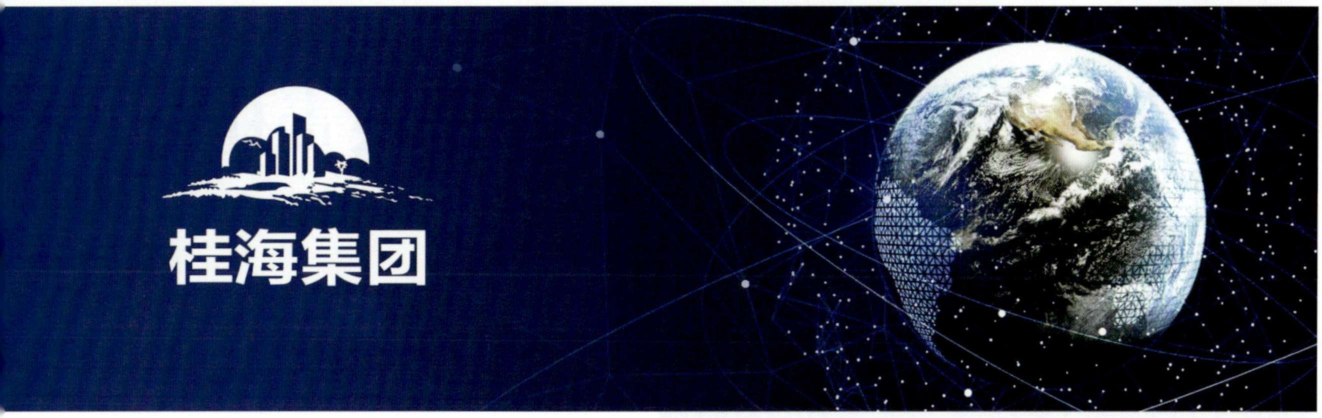

广西桂海集团 12载深耕防城港

GUIHAI GROUP

桂海集团成立12年，扎根八桂、深耕防城，专注品质，以诚筑城，革新城市人居，助力城市发展。

广西桂海实业集团有限公司，拥有多家控股子公司，公司员工近400名，业务涵盖地产开发、冷链物流仓储、农产品国际贸易、文化传媒、供应链金融、文化旅游、商业运营等7大产业链。12载专注房地产开发运营，投资总额达50亿元，开发储备量150万平方米，锻造6大榜样级品质项目，获30000业主信赖，赢得广西著名商标等荣誉称号。

代表项目 GUIHAI GROUP

桂海·东盟商贸中心 GUIHAI GROUP

33.33公顷超大型商贸批发城，中国建材家居巨头居然之家、全球最大小商品城义乌中国小商品城，千亿双巨头携手强势进驻，驱动防城港产业链完善。

代表项目 GUIHAI GROUP

桂海·世贸广场 GUIHAI GROUP

25万平方米公园人文大城，全龄优配生活配套，引领防城港全新生活方式；桂海新街里，3.5万方独栋+街区商业，以成都宽窄巷子、上海新街里为模板，定位为园博园旁海洋休闲街区

桂海集团 关爱社会 致力公益

GUIHAI GROUP

桂海集团一直以来非常关注社会各界的慈善和工公益事业，愿为弘扬慈善文化尽绵薄之力。不仅先后举办多场大型文化公益活动，而且一直在捐资助学、扶贫帮扶等诸多方面均有建树，积极投入社会公益事业。公益事业资金累计已超过500万元。桂海集团不仅荣获各类爱心大奖，也赢得了广大人民的赞赏和极高的社会声誉。

GUIHAI GROUP

中海油广西防城港天然气有限责任公司

中海油广西防城港天然气有限责任公司成立于2014年7月11日，由中海石油气电集团有限责任公司和防城港务集团有限公司共同出资建设，主要负责投资建设储运库项目。该项目位于广西防城港市东湾港区1号路，一期总投资9.66亿元，占地面积13.53公顷，建设两个30000立方米的LNG混凝土全容罐、10个槽车装车位，设计规模达年周转LNG 60万吨。

公司经营范围：投资经营液化天然气接收终端、天然气输气管线、液化天然气气化站、液化天然气加气站、液化天然气运输等。

公司经营方式：通过国内/国际贸易接收LNG资源，开展液态分销，以槽车运输方式供应西南地区的城市燃气、天然气工业用户、天然气加气站及天然气发电厂；通过管道供应防城港市城市燃气。

中海油防城港LNG鸟瞰效果图

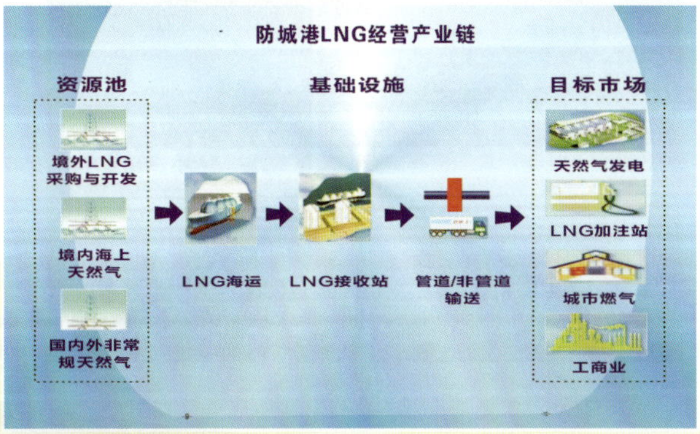

公司经营产业链

LNG优势

经济性：每年跑10万千米的LNG(天然气)重卡比柴油车节省燃料费约8万~12万元；LNG汽车不需要使用车用尿素溶液，每年节省车用尿素费用约1万元。

燃料	价格类型	平均节省(元/千克)	百公里消耗(千克)	年跑10万公里节省燃料费(万元)
LNG	优惠价	2~3	39.5	8~12
柴油	批发价		39.8	

安全性：

燃料类型	燃点	爆炸极限	扩散性	毒性	安全指数
柴油	260℃	0.6%~7.5%	不易扩散	有毒	★
汽油	427℃	1.0%~7.6%	不易扩散	有毒	★★
LPG	466℃	2.4%~9.5%	不易扩散	有毒	★★
LNG	645℃	5%~15%	易扩散	无毒	★★★★
	燃点高，不易燃	不易爆炸	不易集聚引起爆炸		

环保性：一辆每年跑10万公里的LNG汽车(车货总重约60吨)，同车况下比柴油车减排CO_2约47吨，减排SO_2约0.72公斤，减排NOx约404公斤，减排悬浮颗粒物6.7公斤。没有铅化物等有害物排放。

能源名称	燃料消耗量(吨)	CO_2(吨)	SO_2(公斤)	NO_X(公斤)	悬浮颗粒物(公斤)	毒性	环境影响
LNG	39.5	78.7	0.08	148	0	无	清洁
柴油(国五)	39.8	125.7	0.8	552	6.7	有毒化学物质	雾霾、酸雨

热值高：LNG因是-160℃的超低温燃料，几乎不含水、二氧化碳、硫化氢等易凝固的物质；气化后的1标方天然气热值在9000~9500千焦左右，而1标方管道气热值在8000~8500千焦左右。

县乡概况

上思县

【经济社会发展概况】 上思县位于防城港市北部，十万大山北麓。东接钦州市钦北区，南邻防城港市防城区，西毗崇左市宁明县，北连崇左市扶绥县，东北与南宁市邕宁区接壤，辖4个镇、4个乡、83个行政村和4个社区。县人民政府驻思阳镇，行政区域面积2816平方千米。2016年年末，全县人口24.81万，人口自然增长率8.97‰。耕地面积5.81万公顷，农田有效灌溉面积1.281万公顷，粮食播种面积1.1999万公顷，经济作物种植4.0484万公顷，林地面积18.7341万公顷。社会用电量2.5716亿千瓦时，农业机械总动力28.5424万千瓦。等级公路593.43千米，其中高速公路49.6千米，一、二级公路80.71千米。主要旅游景区(点)有十万大山国家森林公园、百鸟乐园、皇袍山、金花茶观赏园、百香湖、文岭山公园和岐山岩。十万大山国家森林公园、百鸟乐园、金花茶观赏园为国家级旅游景区，百香湖为自治区级旅游景点。全年接待游客161.57万人次。重要矿产资源有褐煤、伊蒙黏土、石灰石、矿泉水和石油，其中石灰石储量100亿吨。地方产品有香糯、肉桂和八角等，其中，经农业部审定上思香糯为地理标志农产品。是中国氧都、中华诗词之乡、广西文化先进县，中国老年人宜居宜游县。2016年，地区生产总值76.76亿元，其中第一产业增加值19.44亿元，第二产业增加值37.23亿元(其中工业增加值34.92亿元)，第三产业增加值20.09亿元。人均地区生产总值36439元。财政收入8.88亿元，其中公共财政预算收入81835.5万元；财政公共预算支出18.86亿元。全社会固定资产投资额48.67亿元。社会消费品零售总额20.10亿元。外贸出口总额300万美元。实际利用外资1065万美元。城镇居民人均可以支配收入20362元。农村居民人均纯收入9855元。体育事业蓬勃发展，成功承办2016年广西青少年举重锦标赛，上思籍运动员在全国、全区各级比赛中取得38金46银25铜的优异成绩。上思县被自治区文联评为“广西特色文艺之乡”。强化社会管理，开展“神剑1号”“神剑2号”专项行动，严厉惩治吸毒贩毒、“两抢一盗”等违法犯罪活动，群众安全感满意度得到提升，被自治区授予“2014—2016年广西无传销县”称号，被中宣部、司法部授予全国“六五”普法先进县称号。科技工作成效明显，荣获“第六批广西科普示范县”。国防动员和民兵预备役工作得到加强。审计、统计、工商、税务、质监、双拥、人防、消防、供销、交通、国土、人才、地震、档案、修志等工作取得新进步，民族宗教、移民、侨务、老龄、妇女儿童和残疾人等事业都取得新成绩。

【支柱产业和新兴产业】 2016年，上思县委、县政府着眼于转变经济发展方式，按照“3+2+1”产业集群发展思路，主动推动经济社会发展。夯实工业基地，强化制糖、水泥建材、林板林化等三大经济产业基础，延伸产业链，推进昌菱热电联供项目建设；完成华润水泥窑协同处置固废混凝土骨料、机制砂等项目的前期工作；引进生石灰、重质碳酸钙项目；降低木材初加工门槛，支持胶合板生产企业实现转型升级。培育新增规上、限上企业2个。华润水泥、华林公司、昌菱制糖、上上糖业的4个工业产品获得“广西名牌产品”称号；首届设立县长质量奖评比活动。农业发展优化投入1970万元，实施农业支持保护补贴9060公顷。十万大山生态农业(核心)示范区、长德生态农业示范区等现代农业示范点创建工作顺利推进，“广西上思县蔗糖循环经济农业科技园区”申报通过现场核验。糖料蔗“双高”基地建设有序推进，在绩效考评中连续两年排名全区第一。重点培育肉牛养殖业和中草药种植，全县肉牛存栏4.34万头，中草药种植586.67公顷。扶持培育新型农业经营主体，引导成立103家农民专业合作社、20家家庭农场，培育出等2家国家级、等7家自治区级、等7家市级合作示范社。引进电商平台，建立129个村级电商服务点，为上思县农副产品走出深山、走向全国拓宽了销售渠道。皇袍山森林乐园、百鸟乐园等旅游景区进一步完善，立都国际大酒店、江滨度假酒店等旅游酒店建设进展顺利，十万大山国家森林公园、布透温泉小镇等旅游项目达成新的投资意向。旅游市场进一步繁荣，旅游消费12.53亿元，比2015年增长28%。房地产、物流、商贸等第三产业得到进一步发展。

【对外开放合作】 2016年，上思县坚持全面招商引资，创新引资方式，增强经济社会发展后劲。成功签约“十万大山”矿泉水开发等项目。充分利用中国—东盟博览会、中越博览会等大型招商活动平台，签约引进肉牛养殖加工等项目。参加桂粤在广东合作驻点活动，与广州市家具行业签订合作意向书。优化投资环境，建立具有上思特色的招商工作机制，实行招商项目限时办结制、全程服务领办代办制，共为9个项目提供代办服务。全年招商引资到位资金37.93亿元，比2015年增长9.4%。

【项目建设】 2016年，上思县大力推进产城融合，启动县城三江口“龙凤合明”等城市景观规划，推进永福大道、工业大道续建工程，加快南岸新区路网、明江蓄水工程等一批项目建设。加大旧城区改造力度，继续实施街巷道路硬化改造，建设城区污水管网等一批污垃项目，不断提升城市功能。启动农村垃圾两年攻坚活动，开工建设叫安和华兰两个镇级污水处理厂、4个农村垃圾片区处理中心、12个村级垃圾处理中心。深入推进美丽乡村建设，投入1.75亿元，完成390个村屯绿化，建成一批农村安全饮水工程、通屯道路项目，农村生产生活条件明显改善。全力推进国家公共文化服务体系示范区创建工作，村级公共服务中心工程、数字文化驿站、贫困村体育场地、县体育中心风雨棚综合训练馆、县图书馆、南屏瑶族乡渠坤村瑶族民俗博物馆等文体惠民工程建设推进，实现村级公共服务中心实现全覆盖，县文化馆在全国文化馆的全面评估工作中荣升为二级馆。

【民生保障】 2016年，上思县把新增财力投向民生领域。完善社会保障制度，全年全县民生支出占公共财政支出比重达80%以上，城乡低保、五保孤儿供养、养老金等各项民生政策基本实现应保尽保。城乡居民养老保险参保率98%，新农合参合率99%，位居广西前列；坚持教育优先发展。继续实施教育振兴计划，投资2.4亿元，实施义务教育"改薄"项目18个、中小学校舍维修改造项目10个、幼儿园建设项目4个，动工建设第一初级中学、南岸小学和南岸幼儿园等重点项目，中小学基本办学条件全面改善；深化医疗卫生体制改革。推进县人民医院和妇幼保健院综合改革，创新建立贫困户大病补充医疗救助制度，探索开展"先诊疗、后付费"试点，不断解决困难群体就医看病筹资难问题。加强医护人才队伍建设，免费培养15名农村定向医科学生，基层基本公共卫生服务逐步均等化。

【思阳镇】 位于上思县中部偏北，东邻公正乡，南接叫安镇，西毗在妙镇，北与那琴乡相连，县人民政府驻地，全镇面积308.4平方千米，其中城区面积11.7平方千米，辖12个行政村4个社区305个村(居)民小组，年末总人口8.32万人。2016年，全镇工农业总产值8.34亿元，其中:工业企业总产值5.05亿元，农业总产值3.33亿元；城镇居民人均可支配收入20362元；农民人均纯收入9598.3元；镇内矿产资源有矿泉、石灰石；景点有文岭山公园、百香湖等。上思至崇左二级公路、上思至吴圩二级公路和钦州至崇左高速公路23.6千米、上思至吴圩机场二级公路过镇内，是上思县政治、经济、文化、工业、交通和物流中心。

脱贫攻坚 2016年，发放扶贫小额贷款380户共1891万元、鸡苗9050羽、小牛犊79头、黑山羊65只、猪仔60头、肥料180吨；易地扶贫搬迁77户、326人；建档立卡贫困户危房改造99户，房屋维修7户，房屋扩建4户；建成农村安全饮水工程38处，完成通屯道路27条40.68千米；落实教育八大帮扶计划，全镇无一学生因贫失学；医疗卫生、培训就业、社会救助等一系列民生工程得到保障；2016年脱贫村"十一有一低于"、脱贫户"八有一超"指标全部完成；全镇有173户、670人脱贫，村级有广元村脱贫。

农业发展 十万大山生态农业(核心)示范区创建工作为契机，引导群众流转土地发展澳洲坚果种植260公顷，引进特色果蔬大棚、良种葡萄等一批项目初见成效；牛大力、铁皮石斛等中草药种植43.33公顷。打造淮山、百香果、林下养鸡、果蔗、龟鳖、莲藕等特色种养，优化农业产业结构。积极培育新型农业经营主体，新增农民专业合作社34家、家庭农场7家。引进电商平台，建立2个村级电商服务点，为镇农副产品产前产后拓宽销售渠道。

改善环境 大力推进永福大道、工业大道续建工程，加快南岸新区路网、明江蓄水工程等一批项目建设。完成旧城区巷道、城区污水管网等一批项目建设。北湖、彩元2个社区综合改造工程全面铺开，城市形象不断提升。巩固"三清洁"成果，深入推进明哲村玉学屯"生态宜居示范村屯"和广元村汪豆屯"绿色村屯"建设，启动玉学屯民居立面改造；投入20万元扩建汪豆屯进屯道路等。建设明哲村念诺、易和村那么、那立，广元村红新、昌墩村百细，北湖社区加达等6个自治区级绿化示范村屯、一般村屯48个；林业生态扎实推进，实施沿海防护林工程建设120公顷，退耕还林13.33公顷；完成成4个农村生活污水处理设施，完成一批农村安全饮水工程、通屯道路项目；第一初级中学、江平易地搬迁安置点、南岸小学和南岸幼儿园、中小河流治理工程、碳酸钙、尾气处理液项目等县重点项目顺利推进；在建的东湖社区综合办公服务场所完成主体结构。完成明江、北湖、彩元社区综合办公服务场所；镇劳动保障中心落成办公；扎实推进农村信用"四级联创""农金村办"和"信用体系"建设，成功创建玉学、易和、华加等三个信用村，农村的生产生活环境明显改善。

民生保障 强化社会管理，完成"一村(社区)一法律顾问"的工作创建，拓展"一村一警务助理""无诉村屯"等工作；加强治安防控工作，严厉整治各类违法犯罪行为，群众的安全感和满意度不断提升；坚持教育优先战略，推进第一初级中学、南岸小学和南岸幼儿园等项目建设；完成昌墩、明哲、高加小学等3894平方米的教学楼建设，教学环境得到改善；新农合参合率100%；城乡低保、五保孤儿供养、养老金等民生政策全面落实；村级公共服务中心实现全覆盖；完成农村危房改造指标320户；全面实施两孩政策，诚信计生、幸福家庭创建等工作有序推进；文体活动蓬勃发展，"明江之夜"广场宣传文化活动常态化；完成三化、雷厘屯整体搬迁安置点水、电、路等基础配套设施；镇卫生院开展公共卫生服务；食品药品安全监控力度加强；国防动员和民兵预备役工作得到加强，基层武装建设规范；工青妇等群团组织发挥自身职能作用。

【在妙镇】 位于上思的西北部，东连思阳镇，南邻平福乡，西与宁明县那堪乡接壤，北靠四方山与扶绥县交界。全镇总面积324.2平方千米，辖11个村委会、138个自然屯、239个村民小组，年末总人口4.38万人。耕地面积6969.6公顷。2016年，实现工农业生产总值6亿元，比2015年增长11%；社会固定资产投资完成6842万元，比2015年增长10%；农民人均纯收入8782元，比2015年增长10.7%。旅游宜开发资源有屯隆村牛岩、水岩、通天岩和驮从村那蒙天主教堂。矿产资源有煤矿、磷矿、石灰石等。上思至崇左二级公路、钦州至崇左高速公路过镇境内。镇政府与县城距35千米。

扶贫推进 围绕县委、县政府打造"脱贫攻坚先行区"的目标，统筹推进脱贫攻坚工作。全镇共助贫困户融

资324户,“牵手”企业贷款114户,移民搬迁52户,危房改造251户;完成通屯水泥路40千米,农村安全饮水工程31处。通过实施产业扶贫、金融扶贫等“八个一批”工程,实现160户贫困户728人脱贫,2个贫困村的群众生产生活条件显著改善。

产业壮大　继续壮大传统产业。全面推行甘蔗产业现代化,发展甘蔗“双高”基地。在联合、屯隆、更所、平良等村共实施6个片区“双高”基地254.67公顷。完成种植甘蔗面积7066.67公顷,入厂原料蔗46.6万吨;做大做强特色农业。推进“一村一品”工程,以“四香”之一的兰奉香糯产业,在佛子村建兰奉香糯基地40公顷,在基地的辐射带动下,全镇种植兰奉香糯100公顷,产量65万千克;利用资源优势,推广种植淮山、百香果、牛大力、莲雾套种凤梨等特色生态产业初初见规模;优化渔畜产业。发展立体养殖,鱼产量30万千克;白鸭出栏120万羽;建成肉牛养殖场9个,肉牛存栏7086头;发展黑山羊养殖基地4个,山羊存栏630头,形成新的养殖产业。

设施建设　深入实施百镇建设示范工程,投资1000万元,对道路改造、绿化亮化、排水设施、镇区小街小巷进行硬化;投资1000万元的镇污水处理厂一期工程动工;改善农村面貌,加强农村水、电、路等基础设施建设,完成农村人畜饮水工程项目17个,全镇95%以上村屯道路通砂石路。网络电视实现村村通;美丽乡村建设,对11个村22个屯进行整治,完成村屯巷道、房前屋后水沟硬化10千米,乡村面貌不断改善。

福祉改善　社会保障水平提高,全镇新农合参合率99.8%,有31441人获得医疗补偿金额1066.9万元。养老保险参保10260人,参保率93.8%,参保金额181.2万元,养老金发放3855人,发放金额384.1万元,发放“五保”、低保和优抚补助等946.7万元,给予大病救助80户;教育事业稳步推进,办学条件明显改善,完成七门中心幼儿园和6个村级完小的幼儿园建设,基本满足学前幼儿园的需求。文体事业发展,完成3个村级文化服务楼建设;农村医疗体系日趋健全。计生工作扎实开展,全面两孩政策有序实施。第三次全国农业普查工作完成PDA录入工作,民族、宗教、意识形态、妇女儿童和残疾人等事业取得新成效。

【叫安镇】　位于上思县东南部,东与公正乡接壤,南靠十万大山,与防城区扶隆乡交界,西连平福、在妙,北与思阳镇毗邻,总面积584.8平方千米,辖17个村委会393个村民小组,年末总人口40958人,耕地面积6513.33公顷,有林面积1.87万公顷,森林覆盖率49.1%。全镇农村经济总收入5.9864亿元,固定资产投资0.6亿元;农民人均纯收入8652元,增长8%。镇内国家级旅游景区(点)有十万大山国家森林公园、百鸟乐园、皇袍山、金花茶观赏园。镇政府驻那兰圩与县城距6千米。

扶贫攻坚　2016年,镇党委、政府围绕县委、县政府打造“脱贫攻坚先行区”的目标,精准施策,统筹规划全镇脱贫攻坚工作。开展融资扶贫,全年共发放小额扶贫贷款555户、2645万元。对贫困户进行产业扶持,发放牛犊77头、山羊66只、猪仔80头、鸡苗10885羽、肥料113.5吨,助推贫困户发展产业增加收入。实施危房改造和扶贫移民搬迁工程,解决576户贫困户的住房问题。经自治区核验组认定,百包、那工两个贫困村脱贫摘帽,有271户、1183人实现脱贫。

做强产业　2016年,以糖料蔗高产高糖示范基地建设为抓手,推动甘蔗生产向“经营规模化”发展。完成熟康对河、双板定林两个“双高”示范基地建设106.67公顷。同时,抓好家庭农场建设,把甘蔗生产管理从粗放方式向集约方式发展。按照“因地制宜,突出特征,一村一品,集群发展”的思路,充分利用生态良好的优势,形成肉牛、坚果、中草药、特色水果、养生茶叶等特色产业同步发展的格局。完成那荡长德、松柏汉森、平江牛大力等多个现代化农业产业园区,其中,平江牛大力种植示范区被自治区人民政府评为“广西乡级现代特色农业示范区”。

设施建设　抓好通屯硬化道路和水利建设,完成39条、36千米农村硬化路和53处农村安全饮水提升工程,完成2座水库除险加固。抓好“美丽广西·生态乡村”建设,建成平江二三组、平良、百肯、婆城、那畏、新柳等一批生态乡村示范点,大力招商引资。皇袍山景区试业,广西乡野来集团休闲养生项目开工。农村信用体系推进,完成叫安、熟康、文明、板细4个信用村和4个三农金融服务室的建设。

民生保障　扎实开展社会保障工作。城乡居民社会养老保险工作完成情况列居全县前茅,养老金发放100%。依法做好民政工作,全镇有1849户、5603人纳入农村低保范围,发放各项救助金1438万元,大米1.6万千克。继续抓好计生工作,为农村独生子女户、双女结扎户以及计划生育家庭户49户购买“国寿计划生育家庭意外伤害保险”。落实奖励扶助政策,有71人享受国家、自治区奖扶。基层文化事业繁荣,广大群众的文化体育生活不断丰富。落实食品药品安全责任制,全镇17个村委会设食品药品监管员,年内没有重大食品药品事故发生。经常性开展群防群治工作,深入开展禁毒、禁赌、扫黄和“打黑除恶”专项治理行动,社会大局基本稳定,广大群众对社会安全感和满意度得到较大的提高。

【华兰镇】　位于上思县的南部,东接叫安镇,西南与南屏、平福乡毗邻,北与在妙镇交界,总面积146.7平方千米,辖6个村委会115个村民(居民)小组,年末人口12682人。耕地面积298.8公顷、林地面积5800公顷,森林覆盖率75%。全镇固定资产投资3810万元,增长10%,农民人均纯收入9000元。镇政府驻华兰圩与县城距29千米。

支柱经济　稳定粮食生产,2016年粮食种植面积1133.33公顷,粮食总量3764吨;继续抓好支柱产业,2016/2017年榨季产量达到12万吨;畜牧业发展,全乡建成50头以上规模养牛基地3个、20头以上养牛基地5个,养羊大户5户、养蜂大户4户;生猪存栏3457头、大牲畜存栏2646头、家禽存栏45076羽;完成茂谷柑基地完成标准化种植86.67公顷,澳洲坚果种植13.33公顷多,发展中草药等特色种植60余公顷;完成冬闲田养鱼133.33公顷。全镇农业产业结构进一步优化,初步形成以德安村和叫宝村肉牛养殖、俊仁村生猪养殖、那岩村茂谷柑种植、华城村林下养蜂为优势、特色的农业产业化格局。

扶贫攻坚　全面落实扶贫攻坚政策,年内完成33户、147人的易地搬迁,完成危房改造120户,免费发放电视机67台、电视信号接收设备45套。

发放扶贫小额贷款738万元，受益148户贫困户；完成145户、506人低保申请审核。实施产业扶贫计划，6个行政村有甘蔗、香糯、养牛、养鸡等特色产业，特色产业覆盖贫困户发展产业率达100%。年底，实现62户、283人脱贫，贫困发生率从5.89%降低到3.53%。实现年内脱贫计划目标。

项目建设　投资1087.8万元，完成华城村委至叫宝村委、上洒屯、姆华屯、枯笃屯、那余屯等24条入屯、屯内道路硬化，总长26.96千米，使群众行路难问题得到改善；水利建设力度加大，投资50.6万元，完成6个农村饮水工程，有效改善农村饮水困难；镇污水处理厂、片区垃圾处理中心、德安村村级　垃圾处理厂等开工建设。实施绿化示范屯2个、一般绿化村屯42个；发放305吨水泥用于农村房前屋后和巷道硬化，完成平防居民点美化绿化，改善了人居环境。

【南屏瑶族乡】　位于上思县西南部，东临华兰镇，南与防城区扶隆、板八、那良、峒中等乡镇毗邻，西与宁明县那堪乡接壤，北靠平福乡。全乡总面积526.6平方千米，辖9个村委会、68个村民小组，年末人口13340人，其中瑶族人口7171人，占总人口的53.8%。2016年，实现生产总值3.44亿元，增长8.15%；社会固定资产投资1.073亿元；全社会消费品零售总额3.14亿元，增长8.2%，居民人均可支配收入9523元，增长8%；农民人均纯收入8426元，增长8.1%；人口自然增长率控制在7.4‰以内。是上思县土特产品八角、肉桂、香菇的主产区，是防城港市唯一的少数民族乡。乡政府驻渠坤圩距县城52千米。

经济发展　稳定生产粮食。全乡水稻种植面积360.17公顷，产量1500吨；甘蔗生产保量增产，甘蔗种植总面积保有933.33公顷，2016/2017年榨季入厂原料蔗达5.5万吨；优化林业产业结构，推进速生丰产桉树林科学化种植，扩大林业政策性保险覆盖面，新增林地面积339.33公顷。发展壮大水产畜牧业，利用水产畜牧业优惠政策，促进水产畜牧业发展，生猪存栏2700头，出栏1800头；家禽存栏8.6万羽，出栏3.5万羽；肉牛存栏700多头，出栏130头；山羊存栏1000多只，出栏500只；水产品产量250吨。特色产业提升。在抓好传统支柱产业发展的同时，大力发展新兴产业。在进行充分调查后，因地制宜的引导群众种植中草药，投资120万元，打造、扩大14个种养示范点，养殖黑山羊600只，肉牛300头，蜜蜂1000箱，中草药种植166.67公顷。

基础设施建设　基础设施建设加快，完成通村通屯水泥路140千米，砂石路22千米，环屯路11千米，桥梁3座，建设54个自然屯的安全饮水工程，修建三面光水渠11.5千米。投资20万元完成常隆村大平屯农网改造项目，全乡95%以上的村屯实现通电；推动“美丽广西”建设，投资290万元开展“美丽广西”乡村建设活动，改善人居环境；开展生态乡村活动，投入800吨水泥，指导群众开展房前屋后硬化；投资80万元对14个重点屯进行绿化。投资600万元的汪门屯新农村建设基本完成，汪门屯获“广西绿色村屯”称号。开工建设移民搬迁安置房98套；江坡道路改建项目开工；对新圩200户居民楼房进行立面改造。

社会保障　2016年，全乡发放低保、救济救助、优抚事业等专项资金6484万元，扶助五保户、孤儿、残疾人、低保对象13570户、33606人；新型农村合作医疗参合率95%以上，农村养老保险参保率90%以上。精准扶贫，全乡贫困户798户3511人，脱贫攻坚预脱贫442户、2019人；推进扶贫产业，发放鸡苗4880羽，猪苗70头，羊120只；投入1830万元实施生态扶贫移民搬迁工程，完成第一批生态扶贫移民搬迁74户328人，开工建设第二批扶贫生态移民搬迁工程，安置贫困户97户442人；完成危房改造391户；科教文卫事业得以良好发展。投入1250万元建成南屏幼儿园、汪乐小学和婆凡小学学生宿舍、为5所小学及24个教学点添置课桌椅1460套；发放“户户通”直播卫星覆盖接收设备2100套。社会和谐稳定，全乡共排查矛盾纠纷104件，成功调解纠纷85件；完成9个村级公共文化服务中心建设，成立汪乐、英明、渠坤等9个村级政务服务中心。各项事业蓬勃发展，国防动员和民兵预备役、妇女儿童、人口计生、统计、防震减灾、气象、民族、宗教、侨务和残疾人事业均取得新成绩。

【平福乡】　位于上思县的西南部，东接华兰镇，西毗南屏瑶族乡，西与宁明县那堪乡交界，北接在妙镇。总面积276.9平方千米，辖9个行政村159个村民小组。年末，人口22097人，其中汉族5390人，占总人数的24.4%。耕地面积5066.67公顷，有林面积9333.33公顷，森林覆盖率47%；乡内有古迹文武庙、粤东书院、古码头等，是清朝抗法联军“黑旗军”首领刘永福青少年时代生活的地方。乡政府驻平福圩与县城距43千米。

产业发展　重视粮食生产，全乡完成粮食种植面积1533.33公顷，总产量6347吨；稳定甘蔗支柱产业，完成甘蔗种植，2015/2016年榨季入厂原料蔗32.78万吨，位居全县前二位；林业产业稳中有进。新增造林面积1800公顷，年出材1万立方米左右。调整优化林种结构，完成示范种植中草药13.33公顷、牛大力10公顷、红心橙果53.33公顷。发展林下经济，现有林下养鸡场5个，年出栏15万羽；肉牛养殖场16个，良种肉牛存栏800头；养殖业不断发展，全乡生猪存栏5100头，当年出栏4500头；家禽存栏22万羽，出栏16万羽；耕牛存栏3200头；肉类产品年产量600吨；水产品平均年产量1900吨。

设施完善　利用“一事一议”、精准扶贫等项目，全力推进基础设施建设。投资1162万元，完成通屯道路28条共55.24千米；投资700万元，新建河堤护岸工程4.17千米；投资170万元，新建乡政务服务中心；投资50万元，建设宜居乡村建设示范项目；投资50万元，实施板含村栏马屯扶贫基础设施改造；通过政府出水泥，群众投工投劳的方式，完成了一批村屯巷道和排水沟建设；落实危房改造207户、异地搬迁29户；筹措资金对部分村委会办公楼进行维修，使村级办公条件有效改善。

社会保障　统筹推进各项社会事业，改善一批教学点和村级医疗卫生条件。全面兑现各项计生优惠政策，为24户计生户代缴“爱心保险”和24户计生家庭落实了小额贴息贷款。抓好民生工作，发放各种救助金566万元。落实粮种补贴533.33公顷，农业支持保护补贴1066.67公顷。完成危房改造207户。新农合参合率98.06%，养老保险缴费人数6906人，完成任务的106.41%。文体活动进一步繁荣，组织乡村文艺演出15场，篮球、气排球比赛

20场。及时调解土地、山木、宅基地等各类民间纠纷，调结矛盾纠纷89起，成功率达97%以上。推行“一村一警务助理”“无诉村屯”等工作，严厉惩治吸毒贩毒、“两抢一盗”等违法犯罪活动。深入排查和化解社会不稳定因素，群众安全感满意度得到提升。

【那琴乡】 位于上思县的东北部，南邻公正乡，西接思阳镇，北与邕宁区交界。总面积308.4平方千米，辖9个村委会154个村民小组，年末人口20550人。耕地面积2193.33公顷，林地面积1.86万公顷，森林覆盖率68%。固定资产投资8902万元，农民人均纯收入9139元，增长8%。上(思)大(寺)二级公路、上思至吴圩二级公路、钦州至崇左高速公路过乡境内。乡政府驻那琴圩与县城距20千米。

精准扶贫　2016年，乡紧紧围绕“精准、聚焦、可行”的原则，全面实施精准扶贫战略，全力推进脱贫攻坚“八个一批”“十大行动”。全乡贫困户362户、1397人，脱贫122户、484人脱贫。加大危房改造和移民搬迁力度。全乡落实移民搬迁47户，危房改造198户。加强与金融部门协调，发放贷款287户1146万元。加大产业扶持力度，发放57万元的物资扶持贫困户，不断促进农民增收。搞好教育扶贫，对30户贫困户实施雨露计划，扶贫工作取得阶段成果。

支柱产业　加强粮食生产，稳定种粮面积2666.67公顷。以“双高”基地建设为载体，在寺造建设双高点面积33.33公顷，在示范点的带动下，全乡种蔗面积1800公顷，2016/2017榨季入厂原料蔗产量6.68万吨；加强林业资源开发新增造林289.74公顷，林木采伐蓄积量为163671立方米。水产畜牧养殖发展在龙头企业——绿源农业开发有限公司和宏飞农牧有限公司的带动下，生猪出栏3万头，牛存栏1.2万头，肉牛存栏5300头，建肉牛养殖50头以上的场有4个。林下养鸡场规模以上有10个，年林下养鸡年出栏35万羽，存栏15万羽；那琴香鸭出栏41万羽，存栏18万羽。上思县皇氏乳业畜牧发展有限公司奶牛存栏1170头，年奶产量3400吨。发展水果生产，全乡特色水果种植533.33公顷，产值450万元。澳洲坚果种植200公顷，百香果80公顷。上思县柳心红群发专业合作社荣获“2016年度防城港市十佳农民专业合作社”称号。

建设加强　全面整治乡村道路，村道公路建设全面推进。全年新建水泥路26条41千米，那通、那琶、排柳等三个贫困村全部实现水泥硬化路通屯，缓解了群众出行难的问题；加强水利工程建设，新建饮水工程28处；维修、疏通汪晓水库渠道3000米；推进那琶村公共服务中心建设，办公楼正进行装修；加大网络建设力度，移动宽带互联网全覆盖；广播电视村村通，9个行政村委会通互联网；全面完成农网改造，村民用上同网同价放心电。

事业发展　健全社会事业和公共服务体系，不断提升群众幸福指数。注重特殊困难群体的精准帮扶，全乡低保人数3065人年发放农村低保金410.1万元。城镇低保53.5736万元；“五保户”175户175人发供养金64.552万元；临时救助81户370060元，大病救助63人28.332万元。新农村养老保险参保率100%，新农合参合率达到99%。教育基础设施进一步完善，办学条件、教学水平进一步提升；深入实施“诚信计生”，大力宣传二孩政策；加强食品药品监管力度，提升公共卫生服务能力，提升公共卫生服务能力；加大对道路交通、地质灾害、餐饮食品、烟花爆竹、建筑施工、用电用气、农机操作安全等重点领域的监督检查力度，年内未发生安全责任事故。全力开展“七五”普法活动，推进依法治乡进程，成功调解矛盾纠纷52件，实现小事不出村，大事不出乡的良好法治氛围。全乡社会稳定，人民安居乐业。统战、工会、共青团、妇联、民兵预备役等工作进一步加强，保密、档案、老干部、统计、科技等各项工作都取得显著成绩。

【公正乡】 位于上思县的东部，东临钦北区贵台镇，南与防城区交界，西接思阳镇，北连那琴乡。总面积336.35平方千米，辖10个村委会138个村民小组，年末人口16742人。耕地面积2046.67公顷，有林面积1.87万公顷，森林覆盖率64%。上(思)大(寺)二级公路、钦州至崇左高速公路过乡境内。乡政府驻公正圩距县城30千米。

脱贫攻坚　2016年是脱贫攻坚的重要一年，乡党委、政府加大扶贫政策的宣传力度，精准落实产业扶贫政策，为贫困户发放鸡苗6670羽；猪苗58头；黑山羊60头；肉牛56头。全乡有46户贫困户实现移民搬迁，有32户贫困户的危房得到改造，解决部分困难群众住房难的问题。通过精准扶贫，全乡有162户、678人实现了脱贫。

特色产业　继续抓好粮食生产。全乡种植优良水稻760公顷，种植玉米、花生等农作物200公顷，粮食总产量5803吨；加强甘蔗种植管理，完成甘蔗种植面积657公顷，榨2016/2017年榨季入厂原料蔗39420吨；发挥资源优势，大力发展特色生态种植业。培育新型农村经营主体，成立2个家庭农场。继续做大做强澳洲坚果、茶叶、柑橘种植等一批特色产业，初步形成规模效益链。利用现有林地资源，发展林下经济。存栏2000头，新建牛棚5000平方米，种植牧草20公顷，养蜜蜂3000箱，年产蜂蜜6000千克。

社会保障　切实加强民生改善工作，社会保障不断提高。全乡发放各项低保等求助金600万元；城乡居民养老保险参保率97.2%，新农合参合率98.1%；生态乡村工作推进，完成6个示范屯和29个一般屯的绿化建设；完成4个屯饮水安全工程建设，有1200人的饮水安全得到解决；基础设施不断完善，利用巷道建设水泥工程项目，完成5个屯入(巷)水泥硬化2300米；社会事业进一步发展，加强诚信计生工作，参加诚信计生育龄妇女1523人，签订率96.9%。全面落实二孩政策，继续兑现计生有关优惠政策；平安乡镇建设扎实推进，切实做好社会矛盾排查、纠纷调处、综治维稳等工作，提升公共安全感满意度，全乡社会安定、经济发展。

东兴市

【经济社会发展概况】 东兴市位于广西南部，中国大陆海岸线西南端。东南濒临北部湾，西南与越南社会主义共和国接壤。一级滨海公路、防城至东兴高速公路、江平江、罗浮江过境，南有中越界河北仑河。陆地边境线长39.064千米，海岸线长53.3千米。有国家一类口岸东兴口岸。东兴市辖东兴镇、江平镇、马路镇(10个社区居委会、31个村委会),市人民政府驻东兴镇,行政区域面积588.78平方千米。2016年年末户籍人口14.74万,其中农村人口7.05万。有壮、瑶、京等少数民族5.95万,其中京族人口2.13万,是国内京族唯一聚居地。人口自然增长率10.21‰。耕地面积5639.24公顷,农田有效灌溉面积3550公顷,粮食播种面积9728公顷,经济作物种植面积679公顷。林地面积2.78万公顷。社会用电量4.78亿千瓦时。农业机械总动力12.34万千瓦。等级公路里程293.39千米,其中二级以上公路86.49千米。公路客货运周转量5.86亿吨千米。主要旅游景(区)点有京岛风景名胜区、屏峰雨林公园、陈公馆、意景园、中越人民友谊公园、口岸景区、竹山古榕部落景区、大清国一号界碑、沿边公路“零千米”标志、贝丘遗址等,其中京岛风景名胜区、屏峰雨林公园为国家AAAA级旅游景区,陈公馆、意景园为国家AAA级旅游景区。全年接待游客753万人次,其中经东兴口岸出入境游客715万人次;旅游总收入64.85亿元。全市电商企业2173家,电子商务销售额22.3亿元。地方特产有“红姑娘”红薯、“皇帝果”橘子、海鸭蛋、对虾、青蟹、肉桂、八角、京族米粉、风吹饼等。2016年,东兴市获全国双拥模范城、国家(第2批)全域旅游示范区创建单位、全国边境贸易服务产业知名品牌创建示范区、全国科普示范县、全国计划生育优生服务先进单位、全国电子商务百佳县称号。2016年,实现地区生产总值92.99亿元,其中第一产业增加值17.04亿元,第二产业增加值38.41亿元(工业增加值30.42亿元),第三产业增加值37.54亿元。人均地区生产总值5.96万元。财政收入14.61亿元,其中公共财政预算收入12.51亿元;公共财政预算支出26.45亿元。全社会固定资产投资完成额120.61亿元。社会消费品零售总额24.9亿元。外贸进出口总额30.9亿美元,其中互市贸易进出口总额17.3亿美元。实际利用外资3406万美元。城镇居民人均可支配收入3.5万元,人均消费性支出2.01万元。农村居民人均纯收入1.5万元,人均生活费支出8408元。全市跨境人民币结算金额282.72亿元。城乡居民年末储蓄存款余额132.93亿元。多项经验做法走在全国、全区前列,获国家表彰21项,获自治区表彰11项。

2016年东兴市主要经济指标完成情况表

表16

序号	指标名称	单位	2016年
	土地面积	平方千米	589
	年末总人口(户籍人口)	人	147395
	#非农业人口(2015年改城镇人口)	人	76881
	#农业人口(2015年改乡村人口)	人	70514
	人口自然增长率	‰	10.21
	常住人口	万人	15.71
	#城镇人口	万人	10.98
	城镇化率(城镇人口占常住人口比重)	%	69.89
	GDP(当年价)	万元	929897
	第一产业	万元	170352
	第二产业	万元	384083
	#工业	万元	304244
	#建筑业	万元	79839
	第三产业	万元	375461
	GDP增速	%	10.3
	第一产业	%	3.3
	第二产业	%	14.1
	#工业	%	14.7
	#建筑业	%	11.4
	第三产业	%	9.4
	人均GDP	元	59513
	人均GDP增速	%	8.80

续表 1

序号	指标名称	单位	2016 年
	地区生产总值构成	%	100
	第一产业	%	18.32
	第二产业	%	41.30
	# 工业	%	32.72
	# 建筑业	%	8.59
	第三产业	%	40.38
	农业总产值	万元	278834
	农业产值	万元	39334
	林业产值	万元	3818
	畜牧业产值	万元	21642
	渔业产值	万元	209219
	农林牧渔服务业产值	万元	4820
	农业总产值增速	%	3.35
	农业产值	%	2.24
	林业产值	%	−1.51
	畜牧业产值	%	−1.02
	渔业产值	%	4.16
	农林牧渔服务业产值	%	3.2
	全部工业总产值	万元	1474753
	# 规模以上	万元	1438024
	# 规模以下	万元	36729
	全部工业总产值增速	%	19.94
	# 规模以上	%	20.45
	# 规模以下	%	2.95
	全部工业增加值	万元	304244
	# 规模以上	万元	290287
	# 规模以下	万元	13957
	全部工业增加值增速	%	14.7
	# 规模以上	%	15.8
	# 规模以下	%	4.1
	建筑业总产值	万元	214273
	建筑业总产值增速	%	15.5
	固定资产投资	万元	1206129
	固定资产投资增速	%	8.5
	社会消费品零售总额	万元	248969
	社会消费品零售总额增速	%	11.3
	外贸进出口总额	万美元	308951
	# 出口	万美元	140647
	# 进口	万美元	168304

续表 2

序号	指标名称	单位	2016 年
	外贸进出口总额增速	%	9.45
	#出口	%	-26.38
	#进口	%	85.05
	财政收入	万元	146134
	#一般预算收入(公共财政预算收入)	万元	125091
	财政收入增速	%	6.67
	#一般预算收入(公共财政预算收入)增速	%	5.57
	财政收入占 GDP 比重	%	15.72
	人均财政收入	元	9353
	#人均公共财政预算收入	元	8006
	税收收入		100048
	一般预算财政支出(公共财政预算支出)	万元	264470
	#一般公共服务支出	万元	20175
	金融机构人民币存款余额	万元	1329268
	#城乡居民存款余额	万元	1045974
	金融机构人民币贷款余额	万元	795207
	在岗职工平均工资	元	49719
	城镇居民人均可支配收入	元	34993
	城镇居民人均可支配收入增速	%	7.50
	农民人均纯收入	元	14960
	农民人均纯收入增速	%	10.0

制表单位:东兴市统计局

【支柱产业】 2016 年,东兴市充分发挥地缘优势,按照“前岸中区后城”发展模式,依托东兴试验区等国家级开放平台,加快发展商贸、加工、旅游三大支柱产业。发展跨境贸易。重点实施建机制、搭平台、争政策、拓通道、建市场、增品种、强通关、降成本八大措施,加快边境贸易转型升级。推进东兴边贸中心(互市二期)改扩建工程,加快建设互市码头装卸作业平台扩建工程、进境水果指定口岸检验检疫查验平台等项目,建成使用互市区边检限定区域卡口管理系统。着力打造十大类专业市场,建成华美达广场等项目 10 个、20 多万平方米,开工建设城东农产品市场等项目 10 个,谋划推进东兴宏阳预包装批发市场等项目 32 个前期工作。进口冰鲜水产品口岸申报工作通过国家质检总局考核验收。在全国率先启用边民互市“一指通”系统,边民申报时间由原来 30 分钟提速到 10 分钟内,通关效率不断提高。互市贸易进出口总额 17.3 亿美元,增长 88.6%,边境贸易实现逆势大幅上扬。发展跨境加工业。谋划打造十大类年产值 10 亿元以上跨境加工制造业,新引进企业 34 家,开工建设中国重汽联友汽车组装中心等 20 家,建成投产东林纺织加工、京港坚果加工等 18 家,新增就业岗位 3000 多个。永丰红木的“鹏躍”牌红木家具、怡诚公司的“怡祥”牌罐头被评为广西名牌产品。发展跨境旅游。与越南芒街市、广宁省旅游厅分别在桂林市和贵州省成功举行旅游整体形象联合推介,开创跨境旅游合作先河。新建游客服务中心 3 个、旅游厕所 8 个、旅游停车场 9 个,新增国家 AAA 级旅游景区、五星级乡村旅游点各 1 个、四星级乡村旅游点 2 个。启用全国首个边境旅游网上办证预约系统,智慧旅游成效初显。全市接待游客 753 万人次,经东兴口岸出入境人数 715 万人次,均创历史新高。

【新兴产业】 电子商务发展呈现新活力,建成“百岸网”“两国 E 城”“八找网”三大跨境电商平台。新增电子商务经营户 268 家,电商企业 2173 家,新增就业人员 436 人,实现销售额 22.3 亿元,比 2015 年增长 33.5%,再次以广西第一的成绩荣获“全国电子商务百佳县”称号。

【对外开放合作】 2016 年,东兴市积极推进中国东兴—越南芒街经济合作区、跨境旅游合作区等开放平台建设,中越跨境经济合作区、跨境旅游合作区等方案已分别上报国务院、国家旅游局;跨境经济合作区建设取得突破性进展,中越北仑河二桥(中方侧)建设完成并通过验收,东兴口岸二桥综合服务区国门楼主体封顶,友好大道、沿河大道、跨越大道等一批路网项目建设加快推进;成功举办首届东盟景观树林木展、2016 中越(东兴—芒街)国际商贸·旅游博览会等重要活动,招商引资成效明显,全年新引进项目 56 个,实际利用外资3406万美元，引进区外境内资金50.5亿元。与柬埔寨暹粒省吴哥通县缔结为国际友好城市。

【先行先试成效显著】 2016年，国家质检总局批准东兴建设进境水果指定口岸；外交部批准建设中国东兴—越南芒街互市便民临时浮桥，自治区人民政府同意将东兴边民互市贸易区由原来的17.3公顷扩建至100公顷；农业银行东兴市支行获批开展跨境现钞调运业务；怡诚食品等10家企业获批成为跨境劳务综合试点，获准聘用境外劳工1200人；口岸通关改革推行分类通关改革，实现通关便利化，入境游客查验从平均需40秒/人提速至8秒/人，平均每辆货车可节约通关时间近20分钟；农村改革加快推进，土地承包经营权确权登记完成承包关系调查15902户，完成实测面积4000公顷。深化行政审批制度改革，推行“六证合一”登记制度，全年新登记各类企业929户，增长16.4%，商事制度改革走在全区乃至全国前列。全国综合行政执法体制改革试点工作扎实有效，成立城市管理和综合执法局、市场监督管理局，成为全区率先实现“四局合一”的试点县(市)。

【重大建设项目】 2016年，东兴市有中央、自治区、防城港市重点项目197个，完成投资41.7亿元。其中，中央预算内投资项目累计完成投资8558.6万元，完成投资计划的75%；开工建设棚户区改造配套天然气管道、环卫公租房配套项目等项目23个，开工率为92%。列入自治区层面统筹推进的重大项目，累计完成投资7.9亿元，完成年度投资计划的264.8%；开工建设的东兴市人民医院门诊综合楼，北仑河国际商贸城、跨境经济合作区路网工程超额完成年度投资任务。列入防城港市“边海经济带”重点项目完成投资45.2亿元，完成年度投资计划的103%；开工建设东兴口岸二桥综合服务区联检大楼(国门楼)、站前路等项目50个，开工率为100%。推进防东铁路等重大项目前期工作。全年获得中央预算内投资项目资金、边境地区转移支付资金、北部湾经济区重大产业发展专项资金、“三农”建设、社会治理、生态建设、政府债券等上级资金共12.89亿元。

【重大活动与特色活动】

中国—东盟国际青少年足球邀请赛　2月21日—25日，中国—东盟国际青少年足球邀请赛在东兴市体育场举行，参赛球队有中国、菲律宾、乌兹别克斯坦和克罗地亚四支U-19国家队，赛事6场，中央电视台第5频道现场直播。开幕式首场比赛(中国对菲律宾)现场观看中越边民观众1.3万人。

中国东兴·越南芒街元宵节足球友谊赛　一年一度的中国东兴·越南芒街元宵节足球友谊赛于2月22日在东兴市体育场举行。中越两支足球队通过友谊赛，为东兴和芒街两市市民带来欢快的盛会，共庆元宵佳节。在现场锣鼓声和呐喊声中，经过90分钟的激战，最终东兴队以2：1战胜芒街队。观众2万多人。

中越(东兴—芒街)国际商贸·旅游博览会　11月8日—12日，中越(东兴—芒街)国际商贸·旅游博览会在东兴举行，应邀参加博览会及相关活动嘉宾430人，参展企业500余家，参展观展10万人，签约项目15个，总投资约32亿元；签约贸易合同5对，金额约6404万美元。

中国—东盟博览会林木展　12月3日—5日，中国—东盟博览会林木展首次举办，参加中国—东盟博览会林木展部分领导和嘉宾，越南广宁省芒街市领导以及中外景观树企业主约330人。此次展会以进口景观树为主题，作为2016中国—东盟博览会林木展分会场，在广西乃至全国均属首次。参展的品种有罗汉松、沉香、紫薇、凤凰树、沙漠玫瑰、秋风、榕树、兰花、金花茶等品种近50个。

罗浮伏波庙会　农历正月初四至初八，罗浮伏波庙会在东兴市东兴镇东郊社区隆重举行，遥祭伏波大将军当年安边定国、播种文明的丰功伟绩。伏波庙热闹非凡，有村民集体三牲祭拜、六师傅吹牛角屯兵、伏波降生童、伏波将军平叛斩二征等民间祭祀活动，还有舞龙狮、对歌、唱师公戏、书画表演等一系列独具特色的祈福民俗活动，吸引众多中越边民和海外游客。罗浮伏波庙位于东兴市东兴镇东郊社区罗浮龟岭山，始建于清光绪十六年(1890年)，是防城港市域内7座伏波庙中建筑历史最老的一座。占地0.76公顷，庙宇属砖墙瓦顶，前后两座(进)，中间天井兼过道，双门独院结构，建筑面积约250平方米。伏波庙一年四季香火不断，每逢农历初一、十五，村民纷纷进庙上香。正月初四至十五，为纪念马援伏波将军生日，许多民众都会前往朝拜祭祀，形成规模宏大、内容丰富、独具特色的庙会文化。罗浮伏波庙2010年被列入防城港市文物保护点。同时，“伏波文化”在整个边境地区、乃至全国都有影响。

端午节　东兴自古以来端午节便有划龙舟及食粽等节日活动。2016年6月9日(农历五月初五)，东兴市罗浮江杨屋河段、竹山出海口水域、江平江江滨广场河段分别举行端午节龙舟赛。除有传统的民俗节目“祭海仪式”和“龙舟点睛仪式”外，还有文艺演出、舞狮舞龙表演、包粽食粽等活动，进一步丰富“龙舟文化”内涵。参赛代表队共19队，观赛群众4万多人。

清明节　农历三月清明节，东兴民俗尤重，百姓纷纷拜山、挂纸祭扫祖坟，旅居海外华人华侨也回故里省墓；机关、学校组织干部职工、学生到东兴烈士陵园、中越人民革命烈士纪念碑、松柏革命烈士纪念碑、马路革命烈士纪念碑，开展革命传统教育活动，向革命烈士敬献花圈，缅怀革命先烈。2016年清明节期间，回东兴过清明节的海外华人华侨4000多人。市侨联举办东兴首届华侨回乡投资恳谈会，越南河桧归侨联谊会等8个侨界社团在东兴市举办侨界清明联谊活动，宣传推介东兴发展优势，涵养侨资，促进对外开放。20多个国家和地区的华人、华侨、侨眷4000多人参加恳谈会和联谊活动。

重阳节　农历九月初九重阳节，政府各部门开展各种慰问活动，慰问离退休人员，或到福利院、敬老院慰问孤寡老人，送上慰问金、慰问品。市委、市政府领导慰问百岁老人。城区市民自由组织登高秋游，有野炊、烧烤、唱歌跳舞、打牌、下棋、摄影、写生等。

【京族哈节】 哈节是京族特有的传统节日，主要在京族人聚居的江平镇江龙村、沥尾村、巫头村、山心村举行。哈节日期在各京族村有所不同。红坎哈节、沥尾哈节、巫头哈节、山心哈节庆典活动分别在农历正月二十六日、六月初九、八月初一、八月初十举行。哈节活动一般5天~6天，主要在哈亭进行。各村哈亭供奉诸神灵各不同，沥尾、巫头供奉的主神是镇海大王,高山大王、广达大王、安灵大王和兴道大王为副神。红坎、山心供奉的主神是兴道大王,副神是镇海大王和本境土地。各村活动基本相同,举行迎神、祭神、入席、送神等仪式,开展万人餐、京族独弦琴表演、唱哈、舞狮、民族歌舞表演、采茶表演等民俗活动。2016年,东兴市财政划拨13万元支持哈节举办。沥尾哈节邀请中央民族大学艺术学院代表团等10多个文艺团体开展民族文化交流表演5场;邀请越南友好村茶古坊、越南有关哈亭代表等越南宾客100多人参加哈节活动;全国各地游客参加各哈节活动近10万人。

【东兴镇】 2016年,东兴镇辖7个社区居委会和8个村委会(104个居民组和147个村民组),辖区总人口约22万人、流动人口约10万人。有壮族、京族、苗族、瑶族等少数民族。镇人民政府驻中山社区教育路。行政区域面积133平方千米,陆地边境线39千米,海岸线长21千米。耕地面积1671公顷,粮食播种(含复种)面积1863公顷,总产量7262吨;经济作物种植面积64公顷,林地面积5413公顷。投入农村基础设施建设2000多万元,实现村村通路、通班车、通电、通网络、有安全饮用水;投入资金103万元,完成建档立卡贫困户危房改造35户;全镇"双认定"脱贫摘帽26户、96人;完成贫困户信贷资金发放,共136户、675万元;组织边贸互助合作组20个,吸纳贫困边民参加互助合作经营2万多人;运输车2000多辆,互市贸易进出口总额100多亿元;全年发放各类民政补贴救助金约1.1亿元;城乡居民养老保险参保21808人,城镇居民医疗保险新参保1582人。投入1000多万元,推进"一村一镇"示范工程建设,继续抓好渔家乐合作社建设,带动乡村特色休闲旅游蓬勃发展,长湖生态园荣获自治区4A级生态园。全年全镇国内生产总值66.77亿元,财政收入9.7亿元,工业生产总值34.2亿元,农业生产总值7.8亿元,分别比2015年增长10%、13%、12%、9.7%;固定资产完成投资4亿元,完成年度任务的100%;农民人均纯收入1.47万元,城镇居民人均可支配收入3.62万元,分别比2015年增长10%、8%;乡村休闲旅游点接待游客60多万人,旅游收入3000多万元。该镇获广西乡镇(街道)统计规范优秀单位称号,综治维稳先进经验在全区综治年度工作会议上推广;七星社区被评为全国社区侨务工作明星社区(全区唯一);中山社区被评为全国社区侨务工作示范单位;公园社区被评为全区社区侨务工作示范单位;竹山村荣获第二批"国字号"农村综合改革标准化试点项目,大田村被评为自治区级生态村。

5月25日—26日,中共东兴镇第十二届党员代表大会第一次会议召开。出席会议代表99人,列席代表16人。大会以无记名投票方式选举产生中共东兴镇第十二届委员会委员9人:洪辉、杨晋、林树贤、李国章、余金山、苏春科、罗信辉、江文彪、王延君;书记洪辉,副书记杨晋、林树贤。同时选举产生新一届中共东兴镇纪律检查委员会委员5人。

7月25日—26日,东兴镇第十三届人民代表大会第一次会议召开。出席会议代表76人,列席代表31人。大会选举产生东兴镇第十三届人民代表大会主席林树贤,副主席苏世洋;选举产生东兴镇第十三届人民政府,镇长杨晋,副镇长李国章、罗信辉、龙姗姗。

【江平镇】 2016年,江平镇辖2个社区居委会和15个村委会(25个居民组和249个村民组),镇人民政府驻城南社区平安大道,行政区域面积257.09平方千米。辖区总人口5.67万人,其中乡村人口4.9万人。有壮、瑶、京等少数民族,其中京族人口为16050人。耕地面积2466.67公顷,粮食播种(含复种)面积1550公顷,经济作物种植面积1728公顷,粮食总产量1.37万吨,林地面积10913公顷。水产养殖面积5171公顷,总产量31733吨,产值约7.5亿元。年内,落实小额信贷贫困户54户,共270万元;贫困户危房改造工程开工建设70户,竣工38户;实施科技农业精准扶贫项目4个,投入254万元,建成红薯种植育苗基地2个5.3公顷;推进精品农业发展,全镇完成种植"红姑娘"红薯400公顷、红衣花生267公顷、优质莲藕20公顷,紫(白)心淮山1.3公顷,金花茶66.67公顷;有生猪存栏1000头以上企业5个,家禽存栏1000羽以上的养殖场15户;山羊存栏100只以上10户,年出栏15万羽肉鸭场1个,饲养蛋鸭1000羽以上8户。城乡居民养老保险参保总人数23218人,参保率99.5%;城镇居民医疗保险参保1691人;全年发放各类民政补贴救助金约1.3亿元。投入1610万元,实施城乡基础设施建设项目18个,开工建设项目15个,竣工项目12个;推进"一村一镇"示范工程建设,实施项目14个;实施村容村貌提升工程2个;持续推进"清洁乡村"工作,出动2.78万人次,车辆5000多车次,清理村道长约80千米、排污水渠长约50千米,打捞湖泊、河流漂浮物80余处,清理垃圾2万多吨;制作"生态乡村""美丽乡村"宣传牌77块,村规民约100多份,悬挂横幅100多条,印发《致村民朋友的一封信》1800余份,发放书籍、手册260多本,张贴宣传漫画130多张等,完成交东村、巫头村等示范村环境综合整治建设,江平镇被评为2016年"中国最美村镇"。继续推进辖区旅游景区(点)建设,京岛风景名胜区、交东村贝丘遗址、万鹤山湿地公园、江平老街、黄竹古汉文化等知名文化旅游景点,年接待海内外游客175.3万人次,旅游收入12.2亿元,比2015年增长22%。

2016年,全镇国内生产总值20.13亿元,财政收入7032.99万元,工业生产总值64.5亿元,农业生产总值2.35亿元,分别比2015年增长9.1%、减少25.85%、增长11.6%、增长2.6%;固定资产完成投资43085万元,完成年度任务的100%;农民人均纯收入1.47万元,增长7.4%;城镇居民人均可支配收入2.65万元,增长5.7%。

5月25日—26日,中共江平镇第十五届党员代表大会第一次会议召开。出席会议代表108人,列席代表27人。大会以不记名投票方式选举产生中共江平镇第十五届委员会委员9人:陈天富、罗恒、黎技、陈湖伟、吴远祥、陈燕清、韦耀然、莫永陆、徐瑞振;书记陈天富,副书记罗恒、黎技。同时选举产生新一届中共江平镇纪律检查委员会委员5人。

7月25日—26日,江平镇第十五届人民代表大会第一次会议召开。出席会议代表71人,列席代表41人。大会选举产生江平镇第十五届人民代表大会主席黎技,副主席林丽芳;选举产生江平镇第十五届人民政府,镇长罗恒,副镇长莫永陆、何信、韦耀然。

【马路镇】 2016年，马路镇辖1个社区居委会和8个村委会(2个居民组和135个村民组)，镇人民政府驻兴桂社区，行政区域面积165.52平方千米。辖区总人口1.8万人(不含火光农场)，其中农业人口1.5万。有壮族、京族、苗族、瑶族等少数民族。耕地面积645公顷，林地面积1.08万公顷，森林覆盖率70%，绿化率达80%。全年完成农作物播种面积1006.67公顷，其中种植粮食为266.67公顷、玉米146.67公顷、花生106.67公顷、红薯100公顷、豆类66.67公顷、其他经济作物333.33公顷。新增水果种植面积66.67公顷，同比增长30%，水果产量达1150万吨，总产值560万元。产肉桂皮150吨；全镇清水鱼养殖面积43.33公顷；铁皮石斛、金花茶、金银花、茶油果、香茅草等特色种植基地初具规模，金边蚂蟥特色养殖项目全面启动，“澳液”饮用水畅销区内外；开展农业技术培训15场次，培训1500余人次；全镇发放小额扶贫信贷97户485万元，完成脱贫双认定101户333人；完成确权登记颁证农户数3327户，确权登记颁证耕地面积1139.55公顷；全年开展美丽清洁乡村整治行动2300多人次，清理各种垃圾860吨，拆除违章建筑和清除占道摊点40例；全镇整合资金350万元，修建道路5.62千米，修建人饮工程2个，修建交通便桥2座；发放各类社会救济补助款1138.68万元，转移就业培训380人；冲榄工业园项目基本完成土地清表和土方平整工作，入驻企业4家，正在洽谈企业10家；马路至峒中二级公路等10个项目完成选址、土地测量、土地征用等前期工作。主要旅游景区(点)有屏峰雨林公园，为国家AAAA级旅游景区，年接待游客7万人次，旅游收入1000万元；百香果山庄，全国休闲农业与乡村旅游四星示范企业(园区)；新建成桃缘山庄等生态休闲养生度假村3个。年内，马路镇被评为自治区“文明村镇”、全国文明镇。

2016年，全镇国内生产总值5.79亿元，财税总收入4122.52万元，工业生产总值2.8亿元，农业生产总产值2.1亿元，分别比上年增长18%、23.7%、30.2%、8.7%；完成固定资产投资3.83亿元，完成市下达任务的107%；农民人均纯收入11427元，比上年增加8%。

5月27日，中国共产党马路镇第十三次党员代表大会在镇城区召开，出席会议代表81人，列席代表32人。会议听取和审议中国共产党马路镇第十二届委员会工作报告；审议中国共产党马路镇第十二届纪律检查委员会工作报告(书面)；选举中国共产党马路镇第十三届委员会委员9人：覃杨妮、陆登岳、蒋波、陆远林、陈桂娇、麦耀铭、黄承毅、梁有营、吴孙宾；选举中国共产党马路镇第十三届纪律检查委员会5人；选举马路镇出席中国共产党东兴市第五次代表大会代表26人。

7月25日—26日，马路镇第十四届人民代表大会第一次会议在镇城区召开，出席会议代表51人，列席代表30人。会议听取和审议马路镇第十三届人民政府工作报告；听取和审议马路镇第十三届人大工作报告；选举产生马路镇第十四届人民代表大会主席蒋波，副主席陈洪秀；选举产生马路镇第十四届人民政府镇长陆登岳，副镇长麦耀铭、黄承毅、李天明。

港口区

【概况】 港口区位于防城港市东南沿海，东邻钦州市钦南区，南濒北部湾，西、北与防城区相连，是防城港市政治、经济、文化中心，市人民政府所在地。辖企沙、光坡2镇和渔洲坪、白沙沥、沙潭江和王府4街道，行政区域面积409.82平方千米。2016年年末，常住人口17.20万，其中城镇人口14.39万，有壮族、瑶族、京族等少数民族人口2.83万；人口出生率11.7‰，人口自然增长率9.6‰。耕地面积3094.69公顷，粮食种植面积4485公顷，经济作物种植面积1015公顷，农业机械总动力14.11万千瓦。林地面积9704.9公顷。等级公路里程213千米。港口货物吞吐量(大港口)1044.39万吨。

辖区有西湾旅游景区(AAAA)、火山岛景区(AA)2个国家级旅游景区；簕山古渔村为全国休闲农业与乡村旅游点及广西特色旅游名村；乡村旅游点5处：大龙口生态山村、小八黑生态家庭农场、红沙渔鹭园、红沙万亩蚝排、沙螺寮。全年接待游客168.83万人次。

全区海岸线长342.83千米，有滩涂89.83平方千米，红树林面积1.73平方千米；有鱼类500多种、虾类230多种、蟹类20多种、贝类30多种。海岸线蜿蜒曲折，形成许多避风港湾，是开发建设港口的宝贵资源。防城港是中国大陆海岸线最西南的深水良港，是全国沿海25个主要港口和12个区域中心港口之一；企沙港是广西第二大渔港，北部湾著名的渔货集散地，年海洋捕捞总量10多万吨，是防城港市最重要的渔业生产基地。

2016年，实现地区生产总值372.44亿元，其中第一产业增加值15.78亿元，第二产业增加值249.81亿元，第三产业增加值106.85亿元。人均地区生产总值21.82万元。财政收入完成13.14亿元，其中公共财政预算收入6.07亿元、公共财政预算支出12.42亿元。全区固定资产投资完成311.80亿元。社会消费品零售总额完成22.23亿元。外贸进出口总额39.66亿美元，其中外贸出口总额2.22亿美元。实际利用外资额0.30亿美元(招商口径)。城镇居民人均可支配收入31608元，人均生活消费支出20053元。农村居民人均可支配收入12962元，人均生活费支出9460元。市辖区住户年末储蓄存款余额183.04亿元。

全区组织实施科技项目32项，专利申请受理量693件，获得授权专利85项。普通中学5所，专任教师226人，在校学生3468人；小学29所，专任教师733人，在校学生13585人；幼儿园40所，在园幼儿7037人。全区有区级文化馆1个，艺术表演团体45个(含业余)，电影发行放映单位4个，乡级广播电视站4个，农家书屋32个。村级公共服务中心26个，村级篮球场51个。广播节目综合人口覆盖率96.90%，电视节目综合人口覆盖率98.50%。全区拥有医院、卫生院和社区卫生服务中心5所，共有卫生技术人员710人，卫生机构医生数297人。城镇新增就业5020人，城镇登记失业率1.11%。全年科学研究与技术开发财政投入1009万元，教育事业财政投入15620万元，医疗卫生与计划生育事业财政投入11936万元，社会保障财政投入18144万元。

中共港口区委书记：姚喜心(瑶族，任至4月)，黄炳利(壮族，4月任职)。区人大常委会主任：吴忠泰(任至8

月),张新畅(8月任职)。区长:黎家迎(任至5月),朱靓(女,5月代区长,8月任职)。区政协主席:杨家积(任至8月),刘明奕(8月任职)。

【支柱产业】

能源产业　规模以上企业有中电广西防城港电力有限公司、广西中油能源有限公司、广西杭氧气体有限公司、广西双首能源科技有限公司、广西杭氧气体有限公司等,2016年产值78.80亿元,比2015年增长68.9%。

粮油食品加工产业　规模以上企业有益海(防城港)大豆工业有限公司、广西惠禹粮油工业有限公司、广西防城港岳泰股份有限公司、大海粮油工业(防城港)有限公司、嘉里粮油(防城港)有限公司、防城港枫叶粮油工业有限公司、防城港澳加粮油工业有限公司、防城港捷康生物科技有限公司、防城港富味乡油脂食品有限公司等,2016年产值358.19亿元,比2015年增长22.09%。

有色金属产业　主要以广西金川有色金属有限公司、广西金源镍业有限公司为主,2016年产值177.05亿元,比2015年下降0.07%。

化工产业　规模以上企业有防城港南磷磷化工有限公司、防城天睦化工有限公司、防城港博森化工有限公司、广西防城港顺誉化工有限公司、博拉暨广顺化工(防城港)有限公司、广西防城港多麟化工有限公司、防城港五星化工有限公司、防城港申达通实业有限公司、广西彦凯化工有限公司、广西渝桂化工有限公司、广西利达磷化工有限公司等,2016年产值47.88亿元,同比增长14.56%。

钢铁产业　主要以广西盛隆冶金有限公司为龙头,盛隆公司已形成年产600万吨钢铁的产能,成为广西首家入围"中国企业500强"的民营企业。2016年产值274.73亿元,比2015年增长8.91%。

装备制造产业　规模以上企业有防城港中一重工有限公司、中国十九冶集团(防城港)设备结构有限公司、广西北部湾实久钢管制造有限公司,2016年产值29.26亿元,比2015年下降14.72%。

【对外开放合作】　2016年,外贸进出口总额完成39.66亿美元,下降13.20%。其中,进口总额37.45亿美元,下降14.00%,出口总额2.22亿美元,增长4.20%。全区边贸成交额0.21亿元,下降90.77%。全年全区完成实际利用外资额(招商口径)0.30亿美元,增长50.20%。新增招商引资到位资金167.50亿元,其中内资到位资金165.40亿元,外商到位资金0.30亿美元。

2016年组团参加2016中国·青海绿色发展投资贸易洽谈会、第十三届中国—东盟博览会及中越(东兴—芒街)国际商贸·旅游博览会等,加强与东盟国家、内陆地区的合作交流,切实开创"走出去、引进来"的局面。新引进5个重大项目:广西西江环境能源科技产业有限公司投资建设的80兆瓦渔光互补光伏发电项目、防城港宏昌科技有限公司投资建设的2万吨/年大豆酸油生产项目、广西源盛环保有限公司投资建设的年产100万立方米加气混凝土砌块项目、广西晟宇通建材有限公司投资建设的多孔自保温砖生产线项目、广西海印商贸有限公司投资建设的防城港市海印印刷厂项目。

年内累计接洽客商来访、考察、洽谈项目30批、100多人次,主要来自北京、台湾、浙江、安徽、福建、武汉、广东、四川、云南等地,洽谈投资领域主要有装备制造、新能源、工业4.0、仓储、物流、化工、高新科技、旅游开发等。

【重大建设项目】　2016年重点推进项目123项,实现开工44项、竣工16项,完成投资74.6亿元、完成年度投资任务的106%。中央投资项目顺利实施,获中央扶持项目6项、扶持资金7000多万元,均实现开工。加快推进公车片区路网、海岸保护整治等亚行贷款项目建设;助推企沙至茅岭一级公路、企沙铁路支线云约江站等基础设施项目建设,构建现代化立体交通网络。积极推进防城港钢构基地、固体废弃物综合利用、塑料包装制品、新型环保建材、金川复合肥等一批产业关联项目建设。红沙核电二期工程4号机组开工建设,钢铁基地高端冷轧钢板顺利下线,中电二期全面建成,枫叶粮油二期、盛隆焦化二期投产运营,东湾大道全线贯通,中海油LNG储运、科元新材料等重大项目加快推进。

【重大活动与特色活动】　"三月三"渔家歌会于4月7日在企沙镇影剧院举行,用歌声宣扬中共十八届三中全会精神、党的群众路线、社会主义核心价值观和伟大的中国梦。

2016防城港市海上龙舟赛于6月9日在西湾海面举办,来自越南及中国香港、广东、广西等地19支队伍参赛。龙舟赛期间开展擂大鼓、舞狮舞龙表演及无人机展示等活动,广西民族大学龙舟队获第一名。

开展群众文艺演出,丰富群众文化生活。"共圆中国梦"庆祝中国共产党成立九十五周年文艺演出在桃花湾社区举行。10月9日,"最美夕阳红　圆我中国梦"港口区2016年多彩金秋文艺演出在桃花湾广场举行。10月28日、11月1日、11月2日在王府街道白沙村、光坡镇栏冲村、企沙镇山新村举办文艺下乡扶贫专场晚会。全年举办"欢乐海洋"群众文艺演出8场。

【企沙镇】　企沙镇位于港口区东南部,光企半岛南端,三面临海,行政区域面积94.10平方千米,海岸线长51千米,2016年末户籍人口3.56万。下辖牛路、北港、山新、坳顶、板寮、赤沙、虾箩、华侨渔业、企英渔业、向阳渔业、大船渔业11个村,南港、东港、兴企、乐业4个社区。企沙渔港是广西第二大渔港,设有国家一类边地贸口岸,是对外开放的沿海边境贸易口岸之一。重点布局钢铁、有色金属、新材料、装备制造、能源、船舶制造以及与之配套的相关产业,依托商贸物流、电子商务等现代物流业逐步加快发展。簕山古渔村、山新滨海休闲、企沙渔港、天堂滩等景点旅游,全年共接待游客60余万人次。簕山古渔村休闲渔业示范区被评为广西县级现代特色农业示范区。2016年完成地区生产总值207亿元,农业总产值10.30亿元,工业总产值192亿元,第三产业总产值4.60亿元,500万以上项目固定资产投资1.06亿元;农民年人均纯收入10224元。

企沙镇党委书记:王德森(壮族,任至5月),黄日良(京族,5月任职)。镇长:黄日良(京族,任至5月),吴能文(5月任职)。

【光坡镇】　光坡镇位于港口区东部,地处光企半岛中段,行政区域面积143.45

平方千米,海岸线长125千米,2016年末户籍人口2.83万人。下辖光坡、大龙、潭油、中间坪、新兴、栏冲、红沙、沙螺寮8个村,大坡、龙兴2个社区,197个自然村(屯)。耕地面积1733公顷,粮食作物种植面积2000公顷,林地面积5333公顷,森林覆盖率37.10%。光坡镇注重抓特色农业,光坡鸡形成品牌,万亩大蚝、对虾养殖形成规模,红香薯、红衣花生、红香米、红莲雾等特色农产品相继推出。2016年,发展水产品养殖面积2863公顷,水产品总产量80990吨;畜牧业的家禽饲养量33.09万羽,发展电商大力推广光坡鸡特色产业养殖。光坡村满福蔬菜基地被列为农业部"菜篮子"产品生产标准园创建项目和自治区级蔬菜标准园创建项目。年内实现农林牧渔业总产值6.30亿元;地区生产总值16.31亿元;城镇居民人均可支配收入11026元;农民人均纯收入10500元。

光坡镇党委书记:吕文平(壮族,任至5月),刘晓东(5月任职)。镇长:刘晓东(任至5月),唐鹏(壮族,7月任职)。

【白沙沥街道】 白沙沥街道位于港口区西南部、渔沥岛南部,东、南、西三面环海,行政区域面积19.67平方千米,2016年年末,户籍人口2.25万。下辖沙沥、插排尾、兴港、仙人湾4个社区,100个居民小组。居民主要从事商贸、轻工、饮食、建筑、服务等行业。年内,辖区有企业2518家,工业企业20家,规模以上工业17家,工业生产总值完成410亿元,社会消费品零售总额4.51亿元,城镇居民人均可支配收入2.01万元。

白沙沥街道党工委书记:江源。街道办事处主任:杨佰篙(任至7月),唐时秀(女,壮族,7月任职)。

【渔洲坪街道】 渔洲坪街道位于港口区西部、渔沥岛北部,东与光企半岛隔海相望,是港口区政府所在地;行政区域面积36.51平方千米,海岸线长35千米,拥有红树林约108公顷,2016年年末户籍人口2.36万;下辖渔洲、珠砂港、车辽、桃花湾4个社区,54个居民小组。辖区内西湾观光游、仙人山公园、桃花湖公园、伏波文化园、北部湾大道景观带等旅游文化项目建成并对游客开放。2016年,规模以上工业企业38家,具备亿元年产值能力19家。工业生产总值完成81.25亿元,社会消费品零售总额2.94亿元,城镇居民人均可支配收入3.01万元。

渔洲坪街道党工委书记:甘文堂(任至6月),杨佰篙(6月任职)。街道办事处主任:宋升文。

【沙潭江街道】 沙潭江街道位于港口区东北部,于2015年11月设立。三面环海,水陆交通便利;行政区域面积41.75平方千米,2016年年末户籍人口1.54万。下辖冲孔、金海湾、沙潭江、和平4个社区,35个村民小组。辖区有工业企业55家,其中规模以上企业11家,已形成钢铁、建材、磷化、矿产、食品等5个工业产业。2016年完成工业总产值82.50亿元,其中规模以上工业实现产值66亿元;全社会固定资产投资完成2.93亿元,农业总产值0.93亿元,社会消费品零售总额0.70亿元。

沙潭江街道党工委书记:邓珊珊(女)。街道办事处主任:黄可。

【王府街道】 王府街道位于港口区北部,北接防城区,于2015年11月设立。行政区域面积68平方千米,2016年年末户籍人口1.25万。下辖公车、沙港、王府3个社区及白沙1个村,64个村民小组。辖区有工业企业55家,其中规模以上企业5家;已形成钢铁、建材、磷化、矿产等4个工业产业。2016年,完成工业总产值25.50亿元,其中规模以上工业实现产值19.20亿元;全社会固定资产投资完成1.39亿元,农业总产值1.93亿元,社会消费品零售总额0.96亿元。

王府街道党工委书记:吴乃华。街道办事处主任:王廷峰。

防城区

【概况】 防城区位于广西壮族自治区南部、防城港市中部,距自治区首府南宁123千米。东接钦州市;南连防城港及港口区,濒临北部湾;西邻东兴市,和越南社会主义共和国毗邻;北靠十万大山,与上思县、宁明县接壤。区治驻防城镇防北路,行政区域总面积2427平方千米。辖水营、珠河、文昌3个街道办事处、华石镇、那梭镇、那良镇、峒中镇、大菉镇、江山镇、茅岭镇、滩营乡、十万山瑶族乡、扶隆乡。设15个社区和141个行政村。

2016年年末,人口43.85万人,其中城镇人口14.16万人,乡村人口29.69万人。汉族、壮族、瑶族、京族等多个民族杂居,少数民族人口15.2万,占全区人口34.7%。人口自然增长率10.48‰。耕地面积24770公顷,农田有效灌溉面积13026公顷,粮食播种面积27239公顷,经济作物种植面积8814公顷。林业用地面积18.53万公顷。农业机械总动力25.83万千瓦。主要旅游景区有白浪滩景区、北仑河源头景区、南山风景区、瑶山大峡谷漂流景区等,其中白浪滩景区是国家级AAAA旅游景区,北仑河源头景区是国家级AAA旅游景区,防城金花茶自然保护区是国家级珍稀植物自然保护区,江山半岛旅游度假区是自治区级旅游度假区。已探明的矿藏有29种,主要矿种有:石英砂、锰矿、莹石矿、钛矿、锑矿、重晶石、花岗岩、白软玉石等。著名地方特色植物及产品有金花茶、肉桂、八角。是"中国金花茶之乡"、"肉桂之乡"和"八角之乡"。

2016年实现地区生产总值138.44亿元,其中第一产业增加值29.03亿元,第二产业增加值59.75亿元(工业增加值48.11亿元),第三产业增加值49.67亿元。人均地区生产总值3.59万元。财政收入11.86亿元,其中公共财政预算收入8.7亿元;公共财政预算支出25.7亿元。全社会固定资产投资完成额119.06亿元。社会消费品零售总额44.66亿元。外贸进出口总额169840万美元,其中进口总额163632万美元。实际利用外资1030万美元。城镇居民人均可支配收入3.12万元,人均消费性支出2.1万元。农村居民人均纯收入1.26万元,人均生活消费支出8386元。居民年末储蓄存款余额192.36亿元。

中共区委书记:莫小林(任至2月),袁国华(代理至6月),韦汉烨(壮族,6月任职)。区人大常委会主任:黄耿(壮族)。区长:王德林(壮族,任至6月),荣毅宏(壮族,任至6月)。区政协主席:廖熙仁(壮族)。

【经济社会发展】 2016年，防城区实现生产总值138.44亿元，增长8.9%（按可比价格计算，下同）。分产业看，第一产业增加值29.03亿元，增长3.8%；第二产业增加值59.75亿元，增长11.9%；第三产业增加值49.67亿元，增长8.2%。全区人均地区生产总值35857元，比上年增长7.8%。

防城区全年新增城镇就业人数4622人，下降27.9%。年末，城镇登记失业人数788人，增长1.0%。城镇在岗职工年平均工资46862元（包括劳务派遣职工），增长5.2%。

全年实现财政收入11.86亿元，增长7.4%，其中公共财政预算收入8.70亿元，增长0.4%。税收收入（全口径）9.39亿元，增长22.3%。公共财政预算支出25.70亿元，增长9.2%，其中，一般公共服务支出1.69亿元，下降9.1%；教育支出3.52亿元，增长3.1%；文化体育与传媒支出0.17亿元，下降30.8%；社会保障和就业支出5.16亿元，增长9.3%；医疗卫生与计划生育支出2.35亿元，下降5.6%；农林水事务支出4.12亿元，下降3.1%；人均财政收入3073元，增长6.3%。

【工业经济】 2016年，防城区全年实现全部工业总产值186.96亿元，比上年增长14.0%，其中，规模以上工业总产值177.21亿元，增长14.6%。实现规模以上工业增加值44.40亿元，增长10.3%。

全年防城区实现建筑业增加值11.64亿元，增长23.1%（按可比价格计算）。实现资质等级建筑业总产值66.18亿元，增长65.1%。

【国内贸易】 全区实现社会消费品零售总额44.66亿元，同比增长10.8%。从消费区域看，城镇消费品零售额41.65亿元，增长10.8%；乡村消费品零售额3.01亿元，增长10.7%。从消费形态看，餐饮收入3.33亿元，增长11.0%；商品零售41.33亿元，增长10.8%。

【对外贸易和招商引资】 防城区全年外贸进出口总额169840万美元，增长39.3%。其中，进口额163632万美元，增长59.4%；出口额6208万美元，下降67.7%。全年边贸口岸过货值220.72亿元，下降11.8%；其中，进口105.66亿元，增长72.3%，出口114.79亿元，下降39.2%。全年招商引资到位资金43.85亿元，增长15.4%。实际利用外资1030万美元，下降79.8%。

【固定资产投资】 全年防城区实现固定资产投资119.06亿元（不含农户），增长10.4%。其中，项目投资完成98.73亿元，增长18.8%；房地产投资完成20.33亿元，同比下降17.9%。按建设性质分，新建完成投资74.16亿元，增长29.6%；改建完成投资11.75亿元，下降18.8%；改建和技术改造完成投资12.01亿元，增长8.1%。

【农业】 2016年，防城区实现农林牧渔业增加值29.35亿元，增长3.9%；实现农林牧渔业总产值48.16亿元，增长4.2%。

全年农作物总播种面积51159公顷，增长1.8%。其中，粮食作物播种面积27577公顷，增长0.1%，经济作物种植面积8877公顷，增长2.3%。粮食播种面积中，谷物播种面积21686公顷，其中，稻谷播种17981公顷，玉米播种3705公顷。经济作物中，油料种植面积1585公顷，甘蔗种植面积5651公顷，木薯种植面积1626公顷。蔬菜种植面积14263公顷。全年粮食总产量11.33万吨，增长0.6%；油料产量3027吨，增长2.6%，甘蔗产量46.16万吨，增长0.9%；园林水果产量5.26万吨，增长3.3%。

年末生猪存栏数21.79万头，增长9.3%，全年生猪出栏数21.81万头，下降3.8%。全年肉类总产量2.56万吨，下降1.3%。其中，猪肉产量1.62万吨，下降3.4%；牛肉产量1092吨，增长4.8%；家禽肉产量7571吨，增长1.9%。水产品产量14.46万吨，增长4.3%。其中，海水产品产量12.59万吨，增长4.6%。

全年木材采伐量10.15万立方米，增长62.3%。松脂产量1.65万吨，增长4.0%。

年末农业机械总动力23.65万千瓦，下降13.6%。年末机耕面积4.01万公顷，增长59.5%，年末有效灌溉面积1936公顷，下降1.6%。

【交通邮电旅游】 全年交通运输、仓储及邮政业增加值6.67亿元，增长3.4%。在交通运输方面，公路客货运周转量17.67亿吨千米，增长3.1%，水上客货运周转量40万吨千米，增长1.3%。全年港口货物吞吐量653.67万吨，下降30.0%。

在邮电业务方面，全年完成邮电业务总量5.25亿元，增长45.6%；其中，邮政业务总量0.27亿元，增长41.0%；电信业务总量4.98亿元，增长45.8%。年末固定电话用户3.48万户，增长12.3%，年末国际互联网用户4.05万户。

年末国内旅游人数647.29万人次，增长8.6%；国内旅游收入35.84亿元，增长12.5%。接待入境旅游者人数3.13万人次，增长5.0%，创外汇收入993.80万美元，增长7.6%。

【金融保险】 2016年年末，市辖区（防城和港口）金融机构人民币各项存款余额375.40亿元，增长10.6%；市辖区城乡住户存款183.04亿元，增长9.9%；市辖区金融机构人民币各项贷款余额398.03亿元，增长23.1%。

【教育科技】 普通高中招生2250人，增长5.5%（含防城港市实验高中1350人，防城港市防城中学900人），在校生6439人（含防城港市实验高中3906人，防城港市防城中学2464人），毕业生2140人（含防城港市实验高中1302人，防城港市防城中学758人）。普通初中招生5517人，增长1.6%；在校生15872人，毕业生5050人。普通小学招生6766人，增长16.7%，其中，受过学前教育人数4873人，普通小学在校生35802人，毕业生5485人。幼儿园在园儿童10749人，增长20.6%。特殊教育学生招生10人，在校生53人，毕业生5人。

年内，实施科技项目44个，科技项目总投入7162万元，增长2.6%。全年自治区级科技获奖项目2个，比上年增加1个，其中"肉桂高效培育与利用关键技术创新及应用"获得自治区级科学技术进步奖一等奖，"二步法生产精制白砂糖核心工艺技术与应用"获得自治区级科学技术进步奖三等奖。

【文化、体育、卫生】 防城区有文化事业机构18个，其中公共图书馆1个，馆中藏书量6.2万册，下降22.5%；博物馆1个；档案馆1个，馆内藏有档案3.35万卷。年末，防城区全民健身活动点181个，比上年增加31个。全年开展14项健身活动及参加区内外体育比赛活动22项。年末，防城区卫生机构245个，比上年增加8个。其中，医院2个，保健院1个，乡镇卫生院10个。共有卫生技术人员1596人，增长1.3%，其中，执业医师452人，增长5.6%，注册护士461人，增长6.2%。每千人卫生技术人员4人，增长1.3%。全区医院、乡镇卫生院共有床位1014张，增长9.4%，其中，医院410张。除此之外，辖区内有市级医院2个，分别是防城港市第一人民医院和防城港市中医医院；辖区内含市级疾病预防控制中心1个：防城港市疾病预防控制中心。全区婚前医学检查率98.8%，住院分娩率99.98%。

【人民生活和社会保障】 年末，全防城区户籍人口43.85万人，比上年末增加0.66万人。常住人口38.81万人，城镇化率52.54%。全年人口出生率15.28‰，人口死亡率4.79‰，人口自然增长率10.48‰。

2016年，防城区城镇居民人均可支配收入31185元，同比名义增长8.3%；农村居民可支配收入12621元，同比名义增长9.4%。

全年参加城镇基本养老保险职工人数3.48万人，增长2.4%；领取基本养老保险金退休人数1.16万人，增长4.5%；农村社会养老保险参保人数11.33万人，增长3.9%；参加城镇基本医疗保险人数10.95万人，下降2.0%；新型农村合作医疗保险参保人数29.53万人，增长4.0%；年末，参加工伤保险人数2.33万人，增长5.4%；基本社会保险覆盖率为95%，比上年同期提高3.0个百分点。

全年新增城镇就业人数4622人，下降27.9%，年末城镇登记失业人数788人，增长1.0%；年末参加失业保险职工人数1.65万人，下降2.4%；全年领取失业保险金人数642人，增长16.9%。城镇居民最低生活保障人数57881人次，下降52.2%；农村居民最低生活保障人数230539人次，下降51.9%。收养性社会福利单位数1个，全年各类收养性社会福利单位床位842张，全年收养各类人员383人，比上年多65人，城镇建立各种社区服务设施16个。

【资源、环境和安全生产】 防城区有自动气象观测站23个，气象卫星接收站1个，人工影响天气系统1个。全区年平均气温22.5℃，比上年下降0.2℃。全区年平均降水量2632.8毫米，比上年同期增加116.3毫米，同比增长4.6%。

全年总用水量28800万立方米，比上年增加5047万立方米；其中，农业灌溉用水量20160万立方米，比上年增加3567万立方米；工业用水6912万立方米，比上年增加4810万立方米。生活用水1664万立方米，比上年减少526万立方米。

防城区有森林面积16.05万公顷，增长0.6%，森林覆盖率66.0%。全年完成造林营造林面积3.82公顷，增长20.8%；木材采伐量10.15万立方米，增长62.3%，松脂产量1.65万吨，增长4.0%。

建成区面积13.75平方千米，建成区绿化覆盖率29.4%，城市污水处理率90.1%，城市生活垃圾无害化处理率100%。

全年共发生森林火灾5起，与上年持平，因火灾造成受灾面积12.33公顷，增长38.5%，火灾造成经济损失8.1万元，增长19.1%。

全年共发生安全生产事故数7件，同比下降56.3%，事故造成伤亡人数8人，其中受伤人数6人，同比下降53.9%，死亡2人，同比下降66.7%，安全生产事故造成经济损失1.1万元，同比下降87.1%。2016年共发生道路交通安全事故95起，下降3.1%；事故造成死亡人数14人，较上年持平；事故造成受伤人数100人，下降6.5%，造成经济损失12.56万元，同比增长19.7%。

2016年，防城区刑事案件立案数1457件，下降10.7%；治安案件查处数1930件，下降12.7%。破获强奸案7件，增长40.0%。

年内，质量检查单位132家，增长11.9%。

【华石镇】 华石镇位于防城区西南部，东邻防城镇，南与江山乡接壤，西南与东兴市江平镇毗邻，西与那梭镇连接，西北靠大菉镇，东北与滩营乡相邻。全镇总面积91.6平方千米，辖7个行政村，108个村民小组，总人口16770人，其中农业人口14435人，非农人口2335人。全镇完成农业生产总值36575万元，规模以上工业产值56254万元，全社会固定资产投资48624万元，农民人均纯收入9058元。

农业经济　全镇农作物总播种面积4956公顷，其中粮食作物种植面积1797公顷；发展多种经营，着重以红丰润火龙果种植、双丰畜禽养殖等专业合作社为引领，发展地方特色产业。2016年华石镇“一村一品”特色农业产业发展势头良好，各种水果种植面积达800多公顷，其中火龙果种植面积达4366.67公顷。生猪养殖、“五黑一绿”蛋鸡、特种野猪养殖等产业也取得了长足发展，特色种、养产业在党员的帮带、引领、示范下，带动了本镇300多农户，辐射了全区5000多农户共同致富，为全市助农增收做出了积极贡献。同时深入实施农民收入倍增计划、农户“万元增收工程”和“菜篮子工程”，推行“公司+基地+农户”生产经营模式，鼓励农民通过专业合作社、家庭农场参与合作经营，推动农村土地流转面积133.33公顷，多渠道增加农民收入。

基础设施建设　积极向上级部门争取项目资金，完善城中村、城郊接合部的污水、垃圾处理和路网建设。2015年开工建设项目总投资250万元的华石镇旱塘村环境综合整治项目，于2016年5月底全部完成建设任务，并投入试运行。村级生活污水通过暗管引入污水池进行净化处理，村级生活条件得到有效提升，消除了以往污水直排横流等不良现象。建成八百村涯灵组、那寀村龙颈组等村屯水泥硬化道路一批共22千米，农村道路状况得到改善。

【那良镇】 那良镇地处十万大山南麓，距防城区政府驻地68千米。东邻东兴市马路镇和东兴镇，南与越南隔河相望，西与峒中镇相连；北接扶隆乡与上思县。全镇总面积402.4平方千米（含农林场），耕地面积2230.27公顷，林地面积2.53万公顷，水域面积666.67公顷。辖25个村民委员会、2个社区，有398个村民小组，12311户，居住着汉族、壮族、瑶族、侗族、满族、京族等民族，总人口57089人，其中农业人口47299人。主要农作物有水稻、玉米、花生、木薯、番薯、糖料蔗、香蕉、莲藕等;荔枝、龙眼、柑橘、菠萝蜜等名优水果;林业产品有八角、肉桂、沙仁、杉木、松脂等;生态动植物有穿山甲、大头龟、野猪、山鸡和被称为“茶族皇后”的金花茶等。水产品有草鱼、鲤鱼、罗非鱼、新鱼等。2016年,财政收入2045万元,同比增长21.9%。其中,国税收入1160万元,同比增长20.7%,地税收入885万元,同比下降23.6%;固定资产投资完成23714万元,完成全年任务62.4%;规上工业生产总值完成54274.4万元,完成全年任务81.3%;农林牧渔总产值第三季度以来完成25535万元,完成全年任务58.8%;里火口岸进出口货物总量31.96万吨,进出口货物总值521300万元,同比增长73.23%。出入境人数152800人次,其中,出境52500人次,入境100300人次;进出境车辆总数13400车次,同比增长4.1%。

特色农业发展 2016年,按照“一镇一产、一村一品”和“万元增收工程”的实施方案,大力发展金花茶、玉桂八角、红衣花生、百香果、皇妃贡柑、溪水鱼等生态特色种养业,充分发挥港锋水果蔬菜合作社、盛丰红衣花生合作社等农村经济合作组织的引领作用,全镇农业提质增效、农民增收效果显著。2016年,发放农业支持保护补贴资金3784780.05元,第三季度农业生产总值25535万。以港锋果蔬专业合作社为例,其以种植特色水果、无公害蔬菜为主,基地年总产值达900万元以上,直接创造400多个就业岗位,辐射带动周边农户518户,项目区内农民人均增收4500元以上。

扶贫成效显著 严格对照“八有一超”和“十一有一低于”标准,紧密结合本镇实际,全面实施脱贫攻坚。一是强化组织领导,成立脱贫攻坚指挥部,设立9个专责工作小组;二是落实帮扶人员,全镇共有帮扶干部1134人,其中市级帮扶干部378人,区级帮扶干部621人,镇级帮扶干部99人,东兴市帮扶干部36人;三是大力开展产业帮扶,实施金花茶、牛古大力、溪水鱼等特色产业扶贫项目,共发放牛古大力32万株,金花茶667200株;四是加快实施移民搬迁工作,已抽签的城区安置户31户、148人,插花安置34户、157人;五是实施扶贫小额贷款扶持工程,2016年扶贫小额贷款任务为168户、840万元,已发放贷款168户、840万元,完成任务的100%。六是深入实施政策性扶贫工作,通过教育扶贫、就业扶贫、低保兜底扶贫等,促进贫困户脱贫摘帽。截至目前,通过“双认定”的预脱贫户共236户1046人,已超额完成今年脱贫任务。

基础设施 2016年,投入327.43万元铺设屯级道路硬化8.4千米,投入15.7万元建设板蒙村干亨组饮水工程。改造那务村水泵站2座,硬化渠道5000米,疏通河道300米,恢复灌溉面积约53.33公顷;加快完成稔里村上平昌组、江口组、岭墩组、那巴新村组、里麻村围羊组、那垌村滩天组人饮工程建设,解决群众饮水问题;顺利完成180多宗农水、饮水、水库、山塘等水利工程权属的确权工作。科学安排“十三五”期间260户农村危房改造任务,做好建档立卡贫困户危房改造工作,落实到户共182户,已开工建设工148户。

旅游业发展 那良镇风景优美,景点众多,著名的旅游景点有九龙潭漂流旅游景区、北仑河源头漂流景区、野人谷漂流景区、九界河景区、马鞍坳观景区、里火口岸边贸互市景区、里接大桥观景区、近代史上民族英雄刘永福故居、那良古镇景区、刘永福母亲墓、陈济棠父亲墓及母亲墓等景区。凭借地方特色“三月三”民俗文化旅游节、中越高山生态漂流群旅游品牌,大力发展边海旅游,吸引区内外游客到野人谷景区、九龙潭景区、那旺天园采摘园、瑶池山庄、芙蓉山庄等景区景点旅游观光。通过打造海迎门—野人谷山海旅游线路、召开旅游扶贫招聘会、编制那旺村旅游发展规划等举措,积极推动生态特色旅游产业的发展。同时,以旅游业发展带动周边的贫困村、贫困户脱贫致富。2016年,那良镇接待游客稳超30万人次,为当地提供150多个就业岗位。

【峒中镇】 峒中镇地处防城区最西端,距防城区政府驻地124千米,东与那良镇为邻,西、南与越南广宁省平辽县山水相连,北与宁明县、上思县接壤。辖19个行政村和1个社区,256个生产组。全镇面积235.6平方千米。总人口30177人,贫困人口3256人,占全镇人口的9%,农业人口27856人,主要是壮族和瑶族,少数民族占85%,汉族占全镇人口的15%。2016年,全力抓好经济建设,顺利完成各项经济任务。截至10月完成14527万元,完成全镇固定资产投资27791万元(核减总任务27516万元),完成总任务的101%;完成规上工业总产值达37210万元(总任务35441万元),完成总任务的105%;完成农业生产总值达28262万元(总任25693万元),完成总任务的110%,财政收入1666万元;农民人均纯收入9582,同比增长9.5%。

特色产业 2016年,依托地理环境优势,大力发展特色产业种植。目前全镇成立了11个合作社,种植益智666.67公顷,砂仁200多公顷,牛古大力100多公顷,金花茶666.67公顷,沃柑26.67公顷,利用“合作社+基地+农户”合作共赢的方式,鼓励当地群众、特别是贫困户积极参与,共同合作。同时,镇党委政府要做好种植户的技术培训和指导工作,争取贫困户早日脱贫致富。

峒中镇口岸属国家二级口岸,距城区128千米,口岸出口货物主要有饼干、家具、日用品、五金、副食品等;进口货物主要有药材、木材、海产品、农副土特产等。入境人数13.75万人次,同比下降21.65%;入境车辆20744辆次,同比增加18.96%;进出口货物31.88万吨,同比增加9.85%;交易额145.85亿元,同比下降20.75%。

【那梭镇】 位于防城区西部,距离城区30千米。东邻华石镇,南与东兴市江平镇接壤,西与那良镇和东兴市马路镇毗邻,北连大菉镇、那勤乡,国道2021线横贯境内,属山地和丘陵地带。全镇总面积235平方千米,集镇面积2平方千米,辖9个村委,1个居民社区,231个村民小组。全镇总人口为32090人,主要聚居民族是汉族、壮族、瑶族等,集镇人口5000多人。

资源物产 那梭镇属山地和丘陵地带,香料、旅游、水、矿产等资源丰富。主要农作物有水稻、甘蔗、玉米、花生、木薯等;林产品主要有肉桂、八角、松脂;水质资源丰富;矿产资源主要有花岗岩、锰矿(其中花岗岩储藏量达5亿立方米);主要植物资源有“植物大熊猫”之称的金花茶花,那梭村上岳山列为国家级金花茶自然保护区,金花茶

基因品种，分布密度居全国之首，誉称“茶族皇后之乡”；主要旅游资源有“冲皇沟瀑布浴池”“南山风光”“天然金花茶园”“那山子”“金沙水”“鸳鸯古榕”等景点。

项目建设　那梭镇白马林下经济生态养殖基地建设，完成3500平方米第一期育肥牛舍大棚的建设，并完成大棚道路的硬化建设，对基地进行了绿化建设，基地基础设施建设完成80%，员工宿舍和综合楼已经完成主体建设，并进入装修阶段。引进100多头肉牛进行养殖，并种植26.67公顷的橡草，加种2000多棵蓝梅。大力推进“华石—那梭”现代特色农业(核心)示范区的创建工作。现代特色农业(核心)示范区天源公司已在那富村建设完成13.33公顷的金花茶种植繁育基地和在那湾坪建设完成33.33公顷的金花茶育苗基地(已种植金花茶苗1万多株)，并在大坪组建成2.67公顷的蔬菜基地。着力抓好那梭农场特色小城镇建设。那梭农场金花茶小区一期工程已经顺利施工，长270米、宽为40米的景观大道已完成水泥硬化铺设，并进行绿化美化亮化工作，并顺利引进恒安门业有限公司进驻。在那梭农场规划建设一个占地2.67公顷的金花茶产业园区，建设内容的包括金花茶产业交易中心、金花茶产品多功能厅、金花茶科研办公综合楼、金花茶加工车间等。金花茶主题小广场以及周边宅基地的土地平整已经完成90%，综合楼已经完成主体建设，已进入装修阶段，将很快投入使用。

招商引资　加强招商引资力度，引进广西白马农业开发有限公司投资6000万元建设农业一期观光、林下养殖经济生态园，恒辉生态农业开发有限公司投资2000万元，建设清水鱼养殖、大棚蔬菜、本地特色水果种植观光园，广西新圣地投资有限公司投资4500万元，建成那梭龙凤农家生态养殖园示范基地6.67公顷等项目，生态旅游产业稳步崛起。

社会事业　做好高龄补贴、农村和城镇低保金的发放工作，年内发放农村低保2878270元、城镇低保210360元，发放80岁以上高龄补贴383200元，发放五保资金607470元，发放冬春救助资金190000元、粮食1500千克，冬春救助棉被180床、夏凉被120床、风衣120件、迷彩鞋90双。完成兵役适龄青年登记、报名应征工作，为国家的国防事业输送优秀青年。

【大菉镇】 大菉镇位于防城区西北部，距离城区40千米，东与滩营乡接壤，南与华石镇、那梭镇毗邻，西与扶隆乡相邻，北接上思县，防城至扶隆公路贯穿全境。全镇总面积224平方千米，其中山地面积1.93万公顷，耕地1320公顷。管辖16个村委会，1个社区委会，共有435个村民小组，9150户，44546人。少数民族主要有壮族、瑶族等，人口8419多人，占总人口的18.9%。乡镇企业主要有百里三、四级电站、大平电站、黄竹江电站、米龙电站、那米粤桥石场、那米杨桃窝石场、那德中伟石场、大菉砖厂等企业，锰矿、钛铁矿等许多矿产资源有待进一步开发。2016年，全镇完成农业总产值3.59亿元，完成全年任务103.4%，同比增长3%；完成社会固定资产投资3.21亿元，完成全年任务101.8%，同比增长6.7%；农民人均纯收入1.2万元，完成全年任务101%，同比增长10.5%。财政收支逐年好转，各项经济指标如期实现。2016年全镇实现农林牧渔业总产值3.5亿元。其中农业产值完成1.8亿元，林业产值完成6588万元，渔业产值完成3121万元，畜牧业产值完成6587万元.完成粮食种植面积2800公顷，总产量达1.02万吨。

资源物产　大菉镇山青水秀，有丰富的矿产资源、水资源和林业资源，矿产资源有锰矿、钛铁矿、花岗岩、河卵石等，其中锰矿、钛铁矿主要集中在大菉村，花岗岩主要分布在大菉、那德、那蕾、那米等村，河卵石主要分布在坡稔、大菉、百里、万德、横路、米丰、米中等村，水资源主要分布在坡稔、百里、那余等村。大菉镇的肉桂、八角远近闻名，全镇有肉桂林4000多公顷，八角林5333.33公顷，年产量分别在1500吨和3000吨以上。木菠萝、荔枝、龙眼、香蕉、三华李等是大菉镇的主要水果产品。

社会事业发展　解决困难群众医疗救助242户，其中大病医疗救助242人次，共计117.1万元。发放农村孤儿社会抚养费66.24万元，五保供养资金95万元，低保金309万元，高龄补贴60万元，参与新型农村合作医疗30103人，参加城乡居民养老保险13244人，为60周岁以上4893名老人发放养老金406.58万元。发放生态公益林补助110万元，发放退耕还林补助金18万元，发放农业支持保护资金299.3万元，农机购置补贴7.9万元，认真落实优生优育和全面二孩政策，人口实现均衡发展。

【扶隆镇】 扶隆镇地处十万大山南麓，位于防城区西北部，距防城区政府驻地61千米。东与大菉镇交界，南与那梭镇毗邻，西与那良镇接壤，北靠十万大山与上思县南屏乡为邻。全镇总面积311.6平方千米(含小峰经济作物场)，共有耕地面积1450公顷，其中：水田880公顷，坡地570公顷；共有林地面积1.87万公顷。辖区内有1个经济作物场、2个社区、15个行政村、308个小组。总人口41849人(含小峰场)，其中农业人口38051人(含小峰场)。镇内居住着汉族、壮族、瑶族、京族等民族。镇内基础设施完善，有自来水厂2个，中心市场2个，卫生院2所，初级中学2所，中心小学1所，村级完小15所。2016年，财政收入273万元，全镇固定资产投资50750万元；规模工业总产值45923.2万元；农业总产值32568万元，农民人均纯收入9443元。

资源物产　镇内主要农作物有水稻、玉米、花生、木薯、番薯、甘蔗、莲藕、荔枝、龙眼、柑橘等；2016年全镇粮食种植面积2686.67公顷，蔬菜种植面积466.67公顷，建设超级稻示范田8.67公顷，推广玉米新品种200公顷，建设玉米高产示范田6.67公顷。发放2014年早稻良种补贴资金150375元。林业产品有八角、肉桂、沙仁、杉木、松脂等；矿产资源有锡矿、锰矿、叶腊石等。

扶隆镇以水电、香料、旅游资源开发为重点，加快经济发展步伐，变资源优势为经济实力。镇内有大中型水库各1座，分别是容量为10320万立方米的小峰水库和容量为2410万立方米的白石牙水库；水电站4座，分别是小峰电站、江口电站、电六江口电站、江尾电站，年产电量为3320万千瓦时；扶隆是防城区八角、肉桂的主要产地，可谓占据了防城区香料生产的“半壁江山”。全镇有八角林面积7333.33公顷、肉桂林面积6666.67公顷，年产干八角1280吨，干桂皮2397吨，茴油98吨，桂油

150吨。以八角、肉桂为原料的香料开发发展迅猛,主要香料企业有:扶隆香料开发总公司、源宏工贸有限公司、八桂香料有限公司、南江植物香料厂等,年产值达6500万元;扶隆镇的香料产业已经形成集种植、加工、销售于一体的产业链,是群众增收致富的支柱性产业。扶隆镇风景优美,景点众多,著名的旅游景点有神马瀑布、电六九级瀑布、南山峡景区、含巷谷、大石岭、仙人池、三抛沟、玉石滩、白石牙水库、小峰水库,以及白石牙、平龙山。

基础设施建设 2016年,通过积极争取上级部门项目和资金,不断完善集镇基础设施。其中争取财政部门"一事一议"资金90万元铺设硬化道路4条、争取扶贫资金56.5万元建设那果村那盆高架桥于2016年上半年已经开工建设;争取发改资金30万元,建设那勉村山口组山口桥那勤信用社至白石牙水库道路硬化项目于2014年8月开工建设;那农村那料桥也在建设中;点灯村朱屋桥、那利组至二渡江砂石路以及那勉小学至公路边道路硬化也正在做前期工作,准备开工建设。目前,扶隆镇公共租赁住房已建好,等待验收,水库移民服务综合楼已在装修阶段,年底可全面竣工,镇政府食堂已开工建设二层。

社会事业发展 2016年,全镇出生人口644人,其中政策内582人,符合政策生育率为90.37%。政策外多孩出生26人,政策外多孩率为4.03%,符合上级原定指标。落实节育措施494例,其中女扎3例,放环491例。征收社会抚养费6.8万元;组织育龄夫妇进行孕前健康优生检查621人,完成全年任务的100%。

2016年,全镇定补"五保户"471人,其中集中供养65人,每月定补360元;分散供养406人,每月定补180元,大米30斤;全镇享受农村低保补助1992户,3620人,每月共发放低保金398200元;享受城镇居民低保133户,270人,每月发放城镇低保金58530元。发放冬春救助资金3500元,大米1.95吨,救助物资1585份。发放医疗救助276人共1361570元。临时救助25人共10000元。发放高龄补贴663人每月181950元。发放救灾资金1350251元,粮食5475千克,物资749份。

【滩营乡】 滩营乡位于防城区东北部,距防城区政府驻地15千米,东邻茅岭乡,南与防城镇接壤,西与华石镇、大菉镇相连,北和东北分别与钦州市的大直镇和黄屋屯镇毗邻,全乡总面积246.3平方千米,辖16个行政村、321个村民小组。全乡共有8841户,总人口39423人,其中汉族占55%,壮族占42%,其他民族占3%。耕地面积2227公顷,其中水田1610公顷,旱地617公顷。

资源物产 有储量丰富的钛矿、铁矿、锰矿、锡矿、花岗岩等资源。西北部和中部有以滩营江、才应沟为中心的储量较大的钛、铁矿;南部的龙头石村和北部的菠萝根村有丰富的锰矿;东部的立高村枫木坪锡矿是防城港市唯一的锡矿产地;那勇、平旺村等有储量丰富的花岗岩资源。全乡甘蔗种植面积1100公顷,进厂原料蔗6.2万吨,种植面积、进厂原料蔗产量居防城区首位。那屋背村无公害蔬菜种植达200公顷。茶叶(垌美茶)、大米(那屋背大米)、酸菜(那屋背酸菜)是滩营乡著名的土特产。全乡水稻播种面积达2700公顷;种植玉米873.33公顷、蔬菜2480公顷、其他农作物2573.33公顷;通过引资和发动群众大力发展种植中草药鸦胆子53.73公顷;云雾糖橙68公顷,百香果20公顷,牛大力24公顷;全乡出栏肉猪2.15万头,出售或自宰家禽35.11万羽,肉类总产2450吨,水产品总产2826吨。

项目建设 防城港市旭日升55兆瓦光伏电站位于滩营乡薄竹塘山岭,占地约123.33公顷,需征地0.33公顷,拟建设55兆瓦太阳能光伏并网电站一座,总投资5.8亿元。完成100.13公顷租地,项目方并已在其中的60.13公顷土地上进行施工建设,首期完成12兆瓦发电并与南方电网并网。仙鹤变电站位于滩营乡垌美村,项目占地面积4.3公顷,总投资9293万元。目前,该项目完成征地4.25公顷(其中水田1.13公顷,林地3.12公顷);房屋拆迁322.6平方米;坟山迁移9座。现在只有一座坟山未迁移、部分征地款因土地纠纷未发放。

基础设施 围绕农村发展、农业增效、农民增收的工作目标,一是加大基础设施建设,投资1800万元的那屋背村、四和村自治区土地整理项目已完成97%,全乡硬化村屯级道路硬化30条31.4千米投资1256万元,建设饮水工程1处投资2万元,修复长岐水利滩营支渠、广亮支渠共20千米投入900万元,另外修建石合三面光水渠300米。

社会事业发展 全年"新农保"参保人数达11345人,完成参保率100.4%,续保人数达4980人;新型农村合作医疗保险参保人数达26833人。全年共发放城镇低保金12户28人、10.32万元,农村低保金601户1854人、311.47万元,"五保户"供养330人、123.72万元,残疾人抚养费274人、16.44万元,80~89岁高龄补贴653人、39.18万元,90~99岁高龄补贴126人、15.12万元,百岁老人4人、1.44万元。2015年10月至2016年9月,全乡已婚育龄妇女7287人,新婚88例,出生人数566人,其中,男300人,女266人,计划内538人,多孩出生29人(男18人,女11人,其中多孩计划内4人);死亡141人,自然增长率为10.7‰。符合政策生率为95.1%;政策外多孩率4.42%。当年长效避孕率78.5%,征收社会抚养费1.1249万元。

【茅岭镇】 茅岭镇地处防城区的东部,全镇辖大坝、岽军、美丽、茅岭、沙坳、小陶、大陶、东角、响水9个村民委员会,茅岭镇西连城区珠河街道的冲仑村、滩营乡三坪、立高村,南邻港口区公车镇白沙村,东南与钦州市钦南区交界,濒临北部湾。南防铁路、钦防高速公路、钦防二级公路贯穿境内,有火车货运站、港口码头,水陆交通便利,区位优势突出。全乡海岸线长达26千米,土地总面积128.3平方千米,耕地面积1397.93公顷,林地面积5824.53公顷,海滩涂面积1666.67公顷。

茅岭镇依山傍海,自然资源十分丰富,海水咸淡适中,水质洁净,没有污染。特色咸淡水产品有:上江鲈、双黄蛋、田禾虫、重壳蟹、水门虾、黄丝鲷、岽军蚬、江底蚝、豹头鲚九大特产,海洋资源开发前景广阔。上江鲈鱼和海鸭蛋是茅岭海水养殖品牌,海水养殖成为农民收入的主要渠道。

经济发展 引进两个龙头企业,投资200万元建设一个20公顷沉香种植基地和投资100万元建成一个铁皮石斛基地。实施茅岭红树林海鸭蛋规模化、品牌化提升工程，成为广西有名的海鸭蛋品牌之一，年销量达15万千克、210万元。边境贸易是全镇经济增长的重要促进点，全年完成港口货物吞量40万吨。

基础设施建设　推动“美丽家园、清洁乡村”活动。投入资金4.7万元，配备保洁员120名，其中义务保洁员101名。配备垃圾桶853个，累计清理垃圾732吨，建成垃圾填埋场1个，垃圾焚烧池30个，打造了自治区示范点1个，区级示范点3个，乡镇级示范点5个；完成了污水处理厂建设的前期工作，新建集镇街道3条，改造提升主干道2条。2016年，全镇新建道路4条，人饮项目1个。

社会事业发展　2016年，全镇328人出生，其中计划内生育297人，符合政策生育率90.53%，人口自然增长率8.5‰。共落实各种节育措施231例，其中放环224例；免费孕前优生检查覆盖率83%。全镇9个行政村全部开展诚信计生工作，应签订诚信计生协议书1100人，已签订1006人，已签订诚信计生小组275组，签订率91.9%。放良种补贴13.7万元，农资综合补贴211.18万元。2016年，累计发放农村低保金1522户2730人共22.91万元；“新农合”参合17551人，医疗直补300多万元，发放大病救助款50万元。新型农村社会养老保险参保7035人，参保率96.29%。

工业发展　茅岭工业园区是自治区级工贸小区，防城区重点工业园区。园区总体规划14平方千米，利用港口和铁路优势，主要发展企沙钢铁基地配套产业，重点发展选矿、冶金、建材、造纸、化工、海产品加工等产业和边境贸易。园区现有工业企业15家，其中规模以上工业7家。

【江山镇】　江山镇位于防城区西南部，距防城区政府所在地17千米，三面临海，是广西最大半岛。东与防城港跨海大桥相连，西与东兴市江平镇接壤，东南与越南下龙湾、万柱隔海相望。防东二级公路和一级公路横贯全镇，防（城港）白（龙）公路和江山半岛旅游大道贯通全岛，有白龙、双墩、石角、马鞍山四个码头，水陆交通便捷。

全镇总面积208平方千米，其中耕地面积1029公顷，林地面积1.03万公顷。建城镇面积3平方千米，海岸线长76千米（占全区55%），是广西第一大半岛。全镇辖11个村委会（其中2个渔业村），142个村民小组，2016年年末总人口数22300人，农村人均纯收入1.2万元。

基础设施建设　2016年，完成新角水库、万松海堤除险加固工程建设；全年共投入39万元，打造4个区级生态乡村建设示范点，各示范点全面完成绿化、硬化等工程，建设体育健身活动场所。2016年，完成白龙、潭西2个贫困村7条约12千米的道路硬化，潭蓬、新六等其他面上村4条约6千米的组屯道路硬化。

经济发展　建设产业基地，做响“一镇一村、一村一品”品牌，大力发展乡村特色种养，积极推进庭院经济、“农家乐”旅游经济，培植壮大专业大户，目前全镇民宿、渔农家乐约共有318家，月接待游客150人左右，吃、住、买当地特产，人均消费350元；稳妥推进农民专业合作社建设，组建各类农民专业合作社经济组织15家；畜牧规模养殖大户达3家，水产养殖约200多户，成为江山镇农村经济发展的一大支柱产业。全面推广水稻免耕抛秧栽培技术，全面完成水稻种植576.67公顷，玉米种植202.5公顷。

社会事业发展　2016年，全镇城乡居民养老保险参保人数达到7074人，领取养老金人数为2478人，参保率达98%以上，基础养老金发放100%。农村新型合作医疗任务17170人，实际参保13787人，参保率达80.30%；民政方面：按照上级对低保政策的要求，对农村困难家庭实行“应保尽保，应退尽退”。2016年，经全面认真核查，全镇共取消农村低保1273户、2814人，现享受农村低保人员57户、128人；城镇低保取消246户、879人，现符合条件的有5户9人；“五保”供养141户发放资金35.1210万元，冬春灾民救助609人，发放资金19万元。

【十万山瑶族乡】　十万山瑶族乡位于防城区北部的十万山南麓，东北与钦州市钦北区大直镇交界、南与防城区大菉镇、滩营乡交界，西北与防城区大菉镇、上思县叫安乡、公正乡交界，距防城区41千米，总面积98.8平方千米，总人口12172人，其中瑶族占总人口的40.5%。乡政府设在波茶，辖波茶1个社区和沙坪村、垌平村、那稔村、四方岭村、木排村等5个村。2016年总人口12172人，其中农业人口7256人，非农人口4916人。全镇完成农业生产总值25549万元，全社会固定资产投资9006万元，农民人均纯收入7041元。

项目建设　2016年，全乡共投入资金2752万元建设基础设施。其中，道路和桥梁基础设施建设投入827万元；水利基础设施建设投入150万元；集镇基础设施建设投入950万元；垃圾处理片区中心工程投入260万元，清洁乡村基础设施工程115万元；教育基础设施投入330万元；卫生基础设施投入120万元。十万山瑶族乡便民服务中心业务用房已完成主体工程建设；政府公租房已经过验收，现已投入使用。乡卫生院业务用房项目已开工建设；七星顶生态综合旅游度假区项目专变开工建设，七星顶生态综合旅游度假区项目道路征地工作加紧推进中。

社会事业发展　2016年，全乡新农合参保完成6566人，完成城镇居民医疗保险1002人；完成领取城乡居民养老保险待遇人员资格认证615人，完成企业职工领取养老保险“多重生物识别”的身份认证622人；城乡居民养老保险工作任务排在全区前列，参保率达到104.71%，待遇发放率100%；发放城镇、农村两项低保金共93.86万元，使21名群众获得医疗救助，救助金额达11.28万元；将88名群众纳入扶残、护理补贴范围，供养五保户50人，为122名老人申领了高龄补贴，双拥优抚12人。在冬春救助期间，发放救助粮1365千克，救助资金16.2万元，棉被、衣物、鞋子等救助物资若干，救助人口658人。“三留守”人员登记工作排查留守儿童438人，留守老人130人。全年共受理26宗农村宅基地申请，完成农村危房改造共49户。统计工作荣获广西乡镇统计工作规范优秀单位。

港 口 区

2016年5月17日，区委书记黄炳利(左一)、区长朱靓(左二)在企沙镇北港安置区调研棚户区改造项目推进情况　(唐咪　摄)

2016年11月11日，防城港市委书记金湘军(前排左一)到光坡镇新兴村大龙口组参加“一村一镇”现场会　(李林霞　摄)

2016年11月8日，港口区代表团参加2016中越(东兴—芒街)国际商贸·旅游博览会。图为自治区政协副主席刘正东(前排左四)参观港口区展厅　(李林霞　摄)

港口区位于防城港市东南沿海，东邻钦州市钦南区，南濒北部湾，西、北与防城区相连，是防城港市政治、经济、文化中心，市人民政府所在地。辖企沙、光坡2镇和渔洲坪、白沙氵万、沙潭江和王府4街道，行政区域面积409.82平方千米，2016年年末常住人口17.20万。

港口区以边海经济带建设为主线，紧紧围绕“建设广西一流经济强区，率先全面建成小康社会”目标，加快打造广西新兴工业基地和城乡统筹发展示范区，统筹推进稳增长、促改革、调结构、惠民生等各项工作，全区经济继续保持良好发展态势，社会保持和谐稳定。

主要经济指标快速增长。2016年，实现地区生产总值372.44亿元，增长9.40%，总量占全市55%；其中第一产业增加值15.78亿元，第二产业增加值249.81亿元，第三产业增加值106.85亿元。规模以上工业总产值完成1057.20亿元，增长13.78%。全区固定资产投资完成311.80亿元，增长22.84%。社会消费品零售总额完成22.23亿元，增长10.58%。财政收入完成13.14亿元，增长10.40%。城镇居民人均可支配收入31608元，增长8.0%。农村居民人均可支配收入12962元，增长11.1%。

服务重大项目取得新成绩。2016年全年完成征地8258亩，中心区统征统拆、亚行贷款项目等沉积多年的历史遗留问题顺利解决，江山大道西、中心区配水厂等项目开工建设；核电主厂区、钢铁新增用地、盛隆二期等一批项目全部交地施工；东湾大道全线贯通。采取宅基地、公寓房、货币安置等多种方式，安置800多户

2016年11月8日，在2016中越(东兴—芒街)国际商贸·旅游博览会投资环境推介暨项目签约仪式上，港口区政府与广西晟宇通建材有限公司、广西海印商贸有限公司签约　(李林霞　摄)

征迁群众。创新以购代建等临时安置新模式，12个永久安置棚改项目全部开工建设。

临港工业保持强势发展。全区规模以上工业企业57家，产值超亿元47家，产值超百亿元3家，工业总产值首次突破千亿元。盛隆公司成为广西首家入围“中国企业500强”的民营企业。东湾物流园区成为广西唯一入选的全国优秀物流园区，冷链物流发展实现新突破；保税物流中心成功获批，进境水果海上快速航线复航，上线运行西部首个沿海口岸国际贸易“单一窗口”。

城乡融合发展进程加快。加快推动城乡融合发展，努力打造广西城乡统筹发展示范区。推进城市精细化管理，加强市容环境综合治理。以棚户区改造和亚行贷款项目建设为抓手，按照“三个一批”的思路，加快推进企沙、光坡、沙潭江、王府四个城镇组团建设，继续完善相关路网和生产、生活配套设施建设。结合美丽广西乡村建设和精准扶贫工作，加快沙螺寮村、新兴村及山新村等生态示范村基础设施建设，农村人居环境明显改善。

民生福祉稳步提升。主要就业指标均已完成全年目标任务，城镇登记失业率1.11%，控制在2.5%以内。社保覆盖面不断扩大，职工养老保险覆盖率达93%，基本医疗保险覆盖率达97%，新农合村镇覆盖率100%。义务教育均衡发展迎国检前期工作全面完成，义务教育巩固率控制在97.3%，超额完成目标，被认定为自治区首批学前教育改革发展实验区。扎实推进国家公共文化服务体系示范区创建，区文体中心、区图书馆、沙潭江街道文化站综合楼等项目稳步推进。

社会保持安定和谐。深入推进平安港口区建设，高度重视群众安全感工作。严厉打击各类违法犯罪活动，提高社会治安打防控能力水平。群众安全感满意度高于自治区平均水平，居全市县（市、区）之首，被市推荐为2015—2016年广西平安建设先进区。切实抓好食品药品和安全生产，落实安全生产“党政同责、一岗双责”，认真抓好各类专项检查和专项整治，连续8年没有发生较大以上安全生产事故；集中式饮用水源地水质达标率100%，港口码头粉尘治理效果明显，空气和水源质量指数广西第一。

2016年7月12日，中国共产党防城港市港口区第六次代表大会在区政府七楼会议室召开　（王怡凯　摄）

2016年7月30日，港口区企沙港渔民出海壮行仪式在企沙镇举行　（王怡凯　摄）

2016年7月11日，中国农业大学广西防城港港口区教授工作站签约暨揭牌仪式在桃花湖畔孵化园区举行　（蒋竞娆　摄）

2016年9月21日，港口区委党的建设工作领导小组会议暨“两学一做”学习教育工作推进会在区政府七楼会议室召开　（邓荣林　摄）

2016年9月12日，在第十三届中国－东盟博览会上，港口区政府与广西西江环境能源科技产业有限公司、防城港宏昌科技有限公司、广西源盛环保有限公司签约（唐咪　摄）

港 口 区

2016年1月19日，港口区在企沙镇兴企社区开展"送健康　送爱心"进社区活动(唐咪　摄)

2016年，盛隆公司成为广西首家入围"中国企业500强"的民营企业。图为2016年盛隆公司全景　（刘华　摄）

2016年4月13日—22日，港口区第九届职工运动会在市第四中学举办。图为气排球比赛　（蒋竞娆　摄）

2016年4月7日，渔歌唱响中国梦——2016年港口区"三月三"渔家歌会在企沙镇影剧院举行　（港口区文体广电新局　供稿）

2016年6月，港口区光坡镇红沙网箱养殖协会党支部获自治区先进基层党组织荣誉称号　（光坡镇政府　供稿）

2016年6月26日，"共圆中国梦"庆祝中国共产党成立九十五周年文艺演出在桃花湾广场举行　（蒋竞娆　摄）

2016年，国内首个一次建设达40万吨年规模的全新铜冶炼项目——40万吨铜冶炼实现满产运行。图为2016年金川公司生产车间　（李林霞　摄）

广西最大的安置住宅小区企沙镇北港安置住宅区　（李林霞　摄）

2016年港口区城区新貌　（叶东生　摄）

2016年6月30日，防城港的疏港大道——东湾大道全线贯通　　（刘华　摄）

2016年10月9日，“最美夕阳红　圆我中国梦”港口区2016年多彩金秋文艺演出在桃花湾广场举行　　（唐咪　摄）

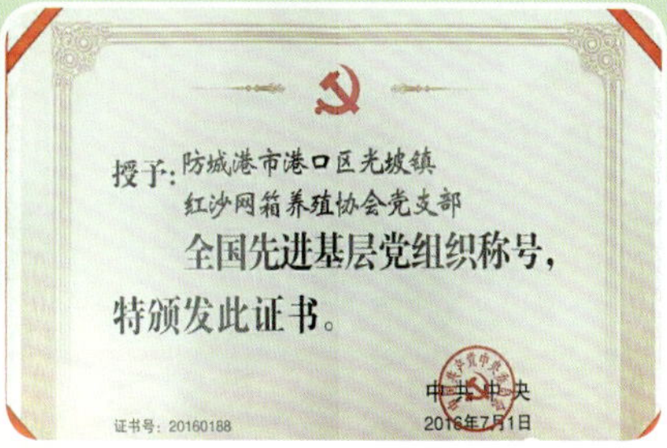

2016年7月1日，港口区光坡镇红沙网箱养殖协会党支部获全国先进基层党组织称号　　（光坡镇政府　供稿）

2016年12月22日，国家机关工委调研组到光坡镇红沙网箱养殖协会党支部调研　　（韦庆禄　摄）

2016年，广西越洋化工集团部分厂景　　（唐咪　摄）

防城港中一重工有限公司为西南最大的现代化钢结构加工制造国有企业，图为2016年生产车间　　（唐咪　摄）

光坡镇沙螺寮村为防城港红树林海洋渔业（核心）示范区的中心。图为示范区标志大门　　（邓荣林　摄）

2016年，簕山古渔村休闲渔业示范区被评为广西县级现代特色农业示范区。图为进村大门　　（黄鸿燕　摄）

企沙渔港是广西第二大渔港，也是北部湾渔货集散地和防城港市最重要的渔业生产基地(2016年）　　（李林霞　摄）

防城港电厂俯瞰图　　（黄兴　摄）

上 思 县

8月1日，自治区副主席张秀隆(前左三)到上思县调研脱贫攻坚工作

11月28日，自治区纪委常委、监委委员刘志和(居中)到上思县指导工作

上思县地处广西西南部，防城港市的西北面，坐落在十万大山北麓，与南宁市江南区、良庆区和崇左市宁明县、扶绥县以及钦州市钦北区相邻，是防城港市唯一的市辖县。全县总面积2816平方千米，人口25万人，辖4乡4镇、83个行政村、4个社区，汉族占6.52%，少数民族占93.48%。

上思县主要有以下五个特点：

一是历史文化悠久。上思建制有1300多年，建县也已经有100多年，拥有着丰富的历史积淀和文化底蕴，人杰地灵，先后被授予“中华诗词之乡”“广西特色文艺之乡”等称号。

二是区位优势明显。上思地处南宁、防城港、钦州、崇左四个地级市“1小时经济圈”的交汇点，距吴圩国际机场65公里，距离防城港、钦州港两个大港口只有100千米左右，县城与周边地区交通便捷，钦崇高速公路、上思到南宁(吴圩)二级路穿境而过，具有近边、近海、近首府、近航空港等特点。

三是旅游发展条件得天独厚。境内十万大山是知名影片《英雄虎胆》的故事发生地和重要外景拍摄地，十万大山国家森林公园内负氧离子含量远超一般地方，因此先后被授予“中国氧都”“中国老年人宜居宜游县”“全国十佳生态休闲旅游名县”等称号。境内还有布透温泉、那厘溶洞群等，旅游开发潜力非常大。

8月16日，广西军区副司令员万苏晋和(中)市委常委、防城港军分区政委蔡高才(左二)到上思县检查指导征兵及征兵体检站建设工作

四是自然资源禀赋突出。上思是广西林业大县，全县森林覆盖率60%左右，被纳入广西重点生态主体功能区范围。上思还是产糖大县，甘蔗种植面积45万亩左右，入厂原料蔗200万吨左右。膨润土、高岭土、硅藻土等矿产资源蕴藏量大，其中石灰石量大质优，碳酸钙含量达97%，储量数十亿吨以上。具有丰富水力、电力资源，大小河流多达50多条，水电资源蕴藏量10万千瓦以上。

五是发展潜力巨大。当前，上思正面临着国家“一带一路”、广西“两个建成”“四大战略”深入实施、防城港市加快推进“边海经济带”建设等重大机遇，为上思

7月10日，时任市委书记金湘军(前右一)到江平易地扶贫搬迁安置点检查指导

7月24日，全市县域经济发展大会现场会在上思举行，时任市长何朝建(前排左三)，市政协主席赵发旗(前排右二)，时任市委副书记班忠柏(前排右一)等市领导莅临指导

发展开辟广阔空间、注入了强劲动力。2017年，全县实现地区生产总值80.88亿元，同比增长4.9%；农林牧渔业总产值35.21亿元，同比增长4.5%；规模以上工业总产值125.27亿元，同比增长1.6%；财政收入8.78亿元，剔除不可比因素后，增长4.5%；固定资产投资55.99亿元，同比增长15%；全社会消费品零售总额22.28亿元，同比增长10.8%；城镇和农村居民人均可支配收入分别达到21971元和10939元，同比增长7.9%和11%。

9月14日，在第十四届中国—东盟博览会上，副县长王伟(前排右二)与企业代表成功签约"

8月14日—19日，2017年全国少年男女(13~16岁)举重分龄赛在上思县举行

9月18日，上思县委书记黎家迎(右二)深入贫困户家中宣传扶贫政策

6月22日，县长覃森(中)到那琴乡排柳村调研贫困村产业发展工作

上 思 县

4 月 29 日，江平易地扶贫安置点首批搬迁户交房

5 月 24 日，第二十六届中国城市化论坛在上思举行

防城港市 2017 年诗词文化节在上思举行

十万大山（布透）温泉

1 月 19 日，县城交通主动脉永福大道全线贯通并投入使用

思阳镇明哲村玉学公共服务中心

美丽宜居的叫安镇平江二三组

石头河里的仙女浴池

明江夜景

华润(上思)水泥厂

十万大山云雾

上思县十万大山坚果产业(核心)示范区

甘蔗产业是上思的支柱产业之一。图为运蔗大军将原料蔗运往糖厂

在妙镇有生村农户与公司合作种植的凤梨大获丰收

上思万亩蔗海

东 兴 市

2016 年 11 月 9 日，中国东兴—越南芒街跨境自驾游正式启动
（陈义才　摄）

2016 年 12 月 28 日，《百鸟衣》文化旅游产业项目暨大型国门演艺剧场正式启动文艺晚会在东兴边贸中心举办

2016 年 12 月 3 日，东兴市举办 2016 中国－东盟博览会林木展东兴（首届）进口景观树展览会

边海之城，国门东兴，地处我国大陆海岸线最西南端，区域总面积 588.78 平方千米，陆地边境线长 39.064 千米，海岸线长 53.3 千米。全市辖 3 镇、31 个行政村、10 个社区，总人口约 30 万，其中京族人口 2.01 万人，是我国唯一海洋少数民族京族的聚集地。荣获广西首批特色旅游名县、中国长寿之乡、中国最佳生态旅游城市、中国十大养老胜地、中国电子商务百强县、中国最具竞争力百强县、中国最具海外影响力城市、全国双拥模范城等荣誉称号。

东兴有“四大优势，五大名片”

“四大优势”：区位优势、资源优势、政策优势、战略优势。

——区位优势。东兴既沿边、沿海又沿江，是中国面向东盟的前沿和窗口，与越南北部最大、最开放的口岸经济特区和单列三类都市——芒街市仅一河之隔，处广西北部湾经济区核心区域和西南、泛珠三角与东盟三大经济圈接合部，是我国西部地区乃至全国通往越南等东盟国家最便捷的陆海大通道，也是越南等东盟国家和地区进入我国市场的最理想通道，拥有“两个市场，两种资源”。

——资源优势。东兴物华天宝，人杰地灵，资源集“边、海、山、少”等特色于一体，有 2 个国家级 AAAA 旅游景区、4 个国家级 AAA 旅游景区，有全球最大的跨境红树林示范保护区，与世界著名风景区——“海上桂林”越南下龙湾距离最近，享有“上山下海又出国”品牌，是中国最佳生态旅游城市。东兴栖息着 4 万多只各类鹭鸟，盛产对虾、沙虫、鱿鱼、石斑、海蜇、青蟹、金花茶、香料等特色产品，国家地理标志认证的“红姑娘”红薯、“皇帝果”等无公害养生佳品享誉国内外。

——政策优势。东兴享有国家、自治区和防城港市多项叠加的优惠政策，汇集支持重点开发开放试验区建设的进境种苗（景观树）口岸、边境旅游异地办证、落地签证、人民币跨境结算业务等一系列先行先试特殊政策，涵盖特殊监管区、财税金融、投融资、产业贸易、土地资源、口岸通关与旅游管理、“人才特区”等多个领域，是我国优惠政策最富集的地区。随着国务院《关于支持沿边重点地区开发开放若干政策措施的意见》出台，东兴的发展将风生水起，“十三五”时期会驶入经济快速发展时代，大招商、大投资、大发展如燎原之势。

——战略优势。东兴先后四次成为国家战略：1992 年，成为国务院批准设立的 14 个国家级边境经济合作区之一，同年设立东兴经济开发区；2008 年，东兴成为广西北部湾经济区五大功能组团之一;2010 年，党中央、国务院在《关于深入实施西部大开发战略的若干意见》中，明确提出加快推进东兴重点开发开放试验区建设,2012 年 7 月 9 日正式批复试验区建设实施方案;2012 年成为沿边金融综合改革试验区。

“五大名片”:国门城市、生态东兴、养生胜地、电商之城、开放东兴

——国门城市。东兴是我国唯一与越南海陆相连的国家一类口岸城市，建市 20 年，城区面积从建市初的 0.48 平方千米扩大到现在的 13.8 平方千米，城镇化率 69.4%。据《2010 年中国城市化率调查报告》，东兴城市化率增速位居全国 369 座县级市之首。周边拥有防城港、南宁和北海“一个大港、两个机场”，随着防东高速公路的开通，以及正在加快推进的中越北仑河二桥、防东铁路和东兴通用机场等互联互通项目，东兴在互联互通体系的重要作用将进一步体现。“十二五”期间，经东兴口岸出入境人数年均达到 400 万人次，月均超 50 万人次，赴越跨境游客月均超万人次，占广西 90% 左右，已成为中越边境最大的旅游集散地，是我国第三大陆路口岸。

——生态东兴。东兴生态环境优美，有山、有海、有边关、有平原，平均气温 22.4℃，气候温和宜人，冬暖夏凉;雨量充沛，是广西乃至全国著名多雨区之一。位于我国唯一未遭受污染的北部湾海域，全市森林覆盖率超过 55%，环境空气优良率达到 100%。

——养生胜地。东兴是我国人口最少、第一个既沿海又沿边的小康型中国养生胜地，百岁老人 24 位，占户籍总人口比例达到万分之一点七;90 岁以上老人 410 多位，80 岁以上老人 2340 多位。东兴是我国较少民族京族唯一的聚居地，集边关文化、海洋文化、长寿文化、红木文化、伏波文化、京族文化以及历史文化等特色为一体，有京族哈节、京族独弦琴艺术等 2 个国家级非物质文化遗产和京族独弦琴、京族鱼露、京族民歌等多个自治区级非物质文化遗产。中越国际商贸·旅游博览会、中越青年界河对歌、中越边民大联欢、中国－东盟国际青少年足球邀请赛、中越元宵节足球友谊赛、中越跨境足球、网球联赛等活动在国内外产生了巨大影响。

——电商之城。东兴电子商务迅速壮大，推动落实“互联网+”行动计划，加快实施东兴电商发展规划，建设中国－东盟跨境电商交易中心，争创国家级电子商务示范基地;依托十大类专业市场，建设一批特色产品专业电商交易平台。2013—2016 年电子商务发展指数稳居全区首位，连续四次荣获全国“电子商务百佳县”称号，成为全国电子商务进农村示范县(市)。

2016 年 11 月 8 日，2016 中越(东兴－芒街)国际商贸·旅游博览会在北投广场隆重开幕　（陈光志　摄）

2016 年 8 月 10 日，东兴市与中铁二十二局集团签订战略合作框架协议　（陈义才　摄）

2016 年 7 月 28 日，广西首个跨国铁路货运“无轨站”落户东兴　（陈义才　摄）

东兴海水养殖喜获丰收

东 兴 市

——开放东兴。东兴是走向东盟的桥头堡，海陆东盟走进中国第一站，是非常活跃的地区。通过加强与东盟国家的交流合作，健全两地政府、部门定期会晤机制，推动与越南芒街市在商贸、旅游、卫生、文化、体育、警务等领域的深入合作，形成了中越边境特色产业链。联谊缔结更多国际友好城市，拓展与欧美、港澳台地区、东部沿海城市、沿边城市和其他试验区更多领域、更深层次的交流合作。东兴支持本市企业和产业“走出去”，争取与东盟国家在工程承包、资源利用、农业开发、技术和劳务合作等方面取得新突破。围绕“十大类专业市场”“双十产业”项目，实施精准招商，力争每年引进2~3家中国－东盟进出口百强企业落户东兴。积极践行新发展理念，充分发挥四大国家级开放战略平台作用，大力发展六大跨境产业，统筹抓好城建、生态、扶贫和民生等重点工作，多项经验做法走在全国、全区前列，获国家表彰21项，获自治区表彰11项，实现了“十三五”良好开局。

海产品深加工

京族哈节

京族拉网作业

在东兴落户的首家越南生产企业——仁和弹簧秤厂生产车间

东兴边民互市区码头

2016年7月6日，中国东兴—越南芒街外贸工作会晤在东兴市召开

2016 年 2 月 21 日，东兴市在体育中心足球场举办中国－东盟青少年足球邀请赛

2016 年 2 月 22 日，中越（东兴—芒街）元宵节足球友谊赛在东兴市体育中心开赛

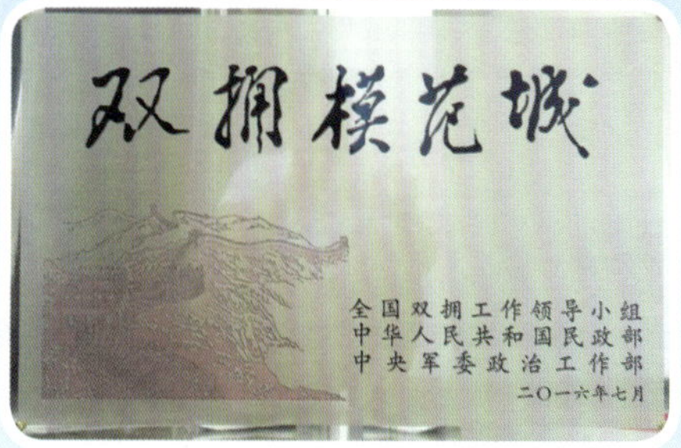

2016 年 7 月，东兴市荣获“全国双拥模范城“称号”

皇帝果

2016 年 11 月，东兴市江平镇荣获“全国最美村镇特色奖”

金花茶

主桥主拱圈

防城区

防城区地处广西南部，背靠大西南，与越南广宁省的芒街市、海河县、平辽县接壤，是广西8个边境县区之一，是中国金花茶之乡、肉桂之乡和八角之乡。1993年撤县设区，是防城港市面积最大人口最多的市辖区。总面积2427平方千米，辖10个乡镇、3个街道146个行政村和16个社区。总人口43.85万人，有汉族、壮族、瑶族、京族等19个民族，有海外侨胞27万人，是广西著名侨乡之一。拥有海岸线长138千米，陆地边界线长61.8千米，以及峒中国家一类口岸、里火和滩散互市点等5个对外贸易窗口，建有冲仑产业园、茅岭工业园等产业配套基地。

2017年，防城区在上级党委、政府的正确领导下，认真贯彻落实国家、自治区和市的各项决策部署，积极实施产业、城建、脱贫三大攻坚，凝心聚力抓产业、上项目、促发展、惠民生、保稳定，保持了经济社会平稳较快发展。全年实现地区生产总值150.5亿元，增长8.6%。财政收入8.8亿元，完成市下达任务；固定资产投资138.5亿元，增长16.3%；规模以上工业总产值198.7亿元，增长15.8%；城镇居民人均可支配收入33617元，增长7.8%；农村居民人均可支配收入13883元，增长10%。

2017年，增添一批“国”字号新荣誉，获批创建全国有机产品认证示范区，成为全市首个获此殊荣的县市区；被确定为国家知识产权强县工程试点区；十万山牛大力获得国家地理标志保护产品等。顺利完成自治区下达的脱贫任务。

成绩荣誉

2017年，防城区被确定为国家知识产权强县工程试点区

农潮火龙果基地成功创建自治区级特色农业示范区

2017年6月，国务院批复峒中口岸（含里火通道）为国家级双边性客货运输口岸

峒中便桥建成使用

里火互市点互市贸易繁忙景象

领导重视

2017年3月23日，自治区人大常委会副主任刘新文（右二）率调研组到防城区那良镇开展边境建设和管理专题调研

5月23日，市委书记、市人大常委会主任李延强（中）到那良镇滩散互市点调研了解口岸升格建设情况

1月13日，市委副书记、市长班忠柏（左二）到防城区检查廉政建设考核工作

5月17日，区委书记韦汉烨（左一）到十万山瑶族乡调研产业扶贫

5月17日，区长荣毅宏（右二）到那良镇那巴村调研易地扶贫搬迁安置点建设情况

经济发展

防城区积极利用边合区推介会和到区外开展招商引资，2017年签约落户项目17个，全年实际利用内资45.4亿元、外资4005万美元

边合区推介会项目签约仪式

区长荣毅宏（中）率团赴广东开展招商引资活动项目签约仪式

防 城 区

经济发展

2017 年全区海产品产量达 13.09 万吨，图为白龙抗风浪深海网箱养殖金鲳鱼喜获丰收

谭蓬对虾养殖鸟瞰图

全区人工种植牛大力面积达 2.195 万亩，2017 年十万山牛大力获得国家地理标志保护产品。图为牛大力育苗基地

边山海旅游持续升温，2017 年接待游客达 670 万人次。图为建成使用的十万山七星顶旅游度假区大门

防城区积极发展现代服务业，2017 年全区社会消费品零售总额达 49.5 亿元。图为建成运营的北部湾商业中心

防城区农村电商发展加快，2017 年实现本土特色农产品上线销售超过 3000 万元

6 月 23 日，积极贯彻落实市重大项目集中开工部署。图为新绿岛度假村开工仪式

广西华业建筑工程有限公司晋升建筑工程施工总承包特级资质企业，成为广西首家拥有建筑工程、人防工程双甲级设计资质的民营特级建筑企业

城市建设

城市建设日新月异。图为防城一江两岸新貌

亮丽的风景线——针鱼岭大桥

别具边海特色的西湾环海大道夜景

民生社会事业

12 月 6 日，河西易地扶贫搬迁安置点如期建成并入住，助力打赢脱贫攻坚战

防城区创建国家公共文化服务体系示范区成效明显。图为峒中细坑村国门文化大院

4 月 26 日，荣获第六届全国道德模范提名奖的退休教师黄永腾给同学们上辅导课

防城区华石镇人民政府

一、基本情况

华石镇是防城区城郊型特色农业重镇，是防城大南山边关生态乡村示范带的主要组成部分，是东兴国家重点开发开放试验区交通网络的重要组成部分。

9月27日，自治区人大常委会副主任高雄（左一）到华石镇调研人大工作

2017年8月7日，区委书记韦汉烨（右二）到华石镇调研“一村一镇”级换届选举工作

广西县级现代特色农业示范区：如链似带的农潮田心火龙果基地

全镇总面积91.6平方公里，耕地面积1.42万亩，有林地面积9.63万亩，经济林面积约1万亩，辖7个村委，150个村民小组，全镇总人口为16504人。

华石镇三套班子领导任职情况

姓　名	现任职务	性别	任现职时间	备注
李　莉	镇党委书记	女	2016.5	
苏加坤	镇党委副书记、镇长	男	2016.7	
黄海峰	镇党委副书记、人大主席	男	2016.7	
黄灿京	镇党委委员、武装部长	男	2016.5	
韦泽明	镇党委委员、纪委书记	男	2016.5	
何国远	镇党委委员、副镇长	男	2016.5	
陈耀辉	镇党委委员、副镇长	男	2015.10	
黄济胜	镇党委委员、党政办主任	男	2014.11	
凌小芹	镇党委委员、组织委员	女	2015.10	
廖　毅	镇人大副主席	男	2016.7	
何　莎	副镇长	女	2016.7	

二、发展优势

（一）交通便捷

华石镇位于防城区西南部，距离城区13千米，距离东兴国家重点开发开放试验区55千米，距离首府南宁164千米，G7511和S312线横贯境内，交通便利，是防东、防南路线上的重要交通枢纽。

（二）特色农业发展突出

华石镇属于半山区、半丘陵地带，土质主要为红壤土，最适宜种植亚热带名特优水果，华石镇重点发展“红金绿”系列农业产品，“红”系列农业产品有红心火龙果、红心番石榴、红莲雾等，“金”系列产品有金花茶、火龙果花茶等；“绿”系列产品有台湾番石榴、皇妃贡柑、无公害蔬菜等，目前华石镇“一村一品”特色农业产业发展势头良好，各种水果种植面积达12000多亩，其中火龙果种植面积达5000多亩。大力推广“支部+合作社+农户”模式，目前华石镇共有专业合作社20多个，涵盖种养、农机、特色养殖各方面，其中13个专业合作社成立有

团结奋进的领导班子

"一村一镇" 建设之冲敏村换新颜

党支部，利用党员致富典型及先锋带头示范作用，带动社员及群众推广特色产业发展。特别围绕华石城郊型乡镇特色，在无公害蔬菜种植、"五黑一绿" 蛋鸡、特种野猪养殖及红肉火龙果种植等产业上，利用党员的帮带、引领、示范，带动本镇 300 多农户和全区 5000 多农户共同致富。

（三）基础设施完善

2012 年投资 500 万元 7.03 千米的 "兴边富民" 项目华石镇镇区道路扩建项目竣工。"十二五" 时期，华石镇共投资 2824 万完成 70.6 千米的村级、屯级道路硬化项目，受益人口达 7400 多人。

（四）基层政权建设增强

2013 年，全镇 7 个行政村严格按照建设要求，全部完成了村级阵地 "十六有" 建设任务。各村都配备有篮球场、戏台、国旗台、摩托车、电脑等办公设备，各村已组建村级篮球队、文艺队。2014 年积极推进乡镇政权建设，目前 "五化十有" 已基本完善。

古朴典雅的华石老街

三、荣誉奖项

有集宣传文化、体育健身、农业示范、餐饮服务、旅游观光等为一体的冲敏新农村，冲敏村 2011 年被防城港市评为 "全市休闲农业示范点"，2012 年，被自治区环保部门评为 "自治区级生态村"、被自治区林业厅评为 "广西森林村庄"，2014 年荣获 2013—2014 年自治区清洁乡村 "百佳村屯" 称号。2012 年，黄江村被评为 "广西火龙果村"。2014 年，冲敏休闲山庄荣获自治区 "四星级农家乐" 称号。2016 年，华石镇荣获中央 "第四批标准化气象为农服务镇" 称号。

美化绿化亮化的集镇街道

古香古色的华石老街

花香四溢的华石红色文化广场

防城区珠河街道办事处

地理、行政区划及人口 珠河街道是防城区行政中心的所在地，于2014年1月16日挂牌成立。东邻茅岭镇，东南与文昌街道接壤，南濒水营街道，西北连接华石镇，北靠滩营乡。下辖珠河社区、镇夏岭社区、三官社区、石岭村、那天花村、冲稔村、冲仑村等7个村(社区)，共79个村(居)民小组，主要居住汉、壮、瑶、京等民族，总人口12725户、50652人(2017年)，总面积55.4平方千米，耕地面积2956亩，林地面积3.55万亩。街道共有23个党支部，党员617名，其中，机关党员31名，妇女党员173名，61岁以上党员175名。

区位优势 珠河街道区位优势独特，钦防高铁、钦防高速公路、防东高速公路纵横其中，交通便利，珍珠大道是全区主打的汽车销售街区，目前已落户易达等4个4S店。资源禀赋突出，石材资源丰富，辖区内共有嘉泰石场、振联石场等8家石场，是防城港市建设材料重要输送基地；辖区内有镇夏岭烈士陵园、城北烈士陵园两个红色教育基地。

资源优势 辖区重大项目有冲仑产业园(自治区A级园区)及全区四大产业支撑项目(汇圣40万吨啤酒厂、东盟农产品国际采购物流园、防港物流、客天下·防城港东盟特色小镇项目)。其中，拥有“百千亿工程”项目48项，总投资132.2亿元。目前，珠河街道以项目建设“百千亿工程”为引领，深入实施“一、二、四”发展战略(冲仑产业园按“一中心四组团”进行规划，产业定位为仓储、物流、商贸、出口加工、信息服务、居住、旅游、金融、一二类工业生产加工等)，目前入园企业有华业汽车文化产业园、荣桂建材城、广西晟源冲仑公路港、广西汇圣啤酒厂、艺高林业、印建奇新型建筑材料厂、虎麦中药饮片厂、海洋商贸仓储物流、新绿岛度假村等31家，其中：华业汽车文化产业园、荣桂建材城、艺高林业、广西昇港汽车城等7家企业已建成投产；突出汇圣40万吨啤酒厂、东盟农产品国际采购物流园、防港物流、客天下·防城港东盟特色小镇四大重点产业项目建设，努力打造全区物流产业基地。

经济发展 2017年，全街道实现固定资产投资275159万元，同比增长19%，规模以上工业总产值439485万元，同比增长14.3%，农林牧渔总产值12300万元。

2014年1月16日，珠河街道党工委班子领导参加街道挂牌仪式

珠河街道党工委书记林鼎明(右二)到贫困户何永有进行入户调查

2017年12月12日，农主任陪同荣区长到石岭村检查扶贫路

珠河街道干部到那天花村进行清洁乡村工作

2017年4月13日，珠河街道提升群众安全感进村入户宣传月活动启动仪式

防城区领导到珠河街道视察汛期危房安全情况

人物·名录

先进人物名录

全国劳动模范、先进工作者

全国五一劳动奖章获得者

童锡翎　大海粮油工业(防城港)有限公司班长

黄春强　广西电网公司防城港供电公司城区供电所电工

黄春宁　广西电网公司防城港供电公司城区供电所电工

第四届全国道德模范提名奖获得者

陆兰军　防城港市防城区峒中镇尖峰岭哨所哨长

全国计划生育协会先进个人

韦家乐　东兴市计划生育协会办公室副主任

全国法院先进个人

何文强　防城港市中级人民法院研究室主任

公务员一等功

骆巧瑜　东兴市人民法院刑庭庭长

优秀党务工作者

覃　燕　防城边检站政委(公安部授予)

优秀共产党员

高　波　防城边检站政治处主任(公安部边防管理局授予)

全国企业登记工作成绩突出窗口工作人员

王巧宁　市工商局企业注册分局局长

全国优秀老干部工作者

林春凤　防城港市防城区委老干部局副局长

《中国组织人事报》优秀通讯员

苏桂荣　防城港市委人才办专职副主任

民革全国机关工作先进个人

黄海晔　民革防城港市委会主任科员

全国人民防空先进个人

肖守珍　市人防办综合科科长

中国银监会系统优秀共产党员

侯蓓蕾　防城港银监分局副科长

全国优秀工会工作者

刘素菊　港口区总工会副主席

全国妇女小额担保财政贴息贷款工作先进个人

王干琴　上思县妇女联合会主席

全国农村科技致富女能手

骆荣芳　港口区光坡镇大龙村居民

第二十届全国青少年爱国主义读书教育活动先进工作者

廖树振　市委宣传部干部

全国知识产权系统人才工作先进个人

黄子洮　市科技局(知识产权局)局长

全国工商系统优秀工商行政管理人员

许其和　防城区工商局干部

全国物品编码工作先进个人

陈粤灵　市质监局干部

全国海事系统先进个人

何建平　防城港市海事局局长

直属海事系统优秀共产党员

黄　俊　防城港市海事局监管处主任

全国归侨侨眷先进个人

吴尚军　港口区侨联主席

全国模范人民调解员

林坤强　港口区光坡镇人民调解委员会主任

全国法院办案标兵

吴世耿　上思法院法官

全国检察机关严肃查办危害民生民利渎职侵权犯罪专项工作先进个人

何　霖　市检察院反渎职侵权局局长

全国十佳最美消防员

谭忠能　防城港市公安消防支队特勤中队中士、中队长助理

农本豪　防城港市公安消防支队特勤中队上等兵、三班副班长

全军优秀指挥军官

韩　枫　防城港军分区司令员

孙仁根　中国人民解放军75475部队营长

全军装备保障训练先进个人

彭　飞　中国人民解放军75475部队修理所班长

公安部边防局十大边防卫士

李春莹　东兴边防检查站勤务中队代理排长

广州军区十大爱军精武标兵

丁　铭　中国人民解放军 75475 部队 82 分队排长

自治区劳动模范、先进工作者

广西五一劳动奖章获得者

黄林英　东兴市东兴中学教师

黄良智　防城港南磷磷化工有限公司安全员

白　雪　中电广西防城港电力有限公司助理翻译、董事会秘书、工会副主席

廖　辉　上思县民族中学校长

张增华　防城港市地方税务局稽查局局长

广西优秀共青团干部

陈国卫　防城区地税局副局长

广西五一巾帼标兵

杨玉华　港口区地税局

全区优秀法官

何祥文　防城港市防城区人民法院那良法庭负责人

2015 年度全区法院办案标兵

杜昵权　上思县人民法院民事第一庭审判员

张慧华　东兴市人民法院民二庭助理审判员

徐祖英　防城港市港口区人民法院民事审判庭副庭长

2015 年度全区法院优秀书记员

方媛媛　上思县人民法院民一庭书记员

黄　馨　防城港市港口区人民法院民事审判庭书记员

陈婷霞　防城港市防城区人民法院民事审判庭第一庭书记员

温婷婷　防城港市中级人民法院民事审判第一庭书记员

全区法院新媒体工作先进个人

黄　亮　上思县人民法院干部

全区法院“执行案件集中清理月”活动先进个人

钟　蕾　防城港市中级人民法院执行局副局长

韦著敢　防城港市中级人民法院执行局审判员

吴世耿　上思县人民法院执行局局长

雷　航　上思县人民法院执行局助理审判员

吴承芳　上思县人民法院执行局执行员

陈念明　东兴市人民法院执行庭（局）庭长

黄剑波　东兴市人民法院执行庭（局）执行员

骆泽岸　东兴市人民法院执行庭（局）执行员

张祯奇　东兴市人民法院执行庭（局）执行员

葛译超　防城港市港口区人民法院执行局局长

皮祀昭　防城港市港口区人民法院执行局副局长

黄元艺　防城港市港口区人民法院执行局审判员

何瑞平　防城港市港口区人民法院执行局助理审判员

凌　聪　防城港市防城区人民法院执行局负责人

陈树群　防城港市防城区人民法院执行局办事员

莫林海　防城港市防城区人民法院执行局书记员

叶　娟　防城港市防城区人民法院法警大队副大队长

自治区优秀共产党员

陈庆邦　防城港市工商行政管理局防城区分局党组书记、局长（自治区党委授予）

李永锋　东兴市公安局情报大队大队长（自治区党委授予）

黄永腾　防城港市少先队总顾问（自治区党委授予）

自治区优秀党务工作者

黄天党　上思县叫安镇百包村党总支书记

黄永光　防城港市中医医院副院长

全区烟草市场清理整顿工作成绩突出个人

李彩智　东兴市工商局反不正当竞争执法股股长

二级英雄模范

黄新兴　市公安局交警支队防城大队城区中队中队长

全区“人民满意公务员”

王红霞　市公安局宣传科科长

广西最美家庭

肖守珍　市人防办综合科科长

广西银监局系统优秀共产党员

刘敏婧　防城港银监分局科长

侯蓓蕾　防城港银监分局副科长

广西道德模范

陆兰军　防城港市防城区峒中镇尖峰岭哨所哨长

广西公民楷模十大新闻人物

陆兰军　防城港市防城区峒中镇尖峰岭哨所哨长

广西青年五四奖章获得者

谭忠能　防城港市公安消防支队特勤中队中士、中队长助理

农本豪　防城港市公安消防支队特勤中队上等兵、三班副班长

自治区民族团结进步模范个人

吕文平　港口区光坡镇镇长

骆泳东　港口区企沙镇司法所所长

黄春宇　港口区民族和宗教事务局办公室主任

张永北　防城区公安分局政委

全区新型农村和城镇居民社会养老保险工作先进个人

高　波　港口区人力资源和社会保障局局长

先进集体名录

全国先进集体

全国海关先进基层党组织
东兴海关旅检支部

全国双拥模范城称号
东兴市

全国第一批"创建无邪教示范县(市、区)
东兴市

全国残疾人工作先进单位
东兴市人民政府残疾人工作委员会

全国优秀法院
东兴市人民法院

全国社区侨务工作明星社区
东兴市东兴镇七星社区
东兴市东兴镇中山社区

全国科普示范县(市、区)
东兴市

全国计划生育优质服务先进单位称号
东兴市

全国法律援助工作先进集体
东兴市司法局

保护森林和野生动植物资源先进集体
东兴市森林公安局

全国海关先进基层党组织
东兴海关旅检支部

全国税务先进集体
东兴市国家税务局服办税务大厅

全国第二批节约型公共机构示范单位
防城港市中级人民法院

全国先进基层党组织
防城港市港口区光坡镇红沙网箱养殖协会党支部

全国基层人才工作创新案例"最佳案例"奖
防城港市委组织部

2016年全国清理整顿人力资源市场秩序专项行动取得突出成绩单位
防城港市工商局

2014年—2015年全国青年维权岗
防城区分局城南工商所(2016年11月25日授予)

2015年度全国烟草打私工作成绩突出集体
防城港市公安局经侦支队(2016年6月6日授予)

2015—2016年度全国青年文明号
防城港市公安局交通警察支队港口大队西湾女子示范岗

全国维护妇女儿童权益先进集体
防城港市公安局交通警察支队港口大队西湾女子示范岗

民革全国祖统工作先进集体
民革防城港市委会

2014—2016年全国计划生育优质服务先进单位
东兴市

电力安全生产标准化二级企业
广西电网有限责任公司防城港供电局

自治区先进集体

广西工人先锋号
防城港市地方税务局

广西五一巾帼标兵岗
东兴市地税局征收服务股
市局直属分局税源一股
上思县地税局征收服务股

自治区先进基层党组织
东兴市江平镇

广西三八红旗集体
防城港市中级人民法院民一庭

全区法院综合工作绩效考评一等奖
防城港市中级人民法院

2015年度网络宣传先进单位
防城港市中级人民法院

全区法院"执行案件集中清理月"活动先进集体
防城港市防城区人民法院
防城港市港口区人民法院

第十六批自治区文明单位
防城港市港口区人民法院
东兴市人民法院

2015年度网络宣传先进单位
防城港市中级人民法院
2016年度在司法网络宣传工作中做出突出成绩的人民法院
防城港市中级人民法院
防城港市防城区人民法院

自治区先进基层党组织
防城港市港口区光坡镇红沙网箱养殖协会党支部
东兴市江平镇万尾村党支部
中国防城外轮代理有限公司党支部

全区组织系统信息工作先进单位
防城港市委组织部

企业登记工作成绩突出窗口单位
防城区分局企业与个体私营经济监督管理股

广西工商系统2015年度诚信市场创建活动突出单位
港口区分局

自治区2013—2014年度依法行政先进单位
防城港市工商局(2016年2月5日授予)

广西工人先锋号

广西电网有限责任公司防城港供电局客户服务中心 95598 受理服务班

中国南方电网有限责任公司 2015—2016 年优秀党员服务队

广西电网有限责任公司“南网兄弟”党员服务队

集体二等功

市人防办

集体二等功

东兴市司法局(人社厅授予)

2015 年度绩效考评二等次

防城港市司法局(2016 年 1 月 20 日授予)

2015—2016 年度群众满意的乡镇卫生院

防城港市港口区企沙镇中心卫生院
防城港市防城区峒中镇中心卫生院
防城港市防城区滩营乡卫生院
上思县思阳镇卫生院

2016 年度广西人口计生工作先进单位

防城港市卫生计生委
防城港防城区卫生计生局

广西银监局系统先进基层党组织

防城港银监分局第一党支部

附　录

文件选编

防城港市人民政府关于印发《防城港市加快推进中心区建设五年行动计划(2016—2020年)》的通知

防政发〔2016〕12号

各县(市、区)人民政府,市人民政府各组成部门、各直属机构:

《防城港市加快推进中心区建设五年行动计划(2016—2020年)》已经2016年2月23日市五届人民政府第71次常务会议审议通过,现印发给你们,请认真组织实施。

2016年4月7日

防城港市加快推进中心区建设五年行动计划(2016—2020年)

为完成市委党的群众路线教育实践活动关于新建城区城市功能配套建设整改任务,落实市人大《关于市人民政府加快中心区建设报告的审议意见》,进一步完善中心区城市服务功能,提高城市品质,结合我市实际,特制订本行动计划。

一、工作目标

全面落实市委把防城港建设成为中国沿海最具幸福感城市的总体要求,以新型城市化为引领,以功能区块开发和基础设施建设为重点,突出中心区的城市核心地位,充分发挥其辐射引领作用。通过5年时间的努力,把中心区建设成规划科学、设施配套完善、城市形象鲜明、文化底蕴彰显、人居环境优美的宜居、宜游、宜业、宜学的现代化城市。到2020年,建成区更加完善靓丽,新区不断拓展优化,建成区面积达30平方千米以上。

二、专项行动

(一)实施规划引领行动。(牵头单位:市住建委,相关单位配合)

1. 抓好城市总规以及控制性详细规划和各类专项规划。

2016年,继续抓好《防城港市城市总体规划(2012—2030年)》修编报批工作,加快完成《中心区南半部控制性详细规划》及《中心区北半部控制性详细规划》的修编工作。同时抓好各类专项规划的研究和制订。

2. 启动海湾新区规划建设。

整合中心区、西湾新城以及防城江“一江两岸”核心区域,组建海湾新区,作为我市“十三五”重点推进的城市新区来规划建设。海湾新区要彰显现代城市规划的理念,体现生态海湾城市的特征,顺应城市发展规律,充分考虑城市天际线,控制好容积率和建设密度,加强水系、湿地等生态元素的保护和利用,突出主体功能区定位,优化空间布局,增强新区的宜居性。

3. 强化规划的严肃性和法定性。

建立健全依法实施规划的领导责任制度,强化规划批后执行环节的管理,维护城乡规划的权威性和严肃性。坚持规划一张图、审批一支笔、建设一盘棋,一张蓝图管到底、建到底。

(二)实施中心区统征统拆行动。

1. 完善统征统拆工作方案。(牵头单位:市征地办、港口区政府、防城区政府)

贯彻落实《防城港市城区集体土地征收补偿与安置办法》、《防城港市城区集体土地征拆资金管理办法(试行)》、《防城港市中心城区集体土地统征工作实施方案》,进一步细化、充实和完善征地的各项措施,做好新、旧征地拆迁安置政策的衔接,严格按照制订的工作方案,限时按质按量完成好各项征地拆迁和安置任务。

2. 开展统征统拆行动。(牵头单位:市征地办、市国土资源局、市住建委、港口区政府、防城区政府)

(1)统征范围。

市中心城区尚未征收的集体土地(东至北部湾大道,南至倒水坳桥,西至防城江以东,北至城南新区A-1路),面积约353.27公顷,其中港口区范围面积205.4公顷,防城区范围面积147.87公顷。

(2)拆迁情况。(以入户调查数据为准)

涉及23个生产组的拆迁群众约2917户11337人(港口区5个生产组约1161户3485人,防城区18个生产组约1756户7852人),已拆迁安置881户2699人(港口区665

户 1701 人，防城区 216 户 998 人），尚未拆迁安置 2036 户 8638 人（港口区 594 户 1784 人，防城区 1442 户 6854 人）。

⑶基本原则。

①统一征收原则。2016 年，一次性完成市中心城区尚未征收集体土地的征收工作，保障项目建设用地需求。

②统一拆迁原则。对市中心城区需要征拆的所有房屋及其他地上附着物，进行统一拆迁补偿。

③统一安置原则。对市中心城区需要安置的被拆迁户进行统一安置，确保群众临时过渡安置和永久安置得到落实。

④分步推进原则。2016 年，春节前完成高铁站站前路两侧需平整范围内重点项目（路网、重点地块）的征拆工作，交付用地平整；4 月中旬前全面完成需平整范围内土地的征拆工作，全部交付用地平整。6 月 30 日前完成片区内群众的安置用地及文昌大道西段、A-2 路西段、A-3 路西段、A-7 路、A-8 路西段、A-9 路东西段、伏波大道、江山大道西线、滨海东路延长线、纬二线西段、1 号路西段、2 号路西段、万山路、港湾街、龙琴路、三都路、大平坡路、港安街等路网用地的征地拆迁工作，确保道路贯通，群众安置用地交付使用。12 月 30 日前完成统征范围内所有剩余集体土地征收拆迁补偿及安置工作。

3. 抓好土地清理和违建的整治。（牵头单位：市国土资源局、市综合执法局）

严格土地执法，全面清理和盘活中心区长期闲置不开发的存量土地。收回的土地纳入储备，作为存量建设用地进行管理使用。加大执法力度，坚决整治违法违规建筑。

（三）实施市政基础设施建设行动。（牵头单位：市市政局、市交通运输局、市工信委、市城投公司、防城港供电局）

1. 完善城市道路配套体系。

2016 年，续建文昌大道东段、城南新区路网工程（含城南新区 A-8 号路、城南新区 B-8 号路、城南新区 A-9 号路、城南新区 B-9 号路）、站前路西段、港湾街、市行政中心区环路工程江山大道西段、纬二线东段、将军山路（“三横两纵”5 号路）、高铁防城港北站配套道路、三横两纵二号路（白龙街）、万山路、滨海东路延长线、红树林街、浦渔岭街、龙琴路；新建纬二线西段、市中心 CBD 北面 A、B 路、港安街、大平坡路、三都路、嘉园路、文昌大道西段、文昌大桥、防城江三桥、城市中轴大道、城南新区 A-6 号路。

“十三五”期间，新建道路 15 条，总长 22.6 千米。继续完善城南新区路网，加快推进横一至横九道路建设，抓好伏波大道、豪丫路、北站西路南延长线、北站南路南延长线、北站南路西延长线、北站西路延长线、城南新区 A-7 号路、城南新区 B-7 号路、城南新区 B-3 号路、城南新区 B-5 号路、CBD 北面 A 路西段、缪屋路、城南新区 A-8 延长线、城南新区 A-9 延长线、界排路等项目。

2. 提升供水供电通讯能力。

2016 年，建成三波自来水厂，开工建设中心区配水厂及自来水综合服务中心，提高市中心区供水能力。完成 110 千伏正开变电站出线工程和 10 千伏配网供电线路电缆沟建设，完成二期电力管沟 13 千米，服务覆盖江山大道以南片区。完成中心区既有道路弱电综合管网的改造提升工作。

“十三五”期间，全面配套中心区供水管网建设，实现生活用水双水源覆盖目标。建成 110 千伏田口变电站及文昌公园北侧 11 千伏中心区变电站及配套电力管沟，解决中心区用电需求。新建道路推行地下综合管廊建设或同步建设地下弱电综合管沟，配套完善各类通讯管线。

3. 抓好燃气供应管网建设。

2016 年，建设中心区管道燃气配套管网 10 千米，开发建设的楼盘、小区全面普及管道燃气。

“十三五”期间，全面完善中心区管道燃气配套主支管网建设，建立健全中心区城市燃气供给保障体系。

4. 加快污水垃圾处理设施建设。

2016 年，建成 2 座垃圾中转站、公厕 4 座。完成既有道路雨污分流管网改造，满足已建项目和居民生活保障及区域开发建设的需要。

“十三五”期间，新建 4 座垃圾中转站，10 座公厕，1 座污水提升泵房，新建西湾污水处理厂等一批污垃处理设施。完善中心区环卫设施网点建设，建设环卫车辆停车场 1 个，占地 3000 平方米；建设环卫管理用房不少于 3 座，每座占地 500 平方米，用于环卫工人休息、环卫工具存放、环卫电动三轮保洁车停放和充电。

5. 抓好公交体系建设。

2016 年，开工建设中心区公交客运站、长途客运站，在城市主要交通干道上建设港湾式停靠站，配套完善站台、候车亭等设施，满足市民出行需求。

“十三五”期间，规划建设一批停车场、保养场、检验台、出租车站场等设施。建设两至三条专门连接长途客运站、行政中心区的公交路线。建设中心区至金滩的旅游公交专线。建设环西湾的公交线路。改革公交管理体制，提高公交服务质量。

6. 提升中心区生态品质。

2016 年，完成现有道路以及高铁广场、迎宾广场的绿化改造提升，完成百里黄金海岸带倒水坳桥至针鱼岭大桥的建设（含景观绿化、景观亮化及绿道建设），建成滨海路冲孔段景观带，完成西湾大道的路灯景观改造。

“十三五”期间，突出抓好公园广场建设，2016 年—2018 年建成金花茶公园，2018 年—2019 年建成文昌公园、沙潭江滨江公园、笔架山公园，完成防城江东岸绿化亮化及小广场建设工程。全面完成中心区绿道建设，提高绿地率，完善生态园林指标体系，推动中心区生态园林建设，力争成功申报国家园林城市。坚持节能、适用、美观、大方的要求，推进城市亮化，改造大街小巷路灯照明，安装建筑物、构筑物轮廓灯，设置公园、广场、海堤特色景观灯，打造中心区的靓丽夜景。

7. 完善通信基础设施建设。

2016 年，中心区实现 4G 网络全面覆盖，宽带用户平均接入速率达到 6Mbps。

“十三五”期间，中心区 80% 以上家庭具备 100 Mbps 光纤接入能力，宽带用户平均接入速率达到 12 Mbps。

8. 加快公共安全体系建设。

做好城市治安监控点选址，完善管线配套规划，加强消防栓规划、建设，提高安全防范功能。

（四）实施培育现代产业行动。

1. 提升商贸服务业水平。（牵头单位：市商务局）

⑴构建主体商圈。

2016年，继续完善北京华联行政中心店周边的商业设施，提高商业品位；推进行政中心区CBD、德城商贸城等商贸项目设施建设。

“十三五”期间，形成品牌服装一条街、通讯电子商品一条街、家电家具商品一条街、夜间休闲风情酒吧一条街、旅游商品一条街、民俗文化一条街等，打造行政中心区主体商圈。沿江区域增加规划建设与“IT”、“金融”、“创意”等精英群众相适应的休闲高端饮食区，建设与时尚人群相适应的服务体系。

⑵引进知名品牌。

2016年，积极引进知名企业进驻CBD等商圈运营，重点把德城商贸城建成东盟小商品批发集散地。

“十三五”期间，吸引更多的国际国内知名品牌百货商场、连锁专卖店、购物中心、餐饮娱乐休闲中心进驻，形成新的标志性商圈，打造中心区对外形象靓丽名片。

⑶打造电子商务集聚区。

2016年，做大防城港·阿里巴巴进口货源平台，做好防城港电子商务示范基地，形成电子商务产业集聚区。

“十三五”期间，加快“宝湾环球商品交易中心”落户建设，发展壮大一批大宗商品交易平台，培育一批提供第三方服务的电子商务平台。

⑷建设农贸市场。

2016年，抓好位于四通·八达国际广场和城南片区等农贸市场的规划入驻工作。

“十三五”期间，按片区控规设立服务半径合理的各类专业市场。利用文昌街道那山子组和坜头西集体留用地分别建设两个农贸市场，在城南北侧区域规划建设一个农贸市场。

2. 助推软件和信息服务业上档升级。（牵头单位：市工信委）

重点建设“IT小镇”门户，引进和培养电子信息技术、软件与信息服务、北斗导航、网络职业教育等专业领域，做大“国泰安人才培养战略合作”龙头项目，培育信息化研发、培训基地，逐步形成“IT”高端产业集聚区，壮大电子信息产业，推动中心区智慧社区、城市智能管理、旅游信息化建设。

（五）实施公共服务设施建设行动。

1. 加快教育设施规划建设。（牵头单位：市教育局）

⑴新建1所普通高中。

新建北部湾高级中学，按6700人规模建设，占地面积20公顷，力争2017年建成并投入使用。防城港市实验高级中学原校址继续开办1所普通高中学校。

⑵新建4所初级中学。

一是续建市第五中学，力争2016年建成并投入使用；二是新建市第九中学，征地6.67公顷，按在校生2250人45个教学班规模规划建设，力争2016年动工建设；三是新建第十中学，征地6.67公顷，按在校生2250人45个教学班规模规划建设，力争2017年动工建设；四是新建第十一中学，征地6.67公顷，按在校生2250人45个教学班规模规划建设，力争2018年动工建设。

⑶新建5所完全小学。

一是续建防城区文昌小学，力争2016年建成并投入使用；二是新建防城区第五小学，征地1.67公顷，按在校生1350人30个教学班规模规划建设，力争2017年动工建设；三是新建防城区第六小学，征地1.67公顷，按在校生1350人30个教学班规模规划建设，力争2018年动工建设；四是新建港口区第五小学，征地1.67公顷，按在校生1350人30个教学班规模规划建设，力争2017年动工建设；五是新建港口区第六小学，征地1.67公顷，按在校生1350人30个教学班规模规划建设，力争2018年动工建设。

⑷新建一批幼儿园。

2016年，开工建设四通·八达国际广场、北部湾海港城、北部湾滨海新城、中央商务区·翡翠园、钻石园、金海湾等一批已审批通过的小区幼儿园项目。建设2所市直幼儿园，防城区、港口区在各自辖区范围内分别新建6所幼儿园，每个幼儿园平均按在园幼儿360人规模建设，每园用地不少于0.67公顷。

2. 重视文化体育设施建设。（牵头单位：市文化委）

⑴完善文化设施建设。

2016年，完善提升市图书馆阅读功能，完善内装布展，重点建设休闲书吧、特藏室、视听室、残疾人阅览室等功能分区。力争达到拥有24万册藏书、500个坐席的市级图书馆标准。完成广播电视台迁建工作，筹建市美术馆和书画院。

⑵完成体育中心选址及规划工作。

⑶推动单位自建体育场地有序开放。

要研究制订有效措施，推动自建体育场馆对外开放，服务群众。

3. 加快推进医疗卫生基础设施建设。（牵头单位：市发改委、市住建委、市国土资源局、市卫计委）

⑴完善城区医院基础设施建设。

2016年，计划投资3000万元，续建市中医医院迁建项目。

⑵健全中心区卫生计生服务体系。

“十三五”期间规划在市中心区建设市妇幼保健院、市疾病预防控制中心、市卫生监督所等迁建项目。力争2016年落实项目用地，2017年正式动工。

（六）实施城镇管理水平升级行动。（牵头单位：市市政局、市住建委、市综合执法局）

1. 创新城市管理理念。

按照“科学、依法、精细、长效”的要求，树立“大城管”的工作理念，加强部门之间的工作联动和信息互通，形成以市区为重点、镇街为基础、社区为配合的城市管理工作格局。

2. 抓好建设海绵城市试点。

把中心区作为我市建设海绵城市的试点区。2016年，完成《防城港市排水防涝专项规划》，按规划实施市中心区雨污合流管改造分流工程，完善污水排水系统。改造江山大道片区、高铁站片区、城南片区的排水系统，消除易涝点，提高中心区城市排水防涝能力。

3. 抓好综合管廊建设。

把中心区作为我市建设综合管廊的试点区。2016年，完成《防城港市地下管线专项规划》，按规划实施市中心区综合管廊建设。

4. 加快推进智能化和精细化管理。

大力推进智慧技术应用体系建设，完善“智慧(数字)城管”系统。加强城市管理各类信息资源整合,实现与相关部门和专业单位的数据共享与交换。创新管理手段,完善管理质量标准和作业规范。创新城市执法模式,用网格化日常管控基本覆盖城市化区域,形成责任区域内人员匹配、标准细化、职责明确、整体联动、管理长效的工作机制。

三、保障机制

(一)各职能部门研究出台项目审批、项目招投标、项目投资管理等一系列配套政策,简化工作程序,确保项目依法依规快速推进。

(二)加强城市执法管理,研究建立联动合作保障机制,使城市建设和城市管理依法有序推进,营造良好的建设氛围和城市环境。

(三)加强组织协调,建立联动互动协调沟通机制,及时处理遇到的问题,确保中心区建设推进高效有序。

防城港市人民政府关于印发《防城港市创建国家公共文化服务体系示范区规划(2015—2017)》的通知

防政发〔2016〕15号

各县(市、区)人民政府,市人民政府各组成部门、各直属机构:

《防城港市创建国家公共文化服务体系示范区规划(2015—2017)》已经市人民政府同意,现印发给你们,请认真贯彻执行。

2016年3月18日

防城港市创建国家公共文化服务体系示范区规划(2015—2017)

根据中共中央办公厅、国务院办公厅《关于加快构建现代公共文化服务体系的意见》和自治区党委办公厅、自治区人民政府办公厅《关于加快构建现代公共文化服务体系的实施意见》精神,以及《国家公共文化服务体系示范区(项目)创建工作领导小组关于国家公共文化服务体系示范区(项目)创建工作的通知》要求,结合我市实际,特制订本规划。

一、规划依据与基础条件

(一)地缘文化优势显著

防城港市位于广西壮族自治区南部,地处中国大陆海岸线和陆地边境线的南端交汇处,是中国既沿海又沿边的地级市之一,也是中国唯一一个与东盟国家海陆相连的边境口岸城市。现辖上思县、东兴市、港口区、防城区,总面积6222平方千米,总人口约100万人。作为广西北部湾极具活力和开放度的新兴沿海城市,防城港市是21世纪“海上丝绸之路”的重要枢纽、中国—东盟自贸区的主门户、广西北部湾经济区的核心城市之一,是东兴国家重点开发开放试验区所在地。拥有世界唯一的金花茶自然保护区和被联合国环境署批准列入全球三大GEF红树林国际示范区的北仑河口国家级自然保护区,先后被国家有关机构授予“中国白鹭之乡”、“中国金花茶之乡”、“中国玉桂八角之乡”、“中国长寿之乡”、“中国氧都”、“中华诗词之市”等称号。2014年全市人均GDP突破1万美元大关,人均GDP、规模以上工业产值、农民人均纯收入、港口吞吐量、进出口贸易总额,以及空气质量等多项指标排广西前列。

(二)多元文化特色鲜明

防城港市是北部湾海洋文化的重要发祥地之一,边关文化、海洋文化、岭南文化、民族文化等多元文化相互融合,形成了内涵丰富,特色文化元素鲜明的边海文化。一是海洋文化特色突出。拥有一批独特的海洋文化元素,如伏波文化和以船居、船上婚俗、咸水歌为特征的疍家文化。这些传统文化元素派生了龙舟文化、船文化、渔文化、盐文化等丰富的民间风俗、民间艺术。二是历史文化底蕴厚重。全市现有各级文物保护单位共78处,其中国家级1处,自治区级4处,市县级73处。拥有白龙炮台、贝丘遗址、潭蓬古运河、大清国界碑、谦受图书馆等一批重点文物古迹。三是民俗文化丰富多彩。全市有壮、汉、瑶、京等28个民族,形成了丰富的民俗文化资源。有以粤语、粤剧、粤菜为代表的粤文化和以客家山歌、采茶戏为代表的客家文化等岭南汉文化;有以“三月三歌圩”等为代表的壮族文化;有以哈节、独弦琴、喃字为代表的京族文化,其中“京族哈节”“京族独弦琴艺术”已被列为国家级非物质文化遗产;还有以大板瑶服饰、阿波节、盘王节等为代表的瑶族文化。四是边关文化繁荣活跃。防城港市与东盟国家特别是与越南的民间文化交流活跃,每年都举办海上龙舟节、京族哈节、中越边民大联欢、中越青年大联欢、中越青年界河联欢活动等多种形式的文化交流活动。近年来,成功举办了中国—东南亚民间高端对话会文艺晚会、“魅力东盟·走入中国”文艺晚会等重大文体联欢活动,成为沟通中国与东盟文化交流的重要纽带。

(三)公共文化基础扎实

文化设施网络基本覆盖,市、县(市、区)、乡镇(街道)、村(社区)四级公共文化服务网络初具规模。截至2014年年底,建有1个市群众艺术馆(市文化艺术中心)、1个市博物馆、1个市图书馆、1个非遗展示馆、3个县(市、区)图书馆、4个县(市、区)文化馆和23个乡镇文化站。建有194个村级公共服务中心,建成覆盖率达59%。建有283个农家书屋,实现行政村100%全覆盖。全市设有市级广播电视台1座、县级广播电视台2座、广播电视无线转播台5座、中波台2座、乡镇广播电视无线发射台20座。全市有线电视传输干线1572千米,有线电视用户约8.2万户,广播综合覆盖率96.5%,电视综合覆盖率98.1%。已建成4家城镇数字影院。

(四)体制机制日趋完善

防城港市先后制订了《关于加快建设海洋文化名市的实施意见》、《关于推进城乡公共文化服务体系建设的决议》等一批政策性文件。设立了“金花茶文学艺术奖”等以奖代补项目和农村文化建设专项资金,并更多地向基层倾斜。2012—2014年全市财政用于文化支出近3.3532亿元,占全市财政支出的1.27%。2014年人均文化事业费支出(按常住人口计算)为165.59元。投资近6亿元,新建了市文化艺术中心、市图书馆、市科技馆、市博物馆、市青少年活动中心,以及北部湾海洋文化公园海洋诗书苑、桃花湾体育馆等地标性文化体育场馆和设施。“欢乐西湾”、“明江之夜”等群众广场文化活动形成常态。组织“和谐之声乡村行”送文艺下乡演出1200多场次，送图书下乡10万余册，惠及群众近20万人。

尽管全市创建公共文化服务体系示范区具备较好基础，但与国家创建标准还有一定差距。一是防城港市作为后发展地区，建市时间短、底子薄，公共文化服务发展还不够均衡，标准化、社会化不足；二是各级文化场馆利用率不高，基层文化设施服务效能亟待提升；三是财政经费紧缺，文化投入还有较大缺口；四是缺乏公共文化服务专业人才，文化事业发展体制机制改革方面难题仍未破解。

二、指导思想与基本原则

（一）指导思想

以邓小平理论、“三个代表”重要思想、科学发展观为指导，贯彻落实中共十八大、十八届三中、四中、五中全会精神和习近平总书记系列重要讲话精神，按照中共中央办公厅、国务院办公厅《关于加快构建现代公共文化服务体系的意见》和自治区党委办公厅、自治区人民政府办公厅《关于加快构建现代公共文化服务体系的实施意见》的精神和要求，积极抢抓国家建设“一带一路”、自治区实施“双核驱动”等战略机遇，围绕边海经济带和“全域防城港”建设，加快构建设施网络全覆盖、服务供给高效能、组织支撑可持续、保障措施管长远的“城乡一体化”公共文化服务体系。

（二）基本原则

坚持科学发展和先进方向的原则，始终坚持正确导向，大力培育社会主义核心价值观。坚持政府主导和社会参与的原则，充分发挥政府主体作用，推动公共文化服务社会化。坚持改革创新和惠及全民的原则，不断创新服务内容和形式，促进社会效益最大化。坚持全面创建和突出特色的原则，将创建达标和重点突破相结合，全面提升公共文化服务水平。坚持因地制宜和统筹兼顾的原则，城乡统筹，整体推进，均衡发展。坚持整合资源和共建共享的原则，多元参与，综合利用，共建共享。

三、建设目标与工作任务

（一）建设目标

以公共文化服务标准化、均等化、社会化、数字化、制度化建设为基础，以“文化有缘”为主题，以“地缘、海缘、文缘、人缘、城缘”为特色，通过实施公共文化服务七项工程和特色项目建设，2017年各项建设指标均达到国家公共文化服务体系示范区建设标准（西部）。通过以“五化”促“五缘”课题研究及制度设计，形成边境民族地区公共文化服务体系建设中一批可推广、可复制的有效工作经验和做法，发挥公共文化服务在“一带一路”战略中的先行示范效应，打造具有“城乡一体化”公共文化服务体系支撑的边海文化名城，建成西部和边疆民族地区展示现代公共文化服务体系建设成果的窗口城市。

（二）主要任务

为实现创建目标，要在巩固现有公共文化服务体系建设成果的基础上，进一步加大建设力度，针对存在的薄弱环节和重点难题，狠抓指标达标，探索机制创新，开展制度设计研究，全面完成创建示范区的各项任务。

1. 实施公共文化设施网络建设工程，完善四级公共文化设施网络。

(1)市级“六馆”建设。建设完善市图书馆、市群众艺术馆、市文化艺术中心（剧院）、市博物馆、市美术馆、市非遗展示中心六大场馆。完善市图书馆功能，建设标准配置的公共电子阅览室。修缮提升市群众艺术馆、市文化艺术中心（剧院）。加快推进市博物馆内装布展建设。挂牌筹建市美术馆、市非遗展示中心。到2017年底，市图书馆、市群众艺术馆按部颁三级馆以上标准通过验收。市图书馆达到人均占有藏书0.6册以上，平均每册藏书年流通率0.6次以上，人均年增新书0.04册以上，人均到馆0.4次以上。

(2)县级“两馆”建设。建设完善县（市、区）文化馆、图书馆。按照部颁三级馆以上建设标准，对现有县级文化馆、图书馆进行改扩建。修缮提升港口区文化馆，新建港口区图书馆，改扩建防城区图书馆、文化馆。支持上思县、东兴市提升完善县（市、区）图书馆、文化馆功能。到2017年年底，80%的县（市、区）图书馆、文化馆达到部颁三级馆标准，力争部分有条件的县（市、区）图书馆、文化馆达到部颁二级以上标准。80%的县级图书馆达到人均占有藏书0.6册以上，平均每册藏书年流通率0.6次以上，人均年增新书0.04册以上，人均到馆0.4次以上。

(3)乡镇“一站”建设。建设完善30个乡镇（街道）综合文化站。建成防城区十万山乡文化站。为7个街道文化站（综合服务站）配置达标的电子阅览室。到2017年底，全市80%以上的乡镇（街道）有综合文化站，各乡镇文化站达到三级站以上标准。

(4)村（社区）“1+X”建设。按照国务院办公厅《关于推进基层综合性文化服务中心建设的指导意见》精神，完善全市已建成的村级公共服务中心。建成集宣传文化、党员教育、科学普及、普法教育、体育健身等功能于一体的基层综合性公共文化设施和场所。按照每个村（社区）1栋综合楼为主体，配套建设1个文化广场、1个篮球场、1个戏台、1个农家书屋、1个文化活动室、1支篮球队、1支文艺队、1个文化专管员的“1+8”模式，结合全市创建“幸福社区”工作，新建村（社区）公共服务中心69个，综合楼建筑面积不低于200平方米。全市纳入自治区村级公共服务中心项目建设范围的村（社区）全部建成并通过验收。到2017年底，共完成村（社区）公共文化服务中心建设项目263个，覆盖率达到80%，村（社区）公共文化服务中心建设（含文化广场）达标率达到60%。

2. 实施公共文化服务供给工程，提高公共文化服务供给能力。

(1)实现基本公共文化服务标准化。根据《国家基本公共文化服务指导标准》和《广西壮族自治区基本公共文化服务实施标准》，立足实际和地方特色，制订各类公共文化设施运行管理规范和服务标准，规范服务项目和服务流程。制订公共文化服务提供目录，开展“菜单式”、“订单式”服务。到2017年底，以县（市、区）为基本单位推进落实，实现基本公共文化服务标准化。

(2)保障基本公共文化服务。深化公共文化场馆免费开放工作。各级图书馆、文化馆（站）全部实行免费开放，在现有开放基础上，通过延长开放时间，拓展服务内容等进一步提升服务质量和效益。积极举办公益性培训、讲座、展览，丰富群众文化生活。积极支持民办公益性文化机构发展，鼓励民间建设图书馆、文化馆、博物馆等文化设施，促进公共文化服务方式的多元化、社会化。到2017年年底，各级文化场馆免费开放服务时间每周不少于56小时。各级公共电子阅览室为社会公众提供免费上网服务时间每周不少于56小时。

(3)保障特殊群体公共文化服务。强化特殊群体的公共文化服务。设有面向老年人、未成年人、残疾人、农民工、农村留守妇女儿童、生活困难群众的公共文化服务项目。面向特殊群体的活动每年不少于5场。各级图书馆设立少儿阅读区和老年人阅读区,增购盲文书籍。

(4)开展文化流动服务。构建市、县、乡、村“四位一体”的四级联动公共文化服务平台。开展公共文化服务“七进”活动,让优秀文化走进机关、社区、农村、校园、企业、军营、工地,实现“天天有书读、周周有演出、月月有赛事”。市、县两级图书馆每年下基层的流动服务次数不低于30次,文化馆每年组织流动演出8场以上,流动展览6场以上。实施“乡土文化进城市”计划。以文化艺术中心、各城区广场等大型演出场所为平台,选送各地群众性特色文化剧目进城演出。

(5)实施“全民阅读”和“全民艺术普及”计划。建立图书馆总分馆服务体系。实现市、县、乡三级“一馆办证、多馆借书、多馆还书、通借通还”的图书借阅服务。开展以“周末读书汇”为品牌的读书讲坛、名家讲座、读书沙龙、知识竞赛、主题演讲等多种形式的读书交流活动。开展以农村青少年为主要对象的“手牵手”农村青少年阅读行动。开展以广大妇女为主要对象的“家庭阅读日”活动,使阅读活动覆盖城乡。积极开展各级文化馆艺术普及活动,通过举办书画、摄影、舞蹈、音乐等培训班,组织群众喜闻乐见的文艺活动和赛事,提升城乡居民艺术修养和鉴赏水平。

(6)实施“全民健身”计划。举办市、县、乡、村四级体育赛事活动,营造浓厚的全民健身运动氛围。大力发展社区体育,为42个社区配备健身设施,并整合各级机关、企事业单位、学校的体育设施和人才资源,做到优势互补、资源共享,推动社区体育与单位职工体育、学校体育共同发展。活跃农村体育,举办基层农民运动会。积极发展少数民族体育,开展以民族优秀体育项目为主要内容的体育竞赛和活动,建设少数民族传统体育项目培训基地。

3.实施公共文化服务与科技融合发展工程,创新公共文化服务技术手段。

(1)实施数字化公共文化设施建设计划。建设完善乡镇、村(社区)公共文化服务场所数字文化设施。为东兴市、港口区、防城区0~20千米范围内边境村(社区)配备数字文化设施,覆盖率达到100%。到2017年底,全市198个村(社区)具备数字文化服务能力,达到创建目标。基层群众可以通过固定上网终端、网络电视、手机等多种方式使用数字服务产品,以及图书馆、文化馆、博物馆、美术馆等数字服务资源。

(2)实施数字化文化服务计划。建设以市群艺馆、市图书馆为市数字服务网络分中心,各县(市、区)文化馆、图书馆为支中心,乡村为基层服务点的覆盖城乡的数字文化服务网络。建设市图书馆、市群艺馆数据中心,配备大容量服务器及网络设备,完善“防城港数字文化网”。统筹实施地方特色资源数据库建设并辐射各县(市、区)。市级公共图书馆建设3个以上、市级文化馆建设2个、博物馆建设1个以上地方特色资源数据库。市级图书馆可用数字资源不低于20TB,县级图书馆可用数字资源不低于2TB。到2017年年底,市、县两级文化馆、图书馆的网站建设率达到80%以上。

(3)实施文化信息资源共享计划。落实文化信息资源共享、数字图书馆、数字博物馆、农村数字电影放映、数字农家书屋、城乡电子阅报屏等建设项目。到2017年底,在基层实现共建共享。

4.实施公共文化服务社会化工程,完善社会参与体制机制。

(1)建立健全政府向社会力量购买公共文化服务机制。鼓励社会力量参与公共文化服务设施建设和运营管理,提供公共文化产品和服务供给。按照广西关于政府购买公共文化服务指导性意见和目录,将政府购买公共文化服务资金纳入财政预算。由文化部门根据政府公共文化职能及工作开展情况,筛选一批符合政府购买服务条件的公共文化服务项目,促进公共文化服务提供主体和提供方式多元化。

(2)培育和发展文化类社会组织。依法依规培育健全社会公共文化和体育协会组织。加强指导监管,促进行业自律,鼓励文化类社会组织扩大服务领域,增强服务功能。引导社会力量以多种方式投入公共文化服务体系建设,以财政资金为引导,实行“财政补助+社会融资”,鼓励和支持社会力量通过投资或捐助设施设备、兴办实体、资助项目、赞助活动、提供产品和服务。

(3)发展文化志愿服务。整合社会文化志愿服务资源力量,创新服务内容、工作方式和活动载体。建立和完善文化志愿者注册招募、服务记录、管理评价和激励保障机制。大力发展公共图书馆、文化馆、博物馆、美术馆等公共文化机构的志愿者队伍,开展丰富多彩的文化志愿活动。培育一批文化志愿者队伍,推出一批具有鲜明特点的文化志愿服务项目。

(4)培育和促进文化消费。研究制订防城港市公益性演出补贴制度等促进文化消费的政策。鼓励有条件的公共文化机构挖掘特色资源,加强文化创意产品研发,创新文化产品和服务内容,促进城乡居民文化消费能力提高。

5.实施公共文化服务体制机制建设工程,完善公共文化服务组织支撑体系。

(1)健全领导和工作机制。进一步完善党委领导、政府管理、部门协同、权责明确、统筹推进的公共文化服务体系建设管理机制。进一步明确各级政府建设公共文化服务体系的主体责任,建立由党政主要领导牵头抓总、宣传文化部门靠前指挥、相关职能部门广泛参与的公共文化服务体系建设协调机制。

(2)健全公共文化设施运行管理和服务标准。加强公共文化基础设施建设和运行管理,完善内部管理制度,提高服务水平。探索建立事业单位法人治理结构,推动公共图书馆、博物馆、文化馆等组建理事会,吸纳有关方面代表、专业人士、各界群众参与管理,健全决策、执行和监督机制。

(3)健全公共文化服务考评机制。以效能为导向,制订政府公共文化服务考核指标,对重大文化项目资金使用、实施效果、服务效能等实行监督和评估,作为考核评价各级领导班子和领导干部的重要内容,纳入科学发展考核体系。建立公共文化机构绩效考评制度,考评结果作为确定预算、收入分配与负责人奖惩的重要依据。对重大文化项目资金使用、实施效果、服务效能等实行监督和评估。研究制订公众满意度指标,建立群众评价和反馈机制,探索引进公共文化服务第三方评价机制。

6.实施公共文化服务保障工程,完善公共文化服务保障体系。

(1)确保财政投入。健全公共文化服务保障财政投入制度,按照人均不低于100元的标准落实当地常住人口享有基本公共文化服务所必需的资金。设立农村文化建设专项资金,村(社区)开展文化活动经费每年每村不低于1万元。把村(社区)公共文化专管员经费纳入年度财政预算。文化建设投入增长幅度高于财政经常性支出增长幅度,文化建设支出占财政支出的比例稳步提高。到2017年年底,人均文化事业费(按常住人口计算)处于广西领先水平。

⑵落实人员队伍。根据创建国家公共文化服务体系示范区指标要求,落实乡镇综合文化站、村级公共服务中心文化专管员队伍。社区按"幸福社区"创建标准保证"五个达标"即社区组织体系建设、社区服务场所、社区工作经费、社区干部补贴标准、社区干部培训任务达标。到2017年底,市级公益性文化事业单位业务人员占职工总数比例不低于70%。县级公益性文化事业单位业务人员占职工总数比例不低于80%。每个村(社区)业余文艺团队不少于1支。

⑶加强人才培养。实施"文化名家"培养计划,每年重点扶持、资助一批文化艺术、文物保护和文化经营管理等方面的名家,开展创作研究、文艺交流、出版专著等活动,争取每三年培养造就5名文化名家,发展25名文化名家培养对象。实施文化"领军人才"培养计划,实施对外文化交流人才的中长期培养计划,依托高等院校,重点培养善于开拓文化新领域的拔尖创新人才。实施"三区人才"培养计划,提升文化干部素质。把公共文化服务内容纳入干部培训计划和当地党校、行政学院教学体系。市、县级公益性文化单位在职员工参加脱产培训时间人均每年不少于15天,乡镇(街道)、村(社区)基层文化专兼职人员参加集中培训时间人均每年不少于5天。市、县、乡、村基层文化专兼职人员参加全国基层文化队伍远程网络培训时间人均每年不少于90课时。

7.实施公共文化服务课题研究与制度设计配套工程,创新公共文化服务体系建设模式。

⑴开展"五化促五缘"对外文化交流课题研究。以公共文化服务标准化、均等化、社会化、数字化、制度化建设为平台和基础,充分利用防城港市与东盟各国、国际友好城市、区内外城市之间地缘相接、海缘相连、文缘相通、人缘相亲、城缘相交"五缘相关"的独特地理环境和历史人文优势,进一步拓宽与"一带一路"沿线有关国家、地区、城市的对外文化交流,探索和实践边境地区、海疆地区、少数民族地区公共文化创新发展模式,开展公共文化助力"一带一路"建设的路径研究,总结经验,形成示范,并形成创建示范区的课题研究成果。

⑵制订出台一批公共文化服务体系制度文件。结合创建工作,在文化部、国家公共文化服务体系示范区专家委员会以及自治区文化厅的指导下,开展制度设计研究工作,及时总结实践经验,研究规律,提出解决问题的思路、模式,逐步形成一系列推进公共文化服务体系建设的政策和措施,并努力形成长效机制。制订出台加快构建现代公共文化服务体系的实施细则、政府采购公共文化服务实施办法、加强对外文化交流活动的实施意见、推动公共文化服务社会化的实施办法、文体活动场所建设管理标准以及公共文化服务体系考评管理办法等一批政策性文件。

四、打造"五缘"特色项目

以"文化有缘"为主题和工作抓手,围绕边海经济带建设,积极融入"一带一路"和自治区"双核驱动"战略布局,突出防城港市与东盟各国、国际友好城市、区内外城市之间地缘相接、海缘相连、文缘相通、人缘相亲、城缘相交"五缘"特点,实施一批特色文化建设项目。

(一)"地缘相接"建设项目

充分利用防城港市与越南芒街等市县海陆相连、地缘相接的优势特点,实施一批特色文化建设项目。打造"边海文化村"。建成以海洋文化、生态文化、旅游文化、民族文化、口岸文化为特色的一批文化名村,形成边海文化长廊。推进非物质文化遗产兴边富民示范带项目。建设一批非物质文化遗产展示中心(馆)。推进东兴红木文化产业园项目。建设具有红木工艺设计、加工、制作、贸易、展示功能的综合性文化产业园区。实施"国门书店"项目。建设2个"国门书店"。实施"文化固边"共建项目。开展送文化下军营、下警营活动,配备一批数字文化设备。举办"中越青年大联欢"活动。开展中越青年文艺联欢、考察交流等主题体验活动。

(二)"海缘相连"建设项目

充分利用防城港市作为北部湾海洋文化的重要发祥地和21世纪"海上丝绸之路"的始发港之一,以及与"一带一路"沿线国家、地区海缘相连的优势特点,提升完善一批特色文化项目。推进北部湾海洋文化博物馆(市博物馆)建设项目。加快推进市博物馆主体工程修缮整改和内装布展工程,完成一批海洋文化展品征集工作。提升完善北部湾海洋文化公园海洋诗书苑。配套一批书法作品背景简介,丰富内容,完善观赏设施。提升完善"海上农家书屋"。对设立在海上渔排的农家书屋进行修缮和增配图书。实施防城港海上龙舟节提升项目。以龙舟赛事为主开展北部湾海钓、海上摩托艇、沙滩排球等系列滨海运动项目。实施疍家文化旅游提升项目。举办"开海节"、"观潮节"及渔船拉网等出海体验活动。

(三)"文缘相通"建设项目

充分利用防城港市边山海文化资源,创新服务方式,提升完善一批文化精品项目和数字公共文化服务平台。推进文化精品提升项目。打造京族题材原创剧目,挖掘创作推出一批京族艺术精品。加快推进电影《十万大山》摄制工作。继续制作播出电视纪录片《老地方新丝路》。持续举办"周末读书汇"活动。加快推进东兴北投集团旅游集散地演艺项目编排演出。推进"文缘号"流动服务品牌提升项目。建设一批"文缘号"流动服务车、流动服务船等文化流动服务平台。建设"文化视窗"平台。推动防城港市广播电视台数字化改造。利用电视、网络、手机APP等现代信息技术建立"三屏合一"公共文化服务平台和公共文化服务技术支撑系统。推出"文化有缘"微信公众号。开展公共文化点单式、订单式服务。建设"自助图书馆"。推进自助图书馆和图书馆ATM机建设,形成布局合理、使用率高的图书馆自助服务网络。

(四)"人缘相亲"建设项目

充分利用边境地区人缘相亲、民俗相通优势特点,实施一批文化惠民服务项目。实施"乡贤文化"建设。建设一批"乡贤文化"名村。以农村优秀基层干部、道德模范、身边好人等先进典型和在外的成功人士作为"新乡贤"代表,继承和弘扬有益于当代的乡贤文化,发挥"新乡贤"的示范引领作用,涵育文明乡风。实施"文化惠民一卡通"。以"文化+"、"财政+"的形式,通过财政补贴,整合一批社会文化服务资源,推出"文化惠民卡",开展"一卡通"文化惠民服务。推进"国门风采"全民健身示范工程。建设一批体育场所、健身基地等基础设施和配套设施,大力开展品牌体育赛事活动。推进广场群众文化活动品牌提升。深化拓展“欢乐西湾”、“明江之夜”、“边城欢歌”等广场文化活动品牌,挖掘特色,多出新品,吸引群众广泛参与。推进社区文体惠民服务。依托社区文体服务设施,开展广场舞、健身操等活动,在楼盘、小区等配套建设休闲书吧、健身路径,丰富社区文体活动。提升“三月三”民俗活动。以壮族“三月三”传统民族民俗活动为载体,开展边民跨境联欢和壮族、瑶族对歌等民俗节庆活动。

(五)“城缘相交”建设项目

充分利用防城港与“一带一路”沿线和东盟国家、友好城市之间城缘相交、联动发展的优势特点,开展特色对外文化体育交流活动。开展友城文化交流活动。深化拓展与越南广宁省下龙市、芒街市、韩国永同郡、泰国黎逸市等友好城市间的对外文化体育交流活动,开展文艺交流演出、体育赛事举办和互访活动。开展中越青年界河联欢活动。以“中越友谊大舞台”活动为载体,深化拓展中越青年界河联欢活动,培育文艺精品。举办中越元宵足球友谊赛。继续抓好一年一度的中国东兴·越南芒街元宵节足球友谊赛,展现中国东兴与越南芒街“两国一城”独特魅力。开展环北部湾自行车邀请赛。继续举办环北部湾自行车公路赛防城港分站赛,拓展自行车骑游、场地自行车赛等活动。拓展东兴—芒街美食文化系列项目。鼓励社会资金投入建设一批重点展示越南风情、越南美食的文化街区,成为对外友好交流文化基地。

五、保障措施

(一)加强组织领导

各级党委、政府和各责任单位要高度重视,主要领导要亲自抓,负总责,真正实施“一把手”工程。成立市、县(市、区)创建国家公共文化服务体系示范区工作领导小组,由党委、政府主要领导担任组长,领导小组下设办公室,政府分管领导担任办公室主任,并从相关单位抽调精干人员,负责各项创建工作的组织协调和推进落实。市、县(市、区)要制订创建工作实施方案,明确目标,分解任务,落实责任,一抓到底抓落实,要认真落实创建工作任务,强化责任意识,加强领导,精心组织。要按照《创建标准》各项指标的要求,制订具体工作方案,细化量化各项工作任务,明确优先顺序和重点任务,分解目标,专人负责,扎实推进。要按照“横向到边、纵向到底”的要求,将年度创建目标任务细化分解到各级各单位,落实到相关领导、具体责任人。按照一级考评一级、一级对一级负责的原则,建立市、县(市、区)、乡镇(街道)、村(社区)“四级联动”的立体化责任体系。各级创建办要加大对重点项目、重点部位、关键环节的督查力度,实行滚动督办、定期通报等形式,对成绩突出的单位和个人予以表彰奖励,对工作不力、落实不到位的,要严格问责。

(二)加强项目管理

注重过程管理,按照项目管理的模式和要求,逐条对照《国家公共文化服务体系示范区(项目)创建标准(西部)》和本规划要求,量化指标,明确时间进度,精准发力,扎实推进。把创建示范区工作纳入各级各部门年度绩效考评体系,加大对重点项目、关键环节的督查力度,采取滚动督办、定期通报等形式,推动各项工作落实到位。

(三)确保经费投入

各级财政要设立专项资金保障示范区创建工作,将创建工作经费纳入年度财政预算,全面落实创建体系中关于公共文化产品供给、设施网络覆盖、资金人才和技术保障、组织支撑、运行评估等五个方面的工作要求。经测算,在现有基础上,需利用中央、自治区创建国家公共文化服务体系示范区专项投入资金为2400万元,计划实施创建国家公共文化服务体系示范区建设项目(事项)31项,其他年度文化建设财政投入约1.07亿元。各级创建经费要按照文化部、财政部制订的专项资金使用管理办法,统筹使用,合理开支,加强监督,确保中央、自治区补助经费和本级财政资金专款专用。

(四)加强舆论宣传。加大创建国家公共文化服务体系示范区的宣传力度,进一步提升各级党委、政府对创建示范区重要意义的认识,全面发动社会各界关注、支持和参与。利用报纸、广播电视、网络、手机等多种渠道,全方位、立体式开展主题宣传,为创建工作营造良好氛围。

防城港市人民政府关于印发《防城港市储备粮管理办法》的通知

防政发〔2016〕19号

各县(市、区)人民政府,市直有关单位:

《防城港市储备粮管理办法》已经市人民政府同意,现印发给你们,请认真贯彻执行。

2016年6月8日

防城港市储备粮管理办法

第一条 为加强对市本级储备粮(以下简称市储备粮)的管理,根据国家有关法律法规,参照《广西壮族自治区储备粮管理办法》,结合本市实际,制订本办法。

第二条 本办法所称市储备粮,是指市人民政府储备的用于调节全市粮食供求总量,稳定粮食市场,以及应对重大自然灾害或者其他突发事件等情况的粮食和食用油。

第三条 从事和参与市储备粮经营管理、监督活动的单位和个人,必须遵守本办法。

第四条 市储备粮的管理实行直接管理体制。各县(市、区)人民政府和市有关部门应当对市储备粮管理予以支持和协助。

第五条 应当严格市储备粮的各项管理制度,确保市储备粮数量真实、质量良好和储存安全,确保储得进、管得好、调得动、用得上,并节约市储备粮的成本、费用。

未经市人民政府批准,任何单位和个人不得擅自动用市储备粮。

第六条 市发展改革、粮食行政管理部门会同市财政部门负责拟订市储备粮的规模总量、总体布局和动用的宏观调控意见,对市储备粮管理进行指导和协调。

第七条 市粮食行政管理部门负责管理市储备粮,对市储备粮的数量、质量和储存实施监督检查。其所属的储备粮管理机构负责市储备粮的经营管理工作,并负责市储备粮的数量、质量和储存安全。

第八条 市财政部门应当参与市储备粮的有关管理，负责对市储备粮购、销、调、存、轮换各环节盈亏、补贴的处理，安排市储备粮贷款利息、管理费用以及价差亏损等财政补贴，并保证各项财政补贴及时、足额拨付；负责对市储备粮有关财务执行情况实施监督检查。

第九条 中国农业发展银行防城港市分行负责按照国家有关规定，在落实好管理费用、贷款利息及价差亏损的前提下，及时、足额安排市储备粮所需贷款，并对发放的贷款实施信贷监管。

第十条 任何单位和个人不得破坏市储备粮的仓储设施，不得偷盗、哄抢或者损毁市储备粮。

对破坏仓储设施、偷盗、哄抢或者损毁市储备粮的违法行为，市储备粮储存地的县（市、区）人民政府应当及时组织有关部门予以制止、查处。

第十一条 市储备粮储存规模总量方案由市发展改革、粮食行政管理部门会同市财政部门拟订，报市人民政府批准。

第十二条 市储备粮的储存品种、布局以及收购、销售计划，由市粮食行政管理部门会同市发展改革、财政部门和中国农业发展银行防城港市分行共同报市人民政府批准后下达，由市储备粮管理机构组织实施。

第十三条 市储备粮实行均衡轮换制度，每年轮换的数量一般为市储备粮储存总量的30%。具体轮换计划由市储备粮管理机构提出，报市粮食行政管理、财政部门和中国农业发展银行防城港市分行审核，上报市人民政府批准。

第十四条 市储备粮管理机构应当将市储备粮收购、销售、年度轮换计划的具体执行情况，按规定报市发展改革、财政、粮食行政管理部门备案，并抄送中国农业发展银行防城港市分行。

第十五条 市储备粮承储单位必须配备符合国家标准的市储备粮质量等级检测仪器和场所，仓库条件必须符合国家标准和技术规范要求。

保管、检验以及防治等技术管理人员必须经过专业培训，并取得有关主管部门颁发的资格证书。

第十六条 承储单位储存市储备粮，必须执行有关储备粮管理的国家标准和技术规范，并制订相应的管理制度。

第十七条 承储单位必须保证入库的市储备粮达到收购、轮换计划规定的质量要求。

第十八条 承储单位应当对市储备粮实行专仓储存、专人保管、专账记载，保证账账相符、账实相符、质量良好、储存安全。

第十九条 承储单位对市储备粮的管理不得有下列行为：

（一）虚报、瞒报数量；

（二）掺杂掺假、以次充好；

（三）擅自串换品种、变更储存地点；

（四）延误轮换或者管理不善造成陈化、霉变；

（五）以低价购进高价入账、高价售出低价入账、以旧粮顶替新粮、虚增入库成本等手段套取差价；

（六）骗取、挤占、截留、挪用市储备粮贷款、贷款利息、管理费用等财政补贴。

第二十条 承储单位应当建立、健全储备粮的防火、防盗、防洪等安全管理制度，并配备必要的安全防护设施。

第二十一条 承储单位应当在轮换计划规定的时间内完成市储备粮的轮换。

市储备粮轮换的具体管理办法，由市粮食行政管理部门会同有关部门制订。

第二十二条 承储单位不得以市储备粮对外进行担保或者对外清偿债务。

第二十三条 市储备粮的管理费用补贴由市财政部门会同市粮食行政管理部门根据市储备粮的储备成本、费用，按自治区和市有关规定核定拨补；其贷款利息补贴按市储备粮实物库存成本和现行农业发展银行一年贷款利率计算拨补。

市储备粮的管理费用、利息补贴由市财政部门拨付到市储备粮管理机构，市储备粮管理费用应当用于市储备粮管理相关的费用项目开支，任何单位和个人不得截留和挪用。

第二十四条 市储备粮贷款实行贷款与粮食库存值挂钩，并专户管理、专款专用。

市储备粮承储单位应当在中国农业发展银行防城港市分行开立基本账户，并接受其信贷监管。

第二十五条 市储备粮的入库成本由市粮食行政管理部门会同市财政部门核定，并抄送中国农业发展银行防城港市分行备案。

市储备粮管理机构必须执行核定的入库成本，不得擅自更改。

第二十六条 市储备粮损失、损耗处理，按照国家和自治区有关文件执行。

第二十七条 市储备粮管理机构应当定期统计、分析市储备粮的储存管理情况，并将统计、分析情况报送市粮食行政管理、财政部门及中国农业发展银行防城港市分行。

第二十八条 市发展改革、粮食行政管理部门应当建立和完善市储备粮动用预警机制，加强对市场粮食供求情况的监测，适时向市人民政府提出动用市储备粮的建议。

第二十九条 出现下列情况之一的，可以动用市储备粮：

（一）全市或者部分地区粮食明显供不应求或者市场价格异常波动；

（二）发生重大自然灾害或者其他突发事件需要动用；

（三）市人民政府认为需要动用市储备粮的其他情形。

第三十条 动用市储备粮，由市发展改革、粮食行政管理部门会同市财政部门提出动用方案，报市人民政府批准。动用方案应当包括动用市储备粮的品种、数量、质量、价格、使用安排、运输保障等内容。

第三十一条 市发展改革、粮食行政管理部门，应当根据市人民政府批准的市储备粮动用方案下达动用指令，由市储备粮管理机构具体组织实施。

紧急情况下，市人民政府直接下达动用市储备粮命令。

市有关部门对市储备粮动用指令和命令的实施，应当给予支持、配合。

第三十二条 任何单位和个人不得拒绝执行或者擅自改变市储备粮动用指令和命令。

第三十三条 市粮食行政管理、财政部门应当按照各自职责，依法对市储备粮管理机构执行有关粮食法规及本办法的情况进行监督检查，并行使下列职权：

（一）进入承储单位检查市储备粮的数量、质量和储存安全情况；

（二）向承储单位和人员了解市储备粮收购、销售、轮换计划及动用指令和命令的执行情况；

（三）调阅市储备粮经营管理的有关资料、凭证；

（四）对违法行为，依法予以处理。

第三十四条 市粮食行政管理、财政部门的监督检查人员应当将监督检查情况作出书面记录，并由监督检查人员和被检查单位的主要负责人签字。被检查单位的主要负责人拒绝签字的，监督检查人员应当将有关情况记录在案。

第三十五条 市储备粮管理机构对市财政、审计、粮食行政管理部门及中国农业发展银行防城港市分行的监督检查人员依法履行职责，应当予以配合。任何单位和个人不得拒绝、阻挠、干涉。

第三十六条 市储备粮管理机构应当加强对市储备粮的经营管理和检查，及时纠正存在的数量、质量问题；对危及市储备粮储存安全的重大问题，应当立即采取有效措施予以处理，并报告市粮食行政管理、财政部门和中国农业发展银行防城港市分行。

第三十七条 中国农业发展银行防城港市分行应当按照资金封闭管理的规定，加强对市储备粮贷款的信贷监管。市储备粮管理机构对中国农业发展银行防城港市分行依法进行的信贷监管，应当予以配合，并及时提供有关资料和情况。

第三十八条 行政机关工作人员违反本办法规定，有下列行为之一的给予警告直至开除的行政处分；构成犯罪的，依法追究刑事责任：

（一）不及时下达市储备粮收购、销售和年度轮换计划的；

（二）发现承储单位存在不适合储存市储备粮的情况，未按照规定责令其限期整改的；

（三）接到举报或者发现违法行为不及时查处的。

第三十九条 市储备粮管理机构违反本办法规定，有下列行为之一的，由市粮食行政管理部门责令改正；对直接负责的主管人员和其他直接责任人员给予警告直至开除的处分；构成犯罪的，依法追究刑事责任：

（一）拒不组织实施或者擅自改变市储备粮收购、销售、年度轮换计划和动用指令、命令的；

（二）发现市储备粮的数量、质量存在问题不及时纠正，或者发现危及储存安全的重大问题，不采取有效措施处理并按照规定报告的；

（三）拒绝、阻挠、干涉粮食行政管理、财政、审计部门及农业发展银行的监督检查人员依法履行监督检查职责的。

第四十条 市储备粮承储单位违反本办法规定，有下列行为之一的，由市粮食行政管理部门责令其限期改正；对直接负责的主管人员和其他直接责任人员给予警告直至开除的处分；构成犯罪的，依法追究刑事责任：

（一）入库的市储备粮不符合国家标准要求的；

（二）对市储备粮未实行专仓储存、专人保管、专账记载，账账不符、账实不符的；

（三）发现市储备粮的数量、质量和储存安全等问题不及时处理的；

（四）拒绝、阻挠、干涉粮食行政管理、财政、审计部门及农业发展银行的监督检查人员或者储备粮管理机构的检查人员依法履行职责的。

（五）虚报、瞒报数量的；

（六）掺杂掺假、以次充好的；

（七）擅自串换品种、变更储存地点的；

（八）延误轮换或者管理不善造成陈化、霉变的；

（九）拒不执行或者擅自改变市储备粮收购、销售、轮换计划和动用指令、命令的；

（十）擅自动用市储备粮的；

（十一）以低价购进高价入账、高价售出低价入账、以旧粮顶替新粮、虚增入库成本等手段套取差价的；

（十二）骗取、挤占、截留、挪用市储备粮贷款、贷款利息、管理费用等财政补贴的；

（十三）以市储备粮对外进行担保或者清偿债务的。

第四十一条 行政机关和农业发展银行的工作人员违反本办法规定，滥用职权、徇私舞弊或者玩忽职守，尚未构成犯罪的，依法给予行政处分；构成犯罪的，依法追究刑事责任。

第四十二条 县（市、区）级储备粮管理参照本办法执行。

第四十三条 本办法自公布之日起施行，由市粮食行政管理部门负责解释。

防城港市人民政府关于取消和调整一批行政审批事项的通知

防政发〔2016〕29号

市人民政府各组成部门、各直属机构：

为进一步深化行政审批制度改革，推进政府职能转变，根据《广西壮族自治区人民政府关于取消和调整一批行政审批事项的决定》（桂政发〔2016〕38号）精神，市人民政府决定取消和调整19项行政审批事项，其中取消2项、调整17项。对取消的行政审批事项，各部门不得再实施审批，也不得以备案、审查、核准等形式进行变相审批。对调整的行政审批项目中自治区决定下放（含委托下放、部分下放）的行政审批事项，各部门要组织好上下衔接，及时制订、公布承接或下放方案，明确承接事权范围和管理层级，编制、修订行政审批操作规范及其流程图和办事指南，要加强业务培训和检查指导，确保承接调整到位、监管到位。

各部门要认真做好取消、调整行政审批事项的落实和衔接工作，提高行政审批质量和效率。要制订监管措施，切实加强后续监管，特别是加强对取消的行政审批事项事中事后监管，防止出现监管真空。

附件：1. 市人民政府决定取消的行政审批事项目录（共2项）

2. 市人民政府决定调整的行政审批事项目录（共17项）

2016年8月30日

附件 1

市人民政府决定取消的行政审批事项目录

（共 2 项）

序号	项目名称	实施主体	设定依据	处理决定	落实部门
1	出版物发行单位变更法定代表人等登记事项备案	自治区、设区市、县级新闻出版广电行政主管部门	《出版物市场管理规定》（新闻出版总署令第23号）	桂政发〔2016〕38号文件决定取消，我市不再实施	市文化委
2	携带、传递国家秘密载体出境的批准	自治区、设区市保密行政主管部门	《中华人民共和国保守国家秘密法》	桂政发〔2016〕38号文件决定取消，我市不再实施	市保密局

附件 2

市人民政府决定调整的行政审批事项目录

（共 17 项）

序号	项目名称	实施主体	设定依据	处理决定	落实部门
1	土地登记	设区市、县（县级市）人民政府	《中华人民共和国土地管理法》《中华人民共和国土地管理法实施条例》（国务院令第256号）《土地登记办法》（国土资源部令第40号）	桂政发〔2016〕38号文件决定调整为行政确认，并入“不动产登记”，我市相应调整	市国土资源局
2	转让国有土地使用权申报价格审核和登记	设区市、县（县级市）国土资源行政主管部门	《中华人民共和国城市房地产管理法》《国务院关于加强国有土地资产管理的通知》（国发〔2001〕15号）	桂政发〔2016〕38号文件决定调整为其他行政权力，我市相应调整	市国土资源局
3	处理非正常来源陆生野生动物及其产品审批	自治区、设区市林业主管部门	《中华人民共和国野生动物保护法》林业部《关于妥善处理非正常来源陆生野生动物及其产品的通知》（林护通字〔1992〕118号）	桂政发〔2016〕38号文件决定调整为内部审批事项，我市相应调整	市林业局
4	医疗机构麻醉药品、第一类精神药品购用印鉴卡核发	设区市卫生计生行政主管部门	《麻醉药品和精神药品管理条例》（国务院令第442号）	桂政发〔2016〕38号文件决定调整为行政许可，项目名称调整为“医疗机构麻醉药品、第一类精神药品购用印鉴卡核发审批”，我市相应调整	市卫计委
5	特种设备作业人员考核	自治区、设区市质量技术监督部门	《特种设备安全监察条例》（国务院令第549号）	桂政发〔2016〕38号文件决定将设定依据调整为“《中华人民共和国特种设备安全法》”，将自治区质监局部分管理权下放设区市质量技术监督部门实施，具体下放范围由自治区质监局明确，我市承接并调整设定依据	市质监局
6	实行生产许可证制度的工业产品目录中部分工业产品生产许可证核发	自治区质监局	《中华人民共和国工业产品生产许可证管理条例》（国务院令第440号）	桂政发〔2016〕38号文件决定将项目名称调整为“重要工业产品生产许可证核发”，将自治区质监局部分管理权委托下放设区市质量技术监督部门实施，具体下放范围由自治区质监局明确，我市承接并调整项目名称	市质监局

续表

序号	项目名称	实施主体	设定依据	处理决定	落实部门
7	机动车安全技术检验机构资格审批	自治区质监局	《中华人民共和国道路交通安全法实施条例》(国务院令第405号)	桂政发〔2016〕38号文件决定将将自治区质监局管理权委托下放设区市质量技术监督部门实施,我市承接	市质监局
8	产品质量检验机构(实验室)资质认定(计量认证)	自治区质监局	《国务院对确需保留的行政审批项目设定行政许可的决定》(国务院令第412号)	桂政发〔2016〕38号文件决定将两项合并,项目名称调整为“检验检测机构资质认定”,设定依据调整为“《中华人民共和国计量法》《中华人民共和国计量法实施细则》”,将自治区质监局部分管理权委托下放至设区的质量技术监督部门实施,具体下放范围由自治区质监局明确,我市承接并调整项目名称和设定依据	市质监局
9	产品质量检验机构(实验室)资质认定(审查认可)	自治区质监局	《中华人民共和国标准化法》《中华人民共和国产品质量法》		
10	特种设备生产许可证核发	自治区质监局	《特种设备安全监察条例》(国务院令第549号)《国务院对确需保留的行政审批项目设定行政许可的决定》(国务院令第412号)	桂政发〔2016〕38号文件决定将自治区质量技术监督局部分管理权下放至设区市质量技术监督部门实施,具体下放范围由自治区质监局明确,实施主体调整为“自治区、设区市质量技术监督部门”,设定依据补充“《中华人民共和国特种设备安全法》”,我市承接并补充设定依据	市质监局
11	移动式压力容器、气瓶充装许可证核发	自治区质监局	《特种设备安全监察条例》(国务院令第549号)	桂政发〔2016〕38号文件决定将自治区质监局管理权下放至设区市质量技术监督部门实施,实施主体调整为“设区市质量技术监督部门”,设定依据补充“《中华人民共和国特种设备安全法》”,我市承接并补充设定依据	市质监局
12	特种设备使用登记证核发	自治区、设区市质量技术监督部门	《特种设备安全监察条例》(国务院令第549号)	桂政发〔2016〕38号文件决定将自治区质监局管理权下放至设区市质量技术监督部门实施,实施主体调整为“设区市质量技术监督部门”,设定依据补充“《中华人民共和国特种设备安全法》”我市承接并补充设定依据	市质监局

续表

序号	项目名称	实施主体	设定依据	处理决定	落实部门
13	矿山建设项目和用于生产、储存危险化学品、烟花爆竹的建设项目安全设施设计审查	非煤矿山和危险化学品建设项目由自治区、设区市、县级安全生产监督管理部门分级实施，烟花爆竹建设项目由设区市安全生产监督管理部门实施。属于煤矿矿山的，由广西煤矿安全监察局实施	《中华人民共和国安全生产法》	桂政发〔2016〕38号文件决定将项目名称调整为“矿山、金属冶炼以及用于生产、储存、装卸危险化学品、烟花爆竹建设项目安全设施设计审查”，实施主体调整为“非煤矿山和危险化学品建设项目由自治区、设区市、县级安全生产监督管理部门分级实施，烟花爆竹建设项目由设区市、县级安全生产监督管理部门实施。属于煤矿矿山的，由广西煤矿安全监察局实施”，我市相应调整	市安监局
14	建设工程施工企业、勘察单位、设计单位和工程监理单位、工程质量检测单位资质证书核发	住房城乡建设厅，其中施工企业三级资质由设区市住房城乡建设行政主管部门核发，专业建设工程监理单位、质量检测单位资质证书由自治区有关行政主管部门依照法律、行政法规的规定核发	《中华人民共和国建筑法》《建设工程质量管理条例》（国务院令第279号）	桂政发〔2016〕38号文件决定将交通运输厅实施的审批，部分下放设区市交通运输行政主管部门，具体下放范围由交通运输厅明确，我市承接	市交通运输局
15	民办学校筹设同意和设立、合并、分立、变更、终止审批	自治区、设区市、县级教育行政主管部门。其中，属于举办实施以职业技能为主的职业资格培训、职业技能培训的，由自治区、设区市、县级人力资源和社会保障行政部门实施，属于举办高等职业学校的，由自治区人民政府实施	《国务院对确需保留的行政审批项目设定行政许可的决定》（国务院令第412号）	桂政发〔2016〕38号文件决定人力资源社会保障厅实施的行政审批事项项目名称调整为“实施以职业技能为主的职业资格培训、职业技能培训的民办学校筹设、正式设立、合并、分离、变更、终止批准”，实施主体为“设区市、县级人力资源和社会保障行政部门”，设定依据调整为“《中华人民共和国民办教育促进法》”，我市相应调整	市人社局
16	种子生产许可证核发	自治区、设区市、县级农业、林业主管部门	《中华人民共和国种子法》	桂政发〔2016〕38号文件决定两项合并，农业部门实施的事项为“农作物种子生产经营许可证核发”，实施主体为“自治区、设区市、县级农业主管部门”；林业部门实施的事项为“林木种子生产经营许可证核发”，实施主体为“自治区、设区市、县级林业主管部门”，我市相应调整	市农委、市林业局
17	种子经营许可证核发	自治区、设区市、县级农业、林业主管部门	《中华人民共和国种子法》		

防城港市人民政府关于印发全面推开营改增试点后调整市本级与城区增值税收入划分过渡方案的通知

防政发〔2016〕31号

港口区、防城区人民政府，市人民政府各组成部门、各直属机构：

《全面推开营改增试点后调整市本级与城区增值税收入划分过渡方案》已经市人民政府同意，现印发给你们，请遵照执行。

2016年9月23日

全面推开营改增试点后调整市本级与城区增值税收入划分过渡方案

根据《国务院关于印发全面推开营改增试点后调整中央与地方增值税收入划分过渡方案的通知》（国发〔2016〕26号）和《广西壮族自治区人民政府关于印发全面推开营改增试点后调整自治区与市县增值税收入划分过渡方案的通知》（桂政发〔2016〕33号）精神，结合我市实际，特制订本方案。

一、基本原则

（一）保持现有市本级与城区财力格局不变。基本保障城区既有财力，既不影响城区财政平稳运行，又保持目前市本级和城区财力基本格局。

（二）兼顾城区利益。根据自治区核定的税收返还情况，以2014年为基数，将城区上划收入通过税收返还方式给城区，确保既有财力不变。调整后，重点加大对困难城区的支持力度，推进基本公共服务均等化。

在加快地方税体系建设，推进中央与地方、自治区与市县、市本级与城区事权和支出责任划分改革过程中，做好过渡方案与下一步财税体制改革的衔接。

二、主要内容

（一）以2014年为基数核定市本级返还和城区上缴基数。

（二）金融保险企业缴纳的增值税的分享比例为中央50%、自治区本级50%，市本级和所辖城区不参与分享或负担。

（三）国内增值税（除金融保险企业国内增值税外）的分享比例为中央50%、自治区本级16%、市县34%；改征增值税（除金融保险营业税改征增值税外）的分享比例为中央50%、自治区本级20%、市县30%。

以上市县分享增值税收入，即国内增值税34%、改征增值税30%，所辖防城区，市县分享增值税收入全部归属防城区。所辖港口区，市本级固定企业缴纳的增值税，对应的市县分享增值税收入全部归属市本级；港口区固定企业缴纳的增值税，对应的市县分享增值税收入全部归属港口区；其他企业缴纳的增值税，对应的市县分享增值税收入，组织财政收入市本级与港口区按5∶5比例分享，财力按6∶4比例分享。

（四）城区上划收入通过税收返还方式给城区，确保城区既有财力不变。

（五）中央集中的收入增量通过均衡性转移支付分配给地方，自治区再分配给市本级，市本级将通过均衡性转移支付增加对城区的财力补助，保障城区财政平稳运行。

三、实施时间和过渡期限

本方案与全面推开营改增试点同步实施，即自2016年5月1日起执行。过渡期暂定2~3年，届时根据中央与地方增值税收入划分过渡方案调整情况，研究是否适当调整。

防城港市人民政府关于印发《防城港市行政机关落实人民法院、人民检察院司法建议工作规定》的通知

防政发〔2016〕32号

各县（市、区）人民政府，市人民政府各组成部门、各直属机构：

《防城港市行政机关落实人民法院、人民检察院司法建议工作规定》已经市人民政府同意，现印发给你们，请认真组织实施。

2016年12月1日

防城港市行政机关落实人民法院、人民检察院司法建议工作规定

第一条 为进一步加强和规范我市各级行政机关对人民法院、人民检察院司法建议的办理和落实工作，强化对行政权力的制约和监督，支持司法机关的依法监督，深入推进依法行政，加快法治政府建设，结合我市实际，制订本规定。

第二条 本规定所称司法建议，是指人民法院对在审判工作中、人民检察院在履行法律监督职责过程中发现的行政机关在行政决策、行政管理和行政执法方面存在的问题提出的书面建议。

第三条 市县两级人民政府及其部门办理落实司法建议，适用本规定。

第四条 行政机关办理司法建议应当坚持严格依法、准确及时、注重实效的原则。

第五条 行政机关收到人民法院、人民检察院司法建议书后，应当专项登记，明确责任领导、承办机构和承办人员，认真办理落实。

第六条 行政机关认为收到的司法建议不属于本机关办理事项的，应当及时书面告知提出建议的人民法院、人民检察院，并说明理由。

行政机关认为司法建议目前难以落实的，应当及时向提出建议的人民法院、人民检察院书面说明情况。

第七条 司法建议涉及其他部门职责的，办理该建议

的行政机关应当主动征求相关部门意见，相关部门应当积极配合。

第八条 行政机关应当自收到司法建议书之日起60日内将办理落实情况书面回复提出建议的人民法院、人民检察院。司法建议另有时限要求除外。

因情况复杂，不能在上述时限内办结回复的，经行政机关负责人批准，可以适当延长办理期限，并在原办理期限届满前将延期理由书面告知提出建议的人民法院、人民检察院。

第九条 司法建议的回复：行政机关应当针对司法建议提出的问题、意见和建议，认真研究和分析，制订整改方案、计划或者建立相关制度，并积极与提出建议的人民法院、人民检察院沟通和联系，切实落实整改，按第八条规定期限内及时将落实情况以书面形式反馈至提出建议的人民法院、人民检察院。

第十条 行政机关应当将办理司法建议的有关资料立卷归档，以备查考。

第十一条 行政机关应当积极配合人民法院、人民检察机关开展建议回访工作。

第十二条 行政机关应当将收到的司法建议书和作出的有关书面回复在办结回复15日内报本级法制办备案。乡镇人民政府报县级政府法制机构备案。县级人民政府报市政府法制机构备案。

第十三条 市、县级政府法制机构负责本行政区域内行政机关办理司法建议工作的指导、监督和协调。

第十四条 对行政机关无正当理由未在规定时限内办理落实司法建议，或经司法建议后，同样问题仍反复发生，造成严重后果的，由市、县政府法制机构建议有权部门依法追究相关人员责任。

第十五条 市、县级政府法制机构应当加强与人民法院、人民检察院的信息沟通，定期组织召开联席会议，通报情况，听取其对行政机关办理司法建议工作的意见。加强对司法建议落实工作研究，提高落实司法建议工作质量和水平。

第十六条 法律、法规、规章和国务院、自治区政府有关规定对司法建议的办理另有规定的，从其规定。

第十七条 本规定自公布之日起施行。

防城港市人民政府关于印发《防城港市教育综合改革实施方案（2016—2020年）》的通知

防政发〔2016〕35号

各县（市、区）人民政府，市人民政府各组成部门、各直属机构：

《防城港市教育综合改革实施方案(2016—2020年)》已经2016年12月19日市六届人民政府第四次常务会议审议通过，现印发给你们，请认真贯彻执行。

2016年12月22日

防城港市教育综合改革实施方案（2016—2020年）

根据自治区党委、人民政府《关于印发广西教育综合改革方案(2015—2020)的通知》(桂发〔2015〕17号)精神，为推进我市教育综合改革各项工作，全面提升教育质量，特制订本方案。

一、指导思想

高举中国特色社会主义伟大旗帜，全面贯彻中共十八大和十八届三中、四中、五中、六中全会精神，深入贯彻习近平总书记系列重要讲话精神，全面贯彻党的教育方针，以立德树人为根本，以促进教育公平、提高教育质量为目标，深化教育领域综合改革，加快推进教育现代化，努力办好人民满意的教育，为打造广西"两个建成"先行区宏伟目标提供优质人力资源和强大人才支撑。

二、工作目标

大力推进重点领域和关键环节改革创新，构建系统完备、管理科学、多元参与、开放有序、高效公平的现代教育体制机制，推进教育改革发展进入法治化轨道。到2018年，4个县(市、区)通过国家义务教育均衡发展评估验收。2020年，学前三年毛入园率达到85%，九年义务教育巩固率达到95.3%，高中阶段教育毛入学率达到90%。教育重点领域和关键环节的改革取得突破性进展，形成各级各类教育有机衔接，形成各类教育主体各司其责、协同推进改革发展的"管办评"制度新体系；形成促进内涵发展和教育公平、推动教育与经济社会发展合作共赢的开放联动的教育发展新局面；实现教育治理体系与治理能力现代化。

三、主要任务

（一）提高教育治理能力

1. 完善依法治教的教育治理体系。建立公众参与、专家论证、风险评估、合法性审查、集体讨论决定的教育重大决策机制。加强教育行政执法工作，创新完善权责统一、权威高效的教育行政执法体制。深入开展法治文化进校园活动。推行学校法律顾问制度和中小学校法治副校长、法治辅导员制度。建立健全以校方责任险为核心的风险防范体系，借助保险等机制化解学校安全风险。推进建设5个青少年法治教育实践基地。

2. 加快学校内部治理步伐。进一步加强和改善党对学校的领导，健全民办教育机构党组织，充分发挥基层党组织的政治核心作用。2017年，中小学章程建设完成率达100%。坚持和完善普通中小学和中等职业学校校长负责制，建立健全中小学校务委员会制度。完善校内民主管理和监督机制，充分发挥教职工代表大会在学校民主管理和监督中的作用，学校每学期召开1次以上教职工代表大会。

3. 建立教育公平的资源配置机制。加大教育投入力度，优先保障财政教育支出。建立健全教育用地保障机制，制订《防城港市中小学学校布局规划》，把新增学校建设纳入当地土地利用总体规划。落实公办幼儿园、普通高中生均公用经费财政拨款标准，建立稳定增长机制。完善捐资、出资办学优惠政策。

4. 建立健全教育督导体系。深化教育督导体制改革，建立相对独立的教育督导机构，强化督学队伍管理，建立健全督政、督学、评估监测三位一体的教育督导体系，按照督导工作规章，督促各级各类学校规范办学。

5. 规范开展教育评价工作。制订出台《防城港市中小学教育质量评价方案》，完善监测评估体系，定期发布监测评估报告。引入第三方教育评价机制，严格参与教育评价的专业机构和社会组织的资质认证，切实保证教育评价质量。

（二）全面提升学生综合素质

1. 加强学生品德教育。围绕社会主义核心价值体系，利用我市丰富的边境、民族、海洋等地方文化特色资源，构建以学校为龙头、家庭为基础、社会为依托的三位一体学生德育教育网络。以有理想、有道德、感恩关爱为主旨，形成学生爱学习、爱劳动、爱祖国活动的有效形式和长效机制，全市建立乡村少年宫20个以上，爱国主义教育基地10个以上，法治教育基地5个以上。

2. 全面实施素质教育。深化学校体育教学改革，完善学校体育工作监测评价机制，提高体育教学水平。开展“一校一品”体育和艺术特色活动，强化体育课和课外锻炼，促进青少年身心健康，体魄强健。将足球纳入体育课程教学体系，每年举办一届中小学生足球联赛，每两年举办一届全市学生球类或田径运动会。将书法、国学教育引入课堂，鼓励学校开设古筝、独弦琴等具有民族、边境特色的地方艺术课程，建立学生艺术素质测评工作机制，每两年举办一届中小学艺术展演活动。

3. 全面推进语言文字教育。继续推进国家通用语言文字的普及，在职业技术学校学生中开展普通话水平测试工作，每两年举办一届全市中华经典诵读、规范汉字书写和书法大赛活动。

（三）深化考试招生制度改革

1. 推进考试招生制度改革。坚持义务教育免试就近入学制度，试行九年一贯制对口招生。做好进城务工人员随迁子女接受义务教育后在本地参加升学考试工作。保障建档立卡贫困户子女中应届初中毕业生100%升入高中阶段学校（普通高中学校、中等职业学校）就读。落实自治区示范性普通高中定向招生制度。推行初高中学业水平考试和综合素质评价。

2. 完善考试招生监督管理机制。健全市、县（市、区）招生办和学校分级负责、规范有效的考试信息公开制度。加强考生诚信教育和诚信档案管理。加强招生考试全程监督，严肃查处违法违规行为。加强标准化考点建设，强化人防物防技防措施。

（四）促进学前教育多元化发展

1. 着力扩大优质学前教育资源。完成学前教育第二期三年行动计划，乡镇中心幼儿园建成率达100%。促进优质学前教育资源共享，带动新建幼儿园、农村幼儿园和薄弱幼儿园发展。制订完善财政扶持政策，支持社会力量开办普惠性幼儿园。切实抓好新建住宅小区配套幼儿园建设，幼儿园建设与开发项目要实现“同步建设、同步竣工、同步交付使用”。鼓励有实力的社会资本按布局规划建设集团化普惠性幼儿园；充分利用教育布局调整后的富余校舍举办农村普惠性幼儿园。切实抓好奖补激励工作，建立健全进入和退出机制，确保办园质量。

2. 完善学前教育监管机制。开展幼儿园定级评估，加强对幼儿园保教质量、安全、收费、卫生保健方面的监督指导，规范幼儿园办园行为。按照“规范一批、整合一批、取缔一批”的工作思路，对无证办园问题进行全面排查整改；对完全不适合办园的，坚决取缔。至2020年，消除无证办园现象，幼儿园持证率达100%。

（五）推进义务教育均衡发展

1. 优化学校布局，加快学校标准化建设。制订全市教育布局规划，完善城区学校网点布局，建设好农村寄宿制学校，办好必要的教学点。实施城镇义务教育学校“大班额”消除攻坚、全面改善农村义务教育学校基本办学条件、农村薄弱学校改造三大计划，加快学校标准化建设，2018年全市义务教育平均班额控制在国家规定班额以内。

2. 探索学区制管理改革试点。推进学区化办学改革，统筹推进学区内教学管理、教师培训、学生活动、教学改革、质量评价等工作。

3. 规范办学行为。推行督学责任区制度，加强学校常规管理。加大控辍保学工作力度，落实义务教育课程标准，开好国家规定课程，减轻学生课业负担。

4. 推进特殊教育示范校建设。建设完善市特殊学校教育教学设施，提高特教师资素质，提高教育质量。将市特殊教育学校创建为自治区示范性特殊教育学校，鼓励和支持有条件的中小学、幼儿园开设残疾儿童特教班。

（六）推动普通高中多样化发展

1. 扩大、优化普通高中教育资源配置。加快推进市北部湾高中建设，完成市高级中学、上思中学、东兴中学等重点学校的扩建工程，推进防城中学创建自治区示范性普通高中。

2. 推进普通高中多样化、特色化发展。立足地域特点、文化传统、学生发展要求与教学现状，推进新型综合高中和特色高中建设，推动普通高中教育与职业教育的融合，为学生提供多元化的学习机会和资源。

3. 大力提升普通高中教育质量。进一步健全完善以提高教育质量为导向的管理制度和长效机制，加强教育质量评估与监管，提高学校核心竞争力。适应高考改革要求，深化普通高中课程改革，努力提升教育教学质量，2020年，全市本科上线率超过全区平均水平。

（七）构建现代职业教育新体系

1. 全面实施中等专业学校综合改革。建成防城港市理工职业学校新校区，建立防城港市职业教育集团。实施市理工职业学校管理提升工程，创建面向东盟开放的国际职业教育院校。中等职业学校和普通高中招生规模达到4:6比例；建成8个市级示范性实训基地。

2. 突破中等职业教育发展瓶颈。建立全市统筹的中职招生制度，落实初中学校送生责任，扩大中等职业学校招生规模。改革办学模式，构建中等职业教育与高等职业教育相互衔接的技能型人才成长“立交桥”。对获得学历证书的职业学校毕业生参加与本专业相关的中、初级工职业技能鉴定时，免除理论考核，对操作技能考核合格者发放相应的职业资格证书。

3. 全面提高职业教育教学质量。以技能培养为重点，推进专业课程内容和职业标准相衔接，实行工学结合、顶岗实习等模式，提高学生的职业技能和就业创业能力。要加强与生产、服务企业单位合作，根据职业岗位的需要，实行“订单培养”，为学生实习、实践、就业开辟渠道。积极开展校外实践基地建设，实现实习和顶岗实习常态化。

（八）提升高等教育特色化上水平

1. 积极推进特色本科院校建设。加快推进广西财经学院防城港校区防城港学院二期工程建设，增设与我市产业相匹配的海洋、海事、水产等特色学科，将该学院建设成为本科学院。

2. 兴办高等职业教育。进一步完善科教园区基础设施建设，加快引进广西民族大学等区内外高等院校进驻我市，不断提高高等教育办学水平。

（九）加强教师队伍建设

1. 加强师德师风建设。把职业理想、职业道德、学术规范以及心理健康教育融入教师培养、培训和管理全过程，组织开展师德宣讲活动。落实《中小学教师违反职业道德行为处理办法》，建立把师德表现与教师资格定期注册、业绩考核、职务（职称）评审、岗位聘用、进修深造、评优奖励等相挂钩的长效机制。实行师德表现一票否决制。

2. 建立健全教师补充机制。落实每 2~3 年一次的中小学教师编制动态核定机制。盘活编制存量，清理挤占挪用和截留中小学教职工编制的行为。在重新核定的教职工编制总额内，调剂安排相应的教职工编制用于新建扩建学校（含幼儿园），及时补足配齐教师。建立由教育行政部门主导的中小学教师招聘制度，每年向社会公开招考一批教师，生师比达到自治区标准。建立“双师型”教师信息资源库，利用“非实名制”政策自主聘请能工巧匠担任兼职专业教师，充实中职学校“双师型”教师队伍。实施名师引进工程。

3. 稳定、增强农村教师队伍。认真组织实施农村义务教育阶段学校教师特设岗位计划，优先充实农村学校师资力量，加强农村全科教师培养力度，满足教学点和紧缺学科教师需要。对农村教师特别是教学点教师在工资待遇、公开招聘、职务评聘、培训培养、周转房（公租房）安置等方面实行政策倾斜。

4. 加大教师培训力度。建成市教师培训中心。通过开办“名师讲坛”，邀请区内外教育名师名家到我市开展讲、听、评课活动；每年组织高中骨干教师到教育先进校区进行集中培训；与师范院校合作，通过“换教”的方式，每年选派一批教师到师范院校培训。建立导师制、师徒制、轮岗制的年青教师成长培养制度。

5. 加强校长队伍建设。继续实施名校长培训工程，每年至少选派两批校长到先进校区进行集中培训，促进校长教育教学领导力的提升。规范校长任职资格制度，试行校长职级制改革。鼓励优秀校长到农村学校和薄弱学校任职，定期组织到市外招聘优秀校长。

6. 完善教师激励机制。贯彻落实自治区政府《关于进一步完善各级各类学校教职工奖励性机制的若干意见》（桂政办发〔2014〕7 号）和《关于加强教师队伍建设的意见》（桂政办发〔2014〕10 号）精神，支持非义务教育学校通过开展社会服务取得合法收入，经财政、人社部门审批后按照有关规定提取一定比例纳入奖励性绩效工资。优化义务教育学校校长奖励性绩效工资分配方式，在义务教育学校奖励性绩效工资中增设校长奖励性绩效工资。继续实施全市教学点的教师岗位补助计划。

（十）加强教育信息化建设

1. 加强教育信息化基础设施建设。加强全市义务教育学校三通两平台建设，村小学和教学点 100% 配备教育资源接收和播放设备。“宽带网络校校通”建设和农村学校网络多媒体教室实施全覆盖。深入组织“一师一优课，一课一名师”活动，每学科培育 3~5 名全市知名骨干教师。建立市抓重点，县（市、区）保全员，学校重应用的信息技术应用能力培训体系。

2. 推进信息技术在教育教学中的应用。开展市、县、校三级信息技术能力专项培训，建立一校一名信息技术专业服务人员，教师应用优质数字资源开展教育教学活动达 80% 以上。将学生、学籍管理教师、学校资产等基本信息全部纳入信息系统管理。保障学校信息技术设备购置、运行与维护、教学软件购买及应用等经费。

四、保障措施

（一）加强组织领导

各县（市、区）党委、政府要把教育综合改革工作作为“一把手工程”，主要领导亲自抓，分管领导具体抓，相关领导协同抓，落实相关部门的具体职责，及时研究解决教育改革发展中的突出矛盾和突出问题。

（二）建立考评机制

各县（市、区）要制订综合改革方案，落实教育改革任务，并建立健全教育改革督查制度和考评机制，将改革任务纳入各级党委、政府年度绩效考评体系，重点对各县（市、区）和相关部门落实教育财政投入、九年义务教育巩固率、高中阶段教育毛入学率、学前三年毛入园率等主要指标和任务进行考核。对考核结果不达标的县（市、区）党政主要领导、分管领导和相关部门负责人进行问责。

（三）保障经费投入

进一步健全以财政投入为主，多渠道筹措教育经费的体制。明确各级财政教育投入责任，强化市本级统筹发展高中阶段教育投入及县级财政学前教育、义务教育和高中阶段教育投入责任。要足额征收教育费附加和地方教育附加。落实税费优惠政策，免收中小学校舍建设项目涉及的行政事业性收费和政府性基金，按规定落实公益性教育捐赠税前扣除政策。完善金融政策，支持各金融机构积极运用信用贷款等多种贷款方式支持学校建设。各级财政安排专项资金，以贴息、奖补等方式，引导银行等金融机构向公办非义务教育学校和民办学校融资贷款。激发和增加全社会支持教育发展的活力，引导社会、企业、资本投入教育。坚持勤俭办教育方针，管好用好教育资金。

（四）加强宣传引导

充分利用各种媒体大力宣传教育综合改革的重要意义和政策措施，积极推广先进典型和成功经验，广泛动员教师、教育工作者和全社会支持参与教育改革发展，营造全社会尊重知识、尊重人才、尊师重教的良好氛围，凝聚教育改革发展正能量。

防城港市人民政府关于印发《防城港市推进国有企业发展混合所有制经济实施方案》的通知

防政发〔2016〕36号

各县(市、区)人民政府,市人民政府各组成部门、各直属机构:

《防城港市推进国有企业发展混合所有制经济实施方案》已经2016年12月19日市六届人民政府第4次常务会议审议通过,现印发给你们,请认真贯彻执行。

2016年12月19日

防城港市推进国有企业发展混合所有制经济实施方案

根据《广西壮族自治区人民政府关于推进国有企业发展混合所有制经济的实施意见》(桂政发〔2016〕22号),《防城港市深化国资国企改革实施方案》(防政发〔2015〕40号)精神,为推进我市国有企业混合所有制改革,进一步提高国有资本竞争力,促进各种所有制经济共同发展,推动我市经济转型升级,加快"边海经济带"建设作出积极贡献,结合我市实际,制订本实施方案。

一、工作目标

贯彻落实中共十八大及十八届三中、四中、五中、六中全会精神,全面深化全市国有企业改革,积极引入各类社会资本参与国有企业市场化、开放式重组改造,推动企业做专做优做强,真正成为市场主体,不断增强国有经济活力、影响力、控制力。经过四年左右的持续推进,达到如下目标:

——2017年,完成市属国有企业分类改革,积极推进子公司层面建立混合所有制企业。

——2019年,大多数市属国有企业实现股权多元化,国有资产证券化实现重大突破。

——2020年,国有企业基本建成现代企业制度,混合所有制成为市场经济的主要微观主体,国有资产证券化比2019年提高10%以上。

二、主要措施

(一)以上市公司为目标,推进混合所有制经济发展

全市国有企业利用国内外多层次资本市场,推动国有企业通过首发、借壳、分拆等方式实现境内主板、中小板、创业板、创新板、新三板及境外资本上市,具备条件的实现整体上市,使上市公司成为混合所有制企业的重要组织形态。对暂不具备上市条件的国有企业,对照上市标准,合理设置股本规模,促进股权结构多元化,规范组建股份有限公司,培育国有上市后备企业。

(二)以市场为导向,分类分层实施混合所有制改造

1. 分类改革。商业类企业国有股权向各类社会资本全面开放。全资企业逐步实施混合所有制改造,今后原则上不再新设国有全资商业类企业。控股企业进一步降低国有股权比例,放大国有资本带动功能。战略性新兴产业、先进制造业、现代服务业等领域国有企业,在发挥好战略引导作用的前提下,合理确定国有股权比例。公益类企业可保持国有全资或绝对控股。积极采取特许经营、引入基金和资产证券化等方式,吸引社会资本参与重大项目的投资、建设、运营,形成利益共享、风险共担机制,切实提升城市基础设施建设、区域功能开发、民生改善保障能力。

2. 分层改革。区分集团公司、子公司不同层次级改革。集团公司层面,属国有资本投资运营平台的,坚持国有独资;一级企业(集团)原则上实行国有控股。子公司层面,属国家和自治区有明确规定要求的特定领域的企业,坚持国有控股;其他子企业鼓励通过上市、改制重组等方式,合理确定并逐步调整国有股权比例,积极引入各类投资者,形成股权结构多元、股东行为规范、内部约束有效、运行高效灵活的经营机制。

(三)以引入社会资本为契机,努力形成企业发展新优势

鼓励社会资本通过收购国有股权、出资入股等方式参与国有企业混合所有制改造。允许各类社会投资主体以货币、实物、知识产权、土地使用权等多种方式出资。围绕企业主业,聚焦产业链、价值链关键环节,公开择优选择在技术、管理和资源上形成协同互补和放大效应的战略投资者。

(四)探索实施员工持股和股权激励,激发价值创造动力

完善各类要素共同创造价值、分享发展成果机制,激发员工创造力,提高企业生产效率和效益。积极探索国有控股上市公司、实施混合所有制改造的企业关键岗位人员、核心技术人员和业务骨干,以现金、技术等形式出资,采取合适方式持有企业一定比例股份,形成资本所有者和劳动者利益共同体,建立业绩挂钩、财务审计、信息披露、延期支付、追索扣回以及职工股权流动和退出机制。

三、工作要求

(一)明确责任分工

市属重点企业作为第一责任主体,要结合企业实际一企一策地制订所属企业改革方案,明确改革方式、工作流程、时间安排、责任分工,积极稳妥地组织实施,分批及时公开发布信息,采取多种形式组织招商,成熟一家操作一家,确保改革任务按期完成。市国资委要充分发挥牵头作用,加强组织协调,定期督促检查,及时向市委市政府报告工作进展情况,积极协调解决好有关问题。市财税部门要落实国家、自治区、市税费支持政策。市各有关部门要优化工作流程,提高行政效率,加强服务指导,共同营造有利于发展混合所有制经济的良好氛围和舆论环境。

(二)规范决策程序

国有企业混合所有制改革必须履行法律法规明确的决策程序。按照《广西壮族自治区人民政府关于推进国有企业发展混合所有制经济的实施意见》执行,市直重点企业集团公司二层企业改革方案经集团公司集体决策后,报市国资委备案后实施。涉及国有股权转让事项须经市国资委审核后报市政府常务会议审定,涉及国有控股上市公司重大资产重组的,严格按规定执行。

(三)坚持公开操作

国有企业混合所有制改革必须严格履行财产清查、专项审计、资产评估、公开挂牌等程序。市直重点企业应在市

国资委公布的中介机构备选库中，通过招标或比选方式确定中介机构。要通过公共资源交易中心（产权交易中心）、各类新闻媒介、招商推介活动等充分披露信息，加大推介力度。要公开择优选择意向合作方，保障各类投资者平等竞争。要严把资产作价、股权招商、信息公开、评定受让方等关键环节和风险点，切实维护国有资产权益，防止国有资产流失。

（四）平等保障利益相关方合法权益

国有企业混合所有制改革要坚持依法维护好企业各方股东和全体职工合法权益。混合所有制企业各股东要及时制订或修改公司章程，完善法人治理结构和制度安排，依法享有资产收益、参与重大决策和选择管理者等权利。要完善职工董事、职工监事制度，切实维护全体职工的知情权、参与权、表达权和监督权。

各县（市、区）参照本实施方案制订本地国有企业推进混合所有制经济的具体方案。

防城港市人民政府关于印发《防城港市国有林场改革实施方案》的通知

防政发〔2016〕37号

上思县、防城区人民政府，市人民政府各组成部门、各直属机构：

《防城港市国有林场改革实施方案》已经市人民政府同意，现印发给你们，请认真抓好组织实施。

2016年12月30日

防城港市国有林场改革实施方案

为进一步明确定位、理顺体制、完善机制、保护生态、改善民生，促进我市国有林场健康可持续发展，根据《中共中央国务院关于印发〈国有林场改革方案〉和〈国有林场改革指导意见〉的通知》（中发〔2015〕6号）和《中共广西壮族自治区党委自治区人民政府关于印发〈广西国有林场改革实施方案〉的通知》（桂发〔2016〕12号）等文件要求，结合我市国有林场实际情况，制订本实施方案。

一、指导思想

以中共十八大和十八届三中、四中、五中、六中全会精神为指导，全面贯彻落实习近平总书记系列重要讲话精神及自治区关于生态文明建设和国有林场改革的决策部署，紧紧围绕保护生态、保障民生两大目标，在认真总结2016年防城区国有林场改革试点的基础上，全面推进我市国有林场改革，为发展现代林业、建设生态海湾城市、促进全市经济社会可持续发展作出新贡献。

二、总体目标

通过改革，建立职能定位明确、管理科学规范、政策保障有力的现代国有林场发展机制，全面提高森林资源总量和质量，实现生态得保护、林场得发展、职工生活得保障、资源得增长，确保国有林场社会和谐稳定的总体目标。到2017年底，实现以下目标：

（一）生态功能显著提升

通过大力造林、科学营林、严格保护等多措并举，实现森林面积和森林蓄积量双增，森林碳汇和应对气候变化能力有效增强，森林质量显著提升。

（二）生产生活条件明显改善

通过创新国有林场管理体制、多渠道加大对林场基础设施的投入，切实改善职工的生产生活条件。拓宽职工就业渠道，完善社会保障机制，使职工就业有着落、基本生活有保障。

（三）管理体制全面创新

基本形成功能定位明确、人员精简高效、森林管护购买服务、资源监管分级实施的林场管理新体制，确保政府投入可持续、资源监管高效率、林场发展有后劲。

三、改革对象

在2016年防城区国有林场改革试点的基础上，将国有林场改革对象扩大为全市经过县级以上人民政府批准成立的国有林场，即上思县4个林场（平广林场、十万山林场、红旗林场、汤妈林场）。

四、改革主要内容

（一）定性定编定经费

根据国有林场的生态区位、森林资源、历史沿革、森林经营管护的职能和责任确定国有林场的性质、编制和事业经费、人员经费。

1. 定性。坚持公益性改革方向。我市地处边境地区，生态区位非常重要，不但国防林多（面积6.67万公顷），而且自然保护区面积大（广西十万大山、防城金花茶、北仑河口海洋等三个国家级自然保护区面积共7万公顷）。因此，根据我市国有林场的现实情况，全市所有国有林场（含水源林保护站）主要功能定位为承担保护和培育森林资源、维护国家生态安全等生态公益服务职责的生态公益型林场。其中原为事业单位的国有林场单位（含水源林保护站）按从事公益服务事业单位管理并根据公益林面积的比例确定其公益单位类型属性，隶属管理不变；原为企业性质的国有林场转为公益性企业林场。

2. 定编。坚持因地制宜、"因养林而养人"原则，根据生态建设需要，科学合理核定国有林场事业编制，保持国有林场现有在职在编人员稳定，保持人员编制稳定。国有林场事业编制，用于聘用管理人员、专业技术人员和骨干林业技能人员，同时做好定岗定职，严格岗位职责，加强监督考核。强化对编制使用的监管，事业单位新进人员除国家政策性安置、按干部人事权限由上级任命及涉密岗位等确需使用其他办法选拔任用人员外，都要实行公开招聘。

3. 定经费。对公益一类国有林场，经费由同级财政予以全额保障；对公益二类国有林场，由林场根据生态建设和生产经营实际需要编制年度财务预算，并由同级财政部门按照当地公益二类经费保障方式予以补助，实行差额拨款；对公益型国有企业林场，在现有的政策框架内，通过争取相关专项资金补助等方式予以扶持。

（二）安置富余职工

按照"内部消化为主，多渠道解决就业"和"以人为本，确保稳定"的原则妥善安置国有林场富余职工。安置主要途径：一是对距国家法定退休年龄5年以内（含5年）或工龄已满30年的职工可实行离岗退养；二是通过购买服务方式从事森林管护抚育；三是由林场提供林业特色产业等工作岗位逐步过渡到退休；四是对经协商一致解除人事劳动关系的，依法支付经济补偿，自谋职业；五是原在编富余职工保留原有身份通过自然减员逐步消化；六是加强有针对性的职业技能培训，鼓励和引导部分职工转岗就业。

（三）落实社会保障政策

1.全面落实社会保障参保政策。分类改革后，国有林场应按分类改革后确定的单位性质依法参加基本养老保险和基本医疗、失业、工伤、生育保险，按时足额缴纳社会保险费。其中，对于符合参加机关事业单位养老保险的，按现行国家和自治区有关政策规定，妥善处理好参保前原属编制内、现已退休的人员的退休待遇，由社会保险经办机构按国家和自治区相应标准核定其基本养老金，并从基本养老保险基金中列支，同时执行全区统一的基本养老金调整办法。

2.落实国有林场欠缴的社会保险费。国有林场改革前应保未保人员，按规定应补缴的社会保险费，以及改革前应缴未缴的社会保险费，应在本次国有林场改革实施时予以清欠。

（四）完善国有林场森林资源保护和监管机制

建立健全森林资源产权制度、森林资源有偿使用制度、林地保护制度、森林保护制度等制度体系。对林地性质变更、采伐限额等强化多级联动监管，保持国有林场林地范围和用途的长期稳定，严禁林地转为非林地，定期向社会公布国有林场森林资源状况，接受社会监督。建立制度化的监测考核体制，将考核结果作为综合考核各级政府和有关部门主要领导政绩的重要依据，对国有林场进行森林资源离任审计。国有林场要科学编制森林经营方案，有效提高森林资源质量，科学控制森林采伐量。加强国有林场林地管理，对未依法依规出租、转让的国有林地，要通过适当方式收归林场经营。在保持林场生态系统完整性和稳定性的前提下，按照科学规划原则，鼓励社会资本、林场职工发展森林旅游等特色产业，有效盘活森林资源。

（五）完善公益林管护机制

充分发挥国有林场在生态建设和生态保护中的重要作用，将生态区位重要、生态系统脆弱、生态功能突出的国有林场商品林划为公益林，逐步实现通过政府购买服务开展国有林场公益林管护。探索通过置换或征收的方式，扩大国有林场公益林规模，增强国有林场生态功能。

（六）妥善处置林场债务

上思县、防城区人民政府、金融机构要对国有林场所欠金融债务情况进行调查摸底，积极采取措施化解国有林场债务。对正常类金融债务，到期后依法予以偿还；经中央认定政府负有偿还责任的债务，由同级财政按规定予以置换或偿还；对于国有或国有控股金融机构发放的、国有林场因营造公益林产生的不良债务，按照法律法规及政策进行化解；对于国有林场经政府同意代政府或其他单位借款形成的债务，应根据借款协议的具体规定，与有关单位协商解决，如确有需要，可由政府部门予以协调。其他不良金融债务，确因客观原则无法偿还的，经审核后可根据实际情况采取贷款展期等方式进行债务重组。符合呆账核销条件的，按照相关规定予以核销。严格审核不良债务，落实债务主体，防止借改革逃废金融机构债务。

（七）推动政事分开、事企分开

全市各级林业行政主管部门要加快职能转变，简政放权，减少对国有林场的微观管理，落实国有林场法人自主权。国有林场从事的经营活动要实行市场化运作，商品林采伐、林业特色产业和森林旅游等暂不能分开的经营活动收入要纳入部门预算，支出通过部门预算统一安排。加强资产负债的清理认定和核查工作，防止在国有林场改革中发生国有资产流失。

（八）加强基础设施建设

根据国家、自治区相关要求，结合我市实际，加大对国有林场基础设施建设的政策支持。上思县、防城区人民政府要将国有林场发展纳入同级政府发展规划，要将基础设施建设纳入同级政府建设计划，按照支出责任和财务隶属关系，整合有关项目资金，加大对林场道路、供电、饮水安全、森林防火、管护站点用房、有害生物防治等基础设施建设的投入，将国有林场道路按属性纳入相关公路网规划。落实国有林场职工住房公积金和住房补贴政策。允许国有林场依法利用自有土地建设保障性安居工程，做好危旧房改造项目的扫尾工作，并依法依规办理土地供应和登记手续。

五、工作步骤

在2016年完成防城区国有林场改革试点工作的基础上，2017年重点推进上思县国有林场改革工作。

（一）动员准备阶段，2017年2月28日前完成

1.成立机构。上思县人民政府要成立国有林场改革工作领导小组，统筹推进国有林场改革工作。

2.调查摸底。组织市、上思县林业、编办、财政、人社、审计等有关部门及各国有林场，收集整理国有林场的资源、人事、社会保障、财务等档案，深入开展调查摸底，摸清国有林场资源、人员结构、社会保障、债权债务等基本情况，分析梳理改革面临的困难和问题，合理测算改革成本，研究改革资金筹措办法，为制订和实施国有林场改革方案奠定基础。

3.宣传发动。召开国有林场改革动员会，开展改革培训，组织有关领导、有关部门和国有林场干部职工认真学习上级有关文件精神，积极运用电视、报纸、手机、网络等媒体平台，多层次、多角度宣传我市国有林场改革，使国有林场职工增强改革信心，积极参与改革，让社会理解、关心和支持国有林场改革，努力营造有利于国有林场改革的良好氛围。

（二）制订方案

1.编制县级方案。2017年3月31日前，上思县要结合实际，科学编制本级国有林场改革实施方案，完成本级实施方案审定并上报审核。

2.市级审核方案。2017年4月30日前，市本级对上思县上报的国有林场改革实施方案进审核后，报自治区国有林场改革领导小组办公室备案。

（三）组织实施

2017年6月—10月，国有林场改革实施方案经自治区国有林场改革工作领导小组办公室备案或批复后，各国有林场要按照中央和自治区有关要求，认真部署，精心组织，扎实推进改革，力争在2017年10月底前基本完成国有林场主体改革任务。

（四）评估验收

2017年11月30日前，按照国家、自治区有关验收办法和要求，及时进行总结，开展县级自查、市级核查、申请自治区验收等相关工作，完善有关资料的整理和归档，迎接自治区国有林场改革领导小组办公室评估验收。

六、保障措施

（一）加强组织领导

上思县要成立由政府主要领导担任组长、县直有关部门为成员单位的国有林场改革工作领导小组，发展改革、林业、机构编制、财政、人力资源和社会保障、住房城乡建设、金融办、人民银行等部门按照职责分工做好相关工作。

（二）强化部门协调

各级有关部门要加强协调配合，认真落实中央、自治区国有林场改革会议精神，并根据自身职责，抓紧制订和落实本部门支持国有林场改革的政策措施，特别是在林场职工社会保障、富余人员分流安置、金融债务分类处理、基础设施建设纳入政府发展规划等方面要出台具体措施，形成方向指引和改革合力。

（三）落实工作责任

市人民政府与上思县人民政府签订国有林场改革工作责任状，形成“一级抓一级、层层抓落实”的工作机制。责任状考核结果作为综合评价政府和有关部门主要领导政绩的重要依据。

（四）依法规范程序

各国有林场在改革过程中要按照国家有关法律法规进行，做到以人为本，保证林场可持续发展；确保职工在改革中的知情权、参与权、监督权，林场改革方案要经林场职工代表大会或职工大会讨论通过，职工安置方案须经职工代表大会或职工大会讨论通过，按程序报批后方可实施；筹集的林场改革资金要优先用于欠缴的社保费用、拖欠职工工资、历史债务等，并积极改善基础设施，建设生产经营项目，为林场下一步发展打好基础。坚决杜绝和制止借改革之机破坏国有林场森林资源的违法行为。

（五）加强督查指导

市国有林场改革领导小组办公室要加强督导、统筹谋划、协调推进，确保改革始终坚持正确的方向，要及时发现、研究解决国有林场改革过程中存在问题。市、上思县林业局牵头建立信息沟通和报告制度，按照改革时间节点，加强调度，定期或不定期抽调人员组成督导组，深入基层督促检查，对已经落实的查成效、对正在落实的查进度、对没有落实的查原因、对影响落实的查责任。

（六）强化经费保障

在中央、自治区财政安排国有林场改革补助资金的基础上，市、县财政对林场改革成本进行适当补助。

（七）维护改革稳定

要把改革目标的刚性和改革操作的柔性结合起来，统筹兼顾，正确处理改革发展稳定的关系。做好林场职工思想政治工作，加强对改革形势的分析和研判，及时排查各种苗头性、倾向性问题；强化教育疏导，协调各方面利益，尊重历史，尊重事实，维护职工的法律和政策地位，积极化解改革中出现的问题和矛盾，保持政策的连续性、稳定性，防止出现反复，确保国有林场改革平稳推进，确保林场和谐稳定。

关于印发《防城港市国民经济和社会发展第十三个五年规划纲要实施方案》的通知

防政办发〔2016〕69号

各县（市、区）人民政府，市人民政府各组成部门、各直属机构：

《防城港市国民经济和社会发展第十三个五年规划纲要实施方案》已经市人民政府同意，现印发给你们，请认真组织实施。

2016年12月5日

防城港市国民经济和社会发展第十三个五年规划纲要实施方案

根据《中共防城港市委员会关于制订国民经济和社会发展第十三个五年规划的建议》及《防城港市人民政府关于印发〈防城港市国民经济和社会发展第十三个五年规划纲要〉的通知》（防政发〔2016〕11号），为实现“十三五”目标任务，特制订本方案。

一、总体要求

高举中国特色社会主义伟大旗帜，以邓小平理论、“三个代表”重要思想、科学发展观为指导，深入学习贯彻习近平总书记系列重要讲话精神，牢固树立五大发展理念，按照中央“五位一体”总体布局和“四个全面”战略布局，围绕中央赋予广西的“三大定位”和自治区“两个建成”“四大战略”“三大攻坚战”部署，坚持发展第一要务，以提高发展质量和效益为中心，以建设边海经济带为主线，着力推进供给侧结构性改革，全力推进东兴试验区、跨境经济合作区、沿边金融综合改革试验区建设，努力构建引领经济发展新常态的开放型经济新体制，奋力实现广西“两个建成”先行区宏伟目标。

——正确处理政府和市场的关系。在市场起资源配置决定性作用的领域，《防城港市国民经济和社会发展第十三个五年规划纲要》（以下简称《纲要》）实施的重点应放在营造发展环境、引导市场主体行为、激励市场主体活力和创造力上来。在政府履行职责的领域，《纲要》实施的重点应放在合理配置公共资源，抓好重大工程、重大项目、重大政策、行动计划实施，实现约束性目标上来，确保《纲要》目标任务胜利完成。

——促进整体推进和重点突破相结合。《纲要》涉及面广、领域众多，在抓好全面实施的同时，还要突出重点，紧紧抓住关键领域、重点环节和难点问题，着力在优结构、增动力、扬优势、补短板方面取得突破，以重点突破带动整体推进。

——充分调动各方面积极性。建立健全《纲要》实施协调联动机制，明确《纲要》实施的责任主体和进度要求，形成各级各部门实施《纲要》的强大合力。坚持人民主体地位，尊重群众首创精神，调动和激发广大群众参与《纲要》实施的积极性、主动性和创造性。

各级各部门要进一步提高认识,切实把思想和行动统一到中央、自治区和市委、市政府的决策部署上来,统一到《纲要》提出的目标和任务上来,增强忧患意识、责任意识和担当精神,主动适应和引领经济发展新常态,全面把握机遇,沉着应对挑战,全力促进经济社会持续健康发展,努力实现“十三五”规划目标任务。

二、完善实施机制

加强组织领导,建立健全责任明确、分类实施、有效监督的《纲要》实施机制,充分调动各方面的积极性。

(一)明确实施主体

把《纲要》提出的各项目标任务分解落实到各级各部门,明确责任分工,提出进度要求。各级各部门要制订《纲要》对本地区本领域重大部署的实施方案并推进落实。将《纲要》落实情况纳入每年政府工作报告中。

(二)形成部门联动

市发改委要发挥好综合协调和统筹职能。各牵头部门要切实负起责任,建立健全工作责任制,确保每一项重大任务有专人负责。其他相关部门要积极配合,形成工作合力。

(三)强化实施督查

建立《纲要》实施激励约束机制,将《纲要》年度实施情况纳入市绩效考核评价体系中。市人民政府督查室要将《纲要》年度实施情况纳入督查内容。

三、健全实施支撑体系

加强政策统筹协调,突出《纲要》指标约束导向作用,强化工程项目、配套政策、财力保障等体系支撑,促进规划目标任务落到实处。

(一)强化指标导向约束

各相关部门要对分解下达的《纲要》约束性指标制订年度目标计划,建立动态监测及滚动调整机制。引导实现预期性指标,加强政策引导和监测预警,激发市场主体和各方面积极性。突出章节指标的导向约束作用,通过规划分工、实施安排、监测评估、督促考核等推动指标任务顺利实现。

(二)强化工程项目支撑

各相关部门要组织实施好《纲要》提出的重大工程、重大项目和行动计划,确保高质量按进度扎实推进,对纳入《纲要》的重大工程项目,优先列入年度统筹推进计划,优先保障规划选址、土地供应和融资安排。建立健全重大项目滚动推进机制,进一步充实完善“十三五”重大工程项目库。

(三)强化政策体系支撑

各相关部门要围绕《纲要》目标任务,加强创新驱动、产业升级、基础设施、区域发展、就业创业、财政金融、精准扶贫、公共服务、生态环境等领域的政策研究制订,提高各项政策的科学性、精准性和系统性,形成政策合力。

(四)强化财力保障支撑

各相关部门要加强财政预算与《纲要》实施的协调和滚动调整,中期财政规划和年度预算要结合《纲要》提出的目标任务和财力可能,合理安排支出规模和结构,建立健全与《纲要》实施相匹配的政府投资规模形成机制,强化财政对《纲要》实施的保障作用。

四、加强规划体系协调管理

强化各类规划与《纲要》紧密衔接,构建以《纲要》为统领,以年度计划、专项规划、空间规划等为支撑的规划体系,促进各类规划有效衔接、形成合力。

(一)强化年度计划的落实

年度计划要落实《纲要》提出的目标任务,与《纲要》年度监测评估报告密切衔接。《纲要》主要任务年度完成情况,要在年度计划中全面体现。《纲要》主要指标进展情况,要在年度计划中作出说明。《纲要》提出的重大工程、重大项目和重大政策实施进展情况,要在年度计划中及时体现。

(二)强化专项规划的支撑

专项规划要细化和落实《纲要》在特定领域提出的目标任务。各相关部门要以《纲要》为依据,按照相关规定要求,加紧专项规划编制,确保按期完成所有专项规划的报批工作。

(三)强化空间规划的指引

空间规划是《纲要》目标任务在空间开发和布局方面的重要体现。要以开展空间性规划市级试点为契机,以《纲要》为依据,积极推进“多规合一”,建立健全以主体功能区规划为基础的空间规划体系。

(四)强化《纲要》信息化

运用“互联网+规划”,建立健全全市“十三五”规划地理信息系统,组织规划展示,开展专题培训,加大宣传力度,让规划实施成为全社会的自觉行动。

五、强化监测评估

建立健全规划实施监测评估制度,及时跟踪和监测《纲要》实施进展情况。

(一)健全评估机制

建立《纲要》实施年度监测、中期评估和最终评估制度,市发改委每年组织开展《纲要》实施年度监测,向市人民政府报告。市人民政府适时组织《纲要》实施中期评估和最终评估,提交市人民代表大会常务委员会审议。根据形势变化可适当调整修订《纲要》,但须报市人民代表大会常务委员会批准。

(二)加强衔接汇报

各有关部门要按照分工方案,研究制订本部门落实目标任务的实施方案,于2016年12月底前报送市发改委。每年2月底前,各牵头部门要将上年度所负责的目标任务进展情况报送市发展改革委,市发改委汇总后,于每年3月底前报送市人民政府。

附件1

《防城港市国民经济和社会发展第十三个五年规划纲要》主要目标和重点任务工作分工方案

一、分工原则

一是主要对《纲要》提出需要政府履行职责的目标任务进行分解,对依靠市场主体行为实现的目标任务尽量不作分解。

二是原则上按照目标指标、重点任务、工程项目三大类分解。目标指标是《纲要》提出的主要发展目标,章节目标不作分解。重点任务是《纲要》提出的各领域任务举措。工程项目是《纲要》专栏中的工程、项目、行动计划等。

三是根据部门职能分工进行分解，明确负责部门落实。

二、目标指标

1. 到2020年，全市地区生产总值1200亿元，年均增长10%以上。[市发改委、统计局(数据采集)]

2. 到2020年，全市人均地区生产总值110000元，年均增长6.5%以上。[市发改委、统计局(数据采集)]

3. 到2020年，全市财政收入100亿元，年均增长7%。(市财政局、地税局、国税局等。列第一位者为牵头部门，下同)

4. 全市固定资产投资五年累计3500亿元，年均增长10%。(市发改委)

5. 到2020年，全市社会消费品零售总额165亿元，年均增长10%。(市商务局)

6. 到2020年，全市进出口总额140亿元，年均增长10%。(市商务局)

7. 到2020年，全市规模以上工业增加值680亿元，年均增长14%。(市工信委)

8. 到2020年，全市服务业增加值比重达到28%。(市发改委、商务局等)

9. 到2020年，全市常住人口城镇化率达到65%，户籍人口城镇化率50%。[市发改委、住建委、公安局，统计局(数据采集)等]

10. 到2020年，全市全员劳动生产率达到15万元/人。[市人社局、统计局(数据采集)]

11. 到2020年，全市研究与试验发展经费支出占地区生产总值比重达到2.2%。(市科技局、财政局等)

12. 到2020年，全市每万人口发明专利拥有量达到3.5件，年均增长30.3%。(市科技局)

13. 到2020年，全市科技进步贡献率达到48%，增长9%。(市科技局)

14. 到2020年，全市固定宽带家庭普及率达到85%，移动宽带用户普及率75%。(市工信委)

15. 到2020年，全市常住人口达到110万人。[市卫计委、公安局、统计局(数据采集)等]

16. 到2020年，全市居民人均可支配收入达到34300元，年均增长11%以上。[市发改委、工信委、财政局、人社局、扶贫办，防城港调查队、统计局(数据采集)等]

17. 到2020年，全市劳动年龄人口平均受教育年限达到13.5年。(市教育局、人社局等)

18. 全市城镇新增就业人数五年累计达到8万人。(市人社局)

19. 全市农村贫困人口五年累计脱贫3.59万人。(市扶贫办、发改委、财政局、民政局、人社局等)

20. 到2020年，全市基本养老保险参保率超过98%。(市人社局)

21. 全市城镇保障性住房建设和棚户区改造五年累计2319套。(市住建委)

22. 到2020年，全市每千人口执业(助理)医师数达到2.5人。(市卫计委)

23. 到2020年，全市每千名老人养老床位数达到35张。(市民政局、发改委等)

24. 到2020年，全市人均预期寿命达到77岁以上。(市卫计委、民政局等)

25. 到2020年，全市耕地保有量保持在8.07万公顷。(市国土资源局)

26. 全市新增建设用地规模五年累计控制在5609公顷。(市国土资源局、住建委等)

27. 到2020年，全市万元生产总值用水量78吨。(市水利局)

28. 到2020年，全市单位生产总值能源消耗降低控制在自治区下达的目标范围内。(市环保局)

29. 到2020年，全市单位生产总值二氧化碳排放量降低完成自治区下达的控制目标。(市发改委、环保局等)

30. 到2020年，全市森林覆盖率达到60%，森林蓄积量达到2700万立方米。[市林业局，各县(市、区)人民政府等]

31. 到2020年，全市城市空气质量优良天数比例达到94%。(市环保局、住建委等)

32. 到2020年，全市地表水质量达到或好于Ⅲ类水体比例达到100%以上。(市环保局、水利局等)

33. 到2020年，全市主要污染物排放量控制在自治区下达的目标内。(市环保局)

三、打造特色鲜明的边海经济带

34. 引导要素向边海经济带点轴集中布局，形成“生产空间集约高效、生活空间宜居适度、生态空间山清水秀”的国土空间格局。以主体功能区规划为基础统筹各类空间性规划，逐步推进“多规合一”。[市发改委、国土资源局、住建委、国土资源局，各县(市、区)人民政府等]

35. 城镇空间(重点开发区)：占全市面积17.5%，主要布局在东兴至茅岭沿海一线，包括港口区全域(红沙核电半径5千米控制区除外)；防城区防城镇、茅岭镇、江山镇边海大道以北部分区域、峒中口岸区域、里火边民互市点区域；东兴市海岸线至边海大道以北约2千米、马路镇冲榄工业园区域；上思县思阳镇平原(丘陵)区域、在妙镇周边区域、昌墩至昌菱沿线区域。国土空间开发强度控制在30%左右。要统筹规划国土空间，把握开发时序，完善基础设施，提升城镇功能，形成现代产业体系，促进人口加快集聚，提高发展质量。[市国土资源局、住建委、市政局，各县(市、区)人民政府等]

36. 农业空间(农产品主产区)：占全市面积21.1%，主要布局在防城区华石镇全域、那梭镇东部区域、滩营乡中部区域；上思县平福乡全域、华兰乡、叫安乡、那琴乡、在妙镇部分区域。国土空间开发强度控制在20%左右。要优化农业布局，加强土地整治，控制农业资源开发强度，严格保护耕地，稳定发展粮食生产，加强水利设施建设，加强重点镇、农村居民点基础设施和公共服务设施建设。[市国土资源局、农委、水利局、财政局，各县(市、区)人民政府等]

37. 生态空间(生态功能区)：占全市面积61.4%，实行产业准入负面清单制度，除城镇空间、农业空间外，其余部分国土空间均纳入生态空间。主要包括十万大山南北麓及各自然保护区。国土空间开发强度控制在10%左右。要维护生态系统完整性，严格控制开发强度，实行更加严格的产业准入环境标准，因地制宜发展旅游业和特色农业，加强重点镇道路、供排水、污水垃圾处理等基础设施建设，强化水资源保护和生物资源保护。[市国土资源局、环保局、林业局、农委、水产畜牧局、旅发委、市政局、水利局、财政局，县(市、区)人民政府等]

38. 禁止开发区域：面积合计 793.9 平方千米，占全市面积 12.76%（包含于生态空间区域）。包括防城金花茶自然保护区，面积 92 平方千米；十万大山自然保护区，面积 582.8 平方千米；北仑河口海洋自然保护区，面积 30 平方千米；防城万鹤山鹭鸟县级自然保护区，面积 1 平方千米；十万大山国家森林公园，面积 88.1 平方千米。自然保护区按核心区、缓冲区和实验区分类管理，逐步转移自然保护区人口，核心区逐步实现无人居住，缓冲区和实验区较大幅度减少人口。森林公园除必要的保护和附属设施外，禁止其他任何开发建设活动。[市国土资源局、林业局、环保局、海洋局，各县（市、区）人民政府等]

39. 做大做强港口经济。空间范围主要包括企沙半岛、渔沥半岛，以及规划吹填的企沙东岛等区域。坚持"大项目—产业链—集群化"的发展方向，重点发展临港工业和配套的生产性、生活性服务业，打造现代物流集聚区和新型特色专业市场，加快形成循环经济产业集群，建成西南地区最大的开放性、综合性港口产业集群。以龙头企业带动产业链延伸，形成以钢铁、有色、能源、石化、食品、装备制造和高新技术产业等六大支柱产业集群。大力发展港航服务业，培育壮大信息、咨询、金融、保险、电子口岸等港口生产服务业，打造区域性国际航运中心和大宗商品集散地。（市发改委、工信委、北部湾港口管理局防城港分局、物流办、口岸办、金融办等）

40. 做活做强口岸经济。空间范围主要包括东兴口岸、峒中口岸和里火、滩散边民互市贸易区所在口岸及其周边地区。要加强互联互通建设，提升口岸基础设施水平和口岸通关便利化水平，进一步优化提升开放合作平台，形成优越的口岸经济发展环境。积极推进东兴试验区、跨境经济合作区、沿边金融综合改革试验区、防城边境经济合作区建设，利用东盟国家丰富的原材料、廉价的劳动力和中越跨境合作便利，以及国际和国内两个市场，重点发展加工贸易、跨境旅游、国际金融、口岸物流、跨境电商等外向型产业，形成跨境产业链和跨境产业集群，打造综合性服务集聚区、区域性进出口贸易集散中转基地和进口原材料加工出口基地。[市商务局、东兴试验区管委会办公室、金融办、旅发委、口岸办，相关县（市、区）人民政府等]

41. 做强做优旅游经济。空间范围主要包括大东沙旅游区、西湾片区、江山半岛、珍珠湾、京族三岛、十万大山、南山等核心景区。依托我市滨海、生态、边关、民俗、长寿等旅游资源优势，发展滨海旅游、跨境旅游、生态旅游、健康养生等产业，着力打造旅游文艺精品、大力开发特色旅游商品。重点建设百里黄金海岸休闲旅游带、十万大山国家休闲旅游健康养生基地。以江山半岛为核心，重点发展度假养生、文化创意、海上运动、教育科技、商务会议等高端旅游产业，谋划发展邮轮母港经济和健康养老服务集聚区，建设区域性旅游目的地和全国最大边境跨国旅游集散中心。[市旅发委、发改委、文化委，相关县（市、区）人民政府等]

42. 大力发展海洋经济。空间范围主要包括全市适合海洋经济发展的沿海地区。以陆域为依托，以海洋为拓展空间，合理开发海洋资源，打造"环湾集聚、拥湾而建；陆海统筹、湾岛联动；多翼齐飞、错位发展"的海洋经济发展空间格局。大力发展海洋交通运输业，加快发展海洋船舶、海洋工程装备制造、海洋生物制药及医疗保健等海洋第二产业，培育海洋战略性新兴产业，转型发展现代海洋渔业。着力推动海洋科技创新，强化海洋生态环境保护。重点改造江平海洋产业园，建设现代海洋渔业（核心）示范园区，打造远洋捕捞基地、国际水产交易中心和冷链物流中心，形成面向东盟、辐射内地的现代海洋产业集群。（海洋局、北部湾港口管理局防城港分局、工信委、科技局、水产畜牧局、发改委等）

43. 培育发展互联网经济。空间范围主要包括东兴市、港口区等辖区内互联网信息基础和配套物流较为完善的区域。充分利用快速发展的信息技术，依托中国—东盟信息港、北斗产业等新一代电子信息技术、科技工业园区和跨境经济合作区，着力推动"四化"融合，构建"互联网+"经济。重点发展 IT 软件、跨境电子商务、互联网金融、创新创意等产业，加快建设 IT 小镇和电子商务跨境交易平台，加快打造中国—东盟跨境电商交易中心和国家级电子商务示范基地。（市高新区管委、发改委、工信委、科技局、商务局、金融办等）

44. 发展壮大生态经济。空间范围主要包括十万大山南北麓、沿海生态功能区和生态资源富集区域，坚持生态建设产业化、产业发展生态化，突出生态、低碳、环保等理念，大力发展生态林业、生态农业、有机食品工业、生态健康养老业、生态旅游业、工业生态产业循环等新兴产业，把生态产业打造成为新的支柱产业，推动上思生态功能示范区和防城区国家级生态文明示范区试点建设。[市发改委、环保局、工信委、海洋局、林业局、旅发委、农委，相关县（市、区）人民政府等]

四、加快形成面向东盟的国际国内开放合作新格局

45. 加强与东盟国家的政策沟通、道路联通、贸易畅通、货币流通和民心相通，促进与"一带一路"沿线国家和周边地区的交流合作。（市发改委、商务局、交通运输局、人民银行防城港市中心支行等）

46. 依托港口优势，以防城港为平台，加强与东盟国家重要港口合作，构建中国—东盟通畅安全的海上通道。（北部湾港口管理局防城港分局）

47. 以沿边地区为载体，实施沿边基础设施建设与口岸提升工程，加强与越南快速铁路、高等级公路、桥梁、口岸的对接，开辟跨境多式联运交通走廊。（东兴市人民政府、防城区人民政府，市口岸办、交通运输局等）

48. 依托中越东兴—芒街跨境合作区、企沙东岛等"一带一路"产业合作先行基地，与越南等东盟国家开展国际产能合作，利用东盟农产品、海产品、矿产等资源发展临海大工业、进出口加工业，吸引国内优势制造产能在防城港建设面向东盟的生产基地，促进边境贸易转型升级和贸工一体化。（东兴试验区管委会办公室、市发改委、商务局、招商局等）

49. 打造中越东兴—芒街商贸旅游博览会升级版，延伸会展价值链，创新会展模式，建成服务国家"一带一路"战略的重要平台和窗口。（东兴市人民政府，市商务局、旅发委等）

50. 争取亚洲基础设施投资银行、亚洲开发银行、丝路基金、中国—东盟海上合作基金等国际金融组织的资金支持。（市发改委）

51. 弘扬丝路精神，广泛开展文化交流、人才交流、医疗合作、媒体传播、青年和妇女交往等活动，打造国际人文交流的重要基地。（市文化委、人社局、卫计委、团市委、妇联等）

52. 以国家实施"21 世纪海上丝绸之路"战略布局为契

机,高起点高标准启动南海国际邮轮母港及航线项目建设,争取上升到国家战略高度,获得先机和主动优势,开启广西共建“21世纪海上丝绸之路”的第一步,推动我市乃至广西与东盟各国开展海上跨国旅游合作,促进经济文化交流,开创互联互通、共建共赢、开放合作新局面,把防城港市建成“21世纪海上丝绸之路”的新起点和桥头堡。(市发改委、旅发委、海洋局等)

53. 到2020年,完成国际邮轮母港、邮轮经济先行区等基础设施建设,开辟到东南亚、南太平洋、波斯湾旅游航线,建成国际一流邮轮母港,推动全市服务业向高端旅游、文化、金融、保险、国际贸易等新型服务业转型升级。(市发改委、旅发委等)

54. 全面构建连接多区域的国际大通道,打造江海联动、水陆并进、空港衔接、铁海联运四位一体的现代化立体交通新格局。(市交通运输局、北部湾港口管理局防城港分局、铁机办等)

55. 加强与西南中南地区的产业合作,积极承接粤港澳等东部地区产业转移。加快建设东兴试验区、跨境合作区、沿边金融综合改革试验区等开放平台。(东兴试验区管委会办公室、市工信委、金融办等)

56. 推进富有沿边特色的现代金融创新,扩大金融开放、完善金融服务、健全金融体系,促进与越南等东盟国家建立更紧密的金融合作机制。(市金融办、人民银行防城港市中心支行、防城港银监分局、保险行业协会、驻港金融机构等)

57. 创建生态文明示范区,建立与周边各市和越南的生态合作机制,构筑生态安全屏障,将我市建设成为广西打造西南中南开放发展新的战略支点的重要节点。(市环保局、海洋局、发改委、林业局、外侨办等)

58. 加快推进东兴试验区先行先试,着力创新体制机制,聚焦行政管理、金融、投融资、财税、科技、土地、人事人才、园区管理、生态文明等九大重点领域,积极争取广西首个跨境电子商务支付牌照,推动试验区建设成为广西改革创新先行区。(东兴试验区管委会办公室、市金融办、科技局、国土资源局、人社局、国税局、地税局等)

59. 着力深化开放合作,推进区域融合发展,加强产业、金融、信息、旅游、口岸等重点领域合作,创新对外开放与跨境合作新机制,把试验区建设成为区域开放合作国家重点平台。积极争取将东兴试验区纳入中国—中南半岛国际经济走廊试点城市建设。(东兴试验区管委会办公室、市发改委、金融办、旅发委、口岸办、人民银行防城港市中心支行、防城港银监分局,东兴市人民政府等)

60. 推动跨境经济合作区机制创新,建立东兴与芒街金融合作交流机制。(东兴试验区管委会办公室、市金融办等)

61. 全力推进跨境经济合作区基础设施建设,大力引进一批市场潜力大、科技含量高、成长性好的企业和项目,规划建设口岸联检大楼、标准厂房、东盟创业大厦、商贸旅游中心、商品展览展示中心等项目。(东兴试验区管委会办公室、市商务局、招商局、旅发委、口岸办、口岸联检部门,东兴市人民政府等)

62. 推进现代海洋渔业(核心)示范区建设,把冲榄工业园建设成为百亿生态产业园。(东兴试验区管委会办公室、市水产畜牧局、工信委、东投集团,东兴市人民政府等)

63. 着力夯实基础设施,实施重大公共设施和基础设施工程,推进防城—东兴—芒街—下龙高速公路等一批重点项目建设,把试验区建设成为“一带一路”战略有机衔接重要节点。(市交通运输局、发改委、东兴试验区管委会办公室等)

64. 沿海开放片区规划布局港口物流区和港口国际商务区,重点发展仓储物流、港航服务、港口保税以及商务金融等新兴服务业,进一步提升国际航运服务能力,增强国际商务服务功能。争取将企沙东岛纳入“自由贸易港区”。(市商务局、北部湾办、物流办等)

65. 沿边开放片区规划布局边贸中心、沿边冲榄工业园区、防城边境经济合作区,重点发展边境金融贸易、口岸加工贸易、东盟商品展销、跨境旅游等产业,创新跨境投资管理模式,创新通关监管模式,推进中越劳务合作、跨境金融服务等方面先行先试。(市商务局、东兴试验区管委会办公室、北部湾办、金融办、旅发委、口岸联检部门,东兴市人民政府、防城区人民政府等)

66. 把东兴—芒街跨境经济合作区建设成自由贸易先行区。(东兴试验区管委会办公室、市北部湾办、商务局、口岸联检部门,东兴市人民政府等)

67. 大力拓展区域合作。依托亿吨大港和临港产业优势,推进无水港及现代物流网络发展,扩大与云南、贵州为重点的西南中南内陆省份地市的交流合作,形成便捷通畅、高效经济的西南中南地区开放发展的综合服务平台。通过合作建园、发展飞地经济等方式,实现互利共赢发展。主动加强与西江经济带、左右江革命老区、桂林国际旅游胜地之间的旅游、交通、文化、环保、劳务等合作,加快形成区域性的人流、物流、信息流高速通道。深化与北部湾经济区周边各市合作,共同推进北部湾城市群建设和同城化建设,促进北部湾城市群与西南、中南城市群互动发展,共同培育和发展壮大北部湾产业投资基金,促进北部湾产业互补互动发展。深化与港澳台的经贸文化合作交流,积极承接粤港澳等东部地区产业转移。(市发改委、商务局、住建委、招商局、交通运输局、文化委、旅发委、环保局、人社局、物流办、北部湾办等)

68. 加快对外贸易优化升级。优化出口商品结构,扩大机电产品、高技术产品和节能环保产品出口,加强营销和售后服务网络建设,提高传统优势产品竞争力。加快物流运输、跨境旅游、集散分销等服务贸易出口,培养以技术、品牌、质量、服务为核心的出口竞争新优势。优化进口结构,积极扩大先进技术、关键零部件、矿产资源、农林产品等进口。争取增设免税店,扩大日用品消费进口。促进边民互市贸易改革创新,提升边境小额贸易,推动边境贸易转型升级。实施加工贸易倍增计划,大力发展以高新技术为重点的加工贸易产业,打造加工贸易产业集群。(市商务局、工信委、物流办、口岸联检部门等)

69. 大力实施口岸提升工程。加快港口口岸扩大开放,进一步扩大防城港口岸(水域)开放范围,提升和完善口岸基础设施。推动企沙边地贸口岸、江山边地贸口岸扩大开放,申报禽畜、肉类产品、生猪活体进口等指定口,理顺关系,争取启用潭油码头;升格峒中、里火为国家口岸,提高通关效率,提升口岸功能。推进口岸开放更加便利化,实行更加灵活开放的政策,促进贸易、投资、人员往来、交通运输、货物进出、货币结算等更加便利化。推动海关、检验检疫等部门全天候通关和无纸化通关。探索建立“属地报关、口岸验放”区域快速通关模式。推行一次申报、一次查验、一次放行“三个一”关检合作通关模式。加强口岸部门建设,不断提升口岸软实力。(市商务局、口岸办、口岸联检部门,东兴市人民政府、防城区人民政府等)

五、打造国际通道枢纽

70. 港口建设。按照“大型化、专业化、现代化、国际化”的要求,加强港口基础设施建设,加快建设渔沥港区和企沙港区,启动企沙东港区建设,统筹发展中小港口,提高港口综合通过能力,打造北部湾国际航运中心核心港口,构建面向东盟的国际通道枢纽。重点加快深水大能力泊位、航道、锚地和防波堤等建设,新建万吨级以上深水泊位43个,新建和改、扩建航道79千米,到2020年,港口货物吞吐能力达到3.2亿吨,其中集装箱年吞吐能力达300万标箱。(北部湾港口管理局防城港分局、发改委、防城港务集团等)

71. 铁路建设。加快建设防城至东兴铁路(经越南海防至河内)、中越北仑河五桥(铁路桥)、防城港经崇左至百色铁路、云桂沿边铁路防城港至文山段和疏港通道铁路支线,实施既有线铁路扩能改造,推进茅岭等铁路综合枢纽站场建设,形成货物通过能力与3亿吨大港相配套的铁路集疏运体系,加快港铁一体化进程。(市铁机办、交通运输局等)

72. 公路建设。完善防城港市的高速公路路网布局、城区与高速公路网连接,构筑与北部湾周边城市的快速交通网络,推进北部湾经济区交通同城化,实现与周边城市1小时交通圈,市内半小时交通圈,打造3亿吨大港公路集疏运体系和快速出境通道。规划建设中越北仑河三桥,推进峒中—横模大桥建设,促成越南规划建设芒街至下龙到河内的高速公路,实现高速公路直达西南、中南地区和中南半岛。优先发展公共交通,推进城乡公交一体化;加快客货运输枢纽站场、工业园区交通基础设施建设,形成内畅外联的交通网。加快农村交通基础设施建设,着力解决农村行路难问题,实现城乡交通的“全域畅通”。加快旅游景区的交通基础设施建设,助推旅游业大发展。[市交通运输局、市政局,各县(市、区)人民政府等]

73. 民用航空。规划建设防城港市支线机场,推进市区、东兴、上思通用机场建设,形成市域通用航空体系,为进出试验区的高端人士及人流、重要物流提供快速交通保证。[市铁机办,相关县(市、区)人民政府等]

74. 拓展国际运输和区域运输市场,纵深发展防城港市与越南直达客货运输线路,努力构建安全、便捷、畅通、高效的国际道路运输网络。(市交通运输局)

75. 规范国际道路运输市场,提高国际道路运输企业的竞争力,完善广西与越南国际道路运输磋商机制,发展若干个跨国运输的客货运输龙头企业,实现整车货物运输、小件快速货物运输、班车客运、旅游客运等多种运输方式并存的国际道路运输体系。(市交通运输局)

76. 加快推进中国—东盟信息港的建设,构建面向东盟的国际通信网络体系和信息服务枢纽,实现中国—东盟信息互联互通,争取大数据中心、海底光缆和中越陆缆等项目落户防城港。(市工信委、发改委等)

77. 依托北斗产业,建成北斗卫星天地基一体化的云计算中心、大数据应用中心、设备研发和生产中心、产业化孵化中心,建立立足防城港市、覆盖广西区、辐射东盟的感知、支撑和服务的三大基础平台,打造国家级北斗大数据应用重要示范基地和产业转化基地。(市高新区管委、工信委、发改委等)

78. 加强互联网基础设施的建设,提高现有互联网骨干网的速度和互联网的接入速度,建设下一代移动通信网,加快提升移动互联网覆盖范围和质量,争取实现移动互联网全覆盖和应用普及。以国家“智慧城市”战略部署为基础,落实国家“互联网+”战略,加快“数字防城港”和智慧城市、智慧社区、智慧乡村、智慧交通、智慧旅游建设,构建互联网公共信息统一平台。(市工信委、住建委等)

79. 加大信息公开力度,提升政府管理水平,实现城市公共服务、物流、旅游、交通、日常消费等在线提供。(市政府办、政务办、住建委、市政局、物流办、旅发委、交通运输局、商务局等)

六、打造现代临港工业体系

80. 钢铁产业。加快推进防城港钢铁基地项目,重点发展高附加值的造船板、桥梁板、管线板、锅炉板和工程结构板等专用精品宽厚板,汽车板、家电板、建筑板、集装箱板等精品宽带板和机电板、输变电材料等无取向冷轧硅钢板卷精品。以钢铁产业为核心,加快建设钢铁主业配套产业区、下游产业配套区,大力发展修造船、机械、集装箱、大型建筑结构用钢等关联产业。积极发展再生资源冶炼产业,实现钢铁废弃物的回收再利用。到2020年,钢产能达到1000万吨,钢铁产业实现产值600亿元。(市工信委、发改委等)

81.有色金属产业。积极引进有实力的国内外大型企业,重点发展铜、镍,积极发展铝、锌,择优发展钛、锡、铅、锑等有色金属产业,延伸有色金属产业链条,大力发展循环经济,培育再生金属回收利用产业,构建生态循环型工业体系。积极引进中铝防城港项目,发展各种高性能铝合金材料、复合材料、纳米铝粉等精深加工产品。到2020年,全市有色金属产业实现产值700亿元。(市工信委、招商局、发改委、环保局等)

82. 能源产业。依托企沙工业区,重点推进防城港红沙核电项目二期工程建成投入运营,开工建设红沙核电三期。发展火电能源,建成投产防城港电厂二期项目,开工建设防城港电厂三四期。积极开发和利用水能、风能、太阳能、地热能、生物质能等绿色可再生能源。加快推进生物质发电厂、风电场、光伏电站等一批绿色能源项目建设。到2020年,电力装机容量达到1000万千瓦,实现产值达200亿元。(市工信委、企沙工管委、发改委、环保局等)

83. 食品产业。依托港口原料、产品进出口和现有的粮油仓储库设施优势,重点做大油料加工、饲料加工、糖果制造和生态食品等粮油加工业与食品制造业;构筑粮油加工、仓储、交易、物流配送和信息服务为一体的现代化粮油加工产业集聚区。加快发展海产品加工产业,构筑食品产业发展多元化。到2020年,实现产值达600亿元。(市工信委、北部湾港口管理局防城港分局、相关园区管委等)

84. 石化产业。依照循环经济和生态经济的发展模式,合理规划和布局化工企业,发展低污染、低能耗的先进化工技术,大力推广废渣再利用技术,实现石化产业的清洁发展。加快推进科元、中海油LNG等重大项目。依托大西南临港工业园,重点发展磷化工产业,开发医药磷酸、电子级磷酸系列深加工产品,提高产品附加值。加快实施港口区中心城区

危化企业异地技改搬迁。到2020年,石化产业实现产值达150亿元。(市工信委、发改委、相关园区管委,港口区人民政府等)

85. 装备制造和高新技术产业。围绕“中国制造2025”的发展要求,以智能制造、精密制造、绿色制造为发展方向,构建以装备制造业为主体的产业配套协作体系,重点推进海森特产业园、云朗科技园、汽车生产基地、集装箱、港口机械、大型钢结构等一批具有国际影响力的产业基地,到2020年,装备制造和高新技术产业实现产值达600亿元。(市工信委、发改委、相关园区管委等)

86. 培育战略性新兴产业。坚持发展战略性新兴产业来推动我市工业转型升级,重点培育海洋、新材料、新能源、节能环保、先进装备制造、新一代信息技术、养生长寿健康等新兴产业,打造一批产值超百亿元的产业集群,推动新兴产业规模化。鼓励行业龙头企业联合高校和科研院所积极发展战略性新兴产业,培育形成一批销售收入超亿元和超10亿元的战略性新兴产业企业。(市发改委、工信委、科技局等)

87. 改造提升传统优势工业。加强企业技术改造,鼓励和扶持企业应用新技术、新材料、新工艺、新装备改造提升技术装备水平,提高市场竞争能力。推动企业管理创新,引导企业实施制度现代化改革,优化企业经营管理。(市工信委、发改委、科技局等)

88. 促进信息化和工业化深度融合。推动信息技术在企业生产经营和管理的主要领域、主要环节广泛应用,促进重点骨干企业研发设计创新能力、生产集约化和管理现代化水平大幅度提升;以重大产品和成套装备的智能化为突破口,加快提升制造业产品、装备及生产、管理、服务的智能化水平。(市工信委)

89. 以打造北部湾能源基地为目标,按照节能优先、绿色低碳、创新高效的要求,推动能源生产和消费革命,构建清洁低碳、安全高效的现代能源体系。加快建设天然气、生物质热电联产项目。(市发改委、工信委、环保局等)

90. 统筹电网、天然气管网等能源基础设施建设,重点建设与红沙核电、防城港电厂、煤电一体化项目配套的500千伏、220千伏输电线路,以及与中心城区、工业园区配套的变电站,为经济社会发展提供可靠、高效的电力支撑。(市发改委、防城港供电局等)

91. 加快推进燃气基础设施建设,重点建设一批天然气加气站、高中压和次高压调气站以及连接中心城区、工业园区的燃气管道。(市市政局、各园区管委等)

92. 实施能源消费总量控制,促进能源节约利用。推进能源消费与经济增长挂钩,实行高能耗产业和产能过剩行业能源消费约束控制,其他产业按平均先进能效标准约束控制。(市发改委、工信委等)

93. 加强能源区域合作,建成“一带一路”国际能源合作重要基地。(市发改委)

94. 实施工业强基工程,强化质量、品牌和技术标准建设。开展质量品牌提升行动,支持企业瞄准国际同行业标杆推进技术改造,全面提高产品技术、工艺装备、能效环保等水平。(市工信委、质监局等)

95. 加强产业技术基础、先进基础工艺、关键基础材料、核心基础零部件等建设,提升工业基础能力。(市工信委、科技局等)

96. 支持优势企业开展产学研用联合攻关,突破先进基础工艺、关键基础材料、核心基础零部件的工程化、产业化瓶颈。支持企业开展工艺创新,培养工艺专业人才。(市科技局、发改委、工信委、人社局等)

97. 加大工业转型升级政策支持力度,政府逐步转向强化对产业升级共性关键技术的普惠性支持,加强共性技术研发、公共信息、公共检测等平台建设,提升支撑产业发展的基础设施水平。(市工信委、发改委、科技局、财政局等)

98. 企沙工业区。依托优良的深水岸线资源,以发展临港重化工业为主导方向,重点发展钢铁、有色金属、重型机械、能源、修造船及其他配套或关联产业,形成上下游产业链。拓展防城港钢铁、广西金川等龙头企业功能,与化工、电力、建材等相关产业深度融合,实现工业副产品高效利用和加工集成,建成科技含量高、资源消耗低、环境污染少的生态产业园。(市企沙工管委、工信委、发改委等)

99. 大西南临港工业园。重点发展钢铁、有色金属、装备制造、磷化工、战略性新兴产业等及其上下游配套。加快推进渔洲坪磷化企业搬迁,培育形成集科研、生产、销售于一体的中国最大的磷化工产业基地。(市大西南工管委、工信委、发改委等)

100. 东湾物流加工园区。依托港口和粮油仓储优势,以粮油企业为核心,重点做优做精油料加工、特种油脂加工、饲料加工、生态食品制造等粮油食品加工制造业,积极向上下游延伸产业链,构建全产业链型食品产业,打造优质粮油食品品牌。(市物流办、工信委等)

101. 高新技术产业开发区。以战略性新兴产业为核心,重点发展高新技术产业、现代物流业和生产性服务业三大板块,加快IT小镇建设,推动新兴产业增量扩张,构建上下游相互配套、合理衔接的产业体系,打造成为东兴国家重点开发开放试验区的先导区、产城一体化发展示范区。(市高新区管委、发改委、工信委等)

102. 企业沙东岛能源化工基地。重点发展石油化工、化工新材料、新领域精细化工、石油天然气、煤—电—热—化、海洋工程装备制造、仓储及现代物流等七大产业,着力打造成为大西南化工新材料产业基地和现代能源化工产业基地。(市发改委、工信委、北部湾港口管理局防城港分局等)

103. 东兴—芒街跨境经济合作区。依托中国和东盟“两种资源、两个市场”,以打造中越跨境产业链和产业集群为目标,构建以进出口加工、国际贸易、跨境旅游、跨境电商为主体,以现代金融、现代物流为支撑的边境特色现代产业集群体系。进出口加工主要发展面向东盟的橡胶加工、先进制造、生态食品、高端家具等,积极培育生物质新材料产业。建设海关特殊监管区,推动中越边贸从通道经济向以加工贸易为主的口岸经济转型升级,打造广西沿边开发开放的“升级版”。到2020年,基本建成广西乃至全国跨境经济合作示范区。(东兴试验区管委会办公室、市商务局,东兴市人民政府等)

104. 防城、上思、东兴等县域产业园区。立足当地资源优势,重点发展制糖、建材、林产化工、海产品加工等特色产业,深入推进“产城融合”建设。(防城区人民政府、上思县人民政府、东兴市人民政府等)

七、推动现代服务业提质增效

105. 推进生产性服务业提质发展，向价值链高端延伸，大力发展交通运输、现代物流、港航服务、金融保险、电子商务、信息服务、人力资源服务、科技服务、海洋服务、节能环保服务、检验检疫服务等生产性服务业，创新服务业态和商业模式，促进生产性服务业与现代工业、现代农业融合发展，提升生产性服务业水平。（市发改委、交通运输局、物流办、金融办、商务局、工信委、人社局、科技局、海洋局、环保局、检验检疫局等）

106. 打造区域性国际物流枢纽。大力发展平台型区域商贸物流、大宗商品交易中心、公路港、公海铁联运、物流总部经济、第三方制造业物流等现代物流业态，规划建设一批功能定位明确、产业及产业链特色突出的现代化物流园区，构建辐射西南、中南地区和东南亚的区域性物流中心，建成东湾全国示范物流园区。以物流园区为载体推进一批现代物流项目建设，依托临港产业，大力发展钢铁物流、有色物流、能源物流、粮食物流等专业化物流；建设一批面向东盟市场的汽车、服装、家电、工程机械等产品供应链集成基地；完善冷链物流基础设施，加快开通国外至防城港的进口农副产品冷藏集装箱国际班轮，建设区域性国际冷链物流集散基地；打造大宗商品交易市场，争取优势品类获得区域乃至全球定价权。（市物流办、商务局、金融办、交通运输局、北部湾港口管理局防城港分局等）

107. 积极培育沿边金融服务业。按照健全基础、集聚资源、联结中越、服务沿边、辐射全国的原则，加快构筑沿边金融服务中心。探索构建辐射全国的中小企业融资中心和产权交易市场，推进金融开放创新，构建多层次金融市场体系。推进人民币跨境业务创新，探索建立跨境人民币投融资中心、拆借中心，争取设立人民币投贷基金和外资股权私募基金，建立中国与东盟国家支付清算中心。率先开展人民币和越南盾特许兑换试点，并逐步由贸易项目扩大至资本项目。支持境内外金融机构在防城港设立分支机构，开展离岸金融业务，在东兴试验区设立银行机构发放境外项目人民币贷款。（市金融办、人民银行防城港市中心支行、防城港银监分局、东兴试验区管委会办公室等）

108. 大力发展电子商务。充分发挥电子商务在“互联网+”战略中的关键作用，培养发展壮大煤炭、铁矿石、粮油等大宗商品电子商务交易平台和提供第三方服务的电子商务平台。优化跨境电子商务通关服务，开展跨境电子商务服务试点，吸引国内外跨境电商企业落户防城港，设立面向东盟电子商务总部。加强电子商务创新，支持制造业网络直销、线上线下业务结合、社交电子商务、网络团购等新业态发展。实施“电子商务进农村工程”，促进电子商务与物流快递协同发展，建成县、乡、村三级电子商务服务体系。（市商务局、物流办、邮政管理局等）

109. 培育发展健康养老服务业。以创建国家养老服务业综合改革试验区为契机，加快建设功能完善、覆盖城乡的养老服务体系，形成一批竞争力强、辐射面广、产业链长、融合度高的健康养老产业集群。推动医养融合发展，完善健康养老服务产业链，发展中医营养饮食、调理保健、慢性病预防等特殊养生服务。探索以社会化、市场化、商业化方式支持养老服务产业发展的有效模式，鼓励发展居家养老、社区照料和病患陪护等新型社区养老服务业态。依托滨海天然优势，打造以休闲养生、健康养老等功能为主体，具有滨海特色的国际滨海休闲养生基地。（市发改委、民政局、卫计委、食药监局等）

110. 鼓励发展家政服务业。加快推进家政服务业公益信息服务平台建设。充分发挥市场机制，鼓励各类市场主体进入家政服务业，重点培育一批连锁经营的大型家政服务企业。鼓励各类人员到家庭服务业就业、创业，加强从业人员培训，提高职业素质、专业技能和服务水平。规范家庭服务市场秩序，促进家政服务诚信经营，维护消费者合法权益。优化城市家政服务网点布局，推动家政服务有效发展。（市总工会、人社局、商务局、工商局等）

111. 积极发展商贸服务业。依托专业市场建设，以中央商务区为中心，完善城乡商业零售网点，形成完备的商业网络体系；加强市场流通体系建设，发展新型流通业态，改善流通设施条件，推进传统商贸业向现代商贸业转型，增强城市消费功能、商务功能和集聚辐射功能。优化商业布局，推动大型百货店、综合超市、购物中心、批发市场等商业网点的发展，积极发展连锁经营和统一配送，鼓励发展专卖店、会员店、便利店、中小超市、社区市场等商业活动。（市商务局）

112. 优化提升邮政快递服务业。构建完善城市、农村、跨境邮政快递服务网络，优化提升城市服务网络，加快建设快递末端服务平台和智能快件箱；完善农村服务网络，到2020年乡镇快递服务网点覆盖率达80%以上，建设完善村级邮站、快递超市，打造村级邮政综合服务平台。探索建立与跨境电子商务相适应的跨境快递配送体系，争取设立东兴国际邮政业务发展中心和国际邮件交换站，逐步实现邮政快递业务跨境覆盖中南半岛。［市邮政管理局，各县（市、区）人民政府等］

113. 打造北部湾国际旅游目的地。依托“边、海、山、民”资源及区位优势，突出“滨海”、“边关”、“生态”、“民族”特色，打造边海旅游带，建设精品景区和邮轮母港经济先行区，发展特色旅游，把防城港市建成北部湾国际旅游目的地、国际豪华邮轮母港、中越跨国旅游集散中心，打造海上丝绸之路旅游产业。［市旅发委、发改委，各县（市、区）人民政府等］

114. 创建跨境旅游合作区。充分发挥东兴是通往越南等东盟国家最便捷的陆路通道优势，开发环北部湾区域丰富的旅游资源，打造环北部湾旅游圈集散中心城市。建设跨境旅游合作区，先行推行无国界旅游试验，形成跨境旅游合作新格局。建设“中国—东盟跨境自驾旅游总部基地”。（市旅发委、公安局、口岸联检部门，东兴市人民政府等）

115. 大力发展旅游休闲产业。发展滨海休闲旅游，建设滨海景观绿道、自行车专用通道，打造百里黄金海岸休闲旅游带。发展高山漂流旅游，建设一批各具特色的边境漂流群体，打造“漂流之乡”品牌。发展森林疗养旅游，开发建设森林生态景区及休闲疗养服务设施，将十万大山打造成为中国著名的健康养生基地。发展乡村旅游，建设一批具有北部湾滨海特色、中越边境特色、十万大山生态特色的旅游名镇名村、乡村旅游区和星级农家乐。［市旅发委、林业局、农委，相关县（市、区）人民政府等］

116. 有效控制房地产开发。要合理控制土地开发利用，控制房地产开发比例，利用市场自行调节消化存量商品房。

培育和发展租赁地产，营造有利于房屋租赁市场发展的政策环境，推动房屋租赁市场的发展，逐步形成住房消费的梯级结构，发挥住房租赁市场对住房投资和消费的双向拉动作用。引导企业整合，提升行业综合竞争力。大力整合现有房地产市场资源，鼓励骨干企业通过兼并、收购和重组，形成大型企业和企业集团。鼓励一批有竞争力的房地产企业完成股份制改造，通过发行股票、债券和信托基金等方式，增强企业投融资能力。（市住建委、住房局、金融办等）

117. 以高端要素集聚、产业融合发展、国际合作共建、服务功能升级为导向，依托区域性国际航运中心、跨境经济合作区、滨海国际旅游度假区、国际邮轮母港等平台，重点发展航运服务、国际物流、专业市场、跨境电商、跨境金融、休闲养生、跨境旅游、邮政快递等现代服务业，打造面向东盟，辐射中南、西南地区的国际性现代服务业集聚发展集中区，并逐步形成现代物流、新型特色专业市场等一批竞争力和带动力强大的服务业集聚区。［市发改委、住建委、金融办、旅发委、北部湾港口管理局防城港分局、物流办、商务局、邮政管理局，各县（市、区）人民政府等］

118. 突出企业主体作用，积极引进和培养一批专业集聚区运营商，统筹集聚区的建设。强化集聚区主导产业，推动关联企业、供应商、服务商、研发机构和产业协会规模集聚，加快现代服务业集聚区建设。至 2020 年，力争建成 7 个自治区级认定的现代服务业集聚区。［市商务局、发改委，各县（市、区）人民政府等］

八、加快农业现代化进程

119. 确保粮食安全。坚持最严格的耕地保护制度，坚守耕地红线，实施藏粮于地、藏粮于技战略，提高粮食产能。加大引导农民的生产行为，调整种植结构，确保供求关系平衡，促进农民增收。完善法律法规体系，进一步落实粮食补贴相关措施，保障粮农和粮食加工企业的合法正当利益，有效提升生产积极性。继续做好粮食储备工作，细分种类，专用专收，注重与市场的对接，同时进一步完善产业链，注意规避风险。（市粮食局、农委等）

120. 稳定粮食生产。在中央、自治区一系列强农惠农政策支持下，调整粮食品种结构，建设高标准农田，转变传统耕作方式，发展多主体的适度规模经营。以粮食高产创建为抓手，推动良种良法配套、农机农艺融合，推进粮食生产和高产创建向经营规模化、服务专业化方向发展，提高复种指数，确保粮食生产面积稳定、单产增加、综合生产能力提高。到 2020 年，粮食播种面积稳定在 4.67 万公顷左右，粮食产量达 18 万吨以上。（市农委）

121. 种植业。继续稳定甘蔗播种面积，巩固甘蔗产业在农业支柱地位。重点开展“双高”糖料蔗基地建设，通过经营规模化、良种良法化、生产机械化、水利现代化来提高甘蔗生产效率、降低生产成本、提升甘蔗生产效益。到 2020 年，甘蔗播种面积稳定在 3.67 万公顷以上。以品种改良、品质改进、品牌创建“三品”提升为核心，积极引种名、特、优、稀品种，重点发展蔬菜、澳洲坚果、火龙果、莲雾、柑橘、菠萝、金花茶、白石芽茶、牛大力、铁皮石斛、中药材等特色优势农产品。蔬菜播种面积发展到 2.13 万公顷，水果面积发展到 1.33 万公顷。［市农委，相关县（市、区）人民政府等］

122. 畜牧业。优化畜禽养殖结构，扩大畜禽林下养殖规模，大力发展肉牛、山羊等草食动物和节粮型畜牧业，推进畜牧业清洁健康养殖，实施现代畜牧业产业化工程，完善畜禽良种繁育体系，推广畜禽科学养殖模式。加大动物疫病预防控制的力度，进一步完善动物疫病防控体系。全面开展畜禽养殖污染防治，扶持壮大畜产品加工业和流通业，提高畜牧产值比重。到 2020 年，全市肉类总产量 5.83 万吨，年均增长 3.5%。（市水产畜牧局）

123. 林业。加快发展“现代林业、智慧林业”，建设全国木材战略储备核心基地，提高造林质量，鼓励发展特色鲜明的肉桂、八角等特色经济林。大力推动木浆造纸、木（竹）材加工、林产化工、野生动植物利用等传统优势林业产业转型升级。积极推动花卉苗木等林业产业做大做强，大力增强森林的生态效益、经济效益和社会效益，力争到“十三五”末，全市森林覆盖率达 60%。［市林业局，各县（市、区）人民政府等］

124. 推进现代特色农业示范区建设。按照“组织化、设施化、标准化、集成化、产业化”的要求，整合各部门、企业、社会各方面资源，到2020年，建成自治区级示范区4个以上，每个县（市、区）创建县级示范区 3 个以上，每个乡镇创建乡镇级示范区 2 个以上。规划建设农业科技园区。［市农委，各县（市、区）人民政府等］

125. 加快构建新型农业经营体系。大力发展龙头企业、合作社、家庭农场等新型经营组织，引导建立与农户共赢机制。精心培育 1~2 家国家级农业龙头企业，扶持和发展市级以上农业龙头企业 30 家，提高经营主体的盈利水平，壮大我市农业经营规模，提升应对各种市场风险的能力。积极推动农村电商、农村物流、农村金融、农村邮政快递等行业的发展，以农业信息化带动农业现代化，不断拓宽农产品的流通渠道，加快农产品流通速度。（市农委、商务局、物流办、金融办、邮政管理局等）

126. 加快农业科技创新。加快推进现代农作物种业发展，培育、引进和推广地方特色优良品种，主要农作物良种覆盖率提高到 95%。加大农业科技创新扶持力度，鼓励创新创业，从技术创新和服务创新入手，以农业科技成果转化推广和扶持龙头企业科技创新为重点，强化科技对现代农业的支撑，全面提升农业科技含量，增强农产品竞争优势。［市农委、科技局，各县（市、区）人民政府等］

127. 提升农业服务体系发展水平。继续加强农技推广、动植物疫病防控、农产品质量监管等服务体系建设，加大农业技术推广服务体系基础设施建设力度，抓好基层农技推广体系改革、农业执法队伍建设。大力发展农机化服务组织，扶持发展种植大户全程机械化，积极提供农机服务，建立统一开放、竞争有序的农机服务市场。［市农委，各县（市、区）人民政府等］

128. 提升农产品质量安全水平。全面推进农业标准化、品牌化和产业化经营，大力发展无公害农产品，加快发展绿色食品，因地制宜发展有机农产品，保护性发展地理标志农产品，逐步推进农产品基地准出制度。完善农产品质量安全全过程监管体系，健全农产品原产地可追溯和质量标识制度，严守从田头到餐桌的每一道安全防线，确保群众吃的安心放心。加强农产品质量安全检测队伍的能力建设。严格执行高毒农药定点经营制度，推进肥料、农药使用量零增长

行动,确保安全优质农产品的有效供给。[市农委、食药监局,各县(市、区)人民政府等]

129. 推进农业开放合作。发挥中国—东盟合作交流平台作用,完善定期会商机制,加强与东盟在品种、技术、产品交易等方面的合作交流。鼓励企业到东盟开发建设农产品生产基地。加强与农业发达地区、台湾地区的区域性现代农业技术和项目合作交流。建成广西与东盟优势特色农产品进出口加工集散中心。[市农委、商务局,相关县(市、区)人民政府等]

130. 推进农村一二三产业融合发展。加强规划引领、示范引导,以特色、大宗农产品加工为纽带,推进农产品加工业发展,加强农村市场网络建设,发展"互联网+农业"经济,加强农村市场信息营销系统建设,逐步构建农业产前、产中、产后信息一体化服务模式,大力发展电子商务,创新农产品流通方式,促进全市农业主导产业和特色优势农产品网络营销的发展。[市农委、工信委、商务局,各县(市、区)人民政府等]

131. 促进农民转移就业和创业。加快构建覆盖农民、适应农民多样化差异化需求的职业技能培训体系。坚持政府公办、社会民办并举,动员各类优质资源向农民转移就业技能培训集聚。实施农村富余劳动力、农民工和被征地农民职业技能提升计划,促进培训类型多样化和培训载体多元化,建立免费或补助性培训制度,降低就业和创业成本,提高农民素质,扩大劳务输出规模。建立创业服务综合信息化平台和面向农民转移就业创业的"众创空间",为农民创业创新搭建新平台。[市人社局、农委,各县(市、区)人民政府等]

132. 加大助农增收支持力度。继续做好农业支持保护补贴资金发放工作,确保中央强农惠农政策落到实处。落实"双高"糖料蔗基地土地整治、水利化建设、甘蔗良种补贴、草牧业试验试点项目,完善和强化市级特色产业、农业产业化发展专项资金管理,落实更多资金助农增收。加强重大项目后勤保障基地建设,大力发展城郊农业。推动现代农业发展与美丽乡村建设、农村土地改革、脱贫攻坚相结合,着力提高农民收入,改善农村生活条件。[市农委、国土资源局、水利局、扶贫办、美丽办,各县(市、区)人民政府等]

133. 加大农村道路建设力度,在广西率先实现乡(镇)与村、村与村之间断头路、瓶颈路打通率100%,实现10户以上村屯屯内道路50%硬化。[市交通运输局,各县(市、区)人民政府等]

134. 探索发展新型农村社区,合理配置城乡公共服务资源,健全完善农村义务教育经费保障机制,实施农村中小学校舍安全工程,加快发展农村学前教育,大力支持乡村两级公办和普惠性民办幼儿园建设,提高适龄儿童少年入学率,因地制宜保留并办好村小学和教学点,切实提高农村学校教学质量。[市教育局,各县(市、区)人民政府等]

135. 提高城乡居民养老金水平和最低生活保障标准,落实农村低收入群体帮扶救助措施。稳步推进农村已婚育龄妇女健康服务和养老服务体系建设,巩固和扩大新农保成果,建立城乡一体的社会保障体制,实现社会保险人群全覆盖。[市人社局、民政局、卫计委,各县(市、区)人民政府等]

136. 建立新型农村合作医疗可持续筹资机制,同步提高人均财政补助和个人缴费标准。大力建设多种农村养老服务和文化体育设施。加快农村邮站功能扩展,建设成为集信息流、物流、资金流于一体的农村综合服务平台。[市人社局、卫计委、财政局、文化委、邮政管理局,各县(市、区)人民政府等]

137. 按照节水优先、空间均衡、系统治理、人水和谐的治水思路,加强水利基础设施建设,统筹水资源配置,提高水安全保障水平。加快推进那板调水工程、大菉水库、大垌水库、茅岭江调水工程等一批全局性、战略性水资源配置工程和城市备用水源工程建设,保障水资源和水生态系统的良性循环。[市水利局、发改委,各县(市、区)人民政府等]

138. 实施小峰水库、那板水库、黄淡水库、三波水库、小陶水库、白石芽水库、凤凰水库、尚透水库和官山辽水库重点水源地保护工程。实施农村饮水提质增效工程,加快推进农村人饮集中供水工程建设。继续推进小型农田水利重点县建设,抓好长歧、那板等重点灌区节水改造,开展农业主产区规模化高效节水灌溉工程建设。[市水利局、发改委、扶贫办,各县(市、区)人民政府等]

139. 加快推进重点海堤标准化建设,构建堤库结合的防洪抗旱减灾体系,继续推进病险水库除险加固工程,消除安全隐患。[市水利局、发改委,各县(市、区)人民政府等]

140. 加强界河整治,确保国土安全。加强农村气象应急防灾基础建设,提高气象应急监测和信息发布能力,建成农村公共气象服务平台。[市水利局、气象局、农委,各县(市、区)人民政府等]

九、打造海洋经济强市

141. 优化海运船舶运力结构,大力发展节能环保、经济高效的运输船舶,促进船舶向大型化、专业化、智能化方向发展。努力开辟新的远洋国际航线和东盟国家航线,加快海运业资源整合,吸引国内外航运及航运服务企业落户我市,合力打造北部湾国际航运中心。(市交通运输局、商务局、北部湾港口管理局防城港分局等)

142. 培育壮大本地优势企业,支持企业参与港口营运、航道维护、航线安全保障,鼓励企业向集团化、规模化方向发展。(市交通运输局)

143. 加快发展航运金融、保险、咨询等高端航运服务业,建设集港口通关、航运服务、物流信息、船舶经纪、金融保险服务等于一体,具有政府管理服务、港航及关联企业集聚运营、信息集散等功能的航运服务集聚区。拓展港口综合服务保障功能,提高应对重大海上突发事件能力。(市交通运输局、物流办、北部湾港口管理局防城港分局、金融办、口岸联检部门等)

144. 培育壮大海洋船舶工业。依托钢铁基地的支撑优势,以修船起步、修造并举,推进大型船舶修造船基地建设。支持企业建设技术中心,提高船舶设计和关键设备研发能力,推广绿色造船技术,研发建设特色船舶。(市工信委、发改委等)

145. 大力发展海工装备制造业。充分利用我市打造大型修造船基地契机,发展船舶上游产业。积极引进吸收国际领先水平的工艺技术装备,发展海洋工程装备。围绕海洋新兴产业开发,大力发展新兴产业配套装备。逐步建成面向南海的超大型海洋工程服务基地。(市工信委、发改委等)

146. 加快海洋产业转型升级,培育壮大新兴海洋产业,培育发展海洋产业园区。加快海洋生物制药研发,构建海洋生物制药、医疗保健品研发及产业化基地。大力发展溴系列制品、苦卤综合利用制品等高性能产品,培育提升精细加工产业。推进“数字海洋”建设,逐步建立海洋信息综合服务体系。(市工信委、海洋局、发改委等)

147. 加快发展现代海洋渔港渔业。推动传统渔业向设施渔业、近海渔业向深海渔业转型。大力发展生态养殖和设施渔业,加快养殖池塘标准化建设和近海网箱设施改造。建设远洋捕捞基地,积极稳妥发展外海和远洋渔业。统筹规划新建、改扩建各类渔港及避风锚地,加快集渔船安全避风、后勤补给、加工贸易和休闲渔业等于一体的现代化渔港建设。(市水产畜牧局)

148. 大力发展海产品精深加工和综合利用。加快推进海产品精深加工园区建设,建设国际水产品交易中心和冷链物流中心,培育发展一批海产品精加工龙头企业,加强特色品牌建设,加快建设面向东盟的海产品加工基地。到 2020 年,全市规模以上的海产品加工企业达到 30 家以上,海产品加工总量达到 30 万吨。(市水产畜牧局、工信委等)

149. 加快发展现代水产种业和健康养殖工程。规划建设北部湾海水种业产业园,加强海洋生物养殖与育种技术研发,提高养殖种质和养殖品质。加快现代海洋渔业(核心)示范区建设,基本实现人工育苗产业化。积极建设海洋牧场,大力发展海珍品养殖,形成以贝类苗种为主,海参、鲍鱼、海胆等多种海珍品苗种为辅的产业格局。(市水产畜牧局)

150. 加强渔业生态资源保护。建设近海渔业增殖功能区、人工鱼礁区、种质资源保护区,实现渔业资源的可持续利用。建立涉渔工程建设的资源生态补偿机制,切实执行水域滩涂养殖证制度,推广应用生态养殖、循环养殖、洁水养殖等先进养殖技术,严格控制养殖密度,减少养殖污染。(市水产畜牧局)

十、推进新型城镇化和“全域防城港”建设

151. 推进以人为核心的新型城镇化。扎实推进国家“三个一亿人”工作方案,深化户籍制度改革,促进有能力在城镇稳定就业和生活的农业转移人口举家进城落户,并与城镇居民有同等权利和义务。依托小城镇和新型农村社区,实现“就地就近城镇化、就地就近市民化、就地就近实现基本公共服务均等化”。结合征地拆迁安置区建设,加大城市棚户区和城乡危房改造力度,优先解决被征用土地农民的市民化问题。(市发改委、住建委等)

152. 有序推进农业转移人口市民化。按照尊重意愿、自主选择,因地制宜、分布推进,存量优先、带动增量的原则,有序推进农业转移人口市民化。以农业转移人口和随迁家属、城中村和棚户区人口、大中专学校毕业生为重点,统筹推进户籍制度改革和基本公共服务均等化,逐步提高人口市民化质量。实施居住证制度,努力实现基本公共服务常住人口全覆盖。常住人口城镇化率年均提高 2 个百分点左右,2020 年达到 65%,促进 15 万左右农业转移人口落户城镇。[市发改委、住建委、公安局,各县(市、区)人民政府等]

153. 建立健全农业转移人口市民化推进机制。强化各级政府责任,充分调动社会力量,构建政府主导、多方参与、成本共担、协同推进的农业转移人口市民化机制。建立健全财政转移支付同农业转移人口市民化挂钩机制、城镇建设用地增加规模同吸纳农业转移人口落户数量挂钩机制。维护进城落户农民土地承包权、宅基地使用权、集体收益分配权,支持引导进城落户农民依法自愿有偿转让所属权益。[各县(市、区)人民政府]

154. 优化城市布局。提高城市规划、建设、管理水平。落实国家和自治区主体功能区规划、市县空间规划,城市规划要融入边海经济带的理念,优化城市空间,形成“一核、三湾、四轴、五组团”的城市发展总体格局。重点打造城市核心区,市中心区主要布局行政办公、企业总部、文化、教育、科技、商业、居住,建设成为充分展现新兴现代化滨海都市形象的行政、商贸、文化、信息中心和现代服务业集聚区。构建由海湾新区、防城组团、渔沥组团、江山组团和企沙组团构成的城市多组团。进一步优化提升以生活居住、旅游服务为主的西湾和珍珠湾,以及以港口、临海工业为主的东湾。着力培育沿海、沿边、上企(上思至企沙)、钦崇(钦州至崇左)上思段四条城镇发展轴。[市住建委,各县(市、区)人民政府等]

155. 统筹规划市中心区、防城区一江两岸、西湾新城,着力建设具有江海风光、东盟风情、宜居宜商的美丽海湾新区,打造防城港市的政治文化中心、科技金融中心、现代服务业集聚中心。(市住建委,防城区人民政府、港口区人民政府等)

156. 完善城市交通体系,加快完善西湾环海大道、东湾大道、文昌大道、伏波大道等城市主干道建设,加快推进文昌大桥和防城三桥,加快建设江山半岛环岛东路改扩建工程、防城至江山一级公路、企沙观音墩大桥。(市市政局、住建委等)

157. 推进常山新区、城南新区、文昌新区、江山大道以南等片区路网建设,实施一批城区小街小巷道路改造。(市住建委、市政局等)

158. 加快建设长途汽车客运站、公交车站及一批城区公交候车亭等交通项目建设,规划建设企沙至江山半岛、防城至东兴城市轻轨,打造城市快速便捷交通网络。统一规划建设城市监控管理系统,全面提升城市智能化、精细化管理水平。[市交通运输局、市政局,各县(市、区)人民政府等]

159. 强化市政公共服务设施建设,新建和改造完善一批城市供水、排污、燃气、电力、通讯管网,积极推进城区地下综合管网建设和改造。加快城市污水垃圾处理项目建设,建成大西南、江平、企沙、江山等一批污水处理厂及截污管网;完善一批商场、市场、公园、广场、停车场、公厕等设施,以中央商务区、桃花湾片区、常山新区为重点,以荣顾购物公园、阳光海岸、恒大御景湾、防城区嘉乐城等大型城市综合体为引领,完善城市生活设施配套,打造城市良好的发展环境和人居环境。积极探索和加快构建更为完善合理的城市排水防涝工程体系,建成雨水自然积存、自然渗透、自然净化的“海绵城市”。[市市政局、住建委,各县(市、区)人民政府等]

160. 加强城市防灾减灾能力建设,完善地震、气象、消防等防灾减灾体系。[市地震局、气象局、消防支队,各县(市、区)人民政府等]

161. 依托“三岛三湾、山海相依、河海相连”地貌特征,打造“海在城中,城在海中”全生态海景特色精品城市。城市规划建设要充分挖掘海洋文化内涵,体现山海元素和特色,做到显山露水、凸显边海色调风格。打造城市核心景观带,完善景观布局,把北部湾海洋文化公园、仙人山公园、龙

马明珠公园、伏波文化园及西湾城市沙滩等打造成环西湾景观带。（市住建委）

162. 规划建设连通湾岛的路桥和航道，推进水陆无障碍互联互通。积极做好“皇帝沟”和“潭蓬”两条海上古运河保护开发，加快打造环岛旅游新景点。实施创建国家园林城市计划，以百里黄金海岸景观带和边海大道为重点，实施一批城建重点项目。（市交通运输局、江山旅管委、旅发委等）

163. 建设一批园林景观道路，推进绿色慢道休闲空间建设，启动西湾人文生态绿色廊道、边海大道绿化亮化提升工程建设。推进桃花湖公园建设，建设金花茶公园、沙潭江湿地公园、蜈蚣岭公园、企沙凤凰公园，规划建设园博园，争创国家园林城市。建设完善防城江二桥至针鱼岭大桥两岸河堤和绿化亮化工程，打造防城江至西湾绿色生态廊道，建设“一江两岸”亲水生态城市。（市住建委、市政局、林业局，港口区人民政府、防城区人民政府等）

164. 抓好东兴城市风貌改造，统一沿线街景风貌，凸显东盟、边关、民族特色，打造魅力边城。（东兴市人民政府）

165. 建设新型城镇。实施大县城和重点镇战略，推进企沙、那良、扶隆、在妙、江平等城镇化示范镇建设工程，打造集约、绿色、智慧、人文、特色的城镇体系。节约集约利用土地、水和能源等资源，促进资源循环利用，建设集约城镇；将生态文明理念全面融入城镇发展，构建绿色生产方式、生活方式和消费模式，建设绿色城镇；统筹利用城市的信息资源和智力资源，推动物联网、云计算、大数据等新一代信息技术创新应用，实现与城市经济社会发展深度融合，建设智慧城镇；发掘城镇文化资源，强化文化传承创新，展现地域文化差异，建设历史底蕴厚重、时代特色鲜明的人文魅力城镇；积极推进一批农业特色、工业特色、旅游特色、边关口岸特色、生态园林特色的小城镇建设。［市发改委、住建委、环保局、文化委、国土资源局、水利局、工信委、农委、旅发委，各县（市、区）人民政府等］

166. 推动产城深度融合发展。坚持产业强市、产城一体，以产业发展为支撑，以城镇建设为依托，同步规划产业发展和城镇建设，科学选择产业和城镇的空间组合方式，构建产城融合发展的新格局。以混合功能、职住平衡为导向，完善城市功能分区，大力发展集生产、服务和消费于一体的工业综合体和产业新城，建设一批具有城市综合服务功能的产业新城，促进商贸、居住和交通系统的有序衔接。高耗能、高污染等项目独立选址或进园发展；高新技术产业、文化创意产业、现代服务业等主要布局在城市市区；城市新区突出产业、人居、生态等复合功能，促进功能现代化、产业高端化，建设产城融合发展的示范区。（市住建委、发改委、工信委、商务局、住房局、交通运输局、科技局、文化委、相关园区管委等）

167. 实现城乡规划的“全域覆盖”。加快城乡规划体制改革，统筹城乡发展规划。进一步加强经济和社会发展规划、城市总体规划及土地利用规划的有机衔接，加强城乡规划在产业布局、基础设施网络、公共服务设施、生态空间布局等方面的协调，合理安排城镇建设、农田保护、产业聚集、村落分布、生态涵养等空间布局。完善市域城镇体系、土地利用、乡镇总体规划和村（社区）建设规划，以及市域一体的产业体系、交通体系、公共服务体系等规划，努力实现城乡规划的“全域覆盖”。［市住建委、国土资源局、发改委、环保局、交通运输局，各县（市、区）人民政府等］

168. 促进城乡交通“全域畅通”。加快推进市域高速公路网、市域快速通道网、中心城区快速路网、市镇路网建设，构建以市中心区为中心、连接四个县（市、区）的“1 小时”快速交通体系，努力形成速度快、容量大、方式种类多的城乡交通“全域畅通”。［市交通运输局，各县（市、区）人民政府等］

169. 促进城乡社会公共服务的“全域均衡”。推进城乡要素平等交换、合理配置和基本公共服务均等化。建立城乡统一的人力资源市场，保障城乡劳动者平等就业。建立城乡统一的建设用地市场，建立土地增值收益分配机制，在符合规划和用途管制的前提下，允许农村集体经营性建设用地出让、租赁、入股，实行与国有土地同等入市、同权同价。加快构建普惠“三农”的农村金融市场体系，积极发展新型农村合作金融组织。扩大公共财政覆盖农村范围，提高基础设施和公共服务保障水平。促进城乡公共资源均衡配置，把社会事业发展重点放在农村和接纳农业转移人口较多的城镇，推动城镇公共服务向农村延伸。强化城乡基础设施连接，推动水、电、路、气、邮政、消防等基础设施城乡联网、共建共享。加快形成政府主导、覆盖城乡、可持续的基本公共服务体系，推动城乡社会公共服务“全域均衡”。［市人社局、住建委、金融办、发改委、交通运输局，各县（市、区）人民政府］

十一、构建和谐友好生态文明体系

170. 推动生态产业化建设。加快培育节能环保、新能源汽车、生物医药、新材料、新能源等新型生态工业，构建高效集约循环生态工业产业链；实施产业园区生态化建设工程，大力推广使用先进技术、工艺和设备，进一步提高原材料的综合利用率，推进废渣、废气、废液和余热、余压的资源化利用，构建产业链生态产业园区。（市工信委、相关园区管委等）

171. 实施生态种植、生态林业循环提升工程，促进农业生产向绿色、有机、循环发展，大力发展绿色有机循环生态农业；加快发展绿色低碳高效生态服务业，提供绿色产品和绿色服务，促进绿色消费和生态旅游。（市农委、林业局、发改委、旅发委等）

172. 全面推进传统产业绿色改造，推行企业循环式生产、产业循环式组合、园区循环式改造，打造一批循环经济工业产业园。在工业领域全面推行循环型生产方式，重点对有色金属、石化、冶金、建材、制糖、林产等传统资源型产业进行生态化改造提升，注重产业间的循环和产业内部循环，提高我市产业资源利用效率和生态环境效益，逐步建立产业链条完整、资源开发合理、生产清洁环保、废物利用充分的循环经济体系。加快传统产业升级改造，抓好制糖、林化产业升级改造，积极研发生产精制糖、功能糖、药用糖、甘蔗制酒（朗姆酒）等高附加值产品，探索甘蔗和制糖产业向生物化工、生物质能源等方向转变。引导木材精深加工企业入园进区，提升园区产业配套能力，增强园区集聚功能，实现木材加工业绿色循环发展。（市工信委、林业局、相关园区管委等）

173. 在农林业领域推动资源利用节约化、生产过程清洁化、产业链接循环化、废物处理资源化，形成农林牧渔多业共生的循环型农业生产方式，改善农村生态环境，提高农业综合效益。（市农委、林业局、水产畜牧局等）

174. 构建循环型服务业体系，充分发挥服务业在引导树立绿色低碳循环消费理念、转变消费模式方面的作用；推进社会层面循环经济发展，完善回收体系，推动再生资源利用产业化，发展再制造，推进餐厨废弃物资源化利用，实施绿色建筑行动和绿色交通行动，推行绿色消费，实施大循环战略，加快建设循环型社会。(市发改委、环保局等)

175. 推动生态环保产业化。积极引入社会资本投入生态建设和环境保护，推进第三方专业化治理，促进生态环保产业化。在退耕还林、生态公益林、生物多样性保护等重大生态工程领域采用政府购买或与社会资本合作等方式推进建设。建立生态损害者赔偿、受益者付费、保护者得到合理补偿的市场化运行机制。以环境公共服务、产业园区集中治污、重点行业深度治理、农村环境整治为重点，推进环境污染第三方治理。推进城镇污水、垃圾处理等环保设施建设运营产业化。(市环保局、林业局、市政局等)

176. 推动生活方式低碳化。广泛开展生态文明宣传教育，推崇文明、绿色的生活方式和消费模式，全面提高全民生态文明意识。深入开展绿色低碳生活行动，把绿色低碳消费培育成为新的消费热点。增强全社会绿色低碳消费意识，树立理性消费理念，推广绿色服装、引导绿色饮食、鼓励绿色居住、普及绿色出行、发展绿色休闲。倡导合理消费，力戒奢侈浪费，制止奢靡之风。深入反对食品浪费、反过度消费行动，推动形成勤俭节约的社会风尚。在生产、流通、仓储、消费各环节落实全面节约。完善生产者责任延伸制度，推行绿色供应链管理，推进绿色包装、绿色采购、绿色物流、绿色回收，大幅减少生产和流通过程中的能源资源消耗和污染物排放。加大政府采购环境标志产品力度，鼓励购买节水节电环保产品，减少一次性用品的使用。(市商务局、环保局、质监局等)

177. 促进资源节约集约利用。推进节能减排，推动低碳生产。发挥节能与减排的协同促进作用，全面推动重点领域节能减排；提高全社会资源产出率，完善再生资源回收体系，推进矿渣等大宗固体废弃物综合利用；加强资源节约，节约集约用水、土地、矿产等资源，加强全过程管理，大幅降低资源消耗强度。发展绿色矿业，加快推进绿色矿山建设，促进矿产资源高效利用，提高矿产资源开采回采率、选矿回收率和综合利用率。(市发改委、工信委、国土资源局、环保局等)

178. 提高资源高效利用。坚持最严格的节约用地制度，建设集约紧凑型城镇，推进城镇低效用地再开发和工矿废弃地复垦，严格控制农村土地用地规模，提高城乡建设用地节约水平。实行最严格的水资源管理，发展节水农业，推进企业节水改造，建设节水型社会，不断提高农业灌溉用水和工业万元增加值用水。建立健全生活垃圾分类回收和再生资源回收体系，推进生产和生活系统循环链接，形成覆盖全社会的资源循环利用体系。(市国土资源局、水利局、环保局等)

179. 强化生态建设。严格划定生态红线和用途管制，加强重点生态功能区和自然保护区管护，构建以十万大山山脉生态资源支撑带和南部滨海生态防护带为主骨架，以重点生态功能区为重要支撑，以点状分布的自然保护区为重要组成的生态安全格局，增强涵养水源、保持水土、净化空气、防洪防潮等生态产品的供给能力。实施重大生态修复工程，大力实施造林绿化、退耕还林、防护林体系建设，抓好森林、草地、湖泊、海洋等重要生态系统、生态脆弱地区的保护修复，推进天然林保护、沿海防护林、生态公益林建设，调整树种结构，适度控制速生桉种植，稳步提高森林覆盖率。以保护金花茶、红树林为重点，加强生物多样性保护，切实保护珍稀濒危野生动植物、古树名木及自然环境，保持自然生态系统功能稳定。加强边境地区外来物种入侵防控。严格实行产业准入负面清单制度，强化近岸海域及重点流域污染防治，重点整治江河入海排污口，加强对主要入海河流流域、河口及陆源排污口的监控管理，实施污染物总量控制制度。加强海洋生态环境保护和环境监测，严格控制临海工业废水排放，严禁任何类型的污水未经处理向海洋直接排放。[市环保局、林业局、国土资源局、海洋局，各县(市、区)人民政府等]

180. 强化环境治理。以改善环境质量为核心，全面落实大气、水、重金属土壤污染防治计划。实施最严格饮用水源地保护制度，优先保护未受污染河流，推进城市内河、乡村河沟等治理。实现工业城市污染源全面达标排放，城市污水、垃圾无害化处理率95%以上。推进城乡环境综合整治，实施农业面源污染防治工程，加大对种养业特别是规模化畜禽养殖污染防治力度，实现化肥农药使用量逐年下降，推动农膜减量使用，推进种养业废弃物资源化利用、无害化处置。实施水、大气、土壤污染防治行动计划，加强防城江、明江、北仑河、茅岭江等主要江河污染治理与保护，在全市乡镇尤其是水源地保护区乡镇实行生活污水垃圾处理设施全覆盖。加大整治港口码头粉尘污染，持续改善空气质量，可吸入颗粒物浓度稳步下降。加强机动车环保检测和污染防治。加强危险废物处置能力建设。增强应对气候变化能力，坚决防止规模污染事件发生，保持我市优良的生态环境。[市环保局、水利局、农委、市政局、北部湾港口管理局防城港分局，各县(市、区)人民政府]

181. 健全生态文明制度体系。按照源头严防、过程严管、后果严惩的思路，发挥市场机制和政府作用，建立健全生态文明制度体系。实行最严格的源头保护制度和环境保护责任追究、环境损害赔偿、自然资源资产离任审计制度。健全重大工程项目布局建设决策过程的公众参与机制，推行环境污染群众举报奖励制度。建立健全自然资源资产产权和用途管制制度、资源有偿使用制度和重点地域、重点流域的生态补偿制度，国土空间开发保护制度，重点建立防城江、那梭江、北仑河流域的生态补偿机制。建立健全生态补偿机制，探索建立环境资源使用权交易平台，完善碳排放权交易和排污权交易制度，严格划定永久基本农田、城镇开发边界、生态管理、水资源管理等红线。强化价格引导和税费调节，形成有利于资源节约和环境保护的制度安排和利益导向。加强环境治理和环保执法建设，提高环境监测和监管能力，形成政府、市场、公众多元共治环境治理体系。强化环境监督管理，将生态红线保护纳入各级政府绩效考核。[市环保局，各县(市、区)人民政府等]

182. 大力实施美丽广西乡村建设重大活动规划纲要，坚持政府引导、规划先行、群众自愿、社会参与，在巩固清洁乡村、生态乡村基础上，持续推进宜居乡村、幸福乡村建设，实现农村环境优美、农民生活幸福、乡村和睦安宁。积极打造重点区域"四大生态乡村示范带"建设(上思十万大山、东兴大国门边海、港口大东沙、防城港大南山边关)。全面提高农村基础设施和公共服务设施水平，大幅提升农村人居环境质量。[市美丽办，各县(市、区)人民政府等]

183. 大力推进乡村道路硬化、危房改造、饮水安全、电网改造、通信设施、供水排水、绿化美化、环境卫生等基础设施建设，建立健全农村基础设施投入运营管理长效机制。加强农村人居环境集中连片综合整治，开展污水垃圾专项治理和土壤环境整治，严格控制重污染工业向农村转移，严防城市和工业污染向农村扩散，创建绿色村屯。发展乡村休闲旅游业，依托乡村生态和特色农业资源，实施生态经济工程，积极发展乡村休闲旅游业，带动农村经济发展。优化村屯布局，实施村镇规划集中行动，提高村庄布局、村落规划和民居设计水平，建设农村社区。[各县（市、区）人民政府]

184. 深入开展环境秀美、生活甜美、乡村和美专项活动。加强农村精神文明建设，以培育新型农民、优良家风和文明乡风为重点，扎实推进文明村镇和绿色村屯创建，提高农民文明素质和农村社会文明程度。扎实推进产业富民、服务惠民、基础便民专项活动，实现农村生活条件明显改善，生态环境明显改观，农民过上文明、和谐、幸福的美好生活。[市美丽办，各县（市、区）人民政府]

十二、深化改革完善体制机制

185. 推进政府职能转变。进一步取消和下放行政审批事项，不断规范优化行政审批流程，实行审批项目、条件和程序向社会公布，推行“阳光审批”。加强事中事后监管，规范中介服务，促进放管结合。建立健全权力清单制度，清单之外的一律不得实施审批。深化商事制度改革，建立健全市场准入负面清单制度，推进工商注册便利化，完善工商营业执照、组织机构代码证和税务登记证“三证合一”登记制度，全程实施电子化登记管理。（市编办、政务办、工商局等）

186. 深化政府机构改革。深化行政审批改革，成立市级审批局和各县（市、区）综合审批局。加快推进事业单位分类改革，完善市、县、乡镇管理体制。加强城乡社区建设，完善社区管理和服务体系，创新城乡社区治理机制。建立健全环保机构监测监察执法垂直管理制度。建立健全不动产登记机构，实行统一管理。[市编办、人社局、环保局、国土资源局，各县（市、区）人民政府等]

187. 创新行政管理方式。健全市县乡三级联动政务服务体系，建成使用市本级新政务服务中心项目。建立建设项目并联审批信息平台，提升政务服务效率。推进重点领域信息公开，实现政务服务信息共享。开通自治区政务信息公开基层化应用平台，争取全市全部乡镇实现应用。[市政务办，各县（市、区）人民政府等]

188. 深化财税金融体制改革。构建和完善覆盖政府所有收支的预算体系，完善国有资本经营预算制度，建立全面规范、公开透明的预算制度，实行跨年度预算平衡机制和中期财政规划管理。健全规范合理的地方债务管理及风险预警机制。积极落实国家增值税、消费税、资源税、环境保护税、房地产税、个人所得税等重大改革举措，深化国税、地税征管改革。清理规范各项财税优惠政策。建立政府投资项目资金统筹平衡机制，引导财政资金集约化使用。稳步推进国库管理、政府采购监督和非税收入管理改革，建立健全动态预算执行监控体系。优化财税结构，逐步降低非税收入比重。[市财政局、国税局、地税局，各县（市、区）人民政府等]

189. 加快金融体制改革。建设现代金融服务体系，增强金融对实体经济的服务功能。进一步完善农村金融体系，建立金融支持“三农”长效机制，全面深化农村信用社改革，探索适合农村实际需求特点的金融产品和服务。深化沿边金融综合改革，加强金融基础设施建设，健全跨境金融合作交流机制，探索建立沿边跨境金融服务中心。完善地方金融管理体制，建立金融改革风险防范机制。[市金融办、防城港银监分局、人民银行防城港市中心支行，各县（市、区）人民政府等]

190. 深化国企国资改革。按经营性和公益性对国有企业实行分类改革、分类监管、分类考核，完善以管资本为主的国有资产管理体制。坚持政企分开、政资分开，推进经营性国有资产集中统一监管。深化国有企业公司制、股份制改革，实现国有企业股权多元化。健全现代产权制度，大力发展新型混合所有制经济，引入各类非公有制经济参与国有企业改革。建立健全现代企业制度，规范董事会建设，深化用人制度改革，建立国企领导人员分类分层管理制度，优化企业薪酬分配制度，健全长效激励约束机制。[市国资委，各县（市、区）人民政府等]

191. 深化投融资体制改革。推进政府投资和企业投资管理体制改革，进一步精简下放政府投资审批事项，做好取消和下放管理层级行政审批项目的落实和衔接。改革投资项目核准方式，提高核准备案效率。强化企业投资主体地位。激活民间投资，凡法律法规未明确禁止的行业和领域外，依法平等向民间投资开放。大力发展地方多层次资本市场，提高直接融资比重，支持实体经济发展，鼓励和引导社会资本通过特许经营、政府购买服务、股权合作等方式，全面推进政府和社会资本合作。[市发改委、金融办，各县（市、区）人民政府]

192. 深化园区管理体制改革。加快推进园区管理体制改革创新，在管理体制、财政体制、人员机构、开发建设模式、薪酬待遇、考评机制等方面，探索改革我市园区发展和管理模式。实行差别化管理，重新调整园区区域，明确各园区发展定位。创新园区运行机制，推行政府主导、市场化运行的企业化管理模式，提升园区执行力和创新力。建立健全多层次、多元化的投融资体系，增强园区投融资开发能力。出台财政、税收、土地等园区优惠政策，破解园区发展难题，释放园区发展潜力。[相关园区管委，各县（市、区）人民政府等]

193. 深化农村综合改革。完善农村集体经营性建设用地产权制度，加快农村土地承包经营权确权登记颁证，规范农村集体经营性建设用地产权管理，探索建立城乡统一的建设用地市场和农村产权交易市场。开展赋予农民对集体资产股份占有、收益、有偿退出及抵押、担保、继承权的试点，鼓励农村产权转让、出租、入股、抵押等。允许农民以承包经营权入股发展农业产业化经营，鼓励承包经营权向专业大户、家庭农场、农民合作社、农业企业流转，推动耕地“小块并大块”。推进林权流转和林权抵押贷款，建立林权交易、林权抵押管理、担保、监管与森林资产收储机制。[市农委、国土资源局，各县（市、区）人民政府]

194. 深化土地管理制度改革。创新土地利用总体规划实施管理。做好新一轮土地利用总体规划修编。深入开展土地承包经营权、集体建设用地上房屋所有权、林权、海域使用权等农村“四权”确权工作。深化城乡建设用地增减挂钩、集体建设用地流转、低丘缓坡未利用地综合开发利用等改革。推进土地管理审批制度改革，完善“审管分离”制度。

健全节约集约用地的综合考评、监管体系。改革完善矿产资源综合开发利用机制。深入推进征地制度改革，缩小征地范围，规范征地程序，完善被征地农民合理、规范、多元保障机制，让农民公平分享土地增值收益。[市国土资源局、林业局、海洋局、征地办，各县(市、区)人民政府等]

195. 深化文化体制改革。建立政府、市场、社会全方位参与的公共文化建设、管理、运行和保障机制，构建现代文化市场体系和现代公共文化服务体系。进一步完善文化管理和国有文化资产管理体制。鼓励民营资本进入市场，引导文化市场多元化发展。(市文化委)

196. 深化科技体制改革。健全科技决策机制，优化科技资源配置。建立完善鼓励创新政策和科技成果转化激励机制。积极实施创新驱动发展战略，加快构建以市场为导向、企业为主体、产学研协同的科技创新体系。努力消除体制机制性障碍，支持科技型企业特别是中小企业创新发展。完善知识产权保护制度，推动科技与经济深度融合。(市科技局、知识产权局等)

197. 深化教育体制改革。扎实推进素质教育、义务教育均衡发展、职业教育办学模式、考试招生制度、教育综合统筹等教育体制改革，着力创新教育管理和人才培养体制，提高教育质量。全面深化教师队伍人事制度改革，建立能上能下的教师职称评聘制度。探索学区制管理改革试点，合理配置教育资源，积极推进学区化办学，鼓励条件成熟的县(市、区)推动学区内校长、教师交流和优质教育教学资源共享。[市教育局，各县(市、区)人民政府]

198. 深化收入分配制度改革。围绕实现劳动报酬增长和劳动生产率同步提高，完善工资决定和正常增长机制、再分配调节机制、企业工资集体协商制度，规范收入分配秩序。深化机关事业单位收入分配制度改革，推进县级以下机关建立公务员职务与职级并行制度的实施，完善乡镇机关事业单位人员补贴政策。[市人社局，各县(市、区)人民政府等]

199. 深化社会保障体制改革。完善多元化保障制度，进一步完善城乡居民养老保险、失业保险、基本医疗保险、工伤保险制度，进一步完善城乡居民养老保险和城镇职工养老保险之间的接续和转移，进一步完善被征地农民参保政策，推进全市城乡居民医疗保障一体化建设。着力构建全面覆盖城乡居民的社会保障体系，健全社会保障管理机制和经办服务体系，提升社会保险信息化水平，打造“电子社保”。推进城镇居民基本医疗保险和新型农村合作医疗制度城乡整合，努力实现政策体系城乡统一、缴费标准城乡统一、待遇水平城乡统一、年度最高支付限额城乡统一。推进机关事业单位养老保险体制改革。[市人社局，各县(市、区)人民政府等]

200. 深化医药卫生体制改革。大力统筹推进医疗保障、医疗服务、公共卫生、药品供应、监管体制综合改革，加快健全全民医保体系。把医药卫生体制改革延伸至乡村，实行基本药物零差价、分级诊疗等，形成医疗、医保、医药联动机制，率先建立覆盖城乡的基本医疗卫生制度和现代医院管理制度。健全农村三级医疗卫生服务网络，完善以社区卫生服务为基础的新型城市医疗卫生服务体系。全面推进公立医院综合改革，深化基层医疗卫生机构综合改革，加强公共卫生服务资源整合，提高基层医疗卫生机构服务能力。鼓励社会办医，拓展社会办医空间，鼓励社会力量兴办健康服务业。优先支持举办非营利性医疗机构。[市发改委、卫计委，各县(市、区)人民政府等]

201. 深化食品药品安全监管体制改革。完善统一权威的食品药品安全监管机构，构建食品药品安全监管体系，推进食品药品安全源头管控。建立最严格的覆盖全过程的监管制度，建立食品原产地可追溯制度和质量标识制度，保障食品药品安全。[市食药监局、编办，各县(市、区)人民政府等]

十三、强化创新驱动能力

202. 提升产业技术创新能力。重视原始创新，强化集成创新和引进消化吸收再创新。强化企业创新主体地位和主导作用，聚焦重点行业和特色产业，支持以企业为主承担实施一批科技重大项目，研究开发一批共性关键技术，转化一批科技成果，培育发展一批具有核心竞争力的高新技术骨干企业，加快培育科技型中小企业群，打造创新型产业集群。推动校企合作、企企合作、政企合作，探索建立多形式的协作配套合作模式，推进产学研深度融合。推广转化民生科技成果，强化先进适用技术成果在医疗健康、公共安全、生态环保等领域的应用。(市科技局、发改委、工信委等)

203. 加强科技创新平台建设。支持、引导企业自建或者共建重点实验室、工程技术研究中心和企业技术中心等研发平台，加快新产品、新技术的开发应用。整合集聚创新资源，加大推进建设市高新区、农业科技园区等一批重点创新载体。加快一批专业孵化器和创新型孵化器建设，培育构建一批创新与创业相结合、线上与线下相结合、孵化与投资相结合的众创空间，集聚创客群体。建立完善公共检验检测、技术咨询、知识产权代理、科技信息服务等科技创新创业公共服务平台，营造良好的创新创业氛围。[市科技局、知识产权局、高新区管委、农委，各县(市、区)人民政府等]

204. 提高知识产权创造与服务能力。实施专利速增计划，提高知识产权创造数量和质量，制订专利质押融资相关扶持政策，建立知识产权交易平台，优化知识产权保护环境和提升知识产权服务能力，培育发展知识产权密集型产业。(市知识产权局)

205. 大力发展基础教育。全面提升各级各类教育办学水平，扩大学前教育资源供给，加大城乡公办幼儿园建设，全面实现“一乡(镇)一所”中心幼儿园，大力发展普惠性幼儿园，支持和规范民办幼儿教育发展，构建广覆盖、多形式、有质量的学前教育体系，学前教育三年毛入园率达到75%。均衡发展九年义务教育，改造升级义务教育薄弱学校，引导优质教育资源向薄弱学校和薄弱地区流动，加快推进义务教育学校标准化建设和义务教育综合改革，提高县域内义务教育均衡发展和标准化水平，消除城区义务教育“大班额”，县域义务教育均衡发展100%通过自治区评估验收，义务教育巩固率达到95%。关爱残疾少年儿童、进城务工人员子女、留守儿童等特殊群体的教育成长。加快高中阶段学校建设步伐，加强4所自治区级示范性普通高中的建设力度，建成北部湾高级中学、市理工职业学校新校区，打造一所全国知名普通高中。推进普通高中多样化和特色化发展，扩大普通高中教育规模，高中阶段教育毛入学率达到90%以上。率先从建档立卡的家庭经济困难学生实施普通高中免除学杂费。[市教育局，各县(市、区)人民政府]

206. 大力发展职业教育。构建现代职业教育体系，推进以市理工职业学校为支撑的市职教园区建设，探索园区条件下职业教育集中办学模式，建立健全政府主导、行业指导、企业参与的职业教育办学体制机制。提高职业教育办学质量，加强特色优势专业平台和实训基地建设。加强“双师型”教师队伍建设，全面推行工学结合、校企合作、顶岗实习的技能型人才培养模式。逐步分类推进中等职业教育免除学杂费。到2020年，新增劳动力平均受教育年限达13.5年。[市教育局，各县(市、区)人民政府等]

207. 加快发展高等教育。进一步完善市科教园区基础设施建设，鼓励区内外高校进驻园区办学，促进广西财经学院防城港校区专升本。力争到2020年有2所以上高等职业技术学院落户科教园区。(市教育局)

208. 加强教师队伍建设。全面深化教师队伍人事制度改革，建立能上能下的教师职称评聘制度，建立城乡教师定期交流和培训制度，建立和完善校长、教师、班主任激励机制，打造一支名校名师队伍。[市教育局，各县(市、区)人民政府等]

209. 培养和引进科技创新型人才。围绕边海经济带建设需要，推进重点产业高层次人才示范基地建设，加快高层次创新创业人才和重点领域急需紧缺专门人才开发，重点引进和培养能够解决我市产业发展重大技术和工艺性难题的高层次专业技术人才及其创新团队。加大医疗、教育等重点领域人才团队引进力度。创新人才引进方式，坚持国内与海外并重，加强与泛珠三角、长三角、环渤海湾等区域的人才交流与合作，吸引欧美发达国家和东盟国家知名高校和教育培训机构落户我市，合作培养涉外旅游、外经外贸、保税物流以及非通用语种等专门人才。(市委组织部、人社局、教育局等)

210. 统筹推进各类人才队伍建设。加强党政人才队伍建设，按照“信念坚定、为民服务、勤政务实、敢于担当、清正廉洁”的标准打造一支高素质党政人才队伍。加强企业经营管理人才队伍建设，培育一批现代企业家和职业经理人。加强专业技术人才队伍建设，重点推进教育、公共卫生、社会发展领域专门人才建设。加强技能人才队伍建设，培养造就一支梯次合理、门类齐全、适应先进制造业和现代服务业发展需要的高技能人才队伍。加强农村实用人才队伍建设，适应推进农村改革发展、建设社会主义新农村的需要。加强社会工作人才队伍建设，提高我市社会工作专业化、职业化水平。创新人才培养模式，建立“校地联合”人才培养机制，实施“名校在防城港”工程，与全国“211工程”高校开展“办学联姻”活动，合作培养各类人才。(市委组织部、人社局、教育局等)

211. 实施人才开发重点工程。继续实施聚才扬帆工程，实施产业人才集聚工程、人才小高地建设提升工程、边海英才培育工程、海外创新创业人才引进工程、高技能人才培养工程、城乡创富人才培育工程、科技孵化器培育工程、少数民族人才培育工程。推动北部湾经济区重大人才项目建设，继续抓好“白鹭英才计划”、人才优先发展示范点、县域人才工作品牌创建和跨境电子商务人才队伍建设等。建设防城港市技工学校、中国—东盟合作产业技工培训基地、中国—东盟国际劳务市场，以满足产业发展的需要。(市委组织部、人社局、教育局等)

212. 拓展投资增长空间。优化投资结构，增加有效投资，促进投资规模扩大、结构改善和效益提高。发挥财政资金撬动功能，带动更多社会资本扩大投资。把增投资与调结构结合起来，实施重大投资工程包，促进投资向重大基础设施、先进制造业和战略性新兴产业、现代服务业、现代农业、新型城镇化、生态环保、社会事业和公共服务等领域倾斜。(市发改委)

213. 促进消费扩大和升级。以扩大服务消费为重点带动消费结构升级。开展促消费、惠民生行动，实施养老家政、旅游休闲、信息、绿色、住房、文教体育等重点领域消费工程，引导消费向智能、绿色、健康、安全方向转变，发展消费新业态。开拓农村市场，扩大农村消费。(市商务局、发改委等)

214. 激励大众创业万众创新。推动大众创业万众创新，释放新需求，创造新供给。制订出台扶持创业创新特别是中小微企业发展的政策措施，在租金、场地、税费等方面给予支持。支持基于互联网的各类创新，大力发展“互联网+”创业网络体系，鼓励企业、高校和机构投资建设新型孵化载体，培育众创空间。支持研发设计、科技金融、创业孵化、成果交易、认证检测等创新服务平台建设，积极发展众创、众包、众扶、众筹等方式。发挥财政资金杠杆作用，以贴息、补助、创投基金等方式，引导社会资本投入，大力发展风险投资、天使投资，帮助创新创业者解决筹资难、筹资贵问题。(市发改委、工信委、商务局、财政局、金融办等)

十四、打赢脱贫攻坚战

215. 扎实做好精准识别，建立完善精准扶贫机制。强化党政“一把手”负总责的脱贫攻坚责任制，全面落实扶贫责任、权力、资金、任务“四到县”制度，完善脱贫摘帽激励机制。严格实行脱贫工作责任制，进一步完善市县抓落实的工作机制，强化脱贫工作责任考核，对贫困村重点考核脱贫成效。[市扶贫办，各县(市、区)人民政府等]

216. 深入实施脱贫攻坚工程，以十万大山山区为主战场，全面实施脱贫攻坚“十五大行动”。以十万大山山区14个乡镇，120个行政村为重点，开展基础设施建设扶贫、社会保障扶贫、产业扶贫、就业培训和劳动输出扶贫等十项项目建设。[市扶贫办，各县(市、区)人民政府等]

217. 按照“统一规划、集中使用、渠道不乱、用途不变、各负其责”的原则，统筹整合扶贫资金向十万大山山区倾斜，着力改善基础设施状况，全面解决群众饮水安全、住房安全、医疗卫生、信息网络等问题；加强社会公共服务建设，提升共享水平，让贫困群众有更多的获得感；培育壮大一批特色优势产业，精心培植家庭产业，不断增强“造血”功能；清除发展障碍，切实解决制约发展的瓶颈问题；注重自然生态保护，积极稳妥推进生态移民工程。[市扶贫办，各县(市、区)人民政府等]

218. 在东兴市、防城区、上思县3个边境县(市、区)继续实施兴边富民行动大会战，打造百里幸福边境线。(东兴市人民政府、上思县人民政府、防城区人民政府)

219. 重点解决村屯道路、饮水、用电、卫生、教育、文化、广播电视等问题。全面解决边境地区群众行路难、饮水安全、用电难等问题。[市扶贫办，各县(市、区)人民政府等]

220. 创新公共服务提供方式，提高边境一线社会公共服务共建能力。大力支持边境地区发展特色优势产业，特别是特色水果种植和水产品、畜禽特色养殖。加大旅游业扶持力度,依托特色旅游资源,做大边境旅游、民族村寨旅游、跨国旅游。(东兴市人民政府、防城区人民政府等)

221. 繁荣边境贸易,充分发挥东兴国家重点开发开放试验区的辐射作用,以试验区为依托,通过产业集聚和项目建设,在边境村落建成一批加工区、产业园,带动边境农村脱贫致富。积极向自治区争取将上思县纳入兴边富民大会战范畴(东兴试验区管委会办公室,上思县人民政府、东兴市人民政府、防城区人民政府等)。

222. 全力实施贫困村整村推进扶贫开发,对全市81个贫困村实施整村推进扶贫开发。全面提升贫困农户自我发展能力,改善扶贫对象生产生活条件。对贫困村基础设施建设、产业开发、生态环境建设、社会事业发展、基层组织建设等方面进行全面升级,以县为平台,整合各类涉农资金和社会资源,集中投入,将贫困村建设成为公益设施较为完善的农村社区。[市扶贫办,各县(市、区)人民政府等]

223. 实现20户以上的自然屯全部通路,农村危房全部消除,广播电视、信息网络覆盖所有村屯,完成移民搬迁13000人,95%以上贫困农户有1项以上稳定增收的产业项目,贫困家庭学生就读中职、高职、普通高中免除学杂费,无劳动力或丧失劳动力和特殊困难家庭人口全部纳入社会保障体系。[各县(市、区)人民政府]

224. 到2019年,实现贫困人口、贫困村全部脱贫,上思县摘掉贫困帽子,贫困村农民人均纯收入达到1万元以上。[市扶贫办,各县(市、区)人民政府等]

十五、构建城乡"全域均衡"社会公共服务体系

225. 率先建成普惠性社会保障体系。按照"多缴多得"原则,建立和完善多层次缴费平台,全面落实全民参保计划,实现法定参保人员全覆盖,形成公平、统一规范的城乡居民养老保险制度,基本养老保险参保率达98%。以广西东兴国家重点开发开放试验区城乡居民基本医疗保险一体化建设为契机,推进全市城乡基本医疗保险统筹改革试点,到2020年实现城乡基本医疗保险覆盖率达99%。优化社会保险关系转移接续环境,推行社会保障"一卡通"制度,实现社会保障卡持卡人数达到60万人以上;坚持城乡居民医疗保险权益公平化原则,整合城乡居民基本医疗保险政策和经办管理。率先完善城乡医疗保险统筹制度,落实城乡居民大病保险制度。推行职工养老保险个人账户管理,进一步完善企业职工基本养老保险、失业保险、基本医疗保险、工伤保险、生育保险等制度。加强社会保险基金监督管理,推动企业年金、职业年金、商业保险发展,完善兼顾各类人员的社会保障待遇确定和正常调整机制建设。鼓励商业保险机构参与医保经办,推动补充保险特别是商业健康保险发展,实现社会保险城乡全域覆盖。[市人社局,各县(市、区)人民政府等]

226. 健全社会救助体系。进一步完善社会救助制度,筑牢民生保障底线和社会安全网络。适时提高最低生活保障水平,推进农村低保制度与扶贫制度衔接,参照贫困线合理调整农村低保标准;进一步加大分类施保,对无生活来源、无劳动能力、无法定抚养义务人员等群体,给予特困人员供养。健全城乡居民最低生活保障机制,率先实现应保尽保。大力发展社会福利事业,建立健全农村留守儿童和妇女、老人关爱服务体系。加大敬老院建设力度,建设4个以上农村养老服务中心,提高五保供养水平。政策惠及面进一步扩大,切实有效保障城乡困难群众的基本生活。完善受灾群众生活救助保障制度,做好自然灾害救助、医疗救助、教育救助、住房救助、就业救助、临时救助等社会救助工作,建设完善扶残助残服务体系。到2020年,社会救助体系实现城乡全域覆盖,孤儿收养率继续保持100%。[市民政局,各县(市、区)人民政府等]

227. 实施城镇棚户区和城乡危房改造。加大城镇棚户区和城乡危房改造力度,实行公租房廉租房并轨,加快推进住房保障和供应体系建设,完善配套基础设施建设,满足群众基本住房需求、实现全体人民住有所居。至2020年,30622户农村危房改造全面完成,农村危房全部消除,改造各类棚户区约2319户,受益居民累计达9万人。[市住建委,各县(市、区)人民政府等]

228. 实施就业创业发展战略。完善就业创业政策和体制机制,形成城乡全域覆盖的公共就业创业服务体系,加快产业转型升级,创新产业发展模式和业态,增加就业岗位。完善和落实创业鼓励政策,促进各类群体创业,以创业创新带动就业。加快国际劳务市场建设,加强外派劳务品牌经营,提高劳务输出的附加值。规范人力资源市场管理,维护劳动者就业权利。完善就业援助政策,多渠道开发公益性岗位,积极开展对外劳务合作。对城乡就业困难人员和未就业高校毕业生等重点人群开展"就业托底帮扶"活动,落实公益性岗位补贴、社保补贴、职业培训补贴和企业稳岗补贴等各项优惠政策和资金扶持,加大创业扶持和小额担保贷款工作力度。五年累计实现城镇新增就业人数达8万人。城镇登记失业率控制在4%以内。[市人社局,各县(市、区)人民政府等]

229. 完善就业创业服务体系。加强基层人力资源和社会保障平台建设,加快建立统一规范灵活的人力资源市场,加强职业培训和创业培训,健全全域覆盖城乡的就业创业服务体系。健全劳动关系和谐机制,全面实施劳动合同制度,不断扩大集体合同覆盖面。全面推进劳动用工备案制度。规范劳务派遣用工。全面实施劳动保障监察"两网化"管理,提高劳动人事争议处理效能,完善劳动争议处理机制,加强劳动争议调解仲裁。构建劳动用工更加规范、职工工资合理增长、社会保险全面覆盖、劳动条件不断改善、安全健康得到保障、争议救济渠道畅通的和谐劳动关系,切实保障职工和用人单位合法权益。率先推行终身职业技能培训,对贫困家庭子女、未升学初高中毕业生、农民工、失业人员和转岗职工、退役军人实行免费培训制度。鼓励实行工学结合、校企合作培养模式,建设一批职业培训实训基地,着力培养实用性强的技术工人。加强就业失业监测统计,完善失业保险和劳动关系协调机制。[市人社局,各县(市、区)人民政府等]

230. 深化收入分配制度改革,努力实现居民收入增长和经济发展同步、劳动报酬增长和劳动生产率提高同步"两个同步"。大力实施城乡居民收入倍增计划,多渠道拓宽居民收入。[市人社局,各县(市、区)人民政府等]

231. 建立健全企业工资正常增长机制和工资支付保障制度、企业工资集体协商制度,逐步提高最低工资标准。推进机关事业单位工资和津补贴制度改革,完善公务员工资制度和事业单位收入分配制度,逐步提高公务员和事业单位人

员的收入水平。[市人社局,各县(市、区)人民政府等]

232. 完善机关事业单位工资动态调整机制,切实提高基层职工待遇水平。加大农民职业技能培训,提高农民创收能力,拓宽农村居民增收渠道,使更多农民拥有薪金、股金、租金和保障金,促进收入较快增长。规范收入分配秩序管理,健全收入分配调控机制和政策体系,加快推进个人收入和财产信息系统建设,积极缩小城乡、区域、行政收入分配差距,形成合理有序收入分配格局。[市人社局,各县(市、区)人民政府等]

233. 实现人人享受基本医疗服务。完善区域卫生规划、医疗机构设置规划,迁建市中医院,推动市第一人民医院创建三甲综合医院,规划建设多家市级以上综合医院及专科医院,改善和加强城区医疗卫生综合服务能力,积极发展社会办医,满足群众对优质医疗卫生服务的需求。按照保基本、强基层、建机制的要求,建立健全基本医疗卫生制度,加快市、县、乡、村医疗卫生计生服务体系建设,加强乡镇卫生院等急需和薄弱领域建设,促进医疗资源向基层、农村流动,基本实现医疗卫生县乡一体化。积极推进流动人口卫生计生基本公共服务均等化。加快推进卫生应急体系建设,形成覆盖全市的紧急医学救助网络。健全医疗纠纷调节机制,构建和谐医患关系。加强基层和紧缺医护人才队伍建设。到2020年实现人人享有基本医疗卫生服务。实现每千人拥有2.5个执业医师,每千人拥有病床6张,人均预期寿命提高到77岁以上,5岁以下儿童死亡率控制在10‰以下。[市卫计委,各县(市、区)人民政府]

234. 促进人口长期均衡发展,积极应对人口老龄化。坚持计划生育基本国策,完善人口发展战略,全面实施一对夫妇生育两个孩子政策,加强生殖健康、妇幼保健、托幼等公共服务建设,提高出生人口素质,综合治理人口性别比偏高问题。保障妇女合法权益,加强未成年人保护,建立健全流浪未成年人保护体系。完善医养结合服务模式,在养老机构中设立医疗机构,在医疗机构中拓展养老服务,满足老年人多层次、多元化的医疗护理服务需求。实施健康老龄化战略,健全医养结合的全方位养老服务模式,建成以居家为基础、社区为依托、机构为补充的多层次、多元化养老服务体系,鼓励和支持社会力量投资养老服务业,提供全方位家政服务,满足老年人日益增长的医疗护理健康服务需求,提高老年人健康水平和生活质量。广泛开展老年常见疾病及伤害、老年营养改善和健康保健宣传,开展老年病的健康指导和综合干预,有效控制和降低患病率和病死率,提高65岁以上老年人健康管理服务覆盖面,提高老年人健康素养。健全医养结合养老服务模式的政策措施,制订医养结合服务模式的发展规划和服务标准,明确医养结合服务内容,实施卫生准入、民政扶持、医保定点等政策。加快全民健身公共服务体系建设,实施"e健康"工程(互联网+健康医疗),加强人口健康信息化建设。[市卫计委,各县(市、区)人民政府等]

十六、构建覆盖城乡的公共文化体系

235. 深入开展社会主义核心价值体系学习教育,积极培育和践行社会主义核心价值观,深化"中国梦"、中国道路的学习宣传教育,增强"三个自信"认识,夯实全市各族人民团结奋斗的思想基础,构建和谐社会建设的精神动力。充分发挥先进典型、重要节日、新闻媒体等宣传教育工作中的独特优势,多元化构筑宣传展示阵地。(市委宣传部)

236. 大力倡导海纳百川、互敬互爱、开放包容的海洋胸襟,广泛开展爱国主义、集体主义、社会主义教育,倡导学习孔繁森、焦裕禄、韦拔群等杰出共产党人的革命精神和光辉事迹,深入宣传本土"爱国戍边楷模"陆兰军的榜样和精神。(市委组织部)

237. 加强未成年人校外活动阵地建设,积极开展未成年人思想道德建设和大学生思想政治教育。加强社会公德、职业道德、家庭美德、个人品德教育,大力弘扬中华传统美德,倡导文明、健康、勤俭的生活方式,培育文明向上的社会主义新风尚。(市委宣传部、教育局等)

238. 大力实施文化惠民工程和重大公共文化工程,加大城乡公共文化设施建设,全面增强公共文化服务能力,为群众提供标准化、均等化的基本公共文化服务。充分发挥北部湾海洋文化公园、文化艺术中心、博物馆、图书馆、档案馆、科技馆、青少年活动中心、妇女儿童活动中心等场馆的作用,打造市级公共文化服务中心,规划建设工人文化宫。(市文化委)

239. 加强县(市、区)和基层文化设施建设,建成广覆盖、高水平、重实效的公共文化服务设施,实现村级公共服务中心全覆盖。扩大广播、电视、互联网覆盖面,全面推进公共文化服务数字化建设。加强乡镇综合文化站等农村公共文化设施建设,不断丰富农民精神生活。[市文化委,各县(市、区)人民政府等]

240. 加强社区文化建设,提高社区文化活动中心、图书馆、文化馆(站)覆盖率,让人民群众享有基本均等的公共文化服务。注重关心基层群众文化生活,持续开展文化下基层活动。推动文化地方立法,保护和传承非物质文化遗产。[市文化委,各县(市、区)人民政府等]

241. 积极创建国家公共文化服务体系示范区,力争到2017年各项建设指标达标,形成一批可推广、可复制的工作经验和做法,将我市打造成为中国—东盟文化交流与合作的重要支点和展示公共文化服务成果的"窗口"。(市文化委)

242. 积极推动文化创新,实施文化精品战略,完善覆盖全社会的公共文化服务体系。深入挖掘民族文化资源,通过诗词、歌曲、音乐剧、电影等各种表现形式打造文化品牌,优化提升文化精品,打造民族节庆演出和驻场演出品牌。(市文化委)

243. 加强文化人才培育和聚集,通过实施文化人才能力培养计划,引进文艺名家、培养领军人物,培育各类型文艺人才。加强基层文化队伍建设,培育一批文化基层活动骨干和带头人。[市文化委,各县(市、区)人民政府等]

244. 积极扶持群众自办文化,支持建立文化类社会组织,搭好展示交流平台,激励创作民俗鲜明的文艺作品。引导和支持歌圩文化、广场文化发展,推动发展公益性文化事业,增强文化创作力。(市文化委)

245. 建设文化生态保护区,完善非物质文化遗产四级名录体系及保护机制。积极推动群众性文化体育活动开展,实施"全民阅读"和"全民健身"计划。坚持文化体育事业标准化、均等化发展,加强城乡公共文化体育设施建设。[市文化委,各县(市、区)人民政府等]

246. 积极开展边海特色文化理论研究,深入挖掘沿边沿

海多民族的文化底蕴，做大做响特色文化节庆。积极引进和承办具有地方特色、场地优势的国内、区内大型赛事。（市文化委）

247. 创办北部湾文化艺术节，增强文化的影响力和辐射力。巩固和发展"中华诗词之市"成果。加强优秀民族文化传承，打造一批边海山特色的文化艺术精品。加大重点文物的保护，推进历史文化名镇、街区、名村建设，保护传统村落、少数民族村寨和民居。（市文化委）

248. 高水平规划和完善各地边海特色文化功能区布局，规划建设海洋文化展示平台，加快形成一批具有较强实力和竞争力的边海特色文化，扩大影响力和感召力。（市文化委）

249. 加大文化产业投入，培育壮大创意设计和影视制作、文化会展、文化旅游、文化节庆等产业，推动文化消费，壮大文化消费市场，提高文化产业在第三产业中的比重，促进新型文化业态发展。支持业余民族法治文化演出，扶持民族法治文化作品出版发行。注重本土民间艺人的培养，鼓励民营资本进入市场，引导文化市场多元化发展。推进广播影视、演艺、文化娱乐、休闲体育等领域的产业化进程，推进"文化＋科技"发展，促进传统媒体与新媒体的融合，推动文化创意和设计服务与相关产业融合发展。加快建设新型文化产业园。加强文化市场监管和文化领域知识产权保护。（市文化委）

250. 努力传承和弘扬丝绸之路友好合作精神，扩大与东盟国家的文化交流合作，发挥"窗口"城市在"一带一路"战略中的文化先行示范效应。大力培育地方特色对外文化交流精品，推动与越南等东盟国家更高层次合作发展，支持文化企业开拓东盟国际市场，推进文化广度、深度发展。以节庆为平台广泛开展与东盟国家的文化交流，创新"魅力东盟·走入中国"东盟文化之夜文艺晚会等演艺联欢平台，打造一批知名品牌体育赛事，促进与东盟的文化交流和合作，提高文化影响力。扩大东兴与越南芒街文化交流，继续开展一系列文化活动，巩固和提升中越传统友谊。突出创新特色，充分利用高端博览会平台，拓展与东盟的文化交流。积极参与沿海城市"海上丝绸之路"申报世界文化遗产，完成中越边境非物质文化遗产富民惠民示范带建设。［市文化委，相关县（市、区）人民政府等］

十七、加强和创新社会管理

251. 推行社会稳定风险评估机制。推行健全重大决策社会稳定风险评估机制，加大重大事项、重大项目稳定风险评估力度，按照"谁决策谁负责、谁主管谁负责"的原则，明确评估主体，加大重大项目社会稳定风险评估力度。开展包括项目社会稳定风险分析报告（篇章）编制、评估及评估结果应用、实施跟踪等内容的具体工作，从项目建设源头上预防和减少矛盾纠纷。［市委政法委、市发改委，各县（市、区）人民政府等］

252. 建立健全群众参与机制。扩大基层民主，加强和改进信访和调解工作，畅通公众参与渠道，健全完善法律援助体系，引导群众理性合法表达利益诉求。加快形成依法维权和调处化解矛盾纠纷综合机制，建立涉法涉诉信访依法终结制度。完善群众诉求表达机制，依法保障群众的知情权、参与权、表达权、监督权，拓宽群众参与渠道，积极为群众参与社会管理创造条件。建立和完善国家司法救助制度、法律援助制度。［市委政法委、市信访局、司法局，各县（市、区）人民政府等］

253. 完善社会矛盾排查调处机制。加强社会矛盾化解各个环节的工作，按照"属地管理、分级负责"和"谁主管、谁负责"的原则，实行挂牌督办和专案督导，超前化解，及时稳控，最大限度地减少社会对立或对抗，防止社会矛盾堆积、激化。［市委政法委、信访局，各县（市、区）人民政府等］

254. 发挥基层党组织群团作用。有效发挥基层党组织、人民团体和群众组织等在基层社会管理和公共服务中的重要作用，提高基层组织群众、引导群众、服务群众、维护群众合法权益的能力。不断夯实基层国家安全人民防线。（市委组织部、团市委、妇联等）

255. 完善城乡社区建设。健全基层群众自治机制，加强城乡社区协商，完善社区共建机制。强化乡镇（街道）、村（社区）社会管理和公共服务职能，工作重心转移到社会管理和服务上来。推行村（社区）网格化服务管理，将网格内的人、房、事、物、组织等元素全部纳入网格管理范畴，实现网格化覆盖率100%，着力解决农村（社区）公共服务"最后一千米"问题。把城乡社区打造成政府社会服务管理的平台、居民日常生活的依托、社会和谐稳定的基础。加快社区信息化建设，创建全市幸福社区"三网四联五达标"工程。［各县（市、区）人民政府］

256. 加快建立流动人口服务管理体系。健全市、县（区）、乡镇（街道）、村（社区）四级流动人口服务管理工作网络和公共服务体系。提高对流动人口的管理服务水平，强化对流动人口的信息采集、录入、更新、注销等工作，建设全市统一联网、信息共享、动态管理的流动人口综合服务管理信息平台。实现网上人口在线跟踪管理、实时预警和综合研判。［市公安局、卫计委，各县（市、区）人民政府］

257. 做好重点群体教育、管理和服务工作。加强社会工作专业人才队伍建设。健全社会心理服务体系和疏导机制、危机干预机制。做好重点青少年群体的教育帮助工作，完善特殊人群服务管理。健全社区矫正工作责任机制，加强对社区矫正人员的接收、监管、教育和服务，加强技能培训，引导他们积极创业、就业。［市公安局、司法局，各县（市、区）人民政府等］

258. 推动非公有制经济跨越发展。进一步开放非公有制资本准入行业和领域，支持国有资本、集体资本交叉持股、相互融合，大力发展混合所有制经济，全面建立现代企业制度。完善扶持非公有制企业特别是中小微企业政策制度、非公有制经济产权保护制度，消除各种隐性壁垒，建立合理统一的市场准入机制，营造公平竞争、促进企业健康发展的市场环境和制度环境。鼓励社会资本投向农业、城市基础设施、教育文化、医疗服务等领域。健全非公有制经济服务体系，完善金融、税收、信用担保、技术创新等方面的政策，降低非公有制企业创业创新的风险和成本；研究设立中小企业发展基金，引导更多民间资本进入实体经济领域。［市非公办、国资委、发改委，各县（市、区）人民政府等］

259. 搭建非公组织和社会组织服务管理平台。大力发展公益性非公组织，有序发展社区社会组织，扶持发展农村专业经济合作组织，鼓励和引导发展学术团体、慈善组织，整顿规范行业协会，取缔非法组织。简化农村专业技术协会、社区基层社会组织登记程序,逐步推行备案制。依法管理各类非公组织和社会组织,建立健全守信失信奖惩机制。加强行政指导,引导非公组织和社会组织完善治理结构,健全制度,提高服务社会水平。[市民政局,各县(市、区)人民政府等]

260. 支持非公有制经济组织的党团和工会组织建设。支持非公有制经济组织和社会组织的党、团、工会建设,注重发挥非公有制经济组织、社会组织中的党团和工会组织的功能和作用,充分发挥党员的先锋模范作用,引导非公有制经济组织和社会组织积极参与社会管理。[市委组织部、总工会、团市委,各县(市、区)人民政府等]

261. 有效服务管理境外人员。加强对境外人员的管理与服务。依法依规加强管理,保护并规范其在我市的交往、经贸、务工等正常活动。[市公安局,各县(市、区)人民政府等]

262. 加强社会治安防控体系建设。全面落实市、县、乡三级网格化服务管理指挥中心和社区(村)网格工作站建设。坚持系统治理、依法治理、综合治理、源头治理,健全点线面结合、网上网下结合、人防物防技防结合、打防管控结合的立体化社会治安防控体系,形成党委领导、政府主导、综治协调、各部门齐抓共管、社会力量积极参与的社会治安防控工作格局,健全完善社会治安防控运行机制,编织社会治安防控网,提升立体化社会治安防控体系建设法治化、社会化、信息化水平,增强社会治安整体防控能力,努力使影响公共安全的暴恐犯罪、个人极端犯罪得到有效遏制,影响群众安全感的多发性案件和公共安全事故得到有效防范,依法严密防范和惩治各类违法犯罪活动,切实保障人民生命财产安全。到2020年,全市监管场所完成新建搬迁和'五防一体化'达标建设、提高监管场所安全系数,全市公共安全视频监控传输网络覆盖率100%,重点区域视频监控点覆盖率90%以上,公众安全感满意度90%以上,争创全区平安建设先进市。[市公安局、市委政法委,各县(市、区)人民政府等]

263. 加强安全生产体系建设。严格落实安全生产党政同责、一岗双责工作制度。推动安全生产责任体系建设,落实安全生产监管和责任制度,提高安全生产监管和处置能力。深入开展重点行业领域安全整治,健全隐患排查治理、安全预防控制和突发事件急救体系。建立海上搜救应急体系,提高搜救应急反应能力。建立港口码头仓储和化工企业安全生产监控体系,坚决杜绝重特大事故发生。加快安全生产科技进步和企业基础管理,加强安全生产基础能力和防灾减灾能力建设。到2020年亿元生产总值死亡率控制在0.065以下。[市安监局、北部湾港口管理局防城港分局,各县(市、区)人民政府等]

264. 深化平安防城港建设。继续深化平安市、平安县(市、区)、平安乡镇(街道)、平安村(社区)建设,争创全区平安建设先进市。更加注重平安建设的整体性、协同性、系统性,深入开展平安单位等基层平安创建活动打牢基层基础。加强社会治安综合治理,全面落实社会治理各项措施,大力加强重点地区整治和公共复杂场所管理,努力提升平安防城港建设能力和水平,提升群众安全感和满意度。[市委政法委、公安局,各县(市、区)人民政府等]

265. 维护边疆安宁。加强边境国防宣传教育,完善边海防基础设施,建设边境地区管控体系,着力提高边疆管理水平,实现边疆稳定安宁。加大界河整治、边境巡逻路、边境物理隔离设施和监控设施建设力度,健全边境管控防范网络。实施边海防宣教计划,把国防意识纳入干部培训和学校课堂内容,深化乡村边境政策法规的宣传和教育。加强信息收集和社会稳定形势研判,加强反走私综合治理工作力度,加强边境管控基础设施和技术控边手段建设。推动跨境反恐维稳合作,推动与越南及兄弟省市之间的反恐维稳合作,建立健全防恐反恐工作机制,依法防范和严厉打击"三股势力"破坏活动。推进军警民联防,广泛发动基层组织和广大群众参与巡逻防范,深入实施"爱民固边"战略,进一步深化"路长制""海长制""护碑员"等边界管控模式,坚决维护边境地区安全稳定。[市公安局、边海防办、打私办,相关县(市、区)人民政府等]

266. 提高应急处置能力和水平。加强应急指挥平台建设,进一步提高对突发案(事)件的预测预判、现场指挥、依法处置和舆论引导能力,不断增强应对处置网络涉稳舆情的能力和水平。建立完善应急预案体系,加强应急能力建设,有效处置突发事件。[市公安局、市委宣传部、应急办,各县(市、区)人民政府等]

267. 构建互联网安全保障基础设施系统。构建网上、网下相结合的防控体系,不断提高网上应急处置能力。建设互联网接入点采用防火墙、入侵检测系统、内容过滤系统、上网认证系统等安防系统,为城市信息化工作保驾护航。(市公安局)

268. 关键政府部门和重点企业信息网络争取达到国家计算机网络信息安全等级保护三级防护的要求。完善信息安全管理措施,严防网上失泄密事件发生,维护信息网络安全稳定。严厉打击危害国家安全、影响社会稳定等网络违法犯罪行为。(市公安局)

269. 健全信用法律法规和标准体系,形成覆盖全社会的征信系统,推进政务诚信、商务诚信、社会诚信和司法公信建设,推进诚信文化建设、建立守信激励和失信惩戒机制,推进行业信用建设、地方信用建设和信用服务市场发展,提高全社会诚信意识和信用水平、改善经济社会运行环境,在全社会广泛形成守信光荣、失信可耻的浓厚氛围,使诚实守信成为全民的自觉行为规范。(市发改委、人民银行防城港市中心支行等)

270. 注重发挥市场机制作用,协调并优化资源配置,鼓励和调动社会力量,广泛参与,共同推进,形成社会信用体系建设合力。逐步建立健全信用法律法规体系和信用标准体系,加强信用信息管理,规范信用服务体系发展,维护信用信息安全和信息主体权益。选择重点领域开展信用建设示范。积极推广信用产品的社会化应用,促进信用信息互联互通、协同共享,营造诚实、自律、守信、互信的社会信用环境。[市发改委、人民银行防城港市中心支行,各县(市、区)人民政府等]

271. 支持国防和军队建设,深入开展双拥工作,加强国防教育。加强民兵预备役基层建设和边海防、人民防空基础设施建设。提高交通战备设施建设标准,加强边海防管控,建成边海防军警民联建联管信息平台,推进常态化运用,确保边海防稳固。[各县(市、区)人民政府]

272. 大力推进国防动员和后备力量建设,突出抓好海上动员力量建设,完善人防工程功能,构建快速机动网络。编制实施军民融合发展规划，以国防科技储能释放为契机，大力发展军民融合产业和基地，争创国家军民融合改革创新示范区。深入推进拥军优属、拥政爱民建设，继续争创全国双拥模范城，营造军民共建和谐环境。[各县(市、区)人民政府，市民政局]

十八、加强法治建设和民族团结

273. 团结民主党派、工商联和无党派人士，坚决执行知识分子、民族、宗教、侨务等政策，积极打造同舟共济的友好平台，巩固和发展最广泛的爱国统一战线。(市委统战部)

274. 全面推进政务公开，重点推进财政预算、“三公”经费、公共资源配置、重大建设项目审批和实施、社会公益事业建设等领域的政府信息公开。(市政务办、财政局等)

275. 不断深化新型城乡基层治理机制创新，推进基层协商制度化，完善村(居)民自治制度，健全企事业单位民主管理制度。[市委政法委，各县(市、区)党委等]

276. 进一步拓宽侨务工作，密切海外侨社联系，促进侨务资源可持续发展。紧密团结工会、共青团、妇联等群团组织，携手全市人民形成众志成城的强大动力。(市外侨办、总工会、团市委、妇联、侨联等)

277. 健全普法宣传教育机制，深入实施“七五”普法规划，扎实开展普法教育和多层次多领域依法治理工作。广泛开展法治宣传教育，推进法治与德治融合，大力弘扬社会主义法治精神，创建边海特点鲜明的法治文化，营造全市学法遵法信法守法用法的良好环境。[市司法局，各县(市、区)人民政府等]

278. 加快地方立法进程，建立立法体制机制，推进科学立法、民主立法，保障立法质量。深入推进依法行政，加强各级政府职能规范化、法治化建设，规范执法程序，加快法治政府建设，切实提高运用法治思维和法治方式推进工作的能力和水平，建立法治建设实绩考核制度。深化行政执法体制改革，坚持严格规范公正文明执法，加强行政权力制约监督。[市人大办、政府办]

279. 健全依法维权和化解纠纷机制，解决好群众最关心最直接最现实的利益问题。保障人民群众参与司法权益，尊重和保障人权，努力维护司法公正和司法权威。[市委政法委、法院、检察院、公安局、司法局，各县(市、区)人民政府等]

280. 创新法治人才培养机制，加强法治工作队伍建设。加强司法监督，完善人权司法保障机制建设，推动司法体制改革，完善司法权力运行制约机制，推行“阳光司法”，提高司法公信力，实现司法公平正义。(市司法局)

281. 增强全面从严治党政治意识。推动全面落实党风廉政建设党委主体责任和纪委监督责任。强化约谈提醒，增强各级党委(党组)特别是主要负责人主体责任意识。完善落实党风廉政建设责任制情况专题报告制度，坚持上级党委常委、政府领导班子中的党员领导干部带队检查考核下级党委(党组)落实党风廉政建设责任制情况。[市纪委，各县(市、区)党委等]

282. 健全反腐倡廉制度体系。推进惩防腐败体系建设，营造良好的政治生态和发展环境。严格执行干部选拔任用监督和责任追究、干部选拔任用“一报告两评议”、履行用人职责离任检查等制度。建立健全纪检监察机关和财政、审计等部门联动督查机制，全面实行“一把手”不直接分管人事、财务、工程建设和物资采购等事项制度。健全防止利益冲突机制，完善任(兼)职回避制度。完善并严格执行规范领导干部亲属经商方面的规定。严格执行中央关于领导干部亲属担任公职和社会组织职务等方面的规定。[市纪委、市委组织部，各县(市、区)党委等]

283. 增强干部纪律和规矩意识。坚持党要管党、从严治党，把守纪律讲规矩摆在更加重要位置，严明党的政治纪律和政治规矩，严肃查处违纪违法行为。建立执纪监督问责常态化机制。把更多的精力放到对党员干部的日常监督执纪问责上来，坚持把纪律挺在前面，及时抓苗头，抓早抓小，使执纪监督问责成为常态。开展经常性监督检查，抓住重大时间节点开展明察暗访，重点检查领导干部遵守党的纪律和规矩情况，重点检查违反中央“八项规定”精神和“四风”问题，定期或不定期通报明查暗访中发现的问题，以社会舆论压力倒逼问题整改。[市纪委，各县(市、区)党委等]

284. 健全权力运行监督机制。落实党内监督各项制度，加强党内监督。落实市管干部廉政谈话提醒制度。加强对领导干部报告个人有关事项的抽查核实。加强行政监督，强化对预算执行情况、专项资金、重大投资项目的审计监督，深化党政主要领导干部和国有企业领导人经济责任审计，健全审计结果运用机制。加强民主监督，完善政协参政议政的工作制度，支持政协委员对全市重点工作开展视察、评议等民主监督活动。加强舆论监督，重视、支持新闻媒体依法开展舆论监督，建立畅通的网络舆情传递反馈渠道。完善党务、政务和各领域办事公开制度，接受广大干部群众监督。[市纪委、市委组织部、市委宣传部、市政协办、审计局，各县(市、区)党委等]

285. 贯彻落实党的民族宗教政策，大力开展民族团结创建系列活动，积极参与广西壮族自治区成立60周年纪念活动。[市民宗委，各县(市、区)人民政府及各有关单位等]

286. 牢牢把握“共同团结奋斗、共同繁荣发展”的民族工作主题，加快推进边境基础设施建设，加强民族地区生态环境保护，改善民族地区的教育发展条件，完善覆盖民族地区的社会保障和社会救助服务体系，加强社会救助设施建设。[市民宗委，各县(市、区)人民政府等]

287. 加大少数民族聚居区的扶贫开发力度，加大对京族等少数民族的政策支持。推动民族地区特色经济发展。坚持实行民族区域自治制度，加强民族文化建设，完善民族法规体系，建立健全诉求表达、利益协调、权益保障机制。[市民宗委，各县(市、区)人民政府等]

288. 完善民族工作机制，加强城市民族工作，加强少数民族干部队伍建设，提高基层党组织的指导引领作用，抓好民族团结进步宣传教育工作，开创民族团结进步事业新局面。[市民宗委，各县(市、区)人民政府等]

十九、实现“十三五”发展蓝图

289. 明确规划实施责任。规划提出的预期性指标和产业发展、结构调整等任务，主要通过市场主体的自主行为实现，各级政府要完善市场机制和利益导向机制，营造良好环境，激发市场主体的积极性和创造性，引导市场主体行为与规划意图保持一致。规划确定的约束性指标，是市人民政府的庄重承诺，要分解落实到各县(市、区)各有关部门确保完成，“三个全域”特别是促进基本公共服务“全域均衡”的任

务，要明确工作责任和进度，运用公共资源全力完成。[市发改委，各县（市、区）人民政府等]

290. 完善绩效评价考核体系。加快制订完善有利于推动科学发展，加快转变经济发展方式的绩效评价考核体系和具体考核办法，强化对结构优化、民生改善、资源节约、环境保护和基本公共服务等目标任务完成情况的综合评价考核。[市绩效办，各县（市、区）人民政府等]

291. 完善监测评估制度。加强监测评估能力建设和统计工作，强化对规划实施情况跟踪分析。市人民政府有关部门要加强对规划相关领域实施情况的评估，接受市人民代表大会及其常务委员会的监督检查。规划主管部门要对约束性指标和主要预期性指标完成情况进行评估，向市人民政府提交规划实施年度进展情况报告，以适当方式向社会公布。市人民政府组织开展规划实施中期评估，并将中期评估报告提交市人民代表大会常务委员会审议。需要对本规划修订时，要报市人民代表大会常务委员会批准。[市发改委、统计局，各县（市、区）人民政府等]

292. 加强规划协调管理。改革规划体制，以国民经济和社会发展总体规划为统领，以主体功能区规划为基础，以专项规划、区域规划、城市规划和土地利用规划为支撑，形成各类规划定位清晰、功能互补、统一衔接的规划体系。城乡规划、土地利用规划要与本规划确定的城镇、农业、生态三类空间相衔接。专项规划、区域规划要细化落实本规划提出的目标任务，在主要目标、空间布局、重大项目建设等方面与本规划充分衔接。加强县（市、区）规划与本规划的协调，尤其是约束性指标的衔接。年度计划主要分解落实本规划的主要指标和任务，年度计划报告要分析规划实施进展特别是约束性指标完成情况。[市发改委、国土资源局、住建委，各县（市、区）人民政府等]

293. 把重大项目建设作为实施规划的重要抓手。对规划提出的“一带一路”、开放合作、六大经济业态、千百亿元产业、战略性新兴产业、农业农村、城镇发展、基础设施、服务业、社会民生、自主创新、节能减排、生态建设、环境保护、文化产业、公共安全等项目，落实建设责任，加强前期工作，合理安排建设时序，完善推进机制，多渠道筹措资金，强化全程跟踪协调服务，全力推进项目建设，进一步增强跨越发展的支撑能力。[市发改委，各县（市、区）人民政府等]

294. 按照总量调节和定向施策并举、短期和中长期结合、改革和发展协调的要求，完善宏观调控，采取相机调控、精准调控措施，适时预调微调，更加注重扩大就业、稳定物价、调整结构、提高效益、防控风险、保护环境。[市发改委、物价局，各县（市、区）人民政府等]

295. 加强财税、金融、投资、产业、土地、环保、价格等政策措施衔接配合，按照公共财政服从和服务于公共政策的原则，优化财政支出结构和政府投资结构，重点投向民生和社会事业、农业农村、科技创新、生态环保、资源节约等领域。强化分析监测和预警，降低经济运行风险。[市财政局、发改委，各县（市、区）人民政府等]

2016年防城港市国民经济和社会发展统计公报

防城港市统计局

（2017年5月5日）

2016年，面对错综复杂的宏观经济环境和不断加大的经济下行压力，市委、市政府坚决贯彻落实中央和自治区的决策部署，深入践行新发展理念，立足稳增长，着力调结构，扎实推进供给侧结构性改革，大力培育新动能、发展新经济，全力提升开放型经济水平，推动全市经济保持稳中向好发展态势，各项社会事业全面发展，“十三五”实现良好开局。

一、综　合

初步核算，全年实现生产总值676.12亿元，增长9.1%（按可比价格计算，同比，下同）。按常住人口计算，人均生产总值73197元。

从产业看，第一产业实现增加值80.88亿元，增长4.0%；第二产业实现增加值386.26亿元，增长11.6%；第三产业实现增加值208.98亿元，增长6.6%。从对经济增长拉动作用看，三次产业对经济增长的贡献率分别为5.3%、72.2%、22.4%，分别拉动经济增长0.5个百分点、6.6个百分点、2.0个百分点，其中，工业对经济增长的贡献率为66.4%，拉动经济增长6.0个百分点。

从产业结构看，三次产业比由上年同期的12.1:56.9:31.0调整为12.0:57.1:30.9，第一产业下降0.1个百分点，第二产业提高0.2个百分点，第三产业下降0.1个百分点。

图1　2011—2016年生产总值及其增长速度

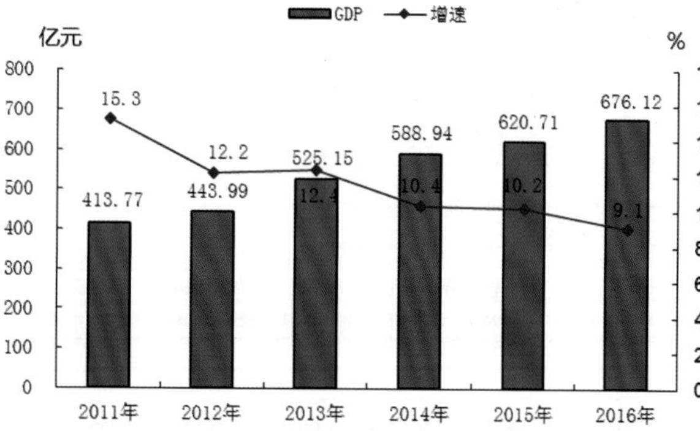

全年物价总水平同比上涨1.1%，涨幅与上年同期持平。八大类消费价格中：食品烟酒类价格上涨2.4%，衣着类上涨2.4%，生活用品及服务类上涨2.1%，医疗保健类上涨3.7%，其他用品和服务类上涨2.6%；居住类下降0.6%，交通和通信类下降1.2%，教育文化和娱乐类下降0.8%。

表 1　2016 年居民消费价格月累计同比指数一览表(%)

指标	居民消费价格总指数	商品零售价格总指数	# 食品烟酒	衣着	交通和通信	居住
1 月	100.6	100.6	102.5	101.2	98.4	98.5
2 月	101.2	101.1	104.0	101.3	98.6	99.0
3 月	101.0	101.0	103.7	101.3	98.2	98.9
4 月	101.0	101.0	103.8	101.4	98.1	98.8
5 月	101.0	101.0	103.7	101.8	97.9	98.8
6 月	100.9	100.9	103.5	102.0	97.9	98.9
7 月	100.9	100.9	103.4	102.0	98.0	99.0
8 月	100.9	100.8	103.1	101.8	98.1	99.1
9 月	100.9	100.8	102.9	101.8	98.3	99.2
10 月	100.9	100.8	102.7	101.8	98.4	99.3
11 月	100.9	100.9	102.6	102.1	98.6	99.3
12 月	101.1	101.7	102.4	102.4	98.8	99.4

图 2　　2016 年居民消费价格指数月度涨跌幅度

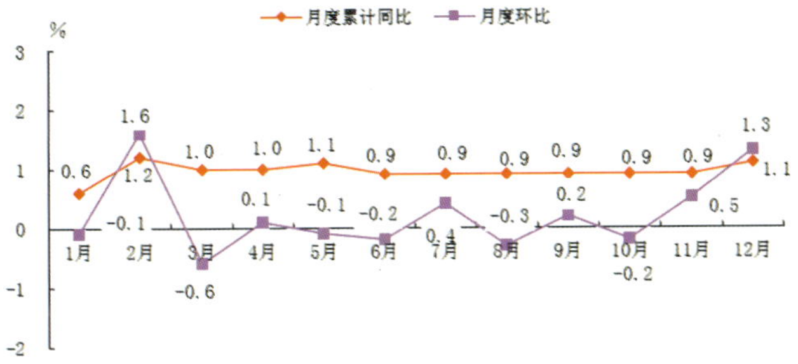

全年新增城镇就业人数 1.88 万人。年末城镇登记失业人数 2868 人,比上年减少 674 人,城镇登记失业率 2.7%,比上年末下降 1.0 个百分点。

全年财政收入 75.61 亿元,增长 7.0%。其中,税收收入 54.65 亿元,增长 8.1%;非税收收入 20.96 亿元,增长 4.5%。公共财政预算收入 55.65 亿元,增长 6.9%。公共财政预算支出 127.60 亿元,下降 3.1%。其中,农林水事务支出增长 10.5%,医疗卫生与计划生育支出增长 18.8%,教育支出增长 8.9%,社会保障和就业支出增长 9.2%,城乡社区事务支出增长 38.2%,住房保障支出下降 32.7%,节能环保支出下降 46.3%,文化体育与传媒支出下降 19.4%,科学技术支出下降 2.7%。

图 3　　2011—2016 年财政收入及其增长速度

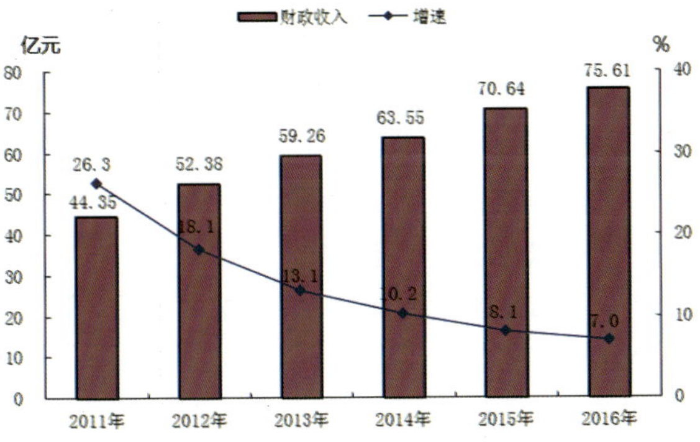

二、农　业

全年农作物总播种面积 125.35 千公顷,比上年增加 2.21 千公顷。其中,粮食种植面积 50.01 千公顷,减少 0.08 千公顷;油料种植面积 3.37 千公顷,增加 0.13 千公顷;甘蔗种植面积 44.47 千公顷,增加 0.16 千公顷;蔬菜种植面积 23.19 千公顷,增加 0.90 千公顷。年末果园面积 11.33 千公顷,增加 0.2 千公顷。全年粮食总产量 20.28 万吨,增长 0.5%;甘蔗产量 295.23 万吨,增加 2.06 万吨,增长 0.7%;油料产量 0.68 万吨,增长 4.4%;水果产量 8.22 万吨,增长 6.6%;蔬菜产量 29.50 万吨,增长 4.3%。

全年肉类总产量 4.71 万吨,下降 0.7%,其中猪牛羊肉产量 2.90 万吨,下降 2.7%。全年生猪出栏 34.99 万头,下降 3.7%;出栏家禽 998.62 万只,增长 1.8%。年末生猪存栏 34.71 万头,增长 5.7%。

全年水产品产量 51.11 万吨,增长 4.4%,其中,海水产品产量 45.99 万吨,增长 4.5%;淡水产品产量 5.12 万吨,增长 3.1%。在水产品产量中,养殖水产品产量 37.41 万吨,增长 3.2%;捕捞水产品产量 13.70 万吨,增长 9.3%。

全年造林面积 8567 公顷,比上年减少 2340 公顷,下降 21.5%;当年成林抚育面积 16.73 万公顷,增长 9.7%,其中,幼林抚育面积 0.70 万公顷,下降 58.1%。全年木材采伐量 89.63 万立方米,增长 26.2%;松脂产量 5.18 万吨,增长 2.5%;八角产量 0.77 万吨,增长 2.7%;桂皮产量 1.44 万吨,增长 6.8%。

表 2　　2016 年主要农副产品产量

产品名称	单位	产量	比上年增长(%)
粮食	万吨	20.28	0.5
其中:稻谷	万吨	18.31	0.04
甘蔗	万吨	295.23	0.7
油料	万吨	0.68	4.4
木薯	万吨	2.07	7.0
蔬菜	万吨	28.27	4.3
水果	万吨	8.22	6.6
肉类总产量	万吨	4.71	−0.7
其中:猪牛羊肉产量	万吨	2.90	−2.7
禽蛋产量	万吨	0.70	3.4
牛奶总产量	万吨	0.48	−0.5
水产品总产量	万吨	51.11	4.4
其中:海水产量	万吨	45.99	4.5
其中:养殖产量	万吨	37.41	3.2

三、工业和建筑业

全年工业总产值 1522.47 亿元,增长 14.2%;实现工业增加值 340.88 亿元,增长 12.2%。其中,规模以上工业产值 1501.24 亿元,增长 14.3%;规模以上工业增加值 332.81 亿元,增长 12.4%。

年末,全市规模以上工业企业157家,其中产值超亿元企业124家,比上年减少2家。

图4 2016年规模以上工业增加值个月累计增长速度(同比)

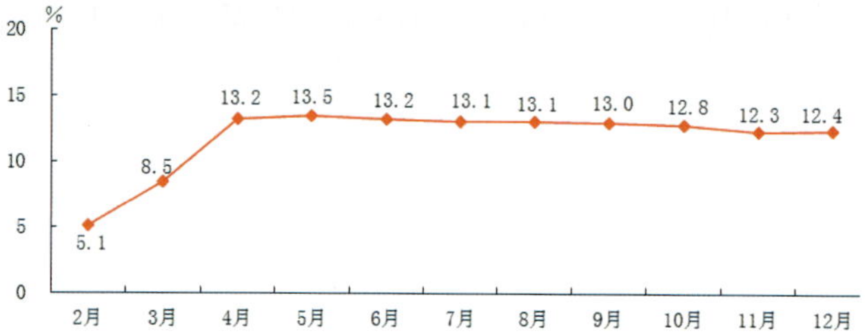

图5 2011—2016年规模以上工业增加值及其增长速度

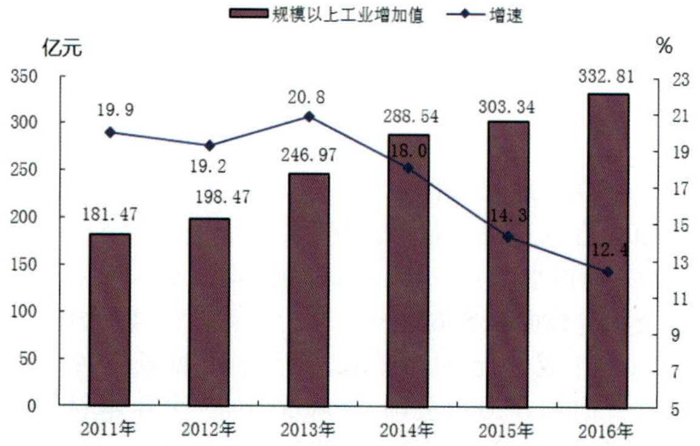

规模以上工业中,从轻重工业看,轻工业增加值138.66亿元,增长11.9%;重工业增加值194.15亿元,增长12.8%,轻重工业实现增加值比为41.7∶58.3,对规模以上工业增加值增长的贡献率分别为38.7%、61.3%,分别拉动规模以上工业增加值增长4.8个百分点、7.6个百分点。

从登记注册类型看,股份制企业增加值增长12.6%、国有企业增加值下降3.0%、外商及港澳台商投资企业增加值增长13.2%。

从行业看,有色金属冶炼和压延加工业增长4.9%;黑色金属冶炼和压延加工业增长8.1%,化学原料和化学制品制造业增长13.3%,农副食品加工业增长11.5%,酒、饮料和精制茶制造业增长17.6%,非金属矿物制品业增长18.4%,电力、热力生产和供应业增长62.4%。

从产品看,大部分重工业产品保持较快增长。

表3 2016年主要工业产品产量及其增长速度

产品名称	单位	产量	比上年增长(%)
铁矿石原矿量	万吨	83.94	-36.94
原盐	万吨	0	0
饲料	万吨	46.42	7.56
精制食用植物油	万吨	231.83	-4.80
油渣饼	万吨	536.76	-0.80
成品糖	万吨	37.64	8.02
冰冻水产品	万吨	8.13	-2.30
淀粉及淀粉制品	万吨	6.63	78.72

续表

产品名称	单位	产量	比上年增长(%)
发酵酒精(折96度,商品量)	千升	5098	-64.75
饮料酒	千升	15968	15.46
软饮料	吨	2614	-6.98
人造板	万立方米	169.62	-8.29
家具	万件	2.00	18.70
纸制品	万吨	8.86	-7.05
硫酸	万吨	161.78	27.65
磷酸(含量85%)	万吨	45.66	3.88
松香	万吨	5.00	20.84
天然香料	吨	1268	-67.45
合成香料	吨	2729	-11.57
香精	吨	4842	4.53
中成药	吨	19083	-3.40
塑料制品	万吨	26.05	-29.15
水泥	万吨	506.51	7.93
商品混凝土	万立方米	685.59	33.13
粗钢	万吨	669.09	4.40
钢材	万吨	670.80	4.57
钢结构	万吨	20.48	-32.55
精炼铜	万吨	45.19	37.14
发电量	亿千瓦时	158.30	169.44
#火电	亿千瓦时	59.58	17.07

从企业效益看,全年规模以上工业企业实现主营业务收入1135.48亿元,增长9.1%,同比回落7.1个百分点;实现利润总额32.88亿元,增长11.1%,同比提高7.1个百分点;亏损企业亏损额3.51亿元,增长308.7%,同比增亏2.65亿元。

表4 2016年规模以上工业企业实现利润及其增长速度

单位:万元

指标	利润总额	比上年增长(%)
规模以上工业企业	328804	11.1
其中:国有控股企业	46423	-5.5
其中:大中型企业	193516	14.6
其中:国有企业	3995	68.8
集体企业	324	-58.8
股份合作企业	-	-
股份制企业	271046	27.3
外商及港澳台投资企业	50238	-35.1
其他经济类型企业	3202	27.8
其中:轻工业	139231	6.5
重工业	189574	14.7

全年建筑业增加值45.38亿元,增长7.2%。具有资质等级的总承包和专业承包建筑业企业72家,全年完成建筑业总产值111.10亿元,增长32.0%;房屋建筑施工面积465.44万平方米,增长18.1%;房屋建筑竣工面积331.90万平方米,增长15.1%。

图6　2011—2016年建筑业增加值及其增长速度

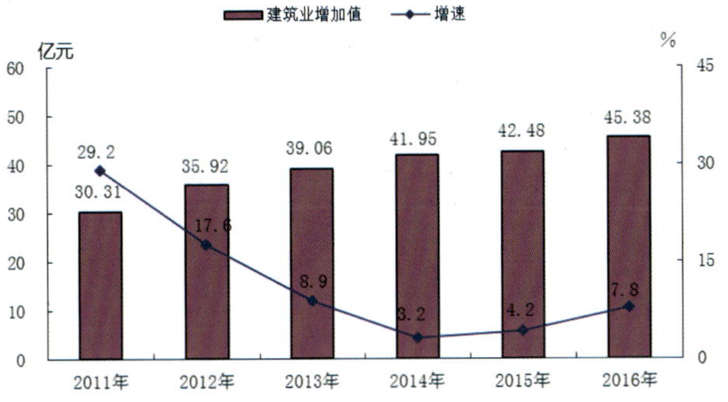

四、固定资产投资

全年固定资产投资(不含农户)完成600.14亿元,增长14.1%,相较于广西高1.3个百分点、全国高6.0个百分点。

图7　2016年固定资产投资各月累计增长速度

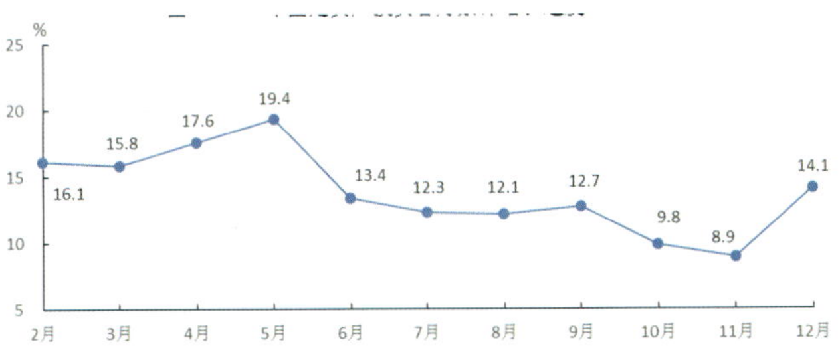

图8　2011—2016年全社会固定资产投资及其增长速度

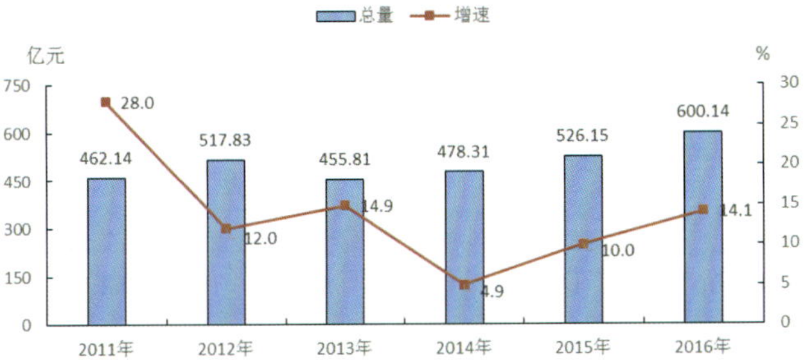

在固定资产投资中,基础设施投资263.08亿元,增长35.9%,占固定资产投资的比重为43.8%。民间固定资产投资252.47亿元,增长6.2%,占固定资产投资的比重为42.1%。高技术产业投资10.34亿元,增长86.0%,占固定资产投资的比重为1.7%。分产业看,第一产业完成投资26.25亿元,增长12.7%;第二产业完成投资261.49亿元,增长11.8%,其中工业投资261.20亿元,增长11.8%;第三产业完成投资312.40亿元,增长16.1%。三次产业投资比重由上年同期的4.4∶44.5∶51.1调整为4.4∶43.6∶52.0,第一产业比重保持不变,第二产业比重下降0.9个百分点,第三产业比重上升0.9个百分点。

表5　2016年分行业固定资产投资

单位:亿元

行(产)业	投资额	比上年增长(%)
总计	600.14	14.1
第一产业(含农、林、牧、渔服务业)	26.25	12.7
第二产业	261.49	11.8
#工业	261.20	11.8
#采矿业	2.93	−23.3
非金属矿采选业	2.31	20.2
制造业	99.39	−26.4
农副食品加工业	23.88	55.1
酒、饮料和精制茶制造业	4.76	−38.6
木材加工及木、竹、藤、棕、草制品业	3.73	19.6
家具制造业	1.66	−59.9
石油加工、炼焦及核燃料加工业	0.25	−97.3
化学原料及化学制品制造业	5.14	−56.8
橡胶和塑料制品业	1.87	103.4
非金属矿物制品业	9.51	−9.7
黑色金属冶炼及压延加工业	6.82	−81.5
有色金属冶炼及压延加工业	15.22	−19.4
金属制品业	19.66	185.8
汽车制造业	0.85	8.3
电力、热力、燃气及水的生产和供应业	158.89	67.7
电力、热力生产和供应业	151.43	84.5
水的生产和供应业	4.80	−25.2
建筑业	0.29	25.9
第三产业	312.40	16.1
批发和零售业	25.04	−14.2
交通运输、仓储和邮政业	55.75	−13.8
住宿和餐饮业	14.87	−27.3
信息传输、软件和信息技术服务业	6.35	279.1
房地产业	124.60	34.0
租赁和商务服务业	2.04	510.6
科学研究和技术服务业	1.90	804.3
水利、环境和公共设施管理业	66.46	43.3
居民服务、修理和其他服务业	0.33	107.8
教育	7.69	122.9
卫生和社会工作	2.03	131.9
文化、体育和娱乐业	2.57	−49.5
公共管理、社会保障和社会组织	2.77	−22.1

在房地产开发投资中，商品住宅投资 64.50 亿元，增长 10.3%；办公楼投资 6.42 亿元，增长 63.7%；商业营业用房投资 13.30 亿元，增长 1.9%；其他用房投资 3.57 亿元，下降 24.7%。

表 6　2016 年房地产开发和销售主要指标完成情况

指标	单位	绝对数	比上年增长(%)
投资完成额	亿元	87.80	9.5
其中：商品住宅	亿元	64.50	10.3
其中：90 平方米以下住宅	亿元	22.39	31.7
房屋施工面积	万平方米	965.39	22.2
其中：住宅	万平方米	696.00	20.6
房屋新开工面积	万平方米	206.13	58.5
其中：住宅	万平方米	141.37	39.1
房屋竣工面积	万平方米	84.89	81.3
其中：住宅	万平方米	78.66	88.6
商品房销售面积	万平方米	219.37	18.5
其中：住宅	万平方米	193.95	13.7
本年资金来源	亿元	90.98	−3.3
其中：国内贷款	亿元	3.45	−77.2
其中：个人按揭贷款	亿元	9.96	31.5
本年购置土地面积	万平方米	6.07	132.4
本年土地成交价款	亿元	1.40	83.5
待开发土地面积	万平方米	58.15	−67.4

五、国内贸易

全年实现社会消费品零售总额 111.89 亿元，增长 10.8%，扣除价格因素，实际增长 8.9%。按经营地统计，城镇消费品零售额 100.62 亿元，增长 10.8%；乡村消费品零售额 11.27 亿元，增长 10.6%。

图 9　2016 年全市社会消费品零售总额累计增长速度

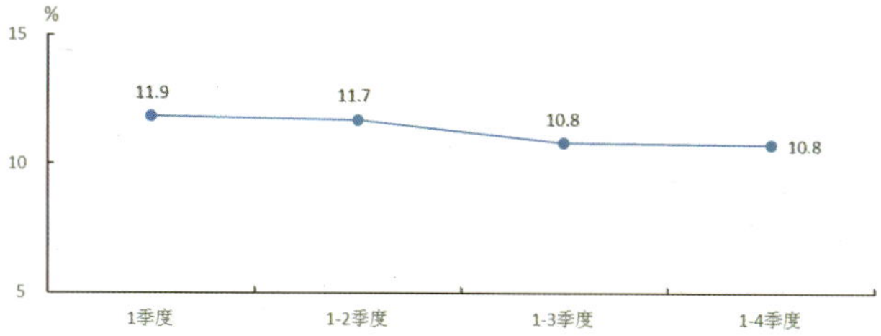

图 10　2016 年全市社会消费品零售总额累计增长速度

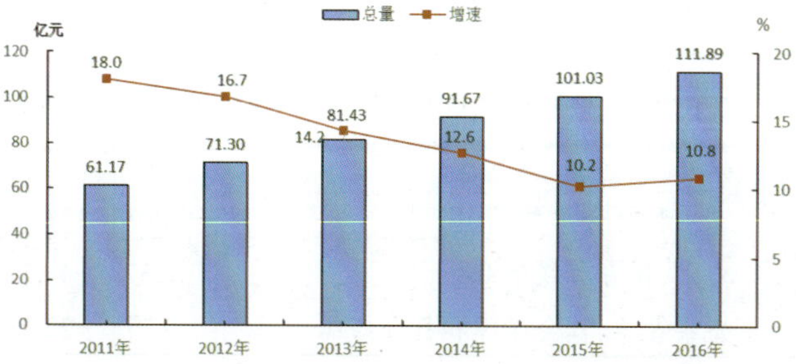

在限额以上企业商品零售额中，粮油、食品类增长 2.6%，其中粮油类增长 6.2%，水产品类下降 21.0%，烟酒类增长 2.3%，服装、鞋帽、针纺织品类增长 1.7%，金银珠宝类增长 68.0%，体育、娱乐用品类增长 11.7%，书报杂志类增长 1.8%，电子出版物及音像制品类增长 41.6%，家用电器和音像器材类增长 7.2%，中西药品类增长 13.5%，通讯器材类增长 97.0%，石油及制品类增长 8.3%，汽车类增长 20.9%。

六、对外贸易和招商引资

据海关统计，全年货物进出口总额 578.91 亿元，增长 8.5%，其中，进口总额 467.12 亿元，增长 19.7%；出口总额 111.79 亿元，下降 22.2%。外贸进出口规模居全区第 2 位，其中进口占全区进口总量的 28.4%，居全区第 2 位。全年边境小额贸易（边民互市贸易除外）85.27 亿元，下降 30.7%，其中，进口 1.14 亿元，下降 74.4%；出口 84.13 亿元，下降 29.0%。

表 7　2016 年货物进出口总额及其主要分类情况

单位：亿美元

指标	绝对数	比上年增长(%)
外贸进出口总额	578.91	8.5
#一般贸易	225.27	−12.9
加工贸易	24.0	124.8
边境小额贸易	85.27	−30.7
保税监管场所	19.15	−18.2
#国有企业	112.50	−8.2
外商投资企业	125.45	−1.0
民营企业	115.74	−30.5
#出口额	111.79	−22.2
#一般贸易	10.58	−28.5
加工贸易	6.69	59.6
边境小额贸易	84.13	−29.0
保税监管场所	0.83	−74.3
#机电产品	29.27	−22.8
高新技术产品	0.60	−12.1
进口额	467.12	19.7
#一般贸易	214.70	−12.0
加工贸易	17.30	166.9
边境小额贸易	1.14	−74.4
保税监管场所	18.33	−9.2
#农产品	128.58	1.1
机电产品	1.03	34.2
高新技术产品	0.17	−12.9

表 8　　2016 年主要进出口商品数量、金额及其增长速度

商品名称	单位	数量	金额（亿元）
出口商品	—	—	111.79
#家具及其零件	—	—	0.85
纺织纱线、织物及制品	—	—	25.48
陶瓷产品	万吨	3.83	8.24
服装及衣着附件	—	—	0.51
汽车（包括整套散件）	辆	653	1.80
鲜、干水果及坚果	万吨	0.31	0.22
进口商品	—	—	467.12
#大豆	万吨	385.65	104.68
煤及褐煤	万吨	153.71	4.43
钢材	万吨	—	0.01
液泵及液体提升机	台	3	0.004
饮料及液体食品灌装设备	万吨	1	0.02
成品油	万吨	0.78	0.12

表 9　　2016 年对主要国家和地区货物进出口总额及其增长速度

单位：亿美元

国家和地区	绝对数
亚洲	340.57
东盟组织	336.05
#越南	321.111
印度尼西亚	7.74
拉丁美洲	142.13
#巴西	50.95
阿根廷	6.83
北美洲	72.75
#美国	47.34
加拿大	25.41
非洲	1.74
欧洲	14.22

图 11　　2011—2016 年货物进出口总额

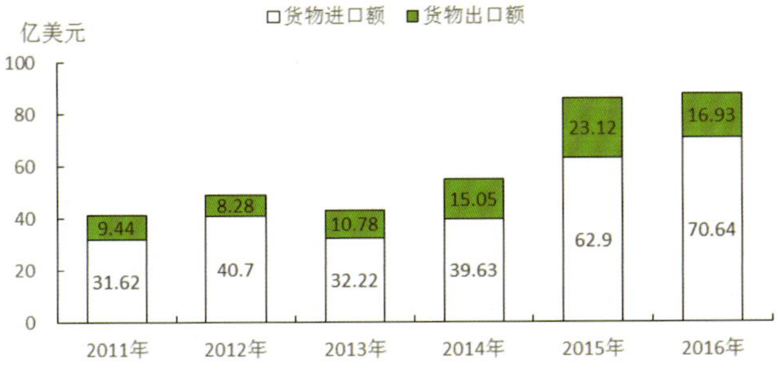

据招商部门统计，全年新引进外来投资项目 103 个；新增招商引资到位资金（含续建项目）518.59 亿元，其中，内资到位资金 483.22 亿元，外资到位资金 35.38 亿元（折 5.10 亿美元）。

七、交通、邮电和旅游

全年交通运输、仓储及邮政业实现增加值 52.87 亿元，增长 3.1%。全年公路和水路客货运周转量 294.65 亿吨千米，增长 2.4%。其中，货物运输总量 5087 万吨，增长 7.0%；旅客运输总量 881.82 万人，下降 4.2%。

表 10　　2016 年各种运输方式完成货物运输量及其增长速度

指标	单位	绝对数	比上年增长（%）
货物运输总量			
公路	万吨	3713	7.6
水运	万吨	1374	5.5
旅客运输总量			
公路	万人	860.0	−4.3
水运	万人	21.82	0.7
客货运周转量			
公路	亿吨千米	59.09	5.7
水运	亿吨千米	235.55	1.6
货物运输周转量			
公路	亿吨千米	58.06	5.9
水运	亿吨千米	235.55	1.6
旅客运输周转量			
公路	亿人千米	10.37	−5.1
水运	亿人千米	0.012	1.3

全年港口货物吞吐 10688 万吨，下降 7.1%，其中集装箱吞吐量完成 26.63 万标准箱，下降 27.8%。从全年各季度来看，一季度完成 2571 万吨，下降 6.0%；二季度完成 2768 万吨，增长 4.7%；三季度完成 2506 万吨，下降 16.1%；四季度完成 2843 万吨，下降增长 9.4%。从货物贸易方式看，外贸货物吞吐量 7948 万吨，下降 8.3%；内贸货物吞吐量 2741 万吨，下降 3.2%。从吞吐方式看，进口 8055 万吨，下降 2.6%；出口 2634 万吨，下降 18.5%。从港口规模来看，防城港完成货物吞吐量 7409 万吨，增长 0.1%，总量占全市吞吐量 69.3%；中小港完成吞吐量 3131 万吨，占全市吞吐量 29.3%（云约江码头单列）。从商品主要种类看，完成吞吐量前五位货种分别为金属矿石 3601 万吨、煤炭及制品 2824 万吨、矿建材料 641 万吨、化工原料及制品 601 万吨、钢铁 552 万吨。

图 12　　2011—2016 年港口货物吞吐量

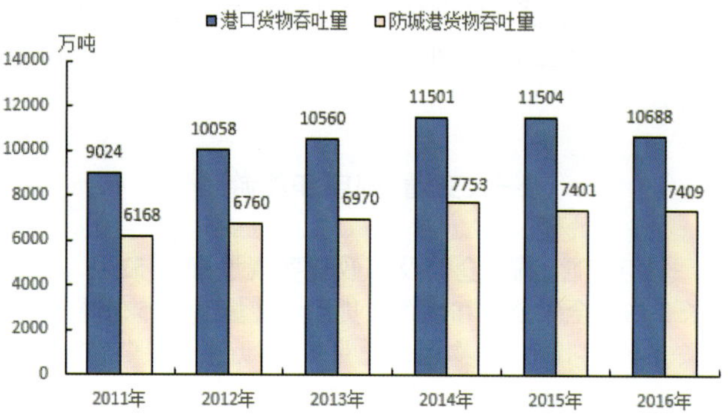

年末民用汽车(包括三轮汽车和低速货车)保有量达到 10.31 万辆,增长 14.6%,其中私人汽车保有量 9.13 万辆,增长 17.6%。民用轿车保有量 4.75 万辆,增长 21.7%,其中私人轿车 4.42 万辆,增长 23.9%。

全年完成邮电业务总量(当年价)23.32 亿元,增长 46.7%。其中,邮政业务总量 2.05 亿元,增长 60.6%;电信业务总量 21.28 亿元,增长 45.5%。年末固定电话用户 12.31 万户,其中,城市电话用户 9.74 万户,农村电话用户 2.56 万户。年末移动电话用户 81.99 万户,其中,3G 移动电话用户 18.42 万户,4G 移动电话用户 47.98 万户。年末固定及移动电话用户总数达到 94.30 万户。年末国际互联网用户 13.96 万户。

全年共接待国内外游客 1585.65 万人次,增长 16.4%。其中,国内游客 1568.79 万人次,增长 16.6%;海外游客 16.86 万人次,增长 4.7%。全年旅游总收入达 129.23 亿元,增长 28.4%。其中,国内旅游总收入 125.37 亿元,增长 28.7%;国际旅游外汇收入 5809 万美元,增长 9.9%。

八、金融和保险

年末各类金融机构(含银行、证券、保险、融资担保、小额贷款,不含营业网点)71家,全年金融业增加值24.88亿元,增长 10.5%。

年末,金融机构本外币各项存款余额 567.87 亿元,同比增长 8.5%,其中人民币各项存款余额 562.31 亿元,同比增长 10.6%;金融机构本外币各项贷款余额 517.65 亿元,同比增长 17.6%,其中人民币各项贷款余额 511.47 亿元,同比增长 20.3%。全年新增金融机构本外币贷款 77.36 亿元,同比增长 136.8%。

表 11 2016 年金融机构本外币存贷款余额及其增长速度

单位:亿元

指标	年末数	同比增长(%)
各项存款余额	567.87	8.5
其中:单位存款	151.39	12.6
个人存款	321.47	10.8
其中:人民币	562.31	10.6
各项贷款余额	517.65	17.6
其中:境内短期贷款	123.68	14.2
境内中长期贷款	372.50	13.5

全年保险公司原保险保费收入 9.24 亿元,增长 21.4%。其中,财产险业务原保险保费收入 3.78 亿元,增长 11.4%;人身险业务原保险保费收入 5.46 亿元,增长 29.4%。全年支付各类赔款及给付 2.86 亿元,增长 8.1%。其中,财产险业务赔款及给付 1.55 亿元,下降 7.1%;人身险业务赔款及给付 1.32 亿元,增长 34.3%。

九、教育和科学技术

全年普通高等教育招生 1846 人,在校生 3620 人。各类中等职业教育招生 3193 人,在校生 8602 人,毕业生 558 人。普通高中招生 5660 人,在校生 16078 人,毕业生 4719 人。普通初中招生 13366 人,在校生 37675 人,毕业生 12707 人。普通小学招生 17235 人,在校生 92926 人,毕业生 14076 人。幼儿园在园儿童 41335 人。

表 12　　2015 年各类教育发展情况

单位:人

指标	招生人数	在校生人数	毕业生人数	专任教师数
普通高等教育	1846	3620	0	185
中等职业教育	3193	8602	558	118
普通高中	5660	16078	4719	783
普通初中	13366	37675	12707	2123
普通小学	17235	92926	14076	4570

年末拥有科研活动机构 16 个,从事科技活动人员 1323 人。全年共组织实施科技项目 53 项,项目总投资 8.79 亿元,科技经费投入 9.80 亿元。引进推广农业新品种 32 个,研制开发工业新产品 24 个,推广应用工业农业新技术、新成果 42 项。专利申请受理量 1823 件,授权专利 123 件,其中发明专利 50 件。年末高新技术企业 16 家,同比增加 4 家;全年高新技术产业产值 307.32 亿元,同比增长 39.4%。

十、文化、卫生和体育

年末共有剧场、影剧院 13 个,县级以上文化馆 5 个,博物馆(文物管理所)3个,文物保护点317个,公共图书馆4个,藏书量 320.17 千册,电视发射台(一千瓦以上)1 座,电视转播台(一千瓦以上)3 座。年末有线数字电视用户 9.01 万户,比上年末增加 0.50 万户,增长 5.9%,其中农村用户 1.69 万户。年末电视综合人口覆盖率 98.3%,广播综合人口覆盖率 96.6%。全年报纸出版量 578.92 万份。

年末共有卫生机构(不含卫生室)643 个。其中,等级医院 7 个,卫生院 28 个,妇幼保健院 4 个,疾病预防控制机构 5 个。年末卫生技术人员 5593 人,其中执业(助理)医师 1936 人,注册护士 2214 人。每千人口(常住人口)拥有执业(助理)医师 2.1 人,注册护士 2.4 人。年末医院、卫生院(含妇幼保健院)床位数 3928 张,减少 27 张,其中,医院床位 2625 张,卫生院床位 1046 张。每千人口(常住人口)拥有医院、卫生院床位 4.2 张。全年乙类法定报告传染病 2717 例，报告发病率为 3.0‰，报告死亡率为 0.09‰。

全年运动员在重大比赛中共获奖牌 140 枚，其中金牌 50 枚，银牌 49 枚，铜牌 41 枚。共发展等级裁判员 31 人、等级运动员 18 人。

十一、人口、人民生活和社会保障

年末常住人口 92.90 万人，比上年年末增加 1.06 万人，其中城镇人口 52.36 万人。全年人口出生率 14.66‰，人口死亡率 4.72‰，人口自然增长率 9.94‰。据公安部门统计，年末全市户籍人口 97.20 万人，比上年年末增加 1.59 万人。

表 13　2016 年户籍人口数及其构成

指标	年末数（万人）	比重（%）
全市总人口	97.20	100.0
其中：男性	52.61	54.1
女性	44.59	45.9
其中：0~17 岁	25.60	26.3
18~34 岁	25.78	26.5
35~59 岁	32.29	33.2
60 岁及以上	13.53	13.9

全年城镇居民人均可支配收入 29758 元，增长 7.9%，扣除价格因素，实际增长 6.7%；农村居民可支配收入 12113 元，增长 10.2%，扣除价格因素，实际增长 8.4%。城镇居民人均生活消费支出 19005 元，增长 8.9%，扣除价格因素，实际增长 7.7%；农村居民人均生活消费支出 7561 元，增长 9.8%，扣除价格因素，实际增长 8.0%。城镇居民食品烟酒消费支出占消费总支出的比重为 41.0%，农村居民家庭食品烟酒消费支出占消费总支出的比重为 50.9%。

表 14　2016 年城乡居民消费支出情况

指标名称	城镇居民		农村居民	
	绝对数（元）	同比增长（%）	绝对数（元）	同比增长（%）
生活消费性支出	19005	8.9	7561	9.8
食品烟酒	7795	9.1	3850	10.0
衣着	940	10.7	275	10.5
居住	4412	8.8	1207	9.5
生活用品及服务	1221	10.5	396	8.9
交通通信	658	8.5	659	9.8
教育文化娱乐	2339	8.4	443	9.9
医疗保健	1162	6.3	479	8.6
其他用品和服务	478	8.6	252	10.9

图 13　2011—2016 年
城镇居民人均支配收入及其增长速度

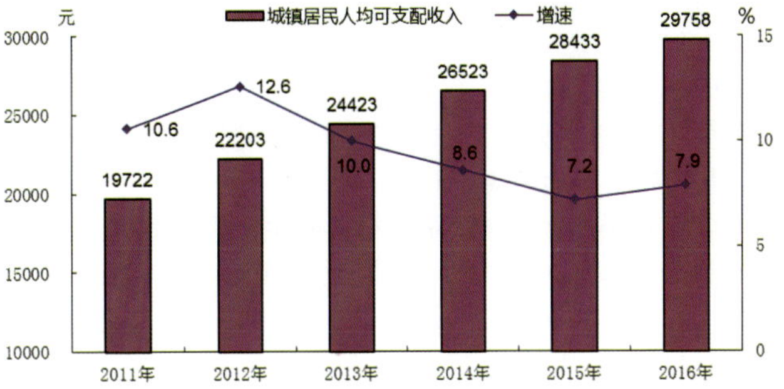

图 14　2011—2016 年农民人均纯收入及其增长速度

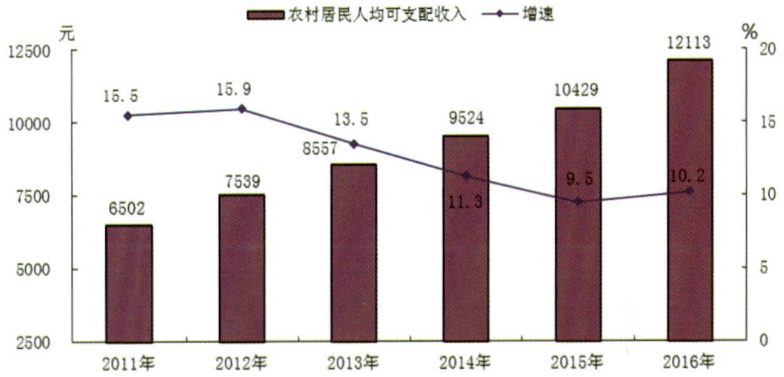

注：2011—2015 年统计口径为农民人均纯收入，2016 年起为农村居民人均可支配收入。

年末参加城乡基本养老保险人数 39.68 万人，参加城镇基本医疗保险人数 31.10 万人。参加失业保险 6.93 万人，比上年末增加 792 人。参加工伤保险 9.77 万人，比上年末增加 0.73 万人。参加生育保险 6.72 万人，增加 0.21 万人。年末参加农村合作医疗农民 62.11 万人，比上年末增加 1.11 万人，参合率 99.7%，同比提高 0.1 个百分点。

全年享受城镇最低生活保障的居民为 0.52 万人，比上年减少 3.27 万人；享受农村最低生活保障的农民为 3.88 万人，比上年减少 5.43 万人。全年发放城镇居民最低生活保障金 0.42 亿元，下降 66.1%；发放农村居民最低生活保障金 0.81 亿元，下降 37.0%。

年末各类收养性社会福利单位（含社会福利院、光荣院、敬老院、五保村）99 个，其中社会福利院 5 个；各种社会福利收养性单位床位数 1929 张，收养各类人员 956 人。

十二、资源、环境和安全生产

全年完成造林面积 8566.66 公顷。年末自然保护区 4 个，其中国家级自然保护区 3 个，自然保护区面积 710.72 公顷。全市森林面积 35.92 万公顷，森林覆盖率达 58.77%。年末建成区面积 58.66 平方千米（城市建成区面积 40.54 平方千米），比上年末增加 3.48 平方千米。供水综合生产能力 29.6 万立方米 / 日。城市用水普及率 96.5%，其中不含暂住人口的城市用水普及率 87.3%。城市燃气普及率 91.6%，其中不含暂住人口的城市燃气普及率 91.9%。城市生活垃圾处理率 99.7%。排水管道长度 901.36 千米，比上年末增加 109.21 千米，增长 13.8%。城市道路长度 564.55 千米，比上年末增加38.44千米，增长7.3%。公园绿地面积498.22公顷；建成区绿化覆盖率30.4%。人均城市道路面积30.35平方米；人均公园绿地面积13.56平方米。

全年城市空气质量达到二级以上（含二级）标准天数达364天，达标率为99.5%。

全年共发生火灾213起，直接财产损失440.57万元。全年共发生各类地质灾害0起。

全年各类生产安全事故（不含非生产经营性道路交通事故和火灾事故）死亡19人，与上年持平，其中，工矿商贸企业生产安全事故死亡人数11人。全年共发生道路交通事故295起，比上年减少47起，下降13.7%，造成44人死亡、328人受伤，直接财产损失81.89万元。亿元生产总值生产安全事故死亡人数为0.03人，与上年持平；道路交通万车死亡人数为1.94人，下降2.0%。

注：

1. 本公报中数据均为初步统计数，正式数据以《防城港市统计年鉴(2016)》为准。

2. 地区生产总值、各产业增加值、人均GDP、农林牧渔业总产值及其分项绝对数按当年价格计算，增长速度按可比价格计算。

3. 邮电业务总量按2010年不变价格计算。

4. 常住人口指在防城港市居住半年以上的人口，以及户口在防城港市、外出防城港市不满半年或在境外工作学习的人口。

5. 农村居民人均可支配收入的实际增长速度，采用国家统计局广西调查总队调查出来的广西农村居民消费价格指数计算。

6. 水资源、能源消耗、主要污染物排放等方面的情况将由上级有关部门进一步核实后再公布。

7. 部分数据因四舍五入原因，存在与分项合计不等的情况。

索　引

说　明

一、本索引采用主题分析索引方法。正文(包括条码、文献、资料、图片和表格)中凡具有独立检索意义的完整资料,均可通过本索引进行检索。

二、索引按汉语拼音字母(同声字按声调)升序排列。类目、分目、次分目作索引款目用黑体字排印,其余均用宋体字排印。表格、图片在其款目后分别注明“表”“图”。

三、索引款目后的阿拉伯数字和拉丁字母(a, b, c)分别表示内容所在的页码和栏别(即左、中、右栏)。

四、索引空两字位起排的款目为上一主题的“附见”。同一主题的“参见”只标页码。为便于读者检索,内容有交叉的款目,在本索引中重复出现。

五、编辑说明、大事记、图片专辑等栏目不作索引,阿拉伯数字和拉丁字母开头的款目排在索引的前面。

D

G

H

J

K

L

M

N

P

Q

R

S

T

W

X

Y

Z